DIREITO CIVIL E TECNOLOGIA

Tomo II

MARCOS EHRHARDT JÚNIOR
MARCOS CATALAN
PABLO MALHEIROS

Coordenadores

DIREITO CIVIL E TECNOLOGIA

Tomo II

2ª edição revista, ampliada e atualizada

Belo Horizonte

2022

© 2021 Editora Fórum Ltda.

2022 2ª edição

É proibida a reprodução total ou parcial desta obra, por qualquer meio eletrônico, inclusive por processos xerográficos, sem autorização expressa do Editor.

Conselho Editorial

Adilson Abreu Dallari	Floriano de Azevedo Marques Neto
Alécia Paolucci Nogueira Bicalho	Gustavo Justino de Oliveira
Alexandre Coutinho Pagliarini	Inês Virgínia Prado Soares
André Ramos Tavares	Jorge Ulisses Jacoby Fernandes
Carlos Ayres Britto	Juarez Freitas
Carlos Mário da Silva Velloso	Luciano Ferraz
Cármen Lúcia Antunes Rocha	Lúcio Delfino
Cesar Augusto Guimarães Pereira	Marcia Carla Pereira Ribeiro
Clovis Beznos	Márcio Cammarosano
Cristiana Fortini	Marcos Ehrhardt Jr.
Dinorá Adelaide Musetti Grotti	Maria Sylvia Zanella Di Pietro
Diogo de Figueiredo Moreira Neto (*in memoriam*)	Ney José de Freitas
Egon Bockmann Moreira	Oswaldo Othon de Pontes Saraiva Filho
Emerson Gabardo	Paulo Modesto
Fabrício Motta	Romeu Felipe Bacellar Filho
Fernando Rossi	Sérgio Guerra
Flávio Henrique Unes Pereira	Walber de Moura Agra

FÓRUM
CONHECIMENTO JURÍDICO

Luís Cláudio Rodrigues Ferreira
Presidente e Editor

Coordenação editorial: Leonardo Eustáquio Siqueira Araújo
Aline Sobreira de Oliveira

Rua Paulo Ribeiro Bastos, 211 – Jardim Atlântico – CEP 31710-430
Belo Horizonte – Minas Gerais – Tel.: (31) 2121.4900
www.editoraforum.com.br – editoraforum@editoraforum.com.br

Técnica. Empenho. Zelo. Esses foram alguns dos cuidados aplicados na edição desta obra. No entanto, podem ocorrer erros de impressão, digitação ou mesmo restar alguma dúvida conceitual. Caso se constate algo assim, solicitamos a gentileza de nos comunicar através do *e-mail* editorial@editoraforum.com.br para que possamos esclarecer, no que couber. A sua contribuição é muito importante para mantermos a excelência editorial. A Editora Fórum agradece a sua contribuição.

Dados Internacionais de Catalogação na Publicação (CIP) de acordo com a AACR2

D598	Direito Civil e tecnologia/ Marcos Ehrhardt Júnior, Marcos Catalan, Pablo Malheiros (Coords.). 2. ed. – Belo Horizonte : Fórum, 2022.
	794p; 17 x 24cm
	Tomo II
	ISBN: 978-65-5518-432-7
	1. Direito Civil. 2. Direito Digital. 3. Direito Eletrônico. I. Ehrhardt Júnior, Marcos. II. Catalan, Marcos. III. Malheiros, Pablo. IV. Título.
	CDD 342.1
	CDU 347.1

Elaborado por Daniela Lopes Duarte - CRB-6/3500

Informação bibliográfica deste livro, conforme a NBR 6023:2018 da Associação Brasileira de Normas Técnicas (ABNT):

EHRHARDT JÚNIOR, Marcos; CATALAN, Marcos; MALHEIROS, Pablo (Coords.). *Direito Civil e tecnologia*. 2. ed. Belo Horizonte: Fórum, 2022. t. II. 794p. ISBN 978-65-5518-432-7.

SUMÁRIO

APRESENTAÇÃO DA SEGUNDA EDIÇÃO
Marcos Catalan, Marcos Ehrhardt Júnior, Pablo Malheiros 19

APRESENTAÇÃO DA PRIMEIRA EDIÇÃO
Marcos Catalan, Marcos Ehrhardt Júnior, Pablo Malheiros 21

PARTE I
DESAFIOS DAS NOVAS TECNOLOGIAS

UN ENSAYO DE LIBREPENSAMIENTO: AVANCES TECNOLOGICOS Y DERECHO CIVIL. LO QUE EL VIENTO NO PODRÁ LLEVARSE
Arturo Caumont 27

SOCIEDADE DO MEDO E SOCIALIZAÇÃO DOS RISCOS
Rodolfo Pamplona Filho, João Hora Neto 33
       Introdução 33
1   O século XXI e a objetivação da responsabilidade civil 35
2   Princípios da responsabilidade civil 37
3   Funções da responsabilidade civil 40
4   Sociedade de risco de Ulrich Beck 43
5   Mitigação dos pressupostos da responsabilidade civil na sociedade de risco 44
6   Sociedade do medo e os casos emblemáticos 47
6.1   Os casos das *fake news* e do *hate speech* e o risco digital 47
6.2   O caso do incêndio da Boate Kiss e o risco consumerista 48
6.3   Os casos de Mariana e Brumadinho e o risco ambiental 49
6.4   O caso da pandemia Covid-19 e o risco empresarial 51
7   Socialização dos danos e a sociedade pós-industrial 52
       Considerações finais 54
       Referências 56

DESAFIOS QUE AL DERECHO LE PRESENTAN LAS NUEVAS TECNOLOGIAS
Edgardo Ignacio Saux 59
1   Consideraciones generales 59
2   Algunas manifestaciones singulares de la incidencia de la tecnología en el Derecho Privado 63
2.1   Inteligencia artificial 64
2.2   La firma digital 66
2.3   Neurociencias y Derecho 68
2.4   Criptomonedas y blockchain 70
2.5   Big data, internet de las cosas 74
2.6   Títulos valores electrónicos 75
2.7   Internet y daños a la persona 77
2.8   Incidencia probatoria procesal 81
2.9   Las "fintech" o el ingreso tecnológico a los mercados financieros 82
2.10 La propiedad intelectual 84
2.11 Internet y el contrato de seguro 85
2.12 ¿Patentabilidad de animales transgénicos? 85
3   La tecnología frente a la persona humana 87
4   La tecnología frente al contrato 92
5   Conclusiones 98
      Bibliografia 98

CIBERCRIME, INTERNET E DIREITOS HUMANOS NO BRASIL: UMA PERSPECTIVA DE OLHAR PELA SOMBRA E NÃO SOBRE A SOMBRA
Emerson Wendt, Renata de Almeida Costa 103
      Introdução 103
1   A reconstrução dos direitos humanos a partir de uma percepção crítica de um novo contexto real: o ciberespaço 105
2   Direitos e deveres na e com base na internet no Brasil: Marco Civil da Internet, Lei Geral de Proteção de Dados e direito fundamental de proteção de dados 114
2.1   A vertente criminalizatória e o caminho jurídico de estabelecimento de um marco civil da internet no Brasil 115
2.2   A Lei Geral de Proteção de Dados brasileira e a influência eurocêntrica e da globalização 117
2.3   Direito fundamental de proteção de dados pessoais e políticas voltadas à proteção dos direitos na internet 120
      Considerações finais 123
      Referências 125

JUSTIÇA E TECNOLOGIA: É NECESSÁRIA UMA NOVA IDENTIDADE PARA A ARQUITETURA FORENSE?
Patrícia Branco, Claudia Patterson 129
      Introdução 129

1	Arquitetura forense	130
1.1	Breve enunciação	130
1.2	No Brasil: quadro atual	130
1.3	Em Portugal: quadro atual	132
2	A transformação digital da justiça antes da pandemia	133
2.1	Breve panorâmica	133
2.2	No Brasil	134
2.3	Em Portugal	136
3	Os tribunais durante a pandemia	137
3.1	Breve panorâmica	137
3.2	No Brasil	137
3.3	Em Portugal	138
4	Justiça e tecnologia: é necessária uma nova identidade para a arquitetura forense?	139
	Referências	141

PARTE II
LIMITES E POSSIBILIDADES DAS APLICAÇÕES DE INTELIGÊNCIA ARTIFICIAL

A INTELIGÊNCIA ARTIFICIAL E OS RISCOS DA DISCRIMINAÇÃO ALGORÍTMICA
Milton Pereira de França Netto, Marcos Ehrhardt Júnior 147

1	Introdução	147
2	Inteligência artificial: definição, origem e vertentes	148
3	Aprendizado de máquina (*machine learning*)	150
3.1	Aprendizado supervisionado (*supervised learning*)	152
3.2	Aprendizado não supervisionado (*unsupervised learning*), semissupervisionado (*semi-supervised learning*) e por reforço (*reinforcement learning*)	153
4	Aprendizado profundo (*deep learning*)	154
5	Algoritmos, *big data* e mineração de dados (*data mining*)	154
6	Discriminação x diferenciação	156
7	Discriminação algorítmica	158
8	A LGPD e o disciplinamento da proteção de dados pessoais	165
9	Soluções complementares à LGPD	168
10	Conclusão	169
	Referências	170

CONSIDERAÇÕES SOBRE DIREITOS FUNDAMENTAIS, INTELIGÊNCIA ARTIFICIAL E RESPONSABILIDADE CIVIL
Gabrielle de O. Ferreira, Thiago Felipe S. Avanci 173

1	Direitos Fundamentais e Inteligência artificial	173

2	Inteligência Artificial	174
3	Marcos normativos da inteligência artificial no Brasil	176
4	Contextualização da urgência normativa e potenciais hipóteses de responsabilidade	177
5	Responsabilidade civil e inteligência artificial	178
6	Temores por uma regulamentação excessiva	180
	Reflexões finais	181
	Referências	181

GOVERNANÇA DE DADOS E DEVIDA DILIGÊNCIA: ALGUMAS NOTAS SOBRE RESPONSABILIDADE CIVIL E PREVENÇÃO NA LEI GERAL DE PROTEÇÃO DE DADOS PESSOAIS
José Luiz de Moura Faleiros Júnior, Michael César Silva 185

1	Notas introdutórias	185
2	A governança corporativa nos mercados ricos em dados: por que tanto se fala em *compliance*?	186
3	A prevenção, a responsabilidade e a *accountability* como princípios expressos da LGPD e algumas notas sobre governança e boas práticas	194
4	A devida diligência como desdobramento virtuoso da proteção de dados pessoais	196
5	Considerações finais	199
	Referências	200

RESPONSABILIDADE POR FALHAS ALGORÍTMICAS: REFLEXÕES SOBRE *ACCOUNTABILITY* E OS IMPACTOS JURÍDICOS DA INTELIGÊNCIA ARTIFICIAL
José Luiz de Moura Faleiros Júnior 203

1	Introdução	203
2	Algoritmos de inteligência artificial e *accountability*: desafios da Quarta Revolução Industrial	204
3	A singularidade tecnológica no horizonte jurídico: como compatibilizar deveres em um período de transição?	210
4	Uma leitura funcional do tema: *data-informed duties* e o ecossistema de proteção de dados	215
5	Conclusão	224
	Referências	224

DISCRIMINACIÓN ALGORÍTMICA: ANOTACIONES SOBRE LA PROTECCIÓN "PRO HOMINE" Y LA PREVENCIÓN DEL DAÑO DESDE LA PROPUESTA EUROPEA DE REGULACIÓN DE LA INTELIGENCIA ARTIFICIAL 2021
Juan José Martínez Mercadal 231

1	La dignidad humana en tiempos de inteligencia artificial	231
2	La igualdad en tiempos de ciudadanía digital: el embate a la discriminación	233
3	Los sesgos en los procesos de toma de decisión	236
4	La Propuesta para de una Regulación Europea de Inteligencia Artificial de 21 de abril de 2021: la preocupación por los sesgos y la discriminación	238

5	Las previsiones específicas sobre discriminación en la Propuesta Europea de Regulación de la Inteligencia Artificial: el camino hacia la prevención y precaución	241
6	El Derecho Privado como parte de la solución y no del problema: Prevención y precaución de daños	246

EL IMPACTO DE LAS NEUROCIENCIAS Y LA INTELIGENCIA ARTIFICIAL EN LA TEORÍA GENERAL DEL CONTRATO EN EL DERECHO ARGENTINO

Ricardo Sebastian Danuzzo 251

I	Introduccion	251
II	Las neurociencias y la economia del comportamiento	253
III	Neurociencias y derecho	254
IV	Contratos inteligentes o *smartscontracts*	256
V	Su funcionamiento	256
VI	Su principal característica	258
VII	Ventajas y desventajas	258
VIII	El impacto de las neurociencias y la inteligencia artificial en la teoría general del contrato	260

PARTE III
DIREITOS FUNDAMENTAIS, PRIVACIDADE E PROTEÇÃO DE DADOS

CONTRADITÓRIO E AMPLA DEFESA NA EXCLUSÃO DE PERFIS E PUBLICAÇÕES POR PROVEDORES DE REDES SOCIAIS VIRTUAIS: NOTAS SOBRE A EFICÁCIA HORIZONTAL DE DIREITOS FUNDAMENTAIS NO CONTEXTO VIRTUAL

Rodrigo da Guia Silva, Marcela Guimarães Barbosa da Silva 267

1	Introdução	267
2	Desafios à tutela dos direitos fundamentais no contexto das redes sociais virtuais	269
3	Novas perspectivas da eficácia horizontal dos direitos fundamentais: a renovada importância das garantias processuais no âmbito da exclusão de perfis e publicações por redes sociais virtuais	275
4	Conclusão	283
	Referências	284

MENSAGENS E MENSAGEIROS: PRIVACIDADE E CONFIANÇA EM TEMPOS DE DISRUPÇÃO TECNOLÓGICA

Marco Antonio Lima Berberi, Joyce Finato Pires 289

1	Introdução	289
2	Avanços da tecnologia	290
3	Privacidade e mundo virtual	295
4	A privacidade em risco	297
5	Conclusão	299
	Referências	300

PROTEÇÃO DE DADOS PESSOAIS E ANTIJURIDICIDADE
Eduardo Luiz Busatta 303
1 Introdução 303
2 A violação à legislação na Lei Geral de Proteção de Dados (LGPD): formas e fontes...305
3 A antijuridicidade e o dever de reparar danos 317
4 Conclusão 325
   Referências 326

DEFINIÇÃO DE PERFIS E O RISCO DE DISCRIMINAÇÃO: A IMPORTÂNCIA DAS LEGISLAÇÕES DE PROTEÇÃO DE DADOS PARA A TUTELA DA PESSOA NATURAL
Jéssica Andrade Modesto, Marcos Ehrhardt Júnior 331
1 Introdução 331
2 A mineração de dados e a definição de perfis 332
3 O risco da discriminação decorrente da aplicação de perfis 334
4 A importância da LGPD e do GPDR para a mitigação da ameaça de discriminação...340
5 Conclusão 350
   Referências 352

LIBERDADE E PRIVACIDADE ANTE O CARÁTER ANÁRQUICO DO AMBIENTE TECNOLÓGICO
João Leonardo Müller Bastos, André Luiz Arnt Ramos 355
   Introdução 355
1 Liberdade e as múltiplas faces que a constituem 357
2 Privacidade e sua democratização por meio da necessidade social 359
3 *Big data*: os dados massivos que definem e direcionam sociedades............ 362
4 Transnacionalidade, o agir que permeia fronteiras 365
   Conclusão 367
   Referências 368

COMPLIANCE DIGITAL EM PROTEÇÃO DE DADOS PESSOAIS: A NECESSIDADE DE HUMANIZAÇÃO DA REGULAÇÃO DE DADOS NAS INSTITUIÇÕES
Alexandre Barbosa da Silva, Phillip Gil França 371
   Introdução 371
1 Aspectos gerais da regulação da proteção de dados no Brasil 372
2 A importância da construção e da adequada manutenção de programas de integridade e de compliance nas instituições 380
3 A necessidade de humanização e de cuidado nos processos de tratamento de dados pelas instituições: breves sugestões para a implantação de um *compliance* de proteção de dados efetivo 383
   Conclusões 387
   Referências 387

INCLUSÃO DIGITAL DAS PESSOAS COM DEFICIÊNCIA E A PROTEÇÃO DE DADOS PESSOAIS

Clara Cardoso Machado Jaborandy, Tatiane Gonçalves Miranda Goldhar 389

1 Introdução 389
2 O direito fundamental à proteção de dados e a proteção jurídica das pessoas com deficiência no Brasil 390
3 A Lei Geral de Proteção de Dados e as vulnerabilidades. Inclusão digital e acessibilidade 396
4 O consentimento para tratamento de dados da pessoa com deficiência 399
5 Considerações finais 404
   Referências 405

O JULGAMENTO DO CASO AÍDA CURI NO RE Nº 1.010.606 PELO SUPREMO TRIBUNAL FEDERAL: PERSPECTIVAS E RUMOS SOBRE O DIREITO AO ESQUECIMENTO

Gabriela Buarque Pereira Silva 407

Introdução 407
1 Notas sobre o direito ao esquecimento 408
2 Direito ao esquecimento no Superior Tribunal de Justiça 412
3 O caso Aída Curi e o RE nº 1.010.606 414
  Considerações finais 426
  Referências 427

O USO DE DEEPFAKE E O DIREITO À IMAGEM DE PESSOAS PÚBLICAS

Bruno de Lima Acioli, Erick Lucena Campos Peixoto 429

1 Notas introdutórias: o que é *deepfake*? 429
2 Dos critérios jurídicos de definição da pessoa pública 432
3 Uso de *deepfake* e o direito à imagem 436
4 Liberdade de expressão, *deepfakes* e sátira 439
5 Considerações finais 443
  Referências 445

A POSSIBILIDADE DE INDENIZAÇÃO AO CONSUMIDOR FRENTE À ABUSIVIDADE DO USO INDEVIDO DOS DADOS PESSOAIS: AS LIGAÇÕES INCESSANTES E INDESEJÁVEIS DAS OPERADORAS DE TELEMARKETING

Mérian H. Kielbovicz, Luiz Gonzaga Silva Adolfo 447

1 Introdução 447
2 Breve panorama a respeito da responsabilidade civil nas relações consumeristas 448
2.1 A abusividade nas publicidades em relação aos consumidores na contemporaneidade 450
3 A proteção dos dados pessoais sob a ótica da Lei Geral de Proteção de Dados e a responsabilidade civil nas relações de consumo 451

4	A proteção dos dados pessoais e a reparação cabível aos consumidores frente à abusividade no excesso de ligações realizadas pelas operadoras de *telemarketing*	455
5	Considerações finais	459
	Referências	460

PARTE IV
IMPACTOS DA TECNOLOGIA NAS RELAÇÕES FAMILIARES E SUCESSÓRIAS

O EXERCÍCIO DA AUTORIDADE PARENTAL NO AMBIENTE DIGITAL
Ana Carolina Brochado Teixeira, Renata Vilela Multedo 465

	Introdução	465
1	O exercício da autoridade parental no ambiente virtual	466
2	*Sharenting*	470
3	A responsabilidade dos pais perante o *cyberbullying*	475
	Conclusão	479
	Referências	480

CONVIVÊNCIA FAMILIAR POR MEIOS TECNOLÓGICOS
Débora Brandão, Fernanda Tartuce 483

1	Contextualização e relevância do tema	483
2	Conceito e fundamentos jurídicos da convivência familiar	484
3	Meios tecnológicos e convivência familiar	485
4	Definição judicial de convivência tecnológica durante a pandemia da Covid-19	489
5	Necessário diálogo sobre o modo de interação *on-line*	493
6	Considerações finais	495
	Referências	496

TECNOLOGIA E ADVOCACIA EXTRAJUDICIAL EM DIREITO DE FAMÍLIA E SUCESSÕES – LIMITES E POSSIBILIDADES
Simone Tassinari Cardoso Fleischmann, Caroline Pomjé 497

1	Introdução	497
2	Provimentos e resoluções do Conselho Nacional de Justiça: análise contemporânea das possibilidades extrajudiciais em matéria de família e sucessões	500
2.1	Do inventário, partilha, separação consensual e divórcio extrajudicial – Resolução nº 35, de 24.4.2007	501
2.2	Conciliação e mediação em ambiente notarial e registral – Resolução nº 125, de 29.11.2010, e Provimento nº 67, de 26.3.2018	504
2.3	Casamento das pessoas do mesmo sexo – Resolução nº 175, de 14.5.2013	506
2.4	Reconhecimento voluntário e averbação da paternidade e maternidade socioafetivas – Provimentos nº 63, de 14.11.2017, e nº 83, de 14.8.2020	507

| 3 | Conclusão | 508 |
| | Referências | 510 |

A ESPETACULARIZAÇÃO DA VIDA NA REPRODUÇÃO HUMANA ASSISTIDA: UMA REFLEXÃO NECESSÁRIA
Carla Froener Ferreira, Marcos Catalan 513

1	A título de introito: o espetáculo da vida	513
2	Famílias: arquitetura e movimento	515
3	A colonização da reprodução humana assistida pelo mercado: sobre felicidade, frustração e outros problemas mais graves	522
4	Na provisoriedade de uma conclusão: a volatilidade de vidas deixadas à deriva	527
	Referências	529

O DIREITO SUCESSÓRIO NA FECUNDAÇÃO HOMÓLOGA POST MORTEM
Ana Carolina Senna 533

	Introdução	533
1	Reprodução humana assistida e a presunção de paternidade	534
2	O direito de suceder e a fecundação post mortem	535
2.1	Fecundação post mortem	535
2.2	Direito de suceder do filho concebido post mortem	538
3	Análise sob a perspectiva do direito civil constitucional e projetos de lei sobre o tema	539
	Considerações finais	541
	Referências	542

IMPACTOS CIVIS DA REPRODUÇÃO HUMANA ASSISTIDA DECORRENTE DE MATERIAL DOADO: O DIREITO À IDENTIDADE GENÉTICA
Rita de Cássia Resquetti Tarifa Espolador, Juliana Carvalho Pavão 543

	Introdução	543
	Biodireito na contemporaneidade: os negócios biojurídicos	544
	Negócios envolvendo a reprodução humana assistida	546
	Doação de material genético	549
	Direito à identidade genética e suas controvérsias	550
	Conclusão	554
	Referências	555

A REPRODUÇÃO HUMANA ASSISTIDA E AS DIFICULDADES NA SUA REGULAMENTAÇÃO JURÍDICA NO BRASIL: UMA ANÁLISE DOS VINTE E QUATRO PROJETOS DE LEI QUE TRAMITAM NO CONGRESSO NACIONAL
Manuel Camelo Ferreira da Silva Netto 557

| | Introdução | 557 |

1	Um panorama geral sobre a reprodução humana assistida na contemporaneidade: suas finalidades e técnicas disponíveis	558
2	Resoluções do Conselho Federal de Medicina: a reprodução humana assistida e a sua regulamentação deontológica	565
3	Os projetos de lei brasileiros sobre as técnicas de reprodução humana assistida: leis que não saem do papel	575
3.1	PL nº 2.855/1997	579
3.2	PL nº 1.135/2003	580
3.3	PL nº 1.184/2003	581
3.4	PL nº 2.061/2003	581
3.5	PL nº 4.892/2012 e PL nº 115/2015 (Estatuto da Reprodução Humana Assistida)	582
	Considerações finais	583
	Referências	587

O ADMIRÁVEL MUNDO NOVO DO CRISPR-CAS9: A (IM)POSSIBILIDADE DE INSTRUMENTALIZAÇÃO DA PESSOA HUMANA NA CONSTRUÇÃO DO PROJETO DE PARENTALIDADE A PARTIR DA EDIÇÃO GENÉTICA

Carlos Henrique Félix Dantas 593

	Introdução	593
1	A descoberta do CRISPR-Cas9 como ferramenta de edição genômica e o uso da tecnologia em seres humanos: dilemas éticos emergentes	596
2	A crítica habermasiana: autonomia privada e a instrumentalização da espécie humana ante os avanços da biotecnologia reprodutiva	604
3	Desafios do biodireito na proteção da diversidade no patrimônio genético humano	607
3.1	Instrumentos para a proteção do patrimônio genético humano	608
3.2	Limites à autonomia na construção do projeto de parentalidade	611
	Considerações finais	615
	Referências	617

TRANSMISSIBILIDADE SUCESSÓRIA DO ACERVO DIGITAL DE QUEM FALECE: CRÍTICA AOS PROJETOS DE LEI SOBRE O TEMA

Pablo Malheiros da Cunha Frota, João Aguirre 621

1	Introdução	621
2	Função do direito sucessório, categorização jurídica do acervo digital e a discussão sobre os bens que compõem o objeto da herança	624
3	Pressupostos para o diálogo entre a RAC e o direito civil na legalidade constitucional	641
4	Crítica aos PLs sobre a transmissibilidade do acervo digital	655
5	Conclusão	681
	Referências	681

PARTE V
RELAÇÕES OBRIGACIONAIS PATRIMONIAIS DIANTE DAS NOVAS TECNOLOGIAS

LOCAÇÕES IMOBILIÁRIAS POR PLATAFORMAS DIGITAIS EM CONDOMÍNIOS RESIDENCIAIS: DA PROIBIÇÃO À REGULAMENTAÇÃO
Gabriel Honorato, Rogério Coutinho Beltrão 687
1   Notas introdutórias 687
2   A natureza jurídica das locações por meio de aplicativos e plataformas digitais 689
3   Como resolver o problema das locações por aplicativos nos condomínios residenciais? 698
4   Notas conclusivas 702
    Referências 704

O PRELÚDIO DO DIREITO EMPRESARIAL NO SÉCULO XXI
José Barros Correia Júnior 707
1   Introdução 707
2   Um direito empresarial oitocentista em pleno século XXI 707
3   E nasce o século XXI para o direito empresarial 709
3.1   Registro empresarial 710
3.2   Direito societário 710
3.3   Direito recuperacional e falimentar 712
3.4   Direito marcário 713
3.5   Direito cambial 714
4   Conclusão 715
    Referências 716

A EFICÁCIA PREVENTIVA NA ESTRUTURAÇÃO DAS *STARTUPS* SOB À ÓTICA DA TEORIA FEIXE DE CONTRATOS
Mérian Kielbovicz, Luiz Gonzaga Silva Adolfo 717
1   Introdução 717
2   O surgimento das *startups* 718
2.1   Breve panorama das *startups* no Brasil 719
3   Apontamentos a respeito da teoria feixe de contratos 722
3.1   A prevenção e eficácia na estruturação das *startups* baseada na teoria feixe de contratos 725
4   Considerações finais 729
    Referências 730

CONTRATOS A DISTANCIA: A SEIS AÑOS DE SU REGULACIÓN EN EL CÓDIGO CIVIL Y COMERCIAL DE ARGENTINA. SITUACIÓN ACTUAL Y PERSPECTIVAS
Andrés F. Varizat 733
I   Los contratos a distancia en el derecho de Argentina 733

II	Regulación en el Código Civil y Comercial del año 2015	733
III	Situación de los contratos a distancia al momento de su regulación en el CCC	736
IV	Situación actual de los contratos a distancia	738
V	Un problema de renovada actualidad: la protección de la parte *débil* en los contratos a distancia	739
1	La protección a través de la obligación de información: problemas prácticos	739
1.1	La falta de cumplimiento de estas normas	741
1.2	La exigencia de un modelo de consumidor con capacidad de *análisis crítico*	741
1.3	Referencia al derecho europeo y la crítica al modelo del consumidor *racional*	742
1.4	Las prácticas comerciales abusivas que afectan las decisiones de los consumidores	743
2	La protección mediante un mejor control de las prácticas comerciales *abusivas*	744
2.1	Un argumento empírico de importancia: la gran *"zona oscura"* de infracciones no reclamadas	745
2.2	Conclusiones	746

CONTRATOS EN TIEMPOS DE AISLAMIENTO. LOS CONTRATOS ELECTRÓNICOS

José Fernando Márquez 749

I	El aislamiento y el mundo digital	749
1	El mundo en la edad digital	749
2	Aislamiento y comunicaciones digitales	750
II	Los instrumentos digitales	752
1	La regulación de la instrumentación digital. La normativa argentina	752
	a) Las regulaciones en otros derechos	752
	b) Los instrumentos digitales en el derecho argentino	753
2	Tres principios que rigen la instrumentación digital de datos	754
	a) Nuevos medios, mismas reglas	754
	b) El principio de permanencia del derecho preexistentes	754
	c) El principio de equivalencia funcional o no discriminación	754
	d) El principio de buena fe	755
3	Instrumento escrito e instrumento digital	756
	a) Igualdad de tratamiento	756
	b) La Ley de Firma Digital argentina (LFD)	756
	c) El Código Civil y Comercial argentino	757
4	Firma manuscrita y firma digital. Instrumentos firmados y no firmados	757
	a) El requisito de la firma	757
	b) La Ley de Firma Digital argentina	758
	1) Firma manuscrita y firma digital	758
	2) Firma electrónica y firma digital	758
	3) Firma digital y firma electrónica en la LFD	760
	c) La firma en el Código Civil y Comercial. Instrumentos particulares, firmados y no firmados	761

5	Instrumentos originales digitales y archivos digitales	762
III	Contratos electrónicos	762
1	El comercio electrónico	762
2	Contrato electrónico. Régimen legal aplicable	763
	a) Concepto	763
	b) Los principios de la contratación electrónica	764
3	Contratos celebrados en entornos cerrados y en entornos abiertos	764
4	Firma digital y firma electrónica. Contratos celebrados en instrumentos particulares firmados y no firmados	765
5	Momento de perfección del contrato	766
	a) El problema	766
	b) El sistema de la recepción del mensaje de datos como principio	766
	c) La Ley Modelo UNCITRAL	767
	d) La aplicación al derecho argentino	768
6	El aviso de recibo	768
	a) La necesidad de aviso de recepción	768
	b) La legislación que impone el aviso de recepción	769
7	La confirmación del envío del mensaje	770
8	Conclusiones	771
	Bibliografía	771

EL *DROP SHIPPING* EN LA ECONOMÍA DIGITAL
Jorge Feliu Rey, Teresa Rodríguez de Las Heras Ballell 773

I	Concepto y funciones del *drop shipping*	773
II	Operativa y estructura funcional del *drop shipper*	776
III	Las obligaciones del *drop shipper*	777
IV	Las obligaciones del intermediario	779
V	El encaje del *drop shipping* en los contratos de colaboración: ajustes y desajustes	780
VI	*Drop shipping* y transmisión de la propiedad	783
	Bibliografía	784

SOBRE OS AUTORES 787

APRESENTAÇÃO DA SEGUNDA EDIÇÃO

Em meio às muitas incertezas vividas durante a pandemia sanitária da Covid-19, vimos ser publicada a primeira edição desta obra. O livro, em robustas mais de 700 páginas, previsto inicialmente para vir ao mundo somente em versão digital, foi tão bem recebido que acabou merecendo versão impressa, forma eventualmente preferida por leitores que cresceram sentindo o cheiro das histórias que liam entremeio ao movimento das páginas que as continham. Referida edição esgotou-se rapidamente.

O comprometimento e cuidado de cada autor(a) que nos brinda com reflexões elaboradas a partir de algumas das muitas possibilidades que unem, que conectam tecnologias ao direito privado, bem como a perceptível preocupação das pessoas que assinam cada artigo que dá vida a este tomo, na lapidação de palavras intencionalmente unidas umas às outras, buscando comunicar suas ideias ao mundo, foram tão bem recebidos por nossos leitores que, menos de um ano após o nascimento de sua primeira edição, nos é permitido celebrar a chegada da segunda.

A velocidade com que a técnica avança, muitas vezes, por vias disruptivas, exigiu a atualização de diversos dos textos albergados nesta obra, em algumas ocasiões, por meio de sua profunda revisão. Noutros casos, pequenos ajustes foram realizados, sempre buscando maior clareza e precisão e pautado, continuamente, em profundo rigor científico.

Além disso, foram incorporados dois novos textos a esta edição. Passamos a contar com as contribuições de Gabrielle de O. Ferreira e Thiago Felipe S. Avanci, num artigo que aborda a relação entre direitos fundamentais, inteligência artificial e responsabilidade civil; bem como instigante reflexão de Mérian H. Kielbovicz e Luiz Gonzaga Silva Adolfo, sobre a "possibilidade de indenização ao consumidor frente à abusividade do uso indevido dos dados pessoais", que tem como objeto de pesquisa as ligações incessantes e indesejáveis das operadoras de *telemarketing*.

Chegamos à consolidação do presente projeto editorial, tratando das interseções entre o direito das relações privadas e a tecnologia em dois robustos tomos, atualizados com as mais recentes discussões sobre a matéria.

Que cada leitor(a) que tiver contato com esta nova edição possa perceber porque fazemos questão de dividir, aqui, a nossa felicidade. Que seja agraciado com o deleite da obra, em sua plenitude.

Eis aí o nosso mais sincero desejo, mormente quando relembramos nosso compromisso com a qualidade das pesquisas difundidas por meio desta obra, um compromisso que sempre tivemos como inegociável, do início ao fim do projeto editorial.

Maceió, Porto Alegre, Brasília, 17 de abril de 2022.

Marcos Ehrhardt Júnior
Marcos Catalan
Pablo Malheiros

APRESENTAÇÃO DA PRIMEIRA EDIÇÃO

A enorme acolhida do livro *Direito civil e tecnologia* publicado pela Editora Fórum permitiu a gênese de outras duas obras, agora apresentadas com grande alegria e responsabilidade. Alegria por ver um debate profícuo sobre como os efeitos da tecnologia albergam o direito civil e, agora, o direito do consumidor de forma destacada e separada.

Este tomo abordará temas atinentes ao direito civil, o terceiro abarcará o direito do consumidor. A responsabilidade de se coordenar distintos projetos de tamanha envergadura, tanto pela qualidade dos textos e dos(as) autores(as) como pela relevância da temática, é algo que nos motiva a realizar estudos cada vez mais profundos e contributivos à qualificação do direito civil e do direito do consumidor no Brasil e na América do Sul.

Como afirmado na Apresentação do livro *Direito civil e tecnologia*, tecer breves palavras sobre o que significa este projeto reforça a admiração e a amizade, pessoal e acadêmica, que os coordenadores nutrem uns pelos outros e por quem participa deste livro, tendo em vista a pronta aceitação aos convites para contribuir com este projeto. Além disso, novamente, as duas novas obras que seguem o caminho desbravado pelo primeiro projeto contribuem para uma alentada reflexão teórico-prática de juristas representativos(as) no Brasil e no exterior, como se verificará em cada artigo deste livro.

Nesse contexto, um aperitivo do que esta obra contém é trazido aqui em poucas linhas, na esperança de despertar o interesse de quem pesquisa sobre a área do direito civil e trabalha nela, cuja divisão ocorreu em cinco partes, descritas a seguir.

Os *desafios das novas tecnologias* são objeto da primeira parte, contando com cinco artigos. A seção é inaugurada pelo texto de *Arturo Caumont*, que aborda o livre pensamento, seu respeito diante dos avanços tecnológicos e, ainda, quais são os horizontes que conectam o tema com o direito civil. *Rodolfo Pamplona Filho* e *João Hora Neto* tratam da sociedade do medo e da socialização dos riscos com base na obra de Ulrich Beck, intitulada *Sociedade de risco*, discutindo-se sobre a emergência de novos danos reparáveis, "em prol da proteção à vítima singular ou coletiva". *Edgardo Ignacio Saux* retrata os desafios que abarcam o direito em razão das novas tecnologias a partir de conceitos basilares da teoria jurídica: "la persona humana y el contrato". *Emerson Wendt* estuda o cibercrime, internet e direitos humanos no Brasil, ante o contexto do ciberespaço mundial e, especialmente, o brasileiro, procurando-se responder como é possível garantir os direitos de acesso, liberdade de expressão, privacidade/intimidade, entre outros, no Brasil e, ao mesmo tempo, promover a segurança cibernética no ambiente virtual nacional com a utilização do direito, ante a tendência criminalizatória das condutas danosas no ambiente digital. Encerrando a Parte I, *Patrícia Branco* e *Claudia Patterson* indagam sobre a necessidade de uma nova arquitetura forense para abarcar os influxos tecnológicos.

A Parte II refere-se aos *limites e possibilidades das aplicações de inteligência artificial*, sendo igualmente composta por cinco artigos. Nessa linha, *Milton Pereira de França*

Netto e *Marcos Ehrhardt Júnior* sustentam que a inteligência artificial pode ser um fator de discriminação algorítmica e discorrem sobre como os institutos do direito civil podem evitar e combater tal discriminação. *José Faleiros Júnior* e *Michael César Silva* tratam da custódia de dados pessoais, a partir da responsabilidade civil e do princípio da prevenção postos na Lei Geral de Proteção de Dados Pessoais. Ainda no contexto da responsabilidade, o mesmo *José Faleiros Júnior* cuida da responsabilidade por falhas algorítmicas com foco na *accountability* e nos impactos jurídicos da inteligência artificial. Em seguida, *Juan José Martínez Mercadal* trata da discriminação algorítmica com amparo na proteção da pessoa humana e na prevenção de danos à luz da proposta europeia de regulação da inteligência artificial de 2021. Enfim, *Ricardo Sebastian Danuzzo* estuda como as neurociências e a inteligência artificial impactam a teoria dos contratos no direito argentino, encerrando assim esta parte do livro.

A Parte III da obra, com nove artigos, se preocupa com *direitos fundamentais, privacidade e proteção de dados*, sendo iniciada por *Rodrigo da Guia Silva* e *Marcela Guimarães Barbosa da Silva*, que atacam o diálogo entre o processo civil e o direito civil, por meio dos princípios da ampla defesa e do contraditório aplicados à exclusão de perfis e publicações por provedores de redes sociais virtuais. *Marco Antonio Lima Berberi* e *Joyce Finato Pires* cuidam da privacidade e da confiança em tempos de disrupção tecnológica, em texto que tem por mote trabalhar no resgate da privacidade, buscando novamente o seu lugar na sociedade da hipervelocidade. *Eduardo Luiz Busatta* preocupa-se com a proteção dos dados pessoais a partir da ideia de antijuricidade, investigando "a definição e os elementos da 'violação à legislação de proteção de dados' para fins de proteção de dados pessoais". *Jéssica Andrade Modesto* e *Marcos Ehrhardt Júnior* retratam como a definição de perfis gera risco de discriminação, a tornar relevante legislações de proteção de dados para tutelar a pessoa humana ante os mencionados riscos. *João Leonardo Müller Bastos* e *André Arnt Ramos* estudam a liberdade e a privacidade como contraponto ao "caráter anárquico do ambiente tecnológico", já que o *big data* e a transnacionalidade são dois aspectos da contemporaneidade que estarão cada vez mais presentes nas vidas humanas, devendo-se aprender a observá-los com cautela, por meio da sua regulação, para, a partir daí extrair o máximo de seus benefícios. *Alexandre Barbosa da Silva* e *Phillip Gil França* apontam como a ideia de *compliance* digital na proteção de dados pessoais pode ser um fator promovente da humanização da regulação de dados nas instituições. *Clara Cardoso Machado Jaborandy* e *Tatiane Gonçalves Miranda Goldhar* retratam a importância de as pessoas com deficiência serem incluídas digitalmente e terem os dados pessoais protegidos. *Gabriela Buarque Pereira Silva* estuda o julgado do Supremo Tribunal Federal – caso Aída Curi – e como isso afetou o "direito ao esquecimento" no Brasil. O último artigo desta seção foi lavrado por *Bruno de Lima Acioli* e *Erick Lucena Campos Peixoto*, que refletem se o uso de *deepfake* pode ser um fator de exercício legítimo – ou não – do direito à imagem de pessoas conhecidas do grande público.

A Parte IV, também com nove artigos, traz à baila os *impactos da tecnologia nas relações familiares e sucessórias*, e começa com o estudo de *Ana Carolina Brochado Teixeira* e *Renata Vilela Multedo* sobre como a autoridade parental pode ser adequadamente exercida no ambiente digital, a fim de compatibilizar as posições jurídicas parentais. *Débora Brandão* e *Fernanda Tartuce* refletem sobre os limites e as possibilidades de uma saudável convivência familiar via meios tecnológicos. *Simone Tassinari Cardoso Fleischmann* e *Caroline Pomjé* cuidam de como a tecnologia pode ser utilizada pelos(as) advogados(as) em procedimentos extrajudiciais que tratam de relações familiares e sucessórias. *Carla Froener Ferreira* e *Marcos Catalan* refletem como a denominada "espetacularização da vida" pode ser um meio de promessas de felicidade formuladas nos cenários da reprodução humana assistida para, mais tarde, comprovar a hipótese antecipada ao salientar a existência de riscos que, embora não informados, impregnam a vida de cada vez mais pessoas. *Ana Carolina Senna* retrata os imbróglios oriundos do direito sucessório brasileiro nos casos de fecundação homóloga *post mortem*, sem que isso enseje ilicitude ou abuso do direito de quem doa o material genético e de quem pode ou deve implantá-lo. *Rita de Cássia Resquetti Tarifa Espolador* e *Juliana Carvalho Pavão* pesquisam impactos que o direito civil sofre com a reprodução humana assistida advinda de material doado para saber se existe um direito exigível à identidade genética. *Manuel Camelo Ferreira da Silva Netto* trata das dificuldades e regulamentação no Brasil da reprodução humana assistida, haja vista que tramitam no Parlamento brasileiro mais de duas dezenas de projetos de lei sobre o assunto. *Carlos Henrique Félix Dantas* cuida da possibilidade (ou não) de objetificação da pessoa humana na persecução de seu projeto parental por conta da "ferramenta de *design* genético, conhecida como CRISPR-Cas9". Encerram a Parte IV da obra *Pablo Malheiros da Cunha Frota* e *João Aguirre* com o revisitar do tema sobre a transmissibilidade (ou não) do acervo digital da pessoa que falece a quem possa herdar ou legar, por intermédio da análise de projetos de lei que tramitam no Congresso Nacional Brasileiro.

Finalmente, a Parte V, com seis artigos, mira nas *relações obrigacionais patrimoniais diante das novas tecnologias* e tem início com estudo de *Gabriel Honorato* e *Rogério Coutinho Beltrão* sobre a correção (ou não) de se vetar a possibilidade de pactuação de locações imobiliárias via plataformas digitais em condomínios residenciais. *José Barros Correia Junior*, presentemente e prospectivamente, reflete sobre o direito empresarial no século XXI pela influência da tecnologia digital nos institutos empresariais. *Mérian Kielbovicz* e *Luiz Gonzaga Silva Adolfo*, pelo foco da teoria do feixe dos contratos, estudam a eficácia preventiva na estruturação das *startups*. *Andrés Varizat* cuida dos resultados dos contratos a distância, após seis anos de vigor do Código Civil argentino de 2015. *José Fernando Márquez* aponta como o isolamento trazido pelo tempo pandêmico que vivemos influenciou e segue a influenciar o desenvolvimento dos contratos eletrônicos. Finda a Parte V da obra o artigo de *Jorge Feliu Rey* e *Teresa Rodríguez de las Heras Ballell*, que trata do modelo contratual do *drop shipping* no contexto da economia digital, buscando entender se é possível equilibrar as posições jurídicas de quem compra e de quem fornece as mercadorias.

Como se percebe, a riqueza temática deste livro salta aos olhos, a ensejar a esperança de que quem o leia possa dele embebedar-se, como ocorreu com estes coordenadores.

¡*Saludos!*

Porto Alegre, Maceió e Brasília, 29 de junho de 2021.

Marcos Catalan
Marcos Ehrhardt Júnior
Pablo Malheiros

PARTE I

DESAFIOS DAS NOVAS TECNOLOGIAS

UN ENSAYO DE LIBREPENSAMIENTO: AVANCES TECNOLOGICOS Y DERECHO CIVIL. LO QUE EL VIENTO NO PODRÁ LLEVARSE

ARTURO CAUMONT

Como ha ocurrido desde siempre con la presencia del Hombre en el Planeta y su impronta hacedora determinada por su lucha en pos de existir con calidad de Vida según las circunstancias los avances en el campo tecnológico han sido constantes. De ello es demostración plena la observación empírica reflexiva (res ipsa loquitur) mediante la cual es posible detectar a través del tiempo -y no sin marchas y contramarchas- un estado de progresión enraizado en el afán humano de superar obstáculos en virtud del cual se hace acto la transformación de la realidad para el aseguramiento y mejora de la existencia.

Es en este sentido que la actividad tecnológica ha transcurrido conducida por el objetivo de facilitación de los medios de consecución y logro de incrementar la calidad de Vida de las personas y con el propósito de suministrarles las herramientas, utensilios y medios para el mejor y más eficiente desarrollo de sus posibilidades y facultades.

Ello se ha traducido en la constante creación de los medios tecnológicos con que la ciencia ha posibilitado convertir en acto real la creatividad latente en los seres humanos y con la cual se han provocado, a lo largo del tiempo, transformaciones profundas que bien pueden ser calificadas como avances en razón de su valioso carácter.

La Tecnología concebida en esos términos axiológicos de valor en cuyo contexto es susceptible de enmarcarse, esto es, en términos positivos y enaltecedores porque sus logros se utilizan para para el bien de la humanidad y no en función de satisfacer intereses espurios, egoístas y por consiguiente dañosos, resulta ser causación de admirables de admirables resultados que contribuyen sobremanera a conferir calidad de Vida en bienestar inmaterial y material generando en los individuos un estado de bienvenida felicidad que les permite desarrollar su potencial de aptitudes de manera cabal y plena, multiplicando en términos exponenciales la capacidad de desarrollar transformaciones que a su vez retroalimentan más capacidades y aptitudes transformativas asegurando la evolución valiosa de la especie.

Por cierto que en este aspecto debe considerarse el vocablo *"avance"* en su contenido significacional positivo, es decir, valioso y no negativo puesto que en general y en sede tecnológica en especial es susceptible de acontecer una vicisitud de avance en cuanto al acaecimiento de un nuevo estadio en un determinado proceso pero ese nuevo posicionamiento en realidad configure un estado negativo, no plausible y, por consiguiente, un paradójico retroceso.

De manera, pues, que en este ensayo se considera avance como tal el que alcance a provocar una mejora respecto del estado de situación inmediatamente anterior al de su nacimiento o génesis. Y por consiguiente no se concibe como tal un cambio de situación solo por el mero hecho de ser una vicisitud diferenciada del estado anterior de cosas sin aportar ninguna consecuencia valiosa en absoluto y tomando en especial cuenta, como se expresará infra, que todo cambio -aún valioso- puede generar de manera eventual consecuencias disvaliosas para determinados individuos o grupos.

Sin dudas, el Hombre ha aplicado su condición de portador de racionalidad en términos de inteligencia, concebida ésta como la aptitud de resolver problemas no previamente presentados a su respecto para obtener réditos susceptibles de considerarse valiosos y provocar de esa manera progresos en el interminable camino de transformaciones en que el avance se sostiene y se desarrolla como tal.

De los innumerables pasos concretados en ese sentido y dirección resalta en momentos en que estas líneas se escriben, por ejemplo, el espectacular logro consistente en la creación de una realidad virtual en la que por medio de hologramas configurados por imágenes de tecnología 7D con aptitud de interactuación con seres humanos reales -por ahora sin la complejidad mayor que seguramente pronto devendrá precisamente porque se desarrollará aún más el emprendimiento creativo en pos de la búsqueda de perfección propia del espíritu creador de los científicos a cargo- dicha tecnología una sensación plena de integración indiferenciada que maravilla al observador y a los seres reales con los que las figuras en holograma se intervinculan.

Bien utilizado, este logro posee cabal idoneidad para obtener resultados asombrosos en el campo médico, en el ámbito ecológico y medioambiental, en ingeniería y arquitectura así como en las expresiones más significativas de la cultura en general y de la educación en especial. Como simple muestra de la valiosa potencialidad de este logro científico baste imaginar su aplicación en la necesaria supresión de zoológicos y su crueldad para con los animales sustituyéndoles por seres de realidad virtual eliminando con ello los daños que la privación del hábitat natural y de la libertad genera con extremo dolor. Todo lo cual se alcanzará con sumo aprovechamiento de la utilidad educativa por la que se aprende a comprender a todas las especies que con el Hombre cohabitan el Planeta. La Tecnología, por lo tanto, es susceptible de utilizarse para la consecución de propósitos loables en infinidad de aspectos imaginables y, por cierto, preordenada con ética de conducta para alcanzar el incremento valioso de la calidad de Vida debida a los seres vivos, paradigma deontológico que desde siempre ha debido ser y deberá seguir siendo un objetivo inherente a la propia condición humana, sobremanera en un Plantea que, como la Tierra, se halla en constante estado de degradación en los aspectos atingentes a una existencia digna tanto en la dimensión inmaterial como en la material.

Las externalidades que el desarrollo tecnológico causa pueden ser, como ocurre con todo fenómeno que comporta un cambio respecto de un estado de situación dado, tanto valiosas como disvaliosas dependiendo del ámbito en relación al cual sus efectos impacten puesto, como asimismo acaece con las transformaciones que suceden con el desarrollo de actividades humanas, lo que para cierto grupo de receptores de las consecuencias del desarrollo tecnológico puede resultar beneficioso no lo será probablemente en igual medida, o en absoluto, para otro u otros grupos. Ello parece ser una constante, vale decir, siempre el cambio que se pueda suscitar en un determinado ámbito acarreará consecuencias o externalidades valiosas para quienes lo propugnan, pero no necesariamente para otros a quienes, incluso, puede perjudicar. Así ocurrió, por ejemplo, con el advenimiento de la tracción a vapor en el transporte desplazando -afortunadamente- la tracción a sangre, vicisitud que perjudicó a los empresarios transportistas cuyos vehículos se valían de los animales para el traslado de personas y objetos. Aunque, preciso es expresarlo, muchos de los empresarios perjudicados en primea instancia se reciclaron y pudieron no solamente sobrevivir frente a la irrupción del cambio estructural sino asimismo mejorar sus resultados empresariales. En efecto, todas las estructuras preordenadas en la época del transporte a tracción a sangre para satisfacer la función de traslado de personas y objetos quedaron obsoletas y fueron por lo tanto abandonadas por su consiguiente inutilidad, sobremanera en obvia e inexorable comparación con las ventajas acarreadas por la innovación significada por el transporte mecánico en todas sus maneras y la consiguiente inevitable creación de nuevas estructuras precisamente adecuadas para la facilitación del aumento de traslado de objetos y personas así como la producción de efectos directos e indirectos en diversidad de planos entre los que resulta necesario destacar el económico comercial y el urbano como resultantes, por ejemplo, del histórico advenimiento del ferrocarril y su influencia en el proceso de profundización de la intervinculación mercantil y la creación de ciudades.

Expresado en otros términos, toda vez que un avance marca su paso en el universo tecnológico se propenderá a la gestación de transformaciones valiosas para unos y no valiosas para otros porque, también en términos de propensión, cada vez que acaece una instancia de avance dará comienzo una nueva realidad al mismo tiempo que fenecerá la que regía hasta el tiempo del cambio producido por aquel avance que, por cierto, encontrará a su vez, tarde o temprano, el mismo destino de fenecimiento que tuvo el estado de situación cuyo reemplazo determinó. Y así sucesivamente, como resultado de la obsolescencia que en tiempos modernos es manifiestamente programada en un significativo número de casos así como también resulta ser, en muchos otros, un correlato consecuencial directo e inexorable de los propios adelantos comportados por la tecnología.

Todas las vicisitudes secuenciales circulares de regencia-reemplazo-regencia se enmarcan en el precitado ámbito contextual de valor consecuencial para unos pero disvaliosos para otros en términos tan continuos como precisamente son continuos los cambios comportados por las nuevas irrupciones de la tecnología y sus aceleradas proposiciones de innovación.

La manifiesta vorágine de las transformaciones gestadas desde la Tecnología y los continuos cambios que ellas significan no alteran, sin embargo, el estado de situación que habita en la silenciosa subyacencia de todas y de cada una de aquellas y de éstos con señorío de permanencia. En efecto, por debajo de toda marejada que conmueve la superficie de modo patente existe el latente mar de fondo propio de las aguas profundas en las que habitan las bases estables e intemporales sobre las que se erige la aprehensión plena y la comprensión cabal de todos los fenómenos ocurrentes en aquel plano in límine observable.

De esta manera, a los avances tecnológicos y su torbellino de cambios le subyacen -con la estabilidad y la firmeza de la intemporalidad- la Metodología de abordaje y explicación de las innumerables vicisitudes gestadas a partir de aquellos avances que no son susceptibles de auto explicación y únicamente pueden ser objeto de intelección comprensiva desde los niveles epistemológicos situados extramuros de los fenómenos comportados por las transformaciones en sí mismas consideradas, desde cuyo posicionamiento exógeno poseen la plena legitimidad científica para comprender la esencia de la Tecnología como fenómeno científico, social, económico, jurídico, en fin, histórico y cultural, que perdura a través del tiempo produciendo transformaciones con diferente valor consecuencial, positivo o negativo, y que a pesar de su relevancia no posee la idoneidad necesaria para generar respecto de sí misma y de sus aplicaciones transformativas de la realidad la explicación de su propia naturaleza conceptual que es el punto de partida ineludible para entenderla y ejercer sobre ella el correspondiente señorío de demarcación axiológica de sus alcances en pro del debido resguardo, actual y eventual, previsional y precautorio, del Bien Común.

Siendo insusceptible de auto explicarse, la Tecnología requiere ser internalizada, paradójicamente, por lo que no cambia, vale decir, por la Metodología como disciplina que se ocupa de sistematizar el comportamiento intelectivo organizado como estructura preordenada a legitimar sobre ella, como base, la debida función explicativa de los fenómenos sobre los que coloca en acción su atención crítica.

Expresado en otros términos, por lo que no puede llevarse ni el torbellino ni la vorágine del viento de los avances tecnológicos, es decir, el imprescindible abordaje metodológico que constituye la herramienta eficiente del ser humano para internarse en las esencias de todo aquello que acontece y resulta de interés vital y necesidad de digna sobrevivencia para él, como ente racional portador de inteligencia, explicar. Función intelectiva fundamental que únicamente puede ser comportada mediante abordajes metódicos y desde que solo el rigor lógico, la disciplina sistémica, el pensamiento reflexivo y la vocación abarcativa intemporal que lo predica valiosamente de abstracto son aptos para conferir a los fenómenos de la Vida la comprensión de su ontología y la explicación por la que se les entiende. La búsqueda de la Verdad es, obsérvese con especial énfasis en la mirada reflexiva, lo que permanece a través del Tiempo de manera inalterable.

Esa búsqueda solo puede ser organizada con lo que la metodología ofrece como utensilios de averiguación y de pesquisa: y en este sentido dos son los métodos fundamentales que se han disputado, se disputan y seguirán disputándose por siempre el sitial excluyente, vale decir, el que conquista la zona de exclusión del restante.

En ese sentido, también, son ambos los que constituyen -más allá de las preferencias fundadas de los investigadores- el territorio de la permanencia intemporal, esa que continúa marcando la inalterabilidad sustantiva no obstante la naturaleza cambiante -valiosa o disvaliosa- de los fenómenos sobre los cuales construye su objeto de averiguación y comprensión cognoscente, esto es, las esencias que constituyen su ontología.

En lo que a los abordajes metodológicos concierne, como es sabido, dos son los métodos que históricamente se han disputado, y lo siguen haciendo, la exclusividad -y por consiguiente la prevalencia absoluta- en la faena averiguatoria de los fenómenos en general y, corolariamente, por los que constituyen el universo tecnológico y sus desarrollos.

Así, el abordaje mediante la intelección casuística que se erige sobre la inducción -pilar básico del inductivismo al que ese abordaje confiere nombre- compite con la intelección sistemática que, por su parte, se erige sobre la deducción impregnada del pensamiento abstracto que posee los valiosos atributos de la intemporalidad que es precisamente la garantía y aseguramiento de la estabilidad y la permanencia inalterada a pesar de los cambios que la Tecnología impulsa y que, de esta manera se entienden, se comprenden y se explican a cabalidad, a pesar de la condición empíricamente detectable de su variabilidad como resultado de los constantes avances de los desarrollos en el campo tecnológico. En otras palabras, mientras la Tecnología provoca cambios al avanzar su ímpetu inventivo sin cesar, los abordajes investigativos para discernir la naturaleza de los cambiantes fenómenos comportados por ella se mantienen en clara persistencia erigida sobre el permanente afán de abordarlos metodológicamente para proponer su intelección y alcanzar la comprensión de su verdadera naturaleza para, sobre ello, conocer como conducirse tanto con relación a las causas gestacionales de los cambios como en cuanto concierne a dominar racionalmente los efectos que a ellos suceden, de manera de dotar al Hombre de las herramientas sobre las que conseguirá enriquecer y enaltecer su Vida porque solo el conocimiento a cabalidad y precisión conceptual científica brida esclarecimiento para intentar alcanzar el ejercicio de señorío de regencia por el que se coloque al Ser Humano en condiciones de ejercer sobre aquella Tecnología el debido señorío de dominio.

En esta dirección de pensamiento -libre pensamiento más precisamente- es que se torna posible proponer como enunciado afirmativo que esa lucha por la prevalencia que ambos abordajes metodológicos -y obviamente epistemológico- han desarrollado históricamente es la que marca su permanencia y se mantiene incólume en el nivel de subyacencia real pero latente mientras al mismo tiempo que en la realidad patente se producen de manera continuada y manifiesta los cambios acarreados por los denominados avances tecnológicos, cambios que paradójicamente poseen sesgos de permanencia en cuanto tales porque su acaecimiento no deja de ser, en sentido no pertinente a los fines de lo que se encuentra enunciándose en estas líneas, constante.

Los precedentes libre desarrollos a nivel de ensayo de pensamiento son por cierto susceptibles de referenciarse en particular al Derecho Civil Contractual y de Responsabilidad por Daños. En este sensible territorio jurídico específico, que posee por objeto de tratamiento normativo -en sentido amplio- y doctrinario las relaciones interindividuales e intergrupales atingentes en especial a Bienes, Personas, Obligaciones, Contratos y Daños, es inexorable concluir que el abordaje metodológico respecto del mismo ha recorrido siempre -de manera directa o de modo indirecto según las circunstancias- el camino metodológico para comprender, regular y resolver los problemas derivados de los cambios que acarrea la Tecnología y su aplicación concreta en nuevas situaciones que afectan tanto el plano obligacional contractual como el plano de la responsabilidad por daños.

Es en este sentido que el Derecho Civil, en cuyo fuero interno se detectan y se registran los efectos consecuenciales de los avances tecnológicos en las áreas iuscivilistas de incumbencia indicadas en las líneas del párrafo inmediatamente precedente, es también fuero dentro de cuyos marcos perimetrales -vale decir, intramuros- se deben abordar metodológicamente los resultados de los denominados avances tecnológicos porque sin metodología no se obtendrá la correcta cabal comprensión de los nuevos posibles estados de situación en la dimensión jurídica de rigor y únicamente se advertirán de manera acrítica y por consiguiente asistemática fenómenos que no podrán interrelacionarse ni, por ende, reunirse en ligamen de coherencia y congruencia para sobre ello comprenderlos a cabalidad, que es por siempre y desde siempre el desiderátum de todo proceder científico, la Regla de Oro de todo investigador en materia jurídica, la Regla de Oro que enaltece la condición científica del Derecho en general y del Derecho Civil en especial: el imperativo -permanente, estable e intemporal- de poner el pensamiento crítico, reflexivo, sistemático y abstracto -marcas tipificantes de la racionalidad- al constante sensible servicio de garantizar la marcha de la propia disciplina ius privatista. Porque, sin dudas, son esas notas tipificantes del tradicional e histórico librepensamiento en Derecho Civil y son esas notas tipificantes del preindicado imperativo las que desde su condición incólume y estable constituyen, continuadamente y con sublime paradoja, los pilares sobre los que se erige el conocimiento y la comprensión de la variada multiplicidad cambiante de los fenómenos acarreados por los diferentes avances tecnológicos.

Las dos posibilidades metodológicas antes referidas se han postulado históricamente como las vías idóneas para llevar a cabo la faena averiguatoria que la Ciencia Jurídica exige en tributo y honor a su condición de tal. Ello ha significado, por consiguiente, atraer adherentes tanto de una como de la otra, entablándose así la natural controversia de articulaciones argumentativas para persuadir y prevalecer. Harina de otro costal temático es por cual de la dos debe inclinarse la balanza de preferencia basada en fundamentos objetivos que conduzcan, precisamente, a afiliarse a una u otra, lo cual configura nada menos que otra prueba de la permanencia subyacente a todo avance tecnológico transformativo de factores inconmovibles que constituyen nada menos que lo que el viento -muchas veces huracanado- de los avances tecnológicos no se ha llevado. Ni podrá jamás llevarse.

Informação bibliográfica deste texto, conforme a NBR 6023:2018 da Associação Brasileira de Normas Técnicas (ABNT):

CAUMONT, Arturo. Un ensayo de librepensamiento: avances tecnologicos y derecho civil. Lo que el viento no podrá llevarse. *In*: EHRHARDT JÚNIOR, Marcos; CATALAN, Marcos; MALHEIROS, Pablo (Coord.). *Direito Civil e tecnologia*. 2. ed. Belo Horizonte: Fórum, 2022. t. II. p. 27-32. ISBN 978-65-5518-432-7.

SOCIEDADE DO MEDO E SOCIALIZAÇÃO DOS RISCOS

RODOLFO PAMPLONA FILHO
JOÃO HORA NETO

A solidariedade da carência é substituída pela solidariedade do medo.
(Ulrich Beck)

Introdução

A noção de culpa é um pressuposto relevante da responsabilidade civil, a qual, aliada aos dois outros pressupostos clássicos (nexo e dano), caracteriza a chamada responsabilidade civil subjetiva, que dominou os primórdios do capitalismo. Sob tal ótica, o cerne da responsabilidade civil é aferir se há ou não a culpa do responsável pelo dano.

A partir da Revolução Industrial, que inaugura a Era Moderna e, portanto, a sociedade industrial, iniciam-se os estudos sobre a teoria do risco, que deu ensejo à técnica processual da culpa presumida, à vista dos recorrentes acidentes fabris, cabendo ao empregado vitimado apenas provar o dano e o nexo, gerando a presunção de culpa do empregador.

A teoria do risco foi um avanço considerável, mormente pelos desdobramentos acerca das várias espécies de risco, ou seja, risco profissional, risco proveito, risco da atividade, risco integral, dando fundamento à responsabilidade civil objetiva, restando à vítima provar tão apenas o nexo causal e o dano.

Contudo, nesse contexto histórico, vê-se que, enquanto na sociedade industrial, com a expansão do capitalismo, deu-se a distribuição de bens, na pós-modernidade, a partir das últimas décadas do século passado, observa-se a distribuição de riscos – reais ou irreais – globalizados e democratizados mundialmente.

O presente estudo pretende discutir o tema da responsabilidade civil na sociedade pós-moderna, pós-industrial ou sociedade de risco, a partir da obra *Sociedade de risco*, publicada em 1986, do sociólogo alemão Ulrich Beck, que nos alerta sobre a globalização dos riscos civilizatórios e traça um painel de incerteza e medo crescentes.

No Brasil, se outrora a responsabilidade civil subjetiva tinha amplo predomínio, conforme regra do art. 156 do Código Civil de 1916, na passagem do Estado liberal para o Estado social, quando da primeira Grande Guerra Mundial, inicia-se o processo de expansão da objetivação da responsabilidade civil, com o advento de leis especiais e que, depois, foi sedimentada com a Constituição Federal, o Código do Consumidor e o atual Código Civil, restando à responsabilidade subjetiva um espaço normativo diminuto.

Primeiramente, a pesquisa passa a destrinchar os princípios regentes da responsabilidade civil, isto é, o princípio da priorização da vítima, vinculado ao princípio constitucional da dignidade da pessoa humana; o princípio da solidariedade, também atrelado ao princípio constitucional da solidariedade social; o princípio da prevenção, que visa a afastar a probabilidade de dano da conduta humana e limitar as forças do mercado; e o princípio da reparação integral, a fim de que a vítima seja ressarcida *in natura* ou em pecúnia, conforme a regra "todo o dano, mas não mais que o dano".

Em sequência, o estudo passa a analisar as três funções da responsabilidade civil – função reparatória, punitiva e precaucional – discutindo, quanto à primeira, o seu importante papel, ainda que vinculada aos postulados do Estado liberal, uma vez que passa a agir somente após o fato consumado, de forma patológica, além de caracterizada por uma legislação neutra e formal face às leis do mercado. Também se discute a função punitiva, ou seja, a denominada "indenização punitiva", questionando-se sobre sua adoção ou não pelo direito pátrio e, acerca da última (precaucional), sobreleva sua importância na sociedade de risco, produtora de danos difusos e coletivos em escala mundial, a exigir de todos, indistintamente, uma obrigação geral de segurança, mediante uma interferência constante e eficaz do Poder Público nas leis do mercado.

Inserto nesse cenário geral de incertezas, diante da universalização dos riscos, aponta-se que o medo permeia a sociedade pós-moderna, não só decorrente de catástrofes naturais, mas também advindo dos desastres humanos (acidentes), como exemplo, os riscos derivados de crises econômicas mundiais, pandemias, segurança alimentar, pesquisas biotecnológicas, aquecimento global, experiências nucleares, entre outros.

Em sequência, a pesquisa passa a argumentar se os pressupostos clássicos da responsabilidade civil – culpa, nexo e dano – ainda persistem inalterados ou se merecem ser relativizados, perquirindo, ainda, como acautelar os interesses da vítima individual e da coletividade nessa nova sociedade produtora de riscos.

Nesse universo de riscos e de incertezas não quantificáveis, a pesquisa analisa se há ou não a mitigação dos pressupostos clássicos, aduzindo que, quanto ao primeiro, deu-se a dissociação da culpa da moral, em razão da adoção da "culpa normativa", sendo esta entendida como aquela na qual há uma desconformidade a um padrão geral e abstrato de comportamento, na esteira da boa-fé objetiva. Quanto ao segundo, informa sobre a aplicação das presunções de causalidade, das regras de experiência do juiz, das excludentes de causalidade, do fortuito interno e da causalidade alternativa, que importam na mitigação do nexo causal. E, quanto ao último, registra que há um alargamento dos danos difusos e coletivos, tuteláveis mediante as ações coletivas, no mais das vezes provocados pelo próprio homem, os chamados acidentes ou desastres humanos.

Com a compreensão de que o medo e a incerteza são ínsitos à sociedade pós-moderna, o estudo traz a lume casos emblemáticos, atinentes a quatro riscos distintos (digital, consumerista, ambiental e empresarial), objetivando reportar o debate para o direito concreto, de forma didática, relatando situações de notoriedade pública.

Em seguida, passa a discutir o futuro da responsabilidade civil, realçando o fenômeno da socialização dos danos, haja vista que, se outrora a responsabilidade civil se preocupava com o causador do dano, hoje o foco deve ser a vítima e o dano por ela sofrido, dano esse que atinge também toda a coletividade.

Ademais, a pesquisa pretende alertar que os danos hodiernos são geralmente difusos e coletivos, no mais das vezes de autoria incerta e de causalidade complexa, enaltecendo a necessidade da diluição/socialização dos danos, quer seja pela ampliação das hipóteses de responsabilidade solidária, quer seja pelo incremento da função precaucional, quer seja pelo desenvolvimento dos seguros de responsabilidade civil.

Enfim, na perspectiva de que se vive uma sociedade de risco e de medo, e levando em conta que a vítima singular e a coletividade não podem ficar desamparadas, não indenizadas, questiona-se se a securitização da responsabilidade civil é uma realidade patente e plausível.

1 O século XXI e a objetivação da responsabilidade civil

No sistema jurídico pátrio, constata-se que o instituto da responsabilidade civil foi aquele que mais sofreu transformações, muito mais do que o direito de família.

Em sendo reflexo do Estado liberal, o direito civil clássico, caracterizado pelo individualismo e patrimonialismo, difundiu a teoria da culpa, que deu lastro à responsabilidade civil subjetiva, delitual ou aquiliana, baseada na ideia da culpa individual, atinente aos danos advindos de uma sociedade tipicamente agrária.[1]

Desde a Modernidade, sob tal concepção, a culpa serviu como fundamento da responsabilidade civil, atrelada a um caráter moral e psicológico, no sentido de que a vítima tinha o poder de exigir o cumprimento do dever moral da reparação.

A ideia de culpa está visceralmente ligada à responsabilidade civil,[2] de acordo com a teoria clássica.

No Código Civil de 1916, a responsabilidade subjetiva era a regra e tinha previsão no art. 159, de sorte que a vítima, para fins de ser indenizada, deveria provar os três pressupostos básicos – culpa, nexo e dano – significando um ônus probatório em regra difícil, as vezes até dificílimo, mormente na sociedade moderna, constituindo-se na chamada prova diabólica (*probatio diabólica*).[3]

Na linha evolutiva histórica, a partir da Revolução Industrial (século XVIII), com o advento do progresso científico e da explosão demográfica, aliada ao processo de industrialização (maquinismo), advieram inúmeros acidentes de trabalho, com grande dificuldade para os trabalhadores provarem a culpa dos patrões, surgindo assim, a partir da segunda metade do século XIX, a chamada culpa presumida e, por último, o advento da teoria do risco.

---

[1] SANTOS, Romualdo Batista dos. Responsabilidade civil por risco da atividade: reflexões e propostas a partir das tragédias de Mariana e da boate Kiss. *In*: TEPEDINO, Gustavo; MENEZES, Joyceane Bezerra de (Coord.). *Autonomia privada, liberdade existencial e direitos fundamentais*. Belo Horizonte: Fórum, 2019. p. 612.

[2] CAVALIERI FILHO, Sergio. *Programa de responsabilidade civil*. 13. ed. São Paulo: Atlas, 2019. p. 31.

[3] SCHREIBER, Anderson. *Novos paradigmas da responsabilidade civil*: da erosão dos filtros da reparação à diluição dos danos. São Paulo: Atlas, 2007. p. 16-18.

Conceitualmente, elucida a doutrina que "risco é perigo, é probabilidade de dano".[4]

A partir dos estudos dos juristas franceses (Raymond Saleilles e Louis Josserand),[5] a ideia da responsabilidade objetiva passou a ser adotada, significando dizer que aquele que exerce uma atividade perigosa deve assumir os riscos e reparar o dano dela decorrente, independentemente de ter ou não agido com culpa.

Na esteira da responsabilidade civil objetiva, também denominada responsabilidade pelo risco, basta a vítima provar a existência do dano e o nexo de causalidade com a atividade do lesador, uma vez que a teoria do risco é inspirada "em razões de ordem prática e de ordem social",[6] diferente da teoria da culpa, que exige da vítima a prova da culpa do causador.

A teoria do risco comporta várias modalidades de risco (risco-proveito, risco criado, risco profissional e risco integral), sendo que, no Brasil, a despeito da cláusula geral da responsabilidade fundada na culpa do art. 159 do Código Civil de 1916, ela passou a ser gradativamente prevista em leis especiais, como exemplo, a Lei de Estradas de Ferro (Decreto nº 2.681, de 7.12.1912), o Código de Mineração (Decreto-Lei nº 227/1967), a Lei nº 6.194/1974, que institui o seguro obrigatório, a Lei nº 6.453/1977, que regula a exploração de atividades nucleares, a Lei nº 6.938/1981, que trata da proteção ao meio ambiente, o Código Brasileiro de Aeronáutica (Lei nº 7.565/1986), a Lei nº 8.213/1991, que prevê a responsabilidade por acidente de trabalho, o art. 37, §6º da Carta Magna, que disciplina a responsabilidade civil do Estado, além do próprio Código de Defesa do Consumidor (Lei nº 8.078/90).

A abertura do sistema jurídico civil ocorre na passagem do Estado liberal para o Estado social, a partir da Primeira Grande Guerra Mundial dos anos 20 (1920) e se intensifica mediante o chamado "dirigismo estatal".

Re vera, o advento das referidas leis especiais ou extravagantes, também denominadas "microssistemas jurídicos", revela uma faceta do processo de fragmentação ou descodificação do direito civil, na medida em que o Código Civil de 1916 deixou de ser o centro emanador do direito privado, pois as leis especiais passaram a reger o direito civil especial, de forte cunho social e protecionista, enquanto o Código Civil continuou a reger o direito civil comum ou residual, de forma genérica.

A Constituição Federal de 1988 deu um novo alento à objetivação da responsabilidade civil, não só pelas hipóteses específicas dos arts. 21, XXIII (dano nuclear) e 37, §6º (responsabilidade objetiva do Estado), mas também à vista de uma nova tábua axiológica atrelada à legalidade civil constitucional, conforme os princípios da igualdade, solidariedade e dignidade da pessoa humana.

Mas foi com a edição do Código Civil de 2002, a despeito da sua timidez acerca de outros temas (família, por exemplo), que a teoria da culpa foi definitivamente substituída pela teoria do risco, diante da adoção da responsabilidade civil objetiva como regra, de acordo com a cláusula geral da responsabilidade por atividade de risco ou perigosa (art. 927, parágrafo único, CC), além da conversão de uma série de hipóteses antes

---

[4] CAVALIERI FILHO, Sergio. *Programa de responsabilidade civil*. 13. ed. São Paulo: Atlas, 2019. p. 227.
[5] SCHREIBER, Anderson. *Novos paradigmas da responsabilidade civil*: da erosão dos filtros da reparação à diluição dos danos. São Paulo: Atlas, 2007. p. 18-21.
[6] PEREIRA, Caio Mário da Silva. *Responsabilidade civil*. 2. ed. Rio de Janeiro: Forense, 1990. p. 24.

dominadas pela culpa presumida (responsabilidade por fato de terceiro e por fato de animais) em responsabilidade civil objetiva.

Na atualidade, constata-se que o direito privado pátrio é regido – primacialmente – pela responsabilidade civil objetiva, consoante as diversas cláusulas gerais do Código Civil, como: o exercício da atividade de risco ou perigosa (art. 927, parágrafo único), o abuso do direito (art. 187), a responsabilidade pelo fato de outrem (art. 932 c/c art. 933), a responsabilidade pelo fato da coisa e do animal (arts. 936, 937 e 939), a responsabilidade dos incapazes (art. 928), a responsabilidade por danos causados por produtos (art. 931), afora os arts. 12, 14, 18 e 20 do Código de Defesa do Consumidor, que preveem a responsabilidade civil objetiva na relação consumerista, inclusive com a possibilidade de incidência da teoria do "diálogo das fontes".

Por conseguinte, na prática, atesta-se que a responsabilidade civil subjetiva ficou reduzida a um espaço diminuto, ou seja, aplicável apenas às relações intersubjetivas – entre iguais – a teor do art. 186 do Código Civil ou pertinente aos profissionais liberais, à luz do art. 14, §4º do CDC.

2 Princípios da responsabilidade civil

Assim como outras disciplinas jurídicas, a responsabilidade civil detém princípios próprios, entendido o princípio como uma norma com grau de generalidade alto e que se reporta a valores estruturantes do ordenamento jurídico.

À luz da doutrina, o princípio, diferentemente da regra, guarnece um conteúdo axiológico e é conceituado como "mandamento de otimização",[7] sendo tal expressão concebida em sentido amplo para incluir as permissões e proibições. Além disso, em caso de colisão entre princípios, impõe-se a aplicação da técnica da ponderação (sopesamento) sobre aquele que deve prevalecer, isto é, aquele que tiver maior peso no caso concreto.[8]

Basicamente, são quatro os princípios da responsabilidade civil:

i) O princípio da priorização da vítima, vinculado ao princípio da dignidade da pessoa humana, segundo o qual a vítima não pode ficar ao desemparo, desfalcada, sem o devido ressarcimento, como se tivesse "no lugar errado e na hora errada" e o evento danoso tivesse sido tão apenas uma mera fatalidade.

Ao contrário, a proteção da vítima é um imperativo constitucional, pois a dignidade da pessoa humana é um fundamento da República (art. 1º, III, CF), sendo apontado como valor supremo da democracia.

Etimologicamente, o vocábulo "dignidade" deriva do termo *dignitas*, que significa valor intrínseco, prestígio, mérito ou nobreza, uma vez que a expressão "dignidade", como cláusula geral, é inerente à personalidade humana.

Proteger e priorizar a vítima significa, em suma, efetivar o princípio da dignidade da pessoa humana, um dos pilares da legalidade civil-constitucional.

ii) O princípio da solidariedade, igualmente atrelado ao princípio constitucional da solidariedade social (art. 3º, I, CF), segundo o qual não apenas aspectos econômicos devem ser priorizados no meio social, mas também condutas

---

[7] ALEXY, Robert. *Teoria dos direitos fundamentais*. 2. ed. São Paulo: Malheiros, 2017. p. 90.
[8] ALEXY, Robert. *Teoria dos direitos fundamentais*. 2. ed. São Paulo: Malheiros, 2017. p. 94.

e comportamentos mais solidários e humanos, a partir da ideia de "corresponsabilidade", na qual "todos atuem conjuntamente para a obtenção de certo resultado, estipulando consensos mínimos para rechaçar aquilo que é intolerável".[9]

Assim, ao intérprete cabe perquirir, na solução do evento danoso, não apenas dados econômicos específicos, mas também se os supostos agentes causadores agiram de forma cooperada e solidária, considerando a atividade perigosa ou de risco por eles desenvolvida.

Em linguagem denotativa, a expressão "solidariedade" significa "compromisso pelo qual as pessoas se obrigam umas às outras e cada uma delas a todas",[10] bem como representa uma comunidade de interesses ou uma corresponsabilidade. Dessarte, traduz o sentido do que é "total ou por inteiro ou pela totalidade", além do que, na acepção jurídica, configura a "consolidação em unidade de um vínculo jurídico diante da pluralidade de sujeitos ativos ou passivos de uma obrigação, a fim de que somente se possa cumprir por inteiro ou *in solidum*".[11]

Na dogmática privada, há várias espécies de solidariedade, como exemplo, a solidariedade ativa (pluralidade de credores), a solidariedade passiva (pluralidade de devedores), além da solidariedade convencional e a legal.

In casu – de maior pertinência para o estudo –, merecem destaque as solidariedades legal e passiva, uma vez que, quanto à primeira, por imposição legal, várias pessoas se tornam corresponsáveis, coobrigadas ou corrés de uma obrigação e podem de *per si* ser compelidas ao pagamento total do valor que lhe serve de objeto.

Já em relação à solidariedade passiva, dá-se quando vários devedores de uma obrigação estão atrelados a uma obrigação pela totalidade da prestação ou *in solidum*, haja vista que o credor tem a faculdade de exigir o seu cumprimento integral de qualquer um dos coobrigados (art. 275, CC).

A essência da solidariedade é a unidade da obrigação, ainda que haja pluralidade de credores ou de devedores, sendo a sua finalidade o incentivo ao crédito, protegendo os interesses dos credores no sentido de remediar os inconvenientes originários da divisão do débito.

No direito pátrio não se presume a solidariedade, pois ela nasce do contrato ou resulta da lei (art. 265, CC), sendo que, em sede de responsabilidade civil, há expressa previsão da solidariedade passiva legal de todos os participantes em ato ilícito, conforme art. 942, CC, *verbis*:

> Os bens do responsável pela ofensa ou violação do direito de outrem ficam sujeitos à reparação do dano causado; e, se a ofensa tiver mais de um autor, todos responderão solidariamente pela reparação.
>
> *Parágrafo único. São solidariamente responsáveis com os autores os coautores e as pessoas designadas no art. 932.* (Grifos nossos)

---

[9] FARIAS, Cristiano Chaves de; BRAGA NETTO, Felipe Peixoto; ROSENVALD, Nelson. *Novo tratado de responsabilidade civil*. São Paulo: Atlas, 2015. p. 25.

[10] HOUAISS, Antônio; VILLAR, Mauro de Salles; FRANCO, Francisco Manoel de Mello. *Dicionário Houaiss da língua portuguesa*. Rio de Janeiro: Objetiva, 2009. p. 1766.

[11] SILVA, De Plácido e. *Vocabulário jurídico*. Atualização de Nagib Slaibi Filho e Priscila Pereira Vasques Gomes. 32. ed. Rio de Janeiro: Forense, 2016. p. 1331.

Em igual senda, há solidariedade legal passiva na relação consumerista (art. 7º, parágrafo único, art. 25, §1º e art. 34, CDC), o que permite à vítima (o consumidor) "escolher contra quem promover a ação de reparação – se contra um, mais de um ou contra todos".[12] Assim, a responsabilização se estende a todos que integram a cadeia do consumo, de sorte que, em havendo mais de um fornecedor causador do dano, todos respondem solidariamente por tomarem parte na atividade de colocar o produto ou o serviço no mercado consumerista.

Induvidoso, pois, que a solidariedade legal passiva protege e facilita, largamente, os interesses do credor/vítima, mormente na sociedade hodierna.

    iii) O princípio da prevenção, que guarda pertinência com a era da globalização, na qual se constata o fim da sociedade industrial e o surgimento de uma sociedade pós-industrial, também denominada "sociedade de risco", essencialmente tecnológica, massificada e cosmopolita.

No contexto atual, há uma mudança de foco, pois, muito mais do que indenização, a sociedade busca a prevenção do risco, que é a probabilidade dano, considerando que a ação humana, no mais das vezes anônima, é suscetível de produzir riscos em escala global.[13]

Em linguagem denotativa, prevenção é "medida tomada para evitar perigos ou danos",[14] sendo patente que, na sociedade hodierna, impõe-se que a conduta humana ocorra com prudência, a fim de evitar danos em escala crescente e mundial.

Para tanto, a eliminação prévia dos riscos se faz imperiosa, devendo a livre iniciativa e as "leis do mercado" serem regradas e fiscalizadas a contento, uma vez que, de resto, "as atividades potencialmente lesivas afetam milhares de pessoas em dimensão global, podendo mesmo os efeitos danosos alcançarem as gerações futuras".[15]

Nesse contexto, afora as questões ligadas ao meio ambiente mundial e à saúde pública, basta lembrar o crescente protagonismo das plataformas digitais, detentoras de uma incalculável massa de dados pessoais, armazenados com pouca transparência e segurança, sendo, por conseguinte, potencialmente causadoras de danos aos seus usuários.[16]

Essencialmente, diante dos riscos da vida moderna, inserida numa economia digital, a prevenção significa a passagem de um sistema repressivo para um proativo, isto é, aquele que antecede a ocorrência do dano.[17]

    iv) O princípio da reparação integral, inspirado na noção de "justiça corretiva" desenvolvida por Aristóteles e mais tarde reiterada por São Tomás de Aquino na Idade Média, com a denominação "justiça comutativa", tem por escopo restabelecer o equilíbrio jurídico-econômico anteriormente existente entre o lesador e a vítima.

---

[12] BRAGA NETTO, Felipe Peixoto. *Manual do direito do consumidor*. 10. ed. Salvador: JusPodivm, 2015. p. 73-74.

[13] VAZ, Caroline; TEIXEIRA NETO, Felipe. Sociedade de risco, direitos transindividuais e responsabilidade civil: reflexões necessárias rumo à efetivação de uma mudança de paradigma. In: ROSENVALD, Nelson; DRESCH, Rafael de Freitas Valle; WESENDONCK, Tula (Coord.). *Responsabilidade civil*: novos riscos. São Paulo: Foco, 2019. p. 4.

[14] AULETE, Caldas. *Dicionário Caldas Aulete da língua portuguesa*. 2. ed. Rio de Janeiro: Lexikon, 2007. p. 807.

[15] FARIAS, Cristiano Chaves de; BRAGA NETTO, Felipe Peixoto; ROSENVALD, Nelson. *Novo tratado de responsabilidade civil*. São Paulo: Atlas, 2015. p. 28.

[16] FRASÃO, Ana. Plataformas digitais, big data e riscos para os direitos da personalidade. In: TEPEDINO, Gustavo; MENEZES, Joyceane Bezerra de (Coord.). *Autonomia privada, liberdade existencial e direitos fundamentais*. Belo Horizonte: Fórum, 2019. p. 333-349.

[17] CAVALIERI FILHO, Sergio. *Programa de responsabilidade civil*. 13. ed. São Paulo: Atlas, 2019. p. 11.

A *restitutio in integrum* visa a, na medida do possível, repor a vítima à situação anterior à lesão, sendo a indenização fixada em proporção ao dano sofrido, ainda que a plena reparação se configure em um ideal utópico e de difícil concretização. Nesse sentido, observa-se uma relativa facilidade em fixar a indenização por danos emergentes patrimoniais, o que não ocorre com os lucros cessantes e com a reparação por dano moral.

Na dogmática civilística, tal princípio acha-se insculpido no art. 944 do Código Civil, *verbis*:

> A indenização mede-se pela extensão do dano. Para tanto, a reparação pode ser feita de forma natural – *in natura* – mediante a restituição ao ofendido do mesmo bem em substituição ao outro ou então via pecúnia, com o pagamento de uma indenização que razoavelmente possa equivaler ao interesse lesado.

Trata-se de um princípio primacial à responsabilidade civil, não só porque a vítima precisa ser compensada do dano sofrido, mas também para evitar o enriquecimento sem causa do lesador, conforme a precisa doutrina francesa a respeito – *tout le dommage, mais rien que le dommage* ("todo o dano, mas não mais que o dano").

Assim como o Código Civil, o Código de Defesa do Consumidor também prevê o princípio da reparação integral, como direito básico do consumidor, a teor do art. 6º, VI, *verbis*: "a efetiva prevenção e reparação de danos patrimoniais e morais, individuais, coletivos e difusos".

Malgrado isso, questiona-se na doutrina acerca de uma suposta mitigação ao referido princípio, à vista do parágrafo único do art. 944 do Código Civil, *in verbis*: "Se houver excessiva desproporção entre a gravidade da culpa e o dano, poderá o juiz reduzir, equitativamente, a indenização".

Contudo, a controvérsia vai de críticas a elogios, ou seja, desde a sua inconstitucionalidade até sua ampla e irrestrita aplicação, merecendo ressaltar que a maioria das legislações modernas adota o critério previsto, a cargo do prudente arbítrio do julgador, a fim de evitar excesso na condenação.[18]

Ademais, parte da doutrina defende que a sua aplicação deve ser restrita apenas à hipótese de culpa levíssima e não de culpa leve ou de culpa grave (dolo), mas uma outra parcela sustenta até a sua alteração legislativa, sugerindo que se faça referência expressa às condições econômicas do lesante ou à finalidade de se evitar a ruína econômica do ofensor, como assim previsto nas legislações europeias.[19]

3 Funções da responsabilidade civil

O vocábulo "função", em linguagem dicionarizada, significa "obrigação a cumprir, papel a desempenhar, uso a que se destina algo, utilidade, emprego, serventia".[20]

---

[18] CAVALIERI FILHO, Sergio. *Programa de responsabilidade civil*. 13. ed. São Paulo: Atlas, 2019. p. 27.
[19] CALIXTO, Marcelo Junqueira. Responsabilidade civil objetiva e a mitigação da reparação dos danos. *In*: TEPEDINO, Gustavo; MENEZES, Joyceane Bezerra de (Coord.). *Autonomia privada, liberdade existencial e direitos fundamentais*. Belo Horizonte: Fórum, 2019. p. 553.
[20] HOUAISS, Antônio; VILLAR, Mauro de Salles; FRANCO, Francisco Manoel de Mello. *Dicionário Houaiss da língua portuguesa*. Rio de Janeiro: Objetiva, 2009. p. 937.

Induvidoso que o direito protege o lícito e reprime o ilícito, eis um dogma, à luz da máxima romana *neminem laedere*, aplicável indistintamente às responsabilidades subjetiva e objetiva, contratual e extracontratual, nos moldes do arts. 186 e 927, parágrafo único do Código Civil.

Dessarte, se a obrigação é um dever jurídico originário e a responsabilidade é dever jurídico sucessivo, a ocorrência de um ilícito em que haja dano faz nascer, *ope legis*, o dever de indenizar o prejuízo.

À luz de abalizada doutrina, a cláusula geral da responsabilidade civil tem um perfil multifuncional e detém três funções distintas – função reparatória, função punitiva e função precaucional.

Trata-se a primeira (função reparatória) de uma função clássica, mas ainda dominante – primacial e inafastável – uma vez que a vítima não deve ficar desassistida diante do dano sofrido, sendo que o ressarcimento se dá *in natura* ou via pecúnia, não obstante dito ressarcimento seja um ideal quase impossível, haja vista que, de resto, nunca há um completo retorno ao *status quo ante*.

Todavia, há críticas à referida função, sob o argumento de que a tutela ressarcitória (*in natura* ou em pecúnia) remonta aos postulados do Estado liberal, permeado de uma legislação neutra e formal, que não interfere nas leis do mercado, além de agir apenas de forma patológica, isto é, após a "consumação do dano para resgatar o equilíbrio econômico rompido pela lesão",[21] significando, em suma, uma aceitação passiva à concepção de imunidade do mercado.

A segunda função – função punitiva – significa uma indenização adicional paga à vítima com o fito de punir o lesador e não apenas compensar os prejuízos sofridos.

Também denominada de "indenização punitiva", tem origem no direito norte-americano, a partir da doutrina dos *punitive damages* (danos punitivos); segundo seus adeptos, tem três objetivos específicos: i) dissuadir o ofensor de eventual reiteração da conduta lesiva; ii) sancionar de modo integral uma conduta extremamente reprovável; iii) mitigar os efeitos do cenário jurisprudencial, que mantém relativamente baixos os valores da reparação do dano moral.[22]

Originária do sistema jurídico *commom law*, a função de punição visa "punir o causador do dano, por meio de condenações em valores que superem a extensão do dano causado",[23] o que evidencia o seu relevante caráter dissuasório.

No direito pátrio, apesar de os chamados "danos punitivos" não terem previsão legislativa, eles têm sido aplicados de forma anômala/tangencial, isto é, não como uma parcela adicional de indenização, mas incluídos na própria compensação do dano moral, uma vez que a compensação do dano moral, conforme a dominante jurisprudência, guarnece um caráter compensatório e um caráter punitivo.

---

[21] ROSENVALD, Nelson. *As funções da responsabilidade civil*: a reparação e a pena civil São Paulo: Atlas, 2013. p. 70.
[22] REIS JUNIOR, Antonio. Por uma função promocional da responsabilidade civil. In: SOUZA, Eduardo Nunes de; SILVA, Rodrigo da Guia (Coord.). *Controvérsias atuais em responsabilidade civil*: estudos de direito civil-constitucional. São Paulo: Almedina, 2018. p. 586.
[23] RODRIGUES, Cássio Monteiro. A função preventiva da responsabilidade civil sob a perspectiva do dano: é possível falar em responsabilidade sem dano? In: SOUZA, Eduardo Nunes de; SILVA, Rodrigo da Guia (Coord.). *Controvérsias atuais em responsabilidade civil*: estudos de direito civil-constitucional. São Paulo: Almedina, 2018. p. 616.

Também há críticas acerca da "indenização punitiva", por entender-se que vai de encontro à mitigação da reparação integral prevista no parágrafo único do art. 944 do Código Civil, *in verbis*:

> Se houver excessiva desproporção entre a gravidade da culpa e o dano, poderá o juiz reduzir, equitativamente, a indenização. Ademais, entende-se que viola o princípio da proibição do enriquecimento sem causa (arts. 884 a 886, CC), haja vista que a quantia paga a título de indenização adicional é destinada exclusivamente à vítima, afora a afronta à dicotomia entre o ilícito penal e civil, por ser aplicável sem as garantias processuais devidas e sem a necessária tipificação prévia da conduta.[24]

De qualquer sorte, observa-se uma relativa aceitação dos *punitive damages* no direito brasileiro, cuja doutrina vem sendo acolhida em situações de graves violações aos interesses da personalidade, aos valores existenciais da pessoa humana, a exigir do Judiciário uma solução do caso concreto, mormente diante da omissão do Poder Legislativo, o que faz revelar, nesse aspecto, certo ativismo judicial.

A terceira função – função precaucional – diz respeito à sociedade pós-industrial, também denominada de "sociedade de risco", pertinente às últimas décadas do século findo e em pleno curso no século atual, na qual se constata uma desmesurada multiplicação de danos coletivos e difusos a atingir toda a coletividade.

Na sociedade hodierna, constata-se que não mais se distribui riqueza e, sim, riscos, que são capazes de causar lesão a bens de titularidade coletiva, como o meio ambiente, a paz pública, a confiança coletiva, o patrimônio cultural, artístico, histórico, além do desapreço que afeta negativamente toda a coletividade pela perda de valores essenciais, gerando um sentimento de comoção, intranquilidade e insegurança.[25]

Nesse contexto, percebe-se que a vítima do dano, e não mais o autor, passa a ser o cerne da responsabilidade civil, de sorte que a expansão da objetivação da responsabilidade civil é um imperativo crescente, por exigência da solidariedade social e da proteção do cidadão, consumidor e usuários de serviços públicos e privados.

Mais do que nunca a sociedade anseia por segurança, razão por que a função precaucional é de importância capital, a fim de que sejam evitados os riscos potenciais, hipotéticos e abstratos que possam causar danos irreversíveis e graves, passando a responsabilidade civil a ser proativa, de longa duração e atinente à proteção do futuro.

Ressalte-se, ainda, que os vocábulos "precaução" e "prevenção" têm uma similitude porque ambos se fundam na prudência,[26] mas que, na prática, se diferenciam, uma vez que a precaução diz respeito a um risco potencial, hipotético e abstrato, o chamado "risco do risco",[27] enquanto a prevenção se reporta a um risco de dano atual, concreto e real, como exemplo, o risco de acidente automobilístico por excesso de velocidade, por ultrapassagem indevida, entre outros.

---

[24] SCHREIBER, Anderson. *Novos paradigmas da responsabilidade civil*: da erosão dos filtros da reparação à diluição dos danos. São Paulo: Atlas, 2007. p. 200-201.
[25] CAVALIERI FILHO, Sergio. *Programa de responsabilidade civil*. 13. ed. São Paulo: Atlas, 2019. p. 11.
[26] LOPEZ, Tereza Ancona. *Princípio da precaução e evolução da responsabilidade civil*. São Paulo: Quartier Latin, 2010. p. 101.
[27] LOPEZ, Tereza Ancona. *Princípio da precaução e evolução da responsabilidade civil*. São Paulo: Quartier Latin, 2010. p. 15.

Ademais, anote-se que a precaução é uma função, enquanto a prevenção é um princípio, de natureza *lato sensu*, aplicável a todo sistema de responsabilidade civil, de sorte que na função reparatória a indenização é acrescida de uma "prevenção de danos"; na função punitiva ela é acrescida a uma "prevenção de ilícitos" e na função precaucional é acrescida a uma "prevenção de riscos".[28]

A função precaucional representa um "instrumento de controle social e difuso no confronto das atividades potencialmente lesivas",[29] fazendo-se necessária a permanente ampliação da objetivação da responsabilidade civil, para fins de que, com base no princípio da solidariedade social, possa o Poder Público regular as forças do mercado global, protegendo o lucro, mas sem liquidar os interesses difusos e coletivos das pessoas.

Nesse contexto, entende-se que a noção de controle é ínsita à função precaucional, objetivando reprimir situações potencialmente lesivas, através da eliminação prévia dos riscos, mediante, por exemplo, uma fiscalização eficiente e uma regulamentação administrativa intensa dos agentes econômicos de produção, através de agências reguladoras e organismos afins. De igual forma, serve para reprimir os riscos atinentes à segurança alimentar (alimentos geneticamente modificados), à segurança nos medicamentos, nos cosméticos, nas atividades médicas e hospitalares, nos transportes, no uso das energias, além dos conhecidos riscos ecológicos e nucleares.

Assim, na sociedade de risco, impõe-se a todos uma "obrigação geral de segurança",[30] haja vista que, em suma, a função precaucional "atua para evitar a ocorrência de danos futuros".[31]

4 Sociedade de risco de Ulrich Beck

Na sua clássica obra – *Sociedade de risco* –[32] publicada em 1986, após o acidente nuclear de Chernobyl, o sociólogo alemão Ulrich Beck faz um painel sobre o problema das incertezas sociais, alertando sobre a globalização dos riscos civilizatórios.

Na obra, sustenta dois temas fundamentais – a "modernidade reflexiva" e o "risco" –, argumentando que, enquanto na sociedade industrial há a distribuição de riqueza, na presente sociedade pós-industrial, pertinente à "modernidade reflexiva", distribuem-se riscos.

Atesta que a modernidade capitalista industrial gerou uma gama de crises, tragédias e catástrofes – escalada da violência banal, terrorismo, retorno de doenças que se acreditavam controladas, desemprego estrutural, desequilíbrio ecológico etc. – razão pela qual a humanidade ingressa numa outra modernidade (modernidade reflexiva), em que se distribuem e se socializam todos os ônus e oportunidades. Sustenta que a

---

[28] FARIAS, Cristiano Chaves de; BRAGA NETTO, Felipe Peixoto; ROSENVALD, Nelson. *Novo tratado de responsabilidade civil*. São Paulo: Atlas, 2015. p. 56.

[29] ROSENVALD, Nelson. *As funções da responsabilidade civil*: a reparação e a pena civil São Paulo: Atlas, 2013. p. 75.

[30] LOPEZ, Tereza Ancona. *Princípio da precaução e evolução da responsabilidade civil*. São Paulo: Quartier Latin, 2010. p. 240.

[31] RODRIGUES, Cássio Monteiro. A função preventiva da responsabilidade civil sob a perspectiva do dano: é possível falar em responsabilidade sem dano? *In*: SOUZA, Eduardo Nunes de; SILVA, Rodrigo da Guia (Coord.). *Controvérsias atuais em responsabilidade civil*: estudos de direito civil-constitucional. São Paulo: Almedina, 2018. p. 617.

[32] BECK, Ulrich. *Sociedade de risco*: rumo a uma outra modernidade. São Paulo: Editora 34, 2019. p. 7-376.

própria civilização humana é uma ameaça a si mesma, na qual a incessante produção de riqueza é acompanhada por uma igualmente incessante "produção social de riscos".

Também elucida que a sociedade de risco gera novas desigualdades internacionais, por ser uma sociedade de incertezas fabricadas e que os riscos não podem ser mensurados, riscos esses não apenas decorrentes de catástrofes naturais, mas também derivados da internet, alimentos contaminados e transgênicos, pesquisas biotecnológicas de clonagem, pesquisas nucleares, terrorismo internacional, entre outros. Afirma que se trata de uma sociedade fora do controle, em que não há nada certo além da incerteza, sendo marcadamente caracterizada pelo medo, o que faz sobressaltar o ideal de segurança.

Assim, nesse cenário hodierno de incerteza, medo e insegurança, entende-se que a função precaucional da responsabilidade civil ganha um papel relevante, na esteira da objetivação da responsabilidade civil crescente e necessária.

5 Mitigação dos pressupostos da responsabilidade civil na sociedade de risco

Na sociedade pós-moderna o risco está cada vez mais presente no nosso cotidiano.

Vive-se hoje, na modernidade, considerada por muitos pós-modernidade, uma ruptura histórica, que não representa o fim da sociedade moderna e, sim, sua reconfiguração, uma vez que, segundo Ulrich Beck, a sociedade industrial clássica, produtora e distribuidora de riquezas, transforma-se numa sociedade industrial de riscos, na qual a produção dos riscos domina a lógica da produção de bens.[33]

Há uma universalização dos riscos – reais e irreais – que são mais democráticos e globalizados, muito própria da sociedade da ciência, da mídia e da informação, a gerar um cenário de risco global, de incertezas não quantificáveis, como exemplo, as mudanças vivenciadas na década de 80 do século XX – a crise ambiental, a queda do muro de Berlim e os avanços tecnológicos.

Induvidosamente, na sociedade de risco, impera o medo e a incerteza,[34] diante não apenas de catástrofes naturais, mas também dos riscos de danos materiais e morais advindos da internet, de crises econômicas mundiais, de pesquisas biotecnológicas (clonagens), de experiências nucleares, de aquecimento global, de segurança alimentar e de pandemias, como é o caso da presente pandemia Covid-19.

Na pós-modernidade, o risco não se circunscreve apenas a determinado "grupo de risco", mas antes "se espraia por toda a sociedade, local, regional, mundial, e por isso cria um potencial de medo muito superior, em quantidade e qualidade, ao que se vivia na sociedade industrial dos séculos XIX/XX".[35]

---

[33] ROBALINHO, Marcelo. Para além dos riscos: uma análise do livro Sociedade de risco. *Fiocruz*, 2014. Disponível em: https://www.arca.fiocruz.br/bitstream/icict/17093/2/9.pdf. Acesso em: 26 fev. 2021.

[34] LOPEZ, Tereza Ancona. Responsabilidade civil na sociedade de risco. *In*: LOPEZ, Tereza Ancona; LEMOS, Patrícia Faga Iglecias; RODRIGUES JUNIOR, Otavio Luiz (Coord.). *Sociedade de risco e direito privado*: desafios normativos, consumeristas e ambientais. São Paulo: Atlas, 2013. p. 3.

[35] GOMES, Carla Amado. A idade da incerteza: reflexões sobre os desafios de gerenciamento do risco ambiental. *In*: LOPEZ, Tereza Ancona; LEMOS, Patrícia Faga Iglecias; RODRIGUES JUNIOR, Otavio Luiz (Coord.). *Sociedade de risco e direito privado*: desafios normativos, consumeristas e ambientais. São Paulo: Atlas, 2013. p. 195-196.

Nesse cenário global de incertezas, os pressupostos clássicos da responsabilidade civil já não mais funcionam a contento, razão por que foram relativizados com o advento da teoria do risco, que fundamenta a responsabilidade civil objetiva.

Há uma erosão dos filtros tradicionais da responsabilidade civil,[36] assim caracterizada nos três pressupostos seguintes:

i) Em relação ao primeiro pressuposto, referente à noção de culpa, é considerada uma categoria nuclear da responsabilidade civil, à luz da ideologia liberal, individualista e patrimonialista.

Nesse sentido, a culpa, conceituada como a falta de devida atenção, afastou-se da moral, passando a ser entendida como um modelo abstrato de comportamento, aferida *in abstracto*, assim denominada "culpa normativa", isto é, aquela na qual há uma desconformidade a um padrão geral e abstrato de comportamento, de sorte que "o agente não é mais é mais tido em culpa por ter agido de forma reprovável no sentido moral, mas simplesmente por ter deixado de empregar diligência social média".[37]

Nessa perspectiva, com a culpa normativa, os tribunais passaram a analisar a culpa não mais com base no método singular e abstrato, para se alcançar o ideal de *bonus pater famílias*, mas a partir de parâmetros externos, como exemplo, as diretrizes emitidas por associações profissionais, as recomendações de agências reguladoras, os normativos da Comissão de Valores Mobiliários, afora a assistência de órgãos, entidades e técnicos periciais, com o fito de aferir o *standard* de conduta aplicável à casuística.

A consagração da culpa normativa representa a dissociação da culpa da moral, também reforçada pela boa-fé objetiva, entendida como um mandamento de lealdade/conduta/honestidade, e que, mediante sua tríplice função, estabelece regras de conduta aplicáveis aos sujeitos da relação jurídica privada ou pública, o que veio a facilitar a prova da culpa, hoje não mais uma *probatio diabólica*.

ii) Já o segundo pressuposto tem pertinência com o nexo causal, conceituado como a relação de causa e efeito, o liame entre o ato e o fato, o vínculo, a ligação, a fim de se aferir quando determinado resultado é imputável ao agente.

Trata-se de um pressuposto indispensável e de difícil demonstração, uma vez que pode haver responsabilidade sem culpa, como é o caso da responsabilidade objetiva, mas jamais pode haver responsabilidade sem nexo.[38]

A relação de causalidade ou nexo causal não se presume, consoante sólida doutrina, o que ratifica a ideia da dificuldade da sua prova, em face da miríade de teorias da causalidade a respeito, isto é, as teorias da equivalência das condições (*conditio sine qua non*), da causalidade adequada, do dano direito direto e imediato, entre outras, ao ponto de os tribunais pátrios adotarem, com recorrente confusão, as teorias da causalidade adequada e do dano direto e imediato, a partir da interpretação que emprestam ao único artigo do Código Civil que trata do nexo causal (art. 403, CC).[39]

---

[36] SCHREIBER, Anderson. *Novos paradigmas da responsabilidade civil*: da erosão dos filtros da reparação à diluição dos danos. São Paulo: Atlas, 2007. p. 3-246.

[37] SCHREIBER, Anderson. *Novos paradigmas da responsabilidade civil*: da erosão dos filtros da reparação à diluição dos danos. São Paulo: Atlas, 2007. p. 35.

[38] CAVALIERI FILHO, Sergio. *Programa de responsabilidade civil*. 13. ed. São Paulo: Atlas, 2019. p. 67.

[39] CRUZ, Gisela Sampaio da. *O problema do nexo causal na responsabilidade civil*. Rio de Janeiro: Renovar, 2005. p. 20-21.

Modernamente, observa-se a flexibilização do nexo causal, diante da complexidade dos danos advindos da sociedade de risco, com a aplicação de presunções de causalidade, das regras de experiência do juiz, das excludentes de causalidade (caso fortuito, força maior, culpa exclusiva da vítima), do fortuito interno, além da teoria da causalidade alternativa, reconhecendo-se, quanto a esta, "a responsabilidade solidária sobre todo o grupo envolvido na geração do dano, embora, a rigor, apenas um de seus integrantes o tenha provado".[40]

Nesse contexto, merece destaque a aplicação da presunção da causalidade, a partir de uma associação estatística entre atividade de risco e dano, permitindo ao julgador superar a prova do nexo tão apenas com a demonstração do risco da atividade.[41]

Também digno de registro é o surgimento de danos de causalidade complexa e de consequências difusas e até mesmo indeterminadas, a exemplo dos danos ambientais,[42] como foi o caso do derramamento de rejeitos de minérios da empresa Samarco, no município de Mariana, estado de Minas Gerais, em novembro de 2015, em que se constata uma multiplicidade de causas – a inércia da mineradora em zelar pela higidez da barragem, a falta de fiscalização das agências reguladoras, estadual e federal, inclusive do Ministério Público – gerando uma indeterminabilidade de consequências e um forte clamor social.

À vista disso, entende-se que a relativização da prova do nexo causal se justifica como um "imperativo social da reparação", mormente quando a vítima, de resto vulnerável, acha-se indefesa perante as grandes corporações, públicas ou privadas, ou seja, os inúmeros agentes causadores de danos, poderosos e até invisíveis.

iii) Acerca do terceiro pressuposto, o dano, definido como prejuízo ou lesão a um interesse tutelado, observa-se a expansão do dano ressarcível, de cunho individual e coletivo, em razão da tutela dos interesses existenciais atinentes à pessoa humana.

Na sociedade de risco, há um permanente agravamento dos danos difusos e coletivos, tutelados mediante ações coletivas, majoritariamente de natureza consumerista.

Além disso, também há o surgimento de novos danos individuais, como exemplo, o dano sexual, o dano de férias arruinadas, o dano pela prática de *bullying*, o dano pela morte de animal doméstico, o dano pelo rompimento do noivado, o dano por abandono afetivo, o dano da moto nova, o dano de processo lento, além da indenização por perda da chance, entre outros.

Também se observa que essa expansão desmesurada por novos danos se acha atrelada à cláusula geral da dignidade da pessoa humana, o que implica a necessidade de a jurisprudência depurar os critérios e métodos aptos a promover a seleção dos interesses merecedores de tutela, mediante um adequado juízo discricionário e não

---

[40] SCHREIBER, Anderson. *Novos paradigmas da responsabilidade civil*: da erosão dos filtros da reparação à diluição dos danos. São Paulo: Atlas, 2007. p. 71.

[41] PAULA, Marcos de Souza. A questão do nexo causal probabilístico no direito brasileiro. *In*: SOUZA, Eduardo Nunes de; SILVA, Rodrigo da Guia (Coord.). *Controvérsias atuais em responsabilidade civil*: estudos de direito civil-constitucional. São Paulo: Almedina, 2018. p. 139-141.

[42] SANTOS, Romualdo Batista dos. Responsabilidade civil por risco da atividade: reflexões e propostas a partir das tragédias de Mariana e da boate Kiss. *In*: TEPEDINO, Gustavo; MENEZES, Joyceane Bezerra de (Coord.). *Autonomia privada, liberdade existencial e direitos fundamentais*. Belo Horizonte: Fórum, 2019. p. 615.

arbitrário (decisionismo judicial), com o fito de afastar os chamados danos bagatelares ou insignificantes, próprios das demandas frívolas da conhecida "indústria do dano moral".[43]

6 Sociedade do medo e os casos emblemáticos

Não obstante o medo permeie a humanidade, a ideia de medo, outrora, estava apenas atrelada aos desastres naturais.

Presentemente, na sociedade pós-industrial, o medo e a incerteza estão incorporados ao cotidiano dos cidadãos, das empresas e do Poder Público, uma vez que, no cenário de incertezas global, os riscos se universalizaram, na transição da sociedade de classes para a de risco.

Se a força motriz na sociedade de classes (sociedade industrial) pode ser resumida na frase "tenho fome!", na sociedade de risco emerge outra expressão – "tenho medo!" – significando dizer que "a solidariedade da carência é substituída pela solidariedade do medo".[44]

Na sociedade de risco o medo é a tônica, impondo-se a todos, indistintamente, uma obrigação geral de segurança, essencialmente vinculada à efetivação da função precaucional da responsabilidade civil, considerada a de maior relevo na atualidade.

E, para atestar a evidência do medo, traz-se à colação alguns casos de danos individuais, difusos e coletivos relacionados aos riscos hodiernos.

6.1 Os casos das *fake news* e do *hate speech* e o risco digital

A despeito do arcabouço legislativo específico – Lei nº 12.965/2014 (Marco Civil da Internet) e Lei nº 13.709/2018 (Lei Geral de Proteção de Dados) – e dos dispositivos legais da Constituição Federal e da legislação infraconstitucional (Código Civil e Código do Consumidor), na sociedade de risco assiste-se a uma torrencial disseminação de notícias falsas (*fake news*) e a uma recorrente prática de discurso do ódio (*hate speech*).

De início, faz-se imperiosa a delimitação conceitual de ambos, à vista da incerteza quanto aos limites do que pode ou não ser veiculado na internet, em respeito ao legítimo exercício do direito fundamental à liberdade de expressão.

Em ambas as situações cotejadas, na sociedade da informação observa-se que há um abuso no exercício da liberdade de expressão no universo da internet, em detrimento da dignidade da pessoa humana, representada na pessoa individualmente referida ou no grupo ao qual ela pertence.

Em primeiro lugar, as *fake news* não são notícias com as quais alguém não concorda ou aprova; ao contrário, são dotadas intencionalmente de conteúdos falsos ou manipulados, em regra visando a obter um benefício econômico e/ou político.[45]

---

[43] SCHREIBER, Anderson. *Novos paradigmas da responsabilidade civil*: da erosão dos filtros da reparação à diluição dos danos. São Paulo: Atlas, 2007. p. 79-112.
[44] BECK, Ulrich. *Sociedade de risco*: rumo a uma outra modernidade. São Paulo: Editora 34, 2019. p. 59-60.
[45] TEFÉ, Chiara Spadaccini de; SOUZA, Carlos Affonso Pereira de. Fake news: como garantir liberdades e conter notícias falsas na internet? *In*: TEPEDINO, Gustavo; MENEZES, Joyceane Bezerra de (Coord.). *Autonomia privada, liberdade existencial e direitos fundamentais*. Belo Horizonte: Fórum, 2019. p. 526.

Elas são compreendidas como conteúdos falsos, inverídicos, distorcidos ou fora do contexto e são difundidas propositalmente como se notícias fossem, gerando desinformação ao público.

Em relação ao segundo ilícito, impõe-se elucidar que o discurso de ódio (*hate speech*) não se confunde com a disseminação de ideias consideradas erradas, até porque o conceito de "certo ou errado" reflete um momento histórico, variável de acordo com os valores de cada sociedade em determinado momento.[46]

Ao longo da história, vê-se que a experiência humana é múltipla e vária, de sorte que há diversas visões de mundo, o que é perfeitamente salutar.

No caso do discurso de ódio, o que se constata é um ranço de intolerância, preconceito, discriminação, uma vez que faz "referências difamatórias e degradantes à raça, à etnia, à religião, à origem, ao gênero, à condição social ou aparência física de um grupo de pessoas ou de uma pessoa individualmente",[47] ou, ainda, "faz incitações ao ódio ou ao uso do próprio discurso fundado no ódio como instrumento ou recurso para provocar discórdia e produzir ataques violentos entre grupos sociais ou a símbolos nacionais".[48]

6.2 O caso do incêndio da Boate Kiss e o risco consumerista

"No mundo em que vivemos apenas uma coisa é certa: a incerteza".[49]

E foi exatamente sob esse véu de incerteza cotidiana que em novembro de 2010 deu-se o incêndio na Boate Kiss, no município de Santa Maria, estado do Rio Grande do Sul, que tanto clamor social provocou e ainda provoca, diante do litígio ainda em curso.

Da tragédia resultou a morte de 242 pessoas e lesões em outras tantas, na sua maioria jovens universitários.

À luz das investigações feitas, evidencia-se um grave acidente de consumo, que gerou danos de causalidade complexa e de consequências indeterminadas, a revelar o grau de risco da sociedade contemporânea.

Acerca do pressuposto do nexo de causalidade, constata-se que o incêndio teve múltiplas causas, a saber: i) o fato de o vocalista da banda Gurizada Fandangueira ter disparado um artefato pirotécnico no palco em que se apresentava; ii) o fato de o empresário ter colocado material inflamável na decoração da boate; iii) o fato de o empresário ter permitido a superlotação do local, pois a boate tinha capacidade para 700 pessoas e existiam, por estimativa, cerca de 1.500 pessoas; iv) o fato de o empresário, por seus agentes de segurança, terem dificultado ou impedido a saída dos clientes enquanto

---

[46] OLIVEIRA, Julia Costa de. Dano moral coletivo e o discurso de ódio: a responsabilização civil pelo hate speech é a solução ou excesso? In: SOUZA, Eduardo Nunes de; SILVA, Rodrigo da Guia (Coord.). *Controvérsias atuais em responsabilidade civil*: estudos de direito civil-constitucional. São Paulo: Almedina, 2018. p. 348.

[47] FOHRMANN, Ana Paula Barbosa; SILVA JR., Antonio dos Reis. O discurso de ódio na internet. In: MARTINS, Guilherme Magalhães; LONGHI, João Victor Rozatti (Coord.). *Direito digital*: direito privado e internet. 3. ed. São Paulo: Foco, 2020. p. 29.

[48] LONGHI, João Victor Rozatti. #Ódio: responsabilidade civil nas redes sociais e a questão do hate speech. In: MARTINS, Guilherme Magalhães; ROSENVALD, Nelson (Coord.). *Responsabilidade civil e novas tecnologias*. São Paulo: Foco, 2020. p. 327.

[49] FREIRE, Paula Vaz. Sociedade de risco e direito do consumidor. In: LOPEZ, Tereza Ancona; LEMOS, Patrícia Faga Iglecias; RODRIGUES JUNIOR, Otavio Luiz (Coord.). *Sociedade de risco e direito privado*: desafios normativos, consumeristas e ambientais. São Paulo: Atlas, 2013. p. 371.

não pagassem o consumo; v) o fato de o Poder Público ter autorizado o funcionamento da boate, sem a devida fiscalização.

Objetivamente, constata-se que o incêndio teve múltiplas causas e consequências graves, muitas dessas até indeterminadas ao longo da vida dos sobreviventes, razão pela qual o incêndio representa um acidente de consumo (fato do serviço), pois houve a falta do dever de segurança por parte do fornecedor (dono da boate), e sua conduta gerou danos materiais e morais às vítimas consumidoras, comportando, à luz do "diálogo das fontes", a aplicação do art. 14 do CDC c/c o art. 927, parágrafo único do Código Civil, afora o art. 37, §6º da Constituição Federal, com a incidência da responsabilidade objetiva e solidária de todos os agentes causadores, a teor dos arts. 7º, 25, 34 do CDC c/c art. 942, parágrafo único do Código Civil.

Não obstante, à luz do direito vigente, a solução jurídica seja a solidariedade passiva legal de todos os envolvidos no evento, convém observar que uma parcela da doutrina defende que, em casos dessa magnitude, recorrentes na sociedade de risco, há uma similitude aos danos de natureza ambiental, a exigir uma transversalidade dogmática em sede de responsabilização penal, civil e administrativa. Ademais, a novel doutrina enaltece o dever de precaução de todos os agentes causadores e a flexibilização do nexo causal, para fins de distribuir-se "proporcionalmente os encargos da precaução dos danos potenciais e da reparação dos danos efetivos entre aqueles que se encontram na linha de causalidade",[50] sustentando, ainda, a necessidade de uma alteração legislativa em prol da adoção da chamada "responsabilidade proporcional".

6.3 Os casos de Mariana e Brumadinho e o risco ambiental

Na seara ambiental preside a teoria do risco integral, ou seja, aquela segundo a qual se impõe a responsabilização civil, ainda que não haja nexo causal.

No país, a proteção ao meio ambiente surge com a Lei da Política Nacional do Meio Ambiente (Lei nº 6.938/81), recepcionada pela Constituição Federal de 1998, que expressamente também dispôs sobre o tema, conforme art. 225 da Carta Magna.

A responsabilidade civil ambiental é objetiva (art. 225, §3º, CF) e o direito ambiental é regido por princípios próprios, entendidos os princípios como "verdades fundantes", segundo Miguel Reale.[51]

Conforme a doutrina, entre os princípios relevantes do direito ambiental, destaca-se o princípio da precaução, apenas implícito na Constituição Federal, apesar de visualizado, como ideal do constituinte originário, nos campos da saúde pública (art. 196, CF), da criança e do adolescente (art. 227, CF) e do meio ambiente (art. 225, CF).[52]

---

[50] SANTOS, Romualdo Batista dos. Responsabilidade civil por risco da atividade: reflexões e propostas a partir das tragédias de Mariana e da boate Kiss. *In*: TEPEDINO, Gustavo; MENEZES, Joyceane Bezerra de (Coord.). *Autonomia privada, liberdade existencial e direitos fundamentais*. Belo Horizonte: Fórum, 2019. p. 618.

[51] REALE, Miguel. *Lições preliminares de direito*. 18. ed. São Paulo: Saraiva, 1991. p. 299.

[52] WEDY, Gabriel. *O princípio constitucional da precaução como instrumento de tutela do meio ambiente e da saúde pública*. 3. ed. Belo Horizonte: Fórum, 2020. p. 34-39.

O princípio da precaução guarnece uma máxima popular – "é melhor prevenir do que remediar" – e diz respeito aos cuidados antecipados com o desconhecido, isto é, a cautela para que uma conduta não venha a concretizar-se ou resultar em efeitos indesejáveis.[53]

Contudo, o princípio da precaução não se confunde com o princípio da prevenção, uma vez que o primeiro busca evitar os riscos potenciais, hipotéticos, desconhecidos e abstratos, ou seja, visa a afastar o "risco do risco", enquanto a prevenção se reporta a um risco de dano atual, concreto e real, isto é, busca refutar um risco conhecido. Ademais, a incerteza científica é ínsita ao princípio da precaução, em oposição ao princípio da prevenção, que se refere à certeza científica, além do que o princípio da precaução visa a afastar o risco de dano e o princípio da prevenção, o dano propriamente dito.[54]

Na sociedade pós-industrial, os riscos são abstratos ou invisíveis, além de globalizados, como exemplo, na ocorrência de um risco ambiental decorrente de um desastre natural, cujos efeitos vão além dos limites territoriais, atingindo, direta ou indiretamente, a população mundial, sendo assim caracterizados pela transtemporalidade,[55] pois vão além do momento de sua descoberta.

Também registra a doutrina que o princípio da precaução tem elementos próprios – a incerteza científica, o risco de dano e a inversão do ônus da prova –, sendo isso perfeitamente aplicável quando houver um risco de dano à saúde pública e ao meio ambiente,[56] merecendo destaque, na seara ambiental, as catástrofes de Mariana e Brumadinho.

A doutrina especializada faz uma distinção entre "desastre" e "acidente", entendido o primeiro como desastre natural, isto é, advindo de fatos da natureza e, portanto, estranhos e independentes da ação humana (terremotos, vulcões, tornados, incêndios, secas, epidemias), enquanto o segundo (acidente) – também chamado de desastre humano ou antropogênico – como aquele provocado por ações ou omissões humanas que prejudicam o ambiente ecológico de uma forma geral, como exemplo, o desmatamento, a queimada, a poluição, o vazamento de oleoduto e o desastre nuclear, como o de Chernobyl. De qualquer sorte, em que pese a relevância da distinção, na maioria das vezes, o desastre tem um caráter híbrido ou misto, pois decorre da "sinergia de fatores naturais e humanos",[57] assim denominado "desastre misto".

Concretamente, nos casos dos rompimentos das barragens de Mariana e Brumadinho, ambas no estado de Minas Gerais, constata-se que se trata de acidentes e não desastres, posto que, notoriamente, se deveram à falta do dever de segurança (negligência) das mineradoras responsáveis (Samarco e Vale), que, na condição de fornecedoras do produto (minério), também desenvolvem uma atividade de risco ou perigosa (art. 927, parágrafo único, CC). Some-se a isso, em igual patamar de negligência,

---

[53] BARCESSAT, Ana Clara Aben-Athar. *Desastres e direito ambiental*: governança, normatividade e responsabilidade estatal. Curitiba: Juruá, 2018. p. 63.

[54] WEDY, Gabriel. *O princípio constitucional da precaução como instrumento de tutela do meio ambiente e da saúde pública*. 3. ed. Belo Horizonte: Fórum, 2020. p. 228.

[55] BARCESSAT, Ana Clara Aben-Athar. *Desastres e direito ambiental*: governança, normatividade e responsabilidade estatal. Curitiba: Juruá, 2018. p. 53.

[56] WEDY, Gabriel. *O princípio constitucional da precaução como instrumento de tutela do meio ambiente e da saúde pública*. 3. ed. Belo Horizonte: Fórum, 2020. p. 227.

[57] BARCESSAT, Ana Clara Aben-Athar. *Desastres e direito ambiental*: governança, normatividade e responsabilidade estatal. Curitiba: Juruá, 2018. p. 24.

a fiscalização ineficiente por parte do Ministério Público e das agências reguladoras, estadual e federal, significando, ao cabo, a ocorrência de acidentes ambientais gravíssimos, com consequências nefastas para o meio ambiente e de danos, individuais e coletivos, para os moradores da região, também consumidores por equiparação (*bystanders*), nos moldes dos arts. 2º, parágrafo único, 17 e 29 do CDC.

Induvidosamente, os casos referidos – Mariana e Brumadinho – são exemplos da não observância do princípio da precaução ambiental e que geraram danos de causalidade complexa e de consequências indeterminadas, afora o grande clamor social, cujos litígios ainda persistem, como se envoltos numa atmosfera de impunidade.

6.4 O caso da pandemia Covid-19 e o risco empresarial

Na história recente da humanidade, certamente que não há um acontecimento de tamanho alcance e gravidade, cujos efeitos não atingem apenas a saúde humana, mas também as relações jurídicas em geral, de natureza pública e/ou privada.

Em pleno século XXI, no limiar da sociedade pós-industrial, a pandemia Covid-19 é um exemplo da distribuição dos riscos, de alcance mundial, conforme os postulados da sociedade de risco de Ulrich Beck.

Trata-se de um risco real, um fenômeno universalizado, globalizado, democratizado, uma vez que atinge todas as etnias, regiões do planeta, classes sociais, governos em geral.

Presentemente, a despeito da vacinação em curso, mas de eficácia ainda incerta, o que se constata é a luta da humanidade pela sobrevivência em si, ou seja, a luta pela preservação da vida própria e singular, a chamada "vida nua".

A pandemia Covid-19 é um fato jurídico inconteste, pois repercute e influencia o mundo jurídico, com reflexos numa gama infinda de contratos (privados e públicos), gerando insegurança jurídica, mormente porque os contratantes tiveram suas legítimas expectativas frustradas.

Não se trata de um caso fortuito externo nem de força maior, excludentes clássicas da responsabilidade civil. Ao contrário, entende-se que a pandemia tem a natureza jurídica de um fortuito interno, relacionado à humanidade em geral, ou seja, à própria sobrevivência do ser humano no planeta.

Ademais, observa-se que se trata de um acidente – um desastre humano ou antropogênico – isto é, aquele desastre provocado pelas ações ou omissões humanas, produzido por fatores internos e relacionados com o próprio ser humano, como autor e vítima do próprio desastre,[58] o que significa dizer que a pandemia é um efeito e não uma causa.

O instituto do fortuito interno representa a relativização do nexo de causalidade, uma vez que se liga à atividade potencialmente perigosa desenvolvida pelo sujeito responsável, pois constitui um risco inerente ao desempenho do seu empreendimento.

O fortuito interno não faz romper o nexo causal, visto que se encontra "atrelado à ideia de risco profissional, devendo ser suportado pelo agente que executa determinada

---

[58] BARCESSAT, Ana Clara Aben-Athar. *Desastres e direito ambiental*: governança, normatividade e responsabilidade estatal. Curitiba: Juruá, 2018. p. 23.

atividade econômica geradora de riscos aos seus usuários",[59] a fim de evitar a exclusão da responsabilidade do fornecedor por acontecimentos que, embora imprevisíveis e irresistíveis, se verificam anteriormente.[60]

Na praxe judicial, independentemente de a contratação ser privada ou pública, o advento da pandemia provoca desequilíbrio contratual, gerando onerosidade excessiva para o contratante mais fraco (parte vulnerável), razão por que todo e qualquer contrato por ela atingido é possível de ser revisado, com ônus para a outra parte, o detentor do monopólio público ou privado objeto da avença.

À luz da teoria do risco, que dá fundamento à responsabilidade civil objetiva na sociedade moderna, entende-se que a parte mais forte da relação contratual é quem deva assumir os riscos da revisão do contrato, indenizando os danos decorrentes ou suportando a diminuição dos seus lucros, por ser a detentora do monopólio privado ou púbico do serviço ou do produto, com fundamento no brocardo "onde está o ganho, aí reside o encargo" (*ubi emolumentum, ibi onus*), ou "quem aufere o bônus suporta o prejuízo", independentemente da atividade de risco envolvida (se por risco profissional, risco-proveito, risco criado ou risco integral) e da natureza jurídica do contratante, se público ou privado.

7 Socialização dos danos e a sociedade pós-industrial

Enquanto sob a égide do Estado Liberal a noção de responsabilidade civil era marcadamente individualista e patrimonialista, centrada no sujeito responsável pelo dano, conforme a regra do art. 159 do Código de Civil de 1916, com o advento da responsabilidade civil objetiva, a partir da Primeira Grande Guerra Mundial do século passado, o foco passou a ser a vítima e o dano por ela sofrido.

Desde então, a responsabilidade objetiva se expande por exigência da solidariedade social e da proteção do cidadão, consumidor e usuários de serviços públicos e privados, mormente porque o dano deixa de ser apenas contra a vítima e passa a ser também contra a coletividade, tornando-se um problema de todos.[61]

De fato, se outrora o dano era de fácil percepção, no mais das vezes individual e identificável o seu autor, a história recente demonstra que a própria ação do homem no meio social provoca acidentes (desastres humanos), de autoria anônima, causando riscos existenciais importantes, como exemplo, danos ambientais, epidemias, acidentes nucleares, escassez de recursos, desmatamentos, mudanças climáticas, entre outros.

Na modernidade, à vista da relativa perda de importância da culpa e do nexo, o objetivo da responsabilidade civil é assistir a vítima diante da insuficiência das políticas públicas na administração e reparação dos danos, razão por que o dano tem adquirido destaque na jurisprudência.[62]

---

[59] SOUZA, Tayná Bastos de. O fortuito interno e externo e sua relação com a culpa do agente. *In*: SOUZA, Eduardo Nunes de; SILVA, Rodrigo da Guia (Coord.). *Controvérsias atuais em responsabilidade civil*: estudos de direito civil-constitucional. São Paulo: Almedina, 2018. p. 206.

[60] SCHREIBER, Anderson. *Novos paradigmas da responsabilidade civil*: da erosão dos filtros da reparação à diluição dos danos. São Paulo: Atlas, 2007. p. 64.

[61] CAVALIERI FILHO, Sergio. *Programa de responsabilidade civil*. 13. ed. São Paulo: Atlas, 2019. p. 9.

[62] SCHREIBER, Anderson. *Novos paradigmas da responsabilidade civil*: da erosão dos filtros da reparação à diluição dos danos. São Paulo: Atlas, 2007. p. 79.

Na sociedade de risco, observa-se uma expansão quantitativa e qualitativa de novos danos ressarcíveis, pertinentes a interesses individuais e coletivos existenciais, merecendo destaque a profusão de novos danos – difusos e coletivos – cuja vítima é toda a coletividade, considerando que todos, sem distinção, são titulares de direitos difusos e coletivos, os quais dizem respeito a valores da comunidade, haja vista que constituem um patrimônio mínimo de todos os bens ambientais, culturais, artísticos, paisagísticos e urbanísticos.

Cada dia mais os interesses difusos e coletivos se ampliam, com o incremento de ações coletivas, que visam a tutelar interesses supraindividuais existenciais, fundados na dignidade humana.

A noção de solidariedade social gerou, gradativamente, a perda de importância da culpa e do nexo, com uma visão mais social e coletiva da responsabilidade civil, por causa do alarmante aumento de acidentes, inclusive de autoria incerta, em que a vítima ficava sem ressarcimento, quer pela falta de patrimônio do lesador (insolvência), quer pela falta de uma identificação precisa do autor. Basta lembrar, por exemplo, "o incremento do número de danos produzidos por grupo de pessoas, sem que seja possível identificar o agente causador do prejuízo".[63]

Nesse contexto, constata-se o fenômeno da diluição ou socialização dos danos, mediante a adoção de três técnicas,[64] a saber:

i) A ampliação das hipóteses de responsabilidade solidária, uma vez que a noção de solidariedade não se acha mais vinculada ao axioma segundo o qual a solidariedade não se presume (art. 265, CC), restrição esta não mais aceita diante da adoção da causalidade alternativa, em que, à falta da possibilidade de identificação do real causador do dano, todos os potenciais causadores daquele grupo são considerados solidariamente responsáveis perante a vítima, mormente diante de danos de causalidade complexa, alguns até de autoria anônima, a permitir a aplicação das presunções de causalidade.

Afora isso, observa-se que a responsabilidade solidária é largamente aceita no ordenamento pátrio, conforme art. 942, parágrafo único do Código Civil e arts. 7º parágrafo único, 25, §1º, e 34 do Código de Defesa do Consumidor.

ii) A crescente valorização da função precaucional a exigir de todos, entes públicos ou privados, uma efetiva gestão dos riscos das atividades respectivas, objetivando a eliminação prévia dos riscos. Não basta apenas uma tutela para reprimir ou afastar a lesão, mas também uma tutela para evitar a lesão, tutela essa que deve ser implementada, na seara administrativa, pelas agências reguladoras, pelo Conselho Administrativo de Defesa Econômica (Cade), pela Comissão de Valores Mobiliários (CVM), entre outros órgãos.

Nesse desiderato, é dever do Poder Público, com base na solidariedade, regular as forças do mercado, a fim de fazer prevalecer os interesses das pessoas sobre as decisões econômicas, uma vez que "os conflitos sociais ultrapassam a esfera individual para alcançar grupos e coletividades".[65]

---

[63] CRUZ, Gisela Sampaio da. *O problema do nexo causal na responsabilidade civil*. Rio de Janeiro: Renovar, 2005. p. 350.

[64] SCHREIBER, Anderson. *Novos paradigmas da responsabilidade civil*: da erosão dos filtros da reparação à diluição dos danos. São Paulo: Atlas, 2007. p. 213.

[65] ROSENVALD, Nelson. *As funções da responsabilidade civil*: a reparação e a pena civil São Paulo: Atlas, 2013. p. 75.

Na sociedade de risco, é dever do Estado implementar políticas públicas para prevenir danos ambientais, danos à saúde pública e a indeterminado número de consumidores, ou seja, evitar danos coletivos.

iii) O desenvolvimento dos seguros de responsabilidade civil, uma vez que promove a diluição dos danos entre os diversos agentes potencialmente lesivos, por meio da cobrança dos prêmios, conforme se observa pela crescente expansão do contrato de seguro ou através dos fundos de indenização, destinados a indenizar vítimas de acidentes específicos, como é o caso das vítimas do amianto etc.

Constata-se a coletivização da responsabilidade civil, com a diluição dos danos por toda a comunidade ou entre grupos de agentes potencialmente lesivos, de sorte que a securitização da responsabilidade civil é uma realidade patente, perfeitamente visualizável pela expansão do contrato de seguro privado ou via seguros obrigatórios.[66]

Por exemplo, no caso do seguro privado obrigatório (art. 788, CC), merece realce o DPVAT – Seguro Obrigatório de Danos Pessoais causados por Veículos Automotores em Via Terrestre –, o qual compele aos proprietários de veículos, anualmente, formar um fundo destinado ao pagamento das reparações por danos contra terceiros, ainda que o causador do dano não seja identificado, bastando que a vítima prove o nexo causal com o evento automobilístico, para fins de ser ressarcida pela seguradora.

Também digno de nota é o acidente de trabalho (art. 7º, XXVIII, CF), em sede de seguridade social, em que o empregado acidentado recebe os benefícios da previdência social, independentemente da culpa do empregador, por se tratar de risco integral, não obstante ainda possa postular a indenização pelo direito civil comum.

Enfim, o seguro voluntário de responsabilidade civil, muito próprio dos profissionais liberais (médicos, por exemplo), bem como os seguros privados obrigatórios, dos proprietários de veículos automotores (DPVAT), afora o sistema de seguridade social assumido pelo INSS (acidentes de trabalho), evidenciam a socialização dos danos, anunciando que, em médio prazo, dar-se-á uma combinação dos sistemas de seguros privados e públicos, mediante a concomitância das indenizações social e privada, como assim já ocorre no caso de acidente do trabalho, nos moldes da Súmula nº 229 do Supremo Tribunal Federal, *verbis*: "A indenização acidentária não exclui a do direito comum, em caso de dolo ou culpa grave do empregador".

Considerações finais

Inobstante o predomínio da responsabilidade civil subjetiva no Código Civil de 1916, atestou-se que, na passagem do Estado liberal para o Estado social, iniciou-se no país o processo de objetivação da responsabilidade civil, com o advento de leis especiais ou microssistemas jurídicos, principalmente o Código de Defesa do Consumidor, que depois foi consolidado com a Constituição Federal e o Código Civil de 2002, restando à responsabilidade civil subjetiva um espaço de incidência diminuto.

---

[66] FARIAS, Cristiano Chaves de; BRAGA NETTO, Felipe Peixoto; ROSENVALD, Nelson. *Novo tratado de responsabilidade civil*. São Paulo: Atlas, 2015. p. 566-567.

Outrora, se a ocorrência do dano, um dos pressupostos da responsabilidade civil, era de menor monta, de fácil constatação e de autoria quase individual, observou-se que, na sociedade pós-industrial – globalizada, massificada, assimétrica –, os riscos são de vários matizes e graves, de causalidade múltipla e de autoria até anônima ou incerta, a atingir interesses difusos e coletivos.

A partir da obra do sociólogo alemão Ulrich Beck – *Sociedade de risco* – publicada em 1986, após o acidente nucelar de Chernobyl, constatou-se que, enquanto na sociedade industrial havia a distribuição de riqueza, na sociedade pós-industrial havia a distribuição de riscos – reais e irreais – que são globalizados e democratizados mundialmente.

Na pós-modernidade, há um cenário global de incerteza e medo, não apenas atinente aos desastres naturais, às catástrofes advindas da natureza, mas também aos desastres humanos (acidentes), isto é, pertinentes ao terrorismo internacional, crises econômicas em escala mundial, aquecimento climático, derramamentos, pesquisas biotecnológicas de clonagem, acidentes nucleares, pandemias, riscos derivados da internet, entre outros.

À vista da universalização dos riscos civilizatórios, concluiu-se que o medo e a incerteza estão incorporados ao cotidiano das pessoas, das empresas e do Poder Público, de sorte que o foco da responsabilidade civil não deve ser mais o responsável pelo dano, como assim era próprio do Estado liberal (sociedade industrial), mas, sim, o foco doravante deve ser a vítima e o dano por ela sofrido, mas que também atinge a coletividade, diante da profusão de novos danos, difusos e coletivos, próprios da sociedade pós-industrial.

A pesquisa confirmou a mitigação dos pressupostos da responsabilidade civil – culpa, nexo e dano – quer seja pela consagração da culpa normativa, também reforçada pela boa-fé objetiva, facilitando a prova da culpa e afastando a vetusta prova diabólica; quer seja pela aplicação das presunções de causalidade, regras de experiências do juiz, a noção de fortuito interno e a teoria da causalidade alternativa, em relação ao nexo causal, mormente nos casos de danos de causalidade complexa e de consequências difusas; quer seja pela expansão dos novos danos, de cunho individual e coletivo, em razão da tutela de interesses existenciais atinentes à pessoa humana.

Com intuito didático, no sentido de referendar o permanente estado de medo e incerteza, bem como a necessidade de relativização dos pressupostos da responsabilidade civil, o estudo trouxe à baila quatro casos emblemáticos de danos individuais, difusos e coletivos da presente sociedade de risco, sendo todos eles de notoriedade pública, atuais e controversos, ainda *sub judice*, referentes a riscos de natureza digital, consumerista, ambiental e empresarial.

Na contemporaneidade, atestou-se que há uma obrigação geral de segurança aplicável a todos, indistintamente, pertinente à função precaucional, de grande relevo no atual estágio da responsabilidade civil, com o fito de evitar a ocorrência de danos futuros.

Ademais, diante da relativa perda de importância da culpa e do nexo, constatou-se que o dano ganha relevância na jurisprudência, em face da necessidade de proteger a vítima singular, no que diz respeito aos novos danos individuais ressarcíveis (por abandono afetivo, pela perda da chance, pela prática de *bullying* etc.), mas também a coletividade em si, nos casos de danos difusos e coletivos tuteláveis pelas ações coletivas.

Confirmou-se, por último, que se acha em curso o fenômeno da socialização dos danos, a fim de que a vítima não fique desassistida, quer seja pela insolvência do lesador, quer seja pela falta de sua identificação, quer seja pela complexa causalidade do dano sofrido, cuja socialização se implementa pelas seguintes técnicas: i) ampliação das hipóteses de responsabilidade solidária; ii) crescente valorização da função precaucional; iii) desenvolvimento dos seguros de responsabilidade civil.

Ao cabo, concluiu-se que a sociedade do medo implica a socialização dos riscos, dando azo à coletivização ou securitização da responsabilidade civil.

Referências

ALEXY, Robert. *Teoria dos direitos fundamentais*. 2. ed. São Paulo: Malheiros, 2017.

AULETE, Caldas. *Dicionário Caldas Aulete da língua portuguesa*. 2. ed. Rio de Janeiro: Lexikon, 2007.

BARCESSAT, Ana Clara Aben-Athar. *Desastres e direito ambiental*: governança, normatividade e responsabilidade estatal. Curitiba: Juruá, 2018.

BECK, Ulrich. *Sociedade de risco*: rumo a uma outra modernidade. São Paulo: Editora 34, 2019.

BRAGA NETTO, Felipe Peixoto. *Manual do direito do consumidor*. 10. ed. Salvador: JusPodivm, 2015.

CALIXTO, Marcelo Junqueira. Responsabilidade civil objetiva e a mitigação da reparação dos danos. *In*: TEPEDINO, Gustavo; MENEZES, Joyceane Bezerra de (Coord.). *Autonomia privada, liberdade existencial e direitos fundamentais*. Belo Horizonte: Fórum, 2019.

CAVALIERI FILHO, Sergio. *Programa de responsabilidade civil*. 13. ed. São Paulo: Atlas, 2019.

CRUZ, Gisela Sampaio da. *O problema do nexo causal na responsabilidade civil*. Rio de Janeiro: Renovar, 2005.

FARIAS, Cristiano Chaves de; BRAGA NETTO, Felipe Peixoto; ROSENVALD, Nelson. *Novo tratado de responsabilidade civil*. São Paulo: Atlas, 2015.

FOHRMANN, Ana Paula Barbosa; SILVA JR., Antonio dos Reis. O discurso de ódio na internet. *In*: MARTINS, Guilherme Magalhães; LONGHI, João Victor Rozatti (Coord.). *Direito digital*: direito privado e internet. 3. ed. São Paulo: Foco, 2020.

FRASÃO, Ana. Plataformas digitais, big data e riscos para os direitos da personalidade. *In*: TEPEDINO, Gustavo; MENEZES, Joyceane Bezerra de (Coord.). *Autonomia privada, liberdade existencial e direitos fundamentais*. Belo Horizonte: Fórum, 2019.

FREIRE, Paula Vaz. Sociedade de risco e direito do consumidor. *In*: LOPEZ, Tereza Ancona; LEMOS, Patrícia Faga Iglecias; RODRIGUES JUNIOR, Otavio Luiz (Coord.). *Sociedade de risco e direito privado*: desafios normativos, consumeristas e ambientais. São Paulo: Atlas, 2013.

GOMES, Carla Amado. A idade da incerteza: reflexões sobre os desafios de gerenciamento do risco ambiental. *In*: LOPEZ, Tereza Ancona; LEMOS, Patrícia Faga Iglecias; RODRIGUES JUNIOR, Otavio Luiz (Coord.). *Sociedade de risco e direito privado*: desafios normativos, consumeristas e ambientais. São Paulo: Atlas, 2013.

HOUAISS, Antônio; VILLAR, Mauro de Salles; FRANCO, Francisco Manoel de Mello. *Dicionário Houaiss da língua portuguesa*. Rio de Janeiro: Objetiva, 2009.

LONGHI, João Victor Rozatti. #Ódio: responsabilidade civil nas redes sociais e a questão do hate speech. *In*: MARTINS, Guilherme Magalhães; ROSENVALD, Nelson (Coord.). *Responsabilidade civil e novas tecnologias*. São Paulo: Foco, 2020.

LOPEZ, Tereza Ancona. *Princípio da precaução e evolução da responsabilidade civil*. São Paulo: Quartier Latin, 2010.

LOPEZ, Tereza Ancona. Responsabilidade civil na sociedade de risco. *In*: LOPEZ, Tereza Ancona; LEMOS, Patrícia Faga Iglecias; RODRIGUES JUNIOR, Otavio Luiz (Coord.). *Sociedade de risco e direito privado*: desafios normativos, consumeristas e ambientais. São Paulo: Atlas, 2013.

OLIVEIRA, Julia Costa de. Dano moral coletivo e o discurso de ódio: a responsabilização civil pelo hate speech é a solução ou excesso? *In*: SOUZA, Eduardo Nunes de; SILVA, Rodrigo da Guia (Coord.). *Controvérsias atuais em responsabilidade civil*: estudos de direito civil-constitucional. São Paulo: Almedina, 2018.

PAULA, Marcos de Souza. A questão do nexo causal probabilístico no direito brasileiro. *In*: SOUZA, Eduardo Nunes de; SILVA, Rodrigo da Guia (Coord.). *Controvérsias atuais em responsabilidade civil*: estudos de direito civil-constitucional. São Paulo: Almedina, 2018.

PEREIRA, Caio Mário da Silva. *Responsabilidade civil*. 2. ed. Rio de Janeiro: Forense, 1990.

REALE, Miguel. *Lições preliminares de direito*. 18. ed. São Paulo: Saraiva, 1991.

REIS JUNIOR, Antonio. Por uma função promocional da responsabilidade civil. *In*: SOUZA, Eduardo Nunes de; SILVA, Rodrigo da Guia (Coord.). *Controvérsias atuais em responsabilidade civil*: estudos de direito civil-constitucional. São Paulo: Almedina, 2018.

ROBALINHO, Marcelo. Para além dos riscos: uma análise do livro Sociedade de risco. *Fiocruz*, 2014. Disponível em: https://www.arca.fiocruz.br/bitstream/icict/17093/2/9.pdf. Acesso em: 26 fev. 2021.

RODRIGUES, Cássio Monteiro. A função preventiva da responsabilidade civil sob a perspectiva do dano: é possível falar em responsabilidade sem dano? *In*: SOUZA, Eduardo Nunes de; SILVA, Rodrigo da Guia (Coord.). *Controvérsias atuais em responsabilidade civil*: estudos de direito civil-constitucional. São Paulo: Almedina, 2018.

ROSENVALD, Nelson. *As funções da responsabilidade civil*: a reparação e a pena civil São Paulo: Atlas, 2013.

SANTOS, Romualdo Batista dos. Responsabilidade civil por risco da atividade: reflexões e propostas a partir das tragédias de Mariana e da boate Kiss. *In*: TEPEDINO, Gustavo; MENEZES, Joyceane Bezerra de (Coord.). *Autonomia privada, liberdade existencial e direitos fundamentais*. Belo Horizonte: Fórum, 2019.

SCHREIBER, Anderson. *Novos paradigmas da responsabilidade civil*: da erosão dos filtros da reparação à diluição dos danos. São Paulo: Atlas, 2007.

SILVA, De Plácido e. *Vocabulário jurídico*. Atualização de Nagib Slaibi Filho e Priscila Pereira Vasques Gomes. 32. ed. Rio de Janeiro: Forense, 2016.

SOUZA, Tayná Bastos de. O fortuito interno e externo e sua relação com a culpa do agente. *In*: SOUZA, Eduardo Nunes de; SILVA, Rodrigo da Guia (Coord.). *Controvérsias atuais em responsabilidade civil*: estudos de direito civil-constitucional. São Paulo: Almedina, 2018.

TEFÉ, Chiara Spadaccini de; SOUZA, Carlos Affonso Pereira de. Fake news: como garantir liberdades e conter notícias falsas na internet? *In*: TEPEDINO, Gustavo; MENEZES, Joyceane Bezerra de (Coord.). *Autonomia privada, liberdade existencial e direitos fundamentais*. Belo Horizonte: Fórum, 2019.

VAZ, Caroline; TEIXEIRA NETO, Felipe. Sociedade de risco, direitos transindividuais e responsabilidade civil: reflexões necessárias rumo à efetivação de uma mudança de paradigma. *In*: ROSENVALD, Nelson; DRESCH, Rafael de Freitas Valle; WESENDONCK, Tula (Coord.). *Responsabilidade civil*: novos riscos. São Paulo: Foco, 2019.

WEDY, Gabriel. *O princípio constitucional da precaução como instrumento de tutela do meio ambiente e da saúde pública*. 3. ed. Belo Horizonte: Fórum, 2020.

Informação bibliográfica deste texto, conforme a NBR 6023:2018 da Associação Brasileira de Normas Técnicas (ABNT):

PAMPLONA FILHO, Rodolfo; HORA NETO, João. Sociedade do medo e socialização dos riscos. *In*: EHRHARDT JÚNIOR, Marcos; CATALAN, Marcos; MALHEIROS, Pablo (Coord.). *Direito Civil e tecnologia*. 2. ed. Belo Horizonte: Fórum, 2022. t. II. p. 33-57. ISBN 978-65-5518-432-7.

DESAFIOS QUE AL DERECHO LE PRESENTAN LAS NUEVAS TECNOLOGIAS

EDGARDO IGNACIO SAUX

1 Consideraciones generales

Las eventuales proyecciones que la tecnología asume (y asumirá con mayor incidencia aún en el corto y mediano plazo) en el diseño mismo de la vida en común de la raza humana son inimaginables.

Yuval Noah Harari, el prestigioso profesor de la Universidad de Jerusalén, en el segundo de los textos que componen una trilogía recientemente editada y divulgada mundialmente ("Homo Deus"), vaticina que el humanismo, como la última corriente filosófica y política vigente en el mundo que conocemos, a corto plazo será suplantado por un sistema en el cual desaparecerán estructuras que nos parecen basales (naciones, lenguas, fronteras, monedas, idiomas), y a partir de dos premisas estructurales (que todo lo conocido, de rango biológico o técnico, está conformado por algoritmos, y que lo determinante en el futuro inmediato no serán las riquezas naturales o producidas por el hombre, sino la información), se generará un mundo regido por la inteligencia artificial en sus múltiples variantes.

¿Es quizás Harari una especie de Nostradamus contemporáneo?.

El tiempo -y no hablamos de siglos, sino de décadas- lo dirá.

Desde ya deviene casi ocioso señalar que pretender no digo analizar, sino al menos enunciar la inabarcable incidencia que los continuos avances de la tecnología -en todos sus campos operativos- adquiere con relación sólo a una rama del Derecho -el Derecho Privado-, dentro de un trabajo de esta índole y extensión, resulta casi utópico.

Por ende, vamos a limitar nuestras modestas ambiciones al respecto sólo con el designio de mencionar algunas de las muchísimas facetas comprometidas entre ambos campos del conocimiento -la tecnología y la ciencia jurídica en su rama jusprivatista-, y luego a intentar singularizar los perfiles mas relevantes de las que se singularizan con dos instituciones fundantes del ese Derecho Privado: la persona (humana) y el contrato.

La multiplicidad y velocidad mutante de las nuevas tecnologías, puestas en correlato con la ciencia jurídica, claramente colocan al operador -jurídico- en un posicionamiento "ex post" y no "ex ante" (salvo aquellos supuestos, francamente minoritarios, en los cuales pueda resultar operativa la función preventiva de daños derivados del empleo de esas nuevas tecnologías, como lo proponen entre otros los artículos 52, 1.710, 1.711 y cc. del Código Civil y Comercial de la Nación argentina),

"La tecnología cambia aceleradamente y ello hace estéril toda obra o regla de derecho que se detenga morosamente en la explicación de soluciones técnicas que pueden desaparecer rápidamente...".[1]

Hace ya mas de treinta años, en una señera obra, la Profesora Graciela Messina de Estrella Gutierrez alertaba sobre la incidencia que las nuevas tecnologías adquirían singularmente en el vasto campo de la responsabilidad civil.[2]

Nociones como el "transhumanismo" y "post humanismo" requieren la atención del operador jurídico contemporáneo. En palabras de Llamas Pombo,[3] "...pasaremos a la historia como los únicos insensatos que pusieron límites al placer, ya que la humanidad ha comenzado a emanciparse de Darwin y de la madre naturaleza para sumergirse en una nueva era: el transhumanismo. Según este movimiento cultural (casi filosófico), de manera casi inadvertida nos estamos adentrando ya en la era posdarwinista. La evolución de nuestra especie comienza a dejar de lado a la madre naturaleza, que es lenta y arbitraria, y ya cabalga a lomos de la ingeniería genética, la farmacología, la estimulación intracraneana y la nanotecnología molecular".

Como lo puntualiza Harari en su conocida obra "Homo Deus",[4] los problemas que durante mas de 3.000 años ocuparon a la humanidad (las hambrunas, la peste, la guerra) de alguna manera van perdiendo espacio operativo, y en la nueva agenda los inasibles avances de la tecnología plantean otros desafíos.

En tal sentido, se señala que durante los últimos 300 años el mundo ha estado dominado por el humanismo, que busca la preservación de la vida, la felicidad y el poder del individuo. Pero el auge del humanismo, en su proyección tecnológica, lleva en sí mismo "las semillas de su caída",[5] ya que las mismas tecnologías que pueden transformar a hombres en dioses -entre ellos, hasta la inmortalidad- llevan al riesgo de convertirlos en irrelevantes. Así, es probable que ordenadores bastante potentes para entender y superar los mecanismos de la vejez y la muerte, lo sean también para reemplazar a los humanos en cualquier tarea.

Se alude hoy a que el fenómeno de la globalización, con todas sus proyecciones culturales, económicas, políticas, sociales, jurídicas y científicas, puede estar siendo reemplazado por la "superglobalización", en la cual, como lo consigna entre otros IGNATIEFF,[6] una preocupación primordial es si esa proyección mundial de pautas va acompañada -o no- de la "globalización moral", o si la asepsia de las ciencias duras lleva en sí el germen de la asepsia ética.

---

[1] LORENZETTI, Ricardo L. – "Comercio electrónico" – Editorial Abeledo-Perrot, Buenos Aires, 2.001, Prólogo.
[2] MESSINA DE ESTRELLA GUTIERREZ, Graciela – "La responsabilidad civil en la era tecnológica. Tendencias y prospectiva", Editorial Abeledo-Perrot, Buenos Aires, 1.988.
[3] LLAMAS POMBO, Eugenio – "Una mirada a viejo Código Civil desde el posthumanismo y la globalización", en Diario La Ley, Madrid, Sección Tribuna, 1/10/19, Wolters Kluwer.
[4] HARARI, Yuval – "Homo Deus. Breve historia del mañana", Editorial Debate, Madrid, 2.016.
[5] Idem cita anterior, pag. 5.
[6] M. IGNATIEFF – "Las virtudes cotidianas. El orden moral en un mundo dividido", traducción española, Ed. Taurus, Madrid, 2.018, pag. 15.

Este avance exponencial de lo que algunos denominan la "era tecnológica" presenta algunos matices singulares. Según algunos estudios, la humanidad tardó unos mil seiscientos años en duplicar el nivel total de sus conocimientos computando desde el nacimiento de Cristo. La siguiente duplicación tomó sólo doscientos cincuenta años, la tercera, sólo ciento cincuenta. Actualmente, se estima que el conocimiento de duplica cada dos o tres años, proceso que mantiene su proyección geométrica.

En ese contexto, una persona teóricamente transportada en el tiempo desde la caída de la República en Roma (año 44 AC) hasta la caída del Imperio Romano de Occidente en manos de los bárbaros (año 476 DC), no se sorprendería tanto de los cambios registrados en la vida humana, como lo haría una persona nacida a mediados del siglo XX que fuera transportada hasta nuestros días. Al respecto, con razón se ha dicho que "...el Derecho, como gran ordenador de la vida humana, no está ajeno a este impacto".[7]

En definitiva -dice Llamas Pombo-, "...Fenómenos como la inteligencia artificial han venido a segar los pies de los paradigmas del humanismo ilustrado que sirvieron de base a nuestro Derecho Civil codificado".

Es que, de alguna manera, la interrelación entre el Derecho y las llamadas nuevas tecnologías (informática, telemática, robótica, ingeniería genética, biomedicina, entre otras) suscita para el jurista grandes desafíos y preocupaciones, en relación a lo cual Galdós señala inteligentemente que el abordaje de la cuestión revela una característica singularísima, cual es "el insuperable quiebre de la simetría entre lo fáctico y lo jurídico".[8]

Ello supone que el creciente y acelerado proceso del desarrollo tecnológico no se compadece con el lento y reflexivo avance de la ciencia jurídica, que en su doble faz dogmática-normativa tiene su propio proceso elaborativo, el cual se ve desbordado por las urgencias propias del primero, propio de las ciencias duras.

Ante tal desfasaje, sugiere el mencionado autor que el operador jurídico debe moverse con singular prudencia, usando criterios interpretativos basados en el principio de "neutralidad informática" (vale decir, sentando pautas que aun en cierta manera firmes y predecibles, puedan ser receptivas de los cambios y mutaciones tecnológicas sobrevinientes),[9] y empleando herramientas hermenéuticas elásticas (como la analogía) en caso de lagunas normativas ante los nuevos requerimientos de la tecnología.

Por caso -y a mero título ejemplificativo dentro del universo de supuestos que la confluencia de tecnología y Derecho ofrecen-, las normas que la Constitución Nacional contienen sobre la regulación de una de las garantías estructurales del

---

[7] SALVOCHEA, Carlos Ramiro – "Ciencia ficción societaria. La admisión de la persona jurídica sintética", JA 11/12/2019, AR/DOC/3173/2019.

[8] GALDOS, Jorge Mario – "Correo electrónico, privacidad y datos", en "Revista de Derecho de Daños", Editorial Rubinzal-Culzoni, 2.001-3, pag. 157.

[9] Agregamos, a título personal, algunas referencias concretas que de tal principio hiciera el Código Civil y Comercial de la Nación argentina en vigencia desde agosto de 2.015. Mas allá de que -por ejemplo- el Proyecto que al respecto elaborara la Comisión Redactora contenía la regulación de situaciones que luego no fueron normadas por las reformas que le introdujeran la Comisión Bicameral encargada de su estudio, y luego el PEN al sancionarlo (tales como entre otros la maternidad subrogada o alquiler de vientres, o la filiación post-mortem, o al reconocimiento del comienzo de la existencia de la persona humana desde el momento de la implantación del óvulo fecundado en el útero gestante), vale como ejemplo lo dispuesto en el artículo 286, que en materia de regulación de los instrumentos públicos y privados admite que la expresión de voluntad escrita emanada de una persona puede hacerse constar en cualquier soporte, siempre que su contenido sea representado con texto inteligible, aunque su lectura exija medios técnicos. Ello es, de algún modo, una norma "abierta" a la perspectiva futura de empleo de nuevos medios electrónicos de manifestación de voluntad desconocidos a hoy.

sistema republicano y democrático de gobierno (la denominada "libertad de prensa", esencialmente normada en los artículos 14 y 32 -con fuente histórica en la Constitución norteamericana de Filadelfia de fines del siglo XVIII-, y 43 -con la reforma constitucional de 1.994, al igual que el artículo 75 inciso 22 que diera ingreso con rango supralegal a los Tratados Internacionales sobre Derechos Humanos, y en el tema especialmente el Pacto de San José de Costa Rica-), se ha visto en crisis ante la aparición de medios tecnológicos contemporáneos de expresión de ideas y de noticias,[10] como internet, e-mails, facebook, tweet, instagram y las mas recientes de aparición constante, ámbito en el cual son hasta aquí fuente normativa alguna doctrina especializada y alguna jurisprudencia episódica.

En el cada vez mas difundido empleo de estos medios tecnológicos (con los que el hombre contemporáneo se informe, se divierte, se vincula, se inmiscuye en la vida de otros, comparte información, compra o vende, y hasta se enamora), hay hasta un cambio en el idioma. Anne BRANSCOME[11] (citada por Ricardo LOLENZETTI en "Comercio Electrónico", op. cit., pag. 23, cita 54) alude a la existencia del "netcitizen", el "ciudadano de la red", que es "...un navegante feliz, pero socialmente cada vez mas aislado y sin capacidad de crítica".[12]

Con cita de RODOTA y de HUXLEY, señala LORENZETTI (op. cit.) que vamos hacia un proceso de abandono de los criterios personales de evaluación y decisión de nuestras conductas, en un mundo "feliz" porque nadie es consciente del sistema de control social que impone esas conductas y que el "netcitizen" cree que son propias. La publicidad inductiva, la creación de modelos culturales a seguir, la homogeneidad y estandarización de gustos y preferencias, la inducción al consumo innecesario o por reflejo, genera un resultado de pérdida de libertades del cual el propio individuo ni siquiera es consciente.

Todo ello genera un mundo -inducido por la globalización y la tecnología que marca el signo de nuestros tiempos- que presenta diferencias esenciales con el que nos precediera no hace mucho en orden cronológico. "Cierto es que la realidad presente, vista desde las coordenadas de tiempo y espacio, parece ser exactamente opuesta a la del pasado. Hoy la realidad es cada vez mas mutante en el tiempo y mas uniforme en el espacio. Ayer era, por el contrario, casi inmóvil en el tiempo y muy cambiante en el espacio".[13]

Y precisamente, como lo señala LORENZETTI,[14] para estudiar adecuadamente el impacto que la tecnología digital ha producido y produce en el mundo del Derecho Privado, hay que comenzar por admitir la "desestructuración" que esas nuevas tecnologías producen en "categorías conceptuales comunitarias, como el espacio, el tiempo o la diferencia entre lo público y lo privado, y, en segundo lugar, en el individuo y su privacidad".

---

[10] Las noticias deliberadamente falsas transmitidas por la red, denominadas "fake news", han generado la necesidad de una regulación legal todavía ausente, y de una gimnasia jurisprudencial de avanzada ante las evidentes dificultades de encontrar un responsable por los daños que pudieran causar.

[11] "Anonimity, autonomy and accountability, challenges to the first admentent in cyberspace", en "The Yale Law Journal", vol. 104, 1.995, pag. 1639.

[12] LORENZETTI, "Comercio Electrónico", op. cit., pag. 23.

[13] GALGANO, Francesco – "La globalización en el espejo del Derecho", Editorial Rubinzal-Culzoni, Santa Fe, 2.005, traducción de Horacio Roitman y María de la Colina, pag. 14.

[14] "Comercio Electrónico", op. cit., pag. 13.

Señala al respecto el citado autor que para el pensamiento tecnológico estamos ante un "paradigma digital", que implica o conlleva un nuevo modo de concebir el mundo y las relaciones humanas -y, dentro de ellas, las jurídicas-, en el cual hay una decadencia de los sistemas legales normativos (nacionales e internacionales) y una preeminencia de la libertad en la autorregulación, con una fuerte impronta autonómica y privatista. Así como GALGANO[15] alude a la decadencia de los sistemas normativos de rango legal y su sustitución por los modelos contractuales elaborados por las "law firms" o los grandes estudios jurídicos que atienden los negocios de quienes gobiernan el mundo, así como a la preeminencia del derecho judicial por sobre el derecho legal, LORENZETTI[16] menciona que así como hay una "lex mercatoria" -vigente y relevante-, hay en los días que discurren una "lex informática", que sería una especie de "código técnico" de ética o conducta, de fuerte base costumbrista, que permitiría ir solucionando fuera del sistema jurídico tradicional los problemas que se suscitan en Internet.[17]

Todo este contexto -que no es propio de un mundo que "viene", sino de uno que "está"-, donde con su correspondiente designación anglosajona nos resultan ya familiares el "AI" (la inteligencia artificial), el "IoT" (internet de las cosas), el "Big Data", el "Fintech" (tecnología financiera), las billeteras virtuales, las transacciones con bitcoins o criptomonedas, el "blockchain" o "cadenas de bloques", los "smart contracts" (o "contratos inteligentes"), el Mercado Libre, el Mercado de Pago, Uber, y tantas otras mas, produce lo que ya muchos llaman "La Cuarta Revolución Industrial" (o "Revolución 4.0").[18]

Ello, va de suyo, incide de modo drástico en las transacciones singularmente comerciales (comercio electrónico, empresas de base tecnológica, la dinámica de las sociedades mercantiles, financiamiento de las PyMes, comercio internacional, y hasta los procedimientos concursales).[19]

En definitiva, como lo venimos exponiendo, el "mix" entre tecnología y Derecho abre un universo de perspectivas de correlación -y, a veces, hasta de confrontación con instituciones tradicionales de la ciencia jurídica-, que propone un abanico de temáticas específicas de muy difícil enunciación (y, como es lógico, de aun mas difícil sistematización), frente a lo cual nos proponemos, modestamente, mencionar algunas de las mas relevantes, para luego profundizar, dentro de la acotada dimensión de este aporte, en dos ejes centrales del Derecho Privado, como lo son la persona y el contrato.

2 Algunas manifestaciones singulares de la incidencia de la tecnología en el Derecho Privado

Conforme lo mencionáramos supra, hay supuestos específicos en relación a los cuales las nuevas tecnologías plantean cuanto menos interrogantes, que el operador

---

[15] "La globalización...", op. cit., pag. 105 y ss.
[16] "Comercio Electrónico...", op. cit., pags. 38 y 39.
[17] LESSIG, Lawrence – "Las leyes del ciberespacio", en "Cuadernos ciberespacio y sociedad", número 3, mayo de 1.999.
[18] CASTILLO VIDELA, Facundo – "Funcionamiento, aspectos prácticos y probatorios de la tecnología blockchain", en "Las nuevas tecnologías ante el Derecho Comercial", Ediciones Didot, Buenos Aires, 2.019, pag. 35.
[19] MORO, Carlos Emilio – "Nuevas tecnologías ante el Derecho comercial", igual publicación que la mencionada en la cita precedente, pag. 49.

jurídico deberá evaluar, encauzar o cuanto menos tamizar a la luz de los valores y principios que informan el ordenamiento normativo.

No nos proponemos mas que ofrecer un muestreo, en el cual seguramente habrá omisiones, pero que de alguna manera puede servir para atender a los ámbitos singulares dentro de los cuales dicha interacción se desarrolla.

2.1 Inteligencia artificial

La noción de inteligencia artificial aparece, terminológicamente, empleada por primera vez por el informático estadounidense John McCarthy en el año 1.956, y se vincula con aquellas máquinas o algoritmos dotados de una inteligencia similar a la de las personas humanas.

Aun cuando en una primera representación del tema nos imaginemos a los robots, ellos en realidad constituyen una maquinaria manejada por un elemento de inteligencia artificial en forma autónoma o semiautónoma. En realidad, quizás la forma mas común y frecuente de materialización de la inteligencia artificial la constituyan (al día de hoy, el futuro es impredecible) las "aplicaciones", hoy tan presentes en nuestros elementos electrónicos cotidianos u hogareños.[20]

Técnicamente, a nivel teórico se admite que en el mundo de hoy podrían diferenciarse tres tipos de inteligencia artificial (IA).
   a) Una inteligencia artificial limitada o débil (o "Artificial Narrow Intelligence") (ANI), que se vincula como la inteligencia artificial especializada en una actividad de forma exclusiva y excluyente de otras (se cita como ejemplo la supercomputadora "Deep Blue" que en 1.997 venció a Gary Kasparov en una famosa partida de ajedrez, o bien la que aparece inserta en los denominados "autos inteligentes", que no necesitan de un conductor humano).
   b) La inteligencia artificial General o Fuerte ("Artificial General Intelligence") (AGI), que se vincula con un grado de inteligencia artificial de nivel humano, vale decir, una máquina que pueda realizar las mismas tareas intelectuales que una persona. Comprende la capacidad de razonar, planificar, resolver problemas a nivel teórico, pensar en forma abstracta e incluso aprender de su propia experiencia.
   c) La "superinteligencia artificial" (ASI), que implica un dispositivo que cuente con una función intelectual incluso superior a la de los seres humanos mas dotados en prácticamente todos los campos, incluyendo la creatividad científica.

Por el momento pareciera que en los tiempos que discurren sólo se ha logrado materializar lo relacionado al primer nivel (ANI), pero se admite que se está en camino de llegar al segundo (AGI).

Una de las aplicaciones de la inteligencia artificial mas empleada en la actualidad, y que generan mayor cantidad de sistemas útiles para la vida humana cotidiana, de denomina "machine learning" (aprendizaje automático, o máquina de aprendizaje), la cual consiste en dotar a los sistemas de la habilidad de aprender automáticamente y

---

[20] Vide SALVOCHEA, Carlos Ramiro – "Ciencia ficción societaria...", op. cit., pag. 1.

mejorar con base en su propia experiencia sin haber sido programados expresamente a tal fin. Es un proceso mediante el cual la máquina detecta "patrones" o "regularidades" en determinados datos que se le suministran para entrenarla. El algoritmo es así un elemento esencial en cualquier programa de computación, y obviamente en la inteligencia artificial.[21]

Asumiendo la complejidad de proyecciones que la IA genera sólo en el ámbito jurídico, una de ellas es la eventual asignación de personalidad a estas máquinas inteligentes, atribuyéndoles por ejemplo responsabilidad por los daños que pudieran ocasionar, y entendiendo que la denominada "personalidad electrónica" se aplicaría a supuestos en que los robots puedan tomar decisiones autónomas inteligentes o interactuar con terceros de forma independiente.[22]

En orden a ello, en enero de 2.017 la Comisión de Asuntos Jurídicos del Parlamento Europeo expidió una recomendación a los Estados miembros de reconocer un status de "persona jurídica" para los robots altamente sofisticado y autónomos.

Dicho informe generó una carta abierta (abril de 2.018) en la que numerosos y calificados expertos en el tema llamaron a ignorar la recomendación y rechazar el reconocimiento de una "personalidad jurídica electrónica", por considerarlo inapropiado, meramente ideológico y carente de todo pragmatismo.

En abril de ese mismo año (2.018), la Comisión Europea emitió un comunicado delineando la estrategia futura para encarar dicha temática, en la cual se hizo caso omiso de la recomendación de marras, prescindiendo de toda referencia a una eventual "personalidad jurídica electrónica".[23]

Es de interés también al respecto un trabajo que analiza la perspectiva (que tal como están las cosas no luce de ciencia ficción) del empleo de la inteligencia artificial en materia arbitral,[24] relacionada a la eventualidad de que la robótica pueda llegar a predecir la toma de decisiones de los Tribunales Arbitrales Internacionales, y, mas allá de ello, llegar incluso a la propia elaboración del laudo.

En similar línea de pensamiento, se alude[25] a la hipótesis, en el derecho francés, de que así como los ciudadanos -y operadores jurídicos- en ese País tienen acceso irrestricto a las decisiones judiciales de los tribunales superiores a través del sitio Web

---

[21] Muy elementalmente, el algoritmo consiste en un grupo finito de operaciones organizadas de manera lógica y ordenada que permite solucionar un determinado problema, Son un conjunto de instrucciones o reglas establecidas que, por medio de una sucesión de pasos permite arribar a un resultado o solución. El diseño de un algoritmo comienza con la representación gráfica de los pasos a seguir (lo que se denomina técnicamente "diagrama de flujo" o "flowchart", que luego se traduce a un programa informático mediante instrucciones o "líneas de código". Ver en relación con ello ZAPIOLA GUERRICO, Martín, "Insurtech. El impacto de las nuevas tecnologías en la actividad aseguradora", La Ley, 15/10/2019, AR/DOC/3175/2019.

[22] SALVOECHEA, "Ciencia ficción...", op. cit., pag. 2.

[23] Como datos episódicos, relata Lucas LEIVA FERNANDEZ ("La personalidad circunscripta. Humanos, animales y robots", JA 11/4/2.018, JA 2.018-2, fascículo 2, pag. 15) los casos de "Bot" (software especializado para realizar tareas automatizadas, de Facebook, quien diseñado para chatear empezó a dialogar con otro Bot y crearon su propio lenguaje, lo que determinó que ante dicha singularidad Facebook decidiera "apagarlos" a ambos. También -con mayor repercusión mediática- el del robot Sophia, que fuera reconocido como ciudadano en Arabia Saudita, mientras mantuvo una entrevista con el público revelando rasgos de humor y resaltando cualidades derivadas de un ser humano.

[24] Guillermo ARGERICH – Juan JORGE, "La inteligencia artificial en la toma de decisiones. ¿Hacia el determinismo arbitral?", en La Ley 14/2/2020, AR/DOC/268/2020.

[25] Florence GSELL, "Predecir las decisiones de los Tribunales por medio de la inteligencia artificial. ¿Es legítimo en Francia?", SJA del 5/2/2020, AR/DOC/3608/2019.

Legifrance (servicio además gratuito), se llegue al desarrollo de un sistema inteligente que en base al análisis comparativo de esa base de datos, pueda predecir o anticipar los criterios decisorios de los mismos.

Al decir de Luis Daniel CROVI[26] "...la inteligencia artificial está llegando a extremos en donde resulta cada vez mas difícil distinguir si los robots son entes artificiales o autónomos", en la medida en que el avance de la robótica (y de la inteligencia artificial) se ha desplazado de un paradigma "mecánico" a uno "cognitivo".

A título personal, y por múltiples razones cuya enunciación exorbitaría notoriamente la extensión de este somero análisis, compartimos enfáticamente tal conclusión, siendo que la "personalidad" es, jurídicamente, un atributo exclusivo y excluyente de las personas humanas, individualmente consideradas o bien agrupadas en un objetivo común -ya sea de personas o de capitales pertenecientes a personas- que configuran la personalidad jurídica.[27]

Con ello, ni los robots (ni los animales) pueden ser considerados tales y reconocidos como sujetos de derecho y portadores de obligaciones.

2.2 La firma digital

Es quizás por todos sabido -por cuanto tanto la firma digital en sí misma como el documento digital son de los pocos fenómenos que la tecnología ha aportado en las últimas décadas al tráfico negocial que están normativizadas-,[28] que el concepto que tradicionalmente la dogmática civilística asignaba a la firma -ológrafa, no había otra-, como trazo característico mediante el cual una persona -humana- manifestaba su voluntad o su aquiescencia o reconocimiento de un texto precedente, si bien no ha perdido su vigencia o empleo,[29] ha quedado insuficiente ante la lógica necesidad de evidenciar dicho reconocimiento en los documentos -electrónicos- que son cada día de mayor difusión y empleo en el tráfico jurídico.

En previsión de esos avances realmente impredecibles - elogiable por su proyección regulatoria de futuro, como lo consignáramos supra- el Código Civil y

---

[26] "Contornos actuales de la personalidad", en "Los nuevos horizontes del Derecho de las personas y de la familia", Liber Amicorum en homenaje a la Dra. Graciela Medina, Editorial Rubinzal-Culzoni, Santa Fe, 2.019, pag. 25.

[27] En orden a ello, un informe del Parlamento Europeo del año 2.017 señala que el desarrollo de la tecnología robótica debe orientarse a complementar las capacidades humanas y no a sustituirlas, agregando que los seres humanos deben tener en todo momento el control sobre las máquinas inteligentes, resaltando las graves consecuencias físicas y emocionales que ese vínculo emocional puede adquirir en las personas humanas. Periodísticamente hay referencias a la existencia (ya) de robots destinados a oficiar de acompañantes de ancianos o discapacitados -incluso conversar con ellos, o leerles los periódicos-, y hasta (es alarmente, pero cierto) de otros que con formato relacionado a su fin, están diseñados para mantener con humanos relaciones sexuales (no como meros elementos pasivos propios de una "muñeca inflable", sino con interacción sensorial).

[28] La Ley 25.506 se ocupó oportunamente de regular la noción, los elementos y los efectos de la firma digital (LFD), y con la sanción del Código Civil y Comercial de la Nación en vigencia desde agosto de 2.015, en sus artículos 286 y 288 se abrió la puerta a la regulación no sólo actual sino futura de este tipo de elementos electrónicos con valor jurídico predeterminado. Posteriormente, los Decretos 962/18 y 182/19 del PEN -este último en correlación con la reforma efectuada a la ya mencionada LFD por Ley 27.446-, se introdujeron otros elementos normativos (cabe recordar que el correlato existente entre los artículos, 2, 3, 6, 7 8 y 9 de la LFD con los ya mencionados 286 y 288 del CCyCN, ya generaba una suerte de asimilación de efectos jurídicos entre el concepto de firma digital y el de certificación de firma, así como también igual asimilación entre esa firma digital y la firma ológrafa).

[29] Los artículos 313 a 315 y cc. del Código Civil y Comercial de la Nación así lo evidencian a nivel normativo.

Comercial de la Nación dispone al respecto en su artículo 286 que "...la expresión escrita puede tener lugar por instrumentos públicos, o por instrumentos particulares firmados o no firmados, excepto en los casos en que determinada instrumentación sea impuesta. *Puede hacerse constar en cualquier soporte, siempre que su contenido sea representado con texto inteligible, aunque su lectura exija medios técnicos*". Y por su parte el 288 dice que "... La firma prueba la autoría de la declaración de voluntad expresada en el texto al cual corresponde. Debe consistir en el nombre del firmante o en un signo. *En los instrumentos generados por medios electrónicos, el requisito de la firma de una persona queda satisfecho si se utiliza una firma digital, que asegure indubitablemente la autoría e integridad del instrumento*".

Se consigna con tino al respecto[30] que el CCyCN tiene correlato directo con la ya mencionada Ley 25.506 (regulatoria de la firma digital), y que con ello vuelve a hacerse presente la distinción entre los elementos del documento: la declaración y su asiento. La primera es el contenido, el segundo el continente, pudiendo ser éste corporal (en el caso del soporte papel) o incorporal (en el del documento digital).[31]

La mencionada Ley 25.506 (artículo 2) define a la firma digital como el resultado de aplicar a un documento digital un procedimiento matemático que requiere información de exclusivo conocimiento del firmante, encontrándose éste bajo su absoluto control.

A su vez, al equipararse en sus efectos la firma digital a la manuscrita u ológrafa (conforme art. 3 de la Ley de Firma Digital), los documentos electrónicos pueden acceder a la categoría de instrumentos privados y aún a la de públicos si se los reviste de los caracteres propios de ellos.[32]

Cabe recordar que antes de la sanción de la Ley 25.506 (y, obviamente, durante la vigencia del Código de Velez Sársfield), los documentos electrónicos eran considerados como meros principios de prueba por escrito en los términos de los arts. 1.192 segunda parte de dicho Código, así como del art. 209 "in fine" del ahora derogado Código de Comercio.

Además, también viene a cuento recordar que el art. 4 de la Ley 25.506 excluye de su ámbito operativo a las disposiciones por causa de muerte, a los actos jurídicos del Derecho de Familia y a los actos que por disposición legal o por acuerdo de voluntades deben ser instrumentados bajo exigencias o formalidades incompatibles con la utilización de la firma digital.

Una diferencia relevante entre los efectos de la firma ológrafa y la digital es que en la primera, además de los mecanismos legales de reconocimiento de la autenticidad de la firma (reconocimiento voluntario o ficto, o bien prueba pericial caligráfica), es que en la firma ológrafa puede darse la circunstancia de que no se dubite la autenticidad de la misma, pero sí la adulteración del contenido del documento en la cual ella fuera estampado, mientras que en el caso de la firma digital -que implica que la misma esté inserta dentro de un documento electrónico-, la misma utilización del procedimiento que excluye toda duda sobre la utilización de la clave que corrobora su autenticidad, se

---

[30] D ALESSIO, Carlos M. – Comentario al art. 286 en "Código Civil y Comercial de la Nación comentado, dirigido por Ricardo L. Lorenzetti, Editorial Rubinzal-Culzoni, Santa Fe, 2.015, tomo II, pag. 115.

[31] Al decir de Ricardo L. LORENZETTI ("Comercio electrónico...", op. cit., pag. 57), "...en el primer caso nos encontramos en el mundo de los átomos, en el segundo en el de los bites".

[32] Conf. Conclusiones de las "XVIII Jornadas Naciones de Derecho Civil", UCES, Buenos Aires, 2.001, Comisión número 3, "El consentimiento y los medios informáticos".

proyecta también sobre la autenticidad del documento electrónico en el cual la firma fue agregada, siendo entonces que la técnica criptográfica que combina dos claves (la privada y la pública) permitirá al receptor comprobar la autenticidad también del documento.[33]

Ahora bien -y cerrando este casi esquemático análisis de un tema tan lleno de aristas dignas de mayor desarrollo-, no debe perderse de vista que la interrelación de las dos claves (privada, atañente a la firma del mensaje por el emisor, y pública, empleada para certificar la autenticidad de la firma, vinculadas con un sistema de criptografía asimétrica que permiten la codificación y decodificación de los mensajes), si bien genera un contexto de razonable seguridad jurídica en relación con la efectiva conexión entre el emisor de la voluntad y el receptor de dicha emisión, no confiere "per se" a la firma digital el rango de "fe publica" que es inherente, por ejemplo, a la función notarial.

En orden a ello,[34] el art. 7 de la LFD dispone que "...Se presume, salvo prueba en contrario, que toda firma digital pertenece al titular del certificado digital que permite la verificación de dicha firma". Esta presunción de alguna manera colisiona con el criterio de doctrina -ya mencionado, vide además MORA, Santiago – "La reglamentación de la ley de firma digital. Una especial referencia a los prestadores del servicio de confianza", La Ley 2019-C-757- conforme al cual la firma digital adquiere igual rango que la inserta en un instrumento público, siendo que resultaría factible que el titular de un certificado de firma digital podría probar -por cualquier medio- que no fue él quien aplicó una firma digital en un contrato, pudiendo con ello liberarse de las obligaciones allí pactadas.

De no ser así -parece lógico-, ningún sentido tendría la presunción de autenticidad que dimana del referido artículo 7 de la LFD, ya que como toda presunción "juris tantum" -si fuera "juris et de jure" la propia ley así debiera decirlo-, ella admite contraprueba.

Finalmente, dentro de las funciones y efectos de la firma digital, se consigna[35] que los principales son: a) Garantizar la autoría, b) Mantener la confidencialidad del mensaje, c) Posibilitar el control de acceso limitado, d) Mantener la integridad de la información, e) Asegurar la validez probatoria y los plenos efectos de la firma escrita, gozando por ende de la presunción de autenticidad y de la presunción de integridad que deberá destruir mediante prueba específica quien las niegue, debiendo la legislación prever los procedimientos específicos para dicha impugnación.

2.3 Neurociencias y Derecho

El avance científico en las denominadas "neurociencias", singularmente habido en las últimas décadas, es objetivamente asombroso.

Uno de los difusores (científicos y mediáticos) de dicha disciplina, Facundo Manes, la postula como "...las ciencias que estudian la organización y funcionamiento del sistema nervioso, y cómo los diferentes elementos del cerebro interactúan y dan origen a la conducta de los seres humanos".[36]

---

[33] LORENZETTI, "Comercio electrónico...", op. cit., pag. 71.
[34] DI CASTELNUOVO, Franco – FALBO, Santiago, "Efectos jurídicos de la firma digital en el Derecho Argentino. Acerca de la errónea equiparación de la firma digital a la certificación de firmas en el Decreto 182/2019", La Ley 23/10/2019, AR/DOC/3333/2019.
[35] LORENZETTI, "Comercio electrónico", op. cit., pag. 80.
[36] MANES, Facundo – NIRO, Mateo, "Usar el cerebro (conocer nuestra mente para vivir mejor)", Ed. Planeta, Buenos Aires, 2.012, pag. 25.

Tradicionalmente, mas allá de los análisis conductistas propios de ciencias médicas como la siquiatría y la sicología, algunos estudios de gran trascendencia histórica en su tiempo (como los del criminólogo Lombroso y su propuesta de extirpación de la foseta occipital de los delincuentes seriales, con proyecciones ya superadas relacionadas al determinismo en la conducta delictual), las investigaciones solían hacerse sobre cadáveres. Al día de hoy, el progreso de la aparatología en la medicina permite hacer el laboreo sobre áreas del cerebro mientras la persona está viva y en empleo de sus facultades intelectivas (como la resonancia magnética funcional, que estudia el comportamiento del cerebro a través del proceso de oxigenación de las neuronas).

Lo cierto es que como las neurociencias se vinculan en definitiva con el análisis de conducta humana -como el Derecho-, indefectiblemente está en gestación lo que ya para algunos puede denominarse "neuroderecho".[37]

Como lo consignara el ya citado neurocientista Facundo MANES, "...el cerebro es la estructura mas compleja del universo, y el Derecho el instrumento mas complejo de las relaciones sociales".

En su interconexión, entender de qué manera los diferentes elementos del cerebro interactúan, origina y determina la conducta humana de quien emplea su cerebro para tomar decisiones -jurídicas o antijurídicas, en la medida en que debamos evaluarlas a partir de esa bipolaridad básica de la ciencia jurídica-, con lo cual la incidencia de una rama del conocimiento biológico sobre la otra rama del cientismo sociológico-normativo es indefectible, y con "fronteras de cruce" múltiples e incluso mayoritariamente inexploradas.

Esta perspectiva de conocer el porqué del actuar de las personas cuando ese actuar tiene incidencia en sus vínculos -jurídicos- con otra u otras, lejos ya del determinismo Lombrosiano, y fuera incluso de la mirada estrictamente penal o criminalística de conductas y su pretensa predeterminación, puede aportar al Derecho enormes avances en la prevención -como anticipación predecible- de comportamientos antijurídicos, en la estadística del análisis económico del derecho sobre pautas de evaluación de esos comportamientos, en el juzgamiento de los márgenes de intencionalidad cuando ese factor subjetivo está en juego en el análisis de la conducta, y en numerosos ámbitos mas.[38]

En un trabajo de aconsejable lectura dentro de un tema que tiene lógicamente proyecciones tan vastas,[39] se menciona que, entre otros aspectos, las neurociencias tienen aptitud para ilustrar al jurista en aspectos tales como el análisis entre el libre albedrío y el determinismo, la memoria y con ello la credibilidad de los testigos en un proceso judicial, la graduación en la imposición de las penas,[40] la objetividad e imparcialidad en el juzgamiento por parte de los jueces,[41] el cálculo de proyección de consecuencias

---

[37] Ver al respecto el interesante trabajo de Paula VILLANUEVA RASPALL titulado "Neuro Derecho. Hacia un diálogo entre el Derecho y las neurociencias", La Ley, 13/12/2019, AR/DOC/3829/2019.

[38] GOMEZ PAVAJEAU, Carlos – "Neurociencias y Derecho", Editorial Nueva Jurídica, Bogotá, Colombia, 2.016, Capítulo I, pag. 91.

[39] SOBRINO, Waldo – "Neurociencias y Derecho", La Ley, 26/8/2019, AR/DOC/2556/2019.

[40] Es sabido que normativamente la perspectiva de la real comprensión del alcance de sus actos por parte de un imputado en el proceso penal incide precisamente en su imputabilidad.

[41] El mismo SOBRINO, op. cit., pag. 4., pasa revista a estudios de Derecho Comparado conforme a los cuales, por ejemplo, se ha demostrado estadísticamente que hay una correlación comprobable entre el momento del día en el cual el magistrado expide una decisión, y el sentido de la misma. Cuando está descansado, o recién alimentado, hay una tendencia a una mayor flexibilidad en dicho proceso decisorio, el cual por contrapartida

cuando se toman decisiones que se vinculan con la asunción de riesgos, el análisis de los componentes subjetivos del acto voluntario (discernimiento, intención y libertad), las expectativas y los mecanismos decisorios del consumidor inducido, o la toma de decisiones no racionales por parte del consumidor hipervulnerable, la determinación de la existencia de daños cerebrales en un acto ilícito, o la cuantificación del daño síquico, o la del daño extrapatrimonial cuando el mismo no se prueba "in re ipsa", la prevención de los accidentes de tránsito,[42] la determinación del fin de la existencia de la persona humana a los fines del transplante de órganos de origen cadavérico, en relación con el concepto de "muerte cerebral" que la legislación específica sobre la materia determina con determinante incidencia de la biología, etc.

En definitiva, los avances científicos en las neurociencias proyectan múltiples incidencias en el Derecho, tanto público como privado, y debe éste saber adecuarse a ellas y aprovechar la enorme utilidad que este "neuroderecho" en gestación le ofrece.

2.4 Criptomonedas y blockchain

Señala con su habitual lucidez Hugo ACCIARRI,[43] que ante la aparición de tecnologías disruptivas -las criptomonedas quizás sean tanto para el Derecho como para la Ciencia Económica en tal sentido paradigmáticas-, la actitud de los juristas es el rechazo, y el énfasis puesto en resaltar sus peligros.

Sin perjuicio de que ellos existan, y sin tomar -nosotros- partido en relación con tal circunstancia, cabe admitir que prácticamente en los últimos diez años ha surgido y se ha desarrollado el concepto de "criptomonedas" o "criptodivisas", las que han sido conceptualizadas -entre otras propuestas-[44] como "...dinero virtual no regulado,

---

aparece mas estricto cuando se lo expide luego de varias horas de trabajo, o en situaciones de estrés laboral comprobable. O -también- cuando el magistrado debe juzgar conductas que de alguna manera se vinculan con vivencia personales de él mismo, que inciden en su objetividad -al conectarse inconscientemente en afinidad con la víctima de un daño si él mismo lo ha sufrido con anterioridad en situaciones similares-. En relación con ello, es singularmente interesante lo relatado por VILLANUEVA RASPALL ("Neuroderecho...", op. cit., pag. 6), quien trae a cita un episodio relatado nada menos que por Piero CALAMANDREI ("Elogio de los jueces. Escrito por un abogado", Méjico, Oxford Univertity Press, año 2.000, pags. 9/10). Conforme al mismo, relata el ilustre profesor italiano que en circunstancias de tener que defender en Casación los intereses de una persona que había vendido a otra un caballo, y que había sido demandada por el comprador alegando la existencia de un vicio redhibitorio -cual era el de morder-, había sido desestimada la pretensión anulatoria del contrato en las instancias previas. Apareciendo tan claramente sostenible la posición de su cliente, el mismo CALAMANDREI alude a que prescindió de alegar -siendo que en Casación no se pueden juzgar los hechos, sino sólo la interpretación normativa-. Sin embargo, al usar la palabra el Procurador General del Tribunal, se manifestó por la procedencia del recurso y la consecuente anulación de la venta. Interrogado luego por CALAMANDREI por las razones de su decisión, le dijo expresamente: "Mi querido abogado, contra los caballos que muerden nunca se es suficientemente severo. Hace años, paseaba por la ciudad llevando a mi hijo de la mano, y en esas circunstancias pasamos cerca de un coche de caballos, parado junto a la acera. Usted no lo creerá, pero aquel caballo de aspecto inofensivo, se dio vuelta de pronto y le mordió a mi chico el brazo. Una herida profunda que, para curarla, necesitó mas de un mes. Desde entonces, cuando oigo hablar de caballos que muerden, soy inexorable".

[42] Por caso, la incidencia que el grado de alcohol en sangre del conductor vehicular a través de los test de alcoholemia a nivel preventivo, o del análisis químico cuando se realiza "ex post facto", tiene directa correlación con el grado de normalidad o anormalidad síquica que la ingesta de alcohol -o estupefacientes- determina en la conducta del protagonista en la conducción.

[43] ACCIARRI, Hugo -"Smart contracts, criptomonedas y el Derecho", La Ley 2/5/2019, AR/DOC/1017/2019.

[44] Conf. KEES, Milton Hernán – KAMERBEEK, Tomás, "Sobre la naturaleza jurídica de las operaciones con criptomonedas", JA del 13///2018, tomo 2.018-II.

controlado por sus usuarios, que utiliza la criptografía de clave asimétrica para proporcionar seguridad al sistema digital que les da vida".

Es verdad que existe, sin duda, un enorme escepticismo cuando se habla de criptomonedas,[45] siendo quizás mayoritarias las opiniones no sólo de legos, sino incluso de especialistas, que vaticinan que los criptoactivos están en el epicentro de la nueva "burbuja" que financieramente se está gestando a escala mundial, y que mas tarde o mas temprano, habrá de explotar.[46]

Es así que en una mirada global, se aprecian muy distintos posicionamientos en relación con la regulación, admisión o empleo de criptomonedas, habiendo jurisdicciones que las alientan (v.g. España, Australia, Canadá, Chile, Tailandia, Singapur y otras), mientras que hay otros que o prescinden de su regulación (lo que hace casi clandestino su empleo), o bien directamente se oponen a su admisión (EEUU, China, Rusia, Japón, Italia, Brasil). E incluso de puede diferenciar un tercer grupo de posicionamiento "neutral" (que las analiza caso por caso en los supuestos singulares que requieren la atención del sistema jurídico-económico), entre los cuales además de Argentina, figuran Méjico, Francia y Alemania.[47]

El "bitcoin" es la primera criptomoneda y la mas difundida globalmente (incluso con cotizaciones muy variables en correlación con divisas tradicionales, como el dólar o el euro o yen, pero que en general parecieran marcar un sendero hacia la baja), siendo la primera aplicación del "blockchain" al dinero digital, líquido y programable. Se atribuye su creación a un sujeto colectivo, para algunos singularizados en alguien llamado Satoshi Nakamoto, que alrededor del año 2.008 generaron algunas publicaciones que perfilaban el complejo diseño de su estructura.

Bàsicamente, el bitcoin mediante un complejo diseño tecnológico lo que permite es generar una cadena de pagos de persona a persona sin pasar por entidades financieras públicas o privadas. Estas criptomonedas conforman así dinero digital -resultante de la criptografía y de las ciencias de la computación- capaz de proveer todas las funciones del dinero sin participación alguna de entidades financieras o de gobiernos, buscando evitar gastos dobles en las transacciones y crear así un sistema monetario paralelo y descentralizado. Ello opera dentro de la comunidad digital (on line), pero requiere de un servidor central que mantenga el registro y la trazabilidad de las transacciones.

---

[45] En definitiva, o en última instancia, el sustento de su existencia o de su esencia misma es netamente fiduciario, no en el significado específico de esta figura negocial típica, sino en el de la confianza que vincula a sus adquirentes o usuarios en relación con el funcionamiento tecnológico del sistema misma que las genera. Obviamente, como medio de pago -no otra cosa es-, no tiene, como el dinero en cualquiera de sus manifestaciones, un respaldo en valor oro o equivalente (aunque, bien mirado, el valor del oro no es otra cosa mas que una convención, ya que no deja de ser un metal escaso y de imposible reproducción -lo que existe lo hace desde hace milenios, y lo que no está depositado en instituciones financieras públicas o privadas está todavía enterrado en las entrañas de las zonas auríferas inexplotadas hasta hoy-, pero que no cumple expectativas de otra utilidad para el hombre que el de ser una convención de valor en sí misma. El oro no se come, no abriga, no protege, no genera energía, sólo "vale". Con ello, y a su manera, todo el sistema monetario mundial está sustentado en un complejo entramado de fiducia, creencia o convención de asignación de valor.

[46] LORENTE, Javier Armando – "Criptomonedas e insolvencia. Primeras aproximaciones a la cuestión", en "Las nuevas tecnologías ante el Derecho Comercial", Ediciones Didot, Buenos Aires, 2.019, pag. 168.

[47] Es sintomático el caso de Venezuela, que muy recientemente anunció la adopción de un sistema de criptoactivos con matices nacionalistas, y con una suerte de respaldo mixto en el cual figuraba también la existencia de reservas petroleras, pero que hasta donde tenemos información periodística ni se ha instrumentado ni tiene perspectivas serias de que eso suceda.

Se menciona[48] que las cuatro propiedades típicas del dinero como medio de pago en las transacciones de contenido económico (medio de pago, unidad de cuenta, reserva de valor y curso legal) no aparecen necesariamente en el caso de las criptomonedas, lo cual ha generado numerosos y variados pronunciamientos judiciales en el Derecho Comparado que la naturaleza de esta labor nos releva de iterar.

A su vez, su novedosa existencia plantea infinidad de interrogantes que el Derecho -legal, jurisprudencial o doctrinario- debe afrontar, entre las cuales se computan, entre otras, su situación ante el fenómeno falencial de su titular, el lavado de dinero y la financiación del terrorismo y su tratamiento impositivo.

En nuestro País, en el cual como hemos dicho no existe una regulación legal sobre la materia, se han propuesto distintas alternativas a la hora de intentar identificar su naturaleza jurídica.[49] En orden a ello hay quienes las identifican con un título valor -pese a que se prescinde absolutamente del soporte documental propio de los títulos cartulares, y que la eventual variación de la suma a pagarse conforme a la cotización mutables de las mismas importe una clara violación al principio de literalidad propio de esa categoría de instrumentos de crédito de naturaleza mercantil-,[50] otros aluden a la presencia de un "bien mueble digital",[51] y algunos otros a una divisa o medio de pago, con relación a lo cual se ha objetado que las criptomonedas otorgan derechos a sus poseedores que exceden la mera función de ser un medio de pago.

Asimismo, y en lo que es laboreo de campo, se ha detectado que dentro del territorio de la República Argentina hay numerosas jurisdicciones en las cuales se acepta el bitcoin como medio de pago en distintos comercios y por distintos profesionales (como veterinarias, inmobiliarias, venta de servicios informáticos, heladerías, casas de fotografías, peluquerías y bares).[52]

Por su parte, el *blockchain* (o "la tecnología blockchain", como quizás se la denomina con mayor rigor técnico) -la que conforme algunas opiniones resulta ser aún mas disruptiva que el sistema Bitcoin en sí mismo, aunque mantienen grandes vinculaciones conceptuales y operativas entre ambos, en tanto el sistema Bitcoin fue el primer blockchain en existir y actualmente su manifestación mas grande o extendida-,[53] que en español debe traducirse como "cadena de bloques", implica una base de datos distribuída, que se almacena en una red diseminada de puntos o "nodos", cada uno de los cuales está compuesto de hardware y software aportado por distintas personas -a cambio de una contraprestación-que participan entonces del sistema, con la singularidad de que cada uno de los nodos almacena una réplica de la totalidad de los blockchains, y que todos ellos se van actualizando en paralelo.

---

[48] ACCIARRI, "Smart contracts, criptomonedas y el Derecho", op. cit., pag. 4.
[49] Vide KEES – KAMERBEEK, "Sobre la naturaleza jurídica de las operaciones con criptomoneda, op. cit., pag. 14.
[50] Conf. ESCUTI, Ignacio -Títulos de crédito", Editorial Astrea, Buenos Aires, 2.010, pag. 7.
[51] HIJAS CID, Eduardo. "Bitcoin. Algunas cuestiones jurídicas" en "El notario del siglo XXI", número 66, Madrid, 2.016.
[52] Ello sucedería, conforme el ya mencionado trabajo de KEES y KAMERBEEK, en las Provincias de Buenos Aires, Rio Negro, San Juan, Misiones, Tucumán, Santiago del Estero, Jujuy, Formosa, Chaco, Santa Cruz, Tierra del Fuego, Córdoba y Formosa. Llamativamente, no se registra su empleo en Provincias centrales (Santa Fe, Mendoza, Entre Ríos y la misma Ciudad Autónoma de Buenos Aires).
[53] MORA, Santiago – "La tecnología blockchain", en "Las nuevas tecnologías ante el Derecho Comercial", Ediciones Didot, Buenos Aires, 2.019, pag. 65.

Esa base de datos recibe la denominación de "blockchains" porque se va formando con diversos bloques o paquetes de datos, los que se generan con una velocidad singular. Se dice que los bloques "se encadenan" por cuanto cada bloque incluye el "hash"[54] del bloque anterior, lo que representa una garantía de seguridad al sistema, ya que si alguien quisiera modificar una operación que está almacenada en un bloque ya generado antes, no sólo tendría que modificar ese bloque sino todos los otros que se generaron después de él, con una frecuencia que suele estimarse en no mas de diez minutos.

En el sistema blockchain que genera bitcoins, cada vez que un nodo logra agregar un bloque a la cadena, recibe del sistema -a modo de recompensa- una cierta cantidad de bitcoins nuevos, así como una determinada comisión que pueden pagar los titulares de bitcoins al ordenar las transferencias. A estos nodos se los llaman "mineros", en el sentido de que están destinados a buscar oro, "que cada tanto encuentran".[55]

Hay, además de la blockchain relacionada con los bitcoins, otras operaciones del mismo sistema con finalidades distintas, como el "blockchain 2.0" que está relacionado a la generación de "smart contracts" o contratos inteligentes.[56]

Asimismo, hay dos clases principales de blockchains, las "no permisionadas" y las "permisionadas". En las primeras cualquier persona puede descargar el software y ejecutarlo en un ordenador conectado a Internet, creando así un nuevo nodo en la red.

En las permisionadas, en cambio, es necesario previamente obtener un permiso o autorización de alguien para ingresar a la red y ejecutar en ella un nodo. Según que -dentro de las permisionadas- cualquier persona pueda acceder a la información allí registrada y utilizarla para transacciones, o en cambio ese acceso esté limitado a determinados usuarios, se habla de "permisionadas públicas" o "privadas".[57]

Dentro de las alternativas de uso o empleo del sistema blockchain, además del empleo de bitcoins para la celebración de transacciones económicas, se da la posibilidad de que muchas empresas ofrezcan el público el servicio de registrar archivos (o sus hashes) dentro de aquél, lo cual en algunos casos puede implicar la prescindencia del empleo de escribanos, o del empleo de registros tradicionales, permitiendo ahorrar costos y lograr la trazabilidad de mercaderías y demás activos.

Un aspecto muy relevante y actual de la tecnología blockchain singularmente en su faceta de generación de bitcoins es la que se relaciona con el caso de la insolvencia del titular de estos últimos.[58] Es un dato relevante que mas allá de referencias jurisprudenciales -particularmente del Derecho Comparado-, ni en la Argentina ni en el resto de los ordenamientos jurídicos comparados aparecen regulaciones normativas vinculadas a ese tópico singular, el que sí aparece analizado en la doctrina especializada.[59]

---

[54] La denominación "hash" implica en inglés algo así como lo que en español llamaríamos "picadillo", vale decir, la función hash consiste en un algoritmo matemático que aplicado sobre un documento digital cualquiera, da como resultado una secuencia de aproximadamente unos treinta caracteres alfanuméricos.

[55] MORA, "La tecnología blockchain", op. cit., pag. 70.

[56] Nos referimos a ellos infra, al analizar la incidencia de las nuevas tecnologías en el contrato.

[57] Dentro de las "blockchains permisionadas", se computa la denominada "Blockchain Federal Argentina".

[58] Ver al respecto, entre otros, los trabajos de Javier Armando LORENTE ("Criptomonedas e insolvencia. Primeras aproximaciones a la cuestion", en "Las nuevas tecnologías ante el Derecho Comercial", Ediciones Didot, Buenos Aires, 2.019, pags 165 y ss.), y de Miguel Eduardo RUBIN ("Volver al futuro. Las criptomonedas frente a la insolvencia en el Derecho Comparado – Revista de casos", igual publicación, pags. 197 y ss.

[59] Cabe alguna referencia singular. En diciembre de 2.017 se sancionó en la República Argentina la Ley 27.430 que introdujo relevantes modificaciones al sistema tributario nacional. Dicha ley grava con el impuesto a las

Quizás la pregunta mas importante que se derive del tema es la de si un acreedor privado titular de una obligación consistente en la entrega de criptomonedas está legitimado para pedir la quiebra de su deudor?. Alguna doctrina entiende que sí,[60] con sustento en la legitimación amplia que dimana del texto del artículo 80 de la Ley de Concursos y Quiebras, que legitima para ello a cualquier acreedor cualquiera sea la naturaleza de su acreencia, con la sola condición de que la obligación sea exigible.

Como se puede apreciar de este menos que breve paneo del instituto, el mismo adquiere incidencia directa en los sistemas tradicionales de pago y contratación, estando todavía -en nuestras latitudes- en plena etapa de desarrollo.

2.5 Big data, internet de las cosas

Reiterando la salvedad que hiciéramos al inicio de esta labor -y que igualmente consignáramos al abordar cada uno de los temas que la componen-, anticipamos si cabe nuestras excusas por el casi elemental (o quizás hasta meramente conceptual) tratamiento que asignamos a ellos, pero se comprenderá que la necesariamente acotada extensión de este trabajo así lo impone (además, necesario es decirlo, de nuestro limitado conocimiento técnico sobre muchas de ellas). Si las vinculamos, como un hilo conductor, con la incidencia actual o futura que las mismas adquieren en el campo del Derecho, fundamentalmente Privado.

"*Big data*" puede entenderse como el campo de las ciencias de la computación que estudia formas de analizar, procesar y extraer información útil de conjuntos de datos que son demasiado voluminosos o complejos para ser procesados por sistemas tradicionales de computación.[61]

De alguna manera, su objetivo primordial pretende entender y predecir el conocimiento humano -y otras cuestiones- mediante el empleo de grandes volúmenes de información no estructurados. Las principales características de los datos que son analizados por Bid Data se conocen como las "5 V" (Volumen, Velocidad, Variedad, Veracidad y Valor -esta última como utilidad en función del objeto de la búsqueda-).

Los datos pueden provenir de múltiples fuentes de información (preferencias en las búsquedas por internet, pertenencia a grupos en Facebook o Instagram, videos de seguridad, patrones de clima, registros de navegación en la Web, historias clínicas computarizadas, bancos de datos, frecuencia y destinos en la adquisición electrónica de medios de transporte aéreo, datos de siniestros en relación con el requerimiento de asistencia aseguratíva, etc.).

Obviamente, las proyecciones jurídicas de su resultado son múltiples. Se premia con millas al viajero frecuente o al adquirente de determinados productos por vía del empleo de tarjetas electrónicas expedidas por determinadas entidades financieras, se reducen o elevan las primas de conductores prudentes o imprudentes, se direcciona el gusto del público en la oferta de determinados productos (en Netflix es frecuente

---

ganancias a "las rentas provenientes de las monedas digitales", lo cual deja fuera de consideración alguna postura que aludiera a que esas criptomonedas eran "bienes fuera del comercio".

[60] LORENTE, "Criptomonedas e insolvencia", op. cit., pag. 178.
[61] ZAPIOLA GUERRICO, Martín –"El impacto de las nuevas tecnologías en la actividad aseguradora", La Ley 15/12/2019, AR/DOC/3175/2019.

ver los ofrecimientos personalizados de determinado tipo de películas según el patrón de gustos en relación con otras precedentes), se direcciona en Internet la publicidad relacionada al tipo de productos adquiridos por el receptor de esa publicidad, etc. Ello tiene que ver, entre otras muchas facetas relacionadas al Derecho, con aspectos tales como la publicidad inducida en el Derecho del Consumo.

"*Internet of things*" (IoT), o Internet de las cosas, se refiere a la posibilidad de extender a través de la conexión a la red mandatos operativos dirigidos a "cosas" (no a personas), ya sean aquellas objetos, dispositivos, sensores, alarmas, videocámaras, y otros elementos que normalmente no son considerados computadores.

Estos "objetos inteligentes" requieren una mínima intervención humana para generar, intercambiar, consumir y aplicar datos, incluso generalmente pueden interconectarse a distancia con otros "objetos inteligentes" o con computadoras remota que analizan y administran la información recibida.

El concepto se vincula también con una red cada vez mas amplia -y que crece exponencialmente- de objetos conectados entre sí, que son aptos para recolectar e intercambiar datos empleando sensores y transmisores incorporados a su propia estructura. Así, pueden vincularse a IoT electrodomésticos, sistemas de apertura y cierre de aberturas domiciliarias, o de encendido o apagado de luces o de algun elemento eléctrico, automóviles, etc.

El tema, entre otras faceta, proyecta jurídicamente consecuencias -entre otras- en materia de asignacion de responsabilidad civil por daños causados por esas cosas (verbigracia en el análisis de la aplicación de un factor de atribución objetivo o subjetivo, según se interprete que el daño ha sido causado por el riesgo o vicio de la cosa que recibe la orden operativa, o por la culpa del dueño o guardián de ella si de él emanó esa orden).

2.6 Títulos valores electrónicos

Tal como acontece con otros documentos que tradicionalmente fueron instrumentados en soporte papel (facturas tanto por prestaciones de servicios públicos como privados, resúmenes de gastos mediante tarjetas de crédito, expedientes judiciales, tickets de pasajes o de ingreso a espectáculos públicos, servicios bancarios y tantos mas), se ha señalado ya en el Derecho Comparado que los títulos valores en su configuración tradicional están viviendo una crisis vincula a los avances de la tecnología digital.[62]

Ya en el año 2.012, el Grupo de Trabajo IV (comercio electrónico) de UNCITRAL expidió un documento aludiendo a que "el uso de los documentos electrónicos transferibles sólo es parte de un conjunto mas amplio de temas jurídicos relacionados con el comercio electrónico".

El "paradigma digital" del que habla entre otros Ricardo LORENZETTI,[63] generadora de una "lex informática" que como la "lex mercatoria" escapa a los controles

---

[62] Ver CULTRARO, Gustavo, "Primeras consideraciones sobre el pagaré, la letra de cambio y el cheque electrónico", en "Las nuevas tecnologías ante el Derecho Comercial", Ediciones Didot, Buenos Aires, 2.019, pags. 91 y ss. El referido autor cita allí un relevante trabajo de HINAREJO CAMPOS, FERRER GOMILA Y MARTINEZ NADAL titulado "Letras de cambio, cheques y pagarés electrónicos", publicado en la Revista "Jus", vol. 7, número 31, enero/junio 2.013, Puebla, Méjico.

[63] "Comercio electrónico", op. cit., pag. 38.

regulatorios estatales e impone en el mundo digitalizado nuevas realidades que se autorregulan, se potencia dentro del vasto mundo del crédito, y dentro de él es sabido que los títulos valores ocupan un espacio y un rol determinante, y no pueden escapar a aquella "realidad virtual".

Como no podía ser de otro modo, esa misma realidad virtual relacionada con el subtema que estamos abordando no fue dejada de lado dentro del texto del Código Civil y Comercial de la Nación en vigencia desde agosto de 2.015, receptando la "desmaterialización de los títulos valores cartulares" y la admisión de los "títulos valores no cartulares",[64] regulándose incluso los casos de sustracción, pérdida o destrucción de los libros de registro de éstos últimos.[65]

Según es fácil de advertir, la existencia de títulos valores no cartulares (o electrónicos), cuya existencia ya se avizora y probablemente en algún tiempo sustituya al sistema actual de documentación de los mismos presenta una serie de problemas que la doctrina asume, y que oportunamente la ley deberá considerar.

Por caso, uno no menor es el de la "unicidad" del documento, así como también la adaptación a esa nueva realidad de las nociones de "posesión" y "entrega" de la cambial, así como la cuestión tan relevante cual es la de la transferencia de la misma, que obviamente debe superar el elemento actual del endoso.

Como apunta CULTRARO[66] el ya mencionado Grupo de Trabajo IV de la UNCITRAL utilizó sobre el tema los debates planteados respecto de la cuestión de los documentos electrónicos de transporte en las Reglas de Rotterdam sobre transporte marítimo internacional,[67] existiendo en el Derecho Comparado (EEUU y Corea, entre otros) modelos de documentos electrónicos transferibles.

No son ajenas a esos debates otras cuestiones relevantes, tales como por ejemplo las vinculadas a la creación misma del documento, los tipos de documentos negociables, las condiciones de transferencia, la identificación del tenedor y la determinación de los derechos incorporados al documento. También la función y responsabilidad de los terceros o intermediarios en la transmisión, así como la responsabilidad por eventuales errores en la comunicaciones realizadas mediante el empleo de agentes electrónicos.

Un aspecto no menor en el tema es el de los títulos valores electrónicos ante los procesos concursales,[68] singularmente ante las actuales previsiones normativas en la LCQ sobre adecuación de la presentación en la verificación tempestiva (v.g. la obligación de presentar los originales del título que legitima al acreedor).

En los debates de UNCITRAL (señala CULTRARO)[69] hubo consenso en la determinación de cinco principios basilares en la materia.

    a) La equivalencia funcional electrónica con la escritural en lo concerniente al documento en sí mismo.

---

[64] Vide, respectivamente, el texto de los artículos 1.836 y 1.850 (los que no transcribimos por razones de economía en su extensión), dentro de la regulación de los títulos valores (Libro Tercero, Título Quinto, Capítulo 6).

[65] Arts. 1.876 y ss., CCyCN.

[66] "Primeras consideraciones sobre el pagaré...", op. cit., pag. 93.

[67] Convenio de las Naciones Unidas sobre el Contrato de Transporte Internacional de Mercancías total o parcialmente marítimo, del año 2.008.

[68] Ver Maria Indiana MICELLI – Angel L. MOIA, "La verificación de los nuevos títulos valores electrónicos. Problemáticas a resolver en materia concursal", La Ley 13/12/2018, AR/DOC/2431/2018.

[69] "Primeras consideraciones sobre el pagaré...", op. cit., pag. 94.

b) La equivalencia funcional de la firma en ambos tipos de soportes.
c) La unicidad y garantía de singularidad a través de un sistema de registro o de símbolos ("tokens") en el cual el símbolo es el equivalente al documento original en soporte papel.
d) La transmisión de derechos mediante el "concepto de control" como equivalente funcional de la posesión y de la transferencia por tradición.
e) La identificación y autenticación del tenedor, que se logra cuando se emplea el "control como sustituto de la posesion".

En nuestro País – Argentina- mas allá de algunos principios como los de equivalencia funcional y no discriminación que la Ley 25.506 de Firma Digital introdujo con relación a ese instituto, y de la existencia de algunas previsiones normativas específicas que guardan vinculación con la materia,[70] lo cierto es que está pendiente de tratamiento una regulación específica sobre la cuestión, que podría adecuarse a las ya aludidas pautas expedidas por UNCITRAL, y que permitan aventar riesgos dentro de una temática tan relevante a nivel económico y jurídico como lo es la de los títulos valores y su circulación.

2.7 Internet y daños a la persona

Quizás esta sea la temática que mayor cantidad de casos resueltos y a resolver genera hasta aquí la innovación electrónica en su incidencia con el Derecho, y por lo que echa de verse la tendencia es a su incremento.

Ya hace muchos años atrás, pero con la antipación a los hechos que confiere la lucidez, el recordado maestro Elías P. GUASTAVINO[71] publicaba una señera obra en la cual esbozaba con la profundidad conceptual que lo caraterizaba los problemas que la computación -todavía internet no se había desarrollado como sistema global de comunicación- ofrecía al operador jurídico, señalando (y analizando, con vision de pionero) aspectos tales como la tutela legal de la creación de instrumentos informáticos, la informática y los datos reservados y prohibidos,[72] los contratos informáticos, los delitos informáticos, las nociones basales de la responsabilidad civil en computación,[73] el resarcimiento de los daños en materia contractual y aquiliana (obviamente, derivados del empleo de la computación), y hasta el "derecho procesal informático".

---

[70] Como la Ley 27.264 que admitió la desmaterialización de pagarés emitidos en papel para su negociación en el Mercado de Valores o la Ley 27.444 de Simplificación y Desburocratización de la Administración Pública Nacional, del 2.019. Otro tanto cabe decir con relación al texto de los artículos 286 y 288 del Código Civil y Comercial de la Nación en relación con las perspectivas aperturistas en orden a la existencia de documentos electrónicos.

[71] GUASTAVINO, Elías P. – "Responsabilidad civil y otros problemas jurídicos en computación", Ediciones La Rocca, Buenos Aires, 1.987.

[72] Cabe recordar, como ejemplo de esa visión prospectiva, que al tiempo de la redacción de la obra no existía todavía la Ley de Protección de Datos personales.

[73] Señalaba GUASTAVINO (op. cit., pag. 92), que las principales hipótesis de daños resarcibles eran la de los daños producidos por defectos o deterioros de los elementos vinculados al hardware, los daños por errores o disfuncionalidad en la preparación, elaboración y puesta en acción de los programas de computación vinculados al software, y los daños por el uso ilícito de elaboradores electrónicos, especialmente por el tratamiento automatizado de datos erróneos, prohibidos o protegidos por vincularse con aspectos privados, secretos o íntimos.

Obviamente, al día de hoy el panorama es mucho mas complejo y polifacético que el que se presentaba hace mas de treinta años atrás, y comprende aspectos muy variados como entre otros la responsabilidad por los ilícitos vinculados a las patentes de aplicaciones, la generada por la afectación de derechos personalísimos de las personas humanas tales como la intimidad, la imagen y el honor cuando esa afectación se produce a través del empleo de la red o de alguno de los medios informáticos de comunicación, las afectaciones personales o hasta institucionales derivadas de las "fake news", los reclamos contractuales por deficiencias en prestaciones vinculadas a equipamiento o servicios informáticos, los propios del incumplimiento en los contratos informáticos,[74] la prevención de daños en la informática, los límites a la libre expresión en materia informática, las ilicitudes por el acceso, transmisión o difusión de datos sensibles de los bancos de datos, los daños a los consumidores en la contratación electrónica o a distancia, el denominado "right of publiciy" y tantos mas.

Decía otra recordada y brillante jurista[75] que el surgimiento de redes sociales en internet ("social networks") implica el gran invento del Siglo XXI, reputado por algunos como superior a la invención de la imprenta por Gutemberg, y generadora de una revolución sociológica y un poder incommensurable en comunicación, marketing y tendencias. Obviamente, con ello va anexo un potencial dañoso impredecible.

Es relevante memorar que la Ley 26.032 del año 2.005 -en criterio luego reiteradamente ratificado por doctrina judicial uniforme de la Corte Suprema de Justicia de la Nacion- que "...la búsqueda, recepcion y difusión de información de ideas de toda índole, a través del servicio de Internet, se considera comprendido dentro de la garantía constitucional que ampara la libertad de expresión".[76]

Bien se ha dicho que "...la sociedad de la información, sucesora de la sociedad industrial, se refiere a la creciente capacidad tecnológica para almacenar informaciones y hacerlas circular cada vez de forma mas rápida y con mayor difusión...".[77]

Obviamente, esa tutela constitucional al intercambio de ideas e información a través de Internet debe tener los mismos límites que también constitucionalmente se fijan para los medios tradicionales (escritos o audiovisuales),[78] dentro de los cuales como es sabido hay severas limitaciones a la censura previa, pero sí el reconocimiento de eventual responsabilidad (civil, y hasta penal) posterior a la manifestación errónea, maliciosa o agraviante.

En otras palabras, el reconocimiento de que las ideas o expresiones vertida a través de internet (y sus múltiples canales de empleo, tales como whatsapp, facebook, twuiter, instagram y tantas mas) gozan de la tutela del ejercicio de la libertad genérica

---

[74] Analizamos algunos de sus aspectos específicos infra, al analizar la tecnología y el contrato.
[75] Matilde ZAVALA DE GONZALEZ, "Tratado de daños a las personas – Daños a la dignidad", volumen 2, Editorial Astrea, Buenos Aires, 2.011, pag. 311.
[76] Tal concepto ya había sido anticipado de alguna manera por el Decreto 1279/97 que extendía a Internet la misma protección que la asignada constitucionalmente a los demás medios de comunicación social". Ver al respecto Uriel BEKERMAN y Alejandro RONDANINI, "Algunas consideraciones sobre el acceso a Internet y la libertad de expresión", JA, 2.019-III, fascícuclo 9 del 28/8/2019, pags. 13 y ss.
[77] Horacio FERNANDEZ DELPECH, "Manual de Derecho Informático", Abeledo-Perrot, Buenos Aires, 2.014, Primera Edición, pag. 11.
[78] Guillermo BORDA, "La responsabilidad de los buscadores en Internet", JA 2.010-II-1009, así como Rubén y Gabriel STIGLITZ, "Responsabilidad civil por daños derivados de la informática", La Ley 1.987-E-795.

de expresión, lleva como contracara que también se encuentra sometido a las pautas que legal, doctrinaria y jurisprudencialmente se estatuyen para lo que genéricamente se denomina "responsabilidad de la prensa", o mas propiamente, de los medios de comunicación.

Como se señala atinadamente,[79] entre otros supuestos generadores de responsabilidad civil por el empleo de Internet (como los conflictos derivados del empleo de los nombre de dominio, la generada en los contratos informáticos y los de la contratación electrónica en general), la Ley de Protección de Datos Personales 25.326 ofrece todo un panorama específico de las facetas regulatorias de los potenciales conflictos entre los Bancos de Datos personales y el derecho de las personas al debido resguardo de su honor, intimidad e imagen (que sin dudas son, dentro de los derechos personalísimos a la integridad espiritual, los mas vulnerables en el caso).

La necesaria distinción entre datos comunes y datos sensibles (que son los singularmente protegidos), el consentimiento del titular para el tratamiento de los datos que le conciernen, la seguridad y confidencialidad de los mismos, la cesión y la transferencia internacional de ellos, los derechos del titular de los datos al acceso, la rectificación, supresión, confidencialidad y hasta al olvido, los distintos tipos de bases de datos e incluso la incorporación -salvo excepciones- de bancos públicos a la regulación legal tuitiva, junto con las sanciones previstas expresamente por el no acatamiento de esas directivas, conforman un contexto regulatorio singularmente amplio y a su vez detallado en la materia.[80]

Nociones contemporáneas como el "pishing", el "cyberbullying",[81] el ciberacoso, la trata de imágenes, el "grooming", la sextorsión o "sexting", el "cracking", la "shotacon", el "upskirting", el "doxing", el "sharenting", sobre las cuales prescindimos deliberadamente de abundar limitándonos a su mera enunciación,[82] anticipan quizás las multiformes maneras de dañar a través de la Web, asumiendo, como lo apunta Matilde ZAVALA DE GONZALEZ,[83] la dificultades que en la determinación singular del responsable ofrece el sistema, entre las cuales se cuentan el frecuente anonimato de los dañadores -que falsifican identidades o emplean identidades de otros-, la posibilidad técnica de suplantar al emisor o receptor, la eventual magnitud extraordinaria del daño causado a través de el empleo de un medio que convoque a veces a millones de receptores, el peligro de intrusiones masivas (la actividad de los "hackers" en la red es cada vez mas común y mas sofisticada, al igual que la generación de virus

---

[79] Pablo BOLOTNIKOFF, "Informática y responsabilidad civil – Contratos informáticos, bases de datos, nombres de dominio en internet, contratación electrónica y firma digital", Editorial La Ley, Buenos Aires, 2.004.

[80] Sin perjuicio de la numerosa y valiosa bibliografía existente en la materia, ver al respecto Jose W. TOBIAS, "Tratado de Derecho Civil – Parte General", Editorial La Ley, Buenos Aires, 2.018, Tomo II, pags. 312 y ss., y Edgardo Ignacio SAUX, "Tratado de Derecho Civil – Parte General", Editorial Rubinzal-Culzoni, Santa Fe, 2.018, tomo II, pags. 161 y ss.

[81] Vide entre otros Fernando TOMEO, "Cyberbulling y responsabilidad civil de los padres en la web 2.0", en "Responsabilidad Civil y Seguros", Editorial La Ley, Buenos Aires, 2.010-VIII-46.

[82] Para la búsqueda singularizada de la caracterización de cada uno de ellos ver M. Soledad MIGUEZ, "Ls tecnologías de la información y comunicación (TIC) y su interacción con las relaciones de familia y la violencia digital", en "Revista de Derecho de Daños", Editorial Rubinzal-Culzoni, Santa Fe, 2.019-3, pags. 176 y ss. También al respecto ver Sandra WIERZBA y Cecilia DANESI, "Violencia en las redes sociales. ¿Acciones judiciales o normas y algoritmos como clave para la prevención?", en La Ley 3/2/2020, AR/DOC/199/2020, pag. 1.

[83] "Daños a la dignidad...", op. cit., pags. 323 y ss.

potencialmente muy peligrosos para la invasión y destrucción de información en los ordenadores personales o de bancos de datos), y las dificultades del control previo por los prestadores de servicios.

Quizás, por si singular difusión a nivel mundial,[84] Twitter sea el mecanismo tecnológico o electrónico[85] de mayor presencia en las redes sociales, y la vía mas apta para la difusión incluso de "fake news" a nivel global. Esta red social de microblogging se ha erigido como una fenomenal herramienta no sólo de interrelación entre las personas, sino en un medio de comunicación masivo, instantáneo y gratuito que involucra los contenidos mas diversos, siendo un nuevo modo de abordar la comunicación y la cultura.[86] En un extremo de la relación virtual está el "influencer" (figura política, artista, deportista, político, figura pública en general), que es el "emisor", y del otro están los cientos, miles o millones (según el grado de adhesión a las manifestaciones de esa figura que genere en sus "seguidores"). La potencialidad lesiva de esta vía de contacto es inconmensurable,[87] y de allí su empleo creciente a nivel geométrico.

Hay incluso -los avances o aperturas de camino de análisis son casi cotidianos- aspectos novedosos, como por ejemplo la responsabilidad por la alteracion de la imagen (no por la de la imagen en sí, en los términos del artículo 53 de nuestro Código Civil y Comercial de la Nación, sino por la distorsión electrónica de la misma, incluso hasta en casos en que en vez de empeorarla se la mejora, pero se la altera en relación con la imagen real), que se logra a través de programas o aplicaciones (incluso de uso frecuente en los teléfonos celulares) denominadas genéricamente "photoshop", que cuando no es empleado por la propia persona o sin su autorización, pueden generar responsabilidad civil.

En los EEUU se registra el reconocimiento relativamente reciente del denominado "right of publicity",[88] que a diferencia del "right of privacy" (nuestro derecho a la intimidad) habilita el reclamo de una persona cuando su nombre o su imagen fueron usados sin su consentimiento (incluso en "avatares", video juegos y otras reproducciones), todo ello con sustento en la Primera Enmienda de la Constitución Federal de ese País.[89]

Asimismo, una problemática reciente relacionada a la cuestión es la difusion por medios electrónicos de las denominadas "fake news" (noticias falsas), cuyo empleo registra tal grado de expansión que se ha comprobado que se las utiliza incluso para determinar preferencia de votantes en elecciones, o descalificar candidatos en las

---

[84] Es llamativo que sea el medio de comunicación hoy en día empleado por quienes literalmente dirigen el mundo.

[85] Se admite que fue creado o inventado en el año 2.006 en los EEUU por J. Dorsey, N. Glass, B. Stone y E Williams, dentro de la Compañía "Podcasts Odeo Inc.", San Francisco. Se lo considera el exponente mas paradigmático de la denominada "cultura del snack", o "cultura de la breve", ya que no permite generar mas de 280 caracteres por mensaje (originariamente eran sólo 140).

[86] Hugo VANINETTI, "Twitter. Contenidos que generan daños. El rol de los influencers. El impacto del twibel, los retuits y el escrache o linchamiento virtual", La Ley, 19/11/2019, AR/DOC/3460/2019.

[87] Se denomina "twibel" al twit que tiene por objeto afectar la reputación de una persona mediante una declaración falsa, con lo cual ese "twibel" no deja de ser mas que una vía de emisión de "fake news".

[88] Vide al respecto Susy BELLO KNOLL, "La dimensión comercial de la imagen personal y el impacto de las nuevas tecnologías", en "Las nuevas tecnologías ante el Derecho Comercial", op. cit., pag. 29.

[89] De algún modo, el mismo guarda cierta analogía con el derecho a la imagen normado en nuestro artículo 53 del CCyCN, aunque probablemente allá aparezca mas vinculado a empleos o reproducciones no "directos" de la imagen o la voz, sino a caracterizaciones de la persona.

mismas. De allí para abajo, el panorama es preocupante, y las notorias dificultades para detectarlas como tales requiere una especial atencion del operador jurídico.[90]

De igual manera, otra de las caractísticas de este especial fenómeno (los daños o la responsabilidad civil derivada del empleo de las tecnologías de la comunicación social), tienen como otra característica las dificultades que se presentan a la hora de intentar la función preventiva del daño (aquella de la cual nos hablan los artículos 1.711 a 1.713 del Código Civil y Comercial de la Nación). Creemos que mas allá de la existencia de recomendaciones al respecto emanadas tanto de Naciones Unidas como de la Unión Europea,[91] es lo cierto que al menos a nivel local -y regional- las únicas respuestas obtenidas no se dirigen a la prevención sino a la reparación, y tienen rango jurisprudencial y no legal, lo cual las torna episódicas y no sistémicas, existiendo allí la necesidad de que el operador jurídico diseñe mecanismos (legales o autorregulatorios) que trabajen "ex ante" y no "ex post".

Hay también hipótesis singulares dentro del vasto campo de la eventualidad de la causación de daños a las personas con intervención de elementos informáticos, como lo constituye la denominada "medicina digital" o "telemedicina".[92] Ello implica la perspectiva -ya existente, particularmente dentro del ámbito de las prestaciones comprometidas a través de entidades de medicina prepaga y servicios de asistencia médica al viajero- que consiste en un sistema de teleconsultas entre el paciente y el médico o prestador del servicio de asistencia médica a través de un sistema de dispositivos digitales, y sin que medie la presencia personal entre uno y otro.

Esta suerte de "reunión virtual" reemplaza al aparentemente imprescindible contacto directo entre uno y otro, planteado su empleo -y hasta sobreutilización- serios interrogantes acerca de sus implicancias y riesgos en el nivel y calidad de la atención médica brindada al paciente,[93] y abriendo un vasto campo de vulnerabilidades a nivel de responsabilidad médica que hasta hoy no aparecen contempladas por el legislador.

Como echa de verse en lo sucintamene aquí reseñado, el ámbito o marco de potencialidad lesiva vinculado al empleo de tecnología es inasible.

2.8 Incidencia probatoria procesal

Si bien quizás esta sea una de las facetas mas acotadas dentro del elenco imaginable de proyecciones de la tecnología en el Derecho, se justifica su mención por su especificidad.

---

[90] Verónico MELO, "La inmunidad de los proveedores de servicios de internet (ISP) ante el fenómeno de las "fake news", en "Revista de Responsabilidad Civil y Seguros", Editorial La Ley, Buenos Aires, Enero de 2.020, pags. 3 y ss.

[91] Ver WIERZBA – DANESI, "Violencia en las redes sociales...", op. cit., pags. 2/4.

[92] Jose W. TOBIAS, "El consentimiento informado y sus límites", La Ley, 16/12/2019, AR/DOC/3915/2019.

[93] Señala al respecto TOBIAS ("El consentimiento informado..." op. cit., pag. 4), y entre otras, las dificultades de la expedición del consentimiento informado, el empobrecimiento de la comunicación mutua y hasta las dificultades del lenguaje, los riesgos de comprensión equívoca de directivas médicas, las omisiones de diagnóstico por ausencia de historia clínica, las dificultades en la concreción de la auditoría del acto médico digital, las dificultades probatorias respecto de lo informado por el paciente y lo diagnosticado y recomendado por el médico, los riesgos de la vulneración del secreto profesional y con ello las vulnerabilidades en el resguardo de la intimidad del paciente, la identificación y acreditación del título en la especialidad del prestador del servicio, etc.

No aludimos aquí a las proyecciones digitales sobre la instrumentación procedimental -la existencia del expediente digital, y la consecuente despapelización, ya está regulada a nivel federal y en gran cantidad de jurisdicciones provinciales, con las ventajas de la seguridad, economía de costos y espacios, racionalización de archivos y resguardo ante añejas y deplorables prácticas que todos quienes nos criamos con el sistema escritural conocemos, como el hurto del expediente, o de determinadas fojas-. Y todo ello sin computar la comodidad para los profesionales litigantes que pueden conocer no sólo el estado de sus causas sin tener que esperar largas colas en las Mesas de Entradas de los Juzgados, sino también acceder a las providencias o resoluciones dictadas en ellas a través de la mera consulta en un ordenador en su estudio jurídico.

Tampoco mencionamos lo que puede configurar algun tipo de prueba documental de soporte electrónico, lo cual también es de recibo en los tiempos que discurren (mails, msm, paginas de facebook, etc, de empleo razonablemente frecuente sobre todo en procesos de familia).

Puntualmente, aludimos a la perspectiva -hasta aquí, novedosa- de incorporar, admitir y valorar "capturas de pantalla" dentro de esos procesos de familia.[94]

Ya en algún precedente jurisprudencial reciente,[95] en el cual, revocando lo resuelto en primera instancia, la Alzada admitiera como prueba dentro de un reclamo relacionado al incumplimiento del régimen de contacto paterno-filial de la copia de pantalla de mensajes intercambiados por las partes, en carácter de prueba documental.

Se denomina así "pantallazos", consistente en impresos aportados por la parte interesada de imágenes digitales -eventualmente, fotografiadas- de lo que es visible en un monitor de computadora, televisión u otro dispositivo de salida visual. El tema se relaciona (y, de algún modo, se legitima legalmente) a través de lo normado por el artículo 286 -ya citado supra- del CCyCN, que admite el empleo de cualquier soporte en la manifestación de voluntad, siempre que su contenido pueda ser representado con texto inteligible "...aunque su lectura exija medios técnicos".

Mas allá de este puntual aspecto probatorio, es un dato de la realidad que el avance de la prueba electrónica requiere de los litigantes -y de los jueces- adecuaciones a conocimientos vinculados a la materia que muchos de ellos no tienen, lo que genera muchas veces preconceptos, o errores involuntarios, o aspectos múltiples que hacen entre otros al ofrecimiento de esa prueba electrónica, su custodia, la licitud o ilicitud de la obtención de la misma, la importancia de los indicios dentro de su contexto, y muchas otras variables que alguna doctrina analiza acabadamente.[96]

2.9 Las "fintech" o el ingreso tecnológico a los mercados financieros

Se suele denominar "industria fintech" a gran variedad de operaciones financieras (con intervención de entidades financieras públicas o privadas), lo que genéricamente pasa a referirse como "Industria 4.0", y que entre otras operaciones dinerarias y

---

[94] Gastón BIELLI, "Prueba electrónica. Incorporación, admisión y valoración de capturas de pantalla en el proceso de familia", La Ley, 30/9/2019, AR/DOC/3148/2019.

[95] Càmara Segunda Civil y Comercial de La Plata, Provincia de Buenos Aires, 9 de setiembre de 2.019, "M.E.B. c/W.M.B. s/plan de parentalidad (queja)", expte. Nro. 12.573-2.

[96] Gastón BIELLI – Carlos ORDOÑEZ, "El juez y la prueba electrónica", La Ley 19/12/2019, AR/DOC/3492/2019.

aludidas supra en esta misma labor[97] involucran otras,[98] en las cuales el denominador común esla generación, préstamos, transferencia, registración y toda una constelación de operaciones de rango financiero, tanto entre entidades de ese rango entre sí como entre ellas y personas humanas o jurídicas privadas o públicas, que se materializan a través de medios electrónicos de acreditación.

Mirando -a mero vuelo de pájaro- su dinámica, puede afirmarse que las empresas de financiación fintech pueden regularse de dos maneras: incluyéndolas en marcos regulatorios ya vigentes o preexistentes, o diseñando nuevos marcos regulatorios para ellas.[99]

En general, en Derecho Comparado se aprecia que las plataformas que originan préstamos deben solicitar una autorización específica a la autoridad de control, con requisitos que se tornan mas específicos cuando el crédito va direccionado a consumidores, por lo cual muchas plataformas se asociacian a bancos o entidades financiera para originar los préstamos contratados mediante internet. (EEUU, Alemania, Australia, Bélgica y Holanda.

En Latinoamérica quizás el país mas avanzado en la materia de las fintech sea Méjico, que cuenta con la Ley Regulatoria de las Instituciones de Tecnología Financiera, las que son incorporadas al universo de las entidades financieras en general (con sus especificidades y controles mas estrictos). Se toman recaudos para tratar de evitar su quiebra o insolvencia, y se determina que esas empresas cuyas operaciones impliquen recibir fondos de usuarios y convertirlos en fondos electrónicos pueden recolectar los mismos en moneda de curso legaal local o extranjera, y también en criptomoneda o activos virtuales, debiendo obtener para ello una licencia específica.

Hay algunas normas al respecto en Ecuador, Uruguay, Chile y Brasil, lo que pareciera determinar que "...en Latinoamérica, el fenómeno fintech crece mas rápido que la legislación".[100]

En Argentina, si bien no existe todavía una regulación específica sobre la materia,[101] hay autoridades regulatorias nacionales que concentran toda las facultades del Banco Central de la República Argentina. Las plataformas de crowfunding están reguladas por la Ley 27.349 de Apoyo al Capital Emprendedor y su Decreto Reglamentario 711/2.017.[102]

Como conclusión, pareciera necesario que y sea a través de disposiciones específicas del Banco Central o bien directamente por una ley, se regule la operatoria de las fintech, diferenciándola de las operaciones tradicionales de crédito de las entidades financieras tradicionales, reforzando la situación de vulnerabilidad en que pueden encontrarse los consumidores y usuarios.

---

[97] Big data, criptomonedas, blockchain, insurtech.
[98] Crowdfunding, Crowdlending, Trading, Forex de criptomonedas, préstamos on line, préstamos P2P, etc.
[99] Fernando O. BRANCIFORTE, "Análisis de las comunicaciones "A" 6859 y "A" 6885 del BCRA. Su implicancia para las empresas fintech, usuarios y consumidores de servicios", La Ley 19/2/2020, AR/DOC/197/2020.
[100] BRANCIFORTE, "Análisis...", op. cit., pag. 2.
[101] Luis ESTOUP – "Cómo regular las fintech en Latinoamérica", La Ley, 4/12/2019, AR/DOC/3526/2.019.
[102] Hay un correlato en el tema con la Ley 25.326 de Protección de Datos Personales y su reglamentación, singularmente en cuanto hace a los requisitos necesarios para la conformación de una base de datos privada.

2.10 La propiedad intelectual

La innovacion tecnológica como fenómeno mundial operado en las últimas décadas ha transformado radicalmente los modos de creación y registración tradicionales en materia de propiedad intelectual, que hacen que los formatos físicos de las obras o derechos de autor se vean modificados copernicanamente.[103]

La aparición de los "nombres de dominio" y su registración en los sistemas privados que operan en forma autónoma en la web ha generado una necesaria innovación en el sistema tradicional de asignación y registración de la propiedad intelectual.

El dominio es un instrumento que fue desarrollándose con un propósito de identificación técnica, y luego fueron adicionándose otras funciones vinculadas al plano comercial y registral.[104] En tal sentido cada computadora tiene un "domicilio numérico" compuesto por números -luego reemplazados por letras- que permiten identificarla en su conexión con otra terminal, y se ha dado una característica que simboliza que se está operando dentro de la red ("www"), además de otra para indetificar el tipo de organización, otra para designar el país (v.g. "ar"), y otra para la actividad, sin perjuicio de la eventual existencia de subdominios que informan sobre ciertas actividades específicas.

Esos nombres de dominio -que equivalen al derecho de propiedad sobre ellos, siendo así embargables y ejecutables- se diferencias del sistema de marcas (que se rige por un principio de territorialidad, vale decir, que rigen dentro del ámbito geográfico en el cual fuera generada), ya que aquellos se singularizan por su rango global y universal.

Sus funciones esenciales[105] son las de "conectividad" (en tanto vinculan una computadora con otra, identificándolas), "registro" (es cierto que existen dominios no registrados, pero la tendencia y lo necesario es que todos lo estén), "capacidad distintiva y marcaria" (tienen equivalencia operativa con el nombre comercial, la marca u otros signos distintivos de su singularidad) y "publicitaria" (en tanto publicita al titular del dominio, como sucede con el agregado "punto com").

Cabe decir que hasta el momento no se ha realizado en nuestro País, ni en la región, un análisis exhaustivo de las leyes protectorias del derecho de autor frente a las complejidades que ofrecen las nueva tecnología, "...y la regulación continúa bajo paradigmas que no abordan estas nuevas situaciones ni la debida armonización de derechos".[106]

Hay numerosos -y frecuentes- conflictos que se relacionan con el tema, los que generalmente han debido ser afrontados por la jurisprudencia, tales como entre otros la usurpación de marcas ("cybersquatting"), los problemas de identidad marcaria, la confusión de marcas, el conflicto entre dominio globales y locales, etc.

Todo ello, como lo hemos mencionado, amerita una regulación integral (conceptual y geográficamente) hasta ahora ausente, que avente esos problemas y confiera, cuando se presenten, pautas uniformes de resolución,

---

[103] Jose Miguel ONAINDIA, "Propiedad intelectual y nuevas tecnologías", en "Revista de Derecho de Daños", Editorial Rubinzal-Culzoni, Santa Fe, 2.013, tomo 2.013-2, pag. 297.
[104] LORENZETTI, "Comercio electrónico", op. cit., pag. 127.
[105] Ibidem cita anterior, pag. 128,
[106] ONAINDIA, "Propiedad intelectual...", op. cit., pag. 298.

2.11 Internet y el contrato de seguro

Atendiendo a que al analizar la implicancia de las nuevas tecnologías con el fenómeno contractual (ver infra) tratamos de hacerlo desde una mirada general y no vinculada a determinados contratos típicos, agregamos una muy escueta alusión a la temática del contrato de seguro ante el fenómeno tecnológico que nos ocupa.

Como es lógico suponerlo, la aparición de nuevo daños derivados de la tecnología trae como una se sus consecuencias lógicas la aparición de nuevas previsiones asegurativas (para la cobertura de aquellos).

En ese orden, se menciona[107] que ya existen pólizas que cubren la responsabilidad civil frente a terceros por los daños causados a través de internet, intranet, e-mails y websites, incluyéndose también en algunas pólizas los daños producidos como consecuencia de la violación de la propiedad intelectual, la transmisión de virus, la invasión de la privacidad, la difamación y el mal uso de la información.

Como daños propios, se asegura por ejemplo la destrucción de la web-page como consecuencia de la intrusión de un hacker o de un cracker, e incluso en algunas pólizas se incluye el costo de la información de que la página está en reparación, mientras lo esté.

Hay también exclusiones específicas de cobertura por los daños causados en la web, tales como las relacionadas a pornografía, la evasión de impuestos, la violación de la Ley de Monopolios, la información derivada de reportes e informes financieros, extorsión, contaminación o polución, acoso sexual, cyberbulling, etc.

Según se aprecia, entonces, el campo jurídico del Derecho del Seguro no es tampoco ajeno a los requerimientos de la realidad tecnológica del mundo contemporáneo.

2.12 ¿Patentabilidad de animales transgénicos?

Un tema no menor -dentro de la pléyade de perspectivas de incidencia tecnológica en el mundo del Derecho- lo conforma la perspectiva de patentar animales genéticamente modificados, circunstancia que en el Derecho Comparado contemporáneo reconoce múltimples manifestaciones.

Pareciera no existir ya debates en relación con la patentabilidad de elementos pertenecientes al mundo vegetal (particularmente, semillas transgénicas, de empleo casi global y generadoras de enormes ganancias para las empresas transnacionales "inventoras" -si es que se puede denominar "invento" a la obtención de cualidades específicas de esos elementos germinativos orgánicos-).

Pero sí los hay cuando esa pretensión de generación de una patente comercializable (en sí misma, y en la producción que genera) se relaciona con animales objeto de similar laboreo de mutación genética.

La cuestión implicaría en sí misma un abordaje mucho mas profundo que el apenas superficial que aquí le asignamos, pero reiteramos lo ya dicho en el sentido de que nuestro designio en esta modesta labor es mas un muestreo de perspectivas que un estudio mínimamente sistémico de las mismas.

---

[107] Waldo A. SOBRINO, "Internet y alta tecnología en el Derecho de Daños", Editorial Universidad, Buenos Aires, 2.003, pags. 51 y ss.

En la República Argentina, la Ley 24.481 de patentes de invención y modelos de utilidad no considera invenciones "a toda clase de materia viva y sustancias preexistentes en la naturaleza, especificando como no patentables a las invenciones que puedan afectar el orden público, la moralidad, la salud o la vida de las personas o de los animales, debiendose preservar los vegetales y evitar daños graves al medio ambiente. Aplica similar criterio a la totalidad del material biológico y genético existente en la naturaleza y su réplica, en los procesos biológicos implícitos en la reproducción animal, vegetal y humana, incluídos los procesos genéticos relativos al material capaz de conducir su propia duplicación en condiciones normales y libres, según ocurre en la naturaleza.[108]

Va de suyo que como se ha consignado con acierto,[109] este tipo de normas, en su conjunto, no son apropiadas para un País como la Argentina que ya ha desarrollado algunos animales transgénicos -OGM, u organismos genéticamente modificados-, que son productores de proteínas y hormonas, y que admitidamente tiene un enorme potencial científico en la materia. El animal genéticamente modificado no es "un ser vivo preexistente en la naturaleza", precisamente porque esa modificación genética (que normalmente propone a generar beneficios para el hombre y no perjuicios a la naturaleza en sí misma) implica la incorporación del transgen.

Es por todos conocidos que el INTA, a través del laboratorio de Biotecnología Animal de la Facultad de Agronomía de la UBA -junto con una empresa privada- lograron crear una vaca transgénica capaz de producir en la leche insulina y determinada hormona, así como que en diciembre del año 2.004 (hacen ya dieciseis años, lo cual implica un siglo en los tiempos de avances científicos en biología) nació en nuestro País el primer toro transgénico del mundo, con la capacidad de transmitir dicha hormona a su descendencia.[110]

Aun a riesgo de intentar simplificar en pocas palabras un proceso muy complejo, podríamos decir que las técnicas de introducción de genes ajenos a organismos huéspedes a fin de determinarles ciertos rasgos genéticos no propios por naturaleza de ese organismo receptor, tuvieron su origen en las técnicas de empalme de genes a partir de experimentos realizados en bacterias, que generan "enzimas de restricción" capaces de reconocer y eliminar secuencias específicas del ADN. Ese gen se vincula con una molécula portadora capaz de insertarse, con el gen extraído o transgen en el ADN del organismo huésped, generando lo que se denomina "ADN recombinante".

Señala NUÑEZ[111] que los tipos de animales transgénicos patentados -a nivel comparado- o cuya patente se ha solicitado pueden diferenciarse en tres grupos, conforme a su finalidad.

Uno es el de los animales "agrícolas o de granja", que busca la mejor y mayor producción (de carne, huevos, leche, etc.), o el aumento de peso en tiempos menores a

---

[108] El art. 6 del Anexo II del Decreto 260/1996, reglamentario de la Ley 24.481, indica que no se considerará materia patentable a las plantas, los animales y los procedimientos esencialmente biológicos para su reproducción.
[109] Javier F. NUÑEZ, "Patentabilidad de animales transgénicos", SJA 16/10/2019, pag. 3, AR/DOC/1475/2019.
[110] No es ajeno a lo que venimos relatando, y resulta también de público conocimiento, la clonación de determinados animales que por sus características singulares así lo justifican. La mejor yegua de polo de Adolfo Cambiasso, el mejor polista argentino contemporáneo, llamada "Cuartetera", fue varias veces clonada dándole así a su dueño, además de la perspectiva de venta a valores elevados de dichos animales, la permanencia "en el tiempo" de las potencialidades físicas que el lógico envejecimiento de la yegua primaria iba afectando.
[111] "Patentabilidad de animales transgénicos", op. cit., pags. 3 y 4.

los que se obtendrían dentro de su desarrollo natural, lo cual incide económicamente en los costes de su alimentación.

Otro sería el de los animales transgénicos "con fines médicos y farmacológicos", que van mas allá de la mera perspectiva del xenotransplante (es sabido que ciertos tejidos del cerdo, por ejemplo, tienen muy baja incidencia al rechazo inmunológico en personas).

El tercero sería el de los animales transgénicos "utilizados como modelos de laboratorio", dentro de los cuales si bien la representación paradigmática es la del cobayo, no se agotan sólo en él.

Es cierto que la patentabilidad de animales genéticamente modificados (al igual que lo que sucede con plantas o semillas con similar tratamiento) generan grandes críticas a nivel mundial, en tanto se las considera una alteración humana dentro del desarrollo de especies -vegetales o animales- que pueden tener incidencias negativas hasta impredecibles dentro del equilibrio propio de la naturaleza.

Pero hay que reconocer que en lo hasta aquí recorrido, los resultados conocidos evidencian que la ciencia permite colaborar con esa naturaleza en la potenciación de los frutos y productos que esos OGM ofrecen para el consumo, el servicio o la salud del ser humano.

Desde ya, la necesidad de regular dentro de esas pautas lo inherente a la patentabilidad de los mismo luce casi como un imperativo para el futuro inmediato.

3 La tecnología frente a la persona humana

De alguna manera, intentar -aún superficialmente- analizar el vasto campo de incidencia que la tecnología adquiere frente a la persona humana, nos parece que abre al menos dos campos de valoración, con relación a cada uno de los cuales haremos someras consideraciones atendiendo al objeto de esta labor.

a) Así, por una parte, y en lo que tiene que ver la tecnología con las facetas "sociales" (o, al menos, no biológicas) de las personas, es indudable que ella asume un rol decisivo en el cambio del escenario dentro del cual se deben resolver los conflictos que afectan los derechos personalísimos, en particular los relacionados a la integridad espiritual.

Dice con razón LORENZETTI[112] que "...Internet debilita los límites del hogar como espacio privado. La radio, el correo, la televisión invadieron el hogar, pero Internet es un estadío superior, dado que un individuo o una familia pueden trabajar, comprar e incluso votar sin salir de su casa. De ese modo, los usuarios aparecen conectados desde la intimidad, lo que permite que los oferentes lleguen con sus ofertas directamente a la casa del consumidor. La noción de domicilio está muy relacionada con la de la privacidad. Alrededor de estos conceptos el Derecho construyó barreras de todo tipo, por ejemplo, hay un régimen especial para las ventas a domicilio, una limitación para las propagandas, etc. Todo este sistema garantista puede verse seriamente afectado con este fenómeno (Internet)".

A su vez, ya en una mirada activa y no pasiva de la persona frente al fenómeno tecnológico en su faz comunicacional, en doctrina se ha desarrollado la idea de un

---

[112] "Comercio electrónico...", op. cit., pag. 25.

"derecho a la autodeterminación informativa",[113] que incluye la facultad del individuo de disponer y revelar datos referentes a su vida privada, y su derecho a acceder a todas las fases de elaboración y uso de tales datos, o sea su acumulación o almacenamiento, su transmisión, su modificación y su cancelación.[114]

Estos conflictos entre esos derechos personalísimos esenciales al ser humano y las múltiples perspectivas de afectación que el mundo tecnológico de hoy ofrece como canales operativos (facebook, instagram, twiter, correos electrónicos y tantos mas), ha multiplicado exponencialmente la judicialización de los mismos, generando "hard cases" -en la calificación de Robert Alexy- por cuanto colisionan dos derechos con tutela normativa preferida, cuales son el derecho a la libre expresión y los derechos a la integridad espiritual,[115] y entonces suele ser operativo el "balancing test" que busque la menor restricción posible en el ámbito de actuación de cada uno.

En un muy reciente pronunciamiento afín al tema de la Corte Suprema de Justicia de la Nación,[116] dentro del voto del Dr. Horacio Rosatti -que integrara la mayoría que ratificara el reclamo indemnizatorio del actor-, se lee un párrafo que quizás sintetice con absoluta claridad dicha realidad. "...en la sociedad contemporánea el carácter masivo de los medios de comunicación potencia la trascedencia de la libertad de expresión y el rol que cumple en una sociedad democrática, pero también incrementa en mayor medida la aptitud para causar daños, especialmene al derecho al honor y a la intimidad, incluso de terceros. Dicha conclusión adquiere una particular relevancia en una época en la que el avance tecnológico e informático permite la proliferación y propalación de juicios de naturaleza de los examinados, con la consiguiente posibilidad de lesionar -de manera exponencial- derechos constitucionales inherentes a la persona humana como son el honor y la reputación personal...".

b) Ahora bien, mas allá de esta faceta tan relevante de incidencia de la tecnología -esencialmente comunicacional- en derechos individuales relevantes de las personas humanas, hay quizás otro ámbito, relacionado ya con los avances científicos en materia de biotecnología, que ponen al jurista ante el singularmente difícil desafío de diseñar canales de regulación, mayoritariamente ausentes, que los encaucen y contengan.[117]

"La biotecnología como protagonista de la nueva revolución industrial, no basa su desarrollo en el hierro o en el acero sino en bacterias y levaduras, en depósitos de

---

[113] Algunas calificadas voces, como la de Jose W. TOBIAS, aluden dentro del elenco de derechos personalísimos a la integridad espiritual al "derecho al dato personal", independientemente de la incidencia que su afectación pueda producir en otros derechos personalísimos, como el honor, la intimidad o la imagen.

[114] Con. LORENZETTI, "Comercio electrónico", op. cit., pag. 52. Tales facultades aparecen expresamente mencionadas dentro de aquellas conque cuentan las personas frente a los bancos de datos dentro del contexto de la Ley de Protección de Datos Personales.

[115] Andrés GIL DOMINGUEZ, "Derecho al honor, libertad de expresión y ponderación", La Ley 26/2/2020, AR/DOC/3763/2020.

[116] "De Sanctis, Guillermo Horacio c/Lopez de Herrera, Ana María s/daños y perjuicios" 17/10/2019, ver su publicación en La Ley del 20 de febrero de 2020, AR/JUR/32619/2019.

[117] Por caso, hay varios artículos del Código Civil y Comercial de la Nación que se relacionan con el tema, tales como el 17 en tanto califica como bienes no patrimoniales al cuerpo humano y sus partes, o el 57 que prohibe las prácticas destinadas a producir una alteración genética del embrión, o el 58 que regula restrictivamente las investigaciones médicas en seres humanos, entre otros. Como lo consignara años atrás Atilio A. ALTERINI ("Perspectivas éticas y jurídicas de las tecnologías convergentes", La Ley 2.007-F-891) el perfil de los asombrosos avances tecnológicos que cronológicamente podría ubicarse hacia el fin de la segunda guerra mundial -mitad del siglo XX-, y que se ha potenciado con la globalización, requiere un sustento ético que viene detrás de lo puramente científico.

microbios conectados a su fuente de alimentación y oxígeno mediante intrincadas válvulas, que se dirigen por medio de un ordenador a su vez programado por inteligencia artificial".[118]

En junio del año 2.002, en el marco del evento denominado "Convergencia de tecnologías para mejorar la perfomance humana" (Virginia, EEUU) propuso como síntesis del fenómeno el concepto científico designado como "NBIC" (Nano-Bio-Info-Cogno).

Abarca con ello las nanociencias y la nanotecnología, la biotecnología y la biomedicina (incluyendo la ingeniería genética), la tecnología de la información y las ciencias del conocimiento (neurociencias), siendo lo deseable "una combinación sinérgica de las cuatro áreas" y la búsqueda interdisciplinaria de lo ético, lo legal y lo moral. Como dijera el recientemente fallecido físico y filósofo Mario BUNGE, los políticos, los juristas y los empresarios son los responsables de que la ciencia y la tecnología se usen en beneficio de la humanidad.

En relación específicamente con la biotecnología, en opinion de MESSINA[119] los principales que ella le plantea al jurista son: a) La alteración científica del componente genético humano,[120] b) La clonación humana,[121] c) Las técnicas de reproducción humana

---

[118] Graciela MESSINA DE ESTRELLA GUTIERREZ, "Responsabilidad derivada de la biotecnología" en la obra "La responsabilidad", editada en homenaje al Profesor Isidoro Goldemberg, Abeledo-Perrot, Buenos Aires, 1.995, pag. 189.

[119] "Responsabilidad derivada de la biotecnología", op. cit., pag. 197.

[120] Jose W. TOBIAS, "Responsabilidad civil derivada de la experimentación en seres humanos", en la obra "La Responsabilidad" editada en homenaje al Profesor Isidoro Goldemberg, Abeledo-Perrot, Buenos Aires, 1.995, pags. 155 y ss., consigna que la investigación biomédica podría caracterizarse como una hipótesis de experimentación o investigación en seres humanos -o con seres humanos- que implica la participación de personas destinadas a obtener conocimientos sobre procesos biológicos y sicológicos en seres humanos, o las relaciones que median entre las causas de la enfermedad, la práctica médica y la estructuración social, o sobre el control de problemas en salud pública -incluyendo aquellos derivados del medio ambiente sobre las personas- o sobre métodos y técnicas aplicadas en la atención de la salud de las personas, en la prevención de la enfermedad. Hemos mencionado supra que a partir de la sanción del Código Civil y Comercial de la Nación, particularmente hay dos artículos con incidencia directa en el tema (el 57 que prohibe absolutamente toda práctica biomédica destinada a producir una alteración en el embrión humano que se transmita a su descendencia -lo cual dejaría entendemos abierta la perspectiva de prácticas embrionarias tendientes a la mejora o cura de enfermedades congénitas que afectan a la persona misma en su estadío embrionario-, y el 58, que en diez incisos detalla de manera específica los casos excepcionales, y las modalidades de ellos, en los cuales se puede autorizar la investigación o experimentación en seres humanos -se entiende, ya nacidos-).

[121] Enrique VARSI ROSPIGLIOSI ("Derecho genético", 4ª Edición, Editorial Grijley, Lima, Perú, 2.001, pags. 277 y ss.), partiendo de la noción basilar de "identidad genética", recuerda que la clonación (en este caso, humana) está vinculada con el proceso biológico de la gemelación ("el clon es un gemelo"), y etimológicamente se deriva de la palabra inglesa "clone", entendida como una colección de organismos todos iguales obtenidos por reproducción asexual de un reciente antepasado común engendrado sexualmente. El mencionado autor peruano, a partir de la asimilación conceptual de la clonación con la gemelación, diferencia la "clonación natural", que es la producida naturalmente cuando la célula gestante, dentro del proceso de fisión, se divide, proporcionando a una nueva célula los elementos metabólicos y fisiológicos necesarios para permitir su individualidad, y la "clonación artificial", que es la resultante de la actividad del hombre a través de la manipulación del material genético humano.

asistida,[122] y d) La responsabilidad paterna por la transmisión de enfermedades hereditarias.[123]

Se menciona[124] que en la primera década de este Siglo se creó en España el primer laboratorio mundial de órganos bioartificiales (se los vacía para volverlos matrices, se los llena con células madre del mismo paciente y se los implanta), y se dice no sin razón que "...se avizora un porvenir donde los transplantes irán decayendo por la aplicación temprana de terapias celulares regenerativas, especialmente renales, cardíacas y neurológicas".[125]

Es sabido que dentro del diseño del Código Civil y Comercial de la Nación en vigencia,[126] hay previsiones vinculadas a la incidencia de la tecnología particularmente en materia filiatoria, tales como admitir como fuentes de la filiación a la naturaleza, la adopción y las técnicas de reproducción humana asistida.[127] Asimismo, dentro de esas técnicas de reproducción humana asistida, se estatuye que lo relevante a los efecto de generar el vínculo paterno-filial es la denominada "voluntad procreacional", prestada mediante un mecanismo de consentimiento informado documentado.[128]

Se dispone que cuando se emplee material genético de terceros, sólo se produce como vínculo jurídico el impedimento matrimonial, se prevé que el hijo gestado con material biológico de un donante puede requerir información genética sobre ese donante, se consagra la presunción de filiación paterna por negativa a la prueba de ADN, etc.

Hay también, como lo mencionáramos supra, una relevante inserción de la tecnología en lo relevante al cuerpo humano en sí mismo, el cual, como lo declara el artículo 17 del CCyCN es un "bien no patrimonial",[129] que tiene valor "afectivo, terapéutico, científico, humanitario o social", pero jamás comercial.[130]

Ya hace casi un decenio, en un trabajo jurídico realmente elogiable como lo es toda la producción del autor,[131] se analizaban las numerosas perplejidades que al operador jurídico la ofrecía el avance de la medicina en relación con el cuerpo humano en sí.

---

[122] Nos hemos ocupado mas in extenso sobre estos temas -en particular, clonación y técnicas de reproducción humana asistida, consignando los debates precedentes y subsiguientes a la sanción del CCyCN en especial en materia de comienzo de la vida humana, fecundación "post mortem" y maternidad subrogada-, con lo cual nos permitimos remitirnos a lo ya dicho (V. Edgardo I. SAUX -coordinador y coautor-, "Tratado de Derecho Civil – Parte General", Editorial Rubinzal-Culzoni, Santa Fe, 2.018, tomo 2, pags. 39 y ss.).

[123] Al igual que en el caso vinculado a la cita precedente, sin perjuicio del material bibliográfico existente sobre el tema, nos remitimos a lo por nosotros mismos expuesto en otra publicación previa (vide Edgardo Ignacio SAUX, "Responsabilidad por transmisión de enfermedades", en "La Responsabilidad", obra en homenaje al Profesor Isidoro Goldemberg, Abeledo-Perrot, Buenos Aires, 1.995, pags. 629 y ss.).

[124] Salvador M. BERGEL, "La biotecnología y su vinculación con el derecho a la salud", La Ley del 16 de diciembre de 2.010.

[125] Román BRAVO – Claudio CHILLIK, "Revista de Derecho de Familia", Editorial Abeledo-Perrot, Buenos Aires, 2.010, tomo 1.

[126] En el Anteproyecto del mismo se preveían técnicas reproductivasque después no fueron incorporadas al texto hecho ley, como la maternidad subrogada y la fecundación "post mortem".

[127] En la Argentina, la Ley 26.862 y su Dcto. Reglamentario 956/2013 regulan "el acceso integral a los procedimientos y técnicas Médico-Asistenciales de Reproducción Médicamente Asistida".

[128] Como dicen los Fundamentos del CCyCN, "...el dato genético no es elemento fundante de la filiación en las TRHA, sino la voluntad procreacional".

[129] Categoría novedosa y relevante incluso en Derecho Comparado, que abre perspectivas de generación de consecuencias jurídicas mas que importantes.

[130] Ya la Ley de Trasplantes de Organos sienta como uno de los principios basilares del instituto la prohibición de la venta de órganos o tejidos humanos.

[131] Ver Miguel Federico DE LORENZO, "Personas que son cosas, y cosas que son personas", La Ley, 2.10-B-807.

Tradicionalmente, para el Derecho el hombre es "voluntad" (matrimonio, contrato, testamento), y nada se decía sobre el cuerpo humano como soporte vital del portador de esa voluntad (salvo, quizás, las regulaciones inherentes a la responsabilidad civil por los daños patrimoniales y/o morales causados a través de lesiones físicas).

Ese cuerpo humano aparece como objeto de preocupaciones para el jurista cuando irrumpe la biotecnología. Ella hace que el cuerpo humano pueda ser no sólo reproducido (clonación), o modificado (por manipulaciones genéticas), sino "distribuído en el espacio y el tiempo". Hay allí un fenómeno de "reificación del hombre"[132] donde aparecen en el escenario ante el operador jurídico los óvulos fecundados "in vitro",[133] las células progenitoras hematopoyéticas, las células madre crioconservadas, la sangre, los órgano ablacionados y todavía no implantados, los cuales generaban, en la mirada del Derecho tradicional, un inevitable debate sobre su naturaleza jurídica: ¿son personas o cosas?.

Hay "cosas de origen humano" (como la sangre, o un órgano o tejido para donación), y "cosas con finalidad human" (una prótesis, un hueso metálico, un implante mamario no colocado). ¿Se puede decir que hay "cosas humanas riesgosas? (v.g. la sangre infectada con virus HIV).

Marcapasos, huesos metálicos, prótesis, siliconas, cinturones gástricos, ¿son "cosas" al ser implantadas en un cuerpo humano, o pasan a formar parte de la humanidad del receptor?

Como se lo planteara en su momento calificada doctrina (ORGAZ, CIFUENTES), ¿esas "cosas" serían embargables? ¿O serían cosas muebles por accesión o por destino?.[134] ¿O deberían ser consideradas cosas inembargables por ser de uso indispensable para el deudor?. Es lo que Salvador María BERGEL llamara la "deconstrucción y reconstrucción del cuerpo humano".

Mas allá de que como dijéramos el novedoso texto del artículo 17 del CCyCN ayuda a despejar gran parte de estos interrogantes, claramente nos parece que como la norma lo dispone, tanto el cuerpo humano en su integralidad como las partes del mismo -entre las cuales entendemos que deben computarse las que han sido incorporadas quirúrgicamente con intención de perpetuidad en su vida- son "bienes no patrimoniales", y con ello pueden ser objeto de vínculos jurídicos pero no de rango patrimonial, como lo sería la donación en vida o post mortem.[135]

---

[132] DE LORENZO, op. cit.
[133] Cabe memorar al respecto los importantes debates que se generaron a partir del texto del artículo 19 del Proyecto de Código Civil y Comercial de la Nación, que disponía que en el caso de las técnicas de reproducción humana asistida, la persona recién comenzaba a existir cuando ese óvulo fecundado era implantado en el útero gestante, lo cual dejaba fuera de la categoría de personas -para el Derecho- a los óvulos supernumerarios, no implantados sino crioconservados, los cuales por ende podrían ser descartados. El texto final del CCyCN en relación con dicha norma suprimió esa referencia, aludiendo a que el comienzo de la persona humana comienza con la concepción, sin mayores abundamientos.
[134] Categoría esta última suprimida en el CCyCN, pero existente en el Código de Velez cuando dichos debates se plantearan.
[135] Aunque parece una verdad de perogrullo, debe entenderse que por ejemplo una prótesis, o un marcapasos, o un implante mamario, son "cosas" en sentido patrimonial mientras no han sido colocadas en el cuerpo humano -de hecho, hay que pagar por ellas para adquirirlas-, pero una vez acaecida esa incorporación biológica adquiere en rango de bienes extrapatrimoniales en los términos del ya citado artículo 17 del CCyCN.

La jurisprudencia, como es de suponer, no es ni ha sido ajena a tales debates. Nos permitimos citar un caso reciente,[136] conforme al cual una persona (de sexo femenino) que había sido en el año 2.010 sometida a una intervención del extracción del útero -histerectomía-, solicitó a su prestadora de salud la cobertura del costo de crioconservación de embriones fecundados -con semen de su marido-, a los fines de una eventual implantación futura de los mismos, ya que dicha cirugía le había condicionado una baja reserva ovárica. El rechazo de dicha pretensión por parte de la demandada se sostuvo argumentando que la falta de útero haría que para engendrar con uno de esos óvulos crioconservados sólo podría recurrirse a la maternidad subrogada, y la misma no está normada en el contexto del CCyCN, por lo que no debía atenderse el pedimento. La Alzada, creemos que con buen tino, y con fundamentos que merecen ser leídos, hizo lugar al amparo y ordenó atender los costos de la crioconservación, poniendo de resalto la relevancia de la voluntad procreacional y los límites entre la ilicitud y la ausencia de regulación normativa.

Como elemental conclusión de las breves consideraciones precedentes, podemos recordar las palabras de Romeo CASABONA quien aludiera a que el Derecho de la biotecnología se ha manifestado inicialmente como un "soft law", pero a cambio la bioética y el resguardo internacional de los derechos humanos han ido creando un contexto internacional de tutela constitucional frente a los excesos.

Quizás, en palabras de Natalino IRTI, "...debido a su naturaleza, la técnica no incluye la capacidad de elegir un fin. Esta capacidad pertenece, siempre, al Derecho".

4 La tecnología frente al contrato

Otra de las instituciones basilares del Derecho Privado con relación a la cual nos permitimo formular algunas muy elemenales consideraciones al contraponerlas con los desafíos que la tecnología le plantea, es el contrato.

Obviamente -como lo hicimos cuando pusimos la atención en lo relativo a la persona humana-, prescindimos por razones obvias de formular ningún tipo de consideración conceptual sobre el contrato en sí, sino que intentamos atender a la incidencia que la tecnología adquiere ante la ancestral figura.

Quizás, como ya lo señalara años atrás destacada doctrina,[137] se debería principiar señalando una distinción basilar, cual es la de los "contratos informáticos" y lo que constituye la "contratación electrónica".

Los denominados "contratos informáticos" son aquellos que tienen por objeto la prestación de bienes y servicios vinculados a la información automatizada, y se tipifican no por el "modo" de celebración, sino por el "contenido" de los mismos.[138]

Ellos, genéricamente, tienen por objeto -por ejemplo- la compraventa, alquiler, leasing, gestión de licencias, o prestaciones de servicios vinculados a programas o equipos y su mantenimiento, adecuación o actualización, asistencia técnica, o cualquier

---

[136] Cámara de Apelaciones en lo Civil y Comercial de Salta, Sala III, 6/11/2019, "T.C., E.M. c/Instituto Provincial de Salud de Salta (IPS) s/amparo", con comentario de Ayelén ZUCCARINI titulado "La ciencia que avanza y la justicia que acompaña: el trasplante uterino y un fallo vanguardista", La Ley 10/2/2020, AR/DOC/3943/2019.
[137] GUASTAVINO, "Responsabilidad civil y otros problemas...", op. cit., pag. 65.
[138] Daniel ALTMARK, "Contratos informáticos. El contrato de mantenimiento", La Ley, 1.986-B-718.

otro vínculo jurídico relacionado con el mundo tecnológico de la computación. Pueden referirse -a nivel de prestación- a bienes informáticos, comprensivos del "hardware", o conjunto de dispositivos o elementos mecánicos, eléctricos, magnéticos o electrónicos del sistema, y del "software" , o conjunto de bienes inmateriales que constituyen el soporte lógico del sistema, incluyendo los programas de base y explicativos.[139]

Al decir de BOLOTNIKOFF,[140] "...son contratos realizados respecto de bienes y servicios informáticos, perfeccionados dentro de lo que podría llamarse "el mercado tradicional", vale decir, el "mercado no virtual" sino "real", donde y como se celebran los contratos tradicionales".

Son contratos normalmente bilaterales, onerosos, no formales y como se ha dicho, lo que los singulariza es su objeto (relacionado al mundo de la computación) y no su forma (que puede perfectamente celebrarse en soporte papel, o en instrumento público o privado).[141]

La "contratación electrónica", en cambio, atiende no ya esencialmente al contenido u objeto de la prestación -o prestaciones, siendo mutuas-, sino al modo o forma en el cual se lleva a cabo el acuerdo de voluntades, en el cual se prescinde de los medios tradicionales de rango documental-escritural tradicionales (ya sea instrumentos privados, vale decir, particulares firmados, o bien incluso instrumentos públicos), y la electrónica aparece en ese "cómo" y no en el "qué".

Esta nueva modalidad contractual donde indudablemente la tecnología va de la mano con la masificación[142] generan para el operador jurídico (entre ellos, no sólo el intérprete sino también el legislador) una serie de problemas o desafíos[143] que LORENZETTI[144] reseña con su habitual lucidez y concisión:

– *La imputación de la declaración de voluntad*, en el sentido de que la despersonalización del emisor y del receptor de la voluntad negocial torna dificultoso (dado que tanto una como la otra se transmite mediante algoritmos) la efectiva asignación de ambos, ya que puede suceder que el usuario de la computadora puede no ser el dueño de la misma.

---

[139] Claudia BRIZZIO, "Contratación electrónica y contratos informáticos", La Ley 2.000-A-933.
[140] Pablo BOLOTNIKOFF, "Informática y responsabilidad civil", Editorial La Ley, Buenos Aires, 2.004, pag. 5.
[141] Señala GUASTAVINO al respecto –"Responsabilidad civil...", op. cit., pag. 125) que dentro de sus caracteres se computan la desigualdad de conocimientos -técnicos- entre las partes, las diferencias de expectativas de las mismas (para quien contrata el equipo o el servicio electrónico hay preponderancia de un interés práctico de funcionamiento, lo que los anglosajones llamas "contracting for results", mientras que para el proveedor del equipo o del servicio las miras están puestas en la adecuación abstracto del programa o del equipo a determinadas características o especificaciones técnicas, en lo que se denomina "contracting for resources"), así también como la escasa utilidad de remedios jurídicos tradicionales en la contratación ante el incumplimiento (como la rescisión, anulación o resolución, o incluso hasta la prestación sustitutiva por otro proveedor).
[142] Noemi L. NICOLAU, "Tecnología y masificación en el derecho contractual", La Ley 1.992-B767, así como Marcelo U. SALERNO, "Los contratos en el mercado virtual", La Ley, 22/9/1.999.
[143] Uno, no menor, es el derecho aplicable. Como regla general (y a salvo disposiciones legales específicas, como las existentes particularmente dentro del micro sistema del Derecho del Consumo y su finalidad tuitiva del consumidor), coincido con lo sostenido por alguna jurisprudencia (ver Cámara Nacional Civil, Sala K, 5/10/2012, "Claps, Enrique y otro c/Mercado Libre SA", publicado en JA 2.013-I, fascículo 11 del 13/3/2013), que expresara que "...la operación de compra y venta de bienes y servicios que se realiza a través de un portal de internet constituye un contrato electrónico, al que se le aplicarán las mismas reglas generales que a todos los contratos, y si aquél -además- integra una relación de consumo, será regido por los principios contenidos tanto en la Ley 24.240 como en la 26.361".
[144] "Contratación electrónica", op. cit., pags. 165 y ss.

- *La distribución de los riesgos*, ya que la emisión de esa voluntad puede ser adulterada, cambiada o captada por un tercero, o enviada por un tercero o un desconocido.[145]
- *La formación del consentimiento*, ya que la contratación electrónica presenta singularides en la formalización de la oferta, la aceptación y la adhesión por medios electrónicos.
- *El lugar y tiempo de celebración*, lo cual tiene sus complejidades que en ciertos casos son objeto de análisis por el Derecho Internacional Privado. El "consentimiento electrónico" es instantáneo, por lo cual se aplican los principios de los contratos entre presentes, y en cuanto a la interpretación depende de la legislación aplicable al caso.
- *Los grados de utilización del medio digital*, toda vez que como lo consigna el autor bajo referencia existen múltiples alternativas de empleo de medios electrónico en el iter contractual (v.g. si se compra por internet pero el objeto de la compraventa se remite por correo, la digitalización es sólo parcial, y lo mismo puede predicarse con relación al objeto o la forma del negocio jurídico en cuestión).

En una mirada primaria, se ha dicho que el "comercio electrónico" (que implica en sí al contrato electrónico) se corporiza con "...las interacciones realizadas a través de diversos medios electrónicos y principalmente por Internet...".[146]

En realidad, como lo consigna LEIVA FERNANDEZ,[147] mas allá de que quizás la mayoría de la contratación electrónica sea la que involucra a Internet, hay también comercio electrónico en las operatorias con los cajeros automáticos, o las operaciones que se celebran de manera no presencial, así como también las formas mixtas, que incluyen por ejemplo el correo electrónico, el chat o alguna otra modalidad similar, y en otra etapa hay una secuencia presencial que suele estar vinculada a la entrega de los bienes objeto de la negociación.[148]

---

[145] Es interesante al respecto un fallo de la Sala III de la Cámara de Apelaciones en lo Contencioso administrativo federal, comentado por Juan A. RIVA ("La contratación electrónica y el régimen protectorio del consumidor", La Ley 1/10/2019, AR/DOC/3144/2019), conforme al cual se revoca una multa impuesta por la Dirección Nacional de Defensa del Consumidor a "Mercado Libre SRL", por cuanto habiendo el consumidor efectuado un pago en concepto de reserva de un producto adquirido mediante el sitio OLX, y luego, no concretada la compra, requerido la devolución de la seña conforme al programa "Compra Segura", la misma no se efectuó (se acreditó que dicha suma había ingresado al patrimonio del vendedor, y no del intermediario demandado). Al respecto, siendo que la Alzada comprobó que el programa conforme al cual se hiciera la operación no comprendía la garantía inherente al sistema de "Compra Segura", no había legitimación pasiva respecto de "Mercado Libre SRL", sino sólo del vendedor. El comentarista del fallo expresa que en la contratación electrónica, estando el oferente en mejor situación que el adquirente (y con mayor razón aún en los contratos electrónicos de consumo), es aquél y no éste quien debe asumir los riesgos de la contratación, debiendo aplicarse en el caso el principio procesal de aplicación de la carga dinámica de la prueba, y con ello la Alzada debió mantener la sanción impuesta en anterior instancia por cuanto el oferente ("Mercado Libre") estaba en mejor situación negocial que el consumidor (el actor) como para asumir el riesgo del no reintegro de la seña.

[146] Daniel ALTMARK – Eduardo MOLINA QUIROGA, "Tratado de Derecho Informático", Editorial La Ley, Buenos Aires, 2.012, tomo II., pag. 189.

[147] Luis LEIVA FERNANDEZ, "Tratado de los Contratos", Editorial La Ley, Buenos Aires, 2.017, tomo II, pag. 518.

[148] Dentro de lo que atañe al ámbito de la tecnología y su inserción en el Derecho del Consumo, es interesante la referencia a los "prosumidores" (ver Luis D. BARRY, "Desafíos que trae el prosumidor al derecho del consumo y en particular a la generación eléctrica", La Ley 25/11/2019, AR/DOC/3614/2019). Ellos, como los denominara Alvin Toffler en su obra "La tercera ola", son aquellos consumidores de un bien o servicio que a la vez son también productores del mismo bien o servicio (lo que ocurre actualmente con quienes, por ejemplo, a través

El Código Civil y Comercial de la Nación dentro de la regulación de las modalidades especiales de contratación en el régimen de los contratos de consumo,[149] particularmente en los artículos 1.106 a 1.108 alude a los contratos celebrados por medios electrónicos, disponiendo que siempre que el mismo Código imponga que la celebración del contrato consumeril deba instrumentarse por escrito, tal exigencia queda salvada si el mismo "tiene un soporte electrónico o similar", agregando que enla contratación electrónica los deberes de información del proveedor al consumidor son aún mayores, ya que involucran la información vinculadas a las facetas, riesgos y modalidades de la contratación informática, estableciéndose el plazo de vigencia de la oferta en esta modalidad de contratación, así como que el lugar de cumplimiento (a los fines de determinar la jurisdicción donde debe tramitar el proceso judicial en caso de controversia), es aquél donde el consumidor recibe o debió recibir la prestación, debiéndose tener por no escrita cualquier cláusula de prórroga de dicha competencia.

En cuanto a la perspectiva de celebrar cualquier contrato a través de la contratación electrónica, es interesante resaltar el artículo 11.1 de la Ley Modelo sobre Comercio Electrónico elaborada por la Comisión de las Naciones Unidas para el Derecho Mercantil Internacional (UNCITRAL), y aprobada por la Asamblea General de las Naciones Unidas el 16 de diciembre de 1.996 mediante la Resolución 51/162, que dispone que "...En la formación de un contrato, de no convenir las partes otra cosa, la oferta y su aceptación podrán ser expresadas por medio de un mensaje de datos", y por ello no se negará validez o fuerza obligatoria a un contrato por la sóla razón de haberse utilizado en su formación un mensaje de datos. No obstante, ello es sòlo una regla general de "lege ferenda", existiendo legalmente la perspectiva de que los ordenamientos normativos locales dispongan que determinados contratos no puedan ser formalizados por vía electrónica.[150]

Dentro del amplio margen de la responsabilidad civil que genera la contratación electrónica, GALDOS,[151] citando a su vez al autor español CABANILLAS MUGICA, consigna que los conflictos que pueden suscitarse por aplicación de la responsabilidad civil en Internet pueden clasificarse en tres categorías: a) Las prácticas comerciales (utilización ilícita de marcas o nombre comerciales ajenos, publicidad engañosa, competencia desleal, etc.), b) Propiedad intelectual (que involucra tanto los derechos de autor de obras protegidas como la actuación dañosa que afecta a las mismas páginas web, que pueden ser copiadas y difundidas sin autorización), y c) la afectación de los derechos de la personalidad (intimidad, honor, imagen).

En similar mirada, LORENZETTI[152] propone la siguiente clasificación: a) Injurias y calumnias hacia los usuarios individuales o colectivos provocados por el contenido informático, b) Los daños causados a los consumidores, c) Los daños a los derechos de

---

de pantallas solares generan energía eléctrica que excede su consumo personal, y que "venden" a la Empresa prestadora de esa energía el saldo o remanente de lo no consumido. No nos adentramos en las interesantes consideraciones sobre el tema por razones de brevedad.

[149] Régimen jurídico que como es sabido, y como lo explicitan los Fundamentos del CCyCN, no es excluyente sino integrativo con el específico de la Ley de Defensa de Consumidores y Usuarios 24.240 con sus modificaciones.

[150] Conf. LORENZETTI, "Comercio electrónico", op. cit., pag. 204, así como BOLOTNIKOFF, "Informática y responsabilidad civil", op. cit., pag. 283.

[151] Jorge M. GALDOS, "Correo electrónico, privacidad y daños", op. cit., pag. 159.

[152] "Comercio electrónico", op. cit., pag. 259.

propiedad en el contexto de una competencia desleal, d) Las violaciones a la privacidad del usuario, y e) La responsabilidad delictual, que es tratada en el Derecho Penal.

Las modalidades electrónicas de medios de pago (MEP) (y, con ello, de extinción de obligaciones generalmente nacidas de un contrato, lo cual de alguna manera los deja afuera del concepto específico de contratación electrónica, pero integra a la electrónica en un segmento de la contratación, como es el del momento de asumir el pago de la obligación respectiva), tienden a expandirse cada vez mas en la vida cotidiana, y las "tarjetas inteligentes" (smart cards), los "monederos electrónicos" (e-wallet), o el pago efectuado a través de teléfonos móviles, cheques electrónicos (e-check), dinero electrónico (cyber cash), pago a través de empresas intermediarias (pay pal), sin computar las transferencias bancarias (que suelen ser las mas usuales), además de pronosticar para un futuro no muy lejano la desaparición del dinero circulante, ofrecen al operador jurídico interesantes desafíos, particularmente a la hora de "encajar" su naturaleza jurídica dentro de los moldes teóricos existentes.[153] Quizás, como señalara WAYAR,[154] los MEP no tienen una naturaleza única e idéntica en todas las hipótesis posibles. No son siempre un hecho o un acto unilateral o bilateral, ni tampoco un acto debido, pueden adoptar cualquiera de estas formas, lo cual dependerá de la índole de la conducta debida y de las circunstancias en que debe ser prestada.

Una modalidad singular de la contratación electrónica es la vinculada a los denominados "contratos inteligentes" (o "smart contracts").

La singularidad de esto contratos es la de que "pueden ejecutarse a sí mismos",[155] en el sentido de que están escritos en un código o programa de computación que puede ser "corrido" en una computadora o red de computadoras, en lugar de estar escritos en el lenguaje común de un documento impreso.[156]

El programa constata el cumplimiento de las condiciones establecidas por las partes para que se ejecuten o "disparen" las acciones o prestaciones pactadas oportunamente. Las ventajas del modelo es que permite la celebración de contratos entre personas que no se conocen entre sí -contratos obviamente celebrados por Internet-, sin la necesidad de la existencia de una autoridad centralizada que actúe como intermediaria en tales transacciones jurídicas.[157]

En síntesis, la denominación "contrato inteligente" deviene del hecho de que el uso de un código informático (software, o un programa informático), articula, verifica y lo que es mas importante, ejecuta, el acuerdo celebrado entre las partes bajo dicha modalidad.[158]

---

[153] Nicolás NEGRI, "Los medios electrónicos de pago", JA 10 de abril de 2.013, tomo 2.013-II, fascículo No. 2, pag. 3.
[154] Ernesto WAYAR, "Derecho Civil – Obligaciones", Ed. Depalma-Lexis Nexis, Buenos Aires, 2.004, tomo I, pag. 245.
[155] ZAPIOLA GUERRICO, "Insurtech...", op.cit., pag. 4.
[156] Como recuerda el autor aludido en la cita precedente, el término "Smart contract" fue acuñado por el científico de la computación y criptógrafo Nick Szabo (SZABO, Nick – "Smart contracts: building blocks for digital Markets", 1.996), definiéndolo como un conjunto de promesas, especificadas en formato digital, incluyendo protocolos con base en los cuales las partes cumplen con esas promesas.
[157] Se menciona como un ejemplo de empleo mas que frecuente el programa "Fizzy" de la aseguradora internacional "AXA", que provee un seguro de cancelación y retraso de vuelos que se puede contratar desde un dispositivo móvil y que funciona automáticamente. El programa inteligente constata -a través de la información de tráfico aéreo- el momento en que aterriza y despega un avión en cuestión, y si verifica un atraso superior a las dos horas, o la cancelación del vuelo, inmediatamente acredita una suma previamente pactada como premio en la cuenta bancaria elegida por el pasajero.
[158] Santiago MORA, "La tecnología blockchain...", op. cit., pag. 76.

En tal sentido, la praxis o el iter contractual se desenvuelven sin ningún tipo de intermediario salvo el programador inicial, y ejecutan el cumplimiento de un acuerdo preestablecido entre las partes, de modo tal que de configurarse el supuesto de hecho previsto en el contrato electrónico efectuado bajo esta modalidad, se dispara una instrucción preprogramada, que sin sujeción a ningún tipo de contralor humano, "ejecuta una consecuencia jurídica prevista en la cláusula contractual correlativa".[159]

Como se menciona en un interesante trabajo sobre el tema,[160] una plataforma de blockchain ("Ethereum"), especializada entre otras cosas en la confección de contratos inteligentes, celebró el cuarto aniversario de su lanzamiento y calculó que durante el segundo semestre del año 2.019 se registró un incremento del 43,9 % en la cantidad de transacciones diarias que se configuran en la red bajo esta modalidad, ello en comparación con el semestre precedente.

Como fuere, no todo son rosas. Se consigna que este mecanismo contractual pensado para ahorrar tiempos y eficientizar costos ante el fenómeno del incumplimiento, en realidad abre un abanico de eventualidades tan impredecible que su regulación escapa a la predictibilidad de cualquier operador jurídico humano.[161]

En palabras de ACCIARRI,[162] "...la similitud entre los contratos inteligentes y los definidos en el derecho romano es poco mayor que la existente entre un puerto marítimo y un puerto USB. Y esos juristas que pretenden redactar contratos inteligentes hacen el ridículo tanto como un controlador de tráfico marítimo que quisiese ordenar el tráfico de segmentos de datos en un puerto USB usando su amplia experiencia en maniobras navales y la jerga del gremio".

Finalmente, y sin que ello agote de manera alguna el universo de relaciones existentes e imaginables entre la tecnología y el contrato, hacemos como cierre de esta labor una referencia a otra modalida contractual electrónica muy particular (y de empleo cada vez mas frecuente), cual es la denominada "click wrap agreements" o "click and wrap agreements", propia de los contratos electrónicos celebrados a distancia, y por lo general del mundo del consumo, y prerredactados o con cláusulas predispuestas donde no hay debate sobre el contenido sino acuerdo de voluntades por adhesión, lo cual predispone toda la batería de remedios legales de tutela para el aceptante consumidor vulnerable y aceptante en contratos por adhesión que tanto el Código Civil y Comercial de la Nación como la legislación especial -en particular, la Ley de Defensa de Consumidores y Usuarios de Bienes y Servicios- contempla a tal fin (como, entre otros, el "favor debilis", o la interpretación "contra stipulatorem", o la perspectiva de revocación de la aceptación "ad nutum").

Como dice LORENZETTI,[163] no configuran una categoría contractual especial, ni un modo diferente de celebrar el contrato, sino de "una costumbre negocial".

La misma comenzó a tener vigencia a partir de la venta de programas de computación, que se enviaban "empaquetados" (no material, sino tecnológicamente),

---

[159] Julián DE DIEGO, "Smart contracts o contratos inteligentes. La influencia de Uber a través de aplicaciones informáticas", La Ley 2.018-E-1283, AR/DOC/1651/2.018.
[160] Florencia GIANFELICI, "Smart contracts: ¿crónica de un cumplimiento anunciado?", La Ley, 7/1/2019, AR/DOC/3266/2019.
[161] Ver cita anterior, pag. 4.
[162] "Smart contracts, criptomonedas y el Derecho", op. cit., pag. 11.
[163] "Comercio electrónico", op. cit., pag. 202.

y al abrirse ese "envoltorio" el sistema está diseñado para que opere automáticamente la adhesión a las condiciones generales de contratación que ya vienen impresas en el contrato virtual celebrado por Internet.

La denominación inglesa tiene que ver conque la aceptación de quien recibe la propuesta contractual opera meramente con un "click" o pulsación del botón "Enter",[164] lo cual, dejando de lado las elementales seguridades negociales que brinda por ejemplo la existencia de medios electrónicos de pago a nombre del aceptante -lo cual hace suponer, al menos, su aptitud negocial etaria-, no ostenta similares garantías en lo relativo a la capacidad intelectiva, o la existencia de restricciones operativas de rango judicial (inhabilitación, inhibición) o bien de maniobras fraudulentas en el empleo del medio electrónico de pago (normalmente, una tarjeta electrónica de crédito).

Además de ello, como lo mencionáramos supra, ese "I accept" que se formaliza clickeando un botón del ordenador, al involucrar el conocimiento y aceptación de esas condiciones generales de contratación,[165] pone en circunstancias de vulnerabilidad a todo el sistema o la estructura contractual,[166] tornándose operativas aquellas herramientas tuitivas del consumidor a las que aludiéramos supra.

En términos conclusivos, a nivel personal coincido con quienes[167] consideran que como regla la aceptación contractual por esta vía es lícita, siempre que las condiciones tanto generales como particulares de contratación puedan ser sometidas al análisis judicial de legalidad.

5 Conclusiones

Es singularmente dificultoso singularizar conclusiones ante el panorama variopinto de puntos de conexión analizados entre el Derecho y la Tecnología.

Quizás el mandato o imperativo que nos concierne a los operadores jurídicos es el de no perder la perspectiva de normativizar bajo la impronta ética (o bioética, en muchos casos) los constantes avances que las ciencias duras ofrecen al mundo contemporáneo.

Como lo singularizara Yuval HARARI recientemente,[168] "...La Humanidad está perdiendo la fe en el relato liberal que ha dominado la política global en las últimas décadas, exactamente cuando la fusión de la biotecnología y la infotecnología nos enfrenta a los mayores desafíos que la humanidad ha conocido".

Bibliografia

ACCIARRI, Hugo – "Smart contracts, criptomonedas y el Derecho",LL 2/5/2.019 AR/DOC/1017/2.019.

ALTMARK, Daniel – "Contratos informáticos. El contrato de mantenimiento", LL 1.986-B-718.

---

[164] Claudia BRIZZIO, "Contratación mediante click wraping", en "Revista de Responsabilidad Civil y Seguros", Editorial La Ley, Buenos Aires, 2.000-1325.
[165] El denominado "dialogue box" suele contener el texto de esas condiciones generales, pero supone una operatoria específica y complementaria que normalmente no es realizada de modo previo a la aceptación electrónica.
[166] Pablo BOTNIKOFF, "Informática y responsabilidad civil", op. cit., pag. 296.
[167] LORENZETTI, "Contratación electrónica", op. cit., pag. 205.
[168] Yuval Noah HARARI, "21 Lecciones para el Siglo XXI", Editorial Debate, Buenos Aires, 2.018, pag. 20.

ALTMARK, Daniel – MOLINA QUIROGA, Eduardo – "Tratado de Derecho Informático", Editorial La Ley, Buenos Aires, 2.012.

ARGERICH, Guillermo – JORGE, Juan – "La inteligencia artificial en la toma de decisiones. ¿Hacia el determinismo arbitral?, LL 14/2/2020, AR/DOC/268/2020.

BARRY, Luis D. – "Desafíos que trae el prosumidor al derecho del consumo y en particular a la generación eléctrica", LL 25/11/2.019, AR/DOC/3614/2.019.

BEKERMAN, Uriel – RONDANINI, Alejandro – "Algunas consideraciones sobre el acceso a Internet y la libertad de expresión", JA 2.019-III, fascículo 9 del 28/8/2019.

BELLO KNOLL, Susy – "La dimensión comercial de la imagen personal y el impacto de las nuevas tecnologías", en "Las nuevas tecnologías ante el Derecho Comercial", Ediciones Didot, Buenos Aires, 2.019.

BERGEL, Salvador D. – "La biotecnología y su vinculación con el derecho a la salud", LL del 16/12/2.010.

BIELLI, Gastón – "Prueba electrónica. Incorporación, admisión y valoración de capturas de pantalla en el proceso de familia", LL 30/9/2.019, AR/DOC/3148/2.019.

BIELLI, Gastón – ORDOÑEZ, Carlos – "El juez y la prueba electrónica", LL 19/12/2.019, AR/DOC/3492/2.019.

BOLOTNIKOFF, Pablo – "Informática y responsabilidad civil – Contratos informáticos, bases de datos, nombres de dominio en internet, contratación electrónica y firma digital", Editorial La Ley, Buenos Aires, 2.004.

BORDA, Guillermo – "La responsabilidad de los buscadores de Internet", JA 2.010-II-1009.

BRANCIFORTE, Fernando – "Análisis de las comunicaciones "A" 6859 y "A" 6885 del BCRA. Su implicancia para las empress fintech, usuarios y consumidores de servicios", LL 19/2/2.020, AR/DOC/197/2020.

BRAVO, Román – CHILLIK, Claudio, "Revista de Derecho de Familia", Abeledo-Perrot, Buenos Aires, 2.010, tomo I.

BRIZZIO, Claudia – "Contratación electrónica y contratos informáticos", LL 2.000-A-933.

BRIZZIO, Claudia – "Contratación mediante click wraping", en "Revista de Responsabilidad Civil y Seguros", Editorial La Ley, Buenos Aires, 2.000-1.325.

CALAMANDREI, Piero – "Elogio de los jueces. Escrito por un abogado", Oxford University Press, Méjico, año 2.000.

CASTILLO VIDELA, Facundo – "Funcionamiento, aspectos prácticos y probatorios de la tecnología blockchain", en "Las nuevas tecnologías ante el Derecho Comercial", Ediciones Didot, Buenos Aires, 2.019.

CROVI, Luis Daniel – "Contornos actuales de la personalidad", en "Los nuevos horizontes del derecho de las personas y la familia", liber amicorum en homenaje a la Dra. Graciela Medina, Editorial Rubinzal-Culzoni, Santa Fe, 2.019.

CULTRARO, Gustavo – "Primeras consideraciones sobre el pagaré, la letra de cambio y el cheque electrónico", en "Las nuevas tecnologías ante el Derecho Comercial", Ediciones Didot, Buenos Aires, 2.019.

D'ALESSIO, Carlos M. – Comentario al art. 286 en "Código Civil y Comercial de la Nacion comentado", dirigido por Ricardo L. Lorenzetti, Editorial Rubinzal-Culzoni, Santa Fe, 2.015, tomo II.

DE DIEGO, Julian – "Smart contracts o contratos inteligentes. La influencia de Uber a través de aplicaciones informáticas, LL 2.018E-1238, AR/DOC/1651/2.018.

DE LORENZO, Miguel Federico – "Personas que son cosas, y cosas que son personas", LL 2.010-B-807.

DI CASTELNUOVO, Franco – FALBO, Santiago – "Efectos jurídicos de la firma digital en el Derecho argentino. Acerca de la errónea equiparación de la firma digital a la certificación de firmas en el Decreto 182/2.019", LL 23/10/2019, AR/DOC/3333/2019.

ESCUTI, Ignacio – "Titulos de crédito", Editorial Astrea, Buenos Aires, 2.010.

ESTOUP, Luis – "Cómo regular las fintech em Latinoamérica", LL 4/2/2.019, AR/DOC/3526/2.019.

FERNANDEZ DELPECH, Horacio – "Manual de Derecho Informático", Editorial Abelado-Perrot, Buenos Aires, 2.014.

GALDOS, Jorge Mario – "Correo electrónico – Privacidad y datos", en "Revista de Derecho de Daños", Editorial Rubinzal-Culzoni, Santa Fe, 2001-3

GALGANO, Francesco – "La globalización en el espejo del Derecho",Editorial Rubinzal-Culzoni, Santa Fe, 2005.

GIANFELICI, Florencia – "Smart contracts: ¿crónica de un cumplimiento anunciado?, LL 7/1/2.019, AR/DOC/3266/2.019.

GIL DOMINGUEZ, Andrés – "Derecho al honor, libertad de expresión y ponderación", LL 26/2/2.020, AR/DOC/3763/2.020.

GOMEZ PAVAJEAU, Carlos – "Neurociencias y Derecho", Editorial Nueva Jurídica, Bogotá, Colombia, 2.016.

GSELL, Florence – "Predecir las decisiones de los tribunales por medio de la inteligencia artificial, ¿es legítimo en Francia?", Suplemento JA del 5/2/2020, AR/DOC/3608/2020.

GUASTAVINO, Elías – "Responsabilidad civil y otros problemas en computación", Ediciones LaRocca, Buenos Aires, 1.987.

HARARI, Yuval Noah – "21 lecciones para el Siglo XXI", Editorial Debate, Buenos Aires, 2.018.

HARARI, Yuval Noah – "Homo Deus – Breve historia del mañana", Editorial Debate, Buenos Aires, 2.016.

HIJAS CID, Eduardo – "Bitcoin – Algunas cuestiones jurídicas", en "El notario del Siglo XXI", Madrid, 2.016, número 66.

IGNATIEFF, Miguel – "Las virtudes cotidianas. El orden moral en un mundo dividido, Editorial Taurus, Madrid, 2.018.

KEES, Milton Hernán – KAMERBEEK, Tomás – "Sobre la naturaleza jurídica de las operaciones con criptomonedas", JA 2.018 tomo II.

LEIVA FERNANDEZ, Lucas – "La personalidad circunscripta. Humanos, animales y robots", JA 11/4/2018, JA 2.018 – 2, fascículo 2.

LEIVA FERNANDEZ, Luis – "Tratado de los contratos", Editorial La Ley, Buenos Aires, 2.017, tomo II.

LESIG, Lawrence – "Las leyes del ciberespacio", en "Cuadernos ciberespacio y sociedad", numero 3, Buenos Aires, 1.999

LLAMAS POMBO, Eugenio – "Una mirada al viejo Código Civil desde el posthumanismo y la globalización", Diario La Ley, Madrid, España, Sección Tribuna, 1/10/2019.

LORENTE, Javier Armando – "Criptomonedas e insolvencia. Primeras aproximaciones a la cuestión", en "Las nuevas tecnologías ante el Derecho Comercial", Ediciones Didot, Buenos Aires, 2.019.

LORENZETTI, Ricardo L. – "Comercio electrónico", Editorial Abeledo-Perrot, Buenos Aires, 2.001.

MANES, Facundo – NIRO, Mateo – "Usar el cerebro (conocer nuestra mente para vivir mejor)", Editorial Planeta, Buenos Aires, 2.012.

MELO, Verónica – "La inmunidad de los proveedores del servicio de Internet (ISP) ante el fenómeno de las "fake news"", en "Revista de Responsabilidad Civil y Seguros", Editorial La Ley, Buenos Aires, enero de 2.020.

MESSINA DE ESTRELLA GUTIERREZ, Graciela – "La responsabilidad civil en la era tecnológica – Tendencias y prospectivas", Editorial Abeledo-Perrot, Buenos Aires, 1.998.

MESSINA DE ESTRELLA GUTIERREZ, Graciela – "Respoonsabilidad derivada de la biotecnología" en la obra "La responsabilidad" editada en homenaje al Profesor Isidoro Goldemberg, Editorial Abeledo-Perrto, Buenos Aires, 1.995.

MICELLI, Indiana – MOIA, Angel – "La verificación de los nuevos títulos valores electrónicos. Problemáticas a resolver en materia concursal", LL 13/12/2.018, AR/DOC/2431/2.018.

MIGUEZ, Maria Soledad – "Las tecnologías de la informacion y comunicación (TIC) y su interacción con las relaciones de familia y la violencia digital", en "Revista de Derecho de Daños", Editorial Rubinzal-Culzoni, Santa Fe, 2.019-III.

MORA, Santiago – "La tecnología blockchain", en "Las nuevas tecnologías ante el Derecho Comercial", Ediciones Didot, Buenos Aires, 2.019.

MORO, Carlos Emilio – "Nuevas tecnologías ante el Derecho Comercial", Ediciones Didot, Buenos Aires, 2.019.

NEGRI, Nicolás – "Los medios electrónicos de pago", JA 10/4/2.013, tomo 2.013-II, fascículo 2.

NICOLAU, Noemí – "Tecnología y masificación en el Derecho Contractual",LL 1.992-B-767.

NUÑEZ, Javier – "Patentabilidad de animales transgénicos", Suplemento de Jurisprudencia Argentina del 16/10/2.019, AR/DOC/1475/2.019.

ONAINDIA, Jose Miguel – "Propiedad intelectual y nuevas tecnologías", en "Revista de Derecho de Daños", Editorial Rubinzal-Culzoni, Santa Fe, 2.013-2.

RIVA, Juan A. – "La contratación electrónica y el régimen protectorio del consumidor", LL del 1/10/2.019, AR/DOC/3144/2.019.

RUBIN, Miguel Eduardo – "Volver al futuro. Las criptomonedas frente a la insolvencia en el Derecho Comparado – Revista de casos", en "Nuevas tecnologías ante el Derecho Comercial", Ediciones Didot, Buenos Aires, 2.019.

SALERNO, Marcelo Urbano – "Los contratos en el mercado virtual", LL del 22/9/1.999.

SALVOCHEA, Carlos Ramiro – "Ciencia ficción societaria. La admisión de la persona jurídica sintética", JA 11/12/2019, AR/DOC/3173/2019.

SAUX, Edgardo Ignacio – "Responsabilidad por transmisión de enfermedades", en la obra "La Responsabilidad", en homenaje al Profesor Isidoro Goldemberg, Abeledo-Perrot, Buenos Aires, 1.995.

SAUX, Edgardo Ignacio (Director y coautor) – "Tratado de Derecho Civil – Parte general", Editorial Rubinzal-Culzoni, Santa Fe, 2.018, tomo II.

SOBRINO, Waldo – "Internet y alta tecnología en el Derecho de Daños", Editorial Universidad, Buenos Aires, 2.003.

SOBRINO, Waldo – "Neurociencias y Derecho", LL 26/8/2019, AR/DOC/2556/2.019.

TOBIAS, Jose W. – "Tratado de Derecho Civil – Parte General", Editorial La Ley, Buenos Aires, 2.018, tomo II.

TOMEO, Fernando – "Cyberbulling y responsabilidad civil de los padres en la web 2.0", en "Revista de Responsabilidad Civil y Seguros", Buenos Aires, Editorial La Ley, 2.010-VIII-46.

VANINETTI, Hugo – "Twiter. Contenidos que generan daños. El rol de los influencers. El impacto del twibel, los retuits y el escrache o linchamientos virtual", LL 19/11/2.019, AR/DOC/3460/2.019.

VILLANUEVA RASPALL, Paula – "Neuro Derecho. Hacia un diálogo entre el Derecho y las neurociencias", LL 13/12/2019, AR/DOC/3829/2019.

WAYAR, Ernesto – "Derecho Civil – Obligaciones", Editorial Depalma/Lexis Nexis, Buenos Aires, 2.004, tomo I.

WIERZBA, Sandra – DANESI, Cecilia – "Violencia en las redes sociales. ¿Acciones judiciales o normas y algoritmos como clave para la prevención?", LL, 3/2/2.020, AR/DOC/199/2020.

ZAPIOLA GUERRICO, Martín – "Insurtech. El impacto de las nuevas tecnologías en la actividad aseguradora", LL 15/10/2019, AR/DOC/3175/2019.

ZAVALA DE GONZALEZ, Matilde – "Tratado de daños a las personas – Daños a la dignidad", Editorial Astrea, Buenos Aires, 2.011, volumen 2.

ZUCARINI, Ayelén – "La ciencia que avanza y la justicia que acompaña: el trasplante uterino y un fallo vanguardista", LL 10/2/2020, AR/DOC/3943/2020.

Informação bibliográfica deste texto, conforme a NBR 6023:2018 da Associação Brasileira de Normas Técnicas (ABNT):

SAUX, Edgardo Ignacio. Desafios que al derecho le presentan las nuevas tecnologias. *In*: EHRHARDT JÚNIOR, Marcos; CATALAN, Marcos; MALHEIROS, Pablo (Coord.). *Direito Civil e tecnologia*. 2. ed. Belo Horizonte: Fórum, 2022. t. II. p. 59-102. ISBN 978-65-5518-432-7.

CIBERCRIME, INTERNET E DIREITOS HUMANOS NO BRASIL: UMA PERSPECTIVA DE OLHAR PELA SOMBRA E NÃO SOBRE A SOMBRA

EMERSON WENDT

RENATA DE ALMEIDA COSTA

Introdução

> [...] ao mesmo tempo que não param de valorizar a mudança, as nossas sociedades parecem paradoxalmente não dar lugar a uma verdadeira alternativa capaz de levar à liberdade das novas vias.
>
> (OST, 1999, p. 17)

Os temas, debates e tendências quanto à evolução da internet, a partir de seu incremento e expansão comercial nos anos 1990, têm sido cada vez maiores e mais complexos. A rede mundial proporcionou uma aproximação intercultural nunca antes vista e possível, estreitando e diminuindo o espaço simbólico entre pessoas, povos e sociedades, afetando o tempo entre o dado e a absorção do seu conhecimento. Proporcionou, assim, a expansão e disseminação de informações aptas a estarem na tela de dispositivos de cada um dos usuários da internet, bastando o despertar do interesse.

Novos processos culturais – ou tecnoculturais – surgiram, permitindo discutir inúmeros aspectos de sua interação reflexiva com o direito, porquanto a cada surgimento de uma nova tecnologia, gerando uma nova cultura tecnológica, os efeitos sobre e com relação ao direito podem ocorrer no menor ou maior espaço de tempo, dependendo de como os valores são percepcionados e formados, gerando a reivindicação de uma formação de uma cultura jurídica correspondente.

Um dos temas que têm preocupado a sociedade mundial e, também, brasileira é a cibercriminalidade, resultante da exploração da rede mundial com o fito de cometimento de delitos, sejam eles praticados com a utilização da internet sejam eles executados tendo em vista a rede das redes, a internet. Ela pode ser o objetivo principal do criminoso ou, também, seus dados e informações, relativos ou não à honra, à privacidade, à intimidade ou à liberdade das pessoas. Naturalmente, tendo em vista os direitos fundamentais já assegurados por algum ato normativo, seja internacional ou nacional, surgem os conflitos entre os direitos já assegurados, especialmente o de segurança e/ante os de liberdade e igualdade. Outros pontos também geram pontos de discussão, como os de extimidade x intimidade, livre manifestação x ofensa, mas os mais emblemáticos são os relativos à liberdade de opinião/manifestação x restrição de acesso (à internet).

Nesse parâmetro, com este artigo pretende-se discutir as relações entre o cibercrime e os direitos humanos no Brasil, partindo de uma perspectiva crítica, ou seja, como é possível garantir os direitos humanos no Brasil e, ao mesmo tempo, promover a segurança cibernética no ambiente virtual nacional e, reflexivamente, internacional com a utilização do direito?

Assim, dividir-se-á o trabalho em dois tópicos principais, sendo o primeiro deles genérico, quando se avaliará a reconstrução dos direitos humanos a partir de uma percepção crítica de um novo contexto real: o ciberespaço. Parte-se, neste primeiro momento, de uma matriz teórica crítica de direitos humanos, especialmente tendo em vista os marcos teóricos de Herrera Flores (2009) e Wolkmer (2017). Assim, procurar-se-á comparar as teorias tradicional e crítica dos direitos humanos e, a partir da perspectiva de deveres, contextualizar a necessidade de uma abordagem a partir do entorno, pela sombra e não para a sombra gerada pelos sistemas hegemônicos.

Já o segundo tópico visa a delinear e a avaliar os direitos e deveres na e com base na internet no Brasil, partindo-se do Marco Civil da Internet, da Lei Geral de Proteção de Dados e da pretensão em fundamentalizar o direito de proteção de dados pessoais na Constituição Federal brasileira. Nesse tópico, dividido em três partes, analisar-se-á (a) a vertente criminalizatória e o caminho jurídico de estabelecimento de um marco civil da internet no Brasil, (b) a Lei Geral de Proteção de Dados brasileira e a influência eurocêntrica e da globalização e (c) o direito fundamental de proteção de dados pessoais e as políticas voltadas à proteção dos direitos na internet.

Neste tópico a metodologia é de revisão normativo-histórica do contexto brasileiro, no entanto, procurando relacioná-lo com outros assuntos correlatos, especialmente a relação com o modelo eurocêntrico-liberal de direitos humanos e de proteção de dados pessoais. A metodologia é de uma revisão bibliográfica sobre o os direitos humanos desde sua perspectiva tradicional e crítica, além de uma pesquisa empírica da linha do tempo sobre o direito legislado no Brasil sobre os direitos humanos relativos à internet e políticas públicas correspondentes.

O método é dedutivo, partindo-se do geral para o particular, com a técnica de análise de conteúdo, buscando contextualizar criticamente a proposição de uma leitura e avaliação no contexto real dos direitos humanos, sua efetiva eficácia para satisfação dos bens materiais e imateriais necessários para uma vida digna de todos os brasileiros, notadamente em relação ao acesso e uso da internet.

1 A reconstrução dos direitos humanos a partir de uma percepção crítica de um novo contexto real: o ciberespaço

> *Em el ámbito del activismo online la privacidade es essencial para garantizar, em muchos casos, el ejercicio de liberdades como las de expressión o de associación, sin olvidar que se trata de um derecho fundamental irrenunciable.*
>
> (TASCÓN; QUINTANA, 2012, p. 276)

Liberdade. Igualdade. Liberdade de expressão, de comunicação, de informação, de opinião. Igualdade de condições reais, de acesso a bens materiais e imateriais. Igualdade de acesso à internet, de aceder à informação. Todos são direitos, tal qual outros não pontuados, que levam à consecução do principal fundamento dos direitos humanos: a vida digna.

O principal desafio mundial dos direitos humanos tem sido não só permitir ou garantir o acesso à rede mundial de computadores, mas de que esse acesso seja livre. Barrar o funcionamento da internet têm sido comum em muitos países com índole totalitária, especialmente para impedir as manifestações. Em novembro de 2019 essa foi a prática do Irã, pois:

> As paralisações na Web tornaram-se uma estratégia comum para governos repressivos, mas especialistas dizem que a resposta deste fim de semana às manifestações generalizadas devido a um aumento nos preços da gasolina é maior ainda. As autoridades levaram 24 horas para atingir seu objetivo, e, uma vez atingido, apenas 5% dos usuários regulares - incluindo políticos importantes como o líder supremo - ainda estavam online. Aqueles que foram cortados não conseguiram se comunicar além das fronteiras do Irã e dentro delas. [...]
>
> Uma lei que estabelece as bases para essa visão de controle entrou em vigor na Rússia este mês [novembro de 2019], permitindo ao governo bloquear o tráfego do exterior "em uma situação de emergência" e impondo requisitos aos prestadores de serviços para tornar mais fácil e célere a imposição do tipo de paralisação que o Irã alcançou. (COUNTRIES..., 2019)

Um levantamento realizado, em relação ao ano de 2018, revela que houve 196 desligamentos em larga escala da internet em 25 países, sendo a Índia o "pior ofensor", pois "fechou" a internet 134 vezes.[1] De acordo com o estudo denominado *The State of Internet shutdowns around the world: The 2018 #KEEPITON Report*, divulgado pelo *site Access Now* (THE STATE..., 2019), um "desligamento da internet" acontece quando alguém – em regra, um governo – interrompe de maneira intencional a internet ou aplicativos móveis "para controlar o que as pessoas dizem ou fazem".[2]

---

[1] Além da Índia, tiveram situações de desligamento da internet: Argélia, Bangladesh, Camarões, Chade, Costa do Marfim, República Democrática do Congo, Etiópia, Indonésia, Iraque, Cazaquistão, Mali, Nicarágua, Nigéria, Paquistão, Filipinas e Rússia (THE STATE..., 2019).

[2] O *Access Now* faz o acompanhamento sistemático dos desligamentos provocados por governos e que atentam aos direitos humanos. Às vezes, os desligamentos também são chamados de "apagões" ou "interruptores de interrupção". O acompanhamento é possível em www.accessnow.org/keepiton/.

Até final de 2019, segundo a mesma fonte (TARGETED..., 2020), 33 países utilizaram o desligamento da internet como estratégia governamental de impedir a comunicação, com 213 paralisações da rede.[3] Conforme o estudo *Targeted, cut off, and left in the dark: The #KeepItOn report on internet shutdowns in 2019*, o tempo e a quantidade de interrupções da internet nesses 33 países correspondem a 1.706 dias sem acesso, sendo que os principais países onde há restrição de acesso foram a Índia (121 casos), a Venezuela (13 casos) e Yemen (11 casos).[4]

O acesso à informação constante na internet é tão importante quanto os dados que os indivíduos geram pela sua interação na rede, seja com utilização de dispositivos móveis seja com utilização dos mais diversos aplicativos, desde os de simples navegação, os de mídias sociais e os de transações comerciais e/ou bancárias. Segundo Harari (2018), a autoridade maior pode já não ser mais dos humanos e sim dos algoritmos e os cálculos que o cérebro humano já faz para a tomada de decisão – livre arbítrio – serão feitos pelas máquinas. O uso desses algoritmos pode ser feito para o bem ou para o mal e podem "seguir diretrizes éticas muito melhor que os humanos – contanto que encontremos uma maneira de codificar a ética em números e estatísticas precisos" (HARARI, 2018, p. 86).

Contratar alguém para um emprego, aceitar ou não uma apólice de seguro, aceitar ou não um contrato de plano de saúde baseado nas aventuras publicadas nas redes sociais e/ou nos dados pessoais colhidos pelas aplicações e programas da internet pode se tornar algo comum e, assim, precisa de adequação regulatória à consecução dos direitos humanos, pensados em prol de uma vida digna.

> Nas mãos de um governo benigno, algoritmos poderosos de vigilância podem ser a melhor coisa que já aconteceu ao gênero humano. Mas os mesmos algoritmos de Big Data podem também dar poder a um futuro Grande Irmão, e podemos acabar em um regime de vigilância orwelliano, no qual todo mundo é monitorado o tempo todo. (HARARI, 2018, p. 92)

Os aspectos atinentes à internet e sua relação com os direitos humanos vão além de uma simples relação. Sua complexidade, então, vai além dos conceitos de liberdade e igualdade, de tolerância para com o outro. Nesse âmbito comunicacional, afloram-se pensamentos e opiniões díspares, conflitos verbais são intensificados pela tela de um computador ou dispositivo móvel. Inquietações são constantes e governos temem essa plena liberdade que vem com a internet. A liberdade com a rede mundial de computadores é real e atemporal, ela é mobilizadora e desestabilizadora das lideranças políticas hegemônicas.

Nesse contexto de interação digital surge uma nova cultura e podem surgir novas formas de pessoas e grupos se tornarem vítimas, não só de opressão quanto de discriminação. O sistema econômico, analisando os algoritmos referentes a uma pessoa, suas publicações e coletas de dados de uso de aplicações, pode vir a negar crédito ou intensificar a taxa de juros tendo em vista a avaliação realizada. Google e Facebook juntos têm uma fatia fenomenal dos dados dos cidadãos de todo mundo.

---

[3] Dados acessados em 3.11.2020, conforme informação do *site* www.accessnow.org/keepiton/.
[4] Benin, Zimbábue, Eritreia, Gabão e Libéria são alguns dos países novos que entraram na lista em 2019 (TARGETED..., 2020).

Google y Facebook ofrecen servicios a miles de millones de personas sin pedirles que paguen un precio en dinero por ello. En cambio, los ciudadanos pagan el costo de estos servicios con sus datos personales íntimos. Luego de recopilar estos datos, Google y Facebook los utilizan para analizar a las personas, segmentarlas por grupos y hacer predicciones sobre sus intereses, sus características y, en última instancia, su comportamiento; el principal objetivo es poder usar esta información valiosa para generar ingresos por publicidad. (AMNISTÍA INTERNACIONAL, 2019, p. 6)

Ademais, essa discriminação pode ser mais oculta do que uma discriminação realizada por pessoas, em razão da cor ou do gênero, simplesmente "O algoritmo teria discriminado você não porque é mulher ou negro – mas porque você é você" (HARARI, 2018, p. 96-97).

Estas dos empresas recopilan una gran cantidad de datos relacionados con qué buscamos en Internet, adónde vamos, con quiénes hablamos, qué leemos y, mediante los análisis que hoy son posibles por los avances tecnológicos, tienen el poder de inferir cuál puede ser nuestro estado de ánimo, nuestra etnia, nuestra orientación sexual, nuestra opinión política y nuestra mayor vulnerabilidad. Algunas de estas categorías, incluidas características protegidas por los derechos humanos, se ponen a disposición de terceros con el propósito de segmentar a los usuarios de Internet para brindarles anuncios e información de forma dirigida. (AMNISTÍA INTERNACIONAL, 2019, p. 6)

A complexidade inerente aos direitos humanos se alastra no contexto do ciberespaço. Por isso, não se pode pensar os direitos humanos em sua concepção tradicional, individual e monista. Os direitos, assim, não podem ser reduzidos às normas, pois imprimem (a) a falsa concepção da natureza do jurídico e (b) uma tautologia lógica de graves consequências sociais, econômicas, culturais e políticas (HERRERA FLORES, 2009, p. 17).

O direito, nesse campo de visão crítica, não é mais que uma técnica procedimental que estabelece formas para ter acesso aos bens por parte da sociedade (HERRERA FLORES, 2009, p. 18). Também, o direito não é o único instrumento ou meio que pode ser utilizado para legitimação ou transformação das relações sociais dominantes, hegemônicas e baseadas no neoliberalismo e neoconservadorismo.

Deve-se, segundo Herrera Flores (2009), distinguir o sistema de garantias e aquilo que deve ser garantido, pois que produz (normas) análises lógicas/formais sistemáticas, abstraídas dos contextos e das finalidades que deveriam assumir (em tese). Assim, dar forma jurídica à liberdade de expressão, igualdade, entre outros direitos, seja por normas internacionais, seja por normas nacionais, constitucionais ou infraconstitucionais, não garantem aos indivíduos, no contexto real, da prática, a liberdade de expressão e a igualdade pretendidas.

"Para a reflexão teórica dominante, os direitos 'são' os direitos, quer dizer, os direitos humanos se satisfazem tendo direitos" (HERRERA FLORES, 2009, p. 27). Essa teoria simplista, e que Wolkmer (2017) chama de tradicional-formalista, trabalha em círculos (viciosos) – direito de ter direitos –, provoca desencantos e é limitadora, distanciadora do Estado em relação aos cidadãos e grupos, pois que desconsidera as condições materiais para o exercício dos direitos, desconsidera as condições de acesso aos bens que são relativos aos direitos (garantidos nas normas). Essa discrepância também está no cotejamento do Preâmbulo da Declaração Universal dos Direitos Humanos – que estabelece os direitos como um ideal a conseguir – e dos arts. 1 e 2 – que estabelecem os direitos como uma realidade já alcançada. A partir e na esteira da proposta de Herrera Flores (2009), complementando-se o estudo "crítico" com Lutz e Da Mata (2017), pôde-se construir um processo de comparação lógico-sistemática entre as teorias tradicional e crítica dos direitos humanos:

QUADRO 1 – Comparação entre teorias tradicional e crítica dos direitos humanos

Direitos humanos	
Teoria tradicional	**Teoria crítica**
São produtos culturais	São resultados de lutas sociais pela dignidade
São direitos abstratos	São garantidores jurídicos efetivos
São deveres passivos	São deveres concretos
São universais	São interculturais
Já conquistados/positivados à consolidados (ser humano já nasce com o direito!)	Pressupõe-se a existência de capacidade e condições para efetivar seu exercício
Pressupõe-se estarem em um entorno	Pressupõe-se serem o entorno
Valores uniformizados	Valores interculturais
Têm a racionalidade na base da ideologia jurídica	Alteridade e participação social
Igualdade jurídica	Igualdade material
Contemplação a partir do sistema hegemônico (política)	Contemplação a partir do entorno, reconhecendo a desigualdade e incluindo – contra-hegemônico
Falta de eficácia real	Mecanismos plurais de exercício democrático
Retiram o tema do contexto	Interpretação a partir do contexto real e da autocrítica
Leitura interpretativa	Leitura implícita e interativa
Visão ideal da pessoa humana	Visão em sintonia com a natureza social que partilhamos
Relações de subordinação	Relações de solidariedade/fraternidade
"Outro" como objeto	"Outro" como sujeito
Extremos: coisificação do humano/idealização do humano	Luta para não cair em nenhum dos extremos
Discurso essencialista, formalista liberal-ocidental	Discurso de alteridade, de alternativas e de alteração
Minha liberdade termina quando começa a do "outro"	Minha liberdade começa quando começa a do "outro"
Fraternidade universal	Tolerância das relações (contexto real)
Inclusão a partir do sistema hegemônico, exigindo a adaptação a ele	Processo comunitário participativo e aceitação de sua inclusão sem desconstrução

Fonte: Produzido pelo autor em 2019.

Conforme Wolkmer (2017, p. 31-42), o compromisso dos direitos humanos deve ser com um referencial crítico, em sua dimensão de resistência, liberação e de interculturalidade, levando em conta a crítica-libertadora em face das sociedades em processos de descolonização. Na verdade, têm-se na internet a nova colônia do neoliberalismo, porquanto também é fruto dele, tanto é que se desenvolveu a partir e com ele. Por outro lado, essa mesma internet permite uma liberdade, uma resistência e uma interculturalidade jamais vistas e possíveis, pois tempo e espaço são reduzidos, atomizados com a existência dessa rede que se expande cada vez mais.

Assim, a análise de Wolkmer (2017), que perfaz sua base teórica a partir da teoria e função crítica, ou seja, o conhecimento crítico, porém, acompanhado de ação, é fundamental na análise, preservação e consecução dos direitos humanos na internet, pois que, senão, não há transformação da realidade nem construção de uma nova existência. Esse conhecimento crítico tem o condão de imprimir ações de conscientização e de resistência formando uma proposta contra-hegemônica, de libertação e com um papel transgressor, tendo como foco o sujeito intersubjetivo, dentro da comunidade ou grupo, ou, no dizer de Maffesoli (2015), dentro das tribos. Esse mesmo papel transgressor tende a ser limitado por governos, especialmente os autoritários. Aliás, a tendência é que o Estado queira fazer com que pessoas e grupos se amoldem ao sistema.

FIGURA 1 – Modelo hegemônico: processo de adequação da periferia ao centro

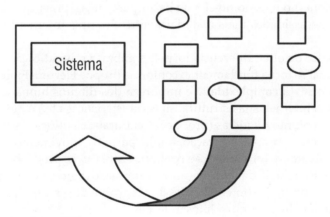

Fonte: Produzido pelo autor em 2019.

A adoção e defesa de construção de uma proposta realista, histórica e contextualizada de direitos humanos, tal qual propõe Herrera Flores (2009), passam por um processo de lutas sociais, políticas e culturais, de ampliação, exploração e uso sociocultural do conteúdo digital e implicam metodologicamente o exercício da dialética, da complexidade e do relacional. Assim, os direitos humanos vão se criando e recriando "à medida que vamos atuando no processo de construção social da realidade" (WOLKMER, 2017, p. 36). A internet deve ser uma ferramenta hábil para assegurar conhecimento e construção das realidades dos povos. A luta, portanto, passa a ser pela busca de adaptação do sistema às pessoas, grupo e/ou tribos, suas culturas e processos sociais interculturais.

FIGURA 2 – Modelo contra-hegemônico: processo de adequação do centro para a periferia

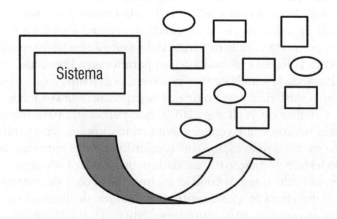

Fonte: Produzido pelo autor em 2019.

Os modelos, então, tradicional e crítico de direitos humanos, são diferentes e comportam leituras de acordo com a vontade (pre)dominante. O que se percebe é que a diferença de tratamento está no "olhar" sobre a sombra (de cima para baixo), vislumbrando-a, mas não a atendendo (mantendo o sistema hegemônico), ou no olhar pela sombra (no mesmo nível e de baixo para cima), procurando compreender seus anseios e necessidades mais materiais, entre eles uma internet livre, acessível e intercultural.

Nesse passo de olhar diferenciado, pela sombra, a reivindicação por uma metodologia relacional se torna fundamental, conforme propõe Herrera Flores (2009, p. 87), deve levar em conta a complexidade e impureza dos direitos humanos situados em seus contextos (a internet, sua estrutura, suas características etc.) e deve passar tendo presentes (a) o conjunto de ideias (produções culturais, científicas, artísticas etc.); (b) instituições (governo, família, educação, mídia, partidos, movimentos sociais, grupos em mídias sociais etc.); e (c) a interação contínua entre forças produtivas (trabalho humano, recursos, tecnologia da informação, comunicação digital, novas mídias etc.) e as relações sociais de produção (interconexões destes grupos de seres humanos no processo de criar, produzir e distribuir produtos: relações de classe, de gênero, de etnia etc.).

A construção de alternativas deve passar pela possibilidade de escrevermos "do outro lado do papel" (HERRERA FLORES, 2009, p. 72), apresentando uma alternativa em favor de uma concepção histórica e contextualizada da realidade dos direitos humanos, passando pelos seguintes passos, que se tornam ainda mais possíveis com a utilização da internet e as novas mídias que surgiram com ela: 1) recuperação da ação política de seres humanos corporais, com necessidades e expectativas concretas e insatisfeitas, com a utilização da internet para interagir e buscar a atenção fundamental; 2) formulação de uma filosofia "impura" dos direitos, quer dizer, sempre contaminada de contextos, pois a impureza é cognoscível, descritível e relatável,[5] e, logicamente, a internet torna

---

[5] Segundo Herrera Flores (2009), a afirmação da impureza da realidade consiste em: o impuro é cognoscível, pois se "situa num espaço, num contexto, num determinado conjunto de situações" (HERRERA FLORES,

os contextos mais próximos do real; 3) recuperação de uma metodologia "relacional" que procure os vínculos que unem os direitos humanos a outras esferas de realidade social, cultural, teórica, tecnológica e institucional, conforme referido.

Mais, essa amplitude crítica dos direitos humanos, conforme quadro comparativo delineado, necessita do cumprimento de, segundo Herrera Flores (2009), quatro condições e cinco deveres, todos fundamentais para efetivação prática da condição de vida digna, com a consecução dos bens materiais e imateriais necessários. Zamora (2004) destaca o caráter determinante da internet ante a globalização cultural e o multiculturalismo. Sem essa liberdade e se fortalecendo as fronteiras, não mais físicas e sim tecnológicas, estaremos ante uma clara violação de direitos humanos: "La red produce necessariamente un efecto de globalización cultural, pues permite a los individuos y grupos familiarizarse con ambientes sociales a los que nunca habían tenido acceso" (ZAMORA, 2004, p. 508). Por não comportar fronteiras físicas e pelo interesse de governos em limitar os acessos à internet e às informações, surge a necessidade de discussão crítica desses direitos dentro de uma realidade mundial e também local. Afinal, não são poucos os casos de suspensão, interrupção e "fechamento" da internet nos países (EDWARDS, 2019), por exemplo, Índia, Mauritânia, Rússia, Etiópia, Tanzânia, Sudão, Venezuela, Zimbábue, entre outros.[6]

Assim, as quatro condições destacadas por Herrera Flores (2009) para uma teoria realista e crítica dos direitos humanos envolvem: 1ª) assegurar uma visão realista do mundo em que vivemos e desejamos atuar utilizando os meios que nos trazem os direitos humanos; 2ª) o pensamento crítico como pensamento de combate, que deve ser eficaz com vistas à mobilização: a "força de nomear as coisas de outra forma pode modificar a maneira de vê-las" (HERRERA FLORES, 2009, p. 56); 3ª) o pensamento crítico surge em coletividades sociais determinadas, que dele necessitam para elaborar uma visão alternativa de mundo e sentir-se seguras ao lutar pela dignidade (HERRERA FLORES, 2009, p. 57); e 4ª) o pensamento crítico demanda a busca permanente de exterioridade: "a crítica, tanto social como cultural, supõe, assim, a construção de vontades que nos empoderem na hora de escolher o que é mais conveniente para conseguir os objetivos com dignidade" (HERRERA FLORES, 2009, p. 60).

Nada mais próprio para assegurar essas condições que a internet, pois que permite uma visão realista, crítica e imediata do mundo, possibilitando a mobilização das coletividades e tribos, exteriorizando seus problemas, propósitos e anseios.

Já os cinco deveres básicos para uma teoria realista e crítica dos direitos humanos necessitam:

1º) reconhecimento (possibilidade de reagir culturalmente), sendo esta circunstância plenamente possível por meio da principal ferramenta de comunicação mundial da atualidade: a internet. Ela permite que determinados grupos sociais "façam se ver", ou seja, sejam notados pelas autoridades públicas;

2009, p. 83); o impuro é descritível, pois pode ser dividido em partes e estudado em sua complexidade; o impuro é relatável, pois pode ser objeto de nossos diálogos, permitindo fazer vínculos entre os fenômenos e está subjugado à história.

[6] Um perfil no Twitter – https://twitter.com/netblocks – divulga constantemente os casos de *shut down* ("fechamento") da internet. Os casos também podem ser acompanhados pela *hashtag* #shutdowns (https://twitter.com/search?q=%23shutdowns&src=hashtag_click) (acessos em 3.11.2020).

2º) respeito (conceber o reconhecimento como condição necessária), pois que a internet permite o conhecimento e o reconhecimento das diversas "tribos" digitais e a exposição social e cultural de grupos e comunidades possibilita a busca de reconhecimento e facilita o reconhecimento de outros grupos e comunidades;

3º) reciprocidade (saber devolver o que tomamos dos outros para construir os nossos privilégios). Em razão da complexidade, esse talvez seja o principal desafio entre os cinco deveres que levam à consecução dos direitos humanos, porquanto devolver e integrar, dentro de um sistema hegemônico, significa igualar apenas normativamente e não necessariamente de maneira material. Tornar isso claro e acessível a todos e todas é função da comunicação digital contemporânea;

4º) responsabilidade (na subordinação dos outros e de exigir responsabilidades daqueles responsáveis pelo saqueio e destruição da condição de vida dos demais): tornar claras as necessidades reais e efetivas e cobrar responsabilidades, de maneira pública e transparente, eis uma das principais possibilidades ofertadas pela internet; e

5º) redistribuição (estabelecimento de regras jurídicas, fórmulas institucionais e ações políticas e econômicas concretas que possibilitem a todos satisfazer suas necessidades vitais e construir uma dignidade humana), ou seja, ao lado de direitos surge a necessidade de estabelecimento de regras com deveres que assegurem aqueles. Tal o é em relação aos direitos de acesso à internet e navegação livre, que são importantes, mas só se tornam efetivos quando há previsão de deveres, como os de proteção de dados e resguardo de informações sensíveis em relação às pessoas/aos usuários.

Esses são os deveres necessários à construção de uma "nova cultura de direitos humanos" que seja tendente à abertura e não ao fechamento da ação social (HERRERA FLORES, 2009, p. 61-62), à abertura de oportunidades e de conhecimentos, à abertura de processos transparentes e de reconhecimento das diferentes culturas e sociedades, integrando-as de maneira a também respeitar suas diferenças.

Pela perspectiva wolkmeriana dos direitos humanos (WOLKMER, 2017), pode-se tentar construir uma imagem relacional e metodológica dos processos necessários à consecução (crítica) dos direitos humanos, especialmente na América Latina:

FIGURA 3 – Perspectiva wolkmeriana dos direitos humanos

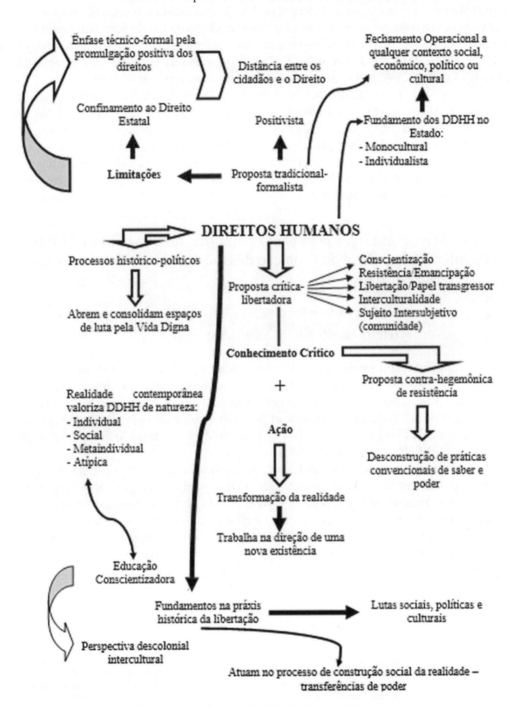

Fonte: Produzido pelo autor em 2019.

Sob esse enfoque crítico de direitos humanos, já não se cumpre mais discutir regulação ou não regulação da internet no Brasil, porquanto o legislador nacional já trata das questões relativas à informática desde a edição da Lei de Software,[7] em 1987, tendo passado à regulação dos direitos e deveres, por meio do Marco Civil da Internet – Lei nº 12.965/2014 –, e da proteção de dados, por meio da Lei Geral de Proteção de Dados – Lei nº 13.709/2018 –, os quais serão analisados no próximo capítulo.

Aliás, tanto Harari (2018) quanto Zamora (2004) destacam como imprescindível a regulação da internet como forma de proteção aos cidadãos, "garantindo todos os direitos e a eficácia do sistema" (Zamora, 2004, p. 511).[8] A lei regulatória quanto à internet, no entanto, deve reconhecer as diferenças éticas e culturais de cada povo, de cada sociedade e, na ausência de uma ética global na internet, os Estados, naturalmente, passariam, como foi o caso do Brasil, a regular a rede, os direitos e deveres inerentes a ela, bem como a sua neutralidade.[9]

2 Direitos e deveres na e com base na internet no Brasil: Marco Civil da Internet, Lei Geral de Proteção de Dados e direito fundamental de proteção de dados

Os direitos humanos começam com o café da manhã.
(HERRERA FLORES, 2009, p. 98)

O impacto da internet na esfera das liberdades, a tutela correspondente e em relação às repercussões dos avanços tecnológicos são as preocupações primeiras da relação entre direitos humanos e a expansão da rede mundial de computadores. Destaque para a influência da telemática (informática + telefonia) no processo impactante de aproximação entre cidadãos e povos – temos a "impresión de que el tamaño del mundo se ha contraído" (PÉREZ LUÑO, 2011, p. 288).

Romperam-se barreiras físicas com a mundialização da tecnologia digital, influenciando e globalizando os processos culturais, sociais, políticos e, logicamente, econômicos (já que foram esses os "provocadores" dessa "onda TIC"). A preocupação que surge é justamente em relação aos impactos nos direitos civis e coletivos e, detidamente, nos direitos humanos, mesmo aqueles não insculpidos em uma norma. A primeira reação dos Estados é a de, ante a ausência de um parâmetro normativo mundial, estabelecer e buscar um controle sobre aquilo que ainda não tem, visando gerar segurança social, política e jurídica.

---

[7] Lei nº 7.746/1987.

[8] Zamora (2004) também destaca como possíveis a heterorregulação e a autorregulação da internet.

[9] Preocupante é a situação na Índia, porquanto foi um dos piores "ofensores" à liberdade de acesso à internet em muitas situações e por períodos prolongados (MASIH; IRFAN; SLATER, 2019), também estabelece políticas direcionadas ao maior controle e acompanhamento da internet, sob a justificativa da segurança cibernética do país (GURU, 2020), instituindo um Centro de Coordenação do Crime Cibernético da Índia (Indian Cyber Crime Coordination Centre – I4C), com sete setores diferentes: Unidade Nacional de Análise de Ameaças por Crimes Cibernéticos (NCTAU); Portal Nacional de Denúncia de Crimes Cibernéticos; Centro Nacional de Treinamento para Crimes Cibernéticos; Unidade de Gerenciamento de Ecossistemas de Crimes Cibernéticos (Cemu); Centro Nacional de Pesquisa e Inovação sobre Crimes Cibernéticos; Laboratório Nacional de Crimes Cibernéticos (NCFL); e Plataforma para a equipe conjunta de investigação de crimes cibernéticos.

Assim, o objetivo deste capítulo é analisar o quê, como, por que e para que foram estabelecidos direitos e deveres relativos à internet brasileira desde a sua implantação efetiva e comercial, em 1995, com a criação do Comitê Gestor da Internet (CGI.br).[10]

Para tanto, dividir-se-á a análise nos parâmetros de geração das leis correspondentes ao Marco Civil da Internet e da Lei Geral de Proteção de Dados, além de políticas afirmativas desses direitos e garantias instituídos. Também se objetiva, nesse contexto, analisar a Proposta de Emenda à Constituição nº 17/2019, que trata da inclusão da "proteção de dados pessoais" como direito fundamental.

A *timeline* dos direitos e deveres na internet brasileira é recente, embora os esforços venham de antes, ao menos de 2009, conforme veremos a seguir.

QUADRO 2 – Timeline dos direitos e deveres em relação à internet no Brasil

2014	2018	2019
Lei nº 12.965 – Marco Civil da Internet	Lei nº 13.709 – Lei Geral de Proteção de Dados	PEC nº 17/2019
"I - garantia da *liberdade de expressão*, comunicação e manifestação de pensamento, nos termos da Constituição Federal; II - proteção da *privacidade*; III - *proteção dos dados pessoais*, na forma da lei; IV - preservação e garantia da *neutralidade de rede*; V - preservação da estabilidade, segurança e funcionalidade da rede, por meio de medidas técnicas compatíveis com os padrões internacionais e pelo estímulo ao uso de boas práticas; VI - responsabilização dos agentes de acordo com suas atividades, nos termos da lei; VII - preservação da natureza participativa da rede; VIII - liberdade dos modelos de negócios promovidos na internet, desde que não conflitem com os demais princípios estabelecidos nesta Lei". *Acesso* à internet e à informação	"I - o respeito à *privacidade*; II - a autodeterminação informativa; III - a *liberdade de expressão*, de informação, de comunicação e de opinião; IV - a inviolabilidade da *intimidade*, da honra e da imagem; V - o desenvolvimento econômico e tecnológico e a inovação; VI - a livre iniciativa, a livre concorrência e a defesa do consumidor; e VII - os direitos humanos, o livre desenvolvimento da personalidade, a *dignidade* e o exercício da cidadania pelas pessoas naturais".	Direito fundamental de *proteção de dados pessoais*

Fonte: Produzido pelo autor em 2019.

2.1 A vertente criminalizatória e o caminho jurídico de estabelecimento de um marco civil da internet no Brasil

O Marco Civil da Internet – Lei nº 12.965/2014 – tem como seus parâmetros principais e orientadores, visando a garantir direitos e deveres em razão do uso da

---

[10] O CGI.br foi criado pela Portaria Interministerial (MCT/MC) nº 147, de 31.5.1995, alterada pelo Decreto Presidencial nº 4.829, de 3.9.2003.

internet no Brasil, princípios e objetivos que são fundamentados (a) no reconhecimento da escala mundial da rede; (b) na sua conexão complexa e relacional com diversos direitos humanos e fundamentais, constitucionalmente já previstos; (c) na pluralidade e na diversidade, ou seja, na interculturalidade; (d) na sua abertura e na colaboração; e (e) na função prioritariamente social da rede.[11]

O fato de repetir na Lei nº 12.965/2014, em seu bojo inicial, direitos, princípios e garantias que já tinham uma conformação constitucional pode levar à crítica, tanto ao legislador quanto ao sancionador. Porém, a repetição leva justamente ao reconhecimento em diferentes níveis normativos de direitos e garantias que devem ser alcançados, efetivamente, pelos cidadãos e grupos sociais no Brasil.

Os pilares do Marco Civil da Internet – neutralidade da rede, privacidade dos usuários e liberdade de expressão – foram construídos com a participação popular. A preocupação, assim, com a implantação efetiva da regra da neutralidade gera a obrigação do provedor de conexão da internet em não escolher o que o usuário pode acessar, ou seja, quem prioriza o acesso a determinados *sites* e/ou aplicativos é o usuário e não o provedor, que tem como base os seus interesses econômicos e financeiros e não necessariamente os informacionais ou de satisfação pessoal, próprios de cada internauta.

O Projeto de Lei nº 2.126/2011, da Câmara dos Deputados, transformado, no Senado Federal, em Projeto de Lei da Câmara nº 21-2014, teve origem no projeto Cultura Digital do Ministério da Justiça, discutido nacionalmente nos anos anteriores. O objetivo do projeto colaborativo na rede foi inovador, buscando "levantar por meio da rede social os temas que devem ser debatidos e as diferentes opiniões sobre privacidade, liberdade de expressão, percepção criminal entre outros assuntos" (AGUSTINI, 2009). O que se procurava evitar, então, era a tendência criminalizadora de vários projetos em discussão na Câmara dos Deputados, especialmente o Projeto de Lei Azeredo (PL nº 84/1999), denominado AI-5 Digital.

Tal qual o projeto inicial, discutido em duas etapas e somente após encaminhado ao Congresso Nacional, a formatação do Decreto nº 8.771/2016, que regulamentou o Marco Civil da Internet, foi discutido e gerado colaborativamente (MURILO, 2015).[12] Além disso, estabelece a regulamentação, nos arts. 17 a 20, dos órgãos responsáveis pela fiscalização e aplicação de sanções, decorrentes do não cumprimento dos deveres impostos na lei e no decreto.

O Marco Civil da Internet, além de estabelecer direitos e deveres, gerou repercussão em todos os trâmites processuais, sejam cíveis, sejam criminais, eleitorais, entre outros, porquanto limitou o acesso aos registros de conexão e de acesso à vênia judicial, procurando resguardar direitos dos usuários na internet.[13] A normativa em tela contempla dezesseis (16) vezes as palavras "dever", "deveres", "deverá" ou "deverão", enquanto as palavras "direito" e "direitos" são contempladas dezessete (17) vezes. No decreto regulamentador, o enfoque principal é quanto aos deveres e às regras garantidores dos direitos.

---

[11] Art. 1º da Lei nº 12.965/2014.
[12] Histórico disponível em Ministério da Justiça ([s.d.]).
[13] Chegou a ser discutido um projeto de lei do Senado, de nº 180/2014, que propunha alterar "dispositivos da Lei nº 12.965, de 23 de abril de 2014 – Marco Civil da Internet, para estabelecer a finalidade e restringir o rol de autoridades públicas que podem ter acesso a dados privados do cidadão na internet; prever a possibilidade de recurso contra decisão interlocutória que antecipa tutela no âmbito dos Juizados Especiais; e dá outras providências". O referido PLS encontra-se arquivado (pesquisa em 28.11.2019).

FIGURA 4 – Nuvem de palavras com base na Lei nº 12.965/2014

Fonte: Produzido pelo autor em 2019.

A lógica, conforme Herrera Flores (2009), é de que os direitos que não venham acompanhados de deveres, especialmente voltados aos responsáveis pelas políticas de implementação, poderão nunca ter eficácia material, permanecendo inócuos em um ato normativo. No entanto, tanto a lei quanto a regulamentação do Marco Civil da Internet comportam inúmeros deveres aptos a garantir os direitos previstos. Há que se referir, também, que o próprio Marco Civil da Internet gerou, no momento de sua sanção, um vácuo relativo à necessidade de proteção de dados pessoais (art. 3º, inc. III), objeto do próximo tópico de análise.

2.2 A Lei Geral de Proteção de Dados brasileira e a influência eurocêntrica e da globalização

Da mesma forma que o Marco Civil da Internet, gerado por processos colaborativos, a Lei Geral de Proteção de Dados foi discutida inicialmente no campo social (FOLETTO, 2010), com uma plataforma lançada oito anos antes da sanção da Lei nº 13.709/2018 (DEBATE..., 2010). O *blog* sobre dados pessoais foi

> uma iniciativa que visa colocar para discussão de todos os cidadãos um anteprojeto de lei sobre privacidade e proteção de dados pessoais, idealizado para assegurar ao cidadão o controle e titularidade sobre suas próprias informações pessoais, de modo a concretizar o direito à privacidade protegido pela Constituição Brasileira. (FOLETTO, 2010)

O Ministério da Justiça disponibilizou uma versão do anteprojeto de lei[14] em sua plataforma *Pensando o Direito* (MINISTÉRIO DA JUSTIÇA, 2015b), com vários eixos de debate, bem como com um referencial de como era a proteção de dados pelo mundo. Legislações de 27 países foram disponibilizadas para acesso e leitura públicos, entre elas as latino-americanas de Colômbia, Uruguai, Chile, Argentina, México e Peru, mas também as do Norte Global, como Dinamarca, Reino Unido, França, Canadá e Estados Unidos (MINISTÉRIO DA JUSTIÇA, 2015a). A consulta foi realizada simultaneamente à relativa à regulamentação do Marco Civil da Internet (MURILO, 2015).

O PL nº 4060/2012 teve vários debates públicos além das consultas referidas, tendo sido criada, em 2016, uma comissão especial para discuti-lo, além de ter tido apensados vários outros projetos de lei. Em 2018, após aprovação na Câmara dos Deputados, o Senado Federal examinou o Projeto de Lei da Câmara nº 53/2018 e, após aprovação e emendas de redação, foi encaminhado à sanção presidencial, com prazo de início de vigência de 2 anos.

Ainda no período de *vacatio legis*, em 2018, a Lei nº 13.709/2018 sofreu alterações, inicialmente através da Medida Provisória nº 869/2018, convertida na Lei nº 13.853/2019, que deu a nomenclatura atual da Lei Geral de Proteção de Dados (LGPD) e criou a Autoridade Nacional de Proteção de Dados (ANPD), mecanismo que tem o condão de dar efetividade aos direitos e às garantias instituídos na normativa construída social, cultural e legislativamente.

A LGPD trouxe no seu bojo a necessidade de proteção de dados pessoais, ou seja, a necessidade de preservação de algoritmos que levem à identificação e uso de dados, sensíveis ou não, que de uma maneira ou outra possam gerar restrição de direitos (emprego, saúde, educação etc.), não só de acesso, mas também de exercício livre de manifestação. Assim, reforça a normativa a proteção constitucional à privacidade, à intimidade, à liberdade de expressão, à liberdade de informação, à liberdade de comunicação e à liberdade de opinião, fundamentais no processo emancipatório e de consecução efetiva de acesso a bens materiais e imateriais.

A formatação da normativa atendeu às reinvindicações socioculturais dos participantes do debate, em tese representantes – não democraticamente eleitos – e técnicos aptos ao debate; contempla, assim, em trinta e oito (38) oportunidades, as palavras "deverá" ou "deverão" e, por sua vez, elenca trinta e cinco (35) vezes a palavra "direitos". Ao menos legislativamente e literalmente a concepção crítica de direitos humanos superou a tradicional e os deveres foram intensificados para que os direitos possam ser garantidos.

---

[14] Baseado na consulta pública e colaborativa realizada entre os anos de 2010 e 2011 (MINISTÉRIO DA JUSTIÇA, 2015a).

FIGURA 5 – Nuvem de palavras com base na Lei Geral de Proteção de Dados – Lei nº 13.709/2018

Fonte: Produzido pelo autor em 2019.

Antes de finalizar este tópico, dois pontos são importantes e contextuais. O primeiro deles diz respeito à influência, mesmo que indireta, do Regulamento Geral de Proteção de Dados da União Europeia sobre o processo normativo brasileiro, porquanto a premência de sua vigência, em maio de 2019, levou à discussão a medida provisória e sua conversão na Lei nº 13.853/2019, gerando, segundo Masseno (2019, p. 2), "uma versão desequilibrada [...] a favor dos agentes de tratamento, sobretudo se públicos, em detrimento dos titulares dos dados". A preocupação é evidente e a demonstração em relação à origem da proposta de alteração encontra justificativa no enfoque: detrimento da proteção de dados pessoais em prol da atuação dos agentes de tratamento dos dados, ou seja, as empresas responsáveis pelos dados. Resta, então, a cobrança sobre a ANPD para que os danos dessa opção sejam minimizados pela sua atuação.

O segundo tópico diz respeito à Proposta de Emenda à Constituição nº 17/2019, que visa a alterar a Constituição Federal para incluir a proteção de dados pessoais entre os direitos e garantias fundamentais e para fixar a competência privativa da União para legislar sobre proteção e tratamento de dados pessoais. Esse projeto seria desnecessário, uma vez que a própria Constituição Federal prevê no seu art. 1º, III, a proteção da dignidade humana e, no seu art. 5º, outros princípios fundamentais, como a privacidade e a liberdade de expressão. Outra crítica, de Schreiber (2019), é de que

> A PEC pretende inserir expressamente no texto constitucional a afirmação de que a competência para legislar sobre proteção de dados pessoais é privativa da União. A proposta parece pouco madura e, em certa medida, contraditória com o propósito central da PEC. Isto porque, bem ao contrário de ampliar a proteção aos dados pessoais, traz severo risco de limitá-la, fulminando iniciativas que já se encontram em vigor em defesa da privacidade.

Assim, não transparece a necessidade de se assegurar constitucional e fundamentalmente o direito à proteção de dados pessoais, porquanto a efetividade deles não depende da norma e sim da política adotada em razão das normas infraconstitucionais que já os asseguram, bem como de sua existência independente das normas, brasileiras ou mundiais.

Ademais, a ideia de dignidade humana é baseada em dois conceitos: a atitude e aptidão, ou seja, disposição para fazer a aquisição ou capacidade para realizar, criando "caminhos de dignidade". Conforme Herrera Flores (2009, p. 110), é o "resultado histórico do conjunto de processos antagonistas ao capital que abrem ou consolidam espaços de luta pela dignidade humana".

Herrera Flores (2009, p. 111-112) afirma que a aproximação material da concepção de dignidade deve remeter aos cinco deveres básicos, os quais devem informar todo compromisso com a dignidade humana fixada sempre na necessidade de abertura dos circuitos de reação cultural. Repetindo-os: o reconhecimento, o respeito, a reciprocidade, a responsabilidade e a redistribuição. A liberdade e igualdade a partir da internet favorecem o cumprimento das condições e deveres necessários para com os direitos humanos.

2.3 Direito fundamental de proteção de dados pessoais e políticas voltadas à proteção dos direitos na internet

A lógica de análise que se aplicou anteriormente, relativa ao Marco Civil da Internet e à Lei Geral de Proteção de Dados, é a mesma aplicada quanto à diferença entre os contextos da DUDH (Declaração Universal de Direitos Humanos) e a DRDH (*Declaración de Responsabilidade y Deberes Humanos*, de 1998).[15] Esta se aproxima mais da concepção crítica de direitos humanos e à perspectiva wolkmeriana de direitos humanos, porquanto ambas são calcadas em processos emancipatórios e de lutas, partindo de baixo para cima, agregando conhecimento (novas formas de dizer o que já foi dito) e ação (disposição).

A visualização, então, de direitos normatizados não garante o exercício dos direitos previstos nas normas, de caráter internacional ou de limitação nacional. O que se lhes garante a efetivação material é a existência de práticas sociais (políticas de reconhecimento de direitos e ações comprometidas com a emancipação e libertação humanas) e fórmulas institucionais e ações políticas e econômicas concretas que possibilitem a todos satisfazer as necessidades vitais e construir uma dignidade humana.

---

[15] A *Declaração de Responsabilidades e Deveres Humanos* foi resultado de uma convenção realizada pela Unesco, com apoio do ACNUDH (Escritório do Alto Comissário das Nações Unidas para os Direitos Humanos), na cidade de Valencia, com a participação da associação ADC Nouveau Millénaire e da Fundación Valencia Tercer Milenio. Por isso é também conhecida como a *Declaração de Valencia*, sendo relatada 50 anos após a DUDH e visa a estabelecer sistemática e exaustivamente as responsabilidades e deveres para implementação efetiva da Declaração Universal de 1948 (versão espanhola disponível em: https://web.archive.org/web/20100403111620/http://www.cic.gva.es/images/stories/declaracion_de_valencia.pdf. Acesso em: 19 nov. 2019).

FIGURA 6
Nuvem de palavras com base no texto da DUDH

FIGURA 7
Nuvem de palavras com base no texto (em espanhol) da DRDH

Fonte: Produzido pelo autor em 2019.   Fonte: Produzido pelo autor em 2019.

Assim, neste último tópico cumpre destacar as poucas políticas públicas normatizadas e relativas à preservação das garantias e direitos dos internautas, ou seja, políticas de redução de danos cibernéticos, além, é claro, das duas normativas de direitos e deveres já analisadas.

QUADRO 3 – Linha do tempo da legislação com previsão de políticas públicas em relação à internet e seu uso no Brasil

2010	2012	2013	2014	2015		2017	2018
Lei nº 12.188	Lei nº 12.735	Lei nº 12.891	Lei nº 12.965	Lei nº 13.185	Lei nº 13.188	Lei nº 13.488	Lei nº 13.663
Interdição das respectivas mensagens ou páginas de informação na rede mundial de computadores – Lei nº 7.716/1989, art. 20, §3º, III	– Estruturação de órgãos de polícia judiciária – art. 4º – Remoção de conteúdo racista – Lei nº 7.716/1989, art. 20, §3º, II	§3º do art. 57-D da Lei nº 9.504/1997: possibilidade de a Justiça Eleitoral determinar, por solicitação do ofendido, "a *retirada* de publicações que contenham agressões ou ataques a candidatos em sítios da internet, inclusive redes sociais"	Marco Civil da Internet – *Remoção* de conteúdo íntimo – art. 21 – Art. 18, §3º apresenta o instituto da *remoção* do conteúdo perante os Juizados Especiais	*Programa* de Combate à Intimidação Sistemática (*bullying*): – Caracterização – Classificação – Objetivos	"*Direito de Resposta*": quanto à resposta ou retificação do ofendido em matéria divulgada, publicada ou transmitida por veículo de comunicação social.	Art. 57-I: Justiça Eleitoral poderá determinar, no âmbito e nos limites técnicos de cada aplicação de internet, a *suspensão* do acesso a todo conteúdo veiculado que deixar de cumprir as disposições	Altera o art. 12 da Lei nº 9.394, de 20.12.1996, para incluir a *promoção* de medidas de conscientização, de prevenção e de combate a todos os tipos de violência e a promoção da cultura de paz entre as incumbências dos estabelecimentos de ensino

Fonte: Produzido pelo autor em 2019.

Um dos tópicos, comum das normativas de 2010 (Lei nº 12.188), 2012 (Lei nº 12.735) e 2014 (Lei nº 12.965), tem a função de preservar direitos e evitar mais violações em relação às vítimas de ofensas e intrusão da intimidade. Diz respeito, respectivamente, à possibilidade de remoção de conteúdos racistas[16] e de violação da intimidade,[17] não só por determinação judicial – no primeiro caso –, mas também por notificação extrajudicial, evitando, neste último caso, a proliferação das imagens e vídeos íntimos após a remoção.

A Lei nº 12.735/2012 trouxe, também, a obrigatoriedade de os órgãos da polícia judiciária estruturarem, "nos termos de regulamento, setores e equipes especializadas no combate à ação delituosa em rede de computadores, dispositivo de comunicação ou sistema informatizado". A previsão de uma política pública e criminal voltada à investigação criminal é necessária, porém ainda depende de regulamentação e fomento nacional. A falta de estruturas e padronização nesse sentido viola os direitos humanos de vítimas da cibercriminalidade.

Outras leis, de 2013 (Lei nº 12.891) e de 2017 (Lei nº 13.488), trouxeram no contexto eleitoral a possibilidade de a Justiça Eleitoral determinar, respectivamente, por solicitação do ofendido, "a *retirada* de publicações que contenham agressões ou ataques a candidatos em sítios da internet, inclusive redes sociais", e, no âmbito e nos limites técnicos de cada aplicação de internet, a suspensão do acesso a todo conteúdo veiculado que deixar de cumprir as disposições.

Também, outra normativa, a Lei nº 13.188/2015, disciplinou o "direito de resposta" quanto à resposta ou retificação do ofendido em matéria divulgada, publicada ou transmitida por veículo de comunicação social.

Finalmente, a previsão de programa de enfrentamento à intimidação sistemática, conhecida por *bullying*, e sua correlata na internet, o *ciberbullying*, tanto no contexto geral – Lei nº 13.185/2015 – quanto no ambiente escolar – Lei nº 13.663/2018 –, é importante, especialmente nos estabelecimentos de ensino, privados e públicos, porquanto é o período ainda de formação do ser humano, seu senso crítico e seu conhecimento. No entanto, a legislação em si carece de deveres a serem instituídos aos órgãos responsáveis pela implantação de programas nessa seara. Assim, os direitos humanos, embora previstos normativamente, não se tornam efetivos.

As condições materiais reais, assim, devem ser postas em análise em contraposição ao ideal abstrato (a previsão de um programa de enfrentamento ao *bullying*). A visão atual e crítica dos direitos humanos deve partir, portanto, de novas bases teóricas, induzindo a práticas renovadoras nas lutas universais pela dignidade. Pensar o cibercrime sob a ótica de "sérios limites ao uso da tecnologia para fins criminais" (ALEXANDER; JAFFER, 2019) pode trazer graves consequências para os direitos humanos, pois que não se pode estabelecer deveres e encargos apenas ao setor público, mas também ao setor privado.

---

[16] A interdição das respectivas mensagens ou páginas de informação na rede mundial de computadores foi inserida em 2010 na Lei nº 7.716/1989, no art. 20, §3º, III. Também, o art. 5º da Lei nº 12.735/2012 inseriu um inciso no §3º do art. 20 da Lei nº 7.716/1989, prevendo a determinação quanto à "cessação das respectivas transmissões radiofônicas, televisivas, eletrônicas ou da publicação por qualquer meio".

[17] O art. 21 do Marco Civil da Internet estabelece que "O provedor de aplicações de internet que disponibilize conteúdo gerado por terceiros será responsabilizado subsidiariamente pela violação da intimidade decorrente da divulgação, sem autorização de seus participantes, de imagens, de vídeos ou de outros materiais contendo cenas de nudez ou de atos sexuais de caráter privado quando, após o recebimento de notificação pelo participante ou seu representante legal, deixar de promover, de forma diligente, no âmbito e nos limites técnicos do seu serviço, a indisponibilização desse conteúdo." O seu Parágrafo único complementa e diz que "A notificação prevista no caput deverá conter, sob pena de nulidade, elementos que permitam a identificação específica do material apontado como violador da intimidade do participante e a verificação da legitimidade para apresentação do pedido".

No caso do Brasil, o débito está ainda, no tocante à criação de condições de vida digna no uso e segurança na internet, especificamente em relação ao *bullying* e seu correspondente digital, com o Poder Público, que deve estabelecer políticas de desenvolvimento, integrativas e preservadoras dos jovens e adolescentes, fora e dentro do ambiente escolar.

Fomentar é assumir a responsabilidade econômica, cultural e política para a consolidação de uma política pública, seja ela voltada à investigação criminal da cibercriminalidade, de proteção no ciberespaço, seja ela voltada à proteção infantojuvenil em relação à intimidação vexatória e repetitiva.

Considerações finais

> *Contra o peso do determinismo histórico, é preciso abrir a brecha da iniciativa e da alternativa, mas contra as temporalidades manifestas das sociedades hiperindividualistas, é preciso imaginar mecanismos de concordância dos tempos.*
>
> (OST, 1999, p. 17)

É importante pensar a internet sob o ponto de vista sistêmico, tendo ela no seu entorno, na sua ambiência, outro sistema, o psíquico, ou seja, nós, seres humanos. Da mesma forma, estando ela dentro do sistema maior, a sociedade, que tem inúmeras ambiências no seu entorno e a internet como, talvez, seu principal meio de comunicação e mecanismo de acoplamento estrutural. A ideia de transversalidade e interacionalidade (e internacionalidade) instantânea se parece com algo que chega impactando, cortando e, no caso da internet, rompendo algo que foi criado como livre e que assim deveria permanecer.

Esse conjunto, associado às questões de Estado/soberania, economia, cultura etc., em tempos de globalização e compartilhamentos, tem gerado incertezas e demandado soluções. Isso tem "guindado", por que não dizer, direcionado governos, organizações e pessoas a procurar soluções no sistema jurídico como se fosse o principal ponto de apoio e resolução da insegurança contemporânea. São as *irritações* provocadas por um sistema em outro sistema, demandando sua atenção e, em alguns casos, demandado mudanças autorreferenciais.

As questões de *segurança* relativas à internet precisam ser ponderadas do ponto de vista da análise do *risco*, embora possa ele não ser mensurado corretamente, em sua plenitude. Sendo o risco construído socialmente e mesmo que haja uma possibilidade de análise e calculabilidade inicial, a percepção social e peculiaridades das percepções individuais acabam por refletir nos efeitos do risco analisado. Por isso, pode-se afirmar que, ao menos em relação à internet, o risco é ao menos gerenciável. Também, as soluções partem de cálculos que podem ser gerados mentalmente ou por meio de algoritmos.

Assim, de uma maneira genérica e resumida, três aspectos sobre o *risco* à segurança na internet parecem guindar todas as demais: (a) o que colocamos na internet, por vontade própria, usando nosso direito de autoviolação ou autorrevelação da intimidade; (b) o que é coletado a nosso respeito, em razão do uso de dispositivos e aplicações na internet; e (c) o que é colocado na internet por uma ação de terceiros, sejam eles pessoas físicas ou jurídicas. Nos três casos, a atenção se volta à possível vítima ou foca em relação ao potencial causador do dano, ou, ainda, em ambos, vítima e autor. Essa relação, nos três casos, estabelece-se, portanto, sobre direitos e deveres.

Assim, a autorrevelação da intimidade poderia ser olhada sob a ótica e a ética da alteridade, mas em regra – e quanto aos sistemas sociais ocidentais e, também, orientais – tem sido analisada sob a ética da liberdade: "a minha liberdade termina onde começa a do outro". Tudo isso, porém, ainda sob um viés moderno, no qual se propugna e se busca uma *segurança* e se tem em mente que todos, indistintamente da cultura, da moral, da religião etc., têm de seguir um (determinado) modelo, tradicional e de controle. Desde a internet, principalmente, toda essa lógica, se já não antes, é contestada. Esse viés da modernidade vem abaixo, cai por terra. Assim, pode-se dizer que na internet prevalece, sim, a alteridade, e as alterações culturais e sociais são sentidas e intensificadas quase que instantaneamente: "a minha liberdade começa onde começa a do 'outro'". A esse novo olhar sobre os direitos (humanos) no acesso e uso da internet deve-se aplicar a teoria crítica de Herrera Flores (2009), porquanto as *posições* e *disposições* em que se encontram os usuários da rede são distintas e, ainda, poucos têm a consciência de todos seus direitos "achados na rede" (SANTARÉM, 2010).

A rede da internet propicia, portanto, processos colaborativos e não coordenados, instantâneos, involuntários e incontroláveis aos olhos, ouvidos e ações dos integrantes do poder dominante. Os *haters* das redes sociais são o principal exemplo dessa contemporaneidade complexa, em que princípios, *v.g.*, da proteção da vida privada e liberdade de expressão têm de ser ponderados ante situações concretas.

Qual é a solução para essa questão? Para a sociedade, o direito parece ser a principal solução, tanto é que o sistema social irrita o sistema político na busca de formatação de mais regras jurídicas. No entanto, nem a *governança* nem a *regulamentação*, mundial (global) ou tribalista (local), podem ser capazes de resolver essas diferenças, que são próprias de cada ser humano. Ou seja: o contingenciamento jurídico não evitará que essas circunstâncias continuem a ocorrer e as expectativas sociais serão frustradas.

Nesse campo de análise, buscou-se, por este artigo, avaliar como necessária uma interação crítica dos direitos humanos ante a normatização dos direitos e deveres na internet no Brasil, procurando inseri-los num contexto necessário de satisfação efetiva das necessidades quanto a acesso, uso, liberdades e igualdade na internet nacional. Da mesma forma, o encadeamento necessário visando a se respeitar esses direitos quando dos processos criminalizatórios de condutas de práticas nocivas com base na internet, pois que precisam ser sopesadas nesse processo a reivindicação por segurança cibernética, a liberdade e a privacidade.

Assim, compreender a *timeline* do direito legislado/normatizado sobre a internet no Brasil é fundamental para podermos responder ao questionamento sobre a cibercriminalidade no Brasil: continuar a criminalizar ou fortalecer políticas públicas de prevenção e investigação criminal? Continuar como está ou fomentar a institucionalização de políticas voltadas à satisfação de direitos de acesso à internet, à informação, à livre manifestação, à diminuição do risco e amplitude de garantias? De onde deve partir esse olhar? Dos Estados? De dentro e para dentro do campo cibernético? Sobre a sombra gerada pelo sistema ou de dentro da sombra para o sistema?

Referências

AGUSTINI, G. Consulta pública para marco regulatório da internet começa dia 29 de outubro. *Cultura Digital*, 2009. Disponível em: http://culturadigital.br/blog/2009/10/07/consulta-publica-para-marco-regulatorio-da-internet-comeca-dia-29-de-outubro/. Acesso em: 28 nov. 2019.

ALEXANDER, K. B.; JAFFER, J. N. UN's cybercrime 'law' helps dictators and criminals, not their victims. *The Hill*, 2019. Disponível em: https://thehill.com/opinion/cybersecurity/471897-uns-cybercrime-law-helps-dictators-and-criminals-not-their-victims. Acesso em: 8 dez. 2019.

AMNISTÍA INTERNACIONAL. *Gigantes de la vigilancia*: la amenaza que el modelo de negocios de Google y Facebook representa para los derechos humanos. 2019. Disponível em: https://www.amnesty.org/download/Documents/POL3014042019SPANISH.PDF. Acesso em: 8 dez. 2019.

BRASIL. *Decreto nº 8.771, de 11 de maio de 2016*. Regulamenta a Lei nº 12.965, de 23 de abril de 2014, para tratar das hipóteses admitidas de discriminação de pacotes de dados na internet e de degradação de tráfego, indicar procedimentos para guarda e proteção de dados por provedores de conexão e de aplicações, apontar medidas de transparência na requisição de dados cadastrais pela administração pública e estabelecer parâmetros para fiscalização e apuração de infrações. 2016. Disponível em: http://www.planalto.gov.br/ccivil_03/_ato2015-2018/2016/decreto/d8771.htm. Acesso em: 28 nov. 2019.

BRASIL. *Lei nº 12.188, de 11 de janeiro de 2010*. Institui a Política Nacional de Assistência Técnica e Extensão Rural para a Agricultura Familiar e Reforma Agrária - PNATER e o Programa Nacional de Assistência Técnica e Extensão Rural na Agricultura Familiar e na Reforma Agrária - PRONATER, altera a Lei no 8.666, de 21 de junho de 1993, e dá outras providências. 2010. Disponível em: http://www.planalto.gov.br/ccivil_03/_ato2007-2010/2010/lei/l12188.htm. Acesso em: 3 nov. 2020.

BRASIL. *Lei nº 12.735, de 30 de novembro de 2012*. Altera o Decreto-Lei nº 2.848, de 7 de dezembro de 1940 - Código Penal, o Decreto-Lei nº 1.001, de 21 de outubro de 1969 - Código Penal Militar, e a Lei nº 7.716, de 5 de janeiro de 1989, para tipificar condutas realizadas mediante uso de sistema eletrônico, digital ou similares, que sejam praticadas contra sistemas informatizados e similares; e dá outras providências. 2012. Disponível em: http://www.planalto.gov.br/ccivil_03/_Ato2011-2014/2012/Lei/L12735.htm. Acesso em: 28 nov. 2019.

BRASIL. *Lei nº 12.891, de 11 de dezembro de 2013*. Altera as Leis nºs 4.737, de 15 de julho de 1965, 9.096, de 19 de setembro de 1995, e 9.504, de 30 de setembro de 1997, para diminuir o custo das campanhas eleitorais, e revoga dispositivos das Leis nºs 4.737, de 15 de julho de 1965, e 9.504, de 30 de setembro de 1997. 2013. Disponível em: http://www.planalto.gov.br/ccivil_03/_ato2011-2014/2013/lei/l12891.htm. Acesso em: 3 nov. 2020.

BRASIL. *Lei nº 12.965, de 23 de abril de 2014*. Estabelece princípios, garantias, direitos e deveres para o uso da Internet no Brasil. 2014. Disponível em: http://www.planalto.gov.br/ccivil_03/_ato2011-2014/2014/lei/l12965.htm. Acesso em: 3 nov. 2020.

BRASIL. *Lei nº 13.185, de 6 de novembro de 2015*. Institui o Programa de Combate à Intimidação Sistemática (Bullying). 2015. Disponível em: http://www.planalto.gov.br/ccivil_03/_ato2015-2018/2015/lei/l13185.htm. Acesso em: 3 nov. 2020.

BRASIL. *Lei nº 13.188, de 11 de novembro de 2015*. Dispõe sobre o direito de resposta ou retificação do ofendido em matéria divulgada, publicada ou transmitida por veículo de comunicação social. 2015. Disponível em: http://www.planalto.gov.br/ccivil_03/_ato2015-2018/2015/lei/l13188.htm. Acesso em: 3 nov. 2020.

BRASIL. Lei nº 13.488, de 06 de outubro de 2017. Altera as Leis n º 9.504, de 30 de setembro de 1997 (Lei das Eleições), 9.096, de 19 de setembro de 1995, e 4.737, de 15 de julho de 1965 (Código Eleitoral), e revoga dispositivos da Lei nº 13.165, de 29 de setembro de 2015 (Minirreforma Eleitoral de 2015), com o fim de promover reforma no ordenamento político-eleitoral. 2017. Disponível em: http://www.planalto.gov.br/ccivil_03/_ato2015-2018/2017/lei/L13488.htm. Acesso em: 3 nov. 2020.

BRASIL. *Lei nº 13.663, de 14 de maio de 2018*. Altera o art. 12 da Lei nº 9.394, de 20 de dezembro de 1996, para incluir a promoção de medidas de conscientização, de prevenção e de combate a todos os tipos de violência e a promoção da cultura de paz entre as incumbências dos estabelecimentos de ensino. 2018. Disponível em http://www.planalto.gov.br/ccivil_03/_Ato2015-2018/2018/Lei/L13663.htm. Acesso em: 28 nov. 2019.

BRASIL. *Lei nº 13.709, de 14 de agosto de 2018*. Lei Geral de Proteção de Dados Pessoais (LGPD). 2018. Disponível em http://www.planalto.gov.br/ccivil_03/_ato2015-2018/2018/lei/L13709compilado.htm. Acesso em: 28 nov. 2019.

BRASIL. *Lei nº 13.853, de 8 de julho de 2019*. Altera a Lei nº 13.709, de 14 de agosto de 2018, para dispor sobre a proteção de dados pessoais e para criar a Autoridade Nacional de Proteção de Dados; e dá outras providências. 2019. Disponível em: http://www.planalto.gov.br/ccivil_03/_Ato2019-2022/2019/Lei/L13853.htm. Acesso em: 28 nov. 2019.

BRASIL. *Medida Provisória nº 869, de 27 de dezembro de 2018*. Altera a Lei nº 13.709, de 14 de agosto de 2018, para dispor sobre a proteção de dados pessoais e para criar a Autoridade Nacional de Proteção de Dados, e dá outras providências. 2018. Disponível em: http://www.planalto.gov.br/ccivil_03/_Ato2015-2018/2018/Mpv/mpv869.htm. Acesso em: 28 nov. 2019.

CÂMARA DOS DEPUTADOS. *Projeto de Lei nº 2126, de 2011*. Estabelece princípios, garantias, direitos e deveres para o uso da Internet no Brasil. 2011. Disponível em: https://www.camara.leg.br/proposicoesWeb/fichadetramitacao?idProposicao=517255. Acesso em: 28 nov. 2019.

CÂMARA DOS DEPUTADOS. *Projeto de Lei nº 4060, de 2012*. Dispõe sobre o tratamento de dados pessoais, e dá outras providências. 2012. Disponível em: https://www.camara.gov.br/proposicoesWeb/fichadetramitacao?idProposicao=548066. Acesso em: 28 nov. 2019.

CÂMARA DOS DEPUTADOS. *Proposta de Emenda à Constituição nº 17, de 2019*. Altera a Constituição Federal para incluir a proteção de dados pessoais entre os direitos e garantias fundamentais e para fixar a competência privativa da União para legislar sobre proteção e tratamento de dados pessoais. 2019. Disponível em: https://www.camara.leg.br/proposicoesWeb/fichadetramitacao?idProposicao=2210757. Acesso em: 25 nov. 2019.

COMITÊ GESTOR DA INTERNET NO BRASIL – CGI.BR. *Decreto nº 4.829, de 3 de setembro de 2003*. Dispõe sobre a criação do Comitê Gestor da Internet no Brasil – CGI.br, sobre o modelo de governança na Internet no Brasil, e dá outras providências. 2003. Disponível em: http://cgi.br/pagina/decretos/108. Acesso em: 28 nov. 2019.

COMITÊ GESTOR DA INTERNET NO BRASIL – CGI.BR. *Portaria Interministerial nº 147, de 31 de maio de 1995*. Dispõe sobre a criação e gestão do Comitê Gestor da Internet no Brasil – CGI.br. 1995. Disponível em: https://cgi.br/portarias/numero/147. Acesso em: 28 nov. 2019.

COUNTRIES want to shut off the Internet – and hope. It can't be extinguished. *Washington Post*, 2019. Disponível em: https://www.washingtonpost.com/opinions/global-opinions/the-reason-iran-shut-off-the-internet-over-the-weekend-to-shut-up-and-shut-in-its-citizens/2019/11/18/976ffc2e-0a46-11ea-97ac-a7ccc8dd1ebc_story.html. Acesso em: 27 nov. 2019.

DEBATE público: proteção de dados pessoais. *Cultura Digital*, 2010. Disponível em: http://culturadigital.br/dadospessoais/. Acesso em: 28 nov. 2019.

EDWARDS, J. All the countries where someone managed to shut down the entire internet – and why they did it. *Business Insider*, 2019. Disponível em: https://www.businessinsider.com/countries-internet-shutdown-statistics-2019-6. Acesso em: 27 nov. 2019.

FOLETTO, L. Proteção de dados pessoais ganha plataforma de debate público na rede. *Cultura Digital*, 2010. Disponível em: http://culturadigital.br/blog/2010/12/10/protecao-de-dados-pessoais-ganha-plataforma-de-debate-publico-na-rede/. Acesso em: 28 nov. 2019.

GURU, S. India establishes a Seven (7) pronged scheme to fight cyber crime with the inauguration of Indian Cyber Crime Coordination Centre (I4C) and launching of the National Cyber Crime Reporting Portal. *Ciber Secure India*, 2020. Disponível em: https://cybersecureindia.in/india-establishes-seven-pronged-scheme-cyber-crime-indian-cyber-crime-coordination-centre-cyber-crime-reporting-portal/. Acesso em: 29 jan. 2020.

HARARI, Y. N. *21 lições para o século 21*. 1. ed. São Paulo: Companhia das Letras, 2018.

HERRERA FLORES, J. *A (re)invenção dos direitos humanos*. Florianópolis: Fundação Boiteux, 2009.

LUTZ, M. L. S.; MATA, E. T. da. O pluralismo jurídico: entrelace da teoria crítica dos direitos humanos ao novo constitucionalismo latino-americano. *RJLB – Revista Jurídica Luso-Brasileira*, v. 3, p. 1057-1081, 2018.

MAFFESOLI, M. *O tempo das tribos*: o declínio do individualismo nas sociedades de massa. 5. ed. Rio de Janeiro: Forense Universitária, 2014.

MARTINS, M. G.; TATEOKI, V. A. Proteção de dados pessoais e democracia: fake news, manipulação do eleitor e o caso da Cambridge Analytica. *Revista Eletrônica Direito e Sociedade – REDES*, v. 7, n. 3, p. 135-148, 2019.

MASIH, N.; IRFAN, S.; SLATER, J. India's Internet shutdown in Kashmir is the longest ever in a democracy *The Washington Post*, 2019. Disponível em: https://www.washingtonpost.com/world/asia_pacific/indiasinternet-shutdown-in-kashmir-is-now-the-longest-ever-in-a-democracy/2019/12/15/bb0693ea-1dfc-11ea-977a-15a6710ed6da_story.html. Acesso em: 29 jan. 2020.

MASSENO, M. D. A (re)personalização de dados anonimizados entre o RGPD europeu e a LGPD brasileira. *Academia.edu*, 2019. Disponível em: https://www.academia.edu/40878939/A_re_personaliza%C3%A7%C3%A3o_de_dados_anonimizados_entre_o_RGPD_europeu_e_a_LGPD_brasileira. Acesso em: 28 nov. 2019.

MINISTÉRIO DA JUSTIÇA. Marco Civil da Internet. *Pensando o Direito*, [s.d.]. Disponível em: http://pensando.mj.gov.br/marcocivil/.

MINISTÉRIO DA JUSTIÇA. Proteção de dados pessoais pelo mundo. *Pensando o Direito*, 2015a. Disponível em: http://pensando.mj.gov.br/dadospessoais/2015/04/protecao-de-dados-pessoais-pelo-mundo/. Acesso em: 28 nov. 2019.

MINISTÉRIO DA JUSTIÇA. Proteção de dados pessoais. *Pensando o Direito*, 2015b. Disponível em: http://pensando.mj.gov.br/dadospessoais/. Acesso em: 28 nov. 2019.

MURILO, J. Ministério da Justiça quer ouvir a sociedade sobre Marco Civil da Internet e Proteção de Dados Pessoais. *Cultura Digital*, 2015. Disponível em: http://culturadigital.br/blog/2015/01/27/ministerio-da-justica-quer-ouvir-a-sociedade-sobre-marco-civil-da-internet-e-protecao-de-dados-pessoais/. Acesso em: 28 nov. 2019.

OST, F. *O tempo do direito*. Lisboa: Instituto Piaget, 1999.

PÉREZ LUÑO, A. E. Internet y los derechos humanos. *Anuario de Derechos Humanos – Nueva Época*, v. 12, p. 287-330, 2011.

SANTARÉM, P. R. S. *O direito achado na rede*: a emergência do acesso à Internet como direito fundamental no Brasil. Dissertação (Mestrado) – UNB, Brasília, 2010.

SCHREIBER, A. PEC 17/19: uma análise crítica. *Carta Forense*, 2019. Disponível em: http://www.cartaforense.com.br/conteudo/colunas/pec-1719-uma-analise-critica/18345. Acesso em: 28 nov. 2019.

SENADO FEDERAL. *Projeto de Lei da Câmara nº 21, de 2014*. Estabelece princípios, garantias, direitos e deveres para o uso da internet no Brasil. 2014. Disponível em: https://www25.senado.leg.br/web/atividade/materias/-/materia/116682. Acesso em: 28 nov. 2019.

SENADO FEDERAL. *Projeto de Lei da Câmara nº 53, de 2018*. Dispõe sobre a proteção de dados pessoais e altera a Lei nº 12.965, de 23 de abril de 2014. 2018. Disponível em: https://www25.senado.leg.br/web/atividade/materias/-/materia/133486. Acesso em: 28 nov. 2019.

SENADO FEDERAL. *Projeto de Lei do Senado nº 180, de 2014*. Altera dispositivos da Lei nº 12.965, de 23 de abril de 2014 -Marco Civil da Internet, para estabelecer a finalidade e restringir o rol de autoridades públicas que podem ter acesso a dados privados do cidadão na internet; prever a possibilidade de recurso contra decisão interlocutória que antecipa tutela no âmbito dos Juizados Especiais; e dá outras providências. 2014. Disponível em: https://www25.senado.leg.br/web/atividade/materias/-/materia/117646. Acesso em: 28 nov. 2019.

SENADO FEDERAL. *Proposta de Emenda à Constituição nº 17, de 2019*. Acrescenta o inciso XII-A, ao art. 5º, e o inciso XXX, ao art. 22, da Constituição Federal para incluir a proteção de dados pessoais entre os direitos fundamentais do cidadão e fixar a competência privativa da União para legislar sobre a matéria. 2019. Disponível em: https://www25.senado.leg.br/web/atividade/materias/-/materia/135594. Acesso em: 25 nov. 2019.

TARGETED, cut off, and left in the dark: The #KeepItOn report on internet shutdowns in 2019. *Access Now*, 2020. Disponível em: https://www.accessnow.org/cms/assets/uploads/2020/02/KeepItOn-2019-report-1.pdf. Acesso em: 3 nov. 2020.

TASCÓN, M.; QUINTANA, Y. *Ciberactivismo*: las nuevas revoluciones de las multitudes conectadas. Los libros de la catarata. [s.l.]: [s.n.], 2012.

THE STATE of Internet shutdowns around the world: The 2018 #KEEPITON Report. *Access Now*, 2019. Disponível em: https://www.accessnow.org/cms/assets/uploads/2019/06/KIO-Report-final.pdf. Acesso em: 27 nov. 2019.

TOSCANO, S. S. Libertad de expresión, datos personales e internet a la luz del Sistema Interamericano de Derechos Humanos. *XX Congreso Iberoamericano de Derecho e Informática Salamanca*, España, 2016.

WOLKMER, A. C. et al. *Justiça e direitos humanos*: para uma discussão contemporânea desde a América Latina. [s.l.]: Editora Unilasalle, 2017. *E-book*.

WOLKMER, A. C. Introdução aos fundamentos de uma teoria geral dos "novos" direitos. *In*: WOLKMER, A. C.; LEITE, J. R. M. (Org.). *Os "novos" direitos no Brasil*. São Paulo: Saraiva, 2003.

ZAMORA, P. L. El problema de la Universalidad de los Derechos Humanos ante la regulación de Internet. *Anuario de Derechos Humanos*, n. 5, p. 507-524, 2004.

Informação bibliográfica deste texto, conforme a NBR 6023:2018 da Associação Brasileira de Normas Técnicas (ABNT):

WENDT, Emerson; COSTA, Renata de Almeida. Cibercrime, internet e direitos humanos no Brasil: uma perspectiva de olhar pela sombra e não sobre a sombra. *In*: EHRHARDT JÚNIOR, Marcos; CATALAN, Marcos; MALHEIROS, Pablo (Coord.). *Direito Civil e tecnologia*. 2. ed. Belo Horizonte: Fórum, 2022. t. II. p. 103-128. ISBN 978-65-5518-432-7.

JUSTIÇA E TECNOLOGIA: É NECESSÁRIA UMA NOVA IDENTIDADE PARA A ARQUITETURA FORENSE?

PATRÍCIA BRANCO
CLAUDIA PATTERSON

Introdução

Com a irrupção da pandemia Covid-19 no início de 2020, o acesso ao espaço físico dos tribunais ficou fortemente limitado, com diferentes iniciativas direcionadas para as exigências de segurança sanitária nos órgãos públicos, assistindo-se a um incremento do uso das ferramentas de trabalho virtuais, com recurso ao teletrabalho, aumento das videoconferências, bem como à disponibilização de plataformas *on-line* para os tribunais realizarem virtualmente as diligências e os julgamentos. Tal ambiente tecnológico vem marcando a singularidade inovadora diante do enfrentamento da pandemia no âmbito do Judiciário.[1]

Contudo, e para lá da implementação de medidas emergenciais, importa refletir sobre as consequências que todo este processo de transformação digital em curso, em particular o recurso a ferramentas virtuais e ao teletrabalho, acentuadas durante a pandemia, tiveram e terão sobre os edifícios dos tribunais, e a importância do edifício físico do tribunal para o sistema judicial. Pretendemos, por meio deste texto, fazer uma reflexão para o futuro, enquadrando-a nos contextos brasileiro e português. Abre-se, portanto, a oportunidade única de um promissor debate sobre a importância da arquitetura forense, como referência cultural e simbólica, diante dos desdobramentos da aplicação da tecnologia digital como suporte aos atos do julgar, sem a presença e a interação de seus atores nos espaços físicos dos edifícios judiciais.

---

[1] Todavia, não se deve confundir tecnologia com inovação, pois, dessa maneira, restringir-se-ia a abrangência e o alcance da expectativa de transformação e renovação. A inovação implica colocar o ser humano no centro da estruturação de um novo modelo social qualquer e, assim, agregar-lhe valor (CLEMENTINO, 2020). A tecnologia, por sua vez, consiste em uma ferramenta de suporte para a consumação do propósito de inovar, sendo ela mesma, a tecnologia, objeto passível de inovação.

1 Arquitetura forense

1.1 Breve enunciação

Qual a importância da arquitetura forense e dos edifícios dos tribunais? Usando uma expressão do sociólogo alemão Gephart (2017), a arquitetura forense serve para petrificar a cultura jurídica, expressando uma dupla finalidade: enunciar a ordem normativa da sociedade e reproduzir o poder do direito. Assim, os edifícios dos tribunais,[2] por meio de suas arquiteturas particulares, fornecem não apenas um espaço para o funcionamento do direito e da justiça, mas definem também um cenário por meio do qual as pessoas experienciam a autoridade judicial, organizada pela memória coletiva, que marca a presença e, sobretudo, a permanência do Judiciário como instituição e poder (BITTENCOURT, 2018; CORDIDO, 2007; GOODRICH, 2008; LUCIEN, 2010). Nesse sentido, a vivência do espaço traz à cena a manifestação da importância concreta e real do espaço na vida humana, a espacialidade da existência humana, em que ela, a "existência" humana, *somente o é em referência a um espaço* (BOLLNOW, 2019). A espacialidade materializada pela arquitetura forense evidencia, assim, a legitimidade do ato de julgar e a representatividade da justiça perante a sociedade.

Os tribunais como edifícios, edifícios públicos, que são vistos e vividos pelo público, obedecem, também, a um complexo programa arquitetônico, que deve responder a questões de organização dos espaços (externos e internos), volumetria, iluminação, climatização/ventilação, acessibilidades, segurança e tecnologias, entre outros aspectos. Estes edifícios, e o programa ao qual respondem, têm também uma forte relação com a história, a política, a economia, a cultura de cada país (na qual também se entendem a cultura jurídica e a cultura judiciária), e, consequentemente, com a evolução do direito, substantivo e processual, e as relações que o direito, e a justiça, estabelecem com as dimensões anteriores. Os edifícios também têm uma relação com a sua localização, e, por conseguinte, moldam as nossas visões no que tange à arquitetura forense (ou as diferentes arquiteturas), as práticas judiciárias, a aplicação do direito, e a qualidade e acesso à justiça.

Assim, os desafios de inovação no Judiciário encontram no crescente uso da tecnologia a oportunidade de reflexão sobre os novos paradigmas de atuação e de representação, especialmente em relação às suas edificações.

1.2 No Brasil: quadro atual

No caso brasileiro, o conhecimento das diretrizes normativas é de fundamental importância para a compreensão do seu Poder Judiciário, tanto em relação às especialidades dos órgãos julgadores como em relação à expansão e ao movimento de interiorização de suas diferentes instâncias. Resultado do estabelecimento do Judiciário

---

[2] De acordo com as Diretrizes sobre a Organização e Acessibilidade das Infraestruturas Judiciais da Comissão Europeia para a Eficiência da Justiça (2014), nomeadamente as diretrizes nºs 50 a 56, um tribunal é um edifício específico que serve para realizar a aplicação da justiça (Disponível em: https://wcd.coe.int/ViewDoc.jsp?Ref=C EPEJ(2014)15&Language=lanEnglish&Ver=original&BackColorInternet=DBDCF2&BackColorIntranet=FDC864 &BackColorLogged=FDC864. Acesso em: 17 maio 2021).

como um dos três poderes da proclamada República dos Estados Unidos do Brasil, em 1889, a organização conhecida nos dias de hoje reflete as primordiais diretrizes constitucionais de 1891, consolidadas e reordenadas em mais recente tempo pela Constituição Federal de 1988 (FREITAS, 2020). A inegável influência internacional de elementos arquitetônicos predominantemente neoclássicos proporcionou, nas primeiras décadas do século XX, forte relação do edifício forense como manifestação concreta de um Judiciário presente, representante da autoridade e do poder do Estado. É possível constatar nos dias atuais que tal imagem ainda permanece imbuída na representação sugerida para a arquitetura forense de muitos membros da magistratura, de servidores de órgãos judiciais e de usuários de suas instalações.

O período da chamada Era Vargas (1930-1945) foi marcado pelo início da modernização da sociedade brasileira. Contudo, as novas expressões estéticas possibilitaram, desde o movimento da Semana de Arte Moderna, acontecido em São Paulo em 1922, a busca por uma identidade brasileira revelada por diferentes segmentos culturais, inclusive a arquitetura modernista, que conviveu contraditoriamente com o formalismo acadêmico existente, tendo o apoio e patrocínio reforçado do Estado. Sob a égide nacionalista (CORDIDO, 2007), a aproximação dos profissionais arquitetos, detentores dos novos referenciais modernistas, com o Estado brasileiro rendeu a organização de equipes técnicas voltadas para o serviço público e possibilitou a abertura de concursos para elaboração de projetos de novas edificações administrativas.

Os anos seguintes, entre 1946 a 1964, são considerados a primeira experiência de regime democrático no Brasil e experimentaram um expressivo crescimento econômico e industrial no país. O referencial arquitetônico modernista difundia-se principalmente na região Sudeste, que, além de ser economicamente mais produtiva e industrializada, tinha a cidade do Rio de Janeiro como a sede do Governo federal.

A história da construção de Brasília como carro chefe do projeto desenvolvimentista do período da presidência de Juscelino Kubitschek (1956-1961) trouxe à tela o destaque da arquitetura cívica como fio condutor das diretrizes e da configuração espacial da nova capital federal. Esse cenário não preteriu a arquitetura forense (CORDIDO, 2007). Com o foco no marco zero do triângulo imaginário da Praça dos Três Poderes concebida por Lúcio Costa, ao projetar os prédios harmoniosamente nela dispostos, o arquiteto Oscar Niemeyer utilizou-se de poucos elementos arquitetônicos para a representação da tríplice divisão dos poderes. A sede do Poder Judiciário parece brincar com as estranhas, delicadas e alvas colunatas de mármore que emolduram, em uma contraditória monumentalidade diante da sutileza dos atributos dispostos pelo arquiteto, o prisma envidraçado do Supremo Tribunal Federal. Contudo, a presença da estátua à frente de uma delas não deixa qualquer dúvida: Sim, esta é a casa da Justiça!

Nas últimas três décadas, principalmente a partir da nova estrutura e da autonomia orçamentária do Judiciário estabelecidas pela Constituição Federal de 1988, houve significativa ampliação do número de unidades jurisdicionais, com a regionalização de distintas instâncias judiciárias em suas especialidades. A Justiça Federal de 1º Grau, por exemplo, conta hoje com as suas sedes nas 27 capitais das unidades federativas além de varas e juizados federais distribuídos em outras 250 cidades do território nacional (CONSELHO DA JUSTIÇA FEDERAL, 2019). Por esses poucos números, é possível imaginar a diversidade arquitetônica forense encontrada pelo país. Nesse sentido, capitaneado pelo Conselho Nacional de Justiça (2010), o Judiciário brasileiro tem investido na normatização e no estabelecimento de diretrizes e princípios para execução de projetos e obras, contando com trabalhos elaborados por arquitetos e engenheiros dos quadros técnicos dos seus órgãos, voltados principalmente para a programação arquitetônica e a gestão de obras.

Se, de um lado, o formalismo da cultura do Judiciário sustenta uma representação ainda vigente da monumentalidade atribuída à arquitetura forense, por outro lado percebe-se mais clara e robusta a mudança recente de valores e princípios advindos de um direito universal e democrático. Diante de tal realidade, a implementação e o uso da tecnologia no cotidiano do Judiciário brasileiro são grandes aliados das ações voltadas para as crescentes demandas do seu jurisdicionado, não somente na oferta de um atendimento célere e econômico, mas também na possibilidade de ampliar o acesso à justiça, a transparência dos seus atos e a horizontalidade da sua organização como marco institucional.

1.3 Em Portugal: quadro atual

Em Portugal, os edifícios dos tribunais apresentam perfis variados em função da coexistência de diferentes estilos arquitetônicos, com relações diretas com a história recente do país, sobretudo com dois principais períodos: ditadura e democracia (MINISTÉRIO DA JUSTIÇA, 2018; BRANCO; ROBSON; RODGER, 2019).

Em primeiro lugar, encontramos tribunais cujo modelo é relativamente padronizado, é reconhecível e foi herdado do Estado Novo (que durou 48 anos, até a Revolução de 1974). São edifícios identificáveis pela sua monumentalidade (em termos de perfil arquitetônico, decoração externa e interna, e símbolos da justiça e do Poder Judiciário) e pelo uso de materiais nobres e robustos (como o mármore), o que lhes confere uma dimensão de durabilidade e de majestade.

Este modelo coexiste com outro, caraterizado pelas variações nos edifícios, construídos ainda durante a última fase da ditadura ou já depois da revolução democrática. Neste período, os arquitetos recorreram a novos modelos de arquitetura, marcados por certo experimentalismo. Estes nem sempre foram bem-sucedidos e algumas das propostas arquitetônicas mais ousadas levantaram, mais tarde, dificuldades em termos de planos de segurança, manutenção e conservação. Verifica-se, ainda, que houve o recurso a uma estética menos elaborada, com muitos edifícios sem decoração, ao uso de materiais de menor qualidade, de tal forma que o edifício do tribunal se confunde com outros edifícios, públicos ou privados. As mudanças registadas decorrem, sobretudo, de constrangimentos orçamentais (racionalidade gestionária) e temporais (necessidade imediata de instalar fisicamente os tribunais criados por via legislativa), do aumento da litigação e das reformas processuais introduzidas, como a desmaterialização processual ou a reorganização do mapa judiciário. Assiste-se, ainda, à saída dos tribunais dos centros urbanos em direção à cidade em extensão, sobretudo com a instalação em edifícios residenciais, nas periferias das urbes.

Em segundo lugar, verifica-se que à heterogeneidade de edifícios se contrapõe a homogeneidade do programa funcional interno, herdado do Estado Novo. De notar, todavia, a recente alteração no nível dos espaços das secretarias, com o modelo de

Tribunal+, integrado no *Plano Justiça+ Próxima*,[3] que incide na reorganização do espaço central e principal de atendimento dos tribunais, contemplando espaços próprios para o atendimento, com possibilidade de recurso a sistemas de videoconferência, espaços de espera mais confortáveis e instalação de quiosques digitais e monitores.

Em terceiro lugar, verifica-se que houve dois grandes períodos ativos de construção e instalação de tribunais: o período entre os anos 1960 e início dos anos 1970 (durante o Estado Novo); e os anos 1990, especialmente nos últimos anos daquela década. Esse aumento na construção e instalação de tribunais após a revolução democrática coincidiu com um aumento da litigiosidade, a especialização da justiça e a consequente necessidade de encontrar novos espaços para os tribunais criados por meio das reformas legais. O período mais recente é marcado, ainda, pelo número reduzido de instalações judiciais construídas para o efeito (principalmente após 2004), o que coincide com o início da crise econômica. Também está ligado a uma nova política de planejamento e gestão dos tribunais, baseada numa política de *leasing* (dispendiosa) e na reutilização de outros tipos de edificações, como edifícios comerciais ou residenciais (dificultando a possibilidade de uma intervenção arquitetônica mais profunda e resultando em espaços de qualidade inferior).

A este retrato é necessário juntar outros elementos, que têm a ver com as questões de manutenção e estado atual dos edifícios. Muitos dos edifícios dos tribunais portugueses apresentam uma série de problemas,[4] ou de falta de condições de trabalho, de higiene e de segurança, e que têm a ver com a inadequação dos espaços (espaços insuficientes para trabalhar de forma cômoda), edifícios desconfortáveis (sem climatização, luz natural e mobiliário adequado), com tecnologia ineficiente, lenta e desatualizada (BRANCO, 2019). O próprio Ministério da Justiça (2018) reconheceu que existem carências no nível das instalações, identificando necessidades significativas de investimento na manutenção e renovação dos edifícios.

2 A transformação digital da justiça antes da pandemia

2.1 Breve panorâmica

Nas últimas duas décadas, a transformação digital da justiça assumiu-se como uma preocupação central das políticas públicas da administração da justiça de vários governos, seja na Europa,[5] seja nos Estados Unidos ou no Brasil, e um elemento-chave da modernização dos sistemas judiciais (CONTINI; LANZARA 2013), sobretudo com o objetivo de melhorar o desempenho dos tribunais (no nível da eficiência, da celeridade e da carga processual).

A transformação digital da justiça não implica somente alterações no nível da tecnologia, mas implica também mudanças institucionais, organizacionais e normativas

---

[3] Disponível em: https://igfej.justica.gov.pt/Gestao-Patrimonial-e-Empreendimentos/Empreitadas-concluidas/Tribunal-Novo-modelo-de-atendimento-dos-tribunais. Acesso em: 17 maio 2021.
[4] O retrato atualizado é-nos fornecido pelos relatórios anuais das atuais 23 comarcas desde 2015, no seguimento da reforma do mapa judiciário implementada em 2013, através da Lei nº 62/2013, de 26 de agosto, e Decreto-Lei nº 49/2014, de 27 de março.
[5] Cf. o Plano de ação para a justiça eletrônica europeia para 2019-2023 (2019/C 96/05) (Disponível em: https://eur-lex.europa.eu/legal-content/PT/TXT/PDF/?uri=CELEX:52019XG0313(02)&from=ES. Acesso em: 21 abril 2021.

(FERNANDO, 2019). Várias pesquisas têm assim chamado a atenção para os processos de transformação digital da justiça no que diz respeito aos efeitos produzidos no que toca aos papéis e às práticas das profissões judiciais e suas rotinas diárias ou nos processos de tomada de decisão (FERNANDO; GOMES; FERNANDES, 2014; GUALDI; CORDELLA, 2021). A literatura existente também aponta para os impactos que este processo poderá ter nas próprias necessidades espaciais dos tribunais, podendo vir a exigir uma mudança no *design* do tribunal, particularmente no que concerne aos espaços de trabalho dos operadores judiciários ou aos espaços de armazenamento/arquivamento eletrônico (MARKS, 2016; BRANCO, 2019).

Assim, e já desde a década de 1990, que vários autores e autoras têm vindo a discutir esta transformação digital e a virtualização da justiça, apontando os seus potenciais aspectos positivos e negativos (veja-se, entre outros, MULCAHY, 2008; MOHR; CONTINI, 2011; ROWDEN; WALLACE, 2018; SUSSKIND, 2020). Entre os positivos, contam-se a eficiência e celeridade dos tribunais, a proteção de partes e de testemunhas vulneráveis, a facilitação da participação das comunidades distantes ou remotas. Em termos dos aspectos negativos, fala-se da perda de simbolismo e de formalismo, dos impactos produzidos nos princípios da imediação e da publicidade das audiências, dos problemas relativos à segurança e privacidade, na questão das ineficiências/falhas dos sistemas tecnológicos, no estresse das infraestruturas, e no estresse dos próprios edifícios, sobretudo no que concerne à adaptação dos edifícios mais antigos. A estas juntam-se questões de iliteracia e de exclusão digital, questões socioeconômicas produtoras de desigualdades e de vulnerabilidades sociais, e questões de acesso à justiça.

2.2 No Brasil

O interesse pelo investimento no aparelhamento tecnológico do Judiciário brasileiro teve como motivação o redirecionamento do foco para o jurisdicionado. A proposta de melhoria dos serviços prestados à população teve como condutores a satisfação dos usuários, por meio do esforço em priorizar o atendimento de suas necessidades, e o resgate da confiança institucional. Além disso, o aprimoramento das condições de trabalho de magistrados e servidores favoreceu a mudança de paradigmas na administração dos diferentes órgãos de justiça. Numerosos projetos voltados para esse novo cenário foram desenvolvidos desde meados da década de 1990. Destacam-se, aqui, a implantação do processo judicial eletrônico, a adoção da tecnologia da videoconferência e a implementação do teletrabalho.

Desde as primeiras experiências ocorridas em 2003, o processo eletrônico na Justiça brasileira tem seguido importantes diretrizes que norteiam o seu desenvolvimento. São elas: a publicidade, a facilidade de acesso à informação, a celeridade processual, a segurança e a autenticidade dos atos processuais (sejam judiciais ou administrativos), e a construção de práticas sustentáveis por meio de medidas como a eliminação gradativa do uso do papel (AMOUD, 2014).

Em 2006 foi instituída a Lei nº 11.419, que regulamentou a informatização do processo judicial em todo o país, abrindo espaço, definitivamente, para o desenvolvimento de projetos e inovações tecnológicas destinados ao processo eletrônico em todas as instâncias das diferentes áreas judiciais do país.

O marco determinante para a transformação do que era, até então, uma tendência à efetivação da tecnologia como realidade indissociável da instituição judiciária foi a implementação da plataforma digital PJe, em 2009, pelo Conselho Nacional de Justiça em trabalho conjunto com o Conselho da Justiça Federal e os tribunais regionais federais. Tendo como pressuposto a padronização e a disponibilidade gratuita de suas funcionalidades, o acesso aos dados processuais pode ser feito por usuários internos e externos cadastrados em tempo integral, tornando o processo menos burocrático, mais rápido e transparente.[6]

A implantação da videoconferência no Judiciário brasileiro teve início na década de 1990 por inciativas particulares de alguns juízes interessados nessa tecnologia. Acompanhando o avanço da qualidade dos equipamentos utilizados nas videochamadas, em 2009, a Lei nº 11.900 introduziu no Código do Processo Penal brasileiro a possibilidade de realizar interrogatório de réu preso por meio de videoconferência. No ano seguinte, a Resolução nº 105 do CNJ regulamentou a documentação de depoimentos com o emprego do sistema audiovisual, bem como a realização de interrogatório e a inquirição de testemunhas por videoconferência, além da mediação e da conciliação nos atos cíveis (GUIMARÃES; PARCHEN, 2020).

No âmbito da administração judiciária, a prática crescente de reuniões intra e interinstitucionais por meio de videoconferência é resultante, principalmente, do investimento em equipamentos e aparatos tecnológicos de melhor qualidade. Isso proporcionou uma significativa abertura para o desenvolvimento de projetos e trabalhos de cooperação técnica, com a parceria entre diferentes órgãos da justiça. O resultado dessas iniciativas significou a expressiva economia de gastos com deslocamentos de equipes e a agilidade na troca de experiências em trabalhos coletivos, essenciais para a realização de vários empreendimentos que se revertem, inexoravelmente, para a própria justiça.

Entendido mais como uma inovação voltada para a organização do trabalho, o teletrabalho tem como condição essencial a intermediação de aparato tecnológico de comunicação ou de computação. Somado ao uso da tecnologia, o teletrabalho pressupõe em seu conceito a realização das atividades preponderantemente fora das dependências físicas do empregador. Assim, o teletrabalho chamou a atenção de gestores de diferentes áreas de produção e prestação de serviços, não sendo diferente nas instâncias da justiça brasileira. Pela Resolução CNJ nº 227/2016, o teletrabalho foi regulamentado no âmbito do Poder Judiciário, facultando a cada tribunal regulamentação própria, adequada à realidade e ao contexto de sua especialidade. Em suas considerações iniciais, o normativo evidencia a instituição do teletrabalho no Judiciário brasileiro em função da implantação do processo eletrônico, contudo deixa a entender ser o teletrabalho uma concessão de vantagens e benefícios diretos e indiretos à Administração e aos servidores, condicionada a uma maior produtividade se comparada à exigida dos servidores que desempenham as mesmas funções nas dependências do órgão, chegando a 30% a mais em alguns tribunais (ANTUNES; FISCHER, 2020).

---

[6] Sobre a persistente cultura formalista, mesmo diante da inegável marca tecnológica impressa na realidade da Justiça brasileira, o processo eletrônico ainda preserva ritos e trâmites que, mesmo céleres, continuam incompreensíveis para grande parte da população. A horizontalização do acesso à Justiça e a simplificação de termos técnicos exclusivos do meio jurídico, o chamado juridiquês, são exemplos de ações necessárias para que o avanço tecnológico seja efetivo em seu propósito (SORRENTINO; COSTA NETO, 2020).

A despeito das condições da regulamentação, o Poder Judiciário brasileiro antecipou a adoção do teletrabalho como uma efetiva inovação da organização administrativa, devendo ser considerados aspectos positivos e negativos tanto para os órgãos judiciais, como para seus servidores e jurisdicionados, com o objetivo de se obter uma visão mais próxima da realidade do teletrabalho em suas diferentes dimensões.

2.3 Em Portugal

A justiça em Portugal tem envidado muitos esforços, desde a década de 1990, para entrar na era digital. O foco foi, inicialmente, o da promoção da desmaterialização dos processos, com o recurso a sistemas informáticos *on-line* e à comunicação eletrônica para e entre os operadores judiciais, o que levou a alterações processuais. Em 2000, os advogados começaram a poder enviar as peças processuais por meio de *e-mail* certificado. Em 2006, a plataforma eletrônica de apoio aos tribunais judiciais, H@bilus (que foi desenvolvida por alguns oficiais de justiça), foi substituída pela plataforma CITIUS,[7] em que os processos dos tribunais judiciais se encontram totalmente digitalizados. Desde 2013 que o processo eletrônico se encontra regulamentado (FRADE; FERNANDO; CONCEIÇÃO, 2019; FERNANDO, 2019). De referir que a reforma do mapa judicial operada em 2013 implicou também um reforço da capacidade dos tribunais para a realização de videoconferências.[8]

Há que destacar, mais recentemente, o Plano *Justiça+ Próxima*, desenvolvido em 2016 (2016-2019), e que já está na segunda fase (2020-2023).[9] Com foco na simplificação e na digitalização de serviços, a primeira fase do plano apresentou 120 medidas para a modernização da justiça portuguesa, destacando-se a universalização da tramitação eletrônica de processos, a desmaterialização das comunicações entre os tribunais e outras entidades e a entrega de peças processuais multimídia pelos mandatários judiciais.[10] Uma das principais medidas foi a criação do conceito de *Tribunal+*, assente num novo modelo de atendimento, de simplificação administrativa de secretaria e otimização das tarefas realizadas pelos oficiais de justiça. Por sua vez, a segunda fase do plano apresenta a medida *Tribunal+ 360º*, cujo conceito é o de *Tribunal do Futuro* que assenta na ideia *Digital Only*, e que vai testar a tramitação exclusivamente eletrônica e a utilização de novas ferramentas digitais.[11]

A par do Plano *Justiça+ Próxima*, de referir também o Plano Estratégico Plurianual de Requalificação e Modernização da Rede de Tribunais (2018-2028), cuja proposta 9 aponta para a necessidade de potenciar o efeito transformador da inovação tecnológica

---

[7] A plataforma de apoio aos tribunais da jurisdição administrativa é, por enquanto, a Sitaf.

[8] Cf. ainda os arts. 456º, 502º e 520º do Código de Processo Civil Português. As audições por videoconferência são sempre gravadas mediante sistema de gravação sonora existente nos tribunais, nos termos do art. 155º do Código de Processo Civil. Para mais informações ver: https://e-justice.europa.eu/content_taking_evidence_by_videoconferencing-405-pt-pt.do?member=1. Acesso em: 21 abr. 2021.

[9] Disponível em: https://justicamaisproxima.justica.gov.pt/. Acesso em: 21 abr. 2021.

[10] Disponível em: https://justicamaisproxima.justica.gov.pt/plano-2016-2019/. Acesso em: 21 abr. 2021. Veja-se, ainda, OCDE (2020).

[11] Disponível em: https://justicamaisproxima.justica.gov.pt/medida/acesso-de-magistrados-fora-da-rede-da-justica-a-sistemas-de-informacao-de-suporte-a-tramitacao/. Acesso em: 21 abr. 2021. Cf. ainda a Lei nº 75-C/2020, de 31 de dezembro, que estabelece as Grandes Opções para 2021-2023.

no universo dos tribunais, em que o processo e a tramitação eletrônica serão as referências plenas em todos os tribunais das várias jurisdições.

3 Os tribunais durante a pandemia

3.1 Breve panorâmica

Como sabemos, desde março de 2020 que se têm sucedido vários períodos de confinamento, que tiveram os seus efeitos no mundo judiciário. A justiça, os seus operadores e cidadãos e cidadãs tiveram de se adaptar às várias medidas adotadas, as quais implicaram, em particular, uma utilização "forçada" de várias ferramentas tecnológicas, em particular o recurso a audiências virtuais ou *on-line* (SUSSKIND, 2020), a par de outras opções. Para além disso, os vários países implementaram, em pouquíssimo tempo, uma série de medidas, procedimentos e protocolos para que os tribunais continuassem a operar.

Acontece que, como advertem McIntyre e colegas (2020), houve ainda pouco tempo para refletir sobre os constrangimentos impostos e como estes podem ser resolvidos, mas também sobre as promessas de futuro e as boas práticas implementadas. Também Susskind (2020) entende que deveria ser feita uma recolha sistemática e rigorosa de dados acerca das tecnologias que estão a ser usadas e as experiências dos usuários e das usuárias (profissionais e não profissionais).

3.2 No Brasil

Após a declaração da situação de pandemia pela Organização Mundial de Saúde, as autoridades do Poder Judiciário imediatamente responderam às exigências impostas pela necessidade de mudanças nas rotinas dos atos processuais e de trabalho dos seus diferentes setores. Medidas sanitárias e de distanciamento social, que poderiam demandar anos para serem tomadas, foram decididas em poucos dias. O ordenamento legal existente à época permitiu a rapidez das deliberações, do mesmo modo que facilitou a adaptação de atos normativos seguintes, com a publicação de resoluções e portarias adequadas às peculiaridades regionais e de funcionamento dos órgãos judiciais. A justiça brasileira não parou.[12]

As medidas emergenciais tomadas foram capitaneadas pelo CNJ, com a publicação de recomendações, portarias e resoluções, em especial a Resolução CNJ nº 313, de 19.3.2020, e representam uma relevante mudança na organização do trabalho do Judiciário, indicando que não se deve pensar na volta ao que se entende como condição normal de trabalho, mas que se deve ter em mente o desafio a ser enfrentado em um "novo normal". Fazemos de seguida um breve resumo das adaptações e

---

[12] A recente declaração do secretário-geral do Conselho Nacional de Justiça, Valter Shuenquener, durante evento para a implementação do projeto *Juízo 100% Digital*, bem resume a situação atual dos desafios enfrentados pelo órgão judiciários: "A unificação do trâmite processual foi o que permitiu ao nosso país continuar prestando jurisdição, fenômeno que não aconteceu em países europeus e em outras regiões do globo em que não se apostou na tecnologia como ferramenta para viabilizar o acesso à Justiça" (CONSELHO NACIONAL DE JUSTIÇA, 2020).

regulamentações feitas para adequar a prestação de serviços judiciais às novas condições impostas pela pandemia.

Sobre a plataforma do processo judicial eletrônico: os prazos judiciais foram suspensos até 30.4.2020. Em novembro de 2020, foi estabelecida a implantação do projeto *Juízo 100% Digital* ao longo de 2021. É o acesso à justiça sem precisar comparecer fisicamente aos fóruns, pois os atos processuais serão praticados exclusivamente por meio eletrônico e remoto, via internet e com o uso de videoconferência, inclusive para as audiências e sessões de julgamento.

Sobre a utilização da videoconferência: foi dada permissão de realização das audiências virtuais por intermédio de equipamentos de uso pessoal dos participantes da inquirição, ou seja, na ouvida de testemunhas, sendo, contudo, mantidas as garantias processuais legais – tanto nas audiências das varas cíveis, como nas audiências do âmbito da justiça. A exceção ainda permanece nas audiências de custódia, em que a videoconferência só é admitida na impossibilidade da forma presencial no prazo de 24 horas. Para a segurança dos atos virtuais de audiências e sessões de julgamento com a utilização de videoconferência, o CNJ investiu e disponibilizou a plataforma Cisco Webex, permitindo o pleno acesso ao andamento processual pelas partes do processo.

Sobre o teletrabalho: foi publicada a Resolução CNJ nº 313/2020 – regulamentação do chamado trabalho remoto durante o plantão judiciário, até 30.4.2020, tendo sido estendido, de modo preferencial, até a primeira metade de 2021. Foi ainda dada permissão para que a administração judicial disponibilizasse aos seus servidores os equipamentos, as ferramentas e o mobiliário necessários para a execução do trabalho em ambiente fora do órgão.[13]

3.3 Em Portugal

Com o eclodir da pandemia, houve a necessidade de implementar várias medidas, também no setor da justiça e, em particular, nos tribunais; entre as quais a criação de um plano de contingência[14] logo no início de março de 2020, o que implicou, desde então, a criação de salas de isolamento em cada edifício de tribunal dentro de cada comarca, com determinadas caraterísticas, equipamentos e produtos (para além de criar uma série de protocolos).[15] Esse plano foi atualizado diversas vezes, destacando-se, na sua versão de maio de 2020, a necessidade de identificar as tarefas da secretaria que podem ser realizadas a distância e preparar os equipamentos informáticos que permitam o acesso remoto e a realização de reuniões por vídeo e teleconferência.[16]

A Direção-Geral da Administração da Justiça, em articulação com a Direção-Geral de Saúde, criou também o documento *Medidas para reduzir o risco de transmissão do vírus*

---

[13] Quanto às metas de produtividade para o período da pandemia, a Resolução CNJ nº 313/2020 não menciona qualquer alteração em relação à regulamentação anterior do teletrabalho no Judiciário. Somente o Supremo Tribunal Federal, por intermédio de resolução própria, suspendeu a meta de produtividade 15% superior (ANTUNES; FISCHER, 2020).

[14] Disponível em: https://dgaj.justica.gov.pt/Portals/26/Not%C3%ADcias/Plano%20de%20conting%C3%AAncia%20(COVID%20-%2019).pdf?ver=2020-03-05-123515-743. Acesso em: 21 abr. 2021.

[15] Foram ainda implementadas medidas relativas à obrigatoriedade do uso de máscara e de manter a distância de segurança, bem como da higienização de espaços e de superfícies, e de ventilação.

[16] Disponível em: https://dgaj.justica.gov.pt/Portals/26/Not%C3%ADcias/Plano%20de%20conting%C3%AAncia%20(COVID%20-%2019).pdf?ver=2020-05-06--222236-000. Acesso em: 21 abr. 2021.

nos tribunais,[17] no qual se destacam, entre outras medidas, a necessidade de garantir que a sala de espera e as salas de diligências e audiências de julgamentos comportem apenas 1/3 da sua capacidade normal; e garantir que o atendimento em balcão seja feito através de separador de acrílico que limite a proximidade entre os funcionários e os cidadãos.[18] Em junho de 2020, numa nota à comunicação social, o Ministério da Justiça anunciou que tinham sido adquiridos 785 separadores acrílicos para as áreas de atendimento, separadores que foram também colocados nas salas de audiências. Nessa mesma nota, referiu-se também qual a capacidade atual que a redução da capacidade das salas de espera e das salas de audiências provocou em todos os tribunais. Isto no nível dos espaços já existentes.

As videoconferências generalizam-se, com utilização de equipamentos de VC (codecs). Para além disso, verificou-se a criação de mais de 400 salas de audiências virtuais, com recurso às plataformas Microsoft Teams, Cisco Webex Meetings, Zoom e Justiça TV. Esta execução virtual de diligências e audiências implicou a criação de um regime processual transitório e excecional.[19]

Houve, ainda, com o Decreto nº 2-A/2020, de 20 de março, a obrigação da adoção do regime de teletrabalho, por magistrados e magistradas (judiciais e do Ministério Público) e oficiais de justiça. Tudo isto impôs diferentes condições de trabalho. Mas levou também a condições diferenciadas, de tribunal para tribunal, atendendo ao retrato dos edifícios dos tribunais feito anteriormente.[20]

4 Justiça e tecnologia: é necessária uma nova identidade para a arquitetura forense?

Não é a primeira vez que uma pandemia vem impor desafios à arquitetura (pense-se na influência que teve a tuberculose, por exemplo, na arquitetura modernista – cf. CAMPBELL, 2005), mas há que se atentar ao fato de que a operacionalização da justiça é muito complexa e necessita ser pensada com cuidado e atenção. Antes da pandemia, como relatamos para o Brasil e Portugal, o recurso à videoconferência já era quotidiano, mas o uso de plataformas digitais combinado com o teletrabalho aponta para desafios

---

[17] Disponível em: https://dgaj.justica.gov.pt/Portals/26/COVID-19/Medidas%20para%20Reduzir%20o%20Risco%20de%20Transmiss%C3%A3o%20do%20V%C3%ADrus%20nos%20Tribunais%20COVID19.pdf?ver=2020-05-06-222236-000. Acesso em: 21 abr. 2021.

[18] Em junho de 2020, numa nota à comunicação social, o Ministério da Justiça anunciou que tinham sido adquiridos 785 separadores acrílicos para as áreas de atendimento, separadores que foram também colocados nas salas de audiências. Essa mesma nota referiu, também, qual a capacidade atual que a redução da capacidade das salas de espera e das salas de audiências provocou em todos os tribunais. Isto no nível dos espaços já existentes (Disponível em: https://www.portugal.gov.pt/download-ficheiros/ficheiro.aspx?v=%3D%3DBAAAAB%2BLCAAAAAAABACztDSzAADDn8MmBAAAAA%3D%3D. Acesso em: 21 abr. 2021).

[19] Implementado através da Lei nº 1-a/2020, de 19 março, que já foi, entretanto, sujeita a algumas modificações.

[20] Foram várias as críticas e dificuldades sentidas, sobretudo por magistradxs e oficiais de justiça, mas também por advogadxs. A Associação Sindical dos Juízes Portugueses deu conta da desadequação dos edifícios e das condições de trabalho. A Ordem dos Advogados deu conta das dificuldades de natureza técnica, manifestando preocupação com os riscos de anulação dos julgamentos (Disponível em: https://eco.sapo.pt/especiais/julgamentos-virtuais-podem-ter-os-dias-contados-modernizacao-nao-conquistou-setor/; ver ainda https://www.publico.pt/2020/04/03/sociedade/noticia/juizes-trabalham-casa-admitem-dificuldades-1910958; ou ainda https://portal.oa.pt/ordem/dossier-covid-19/imprensa/tribunais-virtuais/. Acesso em: 22 abr. 2021). Veja-se também o estudo de Dias *et al.* (2021).

que devem ser analisados e debatidos, sobretudo no que concerne à qualidade da justiça, ao acesso à justiça e ao reconhecimento e à legitimidade da justiça.

E aqui há que se considerar algumas questões importantes:

– A realização de videoconferências e o uso de plataformas digitais, com criação de salas de audiência virtuais, tornaram-se prática corrente. Para Garapon (2021), tal torna difícil a compreensão dos diferentes papéis processuais, sobretudo para quem está a ter um primeiro contato com a justiça. Para além disso, continua o autor, há que ter em conta que as questões da neutralidade do testemunho e da segurança ficarão comprometidas. Como refere Kitzinger (2020), toda a formalidade da arquitetura e da sala de audiências, que muitas vezes é vista como intimidante, pode ser vista também como um fator de garantia, de imparcialidade e de seriedade do caso, o que se perde quando a audiência é feita através de plataforma digital, transmitindo às partes a sensação de estarem perante uma justiça de segunda classe, em que os usuários se sentem invisíveis dentro de diversos quadradinhos na tela do computador. Tal percepção também é comungada por Guimarães e Parchen (2020), que salientam a perda do simbolismo do ato processual do depoimento de testemunhas, por exemplo, com a possível fragilização da autoridade do juiz, além da referência da perda do rigor da "geometria da disposição dos atores processuais", pela quebra da disposição desses atores nos respectivos *locus* em uma sala de audiência.

– Susskind (2020) refere que iremos ter tribunais híbridos, um misto entre presencial e virtual. Mas até agora os autores e as autoras são omissos quanto à forma como se fará a articulação entre o tribunal presencial e o tribunal virtual, já que tal implicará mudanças processuais radicais, que terão de determinar e estabelecer os critérios por meio dos quais serão atribuídas as causas a uns (presenciais) e a outros (virtuais), e como será respeitado o princípio da imediação e da publicidade e a garantida a segurança de dados sensíveis. Nesse sentido, Guimarães e Parchen (2020) apontam uma harmonização entre pontos positivos e negativos de uma "nova presencialidade"[21] fortalecida pela situação da pandemia, com novos rumos para a programação arquitetônica destinada aos edifícios forenses.

– Há que se pensar especialmente na questão da permanência do teletrabalho,[22] por um lado, e na continuidade da necessidade de regras sanitárias (sobretudo de distanciamento social) por outro lado, e que efeitos tudo isto, sobretudo a articulação entre tribunal presencial e tribunal virtual, produz no nível da construção e da adaptação de edifícios, em particular a sua volumetria, a quantidade de salas e de gabinetes necessários, a organização e flexibilização interna e externa dos edifícios.

---

[21] Sobre a ideia de uma "nova presencialidade", Guimarães e Parchen (2020, p. 500) indicam "que a ideia subjacente ao verbo 'presenciar' tem conotação temporal, e não espacial". Os julgamentos virtuais têm a proximidade da dimensão temporal pela simultaneidade do acontecimento, porém, em relação à dimensão espacial, esta será superada pela intermediação da tecnologia.

[22] A este propósito há que se avaliar, ainda, os riscos psicossociais associados ao teletrabalho.

- Há que se pensar, também, em concepções arquitetônicas voltadas e inteiramente integradas à realidade digital, entendida não somente como um recorte do momento atual imposto pela pandemia, mas, principalmente, como a incorporação da lógica digital intrínseca à realidade atual das atividades humanas.[23]
- Os impactos nos projetos arquitetônicos e nas obras do Judiciário necessitam de dados, organizados em uma gestão inteligente (CLEMENTINO, 2020) e que gerem um profundo conhecimento das diferentes atividades nele desenvolvidas. O foco deve ser voltado para os usuários e usuárias das instalações forenses, para a funcionamento do órgão judicial e para o fortalecimento de suas relações, seja pela intermediação dos espaços físicos dos ambientes forenses seja pelos meios virtuais.
- A desterritorialização da justiça provocada pela virtualização, e o impacto produzido nos mapas judiciais. Para Scarselli (2020), a justiça deixará de se fazer atendendo a uma geografia específica. Há, assim, que refletir sobre o fato de o teletrabalho e de a transformação digital da justiça colocarem pressões no nível da relação do tribunal com o contexto social local, com o contexto do conflito, com a própria comunidade. Deixarão os fóruns de ser locais vivos, de encontro, abertos ao público?

Referências

AMOUD, A. N. D. Do contexto histórico do processo judicial eletrônico. *Jus*, set. 2014. Disponível em: https://jus.com.br/artigos/31690/do-contexto-historico-do-processo-judicial-eletronico. Acesso em: 16 mar. 2021.

ANTUNES, E. D.; FISCHER, F. M. A justiça não pode parar?! Os impactos da COVID-19 na trajetória da política de teletrabalho do Judiciário Federal. *Revista Brasileira de Saúde Ocupacional*, 45e: 38, 2020.

BITTENCOURT, S. N. *Data venia*: por uma arquitetura para a justiça brasileira. 209 p. Tese (Doutorado em Arquitetura e Urbanismo) – Faculdade de Arquitetura e Urbanismo, Universidade de Brasília, Brasília, 2018.

BOLLNOW, O. F. *O homem e o espaço*. Tradução de A. L. Schmid. Curitiba: Editora UFPR, 2019.

BRANCO, P. The geographies of justice in Portugal: redefining the judiciary's territories. *International Journal of Law in Context*, v. 15, n. 4, p. 442-460, 2019.

BRANCO, P.; ROBSON, P.; RODGER, J. Court architecture and the justice system. *In*: STERETT, S. M.; WALKER, L. D. (Ed.). *Research Handbook on Law and Courts*. Cheltenham: Edward Elgar Publishing, 2019.

CAMPBELL, M. What tuberculosis did for modernism: the influence of a curative environment on modernist design and architecture. *Medical History*, v. 49, p. 463-488, 2005.

CLEMENTINO, M. B. M. Princípios da inovação judicial: a Justiça como serviço. *Conjur*, 9 nov. 2020. Disponível em: https://www.conjur.com.br/2020-nov-09/marco-clementino-principios-inovacao-judicial. Acesso em: 17 jan. 2021.

CONSELHO DA JUSTIÇA FEDERAL. *Justiça Federal de 1º Grau* – Quadro de Varas Federais e Juizados Especiais Federais. 31 dez. 2019. Disponível em: https://daleth.cjf.jus.br/atlas/Internet/QUADRODEVARASFEDERAIS_2019.htm. Acesso em: 19 maio 2021.

CONSELHO NACIONAL DE JUSTIÇA. *Juízo 100% Digital*: CNJ prepara Justiça para salto tecnológico, 27

---

[23] Patrícia Dias (2016) trata do "ser digital" no ambiente empresarial ao afirmar que "as empresas são digitais porque nós somos digitais". A autora expõe que "ser digital significa, para uma empresa, incorporar a lógica de funcionamento das tecnologias digitais". Esse conceito deve ser igualmente adotado na Administração Pública e, por consequência, nos diferentes domínios do Judiciário, pensando-se em uma arquitetura forense voltada e integrada à lógica digital e às suas ferramentas tecnológicas.

nov. 2020. Disponível em: https://www.cnj.jus.br/juizo-100-digital-cnj-prepara-justica-para-salto-tecnologico/. Acesso em: 17 mar. 2021.

CONSELHO NACIONAL DE JUSTIÇA. *Resolução CNJ n. 114, 10 abr. 2010*. 2010. Disponível em: https://atos.cnj.jus.br/files/compilado212650202007105f08dd1a62ee0.pdf. Acesso em: 19 maio 2021.

CONTINI, F.; LANZARA, G. F. (Ed.). *Building Interoperability for European civil proceedings online*. Bolonha: CLUEB, 2013.

CORDIDO, M. T. R. L. de B. *Arquitetura forense do estado de São Paulo*: produção moderna, antecedentes e significados. 343 p. Dissertação (Mestrado) – Programa de Pós-Graduação em Arquitetura e Urbanismo, Escola de Engenharia de São Carlos, Universidade de São Paulo, 2007.

DIAS, J. P.; CASALEIRO, P.; LIMA, T. M.; GOMES, C. Judicial responses to COVID-19 attack: impacts on the working conditions of Portuguese courts. *International Journal for Court Administration*, v. 12, n. 2, p. 1-14, 2021.

DIAS, P. O que significa ser digital para uma empresa? *Revista Uno*, v. 24, p. 58-60, 2016.

FERNANDO, P. Intertwining judicial reforms and the use of ICT in courts: a brief description of the Portuguese experience. *European Quarterly of Political Attitudes and Mentalities*, v. 8, n. 2, p. 7-20, 2019.

FERNANDO, P.; GOMES, C.; FERNANDES, D. The piecemeal development of an e-Justice Platform: the CITIUS case in Portugal. *In*: CONTINI, F.; LANZARA, G. F. (Ed.). *The circulation of agency in E-Justice* – Interoperability and infrastructures for European transborder judicial proceedings. Dordrecht: Springer, 2014.

FRADE, C.; FERNANDO, P.; CONCEIÇÃO, A. F. The performance of the courts in the digital era: The case of insolvency and restructuring proceedings. *International Insolvency Review*, v. 29, n. 3, p. 346-359, 2020.

FREITAS, V. P. A criação dos tribunais de justiça após a Proclamação da República. *Conjur*, 5 jul. 2020. Disponível em: https://www.conjur.com.br/2020-jul-05/segunda-leitura-criacao-tribunais-justica-proclamacao-republica. Acesso em: 2 maio 2021.

GARAPON, A. *La despazializzazione della giustizia*. Milão: Mimesis Edizione, 2021.

GEPHART, W.; LEKO, J. Introduction: law and the arts: elective affinities and relationships of tension. *In*: GEPHART, W.; LEKO, J. (Ed.). *Law and the arts*: elective affinities and relationships of tension. Frankfurt am Main: Vittorio Klostermann, 2017.

GOODRICH, P. Visive powers: colours, trees and genres of jurisdiction. *Law and Humanities*, v. 2, n. 2, p. 213-231, 2008.

GUALDI, F.; CORDELLA, A. Artificial intelligence and decision-making: the question of accountability. *In*: THE 54TH HAWAII INTERNATIONAL CONFERENCE ON SYSTEM SCIENCES. *Proceedings...* [s.l.]: [s.n.], 2021.

GUIMARÃES, R. R. C.; PARCHEN, A. G. L. Videoconferência na inquirição de testemunhas em tempos de Covid-19: prós e contras na percepção dos atores processuais penais. *RDP*, v. 17, n. 94, p. 493-521, jul./ago. 2021.

KITZINGER, C. Remote justice: a family perspective. *Transparency Project*, 29 mar. 2020. Disponível em: https://www.transparencyproject.org.uk/remote-justice-a-family-perspective/#:~:text=The%20term%20%E2%80%9Cremote%20justice%E2%80%9D%20makes,when%20their%20camera%20is%20off. Acesso em: 17 maio 2021.

LUCIEN, A. Staging and the imaginary institution of the judge. *International Journal for the Semiotics of Law*, v. 23, n. 2, p. 185-206, 2010.

MARKS, A. (Ed.). *What is a Court?* A Report by JUSTICE. Londres: JUSTICE, 2016. Disponível em: https://justice.org.uk/what-is-a-court/. Acesso em: 17 maio 2021.

MCINTYRE, J.; OLIJNYK, A.; PENDER, K. Civil courts and Covid-19: challenges and opportunities in Australia. *Alternative Law Journal*, v. 45, n. 3, p. 195-201, 2020.

MINISTÉRIO DA JUSTIÇA. *Plano estratégico plurianual de requalificação e modernização da rede de tribunais. 2018-2028*. 2018. Disponível em: https://www.portugal.gov.pt/download-ficheiros/ficheiro.aspx?v=3131b5f4-6044-416a-96dd-354193e76222. Acesso em: 17 maio 2021.

MOHR, R.; CONTINI, F. Reassembling the legal: the wonders of modern science in court-related proceedings. *Griffith Law Review*, v. 20, n. 4, p. 994-1019, 2011.

MULCAHY, L. The unbearable lightness of being? Shifts towards the virtual trial. *Journal of Law and Society*, v. 35, n. 4, p. 464-489, 2008.

OCDE. *Transformação da Justiça em Portugal*. Construir sucessos e desafios. Disponível em: https://dgpj.justica.gov.pt/Portals/31/Noticias/Relatorio_OCDE_PT_17.08.2020.pdf. Acesso em: 17 maio 2021.

ROWDEN, E.; WALLACE, A. Remote judging: the impact of video links on the image and the role of the judge. *International Journal of Law in Context*, v. 14, p. 504-524, 2018.

SCARSELLI, G. Contro le udienze a remoto e la smaterializzazione della giustizia. *Judicum – Il processo civile in Italia e in Europa*, 2020. Disponível em: https://www.ordineavvocaticuneo.it/wp-content/uploads/2020/05/articolo-scarselli.pdf. Acesso em: 17 maio 2021.

SORRENTINO, L. Y.; COSTA NETO, R. S. O acesso digital à Justiça – A imagem do Judiciário Brasileiro e a prestação jurisdicional. *TJDFT-Artigos*, 2020. Disponível em: https://www.tjdft.jus.br/institucional/imprensa/campanhas-e-produtos/artigos-discursos-e-entrevistas/artigos/2020/o-acesso-2013-digital-2013-a-justica-a-imagem-do-judiciario-brasileiro-e-a-prestacao-jurisdicional-nos-novos-tempos. Acesso em: 2 nov. 2020.

SUSSKIND, R. The future of Courts. *Remote Courts*, v. 6, issue 5, 2020. Disponível em: https://thepractice.law.harvard.edu/article/the-future-of-courts/. Acesso em: 17 maio 2021.

Informação bibliográfica deste texto, conforme a NBR 6023:2018 da Associação Brasileira de Normas Técnicas (ABNT):

BRANCO, Patrícia; PATTERSON, Claudia. Justiça e tecnologia: é necessária uma nova identidade para a arquitetura forense?. *In*: EHRHARDT JÚNIOR, Marcos; CATALAN, Marcos; MALHEIROS, Pablo (Coord.). *Direito Civil e tecnologia*. 2. ed. Belo Horizonte: Fórum, 2022. t. II. p. 129-143. ISBN 978-65-5518-432-7.

PARTE II

LIMITES E POSSIBILIDADES DAS APLICAÇÕES DE INTELIGÊNCIA ARTIFICIAL

PARTE II

LIMITES E POSSIBILIDADES DAS APLICAÇÕES DE INTELIGÊNCIA ARTIFICIAL

A INTELIGÊNCIA ARTIFICIAL E OS RISCOS DA DISCRIMINAÇÃO ALGORÍTMICA

MILTON PEREIRA DE FRANÇA NETTO
MARCOS EHRHARDT JÚNIOR

1 Introdução

A expressiva contribuição propiciada pelas ferramentas de inteligência artificial (IA) à consecução das mais variadas tarefas do cotidiano é inquestionável. Em tempos de sociedade da informação, em que as esferas particular e profissional de um indivíduo coadunam-se num *smartphone*, o simples desbloqueio de sua tela revela inúmeros aplicativos que se servem de tal tecnologia e desempenham papéis significativos em nossas vidas.

Atividades de monitoramento de tráfego urbano e de cálculo de rotas efetuadas em tempo real pelo *Waze*, assim como o gerenciamento de compromissos e anotações pelo *Evernote*, a exposição dos usuários do *Instagram* e *Facebook* a postagens adaptadas aos seus interesses e a sugestão personalizada de conteúdo por plataformas de *streaming* como *Netflix* e *Amazon Prime* demonstram o enraizamento cultural desses instrumentos.

Os necessários avanços tecnológicos implementados ao curso da pandemia da Covid-19 evidenciaram, sob uma perspectiva macroeconômica, a relevância dos *softwares* inteligentes, permitindo a aproximação de pessoas e entidades fisicamente apartadas pelo contexto de distanciamento social.[1]

Inobstante a pletora de benesses que oferece, o emprego da inteligência artificial comporta um alarmante potencial lesivo, associado à problemática da discriminação algorítmica, através da qual indivíduos e grupos vulneráveis são impactados e desfavorecidos.

---

[1] Nesse sentido, a realização de reuniões, aulas e conferências remotamente é facilitada por plataformas como *Zoom* e *Google Meets*, ao passo que a sedimentação da telemedicina permite o atendimento, o diagnóstico e o suporte a pessoas enfermas e sintomáticas. Não menos importante, a praticidade do acesso a serviços públicos digitalmente, em especial para o cadastro e o recebimento do auxílio emergencial, corrobora o atual estágio de indissociabilidade tecnológica do agir humano.

Situações que envolvem a tomada de decisões em processos corriqueiros de seleção de emprego, concessão de crédito por instituições bancárias, reconhecimento por leitura biométrica, contratação de seguros e, até mesmo, a exibição digital de anúncios, comportam preocupantes vieses danosos, despercebidos pelo público em geral, mas que oferecem riscos desmedidos a classes historicamente desprestigiadas.

Ainda que o enviesamento prejudicial apareça de forma mais nítida quando os algoritmos de IA fornecem análises, classificações e predições fundadas em dados sensíveis associados a características protegidas, como raça, gênero e nacionalidade, a principal ameaça reside nas situações em que, apesar de estatisticamente irretocável, o modelo (*model*) gerado após o treinamento daqueles, de forma latente, comporta prejuízos a determinadas coletividades.

Assim, em um cenário de incertezas acerca dessa tecnologia, usualmente concebida como uma *black box* opaca e inacessível, surgem movimentos destinados a garantir-lhe explicabilidade,[2] tornando-a inteligível ao público não especialista, aliados a reivindicações por uma maior transparência em relação ao procedimento desempenhado por seus algoritmos na geração de decisões parcial ou totalmente automatizadas, sobretudo no contexto de profusão de dados inerente ao fenômeno do *Big Data*.

O presente artigo objetiva, por intermédio da metodologia dedutiva, aliada à revisão bibliográfica e à pesquisa documental, analisar o consolidado fenômeno da inteligência artificial e assinalar os potenciais riscos de sua utilização. Busca-se, a princípio, a compreensão da estrutura e do funcionamento das principais ferramentas de IA disponíveis, seguida pela delimitação dos institutos da diferenciação e da discriminação.

Sedimentados tais conceitos basilares, a análise envereda na controvertida temática da discriminação algorítmica, apreciando as suas modalidades direta e indireta, com destaque para as hipóteses de enviesamento não intencional, associadas ao uso de algoritmos de aprendizado de máquina (*machine learning*) e dificilmente detectáveis ao olhar ordinário.

A busca por soluções permeia a derradeira porção do trabalho, em que se esmiúça o disciplinamento normativo conferido à matéria no Brasil, em especial pela recente Lei Geral de Proteção de Dados Pessoais (LGPD), acompanhada da exposição de possíveis medidas auxiliadoras na redução e atenuação de seus preocupantes impactos lesivos sobre indivíduos e grupos frequentemente desamparados.

2 Inteligência artificial: definição, origem e vertentes

A propagação do uso da inteligência artificial em diversos segmentos públicos e privados ocasiona destacadas inovações que tangenciam desde a criação de veículos autônomos, desatados da condução humana, até a instalação de redes de vigilância ininterrupta que empregam a leitura biométrica em suas análises. Ainda que para muitos, tais exemplos pareçam longínquos e ficcionais, a realidade evidencia, cada vez mais, a sua consolidação prática nos mais diversos segmentos sociais e econômicos.[3]

---

[2] O crescente movimento da *Explainable Artificial Intelligence – EAI* (Inteligência Artificial Explicável – IAE) objetiva fornecer ao cidadão comum a possibilidade de uma melhor compreensão acerca do funcionamento e dos potenciais riscos relacionados aos sistemas inteligentes.

[3] O estreitamento da relação entre ficção científica e realidade permeia o documentário "Coded Bias", da diretora Shalini Kantayya, que segue a jornada da pesquisadora do MIT Joy Buolamwini, desde o instante em que ela

Diante de inúmeros cenários de aplicação da inteligência artificial, com níveis de complexidade e sofisticação distintos, um comum aspecto os une: o anseio de mimetizar o intelecto humano. Observa-se que, numa perspectiva moderna, compete à IA o estudo do *design* de agentes e sistemas inteligentes,[4] capazes de reproduzir, digitalmente, uma estrutura de decisão semelhante à humana.[5]

A cunhagem específica da expressão "inteligência artificial" é atribuída ao americano John McCarthy, em documento destinado à divulgação de um projeto de pesquisa realizado pela Darmouth College, no estado de New Hampshire, em 1956.[6] As décadas de 1970 e 1980 comportaram o desenvolvimento de sistemas especialistas, que buscavam aglutinar o conhecimento de *experts* de áreas particulares. Prosseguiu-se, então, a pesquisas destinadas à reprodução artificial de redes neurais humanas, chegando-se, no último decênio, à concretização de estudos e aplicações práticas voltadas às técnicas do aprendizado de máquina (*machine learning*) e do aprendizado profundo (*deep learning*).[7]

O notório progresso nesta área permeia a sua categorização em três vertentes reflexivas: i) a IA fraca, ii) a IA forte e iii) a superinteligência. A primeira desconsidera a possibilidade de tais sistemas reproduzirem, de maneira fiel, os trejeitos humanos de consciência e autopercepção. A segunda corrente visualiza a incorporação dessas características por uma máquina verdadeiramente pensante e criativa. Tal perspectiva é maximizada pela derradeira categoria, que concebe a potencialização do intelecto artificial a níveis inalcançáveis pelo homem.[8]

A interação entre esses atores constitui um importante fator a ser considerado. O manuseio dos sistemas pelo operador, responsável pelo tratamento de dados, e pelo usuário, que os emprega em suas atividades, varia conforme a possibilidade de sua manipulação de forma instantânea.

As ferramentas que disponibilizam uma interface à referida finalidade classificam-se como de alta interatividade, enquanto aquelas desprovidas do elemento e focadas na

---

expõe discriminações algorítmicas contra mulheres e negros, performadas por sistemas de reconhecimento facial desenvolvidos por empresas como a *Amazon* e o *Facebook*, até a sua participação em audiências congressistas norte-americanas para defender a edição de legislações regulatórias do uso da inteligência artificial. Firmada nos comentários de prestigiadas especialistas da área, a obra esmiúça danosos enviesamentos verificados nos setores privados de consumo, bancário, imobiliário e de seguros; e nas atividades estatais de avaliação de reincidência criminal e de monitoramento policial ao longo da última década. (CODED BIAS. Direção de: Shalini Kantayya. Produção de 7th Empire Media. *Netflix*, Estados Unidos, 2020. Streaming. Disponível em: https://www.netflix.com/br/title/81328723. Acesso em 10 abr. 2022).

[4] BORGESIUS, F. Zuirderveen. *Discrimination, artificial intelligence, and algorithmic decision-making*. Strasbourg: Council of Europe, Directorate General of Democracy, 2018. Disponível em: https://rm.coe.int/discrimination-artificial-intelligence-and-algorithmic-decision-making/1680925d73. Acesso em 28 abr. 2021.

[5] HOFFMAN-RIEM, Wolfgang. *Teoria geral do direito digital*: transformação digital: desafios para o direito. Rio de Janeiro: Forense, 2021. p. 35-37. Através do "Teste de Turing", desenvolvido pelo matemático britânico em 1950, busca-se avaliar a inteligência de uma máquina, à medida que esta tenta simular as nuances próprias das interações sociais, induzindo o interlocutor humano com quem dialoga a acreditar estar se comunicando textualmente com um semelhante (SILVA, Fabrício Machado da *et al*. *Inteligência artificial*. Porto Alegre: SAGAH, 2019. p. 23-31).

[6] MCCARTHY, J. *et al*. A Proposal for the Dartmouth Summer Research Project on Artificial Intelligence, August 31, 1955. *AI Magazine*, [s.l.], v. 27, n. 4, p. 12, 2006. Disponível em: https://ojs.aaai.org/index.php/aimagazine/article/view/1904. Acesso em 22 mai. 2021.

[7] SILVA, Fabrício Machado da *et al*. *Inteligência artificial*. Porto Alegre: SAGAH, 2019. p. 13-16.

[8] SILVA, Fabrício Machado da *et al*. *Inteligência artificial*. Porto Alegre: SAGAH, 2019. p. 17.

maior autonomização da máquina qualificam-se como de baixa interatividade.[9] Embora a capacidade de processar um incomensurável volume de dados configure uma das diversas facetas da inteligência artificial, a relevância desta decorre, em especial, de sua aptidão em extrair conhecimento a partir da análise deles.

> O sistema de inteligência artificial não é capaz apenas de armazenar e manipular dados, como também de adquirir, representar e manipular conhecimento. A manipulação inclui a capacidade de deduzir ou inferir novos conhecimentos ou relações sobre fatos e conceitos a partir do conhecimento já existente e utilizar métodos de representação e manipulação para resolver problemas complexos que são frequentemente não quantitativos por natureza.[10]

Essas incumbências perpassam a utilização de algoritmos, que se destinam a organizar um conjunto de instruções a serem realizadas numa ordem sequencial para solucionar um determinado entrave. Ou seja, representam um passo a passo para se resolver um problema.

Ainda que empregados em atividades ordinárias, como o *checklist* realizado por um mecânico ao vistoriar um veículo, a peculiaridade dos algoritmos de IA envolve a imperiosidade de precisão e especificidade na linguagem utilizada em sua construção, despida de nuances subjetivas e plenamente compreensível à máquina.[11]

O "manuseio" de dados e conhecimentos pelos algoritmos de inteligência artificial ocorre, especialmente, através de duas técnicas: o aprendizado de máquina (*machine learning*) e o aprendizado profundo (*deep learning*).

3 Aprendizado de máquina (*machine learning*)

A Organização Mundial da Propriedade Intelectual (OMPI) divulgou, em 2019, o Relatório "Technology Trends: Artificial Intelligence", em que esmiúça os rumos tecnológicos norteados pela inteligência artificial a partir da análise do registro de famílias de patentes e da elaboração de estudos científicos que abordam suas técnicas, aplicações funcionais e campos de atuação.[12]

A avaliação compreende dados catalogados entre 1960 e 2018, contabilizando mais de 150 mil famílias de patentes de IA registradas nesse intervalo, das quais 40% concernem ao aprendizado de máquina (AM). Em comparação às demais técnicas, a sua predominância é ainda mais impressionante, correspondendo a 89% de todos os registros envolvendo a tecnologia. Ela igualmente lidera as publicações científicas sobre a temática, representando 64% dos estudos formulados no período, seguida pelos nichos da programação lógica (*logic programming*) e da lógica difusa (*fuzzy logic*).

---

[9] EHRHARDT JÚNIOR, Marcos; SILVA, Gabriela Buarque Pereira. Diretrizes éticas para a inteligência artificial confiável na União Europeia e a regulação jurídica no Brasil. *Revista IBERC*, v. 23, n. 1, p. 1-28, 2020. Disponível em: https://rbdcivil.ibdcivil.org.br/rbdc/article/view/477/345. Acesso em 22 mai. 2021.

[10] SILVA, Fabrício Machado da *et al*. *Inteligência artificial*. Porto Alegre: SAGAH, 2019. p. 14.

[11] SCHERTEL MENDES, Laura; MATTIUZZO, Marcela. Discriminação algorítmica: conceito, fundamento legal e tipologia. *Direito Público*, [s.l.], v. 16, n. 90, dez. 2019. ISSN 2236-1766. Disponível em: https://portal.idp.emnuvens.com.br/direitopublico/article/view/3766. Acesso em 23 mai. 2021.

[12] WORLD INTERNATIONAL PROPERTY ORGANIZATION. *WIPO Technology Trends 2019*: Artificial Intelligence. Geneva, 2019. Disponível em: https://www.wipo.int/edocs/pubdocs/en/wipo_pub_1055.pdf. Acesso em 10 mai. 2021.

Diante da consolidação do *machine learning* (*ML*) nos ambientes prático e teórico, cabe a sua apreciação mais detalhada. Os algoritmos de ML caracterizam-se pela aprendizagem a partir de exemplos anteriores. Logo, são "alimentados" com dados e buscam a melhor forma de se chegar ao resultado pretendido, sem que tenham sido especificamente programados para tanto. Eles assimilam, após treinamento e aperfeiçoamento, a solução otimizada para um problema específico e permitem a difusão desta para sanar outras situações.[13]

O ingresso de dados devidamente processados e analisados resulta na descoberta de uma informação ou conhecimento de interesse, que passa a ser empregado em variados processos de tomadas de decisão. Estes podem decorrer da própria máquina, de forma totalmente automatizada, a exemplo da detecção de fraudes envolvendo operadoras de cartão de crédito, ou ainda, sob a dependência de um crivo humano, tal como na concessão de empréstimos bancários após a apreciação do *credit score* do solicitante.

A disposição desses algoritmos envolve a organização tabular de um conjunto de dados (*dataset*), em que as linhas representam um objeto ou exemplo, e as colunas retratam seus atributos ou variáveis, com as interseções entre os campos trazendo valores específicos, que são somados ao final.[14]

Esses atributos podem qualificar-se como: a) preditivos, quando enumeram as características de um determinado objeto, constituindo valores de entrada; ou b) alvos (*target variables*), que rotulam um objeto a partir de determinada classe, especificando aquilo que se deseja prever e formando o seu valor de saída.[15] Os parágrafos anteriores bem demonstram como a especificidade de conceitos da ciência de dados e da computação torna-se o primeiro desafio para quem deseja aprofundar-se no estudo das consequências jurídicas decorrentes da utilização de aplicações baseadas em inteligência artificial. O contexto de funcionamento da ferramenta de *spam* facilita a assimilação das espécies.

Está-se diante de uma aplicação que tem por objetivo a identificação de mensagens consideradas indesejáveis, vale dizer, *spam* (atributo-alvo), permitindo a filtragem de *e-mails* de caráter malicioso ou indesejado e a inserção destes em duas categorias derradeiras de *spam* ou *não spam*, que constituem os seus rótulos de classe (*class labels*).

O êxito no empreendimento resulta de um anterior processo de treinamento do algoritmo, exposto a exemplos de mensagens maliciosas (atributos preditivos) e ao resultado almejado de efetuar a sua classificação binária em *spam* ou *não spam* (atributo-alvo). Ele aprende a partir de tal processo, concebendo um modelo (*model*) ou função que otimiza a análise de mensagens ulteriores.[16]

Os atributos preditivos comportam características relativas ao objeto abordado pelos dados, uma vez que o atributo-alvo determina o que o algoritmo em questão pretende revelar quando realiza uma predição ou classificação. A ideia é que o sistema

---

[13] HOFFMAN-RIEM, Wolfgang. *Teoria geral do direito digital*: transformação digital: desafios para o direito. Rio de Janeiro: Forense, 2021. p. 35-37.
[14] FACELI, Katti et al. *Inteligência artificial*: uma abordagem de aprendizado de máquina. 2. ed. Rio de Janeiro: LTC, 2021. p. 3-7.
[15] FACELI, Katti et al. *Inteligência artificial*: uma abordagem de aprendizado de máquina. 2. ed. Rio de Janeiro: LTC, 2021. p. 3-7.
[16] BAROCAS, Solon; SELBST, Andrew D. Big Data's Disparate Impact. *California Law Review*, v. 104, n. 3, p. 1-28, 2016. Disponível em: https://www.californialawreview.org/print/2-big-data/. Acesso em 22 mai. 2021.

de IA possa aprender a partir de exemplos que lhe são fornecidos, para que, ao final, realize as atividades de forma autônoma.

O aspecto essencial que diferencia as duas principais categorias de *machine learning*, relativas ao aprendizado supervisionado (*supervised learning*) e ao aprendizado não supervisionado (*unsupervised learning*), reside na rotulação dos dados, ou seja, no fato de ter-lhes sido conferido um atributo-alvo que permite a sua inserção em determinada categoria. Nesses casos, o intento almejado pelo uso da ferramenta já se encontra pré-fixado.

3.1 Aprendizado supervisionado (*supervised learning*)

O emprego da rotulação dos dados caracteriza o aprendizado supervisionado, mediante o qual se mapeia o caminho que melhor interliga os atributos iniciais ao atributo-alvo. Esse itinerário representa o modelo ou função, que facilitará as análises e predições baseadas em dados futuramente inseridos ao sistema.[17]

A ideia é treinar a máquina a partir de exemplos iniciais, passando a averiguar os possíveis modelos distintos que conectam os valores de entrada àqueles de saída, sem a necessidade de uma programação humana específica para tanto. Desse modo, o algoritmo de AM aprende a ligar um dado de entrada a uma classe ou categoria de saída, após conectar um dado ao seu respectivo rótulo de classe.[18]

A supervisão humana auxilia unicamente no estabelecimento do início e do final do processo de aprendizado, cabendo à máquina colmatar a lacuna entre eles. Como num jogo de palavras cruzadas, em que já se sabem as respostas a serem preenchidas, cabe, exclusivamente, traçar-se o caminho em direção a elas.

Encontrado o modelo ou a função ideal, torna-se facilitada a apreciação de dados futuramente inseridos no algoritmo de *machine learning*, uma vez que o itinerário e os possíveis valores de saída/rótulos a eles aplicáveis já se encontram prognosticados. A máquina aprende a partir de exemplos a solucionar um determinado problema traduzido em linhas de código.

O mencionado instrumento de verificação de *spam*, após um processo de treinamento e aprendizado baseado em sua exposição a situações prévias, concebe um modelo e confere celeridade à análise das mensagens vindouras.

A aprendizagem supervisionada engloba duas espécies principais: a classificação e a regressão. A primeira enquadra valores de entrada, alusivos a dados inseridos ao algoritmo, a determinada classe ou categoria, sendo exemplificada pelo uso de algoritmos de AM na detecção de fraudes e mensagens indesejadas.

Na segunda categoria, o modelo busca identificar correlações existentes entre variáveis dependentes e independentes, materializando uma predição, utilizada na elaboração de estimativas quanto à renda e de avaliações de indivíduos em diversas

---

[17] FACELI, Katti *et al*. *Inteligência artificial*: uma abordagem de aprendizado de máquina. 2. ed. Rio de Janeiro: LTC, 2021. p. 3-10.
[18] BREVE, Fabricio Aparecido *et al*. Particle competition and cooperation in networks for semi-supervised learning. *IEEE Transactions on Knowledge and Data Engineering (Print)*, v. 24, 2012. Disponível em: https://www.fabriciobreve.com/artigos/ieee-tkde-2009.pdf. Acesso em 10 mai. 2021.

áreas.[19] Nela, traçam-se perfis e *rankings* sobre as pessoas, em que são feitas conjecturas acerca da probabilidade de estas realizarem certa tarefa ou adotarem um comportamento específico. Esses modelos são empregados desde situações mais comuns, como a análise de cadastro positivo por instituições bancárias, considerando a possível insolvência futura do solicitante de empréstimo; até em casos que envolvem tópicos mais controversos, como a otimização da segurança pública pela polícia preditiva e a realização de prognósticos no âmbito jurisdicional criminal.

A supervisão humana no processo de aprendizado da máquina, ao fornecer dados rotulados a esta, possibilita a execução das tarefas de cunho classificatório ou preditivo.

3.2 Aprendizado não supervisionado (*unsupervised learning*), semissupervisionado (*semi-supervised learning*) e por reforço (*reinforcement learning*)

A modalidade de aprendizado não supervisionado (*unsupervised learning*) almeja a apreciação e a identificação de padrões em grandes volumes de dados não rotulados. Com um enfoque mais descritivo, é empregada em aplicações práticas comerciais, que permitem a elaboração de estratégias de venda e a análise minuciosa dos hábitos de consumo.[20]

Tal ramificação do aprendizado de máquina funda-se, em essência, no desenvolvimento de atividades de: a) *clustering* (análise de agrupamento de dados), destinada a condensá-los mediante a investigação de aspectos comuns ou distintivos, sendo exemplificada por agregadores de notícias, como o Google Notícias, e ferramentas de reconhecimento de imagem, como a disponibilizada pelo Google Imagens; b) associação, que buscam revelar relações existentes entre os atributos de um determinado conjunto de dados, conferindo relevância à análise de hábitos de consumo por gigantes da indústria, como as empresas *Best Buy* e *Amazon*; e c) redução de dimensionalidade, que compacta a quantidade de atributos ou dimensões inerentes a um *dataset*, com o objetivo de resguardar o bom funcionamento algorítmico, aplicando-se à fase de pré-processamento de dados.[21]

Uma representação intermediária das citadas categorias tangencia o aprendizado semissupervisionado (*semi-supervised learning*), em que o algoritmo utiliza pequenas quantidades de dados rotulados para, indutivamente, prever os rótulos aplicáveis a uma imensa gama de dados não rotulados, combinando as atividades desempenhadas pela dupla de espécies anteriores.

Destaca-se, igualmente, o aprendizado por reforço (*reinforcement learning*), em que se ensina o algoritmo através de um sistema de recompensas e punições, ofertadas

---

[19] WILSON, Aidan. A Brief Introduction to Supervised Learning. *Towards Data Science*, 29 set. 2019. Disponível em: https://towardsdatascience.com/a-brief-introduction-to-supervised-learning-54a3e3932590. Acesso em 22 mai. 2021.

[20] Cf.: What is Unsupervised Learning?: learn how unsupervised learning works and how it can be used to explore and cluster data. *IBM Cloud Education*, 21 set. 2021. Disponível em: https://www.ibm.com/cloud/learn/unsupervised-learning. Acesso em 22 mai. 2021.

[21] Cf.: What is Unsupervised Learning?: learn how unsupervised learning works and how it can be used to explore and cluster data. *IBM Cloud Education*, 21 set. 2021. Disponível em: https://www.ibm.com/cloud/learn/unsupervised-learning. Acesso em 22 mai. 2021.

de acordo com os movimentos e ações adotados. É aplicado, em especial, ao campo da robótica.[22]

4 Aprendizado profundo (*deep learning*)

A evolução do aprendizado de máquina é engenhada pela sua ramificação alusiva ao aprendizado profundo (*deep learning*), que compreende a simulação artificial de redes neurais humanas, caracterizada pelo processamento de um grande volume de dados em múltiplas camadas interconectadas.[23] Essa evolução do aprendizado elenca os avanços tecnológicos necessários para acelerar os segmentos de reconhecimento de voz, processamento de imagens e análise comportamental.[24] Apesar de sua diminuta influência sobre os mencionados indicativos de patentes de inteligência artificial, a categoria vem crescendo anualmente, conforme atestado pelo incremento de 175% nos registros de técnicas de *deep learning* no período de 2013 a 2016.[25]

O aperfeiçoamento funcional intrínseco à modalidade eleva o potencial de aprendizado e autonomia da máquina, que passa a se autorregular ao longo do tempo, uma vez que começa a "compreender inter-relações, estruturas e arquiteturas sem intervenção humana adicional [...] (e a) melhorar o seu desempenho de forma independente".[26]

5 Algoritmos, *big data* e mineração de dados (*data mining*)

A expansão no uso de algoritmos de aprendizado de máquina e aprendizado profundo acompanha uma moderna tendência de ampliação da disponibilidade de dados, em proporções anteriormente inimagináveis. Neste cenário, os sistemas de inteligência artificial conectam-se aos institutos do *Big Data* e da mineração de dados (*data mining*).

O *Big Data* vincula-se a uma técnica que instrumentaliza a análise e o processamento de uma quantidade massiva e heterogênea de dados, possibilitando a extração de relevantes informações, inatingíveis pela varredura de montantes menores.[27]

Desta forma, o fenômeno é atualmente relacionado a algumas características, conhecidas como 5 Vs: a) volume (*volume*), por lidar com grandes montantes de dados; b) variedade (*variety*), visto que esses dados apresentam uma notável diversidade;

---

[22] FACELI, Katti *et al*. *Inteligência artificial*: uma abordagem de aprendizado de máquina. 2. ed. Rio de Janeiro: LTC, 2021. p. 3-10.
[23] CALABRICH, Bruno Freire de Carvalho. Discriminação algorítmica e transparência na Lei geral de proteção de dados pessoais. *RDTec – Revista de direito e as novas tecnologias*, v. 8, jul./set. 2020. Disponível em: https://dspace.almg.gov.br/bitstream/11037/38411/1/Bruno%20Freire%20de%20Carvalho%20Calabrich.pdf. Acesso em 13 abr. 2021.
[24] SILVA, Fabrício Machado da *et al*. *Inteligência artificial*. Porto Alegre: SAGAH, 2019. p. 13-20.
[25] WORLD INTERNATIONAL PROPERTY ORGANIZATION. *WIPO Technology Trends 2019*: Artificial Intelligence. Geneva, 2019. Disponível em: https://www.wipo.int/edocs/pubdocs/en/wipo_pub_1055.pdf. Acesso em 10 mai. 2021.
[26] HOFFMAN-RIEM, Wolfgang. *Teoria geral do direito digital*: transformação digital: desafios para o direito. Rio de Janeiro: Forense, 2021. p. 36.
[27] SCHERTEL MENDES, Laura; MATTIUZZO, Marcela. Discriminação algorítmica: conceito, fundamento legal e tipologia. *Direito Público*, [s.l.], v. 16, n. 90, dez. 2019. ISSN 2236-1766. Disponível em: https://portal.idp.emnuvens.com.br/direitopublico/article/view/3766. Acesso em 23 mai. 2021.

c) velocidade *(velocity)*, pois o seu processamento ocorre de forma mais célere; d) veracidade *(veracity)*, dada uma suposta maior confiança na conferência dos dados; e e) valor *(value)*, ao se considerar as inovações comerciais possibilitadas.[28]

A relação entre *Big Data* e *machine learning* é marcada por uma complementaridade, tendo em vista que este fornece as ferramentas adequadas ao melhor aproveitamento da abundância de dados daquele, permitindo a extração de valiosas informações escondidas, as quais não emergiriam por outro meio.[29] Tal captação de conhecimento acaba ligando-os à técnica da mineração de dados, fundada em preceitos estatísticos e destinada à revelação de padrões existentes em *datasets*.

O itinerário percorrido envolve a crescente utilização de ferramentas de inteligência artificial, que lançam mão de algoritmos e do processo de *data mining* para promover a análise de uma copiosa quantidade de dados nesse cenário de *Big Data*, fornecendo, ao seu encerramento, uma preciosa informação que consubstancia o proferimento de uma decisão pela própria máquina, de forma plenamente automatizada ou passível de confirmação humana.

Assim, fornecem-se dados à máquina, a quem compete encontrar padrões e produzir, ao final, uma informação ou conhecimento útil, que será utilizado para embasar uma decisão tomada isoladamente pelo próprio *software* ou mediante uma posterior aprovação humana.

A conjugação dos institutos desperta o vislumbre de um inestimável conhecimento aplicável a inúmeros avanços tecnológicos. A expansão da robótica na área da saúde, aprimorando o diagnóstico de doenças e a realização de operações de forma autonomizada; os incrementos ao funcionamento das metrópoles, com o surgimento das inovações de *smart cities* e de *urban tech*; e uma maior eficiência no trato da coisa pública e na administração da justiça, proporcionada pelos instrumentos de *govtech* e *lawtech*, integram uma exemplificativa lista de contribuições à sociedade moderna.

Não se nega o mérito das conquistas tecnológicas e científicas, em muito impulsionadas pelas citadas técnicas de inteligência artificial concernentes ao *machine learning* e ao *deep learning*. Contudo, a faceta negativa de sua utilização merece análoga atenção, especialmente quando sopesada a neblina que a recobre. A opacidade inerente ao funcionamento interno dos algoritmos de aprendizado de máquina e de aprendizado profundo, em seus processos de análise de dados, geração de um resultado (*outcome*) e a consequente tomada de decisão, oferece sérios riscos, usualmente imperceptíveis ao cidadão comum.

Ainda que a racionalidade paute o anseio de se agrupar dados a partir de similaridades e traçar padrões, destinando-os à realização de predições, classificações ou descrições – e a sua consequente implementação prática em diversos segmentos –, a atuação dos algoritmos de inteligência artificial pode resultar, de forma intencional ou não, em severos prejuízos a indivíduos e grupos protegidos, ameaçando direitos

---

[28] BABO, Gustavo Schainberg S. Discriminação algorítmica: origens, conceitos e perspectivas regulatórias. *DTIBR*, 22 jun. 2020. Disponível em: https://www.dtibr.com/post/discrimina%C3%A7%C3%A3o-algor%C3%ADtmica-origens-conceitos-e-perspectivas-regulat%C3%B3rias-parte-2. Acesso em 21 mai. 2021.

[29] Cf.: Machine Learning e Deep Learning: aprenda as diferenças. *Sales Force*, 30 abr. 2018. Disponível em: https://www.salesforce.com/br/blog/2018/4/Machine-Learning-e-Deep-Learning-aprenda-as-diferencas.html. Acesso em 23 mai. 2021.

e garantias que lhes são assegurados, permeando um contexto de discriminação indesejada.[30]

A temática obteve relevância na última década, com a emergência de preocupantes casos de "racismo algorítmico", como as falhas das ferramentas de reconhecimento de imagens do Google,[31] que, em determinada instância, identificaram pessoas negras como gorilas; e de reconhecimento facial da Nikon,[32] instalada em seus aparelhos fotográficos, que interpretavam que pessoas de origem asiática quase sempre estavam de olhos fechados.

A notoriedade desses casos vem direcionando os radares tecnológicos e jurídicos à temática da discriminação algorítmica, presente, inclusive, em questões corriqueiras, como a seleção e a admissão de empregados e estudantes, e as relações de consumo. Nelas, mesmo que não afigurados equívocos aparentes de ordem estatística, a presença subjacente de enviesamentos e iniquidades demanda um estudo mais aprofundado. É o que se faz a seguir.

6 Discriminação x diferenciação

A precisa delimitação da discriminação algorítmica representa uma árdua tarefa diante da pluralidade e da complexidade de suas hipóteses ensejadoras, que acarretam percepções doutrinárias diversas a respeito de suas espécies. Observa-se que as incertezas acerca dos contornos gerais discriminatórios precedem os avanços tecnológicos alusivos à aurora da inteligência artificial e dos algoritmos, pois tais práticas vêm sendo longamente admitidas e perpetuadas na sociedade sob uma ótica estritamente econômica.

A dialética de recursos e demandas subsidia as discriminações de ordem estatística, que de forma racional promovem separações entre indivíduos, vinculando-os a determinados grupos, de acordo com similitudes detectadas. Adota-se tal escopo no processo de mineração de dados, associado às ferramentas de *machine learning* e *deep learning*.[33]

O raciocínio baseia-se na apreciação das características perceptíveis acerca de uma pessoa avaliada, como os seus traços físicos relativos à raça e a gênero, sobrepujando as demais variáveis não observáveis, como competência e produtividade. Julga-se em consonância àquilo que se encontra exteriorizado, fazendo-se generalizações.[34]

---

[30] BAROCAS, Solon; SELBST, Andrew D. Big Data's Disparate Impact. *California Law Review*, v. 104, n. 3, p. 1-28, 2016. Disponível em: https://www.californialawreview.org/print/2-big-data/. Acesso em 22 mai. 2021.

[31] SALAS, Javier. Google conserta seu algoritmo "racista" apagando os gorilas. *El País Brasil*, 16 ene. 2018. Disponível em: https://brasil.elpais.com/brasil/2018/01/14/tecnologia/1515955554_803955.html. Acesso em 22 mai. 2021.

[32] ROSE, Adam. Are face detection cameras racist? *Time Magazine*, 22 jan. 2010. Disponível em: http://content.time.com/time/business/article/0,8599,1954643,00.html. Acesso em 22 mai. 2021.

[33] BAROCAS, Solon; SELBST, Andrew D. Big Data's Disparate Impact. *California Law Review*, v. 104, n. 3, p. 1-28, 2016. Disponível em: https://www.californialawreview.org/print/2-big-data/. Acesso em 22 mai. 2021.

[34] SCHERTEL MENDES, Laura; MATTIUZZO, Marcela. Discriminação algorítmica: conceito, fundamento legal e tipologia. *Direito Público*, [s.l.], v. 16, n. 90, dez. 2019. ISSN 2236-1766. Disponível em: https://portal.idp.emnuvens.com.br/direitopublico/article/view/3766. Acesso em 23 mai. 2021.

A conjuntura da instauração das citadas distinções em determinadas áreas, como o mercado de trabalho, suscita questionamentos acerca da ascensão de uma "Economia da Discriminação", que privilegiaria características pessoais desprovidas de um impacto significativamente relevante sobre as tarefas a serem desempenhadas.[35]

Tome-se, como exemplo, a questionável discriminação empreendida no processo de contratação de mulheres e homens à luz do viés econômico. Estes acabam sendo priorizados, sob a racional justificativa de que aquelas permaneceriam afastadas de suas funções por um maior período, em decorrência de questões familiares e de maternidade.[36]

A peculiaridade do tema envolve a percepção de que algumas discriminações são material e juridicamente aceitáveis, dado que não infringem os preceitos constitucionais relativos à isonomia e à vedação à discriminação,[37] assim como não se comportam danosamente perante a dimensão da dignidade.

A Lei Geral de Proteção de Dados Pessoais (LGPD) inclui, expressamente, a não discriminação entre os princípios norteadores da atividade de tratamento, que não pode se destinar a fins ilícitos ou abusivos. Como consequência, caso os desígnios não se enquadrem às hipóteses, a discriminação será válida e admitida.[38] A nomenclatura "diferenciação" parece mais adequada para se reportar aos cenários em que as distinções não se demonstram passíveis de repreensão ou abusivas, nem trazem violações legais e constitucionais.

Por outro lado, sob uma perspectiva jurídica, caberia ao termo "discriminação", inclusive em sua vertente algorítmica, abranger exclusivamente as hipóteses em que distinções atribuídas a pessoas ou grupos acabam se configurando como ilegais ou censuráveis/abusivas.[39]

A sua costumeira acepção abarca um sentido de remoção do indivíduo de um grupo, por apresentar certa característica. Acrescenta-se, em face das generalizações potencialmente lesivas, uma segunda definição, em que a discriminação repreensível considera uma pessoa como parte de um grupo, herdando as características da coletividade em detrimento de suas próprias individualidades.[40]

Thiago Junqueira, numa análise das contratações de seguro, observa que essa discriminação origina um tratamento desigual, baseado na desvirtuação de características legalmente tuteladas, como os intrínsecos trejeitos humanos de raça, gênero e

---

[35] LOUREIRO, Paulo R. A. Uma resenha teórica e empírica sobre economia da discriminação. *Revista Brasileira Economia*, Rio de Janeiro, v. 57, n. 1, p. 125-157, 2003. Disponível em: http://www.scielo.br/scielo.php?script=sci_arttext&pid=S0034-71402003000100005&lng=en&nrm=iso. Acesso em 22 mai. 2021.

[36] LOUREIRO, Paulo R. A. Uma resenha teórica e empírica sobre economia da discriminação. *Revista Brasileira Economia*, Rio de Janeiro, v. 57, n. 1, p. 125-157, 2003. Disponível em: http://www.scielo.br/scielo.php?script=sci_arttext&pid=S0034-71402003000100005&lng=en&nrm=iso. Acesso em 22 mai. 2021.

[37] EHRHARDT JÚNIOR, Marcos; SILVA, Gabriela Buarque Pereira. Os desafios da utilização de algoritmos no campo contratual. *Migalhas*, 14 set. 2020. Disponível em: https://www.migalhas.com.br/coluna/migalhas-contratuais/333229/os-desafios-da-utilizacao-de-algoritmos-no-campo-contratual. Acesso em 22 mai. 2021.

[38] SCHERTEL MENDES, Laura; MATIUZZO, Marcella; FUJIMOTO, Mônica Tiemy. *Discriminação algorítmica à luz da Lei Geral de Proteção de Dados. Tratado de Proteção de Dados Pessoais*. Rio de Janeiro: Forense, 2021. p. 421-446.

[39] BORGESIUS, F. Zuirderveen. *Discrimination, artificial intelligence, and algorithmic decision-making*. Strasbourg: Council of Europe, Directorate General of Democracy, 2018. Disponível em: https://rm.coe.int/discrimination-artificial-intelligence-and-algorithmic-decision-making/1680925d73. Acesso em 28 abr. 2021.

[40] SCHERTEL MENDES, Laura; MATTIUZZO, Marcela. Discriminação algorítmica: conceito, fundamento legal e tipologia. *Direito Público*, [s.l.], v. 16, n. 90, dez. 2019. ISSN 2236-1766. Disponível em: https://portal.idp.emnuvens.com.br/direitopublico/article/view/3766. Acesso em 23 mai. 2021.

padrão genético; e as opções sociais do indivíduo, como as suas inclinações políticas e convicções religiosas.[41]

A configuração da discriminação algorítmica exige um enfoque ainda mais apurado, pois o correlato funcionamento dos sistemas de inteligência artificial, cuja aprendizagem envolve um ciclo de análise de dados, extração de padrões e formação de um modelo, pode subsidiar decisões contaminadas por vieses nítidos ou imperceptíveis, importando em sérios prejuízos a classes prejudicadas de forma sistemática e duradoura.

Nesse sentido, observa-se que:

> Caso abordada sem a devida cautela, a mineração de dados pode reproduzir padrões existentes de discriminação, herdar preconceitos de tomadores de decisão prévios, ou simplesmente refletir os enviesamentos generalizados que persistem na sociedade. Ela pode ainda ter o perverso resultado de exacerbar injustiças ao sugerir que grupos historicamente desfavorecidos realmente merecem um tratamento menos favorável (tradução nossa).[42]

A tarefa de lidar e propor soluções ao enfrentamento da discriminação algorítmica se depara com os obstáculos da complexidade tecnológica, à medida que os trâmites internos dos sistemas de inteligência artificial, associados, em especial, à técnica de aprendizado de máquina, perfazem uma incógnita aos seus próprios construtores e, de forma potencializada e preocupante, à sociedade informatizada, ávida pelo consumo de novas tecnologias, mas costumeiramente relapsa quanto aos potenciais riscos que elas comportam.

7 Discriminação algorítmica

O processo de tomada de decisões por algoritmos de inteligência artificial, de maneira autônoma ou humanamente assistida, consubstanciado por expressivas informações extraídas pela mineração de dados, resulta, com certa frequência, em nocivos enviesamentos direcionados a indivíduos e grupos desprestigiados no curso da história.

A aferição de soluções atenuadoras do problema atravessa a necessária compreensão de suas modalidades e hipóteses tenuamente delimitadas. A abordagem tecnológica empreendida até aqui auxilia tal empreitada, ao possibilitar uma maior clareza na identificação das causas que ensejam a discriminação algorítmica. Ela pode configurar-se como direta ou indireta, conforme as hipóteses de enviesamento geradas pelos *softwares*, se se apresentem com maior ou menor nitidez, e com ou sem intencionalidade.

A discriminação direta ocorre de forma mais evidente, estando a distinção entre indivíduos ou grupos ancorada em características legalmente protegidas, alusivas, em especial, a dados pessoais sensíveis, como raça, gênero ou nacionalidade, acompanhada da usual intencionalidade no controle do algoritmo.[43]

---

[41] JUNQUEIRA, Thiago. *Tratamento de dados pessoais e discriminação algorítmica nos seguros*. São Paulo: RT, 2020. p. 380.
[42] BAROCAS, Solon; SELBST, Andrew D. Big Data's Disparate Impact. *California Law Review*, v. 104, n. 3, p. 1-28, 2016. Disponível em: https://www.californialawreview.org/print/2-big-data/. Acesso em 22 mai. 2021.
[43] BORGESIUS, F. Zuirderveen. *Discrimination, artificial intelligence, and algorithmic decision-making*. Strasbourg: Council of Europe, Directorate General of Democracy, 2018. Disponível em: https://rm.coe.int/discrimination-artificial-intelligence-and-algorithmic-decision-making/1680925d73. Acesso em 28 abr. 2021.

Em contraste, a vertente indireta abrange modelos estatisticamente corretos, de aparência neutra e não enviesada, mas que, de forma subjacente, podem comportar impactos desproporcionais sobre grupos constantemente prejudicados na esfera social, como negros, mulheres e homossexuais. Nesses casos, a discriminação geralmente surge de forma não intencional.[44]

Laura Schertel Mendes e Marcella Mattiuzzo fornecem uma tipologia da discriminação algorítmica, repartindo-a em quatro causas fundantes principais: a) o erro estatístico; b) a generalização; c) o uso de dados sensíveis; e d) a limitação do exercício de um direito.[45]

Com exceção da primeira, em que a atuação dos sistemas de *machine learning* ou *deep learning* resta prejudicada por imperfeições provenientes do agir humano, os demais episódios podem advir de modelos numericamente irretocáveis, mas, ainda assim, enviesados.

A discriminação por erro estatístico abrange as hipóteses em que o resultado indesejado se conecta a equívocos provenientes da ação humana, ao transcorrer do processo de desenvolvimento, treinamento e aperfeiçoamento do algoritmo.

Um exemplo recente da espécie reside na admissão pública de erro efetuada, ao final de 2020, pelo *Twitter*, em relação ao algoritmo de reconhecimento facial atuante na plataforma. Este se destinava a automatizar a tarefa de *cropping*, onde se remove as impurezas do fundo de uma imagem e se promove o seu melhor enquadramento.[46]

A controvérsia surgiu quando usuários reportaram que, ao submeterem imagens em que constavam uma pessoa negra e uma pessoa branca, a tendência algorítmica consistia em manter a última no enquadramento considerado ideal. Como consequência da imprecisão no desenvolvimento do *software*, a pessoa negra era retratada como visualmente desagradável.

As ferramentas de reconhecimento facial e processamento de imagens, usualmente associadas à técnica de aprendizado profundo, apresentam um preocupante histórico de discriminação racial, ocasionando um fenômeno conhecido como racismo algorítmico.

Estudos do Instituto Nacional de Padrões e Tecnologia (INPT), aliado ao Departamento de Comércio dos EUA, no ano de 2019, evidenciaram tal perigosa tendência. A maior preocupação relatada aludia aos casos de "falsos positivos", em que o algoritmo se confundia e passava a considerar fotos de pessoas distintas como pertencentes a um mesmo indivíduo. Nesses cenários, a análise imprecisa poderia subsidiar acusações equivocadas contra negros ou asiáticos.[47]

---

[44] BORGESIUS, F. Zuirderveen. *Discrimination, artificial intelligence, and algorithmic decision-making*. Strasbourg: Council of Europe, Directorate General of Democracy, 2018. Disponível em: https://rm.coe.int/discrimination-artificial-intelligence-and-algorithmic-decision-making/1680925d73. Acesso em 28 abr. 2021.

[45] SCHERTEL MENDES, Laura; MATTIUZZO, Marcela. Discriminação algorítmica: conceito, fundamento legal e tipologia. *Direito Público*, [s.l.], v. 16, n. 90, dez. 2019. ISSN 2236-1766. Disponível em: https://portal.idp.emnuvens.com.br/direitopublico/article/view/3766. Acesso em 23 mai. 2021.

[46] OLIVEIRA, Felipe. Twitter tenta consertar algoritmo racista, mas cabe processo por isso? *UOL*, 03 out. 2020. Disponível em: https://www.uol.com.br/tilt/noticias/redacao/2020/10/03/apos-indicios-de-vies-racista-algoritmo-de-fotos-do-twitter-e-revisado.htm. Acesso em 22 mai. 2021.

[47] Cf.: Semanário. *InternetLab*, [s.d.]. Disponível em: https://www.internetlab.org.br/pt/itens-semanario/nist-relatorio-demonstra-vies-de-genero-raca-e-nacionalidade-em-softwares-de-reconhecimentofacial. Acesso em 22 mai. 2021.

A recente ascensão de algoritmos associados a sistemas de vigilância pautados pela leitura biométrica demanda, de uma forma global, reflexões mais aprofundadas sobre os graves riscos de equívocos nas atividades tecnológicas de reconhecimento e identificação de pessoas para fins de segurança pública.

A segunda categoria abordada remete à generalização, associada à mencionada discriminação de cunho estatístico, em que o indivíduo passa a ser considerado, exclusivamente, a partir das características inerentes a um determinado grupo. O seu uso comum em cenários de predição alicerça-se na avaliação de uma pessoa mediante suas características visíveis, firmando-se, a partir destas, uma suposição acerca de seu comportamento futuro.[48]

Isso ocorre, por exemplo, quando a localidade passa a ser considerada na análise de *credit score* realizada por instituições bancárias, desconsiderando os pedidos de empréstimos efetuados por pessoas residentes em regiões mais pobres. A discriminação algorítmica se materializa quando um solicitante "escapa" da regra, ao passo que, mesmo residindo numa dessas áreas, apresenta saudável condição financeira, indicadora de sua futura solvência.[49]

A terceira espécie vincula o ato de discriminar à utilização de dados sensíveis, como aqueles concernentes à raça, gênero, saúde e, até mesmo, aos de caráter biométrico, efetivando-se a classificação de um grupo de pessoas, uniformemente, com base em um atributo interno ao grupo. Assim, o seu uso comum tangencia distinções lesivas envolvendo grupos historicamente desprestigiados, como os homossexuais.[50]

Tem-se uma instância da prática relacionada à *Apple*, que, no ano de 2019, uniu-se ao grupo financeiro *Goldman Sachs*, para lançar o seu cartão de crédito próprio, o *Apple Card*. Contudo, meses após a distribuição, emergiram várias denúncias alegando a oferta de limites de crédito em valores consideravelmente menores para mulheres, em relação àqueles designados aos clientes do gênero masculino pelo algoritmo. O fato motivou a abertura de investigações pelo Departamento Financeiro de Nova Iorque.[51]

A derradeira forma de discriminação apontada pelas autoras resulta na limitação do exercício de um direito. Mesmo inexistindo aparentes defeitos no modelo gerado, este impossibilita o indivíduo ou grupo de fruir determinado direito assegurado. Isso é detectável nos casos de cobranças de planos de saúde em valores maiores para homens em comparação a mulheres, desprovida de uma justificativa plausível.[52]

---

[48] SCHERTEL MENDES, Laura; MATTIUZZO, Marcela. Discriminação algorítmica: conceito, fundamento legal e tipologia. *Direito Público*, [s.l.], v. 16, n. 90, dez. 2019. ISSN 2236-1766. Disponível em: https://portal.idp.emnuvens.com.br/direitopublico/article/view/3766. Acesso em 23 mai. 2021.

[49] SCHERTEL MENDES, Laura; MATTIUZZO, Marcela. Discriminação algorítmica: conceito, fundamento legal e tipologia. *Direito Público*, [s.l.], v. 16, n. 90, dez. 2019. ISSN 2236-1766. Disponível em: https://portal.idp.emnuvens.com.br/direitopublico/article/view/3766. Acesso em 23 mai. 2021.

[50] SCHERTEL MENDES, Laura; MATTIUZZO, Marcela. Discriminação algorítmica: conceito, fundamento legal e tipologia. *Direito Público*, [s.l.], v. 16, n. 90, dez. 2019. ISSN 2236-1766. Disponível em: https://portal.idp.emnuvens.com.br/direitopublico/article/view/3766. Acesso em 23 mai. 2021.

[51] BAMBROUGH, Billy. Apple Card é acusado de discriminação contra mulheres. *Forbes*, 11 nov. 2019. Disponível em: https://forbes.com.br/forbes-mulher/2019/11/apple-card-e-acusado-de-discriminacao-contra-mulheres/. Acesso em 22 mai. 2021.

[52] SCHERTEL MENDES, Laura; MATTIUZZO, Marcela. Discriminação algorítmica: conceito, fundamento legal e tipologia. *Direito Público*, [s.l.], v. 16, n. 90, dez. 2019. ISSN 2236-1766. Disponível em: https://portal.idp.emnuvens.com.br/direitopublico/article/view/3766. Acesso em 23 mai. 2021.

Observa-se que as citadas modalidades podem aproximar-se da classificação referente à discriminação direta, a exemplo das distinções mais evidentes, a partir do uso de dados sensíveis em análises preditivas.[53] Mas também circundam a discriminação indireta, menos perceptível, como visto nos casos de generalização.

A edificação da mencionada tipologia permite uma melhor apreciação das situações que ensejam a discriminação algorítmica. Contudo, o pleno entendimento da temática demanda a análoga investigação dos respectivos instantes em que elas ocorrem no treinamento da máquina.

Nesse sentido, destaca-se a leitura promovida por Andrew D. Selbst e Solon Barocas, sob a ótica da Lei Antidiscriminatória norte-americana. Os autores propõem uma abordagem analítica do enviesamento algorítmico (*algorithmic bias*), e a compreensão do fenômeno a partir da apreciação das etapas envolvidas na mineração de dados. Para tanto, direcionam o enfoque para algoritmos de *machine learning* supervisionados, que trabalham com dados rotulados, especificando o que se deseja predizer ou classificar.[54]

Deste modo, promovem o seu enquadramento em cinco categorias, em que a discriminação se vincula às etapas nas quais ocorre a definição dos seguintes elementos: a) atributo-alvo (*target variable*); b) dados de treinamento (*training data*); c) atributos (*features*); d) *proxies*; e) a prática do *masking* (mascaramento).

As quatro primeiras possuem características próprias da discriminação indireta, usualmente não intencional, em que, não obstante a perfeição estatística, os modelos gerados resultam em iniquidades e prejuízos a determinados grupos. Ao final, o instituto do *masking* compila a realização intencional das tarefas presentes no quarteto, com o intuito de produzir resultados enviesados e danosos.

Conforme elucidado, a técnica de aprendizado supervisionado compreende a exposição de um algoritmo a determinados exemplos (dados de interesse), sob o intuito de que ele investigue padrões e correlações aptos a conectá-los a um determinado desfecho (resultado de interesse). O objetivo final constitui o atributo ou variável-alvo (*target variable*), que quantifica a solução pretendida para um determinado problema, sendo dividido em categorias mutuamente excludentes, conhecidas como rótulos de classe (*class labels*).[55]

Verifica-se que a definição de tais itens não comporta maiores obstáculos quando o problema a ser resolvido pelo algoritmo se divide em categorias binárias, a exemplo do filtro de *spam*, em que considerada a *target variable* de identificação de mensagens

---

[53] Os perigos da incorporação da inteligência artificial ao cotidiano do poder público foram demonstrados em recentes escândalos no espaço holandês, que fielmente retratam a modalidade de discriminação direta. Em 2019, foi revelado que a autoridade fiscal do país empregara algoritmos de autoaprendizagem, ao traçar perfis de risco para detectar possíveis fraudes em benefícios de assistência infantil. Dentre os critérios ensejadores de uma classificação alarmante, destacaram-se a dupla nacionalidade e a baixa renda dos contemplados. Outrossim, no ano seguinte, noticiou-se que a citada autoridade mantivera, por duas décadas, *blacklists* de possíveis fraudadores, especialmente direcionadas a pessoas de "aparência não-ocidental", como turcos e marroquinos. (HEIKKILÄ, Melissa. Dutch scandal serves as a warning for Europe over risks of using algorithms. *Politico*, 29 mar. 2022. Disponível em: https://www.politico.eu/article/dutch-scandal-serves-as-a-warning-for-europe-over-risks-of-using-algorithms/. Acesso em 16 abr. 2022).
[54] BAROCAS, Solon; SELBST, Andrew D. Big Data's Disparate Impact. *California Law Review*, v. 104, n. 3, p. 1-28, 2016. Disponível em: https://www.californialawreview.org/print/2-big-data/. Acesso em 22 mai. 2021.
[55] BAROCAS, Solon; SELBST, Andrew D. Big Data's Disparate Impact. *California Law Review*, v. 104, n. 3, p. 1-28, 2016. Disponível em: https://www.californialawreview.org/print/2-big-data/. Acesso em 22 mai. 2021.

indesejadas, as suas respectivas *class labels* correspondem às categorias de "spam" ou "não spam".[56]

A controvérsia instaura-se quando a definição do resultado pretendido se confronta com questões mais complexas. Cabe ao minerador promover a adequada transmutação de certo problema em valores associados ao atributo-alvo. Compete-lhe traduzir, em formato numérico, a solução buscada ao se desenvolver um algoritmo. Desta forma, exatamente no momento da conversão e estabelecimento do desígnio almejado, pode originar-se uma discriminação.[57]

Os autores ilustram-na a partir de um cenário de seleção de emprego em que o patrão, por intermédio de um algoritmo preditivo, objetiva encontrar um futuro bom funcionário (atributo-alvo). Faz-se necessária uma maior cautela em sua delimitação, pois a mínima imprecisão nesta pode resultar em vieses implícitos.

A opção por critérios como "produtividade" ou "duração dos vínculos de emprego prévios" para rotular um "bom empregado" não desperta, a princípio, objeções contundentes. Todavia, a escolha pela "longevidade em ocupações anteriores" pode trazer significativos impactos sobre grupos historicamente excluídos, como pessoas negras e de baixa renda, que não desfrutam de equânimes oportunidades de acesso e perpetuação no mercado de trabalho.[58]

A circunscrição da variável-alvo promoveria, sob essa perspectiva, a instantânea exclusão de incontáveis grupos, cujos membros nunca conseguiriam adentrar na bolha econômico-social. O contexto discriminatório aqui não se apresenta de forma explícita, como na espécie direta, mas sim de forma velada, afastando ainda mais do espectro econômico indivíduos e coletividades sistematicamente esquecidas.

A discriminação censurável ou abusiva pode resultar de enviesamentos não detectados nos dados de treinamento (*training data*), cuja inobservância repercute sobre o modelo gerado e contamina as decisões vindouras dele emanadas. Um primeiro cenário inclui o processo em que se rotulam os citados exemplos em classes (*labelling examples*), viabilizando um melhor aprendizado destes pela máquina.[59]

Como consequência, caso as classes se demonstrem inadequadas, restam maculados o modelo gerado e a sua posterior aplicação, como verificado no paradigmático caso atinente à *Amazon*.[60] Em 2014, a multinacional passou a utilizar um algoritmo que automatizava a revisão de currículos de potenciais empregados. Ao edificar um modelo a partir dos registros de contratações ao longo de uma década, detectou a esmagadora predominância de admissões prévias de homens, tradicionalmente ocupantes de postos na área tecnológica.

---

[56] BAROCAS, Solon; SELBST, Andrew D. Big Data's Disparate Impact. *California Law Review*, v. 104, n. 3, p. 1-28, 2016. Disponível em: https://www.californialawreview.org/print/2-big-data/. Acesso em 22 mai. 2021.

[57] BORGESIUS, F. Zuirderveen. *Discrimination, artificial intelligence, and algorithmic decision-making*. Strasbourg: Council of Europe, Directorate General of Democracy, 2018. Disponível em: https://rm.coe.int/discrimination-artificial-intelligence-and-algorithmic-decision-making/1680925d73. Acesso em 28 abr. 2021.

[58] BAROCAS, Solon; SELBST, Andrew D. Big Data's Disparate Impact. *California Law Review*, v. 104, n. 3, p. 1-28, 2016. Disponível em: https://www.californialawreview.org/print/2-big-data/. Acesso em 22 mai. 2021.

[59] BAROCAS, Solon; SELBST, Andrew D. Big Data's Disparate Impact. *California Law Review*, v. 104, n. 3, p. 1-28, 2016. Disponível em: https://www.californialawreview.org/print/2-big-data/. Acesso em 22 mai. 2021.

[60] JONES, Rhett. Ferramenta de contratação com IA da Amazon estaria prejudicando candidatas a cargos na empresa. *Gizmodo UOL*, 11 out. 2018. Disponível em: https://gizmodo.uol.com.br/ferramenta-ia-amazon-candidatas-mulheres. Acesso em 22 mai. 2021.

Assim sendo, o equívoco na rotulação dos exemplos desencadeou graves implicações. Uma vez que o aprendizado supervisionado se baseou no exame dos currículos, o *software* criado reproduziu uma discriminação infundada contra mulheres, desconsiderando aqueles currículos em que constavam termos que aludiam ao gênero. Como consequência, reforçou o desprestígio usualmente conferido ao grupo feminino.

O *training data* também pode tornar-se problemático quando se fornece à máquina amostras (*samples*) desprovidas de um satisfatório nível de consistência e representatividade,[61] o que faz com que certos grupos sejam erroneamente retratados, configurando-se uma sub ou uma super-representação.[62]

A sub-representação tangencia situações em que grupos ou classes encontram-se insuficientemente representados no modelo criado. Ao final da década de 2000, a companhia japonesa *Nikon* recebeu críticas em relação a um modelo de câmera fotográfica lançado que instrumentalizava um algoritmo de reconhecimento facial para detectar quando o usuário piscasse. Com frequência, ele interpretava que pessoas de origem asiática estavam de olhos fechados, levantando-se um debate sobre um possível viés tecnológico racista.[63]

A imperfeição algorítmica aludia à imprecisão ao se mensurar a distância entre os olhos do usuário. Logo, o algoritmo não agiu, deliberadamente, para discriminá-los com base no aspecto da nacionalidade. Tal equívoco emanou do fragmentado aprendizado da máquina em questão, possivelmente proveniente da ausência ou escassez de imagens de pessoas asiáticas no conjunto de dados utilizados no treinamento: a sub-representação freou o aperfeiçoamento do defeito técnico.

De forma diametralmente oposta, a super-representação maximiza a presença e a importância de um determinado grupo sobre a amostra coletada que servirá de base para o treinamento da máquina. O surgimento de algoritmos de policiamento preditivo, designados ao prognóstico do cometimento de crimes, pode representar um terreno fértil para práticas discriminatórias, ainda que, em tese, não se pautem pela identificação de perfis individuais, mas sim pela análise probabilística anonimizada.[64]

Considerando, hipoteticamente, que eles gerem modelos fundamentados em dados relativos a abordagens policiais, caso estas sistematicamente persigam

---

[61] A indispensável atenção aos conjuntos de dados utilizados para o treinamento dos algoritmos ilustra a fala do Prof. Alberto Saiz Garitaonandia, ofertada durante seminário organizado pelo Centre for Corporate and Commercial Law (3CL) da Cambridge Law Faculty. Para exemplificar o potencial enviesamento decorrente da incompletude dos *datasets*, o pesquisador apresenta um didático exemplo da 2ª Guerra Mundial, em que os aliados, sob o intuito de minimizar a perda de aeronaves em combates, passaram a investigar padrões de perfurações na fuselagem dos veículos que retornavam, reforçando as estratégicas localizações crivadas por projéteis. No entanto, ao ponderarem que os aviões atingidos nas demais áreas não regressaram por terem sido efetivamente abatidos pelos inimigos, eles assimilaram a imprecisão dos *outputs* obtidos e estenderam tal fortificação aos pontos anteriormente inobservados. Outros exemplos interessantes são destacados na íntegra da exposição intitulada "AI and Dispute Resolution: Challenges and Limitations" (Cf.: Artificial Intelligence and dispute resolution: challenges and limitations: 3CL Seminar. *Youtube*, [s.d]. Disponível em: https://www.youtube.com/watch?v=SP60FeRt9J4. Acesso em 18 abr. 2022).

[62] BAROCAS, Solon; SELBST, Andrew D. Big Data's Disparate Impact. *California Law Review*, v. 104, n. 3, p. 1-28, 2016. Disponível em: https://www.californialawreview.org/print/2-big-data/. Acesso em 22 mai. 2021.

[63] ROSE, Adam. Are face detection cameras racist? *Time Magazine*, 22 jan. 2010. Disponível em: http://content.time.com/time/business/article/0,8599,1954643,00.html. Acesso em 22 mai. 2021.

[64] BEJERANO, Pablo G. A ferramenta que permite saber quando e onde acontecerá um crime. *El País Brasil*, 23 mar. 2017. Disponível em: https://brasil.elpais.com/brasil/2017/03/09/tecnologia/1489078250_691655.html. Acesso em 22 mai. 2021.

determinadas minorias, como negros e imigrantes, as decisões tomadas podem replicar uma discriminação.[65]

De igual modo, a escolha dos atributos ou características (*features*)[66] dos dados a serem analisados pode, de forma não intencional, originar ou fortalecer vieses recrimináveis. Ao ponderar os excessivos dispêndios inerentes a investigações mais completas sobre determinados *datasets*, o responsável pela mineração pode erroneamente optar por direcionar o enfoque a certas variáveis aptas a produzir malefícios a determinadas classes.[67]

Sob tal perspectiva, imagine-se a abertura de um processo seletivo de mestrado de uma concorrida universidade, em que se recorre a um algoritmo para a revisão automatizada de todas as aplicações. Caso este adote um critério que privilegia a formação prévia em faculdades de renome, podem ser excluídos determinados grupos, tradicionalmente inferiorizados, do acesso igualitário a essas oportunidades de ensino.

As dificuldades de uma correta e justa fixação de critérios ocorrem quando eles se mostram indispensáveis à confecção de uma decisão, mas, simultaneamente, apresentam-se como *proxies* passíveis de identificar, com acurácia, a inserção do indivíduo em determinada classe ou grupo.[68]

O modelo de sentenciamento criminal do *COMPAS (Correctional Offender Management Profiling for Alternative Sanctions)*[69] materializa tal perspectiva, notadamente no que concerne à sua utilização para elaborar prognósticos acerca da possível reincidência delituosa, acentuada pelo notório caso Eric Loomis.[70]

Nessa senda, o sistema valia-se do preenchimento de um extenso questionário pelo detento avaliado, que condensava os critérios empregados para a tomada de decisão por um tribunal. Não constavam expressas menções a características raciais, contudo, determinadas perguntas, de maneira enviesada, serviam como *proxies* para tais atributos, a exemplo das questões que abordavam prisões anteriores do detento ou de seus familiares, as quais se mostravam mais impactantes sobre a população negra.[71]

A acurácia do *software* restou questionada à época pela agência jornalística investigativa ProPublica, ao concluir que a avaliação realizada por um humano teria maior precisão que a predição ofertada pela referida máquina.[72]

O cenário desperta preocupações, pois, mesmo se eliminados os *proxies*, a assimilação de uma pessoa a certa classe perfaz-se escondida em outro dado. Quando,

---

[65] BORGESIUS, F. Zuirderveen. *Discrimination, artificial intelligence, and algorithmic decision-making*. Strasbourg: Council of Europe, Directorate General of Democracy, 2018. Disponível em: https://rm.coe.int/discrimination-artificial-intelligence-and-algorithmic-decision-making/1680925d73. Acesso em 28 abr. 2021.

[66] O termo atributo (*features*) correlaciona-se à designação "atributos preditivos", empregada no item relativo ao aprendizado de máquina.

[67] BAROCAS, Solon; SELBST, Andrew D. Big Data's Disparate Impact. *California Law Review*, v. 104, n. 3, p. 1-28, 2016. Disponível em: https://www.californialawreview.org/print/2-big-data/. Acesso em 22 mai. 2021.

[68] BAROCAS, Solon; SELBST, Andrew D. Big Data's Disparate Impact. *California Law Review*, v. 104, n. 3, p. 1-28, 2016. Disponível em: https://www.californialawreview.org/print/2-big-data/. Acesso em 22 mai. 2021.

[69] Perfilamento Correcional de Gerenciamento de Infratores para Sanções Alternativas, em tradução para o português.

[70] MAYBIN, Simon. Sistema de algoritmo que determina pena de condenados cria polêmica nos EUA. *BBC*, 31 out. 2016. Disponível em: https://www.bbc.com/portuguese/brasil-37677421. Acesso em 22 mai. 2021.

[71] MAYBIN, Simon. Sistema de algoritmo que determina pena de condenados cria polêmica nos EUA. *BBC*, 31 out. 2016. Disponível em: https://www.bbc.com/portuguese/brasil-37677421. Acesso em 22 mai. 2021.

[72] ANGWIN, Julia *et al*. Machine Bias. *ProPublica*, 23 may. 2016. Disponível em: https://www.propublica.org/article/machine-bias-risk-assessments-in-criminal-sentencing. Acesso em 22 mai. 2021.

por exemplo, uma seleção de emprego se baliza pelas licenças previamente usufruídas pelos candidatos, ela estatisticamente fomenta a desconsideração das aplicações feitas por mulheres, solidificando a discriminação perante o grupo.[73]

Constata-se que as quatro situações inicialmente apresentadas nesta classificação, envolvendo os elementos do *target variable*, *training data*, *features* e *proxies*, retratam a gênese de uma discriminação indireta, em que a perfeição estatística do modelo gerado resta sobrepujada pelos indevidos impactos sobre classes e grupos protegidos. A acobertada discriminação ainda demanda uma maior atenção doutrinária e legal, tendo em vista a proximidade e a complexidade das hipóteses.

O evento final discriminatório remete à prática do *masking* (mascaramento), enquadrada como uma espécie de enviesamento direto. Nesta, os responsáveis pela confecção de uma decisão operam dissimuladamente o quarteto de etapas anteriormente descritas com o intento de gerar discriminações lesivas.

Eivadas desse escopo malicioso, as empresas ou instituições envolvidas disfarçam a ocorrência de discriminações. As técnicas de *geoblocking* ou *geotracing*, em que se impede ou customiza a exibição de preços e ofertas digitalmente, com base na localização geográfica de um indivíduo, sintetizam esse desígnio discriminatório. Destaca-se a vultosa multa recentemente imposta à agência de viagens Decolar, pelo recorrente uso das citadas práticas.[74]

O consciente mascaramento pode alcançar patamares ainda mais lesivos quando materializa o fenômeno do *datalining*, em que, digitalmente, se reforça a segregação de grupos já marginalizados, traçando-se uma delimitação física de onde eles podem coexistir. Por esse ângulo, a deliberada coibição à exibição de anúncios com ofertas de habitações situadas em determinadas localidades para grupos estigmatizados, como negros, imigrantes e egressos do sistema prisional, pode influenciar as áreas por eles frequentadas, assim como reforçar um alarmante processo de gentrificação.[75]

A invisível ameaça decorrente das hipóteses não intencionais de enviesamento prejudicial desperta elevadas preocupações, uma vez que acentua a marginalização de determinadas classes e grupos historicamente oprimidos, ao subsidiar decisões tingidas por contundentes inequidades. O combate aos potenciais resultados danosos oferecidos pela discriminação algorítmica perpassa, a princípio, o robustecimento de uma legislação protetiva de dados, recentemente implementada no cenário brasileiro.

8 A LGPD e o disciplinamento da proteção de dados pessoais

O surgimento de uma legislação protetiva de dados pessoais, que rivalize as ameaças de discriminação algorítmica, constitui o resultado de uma lenta e gradual adequação do ordenamento jurídico pátrio às inovações pavimentadas no cenário europeu.

---

[73] BURKELL, Jacquelyn A. *The challenges of algorithmic bias*. Law Society of Ontario Special Lectures. Ontario: The University of Western Ontario, 2019. Disponível em: https://ajcact.openum.ca/files/sites/160/2020/08/The-Challenges-of-Algorithmic-Bias-.pdf. Acesso em 22 mai. 2021.
[74] Cf.: Decolar.com é multada em R$7,5 milhões por diferenciação de preço. *O Globo Economia*, 18 jun. 2018. Disponível em: https://oglobo.globo.com/economia/defesa-do-consumidor/decolarcom-multada-em-75-milhoes-pordiferenciacao-de-preco-22794582. Acesso em 22 mai. 2021.
[75] LINGEL, Jessa. *The Gentrification of the Internet*: how to Reclaim Our Digital Freedom. California: University of California Press, 2021. p. 37-40.

Apesar da nítida influência de seus regulamentos perante o documento brasileiro, a relação anacrônica entre as discussões promovidas no âmbito de seus respectivos continentes ainda preocupa. Enquanto os debates estrangeiros rumam a um recrudescimento da modalidade de inteligência artificial de alto risco,[76] fomentadora de nocivos enviesamentos, a perspectiva nacional ainda busca a sedimentação de um razoável patamar protetivo.

A gestação deste veio a duras custas. Previamente à década de 2010, o resguardo de dados pessoais mostrava-se possível, exclusivamente, pela releitura digital de dispositivos normativos constitucionais e privados, estabelecidos sob uma ótica analógica. Sua tutela transitava, em especial, pela vedação à discriminação e pelas construções de isonomia espalhadas pelo texto constitucional, aliadas à proteção aos direitos da personalidade conferida pelo Capítulo II do Código Civil, e pela responsabilidade solidária dos fornecedores, erigida pelo Código de Defesa do Consumidor.

O progressivo desenvolvimento de uma esfera legal protetiva adaptada ao ambiente digital surge com a Lei nº 12.965/2014, alusiva ao Marco Civil da Internet, que elenca, entre os seus princípios, a proteção de dados pessoais, analogamente assegurando ao usuário o acesso, de forma mais transparente, a informações sobre as diversas etapas relativas ao seu tratamento. Como ponto mais recente da trajetória, visualiza-se a inclusão do direito à proteção de dados pessoais ao rol constitucional de direitos e garantias fundamentais ao cidadão (art. 5º, LXXIX), a partir da promulgação da Emenda Constitucional nº 115/2022.

Concebida no intervalo entre os citados marcos, a Lei Geral de Proteção de Dados Pessoais (LGPD) almeja um equilíbrio entre as liberdades essenciais à inovação, juntamente aos indispensáveis contornos de amparo aos dados pessoais. Com a harmonização norteando os seus fundamentos (art. 3º), ela busca a convivência entre preceitos como o "desenvolvimento econômico e tecnológico e a inovação", ao lado de determinações asseguradoras da privacidade, da autodeterminação informativa e dos demais direitos da personalidade clássicos.

A Lei de Proteção (Lei nº 13.709/2018) insere, em sua base axiológica, a vedação à discriminação (art. 6º, IX), expressamente coibindo o tratamento de dados com escopo ilícito ou abusivo. Ainda que preveja algumas medidas de caráter preventivo, a exemplo das maiores restrições impostas ao tratamento de dados sensíveis[77] e do direito à anonimização, a tutela fornecida qualifica-se como repressiva, exercida ulteriormente à decisão automatizada.

O controle *ex post* alcança o direito do usuário de obter do controlador[78] informações cristalinas acerca dos critérios e procedimentos implementados à decisão (art. 20, §1º), excepcionado pela possível alegação de sigilo comercial e industrial pelo agente de tratamento.

---

[76] Recente proposta formulada pelo Parlamento Europeu, juntamente ao Conselho da Europa, objetiva um maior rigor protetivo em relação às tecnologias de inteligência artificial tachadas de alto risco, a exemplo daquelas implementadas em sistemas de vigilância. O inteiro teor de tal documento encontra-se disponível em: https://eur-lex.europa.eu/legal-content/EN/TXT/?uri=CONSIL%3AST_8115_2021_INIT&qid=1620333835803. Acesso em 10 jan. 2022.

[77] SCHERTEL MENDES, Laura; MATIUZZO, Marcella; FUJIMOTO, Mônica Tiemy. *Discriminação algorítmica à luz da Lei Geral de Proteção de Dados*. Tratado de Proteção de Dados Pessoais. Rio de Janeiro: Forense, 2021. p. 421-446.

[78] Responsável pela tomada de decisões concernentes ao tratamento de dados pessoais (art. 5º, VI, LGPD).

As empresas desenvolvedoras de algoritmos de inteligência artificial, obviamente, mostram-se reticentes àquela prática, tendo em vista que a exposição do funcionamento interno dos *softwares* implicaria sérias desvantagens mercadológicas em face de seus concorrentes.

Em casos de recusa, faculta-se à Agência Nacional de Proteção de Dados (ANPD), órgão federal máximo no segmento, promover auditorias para a conferência de eventuais aspectos discriminatórios surgidos ao longo do tratamento de dados pessoais (art. 20, §2º). A detecção de equívocos ou imprecisões em decisões automatizadas enseja o direito do usuário à sua revisão e ulterior retificação (art. 20), com menção expressa àquelas decisões que empregam técnicas de *profiling* (baseadas na construção de perfis).

A eliminação da menção à necessária presença humana na revisão (através de veto presidencial) suscitou dúvidas acerca de sua obrigatoriedade na prática.[79] A Estratégia Brasileira de Inteligência Artificial (EBIA) dirimiu o entrave, preconizando a dispensa de participação humana em situações de menor potencial lesivo, como falhas na exibição de anúncios personalizados por biometria. Em seguida, reservou a sua imperatividade aos casos mais graves, a exemplo de equívocos na leitura de cartões de embarque em aeroportos.[80]

Caso tais institutos não atenuem os indesejados efeitos ocasionados pela materialização da discriminação algorítmica, sendo verificada a ocorrência de danos de caráter patrimonial ou extrapatrimonial, prevê-se a responsabilização do operador[81] ou do controlador atuantes no tratamento de dados pessoais (art. 42). A responsabilização se apresenta como solidária em relação ao controlador, nos casos de inobservância aos ditames protetivos legais ou às instruções fornecidas pelo controlador, e pode atingir o operador, caso participe diretamente do tratamento (§1º).

A LGPD representa um importante marco protetivo em relação às decisões automatizadas, intrínsecas aos algoritmos de IA. Em consonância ao modelo europeu, ela estabelece parâmetros éticos essenciais, como a transparência, a justiça, a responsabilidade (*accountability*) e a auditabilidade, materializados nos mencionados institutos.

A predominância de uma tutela repressiva, exercida posteriormente à confecção da decisão automatizada, mostra-se insuficiente diante de uma multifacetada discriminação algorítmica, suscitando necessárias ponderações acerca de soluções complementares que fortaleçam o combate aos enviesamentos sob uma ótica preventiva.

---

[79] CALABRICH, Bruno Freire de Carvalho. Discriminação algorítmica e transparência na Lei geral de proteção de dados pessoais. *RDTec – Revista de direito e as novas tecnologias*, v. 8, jul./set. 2020. Disponível em: https://dspace.almg.gov.br/bitstream/11037/38411/1/Bruno%20Freire%20de%20Carvalho%20Calabrich.pdf. Acesso em 13 abr. 2021.

[80] A Estratégia Brasileira de Inteligência Artificial (EBIA), recentemente implementada pela Portaria nº 4.617/2021, do Ministério da Ciência, Tecnologia e Inovações (MCTI), busca estabelecer direcionamentos para o uso dessa tecnologia disruptiva, abordando, de maneira breve, o tema da discriminação algorítmica. O inteiro teor do documento pode ser encontrado em: https://www.gov.br/mcti/pt-br/acompanhe-o-mcti/transformacaodigital/arquivosinteligenciaartificial/ebia-documento_referencia_4-979_2021.pdf. Acesso em 20 mar. 2022.

[81] Incumbido de realizar o tratamento de dados em nome do controlador (Art. 5º, VII, LGPD).

9 Soluções complementares à LGPD

O enfrentamento da problemática da discriminação algorítmica não resta viabilizado pela adoção de medidas isoladas, tendo em vista a complexidade da matéria, sobretudo no que concerne à modalidade indireta. A sinuosidade emana do obscurantismo típico dos algoritmos de inteligência artificial, cujos vertiginosos avanços acabam tornando suas engrenagens estranhas aos próprios criadores.

Embora a costumeira tentativa de remediar efeitos lesivos remeta à solidificação de uma legislação não discriminatória e de caráter protetivo de dados pessoais,[82] similarmente ao pretendido pela LGPD, um exclusivo enfoque normativo não se apresenta como uma panaceia aos nocivos enviesamentos.

Não se cogita, entretanto, um retrógrado desmonte dos instrumentos tecnológicos, tendo em vista a maior eficácia e acurácia das máquinas no desempenho das tarefas de varredura de dados, assimilação de padrões e formação de modelos, indispensáveis a inúmeras atividades de caráter preditivo ou classificatório cotidianas.[83]

Faz-se premente o direcionamento do enfoque para o elemento humano na edificação de sistemas de inteligência artificial, galgando-se aliar o elevado conhecimento técnico exigido dos profissionais do nicho a uma, cada vez mais necessária, formação ética. A presença diversificada de indivíduos oriundos de variados gêneros, raças, nacionalidades, segmentos sociais e idades nas equipes desenvolvedoras mostra-se essencial, visualizando-se numa maior representatividade a correlata diminuição de possíveis vieses nas futuras tomadas de decisões.[84]

O aprofundamento de estudos e grupos de trabalhos que investiguem as intricadas nuances da discriminação algorítmica, notadamente em sua modalidade indireta, constitui uma alternativa subsidiária. Destacam-se as ações promovidas pela Rede Latino-Americana de Estudos sobre Vigilância, Tecnologia e Sociedade (Lavits).[85]

Não se desconsidera como soluções complementares aos ditames legais as valiosas contribuições fornecidas pelo desenvolvimento de algoritmos destinados à própria investigação de enviesamentos, assim como um maior zelo ao transcorrer das etapas de coleta de dados, treinamento e aperfeiçoamento dos modelos gerados.

A conjugação dos fatores descritos adquire importância quando sopesadas as limitações técnicas do combate à discriminação algorítmica no âmago dos *softwares*,[86] tendo em vista que a erradicação de vieses, sobretudo no moderno contexto de massividade de conteúdo associado ao *Big Data*, não se demonstra alcançável. Os dados inseridos acabam por refletir o teor preconceituoso da sociedade em relação a

---

[82] BORGESIUS, F. Zuirderveen. *Discrimination, artificial intelligence, and algorithmic decision-making*. Strasbourg: Council of Europe, Directorate General of Democracy, 2018. Disponível em: https://rm.coe.int/discrimination-artificial-intelligence-and-algorithmic-decision-making/1680925d73. Acesso em 28 abr. 2021.

[83] BURKELL, Jacquelyn A. *The challenges of algorithmic bias. Law Society of Ontario Special Lectures*. Ontario: The University of Western Ontario, 2019. Disponível em: https://ajcact.openum.ca/files/sites/160/2020/08/The-Challenges-of-Algorithmic-Bias-.pdf. Acesso em 22 mai. 2021.

[84] SCHERTEL MENDES, Laura; MATTIUZZO, Marcela. Discriminação algorítmica: conceito, fundamento legal e tipologia. *Direito Público*, [s.l.], v. 16, n. 90, dez. 2019. ISSN 2236-1766. Disponível em: https://portal.idp.emnuvens.com.br/direitopublico/article/view/3766. Acesso em 23 mai. 2021.

[85] Maiores informações encontram-se disponíveis em: https://lavits.org/?lang=pt.

[86] BAROCAS, Solon; SELBST, Andrew D. Big Data's Disparate Impact. *California Law Review*, v. 104, n. 3, p. 1-28, 2016. Disponível em: https://www.californialawreview.org/print/2-big-data/. Acesso em 22 mai. 2021.

determinadas minorias, histórica e sistematicamente reprimidas e degradadas, como mulheres, negros, homossexuais, deficientes e imigrantes.

O necessário enfrentamento de tão alarmante problema, ainda tido por muitos como uma incógnita, torna-se possível pela confluência das medidas complementares de: capacitação técnica e ética dos *designers* envolvidos na criação e no aperfeiçoamento dos algoritmos; maior representatividade nas equipes atuantes no setor; acentuação do rigor exigido aos processos de coleta de dados, treinamento do algoritmo e geração de modelos; e expansão dos estudos e grupos de trabalho direcionados ao exame da temática.

A coadunação de soluções subsidiárias à tutela principal fornecida aos dados pessoais pela LGPD confere o vislumbre de um horizonte (ainda distante) em que as pessoas inseridas em grupos e classes perseguidos terão a oportunidade de livremente desenvolver suas personalidades, sem o receio de serem indevidamente discriminadas por decisões parcial ou totalmente automatizadas, subsidiadas por algoritmos de inteligência artificial.

10 Conclusão

O processo de expansão da inteligência artificial, impulsionado ao longo das duas últimas décadas, projeta-se ao limiar de uma irreversibilidade, quando consideradas as inúmeras facilitações proporcionadas às mais diversas tarefas cotidianas, em especial durante a pandemia da Covid-19, quando os seus sistemas viabilizaram a aproximação daqueles fisicamente apartados, para fins profissionais, educacionais, afetivos ou de saúde.

Num ambiente de profusão de dados em escalas incomensuráveis, associada ao fenômeno do *Big Data*, os algoritmos de IA atrelados à técnica de *machine learning* ganham relevância na realização de tarefas preditivas e de classificação. Afazeres corriqueiros como a concessão de empréstimos bancários, a contratação de seguros e a seleção de empregados servem-se do poderio tecnológico para tecer prognósticos em seus respectivos nichos.

Assim, perpassam a ideia fundante da técnica, em que se tangencia a exposição dos sistemas a inúmeros exemplos de determinada situação, para que, de forma autônoma, aprendam a partir destes, formando modelos que poderão ser aplicados a casos futuros. Em sua ramificação supervisionada, alimenta-se a máquina com dados de interesse e se projeta o resultado desejado, cabendo-lhe preencher tal intervalo.

Os progressos viabilizados em áreas como o processamento de linguagem natural e a robótica aplicada à medicina, permitem que se entreveja o imenso potencial a ser explorado nessa seara. Todavia, faz-se necessária uma maior cautela, pois a desenfreada utilização de tecnologias disruptivas pode, analogamente, ocasionar alarmantes resultados lesivos, configurando-se a discriminação algorítmica.

Vê-se que o instituto complementa a tradicional percepção incutida ao termo "discriminação", usualmente associado à exclusão do indivíduo de um grupo, por apresentar certo trejeito. A atualização ao contexto digital estende-o às hipóteses de atribuição da característica do grupo a um indivíduo, agora desconsiderando as suas idiossincrasias.

Nesse sentido, em contraposição à diferenciação estatística e racional, permeada e aceita numa sociedade de recursos limitados, a discriminação algorítmica vincula-se a distinções ilegais ou censuráveis/abusivas, oriundas de decisões subsidiadas pelas informações fornecidas por algoritmos de IA, e se ramifica nas modalidades direta e indireta.

A discriminação direta, realizada de modo visível e usualmente intencional, apresenta-se em menor escala, diante dos preceitos de isonomia sedimentados no texto constitucional. Já a espécie indireta pode ocasionar, de forma quase imperceptível, impactos desproporcionais e lesivos a indivíduos e grupos historicamente desfavorecidos.

A obscuridade inerente aos procedimentos internos à tomada de decisão automatizada, que qualificam a inteligência artificial como uma *black box*, dificultam a adequada identificação da discriminação indireta, especialmente para pessoas "não especialistas" no universo da tecnologia. O estudo do itinerário relativo ao treinamento de algoritmos de *machine learning* auxilia o melhor entendimento da origem não intencional dos enviesamentos danosos.

Eles podem resultar de máculas nos processos de seleção da variável-alvo, de coleta dos dados de treinamento, de escolha de atributos e de formação de *proxies*, criando ou reforçando injustiças em relação a minorias e classes histórica e sistematicamente vulneráveis, como negros, homossexuais e mulheres.

Na experiência brasileira, o enfrentamento da questão começa pela edificação de uma legislação protetiva: a Lei Geral de Proteção de Dados Pessoais (LGPD). No entanto, apesar dos avanços auferidos até aqui, a tutela fornecida pelo diploma ainda carece de reforço e complementações, uma vez que se qualifica, majoritariamente, como repressiva, num cenário que demanda, cada vez mais, a adoção de ações de natureza preventiva, dirigidas a evitar ou a mitigar a ocorrência de danos a um considerável número de indivíduos.

Para tanto, requer-se: a capacitação técnica e ética dos profissionais envolvidos na criação e manuseio dos algoritmos de inteligência artificial; a busca por uma maior representatividade nas equipes atuantes no setor; e uma minuciosa fiscalização das etapas alusivas à coleta de dados e ao treinamento da máquina.

Referências

ANGWIN, Julia *et al*. Machine Bias. *ProPublica*, 23 may. 2016. Disponível em: https://www.propublica.org/article/machine-bias-risk-assessments-in-criminal-sentencing. Acesso em 22 mai. 2021.

BABO, Gustavo Schainberg S. Discriminação algorítmica: origens, conceitos e perspectivas regulatórias. *DTIBR*, 22 jun. 2020. Disponível em: https://www.dtibr.com/post/discrimina%C3%A7%C3%A3o-algor%C3%ADtmica-origens-conceitos-e-perspectivas-regulat%C3%B3rias-parte-2. Acesso em 21 mai. 2021.

BAMBROUGH, Billy. Apple Card é acusado de discriminação contra mulheres. *Forbes*, 11 nov. 2019. Disponível em: https://forbes.com.br/forbes-mulher/2019/11/apple-card-e-acusado-de-discriminacao-contra-mulheres/. Acesso em 22 mai. 2021.

BAROCAS, Solon; SELBST, Andrew D. Big Data's Disparate Impact. *California Law Review*, v. 104, n. 3, p. 1-28, 2016. Disponível em: https://www.californialawreview.org/print/2-big-data/. Acesso em 22 mai. 2021.

BEJERANO, Pablo G. A ferramenta que permite saber quando e onde acontecerá um crime. *El País Brasil*, 23 mar. 2017. Disponível em: https://brasil.elpais.com/brasil/2017/03/09/tecnologia/1489078250_691655.html. Acesso em 22 mai. 2021.

BIONI, Bruno Ricardo. *Proteção de dados pessoais*: a função e os limites do consentimento. Rio de Janeiro: Forense, 2019.

BORGESIUS, F. Zuirderveen. *Discrimination, artificial intelligence, and algorithmic decision-making*. Strasbourg: Council of Europe, Directorate General of Democracy, 2018. Disponível em: https://rm.coe.int/discrimination-artificial-intelligence-and-algorithmic-decision-making/1680925d73. Acesso em 28 abr. 2021.

BRASIL. Constituição da República Federativa do Brasil de 1988. *Diário Oficial da União*, Brasília, 05 out. 1988. Disponível em: http://www.planalto.gov.br. Acesso em 14 abr. 2021.

BRASIL. Lei nº 8.078, de 11 de setembro de 1990. Dispõe sobre a proteção do consumidor e dá outras providências. *Diário Oficial da União*, Brasília, 12 set. 1990, retificado em 10 jan. 2007. Disponível em: http://www.planalto.gov.br/ccivil_03/leis/l8078compilado.htm. Acesso em 14 abr. 2021.

BRASIL. Lei nº 10.406, de 10 de janeiro de 2002. Institui o Codigo Civil. *Diário Oficial da União*, Brasília, 11 jan. 2002. Disponível em: http://www.planalto.gov.br/ccivil_03/leis/2002/l10406compilada.htm. Acesso em: 14 abr. 2021.

BRASIL. Lei nº 13.709, de 14 de agosto de 2018. Lei Geral de Proteção de Dados Pessoais (LGPD). *Diário Oficial da União*, Brasília, 15 ago. 2018, republicado parcialmente em 15 ago. 2018. Disponível em: http://www.planalto.gov.br/ccivil_03/_ato2015-2018/2018/lei/l13709.htm. Acesso em 14 abr. 2021.

BRASIL. Portaria GM nº 4.617, de 6 de abril de 2021. Institui a Estratégia Brasileira de Inteligência Artificial e seus eixos temáticos. In: Ministério da Ciência, Tecnologia e Inovações. *Diário Oficial da União*, Brasília, 12 abr. 2021. Disponível em: https://www.in.gov.br/en/web/dou/-/portaria-gm-n-4.617-de-6-de-abril-de-2021-*-313212172. Acesso em 14 abr. 2021.

BREVE, Fabricio Aparecido *et al*. Particle competition and cooperation in networks for semi-supervised learning. *IEEE Transactions on Knowledge and Data Engineering (Print)*, v. 24, 2012. Disponível em: https://www.fabriciobreve.com/artigos/ieee-tkde-2009.pdf. Acesso em 10 mai. 2021.

BURKELL, Jacquelyn A. *The challenges of algorithmic bias*. Law Society of Ontario Special Lectures. Ontario: The University of Western Ontario, 2019. Disponível em: https://ajcact.openum.ca/files/sites/160/2020/08/The-Challenges-of-Algorithmic-Bias-.pdf. Acesso em 22 mai. 2021.

CALABRICH, Bruno Freire de Carvalho. Discriminação algorítmica e transparência na Lei geral de proteção de dados pessoais. *RDTec – Revista de direito e as novas tecnologias*, v. 8, jul./set. 2020. Disponível em: https://dspace.almg.gov.br/bitstream/11037/38411/1/Bruno%20Freire%20de%20Carvalho%20Calabrich.pdf. Acesso em 13 abr. 2021.

CODED BIAS. Direção de: Shalini Kantayya. Produção de 7th Empire Media. *Netflix*, Estados Unidos, 2020. Streaming. Disponível em: https://www.netflix.com/br/title/81328723. Acesso em 10 abr. 2022.

EHRHARDT JÚNIOR, Marcos; SILVA, Gabriela Buarque Pereira. Diretrizes éticas para a inteligência artificial confiável na União Europeia e a regulação jurídica no Brasil. *Revista IBERC*, v. 23, n. 1, p. 1-28, 2020. Disponível em: https://rbdcivil.ibdcivil.org.br/rbdc/article/view/477/345. Acesso em 22 mai. 2021.

EHRHARDT JÚNIOR, Marcos; SILVA, Gabriela Buarque Pereira. Os desafios da utilização de algoritmos no campo contratual. *Migalhas*, 14 set. 2020. Disponível em: https://www.migalhas.com.br/coluna/migalhas-contratuais/333229/os-desafios-da-utilizacao-de-algoritmos-no-campo-contratual. Acesso em 22 mai. 2021.

FACELI, Katti *et al*. *Inteligência artificial*: uma abordagem de aprendizado de máquina. 2. ed. Rio de Janeiro: LTC, 2021.

GLOBO. *Decolar.com é multada em R$7,5 milhões por diferenciação de preço*. 18 jun. 2018. Disponível em: https://oglobo.globo.com/economia/defesa-do-consumidor/decolarcom-multada-em-75-milhoes-pordiferenciacao-de-preco-22794582. Acesso em 22 mai. 2021.

HEIKKILÄ, Melissa. Dutch scandal serves as a warning for Europe over risks of using algorithms. *Politico*, 29 mar. 2022. Disponível em: https://www.politico.eu/article/dutch-scandal-serves-as-a-warning-for-europe-over-risks-of-using-algorithms/. Acesso em 16 abr. 2022.

HOFFMAN-RIEM, Wolfgang. *Teoria geral do direito digital*: transformação digital: desafios para o direito. Rio de Janeiro: Forense, 2021.

IBM Cloud Education. *What is Unsupervised Learning?*: learn how unsupervised learning works and how it can be used to explore and cluster data. 21 set. 2021. Disponível em: https://www.ibm.com/cloud/learn/unsupervised-learning. Acesso em 22 mai. 2021.

INTERNETLAB. *Semanário*. [s.d.]. Disponível em: https://www.internetlab.org.br/pt/itens-semanario/nist-relatorio-demonstra-vies-de-genero-raca-e-nacionalidade-em-softwares-de-reconhecimentofacial. Acesso em 22 mai. 2021.

JONES, Rhett. Ferramenta de contratação com IA da Amazon estaria prejudicando candidatas a cargos na empresa. *Gizmodo UOL*, 11 out. 2018. Disponível em: https://gizmodo.uol.com.br/ferramenta-ia-amazon-candidatas-mulheres. Acesso em 22 mai. 2021.

JUNQUEIRA, Thiago. *Tratamento de dados pessoais e discriminação algorítmica nos seguros*. São Paulo: RT, 2020.

LINGEL, Jessa. *The Gentrification of the Internet*: how to Reclaim Our Digital Freedom. California: University of California Press, 2021.

LOUREIRO, Paulo R. A. Uma resenha teórica e empírica sobre economia da discriminação. *Revista Brasileira Economia*, Rio de Janeiro, v. 57, n. 1, p. 125-157, 2003. Disponível em: http://www.scielo.br/scielo.php?script=sci_arttext&pid=S0034-71402003000100005&lng=en&nrm=iso. Acesso em 22 mai. 2021.

MAYBIN, Simon. Sistema de algoritmo que determina pena de condenados cria polêmica nos EUA. *BBC*, 31 out. 2016. Disponível em: https://www.bbc.com/portuguese/brasil-37677421. Acesso em 22 mai. 2021.

MCCARTHY, J. *et al*. A Proposal for the Dartmouth Summer Research Project on Artificial Intelligence, August 31, 1955. *AI Magazine*, [s.l.], v. 27, n. 4, p. 12, 2006. Disponível em: https://ojs.aaai.org/index.php/aimagazine/article/view/1904. Acesso em 22 mai. 2021.

OLIVEIRA, Felipe. Twitter tenta consertar algoritmo racista, mas cabe processo por isso? *UOL*, 03 out. 2020. Disponível em: https://www.uol.com.br/tilt/noticias/redacao/2020/10/03/apos-indicios-de-vies-racista-algoritmo-de-fotos-do-twitter-e-revisado.htm. Acesso em 22 mai. 2021.

ROSE, Adam. Are face detection cameras racist? *Time Magazine*, 22 jan. 2010. Disponível em: http://content.time.com/time/business/article/0,8599,1954643,00.html. Acesso em 22 mai. 2021.

SALAS, Javier. Google conserta seu algoritmo "racista" apagando os gorilas. *El País Brasil*, 16 ene. 2018. Disponível em: https://brasil.elpais.com/brasil/2018/01/14/tecnologia/1515955554_803955.html. Acesso em 22 mai. 2021.

SALES FORCE BRASIL. *Machine Learning e Deep Learning*: aprenda as diferenças. 30 abr. 2018. Disponível em: https://www.salesforce.com/br/blog/2018/4/Machine-Learning-e-Deep-Learning-aprenda-as-diferencas.html. Acesso em 23 mai. 2021.

SCHERTEL MENDES, Laura; MATTIUZZO, Marcela. Discriminação algorítmica: conceito, fundamento legal e tipologia. *Direito Público*, [s.l.], v. 16, n. 90, dez. 2019. ISSN 2236-1766. Disponível em: https://portal.idp.emnuvens.com.br/direitopublico/article/view/3766. Acesso em 23 mai. 2021.

SCHERTEL MENDES, Laura; MATIUZZO, Marcella; FUJIMOTO, Mônica Tiemy. *Discriminação algorítmica à luz da Lei Geral de Proteção de Dados*. Tratado de Proteção de Dados Pessoais. Rio de Janeiro: Forense, 2021.

SILVA, Fabrício Machado da *et al*. *Inteligência artificial*. Porto Alegre: SAGAH, 2019.

WILSON, Aidan. A Brief Introduction to Supervised Learning. *Towards Data Science*, 29 set. 2019. Disponível em: https://towardsdatascience.com/a-brief-introduction-to-supervised-learning-54a3e3932590. Acesso em 22 mai. 2021.

WORLD INTERNATIONAL PROPERTY ORGANIZATION. *WIPO Technology Trends 2019*: Artificial Intelligence. Geneva, 2019. Disponível em: https://www.wipo.int/edocs/pubdocs/en/wipo_pub_1055.pdf. Acesso em 10 mai. 2021.

YOUTUBE. *Artificial Intelligence and dispute resolution*: challenges and limitations: 3CL Seminar. [s.d]. Disponível em: https://www.youtube.com/watch?v=SP60FeRt9J4. Acesso em 18 de abr. 2022.

Informação bibliográfica deste texto, conforme a NBR 6023:2018 da Associação Brasileira de Normas Técnicas (ABNT):

FRANÇA NETTO, Milton Pereira de; EHRHARDT JÚNIOR, Marcos. A inteligência artificial e os riscos da discriminação algorítmica. *In*: EHRHARDT JÚNIOR, Marcos; CATALAN, Marcos; MALHEIROS, Pablo (Coord.). *Direito Civil e tecnologia*. 2. ed. Belo Horizonte: Fórum, 2022. t. II. p. 147-172. ISBN 978-65-5518-432-7.

CONSIDERAÇÕES SOBRE DIREITOS FUNDAMENTAIS, INTELIGÊNCIA ARTIFICIAL E RESPONSABILIDADE CIVIL[1]

GABRIELLE DE O. FERREIRA

THIAGO FELIPE S. AVANCI

1 Direitos Fundamentais e Inteligência artificial

Os Direitos Fundamentais podem ser parte do fio condutor deste ensaio, por sua natureza ligada à ética e à axiologia. É possível enunciar que os Direitos Fundamentais são direitos subjetivos, de natureza declaratória e/ou assecuratória, previstos em nível normativo constitucional ou equivalente, nascidos da necessidade de proteger as pessoas contra o Estado (relação vertical), mas hoje aplicados horizontalmente para relações gerais na sociedade, com o objetivo principal de garantir a dignidade humana.[2] Com isso em mente, é bastante perceptível a importância desse conjunto de direitos no ordenamento jurídico. Naturalmente, a mesma importância vale quando a inteligência artificial (IA) temática está à frente. Os Direitos Fundamentais podem reportar à IA em pelo menos duas frentes.

A primeira frente. Direitos Fundamentais como diretriz legal (e ética) para programadores. Nesse sentido, deve-se destacar a ideia geral de aplicação regular dos Direitos Fundamentais sobre as relações comuns da sociedade (horizontal). Isso significa que quando os programadores estão lidando com dados, por exemplo, eles devem preservar a intimidade, isto é, um Direito Fundamental; se estiverem construindo um modelo de algoritmo, todo cuidado deve ser tomado para que o preconceito ou a discriminação negativa observada nos dados não contamine o resultado. Em suma, aqui os Direitos Fundamentais fazem parte da metodologia e da logística de IA em desenvolvimento.

---

[1] Agradecimentos. Este trabalho foi parcialmente financiado pelo Centro de Estudos Sociedade e Tecnologia (CEST) da Universidade de São Paulo.
[2] AVANCI, T. F. S. *Teoria pós positivista dos Direitos Fundamentais*. Thoth: Curitiba, 2021.

A segunda frente. Agora, os Direitos Fundamentais estão sendo quantificados como dados: quantas violações ocorreram? Quanto gastar para executar determinada política pública? Quantas pessoas serão beneficiadas? Essas perguntas genéricas pretendem exemplificar como lidar com a questão da aplicação dos Direitos Fundamentais na sociedade. Assim, neste segundo contexto, os Direitos Fundamentais são o objeto de análise da IA. Daí infere-se uma conclusão prematura, óbvia, mas importante: os programadores de IA devem aplicar os Direitos Fundamentais em sua metodologia e logística, mesmo que Direitos Fundamentais não sejam objeto da análise.

Com tudo isso em mente, é possível estabelecer algumas das métricas deste ensaio. A IA pode ser relacionada a todas as gerações dos Direitos Fundamentais: dos direitos individuais aos direitos sociais e aos direitos transindividuais. Por exemplo, algoritmos discriminatórios, responsabilidade e privacidade de dados são exemplos de relacionamento com os direitos individuais; a IA que interfere nas ferramentas democráticas ou na proteção do trabalho são exemplos de IA ligadas aos direitos sociais; e a proteção do consumidor ou digital são exemplos de direitos transindividuais ou coletivos. Mesmo considerando todos esses exemplos mais fundamentados de IA e Direitos Fundamentais, naturalmente há um debate mais ficcional (pelo menos, hoje – em 2022): um "ser" de IA pode ter responsabilidade sobre suas ações?

2 Inteligência Artificial

A Inteligência Artificial é um tema controverso, pois sua própria nomenclatura tem sido frequentemente contestada ante ao fato de que as expressões "inteligência" e "artificial" estão sujeitas a definições claras e unânimes, quer conjunta quer isoladamente consideradas. E, nesse sentido, tampouco há um consenso sobre uma classificação da IA, embora dentre os que aqui serão apresentados, há pontos em comum. Em linhas gerais, a inteligência artificial é um programa. Nada mais que isso, apesar de todo o "barulho" da sociedade, em geral, sobre esse assunto.

De acordo com o critério de ferramenta de programação, a Inteligência Artificial pode ser classificada em três grupos diferentes: *Good Old-Fashioned AI* ou GOFAI;[3] aprendizado de máquina ou *machine learning*[4] e IA completa.[5] Considerando o critério de nível humano de inteligência, a IA pode ser classificada de forma diferente, como Searle propõe desde 1980: IA forte/cognitiva ou inteligência geral artificial (AGI) e IA fraca/pragmática.

A questão não é nova, visto que alguns conceitos surgem na década de 1960 e uma classificação geral foi proposta a partir de meados da década de 1980. No entanto, recentemente se tornou mais popular, especialmente considerando o uso de *machine learning* em grandes empresas de tecnologia como o Facebook ou a Google.[6] Os dados dos consumidores são recolhidos nas plataformas destas empresas e são utilizados,

---

[3] HAUGELAND, J. *Artificial Intelligence*: the very idea. Cambridge: Bradford Books, 1985.
[4] MITCHELL, T. *Machine Learning*. New York: McGraw Hill, 1997.
[5] MONTALVO, F. S. Diagram understanding: the intersection of computer vision and graphics. *MIT A.I. Lab Memo 873*, nov. 1983. Disponível em: http://citeseerx.ist.psu.edu/viewdoc/download?doi=10.1.1.18.3606&rep=rep1&type=pdf. Acesso em 10 fev. 2022.
[6] WEINBERGER, D. Playing with AI Fairness. *Google's PAIR (People and AI Research)*, 2021. Disponível em: https://pair-code.github.io/what-if-tool/ai-fairness.html. Acesso em 25 jul. 2021.

por exemplo, para um marketing direcionado mais apelativo, reforçando a dissonância cognitiva.

GOFAI é uma abordagem de programação mais tradicional. Pode ser afirmado como uma espécie de falsa IA, tanto quanto é baseada em programação "if" e "else". Em uma árvore de escolhas, cada interação representa um trecho do fluxograma que será seguido: "se isso" acontecer, a consequência é "aquilo"; "se outra coisa" acontecer, a consequência é "aquele outro". Esta árvore de escolhas é tão grande quanto se precisar. E justamente por isso que programar o GOFAI é cansativo; qualquer erro pode comprometer toda a programação. Além disso, para interações muito complexas, o arquivo do programa será grande demais para alguns computadores o executarem.

O aprendizado de máquina se apresenta como uma ferramenta de programação que analisa estatísticas, a partir de um determinado conjunto de dados com um modelo de algoritmo programado. Samuel cunhou este termo em 1959[7] e, hoje, pode ser definido como uma disciplina focada em duas questões inter-relacionadas: "Como se pode construir sistemas computacionais que melhorem automaticamente através da experiência?" e "Quais são as leis teóricas fundamentais que regem todo sistema de aprendizagem, independentemente de ser implementado em computadores, humanos ou organizações?".[8] As espécies de aprendizado de máquina são supervisionadas, não supervisionadas e semissupervisionadas. Em uma abordagem de aprendizado de máquina supervisionado, o programador rotula os dados para a IA; significa que o programador define e rotula quais variáveis são independentes (se fizerem parte da questão da hipótese) e quais variáveis são dependentes (se fizerem parte da resposta da hipótese). No aprendizado de máquina não supervisionado, como é evidente, o programador apresenta um conjunto de dados sem rotular variáveis, permitindo que a IA estabeleça correlações entre cada entrada, por si só. No aprendizado de máquina semissupervisionado, o programador estabelece alguns rótulos.

Finalmente, a IA completa. Hoje, não há IA completa. Esta seria uma máquina autoconsciente, a mente humana também. Até agora, o GOFAI e o aprendizado de máquina "tentam" responder às perguntas de seus programadores. A IA Completa, assim como um ser humano, seria capaz de fazer as perguntas e "tentar" respondê-las. Hoje em dia, este é o único objeto de ficção científica (como Skynet, na franquia de filmes Exterminador do Futuro; HAL, da franquia de filmes de Kubrick 2001; e Arquiteto e Oráculo, da franquia de filmes Matrix). No entanto, é bastante interessante projetar como esses "seres" seriam vistos pela sociedade em geral. Em 2017, a Arábia Saudita reconheceu a cidadania da *bot* Sophia,[9] um *bot* baseado em IA de aprendizado de máquina com expressões faciais e emulador de interações humanas.[10]

No critério de classificação de Searle, o parâmetro é a inteligência humana. Em suma, de acordo com ele, a IA fraca não tentaria replicar a inteligência ou o

---

[7] SAMUEL, A. L. Some studies in machine learning using the game of checkers. *IBM Journal of research and development*, p. 210-229, 1959.
[8] MITCHELL, T. *Machine Learning*. New York: McGraw Hill, 1997.
[9] GITTLESON, B. Saudi Arabia criticized for giving female robot citizenship, while it restricts women's rights. *ABCNEWS*, 2017. Disponível em: https://abcnews.go.com/International/saudi-arabia-criticized-giving-female-robot-citizenship-restricts/story?id=50741109. Acesso em 10 fev. 2022.
[10] Cf.: Being Sophia. *Hanson Robotics*, 2021. Disponível em: https://www.hansonrobotics.com/being-sophia/. Acesso em 10 fev. 2022.

comportamento humano; uma IA forte tentaria fazê-lo; e a IA geral superaria a inteligência humana, com uma experiência de senciência, autoconsciência e consciência. Apesar de não ser possível associar os critérios da ferramenta de programação ao critério da Searle, no entanto, e considerando a complexidade da programação, a IA mais fraca está associada ao GOFAI, e a IA mais forte está associada ao ML. Considerando que hoje em dia não há IA autoconsciente, não é possível supor em qual ferramenta de programação ela se basearia – supondo que seria uma.

O que se percebe é que a evolução da tecnologia permitiu o surgimento da inteligência artificial que, conforme já abordado, refere-se à habilidade do programa de interpretar informações externas, aprender com elas e usar esse conhecimento para alcançar objetivos e tarefas específicas por meio de adaptação flexível.[11] Dessa forma, por envolver uma tecnologia nova que está em constante evolução, torna-se natural a ocorrência de erros envolvendo a IA, o que gera a indagação sobre quem poderia responder pelos prejuízos promovidos pela ferramenta e se há disposição sobre o assunto na legislação nacional.

3 Marcos normativos da inteligência artificial no Brasil

O ordenamento brasileiro não possui uma regulamentação nacional para tratar sobre o assunto de forma ampla. Com a implantação das Agências de Proteção de Dados, isso pode mudar. Vale mencionar algumas diretrizes incidentes sobre a IA, transversalmente: 1) Decreto nº 10.222, de 5 de fevereiro de 2020 (que aprova a Estratégia Nacional de Segurança Cibernética); 2) Instrução Normativa STJ/GP nº 6, de 12 de junho de 2018 (que institui projeto-piloto de aplicação de soluções de inteligência artificial no Superior Tribunal de Justiça); e 3) Resolução nº 332, de 21 de agosto de 2020 (que dispõe sobre a ética, a transparência e a governança na produção e no uso de Inteligência Artificial no Poder Judiciário e dá outras providências).

No Tribunal de Justiça do Estado de São Paulo vigoram: 4) a Portaria nº 9.913, de 4 de setembro de 2020 (que prevê sobre a composição do órgão Encarregado de Proteção de Dados Pessoais do Poder Judiciário do Estado de São Paulo e do Comitê Gestor de Privacidade); 5) a Portaria nº 9.912, de 4 de setembro de 2020 (que institui o Encarregado pelo Tratamento de Dados Pessoais do Poder Judiciário de São Paulo e dá outras providências); 6) o Comunicado nº 120, de 31 de agosto de 2020 (publicação para conhecimento geral da Resolução nº 332/2020 do Conselho Nacional de Justiça, que dispõe sobre a ética, a transparência e a governança na produção e no uso de Inteligência Artificial no Poder Judiciário e dá outras providências); e 7) Portaria nº 9.706, de 31 de janeiro de 2019 (que dispõe sobre a alteração da estrutura da Secretaria de Tecnologia da Informação – STI).

Quanto à norma geral de alcance nacional, aplicável a pessoas jurídicas (públicas e privadas) e a pessoa física, está em tramitação no Congresso Nacional o Projeto de Lei nº 21/20, o Marco Legal do Desenvolvimento e Uso da Inteligência Artificial (IA). O objetivo desse projeto é estabelecer princípios, direitos, deveres e instrumentos de

---

[11] MARTINS, Guilherme Magalhães. *Responsabilidade Civil por acidente de consumo na internet*. 3. ed. São Paulo: Thomson Reuters Brasil, 2020.

governança para a IA, respeitando os Direitos Fundamentais e humanos, os valores democráticos, a não discriminação, a pluralidade, a livre iniciativa e a privacidade de dados.

Cumpre mencionar recente inclusão do inc. LXXIX no art. 5º da Constituição Brasileira, neste contexto, guardando o dispositivo que menciona especificamente a proteção de dados como direito individual. Este dispositivo dá sustentação à política traçada a partir da Lei nº 13.709/18 (Lei Geral de Proteção de Dados – LGPD), tendo o objetivo de assegurar a proteção dos dados pessoais de seus usuários, inclusive ao se reconhecer a necessidade de assegurar que os dados utilizados pelo sistema de inteligência artificial observem a Lei Geral de Proteção de Dados (art. 9º, III, do Projeto de Lei).

4 Contextualização da urgência normativa e potenciais hipóteses de responsabilidade

Um exemplo prático que demonstra a urgência da concretização do projeto normativo brasileiro sobre IA ocorreu em 2018, com o Facebook, que cedeu dados pessoais de seus usuários para cerca de 150 empresas de tecnologia, estando nesse rol Amazon, Bing, Microsoft, Netflix, Yahoo e Spotify. A principal alegação da troca de informações dos usuários entre o Facebook e as demais empresas de tecnologia era no sentido de criar mais conexões e aprimorar os recursos oferecidos às pessoas, autorizando o acesso à intimidade e privacidade de cada indivíduo, violando, assim, o princípio constitucional à privacidade e gerando prejuízos aos usuários, que são consumidores, e o elo mais fraco da relação.

Outro exemplo que se relaciona com a proteção de dados envolve o racismo protagonizado pelos sistemas de inteligência artificial, em que novamente o Facebook foi protagonista, mas não o único. As ocorrências de racismo envolvendo a IA também foram registradas no Twitter (por priorizar rostos de pessoas brancas na exibição das imagens que também contavam com a presença de pessoas negras), na Microsoft (com o lançamento da inteligência artificial interativa Tay, no Twitter, que esteve por um dia somente na rede para aprender sobre a interação humana, bastando isso para que passasse a reproduzir discursos negacionistas sobre o Holocausto e defender Hitler em meio a frases racistas), no Google (a denúncia aconteceu por meio de um usuário, em 2015, que ao utilizar a plataforma Google Fotos, esta havia rotulado a foto de um casal de pessoas negras como gorilas) e no Flickr (que classificou um grupo de pessoas negras como macacos). Daí a necessidade de responsabilização.

É muito interessante perceber que mesmo para serviços de inteligência artificial supostamente gratuitos, há potencial aplicação de responsabilidade civil. Cumpre ponderar, primeiramente, que não há serviços gratuitos: quando se usa a busca do Google, por exemplo, aparentemente de graça, está-se concordando em compartilhar os dados pessoais para aprimorar o motor do buscador e, também, receber publicidade pessoal relacionada. Bem assim, considerando a teoria do risco integral adotada em alguns ordenamentos jurídicos, o pressuposto será: se a empresa obtém lucro, deve também assumir a responsabilidade pelo prejuízo. Caso contrário, as empresas apenas pegariam os lucros e transmitiriam aos consumidores a sua perda. Em linguagem econômica: internalizando lucros, externalizando custos. É inevitável estabelecer um paralelo se a "Tragédia dos Comuns" foi proposta por Garrett Hardin.

É importante perceber que a IA pode causar vários tipos de prejuízos que resultem em responsabilidade: em carros autônomos, defeitos em bens de fabricação, vazamento de dados, bolhas em algoritmos comportamentais da sociedade, entre outros. Diante disso, mesmo considerando, como mencionado, que muitas aplicações de IA não cobrariam dinheiro do usuário pelo uso direto, as empresas ainda seriam estritamente responsáveis pelos danos infligidos aos usuários e à coletividade.

5 Responsabilidade civil e inteligência artificial

Em muito relaciona-se a temática da IA e dos Direitos Fundamentais com a responsabilidade civil. A responsabilidade civil é decorrente de um modelo de aplicação horizontal e vertical dos Direitos Fundamentais, na medida em que não pode ocorrer empobrecimento sem causa (ou enriquecimento ilícito). No sistema do Direito Civil, a responsabilidade é a determinação legal que visa corrigir os danos causados, direta ou indiretamente, por ações ou omissões de alguém. E os danos podem ser materiais ou imateriais. O objetivo da indenização é restabelecer o nível patrimonial anterior ao dano. Com isso em mente, é possível identificar dois elementos-chave: danos e ação ou omissão que causou os danos; conectando esses dois elementos, há uma relação de causalidade que sustenta o dever de responsabilidade.

Nesse sentido, diante da ausência de disposição sobre as ocorrências no Brasil e em processos envolvendo inteligência artificial atrelados à seara penal, percebe-se a necessidade da responsabilização da empresa e, potencialmente, do agente responsável pela inteligência artificial. As poucas análises envolvendo a inteligência artificial tomam como base, diante de regras específicas, as normas de proteção existentes nas relações de consumo e na lei geral de proteção de dados, quanto ao vazamento de dados.

É nesse contexto que se insere o Projeto de Lei nº 21/20, que, se aprovado, estabelecerá entre os deveres dos agentes de inteligência artificial a obrigação de responder pelas decisões tomadas envolvendo o sistema de IA (art. 9º, V). Além disso, deverá também proteger continuamente o programa contra ameaças de segurança cibernética (art. 9º, VI). E deverá, por fim, aplicar, no que couber, a LGPD. Uma novidade na matéria reside no sentido de haver a possibilidade de imputação do dever de indenizar partindo também dos desenvolvedores de *softwares* e algoritmos, não se restringindo apenas ao final da cadeia, os fornecedores.[12]

Por outro lado, enquanto não há lei específica, repita-se, utiliza-se do art. 927, parágrafo único do Código Civil (Lei nº 10.406, de 10 de janeiro de 2002), uma vez que os sistemas de inteligência artificial podem configurar atividade de risco, o que conduz à adoção de um padrão objetivo de responsabilidade.[13]

Ademais, mesmo a lei específica não afastaria a aplicação do Código do Consumidor às relações decorrentes de inteligência artificial, considerando que, como já mencionado, para o caso, tudo aponta para a existência de consumidor ou consumidor equiparado, nos termos do art. 2º, *caput* e parágrafo único da norma

---

[12] MARTINS, Guilherme Magalhães. *Responsabilidade Civil por acidente de consumo na internet*. 3. ed. São Paulo: Thomson Reuters Brasil, 2020.

[13] MARTINS, Guilherme Magalhães. *Responsabilidade Civil por acidente de consumo na internet*. 3. ed. São Paulo: Thomson Reuters Brasil, 2020.

consumerista. Tampouco se afasta vício e defeito previstos no arts. 12 e 18 da mesma lei, considerando que, mesmo que não cobrem diretamente pelos serviços, o lucro advém do contexto global das atividades das empresas de tecnologia. Não existe serviço gratuito. Analogamente, o mesmo debate ocorreu para roubos e furtos em estacionamentos aparentemente gratuitos nos mercados.

Observe-se que no que se refere à inteligência artificial como atividade de fornecimento de produtos e serviços, é possível utilizar-se do disposto no art. 12 e 14 do Código de Defesa do Consumidor (Lei nº 8.078, de 11 de setembro de 1990) para configurar a responsabilidade civil, a fim de se conseguir uma reparação pelos prejuízos causados com essa troca de informações sobre os consumidores, como no caso do Facebook, que forneceu dados de usuários.

Tudo figura no sentido de proteger o usuário, consumidor e titular dos dados, tendo em vista a posição desvantajosa da relação e as implicações que a ausência de lei específica acarreta. Assim, faz-se necessário voltar os olhos à norma civil e consumerista, tendo em mente que a evolução do dispositivo legal não consegue acompanhar a tecnologia, gerando necessidade de adaptação até que surja legislação específica para tratar sobre o assunto.

Vale mencionar, voltando à temática da sujeição de direitos e responsabilidade civil, que, por enquanto, ainda está no campo da ficção científica qualquer possibilidade de responsabilização da própria IA, conjecturando que uma IA teria, em algum momento, algum nível de autoconsciência enquanto sujeito de direito. É muito improvável, pelo menos no ano de 2022, ter como réu "o Arquiteto", "HAL" ou "Skynet".

A União Europeia, por sua vez, está fomentando o debate sobre a questão da responsabilidade civil em IA a partir da Diretiva nº 85/374/EEC. Alguns pontos são interessantes e elevam o debate. O primeiro ponto interessante da Diretiva nº 85/374/CEE é a questão da responsabilidade objetiva, que é geralmente aplicada às relações de consumo e seria usada como base na relação nascida da IA. Isso significa que aquele prejudicado pelo defeito de uma IA não precisaria provar nada além do dano em si e estabelecer a relação causal com a IA. Não seria obrigatório, porém, comprovar, por exemplo, uso indevido ou engano da codificação da empresa, ou qualquer coisa provável.

Além disso, outro tópico discutido na pesquisa da Diretiva nº 85/374/EEC foi que as partes lesadas podem reivindicar indenização por morte, danos pessoais, bem como danos materiais, se a propriedade for destinada a uso privado e os danos excederem a 500 euros. Algumas autoridades dos países componentes da União Europeia estão manifestando uma certa preferência pela redução de tal piso de 500 euros, ou mesmo por suprimi-lo, como forma de garantir uma proteção mais eficaz ao consumidor. Por outro lado, os representantes da indústria de IA consideram que o piso sugerido deveria, pelo menos, ser mantido, para manter a responsabilidade objetiva a partir deste determinado nível de danos, evitando um acúmulo de pedidos de danos materiais menores, em especial aqueles movidos contra pequenas e médias empresas. Além disso, eles acreditam que esse limite deve ser aumentado de acordo com a inflação medida.

Por fim, a Diretiva nº 85/374/EEC discute a possibilidade de exonerar o produtor de responsabilidade 10 anos após a data de entrada em circulação do produto. Assim, os Estados-Membros da UE devem prever na sua legislação que os direitos conferidos à pessoa lesada por força da presente diretiva extinguem-se no termo de um período de 10 anos, a contar da data em que a empresa responsável pela IA colocou em circulação o produto efetivo que causou o dano.

6 Temores por uma regulamentação excessiva

Não olvidando à análise econômica do Direito, percebe-se que todo o processo de normatização deve – necessariamente – buscar gerar valor econômico, de modo que possibilite a atividade saudável do mercado. O conceito Smithiano clássico divide valor em: de uso (utilidade) e de troca (comparado com outros bens), para formação do preço. Em breve síntese, para que um bem seja economicamente relevante, deve gozar de utilidade e ser escasso. A utilidade se refere, de um lado, ao bem ser quisto, desejado, porque apresenta serventia. A escassez, de outro lado, trata da disponibilidade do bem no mundo. A partir desse sistema se firma, inicialmente, o valor do bem.

Em sede de simplificação e considerando o espaço "escasso" para o debate neste ensaio, dentro de uma economia capitalista neoliberal, valor econômico pode ser considerado como a riqueza gerada pelo mercado, ao passo que antivalor consiste justamente em perdas de riqueza. Valor econômico não se confunde com valor axiológico; o valor econômico atribuído à mercadoria deriva não somente do valor-uso do bem, mas do valor-troca do mesmo, sendo este definido por sua escassez (oferta) e por sua utilidade (procura), representado pelo preço da mercadoria.

Com esta preliminar análise superficial dos conceitos arranhados neste ensaio, começa-se a perceber uma problemática inerente à métrica macroeconômica como um todo: quais são os limites da intervenção do Estado na inteligência artificial, sem que isso gere antivalor?

O que se tem observado empiricamente, em análise preliminar, é que o equilíbrio econômico capaz de gerar, otimizadamente, valor econômico – riqueza – a todos é extremamente delicado: intervenção excessiva do Estado sobre a economia pode gerar antivalor; ausência de intervenção do Estado sobre a economia pode, também, gerar antivalor. Não é demais salientar que este equilíbrio delicado foi descrito, em análise econômica, pela teoria do *deadweight*. Assim, quando se fala em intervenção do Estado, entenda-se que está se tratando de normatização como o meio pelo qual se gerará potencialmente este "peso morto".

Por óbvio, observa-se que o "peso morto" deve ser limitado ao mínimo. A construção normatizadora de um instituto como o da inteligência artificial pode ser regulamentada, mas isso não significa que cada aspecto desta nova expressão do mercado precise de um instrumento normativo limitador ou tolhedor. Muito ao contrário. Esta expressão nasce com certo espírito de liberdade necessário à métrica de suas atividades. Por outro lado, deixar de regular determinados Direitos, especialmente dos que aparentemente encontram-se em posição de hipossuficiência, também significa agredir o Estado Social Democrático de Direito constituído no Brasil. Deveras, o equilíbrio de Nash e o ótimo de Pareto explicam a delicadeza de tal construção, a partir de uma análise pela teoria dos jogos.

A função destas linhas é no sentido de trazer reflexão, no sentido de propor que a normatização da inteligência artificial observe sua finalidade de gerar valor econômico à sociedade e ao Estado. Para que isso seja possível, de forma otimizada, sugere-se que sejam observados os seguintes pontos para a construção normativa do instituto em questão: excesso de intervenção gera antivalor, porquanto cria obrigações excessivas ao investidor, gera burocracia e tolhe a livre iniciativa; falta de intervenção também gera antivalor, porque agride o Estado Social Democrático de Direito.

Reflexões finais

Direitos Fundamentais estão absolutamente relacionados à inteligência artificial; quer seja para regulamentá-la, quer seja para oferecer ferramentas tecnológicas à sua consecução. No que tange à regulamentação da forma da inteligência artificial, é necessário perceber alguns parâmetros normativos: 1. Os dados devem ser protegidos por quem os usar; 2. A responsabilidade civil se dá sobre quem aufere o lucro pelo projeto de inteligência artificial; 3. Pelo risco integral da atividade, mesmo os serviços aparentemente gratuitos devem gozar de proteção da responsabilidade civil; 4. A diretiva nº 85/374/EEC nos aponta que, mesmo com a necessidade de proteção, determinados pontos tidos como pacíficos no Brasil quanto à responsabilidade civil, podem inviabilizar avanços e projetos de inteligência artificial, diante do risco da atividade; 5. Da mesma forma, há que se observar que uma intervenção excessiva de normas jurídicas gera antivalor e, da mesma forma, falta de normativa também geral antivalor.

A questão é: até quanto se consegue regulamentar sem prejudicar a atividade econômica e sem prejudicar as partes hipossuficientes?

Referências

ABBOTT, D.; HARMER, G. P.; PARRONDO, J. New paradoxical games based on brownian ratchets. *Physical Review Letters*, v. 85, n. 24, p. 5226, dez. 2000. Disponível em: https://www.academia.edu/18847964/New_Paradoxical_Games_Based_on_Brownian_Ratchets. Acesso em 19 set. 2021.

AGÊNCIA EFE. *Facebook cedeu dados pessoais dos usuários a gigantes da tecnologia, revela jornal*. 19 dez. 2018. Disponível em: https://g1.globo.com/google/amp/economia/tecnologia/noticia/2018/12/19/facebook-compartilhou-mais-dados-com-gigantes-tecnologicos-do-que-o-revelado-diz-jornal.ghtml. Acesso em 19 set. 2021.

ALEXY, R. *Teoria dos Direitos Fundamentais*. (Trad. Virgílio Afonso da Silva). São Paulo: Malheiros, 2008.

ALGORITHMWATCH. *AI Ethics Guidelines Global Inventory*. [s.d.]. Disponível em: https://inventory.algorithmwatch.org/database. Acesso em 10 dez. 2021.

ANDRADE, N. *Promoting AI ethics research in Latin America and the Caribbean*. [S.l.]: Facebook Research blog, July 2 2020.

ANNA JOBIN, M.; IENCO, E. V. The global landscape of AI ethics guidelines. *Nature Machine Intelligence*, v. 1, p. 391, 2019.

AVANCI, T. F. S. O processo de reconhecimento de um Direito Fundamental e a questão da maioridade penal no Brasil. *Opinión Jurídica – Universidad de Medellín*, 2015. Disponível em: http://www.scielo.org.co/pdf/ojum/v14n27/v14n27a03.pdf. Acesso em 10 dez. 2021.

AVANCI, T. F. S. Sujeição de direitos, meio ambiente e antropocentrismo alargado. *Opinião Jurídica*, v. 15, n. 21, 2017.

AVANCI, T. F. S. *Teoria pós positivista dos Direitos Fundamentais*. Thoth: Curitiba, 2021.

BARROSO, L. R. *O Direito Constitucional e a efetividade de suas normas*. Rio de Janeiro: Renovar, 2001.

BENTHAM, J. *An introduction to the principles of morals and legislation*. Oxford: Clarendon Press, 1996.

BERCOVICI, G. Estado Intervencionista e Constituição Social no Brasil: o silêncio ensurdecedor de um diálogo de ausentes. *In*: SOUZA NETO, C. P.; SARMENTO, D.; BINENBOJM, G. *Vinte Anos da Constituição Federal de 1988*. Rio de Janeiro: Lumen Juris, 2009. Disponível em: http://moodle.mackenzie.br/moodle/mod/resource/view.php?id=789634. Acesso em 02 jan. 2019.

BIDIMA, J. G. Philosophies, démocraties et pratiques: à la recherche d'un «universal latéral». *Critique*, v. LXVII, n. 'Philosopher en Afrique', p. 672-686, aug./sep. 2011. ISSN 771-772.

BOBBIO, N. *Teoria d'ello ordenamento giuridico*. Torino: Gianpichelli, 1979.

BOTELHO, C. S. *Os Direitos Sociais em tempos de crise*. Coimbra: Almedina, 2015.

BRASIL. Portal da Câmara dos Deputados. *Projeto de Lei nº 21/20*. Estabelece princípios, direitos e deveres para o uso de inteligência artificial no Brasil, e dá outras providências. Disponível em: https://www.google.com/url?sa=t&source=web&rct=j&url=https://www.camara.leg.br/proposicoesWeb/prop_mostrarintegra%3Fcodteor%3D1853928&ved=2ahUKEwi_hoz98uH2AhXsJ7kGHW93DmYQFnoECBYQAQ&usg=AOvVaw3kIe3JB-OxF8HJiT5pU9RO. Acesso em 02 jan. 2021.

CALABRESI, G.; BOBBIT, P. *Tragic choices*. New York: Norton, 1978.

CETYS. Artificial Intelligence in Latin America and the Caribbean: ethics, governance and policies. *GuIA.ia*, 2021. Disponivel em: GuAI.ia. Acesso em 02 jan. 2021.

COASE, R. H. The problem of social cost. *The Journal of Law and Economics*, p. 1-44, out. 1960.

CORRÊA, Rubens Rihl Pires; AMADEI, Vicente de Abreu (Coord.). Inteligência Artificial no Poder Judiciário. *CADIP*, 2020/2021. Disponível em: https://www.tjsp.jus.br/Download/SecaoDireitoPublico/Pdf/Cadip/InformativoEspecialCadipInteligenciaArtificial.pdf. Acesso em 02 jan. 2022.

CRUZ, Bruna Souza. Racismo calculado: algoritmos de plataformas e redes sociais ainda precisam de muita discussão para fugir de estereótipos. *TILT UOL*, [s.d.]. Disponível em: https://www.uol.com.br/tilt/reportagens-especiais/como-os-algoritmos-espalham-racismo/#cover. Acesso em 02 jan. 2022.

DE CHAMPS, E. Bentham et le droit constitutionnel: morale et législation in Bentham juriste. *In*: BOZZO-REY, G. T. A. M. *L'utilitarisme juridique en question*. Paris: Economica, 2011.

DOEDERLEIN, Natalia. Projeto cria marco legal para uso de inteligência artificial no Brasil: Texto determina que a inteligência artificial deverá respeitar os direitos humanos e os valores democráticos. *Câmara dos Deputados*, 04 mar. 2020. Disponível em: https://www.camara.leg.br/noticias/641927-projeto-cria-marco-legal-para-uso-de-inteligencia-artificial-no-brasil/#:~:text=O%20Projeto%20de%20Lei%2021,de%20governan%C3%A7a%20para%20a%20IA. Acesso em 02 jan. 2022.

DUESENBERRY, J. *Saving and the Theory of Consumer Behavior*. Cambridge: Harvard University Press, 1949.

FEFERBAUM, M.; SILVA, A. P. O Direito frente aos desafios tecnológicos. *Revista Bonijuris*, v. 31, p. 32-43, 2019.

FOOT, P. The problem of abortion and the doctrine of the double effect in virtues and vices. *Oxford Review*, p. 5, 1967. Disponível em: http://www2.econ.iastate.edu/classes/econ362/hallam/Readings/FootDoubleEffect.pdf. Acesso em 01 jan. 2019.

GITTLESON, B. Saudi Arabia criticized for giving female robot citizenship, while it restricts women's rights. *ABCNEWS*, 2017. Disponível em: https://abcnews.go.com/International/saudi-arabia-criticized-giving-female-robot-citizenship-restricts/story?id=50741109. Acesso em 10 fev. 2022.

HANSON ROBOTICS. *Being Sophia*. 2021. Disponível em: https://www.hansonrobotics.com/being-sophia/. Acesso em 10 fev. 2022.

HAUGELAND, J. *Artificial Intelligence*: the very idea. Cambridge: Bradford Books, 1985.

KEYNES, J. M. *Teoria geral do emprego, do juro e da moeda (General theory of employment, interest and money)*. (Trad. Mário Ribeiro da Cruz). São Paulo: Atlas, 1992.

KLAFKE, G. F. A contribuição das ferramentas digitais para maior objetividade na avaliação de participação no ensino jurídico. *Revista Científica Disruptiva*, v. 1, p. 77-93, 2019.

KONDRATIEV, N. *Los ciclos largos de la coyuntura economica*. (Trad. Luis Sandoval Ramírez). 2. ed. México D.F: UNAM, 1992.

LAFFER, A. The laffer curve: past, present, and future. *Laffer Associates*, 01 jun. 2004. Disponivel em: https://www.heritage.org/taxes/report/the-laffer-curve-past-present-and-future. Acesso em 12 jul. 2019.

MARTINS, Guilherme Magalhães. *Responsabilidade Civil por acidente de consumo na internet*. 3. ed. São Paulo: Thomson Reuters Brasil, 2020.

MARX, K. *O capital*: crítica de economia política. Livro I: o processo de produção do capital. (Trad. Rubens Enderle). São Paulo: Boitempo, 2013.

MENDES, G. F. Os Direitos Fundamentais e seus múltiplos significados na ordem constitucional. *Revista Jurídica Virtual*, Brasília, v. 2, n. 13, jun. 1999. Disponível em: http://www.planalto.gov.br/ccivil_03/revista/Rev_14/direitos_fund.htm. Acesso em 12 jul. 2019.

MENECEUR, Y. *L'intelligence artificielle en procès*: plaidoyer pour une réglementation internationale et européene. Paris: Brulant, 2020.

MITCHELL, T. *Machine Learning*. New York: McGraw Hill, 1997.

MOKYR, J. Thinking About Technology and Institutions. *Macalester International*, v. Article 8, p. 19-24, 2013.

MONT, C. G. et al. *Artificial Intelligence for Social Good in Latin America and the Caribbean*: the regional landscape and 12 country snapshots. [S.l.]: Inter-American Development Bank, July 2020.

MONTALVO, F. S. Diagram understanding: the intersection of computer vision and graphics. *MIT A.I. Lab Memo 873*, nov. 1983. Disponível em: http://citeseerx.ist.psu.edu/viewdoc/download?doi=10.1.1.18.3606&rep=rep1&type=pdf. Acesso em 10 fev. 2022.

NASH JR, J. F. Equilibrium points in n-person games. *PNAS*, 1950. Disponível em: https://doi.org/10.1073/pnas.36.1.48. Acesso em 20 dez. 2019.

NASSIF, T. Polarização no meio digital dificulta diálogo social. *Paineira USP*, 2019. Disponível em: https://paineira.usp.br/aun/index.php/2019/07/05/polarizacao-no-meio-digital-dificulta-dialogo-social/. Acesso em 10 fev. 2022.

NEUMANN, J. V.; MORGENSTERN, O. *Theory of games and economic behavior*. 3. ed. Princeton: Princeton University Press, 1953.

OLIVEIRA, F. D. O surgimento do antivalor. *UFPB*, 2013. Disponivel em: https://www.ets.ufpb.br/pdf/2013/1%20Estado%20e%20Politicas%20Publicas/EPP%2005_Oliveira_O%20surgimento%20do%20antivalor.pdf. Acesso em 25 jul. 2019.

PARETO, V. *Manual de economia política*. (Trad. João Guilherme Vargas Netto). São Paulo: Nova Cultural, 1996.

PERTUZÉ, J. *The global AI agenda*: Latin America. [S.l.]: MIT Technology Review Insights, 2020.

POZZOLO, S. Neoconstitucionalismo y especificidad de la interpretación constitucional. *In*: POZZOLO, S. *Actas del XVIII Congreso Mundial de la Asociación Internacional de Filosofía Jurídica y Sociales*. Buenos Aires: Cuadernos de Filosofía del Derecho, 1998.

SAMUEL, A. L. Some studies in machine learning using the game of checkers. *IBM Journal of research and development*, p. 210-229, 1959.

SARLET, I. W. *A eficácia dos direitos fundamentais*. Porto Alegre: Livraria do Advogado, 2001.

SATURNINO, Letícia. Inteligência artificial da Microsoft vira racista depois de um dia na internet. *UOL*, 29 mar. 2016. Disponível em: https://m.blogs.ne10.uol.com.br/mundobit/2016/03/29/inteligencia-artificial-da-microsoft-vira-racista-depois-de-um-dia-na-internet/. Acesso em 25 jul. 2021.

SEN, A. *A ideia de Justiça*. São Paulo: Schwarcz, 2009.

SIMÕES, Ana Beatriz de Almeida. Inteligência artificial e responsabilidade civil: à luz do quadro normativo vigente. *Universidade Católica Portuguesa*, 18 jan. 2021. Disponível em: https://repositorio.ucp.pt/handle/10400.14/31993. Acesso em 25 jul. 2021.

SMITH, A. *A riqueza das Nações*. (Trad. Alexandre Amaral Rodrigues e Eunice Ostrensky). São Paulo: Martins Fontes, 2003.

WEINBERGER, D. Playing with AI Fairness. *Google's PAIR (People and AI Research)*, 2021. Disponível em: https://pair-code.github.io/what-if-tool/ai-fairness.html. Acesso em 25 jul. 2021.

Informação bibliográfica deste texto, conforme a NBR 6023:2018 da Associação Brasileira de Normas Técnicas (ABNT):

FERREIRA, Gabrielle de O.; AVANCI, Thiago Felipe S. Considerações sobre Direitos Fundamentais, Inteligência Artificial e Responsabilidade Civil. *In*: EHRHARDT JÚNIOR, Marcos; CATALAN, Marcos; MALHEIROS, Pablo (Coord.). *Direito Civil e tecnologia*. 2. ed. Belo Horizonte: Fórum, 2022. t. II. p. 173-184. ISBN 978-65-5518-432-7.

GOVERNANÇA DE DADOS E DEVIDA DILIGÊNCIA: ALGUMAS NOTAS SOBRE RESPONSABILIDADE CIVIL E PREVENÇÃO NA LEI GERAL DE PROTEÇÃO DE DADOS PESSOAIS

JOSÉ LUIZ DE MOURA FALEIROS JÚNIOR
MICHAEL CÉSAR SILVA

> *Often the suggestion is made that privacy is sufficiently protected by privacy regulations and reliable personal data protection. Yet, it should be clear by now how vulnerable networks are. They simply cannot be secured 100 percent.*
>
> (Jan van Dijk)[1]

1 Notas introdutórias

A evolução da integração computacional e a facilitação do acesso dos cidadãos ao ambiente virtual vêm tornando cada vez maior o volume de informações que circula pela rede, configurando o que se convencionou chamar de *big data*, o que contribui para o aumento dos riscos de responsabilização pela má curadoria de dados pessoais em decorrência do tratamento dispensado às informações coletadas de forma desordenada (cujos maus resultados são previsíveis), a configurar o tratamento irregular descrito no art. 44, II, da LGPD.

Quando se pensa na governança de dados, o que se pretende destacar é um desdobramento natural da governança corporativa, cujas origens remontam ao século XX e ao início do fenômeno da globalização, em que as empresas passaram a se integrar dinamicamente em transações mais rápidas, exigindo sistematização de processos e o

---

[1] VAN DIJK, Jan. *The network society*. 2. ed. Londres: Sage Publications, 2006. p. 120.

contato pela rede mundial de computadores. Trata-se de reconhecer, como indica a epígrafe deste ensaio, extraída de uma reflexão do sociólogo van Dijk, que as redes não são absolutamente seguras e que não bastam as leis que resguardam a privacidade e a proteção de dados pessoais.

Há interações em todos os níveis e em todos os segmentos, o que denota exatamente esse aspecto de fluidez da tecnologia e a relevância que este tema tem para a implementação da governança corporativa. Por isso, na sociedade hiperconectada, é preciso ir além, pois já não restam dúvidas do papel da governança de dados como principal linha de implementação de uma política de governança corporativa pautada em processos e na gestão de riscos relacionados às boas práticas relativas a dados. Nunca se falou tanto em *compliance*, e a principal razão possivelmente decorra dessa característica social.

A delimitação e a implementação de políticas de governança de dados permitem diagnosticar zonas de risco e prevenir responsabilidades quanto à gestão dos dados pessoais, notadamente em face do longo período que se leva até que um marco regulatório específico seja introjetado na sociedade. A partir dessa premissa, o presente trabalho buscará esclarecer quais são as diretrizes adequadas para a implementação de políticas de proteção de dados pessoais que configurem o que a doutrina chama de *governança de dados*, especialmente, com o objetivo de prevenir demandas e responsabilidades a partir da devida diligência empresarial (*due diligence*). Com fulcro nessa premissa e no objetivo de tecer considerações mais assertivas sobre o tema, proceder-se-á à análise comparativa, por meio de pesquisa bibliográfica, entre a governança corporativa (mais ampla) e a de dados (mais específica).

2 A governança corporativa nos mercados ricos em dados: por que tanto se fala em *compliance*?

Quando o acionista delega ao administrador o poder de gestão da empresa, entendimentos distintos sobre os melhores procedimentos a serem adotados no zelo quanto ao desenvolvimento corporativo podem conduzir a distorções. É exatamente isso que a governança corporativa procura superar, explicitando e até mesmo definindo regras cuja observância representa a conformidade (*compliance*) dos membros da corporação.[2]

Sobre o tema, convém ressaltar que o *compliance* – termo usualmente empregado como um conceito geral – advém do verbo inglês *to comply*, que, em tradução livre, sinaliza o ato de agir de acordo com as regras, o que compreende leis, marcos regulatórios e normativas internas e externas do mercado ou da própria corporação. Não obstante, algumas empresas focam em regulamentos internos sem alinhá-los com as questões

---

[2] Sobre a governança corporativa, Mariana Pargendler destaca seu valor e a proeminência do debate em torno de sua propagação: "Given the prominence of the corporate governance agenda in the academic and public spheres – and its resilience despite variations in the specific issues of the day – further appraisals of its normative implications are badly needed. There are two competing normative justifications for the obsession with corporate governance: whereas the first view is based on the relationship between corporate governance and shareholder value, the second conception assumes a direct effect of corporate governance practices on non-shareholder constituencies and social welfare more generally" (PARGENDLER, Mariana. The corporate governance obsession. *The Journal of Corporation Law*, Iowa City, v. 42, n. 2, p. 359-402, 2016. p. 395).

jurídicas pertinentes, em especial aquelas que dizem respeito à inovação e às mudanças propiciadas por transformações no ambiente regulatório.

As boas práticas de governança corporativa convertem princípios básicos em recomendações objetivas, alinhando interesses com a finalidade de preservar e otimizar o valor econômico de longo prazo da organização, facilitando seu acesso a recursos e contribuindo para a qualidade da gestão da organização, sua longevidade e o bem comum.[3]

Noutras palavras, pode-se dizer que governança corporativa é um conjunto de estratégias utilizadas para administrar a relação entre acionistas, gestores, investidores, parceiros e que tem a função de parametrizar a direção estratégica e o desempenho das organizações. Apesar de ser assunto recorrente no século XXI, não se trata de tema muito antigo, já que se considera que a publicação, em 1992, do Relatório Cadbury, foi o marco inicial do tema, sendo este o primeiro "código de boas práticas corporativas".[4]

Por sua vez, a governança de tecnologia da informação (TI) contempla o conjunto de políticas, normas, métodos e procedimentos estipulados com a finalidade de permitir à administração o controle da utilização de tecnologia da informação, buscando uma eficiente utilização de recursos, minimização de riscos e apoio aos processos da organização empresarial.[5] Seu objetivo, portanto, é garantir que o uso da TI agregue valor ao negócio. Para o Information Technology Governance Institute (ITGI), trata-se de responsabilidade exigível dos executivos e da alta direção/administração,[6] consistindo em aspectos de liderança, estrutura organizacional e processos que garantam que a área de TI da organização consiga suportar e aprimorar seus objetivos e estratégias.

---

[3] De acordo com André Luiz Carvalhal da Silva, que cita entendimento adotado pela Comissão de Valores Mobiliários, pode-se conceituar a governança corporativa como: "[...] o conjunto de práticas que tem por finalidade melhorar o desempenho de uma companhia ao proteger todas as partes interessadas, por exemplo, investidores, empregados e credores, facilitando o acesso ao capital. Segundo essa definição, a análise das práticas de governança corporativa aplicada ao mercado de capitais envolve principalmente: a transparência, equidade, de tratamento dos acionistas e prestação de contas" (SILVA, André Luiz Carvalhal da. *Governança corporativa e decisões financeiras no Brasil*. 2. ed. Rio de Janeiro: Mauad, 2005. p. 15).

[4] Em 1991, no Reino Unido, foi criado o Comitê Cadbury, presidido por Adrian Cadbury, com o objetivo de delinear os pilares da governança corporativa. As duas principais recomendações do código eram: (i) que os conselhos de empresas de capital aberto incluíssem pelo menos três diretores não executivos; e (ii) que os cargos de CEO (*chief executive officer*) e presidente do conselho dessas empresas fossem ocupados por duas pessoas diferentes.

[5] FERNANDES, Aguinaldo Aragon; ABREU, Vladimir Ferraz. *Implantando a governança de T.I.*: da estratégia à gestão dos processos e serviços. 2. ed. Rio de Janeiro: Brasport, 2008. p. 23.

[6] Partindo da ideia de que a cúpula estratégica da corporação está sujeita a erros, Michael Jensen e William Meckling escreveram seu emblemático artigo *Theory of the firm* (Teoria da firma, no português), publicado em 1976, no qual declararam a inexistência do "agente perfeito" em qualquer organização. Nos dizeres dos próprios autores: "While the literature of economics is replete with references to the 'theory of the firm,' the material generally subsumed under that heading is not actually a theory of the firm but rather a theory of markets in which firms are important actors. The firm is a 'black box' operated so as to meet the relevant marginal conditions with respect to inputs and outputs, thereby maximizing profits, or more accurately, present value. Except for a few recent and tentative steps, however, we have no theory which explains how the conflicting objectives of the individual participants are brought into equilibrium so as to yield this result. The limitations of this black box view of the firm have been cited by Adam Smith and Alfred Marshall, among others. More recently, popular and professional debates over the 'social responsibility' of corporations, the separation of ownership and control, and the rash of reviews of the literature on the 'theory of the firm' have evidenced continuing concern with these issues" (JENSEN, Michael; MECKLING, William H. Theory of the firm: managerial behavior, agency costs and ownership structure. *Journal of Financial Economics*, Nova York, v. 3, n. 4, p. 305-360, out. 1976. p. 308).

O foco da governança corporativa é direcionar e monitorar a gestão da instituição,[7] ao passo que o foco da governança de TI é direcionar e monitorar as práticas de uso de TI de uma organização.[8] É parte e grande aliada da governança corporativa, com papel de destaque estruturando diretrizes, responsabilidades, competências e habilidades assumidas pelas organizações, objetivando controlar processos, garantir a segurança das informações, otimizar a utilização de recursos e dar suporte para a tomada de decisões alinhadas com os interesses das organizações.

Percebe-se que a governança de TI está dentro da governança corporativa, sendo parte indestacável dela neste modelo globalizado das corporações em que a internet se tornou instrumento preponderante das relações jurídicas.

Tem as seguintes áreas de foco: (i) *estratégia*: os processos do negócio e os de tecnologia devem trabalhar conjuntamente; (ii) *valor*: acrescentar inovações ao negócio visando a um diferencial para eficiência e eficácia; (iii) *riscos*: visualização e gerenciamento de riscos, visando a minimizá-los, é também uma forma de agregar valor; (iv) *recursos*: neste caso, o papel da governança de TI é garantir que a gestão dos recursos humanos e tecnológicos da empresa seja a mais otimizada possível; (v) *desempenho*: deve auxiliar a visualizar os resultados do negócio mediante indicadores.[9]

Uma nova estrutura econômica, política e cultural surgiu devido ao fenômeno da globalização, que se iniciou com a liberação ampla do comércio exterior e posteriormente foi possível perceber que o foco passou para os mercados financeiros.[10] Porém, apesar de todos os benefícios que a globalização financeira trouxe, incluindo a possibilidade e as facilidades de investir no mercado externo e conquistar novos clientes e investidores, é preciso ressaltar que as realidades são diferentes em cada país. As políticas financeiras das instituições e empresas que atuam neste mercado nem sempre seguem parâmetros éticos, preocupação social ou respeito aos investidores, podendo gerar enormes discrepâncias e prejuízos a todos aqueles envolvidos nas diversas etapas de exploração de suas atividades.

---

[7] ABREU, Jorge Manuel Coutinho de. *Governação das sociedades comerciais*. Coimbra: Almedina, 2010. p. 7-34.

[8] SELIG, Gad J. IT governance: an integrated framework and roadmap – How to plan, deploy and sustain for improved effectiveness. *Journal of International Technology and Information Management*, San Bernardino, v. 25, n. 1, p. 55-76, 2016. p. 59-60.

[9] Pertinente, nesse contexto, a discussão sobre o valor do conhecimento para a corporação, que se inicia com os clássicos escritos de Fritz Machlup – que até mesmo revisitam a "teoria da firma": "In welfare economics, the firm is an imaginary or a typical reactor or initiator with accurate knowledge of his opportunities. Depending on the proposition in question, all combinations are again possible, but in any case a new requirement is introduced: accurate knowledge of the environmental conditions on the part of all reactors and initiators" (MACHLUP, Fritz. Theories of the firm: marginalist, behavioral, managerial. *American Economic Review*, Pittsburgh, v. 57, n. 1, p. 1-33, mar. 1967. p. 27). Ainda sobre o tema, é importante destacar que uma vertente doutrinária foi totalmente construída em torno da reconstrução da teoria em questão, que passou a ser baseada no conhecimento, considerado o recurso estrategicamente mais significativo de uma empresa. Seus proponentes argumentam que, como os recursos baseados em conhecimento são geralmente difíceis de imitar e socialmente complexos, as bases de conhecimento e capacidades heterogêneas entre as empresas são os principais determinantes da vantagem competitiva sustentada e do desempenho corporativo superior. Sobre o tema, conferir GRANT, Robert M. Toward a knowledge-based theory of the firm. *Strategic Management Journal*, Nova Jersey, v. 17, p. 109-122, jan./mar. 1996; KOGUT, Bruce; ZANDER, Udo. The network as knowledge: generative rules and the emergence of structure. *Strategic Management Journal*, Nova Jersey, v. 21, p. 405-425, 2000.

[10] Denotando esta preocupação, Joseph Stiglitz aduz que: "O maior desafio não está apenas nas instituições propriamente ditas, mas nas mentalidades: para que se alcancem os benefícios potenciais da globalização, é necessário cuidar do meio ambiente, garantir que os pobres tenham voz nas decisões que os afetam e promover a democracia e o justo comércio" (STIGLITZ, Joseph E. *A globalização e seus malefícios*. São Paulo: Futura, 2002. p. 265).

Nasce, no plano global, uma estrutura de prevalência ampla da governança corporativa catalisada pelas diretrizes da Organização para a Cooperação e Desenvolvimento Econômico (OCDE), inserindo a eficácia horizontal dos direitos humanos no plano das relações econômicas[11] em consonância com as políticas de integridade almejadas e suas repercussões. Sem dúvidas, os princípios orientadores oferecem instruções valiosas para que as corporações exerçam atividades empresariais de forma ética, mitigando os impactos negativos e elevando as expectativas de atendimento aos padrões de *compliance* em sintonia com o arcabouço normativo existente para a definição das políticas e procedimentos de conformidade, integrando o referido rol, entre outros, os instrumentos internacionais e regionais.

Nos dizeres de Newton De Lucca:

> Enfim, ao cabo de todas as reflexões desenvolvidas até aqui, parece-me razoável – e, mais do que razoável, prudente – imaginar-se que a ética empresarial só teria condições de prosperar, efetivamente, se fosse semeada num contexto social e numa época em que os valores mais profundos da dignidade do ser humano estivessem consagrados nas convenções sociais com características jurídicas de costume. Ora, no atual mundo globalizado da economia [...], será que somente o Estado, como fonte exclusiva do direito que é, pode resolver os conflitos de interesses existentes, seja pela disciplina expressa das normas escritas, seja pela interpretação e aplicação das chamadas cláusulas gerais?[12]

Para sistematizar o que se almeja com a governança, criou-se a sigla "GRC", que tem ganhado peso em todos os estudos relacionados à governança corporativa, gestão de riscos e *compliance*.[13] O "G" representa a governança e se relaciona aos parâmetros de controle, supervisão e gestão de uma companhia, envolvendo análise, organização, metas, processos e objetivos. O "R" trata dos riscos existentes, inerentes ao negócio e outros que possam ocorrer por fatores internos ou externos, envolvendo um trabalho preventivo de mapeamento para que condutas indesejadas não sejam praticadas e desencadeiem eventual responsabilização. O "C" cuida do *compliance* propriamente dito, que está ligado a questões de diversas matérias (não apenas financeiras, jurídicas ou contábeis, mas até comportamentais e de posturas). Essa fórmula revela "análise jurídica e técnica que transcende o Direito, impondo um diálogo transversal e interdisciplinar".[14]

No mundo corporativo o que se tem, hoje, são mercados movidos a dados (*data-rich* ou *data-driven markets*),[15] o que despertou os olhares de empresas e de diversas

---

[11] Sobre tal tema, Eduardo Saad-Diniz defende a estruturação de uma "justiça de transição corporativa", cuja principal promessa "é justamente o fato de que ela representa a abertura ao diálogo e à participação das empresas, fundamentada em obrigação moral e propósito democrático, na transição e no enfrentamento à ascensão de dinâmicas autoritárias. [...] A um só tempo, a JTC dinamiza a avaliação crítica sobre a desestabilização dos procedimentos democráticos que advêm do setor privado e revê o papel das empresas na sociedade, de tal forma a inspirar iniciativas corporativas inovadoras orientadas à reconstrução social pós-conflito" (SAAD-DINIZ, Eduardo. Justiça de transição corporativa: a nova geração de estudos transicionais. *Revista Brasileira de Ciências Criminais*, São Paulo, v. 167, ano 28, p. 71-128, maio 2020. p. 117).

[12] LUCCA, Newton De. *Da ética geral à ética empresarial*. São Paulo: Quartier Latin, 2009. p. 414.

[13] Cf. SOKOL, Daniel D. Cartels, corporate compliance, and what practitioners really think about enforcement. *Antitrust Law Journal*, Gainesville, v. 78, n. 201, p. 201-240, 2012.

[14] FALEIROS JÚNIOR, José Luiz de Moura. Notas introdutórias ao compliance digital. *In*: CAMARGO, Coriolano Almeida; CRESPO, Marcelo; CUNHA, Liana; SANTOS, Cleórbete (Coord.). *Direito digital*: novas teses jurídicas. 2. ed. Rio de Janeiro: Lumen Juris, 2019. p. 123.

[15] MAYER-SCHÖNBERGER, Viktor; RAMGE, Thomas. *Reinventing capitalism in the age of big data*. Nova York: Basic Books, 2018. p. 87-108.

organizações para a necessidade do fino trato das informações trocadas por meio da internet, primando pela prevenção de danos quanto ao incessante fluxo de dados, pois, com o avanço da integração computacional e a facilitação do acesso dos cidadãos à *web*, torna-se cada vez maior o volume desses fluxos, que podem ser estruturados ou não. A despeito disso, a grande preocupação que surge não diz respeito à quantidade de dados, mas ao tratamento dispensado pelas grandes corporações às informações, pois marcos regulatórios especificamente direcionados à proteção da privacidade e dos dados pessoais passam a lhes impor deveres.

Fala-se, em linhas mais específicas, na governança de TI, que envolve o atendimento aos ditames dos marcos regulatórios mencionados, aos serviços, à integração de tecnologias, à segurança da informação e à TI em relação ao próprio negócio. Evidentemente, trata-se de uma disciplina inerente à governança corporativa e que visa a atender exatamente às necessidades específicas da presença das tecnologias de informação e comunicação na empresa e do controle informacional no ambiente corporativo amplamente considerado.

No Brasil, a proteção aos grandes fluxos de informações é compreendida a partir de um microssistema de leis, composto pelo Marco Civil da Internet (Lei nº 12.965, de 23.4.2014), pela Lei Geral de Proteção de Dados Pessoais (Lei nº 13.709, de 14.8.2018), pela Lei de Acesso à Informação (Lei nº 12.527, de 18.11.2011) – apenas para exemplificar.

Segundo Juliano Madalena:

> Portanto, para a correta aplicação do direito na internet, e de suma importância a análise da relação jurídica que dialoga com este fenômeno. [...] Por certo, o regime jurídico da internet obedece complexa tarefa interpretativa, exigindo um esforço multidisciplinar que possibilite a extração do conjunto dos fatos para a constituição de uma matéria. Contudo, considerando os aspectos jurídicos que a internet oferece a vida social e possível assentar a existência de uma disciplina particular do direito que opera criando e balizando regras sociais de direito objetivo e subjetivo.[16]

Porém, a existência de regulamentos escritos não esgota o tema, eis que não são raros os exemplos difundidos na mídia sobre contrapontos jurídicos de direitos fundamentais que enfrentam carência de delimitação axiológica quando invocados para dar solução a relações travadas no mundo virtual,[17] principalmente, na hipótese em que tais relações são capazes de acarretar danos. Isto não afasta do campo de cognição do direito, contudo, a importância do controle regulatório, como destaca James Beniger: "Cada nova inovação tecnológica estende os processos que sustentam a vida social humana, aumentando assim a necessidade de controle e a melhoria da tecnologia de controle".[18]

---

[16] MADALENA, Juliano. Regulação das fronteiras da Internet: um primeiro passo para uma teoria geral do direito digital. *In*: MARTINS, Guilherme Magalhães; LONGHI, João Victor Rozatti (Coord.). *Direito digital*: direito privado e internet. 4. ed. Indaiatuba: Foco, 2021. p. 186.

[17] Segundo van Dijk, essa é a terceira fraqueza da proteção jurídica conferida à privacidade: "The third weakness of legal privacy protection is that it still deals almost exclusively with informational privacy. It is a matter of data protection. However, ICT in general and media networks in particular increasingly enter the areas of relational and physical privacy. As a result, applications such as email, calling line identification, video surveillance with storage of recordings, and all kinds of monitoring of Internet use, are poorly protected" (VAN DIJK, Jan. *The network society*. 2. ed. Londres: Sage Publications, 2006. p. 118-119).

[18] BENIGER, James R. *The control revolution*: technological and economic origins of the information society. Cambridge: Harvard University Press, 1986. p. 434, tradução livre. No original: "Each new technological

E, no contexto específico dos dados, os dilemas enfrentados são usualmente de grande complexidade. O aumento dos riscos de responsabilização pela má gestão de dados pessoais em decorrência do tratamento dispensado às informações coletadas de seus usuários gera problemas de governança na medida em que a má curadoria de dados frequentemente remete a um contexto de previsibilidade de falhas.[19]

Em suma, a delimitação e a implementação de políticas de governança permitem identificar zonas de risco para que, antes mesmo da realização do tratamento de dados, se possa prevenir responsabilidades quanto à gestão de dados pessoais. É nesse aspecto que o próprio conceito de "tratamento irregular" definido pela LGPD exsurge, pois o inc. II do art. 44 da lei descreve exatamente a importância de que os "riscos e resultados" sejam considerados na aferição do mencionado conceito.

Se o avanço da tecnologia representa fenômeno irrefreável e que, certamente, dará o tom da produção normativa no século XXI, além de irradiar efeitos sobre os diversos assuntos pertinentes à vida em sociedade, como a economia, a política e a inclusão social – definindo as bases da chamada sociedade da informação – também será a tecnologia o elemento de maior impacto para a ciência do direito, que deverá se aprimorar para não permitir que a inovação ofusque a capacidade regulatória do Estado.[20]

É nesse cerne que a governança corporativa passa a incidir: com o fito de direcionar e monitorar a gestão de determinada empresa ou instituição, são definidos padrões de conduta adequados; por sua vez, o foco da governança de TI se torna mais categórico, passando a direcionar e monitorar as práticas de uso das tecnologias da informação e comunicação (TICs) em uma organização. E, finalmente, com a constatação de que o elemento central do desenvolvimento tecnológico é, hoje, baseado no *big data*, surge a governança de dados:

> Extraída do contexto maior da governança corporativa e tangenciando pontos da Governança de TI, a de dados foca em princípios de organização e controle sobre esses insumos essenciais para a produção de informação e conhecimento das empresas. O controle mais estrito e formal de dados não é um desafio surgido nos dias de hoje. Os dados, dentre os insumos corporativos, são aqueles que mais apresentam características de fluidez, perpassam diversos processos e sofrem mais transmutações, pois são trabalhados em diversos pontos do seu ciclo de vida, dando origem a outros, além de nem sempre possuírem uma fonte e um destino claramente formalizados.[21]

Trata-se, basicamente, de grande aliada da governança corporativa, com papel de destaque na estruturação de diretrizes, responsabilidades, competências e habilidades assumidas pelas organizações e por seus membros com o intuito de controlar processos,

---

innovation extends the processes that sustain human social life, thereby increasing the need for control and for improved control technology".

[19] CROOTOF, Rebecca. The internet of torts: expanding civil liability standards to address corporate remote interference. *Duke Law Journal*, Durham, v. 69, p. 583-667, 2019. p. 665.

[20] MARQUES NETO, Floriano de Azevedo. Pensando o controle da atividade de regulação estatal. *In*: GUERRA, Sérgio (Coord.). *Temas de direito regulatório*. Rio de Janeiro: Freitas Bastos, 2005. p. 202. O autor comenta: "A atividade regulatória é espécie do gênero atividade administrativa. Mas trata-se de uma espécie bastante peculiar. Como já pude afirmar em outra oportunidade, é na moderna atividade regulatória estatal que melhor se manifesta o novo paradigma de direito administrativo, de caráter menos autoritário e mais consensual, aberto à interlocução com a sociedade e permeado pela participação do administrado".

[21] BARBIERI, Carlos. *Governança de dados*. Rio de Janeiro: Alta Books, 2019. p. 35.

garantir a segurança das informações, otimizar a utilização de recursos[22] e dar suporte para a tomada de decisões alinhadas com os interesses definidos na legislação de regência.

A preocupação com a governança corporativa em nível legislativo aportou no Brasil de forma marcante no final do século XX, influenciada pelos seguintes eventos: em 1992, foi editada a Lei de Improbidade Administrativa brasileira (Lei nº 8.429/92); em 1995, foi publicada a Basileia I, que definiu regras para o mercado financeiro.[23] Já em 1997, foi editada a OCDE, ou Convenção sobre o Combate da Corrupção de Funcionários Públicos Estrangeiros em Transações Comerciais Internacionais, ratificada pelo Brasil e promulgada internamente pelo Decreto nº 3.678/00; em 1998, foi publicada no Brasil a Lei nº 9.613/98, que definiu os crimes de lavagem e ocultação de bens e criou o Coaf; ainda em 1998, foi publicada a Resolução nº 2.554/98, dispondo sobre a implementação de sistemas de controles internos nas corporações.

Além disso, em 2009, o Banco Central do Brasil publica a Circular nº 3.461, que consolidou todos os normativos relativos às atividades de prevenção à lavagem de dinheiro. Por sua vez, foi promulgada, no ano de 2012, a Lei nº 12.683, com importantes mudanças na lei de lavagem. No mesmo ano, foi editada a Lei Anticorrupção russa. Também é importante destacar o advento da Lei de Defesa da Concorrência (Lei nº 12.529/11) e da Lei Anticorrupção brasileira (Lei nº 12.846/13) e de seu decreto regulamentador (Decreto nº 8.420/15).

Devido ao incremento no uso da internet como ferramenta de comunicação e de interação social, surgiram diversas questões desafiadoras para o direito, particularmente o civil e o do consumidor, uma vez que se verificou a necessidade de regulamentar os direitos,[24] os deveres e as responsabilidades no uso da rede, com atenção às peculiaridades desse ambiente "virtual".[25]

O desenvolvimento tecnológico mudou sensivelmente o comércio e o mercado mundial, que atualmente se diversifica entre o meio físico e o meio digital, com exemplos

---

[22] Importante destaque deve ser conferido aos *boards* nas estruturas de governança corporativa: "The board of directors operates within a system of corporate governance. Governance systems can be roughly grouped according to whether the operation of the company by the board is determined by market forces (outsider control), or by mechanisms within the corporation and by its networks (insider control)" (HOPT, Klaus; LEYENS, Patrick C. The structure of the board of directors: boards and governance strategies in the US, the UK and Germany. *ECGI Working Paper Series in Law*, Working Paper n. 567, mar. 2021. Disponível em: https://ssrn.com/abstract=3804717. Acesso em: 26 maio 2021).

[23] FALEIROS JÚNIOR, José Luiz de Moura. *Administração Pública digital*: proposições para o aperfeiçoamento do regime jurídico administrativo na sociedade da informação. Indaiatuba: Foco, 2020. p. 111-112.

[24] Colin Bennett, em importante estudo da década de 1990, sugeriu importante reflexão acerca das peculiaridades da regulação global da proteção de dados: "Data protection is not like environmental protection, in which states might agree on the desirable 'level' of toxins in rivers and have a relatively clear and common understanding of what that 'level' means. For data protection we can compare the 'black letter of the law,' we can observe indicators of the scope of law (manual vs. automated data, public vs. private, etc.), and we can compare and contrast the functions and powers of the policy instruments. But it is fallacious to make inferences about the 'level of protection' from the observation of these crude indicators. Any attempt to establish evaluative criteria for assessing performance is fraught with the central difficulty that the goals of data protection are not self-defining. What is needed is a more holistic perspective that sees data protection as a process that involves a wide network of actors (data users, data subjects, and regulators) all engaged in the co-production of data protection. The successful implementation of data protection requires a shift in organizational culture and citizen behavior" (BENNETT, Colin. Convergence revisited: toward a global policy for the protection of personal data? *In*: AGRE, Philip E.; ROTENBERG, Marc (Ed.). *Technology and privacy*: the new landscape. Cambridge: The MIT Press, 1997. p. 119-120).

[25] TRUBEK, David. M.; TRUBEK, Louise. G. New governance and legal regulation: complementarity, rivalry or transformation. *University of Wisconsin Legal Studies Research Paper*, Madison, n. 1022, 2006.

variados de empresas que atuam no meio físico com extensão para o ambiente digital e até mesmo de outras que se direcionam exclusivamente para o meio digital.

Nesse contexto, novas diretrizes jurídicas passam a permear os modelos de negócio dessas companhias, que precisam estar atentas à realidade do mercado consumidor e a todas as diversas disciplinas jurídicas que lhes exigem um atuar em conformidade ao direito.[26] É nesse sentido que surge o *compliance*, termo que revela a exigência da atuação conforme a lei e as diversas diretrizes e regulamentações aplicáveis.[27]

Em termos de governança corporativa, a avaliação do próprio negócio, sob os diversos pontos de vista do *compliance*, garante a solidez empresarial, parâmetro imprescindível ao florescimento do negócio. Porém, não se pode reduzir o escopo de atuação da governança a ponto de não contemplar a tecnologia da informação.

É complexo e extremamente aberto o debate doutrinário sobre a natureza da responsabilidade civil definida na LGPD. Parte da doutrina defende que o nexo de imputação remeteria ao risco da atividade em razão da realização do tratamento de dados, por expressa previsão do art. 42;[28] outra parcela se posiciona favoravelmente ao reconhecimento da culpa como fator de imputação.[29] A despeito de qualquer divergência, a governança de dados se revela aspecto importantíssimo, não apenas para as empresas que desenvolvem atividades com extensão ou exclusivamente em meio digital, mas para todas, uma vez que o trato com a tecnologia avança cada vez mais, passando a influenciar todos os modelos de negócio.

---

[26] FRAZÃO, Ana; OLIVA, Milena Donato; ABILIO, Vivianne da Silveira. Compliance de dados pessoais. *In*: TEPEDINO, Gustavo; FRAZÃO, Ana; OLIVA, Milena Donato (Coord.). *Lei Geral de Proteção de Dados Pessoais e suas repercussões no direito brasileiro*. São Paulo: Thomson Reuters Brasil, 2019. p. 706. Com efeito: "Também no *compliance* de dados pessoais o estabelecimento de *organização compatível com o risco da atividade* é elemento fundamental da robustez do programa, conforme estabelece o art. 50, §2º, inciso I, c. Cuida-se de assegurar que a estrutura corporativa será capaz de cumprir as determinações legais (manutenção do registro das operações, elaboração de relatório de impacto, etc.) mediante a adoção de procedimentos especificamente desenhados para as hipóteses de tratamento".

[27] Por toda a complexidade que permeia a regulação específica dos ecossistemas baseados em dados, Rolf Weber e Dominic Staiger propõem um modelo regulatório híbrido: "A hybrid approach to regulating data protection currently presents the best way forward, as it takes the need for clear rules as well as the technological capabilities of various industries into account by enabling them to create their own technological and organizational data protection frameworks that are based on the applicable industry characteristics. Future legislation should encompass five categories, including: – a right-to-know legislation that keeps users informed; – a prohibition legislation which prevents certain types of collection and distribution practices of information; – an IT security legislation that provides for the necessary security standards; – a utilization regulation that restricts the use of personal data having been collected; – a task-force legislation enabling technical community's efforts to address privacy challenges created by technological shifts" (WEBER, Rolf H.; STAIGER, Dominic. *Transatlantic data protection in practice*. Berlim/Heidelberg: Springer-Verlag, 2017. p. 135).

[28] Defendendo posição objetivista, conferir, por todos, MULHOLLAND, Caitlin. Responsabilidade civil por danos causados pela violação de dados sensíveis e a Lei Geral de Proteção de Dados Pessoais (lei 13.709/2018). *In*: MARTINS, Guilherme Magalhães; ROSENVALD, Nelson (Coord.). *Responsabilidade civil e novas tecnologias*. Indaiatuba: Foco, 2020. p. 122; MIRAGEM, Bruno. A Lei Geral de Proteção de Dados (Lei 13.709/2018) e o direito do consumidor. *Revista dos Tribunais*, São Paulo, v. 1009, nov. 2019. p. 27 et seq.; MENDES, Laura Schertel; DONEDA, Danilo. Reflexões iniciais sobre a nova Lei Geral de Proteção de Dados. *Revista de Direito do Consumidor*, São Paulo, v. 120, p. 468-486, nov./dez. 2018. p. 473.

[29] Defendendo a natureza subjetiva do regime de responsabilidade civil em questão, tem-se, por todos, GUEDES, Gisela Sampaio da Cruz; MEIRELES, Rose Melo Venceslau. Término do tratamento de dados. *In*: TEPEDINO, Gustavo; FRAZÃO, Ana; OLIVA, Milena Donato (Coord.). *Lei Geral de Proteção de Dados Pessoais e suas repercussões no direito brasileiro*. São Paulo: Revista dos Tribunais, 2019. p. 231-232; DANTAS BISNETO, Cícero. Dano moral pela violação à legislação de proteção de dados: um estudo de direito comparado entre a LGPD e o RGPD. *In*: FALEIROS JÚNIOR, José Luiz de Moura; LONGHI, João Victor Rozatti; GUGLIARA, Rodrigo (Coord.). *Proteção de dados pessoais na sociedade da informação*: entre dados e danos. Indaiatuba: Foco, 2021. p. 228.

Exemplos a serem citados são a proteção de dados pessoais e a segurança da informação, que são duas faces de uma mesma moeda, embora esta esteja conectada aos postulados de confidencialidade, integridade e disponibilidade. Isso porque existem notícias de vazamentos de informações de inúmeros *sites* e portais criados para atender às mais diversas finalidades. Assim, nesta nova realidade virtual, o acesso a dados de usuários (dados pessoais) ganha relevância ímpar e passa a impor às companhias e organizações um zelo especial pela segurança da informação.

3 A prevenção, a responsabilidade e a *accountability* como princípios expressos da LGPD e algumas notas sobre governança e boas práticas

A Lei Geral de Proteção de Dados Pessoais é composta de importante rol de onze princípios. Um deles – a boa-fé objetiva –[30] consta do *caput* do art. 6º da lei; os outros dez estão listados no rol de incisos do mesmo dispositivo. Nesse momento, cumpre destacar a prevenção (inc. VIII) e a responsabilidade e prestação de contas (inc. X). Tais princípios estão intrinsecamente conectados aos propósitos da já citada cartilha de princípios da OCDE, que, agregada aos demais axiomas de regência da governança, despertou os valores importantíssimos para a estruturação de modelos de proteção *ex ante*: (i) *fairness*, compreendido como o senso de justiça e a equidade no tratamento dos acionistas; (ii) *disclosure* ou transparência nas informações; (iii) *accountability*, a prestação de contas; (iv) *compliance*, o atuar em conformidade, cujo consagrado conceito foi sendo aprimorado pela doutrina especializada, tornando-se o paradigma almejado.

Para o momento, importa ressaltar que alguns desses princípios possuem importante função na compreensão que se pretende traçar quanto ao escopo protetivo da governança de dados na lei. Segundo Cíntia Rosa Pereira de Lima e Kelvin Peroli:

> [...] (i) o nexo estrutural (*structural nexus*), entendido como o desenvolvimento de políticas e procedimentos na própria empresa capazes de promover a cultura de conformidade, em seu âmago; (ii) o fluxo de informações (*information flow*) da empresa necessita ser eficiente, no sentido de que o *compliance* deve ser implantado no fluxo de informações do alto comando até os empregados do chão de fábrica, para garantir que a comunicação entre todos, de todos níveis hierárquicos, seja rápida e eficaz; (iii) monitoramento e vigilância (*monitoring and suveillance*), sendo também função do *compliance* o monitoramento do comportamento dos empregados, a fim de garantir a sua adesão às políticas e procedimentos da empresa, o que gera, consequentemente, a vigilância, que deve ser minimizada e utilizada apenas para os fins corporativos; (iv) o *enforcement* das políticas, procedimentos e normas de direito, que devem ser direcionados tanto para as atividades que oferecem maior risco de não-conformidade, quanto para as que menos risco oferecem, o que pressupõe, em verdade, a análise e o gerenciamento de riscos efetivos pela empresa.[31]

---

[30] Conferir, sobre o tema, os apontamentos gerais apresentados em: SILVA, Michael César. Convergências e assimetrias do princípio da boa-fé objetiva no direito contratual contemporâneo. *In*: BRAGA NETTO, Felipe Peixoto; SILVA, Michael César (Org.). *Direito privado e contemporaneidade*: desafios e perspectivas do direito privado no século XXI. Rio de Janeiro: Lumen Juris, 2018. v. II. p. 99-141; SILVA, Michael César. Convergências e assimetrias do princípio da boa-fé objetiva no direito contratual contemporâneo. *Revista Jurídica Luso-Brasileira*, Lisboa, v. 1, p. 1133-1186, 2015.

[31] LIMA, Cíntia Rosa Pereira de; PEROLI, Kelvin. *Direito digital*: compliance, regulação e governança. São Paulo: Quartier Latin, 2019. p. 136.

O legislador brasileiro, agindo em sintonia com modelos que vêm ganhando espaço noutras legislações,[32] previu a governança de dados como uma *faculdade* do agente, dela cuidando especificamente em seus arts. 50 e 51.[33] De fato, tudo parece sinalizar para o fato de que a complexidade técnica dos processos relativos a dados amplia o espectro das atividades de processamento, que deixam de ser equiparáveis a outras atividades geradoras de riscos menores. Nesse contexto, a própria noção de *accountability* passa a congregar sentidos variados.[34] É nesse ponto que se deve destacar a importância da base principiológica da LGPD para a estruturação de novos contornos à civilística tradicional.

Não há dúvidas de que o tratamento desenfreado e massivo dos dados pessoais torna o usuário parte vulnerável de qualquer relação jurídica, visto que, na esmagadora maioria das vezes, esse não terá sequer o conhecimento de que seus dados estão sendo coletados, muito menos de que estão sendo tratados e compartilhados com terceiros para os mais variados fins – e isto acaba se tornando "normal".[35] Nesse compasso, violações a diversos direitos dos consumidores, redução da sua capacidade de escolha, discriminações e supressão da privacidade são práticas contumazes (embora espúrias) que se visou a combater com o advento da Lei Geral de Proteção de Dados.

---

[32] É o caso do regulamento europeu: "The GDPR [Art. 32(2) GDPR; Art. 7(1) Directive 95/46/EC] forces data controllers to mitigate the risk of a potential privacy breach by establishing internal procedures to assess data protection risks of their products and services. Risk assessment provisions encourage data controllers to weigh technical data protection measures against risks faced by data processing activities. These measures must be proportionate to the envisaged risks" (TAMÒ-LARRIEUX, Aurelia. *Designing for privacy and its legal framework*: data protection by design and default for the Internet of Things. Basileia: Springer, 2018. p. 96).

[33] "Art. 50. Os controladores e operadores, no âmbito de suas competências, pelo tratamento de dados pessoais, individualmente ou por meio de associações, poderão formular regras de boas práticas e de governança que estabeleçam as condições de organização, o regime de funcionamento, os procedimentos, incluindo reclamações e petições de titulares, as normas de segurança, os padrões técnicos, as obrigações específicas para os diversos envolvidos no tratamento, as ações educativas, os mecanismos internos de supervisão e de mitigação de riscos e outros aspectos relacionados ao tratamento de dados pessoais. §1º Ao estabelecer regras de boas práticas, o controlador e o operador levarão em consideração, em relação ao tratamento e aos dados, a natureza, o escopo, a finalidade e a probabilidade e a gravidade dos riscos e dos benefícios decorrentes de tratamento de dados do titular. §2º Na aplicação dos princípios indicados nos incisos VII e VIII do caput do art. 6º desta Lei, o controlador, observados a estrutura, a escala e o volume de suas operações, bem como a sensibilidade dos dados tratados e a probabilidade e a gravidade dos danos para os titulares dos dados, poderá: I – implementar programa de governança em privacidade que, no mínimo: a) demonstre o comprometimento do controlador em adotar processos e políticas internas que assegurem o cumprimento, de forma abrangente, de normas e boas práticas relativas à proteção de dados pessoais; b) seja aplicável a todo o conjunto de dados pessoais que estejam sob seu controle, independentemente do modo como se realizou sua coleta; c) seja adaptado à estrutura, à escala e ao volume de suas operações, bem como à sensibilidade dos dados tratados; d) estabeleça políticas e salvaguardas adequadas com base em processo de avaliação sistemática de impactos e riscos à privacidade; e) tenha o objetivo de estabelecer relação de confiança com o titular, por meio de atuação transparente e que assegure mecanismos de participação do titular; f) esteja integrado a sua estrutura geral de governança e estabeleça e aplique mecanismos de supervisão internos e externos; g) conte com planos de resposta a incidentes e remediação; e h) seja atualizado constantemente com base em informações obtidas a partir de monitoramento contínuo e avaliações periódicas; II – demonstrar a efetividade de seu programa de governança em privacidade quando apropriado e, em especial, a pedido da autoridade nacional ou de outra entidade responsável por promover o cumprimento de boas práticas ou códigos de conduta, os quais, de forma independente, promovam o cumprimento desta Lei. §3º As regras de boas práticas e de governança deverão ser publicadas e atualizadas periodicamente e poderão ser reconhecidas e divulgadas pela autoridade nacional".

[34] VAN ALSENOY, Brendan. *Data protection law in the EU*: roles, responsibilities and liability. Cambridge: Intersentia, 2019. p. 318.

[35] POUNDSTONE, William. *Head in the cloud*: why knowing things still matters when facts are so easy to look up. Nova York: Hachette, 2016. p. 253.

4 A devida diligência como desdobramento virtuoso da proteção de dados pessoais

A chamada devida diligência (*due diligence*, no inglês) nada mais é que uma auditoria realizada com o objetivo de prevenir responsabilidades (o que se alinha à principiologia mencionada).[36] No direito empresarial, trata-se de prática amplamente utilizada para análises de riscos de operações – integrando o contexto da governança corporativa – e compreendendo etapas que partem do pressuposto de que se deve verificar se o negócio está nas condições que o investidor acreditava estar quando da data de apresentação e proposta.

Esta prática é amplamente utilizada nos Estados Unidos da América, notadamente nas aquisições de empresas e na realização de investimentos, o que Luis Henrique Ventura classifica como nada mais, nada menos que uma auditoria empresarial.[37]

Tudo parte de um pressuposto de cooperação entre investidor e vendedor, que, agindo de boa-fé, devem alinhar os procedimentos que irão contribuir para um estudo eficiente sobre as nuances do caso,[38] normalmente, compondo-se de cinco etapas principais, que podem ser transpostas ao contexto específico da proteção de dados pessoais para reforço das medidas de *accountability*, em reforço ao que prevê o art. 6º, inc. X, da LGPD, compreendido em conjunto com a prevenção descrita no inc. VIII do mesmo dispositivo e com os elementos do inc. II do art. 44.

1) Declaração de intenção. Trata-se de estágio inicial que envolve a celebração de um acordo preliminar (conhecido como *engagement letter*),[39] em que são determinadas as regras da devida diligência por documento que indica normas e temas estratégicos importantes, tanto para o potencial vendedor, quanto para o interessado (usualmente o consumidor, que também pode ser identificado como titular de dados). Também é o documento que contempla aspectos como confidencialidade, direito de preferência no negócio, entre outros. Sendo um acordo que formata uma negociação que se dará entre as partes, não existe como enumerar com precisão o que deve constar neste documento.

2) *Check listing*. Documento que é usualmente preparado para o mapeamento da *due diligence*, listando etapas e ciclos, bem como detalhando as informações

---

[36] Cf. ROSA, Dirceu Pereira de Santa. A importância da due diligence de propriedade intelectual nas reorganizações societárias. *Revista da ABPI*, São Paulo, v. 60, set./out. 2002; LUPION, Ricardo. *Boa-fé objetiva nos contratos empresariais*: contornos dogmáticos dos deveres de conduta. Porto Alegre: Livraria do Advogado, 2011.

[37] VENTURA, Luis Henrique. *Contratos internacionais empresariais*. Belo Horizonte: Del Rey, 2002. p. 59-60.

[38] Cf. ASSI, Marcos. *Gestão de riscos com controles internos*: ferramentas, certificações e métodos para garantir a eficiência dos negócios. São Paulo: Saint Paul, 2012.

[39] Esse tipo de acordo pode contribuir eficazmente para o cumprimento do disposto na alínea "a" do inc. I do §2º do art. 50 da LGPD, que exige do agente de tratamento de dados que "demonstre o comprometimento do controlador em adotar processos e políticas internas que assegurem o cumprimento, de forma abrangente, de normas e boas práticas relativas à proteção de dados pessoais". Seu valor também pode ser identificado no contexto do inc. II e do §3º do mesmo dispositivo: "Merece destaque derradeiro, ainda neste campo, o disposto no §3º, que exige a atualização periódica das políticas de governança – o que ressalta a necessidade de auditorias cíclicas e revisões de métodos e procedimentos para a garantia da efetividade indicada no §2º, II, pois, como se disse, o programa somente servirá de parâmetro para a avaliação de boa conduta empresarial e para a mitigação de responsabilidades se, reconhecidamente, for efetivo" (MARTINS, Guilherme Magalhães; FALEIROS JÚNIOR, José Luiz de Moura. Segurança, boas práticas, governança e compliance. *In*: LIMA, Cíntia Rosa Pereira de (Coord.). *Comentários à Lei Geral de Proteção de Dados*: Lei n. 13.709/2018, com alteração da Lei n. 13.853/2019. São Paulo: Almedina, 2020. p. 363).

que deverão ser disponibilizadas pela possível auditoria. É nesse cerne que passam a ter grande valor as normas admitidas pela Associação Brasileira de Normas Técnicas – ABNT:

> No caso específico da privacidade e segurança da informação, a ABNT possui uma família específica de normas técnicas, a família 27000, e as principais normas para tratar esse assunto são a ABNT/NBR ISO/IEC 27001, 27002 e 27701. [...] As normas da família ISO/IEC 27000 são normas internacionais que possibilitam às organizações a implementação de um Sistema de Gestão da Segurança da Informação (SGSI), através do estabelecimento de uma Política de Segurança, Controles e Gerenciamento de Riscos. O conjunto de normas ISO/IEC 27000 apresenta os requisitos necessários para a implementação de um Sistema de Gestão da Segurança da Informação (SGSI) em qualquer organização, incluindo métodos de auditoria, métricas, controle e gerenciamento de riscos.[40]

3) Fornecimento e/ou obtenção das informações. Definido o ponto de partida da averiguação que se pretenda fazer, inicia-se a fase mais árdua da devida diligência, que está relacionada à revisão do conjunto de informações levantadas, bem como à pesquisa e à coleta de dados complementares.
4) Consolidação. É a etapa em que, depois de consolidada a análise dos dados coletados, um extenso relatório é preparado, nos moldes solicitados pela contratante do serviço e seguindo os padrões adotados pelos advogados responsáveis.
5) Entrega do relatório final. Corresponde ao relatório que poderá ser utilizado diretamente ou após análise minuciosa sobre a viabilidade da transação. A partir daí, caberá a ambas as partes continuar eventual revisão ou auditoria.

De modo geral, o procedimento de devida diligência revela exatamente a preocupação de uma atuação em conformidade às normas, com o fim de identificar riscos, mitigando-os em possíveis negociações.[41] Nada mais é que uma formatação preventiva do *compliance*, aplicada, via de regra, às incorporações societárias e aos investimentos.

Para qualquer investidor, a possibilidade de demonstrar que agiu nos limites das cautelas minimamente esperadas é um trunfo no momento de afastar ou reduzir sua responsabilização por qualquer evento decorrente do negócio, principalmente, no plano jurídico. Primeiro, porque o valor do investimento pode ser prejudicado por problemas legais ocultos, como proteção insuficiente da propriedade intelectual, inexistência de boas práticas nas relações consumeristas, tributárias e trabalhistas etc.; segundo, porque termos jurídicos podem gerar impacto significativo sobre o capital real de retorno de investimentos de riscos.

Por essa razão, a *due diligence* jurídica abrange aspectos legais e riscos envolvidos nos negócios de uma empresa, incluindo os riscos relativos a possíveis responsabilidades

---

[40] FONSECA, Fernando; MELLO, Renata Avelar de. Frameworks para privacidade e proteção de dados pessoais. *In*: CRESPO, Marcelo Xavier de Freitas (Coord.). *Compliance no direito digital*. São Paulo: Thomson Reuters Brasil, 2020. p. 113; 115.

[41] FALEIROS JÚNIOR, José Luiz de Moura. Accountability e devida diligência como vetores da governança corporativa nos mercados ricos em dados. *Revista Semestral de Direito Empresarial*, Rio de Janeiro, v. 26, n. 1, p. 183-211, jun. 2020. p. 209.

(incluindo resolução de litígios e responsabilidades ambientais) contratos, assistências e outras áreas. Porém, uma vez que seu escopo é amplo e subdividido entre a análise financeira e a jurídica, percebe-se o que o estudo isolado desta última não deve estar dissociado dos aspectos econômicos, pois as normas jurídicas servem para instrumentalizar e viabilizar o mercado, de forma eficaz e justa.

Nessa linha de intelecção, Renato Ventura Ribeiro expõe:

> [...] o dever de diligência exige que o administrador deva estar munido das informações necessárias para tanto, em especial aquelas relevantes e razoavelmente disponíveis. As informações necessárias para a tomada de decisões abrangem tanto a parte legal quanto a negocial, estando incluídas na última conhecimento da situação de mercado, política e produtos da empresa, dificuldades e propostas de soluções.[42]

É importante lembrar que não são raras as legislações que impõem a responsabilização objetiva, particularmente no trato das relações jurídicas desniveladas, o que acaba por gerar uma preocupação ainda maior com *due diligence* para a prevenção de riscos, o que se coaduna com a noção de *accountability* destacada pela dicção do princípio contido no art. 6º, inc. X, da LGPD. No contexto da governança de dados, este é um cenário sempre presente nas relações entre os agentes de tratamento que lidam com atividades de alto risco (especialmente em mercados robustecidos por aplicações baseadas em *big data*), haja vista o amplo controle exercido ante a hipossuficiência técnico-probatória de suas contrapartes, o que acaba acirrando o potencial de responsabilização por inobservância a deveres e rotinas de prevenção que decorrem da devida diligência.

E, evidentemente, esta responsabilização se aguça quando o ilícito diagnosticado envolve a má gestão de dados pessoais dos usuários nas relações de consumo,[43] o que margeia direitos fundamentais da pessoa, muitas vezes expostos a situações de nítido dano. Isto pode ocorrer, entre outras hipóteses, pela veiculação de publicidade ilícita – notadamente, enganosa –, pela má utilização de *cookies*[44] ou pela má gestão de *links*.

---

[42] RIBEIRO, Renato Ventura. *Dever de diligência dos administradores de sociedades*. São Paulo: Quartier Latin, 2006. p. 226-227.

[43] Sobre as peculiaridades das relações de consumo levadas a efeito na internet, conferir SILVA, Michael César; SANTOS, Wellington Fonseca dos. O direito do consumidor nas relações de consumo virtuais. *Revista de Informação Legislativa*, Brasília, ano 49, n. 194, p. 261-281, abr./jun. 2012.

[44] *Cookies* são arquivos de texto gerados durante o acesso a um *website* que são gravados no disco rígido do computador para serem utilizados pelo navegador, sendo que alguns (*cookies* temporários) permanecem na memória RAM e são apagados assim que o programa navegador é encerrado, ao passo que outros (*cookies* permanentes) são gravados no disco rígido quando do término da navegação. Têm por objetivo básico fornecer maior conveniência na utilização da internet, evitando que certos dados precisem ser fornecidos a cada vez que uma página é visitada, e armazenar informações relativas às preferências de um usuário. Para mais detalhes, consultar DENSA, Roberta; DANTAS, Cecília. Notas sobre publicidade digital: cookies e spams. *In*: MARTINS, Guilherme Magalhães; LONGHI, João Victor Rozatti (Coord.). *Direito digital*: direito privado e internet. 4. ed. Indaiatuba: Foco, 2021. p. 694-700. Com efeito, a doutrina ainda sinaliza: "[...] um cookie, dependendo de como é feito, tem o poder de coletar informações do usuário como seu número de IP, o navegador e o sistema operacional que utiliza, o horário em que acessou o site, quais áreas do site que visitou mais vezes, de que outro site seu acesso se originou (caso tenha seguido um link), etc. Apenas a primeira informação das listadas acima já bastaria para marcar a invasão da privacidade do usuário. O número de IP (Internet Protocol) está para a Internet como a impressão digital está para a identificação de pessoas. O IP fornece o provedor, o navegador e o sistema operacional do usuário, por exemplo. Com o número do IP, pode-se (tendo o conhecimento técnico para tanto) facilmente saber a identidade real e a localização de qualquer um que tenha acessado a Internet" (QUEIROZ, Danilo Duarte de. Privacidade na internet. *In*: REINALDO FILHO, Demócrito (Coord.). *Direito da informática*: temas polêmicos. Bauru: Edipro, 2002. p. 88).

A publicidade derivada da prática de envio de *cookies* aos consumidores no âmbito das relações jurídicas de consumo virtuais apresenta-se como *ato ilícito* do fornecedor, que possui consequências ainda mais danosas quando perpetrado em face dos hipervulneráveis presentes no mercado de consumo.

Tal fato se verifica pelo modo de realização do procedimento de envio de *cookies* ao consumidor, que se notabiliza pela *falta de informação qualificada* e de *consentimento esclarecido*, o que afeta o exercício de sua manifestação de vontade no assentimento ou não da captação de seus dados pessoais pelos conglomerados econômicos para fins publicitários ou mesmo mercadológicos.

Para que o consentimento seja, efetivamente, informado ou esclarecido, o consumidor deve ter informações qualificadas sobre os procedimentos do envio de *cookies*, da captação dos seus dados pessoais, a sua finalidade/utilização, para que possa consentir ou não a disponibilidade dos referidos dados a sociedades empresariais em suas ações estratégicas de marketing. [...]

Logo, o fornecedor tem o dever de qualificar a informação relativa ao envio de *cookies* nas relações jurídicas de consumo virtuais, bem como, explicitar adequadamente qual a finalidade do envio dos mesmos, sob pena de responsabilização pelos danos causados por sua conduta abusiva no mercado de consumo, notadamente, na utilização sem consentimento informado ou esclarecido do consumidor em marketing publicitário.[45]

Destarte, não é de se olvidar dos riscos que circundam as empresas que fazem coleta de dados pessoais de seus usuários, ainda que sem a finalidade de explorar comercialmente os bancos de dados constituídos a partir dessas coletas, pois os riscos decorrentes do uso inadvertido e abstruso de dados pessoais, com graves implicações para a identificação da não observância aos parâmetros de governança estabelecidos em rotinas de devida diligência, podem acarretar evitável e indesejada responsabilização futura.

5 Considerações finais

Nesse breve ensaio, buscou-se traçar algumas pontuações sobre as origens da governança corporativa e seu aprimoramento até a consolidação da governança de dados, que é desdobramento natural da primeira. Na investigação realizada, pontuou-se que as origens do tema remontam ao século XX e ao início do fenômeno da globalização, em que interações de todos os níveis e de todos os segmentos caracterizaram a fluidez da tecnologia e a relevância que esse tema tem para a implementação do *compliance* para o trato dos fluxos de dados.

Com o avanço da integração computacional e a facilitação do acesso dos cidadãos ao ambiente virtual, viu-se que o incremento do volume de informações captadas e trocadas contribuiu e continuará contribuindo para que a atual sociedade da informação avance a um novo paradigma de acirramento de riscos. Nesse contexto, destacou-se a relevância de que bases sólidas – que ultrapassem a própria norma e que envolvam rotinas coerentes com o grau de risco de cada atividade e com a viabilidade

---

[45] NOGUEIRA, Roberto Henrique Pôrto; SILVA, Michael César; GENEROSO, André Mesquita. Cookies e publicidade online. *In*: LIMA, Taísa Maria Macena de; SÁ, Maria de Fátima Freire de; BERNARDES, Wilba Lúcia Maia (Org.). *Direito e arte*: os desafios da pessoalidade. Belo Horizonte: Arraes, 2016. p. 196; 199.

de revisões cíclicas e auditorias de dados para adequada curadoria – possam conduzir a uma reformulação do que a doutrina chama de devida diligência (ou *due diligence*, no original, em inglês).

O advento de marcos regulatórios é, portanto, o primeiro passo dessa reformulação paradigmática. Não obstante, o papel da devida diligência e da delimitação dos controles internos para o atendimento desses marcos a partir de serviços, da integração de tecnologias, da segurança da informação e do papel da TI em relação ao negócio, é de inegável valor para a consolidação do atendimento às necessidades específicas impostas pela presença da tecnologia e do controle informacional no ambiente corporativo, especialmente, para fins de mitigação da responsabilização pelo mapeamento de riscos e resultados (fatores expressamente contemplados no art. 44, II, da LGPD para a construção do conceito de tratamento irregular).

Somente com a consolidação de uma cultura de governança e de boas práticas relacionadas a dados é que se avançará virtuosamente rumo à concretização da principiologia de lastro preventivo insculpida na LGPD. Para isso, o primado da governança deve ser robustecido pelo incentivo constante às práticas de mitigação de riscos – e a devida diligência atende justamente a esse propósito, sendo, por isso, componente essencial de uma necessária releitura que se faz da responsabilidade civil nos mercados ricos em dados.

Referências

ABREU, Jorge Manuel Coutinho de. *Governação das sociedades comerciais*. Coimbra: Almedina, 2010.

ASSI, Marcos. *Gestão de riscos com controles internos*: ferramentas, certificações e métodos para garantir a eficiência dos negócios. São Paulo: Saint Paul, 2012.

BARBIERI, Carlos. *Governança de dados*. Rio de Janeiro: Alta Books, 2019.

BENIGER, James R. *The control revolution*: technological and economic origins of the information society. Cambridge: Harvard University Press, 1986.

BENNETT, Colin. Convergence revisited: toward a global policy for the protection of personal data? *In*: AGRE, Philip E.; ROTENBERG, Marc (Ed.). *Technology and privacy*: the new landscape. Cambridge: The MIT Press, 1997.

CROOTOF, Rebecca. The internet of torts: expanding civil liability standards to address corporate remote interference. *Duke Law Journal*, Durham, v. 69, p. 583-667, 2019.

DANTAS BISNETO, Cícero. Dano moral pela violação à legislação de proteção de dados: um estudo de direito comparado entre a LGPD e o RGPD. *In*: FALEIROS JÚNIOR, José Luiz de Moura; LONGHI, João Victor Rozatti; GUGLIARA, Rodrigo (Coord.). *Proteção de dados pessoais na sociedade da informação*: entre dados e danos. Indaiatuba: Foco, 2021.

DENSA, Roberta; DANTAS, Cecília. Notas sobre publicidade digital: cookies e spams. *In*: MARTINS, Guilherme Magalhães; LONGHI, João Victor Rozatti (Coord.). *Direito digital*: direito privado e internet. 4. ed. Indaiatuba: Foco, 2021.

FALEIROS JÚNIOR, José Luiz de Moura. Accountability e devida diligência como vetores da governança corporativa nos mercados ricos em dados. *Revista Semestral de Direito Empresarial*, Rio de Janeiro, v. 26, n. 1, p. 183-211, jun. 2020.

FALEIROS JÚNIOR, José Luiz de Moura. *Administração Pública digital*: proposições para o aperfeiçoamento do regime jurídico administrativo na sociedade da informação. Indaiatuba: Foco, 2020.

FALEIROS JÚNIOR, José Luiz de Moura. Notas introdutórias ao compliance digital. *In*: CAMARGO, Coriolano Almeida; CRESPO, Marcelo; CUNHA, Liana; SANTOS, Cleórbete (Coord.). *Direito digital*: novas teses jurídicas. 2. ed. Rio de Janeiro: Lumen Juris, 2019.

FERNANDES, Aguinaldo Aragon; ABREU, Vladimir Ferraz. *Implantando a governança de T.I.*: da estratégia à gestão dos processos e serviços. 2. ed. Rio de Janeiro: Brasport, 2008.

FONSECA, Fernando; MELLO, Renata Avelar de. Frameworks para privacidade e proteção de dados pessoais. *In*: CRESPO, Marcelo Xavier de Freitas (Coord.). *Compliance no direito digital*. São Paulo: Thomson Reuters Brasil, 2020.

FRAZÃO, Ana; OLIVA, Milena Donato; ABILIO, Vivianne da Silveira. Compliance de dados pessoais. *In*: TEPEDINO, Gustavo; FRAZÃO, Ana; OLIVA, Milena Donato (Coord.). *Lei Geral de Proteção de Dados Pessoais e suas repercussões no direito brasileiro*. São Paulo: Thomson Reuters Brasil, 2019.

GRANT, Robert M. Toward a knowledge-based theory of the firm. *Strategic Management Journal*, Nova Jersey, v. 17, p. 109-122, jan./mar. 1996.

GUEDES, Gisela Sampaio da Cruz; MEIRELES, Rose Melo Venceslau. Término do tratamento de dados. *In*: TEPEDINO, Gustavo; FRAZÃO, Ana; OLIVA, Milena Donato (Coord.). *Lei Geral de Proteção de Dados Pessoais e suas repercussões no direito brasileiro*. São Paulo: Revista dos Tribunais, 2019.

HOPT, Klaus; LEYENS, Patrick C. The structure of the board of directors: boards and governance strategies in the US, the UK and Germany. *ECGI Working Paper Series in Law*, Working Paper n. 567, mar. 2021. Disponível em: https://ssrn.com/abstract=3804717. Acesso em: 26 maio 2021.

JENSEN, Michael; MECKLING, William H. Theory of the firm: managerial behavior, agency costs and ownership structure. *Journal of Financial Economics*, Nova York, v. 3, n. 4, p. 305-360, out. 1976.

KOGUT, Bruce; ZANDER, Udo. The network as knowledge: generative rules and the emergence of structure. *Strategic Management Journal*, Nova Jersey, v. 21, p. 405-425, 2000.

LIMA, Cíntia Rosa Pereira de; PEROLI, Kelvin. *Direito digital*: compliance, regulação e governança. São Paulo: Quartier Latin, 2019.

LUCCA, Newton De. *Da ética geral à ética empresarial*. São Paulo: Quartier Latin, 2009.

LUPION, Ricardo. *Boa-fé objetiva nos contratos empresariais*: contornos dogmáticos dos deveres de conduta. Porto Alegre: Livraria do Advogado, 2011.

MACHLUP, Fritz. Theories of the firm: marginalist, behavioral, managerial. *American Economic Review*, Pittsburgh, v. 57, n. 1, p. 1-33, mar. 1967.

MADALENA, Juliano. Regulação das fronteiras da Internet: um primeiro passo para uma teoria geral do direito digital. *In*: MARTINS, Guilherme Magalhães; LONGHI, João Victor Rozatti (Coord.). *Direito digital*: direito privado e internet. 4. ed. Indaiatuba: Foco, 2021.

MARQUES NETO, Floriano de Azevedo. Pensando o controle da atividade de regulação estatal. *In*: GUERRA, Sérgio (Coord.). *Temas de direito regulatório*. Rio de Janeiro: Freitas Bastos, 2005.

MARTINS, Guilherme Magalhães; FALEIROS JÚNIOR, José Luiz de Moura. Segurança, boas práticas, governança e compliance. *In*: LIMA, Cíntia Rosa Pereira de (Coord.). *Comentários à Lei Geral de Proteção de Dados*: Lei n. 13.709/2018, com alteração da Lei n. 13.853/2019. São Paulo: Almedina, 2020.

MAYER-SCHÖNBERGER, Viktor; RAMGE, Thomas. *Reinventing capitalism in the age of big data*. Nova York: Basic Books, 2018.

MENDES, Laura Schertel; DONEDA, Danilo. Reflexões iniciais sobre a nova Lei Geral de Proteção de Dados. *Revista de Direito do Consumidor*, São Paulo, v. 120, p. 468-486, nov./dez. 2018.

MIRAGEM, Bruno. A Lei Geral de Proteção de Dados (Lei 13.709/2018) e o direito do consumidor. *Revista dos Tribunais*, São Paulo, v. 1009, nov. 2019.

MULHOLLAND, Caitlin. Responsabilidade civil por danos causados pela violação de dados sensíveis e a Lei Geral de Proteção de Dados Pessoais (lei 13.709/2018). *In*: MARTINS, Guilherme Magalhães; ROSENVALD, Nelson (Coord.). *Responsabilidade civil e novas tecnologias*. Indaiatuba: Foco, 2020.

NOGUEIRA, Roberto Henrique Pôrto; SILVA, Michael César; GENEROSO, André Mesquita. Cookies e publicidade online. *In*: LIMA, Taísa Maria Macena de; SÁ, Maria de Fátima Freire de; BERNARDES, Wilba Lúcia Maia (Org.). *Direito e arte*: os desafios da pessoalidade. Belo Horizonte: Arraes, 2016.

PARGENDLER, Mariana. The corporate governance obsession. *The Journal of Corporation Law*, Iowa City, v. 42, n. 2, p. 359-402, 2016.

POUNDSTONE, William. *Head in the cloud*: why knowing things still matters when facts are so easy to look up. Nova York: Hachette, 2016.

QUEIROZ, Danilo Duarte de. Privacidade na internet. *In*: REINALDO FILHO, Demócrito (Coord.). *Direito da informática*: temas polêmicos. Bauru: Edipro, 2002.

RIBEIRO, Renato Ventura. *Dever de diligência dos administradores de sociedades*. São Paulo: Quartier Latin, 2006.

ROSA, Dirceu Pereira de Santa. A importância da due diligence de propriedade intelectual nas reorganizações societárias. *Revista da ABPI*, São Paulo, v. 60, set./out. 2002.

SAAD-DINIZ, Eduardo. Justiça de transição corporativa: a nova geração de estudos transicionais. *Revista Brasileira de Ciências Criminais*, São Paulo, v. 167, ano 28, p. 71-128, maio 2020.

SELIG, Gad J. IT governance: an integrated framework and roadmap – How to plan, deploy and sustain for improved effectiveness. *Journal of International Technology and Information Management*, San Bernardino, v. 25, n. 1, p. 55-76, 2016.

SILVA, André Luiz Carvalhal da. *Governança corporativa e decisões financeiras no Brasil*. 2. ed. Rio de Janeiro: Mauad, 2005.

SILVA, Michael César. Convergências e assimetrias do princípio da boa-fé objetiva no direito contratual contemporâneo. *In*: BRAGA NETTO, Felipe Peixoto; SILVA, Michael César (Org.). *Direito privado e contemporaneidade*: desafios e perspectivas do direito privado no século XXI. Rio de Janeiro: Lumen Juris, 2018. v. II.

SILVA, Michael César. Convergências e assimetrias do princípio da boa-fé objetiva no direito contratual contemporâneo. *Revista Jurídica Luso-Brasileira*, Lisboa, v. 1, p. 1133-1186, 2015.

SILVA, Michael César; SANTOS, Wellington Fonseca dos. O direito do consumidor nas relações de consumo virtuais. *Revista de Informação Legislativa*, Brasília, ano 49, n. 194, p. 261-281, abr./jun. 2012.

SOKOL, Daniel D. Cartels, corporate compliance, and what practitioners really think about enforcement. *Antitrust Law Journal*, Gainesville, v. 78, n. 201, p. 201-240, 2012.

STIGLITZ, Joseph E. *A globalização e seus malefícios*. São Paulo: Futura, 2002.

TAMÒ-LARRIEUX, Aurelia. *Designing for privacy and its legal framework*: data protection by design and default for the Internet of Things. Basileia: Springer, 2018.

TRUBEK, David. M.; TRUBEK, Louise. G. New governance and legal regulation: complementarity, rivalry or transformation. *University of Wisconsin Legal Studies Research Paper*, Madison, n. 1022, 2006.

VAN ALSENOY, Brendan. *Data protection law in the EU*: roles, responsibilities and liability. Cambridge: Intersentia, 2019.

VAN DIJK, Jan. *The network society*. 2. ed. Londres: Sage Publications, 2006.

VENTURA, Luis Henrique. *Contratos internacionais empresariais*. Belo Horizonte: Del Rey, 2002.

WEBER, Rolf H.; STAIGER, Dominic. *Transatlantic data protection in practice*. Berlim/Heidelberg: Springer-Verlag, 2017.

Informação bibliográfica deste texto, conforme a NBR 6023:2018 da Associação Brasileira de Normas Técnicas (ABNT):

FALEIROS JÚNIOR, José Luiz de Moura; SILVA, Michael César. Governança de dados e devida diligência: algumas notas sobre responsabilidade civil e prevenção na Lei Geral de Proteção de Dados Pessoais. *In*: EHRHARDT JÚNIOR, Marcos; CATALAN, Marcos; MALHEIROS, Pablo (Coord.). *Direito Civil e tecnologia*. 2. ed. Belo Horizonte: Fórum, 2022. t. II. p. 185-202. ISBN 978-65-5518-432-7.

RESPONSABILIDADE POR FALHAS ALGORÍTMICAS: REFLEXÕES SOBRE *ACCOUNTABILITY* E OS IMPACTOS JURÍDICOS DA INTELIGÊNCIA ARTIFICIAL

JOSÉ LUIZ DE MOURA FALEIROS JÚNIOR

> *Retarding automation that controls, stigmatizes, and cheats innocent people is a vital role for twenty-first century regulators. We do not simply need more AI; we need better AI...*
>
> (Frank Pasquale)[1]

1 Introdução

Compreender os impactos da acentuada evolução de algoritmos de inteligência artificial para a responsabilidade civil é um desafio transdisciplinar. Não há dúvidas de que o período de transição no qual se consolida o apogeu da assim chamada "sociedade da informação" desvela nuances que, para a ciência do direito, impõem a reestruturação de certas bases teóricas, ultrapassando a regulação e demandando compreensão funcional de institutos jurídicos tradicionais.

É o caso da responsabilidade civil, cujas funções vêm sendo investigadas há tempos pela doutrina especializada. Por certo, é nesse campo de estudos que se situa a grande inquietação sobre os limites de imputação do dever reparatório decorrente de eventual falha propiciada por algoritmos complexos – potencializados pelas estruturas preditivas de aprendizagem (*machine learning*) – que, embora parametrizados e adequadamente desenvolvidos no atual estado da técnica, podem ser vetores da causação de danos.

Para além da eclosão do dano e da compreensão simplista de que ele deve ser reparado, nos contornos adjacentes à função reparatória tradicional (*liability*), tem

---

[1] PASQUALE, Frank. *New laws of robotics*: defending human expertise in the age of AI. Cambridge: Harvard University Press, 2020. p. 198.

ganhado corpo a proposta de estruturação da função preventiva (e, em certas fronteiras dessa discussão, até mesmo da função precaucional) da responsabilidade civil, na consolidação da chamada *accountability*.

Para desenvolvedores, importa saber como enfrentarão os rigores punitivos do Estado se, no curso do implemento de suas invenções, falhas nelas diagnosticadas forem consideradas condicionantes causais para a identificação do respectivo nexo. Nesse cenário, lançando o tema-problema deste breve ensaio, questiona-se: como compatibilizar a responsabilidade civil e suas múltiplas funções com o propósito de adequada tutela jurídica de algoritmos de inteligência artificial?

Como hipótese, trabalha-se com a *accountability* no contexto do desenvolvimento algorítmico (e de seus riscos subjacentes), sinalizando inegável propensão ao estabelecimento de deveres que reestruturam o arcabouço específico da dogmática clássica e reforçando o labor investigativo *ex ante* – que previne danos – como vetor da exploração de atividades cujo risco é identificado na própria complexidade dos algoritmos.

O trabalho será estruturado a partir da metodologia dedutiva, com aportes bibliográficos e pesquisa qualitativa, almejando comprovar a hipótese indicada no contexto da atual compreensão que se tem das funções reparatória, preventiva e precaucional da responsabilidade civil no ordenamento brasileiro.

2 Algoritmos de inteligência artificial e *accountability*: desafios da Quarta Revolução Industrial

Se, por um lado, não há dúvidas de que a evolução tecnológica acentuada do século XX permitiu ganhos inegáveis em eficiência e desencadeou profunda mudança de paradigma, também não se pode negar que fluxos incessantes de dados geram preocupações quanto aos riscos da hiperconectividade,[2] uma vez que "a IoT [internet das coisas] pode ser vista em diferentes dimensões pelos diferentes setores da academia e da indústria; qualquer que seja o ponto de vista, a IoT ainda não atingiu a maturidade e é vulnerável a todos os tipos de ameaças e ataques".[3] Na descrição do fenômeno em questão, Klaus Schwab enumera diversas inovações tecnológicas com empolgante potencial disruptivo: (i) tecnologias implantáveis; (ii) presença digital; (iii) visão como uma nova interface; (iv) tecnologias vestíveis; (v) computação ubíqua; (vi) supercomputadores que cabem no bolso; (vii) armazenamento para todos; (viii) a internet das coisas e para as coisas; (ix) casas conectadas; (x) cidades inteligentes; (xi) *big data* e tomadas de decisão; (xii) carros autoguiados; (xiii) inteligência artificial aplicada às tomadas de decisão; (xiv) inteligência artificial aplicada às funções administrativas; (xv) relação entre robótica e serviços; (xvi) ascensão das criptomoedas; (xvii) economia

---

[2] GREENGARD, Samuel. *The internet of things*. Cambridge: The MIT Press, 2015. p. 58. Destaca o autor: "Within this emerging IoT framework, a dizzying array of issues, questions, and challenges arise. One of the biggest questions revolves around living in a world where almost everything is monitored, recorded, and analyzed. While this has huge privacy implications, it also influences politics, social structures, and laws".

[3] JEYANTHI, Nagamalai. Internet of things (IoT) as interconnection of threats (IoT). In: HU, Fei (Ed.). *Security and privacy in Internet of Things (IoTs)*: models, algorithms, and implementations. Boca Raton: CRC Press, 2016. p. 7, tradução livre. No original: "The IoT can be viewed in different dimensions by the different sections of academia and industry; whatever the viewpoint, the IoT has not yet reached maturity and is vulnerable to all sorts of threats and attacks".

compartilhada; (xviii) relação entre governos e *blockchain*; (xix) impressão 3D e fabricação; (xx) impressão 3D e saúde humana; (xxi) impressão 3D e produtos de consumo; (xxii) seres projetados; (xxiii) neurotecnologias.[4]

Em todos esses exemplos, podem ser identificados aspectos empolgantes e inerentemente relacionados ao potencial disruptivo dessas novas tecnologias, mas, em mesma proporção, são visualizáveis os riscos de sua adoção desmedida e desregrada. É nesse campo de discussões que a responsabilidade civil volta ao centro de investigação, pois, de um modo ou outro, a estruturação dogmática da tutela dos algoritmos de inteligência artificial está diretamente relacionada ao implemento dessas novas tecnologias disruptivas e cada vez mais tendentes à automatização de processos que, por sua vez, dependem do processamento de grandes acervos de dados.

O debate passa a ser norteado, nesse contexto, pelo adequado enquadramento jurídico do regime de responsabilização e pela consideração das funções da responsabilidade civil aplicáveis a cada situação.

Em se tratando da busca por inovação, logo se pensa nas relações de consumo, posto que "as leis de responsabilidade pelo fato ou defeito de produtos ainda devem funcionar para proteger o consumidor de danos, incentivando as empresas a agirem de forma adequada para mitigar riscos previsíveis".[5]

É exatamente o espectro de previsibilidade do dano que recrudesce ou potencializa os riscos envolvidos em todo o processo de desenvolvimento de aplicações baseadas em algoritmos (que implica o fabricante/produtor), e também os usos dessas tecnologias (que implicam o proprietário/utilizador).[6] Há que se considerar, portanto, a necessidade de que sejam formuladas respostas contundentes[7] à suposta "zona cinzenta imputacional" que se identifica nesses casos, caso contrário, como adverte Ugo Pagallo, todos os envolvidos na cadeia produtiva e de uso desses sistemas assumiriam os riscos da responsabilidade civil por danos causados por essas máquinas, "24 horas por dia".[8]

---

[4] SCHWAB, Klaus. *A quarta revolução industrial*. Tradução de Daniel Moreira Miranda. São Paulo: Edipro, 2016. p. 10.

[5] SWANSON, Greg. Non-autonomous artificial intelligence programs and products liability: how new AI products challenge existing liability models and pose new financial burdens. *Seattle University Law Review*, Seattle, v. 42, p. 1201-1222, 2019. p. 1222, tradução livre. No original: "Products liability laws must still function to protect the consumer from harm by encouraging businesses to act appropriately to mitigate against foreseeable risks".

[6] ANTUNES, Henrique Sousa. Inteligência artificial e responsabilidade civil: enquadramento. *Revista de Direito da Responsabilidade*, Coimbra, a. 1, p. 139-154, 2019. p. 141-142. O autor exemplifica: "Imagine-se a utilização de um veículo aéreo não tripulado. Considere-se a hipótese de um drone que é usado para a entrega de uma encomenda. O aparelho é dotado de autonomia plena, compreendendo, nomeadamente, a descolagem, a definição da rota, a prevenção dos obstáculos e a aterragem. As lesões causadas pela queda do drone ou da encomenda, ou por um embate contra outro veículo ou coisa diversa, são equacionáveis em face das regras de responsabilidade civil pelos danos imputados à utilização de uma aeronave e das normas sobre a responsabilidade civil do produtor. Considerando a natureza objetiva de ambas as responsabilidades, o lesado beneficia já de uma proteção efetiva. E quanto aos veículos de circulação terrestre autónomos? A conjugação de regimes de responsabilidade sem culpa, aplicáveis ao produtor e ao detentor do veículo, parecem oferecer a mesma garantia de indemnização".

[7] Sobre o tema, anota Nelson Rosenvald: "Essa percepção conglobante do fenômeno da responsabilidade civil por parte da doutrina não é diferente daquela do homem comum. Se, em princípio, para o leigo a responsabilidade civil não seria outra coisa senão um simples instrumento de reparação de prejuízos, por outro ângulo, a obrigação de reparar danos permanece associada aos olhos da sociedade como uma responsabilidade de caráter moral" (ROSENVALD, Nelson. *As funções da responsabilidade civil*: a reparação e a pena civil. São Paulo: Atlas, 2013. p. 77).

[8] PAGALLO, Ugo. *The laws of robots*: crimes, contracts, and torts. Cham/Heidelberg: Springer, 2013. Law, Governance and Technology Series. v. 10. p. 132. Com efeito: "Therefore, under strict liability rules for vicarious responsibility, owners and users of robots would be held strictly responsible for the behaviour of their machines 24-h a day, whereas, at times, negligence-based liability would add up to (but never avert) such strict liability regime".

Há, nesse cerne, um contraste entre os conceitos de risco e perigo, paralelamente pertinentes às funções preventiva e precaucional da responsabilidade civil.[9] Apesar da aparente similitude linguística dos termos, nos dizeres de Mafalda Miranda Barbosa, não se deve confundir juridicamente perigo e risco, pois, "mais do que a verificação do simples perigo, estão em causa amiúde considerações ligadas à ideia de que é justo responsabilizar aquele que retira um proveito de uma atividade que com toda a probabilidade poderá causar prejuízos a terceiros".[10]

Em síntese, o perigo, de cariz mais abstrato, mostra-se insuficiente para afastar a necessidade de demonstração do elemento subjetivo (culpa) na responsabilização; é imprescindível a aferição do nexo causal a partir da compreensão mais abrangente que se tem do risco. Para isso, a parametrização de deveres mais apurados (e, consequentemente, mais contingenciáveis) conduz à noção de "previsibilidade", que melhor se alinha – no atual estado da técnica – à função preventiva.

A doutrina estrangeira se vale do termo *foreseeability*[11] para sintetizar esse elemento mesmo em contextos nos quais a teoria da culpa possa fazer mais sentido (como na averiguação de comportamento negligente do desenvolvedor de um sistema algorítmico). Não obstante, também se reconhece que é preciso ir além na busca por um critério adequado para atender à função precaucional da responsabilidade civil.

Quando são analisados os algoritmos aplicados a atividades econômicas, a doutrina já debate a nebulosidade das contingências que demandam regulação mais específica. Nesse aspecto, o grande desafio que se enfrenta vai além da regulação voltada, por exemplo, à proteção de dados pessoais, embora seja este um importante primeiro passo, pois tem o condão de despertar olhares para a almejada *accountability*, como alertam Bruno Bioni e Maria Luciano: "Em poucas palavras, o *saldo normativo* das novas leis de proteção de dados pessoais é resultado cada vez mais de uma *arquitetura precaucionária* de danos. O fio condutor de todo esse processo é o acirramento da assimetria de informação".[12]

É na proteção de dados pessoais que também a doutrina europeia já identifica *locus* de grande valor para o debate sobre *accountability*:

---

[9] DAL PIZZOL, Ricardo. *Responsabilidade civil*: funções punitiva e preventiva. Indaiatuba: Foco, 2020. p. 275. Explica: "O princípio da prevenção lida com perigos, ou seja, com riscos já constatados e comprovados cientificamente, como aqueles que derivam de instalações nucleares. Nesses casos, o risco é certo, sendo incerto apenas o dano. O princípio da precaução, por sua vez, diz respeito a riscos potenciais, hipotéticos, ainda não demonstrados cientificamente, como, por exemplo, riscos à saúde pelo consumo de alimentos geneticamente modificados, riscos à saúde pela exposição a antenas de telefonia celular etc".

[10] BARBOSA, Mafalda Miranda. *Liberdade vs. responsabilidade*: a precaução como fundamento da imputação delitual? Coimbra: Almedina, 2006. p. 352.

[11] CALO, Ryan. Robotics and the lessons of cyberlaw. *California Law Review*, Berkeley, v. 103, p. 513-563, 2015. p. 555. O autor comenta: "Foreseeability remains a necessary ingredient even where liability is otherwise 'strict' (i.e., where no showing of negligence by the plaintiff is necessary to recovery). There will be situations, particularly as emergent systems interact with one another, wherein otherwise useful technology will legitimately surprise all involved. Should these systems prove deeply useful to society, as many envision, some other formulation than foreseeability may be necessary to assess liability".

[12] BIONI, Bruno Ricardo; LUCIANO, Maria. O princípio da precaução na regulação de inteligência artificial: seriam as leis de proteção de dados o seu portal de entrada? *In*: FRAZÃO, Ana; MULHOLLAND, Caitlin (Coord.). *Inteligência artificial e direito*: ética, regulação e responsabilidade. São Paulo: Thomson Reuters Brasil, 2019. p. 215-216.

A *accountability* é um conceito com muitas dimensões. Foi caracterizado por estudiosos como sendo um conceito "evasivo" e até "camaleônico", porque pode significar coisas muito diferentes para pessoas diferentes. Em seu significado central, *accountability* se refere à existência de um relacionamento pelo qual uma entidade tem a capacidade de recorrer a outra entidade e exigir uma explicação e/ou justificativa para sua conduta. Com o tempo, diferentes instrumentos de proteção de dados desenvolveram diferentes tipos de mecanismos de responsabilização. No RGPD, o princípio da *accountability* é usado principalmente para sinalizar que os controladores não são apenas responsáveis pela implementação de medidas adequadas para cumprir o RGPD, mas também devem ser capazes de demonstrar conformidade a pedido das autoridades de supervisão.[13]

Sem dúvidas, o processamento de grandes acervos de dados desperta inegável potencial de exploração tecnológica, mas também denota enormes riscos. É preciso ressaltar que, no caso dos algoritmos, a singularidade tecnológica[14] pode ser atingida – e isso será melhor analisado no tópico adiante –, mas, em síntese, ainda não se chegou ao momento no qual se poderá afirmar a existência de verdadeira simbiose entre o biológico e o tecnológico, a ponto de se ter "máquinas inteligentes" equiparáveis à complexidade da mente humana.[15] Sem dúvidas, os algoritmos ainda trabalham no campo da heurística, embora não se possa simplesmente desconsiderar esse debate no atual estágio de desenvolvimento tecnológico.

Fato é que essas estruturas "não inteligentes" (*artificial unintelligences*, como diz Meredith Broussard)[16] ainda são incapazes de perceber e assimilar o mundo em toda a sua complexidade, com percepções sensoriais, discernimento moral, análise crítica da realidade e várias outras características identificadas somente nos indivíduos humanos.

Algoritmos, mesmo quando potencializados pelo *machine learning*, ainda são falíveis e extremamente propensos aos erros de representação e assimilação que, pelo caráter absolutamente matemático com que processam dados, apenas realçam o desafio de encontrar meios para conciliar a responsabilidade civil e seus clássicos institutos com essa nova realidade, ainda que em caráter prospectivo.

A centralidade dessa nova preocupação deve ser – como sempre o foi – o aspecto humano. Isso se conclui pela leitura, por exemplo, das clássicas três leis da robótica descritas por Isaac Asimov no conto *Círculo vicioso*, de sua famosa coletânea *Eu, robô*,[17]

---

[13] VAN ALSENOY, Brendan. *Data protection law in the EU*: roles, responsibilities and liability. Cambridge: Intersentia, 2019. p. 318, tradução livre. No original: "Accountability is a concept with many dimensions. It has been characterized by scholars as being an 'elusive' and even 'chameleon-like' concept, because it can mean very different things to different people. In its core meaning, accountability refers to the existence of a relationship whereby one entity has the ability to call upon another entity and demand an explanation and/or justification for its conduct. Over time, different data protection instruments have advanced different types of accountability mechanisms. In the GDPR, the principle of accountability is mainly used to signal that controllers are not only responsible for implementing appropriate measures to comply with the GDPR, but must also be able to demonstrate compliance at the request of supervisory authorities".
[14] KURZWEIL, Ray. *Singularity is near*: when humans transcend biology. Nova York: Viking, 2005. p. 82-102.
[15] HENDERSON, Harry. *Artificial intelligence*: mirrors for the mind. Nova York: Chelsea House, 2007. p. 152.
[16] BROUSSARD, Meredith. *Artificial unintelligence*: how computers misunderstand the world. Cambridge: The MIT Press, 2018. p. 7-8.
[17] Eis as três leis: "(i) um robô não pode ferir um ser humano ou, por inação, permitir que um ser humano sofra algum mal; (ii) um robô deve obedecer às ordens que lhe sejam dadas por seres humanos, exceto nos casos em que entrem em conflito com a Primeira Lei; (iii) um robô deve proteger sua própria existência desde que tal proteção não entre em conflito com a Primeira ou Segunda Leis". Recomenda-se, ademais, a leitura da obra, que possui tradução para o português: ASIMOV, Isaac. *Eu, robô*. Tradução de Aline Storto Pereira. São Paulo: Aleph, 2014.

que, por sua vez, inspiraram o norte-americano Jack Balkin a também formular três postulados para o enquadramento jurídico dessa complexa discussão. Foram chamadas pela doutrina de "leis da robótica na era do *big data*", e são assim resumidas: (a) operadores algorítmicos devem ser fiduciários de informações em relação a seus clientes e usuários finais; (b) operadores algorítmicos têm deveres para com o público em geral; (c) operadores algorítmicos têm o dever público de não se envolver em incômodos algorítmicos.[18]

Essas três premissas devem ser internalizadas pelos desenvolvedores das aplicações para inspirar a produção do algoritmo desde seu código-fonte, o que desvela uma dimensão ética do labor de programadores e desenvolvedores.[19] O mote deve ser a prevenção e, por esse motivo, as premissas estão ligadas ao papel do produtor/fabricante no mapeamento, na compreensão e no acautelamento dos riscos no processo de desenvolvimento.

Espera-se que algoritmos complexos – especialmente por envolverem riscos intrínsecos – sejam concebidos a partir de estruturas colaborativas, nas quais a fidúcia permeie as relações entre os profissionais e as corporações diretamente envolvidos em todos os seus estágios de desenvolvimento, sinalizando a importância da confiança (*trust*) na acepção recíproca que Giddens nomeia de *reliability* ao tratar especificamente de princípios abstratos do conhecimento técnico (*technical knowledge*).[20] Isso denota a importância da interação homem-máquina, que não deve acarretar uma preocupação aterrorizante, uma vez que, como salientam Daniel e Richard Susskind, "o futuro mais eficiente está em máquinas e seres humanos trabalhando juntos".[21]

A essência dos postulados cunhados por Balkin mostra que o esperado grau de excepcional diligência do agente que programa/desenvolve um algoritmo de IA decorre não apenas da expectativa de conformidade à regulação e à gestão de riscos (*compliance*), mas à atuação proativa quanto à mitigação de riscos (*accountability ex ante*), em concretização ao tão famoso "princípio responsabilidade" há tempos defendido por Hans Jonas.[22] Isso não afasta, todavia, a importância da formulação de regras de boas práticas e de governança direcionadas aos possíveis danos e ao seu enfrentamento (*accountability ex post*), levando em consideração a natureza, o escopo, a finalidade, a probabilidade e a gravidade dos riscos e dos benefícios decorrentes da adoção de uma tecnologia baseada em algoritmos de IA.

O caráter cooperativo identificado nas propostas de Balkin levou Frank Pasquale a propor uma "quarta lei": (d) um robô sempre deve indicar a identidade de seu

---

[18] BALKIN, Jack M. The three laws of robotics in the age of big data. *Ohio State Law Journal*, Columbus, v. 78, p. 1-45, ago. 2017. Disponível em: http://ssrn.com/abstract=2890965. Acesso em 15 mai. 2021.

[19] SAMARAJIVA, Rohan. Interactivity as though privacy matters. *In*: AGRE, Philip E.; ROTENBERG, Marc (Ed.). *Technology and privacy*: the new landscape. Cambridge: The MIT Press, 1997. p. 282.

[20] Segundo o autor, "[...] confidence in the reliability of a person or system, regarding a given set of outcomes or events, where that confidence expresses faith in the probity or love of another, or in the correctness of abstract principles (technical knowledge)" (GIDDENS, Anthony. *The consequences of modernity*. Redwood City/Palo Alto: Stanford University Press, 1990. p. 34).

[21] SUSSKIND, Richard; SUSSKIND, Daniel. *The future of professions*: how technology will transform the work of human experts. Oxford: Oxford University Press, 2015. p. 293, tradução livre. No original: "[...] the most efficient future lies with machines and human beings working together. Human beings will always have value to add as collaborators with machines".

[22] JONAS, Hans. *Le principe responsabilité*: une éthique pour la civilisation technologique. Tradução do alemão para o francês de Jean Greisch. 2. ed. Paris: Cerf, 1992. p. 225.

criador, controlador ou proprietário.[23] Esse novo postulado concretiza o que a doutrina já sustentava como "princípio da explicabilidade" – que se materializa na tradução plausível do termo inglês *answerability* –, direcionado a permitir que determinada máquina indique quem é seu criador e, eventualmente, também revele a identidade de seu proprietário.[24]

Ora, se o risco é o elemento central de todas essas propostas, mas a noção de perigo – e a própria precaução – também instiga reflexões sobre os impactos do desenvolvimento tecnológico desenfreado, resta frisar que "o conceito, a tipologia e a gravidade dos danos que inspiram a formatação dos sistemas de responsabilidade civil ao longo dos tempos variaram sob uma perspectiva proporcional à própria transformação da sociedade".[25]

Inegavelmente, o fato de o risco ser comprovado ou potencial (hipotético) não afasta a pertinência dos princípios da prevenção e da precaução exatamente porque todo tipo de "novo dano" gera certa empolgação e, como alerta Ulrich Beck, acarreta suposições de aceitação social de novas tecnologias –[26] ainda que não testadas – pelo fato de o risco, em alguma medida, tornar-se inerente às diversas atividades da vida cotidiana.[27]

Discutir a função precaucional da responsabilidade civil, ainda que se reconheça o processo de evolução dos algoritmos como um fenômeno mutável e suscetível a constantes alterações, implicaria impor a responsabilização a despeito da incerteza do dano. Também significaria reconhecer maior grau de opacidade em sua previsibilidade, que passaria a reger estruturas de responsabilidade civil em razão de sua plausibilidade[28] e não mais da previsibilidade (*foreseeability*) e, com isso, o debate teórico passaria a abranger discussões mais amplas no que diz respeito ao nexo de causalidade (ou mesmo à culpa), dando ensejo a propostas variadas e que demandam compatibilização específica com o ordenamento no qual se pretenda incluí-las.

---

[23] PASQUALE, Frank. Toward a fourth law of robotics: preserving attribution, responsibility, and explainability in an algorithmic society. *University of Maryland Legal Studies Research Papers*, Baltimore, n. 21, p. 1-13, jul. 2017. Disponível em: http://ssrn.com/abstract=3002546. Acesso em 15 mai. 2021.

[24] A título de exemplo, imagine-se um *drone* que emite sinais captados por torres de controle de tráfego aéreo, permitindo que se saiba quem o está a controlar; ou, voltando aos carros autônomos, um sistema que vincule o número de série do *software* que coordena o automóvel à identidade de seu fabricante, especificando detalhes como seu grau de autonomia, espécie de sensor utilizada no mapeamento do ambiente etc.

[25] VENTURI, Thaís G. Pascoaloto. *Responsabilidade civil preventiva*: a proteção contra a violação dos direitos e a tutela inibitória material. São Paulo: Malheiros, 2014. p. 248.

[26] BECK, Ulrich. *Risk society*: towards a new modernity. Tradução do alemão para o inglês de Mark Ritter. Londres: Sage Publications, 1992. p. 6. Anota: "It is common to suppose that when there is no open public conflict about the risks of some technology, chemical or the like, this is evidence of positive public acceptance of the risks, or of the full social package of risk-technology-institutions".

[27] SANTOS, Romualdo Baptista dos. *Responsabilidade civil por dano enorme*. Curitiba/Porto: Juruá, 2018. p. 166. Segundo o autor, todos esses riscos, conjuntamente considerados, "estão relacionados ao processo de modernização da vida em sociedade, seja em razão da interferência do homem na natureza, seja em razão do desempenho de atividades necessárias ao modo de vida, seja ainda em consequência da exclusão das grandes massas populacionais em relação ao processo civilizatório".

[28] BARBOSA, Mafalda Miranda. *Liberdade vs. responsabilidade*: a precaução como fundamento da imputação delitual? Coimbra: Almedina, 2006. p. 354. Anota: "No fundo, do que se trata é de considerar que apesar de o princípio da precaução se ter delineado em sectores concretos e de ter gerado situações de responsabilidade particulares, a ideologia que lhe subjaz, assente num entendimento específico da responsabilidade, determina que ele seja visto como um princípio mais amplo, conformador de todo o sistema, a impor especiais deveres que não se reduzem às situações de risco".

3 A singularidade tecnológica no horizonte jurídico: como compatibilizar deveres em um período de transição?

Algoritmos sofisticados, principalmente os que são robustecidos por técnicas de aprendizado profundo (*deep learning*) –[29] com potencial acentuado em razão de tecnologias emergentes, como as comunicações 5G e a internet das coisas –, ainda operam no nível da heurística. Como já se registrou, algoritmos são apenas fórmulas matemáticas que indicam possibilidades para que decisões sejam tomadas em função de análise probabilística.[30] Por esse motivo, o acalorado debate em torno da atribuição de "personalidade eletrônica" a máquinas não apresenta solução única, muito menos definitiva, o que impõe considerar o conceito de "singularidade tecnológica" em todo debate sobre responsabilidade civil por falhas algorítmicas.

De fato, a expressão "inteligência artificial" acabou se popularizando como um gênero terminológico, não refletindo com exatidão o atual estado da técnica, uma vez que a natureza matemática das predições não permite dizer que um sistema algorítmico seja efetivamente inteligente.

A mencionada "singularidade tecnológica" foi primeiramente sugerida pelo matemático Vernor Vinge.[31] Segundo o autor, sua consolidação se dará no momento em que o avanço tecnológico for capaz de propiciar simbiose indistinguível entre o biológico e o tecnológico, permitindo a superação do "Jogo da Imitação" de Turing[32] e o avanço paulatino rumo à consolidação da "superinteligência" descrita por Bostrom.[33]

Não obstante, foi no final da década de 1990 que Ray Kurzweil explorou com maior profundidade o significado da expressão,[34] indicando um momento de emancipação algorítmica. Basicamente, os algoritmos se tornariam tão complexos em razão do avanço dos processos de *machine* e *deep learning* que ultrapassariam os limites da simples predição estatística e do singelo suporte à tomada de decisões em função da heurística computacional para, efetivamente, se tornarem máquinas capazes de "pensar".

---

[29] Sobre o tema, conferir CHARNIAK, Eugene. *Introduction to deep learning*. Cambridge: The MIT Press, 2018. p. 137 *et seq.*; KELLEHER, John D. *Deep learning*. Cambridge: The MIT Press, 2019. p. 1-2.

[30] KELLEHER, John D.; MAC NAMEE, Brian; D'ARCY, Aoife. *Fundamentals of machine learning for predictive data analytics*: algorithms, worked examples, and case studies. Cambridge: The MIT Press, 2015. p. 1-16.

[31] VINGE, Vernor. The coming technological singularity: How to survive in the post-human era. *Interdisciplinary Science and Engineering in the Era of Cyberspace*, Cleveland, p. 11-22, 1993. Disponível em: https://ntrs.nasa.gov/search.jsp?R=19940022856. Acesso em 15 mai. 2021.

[32] Resumidamente, pode-se dizer que a ideia de uma máquina capaz de pensar inspirou os estudos de Alan Turing quanto ao *Entscheidungsproblem* (dilema da tomada de decisão). O pesquisador, em 1936, concebeu um modelo que visava diferenciar humanos de máquinas a partir de testes informacionais. Contudo, o que Turing desconsiderou em seus estudos foi justamente a possibilidade do ardil, da mentira e da dissimulação – comportamentos tipicamente humanos – e, ao delinear as premissas de seu famoso "Teste de Turing", notou que potenciais erros de identificação poderiam surgir, pois as máquinas jamais se desvirtuavam da exatidão matemática nos testes. O autor, enfim, publicou uma retificação de seu estudo no ano posterior (1937), destacando que seria necessário avançar rumo à consolidação de um modelo mais complexo, por ele batizado de "Jogo da Imitação", para que fosse possível aferir o potencial de uma máquina que pretenda, de forma convincente, "se passar por humana". Conferir, sobre o tema, o artigo original: TURING, Alan M. On computable numbers, with an application to the Entscheidungsproblem. *Proceedings of the London Mathematical Society*, Londres, v. 42, n. 1, p. 230-265, nov. 1936.

[33] Cf. BOSTROM, Nick. *Superintelligence*: paths, dangers, strategies. Oxford: Oxford University Press, 2014.

[34] KURZWEIL, Ray. *The age of spiritual machines*: when computers exceed human intelligence. Nova York: Viking, 1999. p. 213.

Jean-Gabriel Ganascia explica:

> De acordo com Kurzweil, muito em breve estaremos baixando nossa consciência para máquinas, o que nos fornecerá uma forma de imortalidade. Isso resultará inevitavelmente da aceleração do progresso. Com efeito, segundo ele, a lei geral a que obedece toda forma de evolução, seja o desenvolvimento biológico, o aperfeiçoamento das civilizações ou o aperfeiçoamento das tecnologias, é de natureza intrinsecamente exponencial.[35]

A ideia, embora remeta a alguma espécie de distopia usualmente identificada na literatura ou nos filmes de ficção científica (o que poderia ser verdadeiro *nonsense* para qualquer investigação jurídica),[36] revela mudança de paradigma que permitiria aos algoritmos – a partir de então considerados "singulares" ou artificialmente inteligentes e propensos à tomada de decisões morais – agirem como um humano, com pensamentos abstratos, discernimento baseado em valores e potencial discriminatório decorrente da formação de uma personalidade moldada e robustecida pelo acúmulo informacional.[37]

Não é por outra razão que os impactos da IA vêm sendo discutidos no contexto da Agenda 2030 de Objetivos para o Desenvolvimento Sustentável da Organização das Nações Unidas.[38] O tema, entretanto, não é novo. Em 1992, Lawrence Solum publicou artigo pioneiro sobre a questão,[39] muito antes do avanço vertiginoso da tecnologia do século XXI. Não obstante, as inquietações ganharam forças a partir de 2015, quando a União Europeia publicou o *Draft Report with recommendations on civil law rules and robotics* (2015/2103), no qual já era possível notar algumas preocupações quanto aos danos causados por máquinas.

Foi a partir desse documento que, em 16.2.2017, o Parlamento Europeu aprovou uma resolução intitulada "Disposições de Direito Civil sobre Robótica", na qual, expressamente e em caráter prospectivo, foi apresentada a possibilidade de atribuição de personalidade eletrônica a robôs (Diretriz 59, item "f").[40] Segundo Mafalda Miranda

---

[35] GANASCIA, Jean-Gabriel. *Le mythe de la singularité*: faut-il craindre l'intelligence artificielle? Paris: Éditions du Seuil, 2017. p. 13, tradução livre. No original: "Selon Kurzweil, nous téléchargerons très bientôt notre conscience sur des machines, ce qui nous procurera une forme d'immortalité. Cela résultera fatalement de l'accélération des progrès. En effet, d'après lui, la loi générale à laquelle obéit toute forme d'évolution, qu'il s'agisse du développement biologique, du perfectionnement des civilisations ou de l'amélioration des technologies, est de nature intrinsèquement exponentielle".

[36] TOMASEVICIUS FILHO, Eduardo. Inteligência artificial e direitos da personalidade: uma contradição em termos? *Revista da Faculdade de Direito da USP*, São Paulo, v. 113, p. 133-149, jan./dez. 2018. p. 142.

[37] Cf. MADSBJERG, Christian. *Sensemaking*: the power of the humanities in the age of the algorithm. Nova York: Hachette, 2017.

[38] VINUESA, Ricardo; AZIZPOUR, Hossein; LEITE, Iolanda *et al*. The role of artificial intelligence in achieving the Sustainable Development Goals. *Nature Communications*, Nova York, v. 11, 2020. Disponível em: https://www.nature.com/articles/s41467-019-14108-y. Acesso em 16 mai. 2021.

[39] SOLUM, Lawrence. Legal personhood for Artificial Intelligences. *North Carolina Law Review*, Chapel Hill, v. 70, n. 4, p. 1231-1287, 1992.

[40] Eis o que prevê a diretriz: "59. Insta a Comissão a explorar, analisar e ponderar, na avaliação de impacto que fizer do seu futuro instrumento legislativo, as implicações de todas as soluções jurídicas possíveis, tais como: [...] f) Criar um estatuto jurídico específico para os robôs a longo prazo, de modo a que, pelo menos, os robôs autónomos mais sofisticados possam ser determinados como detentores do estatuto de pessoas eletrónicas responsáveis por sanar quaisquer danos que possam causar e, eventualmente, aplicar a personalidade eletrónica a casos em que os robôs tomam decisões autónomas ou em que interagem por qualquer outro modo com terceiros de forma independente" (PARLAMENTO EUROPEU. *Resolução de 16 de fevereiro de 2017*. Disposições de Direito Civil sobre Robótica. Disponível em: https://www.europarl.europa.eu/doceo/document/TA-8-2017-0051_PT.html. Acesso em 15 mai. 2021).

Barbosa, a proposta revelou a necessidade de que eventual e futuro regulamento seja estruturado em torno dos princípios da precaução, da reversibilidade, da segurança e da responsabilidade.[41]

É preciso lembrar que "caracterizar a personalidade como um atributo jurídico não implica dizer, contudo, que o legislador possui ampla liberdade para instituir ou destituir personalidades, especialmente no que tange ao ser humano".[42] Para esse fim, a adoção de nomenclaturas específicas tem seu valor, como anota Visa Kurki:

> Certas formas emergentes de personalidade jurídica provavelmente exigirão novas nomenclaturas. Se a personalidade jurídica for estendida à IA ou a animais, surgirá a questão de "como chamar" essas formas de personalidade jurídica. Novos termos ou frases, como "personalidade animal" ou "personalidade eletrônica", podem ser facilmente introduzidos. Tais soluções poderiam resolver possíveis questões de interpretação jurídica do conceito, da mesma forma que "pessoa natural" e "pessoa jurídica" são usadas, hoje, quando diferentes escopos de personalização precisam ser mantidos distintos.[43]

Para o ordenamento brasileiro, esse é, enfim, um debate que concerne à viabilidade prática de eventual reparação dos danos causados por falhas algorítmicas, ainda que os conceitos de personalidade e capacidade se situem na Parte Geral do Código Civil.

Mais do que a personalidade jurídica, o tema envolve capacidade e autonomia. O assunto não é pacífico,[44] pois se trata de uma investigação não apenas sobre a personalidade jurídica, que, no caso dos algoritmos de IA, é "puramente tecnológica, fundada nas potencialidades da combinação algorítmica que é fornecida ao *software*. Está, portanto, longe do agir ético dos humanos, em que radica o ser pessoa".[45] Ainda tratando do tema, Marcelo de Oliveira Milagres afirma que "parece que o fundamento para o reconhecimento da personalidade às máquinas autônomas é a maior viabilidade do ressarcimento dos danos decorrentes de suas ações".[46]

Tudo está a indicar a prevalência de um argumento eminentemente pragmático e não necessariamente adaptado às peculiaridades do desenvolvimento tecnológico existente ao final da segunda década do século XXI. Em suma, a "personalidade eletrônica" que se cogita atribuir a entes (ainda) não dotados de verdadeira inteligência,

---

[41] BARBOSA, Mafalda Miranda. Inteligência artificial, e-persons e direito: desafios e perspectivas. *Revista Jurídica Luso-Brasileira*, Lisboa, a. 3, n. 6, p. 1475-1503, 2017. p. 1501-1502.

[42] EHRHARDT JÚNIOR, Marcos; SILVA, Gabriela Buarque Pereira. Pessoa e sujeito de direito: reflexões sobre a proposta europeia de personalidade jurídica eletrônica. *Revista Brasileira de Direito Civil*, Belo Horizonte, v. 23, n. 1, p. 57-79, jan./mar. 2020. p. 61.

[43] KURKI, Visa. *A theory of legal personhood*. Oxford: Oxford University Press, 2019. p. 200, tradução livre. No original: "Certain emerging forms of legal personhood will likely require new nomenclature. If legal personhood is extended to AIs or animals, the question will arise what to call these forms of legal personhood. New terms or phrases, such as 'animal person' or 'electronic person', could easily be introduced. Such solutions could resolve potential questions of statutory interpretation, much as 'natural person' and 'artificial person' are used today when different classes of legal persons need to be kept distinct".

[44] MEDON, Filipe. *Inteligência artificial e responsabilidade civil*: autonomia, riscos e solidariedade. Salvador: JusPodivm, 2020. p. 359.

[45] BARBOSA, Mafalda Miranda. Inteligência artificial, e-persons e direito: desafios e perspectivas. *Revista Jurídica Luso-Brasileira*, Lisboa, a. 3, n. 6, p. 1475-1503, 2017. p. 1482.

[46] MILAGRES, Marcelo de Oliveira. A robótica e as discussões sobre a personalidade eletrônica. *In*: EHRHARDT JÚNIOR, Marcos; CATALAN, Marcos; MALHEIROS, Pablo (Coord.). *Direito civil e tecnologia*. Belo Horizonte: Fórum, 2020. p. 513.

pelas limitações do atual estado da técnica, não encontra justificativas concretas. Sua análise é fruto da preocupação plausível que se tem quanto ao atingimento da singularidade tecnológica. A intenção é criar um ecossistema normativo adequado, antes que isso se torne um grande desafio para o direito.

Então, sendo certo que a singularidade tecnológica não foi atingida, propostas que buscam investigar sua compatibilidade com institutos jurídicos como a responsabilidade civil acabam conduzindo à refutação, de plano, da ideia de atribuição da "personalidade eletrônica", pois sua adoção simplesmente parece não fazer sentido. Porém, algumas alternativas possíveis são apontadas pela doutrina especializada. Uma delas, de cariz intermediário, surgiu a partir de emblemático trabalho do alemão Jan-Erik Schirmer[47] sobre a secular *Teilrechtsfähigkeit* da Sec. 90a do Código Civil alemão (*Bürgerliches Gesetzbuch* ou BGB).[48]

A sugestão de Schirmer envolve considerar um robô "parcialmente capaz", atribuindo-lhe "personalidade jurídica fragmentária" quase indistinta da capacidade jurídica, para que seja construída evolutivamente,[49] ou seja, estabelecendo-se níveis de maior ou menor capacidade jurídica até o atingimento da singularidade tecnológica como uma nova espécie de personalidade jurídica.

Em sintonia com os contornos próprios do BGB, essa proposta se materializa na indistinção entre personalidade e capacidade, cujo acolhimento em ordenamentos diversos do alemão apresenta desafios maiores, mesmo para a tutela dos algoritmos de cariz puramente heurístico no atual estado da técnica. Não obstante, a essência da proposta faz certo sentido como medida de transição,[50] mesmo para ordenamentos, como o brasileiro, que distinguem a capacidade da personalidade.

Uma segunda proposta – ainda mais recente – é detalhada pelo britânico Ryan Abbott: em obra dedicada especificamente ao tema, o autor sugere equiparar humanos e robôs em condições paritárias para que não se faça qualquer distinção, nem mesmo para fins de proteção jurídica, entre um e outro. Em abordagem consequencialista, o autor defende que, se um robô é capaz de realizar determinada atividade laborativa

---

[47] SCHIRMER, Jan-Erik. Artificial intelligence and legal personality. "Teilrechtsfähigkeit": A partial legal status made in Germany. *In*: WISCHMEYER, Thomas; RADEMACHER, Timo (Ed.). *Regulating artificial intelligence*. Cham: Springer, 2020. p. 134.

[48] A comparação dos algoritmos de IA aos animais não é exatamente recente. Interessante artigo de David King já propunha essa solução no contexto dos veículos autônomos, comparando-os aos cavalos: "Horses and self-driving cars are both property owned and operated by humans, but with a mind of their own. Both horses and autonomous vehicles can perceive their surroundings, misinterpret the danger of objects or events around them, and make dangerous maneuvers not intended by their human driver" (KING, David. Putting the reins on autonomous vehicle liability: why horse accidents are the best common law analogy. *North Carolina Journal of Law & Technology*, Chapel Hill, v. 19, n. 4, p. 127-159, 2018. p. 134).

[49] FALEIROS JÚNIOR, José Luiz de Moura; MENKE, Fabiano. "Teilrechtsfähigkeit": uma proposta alemã para a responsabilização civil na IA. *Migalhas de Responsabilidade Civil*, 6 ago. 2020. Disponível em: https://s.migalhas.com.br/S/8AF9D. Acesso em 15 mai. 2021. Ainda explicam: "[...] Schirmer descreve a personalidade jurídica ostentada por humanos como um 'pote de doces' que está cheio desde o começo; o pote representaria a personalidade jurídica e os doces simbolizariam direitos específicos, logo, um pote cheio de doces indicaria a personalidade em sua plenitude: ou se tem o pote cheio, ou não há pote algum. Na Teilrechtsfähigkeit, a diferença adviria da atribuição de personalidade, mas sem direitos pré-concebidos pelo ordenamento; o pote existiria, mas estaria inicialmente vazio de doces, sendo preenchido, pouco a pouco, em sintonia com a própria evolução da personalidade, até que se tornasse plena".

[50] FALEIROS JÚNIOR, José Luiz de Moura; MENKE, Fabiano. "Teilrechtsfähigkeit": uma proposta alemã para a responsabilização civil na IA. *Migalhas de Responsabilidade Civil*, 6 ago. 2020. Disponível em: https://s.migalhas.com.br/S/8AF9D. Acesso em 15 mai. 2021.

antes relegada apenas a humanos, deve receber o mesmo tratamento que um humano receberia, caso falhe. Sua análise é declaradamente centrada no postulado da eficiência e na meta de prevenir distorções de mercado, o que, claramente, não parece se coadunar com o atual estágio de desenvolvimento tecnológico que, como se disse, ainda não atingiu a singularidade tecnológica.[51]

A despeito das ideias e propostas de transição, o que importa para o momento é reconhecer que, enquanto a mencionada singularidade tecnológica não for atingida, modelos pouco usuais poderão servir para tutelar provisoriamente determinadas situações jurídicas fragilizadas pela falta de clareza quanto à proteção que o ordenamento lhes pode haurir. É o caso das situações jurídicas de cariz existencial, como as que envolvem a discriminação algorítmica a partir de vieses.

Lembrando os dizeres de Caitlin Mulholland:

> para que uma pessoa seja obrigada a reparar um dano injusto, é fundamental que ela tenha a autonomia de atuação, isto é, tenha a capacidade de reconhecer a licitude ou ilicitude de sua conduta e, ao mesmo tempo, a habitualidade de identificar e prever a potencialidade danosa desta.[52]

Nesse sentido, "parece ser excessivamente artificial – ou mera ficção científica – imaginar um robô androide perfeitamente inteligente, andando pelas ruas sem qualquer controle".[53]

A experiência recente já demonstrou que os vieses, a despeito de serem total ou parcialmente previsíveis, podem acarretar algum tipo de dano, inclusive de natureza discriminatória. Confira-se o seguinte exemplo:

> Exemplo curioso é o da tecnologia *LiDAR* (acrônimo de *Light Radar*), baseada no rastreamento da luz refletida por objetos do entorno de um veículo autônomo. A luz que retorna é absorvida por sensores para o cálculo de sua densidade (luminância), que, catalogada, alimenta de dados um algoritmo capaz de processar e projetar, em plano tridimensional, obstáculos presentes nas cercanias, deles desviando para prevenir abalroamentos. Dessa forma, utilizando-se de feixes de luz, milhões de cálculos são processados em segundos para permitir o deslocamento desses veículos sem qualquer intervenção humana, e, a partir do aprendizado de máquina (*machine learning*), vão se tornando mais confiáveis.[54]

---

[51] ABBOTT, Ryan. *The reasonable robot*: artificial intelligence and the law. Cambridge: Cambridge University Press, 2020. p. 141-142. Anota: "Policymakers should be concerned with the functionality of machines and consequentialist benefits – what will result in the greatest social benefit from these technologies – in deciding how to legally treat AI. At the end of the day, people do not concern themselves with whether a self-driving Tesla with an unpredictable neural network, a self-driving Uber using Good Old-Fashioned AI, or a human driver is behind the wheel of a car coming toward them. They – we – simply do not want to be run over".

[52] MULHOLLAND, Caitlin. Responsabilidade civil e processos decisórios autônomos em sistemas de inteligência artificial (IA): autonomia, imputabilidade e responsabilidade. *In*: FRAZÃO, Ana; MULHOLLAND, Caitlin (Coord.). *Inteligência artificial e direito*: ética, regulação e responsabilidade. São Paulo: Thomson Reuters Brasil, 2019. p. 332.

[53] TOMASEVICIUS FILHO, Eduardo. Inteligência artificial e direitos da personalidade: uma contradição em termos? *Revista da Faculdade de Direito da USP*, São Paulo, v. 113, p. 133-149, jan./dez. 2018. p. 142.

[54] FALEIROS JÚNIOR, José Luiz de Moura. Discriminação por algoritmos de inteligência artificial: a responsabilidade civil, os vieses e o exemplo das tecnologias baseadas em luminância. *In*: BARBOSA, Mafalda Miranda; BRAGA NETTO, Felipe; SILVA, Michael César; FALEIROS JÚNIOR, José Luiz de Moura (Coord.). *Direito digital e inteligência artificial*: diálogos entre Brasil e Europa. Indaiatuba: Foco, 2021. p. 970.

A tecnologia mencionada no excerto vem sendo empregada para o desenvolvimento de carros, navios e *drones* autônomos. Porém, notícias recentes dão conta da maior propensão desses veículos ao atropelamento de pessoas negras[55] pelo fato de o feixe de luz provocar enviesamento, na medida em que pessoas negras deixam de ser identificadas nas cercanias pelo simples fato de toda a tecnologia ser dependente da luminância aferida pelo reflexo, e é sabido que cores mais escuras absorvem mais luz. Nesse ponto, dessumir-se-ia o viés algorítmico gerador de dano, em caráter totalmente previsível e representativo de riscos que poderiam ser evitados pelo implemento de outro modal tecnológico ou pelo refinamento do modelo em questão.

Em que pese a doutrina já sinalizar uma "branquidão" das tecnologias baseadas em algoritmos de IA, o exemplo do sensor baseado em luminância não permite dizer que o próprio algoritmo possa ser adjetivado como racista, pois há, em verdade, um viés a ser considerado na leitura que se faz do resultado danoso *in concreto*.[56]

A questão, portanto, apresenta nuances próprias e extremamente complexas, demandando investigações mais profundas para a compatibilização dessa e de outras tecnologias potencialmente propensas à causação de danos em razão dos vieses, ainda que a singularidade tecnológica seja, ainda, apenas uma perspectiva no horizonte.

4 Uma leitura funcional do tema: *data-informed duties* e o ecossistema de proteção de dados

A discussão em torno da necessidade de regulação específica para os algoritmos de inteligência artificial é um tema recorrente na doutrina. Seus impactos desafiam a compreensão do próprio papel do Estado no controle do desenvolvimento tecnológico. Se, por um lado, espera-se que a pujança da inovação traga melhorias para a qualidade de vida em geral, por outro, não se nega que encarar o tema do ponto de vista regulatório é um desafio.[57]

Estruturar uma abordagem abrangente e capaz de esgotar a discussão no atual estado do desenvolvimento tecnológico não parece um desafio plausível. Certamente, o tema demanda discussões mais detalhadas sobre o papel do Estado nesse complexo cenário, mas, quanto à responsabilidade civil, a doutrina vem procurando estabelecer um modelo sistemático para a delimitação dos contornos de aferição do risco no desenvolvimento de aplicações centradas em algoritmos de inteligência artificial.

---

[55] CUTHBERTSON, Anthony. Self-driving cars more likely to drive into black people, study claims. *The Independent*, 6 mar. 2019. Disponível em: https://www.independent.co.uk/life-style/gadgets-and-tech/news/self-driving-car-crash-racial-bias-black-people-study-a8810031.html. Acesso em 15 mai. 2021; SAMUEL, Sigal. A new study finds a potential risk with self-driving cars: failure to detect dark-skinned pedestrians. *Vox*, 6 mar. 2019. Disponível em: https://www.vox.com/future-perfect/2019/3/5/18251924/self-driving-car-racial-bias-study-autonomous-vehicle-dark-skin. Acesso em 15 mai. 2021.

[56] CAVE, Stephen; DIHAL, Kanta. The whiteness of AI. *Philosophy & Technology*, Londres, v. 33, p. 685-703, 2020. p. 698. Destacam: "While we believe the attribution to AI of these qualities, so strongly associated with Whiteness, goes a long way to making sense of the racialisation of anthropomorphic intelligent machines, we also want to propose one further hypothesis: that the Whiteness of the machines allows the White utopian imagination to fully exclude people of colour".

[57] TOMASEVICIUS FILHO, Eduardo; FERRARO, Angelo Viglianisi. Le nuove sfide dell'umanità e del diritto nell'era dell'Intelligenza Artificiale. *Revista Direitos Culturais*, Santo Ângelo, v. 15, n. 37, p. 401-413, 2020. p. 412-413.

Frank Pasquale sugere a parametrização de deveres informados baseados em dados (*data-informed duties*) para a criação de modelos-padrão (*standards*) que podem ser utilizados para embasar eventual responsabilização. Nos dizeres do autor, "[e]sses padrões são particularmente importantes devido ao potencial de que dados imprecisos e inadequados contaminem o aprendizado de máquina".[58]

Nesse aspecto, constata-se que o processo heurístico baseado em dados, se for contaminado logo nos estágios iniciais de processamento, pode gerar resultados distorcidos e enviesados. Em resumo, a curadoria de dados no antecedente (*inputs*) deve imperar e ser observada no curso de todo o processo algorítmico – que também deve ser auditável –, sob pena de os substratos finais obtidos no consequente (*outputs*) não serem confiáveis.

Essencialmente, a parametrização de modelos-padrão deixa de depender da complexa atividade regulatória estatal para o atendimento contingencial da vasta plêiade de estruturas algorítmicas, que pode variar em diversos aspectos, e oferece maior liberdade para o desenvolvimento de métricas autorreguladas para cada tipo de atividade. Nesse contexto, seria possível trabalhar com bases comparativas que ofereceriam condições mais precisas e bem mapeadas para determinar a atuação em conformidade (*compliance*), com o risco equivalente devidamente aferido para o tipo de atividade algorítmica em questão.

A proposta de Pasquale encontra sustentáculos, inclusive, em apontamentos lançados na clássica obra de Stuart Russell e Peter Norvig, que já falavam na "quantificação das incertezas": "Os agentes podem precisar lidar com a incerteza, seja devido à observabilidade parcial, ao não-determinismo da incerteza ou a uma combinação dos dois".[59] Em síntese, pode-se afirmar que as conjecturas a partir das quais são concebidos os *data-informed duties* se alinham à já mencionada "quarta lei da robótica" proposta por Pasquale (princípio da explicabilidade).[60] Sua ideia reforça a necessidade de superação de um problema também descrito pelo autor, noutra obra:[61] o dos algoritmos de "caixas-pretas" (*black boxes*), usualmente identificados pela utilização de técnicas de *machine learning* que propiciam o aprimoramento descontrolado e não supervisionado dessas aplicações, a ponto de se tornarem tão complexas que sequer seus próprios criadores as compreendem.[62]

Na responsabilidade civil, o enfrentamento do "incerto" e do "imprevisível" não é uma novidade, pois a dogmática tradicional já lida com tais conceitos no direito

---

[58] PASQUALE, Frank. Data-informed duties in AI development. *Columbia Law Review*, Nova York, v. 119, p. 1917-1940, 2019. p. 1917, tradução livre. No original: "Such standards are particularly important given the potential for inaccurate and inappropriate data to contaminate machine learning".

[59] RUSSELL, Stuart J.; NORVIG, Peter. *Artificial intelligence*: a modern approach. 3. ed. Boston: Pearson, 2016. p. 480, tradução livre. No original: "Agents may need to handle uncertainty, whether due to partial observability, uncertainty nondeterminism, or a combination of the two".

[60] PASQUALE, Frank. Toward a fourth law of robotics: preserving attribution, responsibility, and explainability in an algorithmic society. *University of Maryland Legal Studies Research Papers*, Baltimore, n. 21, p. 1-13, jul. 2017. Disponível em: http://ssrn.com/abstract=3002546. Acesso em 15 mai. 2021.

[61] PASQUALE, Frank. *The black box society*: the secret algorithms that control money and information. Cambridge: Harvard University Press, 2015. p. 6-7.

[62] Comentando as dificuldades práticas da dificuldade de identificação do criador desenvolvedor, conferir, por todos: ASARO, Peter. A body to kick, but still no soul to damn: legal perspectives on robotics. *In*: LIN, Patrick; ABNEY, Keith; BEKEY, George (Ed.). *Robot ethics*: the ethical and social implications of robotics. Cambridge: The MIT Press, 2011.

ambiental, em função da aplicação da teoria do risco integral como fundamento da reparação especificamente baseada na tutela do perigo e no princípio da precaução.[63]

A mesma lógica, se trasladada para o contexto dos algoritmos de IA, propiciaria algumas consequências peculiares. Sobre o tema, Yaniv Benhamou e Justine Ferland[64] já apontaram a perspectiva funcional que teriam tais deveres informados baseados em dados (*data informed duties*).

    a) Uma primeira constatação dos autores é a de que, quanto às exigências imponíveis a operadores algorítmicos,[65] impõe-se o cumprimento de deveres de cuidado, que dizem respeito: a.1) à escolha da tecnologia, em particular à luz das tarefas a serem realizadas e das próprias competências e habilidades do operador; a.2) ao quadro organizacional previsto, em especial no que diz respeito a um acompanhamento adequado; e a.3) à manutenção, incluindo quaisquer verificações de segurança e reparos. O não cumprimento de tais obrigações poderia desencadear responsabilidade por culpa, independentemente de o operador também ser estritamente responsável pelo risco criado, a partir do implemento de determinada tecnologia.[66]

    b) Com relação aos produtores e fabricantes, nas relações de consumo, inclusive para os que atuam incidentalmente como operadores, na acepção respectiva que a legislação de proteção de dados atribui ao termo,[67] devem ser observados os seguintes padrões de conduta, segundo Benhamou e Ferland:[68] b.1) conceber, descrever e comercializar produtos de uma forma que lhes permita cumprir os *data-informed duties*, tornando os riscos mais previsíveis (em realce à esperada *foreseeability*);[69] e b.2) monitorar adequadamente o produto após a sua colocação em circulação, à luz das características das tecnologias digitais

---

[63] CALO, Ryan. Robotics and the lessons of cyberlaw. *California Law Review*, Berkeley, v. 103, p. 513-563, 2015. p. 555.

[64] BENHAMOU, Yaniv; FERLAND, Justine. Artificial Intelligence & damages: assessing liability and calculating the damages. *In*: D'AGOSTINO, Pina; PIOVESAN, Carole; GAON, Aviv (Ed.). *Leading legal disruption*: artificial intelligence and a toolkit for lawyers and the law. Toronto: Thomson Reuters Canada, 2021. No prelo. Disponível em: https://ssrn.com/abstract=3535387. Acesso em 15 mai. 2021.

[65] BALKIN, Jack M. The path of robotics law. *California Law Review Circuit*, Berkeley, v. 6, p. 45-60, jun. 2015. p. 52. O autor é assertivo: "We might hold many different potential actors liable, including the owner, operator, retailer, hardware designer, operating system designer, or programmer(s), to name only a few possibilities".

[66] BENHAMOU, Yaniv; FERLAND, Justine. Artificial Intelligence & damages: assessing liability and calculating the damages. *In*: D'AGOSTINO, Pina; PIOVESAN, Carole; GAON, Aviv (Ed.). *Leading legal disruption*: artificial intelligence and a toolkit for lawyers and the law. Toronto: Thomson Reuters Canada, 2021. No prelo. Disponível em: https://ssrn.com/abstract=3535387. Acesso em 15 mai. 2021.

[67] No Brasil, o conceito consta do art. 5º, inc. VII, da LGPD: "Art. 5º. [...] VII – operador: pessoa natural ou jurídica, de direito público ou privado, que realiza o tratamento de dados pessoais em nome do controlador".

[68] BENHAMOU, Yaniv; FERLAND, Justine. Artificial Intelligence & damages: assessing liability and calculating the damages. *In*: D'AGOSTINO, Pina; PIOVESAN, Carole; GAON, Aviv (Ed.). *Leading legal disruption*: artificial intelligence and a toolkit for lawyers and the law. Toronto: Thomson Reuters Canada, 2021. No prelo. Disponível em: https://ssrn.com/abstract=3535387. Acesso em 15 mai. 2021.

[69] KARNOW, Curtis E. A. The application of traditional tort theory to embodied machine intelligence. *In*: CALO, Ryan; FROOMKIN, A. Michael; KERR, Ian (Ed.). *Robot law*. Cheltenham: Edward Elgar, 2016. p. 76. Anota: "Predictability and foreseeability are, in practice, vague and peculiar notions, and people with different experiences and beliefs about how the world works will treat different things as 'predictable'. In any event humans are poor at predicting odds, and generally are not accurate estimating the likelihood of future events. Perhaps we may get better at predicting the behavior of autonomous robots as we interact with them; actions that appear at first random may begin to cluster in their frequencies, revealing theretofore unanticipated patterns that will help future prediction".

emergentes, em particular a sua abertura e dependência do ambiente digital geral, incluindo a obsolescência (programada ou não), o surgimento de *malware* ou mesmo sua vulnerabilidade a eventuais ataques externos.

c) A chamada supervisão, entendida no contexto do dever de monitoramento ("superior" ou "hierárquico", que pode ser decorrente até mesmo do poder de polícia estatal,[70] naquilo que Pasquale denomina *oversight* em sua nova obra)[71] poderia ser alcançada pela realização de auditorias e estudos do algoritmo específico, mesmo após a sua liberação ao mercado. Desse modo, como decorrência da implementação de sistemas de monitoramento supervisionados, seria esperada a identificação de anomalias e a parametrização prévia dos sistemas para "avisar" sobre a ocorrência de comportamentos inesperados, bem como pela observação das tendências específicas de evolução a partir do *machine learning* para prever tais comportamentos. Uma vez que tal monitoramento seja implementado, a obrigação de informar as vítimas potenciais surge como dever anexo da boa-fé objetiva.[72]

d) Havendo viabilidade, os autores defendem que os produtores devem ser compelidos a incluir *backdoors* obrigatórios[73] em seus algoritmos. Outras designações para isso são as expressões "freios de emergência por padrão" (*by design*), "recursos de desligamento automático" (*shut down*), ou recursos que permitam aos operadores ou usuários "desligar a IA" por comandos manuais, ou torná-la "ininteligente" ao simplesmente pressionar um botão do pânico (*panic button*). Não garantir tais ferramentas e opções poderia ser considerado um defeito de *design* suficiente para justificar a responsabilização por infringência ao dever geral de segurança que lhes seria imponível, o que abriria margem à tutela de danos pela responsabilidade civil por fato do produto, reconhecendo como defeituoso o algoritmo. De fato, a depender das circunstâncias, os fabricantes ou operadores também poderiam ser obrigados a "desligar" os próprios robôs como parte de suas tarefas de monitoramento e auditoria algorítmica.

e) Semelhante aos deveres de pós-venda já existentes e que são compostos de avisos e instruções para *recall* de produtos defeituosos, os produtores/fabricantes também podem assumir deveres de suporte e correção – corolários da auditabilidade e da transparência –[74] consentâneos com outros

---

[70] SCHERER, Matthew U. Regulating artificial intelligence systems: risks, challenges, competencies, and strategies. *Harvard Journal of Law & Technology*, Cambridge, v. 29, n. 2, p. 353-400, mar./jun. 2016. p. 380.

[71] PASQUALE, Frank. *New laws of robotics*: defending human expertise in the age of AI. Cambridge: Harvard University Press, 2020. p. 99.

[72] WISCHMEYER, Thomas. Artificial intelligence and transparency: opening the black box. *In*: WISCHMEYER, Thomas; RADEMACHER, Timo (Ed.). *Regulating artificial intelligencE*. Cham: Springer, 2020. p. 76. Explica: "In light of AI's growing impact on society, there is broad agreement that those who regulate, employ or are affected by AI-based systems should have an adequate understanding of the technology. A steady stream of policy papers, national planning strategies, expert recommendations, and stakeholder initiatives frames this objective in terms of AI transparency".

[73] LIAO, Cong; ZHONG, Haoti; SQUICCIARINI, Anna; ZHU, Sencun; MILLER, David. Backdoor embedding in convolutional neural network modelsvia invisible perturbation. *Proceedings of the Tenth ACM Conference on Data and Application Security and Privacy*, Nova York, p. 97-108, mar. 2020. Disponível em: https://doi.org/10.1145/3374664.3375751. Acesso em 15 mai. 2021.

[74] PASQUALE, Frank. Data-informed duties in AI development. *Columbia Law Review*, Nova York, v. 119, p. 1917-1940, 2019. p. 1937.

desenvolvimentos recentes sobre a obrigação potencial dos desenvolvedores de *software* de atualizar algoritmos inseguros, durante todo o tempo em que a referida tecnologia estiver no mercado (ou seja, para além de qualquer estipulação contratual sobre prazo de garantia).[75]

Uma proposta alternativa à de estruturação dos *data-informed duties* envolve o reconhecimento da função preventiva e sua funcionalização a partir da desejável *accountability*[76] para o desenvolvimento de algoritmos de inteligência artificial. Essa ideia é colhida dos escritos do italiano Giovanni Comandé, que realçam a necessidade de transição da tradicional responsabilidade estrita (*liability*) para um modelo de responsabilização que se ocupe, também, das funções preventiva e precaucional, impondo a quem assume melhor posição hierárquica – quanto à assunção de deveres "informados" – o múnus de fazer escolhas e justificá-las àqueles sobre os quais incidem seus efeitos.

Na sociedade da informação, a *accountability* representa uma "cultura"[77] (mais, portanto, que um dever) e seus efeitos ultrapassam os da mera "prestação de contas" (como se poderia cogitar a partir da tradução literal do termo) pelas escolhas feitas. Ampliando o escopo desse debate, nova menção é devida ao "princípio responsabilidade" descrito por Hans Jonas para conjecturar a *accountability* como "virtude".[78] Trata-se, portanto, da expectativa legítima de que o agente responda, nas esferas apropriadas

---

[75] De fato, embora nenhuma lei contenha claramente uma obrigação clara e explícita de fazê-lo, já se tem sinalização jurisprudencial que interpreta as normas jurídicas existentes de uma forma que cria tal obrigação aos desenvolvedores; é o caso do precedente holandês Consumentenbond *v.* Samsung. Para um estudo detalhado do caso e de suas repercussões, conferir: WOLTERS, Pieter T. J. The obligation to update insecure software in the light of Consumentenbold/Samsung. *Computer Law & Security Review*, Londres, v. 35, n. 3, p. 295-305, maio 2019.

[76] O termo "responsabilidade" não possui significado único. Seu escopo é ainda mais amplo em idiomas como o francês ou o espanhol, nos quais a "responsabilidade" é usada em relação a um campo muito amplo de relações jurídicas, políticas e econômicas e, dentro delas, às suas respectivas dimensões. Em inglês, porém, a existência de termos diferentes para se referir às várias dimensões da responsabilidade – *responsibility, accountability, liability* – permite uma aplicação mais precisa do conceito. Sobre isso, conferir ROSENVALD, Nelson. A polissemia da responsabilidade civil na LGPD. *Migalhas de Proteção de Dados*, 6 nov. 2020. Disponível em: https://s.migalhas.com.br/S/477BB2. Acesso em 16 mai. 2021.

[77] NISSENBAUM, Helen. Accountability in a computerized society. *Science and Engineering Ethics*, Nova York, v. 2, n. 1, p. 5-42, mar. 1996. p. 7. Anota: "A strong culture of accountability is worth pursuing for a number of reasons. For some, a developed sense of responsibility is a good in its own right, a virtue to be encouraged. Our social policies should reflect this value appropriately by expecting people to be accountable for their actions. For others, accountability is valued because of its consequences for social welfare".

[78] JONAS, Hans. *Le principe responsabilité*: une éthique pour la civilisation technologique. Tradução do alemão para o francês de Jean Greisch. 2. ed. Paris: Cerf, 1992. p. 225-226. Diz: "Si à propos de la science et de la technique nous pouvions encore parler en termes univoques d'un progrès et même d'un progrès potentiellement infini – peut-être les seuls mouvements négentropiques permanents dans lesquels l'état ultérieur dépasse toujours celui qui le précède – le tableau est bien moins précis dans le domaine de l'ordre politico-social qui a un rapport bien plus étroit avec la moralité (et qui jusqu'à une époque récente fournissait également la véritable matière de l'histoire). Et même, en y réfléchissant, on est tenté d'établir la règle que plus quelque chose dans la vie collective est proche de la sphère éthique, plus hésitant devient le «progrès» en elle comme forme naturelle du mouvement: apparemment ce qui est moralement le plus neutre et ce qui est évalué selon des critères parfaitement «objectifs», là où chaque plus est un mieux, se prête manifestement mieux au perfectionnement cumulatif – pour le dire brièvement: le «pouvoir» mieux que «l'être». Mais il y a des ordres politiques, économiques et sociaux meilleurs et pires, et indépendamment du fait qu'en soi ils peuvent être plus ou moins moraux, c'est-à-dire plus conformes à des normes éthiques, ils posent également des conditions meilleures ou pires pour l'être moral – la «vertu» – de leurs membres".

(política, civil, criminal, administrativa, ética, social), por suas possíveis falhas e pelas deficiências de suas escolhas (especialmente se forem escolhas informadas).[79]

Primando pela proteção da confiança,[80] a discussão sobre *accountability* contempla aspectos éticos que passam a ser reinterpretados para a aplicação de algoritmos de inteligência artificial no campo de investigação que concerne à necessidade de regulação específica. Ao invés de normatizar "como" devem ser criados, aplicados e fiscalizados os algoritmos, esse modelo mais aberto cria nichos específicos nos quais faz mais sentido estabelecer *guidelines* mais abstratas, com grau de generalização suficiente para orientar o desenvolvimento tecnológico sem ceifá-lo da ambientação profícua ao seu livre florescimento.

Esse fenômeno é o que se nota na União Europeia, que tem publicado relatórios sobre IA com esse caráter. Foram publicados três documentos em 2020: no primeiro, com o título *Civil liability regime for Artificial Intelligence* (PE 654.178), enfatizou-se a importância dos princípios e da parametrização de deveres para tratar da responsabilidade civil na IA;[81] o segundo documento, chamado de *European framework on ethical aspects of Artificial Intelligence, robotics and related tecnologies* (PE 654.179),[82] definiu premissas quanto à *accountability*, tendo concluído que "falta um instrumento de *accountability* para garantir a proteção eficaz dos valores fundamentais na UE";[83] o terceiro se direcionou mais especificamente à proteção da propriedade intelectual algorítmica (2020/2015(INI)).[84]

Mais recentemente, em 20.1.2021, o Parlamento propôs diretrizes para a utilização civil e militar de algoritmos de IA e definiu que, em áreas como a militar, a justiça e a saúde, "a IA nunca deve substituir ou isentar os humanos da sua responsabilidade".[85]

---

[79] COMANDÉ, Giovanni. Intelligenza artificiale e responsabilità tra liability e accountability: il carattere trasformativo dell'IA e il problema della responsabilità. *In*: NUZZO, Antonio; OLIVIERI, Gustavo (Ed.). *Analisi giuridica dell'Economia*. Studi e discussioni sul diritto dell'impresa. Bologna: Il Mulino, 2019. v. 1. p. 185. Com efeito: "Con accountability si allude all'obbligo di chi prenda delle decisioni e operi delle scelte di 1) giustificarle dinanzi a coloro che di tali scelte subiscono gli effetti ed eventualmente 2) debbano, non solo rendere il conto per le scelte fatte, ma debbano anche 3) rispondere nelle sedi opportune (responsabilità politica, civile, penale, amministrativa, deontologica, sociale) per loro eventuali fallimenti e mancanze".

[80] FRADA, Manuel A. Carneiro da. *Teoria da confiança e responsabilidade civil*. Coimbra: Almedina, 2004. p. 17. Anota: "Não existe nenhuma definição legal de confiança a que possa socorrer-se e escasseiam referências normativas explícitas a propósito. O seu conceito apresenta-se fortemente indeterminado pela pluralidade ou vaguidade de empregos comuns que alberga, tornando difícil traçar com ele as fronteiras de uma investigação jurídica. Tanto mais que transporta uma certa ambiguidade de princípio por se poder referir, tanto à causa, como aos efeitos de uma regulação jurídica. É a falta de consciência desta realidade que está na raiz de uma certa evanescência da confiança no discurso jurídico e se apresenta – antecipe-se – responsável pelas dificuldades de que se não logrou desembaraçar-se a reflexão dogmática a seu respeito".

[81] EUROPA. European Parliamentary Research Service. *Civil liability regime for artificial intelligence*. PE 654.178, set. 2020. p. 184. Disponível em: https://www.europarl.europa.eu/thinktank/en/document.html?reference=EPRS_STU(2020)654178. Acesso em 15 mai. 2021.

[82] Analisando detidamente o relatório, conferir SILVA, Gabriela Buarque Pereira; EHRHARDT JÚNIOR, Marcos. Diretrizes éticas para a inteligência artificial confiável na União Europeia e a regulação jurídica no Brasil. *Revista Iberc*, Belo Horizonte, v. 3, n. 3, p. 1-28, set./dez. 2020.

[83] EUROPA. European Parliamentary Research Service. *European framework on ethical aspects of artificial intelligence, robotics and related tecnologies*. PE 654.179, set. 2020. p. 26. Disponível em: https://www.europarl.europa.eu/thinktank/en/document.html?reference=EPRS_STU(2020)654179. Acesso em 15 mai. 2021, tradução livre. No original: "a missing accountability tool to guarantee effective protection of fundamental values in the EU".

[84] EUROPA. European Parliamentary Research Service. *Intellectual property rights for the development of artificial intelligence technologies*. 2020/2015(INI), out. 2020. Disponível em: https://oeil.secure.europarl.europa.eu/oeil/popups/ficheprocedure.do?lang=en&reference=2020/2015(INI). Acesso em 15 mai. 2021.

[85] EUROPA. Parlamento Europeu. *Regular a inteligência artificial na UE*: as propostas do Parlamento. 23 mar. 2021. Disponível em: https://www.europarl.europa.eu/news/pt/headlines/society/20201015STO89417/regular-a-inteligencia-artificial-na-ue-as-propostas-do-parlamento. Acesso em 16 mai. 2021.

O tema certamente comporta discussões, pois "permite diferentes níveis de responsabilidade: inversão do ônus da prova, seguro obrigatório, fundos, restrições regulatórias, sanções criminais".[86] Tais alternativas podem ser melhor apresentadas noutros estudos, especialmente aquela concernente aos seguros obrigatórios, haja vista a clara dificuldade que ainda se enfrenta quanto à identificação de viabilidade patrimonial para a reparação de danos, mesmo se reconhecida a "personalidade eletrônica".

Como se disse anteriormente, as relações envolvendo a colocação de produtos baseados em algoritmos de IA no mercado serão, via de regra, relações de consumo,[87] impondo considerar toda a construção dogmática existente para atividades de risco ao se trabalhar com *accountability*.

A título exemplificativo, questões como o ônus da prova devem ser analisadas com cautela.[88] Isso porque o Brasil, "ao contrário do direito comunitário europeu, adota uma presunção relativa de defeito do produto, por força do dano sofrido pelo consumidor, dispensando-se este de sua prova cabal".[89] Noutros termos, invertido o ônus, eventual comprovação de inexistência de defeito recairá sobre o fornecedor, e, mesmo que se convolasse em caso fortuito, este seria considerado fortuito interno pela leitura que se faz dos riscos do desenvolvimento, não afastando o dever de indenizar, tampouco o mitigando.

Naturalmente, ainda que não se tenha atingido a singularidade tecnológica, para que se torne mais plausível a discussão sobre a imputação de responsabilidade civil a máquinas e robôs,[90] ou para a construção de uma teoria em torno da "personalidade

---

[86] COMANDÉ, Giovanni. Multilayered (accountable) liability for artificial intelligence. *In*: LOHSSE, Sebastian; SCHULZE, Reiner; STAUDENMAYER, Dirk (Ed.). *Liability for artificial intelligence and the internet of things*. Baden-Baden: Nomos, 2019. p. 182, tradução livre. No original: "[...] accountability enables different layers of liability: reversal of the burden of proof, compulsory insurance, funds, regulatory constraints, criminal sanctions".

[87] BARBOSA, Mafalda Miranda. Responsabilidade civil do produtor e nexo de causalidade: breves considerações. *Fides: Revista de Filosofia do Direito, do Estado e da Sociedade*, Natal, v. 8, n. 2, p. 172-190, jul./dez. 2017. p. 189. Anota: "Perguntar-se-á, contudo, e sobretudo porque estamos diante de uma hipótese de responsabilidade pelo risco (em que a esfera de risco é assumida a montante, no momento em que se dá início a uma qualquer actividade tida pelo legislador como arriscada ao ponto de, com base em critérios de justiça distributiva, se admitir a imposição de uma obrigação ressarcitória independentemente de culpa), se será bastante a comprovação da edificação/assunção da esfera de risco de que se cura, para, de imediato, se responder que urge, num caso como este, provar a interferência daquela atividade na história de surgimento do evento lesivo. Mas, para tanto, não nos precisamos de enredar numa lógica contrafáctica, própria de um juízo condicionalista (que, aliás, se mostra irrealizável em concreto), nem necessitamos de partir em busca de uma verdade científica acerca dos factos. Numa hipótese de responsabilidade do produtor, devemos contentar-nos com a prova da utilização/consumo/aquisição do produto defeituoso pelo lesado e do dano. A ligação entre a colocação do produto no mercado e a emergência da lesão implica o referido juízo normativo a cargo do julgador".

[88] Na União Europeia, merecem menção os Princípios de Direito Europeu da Responsabilidade Civil, com destaque para os do art. 5(101) sobre atividades anormalmente perigosas, que envolvem "risco previsível e bastante significativo de dano, mesmo com observância do cuidado devido". Com efeito: "Art. 5:101. Actividades anormalmente perigosas. (1) Aquele que exercer uma actividade anormalmente perigosa é responsável, independentemente de culpa, pelos danos resultantes do risco típico dessa actividade. (2) Uma actividade é considerada anormalmente perigosa quando: a. cria um risco previsível e bastante significativo de dano, mesmo com observância do cuidado devido, e; b. não é objeto de uso comum. (3) O risco de dano pode ser considerado significativo tendo em consideração a gravidade ou a probabilidade do dano" (MONTEIRO, Jorge Ferreira Sinde; PEREIRA, André Gonçalo Dias. Princípios de direito europeu da responsabilidade civil (portuguese translation). *In*: KOCH, Bernhard; KOZIOL, Helmut; MAGNUS, Ulrich *et al*. *Principles of European tort law*: text and commentary. European Group on Tort Law. Viena: Springer Wien, 2005. p. 253-254).

[89] CALIXTO, Marcelo Junqueira. *A responsabilidade civil do fornecedor de produtos pelos riscos do desenvolvimento*. Rio de Janeiro: Renovar, 2004. p. 148.

[90] VLADECK, David C. Machines without principals: liability rules and artificial intelligence. *Washington Law Review*, Seattle, v. 89, n. 1, p. 117-150, 2014. p. 149-150.

eletrônica",[91] o debate sobre a extensão do risco no contexto das relações de consumo continuará a envolver esforço investigativo quanto aos limites de sua assunção.

E, de fato, esse é um debate que vem se robustecendo: Bruno Bioni e Maria Luciano, já citados no início deste artigo, ressaltam que atividades de risco que envolvem dados pessoais já são vistas como "portas de entrada" para o debate sobre *accountability*,[92] pois sinalizam a tendência de transição para um regime mais amplo de responsabilidade civil, que abrange outras funções e realça a governança em suas estruturas de aferição do risco.[93] Isso corresponderia exatamente ao que se está a sustentar com escoro nas doutrinas de Pasquale e Comandé.

No Regulamento (UE) 2016/679 (Regulamento Geral sobre a Proteção de Dados), essa estrutura já existe e inspirou, no Brasil, a edição da Lei nº 13.709, de 14.8.2018 (Lei Geral de Proteção de Dados Pessoais), que trata do tema em seus arts. 6º, X (princípio da responsabilidade e prestação de contas), 46 (segurança da informação), 50 e 51 (governança e boas práticas).[94]

Novamente, cabe menção a Hans Jonas e ao "princípio responsabilidade":

> Mas o próprio homem passou a fazer parte dos objetos da tecnologia. O *homo faber* aplica sua arte a si mesmo e está prestes a inventar uma nova fabricação do inventor e criador de tudo o mais. Esta conclusão de seu poder de dominação, que pode muito bem significar

---

[91] RUFFOLO, Ugo. Per i fondamenti di un diritto della robotica self-learning; dalla machinery produttiva all'auto driverless: verso una "responsabilità da algoritmo". *In*: RUFFOLO, Ugo (Org.). *Intelligenza artificiale e responsabilità*. Milão: Giuffrè, 2017. p. 26-30.

[92] BIONI, Bruno Ricardo; LUCIANO, Maria. O princípio da precaução na regulação de inteligência artificial: seriam as leis de proteção de dados o seu portal de entrada? *In*: FRAZÃO, Ana; MULHOLLAND, Caitlin (Coord.). *Inteligência artificial e direito*: ética, regulação e responsabilidade. São Paulo: Thomson Reuters Brasil, 2019. p. 215-216.

[93] No Brasil, o debate sobre o regime de responsabilidade civil no contexto da proteção de dados é polêmico, havendo autores que se filiam a uma posição "subjetivista" (cf. GUEDES, Gisela Sampaio da Cruz; MEIRELES, Rose Melo Venceslau. Término do tratamento de dados. *In*: TEPEDINO, Gustavo; FRAZÃO, Ana; OLIVA, Milena Donato (Coord.). *Lei Geral de Proteção de Dados Pessoais e suas repercussões no direito brasileiro*. São Paulo: Revista dos Tribunais, 2019), indicando a necessidade de aferição de culpa, e outros que aderem a uma visão "objetivista", fulcrada no risco (cf. MENDES, Laura Schertel; DONEDA, Danilo. Reflexões iniciais sobre a nova Lei Geral de Proteção de Dados. *Revista de Direito do Consumidor*, São Paulo, v. 120, p. 468-486, nov./dez. 2018), ou mesmo na estruturação de um regime especial baseado no defeito (cf. DRESCH, Rafael de Freitas Valle; FALEIROS JÚNIOR, José Luiz de Moura. Reflexões sobre a responsabilidade civil na Lei Geral de Proteção de Dados (Lei nº 13.709/2018). *In*: ROSENVALD, Nelson; DRESCH, Rafael de Freitas Valle; WESENDONCK, Tula (Coord.). *Responsabilidade civil*: novos riscos. Indaiatuba: Foco, 2019). Merece lembrança, todavia, a visão de Maria Celina Bodin de Moraes e João Quinelato de Queiroz, que chegam a defender uma "função proativa" da responsabilidade civil em operações relacionadas a dados pessoais, na medida em que reconhecem a inerência do risco a tais atividades. Para mais detalhes: MORAES, Maria Celina Bodin de; QUEIROZ, João Quinelato de. Autodeterminação informativa e responsabilização proativa: novos instrumentos de tutela da pessoa humana na LGDP. *Cadernos Adenauer*, Rio de Janeiro, a. XX, v. 3, p. 113-136, 2019.

[94] MARTINS, Guilherme Magalhães; FALEIROS JÚNIOR, José Luiz de Moura. Compliance digital e responsabilidade civil na Lei Geral de Proteção de Dados. *In*: MARTINS, Guilherme Magalhães; ROSENVALD, Nelson (Coord.). *Responsabilidade civil e novas tecnologias*. Indaiatuba: Foco, 2020. p. 293. Comentam: "O estabelecimento de marcos normativos para a proteção de dados pessoais em todo o planeta revela a urgência de se discutir o tema, e, na linha do Regulamento Geral de Proteção de Dados europeu, a Lei Geral de Proteção de Dados Pessoais brasileira (Lei nº 13.709/2018) revelou a importância de se tutelar os direitos do titular dos dados. [...] Quanto à responsabilidade civil, a despeito de parte da doutrina sinalizar pela adoção de regime de responsabilidade subjetiva decorrente da inobservância de deveres expressamente tratados na lei, parece preponderar a constatação de que a responsabilidade civil trabalhada pela LGPD é de natureza objetiva e contempla o risco como núcleo essencial para a delimitação de critérios próprios de imputação advindos da violação dos deveres estabelecidos pela legislação protetiva, e que podem sofrer, ainda, a incidência dos efeitos da existência de eventuais políticas de governança e programas de integridade".

uma vitória sobre o homem, esta instalação final da arte acima da natureza, provoca o esforço final do pensamento ético que nunca antes teve que considerar alternativas que são objeto de uma escolha face ao que se considerava o dado definitivo da constituição do homem."[95]

A precaução traz ares de incerteza a um debate no qual o incerto flerta com a ideia de segurança e permanência dos valores humanos. Como anota Shannon Vallor, para os tempos de hoje, a dúvida que paira envolve o discernimento necessário para que se cultive o que será necessário amanhã: *"Can we cultivate the will, and the wisdom, to do today what is needed for tomorrow?"*.[96] De um lado, busca-se tutelar aquilo que, embora seja uma criação humana, instiga e desafia o próprio homem e seus limites; de outro, surge a *accountability* como paradigma de reforço à proliferação de verdadeira cultura baseada no mapeamento de riscos e na conformação das estruturas de pesquisa, produção e desenvolvimento de novas tecnologias, com vistas ao aumento do rol de contingências previsíveis e à conversão de perigos em riscos, ou do incerto em plausível para que se possa aliviar esse dilema.[97]

Atividades norteadas pela função precaucional têm o objetivo de "obter o maior grau possível de prevenção de danos, comprometendo minimamente outros valores igualmente relevantes, como a livre iniciativa e o desenvolvimento econômico".[98] Se os algoritmos não são capazes de "pensar", mas são suficientemente avançados para tomar decisões "resultantes de uma combinação de *inputs* de programação não originária",[99] uma leitura ampliativa do conceito de "responsabilidade" poderá ao menos nortear a solução de problemas como "a opacidade decisória, a falta de explicação quanto aos critérios utilizados e a herança de *inputs* viciados, enviesados e preconceituosos, o que culmina na produção de discriminações injustificadas".[100] É o que se espera com o fomento à *accountability*.

---

[95] JONAS, Hans. *Le principe responsabilité*: une éthique pour la civilisation technologique. Tradução do alemão para o francês de Jean Greisch. 2. ed. Paris: Cerf, 1992. p. 38, tradução livre. No original: "Mais l'homme lui-même a commencé à faire partie des objets de la technique. L'homo faber applique son art à lui-même et s'apprête à inventer une nouvelle fabrication de l'inventeur et du fabricateur de tout le reste. Cet achèvement de son pouvoir de domination qui peut très bien signifier la victoire sur l'homme, cette ultime installation de l'art au-dessus de la nature, provoque l'ultime effort de la pensée éthique qui jamais auparavant n'avait eu à envisager des alternatives faisant l'objet d'un choix, face à ce qui était considéré comme les données définitives de la constitution de l'homme".

[96] VALLOR, Shannon. *Technology and the virtues*: a philosophical guide to a future worth wanting. Oxford: Oxford University Press, 2016. p. 253. Acrescenta: "For human beings, nothing is written in stone; yet in a perplexing irony, it is often those most welcoming of technosocial innovation who succumb to the false belief that present patterns of moral, economic, and political practice are permanent fixtures, rather than what they are – malleable cultural habits with a long history of adapting to changing social conditions".

[97] Segundo Comandé, "il costo dell'osservazione sistematica dei comportamenti pericolosi degli utenti può anche diventare sufficientemente basso da rendere più efficiente per i produttori l'adozione di misure precauzionali attraverso il ridisegno del prodotto" (COMANDÉ, Giovanni. Intelligenza artificiale e responsabilità tra liability e accountability: il carattere trasformativo dell'IA e il problema della responsabilità. *In*: NUZZO, Antonio; OLIVIERI, Gustavo (Ed.). *Analisi giuridica dell'Economia*. Studi e discussioni sul diritto dell'impresa. Bologna: Il Mulino, 2019. v. 1. p. 185).

[98] DAL PIZZOL, Ricardo. *Responsabilidade civil*: funções punitiva e preventiva. Indaiatuba: Foco, 2020. p. 277.

[99] FERREIRA, Ana Elisabete. Responsabilidade civil extracontratual por danos causados por robôs autônomos: breves reflexões. *Revista Portuguesa do Dano Corporal*, Coimbra, n. 27, p. 39-63, dez, 2016. p. 44.

[100] MEDON, Filipe. *Inteligência artificial e responsabilidade civil*: autonomia, riscos e solidariedade. Salvador: JusPodivm, 2020. p. 408.

5 Conclusão

Não se têm respostas definitivas quanto aos desafios que ainda pairam sobre o desenvolvimento dos algoritmos de inteligência artificial no atual estado da técnica. O conceito de singularidade tecnológica vem sendo debatido há décadas, e houve notável evolução algorítmica desde que Kurzweil o explorou, mas ainda não se têm máquinas inteligentes ou pensantes. Não obstante, debater as perspectivas dessa disrupção ainda se faz necessário até mesmo para que caminhos regulatórios compatíveis sejam diagnosticados.

É inegável que o tema ainda suscitará muitos questionamentos, mas o avanço rumo à consagração da função precaucional da responsabilidade civil parece ser realmente necessário para a compatibilização do desenvolvimento tecnológico com a necessária proteção e prevenção dos vieses algorítmicos, especialmente a partir da proliferação de uma cultura de *accountability* que possa ser reconhecida como virtude.

Soluções intermediárias são valiosos temas para o debate e para a propagação de questionamentos profícuos sobre a compatibilização das regras existentes no ordenamento com os desafios vislumbráveis em médio prazo. A cumulação de deveres informados (os *data-informed duties* descritos por Pasquale) com a parametrização de riscos a partir do reforço de rotinas lastreadas em *accountability* pode propiciar configuração coerente com as três premissas sugeridas por Balkin e a quarta, indicada por Pasquale.

Não há que se falar nesses postulados como "novas leis da robótica", mas premissas para a adequada compreensão das limitações do atual estágio de desenvolvimento tecnológico (embora continue evoluindo) e, em paralelo, da insuficiência de certos paradigmas do próprio ordenamento para, isoladamente, garantir a tutela de riscos relacionados a algoritmos de inteligência artificial falíveis. A hipótese se confirma exatamente por isso, revelando a importância de profícuo debate sobre o desenvolvimento tecnológico e até mesmo sobre a perspectiva – absolutamente teorética – de atingimento da singularidade tecnológica para fins de reconhecimento de pretensa "personalidade eletrônica".

Para além disso, outros debates fundamentais deverão ser travados em estudos específicos, inclusive para a compatibilização do regime de proteção aos consumidores e às relações de consumo com os riscos inerentes ao desenvolvimento de algoritmos. Igualmente, ressalta-se a necessidade de que sejam discutidos temas como a atribuição e a inversão do ônus da prova, a definição de dogmática específica para um "supervisor" da IA, ou a própria criação de regime de seguros obrigatórios.

Tudo isso se convola na desejável ampliação da compreensão que se tem sobre os desafios desses algoritmos, que se acirrarão com o incremento da complexidade pelo *machine* e pelo *deep learning*, indicando a importância da introjeção da ética nos processos de desenvolvimento, implementação e fiscalização de seu uso.

Referências

ABBOTT, Ryan. *The reasonable robot*: artificial intelligence and the law. Cambridge: Cambridge University Press, 2020.

ANTUNES, Henrique Sousa. Inteligência artificial e responsabilidade civil: enquadramento. *Revista de Direito da Responsabilidade*, Coimbra, a. 1, p. 139-154, 2019.

ASARO, Peter. A body to kick, but still no soul to damn: legal perspectives on robotics. *In*: LIN, Patrick; ABNEY, Keith; BEKEY, George (Ed.). *Robot ethics*: the ethical and social implications of robotics. Cambridge: The MIT Press, 2011.

ASIMOV, Isaac. *Eu, robô*. Tradução de Aline Storto Pereira. São Paulo: Aleph, 2014.

BALKIN, Jack M. The path of robotics law. *California Law Review Circuit*, Berkeley, v. 6, p. 45-60, jun. 2015.

BALKIN, Jack M. The three laws of robotics in the age of big data. *Ohio State Law Journal*, Columbus, v. 78, p. 1-45, ago. 2017. Disponível em: http://ssrn.com/abstract=2890965. Acesso em 15 mai. 2021.

BARBOSA, Mafalda Miranda. Inteligência artificial, e-persons e direito: desafios e perspectivas. *Revista Jurídica Luso-Brasileira*, Lisboa, a. 3, n. 6, p. 1475-1503, 2017.

BARBOSA, Mafalda Miranda. *Liberdade vs. responsabilidade*: a precaução como fundamento da imputação delitual? Coimbra: Almedina, 2006.

BARBOSA, Mafalda Miranda. Responsabilidade civil do produtor e nexo de causalidade: breves considerações. *Fides: Revista de Filosofia do Direito, do Estado e da Sociedade*, Natal, v. 8, n. 2, p. 172-190, jul./dez. 2017.

BECK, Ulrich. *Risk society*: towards a new modernity. Tradução do alemão para o inglês de Mark Ritter. Londres: Sage Publications, 1992.

BENHAMOU, Yaniv; FERLAND, Justine. Artificial Intelligence & damages: assessing liability and calculating the damages. *In*: D'AGOSTINO, Pina; PIOVESAN, Carole; GAON, Aviv (Ed.). *Leading legal disruption*: artificial intelligence and a toolkit for lawyers and the law. Toronto: Thomson Reuters Canada, 2021. No prelo. Disponível em: https://ssrn.com/abstract=3535387. Acesso em 15 mai. 2021.

BIONI, Bruno Ricardo; LUCIANO, Maria. O princípio da precaução na regulação de inteligência artificial: seriam as leis de proteção de dados o seu portal de entrada? *In*: FRAZÃO, Ana; MULHOLLAND, Caitlin (Coord.). *Inteligência artificial e direito*: ética, regulação e responsabilidade. São Paulo: Thomson Reuters Brasil, 2019.

BOSTROM, Nick. *Superintelligence*: paths, dangers, strategies. Oxford: Oxford University Press, 2014.

BROUSSARD, Meredith. *Artificial unintelligence*: how computers misunderstand the world. Cambridge: The MIT Press, 2018.

CALIXTO, Marcelo Junqueira. *A responsabilidade civil do fornecedor de produtos pelos riscos do desenvolvimento*. Rio de Janeiro: Renovar, 2004.

CALO, Ryan. Robotics and the lessons of cyberlaw. *California Law Review*, Berkeley, v. 103, p. 513-563, 2015.

CAVE, Stephen; DIHAL, Kanta. The whiteness of AI. *Philosophy & Technology*, Londres, v. 33, p. 685-703, 2020.

CHARNIAK, Eugene. *Introduction to deep learning*. Cambridge: The MIT Press, 2018.

COMANDÉ, Giovanni. Intelligenza artificiale e responsabilità tra liability e accountability: il carattere trasformativo dell'IA e il problema della responsabilità. *In*: NUZZO, Antonio; OLIVIERI, Gustavo (Ed.). *Analisi giuridica dell'Economia*. Studi e discussioni sul diritto dell'impresa. Bologna: Il Mulino, 2019. v. 1.

COMANDÉ, Giovanni. Multilayered (accountable) liability for artificial intelligence. *In*: LOHSSE, Sebastian; SCHULZE, Reiner; STAUDENMAYER, Dirk (Ed.). *Liability for artificial intelligence and the internet of things*. Baden-Baden: Nomos, 2019.

CUTHBERTSON, Anthony. Self-driving cars more likely to drive into black people, study claims. *The Independent*, 6 mar. 2019. Disponível em: https://www.independent.co.uk/life-style/gadgets-and-tech/news/self-driving-car-crash-racial-bias-black-people-study-a8810031.html. Acesso em 15 mai. 2021.

DAL PIZZOL, Ricardo. *Responsabilidade civil*: funções punitiva e preventiva. Indaiatuba: Foco, 2020.

DRESCH, Rafael de Freitas Valle; FALEIROS JÚNIOR, José Luiz de Moura. Reflexões sobre a responsabilidade civil na Lei Geral de Proteção de Dados (Lei nº 13.709/2018). *In*: ROSENVALD, Nelson; DRESCH, Rafael de Freitas Valle; WESENDONCK, Tula (Coord.). *Responsabilidade civil*: novos riscos. Indaiatuba: Foco, 2019.

EHRHARDT JÚNIOR, Marcos; SILVA, Gabriela Buarque Pereira. Pessoa e sujeito de direito: reflexões sobre a proposta europeia de personalidade jurídica eletrônica. *Revista Brasileira de Direito Civil*, Belo Horizonte, v. 23, n. 1, p. 57-79, jan./mar. 2020.

EUROPA. European Parliamentary Research Service. *Civil liability regime for artificial intelligence*. PE 654.178, set. 2020. Disponível em: https://www.europarl.europa.eu/thinktank/en/document.html?reference=EPRS_STU(2020)654178. Acesso em 15 mai. 2021.

EUROPA. European Parliamentary Research Service. *European framework on ethical aspects of artificial intelligence, robotics and related tecnologies*. PE 654.179, set. 2020. Disponível em: https://www.europarl.europa.eu/thinktank/en/document.html?reference=EPRS_STU(2020)654179. Acesso em 15 mai. 2021.

EUROPA. European Parliamentary Research Service. *Intellectual property rights for the development of artificial intelligence technologies*. 2020/2015(INI), out. 2020. Disponível em: https://oeil.secure.europarl.europa.eu/oeil/popups/ficheprocedure.do?lang=en&reference=2020/2015(INI). Acesso em 15 mai. 2021.

EUROPA. Parlamento Europeu. *Regular a inteligência artificial na UE*: as propostas do Parlamento. 23 mar. 2021. Disponível em: https://www.europarl.europa.eu/news/pt/headlines/society/20201015STO89417/regular-a-inteligencia-artificial-na-ue-as-propostas-do-parlamento. Acesso em 16 mai. 2021.

FALEIROS JÚNIOR, José Luiz de Moura. Discriminação por algoritmos de inteligência artificial: a responsabilidade civil, os vieses e o exemplo das tecnologias baseadas em luminância. *In*: BARBOSA, Mafalda Miranda; BRAGA NETTO, Felipe; SILVA, Michael César; FALEIROS JÚNIOR, José Luiz de Moura (Coord.). *Direito digital e inteligência artificial*: diálogos entre Brasil e Europa. Indaiatuba: Foco, 2021.

FALEIROS JÚNIOR, José Luiz de Moura; MENKE, Fabiano. "Teilrechtsfähigkeit": uma proposta alemã para a responsabilização civil na IA. *Migalhas de Responsabilidade Civil*, 6 ago. 2020. Disponível em: https://s.migalhas.com.br/S/8AF9D. Acesso em 15 mai. 2021.

FERREIRA, Ana Elisabete. Responsabilidade civil extracontratual por danos causados por robôs autônomos: breves reflexões. *Revista Portuguesa do Dano Corporal*, Coimbra, n. 27, p. 39-63, dez, 2016.

FRADA, Manuel A. Carneiro da. *Teoria da confiança e responsabilidade civil*. Coimbra: Almedina, 2004.

GANASCIA, Jean-Gabriel. *Le mythe de la singularité*: faut-il craindre l'intelligence artificielle? Paris: Éditions du Seuil, 2017.

GIDDENS, Anthony. *The consequences of modernity*. Redwood City/Palo Alto: Stanford University Press, 1990.

GREENGARD, Samuel. *The internet of things*. Cambridge: The MIT Press, 2015.

GUEDES, Gisela Sampaio da Cruz; MEIRELES, Rose Melo Venceslau. Término do tratamento de dados. *In*: TEPEDINO, Gustavo; FRAZÃO, Ana; OLIVA, Milena Donato (Coord.). *Lei Geral de Proteção de Dados Pessoais e suas repercussões no direito brasileiro*. São Paulo: Revista dos Tribunais, 2019.

HENDERSON, Harry. *Artificial intelligence*: mirrors for the mind. Nova York: Chelsea House, 2007.

JEYANTHI, Nagamalai. Internet of things (IoT) as interconnection of threats (IoT). *In*: HU, Fei (Ed.). *Security and privacy in Internet of Things (IoTs)*: models, algorithms, and implementations. Boca Raton: CRC Press, 2016.

JONAS, Hans. *Le principe responsabilité*: une éthique pour la civilisation technologique. Tradução do alemão para o francês de Jean Greisch. 2. ed. Paris: Cerf, 1992.

KARNOW, Curtis E. A. The application of traditional tort theory to embodied machine intelligence. *In*: CALO, Ryan; FROOMKIN, A. Michael; KERR, Ian (Ed.). *Robot law*. Cheltenham: Edward Elgar, 2016.

KELLEHER, John D. *Deep learning*. Cambridge: The MIT Press, 2019.

KELLEHER, John D.; MAC NAMEE, Brian; D'ARCY, Aiofe. *Fundamentals of machine learning for predictive data analytics*: algorithms, worked examples, and case studies. Cambridge: The MIT Press, 2015.

KING, David. Putting the reins on autonomous vehicle liability: why horse accidents are the best common law analogy. *North Carolina Journal of Law & Technology*, Chapel Hill, v. 19, n. 4, p. 127-159, 2018.

KURKI, Visa. *A theory of legal personhood*. Oxford: Oxford University Press, 2019.

KURZWEIL, Ray. *Singularity is near*: when humans transcend biology. Nova York: Viking, 2005.

KURZWEIL, Ray. *The age of spiritual machines*: when computers exceed human intelligence. Nova York: Viking, 1999.

LIAO, Cong; ZHONG, Haoti; SQUICCIARINI, Anna; ZHU, Sencun; MILLER, David. Backdoor embedding in convolutional neural network modelsvia invisible perturbation. *Proceedings of the Tenth ACM Conference on Data and Application Security and Privacy*, Nova York, p. 97-108, mar. 2020. Disponível em: https://doi.org/10.1145/3374664.3375751. Acesso em 15 mai. 2021.

MADSBJERG, Christian. *Sensemaking*: the power of the humanities in the age of the algorithm. Nova York: Hachette, 2017.

MARTINS, Guilherme Magalhães; FALEIROS JÚNIOR, José Luiz de Moura. Compliance digital e responsabilidade civil na Lei Geral de Proteção de Dados. *In*: MARTINS, Guilherme Magalhães; ROSENVALD, Nelson (Coord.). *Responsabilidade civil e novas tecnologias*. Indaiatuba: Foco, 2020.

MEDON, Filipe. *Inteligência artificial e responsabilidade civil*: autonomia, riscos e solidariedade. Salvador: JusPodivm, 2020.

MENDES, Laura Schertel; DONEDA, Danilo. Reflexões iniciais sobre a nova Lei Geral de Proteção de Dados. *Revista de Direito do Consumidor*, São Paulo, v. 120, p. 468-486, nov./dez. 2018.

MILAGRES, Marcelo de Oliveira. A robótica e as discussões sobre a personalidade eletrônica. *In*: EHRHARDT JÚNIOR, Marcos; CATALAN, Marcos; MALHEIROS, Pablo (Coord.). *Direito civil e tecnologia*. Belo Horizonte: Fórum, 2020.

MONTEIRO, Jorge Ferreira Sinde; PEREIRA, André Gonçalo Dias. Princípios de direito europeu da responsabilidade civil (portuguese translation). *In*: KOCH, Bernhard; KOZIOL, Helmut; MAGNUS, Ulrich *et al*. *Principles of European tort law*: text and commentary. European Group on Tort Law. Viena: Springer Wien, 2005.

MORAES, Maria Celina Bodin de; QUEIROZ, João Quinelato de. Autodeterminação informativa e responsabilização proativa: novos instrumentos de tutela da pessoa humana na LGDP. *Cadernos Adenauer*, Rio de Janeiro, a. XX, v. 3, p. 113-136, 2019.

MULHOLLAND, Caitlin. Responsabilidade civil e processos decisórios autônomos em sistemas de inteligência artificial (IA): autonomia, imputabilidade e responsabilidade. *In*: FRAZÃO, Ana; MULHOLLAND, Caitlin (Coord.). *Inteligência artificial e direito*: ética, regulação e responsabilidade. São Paulo: Thomson Reuters Brasil, 2019.

NISSENBAUM, Helen. Accountability in a computerized society. *Science and Engineering Ethics*, Nova York, v. 2, n. 1, p. 5-42, mar. 1996.

PAGALLO, Ugo. *The laws of robots*: crimes, contracts, and torts. Cham/Heidelberg: Springer, 2013. Law, Governance and Technology Series. v. 10.

PARLAMENTO EUROPEU. *Resolução de 16 de fevereiro de 2017*. Disposições de Direito Civil sobre Robótica. Disponível em: https://www.europarl.europa.eu/doceo/document/TA-8-2017-0051_PT.html. Acesso em 15 mai. 2021.

PASQUALE, Frank. Data-informed duties in AI development. *Columbia Law Review*, Nova York, v. 119, p. 1917-1940, 2019.

PASQUALE, Frank. *New laws of robotics*: defending human expertise in the age of AI. Cambridge: Harvard University Press, 2020.

PASQUALE, Frank. *The black box society*: the secret algorithms that control money and information. Cambridge: Harvard University Press, 2015.

PASQUALE, Frank. Toward a fourth law of robotics: preserving attribution, responsibility, and explainability in an algorithmic society. *University of Maryland Legal Studies Research Papers*, Baltimore, n. 21, p. 1-13, jul. 2017. Disponível em: http://ssrn.com/abstract=3002546. Acesso em 15 mai. 2021.

ROSENVALD, Nelson. A polissemia da responsabilidade civil na LGPD. *Migalhas de Proteção de Dados*, 6 nov. 2020. Disponível em: https://s.migalhas.com.br/S/477BB2. Acesso em 16 mai. 2021.

ROSENVALD, Nelson. *As funções da responsabilidade civil*: a reparação e a pena civil. São Paulo: Atlas, 2013.

RUFFOLO, Ugo. Per i fondamenti di un diritto della robotica self-learning; dalla machinery produttiva all'auto driverless: verso una "responsabilità da algoritmo". *In*: RUFFOLO, Ugo (Org.). *Intelligenza artificiale e responsabilità*. Milão: Giuffrè, 2017.

RUSSELL, Stuart J.; NORVIG, Peter. *Artificial intelligence*: a modern approach. 3. ed. Boston: Pearson, 2016.

SAMARAJIVA, Rohan. Interactivity as though privacy matters. *In*: AGRE, Philip E.; ROTENBERG, Marc (Ed.). *Technology and privacy*: the new landscape. Cambridge: The MIT Press, 1997.

SAMUEL, Sigal. A new study finds a potential risk with self-driving cars: failure to detect dark-skinned pedestrians. *Vox*, 6 mar. 2019. Disponível em: https://www.vox.com/future-perfect/2019/3/5/18251924/self-driving-car-racial-bias-study-autonomous-vehicle-dark-skin. Acesso em 15 mai. 2021.

SANTOS, Romualdo Baptista dos. *Responsabilidade civil por dano enorme*. Curitiba/Porto: Juruá, 2018.

SCHERER, Matthew U. Regulating artificial intelligence systems: risks, challenges, competencies, and strategies. *Harvard Journal of Law & Technology*, Cambridge, v. 29, n. 2, p. 353-400, mar./jun. 2016.

SCHIRMER, Jan-Erik. Artificial intelligence and legal personality. "Teilrechtsfähigkeit": A partial legal status made in Germany. *In*: WISCHMEYER, Thomas; RADEMACHER, Timo (Ed.). *Regulating artificial intelligence*. Cham: Springer, 2020.

SCHWAB, Klaus. *A quarta revolução industrial*. Tradução de Daniel Moreira Miranda. São Paulo: Edipro, 2016.

SILVA, Gabriela Buarque Pereira; EHRHARDT JÚNIOR, Marcos. Diretrizes éticas para a inteligência artificial confiável na União Europeia e a regulação jurídica no Brasil. *Revista Iberc*, Belo Horizonte, v. 3, n. 3, p. 1-28, set./dez. 2020.

SOLUM, Lawrence. Legal personhood for Artificial Intelligences. *North Carolina Law Review*, Chapel Hill, v. 70, n. 4, p. 1231-1287, 1992.

SUSSKIND, Richard; SUSSKIND, Daniel. *The future of professions*: how technology will transform the work of human experts. Oxford: Oxford University Press, 2015.

SWANSON, Greg. Non-autonomous artificial intelligence programs and products liability: how new AI products challenge existing liability models and pose new financial burdens. *Seattle University Law Review*, Seattle, v. 42, p. 1201-1222, 2019.

TOMASEVICIUS FILHO, Eduardo. Inteligência artificial e direitos da personalidade: uma contradição em termos? *Revista da Faculdade de Direito da USP*, São Paulo, v. 113, p. 133-149, jan./dez. 2018.

TOMASEVICIUS FILHO, Eduardo; FERRARO, Angelo Viglianisi. Le nuove sfide dell'umanità e del diritto nell'era dell'Intelligenza Artificiale. *Revista Direitos Culturais*, Santo Ângelo, v. 15, n. 37, p. 401-413, 2020.

TURING, Alan M. On computable numbers, with an application to the Entscheidungsproblem. *Proceedings of the London Mathematical Society*, Londres, v. 42, n. 1, p. 230-265, nov. 1936.

VALLOR, Shannon. *Technology and the virtues*: a philosophical guide to a future worth wanting. Oxford: Oxford University Press, 2016.

VAN ALSENOY, Brendan. *Data protection law in the EU*: roles, responsibilities and liability. Cambridge: Intersentia, 2019.

VENTURI, Thaís G. Pascoaloto. *Responsabilidade civil preventiva*: a proteção contra a violação dos direitos e a tutela inibitória material. São Paulo: Malheiros, 2014.

VINGE, Vernor. The coming technological singularity: How to survive in the post-human era. *Interdisciplinary Science and Engineering in the Era of Cyberspace*, Cleveland, p. 11-22, 1993. Disponível em: https://ntrs.nasa.gov/search.jsp?R=19940022856. Acesso em 15 mai. 2021.

VINUESA, Ricardo; AZIZPOUR, Hossein; LEITE, Iolanda *et al*. The role of artificial intelligence in achieving the Sustainable Development Goals. *Nature Communications*, Nova York, v. 11, 2020. Disponível em: https://www.nature.com/articles/s41467-019-14108-y. Acesso em 16 mai. 2021.

VLADECK, David C. Machines without principals: liability rules and artificial intelligence. *Washington Law Review*, Seattle, v. 89, n. 1, p. 117-150, 2014.

WISCHMEYER, Thomas. Artificial intelligence and transparency: opening the black box. *In*: WISCHMEYER, Thomas; RADEMACHER, Timo (Ed.). *Regulating artificial intelligencE*. Cham: Springer, 2020.

WOLTERS, Pieter T. J. The obligation to update insecure software in the light of Consumentenbold/Samsung. *Computer Law & Security Review*, Londres, v. 35, n. 3, p. 295-305, mai. 2019.

Informação bibliográfica deste texto, conforme a NBR 6023:2018 da Associação Brasileira de Normas Técnicas (ABNT):

FALEIROS JÚNIOR, José Luiz de Moura. Responsabilidade por falhas algorítmicas: reflexões sobre *accountability* e os impactos jurídicos da inteligência artificial. *In*: EHRHARDT JÚNIOR, Marcos; CATALAN, Marcos; MALHEIROS, Pablo (Coord.). *Direito Civil e tecnologia*. 2. ed. Belo Horizonte: Fórum, 2022. t. II. p. 203-229. ISBN 978-65-5518-432-7.

DISCRIMINACIÓN ALGORÍTMICA: ANOTACIONES SOBRE LA PROTECCIÓN "PRO HOMINE" Y LA PREVENCIÓN DEL DAÑO DESDE LA PROPUESTA EUROPEA DE REGULACIÓN DE LA INTELIGENCIA ARTIFICIAL 2021

JUAN JOSÉ MARTÍNEZ MERCADAL

1 La dignidad humana en tiempos de inteligencia artificial

En el siglo XX la consagración de los grandes bloques de derechos humanos permitió la construcción de una "carta jurídica del ciudadano indiferenciado":[1] todos iguales ante la ley. Pero al termino del mismo y comienzo del Siglo XXI se hizo necesario "recuperar el sentido de la palabra "ciudadano" y contemplar no solo la igualdad abstracta sino también la concreta, por lo menos en situaciones generalizables"[2] y para ello fue necesario "superar la barrera de la neutralidad respecto de las asignaciones previas del mercado y la sociedad, y considerar las diferencias existentes en la vida real".[3]

En el devenir del nuevo siglo la sociedad ha transitado el camino a una protección de la persona en su integridad. No es ajeno al lector la construcción de un nuevo desarrollo humanista en el cual el "principio *pro homine* (*pro persona*) es un criterio hermenéutico que informa todo el derecho de los Derechos Humanos, en virtud del cual se debe acudir a la norma más amplia, o a la interpretación más extensiva, cuando se trata de reconocer derechos protegidos e, inversamente, a la norma o a la interpretación más restringida cuando se trata de establecer las restricciones permanentes al ejercicio de los derechos humanos".[4] El transitar "de un derecho internacional con bases ordenativas fundadas

---

[1] IRTI, Natalio. *La edad de la descodificación*, Bosch, Barceloma, 1992, p. 56.
[2] LORENZETTI, Ricardo L. *Fundamentos de Derecho privado. Código Civil y Comercial de la Nación Argentina*, La Ley, Buenos Aires, 2016, p. 96.
[3] LORENZETTI, Ricardo L. (2016), p. 96.
[4] PINTO, Mónica. "El principio *pro homine*. Criterios de hermenéutica y pautas para la regulación de los derechos humanos", en ABREGÚ, Martín, *La aplicación de los tratados sobre derechos humanos por los tribunales locales*, Centro de Estudios Legales y Sociales, Buenos Aires, 1997, p. 163.

en el acuerdo de los Estados y en el constitucionalismo internacional, a un derecho global, transnacional, centrado en la persona humana es fruto de la revalorización de las teorías sociológicas de fines del siglo XIX e inicios del XX".[5]

El cambio de perspectiva comienza en avanzada la segunda mitad del Siglo XX, adquiere impulso en el nuevo siglo y se ha potenciado con el desarrollo de la cuarta revolución industrial (inteligencia artificial, robótica y big data). Del alejamiento del voluntarismo de los Estados en el plano internacional, se vislumbra el paso a una "anunciada nueva sociedad de ciudadanía multicultural o transnacional en la que la gobernanza y la solidaridad deben reemplazar a la coerción estatal".[6] La esencia del principio "pro homine" se convierte en una verdadera regla general del derecho de los Derechos Humanos que procura asegurar que en toda decisión se alcance el resultado que mejor proteja a la persona humana. Es una prescripción de carácter normativo, en tanto constituye un principio general del derecho internacional de los derechos humanos, pero no se agota en la mera labor interpretativa o como criterio hermenéutico junto a principios de progresividad y no regresión, sino que también "ha abierto el camino de la construcción de nuevos derechos sustantivos y procesales, en calidad de eje dinamizador de todo el sistema de protección de los derechos humanos alejándose cada vez más de la voluntad de los Estados y el derecho positivo construido por ellos".[7]

Se han señalado como principales características del principio "pro-homine"[8] que se expande más allá de la base convencional internacional o nacional; tiene naturaleza sui generis; es autónomo y con connotaciones propias de progresividad, no regresión y solidaridad; informa a todo el Derecho de forma connatural a la existencia humana e irradia a todo el ordenamiento en forma integral invadiendo ámbitos del derecho público y privado, nacional e internacional; no es absoluto sino que es relativo no admitiendo una aplicación lineal; es flexible, dinámico conforme los requerimientos en un momento cultural e histórico; es de aplicación incondicional; irreversible y tiene prioridad sobre otros criterios de ponderación; es atemporal; es un principio complejo que hace a la propia dignidad humana.[9] Lidia Garrido Cordobera ha señalado que "hace tiempo que

---

[5] DRNAS DE CLÉMENT; Zlata. "La complejidad del principio pro homine", en Jurisprudencia Argentina, 2015, fascículo 12, Abeledo Perrot, Buenos Aires, 2015 p. 98-111.

[6] DRNAS DE CLÉMENT; Zlata. (2015), p. 101.

[7] DRNAS DE CLÉMENT; Zlata. (2015), p. 103-104.

[8] DRNAS DE CLÉMENT; Zlata. (2015), p. 103-104.

[9] Señala DELPIAZZO, Carlos que *"Así, en México, el Tribunal Pleno de la Suprema Corte de Justicia de la Nación ha dicho que "la dignidad del hombre es inherente a su esencia, a su ser. Se trata del reconocimiento de que en el ser humano hay una dignidad que debe ser respetada en todo caso, pues se trata del derecho a ser considerado como ser humano, como persona, es decir, como ser de eminente dignidad. Es un derecho absolutamente fundamental para el ser humano, base y condición de todos los demás: el derecho a ser reconocido siempre como persona humana. Así, de la dignidad humana se desprenden todos los demás derechos, en cuanto son necesarios para que el hombre desarrolle integralmente su personalidad". Del mismo modo, en Argentina, la Corte Suprema de Justicia de la Nación ha dicho que "la dignidad del ser humano no deriva de un reconocimiento ni de una gracia de las autoridades o poderes, toda vez que resulta intrínseca o inherente a cada una de las personas y por el solo hecho de serlo". En reiterados pronunciamientos, la Corte Suprema de Justicia de Costa Rica ha entendido que "El ser humano, por el solo hecho de serlo, por haber nacido tal, es depositario de una serie de derechos que le son reconocidos en protección de su dignidad" En Uruguay, es criterio firme de la Suprema Corte de Justicia que "Todos los seres humanos son libres y son iguales en dignidad y derechos desde que nacen. La dignidad no es pues un derecho que se conquista como una suerte de patrimonio moral sino que se sustancia de la individualidad"* DELPIAZZO, Carlos. "Dignidad humana y principio "pro hómine" en los litigios sobre derechos humanos", *Revista de Derecho Público Nº 54, año 27*. Fundación de Cultura Universitaria, Montevideo, 2018, pp. 35-46.

sostenemos la obligatoriedad de la observación de los Principios Generales del Derecho, por su capacidad para guiar racionalmente la solución de los problemas...", agregando que "creemos que ellos no atacan, sino que fortalecen la seguridad jurídica de todo el ordenamiento, brindando coherencia y sentido al sistema".[10]

La norma general de la cual derivan estas pautas y criterios provienen del artículo 29.2 de la Declaración Universal de Derechos Humanos que dispone que "en el ejercicio de sus derechos y en el disfrute de sus libertades, toda persona estará solamente sujeta a las limitaciones establecidas por la ley con el único fin de asegurar el reconocimiento y el respeto de los derechos y libertades de los demás, y de satisfacer las justas exigencias de la moral, del orden público y del bienestar general en una sociedad democrática". En igual sentido el Pacto Internacional de Derechos Económicos, Sociales y Culturales, la Convención Americana sobre Derechos Humanos, la Carta Europea de Derechos y la Carta Africana.

2 La igualdad en tiempos de ciudadanía digital: el embate a la discriminación

La voz discriminar comprende dos acepciones que se traducen en dos comportamientos disímiles. Por un lado, una conducta de connotación positiva que procura la selección y exclusión sin afectar derechos que hacen a la dignidad humana y son derivadas de la reserva legal del principio de igualdad. Este tipo de selección y categorización de la socialización no implica *per se* una conducta antijurídica cuando es realizada con criterio de razonabilidad, de acuerdo al ordenamiento y sin connotaciones prejuiciosas.[11]

Por otro lado, discriminar comprende conductas con connotación negativa que implican un trato desigual a una persona o colectividad por motivos raciales, religiosos, políticos, de sexo, de edad, de condición física o mental.[12] Cuando la separación o distinción afecta derechos que no se encuentran limitados bajo una reserva legal y está teñida de prejuicios, de arbitrariedad, de hostilidad o lesiona la dignidad humana, es una conducta claramente antijurídica con aptitud de causar daños. Señala López Herrera que "desde el punto de vista jurídico, existe discriminación cuando, con motivo de un prejuicio, se afecta la igualdad en el ejercicio de un derecho".[13]

Mientras que la discriminación en un sentido neutro o discriminación positiva comprende una actividad de separación y distinción sin contrariedad al ordenamiento; la discriminación negativa "es aquella en la cual se realiza la separación o diferenciación de manera peyorativa brindando un trato de inferioridad y por motivos raciales, religiosos, políticos (u otros que hacen a la libertad, igualdad y dignidad humana, agregamos).

---

[10] GARRIDO CORDOBERA, Lidia; "Aplicación de los Principios de No Regresión, de Solidaridad y 'Pro Homine'" en *Diario 'La Ley'*, Ed. La Ley, Buenos Aires, 12 de diciembre de 2014.

[11] Por ejemplo, cuando se categorizan los contribuyentes según su capacidad contributiva; o cuando categorizamos personas según su edad o estado de salud mental a efectos de determinar quiénes son jurídicamente capaces o incapaces; o cuando realizamos categorizaciones jurídicas para procurar reestablecer igualdades (consumidor, vulnerables, contratantes débiles, entre otros). En sí, la separación y diferenciación no siempre es una conducta antijurídica, sino que es reconocida y aceptada por el derecho.

[12] Diccionario de la Real Academia Española, voz "discriminar" https://dle.rae.es/discriminar?m=form.

[13] LÓPEZ HERRERA, E. *Teoría General de la Responsabilidad Civil*. LexisNexis, Argentina, 2006, p 746.

Es decir, se trata de una discriminación prejuiciosa que diferencia categorías en datos inadecuados"[14] y que no es deseada ni secundada por cualquier ordenamiento jurídico.

Como toda construcción social, y el Derecho lo es, la discriminación debe entenderse y analizarse en su propio contexto histórico y cultural. Los principios de igualdad y no discriminación son una parte integral del derecho internacional moderno desde la Declaración Universal de los Derechos Humanos y la Carta de las Naciones Unidas. La Declaración del año 1948, marcó un hito histórico y como punto de partida del derecho internacional de protección dispuso que "todos los seres humanos nacen libres e iguales en dignidad y derechos y, dotados como están de razón y conciencia, deben comportarse fraternalmente los unos con los otros".[15] Y agrega en el artículo 2 que: "Toda persona tiene todos los derechos y libertades proclamados en esta Declaración, sin distinción alguna de raza, color, sexo, idioma, religión, opinión política o de cualquier otra índole, origen nacional o social, posición económica, nacimiento o cualquier otra condición. Además, no se hará distinción alguna fundada en la condición política, jurídica o internacional del país o territorio de cuya jurisdicción dependa una persona, tanto si se trata de un país independiente, como de un territorio bajo administración fiduciaria, no autónomo o sometido a cualquier otra limitación de soberanía".[16]

En el ámbito americano cabe destacar la Convención Americana sobre Derechos humanos (Pacto de San José) de 1969 que dispone en su primer artículo la obligación de respetar "los derechos y libertades reconocidos en ella y a garantizar su libre y pleno ejercicio a toda persona que esté sujeta a su jurisdicción, sin discriminación alguna por motivos de raza, color, sexo, idioma, religión, opiniones políticas o de cualquier

---

[14] PANDIELLA MOLINA, Juan Carlos. "Respecto de la dignidad humana y principio antidiscriminatorio en el Anteproyecto de Ley de Defensa del Consumidor" en SANTARELLI, Fluvio G. – CHAMATRÓPULOS, Demetrio Alejandro *Comentarios al anteproyecto de ley de Defensa del Consumidor. Homenaje a Rubén S: Stiglitz*. La Ley, Buenos Aires, 2019, p. 188.

[15] Declaración Universal de los Derechos Humanos, ONU, 1948, Art. 1.

[16] La Declaración ha sido el punto de partida de nuevos textos internacionales que procuraban la eliminación de toda forma de discriminación. Estos principios se repiten a lo largo de los dos Pactos internacionales de derechos humanos principales: el Pacto Internacional de Derechos Económicos, Sociales y Culturales y el Pacto Internacional de Derechos Civiles y Políticos. Y también cabe mencionar a título enunciativo el Protocolo Facultativo del Pacto Internacional de Derechos Civiles y Políticos; el Segundo Protocolo Facultativo del Pacto Internacional de Derechos Civiles y Políticos, destinado a abolir la pena de muerte y también en decenas de convenios, tratados, declaraciones y otros importantes instrumentos jurídicos internacionales; la Convención Internacional sobre la Eliminación de Todas las Formas de Discriminación Racial como el instrumento más mayor versatilidad en la lucha contra la discriminación racial. También debemos tener presente la Convención internacional sobre la protección de los derechos de todos los trabajadores migratorios y de sus familiares; Convención sobre la eliminación de todas las formas de discriminación contra la mujer; Declaración sobre los Derechos de los Pueblos Indígenas; Declaración sobre los derechos de las personas pertenecientes a minorías nacionales o étnicas, religiosas y lingüísticas, Convención Internacional sobre la Eliminación de todas las Formas de Discriminación Racial, Convención sobre la eliminación de todas las formas de discriminación contra la mujer, Protocolo Facultativo de la Convención sobre la eliminación de todas las formas de discriminación contra la mujer, Convención sobre los Derechos del Niño, Protocolo Facultativo de la Convención sobre los Derechos del Niño, relativo a la venta de niños, la prostitución infantil y la utilización, de niños en la pornografía, Protocolo Facultativo de la Convención sobre los Derechos del Niño, relativo a la participación de niños en los conflictos armados, Convención contra la Tortura y Otros Tratos o Penas Crueles, Inhumanos o Degradantes, Protocolo Facultativo de la Convención contra la Tortura y Otros, Tratos o Penas Crueles, Inhumanos o Degradantes, Convención Internacional sobre la protección de los derechos de todos los trabajadores migratorios y de sus familiares. Corresponde mencionar la Conferencia de Naciones Unidas contra el Racismo, la discriminación racial, la xenofobia y las formas conexas de intolerancia, conocida como Durban I por la ciudad en la que se celebró, la conferencia de examen de 2009 (Durban II) y la Reunión de alto nivel de la Asamblea General para conmemorar el décimo aniversario de la adopción de la Declaración y el programa de acción de Duran del 22 de setiembre de 2011.

otra índole, origen nacional o social, posición económica, nacimiento o cualquier otra condición social". En el ámbito europeo, el Tratado de la Unión y la Carta Europea de Derechos se constituyen como dos bloques de protección y garantía de los derechos humanos.

En tiempos de sociedad de la información con realidades virtuales, desarrollos tecnológicos y ciudadanía digital, asistimos a un cambio drástico de relacionamiento humano. Un nuevo escenario en dónde el "dig data" invade todos los ámbitos y parece convertirse en mercancía de valor. Definitivamente los datos y el exceso de información forman parte de la vida cotidiana, llegando a postularse que los datos son el nuevo petróleo del siglo XXI,[17] o peor aún que forma parte de una nueva era de colonialismo: "el colonialismo de datos".[18]

El término comunidad virtual fue introducido por Rheingold en 1993 al incluirlo como título de su obra publicada *"The virtual community"*.[19] En tal sentido "el término fue empleado para identificar a los sujetos que participaban en dichas comunidades, determinando la presencia de elementos de empatía y solidaridad; (hoy) se la utiliza con los distintos grupos sociales que interactúan a través de internet[20] creando verdaderas comunidades globales.

La construcción de un ciudadano global, parte también del concepto del ciudadano digital. Por ciudadanía digital se entiende a todas las formas de ejercicio y práctica de la ciudadanía en el contexto de la sociedad de la información y sociedad de la red produciéndose interacciones virtuales en todos los niveles de actuación de la sociedad (toma decisiones, ejercicio de derechos y libertades civiles, económicas y políticas) desarrollando una verdadera huella digital.

La construcción de una nueva ciudadanía global, solidaria y digital irrumpe en la vida en sociedad y presenta nuevos desafíos para el derecho, en especial para la protección de elementales derechos humanos. El acceso a las tecnologías de la información democratiza los procesos de toma de decisiones y la adquisición de conocimiento, pero puede causar daños. Por un lado, "la ciudadanía digital conlleva un componente individual, que se refleja con la identidad individual, que se refleja en la identidad digital de los individuos, un componente colectivo, que es el resultado de la adherencia de los individuos a las comunidades virtuales, especialmente aquellas de alcance global; y un componente temporal espacial que se explica a través del ciberespacio"[21] Y a la vez es posible describirla "desde sus atributos, esto es, los derechos digitales que permiten el ejercicio de la ciudadanía de un nuevo espacio y el sentido de pertenencia de los individuos que adhieren a las comunidades virtuales".[22]

---

[17] THE ECONOMIST, *"The world's most valuable resource is no longer oil, but data"*, https://www.economist.com/leaders/2017/05/06/the-worlds-most-valuable-resource-is-no-longer-oil-but-data 6 de mayo de 2017.

[18] HARARI, Yuval Noah "Estamos entrando en una era colonial nueva, la era del colonialismo de datos" https://www.eleconomista.es/mercados-cotizaciones/noticias/10977110/01/21/Yuval-Noah-Harari-Estamos-entrando-en-una-era-colonial-nueva-la-era-del-colonialismo-de-datos.html 7 de enero de 2021.

[19] GUERRERO CARRERA, Jaqueline – E. PALACIOS, Diómedes. "Ciudadanía digital y comunidades virtuales" en *Revista de Derecho y nuevas Tecnologías* Nº 3 año 2020, La Ley Uruguay, Montevideo, p. 51.

[20] GUERRERO CARRERA, Jaqueline – E. PALACIOS, Diómedes (2020), p. 51.

[21] GUERRERO CARRERA, Jaqueline – E. PALACIOS, Diómedes. (2020) p. 50.

[22] GUERRERO CARRERA, Jaqueline – E. PALACIOS, Diómedes. (2002) p. 50.

3 Los sesgos en los procesos de toma de decisión

El denominado movimiento cognitivo desarrollado a partir de la década del sesenta, puso el acento en los errores y sesgos en que incurre el ser humano y que tienen una clara incidencia en la toma de decisiones (Behavioral Economics).

Durante el siglo XX, las inquietudes sobre la irracionalidad en la toma de decisiones económicas encontraron varios rechazos, siendo el *"homo economicus"* racional y maximizador de sus decisiones el que guiaba los lineamientos de la economía neoclásica. A finales de la década de 1970 A. Tversky, D. Kahneman y R. Thaler comenzaron a esbozar las críticas a la economía neoclásica más allá de demostrar una paradoja o argumentar que había ruido en el sistema. El avance clave de este nuevo enfoque dio base a esta revolución conceptual se conoce como "sesgo sistemático". La investigación determina cómo los sesgos cognitivos (basados en la heurística) influyen, como nunca habíamos imaginado en nuestro juicio respecto a la resolución de problemas y la toma de decisiones. Cuando respondemos preguntas, tendemos a confiar en los atajos. Un heurístico en una especie de regla empírica, una conjetura basada en la información que ya tenemos, en suposiciones o incluso en hábitos y estereotipos.

Procedimientos mentales que procuran la simplificación en la decisión que, si bien con carácter general puedan ser útiles para la vida corriente, evidencian que en ocasiones pueden dar lugar a errores y causar daños. En la actualidad se ha advertido que muchos de ellos se han trasladado al big data y a la inteligencia artificial, creando verdaderas discriminaciones positivas no intencionales con la imposibilidad de acceder a ellas por la falta de transparencia de los algoritmos y sus cajas negras.

De entre esos errores cognitivos relacionados por Tversky y Kahneman interesa recordar en este ensayo:[23] a) el *"procedimiento heurístico de la representatividad (representativeness)"*: "este procedimiento conduce a errores estadísticos y matemáticos en el cálculo de la probabilidad, derivados de la insensibilidad a la probabilidad previa de resultados y al tamaño de la muestra, así como de errores relativos a la aleatoriedad y en relación a la denominada "regresión a la media";[24][25] b) *procedimiento heurístico de la disponibilidad (availability)*: "con arreglo a este procedimiento mental, el sujeto procede a valorar la probabilidad de que acaezca un suceso, tomando en consideración la facilidad con la que el propio sujeto puede recordar o imaginar ejemplos de sucesos similares

---

[23] MUÑOZ ARANGUREN, Arturo. "La influencia de los sesgos cognitivos en las decisiones jurisdiccionales: el factor humano. Una aproximación" en *Revista InDret* 2 / 2011, Barcelona, 2011. TVERSKY Amos y KAHNEMAN Daniel "Judgment under uncertainty: Heuristics and Biases", en *Science*, Vol. 185, núm. (1974), 4157, pp. 1124 y ss.

[24] MUÑOZ ARANGUREN, Arturo (2011), p. 3.

[25] La representatividad tiene mucho que ver con los estereotipos. Este sesgo es algo similar al de disponibilidad, debido a la importancia de la memoria en el proceso de la toma de decisiones. Mientras que la disponibilidad da importancia al recuerdo de instancias específicas, la representatividad tiene más que ver con el recuerdo de un prototipo, un estereotipo o un promedio. Linda, la cajera del banco, es uno de los ejemplos más famosos de la investigación de Kahneman y Tversky. En este escenario, se nos dice que Linda tiene 31 años y está soltera, es muy sincera y además es brillante. Se especializó en filosofía y, como estudiante, se preocupó profundamente por las cuestiones de la discriminación y la justicia social. También participó en manifestaciones antinucleares. Después de leer esta información, se le pregunta a la gente si es más probable que Linda sea solo una cajera de banco o una cajera de banco que también es activa en los movimientos feministas y ambientalistas. La respuesta correcta es que, en términos de probabilidad, nada indica que las probabilidades de que Linda sea una cajera de banco feminista y ambientalista sean mayores que las probabilidades de que solo sea una cajera de banco. Aun así, la gente usa atajos que contienen estereotipos para responder a las preguntas.

[...] los sujetos que utilizan la disponibilidad juzgan la frecuencia según la fuerza de ciertas asociaciones";[26] [27] c) *Procedimiento heurístico de anclaje y ajuste (anchoring)*: "este proceso mental se fundamenta en la realización de una estimación, por parte del sujeto, a partir de un valor inicial (anclaje), que progresivamente ajusta a medida que obtiene información adicional. Los múltiples estudios realizados acreditan cómo este procedimiento mental da lugar a resultados diferentes, simplemente por el hecho de que se haya empezado por un valor distinto. De lo anterior se deriva que, con frecuencia, la valoración inicial ejerce una influencia indebida y desproporcionada sobre al análisis del sujeto, y provoca errores que pasan inadvertidos para el propio interesado";[28] [29] d) *"Sesgo retrospectivo (hindsight bias)"*: "con arreglo a este mecanismo mental, al valorar determinados hechos pasados, el sujeto no puede abstraerse de las consecuencias de los mismos, de manera que incurre en una tendencia a considerar, a partir del conocimiento de las consecuencias de la acción, que las mismas eran previsibles desde el principio. Una vez que el individuo tiene conocimiento del resultado, se provoca un cambio de perspectiva del sujeto de manera que el resultado le parece inevitable. El sujeto proyecta automáticamente su nuevo conocimiento hacia el pasado, no siendo consciente, ni capaz, de reconocer la influencia que este proceso ha tenido en su juicio sobre lo acontecido. De alguna forma, este error cognitivo está relacionado con la técnica heurística de la disponibilidad antes descrita, en la medida en que los resultados acontecidos son más accesibles para el sujeto que juzga, que los que nunca se produjeron. A pesar de tratarse de un error fácilmente explicable y reconocible, numerosos estudios han demostrado que resulta extraordinariamente difícil realizar juicios sobre lo acontecido abstrayéndose por completo del resultado, de manera que [...] la mayoría de las medidas que se han propuesto para contrarrestar su efecto únicamente consiguen, en el mejor de los casos, mitigarlo parcialmente, pero nunca eliminarlo por completo"[30] [...] e) *"sesgo de confirmación (confirmation bias)*: este proceso mental se caracteriza por la tendencia del sujeto a filtrar una información que recibe, de manera que, de forma inconsciente, busca

---

[26] MUÑOZ ARANGUREN, Arturo (2011), p. 5.
[27] La heurística basada en la disponibilidad tiene lugar cuando se hace un juicio a partir de ejemplos equivalentes a esa situación. El sesgo de disponibilidad es una fuente potencial de distorsión de la comprensión de los riesgos reales y de la propia realidad. Los investigadores suelen señalar como ejemplo el caso de que no es un secreto que Detroit (EEUU) haya ganado cierta fama en las recientes décadas por su alto índice de criminalidad. A partir de 2018, Detroit tenía la tercera tasa de asesinatos más alta entre las principales ciudades de los Estados Unidos. No es poco común oír sobre los crímenes en Detroit en las noticias de vez en cuando. Cuando tomamos decisiones, estamos altamente influenciados por las cosas que recordamos. Debido a las limitaciones de la memoria, y al hecho de que los humanos recuerdan mejor las cosas cuando se presentan en un recuerdo vívido, los humanos están predispuestos a evaluar la probabilidad y frecuencia de los eventos. Esto se debe a la gran importancia que nuestras mentes asignan a los ejemplos del evento ocurrido en el pasado. Los elementos del sesgo de la disponibilidad son: la intensidad (La gente tiende a empatizar, a tomarse más en serio y a recordar los eventos que presencian, ya sea en primera persona, a través de una fuente de confianza o de las noticias); proximidad en el tiempo (la industria aérea estadounidense tuvo que hacer frente a una caída en picado de la demanda durante las secuelas de los ataques terroristas del 11 de setiembre debido a un temor nacional a volar que persistió durante varios años), y la repetición (cuanto más se repite una instancia dentro de una clasificación, más fuerte se hace el vínculo entre los dos elementos).
[28] MUÑOZ ARANGUREN, Arturo (2011), p. 5.
[29] Según los estudios de psicología, las personas tienden a confiar demasiado en la primera información que reciben, utilizándola como referencia o punto de partida para centrar sus valoraciones. Este sesgo está muy vinculado a las negociaciones y a cualquier tipo de venta o descuento dentro de la industria del comercio.
[30] MUÑOZ ARANGUREN, Arturo (2011), p. 6.

y sobrevalora las pruebas y argumentos que confirman su propia posición inicial, e ignora y no valora las pruebas y argumentos que no respaldan la misma. El sesgo de confirmación es una tendencia irracional a buscar, interpretar o recordar información de una manera tal que confirme alguna de nuestras concepciones iniciales o hipótesis. Es un tipo de sesgo cognitivo, es decir, un error sistemático del razonamiento inductivo. Estos sesgos en el procesamiento de la información son diferentes a los efectos de confirmación de comportamiento (lo que se conoce como profecía autocumplida), en los que las expectativas de una persona influyen en su propia conducta. Los sesgos pueden ocurrir en la reunión, interpretación o recuperación de información. Algunos psicólogos utilizan la denominación sesgo de confirmación para las desviaciones sistemáticas en cualquiera de estos tres procesos, mientras que otros la restringen a los pasos para la recolección selectiva de la evidencia, utilizando el término sesgo de asimilación para las interpretaciones";[31] g) "*Sesgo de grupo (in group bias)*: "provoca el error de valorar de forma injustificadamente homogénea las actitudes, actos y opiniones de las personas que pertenecen al mismo grupo, y por la sola razón de pertenencia a ese grupo. Esos prejuicios pueden ser tanto positivos, como negativos, y pueden darse por la pertenencia o no del propio sujeto a uno de esos grupos. El modelo económico tradicional asume que la gente únicamente se preocupa de su propio interés. Sin embargo, las personas pueden mostrar también una actitud favorable a los grupos a los que pertenecen. En la ciencia psicológica este fenómeno se conoce como identificación social. Una de las manifestaciones más estudiadas de esta identificación social es el sesgo de grupo: el tratamiento preferente a los miembros del grupo al que el sujeto pertenece".[32]

Imaginemos por un instante estos procesos de toma de decisión inmersos en procesos de autoaprendizaje (big data e inteligencia artificial), en dónde la discriminación positiva puede llegar a automatizarse escondida en las cajas negras de algoritmos inescrutables convirtiéndose en una discriminación claramente negativa y prejuiciosa creando estereotipos no incorporados al sistema.[33]

4 La Propuesta para de una Regulación Europea de Inteligencia Artificial de 21 de abril de 2021: la preocupación por los sesgos y la discriminación

Recientemente la Unión Europea aprobó la Propuesta de Regulación del Parlamento y del Consejo sobre la inteligencia artificial[34] en procura de armonizar reglas en el espacio europeo. En las razones y objetivos de la propuesta se hace especial referencia a que la inteligencia artificial debe ser un instrumento al servicio de la gente y una fuerza para procurar el bien en sociedad y el bienestar humano. Específicamente el ser humano debe ser el centro ("*be human centric*") de forma tal que la sociedad

---

[31] MUÑOZ ARANGUREN, Arturo (2011), p. 8.
[32] MUÑOZ ARANGUREN, Arturo (2011), p. 9.
[33] Sin perjuicio de las desigualdades incorporadas intencionalmente, pero ello seguiría las reglas generales de responsabilidad civil.
[34] Brussels, 21.4.2021 COM (2021). "Proposal for a Regulation of the European Parliament and of The Counsil Laying down harmonized rules on artificial intelligence (artificial intelligence act) and amending certain union legislative acts" https://eur-lex.europa.eu/legal-content/ES/TXT/?uri=COM:2021:206:FIN.

pueda confiar que la tecnología será usada de forma segura y ajustada a Derecho y a los derechos humanos fundamentales.[35]

La Propuesta muestra preocupación por la protección de los derechos humanos fundamentales que puedan verse afectados por la opacidad, complejidad, dependencia en datos o comportamiento autónomo de la inteligencia artificial.[36] Las obligaciones de pruebas ex ante, gestión de riesgos y supervisión humana también facilitarán el respeto de otros derechos fundamentales al minimizar el riesgo de decisiones erróneas o sesgadas asistidas por IA en áreas críticas como educación y formación, empleo, servicios, y aplicación de la ley y la justicia. En caso de que se sigan produciendo infracciones de los derechos fundamentales, se hará posible una reparación eficaz para las personas afectadas garantizando la transparencia y la trazabilidad de los sistemas de inteligencia artificial junto con fuertes controles ex post.[37]

Los sistemas de inteligencia artificial son calificados en la Propuesta como un verdadero semáforo: a) riesgos inaceptables y prohibidos, b) sistemas de alto riesgo y c) de bajo o mínimo riesgo.

Los sistemas prohibidos expresamente son aquellos que entienden que vulneran valores de la Unión y derechos fundamentales (Título II de la Propuesta). Se procura evitar la manipulación de personas por tecnología o explotación de vulnerabilidades de

---

[35] La nueva propuesta se armoniza con la política europea 2019-2024 (https://ec.europa.eu/commission/sites/beta-political/files/political-guidelines-next-commission_en.pdf) y en las implicancias éticas de la inteligencia artificial recogidas en el Libro Blanco anunciado el 19 de febrero de 2020 Libro Blanco sobre la inteligencia artificial - un enfoque europeo orientado a la excelencia y la confianza (https://ec.europa.eu/info/publications/white-paper-artificial-intelligence-european-approach-excellence-and-trust_en) y teniendo presente los principios éticos en la inteligencia artificial, robótica y tecnologías conexas (Resolución del Parlamento Europeo, de 20 de octubre de 2020, con recomendaciones destinadas a la Comisión sobre un marco de los aspectos éticos de la inteligencia artificial, la robótica y las tecnologías conexas (2020/2012(INL)) https://www.europarl.europa.eu/doceo/document/TA-9-2020-0275_ES.html) Las más recientes conclusiones consideradas son las de Octubre de 2020 sobre opacidad y complejidad de la inteligencia artificial, sesgos, cierto grado de imprevisibilidad y comportamientos parcialmente autónomos de ciertos sistemas de IA, y la necesidad de compatibilizar con los derechos fundamentales y las reglas para su protección (Council of the European Union, Presidency conclusions - The Charter of Fundamental Rights in the context of Artificial Intelligence and Digital Change 11481/20 , 2020). En la misma fecha, octubre de 2020, se adoptaron un gran número de resoluciones vinculadas a la inteligencia artificial incluyendo: aspectos éticos, responsabilidad civil y propiedad intelectual. En 2021, les siguieron resoluciones en aspectos penales de la inteligencia artificial y educación, cultura y sector audio visual.

[36] En el Memorándum de la Propuesta específicamente se hace referencia a que la misma impone requisitos para una IA confiable y obligaciones para todos los participantes en procura de promover la protección de los derechos de la Carta Europea: el derecho a la dignidad humana (art. 1), respecto de la privacidad y datos personales (arts. 7 y 8), no discriminación (art. 21), igualdad de género (art. 23), ´garantizar la libertad de expresión (art. 11), libertad de reunión (art. 12), derecho a un debido proceso, a la debida defensa y a la presunción de inocencia (art. 47 y 48) y respeto de principios de buena administración. Asimismo, la protección de grupos, como el derecho de los trabajadores a condiciones justas de trabajo (art. 31), un elevado nivel de protección del consumidor (art. 28), protección de los derechos de los niños y niñas (art. 24) y al integración de personas con discapacidades (art.26). También es relevante un elevado nivel de protección del medioamente (art. 37) en relación con la salud y seguridad de la gente. La propuesta implia restricciones a la libertad de empresa y negocios (art. 16) y la libertad de ciencia y arte (art. 16) para garantizar, por razones de orden público, intereses como la salud, la segudiad, la protección del consumidor y la protección de otros derechos humanos fundamentales cuando se utilice tecnogia de alto riesgo "innovación responsable" ("responsible innovation'). Restricciones que seran proporcionales y limitadas al mínimo necesario para prevenir y mitigar serios daños y afectación de derechos fundamentales.

[37] En palabras de la Propuesta: *"The obligations for ex ante testing, risk management and human oversight will also facilitate the respect of other fundamental rights by minimising the risk of erroneous or biased AI-assisted decisions in critical areas such as education and training, employment, important services, law enforcement and the judiciary. In case infringements of fundamental rights still happen, effective redress for affected persons will be made possible by ensuring transparency and traceability of the AI systems coupled with strong ex post controls".*

sectores especiales de manera que les cause daño físico o psíquico; todo sin desatender a la protección derivada de los sistemas normativos de protección de datos, protección del consumidor y normativa de servicios digitales para garantizar adecuada información, libertad de elección y evitar comportamientos o conductas dirigidas. Específicamente se prohíbe la inteligencia artificial basada en puntuación social ("*social scoring*") para propósitos públicos por parte de los gobiernos, lo que se constituye en una medida de protección contra la discriminación. Y se prohíben los sistemas de identificación biométrica salvo determinadas excepciones que puedan afectar la seguridad nacional de un estado parte.

La categorización de sistemas de inteligencia artificial como de "alto riesgo" está dispuesta en el Título III y refiere puntualmente al riesgo a la salud y seguridad de derechos fundamentales de personas físicas o naturales (recordemos que el centro de la propuesta es el "ser humano"). Estos sistemas de IA de alto riesgo están permitidos en el mercado europeo, siempre y cuando se adecuen al cumplimiento de ciertos requisitos obligatorios y una evaluación de conformidad ex ante. La clasificación como de alto riesgo se basa en el propósito previsto del sistema de IA, de acuerdo con las normas sobre seguridad de productos existente; y no solo depende de la función realizada por el sistema de IA, sino también del propósito específico y las modalidades para las que se utiliza ese sistema.[38]

---

[38] El Capítulo 1 del Título III establece las reglas de clasificación e identifica dos categorías principales de sistemas de alto riesgo: a) sistemas de inteligencia artificial destinados a ser utilizados como componente de seguridad de productos que están sujetos a una evaluación de conformidad ex ante de terceros; y b) otros sistemas de inteligencia artificial independientes con implicaciones principalmente en los derechos fundamentales que se enumeran explícitamente en el anexo III de la Propuesta.
El Capítulo 2 establece los requisitos legales para los sistemas de IA de alto riesgo en relación con los datos y la gobernanza de los datos, el mantenimiento de la documentación y los registros, la transparencia y el suministro de información a los usuarios, la supervisión humana, la solidez, la precisión y la seguridad. Los requisitos mínimos propuestos ya son de última generación para muchos operadores diligentes y el resultado de dos años de trabajo preparatorio, derivados de las Directrices de ética del Grupo de Expertos de Alto Nivel en Inteligencia Artificial. También son en gran medida coherentes con otras recomendaciones y principios internacionales. Se señala que esta flexibilidad es particularmente importante, porque permite a los proveedores de sistemas de IA elegir la forma de cumplir con sus requisitos, teniendo en cuenta el estado del arte y los avances tecnológicos y científicos en este campo.
El Capítulo 3 establece un conjunto claro de obligaciones horizontales para los proveedores de sistemas de IA de alto riesgo, y se imponen obligaciones proporcionales a los usuarios y otros participantes a lo largo de la cadena de valor de la IA (por ejemplo, importadores, distribuidores, representantes autorizados). El capítulo 4 dispone el marco para que los organismos notificados participen como terceros independientes en los procedimientos de evaluación de la conformidad, mientras que el capítulo 5 explica en detalle los procedimientos de evaluación de la conformidad que deben seguirse para cada tipo de sistema de IA de alto riesgo. La aplicación de evaluación de la conformidad tiene como objetivo minimizar la carga para los operadores económicos y los sistemas de inteligencia artificial destinados a ser utilizados como componentes de seguridad de productos regulados por la legislación del Nuevo Marco Legislativo (por ejemplo, maquinaria, juguetes, dispositivos médicos, etc.) estarán sujetos a los mismos mecanismos de cumplimiento y aplicación ex ante y ex post de los productos de los que forman parte. La diferencia clave es que los mecanismos ex ante y ex post garantizarán el cumplimiento no solo de los requisitos establecidos por la legislación sectorial, sino también de los requisitos establecidos por la Propuesta de Reglamento. Una evaluación ex ante exhaustiva de la conformidad mediante controles internos, combinada con una estricta aplicación ex post, podría ser una solución eficaz y razonable para esos sistemas, dada la fase inicial de la intervención reglamentaria y el hecho de que el sector de la IA es muy innovador y recién ahora se está acumulando experiencia en auditoría. Se procura entonces un control preventivo permanente antes, durante y después de la implementación de sistemas de inteligencia artificial. Cumplimiento completo, efectivo y debidamente documentado de todos los requisitos de la regulación y el cumplimiento de sistemas sólidos de gestión de calidad y riesgo y seguimiento posterior a la comercialización. Una vez que el proveedor ha realizado la evaluación de la conformidad pertinente, debe registrar esos sistemas independientes de IA de alto riesgo en una base de datos de la UE que será gestionada por la Comisión para aumentar la transparencia

Al referirse a la transparencia, se dispone en el Titulo IV, que las obligaciones se aplicarán a los sistemas que (i) interactúan con humanos, (ii) se utilizan para detectar emociones o determinar la asociación con categorías (sociales) basadas en datos biométricos, o (iii) generar o manipular contenido ("*deep fakes*").

Cuando las personas interactúan con un sistema de IA o sus emociones o características son reconocidas a través de medios automatizados, las personas deben ser informadas de esa circunstancia. Si se utiliza un sistema de inteligencia artificial para generar o manipular contenido de imagen, audio o video que se asemeje apreciablemente al contenido auténtico, debería existir la obligación de revelar que el contenido se genera a través de medios automatizados, sujeto a excepciones para fines legítimos (aplicación de la ley, libertad de expresión). Esto permite que las personas tomen decisiones informadas o se alejen de una situación determinada.

Respecto de las medidas de apoyo a la innovación el Título V contribuye al objetivo de crear un marco legal que sea favorable a la innovación, preparado para el futuro y resistente a las interrupciones. Con ese fin, alienta a las autoridades nacionales competentes a establecer "sandboxes" regulatorias y establece un marco básico en términos de gobernanza, supervisión y responsabilidad.

5 Las previsiones específicas sobre discriminación en la Propuesta Europea de Regulación de la Inteligencia Artificial: el camino hacia la prevención y precaución

Entre los fundamentos de la Propuesta de regulación, se hace especial énfasis en la prevención de la discriminación causada por procesos de inteligencia artificial (IA), sean intencionales o no. Aparte de los muchos usos beneficiosos de la inteligencia artificial, esa tecnología también puede ser mal utilizada y proporcionar herramientas novedosas y poderosas para las prácticas de manipulación, explotación y control social, señala el considerando 15 de la Propuesta como regla general. Estas prácticas son particularmente nocivas y deben prohibirse porque contradicen los valores de respeto de la dignidad humana, la libertad, la igualdad, la democracia y el Estado de Derecho y los derechos fundamentales de la Unión, incluido el derecho a la no discriminación, la protección de datos y la privacidad y los derechos de los niños y niñas

Particularmente, y en lo que hace a la prevención de la discriminación, pueden señalarse:
a) En su considerando 17, la propuesta hace referencia a que los sistemas de inteligencia artificial que proporcionan una puntuación social de las personas físicas con fines generales por parte de las autoridades públicas o en su nombre pueden dar lugar a resultados discriminatorios y la exclusión de determinados grupos. Pueden violar el derecho a la dignidad y la no discriminación y los valores de igualdad y justicia. Dichos sistemas de IA evalúan o clasifican la confiabilidad de las personas físicas en función de su comportamiento social

---

pública y la supervisión y fortalecer la supervisión ex post por parte de las autoridades competentes. Y nuevas re-evaluaciones de la conformidad serán necesarias en caso de modificaciones sustanciales en los sistemas de inteligencia artificial. La prevención del daño como guía y eje de los sistemas de IA.

en múltiples contextos o características personales o de personalidad conocidas o previstas. La puntuación social obtenida de dichos sistemas de IA puede dar lugar a un trato perjudicial o desfavorable de personas físicas o grupos enteros de las mismas en contextos sociales, que no están relacionados con el contexto en el que se generaron o recopilaron originalmente los datos o un tratamiento perjudicial que es desproporcionado o injustificado a la gravedad de su comportamiento social. Por tanto, estos sistemas de inteligencia artificial deben prohibirse conforme el Titulo II.

b) Se reconocen las inexactitudes técnicas de los sistemas de IA destinados a la identificación biométrica remota de personas físicas pueden dar lugar a resultados sesgados y tener efectos discriminatorios (considerando 33). Esto es particularmente relevante cuando se trata de edad, etnia, sexo o discapacidades. Por lo tanto, los sistemas de identificación biométrica remota "en tiempo real" y "posterior" deben clasificarse como de riesgo inaceptable y están prohibidos (salvo excepciones como búsqueda de víctimas del crimen, especialmente niños; amenaza de ataque terrorista y captura de criminales en procesos de cooperación penal europea, Título II). En vista de los riesgos que plantean, ambos tipos de sistemas de identificación biométrica remota deben estar sujetos a requisitos específicos sobre capacidades de registro y supervisión humana.

c) Respecto de los Sistemas de inteligencia artificial utilizados en el empleo, la gestión de trabajadores y el acceso al trabajo por cuenta propia, en particular para la contratación y selección de personas, para la toma de decisiones sobre ascensos y despidos y para la asignación de tareas, el seguimiento o la evaluación de las personas con contratos relacionados con el trabajo, también deben clasificarse como de alto riesgo, ya que esos sistemas pueden tener un impacto apreciable en las perspectivas profesionales futuras y los medios de vida de estas personas (considerando 36). Las relaciones contractuales relevantes relacionadas con el trabajo deben involucrar a los empleados y las personas que prestan servicios a través de las plataformas a que se refiere el programa de trabajo de la Comisión para 2021. En principio, estas personas no deben considerarse usuarios en el sentido del Reglamento. A lo largo del proceso de contratación y en la evaluación, promoción o retención de personas en relaciones contractuales relacionadas con el trabajo, dichos sistemas pueden perpetuar patrones históricos de discriminación, por ejemplo, contra mujeres, ciertos grupos de edad, personas con discapacidades o personas de ciertas razas. u orígenes étnicos u orientación sexual. Los sistemas de inteligencia artificial utilizados para monitorear el desempeño y el comportamiento de estas personas también pueden afectar sus derechos a la protección de datos y la privacidad.

d) Otro ámbito en el que el uso de sistemas de IA merece una consideración especial, conforme el considerando 37 de la Propuesta, es el acceso y el disfrute de ciertos servicios y beneficios públicos y privados esenciales necesarios para que las personas participen plenamente en la sociedad o mejoren el nivel de vida. En particular, los sistemas de IA utilizados para evaluar el puntaje crediticio o la solvencia de las personas físicas deben clasificarse como sistemas de IA de alto riesgo, ya que determinan el acceso de esas personas a recursos financieros o servicios esenciales como vivienda, electricidad y servicios de telecomunicaciones. Los sistemas de inteligencia artificial utilizados para este propósito pueden conducir a la discriminación de personas o grupos y perpetuar patrones históricos de discriminación (raza, etnia, discapacidades, edad, orientación sexual) o crear nuevas formas de impactos discriminatorios. Las personas físicas que solicitan o reciben prestaciones y servicios de asistencia pública de las autoridades públicas suelen depender de esas prestaciones y servicios y se encuentran en una posición vulnerable en relación con las autoridades responsables. Si los sistemas de inteligencia artificial se utilizan para determinar si las autoridades deben negar, reducir, revocar o reclamar tales beneficios y servicios, pueden tener un impacto significativo en los medios de vida de las personas y pueden infringir sus derechos fundamentales, como el derecho a la protección social, la no discriminación, la dignidad humana o un recurso efectivo. Por tanto, estos sistemas deben clasificarse como de alto riesgo.[39]

e) Las acciones de las autoridades encargadas de hacer cumplir la ley que involucran ciertos usos de los sistemas de inteligencia artificial se caracterizan por un grado significativo de desequilibrio de poder y pueden conducir a la vigilancia, arresto o privación de la libertad de una persona física, así como a otros impactos adversos sobre los derechos fundamentales garantizados en el país (considerando 38) En particular, si el sistema de IA no está capacitado con datos de alta calidad, no cumple con los requisitos adecuados en términos de precisión o robustez, o no está diseñado y probado adecuadamente antes de su comercialización o puesta en servicio, puede señalar a las personas de manera discriminatoria, incorrecta o injusta. Además, el ejercicio de importantes derechos procesales fundamentales, como el derecho a juicio imparcial, así como el derecho a la defensa y la presunción de inocencia, podría verse obstaculizado, en particular, cuando dichos sistemas de IA no sean suficientemente transparentes, explicables y documentados. Por lo tanto, es apropiado clasificar como de alto riesgo una serie de sistemas de inteligencia artificial destinados a ser utilizados en el contexto de aplicación de la ley, donde la precisión, la confiabilidad y la transparencia son particularmente importantes para evitar impactos adversos, retener la confianza pública y garantizar la rendición de cuentas y una reparación efectiva.[40]

---

[39] Véase el caso SyRI. LAZCOZ MORATINOS, G., & CASTILLO PARRILLA, J. "Valoración algorítmica ante los derechos humanos y el Reglamento General de Protección de Datos: el caso SyRI". *Revista Chilena de Derecho y Tecnología*, 9 (1), 2020; 207-225. doi: 10.5354/0719-2584.2020.56843.
La Corte de Distrito de La Haya declaró que la normativa SyRI es incompatible con el artículo 8.2 de la Carta Europea de Derechos en la medida en que la injerencia que supone SyRI en el derecho a la privacidad por parte del Gobierno neerlandés no cumple con las garantías exigidas por los juicios de necesidad y proporcionalidad contenidos en dicho artículo. El funcionamiento de SyRI se basaba en la agregación, previa anonimización, triangulación y posterior análisis de grandes cantidades de datos en poder de diversas administraciones públicas, que forman un acuerdo de colaboración por el cual intercambian. La agregación, comparación y análisis de los datos compartidos permite identificar perfiles de riesgo de fraude a la seguridad social. En la búsqueda de comportamientos fraudulentos, los sesgos y discriminaciones invadieron procesos de selección de ayudas de seguridad social.

[40] Véase el caso COMPAS (Correctional Offender Managment Profiling for alternative sanctions), en los EEUU, el que incidía en la determinación si una persona debe, o no ir a prisión sobre bases estadísticas sesgadas.

f) Los sistemas de IA utilizados en la gestión de la migración, el asilo y el control de fronteras afectan a personas que a menudo se encuentran en una situación especialmente vulnerable y que dependen del resultado de las acciones de las autoridades públicas competentes. La precisión, el carácter no discriminatorio y la transparencia de los sistemas de inteligencia artificial utilizados en esos contextos son, por tanto, de particular importancia para garantizar el respeto de los derechos fundamentales de las personas afectadas, en particular sus derechos a la libre circulación, la no discriminación y la protección de la vida privada. y datos personales, protección internacional y buena administración (considerando 39)

g) Los espacios de datos comunes europeos establecidos por la Comisión y la facilitación del intercambio de datos entre empresas y con el gobierno en aras del interés público serán fundamentales para proporcionar un acceso confiable, responsable y no discriminatorio a datos de alta calidad para la capacitación, validación y prueba de sistemas de inteligencia artificial (considerando 45). Por ejemplo, en salud, el espacio europeo de datos de salud facilitará el acceso no discriminatorio a los datos de salud y el entrenamiento de algoritmos de inteligencia artificial en esos conjuntos de datos, de manera que preserve la privacidad, seguridad, transparencia y confiabilidad con una gobernanza institucional adecuada. Las autoridades competentes pertinentes, incluidas las sectoriales, que brindan o respaldan el acceso a los datos también pueden respaldar el suministro de datos de alta calidad para la capacitación, validación y prueba de los sistemas de inteligencia artificial.

h) En el considerando 40 de la propuesta se hace referencia a que ciertos sistemas de inteligencia artificial destinados a la administración de justicia y procesos democráticos deben clasificarse como de alto riesgo, considerando su impacto potencialmente significativo en la democracia, el imperio de la ley, las libertades individuales. Puntualmente hace expresa referencia a que, en estos sistemas, es necesario abordar los riesgos de posibles sesgos, errores y opacidad, por lo que califica como sistemas de IA de alto riesgo destinados a ayudar a las autoridades judiciales en la investigación e interpretación de los hechos y la ley y en la aplicación de la ley a un conjunto concreto de situaciones fácticas. Sin embargo, dicha calificación no debe extenderse a los sistemas de IA destinados a actividades administrativas meramente auxiliares que no afecten a la administración real de justicia en casos individuales, como la anonimización o seudonimización de decisiones judiciales, documentos o datos, comunicación entre personal, tareas administrativas o asignación de recursos.

El sistema no tenía incorporados en forma directa sesgos raciales, pero el proceso de autoaprendizaje si construyó sesgos raciales. "COMPAS [...] correctly predicts recidivism 61 percent of the time. But blacks are almost twice as likely as whites to be labelled a higher risk but not actually reoffend. It makes the opposite mistake among whites: They are much more likely than blacks to be labelled lower risk but go on to commit other crimes". "Machine bias: There's software used across the country to predict future criminals. And it's biased against blacks'". "Black defendants were also twice as likely as white defendants to be misclassified as being a higher risk of violent recidivism. And white violent recidivists were 63 percent more likely to have been misclassified as a low risk of violent recidivism, compared with black violent recidivists". LARSON, J. MATTU, S. KIRCHNER, L. ANGWIN, J. "How We Analyzed the COMPAS Recidivism Algorithm" *ProPublica*, May 23, 2016 https://www.ProPublica.org/article/how-we-analyzed-the-compas-recidivism-algorithm.

i) La alta calidad del dato es considerada esencial en el considerando 44 de la propuesta para el rendimiento de muchos de los sistemas de IA, especialmente cuando se utilizan técnicas que implican el entrenamiento de modelos, con el fin de garantizar que el sistema de IA de alto riesgo funcione según lo previsto y de forma segura y no se convierta en la fuente de discriminación prohibida por el Derecho de la Unión. Los conjuntos de datos de prueba, validación y capacitación de alta calidad requieren la implementación de prácticas de gestión y gobernanza de datos adecuadas. Los datos deben ser lo suficientemente relevantes, representativos y libres de errores y completos en vista del propósito previsto del sistema y deben tener las propiedades estadísticas adecuadas, incluso en lo que respecta a las personas o grupos de personas en los que se pretende utilizar el sistema de IA de alto riesgo. En particular, se debe considerar las características o elementos particulares del entorno o contexto geográfico dentro del cual el sistema de IA está destinado a ser utilizado. En tal sentido y para proteger el derecho de los demás frente a la discriminación que podría resultar del sesgo en los sistemas de inteligencia artificial, los proveedores deberían poder procesar también categorías especiales de datos personales, como una cuestión de interés público sustancial, a fin de garantizar el seguimiento del sesgo, detección y corrección en relación con sistemas de IA de alto riesgo. Nuevamente la prevención como guía esencial de protección de derechos fundamentales.

j) Para abordar la opacidad que puede hacer que determinados sistemas de IA sean incomprensibles o demasiado complejos para las personas físicas, debe exigirse un cierto grado de transparencia para los sistemas de IA de alto riesgo, conforme se señala en el considerando 47. Los usuarios deben poder interpretar la salida del sistema y utilizarla de forma adecuada. Por lo tanto, los sistemas de IA de alto riesgo deben ir acompañados de la documentación e instrucciones de uso pertinentes e incluir información concisa y clara, incluso en relación con los posibles riesgos para los derechos fundamentales y la discriminación, cuando proceda. Los sistemas de inteligencia artificial de alto riesgo deben diseñarse y desarrollarse de manera que las personas físicas puedan supervisar su funcionamiento. A tal efecto, el proveedor del sistema debe identificar las medidas adecuadas de supervisión humana antes de su comercialización o puesta en servicio (considerado 48)

k) En el considerando 50 se postula que los sistemas de inteligencia artificial de alto riesgo deben funcionar de manera uniforme a lo largo de su ciclo de vida y alcanzar un nivel adecuado de precisión, solidez y ciberseguridad de acuerdo con el estado de la técnica generalmente reconocido. La solidez técnica es un requisito clave para los sistemas de IA de alto riesgo. Deben ser resistentes a los riesgos relacionados con las limitaciones del sistema (por ejemplo, errores, fallas, inconsistencias, situaciones inesperadas) así como a acciones maliciosas que pueden comprometer la seguridad del sistema de IA y resultar en un comportamiento dañino o indeseable. No protegerse contra estos riesgos podría generar impactos en la seguridad o afectar negativamente los derechos fundamentales, por ejemplo, debido a decisiones erróneas o resultados erróneos o sesgados generados por el sistema de IA.

Respecto de los sistemas de alto riesgos, que la Propuesta pretende regular, corresponde destacar la necesidad de la supervisión humana en art. 14. Dichos sistemas de alto riesgo se diseñarán y desarrollarán de tal manera, incluso con las herramientas adecuadas de interfaz hombre-máquina, que puedan ser supervisados eficazmente por personas físicas durante el período en que el sistema de inteligencia artificial esté en uso. La supervisión humana tendrá como objetivo prevenir o minimizar los riesgos para la salud, la seguridad o los derechos fundamentales que puedan surgir cuando se utilice un sistema de IA de alto riesgo de conformidad con su finalidad prevista o en condiciones de uso indebido razonablemente previsible, en particular cuando tales riesgos persistir a pesar de la aplicación de otros requisitos establecidos en la Propuesta.

En el art. 14 numeral 4, y como medidas de prevención dentro de la supervisión, para que la misma sea efectiva debe poder: a) comprender plenamente las capacidades y limitaciones del sistema de IA de alto riesgo y poder supervisar debidamente su funcionamiento, de modo que los signos de anomalías, disfunciones y rendimiento inesperado puedan detectarse y abordarse lo antes posible; b) ser consciente de la posible tendencia a depender o depender en exceso automáticamente de los resultados producidos por un sistema de IA de alto riesgo ("sesgo de automatización"), en particular para los sistemas de IA de alto riesgo utilizados para proporcionar información o recomendaciones para decisiones que deben tomar las personas físicas; c) ser capaz de interpretar correctamente los resultados del sistema de IA de alto riesgo, teniendo en cuenta, en particular, las características del sistema y las herramientas y métodos de interpretación disponibles; d) ser capaz de decidir, en cualquier situación particular, no utilizar el sistema de IA de alto riesgo o ignorar, anular o invertir la salida del sistema de IA de alto riesgo; y e) poder intervenir en el funcionamiento del sistema de IA de alto riesgo o interrumpir el sistema mediante un botón de "parada" o un procedimiento similar.

Y es que las soluciones técnicas para abordar las vulnerabilidades específicas de la IA deben incluir, cuando corresponda, medidas para prevenir y controlar los ataques que intentan manipular el conjunto de datos de entrenamiento ("envenenamiento de datos"), entradas diseñadas para hacer que el modelo cometa un error ("ejemplos contradictorios") o defectos del modelo de conformidad con la precisión, robustez y ciberseguridad del sistema (art. 15).

6 El Derecho Privado como parte de la solución y no del problema: Prevención y precaución de daños

En la inteligencia artificial la caja negra es precisamente la opacidad tecnológica, en dónde es posible conocer y tener control sobre los datos ingresados y los resultados, pero no comprende el procedimiento subyacente. En ese proceso, "el código es inescrutable, porque el programa "evoluciona" y los seres humanos no pueden entender el proceso que siguió la programación para lograr una solución determinada".[41] Se habla de una "autodeterminación algorítmica" cuando se trata de "asegurar el "libre desarrollo de la personalidad", a partir de reconocer la autodeterminación informativa que se orienta a

---

[41] CORVALÁN CORVALÁN, J. G. "La primera inteligencia artificial predictiva al servicio de la Justicia: Prometea", *Diario La Ley* de 29/09/2017, Buenos Aires, http://thomsonreuterslatam.com/2017/10/la-primera-inteligencia-artificial-predictiva-al-servicio-de-la-justicia-prometea/.

garantizar el derecho a elegir —asociado a la libertad de información—, el "derecho a saber", al "conocimiento" y a la "autorregulación de la información". Sobre esta base, los Estados y la comunidad internacional, responsablemente, deben invertir y desplegar los máximos esfuerzos de toda índole, para que se pueda garantizar la autodeterminación humana frente al uso de algoritmos inteligentes. Como la IA intermedia cada vez más entre los datos/información y las decisiones de las personas, resulta indispensable proteger sus derechos a partir de promover el respeto de los principios de necesidad, finalidad, proporcionalidad y pertenencia de los datos personales".[42]

En el mencionado proceso de autodeterminación, y en relación con la opacidad tecnológica, se hace imperioso una "transparencia algorítmica"; y desde la perspectiva del derecho a la información, "la inteligencia artificial debe ser transparente en sus decisiones, lo que significa que se pueda inferir o deducir una "explicación entendible" acerca de los criterios en que se basa para arribar a una determinada conclusión, sugerencia o resultado".[43]

Como corolario de la mencionada transparencia, se ha preciso procurar mecanismos de trazabilidad algorítimca. Señala Corvalán que "la trazabilidad o rastreabilidad es la "aptitud para rastrear la historia, la aplicación o la localización de una entidad mediante indicaciones registradas" Una IA basada en un enfoque de derechos humanos debe poder explicar, paso a paso, las operaciones técnicas que realiza desde el inicio hasta el fin de un proceso determinado. Como regla, se debe garantizar la inteligibilidad y la trazabilidad del proceso de toma de decisiones de los algoritmos inteligentes".[44]

El diseño y/o implementación de los algoritmos inteligentes deben respetar el principio de no discriminación, que consiste en impedir que los sistemas de IA procesen la información o los datos bajo sesgos o distinciones frente a los seres humanos, por motivos de raza, color, sexo, idioma, religión, opinión política o de otra índole, origen nacional o social, posición económica, nacimiento o cualquier otra condición social (art. 2º, inc. 2º, Pacto de los Derechos Económicos Sociales y Culturales)".[45]

La irrupción de la nueva tecnología potencia los deberes y derechos de información, y en ese escenario, el principio protectorio se constituye en la principal herramienta de protección del consumidor, pero, principalmente, se constituye en "la regla axiológica más importante a la hora de la interpretación y aplicación del derecho".[46]

Téngase presente que, a la luz de los temores nacidos de la falta de certeza científica, surgió la idea de "precaución". Mediante ella se trata de atribuir una responsabilidad sin beneficio de la duda sobre todos aquellos que no hayan adoptado una conducta apropiada dentro de la perspectiva de anticipar, de prevenir, de neutralizar, de erradicar los simples riesgos sospechosos de daños que amenazan el futuro de nuestra civilización. Se suelen señalar dos elementos constitutivos del principio precautorio: la existencia de

---

[42] CORVALÁN, J. G (2017).
[43] CORVALÁN, J. G (2017).
[44] CORVALÁN, J. G (2017).
[45] CORVALÁN, J. G (2017).
[46] BAROCELLI, Sergio Sebastián. "Los consumidores hipervulnerables en el Anteproyecto de Ley de Defensa del Consumidor", en SANTARELLI, Fulvio G – CHAMATROPULOS, Demetrio A. (comp). *Comentarios al anteproyecto de Ley de Defensa del Consumidor: Homenaje a Rubén S. Stiglitz.* La Ley, Buenos Aires, 2019, p. 56.

un riesgo de daño grave y la ausencia de certidumbre científica en cuanto a su realidad y, por lo tanto, en cuanto a su realización.

La precaución implica un obrar del Derecho ante la duda científica: prudencia ante lo imprevisible. Siendo la prudencia del Derecho lo que encubre al principio de precaución, cabe distinguirlo de la prevención (también, manifestación de aquella prudencia). En ese sentido "la diferencia entre riesgo potencial y riesgo verificado es lo que diferencia precaución de prevención. Mientras la precaución hace referencia a un riesgo potencial, la prevención parte de considerar un riesgo comprobado. La precaución apunta a la posibilidad de que hipótesis científicamente aún no verificadas al momento de formularlas sean correctas, mientras que en la prevención el peligro es verificable, está científicamente comprobado y simplemente se trata de pivotear en torno de la probabilidad de que el accidente se efectivice. La aplicación del principio demanda un ejercicio activo de la duda. La lógica de la precaución no mira al riesgo (que releva de la prevención) sino que se amplía a la incertidumbre, es decir que se puede temer sin ser evaluado".[47]

Considerando lo antes expuesto respecto a la prudencia del Derecho de Daños, tanto desde la prevención (sea que la consideramos como verdadera función normativa fundante de la responsabilidad junto con la compensación, o desde la perspectiva de un papel secundario al sistema de responsabilidad integrando sólo el sistema de daños) como desde la precaución lo cierto es que todos los autores de la moderna civilista coinciden que la prevención en el Derecho de Daños funciona principalmente desde los subsistemas de responsabilidad y la exportación del principio precautorio desde sus cauces medioambientales hacia el sistema de la responsabilidad civil se impone.

No hay duda alguna que la prevención y precaución del daño, no solo se erigen como verdaderas funciones de la responsabilidad civil (también pasibles de ser analizadas desde la causalidad y culpabilidad como lo proponen las teorías del análisis económico del derecho)[48] sino que cumplen funciones de verdaderos principios generales de protección de la dignidad humana presente en la Propuesta de reglamento Europeo.

La protección de la persona en forma individual pero también como miembro de la colectividad o integrante de grupos pequeños se impone, y ello por cuanto *"siempre es el hombre, en forma inmediata o mediata, el destinatario de la protección"*[49] aun cuando hablamos de tutela ambiental.

En palabras de A. Mariño: "La coherencia del sistema jurídico conduce a sostener la aplicación del principio de precaución para otras clases de daños y no solo para los específicamente ambientales. Si para prevenir el daño medioambiental no es necesaria la certeza científica absoluta, entonces, tampoco se la debe requerir para la inhibición de conductas causantes de otra clase de daños de sensibilidad similar al medioambiente, como, por ejemplo, la salud humana. Existe una conexión entre la salud, el consumo

---

[47] BERGEL, S. D. *"Introducción del Principio Precautorio en la Responsabilidad Civil"* en *Derecho Privado, Libro en Homenaje a Alberto J. Bueres*. Directores A. A.Alterini y R. López Cabana, Hammurabi, Buenos Aires, 2001 p 1010.

[48] MARTÍNEZ MERCADAL, J. J. "La prudencia del Derecho de Daños: de la prevención a la precaución". *Revista Crítica de Derecho Privado* Nº 13. La Ley, Montevideo, 2016.
MARTÍNEZ MERCADAL, J. J. "Vehículos autónomos y Derecho de Daños". *Revista de la Facultad de Ciencias Económicas - UNNE*. Número 20, 2018 DOI: http://dx.doi.org/10.30972/rfce.0203267.

[49] COSSARI, M. G. *El principio precautorio como principio general para la protección humana*" Fundación Universidad Católica Argenitna, Buenos Aires, 2017, p. 158.

y el medioambiente que fundamentan la aplicación del principio precautorio en el ámbito de las relaciones de consumo para la protección de la salud de las personas y prevención de daños a la vida y la integridad psicofísica de estas".[50]

La cuarta revolución industrial, transformadora de la sociedad, ha llegado y ha invadido nuestras vidas. No se trata de enfrentar las bondades y las desventajas de la nueva tecnología en una suerte de debate sin fin, sino de abocarnos a abordar la nueva realidad y sus implicancias en la vida en sociedad; de la cual el Derecho no es más que otro producto de su cultura en un momento histórico determinado. Los sesgos humanos invaden la máquina creando comportamientos y conductas no deseadas con aptitud de vulnerar elementales derechos humanos fundamentales, lo que obliga a no perder nuca la centralidad humana y su dignidad. En ese escenario, el derecho privado debe ser parte de la solución no parte del problema.

Informação bibliográfica deste texto, conforme a NBR 6023:2018 da Associação Brasileira de Normas Técnicas (ABNT):

MARTÍNEZ MERCADAL, Juan José. Discriminación algorítmica: anotaciones sobre la protección "pro homine" y la prevención del daño desde la Propuesta Europea de Regulación de la Inteligencia Artificial 2021. In: EHRHARDT JÚNIOR, Marcos; CATALAN, Marcos; MALHEIROS, Pablo (Coord.). *Direito Civil e tecnologia*. 2. ed. Belo Horizonte: Fórum, 2022. t. II. p. 231-249. ISBN 978-65-5518-432-7.

---

[50] MARIÑO LÓPEZ, A. "Principio precautorio, protección de consumidores y obligación de informar en el Anteproyecto de Ley de Defensa del Consumidor Andrés Mariño López" en SANTARELLI, Fluvio G. - CHAMATRÓPULOS, Demetrio Alejandro *"Comentarios al anteproyecto de ley de Defensa del Consumidor. Homenaje a Rubén S: Stiglitz*. La Ley, Buenos Aires, 2019, p. 98.

EL IMPACTO DE LAS NEUROCIENCIAS Y LA INTELIGENCIA ARTIFICIAL EN LA TEORÍA GENERAL DEL CONTRATO EN EL DERECHO ARGENTINO

RICARDO SEBASTIAN DANUZZO

Los juristas deben vivir con su época si no quieren que ésta viva sin ellos.[1]

"Estas y otras cuestiones desencadenadas en el marco de la llamada "Cuarta Revolución Industrial" —en palabras del Foro Económico Mundial—[2] nos sitúan en un escenario de transformación profunda en lo que hacemos y en lo que somos.

Este cambio monumental, en esencia, responde a dos grandes fenómenos que se entrelazan. El primero es la mutación radical de las nociones de espacio y tiempo a partir del uso masivo de nuevas tecnologías de la información y de la comunicación (TIC) y el segundo son las nuevas formas de procesar datos e información, en muchas actividades que antes solo podían ser realizadas por nuestros cerebros.[3]

I Introduccion

Señalan *Mirassou Canseco y Hadad*,[4] que el mundo cambia permanentemente. Que si analizamos el último medio siglo, veremos que cada 10 años, aproximadamente, el mundo vive una gran revolución tecnológica.

---

[1] Josserand, Louis "Cours de Droit civil positif", Tomo II, vol. 1, Buenos Aires, Ediciones Jurídicas Europa-América, 1950, p. 449. Trad. de Santiago Cunchillos y Manterola.

[2] Corvalán, Juan Gustavo, "Hacia una óptima administración digital e inteligente", La Ley, 19/10/2017, cita online: AR/DOC/2784/2017; Gil, Gabriela F., "La inteligencia predictiva como herramienta de eficacia en la gestión judicial", SJA 21/11/2018, 21/11/2018, 35, cita online: AP/DOC/903/2018; Díaz, Viviana L., "Revolución industrial 4.0. ¿Destrucción o nacimiento de la fuerza laboral?", RDLSS 2017-9, 17/05/2017, 875, cita online: AP/DOC/284/2017.

[3] Corvalán, Juan G., "PROMETEA. Inteligencia Artificial para transformar organizaciones públicas", en www.dpicuantico.com, Diario Administrativo Nro. 228 - 26.02.2019.

[4] Mirassou Canseco, Carlos - Hadad, Andrés O. "Nuevo paradigma contractual: los Smart contracts" *Sup.* Esp. LegalTechII 2019 (noviembre), 11/01/2019, 49 TR LALEY AR/DOC/3578/2019.

En la década del 70 aparecieron las placas madres, en los años 80 las pc, en los 90 internet, en los 2000 los smartphones y redes sociales. Claramente en esta década la revolución la protagonizan la inteligencia artificial y los datos.

La revolución digital, en general, y la de los datos, en particular,[5] son dos de los mayores cambios de paradigma a nivel global que impactan fuerte y transversalmente en todas las actividades de nuestras sociedades.

Esto ha generado un crecimiento exponencial del volumen y del tipo de datos existentes, que son producidos a gran velocidad y en forma continua por personas consciente e inconscientemente, computadores, celulares, tablets, transacciones electrónicas y, principalmente, por el uso de Internet.

Así, muchas veces vemos que lo que era imposible ayer, probablemente mañana ya no lo sea. Hasta creemos que estamos en condiciones de afirmar que la persona que sostenga que algo no será posible tecnológicamente en algún momento, está equivocada. Surge claro, que no seremos nosotros sino la ciencia la que, tarde o temprano, terminará dándonos la razón.

El tiempo es quien pondrá en evidencia nuestras predicciones de futuro.

Señalan *Mirassou Canseco y Hadad*, que resulta imprudente pedirle a la inteligencia artificial aquello que no puede ofrecer. Pero también resulta negligente no aprovechar las posibilidades que nos ofrece.

El Derecho, señala Waldo *Sobrino*[6] al igual que la sociedad, va evolucionando en forma permanente y constante, debiendo tenerse presente que algunas verdades que ayer parecían inconmovibles, hoy han cambiado sustancialmente.

Uno de los grandes cambios viene de la mano de distintos premios Nobel de Economía, como Daniel *Kahneman*, George *Akerlof*, Robert *Shiller*, Richard *Thaler*, Joseph *Stiglitz*, etc., que nos brindan un enfoque totalmente novedoso que señala, entre muchas cuestiones, que la persona contratante (v.gr., consumidor, asegurado, etc) no es un "ser racional" como se nos había enseñado, sino que es un "ser emocional" (que a veces razona), como en nuestro país también explican Daniel López Rosetti y Facundo Manes.

Ello tiene que producir grandes cambios estructurales en los fundamentos del derecho, dado que en el siglo XXI se ha demostrado la inconsistencia científica de muchas de las bases sobre las cuales se sustentaban varias de las premisas legales desde hace siglos.

Otra cuestión que complementa lo antes expuesto y que profundiza los grandes cambios son los importantes avances científicos que nos están brindando las *neurociencias*, dado que mediante modernos estudios del derecho *in vivo* se están produciendo descubrimientos que echan por tierra muchos de los axiomas tradicionales.

Como si todo ello fuera poco, está haciendo aparición en forma disruptiva la *inteligencia artificial*, que nos obliga a repensar cuestiones del pasado y tratar de vislumbrar temas del futuro, de situaciones absolutamente novedosas, como quizás nunca había sucedido en la historia.

Y, como complemento de todo ello, también a nivel internacional, ya están utilizándose los denominados "contratos inteligentes" (*Smarts contracts*), que nos

---

[5] Sosa Escudero, Walter, Big Data, 3ra Ed, Editorial Siglo Veintiuno, Buenos Aires, 2019.
[6] Sobrino, Waldo "Contratos, neurociencias e inteligencia artificial" Editorial Thomson Reuters - LA LEY – Año 2020.

exigen analizar el tema en profundidad, con la finalidad de estudiarlos con el objetivo de proteger a los más débiles y vulnerables (v.gr., los consumidores).

Varias de estas ofertas seguramente ya las conocemos porque, aunque cueste procesarlo y hasta a veces pase desapercibida, vivimos rodeados de inteligencia artificial: desde correctores ortográficos, diccionarios predictivos, reconocimiento facial y reconocimiento de la huella dactilar en nuestros móviles, hasta la predicción de nuestros gustos personales que hacen las redes sociales a través del almacenamiento de nuestros patrones de búsqueda y visitas. ¿Quién no se sorprendió porque "mágicamente" el producto que buscábamos hace horas nos aparece como publicidad en todos los sitios?

Sí, es estremecedor el control ideológico que se tiene sobre nosotros, pero está ahí y es una realidad que lejos de acompañarnos ya nos ha sacado kilómetros de distancia. Y, si somos sinceros, tampoco podemos negar la comodidad que ello nos brinda.

Nos hemos acostumbrado a vivir sin saber cómo funcionan las cosas que utilizamos a diario. Es más, en este momento muy probablemente ni nosotros, ni los lectores de este artículo, entendamos plenamente cómo funciona la computadora que se utiliza diariamente para trabajar, menos todavía el celular que llevamos con nosotros.

Sin embargo, la comodidad que nos ofrecen, como dijimos, es innegable. Cuando queremos saber algo, ya no es necesario recurrir a la biblioteca como años atrás; en pocos segundos abrimos algún buscador de internet y obtenemos millones de archivos que se vinculan con nuestro patrón de búsqueda.

Con todo ello no queremos ubicarnos en una posición híper-entusiasta respecto de la inteligencia artificial, porque tal como lo ha dicho el juez Oliver W. Holmes, probablemente el jurista más influyente en toda la historia de los Estados Unidos, "la vida del Derecho no ha sido sólo lógica, sino también experiencia" y a pesar de que esto muestre un paradigma muy contradictorio con lo que se intenta exponer, nos ayuda a abrir el campo de visión siempre que la entendamos como una herramienta para guiar y facilitar el desarrollo del derecho.

Es una herramienta innegablemente útil. A mayor cantidad de datos, más posibilidades de relacionarlos y por lo tanto de obtener mejores resultados.

Aunque haya poca doctrina y bibliografía nacional al respecto, sin desconocer el crecimiento exponencial en el último año, es una necedad pensar que la utilización de la inteligencia artificial no está cambiando de manera paradigmática el pensar jurídico contemporáneo. Su uso ya traspasó la barrera de los buscadores de jurisprudencia, de legislación, de la implementación de los sistemas informáticos en juzgados, en la preselección de modelos de escritos, etc. Y si algo debemos tener claro, es que la inteligencia artificial llegó para quedarse.

II Las neurociencias y la economia del comportamiento

Si bien la economía del conocimiento viene desarrollándose desde la década del 70, con los primeros estudios realizados por Daniel *Khneman* y Amos *Tvesky*,[7] hace

---

[7] KAHNEMAN, Daniel, *Pensar rápido, pensar despacio*, Penguin Random House, Buenos Aires, 2018, "Introducción ", acápite "Orígenes", donde el autor narra que conoció a Amos Tversky en 1969, cuando lo invitó a disertar en un seminario que se realizaba en el Departamento de Psicología de la Universidad Hebrea de Jerusalén, pag. 15.

alrededor de diez años se comenzó a realizar un estudio sistemático en conjunto con la *neurociencias*.

A uno de los pilares de la *economía del comportamiento*, como es el referido a la *toma de decisiones* de las personas, en especial, con el *sistema 1 y el sistema 2*, es que se han agregado las investigaciones derivadas de la *neurociencias*, que permiten analizar los procesos neurológicos que realizan las personas.

De esta forma, se generó lo que algunos denominan *neuroeconomia*, de forma que se puede analizar en forma conjunta la *economía del comportamiento con la toma de decisiones de las personas y la neurociencia*.[8]

Ello implica un nuevo avance en el estudio tradicional de la economía, dado que lugar de realizar los análisis mediante inferencias y modelos teóricos de las personas es que, por medio de la neurociencias, se tiene acceso directo y experimental a los diferentes procesos y estructuras cerebrales.[9]

Incluso, se señala que la neuroeconomia "...utiliza herramientas de las matemáticas como la elaboración de modelos para crear proyecciones y predecir conductas...".[10]

Como consecuencia de ello es que algunos autores ven a la neuroeconomia como un paso más, donde se conjugan los estudios de la economía del comportamiento más la neurociencia, con la finalidad de estudiar los procesos del cerebro de las personas, donde se van a tener muy presente los aspectos emocionales[11] (que antes casi eran dejados de lado, pensando en el arquetipo de homo economicus de la economía tradicional.[12]

III Neurociencias y derecho

Con la visión propia de los sabios, que tienen una mirada omnicomprensiva, en 1989, nuestro admirado Carlos *Ghersi*,[13] en el primer párrafo de su obra *Reparación de daños* ya profetizaba respecto de "...la necesidad del auxilio de otras disciplinas..." como la sociología y la psicología, dado que "...la labor interdisciplinaria es ya un hecho incuestionable...".

En estos días, treinta años después, tratando de continuar con el pensamiento que dejó el Profesor Ghersi realizaremos un acercamiento del *derecho* a las *neurociencias*.[14]

---

[8] MANES, Facundo – NIRO, Mateo, El cerebro..., cit., cap. 7 "Futuro nuestro", acápite "Las claves del cerebro económico", pag. 437.

[9] "El derecho no es la única cosa que nos condiciona cuando actuamos", Diario Judicial del 1/4/2016, entrevista realizada por Matías Werner al Prof. Iván Reidel, director del Programa de Derecho y Neurociencias de la Universidad Di Tella.

[10] AROCENA, Gustavo – BALCARCE, Fabián – CESANO, José, Derecho penal..., cit., cap. I, acápite 12), subcápite b), donde explican que la neuroeconomia "...relaciona la toma de ciertas decisiones con la activación de estructuras cerebrales específicas..."; agregando "...y más aún, asocia patrones de activación de decisiones 'emocionales', 'impulsivas' o 'racionales' de los sujetos...", pág. 51.

[11] ARIANO, Chiara, "Reflexiones sobre el neuroderecho", Vos Juris, vol. 32, nro. 2, Lima, 2016, donde explica que el objetivo de la "neuroeconomia" es "...aplicar los modelos de economía cognitiva y experimental al estudio de la mente...", pags. 101-106.

[12] ACCIARRI, Hugo, "De 'análisis económico del derecho' a 'derecho, economía y comportamiento'. Por qué renovar (y ampliar) la denominación", LL del 31/5/2018.

[13] GHERSI, Carlos, Reparación de daños, Universidad, Buenos Aires, 1989, cap. I "Palabras preliminares", acápite 1 "La necesidad del auxilio científico de otras disciplinas", pag. 19.

[14] MANES, Facundo – NIRO, Mateo, El cerebro..., cit, cap. 7, acápite "Neurociencias y derecho", pag. 429.

La estrecha relación entre neurociencias y derecho[15] puede ser muy fructífera, dado que este nuevo enfoque puede aportar muchas cuestiones de gran importancia para comprender las acciones de las personas.[16]

Por un lado, no hay que caer en un determinismo absoluto, donde se piense que mediante las neurociencias se pueden llegar a predecir con exactitud las conductas de todas las personas.[17]

Y, por otro lado (y quizás más difícil para los hombres de derecho), es que reconozcamos que el derecho no es el centro del universo, ni que vive y se desarrolla en forma independiente a otras ciencias.

Al contrario, en derecho somos muy proclives a las ficciones legales, que a veces se pueden utilizar para encontrar ciertas soluciones a problemas o cuestiones determinadas.

Pero vamos a tener que reconocer que si otras ciencias nos indican que los presupuestos o las ficciones legales están equivocadas, se va a tener que asumir, humildemente el error de las normas o que la ciencia actual nos está brindando respuestas a cuestiones que antes desconocíamos.

Es que como muy bien señala Juan Carlos Palmero. "...la neurociencia proyecta sus efectos sobre la totalidad de las ramas o disciplinas del derecho, tanto público como privado...", agregando luego "...no quedando en consecuencia espacio capaz de permanecer libre a una traslación importante de sus diversos avances y comprobaciones empíricas sobre el cerebro y el funcionamiento general del encéfalo...".[18]

Con las salvedades antes expuestas, ahora corresponde señalar que fructífera vinculación e interferencia entre neurociencia y derecho puede tener aplicación para analizar temas tan disímiles como: 1) *El análisis del libre albedrío vs. El determinismo; 2) La memoria y la finalidad de los testigos en las declaraciones judiciales; 3) La imposición de penas; 4) La eficiencia de las normas legales; 5) La eficacia de los procesos judiciales; 6) El funcionamiento de los tribunales (neuromanagement); 7) La objetividad e imparcialidad de los jueces; 8) La producción de pruebas periciales basadas en las neurociencias; 9) La imputabilidad de los acusados; 10) La asunción de riesgos; 11) El análisis del discernimiento, la intención y la libertad en los actos jurídicos; 12) Las expectativas de los consumidores; 13) La determinación de los daños cerebrales; 14) La cuantificación del daño psíquico; 15) El establecimiento del sufrimiento (específico) en el daño moral; 16) La predicción de conductas futuras de los criminales; 17) El análisis concreto de la justicia adolescente; 18) El estudio del neuromarketing y su aplicación a los consumidores; 19) La prevención de accidentes de tránsito; 20)* Las nuevas maneras eficientes del deber de *información,* consejo y advertencia, etcétera.

Así, entonces, más adelante iremos analizando algunas de estas cuestiones, intentando estudiar los aportes específicos que la neurociencia puede realizar al Derecho, tratando, por un lado, que la vinculación de ambas vertientes sea considerada

---

[15] GÓMEZ PAVAJEAU, Carlos A., Neurociencias y derecho, 2ª reimpr., Nueva Jurídica, Bogotá, 2016, cap. I "Neurociencias y derecho", pag 91 y ss.

[16] PEÑA, CARLOS, Jhonatan S., "Neurociencia y derecho...", cit., cap., II "Neurociencia y derecho", pág. 60.

[17] MANES, Facundo, "Prólogo", en PASTOR, Daniel –ROCA, María (dirs), Neurociencias y derecho I, Hammurabi, Buenos Aires, 2019, donde explica que "...Neurociencias y Derecho debieran trabajar nutriéndose mutuamente, sin generar relaciones de una sola vía donde una afecte a la otra sin un diálogo que filtre la relevancia de una en otra...", pag. 8.

[18] PALMERO, Juan Carlos, "Derecho y neurociencia", Anales de la Academia de Derecho y Ciencias Sociales de Córdoba IJ-XDII-833, del 1/6/2013.

adecuadamente y -por otro lado- tenido presente que son dos disciplinas distintas (aunque interdependientes).

IV Contratos inteligentes o *smartscontracts*

En este capítulo analizaremos los contratos *inteligentes* (*smart contracts*) que es un tema que viene abriéndose camino con mucha fuerza en el mundo de los negocios y muy en particular en el ámbito del derecho.

Muchos doctrinarios ven a estos *contratos inteligentes* como uno de los mejores avances de las últimas épocas, señalando que van a brindar una gran cantidad de ventajas en el ámbito comercial y colaborando sustancialmente para el fomento del comercio en todos sus niveles.

Señala *Sobrino*[19] que en 1994 el jurista y criptógrafo Nick *Szabo* fue el primero en hablar de los *smart contracts*, resaltando la gran importancia que iban a tener en un futuro y explicando que a uno de los orígenes se podría encontrar en una especie de contrato inteligente rudimentario, como eran las maquinas expendedoras de bebidas.

En efecto, el ejemplo de *Szabo* sirve para tratar de explicar su funcionamiento de un *contrato inteligente*, donde una persona inserta una moneda y elige una de las bebidas. luego, la maquina, en forma automática, sin participación de un ser humano, establece si tiene dicha bebida, de forma tal que, en caso positivo, la expande, pero en caso negativo devuelve el dinero (entrega el cambio en algunos casos, cuando corresponda).

A pesar de que su nombre da indicios acerca de qué se tratan, para entender qué son realmente y cómo funcionan es necesario realizar una explicación más profunda y técnica, la cual se intentara desarrollar a continuación, debido a que nuestro derecho todavía no los contempla expresamente ni contamos con precedentes judiciales que ayuden al respecto.

Los contratos inteligentes se pueden definir como programas informáticos que facilitan, aseguran, hacen cumplir y ejecutan acuerdos registrados entre dos o más partes (personas físicas o jurídicas). Son algoritmos que operan con la característica principal de no poder ser controlados por ninguna de las partes y de ser autoejecutables, es decir, su ejecución se encuentra automatizadas.

V Su funcionamiento

El tema no es tan complejo como aparenta. A modo de aproximación intentaremos brindar una breve explicación.

El programa funciona con líneas de código de programación de las conocidas como if-then o if then else. Esta función resulta útil para crear una variedad de elementos calculados de distintas maneras para filtrar, agrupar y volver a rotular, excluir o segmentar los resultados. Si se usa if then else, se tiene que proporcionar un elemento o condición que sirva para probar y ciertos valores que sirvan para reflejar los resultados dependiendo si la expresión se cumple o no.

---

[19] Sobrino, Waldo "Contratos, neurociencias e inteligencia artificial" Editorial Thomson Reuters - LA LEY – pag. 325, Año 2020.

Esta expresión puede definirse de dos maneras:[20]
- IF (condición booleana, es decir, que solo admite dos respuestas posibles) THEN (valor verdadero) ELSE (valor falso) ENDIF: el resultado devuelto dependerá de si la condición se cumple o no.
- IF (condición booleana) THEN (valor verdadero) ENDIF: el resultado devuelto siempre será el resultado verdadero. Si eliminamos el "ELSE" los resultados se filtran. Si la expresión condicional no se cumple, el resultado estará vacío.

La verificación de que la condición preestablecida no se realizará también producirá consecuencias. En efecto, la no concurrencia de las condiciones prefijadas se suele incluir en el término else, de manera que desencadenará una acción distinta; por ejemplo, la devolución del dinero anticipado depositado en una cuenta.

Es como si fuera un sistema de respuesta predeterminadas y automáticas, si ocurre "A" entonces sucede "Y", pero la diferencia radica en que se realiza de una manera que interactúa con activos reales. Es decir, dos partes o más —probablemente a través de sus abogados— se ponen de acuerdo en las cláusulas que los obligarán, arman el programa en base a ello y lo suben al sistema blockchain —probablemente con la ayuda de un programador—; a partir de ahí, el contrato se encarga de ir analizando las condiciones, ejecutando un algoritmo u otro, dependiendo de lo que vaya aconteciendo.

Si bien normalmente también se componen de una interfaz de usuario y a veces emulan la lógica de las cláusulas contractuales, cuando se dispara una condición preprogramada, no sujeta a ningún tipo de valoración humana, el contrato "inteligente" ejecuta la cláusula contractual correspondiente de manera automática.

Un factor interesante se presenta en la búsqueda de información externa.

Aquí aparece el concepto de oráculo, antes mencionado. Es la herramienta informática que le permite al smart contract autoejecutarse al verificar previamente cierta información —por ejemplo, precios oficiales de divisas, cotización de acciones, información de la torre de control sobre el despegue de los vuelos en el ejemplo arriba mencionado, resultado de algún partido deportivo en donde se hayan realizado apuestas, etc.—. Vemos un claro inconveniente en esta "tercerización" de la información porque para ello siempre habrá que recurrir a una fuente (tercero) externa y por lo tanto un intermediario por fuera de la blockchain, perdiendo así parte de la confianza tan publicitada. Claramente que esta es una cuestión que pulir y de ello se han hecho eco algunas empresas.

Sobrino[21] señala que contratos inteligentes, sencillamente son procesos informáticos autoejecutables.

En efecto, la *gran novedad* de este tipo de instrumento es que es autoejecutable, sin que sea necesaria la participación de los seres humanos, de manera tal que si se produce alguna de las *condiciones*, por ejemplo puede ser el pago de cuota, o que ocurra algún acontecimiento, etc., es que en forma automática el proceso informático cumplirá con las instrucciones del programa.

---

[20] Cf. Puterbaugh, The future of contracts: automation, blockchain, and smart contracts, número 34, diciembre 2016, pag. 50, citado por Mirassou Canseco, Carlos - Hadad, Andrés O.(Obra citada nota al pie Nº 5).

[21] Sobrino, Waldo "Contratos, neurociencias e inteligencia artificial" Editorial Thomson Reuters - LA LEY – pag. 327, Año 2020.

VI Su principal característica

Estos tipos de contratos fueron creados con el objetivo de brindar una seguridad superior al contrato tradicional y reducir costos de transacción asociados a la contratación, como los relacionados con la ejecución por incumplimiento.

Esa característica distintiva llamada "autoejecución" es la que lo dota de ciertas particularidades que lo diferencian cabalmente de los contratos tradicionales.

Las partes acuerdan que el contrato se vaya ejecutando directamente según el cumplimiento o no de lo pactado y sin necesidad de terceros.

En este sentido, no debemos olvidar que nos encontramos ante un algoritmo o "código informático" que existe en una cadena de bloques compartida, con la característica de no poder ser modificada por las partes.

Así, la posibilidad de ejecutar las obligaciones adquiridas en un acuerdo contractual sin la necesidad de recurrir por vía jurisdiccional a que un juez obligue al deudor moroso al cumplimiento de lo contratado seguramente cambiará de manera radical la forma en que concebimos la ejecutabilidad de las obligaciones en los acuerdos contractuales.

En otras palabras, se lograría superar la barrera impuesta de la monopolización del Derecho por parte del Estado permitiendo una administración de justicia más efectiva, especialmente en relación con la velocidad de la ejecutabilidad inmediata del contrato incumplido, gracias a que los ciudadanos se han autorregulado y confiado en un tercero descentralizado para asegurar el cumplimiento de los acuerdos a los que han llegado.

En conclusión, los smart contracts y, en general, las tecnologías que habilitan la descentralización de los medios de producción y/o del poder de coerción, proveen su mayor beneficio al descongestionar las funciones que tradicionalmente solo estaban permitidas al Estado; sin duda alguna, algo que nos vendría muy bien en nuestro país.

VII Ventajas y desventajas

Como todo, cuenta con sus ventajas y desventajas. No obstante, hay que señalar que al estar en permanente desarrollo se continúa trabajando para optimizar su funcionamiento al máximo.

Como ya se dijo, todo este tipo de tecnología con capacidades de autogestionarse nos habilita a una descentralización, especialmente a la hora de solucionar conflictos que surgen de los incumplimientos, totales o parciales, de negocios. Esa delegación históricamente realizada al estado, bajo la fuerza de la función jurisdiccional, es "tercerizada", ante terceros privados, que tratan de brindarnos todas las herramientas necesarias para protegernos como consumidores, y vendedores.

De esta manera, los smart contracts lograrían superar la barrera impuesta de la monopolización del Derecho ahorrando tiempo y dinero, ya que no se deberá pagar escribanos, gastos de procesos judiciales y todo lo vinculado a costas judiciales, etcétera.

Otra ventaja que trae aparejada es que, al ser un contrato digital que funciona en la Blockchain, es prácticamente imposible de modificar o destruir, lo cual traduce su alto grado de seguridad.

Esta inalterabilidad de la información allí contenida es a prueba de errores, toda vez que todos los "libros" deben contener exactamente la misma información para que una transacción sea válida. De esta manera si alguien quisiera alterar la integridad de la cadena, deberá hacerlo en todos los equipos de forma simultánea.

Algunos o todos los términos de un acuerdo propuesto en lenguaje natural podrían ser traducido al código o codificado en lenguaje de scripting directamente.

El código podría ser ventajoso al redactar ciertas cláusulas operacionales (por ejemplo, cláusulas de pago) en los acuerdos legales; y si bien es cierto que es más limitado que el lenguaje natural, no es menos cierto que proporciona menos espacio para la ambigüedad, por lo que podría decirse que mientras que el código de computadora está sujeto al error humano, está mucho menos sujeto a incertidumbre.

Desventajas:

Por otro lado, y como todo en realidad, este tipo de programas también tienen ciertas desventajas, o más bien obstáculos que superar.

Como se sabe, la automatización de este tipo de procesos, y la industria en general, vienen acompañado de una problemática vinculada al desempleo, o podemos definirlo en mejores términos, y al decir de los autores Cevasco y Corvalán "una nueva configuración en la división de tareas ya que será inevitable que en esta oleadas tecnológicas deje afuera ciertas tareas tradicionales realizadas por personas, y dependerá también del estado el aprovechar la potencialidad de su población para orientarla laboralmente a todo ese sector que todavía no ha sido explotado (como puede ser, la programación).

También encontramos ciertas desventajas cuando miramos las tecnologías de las que se vale, esto es, IoT y blockchain. Mientras que el IoT puede permitir una verdadera vinculación con activos reales, lo cierto es que aún le queda un largo camino en seguridad. Los dispositivos IoT son fácilmente hackeables, algo que grandes empresas ya se han unido para solventar.

En este sentido, en segundo lugar, debe decirse que surgen contingencias novedosas, como por ejemplo que —en tanto las transacciones son irreversibles— un error o un contrato inteligente mal programado pase a bloquear eternamente los fondos recibidos Aquí cabe mencionar que también existen limitaciones en su "redacción", las cuales lógicamente se traducirán en una incompleta determinación del código, el cual nunca podrá capturar el dinamismo del mundo real, siendo inimaginable que algún contrato, del tipo que sea, refleje la totalidad de las eventualidades que pueden suceder.

Podemos sumar que a pesar de que la inmutabilidad del contrato sea un punto a favor en cuanto a seguridad, ello puede convertirse en una desventaja ante distintas eventualidades, ya que en muchas ocasiones puede haber agentes externos que puedan alterar el acuerdo por alguna razón, por ejemplo, casos fortuitos o de fuerza mayor.

A pesar de que se está trabajando en una blockchain con la posibilidad de ser modificada, esto quitaría el aspecto más beneficioso de esta, ya que al permitir dicha acción podría facilitar los ataques informáticos para alterarla. Sin embargo, dependiendo de cómo sea implementado el sistema, creemos que podría funcionar. Por el momento esto no parece algo posible.

Por último, también podemos apuntar el gran obstáculo que supone crearlos. Los smart contracts tienen un grave problema con respecto a su elaboración, ya que es necesario contar con formación sobre informática para poder programarlos. Ello torna necesario recurrir a personas que contengan dichos conocimientos y, además, también sepan sobre leyes.

Un cambio más que interesante para las clásicas carreras de abogacía que apoyan su currícula en el derecho decimonónico.

No obstante, muchos proyectos como Ethereum han dado la posibilidad de crear los contratos con mayor facilidad y a través de una interfaz más amigable. Aunque a la vez cabe señalar nuevamente que esta tecnología cuenta con pocos años en la práctica, por lo que posiblemente en un futuro crear un contrato inteligente sea tan fácil como hacer un blog en la actualidad.

VIII El impacto de las neurociencias y la inteligencia artificial en la teoría general del contrato

Claramente, nos encontramos ante un gran desafío en lo que refiere a su encuadre o calificación jurídica y al impacto que tiene en la teoría general del contrato en el derecho argentino.

Los smart contracts plantean varias cuestiones que deben analizadas desde la óptica del derecho argentino. Nuestro derecho no los contempla, ni contamos todavía con precedentes judiciales que ayuden demasiado al respecto. Pero la normativa general de contratos sí que aporta criterios para verificar si un smart contract puede tener validez jurídica y capacidad de ser legalmente exigible.

Nuestro sistema legal reconoce la autonomía de las partes para alcanzar acuerdos legalmente exigibles y contratar libremente en los términos que consideren, siempre que se cumplan las exigencias básicas del derecho de contratos, tanto en que su contenido sea un objeto lícito, como en el modo de formalizarlos.

Es imprescindible que no contravenga normas legales imperativas o indisponibles en la terminología delo Codigo Civil y Comercial de la Nación, que exista de consentimiento válido de las partes, y que obedezca a una causa lícita —no cabría dar eficacia jurídica, por ejemplo, a un smart contract que tenga por objeto una transferencia de activos de tráfico prohibido

Los smart contracts, al estar basados en blockchain también suponen retos para su eficacia legal.

Señalan *Mirassou Canseco y Hadad*[22] que la Blockchain —como sistema de registro— cumple perfectamente con el concepto de "documentos digitales con firmas electrónicas", incorporados en nuestro derecho por los arts. 5º y 6º de la ley 25.506 de Firma Digital. También resulta evidente que si bien estos sistemas parecieran tener una aplicación inmediata para las personas privadas que quieran registrar distintos aspectos de las relaciones contractuales entre ellos, la situación se torna un poco más compleja en lo que hace a los registros públicos.[23]

---

[22] Mirassou Canseco, Carlos - Hadad, Andrés O. "Nuevo paradigma contractual: los smart contracts" Sup. Esp. LegalTechII 2019 (noviembre), 11/01/2019, 49 TR LALEY AR/DOC/3578/2019.

[23] Mora, Santiago J., "La tecnología blockchain. Contratos inteligentes, ofertas iniciales de monedas y demás casos de uso", La Ley 01/04/2019, cita online: AR/DOC/537/2019.

Incluso la Ley N° 27446, en su art. 10, consagra una presunción iuris tantum: "Cuando un documento electrónico sea firmado por un certificado de aplicación, se presumirá, salvo prueba en contrario, que el documento firmado proviene de la persona titular del certificado".

Por otro lado, se ha dicho que a los contratos inteligentes no les importa si la ejecución puede resultar injusta ni tampoco importan los hechos o los comportamientos sociales efectivos en torno a ellos. En el mismo sentido, dado que una vez que se activan los contratos inteligentes las partes pierden control sobre su ejecución y no se pueden dejar de cumplir, deberá analizarse cómo se conjuga ello con el régimen de vicisitudes de los contratos, entre otras cuestiones.[24]

En cuanto a la voluntad de las partes intervinientes, un smart contract formalizado exclusivamente en código informático y registrado en la cadena de bloques puede suscitar dudas en cuanto a la validez del consentimiento contractual en contrataciones masivas, cuando no sea posible acreditar que todas las partes intervinientes en la formalización son expertas en ese lenguaje de programación, o que aun no siéndolo se ha formulado también en lenguaje natural o que ha sido efectivamente comprendido.

Una situación diferente se configurará cuando el contrato refleje operaciones o relaciones de consumo. Así, en muchos contratos inteligentes una de las partes será predisponente, siendo múltiples las ocasiones en las que la otra parte ostentará, además, la condición de consumidor o usuario. En estos casos, a la habitual posición de desventaja que se hace patente en los contratos de adhesión o de consumo tradicionales se suma el usual desconocimiento de las tecnologías sobre las que se construye y las particularidades de la ejecución automática. De esta manera, existirá en el caso un especial deber de información, base fundante del derecho al consumidor, elevado como derecho a la máxima jerarquía jurídica en el Art. 42 de la Constitución Nacional.

Se ha dicho ya que la confianza es un principio general del Derecho que atraviesa todas las ramas jurídicas, y que en el actual Código Civil tiene su mayor consagración en el artículo 1067 del Código Civil Argentino y en aplicaciones específicas en determinados institutos:

"'La protección de la confianza' es una regla de interpretación debe proteger la confianza y la lealtad que las partes se deben recíprocamente, siendo inadmisible la contradicción con una conducta jurídicamente relevante, previa y propia del mismo sujeto".

Señala *Weingarten*[25] No obstante, en dicha aplicación debemos diferenciar los vínculos jurídicos de igual poder negocial de aquellos que no se celebran en igualdad de condiciones (contratos de adhesión y/o de consumo), que es donde el principio de confianza adquiere una mayor intensidad y fundamento en los comportamientos.

Asimismo, pueden presentarse conflictos los Smart contracts que no se concluyan entre personas físicas o jurídicas, sino directamente entre computadoras o entre cosas —PC, heladera, dispositivos móviles, aire acondicionados, etc.— conectadas a través

---

[24] Morell Ramos, Jorge, "Smart contracts: teoría, práctica y cuestiones legales", publicado el 21/09/2016 en www.terminosycondiciones.es, citado por Mora, Santiago J., "La tecnología blockchain. Contratos inteligentes, ofertas iniciales de monedas y demás casos de uso", La Ley 01/04/2019, 1; cita online: AR/DOC/537/2019.

[25] Weingarten, Celia "El principio de confianza en el Código Civil y Comercial ", Editorial Rubinzal – Culzoni, Año 2020, pág. 61.

del IoT o "internet de las cosas". Un ejemplo de esto: una heladera "comprueba" la falta de manteca y "emite" una "orden de compra" al supermercado que a su vez remite la manteca al domicilio del propietario de la heladera.[26]

Obviamente la ley únicamente admite la contratación entre personas, así que a efectos legales siempre habrá que buscar quién es la persona física o jurídica bajo cuyo control actúa el dispositivo o agente, y a quien se atribuirán las obligaciones y responsabilidades pertinentes.

Y, aunque uno de los elementos diferenciales que se asocia a las tecnologías blockchain es la fiabilidad de transacciones entre partes que no se conocen en un entorno sin intermediario centralizado, habrá que ver desde el punto de vista probatorio si, en caso de litigio, los tribunales consideran que se han generado evidencias suficientemente sólidas de la identidad de las partes, del consentimiento sobre el contenido de lo acordado, y de la fecha y hora; aunque estas cuestiones serían menores en los casos de smart contracts utilizados en blockchains privadas.

Estando en presencia de un contrato, se aplican las reglas generales en cuanto a la capacidad, objeto, causa, efectos, que están en cada sistema legislativo.[27] Señala *Lorenzetti*[28] que el principio jurídico aplicable es el de "no discriminación", es decir que tienen vigencia las reglas generales sin que pueda invocarse la sola presencia del medio digital para desecharlas.

La voluntad de los contratantes se expresa por el medio electrónico, lo que significa que la declaración negocial es trasmitida mediante algoritmos que se dirigen a un receptor que los recibe y desde el cual comunica su aceptación. Ello produce una gran despersonalización, ya que el emisor de la voluntad de contratar es un sujeto que puede no ser el dueño de la computadora, ni quien la utilice en el momento concreto.[29] La regla general puede enunciarse diciendo que, quien utiliza el medio electrónico y crea una apariencia de que el mismo pertenece a su esfera de intereses soporta los riesgos y la carga de demostrar lo contrario. Esta regla se complementa con deberes colaterales que se imponen a las partes, como el de informar sobre el medio utilizado para comunicarse, el de utilizar un medio seguro.

Aunque se identifique al autor, existen riesgos en la emisión de la declaración ya que puede ser adulterada, cambiada, borrada, captada por un tercero o enviada por un desconocido. Para ello, la declaración se considera conocida cuando entra en la esfera de control del receptor, y existe una carga de auto información y de custodia a cargo del sujeto identificado como titular.

El contrato celebrado por medios electrónicos presenta características diferentes respecto del modelo clásico. Por esta razón hay efectos particulares: la posibilidad de imputar la declaración al computador, en forma objetiva; la posible irrelevancia de los estados subjetivos, como el error, el dolo o la violencia, casi imposibles de probar.

---

[26] Granero, Horacio R., "Los contratos inteligentes y la tecnología 'blockchain'", en El Dial de fecha 07/03/2018.
[27] GAGO, Fernando, Contrato en internet. Legislación nacional. Aspecto intrínseco. Capacidad. Objeto y consentimiento, en L. L. del 7-2-2000.
[28] Lorenzetti, Ricardo Luis TRATADO DE LOS CONTRATOS (Parte General) Tercera edición ampliada y actualizada con el Código Civil y Comercial de la Nación, Editorial RUBINZAL-CULZONI, pag. 85, año 2018.
[29] DALL' AGLIO. Eduardo. El consentimiento y los vicios de la voluntad en los contratos concluidos por computadora, en Revista del Colegio de Abogados de Buenos Aires. T. 49, Nº 1, pag. 81.

El Código Civil y Comercial no se ocupa, por razones obvias, de la totalidad del fenómeno de la contratación electrónica, sino del régimen jurídico de los contratos celebrados a distancia (Arts. 1105 y ss.).

Al margen de ello, el Código consagra, en diferentes normas, una verdadera apertura a las nuevas tecnologías. Tal es el caso de la manifestación de la voluntad a través de medios electrónicos:

a) La expresión escrita puede tener lugar por instrumentos públicos, o por instrumentos particulares firmados o no firmados, excepto en los casos en que determinada instrumentación sea impuesta. Puede hacerse constar en cualquier soporte, siempre que su contenido sea representado con texto inteligible, aunque su lectura exija medios técnicos (Art. 286, Código Civil y Comercial de la Nación).

b) Se regula lo atinente a la categoría de los instrumentos particulares no firmados que comprende todo escrito no firmado, entre otros, los impresos, los registros visuales o auditivos de cosas o hechos y, cualquiera que sea el medio empleado, los registros de la palabra y de información (Art. 287 del Código Civil y Comercial de la Nación).

c) En materia de firma se dispone que en los instrumentos generados por medios electrónicos, el requisito de la firma de una persona queda satisfecho si se utiliza una firma digital, que asegure indubitablemente la autoría e integridad del instrumento (Art. 288 del Código Civil y Comercial de la Nación).

d) Se regula que la correspondencia, cualquiera sea el medio empleado para crearla o trasmitirla, puede presentarse como prueba por el destinatario (Art. 318 del Código Civil y Comercial de la Nación).

e) Con relación a los instrumentos particulares se establece que el valor probatorio debe ser apreciado por el juez ponderando, entre otras pautas, la congruencia entre lo sucedido y narrado, la precisión y claridad técnica del texto, los usos y prácticas del tráfico, las relaciones precedentes y la confiabilidad de los soportes utilizados y de los procedimientos técnicos que se apliquen.

f) Se consagra una regla general conforme a la cual, siempre que en el Código o en leyes especiales se exija que el contrato conste por escrito, este requisito se debe entender satisfecho si el contrato con el consumidor o usuario contiene un soporte electrónico u otra tecnología similar (Art. 1106 del Código Civil y Comercial de la Nación).

Está claro, que al asesorar sobre la utilización de smart contracts, se deberá trabajar mano a mano con ingenieros y expertos en programación de software para poder trasladar los esquemas legales a algoritmos que den lugar a estructuras transaccionales autoejecutables y que a la vez resulten legalmente exigibles.

Sin lugar a duda, todo ello hace de esta novedosa figura un desafío apasionante, no solamente para los profesionales sino, primordialmente para las Universidades que deberán revisar el contenido de la currícula, en particular la manera de enseñar los contratos y las obligaciones, para adecuarla a las exigencias actuales de regulación de estas novedosas formas negociales; como así también para el Poder Judicial que deberá enfrentarse con esta realidad al tener que interpretar el contenido y alcance de este tipo de institutos.

Informação bibliográfica deste texto, conforme a NBR 6023:2018 da Associação Brasileira de Normas Técnicas (ABNT):

DANUZZO, Ricardo Sebastian. El impacto de las neurociencias y la inteligencia artificial en la teoría general del contrato en el Derecho Argentino. In: EHRHARDT JÚNIOR, Marcos; CATALAN, Marcos; MALHEIROS, Pablo (Coord.). Direito Civil e tecnologia. 2. ed. Belo Horizonte: Fórum, 2022. t. II. p. 251-264. ISBN 978-65-5518-432-7.

PARTE III

DIREITOS FUNDAMENTAIS, PRIVACIDADE E PROTEÇÃO DE DADOS

CONTRADITÓRIO E AMPLA DEFESA NA EXCLUSÃO DE PERFIS E PUBLICAÇÕES POR PROVEDORES DE REDES SOCIAIS VIRTUAIS: NOTAS SOBRE A EFICÁCIA HORIZONTAL DE DIREITOS FUNDAMENTAIS NO CONTEXTO VIRTUAL

RODRIGO DA GUIA SILVA

MARCELA GUIMARÃES BARBOSA DA SILVA

1 Introdução

"Alguém devia ter caluniado a Josef K., pois sem que ele tivesse feito qualquer mal foi detido certa manhã".[1] O excerto escrito por Franz Kafka, mesmo antes do surgimento das *redes sociais virtuais*,[2] enquadra-se com exatidão ao microcosmo *on-line*

---

[1] KAFKA, Franz. *O processo*. Tradução de Torrieri Guimarães Rio de Janeiro: Nova Fronteira, 2011. E-Book. Posição 487.

[2] Advirta-se, por oportuno, que o caráter *virtual* não diz respeito propriamente às *redes sociais* em comento, mas sim ao seu particular *locus* de desenvolvimento. Assim elucida a literatura especializada: "Essas ferramentas pertencem à categoria cada vez mais popular dos 'sites de rede social', ou seja, ferramentas que proporcionam a publicação e a construção de redes sociais. As redes sociais são as estruturas dos agrupamentos humanos, constituídas pelas interações, que constroem os grupos sociais. Nessas ferramentas, essas redes são modificadas, transformadas pela mediação das tecnologias e, principalmente, pela apropriação delas para a comunicação" (RECUERO, Raquel. *A conversação em rede*: comunicação mediada pelo computador e redes sociais na Internet. Porto Alegre: Sulina, 2014. p. 15-16). A autora prossegue: "As características dos sites de rede social, nesse contexto, acabam gerando uma nova 'forma' conversacional, mais pública, mais coletiva, que chamaremos de conversação em rede. [...] Essas conversações não são, desse modo, determinadas pela existência desses novos meios, mas elementos de apropriação dos grupos sociais de ferramentas com potencial comunicativo. Nesse sentido, é importante salientar a percepção da conversação mediada pelo computador como uma apropriação de um sistema técnico para uma prática social" (p. 17-18). E arremata: "Assim, o Orkut ou o Facebook não são rede social, mas, sim, o espaço técnico que proporciona a emergência dessas redes" (p. 20). Em perspectiva similar, afirma-se: "Em termos conceituais, as redes podem ser compreendidas como serviços materializados em páginas na *Web* ou em aplicativos que, a partir de perfis pessoais, permitem uma ampla interação entre seus usuários, proporcionando e facilitando as relações e os laços sociais entre os sujeitos (pessoas, instituições, empresas ou grupos) no ambiente virtual" (TEFFÉ, Chiara Spadaccini; MORAES Maria Celina Bodin de. Redes sociais virtuais: privacidade e responsabilidade civil: análise a partir do Marco Civil da Internet. *Pensar*, v. 22, n. 1, p. 108-146, jan./abr. 2017. p. 116-117). Com base nessa conceituação, as autoras indicam que "são exemplos marcantes de redes sociais virtuais, em sentido amplo: Facebook, Instagram, Twitter, LinkedIn, Snapchat,

da sociedade contemporânea, regido por plataformas particulares de redes sociais virtuais e seus peculiares termos de uso. Assiste-se, diariamente, a um controle, por parte dos provedores de redes sociais virtuais, acerca dos conteúdos disponibilizados *on-line* pelos seus respectivos usuários. As plataformas bloqueiam, excluem e limitam perfis (contas) e publicações (conteúdos) de usuários particulares, no mais das vezes sem lhes informar detidamente sobre o motivo da exclusão ou suspensão – o que assume gravidade redobrada diante da proliferação de denúncias (não raramente infundadas ou ilegítimas) movidas pelo propósito de se promover o *cancelamento* de certa pessoa ou instituição.[3] E, ainda mais grave: as plataformas quase sempre adotam tais condutas em desfavor de certos usuários sem lhes assegurar o exercício do contraditório previamente à implementação da medida.[4] Proliferam, assim, novos Josef K. da atualidade *on-line*, surpreendidos pela exclusão das suas contas e publicações sem direito de se defender e sem serem informados adequadamente sobre os motivos das medidas.

Diante desse contexto, exsurgem inúmeros questionamentos dignos de enfrentamento pela comunidade acadêmica. Exemplo emblemático tem-se na discussão meritória sobre a legitimidade ou não da decisão de exclusão de perfis ou publicações por parte da plataforma, tema que tem sido objeto de atenção da doutrina contemporânea.[5]

Reddite, Quora. Há dúvidas se o Whatsapp deva ser classificado como uma rede social, ainda que venha, cada vez mais, tomando essa forma. O Orkut foi retirado do ar em 30 de setembro de 2014" (p. 117, nota de rodapé n. 13). Sem embargo desse importante esforço de precisão conceitual, no presente estudo, adota-se metonimicamente "rede social virtual" em equivalência à "rede social desenvolvida em ambiente virtual", em conformidade com o uso consagrado pela práxis.

[3] Ao propósito da *cultura do cancelamento*, afirma-se: "A *cancel culture* ou *call-out culture*, escolhida como a expressão do ano de 2019 pelo tradicional dicionário inglês-australiano *Macquarie Dictionary*, é a ação, dentro de uma comunidade de segregar ou boicotar alguém em razão de palavras ou de atos dessa pessoa. No âmbito das redes sociais, pessoas são 'canceladas', muitas vezes, após terem revelados seus *tweets* antigos com frases ou opiniões consideradas ofensivas, ainda que proferidas em ânimo jocoso" (ACIOLI, Bruno de Lima; PEIXOTO, Erick Lucena Campos. A privacidade nas redes sociais virtuais e a cultura do cancelamento. *In*: EHRHARDT JÚNIOR, Marcos; CATALAN, Marcos; MALHEIROS, Pablo (Coord.). *Direito civil e tecnologia*. Belo Horizonte: Fórum, 2020. p. 107). Os autores prosseguem, destacando alguns riscos suscitados por tal fenômeno cultural: "Em razão da banalidade com a qual o termo 'cancelamento' tem sido usado nas redes sociais, há quem ignore os efeitos que a cultura do cancelamento possa provocar na carreira de certas pessoas. [...] A cultura do cancelamento, embora tenha se estabelecido no âmbito virtual das redes sociais e seja exercitada dentro de nichos de interesse, tem gerado efeitos concretos na vida pessoal e profissional de pessoas no mundo real, como relato artigo do jornalista do *The New York Times*, John McDermoth: pessoas 'canceladas' perderam não só seus empregos, como também amizades" (p. 110). Se tal ordem de repercussão negativa do *cancelamento* desperta reflexões até mesmo diante de *cancelamentos* imbuídos de propósitos alegadamente nobres, por maior ordem de razão o fenômeno justifica a reflexão sobre a importância de se assegurarem garantias procedimentais mínimas que possam tutelar o usuário que venha a ser alvo de perseguição ilegítima (quiçá imotivada). A gravidade da questão se acentua ainda mais ao se levar em consideração que o objetivo de *cancelamento* pode ter origem em notícias falsas (*fake news*) maculadoras da imagem de certa pessoa ou instituição. Para uma análise crítica acerca da incompatibilidade das *fake news* com as liberdades comunicativas, v., por todos, QUINELATO, João. Liberdade, verdade e fake news: mecanismos para o ressarcimento de danos. *In*: EHRHARDT JÚNIOR, Marcos; CATALAN, Marcos; MALHEIROS, Pablo (Coord.). *Direito civil e tecnologia*. Belo Horizonte: Fórum, 2020. p. 468 e ss.

[4] "Não é difícil encontrar no seio social, e até familiar, uma pessoa que já teve ser perfil em redes sociais bloqueado por suposta violação aos termos de uso, ou mesmo por ser considerado um perfil falso, um perfil *fake*. Também é comum identificar bloqueios ou exclusão de postagens em redes sociais, em razão de suposto conteúdo ilegal, violação de direitos autorais ou de propriedade intelectual de titularidade de terceiros, sem nenhum tipo de fundamentação ou aviso prévio. Ainda, motoristas de aplicativos são excluídos das plataformas cadastradas sem ter oportunidade de se manifestar" (EHRHARDT JR., Marcos; OLIVEIRA, Ewerton Gabriel Protázio de. Relações privadas e a aplicabilidade dos direitos fundamentais: uma análise sob a perspectiva do princípio do contraditório. *In*: MENEZES, Joyceane Bezerra de; CICCO, Maria Cristina De; RODRIGUES, Francisco Luciano Lima (Coord.). *Direito civil na legalidade constitucional*: algumas aplicações. Indaiatuba: Foco, 2021. p. 307).

[5] Ilustrativamente, no que diz respeito a exclusões em casos nos quais os valores relativos à democracia ocupem papel de destaque, remete-se a SOUZA, Eduardo Nunes de; SILVA, Rodrigo da Guia; RODRIGUES, Cássio

Parece também (quiçá igualmente ou mais) relevante, contudo, que, para além da análise sobre o mérito da decisão de exclusão, investiguem-se as perspectivas de incidência de direitos fundamentais vocacionados a assegurar relevantes valores de índole procedimental. Eis o escopo fundamental do presente estudo, que, assumindo o cenário hipotético de admissibilidade da exclusão de contas e/ou publicações pessoais de usuários por plataformas de redes sociais virtuais,[6] investiga a incidência de garantias processuais no espaço virtual, com particular destaque para a discussão acerca da aplicabilidade dos princípios do contraditório e da ampla defesa (art. 5º, LV, da Constituição Federal).

Nessa empreitada, o presente estudo se propõe inicialmente a analisar a importância dos debates sobre limites à atuação das plataformas de redes sociais virtuais. Com base em breve análise de caso paradigmático, levantar-se-ão questões acerca da tutela dos direitos fundamentais no contexto das redes sociais, tendo como objeto central a reflexão sobre a legitimidade ou não da exclusão unilateral de contas e/ou publicações particulares pela plataforma de rede social virtual sem se assegurar prévio contraditório ao respectivo titular ou autor (item 2, *infra*). Na sequência, passar-se-ão em revista algumas das principais vertentes teóricas acerca da eficácia horizontal dos direitos fundamentais (item 3, *infra*). Por fim, adentrando-se na hipótese norteadora do presente estudo, investigar-se-ão algumas perspectivas de reconhecimento da renovada importância das garantias processuais do contraditório e da ampla defesa no âmbito da exclusão de perfis e conteúdos por provedores de redes sociais virtuais (item 4, *infra*).

2 Desafios à tutela dos direitos fundamentais no contexto das redes sociais virtuais

O caráter social do ser humano é de longa data objeto de reflexão nas mais diversas esferas do conhecimento, como a filosofia e a teoria política.[7] Em uma infinitude de ocasiões, e no âmbito dos mais variados agrupamentos, pessoas humanas se unem em torno de temas ou objetivos em comum e formam estruturas gregárias denominadas *redes sociais*. As redes sociais, nesse sentido, podem ser consideradas tão antigas quanto a própria formação dos primeiros grupos sociais.[8] Dos núcleos familiares às seitas, clubes, partidos, organizações não governamentais e assim por diante, as redes sociais tornam-se cada vez mais complexas com o decurso do tempo. O auge (atual) de tal processo de contínua transformação se verifica nas redes sociais virtuais, caracterizadas pelo deslocamento (em caráter de complementação, e não de substituição) das relações

---

Monteiro. Desafios atuais à disciplina jurídica da liberdade de expressão nas redes sociais. *In*: EHRHARDT JR., Marcos; LOBO, Fabíola Albuquerque; ANDRADE, Gustavo (Coord.). *Liberdade de expressão e relações privadas*. Belo Horizonte: Fórum, 2021, *passim*.

[6] Cumpre advertir que, em atenção à delimitação temática e à brevidade da sede, não estão inseridas no escopo de análise do presente estudo as reflexões sobre o bloqueio de contas ou publicações pelos próprios usuários.

[7] A evidenciar não só o caráter, mas também a *necessidade* social do homem, v. ROUSSEAU, Jean-Jacques. *Do contrato social*. [s.l.]: Ed. Ridendo Castigat Mores, [s.d.]. E-Book. Posição 125 e ss.

[8] KOEHLER, Cristiane; MACHADO-SPENCE, Nádie Christina. *Grupos, agrupamentos e comunidades nas redes sociais na internet*: proximidades, distanciamentos e complementaridades. Livro 2: didática e prática de ensino na relação com a formação de professores. Fortaleza: Ed. UECE, 2014. p. 3941.

sociais do mundo *off-line* para um ambiente *on-line*.[9] Assim, com o surgimento das contemporâneas mídias virtuais, as redes sociais outrora predominantemente físicas dão lugar a uma crescente centralidade das redes sociais virtuais, de modo a acompanhar o ritmo do próprio avanço global da digitalização das experiências e vivências da pessoa humana.

Diante de tamanho destaque assumido pelas redes sociais virtuais na existência e nas interações pessoais, urge que se reflita sobre a legitimidade ou não da exclusão unilateral de contas ou conteúdos particulares, pelo provedor da respectiva plataforma, sem oitiva do usuário, inclusive (ou sobretudo) se tal *modus operandi* estiver previsto nos termos de uso da plataforma.[10] A questão, naturalmente delicada, afigura-se ainda mais tormentosa diante da recorrente utilização de meios mecânicos ou robóticos para a valoração das publicações à luz dos termos e condições de uso de cada plataforma.[11] Em boa hora, assiste-se a um expressivo crescimento dos debates acerca dos limites à atuação das redes sociais virtuais, inclusive no plano legislativo.[12]

---

[9] "O ambiente *online* confere, na verdade, maiores possibilidades para interação, na medida em que diversas plataformas permitem diferentes formas de contato, além de conversações síncronas ou assíncronas entre participantes afastados geograficamente. No lugar de mundos separados, a melhor alternativa seria olhar para o ambiente *on-line* e o *offline* como dois quadros de referências complementares, que se combinam para formatar uma imagem mais completa de um indivíduo e suas relações. [...] Nessa perspectiva, a distinção simplista entre 'mundo real' e 'mundo virtual' é substituída por uma visão mais complexa que considera as diferentes dimensões e os diversos ambientes onde se dá uma gradação de relacionamentos" (ANJOS, Júlia dos. A violência da vigilância: discursos sobre tecnologia na série You. *Rumores (USP)*, v. 14, 2020. p. 342).

[10] De fato, incumbe ao intérprete-aplicador do direito perquirir constantemente a compatibilidade dos "termos e condições de uso" de cada plataforma com a tábua de valores do sistema jurídico. A partir de similar ordem de preocupação, ao tratarem do fenômeno da *economia do compartilhamento* (*sharing economy*), Eduardo Nunes de Souza e Cássio Monteiro Rodrigues sustentam a necessidade de adoção de postura hermenêutica idônea a "viabilizar o controle de abusividade de disposições entabuladas pela plataforma de compartilhamento no corpo de seus 'termos e condições de uso' – que podem, em muitos casos, prever disposições leoninas, como a exclusão de responsabilidade da plataforma ou a supressão de direitos dos usuários (por exemplo, mediante a cessão compulsória de ados pessoais ou a renúncia ao exercício do direito de arrependimento" (SOUZA, Eduardo Nunes de; RODRIGUES, Cássio Monteiro. Aplicativos de economia compartilhada: tutela da vulnerabilidade dos usuários diante dos "termos e condições de uso". *In*: EHRHARDT JÚNIOR, Marcos; CATALAN, Marcos; MALHEIROS, Pablo (Coord.). *Direito civil e tecnologia*. Belo Horizonte: Fórum, 2020. p. 275).

[11] Assim adverte Anderson Schreiber: "O autocontrole das redes sociais tem se mostrado, para muitos, insuficiente, seja por deixar de bloquear a propagação de conteúdo falso que lesa direitos fundamentais de terceiros – como se vê no exemplo dos conhecidos perfis falsos nas redes e também do fenômeno mais recente das *fake news*, cujo perigo se amplia em tempos de pandemia –, seja por bloquear indevidamente certas manifestações que exprimem legítimo exercício da liberdade de expressão. [...] Estes e outros episódios têm suscitado, por toda a parte, exigências de maior clareza nos termos de uso das redes sociais – evitando-se exclusões ou bloqueios com base em afirmações vagas como houve 'tentativa de manipular a integridade do nosso serviço' ou o 'conteúdo é indesejado'. Além disso, tem-se clamado por respeito ao contraditório, com algum procedimento que assegure que o potencial excluído ou bloqueado seja ouvido antes de sofrer a exclusão ou bloqueio ou, ao menos, no momento imediatamente seguinte. Tais cautelas são especialmente importantes quando se verifica que, diante do volume de conteúdo despejado diariamente nas redes sociais, o controle do respeito aos termos de uso é realizado normalmente por meios mecânicos ou robóticos, com a identificação de elementos que sugerem pornografia, pedofilia ou apologia ao crime" (SCHREIBER, Anderson. Twitter bloqueia Trump: há limites para a liberdade de expressão?. Fumus boni iuris. *O Globo*, 2021. Disponível em: https://blogs.oglobo.globo.com/fumus-boni-iuris/post/twitter-bloqueia-trump-ha-limites-para-liberdade-de-expressao.html. Acesso em: 15 maio 2021).

[12] Pertinente, ao propósito, o relato fornecido por GOULART, Josette. Efeito Trump: Bolsonaro quer vacina contra bloqueios do Facebook e Twitter. *Veja*, 2021. Disponível em: https://veja.abril.com.br/blog/radar-economico/efeito-trump-bolsonaro-quer-vacina-contra-bloqueios-do-facebook-e-twitter/. Acesso em: 16 maio 2021; e PAIVA, Letícia. Governo Bolsonaro tem intenção de vedar remoção de posts por redes sociais. Liberdade de expressão. *Jota*, 2021. Disponível em: https://www.jota.info/coberturas-especiais/liberdade-de-expressao/governo-bolsonaro-tem-intencao-de-vedar-remocao-de-posts-por-redes-sociais-07052021. Acesso em: 16 maio 2021.

A relevância e a atualidade de tais reflexões se associam diretamente à recente criação do Comitê de Supervisão (*Oversight Board*, na denominação em inglês), cujos primeiros membros foram nomeados em 2020.[13] Criado pelo Facebook, o Comitê de Supervisão tem o seguinte objetivo:

> promover a liberdade de expressão por meio da tomada de decisões independentes e baseadas em princípios com relação ao conteúdo no Facebook e no Instagram e por meio da emissão de recomendações sobre a política de conteúdo relevante da empresa do Facebook.[14]

O Comitê de Supervisão é incumbido, assim, de decidir, em última instância (na esfera particular e extrajudicial das plataformas em questão), casos envolvendo conteúdos controvertidos publicados nas mídias sociais Facebook e Instagram. Sem embargo da benfazeja tentativa de atribuição de autonomia funcional e orçamentária ao Comitê e seus membros,[15] vale destacar que a sua implementação deliberadamente não almeja traduzir instância recursal para a generalidade dos casos, mas sim um canal para análise de "um número seleto de casos altamente emblemáticos", a fim de aferir "se as decisões do Facebook foram tomadas de acordo com os valores declarados pela plataforma".[16]

No intuito de se ilustrar a atuação do Comitê de Supervisão – e, por via de consequência, alguns aspectos dos debates contemporâneos na matéria –, adota-se como paradigma, para fins de reflexão, o caso 2020-004-IG-UA do Comitê de Supervisão, o primeiro relativo a um usuário do Brasil. O caso teve início em outubro de 2020, quando um usuário do Instagram teve seu conteúdo removido por um sistema automatizado, que, após denúncia por outro usuário, concluiu pela incompatibilidade da publicação com o Padrão da Comunidade sobre Nudez Adulta e Atividade Sexual do Facebook.

---

[13] Para o desenvolvimento da análise acerca do *Oversight Board*, remete-se a LEMOS, Ronaldo. O Oversight Board do Facebook. *ITS Rio*, maio 2020. Disponível em: https://itsrio.org/pt/artigos/o-oversight-board-do-facebook/. Acesso em: 14 maio 2021; SOPRANA, Paula. Facebook lança conselho independente para moderação de conteúdo. *Folha de S.Paulo*, 6 maio 2020. Disponível em: https://www1.folha.uol.com.br/mercado/2020/05/facebook-lanca-conselho-independente-para-moderacao-de-conteudo.shtml. Acesso em: 14 maio 2021. Pertinente, ainda, a página oficial do *Oversight Board* (Disponível em: https://oversightboard.com/. Acesso em: 14 maio 2021).

[14] Descrição extraída da página oficial do *Oversight Board* (Disponível em: https://oversightboard.com/. Acesso em: 14 maio 2021).

[15] "Sua função é decidir em última instância sobre a publicação de conteúdos no Facebook e no Instagram. Para isso, o conselho foi criado na forma de uma organização autônoma, que começa seus trabalhos com um orçamento inicial irrevogável de US$130 milhões. [...] Como órgão independente, o Oversight Board não tem a obrigação de maximizar os lucros do Facebook ou agradar à empresa. Seus membros têm mandatos fixos e não podem ser afastados. Além disso, todas as decisões serão colegiadas, tomadas por painéis rotativos e referendadas pelo plenário" (LEMOS, Ronaldo. O Oversight Board do Facebook. *ITS Rio*, maio 2020. Disponível em: https://itsrio.org/pt/artigos/o-oversight-board-do-facebook/. Acesso em: 14 maio 2021). Colhe-se, ainda, da página oficial do Comitê de Supervisão: "O julgamento independente do comitê é essencial para sua função. Os membros do comitê estão sendo cuidadosamente escolhidos com base na diversidade de conhecimentos e na qualidade de seu julgamento. Para garantir a independência da tomada de decisão, o comitê e sua administração são financiados por um *trust* irrevogável, além de terem o apoio de uma empresa independente que é separada da empresa do Facebook. A estrutura, as responsabilidades, o propósito e o relacionamento do comitê com o Facebook estão descritos no Estatuto do Comitê de Supervisão" (Disponível em: https://oversightboard.com/. Acesso em: 14 maio 2021).

[16] Descrição extraída da página oficial do *Oversight Board* (Disponível em: https://oversightboard.com/. Acesso em: 14 maio 2021).

A publicação em questão se situava no contexto da campanha "Outubro Rosa" para conscientização sobre o câncer de mama, e fazia apelo à conscientização sobre os seus primeiros sinais. Para tanto, exibia, em uma imagem cor-de-rosa, oito fotografias contendo sintomas da doença, das quais cinco mostravam mamilos femininos.

Diante da recusa do Facebook a revogar a exclusão automatizada que havia sido promovida por um classificador de *machine learning*, tendo como parâmetro os Padrões da Comunidade do Facebook sobre Nudez Adulta e Atividade Sexual, o usuário autor da publicação solicitou a revisão de tal decisão automatizada pelo Comitê de Supervisão.[17] Ao analisar o caso, o Comitê de Supervisão concluiu que "o conteúdo era permitido de acordo com uma exceção da política para 'conscientização sobre o câncer de mama' no Padrão da Comunidade do Facebook sobre Nudez Adulta e Atividade Sexual", razão pela qual deveria ser anulada a decisão de exclusão originariamente adotada pelo Facebook.[18]

Sem embargo da densa fundamentação teórica, que incluiu a valoração do caso à luz de relevantes padrões de direitos humanos internacionais (como os direitos à liberdade de expressão, à saúde, a um recurso efetivo, à privacidade, à não discriminação e os direitos da criança), não se deve perder de vista que o critério determinante parece ter sido a conformidade da publicação com o Padrão da Comunidade sobre Nudez Adulta e Atividade Sexual do Facebook (diretriz estipulada pela própria plataforma), do qual se extraem previsões com conteúdo idôneo a justificar, sem maior grau de complexidade, a necessidade de manutenção da postagem, como veio a reconhecer o Comitê de Supervisão ao reformar a decisão automatizada do Facebook.[19] Desse modo,

---

[17] No caso concreto, o Facebook havia revertido a decisão originária de remoção logo após o Comitê de Supervisão aceitar a solicitação do usuário para a revisão do caso. De todo modo, entendeu-se que tal circunstância não configuraria causa idônea a afastar a apreciação do caso pelo Comitê: "Em sua resposta, o Facebook declarou que o Conselho deveria negar o prosseguimento do caso. A empresa argumentou que, tendo restaurado a publicação, não há mais discordância entre o usuário e o Facebook de que o conteúdo deve permanecer no ar, tornando esse caso encerrado. O Conselho rejeita o argumento do Facebook. A necessidade de discordância é aplicável somente no momento em que o usuário esgota o processo de recurso interno do Facebook. Como o usuário e o Facebook discordaram naquele momento, o Conselho poderá conhecer do caso. A decisão do Facebook de restaurar o conteúdo também não torna esse caso encerrado, como a empresa afirma. Além de decisões de cumprimento obrigatório sobre a restauração de conteúdo, o Conselho também oferece aos usuários uma explicação completa do motivo pelo qual a publicação foi removida. [...] Embora o Facebook tenha revertido sua decisão e restaurado o conteúdo, ainda houve danos irreversíveis nesse caso. A decisão do Facebook de restaurar o conteúdo no início de dezembro de 2020 não anula o fato de que a publicação do usuário foi removida durante toda a campanha do 'mês rosa' em outubro de 2020. Restaurar o conteúdo, nesse caso, não é o único propósito que a reparação do Conselho oferece. De acordo com o Artigo 4 (Implementação) da Carta do Conselho, e do Artigo 2, Seção 2.3.1 (Implementação das decisões do Conselho) dos Regulamentos, o Facebook tem o compromisso de tomar medidas em relação a 'conteúdo idêntico em contexto paralelo'. Dessa forma, o impacto do Conselho na tomada de decisões inclui muito mais que o conteúdo desse caso. Além disso, uma decisão completa, mesmo quando o Facebook implementa o resultado de forma antecipada, é importante" (Comitê de Supervisão, decisão do caso 2020-004-IG-UA. Disponível em: https://oversightboard.com/. Acesso em: 15 maio 2021).

[18] Comitê de Supervisão, decisão do caso 2020-004-IG-UA. Disponível em: https://oversightboard.com/. Acesso em: 15 maio 2021.

[19] Nesse sentido, veja-se: "Não publique: Imagens de Adultos despidos, sendo a nudez definida como: Genitália visível, exceto no caso de parto e outros momentos pós-parto ou situações relacionadas à saúde (por exemplo, cirurgia de confirmação de gênero, exame para prevenção/diagnóstico de câncer ou outras doenças); [...] Mamilos femininos descobertos, salvo no contexto de amamentação, parto e momentos pós-parto, situações relacionadas à saúde (por exemplo, mastectomia, conscientização sobre o câncer de mama ou cirurgia de confirmação de gênero) ou um ato de protesto" (Padrões da Comunidade, item III.14 – Nudez adulta e atividades sexuais. Disponível em: https://www.facebook.com/communitystandards/adult_nudity_sexual_activity. Acesso em: 15 maio 2021).

embora a atuação do Comitê de Supervisão traduza um louvável avanço na política interna do aludido grupo empresarial, incumbe à comunidade acadêmica questionar criticamente a própria adequação dos "padrões da comunidade" do Facebook aos parâmetros normativos do ordenamento jurídico.[20]

A ilustrar tal ordem de indagação, pode-se pensar na vedação geral, imposta aos fornecedores no mercado de consumo, à conduta de "recusar atendimento às demandas dos consumidores, na exata medida de suas disponibilidades de estoque, e, ainda, de conformidade com os usos e costumes" (art. 39, II, do Código de Defesa do Consumidor).[21] Tal vedação se revela particularmente importante em relação aos provedores de redes sociais virtuais, sobretudo porque, como visto, com o passar do tempo e com o crescimento do protagonismo das redes sociais virtuais no corpo social, estas deixaram de ser meros ambientes recreativos para se tornar relevantes (por vezes, os mais relevantes) *loci* de interações da sociedade contemporânea.[22] Há, então, de se

---

[20] Pertinente, ao propósito, a advertência geral de Anderson Schreiber: "Todo este debate traz à tona a necessidade de uma nova abordagem dos termos de uso, documentos que regulam a utilização das redes sociais pelos seus usuários, abandonando as lentes puramente contratuais, decorrentes de sua qualificação como meros contratos de adesão aos quais os usuários passariam a estar vinculados. Com efeito, o fenômeno das redes sociais bem demonstra a inadequação da clássica dicotomia entre o público e o privado: apesar de percebidas como atividade particular, administrada por uma empresa com finalidade de lucro, nelas se projetam os mais diferentes aspectos da vida em sociedade, de ordem econômica, afetiva, existencial e política, com intenso reflexo sobre o 'mundo real', não sendo possível reduzi-las a uma mera prestação de serviços, regulada contratualmente. Impõe-se, ao contrário, criterioso exame de merecimento de tutela das disposições dos referidos termos de uso. E sua aplicação há de ser cercada da máxima informação à sociedade" (SCHREIBER, Anderson. Redes sociais, perfis falsos e liberdade de expressão. GenJurídico.com.br, 28 ago. 2018. Disponível em: http://genjuridico.com.br/2018/08/28/redes-sociais-perfis-falsos-e-liberdade-de-expressao/. Acesso em: 17 maio 2021). Com efeito, para além da investigação da legitimidade das condutas materiais dos provedores, impõe-se um cuidado exame da validade das disposições dos seus respectivos termos de uso, tarefa para a qual há de prestar auxílio o itinerário metodológico que permitiu cogitar-se da ressignificação da causa de nulidade virtual do art. 166, VII, do Código Civil à luz da legalidade constitucional: "Subjazem a esse entendimento a perspectiva metodológica de constitucionalização do direito civil, em geral, e a conceituação ampla do princípio da legalidade, em particular, a imprimir novos contornos à causa virtual de nulidade prevista no art. 166, VII, do Código Civil: onde tradicionalmente se leu 'lei em sentido estrito e formal', deve-se passar a ler 'lei em sentido amplo e material', vez que traduziria nefasto contrassenso afirmar a validade de atos que, embora adequados à legalidade formal do Código Civil, não se revelassem compatíveis com a axiologia constitucional. Em suma, todo ato de autonomia privada contrário à normativa superior e fundante do sistema jurídico (a Constituição Federal) deverá ser considerado contrário à 'lei' em sentido amplo e, portanto, nulo nos termos do art. 166, VII, do Código Civil" (SOUZA, Eduardo Nunes de; SILVA, Rodrigo da Guia. Autonomia, discernimento e vulnerabilidade: estudo sobre as invalidades negociais à luz do novo sistema das incapacidades. *Civilistica.com*, ano 5, n. 1, 2016. p. 30). A proposição encontra-se mais detidamente desenvolvida em SOUZA, Eduardo Nunes de. *Teoria geral das invalidades do negócio jurídico*: nulidade e anulabilidade no direito civil contemporâneo. São Paulo: Almedina, 2017. p. 68 e ss.

[21] Como se sabe, está consolidado de longa data no direito brasileiro o entendimento acerca da existência de remuneração indireta em certos serviços fornecidos no mercado de consumo, independentemente da existência ou não de pagamento em pecúnia pelos usuários, com a subsequente qualificação do provedor como fornecedor de serviços nos termos do art. 3º, *caput* e §2º, do Código de Defesa do Consumidor (v., por todos, BENJAMIN, Antonio Herman V.; MARQUES, Claudia Lima; BESSA, Leonardo Roscoe. *Manual de direito do consumidor*. 7. ed. São Paulo: Revista dos Tribunais, 2016. p. 123-131; e MIRAGEM, Bruno. *Curso de direito do consumidor*. 6. ed. São Paulo: Revista dos Tribunais, 2016. p. 204-205). Na esteira desse entendimento, a doutrina contemporânea já logrou demonstrar especificamente a onerosidade dos serviços fornecidos pelos provedores de redes sociais, sobretudo em razão da cessão de dados pessoais, como elucidam KONDER, Carlos Nelson; SOUZA, Amanda Guimarães Cordeiro de. Onerosidade do acesso às redes sociais. *Revista de Direito do Consumidor*, ano 28, v. 121, p. 185-212, jan./fev. 2019, *passim*.

[22] Ao propósito, v. SOUZA, Eduardo Nunes de; SILVA, Rodrigo da Guia; RODRIGUES, Cássio Monteiro. Desafios atuais à disciplina jurídica da liberdade de expressão nas redes sociais. *In*: EHRHARDT JR., Marcos; LOBO, Fabíola Albuquerque; ANDRADE, Gustavo (Coord.). *Liberdade de expressão e relações privadas*. Belo Horizonte: Fórum, 2021, *passim* e, em especial, item 1.

indagar: a exclusão de contas e/ou publicações dos usuários pelas plataformas de redes sociais virtuais deve ser considerada uma prática abusiva dos respectivos provedores, entendendo-se que tais exclusões (não raramente automatizadas e sem oitiva prévia do usuário) configuram recusa ilegítima ao atendimento das demandas dos consumidores?

No que mais diretamente diz respeito ao presente estudo, vale destacar uma circunstância digna de nota a partir da análise do caso 2020-004-IG-UA do Comitê de Supervisão do Facebook: a efetiva oitiva dos usuários acerca da exclusão de seus conteúdos pela plataforma acontece somente em âmbito revisional, por meio de recurso ao Comitê de Supervisão. Antes disso, a decisão sobre a exclusão do conteúdo publicado é promovida por um sistema automatizado, e sequer há prerrogativa geral de recurso a uma pessoa humana.[23] Nesse contexto, impõe-se o questionamento sobre o risco de tal *modus operandi* no âmbito da exclusão de contas e/ou conteúdos por provedores de redes sociais virtuais acarretar a violação não apenas do conteúdo material das liberdades individuais[24] (como a liberdade de expressão e de informação,[25] a liberdade política[26] e

---

[23] Trata-se de problema similar ao verificado na seara da proteção de dados pessoais, diante da revogação da redação original do art. 20 da Lei Geral de Proteção de Dados Pessoais (Lei nº 13.709/2018), que assegurava ao titular dos dados o "direito a solicitar revisão, *por pessoa natural*, de decisões tomadas unicamente com base em tratamento automatizado de dados pessoais que afetem seus interesses" (grifos nossos). A redação atual, determinada pela Lei nº 13.853/2019, ao estatuir o "direito a solicitar a revisão de decisões tomadas unicamente com base em tratamento automatizado de dados pessoais que afetem seus interesses", não reproduz a previsão do direito à revisão "por pessoa natural". Apesar da atual omissão da LGPD quanto ao direito à revisão por pessoa humana, a doutrina tem se empenhado na afirmação da existência de tal direito, em compatibilidade com a principiologia da LGPD e inequivocamente sem proibição por ela. Ao propósito, v., por todos, MENDES, Laura Schertel; MATTIUZZO, Marcela. Discriminação algorítmica: conceito, fundamento legal e tipologia. *RDU*, v. 16, n. 90, p. 39-64, nov./dez. 2019; BIONI, Bruno R.; MENDES, Laura Schertel. Regulamento Europeu de Proteção de Dados Pessoais e a Lei Geral brasileira de Proteção de Dados: mapeando convergências na direção de um nível de equivalência. *In*: TEPEDINO, Gustavo; FRAZÃO, Ana; OLIVA, Milena Donato (Coord.). *Lei Geral de Proteção de Dados Pessoais e suas repercussões no direito brasileiro*. São Paulo: Thomson Reuters Brasil, 2019. p. 809. Pertinente, ainda, o relato fornecido por MEDON, Filipe. Decisões automatizadas: o necessário diálogo entre a inteligência artificial e a proteção de dados pessoais para a tutela de direitos fundamentais. *In*: TEPEDINO, Gustavo; SILVA, Rodrigo da Guia (Coord.). *O direito civil na era da inteligência artificial*. São Paulo: Thomson Reuters Brasil, 2020. p. 364 e ss.

[24] Para o desenvolvimento da análise acerca do papel das liberdades na seara específica do direito civil, afigura-se imperiosa a remissão a RUZYK, Carlos Eduardo Pianovski. *Institutos fundamentais do direito civil e liberdade(s)*: repensando a dimensão funcional do contrato, da propriedade e da família. Rio de Janeiro: GZ, 2011, *passim*.

[25] "Daí porque se identifica, hoje, uma certa ambiguidade na relação entre liberdade de expressão e tecnologia. Ao mesmo tempo em que os avanços tecnológicos abriram novos espaços de comunicação e suscitaram a esperança de criação de uma espécie de olimpo da liberdade de expressão, tal esperança não parece ter, ainda, se concretizado, tornando-se cada vez mais corriqueiros os exemplos de silenciamento de vozes na internet, por meio de práticas grupais de opressão genérica ou específica que soterram o exercício da liberdade de expressão ou estimulam um crescente desinteresse pela exposição e intercâmbio de ideias em ambientes nacionais" (SCHREIBER, Anderson. Liberdade de expressão e tecnologia. *In*: SCHREIBER, Anderson; MORAES, Bruno Terra de; TEFFÉ, Chiara Spadaccini de (Coord.). *Direito e mídia*: tecnologia e liberdade de expressão. Indaiatuba: Foco, 2020, item 1). Ademais, para uma análise crítica da liberdade de expressão e informação, v., por todos, BINENBOJM, Gustavo. *Liberdade igual*: o que é e por que importa. Rio de Janeiro: Intrínseca, 2020. p. 26 e ss.

[26] Pertinente, neste ponto, o relato de Gustavo Binenbojm acerca da liberdade política no âmbito das redes sociais virtuais: "A liberdade política tem que ver com os direitos de participação do cidadão na esfera pública ou, mais especificamente, nos rumos da gestão da vida da coletividade. Mais do que apenas capacidades eleitorais ativa e passiva – votar e ser votado –, a discussão envolve atualmente a metamorfose das velhas formas de manifestação pública, das redes sociais como novo fórum público e do esmaecimento dos partidos políticos tradicionais" (BINENBOJM, Gustavo. *Liberdade igual*: o que é e por que importa. Rio de Janeiro: Intrínseca, 2020. p. 41). Para uma análise jusfilosófica do conceito de liberdade política, v., por todos, STERN, Ana Luiza Saramago. *A imaginação no poder*: obediência política e servidão em Espinosa. Rio de Janeiro: Ed. PUC-Rio, 2016. p. 206 e ss.; NEUMANN, Franz; PROL, Flávio Marques O conceito de liberdade política. *Cadernos de Filosofia Alemã: Crítica e Modernidade*, n. 22, p. 107-154, jul./dez. 2013, *passim*; e FRATESCHI, Yara. Participação e liberdade política em Hannah Arendt. *Cadernos de Filosofia Alemã: Crítica e Modernidade*, n. 10, p. 83-100, jul./dez. 2007. p. 98.

a liberdade de exercício profissional),[27] mas também das garantias procedimentais do contraditório e da ampla defesa.

Quanto a este último ponto – núcleo da atenção no presente estudo –, percebe-se que a autorregulação promovida pelos provedores de redes sociais virtuais não tem logrado assegurar satisfatoriamente tais garantias procedimentais aos usuários. Urge, portanto, que se busquem no sistema jurídico instrumentos para a proteção dos direitos dos usuários não apenas no plano material (i.e., relativo ao mérito das decisões sobre exclusão de publicações ou contas), mas igualmente no plano procedimental, diante da própria incindibilidade entre tais dimensões do fenômeno jurídico com vistas à maximização da efetividade da tutela dos direitos em jogo.

3 Novas perspectivas da eficácia horizontal dos direitos fundamentais: a renovada importância das garantias processuais no âmbito da exclusão de perfis e publicações por redes sociais virtuais

Os direitos fundamentais, bem ilustrados como guardiões das liberdades individuais inalienáveis e mantenedores da democracia,[28] historicamente suscitaram (e ainda suscitam) numerosos questionamentos acerca de sua *eficácia horizontal*,[29] i.e., sua

---

[27] V., por todos, BINENBOJM, Gustavo. *Liberdade igual*: o que é e por que importa. Rio de Janeiro: Intrínseca, 2020. p. 69.

[28] "O sistema de direitos fundamentais seria, assim, aquele que assegura as liberdades inalienáveis do indivíduo, nelas se incluindo os direitos individuais (ou civis, conforme chamados no direito anglo-saxônico), os direitos políticos e os direitos sociais e econômicos mínimos que integram o mínimo existencial. Nenhuma maioria legislativa poderá deliberar contra esses direitos, não apenas em virtude de sua previsão no texto constitucional, mas sobretudo em função de seu papel decisivo para a existência da própria democracia. Com efeito, uma democracia só pode ser verdadeiramente considerada 'governo segundo a vontade do povo' se os cidadãos forem vistos como agentes morais autônomos e tratados com igual respeito e consideração. Os direitos fundamentais são, portanto, uma condição necessária e não uma limitação à democracia" (BINENBOJM, Gustavo. *Liberdade igual*: o que é e por que importa. Rio de Janeiro: Intrínseca, 2020. p. 11).

[29] A fim de responder a este questionamento, ressalva-se, preliminarmente, que se faz necessário notar que a horizontalidade da eficácia dos direitos fundamentais, por vezes, mostra-se, em alguma medida, inverossímil. De fato, as qualificações vertical – para se referir a uma relação assimétrica entre o particular e o Estado – e horizontal – para se referir a uma relação pretensamente simétrica entre particulares – parecem tecnicamente acertadas; contudo, tal exatidão quanto a tais nomenclaturas não raramente se revela acertada apenas em teoria, posto que o desequilíbrio de poder entre os particulares pode ser tamanho que a aparente horizontalidade finda por se tornar uma verticalidade de fato. Ao propósito, leciona Carlos Nelson Konder: "Como assevera Bilbao Ubillos (2003), com a progressiva multiplicação dos centros de poder privados, a igualdade formal passa a esconder, de maneira recorrente, a proeminência real de uma das partes. Observa-se, nesse contexto, um poder formalmente privado, mas com coação e autoridade assimiláveis substancialmente ao Poder Público, como é o caso das relações de trabalho. O poder estatal perde, assim, na expressão de Böckenförde, seu caráter terrorista, pois se constata que o problema de fundo é o mesmo – a liberdade do mais fraco – e, portanto, a solução deveria ser a mesma. Percebe-se, assim, que a liberdade também carecia de proteção no âmbito da sociedade, da esfera privada, exigindo-se postura ativa do Estado (SARLET, 2000). Ganha importância, neste ponto, sobrelevar a dimensão funcional dos direitos fundamentais, isto é, sua finalidade assegurar dignidade aos indivíduos, de maneira a tornar pertinente sua aplicação em qualquer esfera de ameaça (PEREIRA, 2003)" (KONDER, Carlos Nelson. Direitos fundamentais e relações privadas: o exemplo da distinção por gênero nos planos de previdência complementar. *Interesse Público*, ano 18, n. 99, p. 47-66, set./out. 2016. p. 49). Assemelha-se a tal ordem de preocupação o itinerário teórico que logrou evidenciar a necessidade de uma materialização do direito contratual, com o que se busca sintetizar a defesa de um paradigma contratual que supere a análise puramente formal em prol de uma análise pautada em uma visão concreta acerca da liberdade contratual, da justiça contratual e dos princípios político-ideológicos fundamentais subjacentes ao direito contratual. A noção de *materialização do direito contratual*, tornada célebre pela lavra de CANARIS, Claus-Wilhelm. Wandlungen des Schuldvertragsrechts – Tendenzen zu seiner „Materialisierung". *Archiv für die civilistische Praxis*, v. 200, n. 3, 2000, *passim*, encontra-se difundida na doutrina alemã contemporânea, de que constituem exemplos:

aplicabilidade nas relações entre particulares, e não entre particular e Estado (situadas no âmbito da denominada *eficácia vertical* dos direitos fundamentais). Considerando que no direito brasileiro a aplicabilidade dos direitos fundamentais às relações privadas consiste em "premissa razoavelmente consolidada",[30] parece possível afirmar que o núcleo da divergência entre as teorias nesta matéria diz respeito não propriamente à premissa da admissibilidade da eficácia horizontal, mas sim ao modo de aplicação e fundamentação dos direitos fundamentais nas relações privadas. No intuito de se identificarem as peculiaridades das principais formulações teóricas nessa matéria, afigura-se pertinente a classificação que as subdivide didaticamente em: (i) doutrina da *state action*; (ii) teoria da eficácia indireta ou mediata; e (iii) teoria da eficácia direta ou imediata.[31]

A doutrina da *state action*, a "mais tímida acerca da vinculação dos particulares aos direitos fundamentais",[32] pauta-se na compreensão da Constituição como garantia dos indivíduos diante do Estado, de modo que apenas excepcionalmente (essencialmente em hipóteses nas quais um particular exerça função típica do Estado ou desempenhe conduta privada conexa a uma ação estatal) os direitos fundamentais seriam oponíveis por particulares em face de particulares.[33] A teoria da eficácia indireta ou mediata, por

---

LÜTTRINGHAUS, Jan D. *Vertragsfreiheit und ihre Materialisierung im Europäischen Binnenmarkt*: die Verbürgung und Materialisierung unionaler Vertragsfreiheit im Zusammenspiel von EU-Privatrecht, BGB und ZPO. Tübingen: Mohr Siebeck, 2018, *passim* e, em especial, p. 323 e ss.; e WAGNER, Gerhard. Materialisierung des Schuldrechts unter dem Einfluss von Verfassungsrecht und Europarecht – Was bleibt von der Privatautonomie?. *In*: BLAUROCK, Uwe; HAGER, Günter (Org.). Obligationenrecht im 21. Jahrhundert. Baden-Baden: Nomos, 2010. p. 18 e ss. Para uma cotejo de tal linha de pensamento com o direito contratual brasileiro, remete-se a SILVA, Rodrigo de Guia. Equilíbrio e vulnerabilidade nos contratos: marchas e contramarchas do dirigismo contratual. *Civilistica.com*, ano 9, n. 3, 2020, item 3.

[30] KONDER, Carlos Nelson. Direitos fundamentais e relações privadas: o exemplo da distinção por gênero nos planos de previdência complementar. *Interesse Público*, ano 18, n. 99, p. 47-66, set./out. 2016. p. 47. Em sentido similar, v. HOWES, Frederico Falarz; BERGSTEIN, Laís; MELO, Marcelo Tayah de; SILVA, Micheline Criz da; KRETZMANN, Renata. O risco da atividade como fundamento do dever de compensar o tempo perdido pelo consumidor e o entendimento atual do Superior Tribunal de Justiça. *Revista Eletrônica do Curso de Direito do Centro Universitário Univel*, v. 3, n. 1, p. 67-93, dez. 2019. p. 69 e ss.

[31] Para o desenvolvimento da análise de tais formulações teóricas, bem como da teoria dos deveres de proteção do Estado em relação aos direitos fundamentais, remete-se a EHRHARDT JR., Marcos; OLIVEIRA, Ewerton Gabriel Protázio de. Relações privadas e a aplicabilidade dos direitos fundamentais: uma análise sob a perspectiva do princípio do contraditório. *In*: MENEZES, Joyceane Bezerra de; CICCO, Maria Cristina De; RODRIGUES, Francisco Luciano Lima (Coord.). *Direito civil na legalidade constitucional*: algumas aplicações. Indaiatuba: Foco, 2021. p. 296 e ss.

[32] KONDER, Carlos Nelson. Direitos fundamentais e relações privadas: o exemplo da distinção por gênero nos planos de previdência complementar. *Interesse Público*, ano 18, n. 99, p. 47-66, set./out. 2016. p. 50.

[33] Ao propósito, v., por todos, SCHMIDT, Christopher W. On doctrinal confusion: the case of the state action doctrine. *BYU Law Review*, v. 2016, p. 575-628, mar. 2016. p. 589-590. Veja-se o pertinente relato fornecido por Carlos Nelson Konder: "O precedente mais referido no sentido da aplicação da doutrina envolve um caso de discriminação religiosa: *Marsh v. Alabama* (1946). Uma empresa privada (*Guilf Shipbuilding Company*) possuía terras dentro das quais havia ruas, residências, estabelecimentos privados (verdadeira *company town* ou *private owned town*) e queria proibir testemunhas de Jeová de pregarem dentro de suas terras (não havia limite de tráfego e a separação não era visível). Especificamente Marsh se recusou e foi presa por *trespass*. A Suprema Corte declarou inválida a proibição porque a empresa atuava como Estado e então estava sujeita à 1ª Emenda (liberdade religiosa). Especialmente para o Juiz Black, as liberdades não poderiam ser negadas só porque uma única empresa tem um título legal que abrange toda a cidade, pois quando o proprietário abre sua propriedade, em proveito próprio, ao uso do público em geral, seus direitos se tornam mais limitados, principalmente a liberdade de imprensa e religião (*prefered position*)" (KONDER, Carlos Nelson. Direitos fundamentais e relações privadas: o exemplo da distinção por gênero nos planos de previdência complementar. *Interesse Público*, ano 18, n. 99, p. 47-66, set./out. 2016. p. 50). Em perspectiva crítica, afirma-se: "Entendemos, todavia, que a *state action* continua sendo uma negação à eficácia dos direitos fundamentais nas relações privadas, pois se é preciso alargar

sua vez, ao entender o direito privado (vocacionado à promoção da autonomia privada) como *locus* deontologicamente distinto do direito público (vocacionado à proteção de valores como a separação de poderes e a democracia),[34] reconhece a necessidade de se considerarem objetivamente os direitos fundamentais quando da legislação e da hermenêutica do direito privado.[35] Com base nisso, pugna, via de regra, pela imprescindibilidade de intermediação pelo Estado (em especial, o Estado legislador) para a aplicação dos direitos fundamentais nas relações privadas,[36] de modo que apenas em hipóteses excepcionais seria admissível o deslinde de certo litígio privado com base na aplicação direta de normas constitucionais.[37]

A teoria da eficácia direta ou imediata, por fim, compreende a Constituição (e não a legislação infraconstitucional) como fundamento precípuo da aplicação dos direitos fundamentais entre particulares,[38] de modo que os direitos fundamentais seriam aplicáveis nas relações privadas sem a necessidade de qualquer intermediação

---

o conceito de função pública para alcançar particulares, a contenção ao poder privado sempre dependerá de enquadramento dos tribunais acerca do caráter público da atividade desenvolvida, enfraquecendo o sentido de proteção, especialmente se a composição das cortes for mais conservadora" (LEAL, Pastora do Socorro Teixeira; RODRIGUES, Leandro Nascimento. A eficácia dos direitos fundamentais nas relações privadas à luz da jurisprudência do Supremo Tribunal Federal: análise crítica do Recurso Especial 201.819-8 e Ação Direta de Inconstitucionalidade 4815. *Revista de Direitos e Garantias Fundamentais*, v. 19, n. 2, p. 12-41, maio/ago. 2018. p. 20).

[34] Como relata Carlos Nelson Konder: "A corrente que defende a eficácia indireta ou mediata dos direitos fundamentais nas relações privadas sustenta uma posição intermediária, segundo a qual eles são valores que devem ser fortemente considerados na interpretação do direito privado, mas não são direta e imediatamente aplicáveis para a solução de conflitos interprivados [...]. A grande preocupação desses autores é o resguardo dos espaços de autonomia privada, da separação de poderes e da democracia" (KONDER, Carlos Nelson. Direitos fundamentais e relações privadas: o exemplo da distinção por gênero nos planos de previdência complementar. *Interesse Público*, ano 18, n. 99, p. 47-66, set./out. 2016. p. 52).

[35] Nesse sentido, v., por todos, na doutrina contemporânea, RODRIGUES JUNIOR, Otavio Luiz. Direito Civil contemporâneo: estatuto epistemológico, Constituição e direitos fundamentais. 2. ed. Rio de Janeiro: Forense, 2019, *passim*.

[36] Ao propósito, relata-se: "A Constituição, sob esse entendimento, não cria direitos subjetivos para particulares, mas apenas os objetivos, cuja irradiação impregna as leis civis por valores constitucionais [...]. A dimensão objetiva dos direitos fundamentais impõe que eles sejam levados em consideração na criação legislativa e na interpretação do direito privado; mas sempre haverá a necessidade de que um órgão estatal – este, sim, destinatário de tais normas – atue como mediador" (KONDER, Carlos Nelson. Direitos fundamentais e relações privadas: o exemplo da distinção por gênero nos planos de previdência complementar. *Interesse Público*, ano 18, n. 99, p. 47-66, set./out. 2016. p. 52). Alegadamente evitar-se-ia, com isso, a propagação do que se referiu por "perda da dignidade da legislação" (RODRIGUES JUNIOR, Otavio Luiz. Estatuto epistemológico do Direito Civil contemporâneo na tradição de civil law em face do neoconstitucionalismo e dos princípios, cit., p. 47).

[37] Assim relata Carlos E. Elias de Oliveira: "Em última instância, como *ultima ratio*, diante da inaptidão das lei, das cláusulas abertas e dos princípios do próprio sistema do Direito Privado, o civilista poderá se valer de recursos extrassistemáticos (= fora do sistema do Direito Privado), como a aplicação direta de normas e princípios da Constituição às relações privadas" (OLIVEIRA, Carlos E. Elias de. Constitucionalização e recivilização constitucional do direito civil: um mapeamento atual. In: MENEZES, Joyceane Bezerra de; CICCO, Maria Cristina De; RODRIGUES, Francisco Luciano Lima (Coord.). Direito civil na legalidade constitucional: algumas aplicações. Indaiatuba: Foco, 2021, p. 68).

[38] "A teoria da eficácia direta e imediata sustenta que a aplicação dos direitos fundamentais no âmbito particular não depende das cláusulas gerais para atingir as relações particulares, não requer um ponto de infiltração, pois as liberdades não mudam de natureza por operar frente ao Estado ou a particular e a unidade da ordem jurídica é incompatível com conceber o direito privado como um gueto, à margem da Constituição e dos direitos fundamentais [...]. Nessa perspectiva, é sempre a norma constitucional que se aplica como razão primária e justificadora de determinada decisão, quer tenha ocorrido o desenvolvimento do direito fundamental pela norma legal, quer na ausência desta" (KONDER, Carlos Nelson. Direitos fundamentais e relações privadas: o exemplo da distinção por gênero nos planos de previdência complementar. *Interesse Público*, ano 18, n. 99, p. 47-66, set./out. 2016. p. 55-56).

estatal suplementar.[39] Da assunção de premissas como a unidade (e complexidade) do ordenamento jurídico e a superioridade hierárquica da Constituição decorre, de fato, o reconhecimento da imprescindibilidade da consideração de todo o tecido constitucional (bem como de todas as demais normas do sistema) no âmbito da investigação da justa solução de cada caso concreto.[40] Esta vertente teórica desfruta de amplo acolhimento na experiência brasileira, o que se associa, em larga medida, à difusão das premissas metodológicas do direito civil-constitucional.[41]

Tendo em mente tais caracteres essenciais das principais formulações teóricas acerca da eficácia horizontal dos direitos fundamentais, conforme brevíssima síntese enunciada acima, pode-se avançar na análise da situação-problema nuclear deste estudo, qual seja: a incerteza quanto à aplicabilidade dos direitos fundamentais do contraditório e da ampla defesa no contexto da exclusão de contas e/ou conteúdos pelos provedores de redes sociais virtuais. Trata-se de questão delicada e extremamente atual, sobretudo em razão das possíveis (e não infrequentes) arbitrariedades perpetradas pelas plataformas no exercício do seu autêntico poder privado sancionador.[42] Nesse sentido, a análise até aqui realizada suscita o seguinte questionamento: é possível reconhecer a aplicabilidade

---

[39] Ao propósito, v., por todos, TEPEDINO, Gustavo. Notas esparsas sobre o direito civil na legalidade constitucional. In: MENEZES, Joyceane Bezerra de; CICCO, Maria Cristina De; RODRIGUES, Francisco Luciano Lima (Coord.). Direito civil na legalidade constitucional: algumas aplicações. Indaiatuba: Foco, 2021, p. 207 e ss. Destaca-se, nesse sentido, o ocaso da subsunção, "diante da indivisibilidade do processo de interpretação-aplicação do ordenamento jurídico, em perspectiva sistemático-axiológica, a superar a obrigatoriedade da existência de norma infraconstitucional para o deslinde do caso prático" (MONTEIRO FILHO, Carlos Edison do Rêgo. Breve ensaio em tema dos fundamentos do direito civil-constitucional e a concepção do direito fundamental à proteção de dados pessoais. In: MENEZES, Joyceane Bezerra de; CICCO, Maria Cristina De; RODRIGUES, Francisco Luciano Lima (Coord.). Direito civil na legalidade constitucional: algumas aplicações. Indaiatuba: Foco, 2021, p. 53).

[40] A partir de tal ordem de raciocínio, compreende-se a enunciação do *ordenamento do caso concreto* como uma das mais proeminentes premissas da metodologia civil-constitucional (v., por todos, PERLINGIERI, Pietro. Fonti del diritto e "ordinamento del caso concreto". Rivista di Diritto Privato, a. XV, n. 4, out.-dez./2010, *passim*). Afinal, "[O] ordenamento vive nos fatos concretos que historicamente o realizam" (PERLINGIERI, Pietro. O direito civil na legalidade constitucional. Trad. Maria Cristina De Cicco. Rio de Janeiro: Renovar, 2008, p. 657). Consagra-se, assim, o entendimento de que a disciplina de um dado caso concreto é necessariamente individualizada pelas suas particularidades – sem se descuidar, por certo, do dado normativo, na indissociável relação entre fato e norma (v. TEPEDINO, Gustavo. Liberdades, tecnologia e teoria da interpretação. Revista da Academia Paranaense de Letras Jurídicas, n. 3, 2014, p. 35). Para o desenvolvimento do raciocínio, seja consentido remeter a SILVA, Rodrigo da Guia. Perspectivas de um diálogo entre a metodologia do direito civil-constitucional e algumas proposições do direito constitucional. In: MENEZES, Joyceane Bezerra de; CICCO, Maria Cristina De; RODRIGUES, Francisco Luciano Lima (Coord.). Direito civil na legalidade constitucional: algumas aplicações. Indaiatuba: Foco, 2021, p. 355 e ss.

[41] V., por todos, TEPEDINO, Gustavo. Premissas metodológicas para a constitucionalização do direito civil. Revista da Faculdade de Direito da UERJ, n. 5, 1997, *passim*; MORAES, Maria Celina Bodin de. A caminho de um direito civil constitucional. Revista de Direito Civil, Imobiliário, Agrário e Empresarial, a. 17, p. 21-32, jul.-set./1993, *passim*.

[42] "De outra parte, assiste-se a um progressivo crescimento da adoção de medidas coercitivas por iniciativa dos próprios provedores das redes sociais, como a exclusão ou o bloqueio ao acesso público de perfis e conteúdos produzidos pelos usuários. Tais sanções, aplicadas livremente por agentes do mercado aos consumidores de seus próprios serviços, aproximam-se ainda mais de uma atividade judicante informal e revigoram a relevância das reflexões acerca dos critérios valorativos para o exercício e a limitação da liberdade de expressão – sendo certo que, apesar de não desfrutar de caráter absoluto ou preferencial, cuida-se de um valor dos mais relevantes para a promoção da dignidade humana. Mostra-se, assim, ainda e sempre oportuna a revisitação do tema, não se podendo olvidar que a individualização da normativa aplicável ao caso concreto dependerá necessariamente da ponderação criteriosa dos valores em rota potencial de colisão em cada caso particular" (SOUZA, Eduardo Nunes de; SILVA, Rodrigo da Guia; RODRIGUES, Cássio Monteiro. Desafios atuais à disciplina jurídica da liberdade de expressão nas redes sociais. *In*: EHRHARDT JR., Marcos; LOBO, Fabíola Albuquerque; ANDRADE, Gustavo (Coord.). *Liberdade de expressão e relações privadas*. Belo Horizonte: Fórum, 2021, item 1).

das garantias fundamentais do contraditório e da ampla defesa no contexto da exclusão de contas ou conteúdos de usuários por plataformas de redes sociais virtuais?

Em um cenário hipotético de prevalência da teoria da eficácia indireta, a oponibilidade dos mencionados direitos fundamentais por parte dos usuários tendencialmente apenas seria possível caso houvesse intermediação estatal (sobretudo, de índole legislativa) a amparar tal sorte de pretensão. Já em um cenário hipotético de prevalência da *state action doctrine* – que não corresponde à realidade atual do direito brasileiro, vale explicitar –, poder-se-ia invocar a noção de *public function* como possível fundamento para a aplicabilidade do contraditório e da ampla defesa. Afinal, as redes sociais virtuais, outrora utilizadas por uma minoria informatizada, formam, hoje, comunidades virtuais mais populosas do que muitos países,[43] em fenômeno de progressiva transformação de meios de entretenimento em autênticas praças públicas.[44]

Não por acaso, reconhece-se que, com o aumento da conexão, possibilitou-se até mesmo uma mais plural forma de manifestação política.[45] Nesse contexto, o que seria a exclusão de contas ou conteúdos senão a retirada da possibilidade de se expressar perante a sociedade? Como se nota, ainda que não envolvam a atuação material em um espaço físico determinado, as redes sociais virtuais findam por envolver, em alguma medida, o exercício de funções típicas de Estado,[46] razão pela qual parece possível cogitar da compatibilidade da *state action doctrine* com o reconhecimento da oponibilidade dos direitos fundamentais (*in casu*, contraditório e ampla defesa) pelos usuários em face dos provedores das redes sociais virtuais.

Por fim, adotando-se a teoria da eficácia direta e imediata, amplamente reconhecida na experiência brasileira,[47] resulta ainda mais evidente a oponibilidade do contraditório e da ampla defesa pelos usuários, independentemente de intermediação legislativa ou da qualificação (estatal ou não estatal) do conteúdo da atuação do

---

[43] "De acordo com o The Global State of Digital in 2019, elaborado pela Hootsuite e We Are Social, cerca de 3,484 bilhões de pessoas usam redes sociais, o que representa 45% da população mundial. Quanto ao Brasil, 140 milhões de brasileiros usam ativamente as redes sociais e passam mais de 3 horas por dia conectados a elas, conforme o relatório de Hootsuite" (PAREDES, Arthur. As redes sociais mais utilizadas: números e estatísticas. Redes Sociais. Blog da Business & Technology, Empreendedores, Marketing e Mídias Sociais. Disponível em: https://www.iebschool.com/pt-br/blog/social-media/redes-sociais/as-redes-sociais-mais-utilizadas-numeros-e-estatisticas/#:~:text=De%20acordo%20com%20o%20The,representa%2045%25%20da%20popula%C3%A7%C3%A3o%20mundial. Acesso em: 17/05/2021).

[44] "A questão é nova e põe-se pela transformação dos meios de comunicação social. Por ela se promove, de um lado, a democratização pelos instrumentos tecnológicos postos à disposição das pessoas, que mune todos e cada qual dos cidadãos de voz e vez na participação política direta, possibilitada pelo uso de ferramentas das 'redes sociais'. De outro lado, inventada a praça virtual tecnológica, há que se transferir a esse espaço virtual o reconhecimento de que 'a praça é do povo'. Não há como cercear ou limitar o acesso de um a outro que nela se tenha resolvido acessar" (STF. MS nº 36.666/DF. Rel. Min. Cármen Lúcia, voto proferido em 27.11.2020).

[45] "Ao lado dos mecanismos tradicionais da democracia representativa (eleições, partidos políticos) e da democracia semidireta (plebiscito, referendo e iniciativa popular), a Carta de 1988 cuidou também de proteger e fomentar a ideia da democracia deliberativa, segundo a qual o povo pode participar diretamente dos processos públicos de tomada de decisões políticas. Essa participação política se dá nas praças e ruas, pela ocupação física, mas também nas redes sociais, as novas praças digitais" (BINENBOJM, Gustavo. *Liberdade igual*: o que é e por que importa. Rio de Janeiro: Intrínseca, 2020. p. 47).

[46] Ao propósito, v. RUDOFSKY, Daniel. Modern state action doctrine in the age of big data. *NYU Annual Survey of American Law*, v. 71, n. 4, p. 741-800, 2017. p. 777.

[47] "No Brasil, a eficácia direta e imediata dos direitos fundamentais nas relações privadas é amplamente reconhecida, especialmente em vista das características de desigualdade da sociedade brasileira" (KONDER, Carlos Nelson. Direitos fundamentais e relações privadas: o exemplo da distinção por gênero nos planos de previdência complementar. *Interesse Público*, ano 18, n. 99, p. 47-66, set./out. 2016. p. 57).

provedor da rede social virtual. Tal linha de compreensão da matéria, cara à metodologia civil-constitucional, permite reconhecer que a aplicabilidade das referidas garantias processuais traduz simples (conquanto extremamente importante) concretização da premissa teórica relativa à aplicabilidade direta e imediata dos direitos fundamentais nas relações jurídicas mantidas entre particulares.

Por tais razões – em especial, com base na assunção da eficácia direta e imediata dos direitos fundamentais nas relações privadas –, deve ser assegurado aos usuários das redes sociais virtuais o direito ao contraditório e à ampla defesa no contexto da exclusão de contas ou conteúdos pelas respectivas plataformas.[48] Assim, há de se reconhecer, como regra geral, a ilegitimidade da conduta de exclusão de contas ou publicações sem que se tenha previamente oportunizado o exercício do contraditório e da ampla defesa pelo usuário potencialmente afetado pela medida interventiva. Por via de consequência, caso violadas tais prerrogativas, o usuário vitimado poderá se valer dos instrumentos ordinários de tutela, como a determinação judicial da imediata restauração da conta ou publicação e a condenação do provedor à reparação dos danos injustos (morais e/ou materiais) devidamente comprovados.

Não se trata de formulação essencialmente inédita no direito brasileiro. Rememore-se, por oportuno, o denominado "caso da União Brasileira de Compositores", paradigmático em matéria de eficácia horizontal dos direitos fundamentais.[49] O cerne da questão de direito submetida à apreciação do Supremo Tribunal Federal dizia respeito precisamente à necessidade ou não de respeito ao contraditório e à ampla defesa na exclusão de afiliado de associação civil. Superando-se o entendimento da relatora originária, que admitia a liberdade das associações "para se organizar e estabelecer normas de funcionamento e de relacionamento entre os sócios", a tornar "totalmente descabida a invocação do disposto no art. 5º, LV da Constituição",[50] veio a prevalecer o voto-vista do Ministro Gilmar Mendes, com o reconhecimento de que o caso versaria sobre verdadeira hipótese de eficácia horizontal dos direitos fundamentais do contraditório e da ampla defesa. Concluiu-se, assim, pela ilegitimidade da exclusão

---

[48] Em semelhante conclusão, sustenta-se a "necessidade de se respeitar o devido processo legal, com seus corolários, nesses processos particulares que culminam na aplicação de punições no ambiente tecnológico" (EHRHARDT JR., Marcos; OLIVEIRA, Ewerton Gabriel Protázio de. Relações privadas e a aplicabilidade dos direitos fundamentais: uma análise sob a perspectiva do princípio do contraditório. *In*: MENEZES, Joyceane Bezerra de; CICCO, Maria Cristina De; RODRIGUES, Francisco Luciano Lima (Coord.). *Direito civil na legalidade constitucional*: algumas aplicações. Indaiatuba: Foco, 2021. p. 307). Vale ressaltar que, embora a conclusão ora propugnada encontre fundamento imediato nas premissas metodológicas indicadas, o seu acerto finda por ser corroborado por eventual entendimento pela constitucionalidade do art. 19 do Marco Civil da Internet (questão pendente de apreciação pelo Supremo Tribunal Federal no julgamento no tema 987 da Repercussão Geral). A se entender diversamente, produzir-se-ia um inadequado cenário no qual os provedores de redes sociais, por um lado, seriam isentos de responsabilidade pela inércia após simples notificação extrajudicial da vítima (nos termos da criticável redação contida no art. 19 do Marco Civil da Internet), e, por outro lado, desfrutariam de poder discricionário (quiçá arbitrário) para a exclusão administrativa de perfis e publicações, sem contraditório prévio e sem vinculação a qualquer "ordem judicial específica" que tivesse o condão de deflagrar a responsabilidade do provedor nos termos do referido dispositivo legal.

[49] Para o desenvolvimento da análise sobre o caso, remete-se a LEAL, Pastora do Socorro Teixeira; RODRIGUES, Leandro Nascimento. A eficácia dos direitos fundamentais nas relações privadas à luz da jurisprudência do Supremo Tribunal Federal: análise crítica do Recurso Especial 201.819-8 e Ação Direta de Inconstitucionalidade 4815. *Revista de Direitos e Garantias Fundamentais*, v. 19, n. 2, p. 12-41, maio/ago. 2018, *passim*; e MENDES, Gilmar. A eficácia dos direitos fundamentais nas relações privadas: exclusão de sócio da União Brasileira de Compositores (RE 201.819). *Revista da Ajuris*, v. 31, n. 100, p. 139-167, dez. 2005, *passim*.

[50] STF, 2ª T. RE nº 201.819/RJ. Rel. Min. Ellen Gracie, Rel. p/ acórdão Min. Gilmar Mendes, j. 11.10.2005.

do associado sem que lhe houvesse sido oportunizado previamente o exercício dos seus direitos fundamentais ao contraditório e à ampla defesa.[51]

Em que pese seja não raramente identificado como exemplo de "aplicabilidade direta das normas constitucionais às relações privadas",[52] a decisão do caso em comento não se amparou (ao menos, explicitamente) em tal formulação teórica. Ao revés, nota-se na ementa[53] e em diversas passagens do inteiro teor do acórdão[54] a preocupação em não se afirmar a consagração da aplicabilidade direta e imediata dos direitos fundamentais às relações privadas. De todo modo, tal caso, paradigmático em matéria de eficácia horizontal dos direitos fundamentais, assume especial relevância para a compreensão da temática objeto do presente estudo, diante da notável similitude entre as hipóteses fáticas analisadas.

Com efeito, referido caso apreciado pelo Supremo Tribunal Federal se assemelha, em muitos aspectos, à situação sob análise no presente estudo. Em um primeiro paralelo, mostra-se possível entender a União Brasileira de Compositores como rede social (conquanto não virtual), diante das interações mantidas no seio de tal grupo social. Um segundo paralelo, por sua vez, consiste no risco de afronta ao conteúdo material das liberdades individuais dos associados por ocasião da exclusão implementada pela associação, o que se poderia equiparar ao risco de afronta ao conteúdo material das liberdades individuais dos usuários por ocasião da exclusão de contas e/ou conteúdos por parte da plataforma. No que tange ao terceiro e mais evidente paralelo, percebe-se que as discussões, em ambos os cenários, têm como núcleo fundamental a observância das garantias constitucionais do contraditório e da ampla defesa.

---

[51] Colhe-se da ementa do julgado: "A exclusão de sócio do quadro social da UBC, sem qualquer garantia de ampla defesa, do contraditório, ou do devido processo constitucional, onera consideravelmente o recorrido, o qual fica impossibilidade de perceber os direitos autorais relativos à execução de suas obras. A vedação das garantias constitucionais do devido processo legal acaba por restringir a própria liberdade de exercício profissional do sócio" (STF, 2ª T. RE nº 201.819/RJ. Rel. Min. Ellen Gracie, Rel. p/ acórdão Min. Gilmar Mendes, j. 11.10.2005).

[52] MORAES, Bruno Terra de. Aplicação direta x indireta das normas constitucionais: rejeição de espaços de não direito. In: HIRONAKA, Giselda Maria F. Novaes; SANTOS, Romualdo Baptista dos (Coord.). Direito civil: estudos. Coletânea do XV Encontro dos Grupos de Pesquisa – IBDCivil. São Paulo: Blucher, 2018. p. 77. Em sentido similar, v. EHRHARDT JR., Marcos; OLIVEIRA, Ewerton Gabriel Protázio de. Relações privadas e a aplicabilidade dos direitos fundamentais: uma análise sob a perspectiva do princípio do contraditório. In: MENEZES, Joyceane Bezerra de; CICCO, Maria Cristina De; RODRIGUES, Francisco Luciano Lima (Coord.). Direito civil na legalidade constitucional: algumas aplicações. Indaiatuba: Foco, 2021. p. 299-300.

[53] "O caráter público da atividade exercida pela sociedade e a dependência do vínculo associativo para o exercício profissional de seus sócios legitimam, no caso concreto, a aplicação direta dos direitos fundamentais concernentes ao devido processo legal, ao contraditório e à ampla defesa (art. 5º, LIV e LV, CF/88)" (STF, 2ª T. RE nº 201.819/RJ. Rel. Min. Ellen Gracie, Rel. p/ acórdão Min. Gilmar Mendes, j. 11.10.2005).

[54] Assim, por exemplo, colhe-se do voto vencedor do Ministro Gilmar Mendes: "Não estou preocupado em discutir no atual momento qual a forma geral de aplicabilidade dos direitos fundamentais que a jurisprudência desta Corte professa para regular as relações entre particulares. Tenho a preocupação de, tão-somente, ressaltar que o Supremo Tribunal Federal já possui histórico identificável de uma jurisdição constitucional voltada para a aplicação desses direitos às relações privadas" (STF, 2ª T. RE nº 201.819/RJ. Rel. Min. Ellen Gracie, Rel. p/ acórdão Min. Gilmar Mendes, j. 11.10.2005). Do mesmo voto se colhe uma aparente (e expressiva) filiação à state action doctrine: "Destarte, considerando que a União Brasileira de Compositores (UBC) integra a estrutura do ECAD, é incontroverso que, no caso, ao restringir as possibilidades de defesa do recorrido, ela assume posição privilegiada para determinar, preponderantemente, a extensão do gozo e fruição dos direitos autorais de seu associado. Em outras palavras, trata-se de entidade que se caracteriza por integrar aquilo que poderíamos denominar como espaço público ainda que não-estatal" (STF, 2ª T. RE nº 201.819/RJ. Rel. Min. Ellen Gracie, Rel. p/ acórdão Min. Gilmar Mendes, j. 11.10.2005). No mesmo sentido, o voto do Ministro Joaquim Barbosa, após explicitar "a cautela de dizer que não estou [está] aqui a esposar o entendimento de que essa aplicabilidade deva verificar-se em todas as situações", alude à "natureza peculiar da associação em causa (que tem natureza 'quase pública')" (STF, 2ª T. RE nº 201.819/RJ. Rel. Min. Ellen Gracie, Rel. p/ acórdão Min. Gilmar Mendes, j. 11.10.2005).

Justifica-se, portanto, também com base na análise da experiência jurisprudencial brasileira, o reconhecimento da aplicabilidade dos direitos fundamentais ao contraditório e à ampla defesa no contexto da exclusão de contas ou publicações pelos provedores das redes sociais virtuais. Registre-se, por oportuno, que não deve causar estranhamento a circunstância de garantias tipicamente processuais assumirem relevância central no tratamento da questão à luz do direito material. Em realidade, o estágio atual da doutrina aconselha (*rectius*: exige) uma revisitação da diferenciação estanque com que usualmente se procede acerca do direito material e do direito processual.[55] Sem qualquer pretensão de insurgência contra a autonomia dogmática das disciplinas, parece imperioso reconhecer que a incindibilidade entre o juízo de merecimento de tutela e o juízo de individualização da tutela merecida apontam para a correspectiva incindibilidade entre o estudo do direito material e o estudo do direito processual.[56]

A recondução de ambas as disciplinas à tábua axiológica constitucional justifica, assim, que se dedique particular atenção à harmonização entre as respectivas normas, o que haverá de repercutir, no que mais diretamente importa ao presente estudo, na constante exigência de que a interpretação-aplicação do direito se paute pela promoção da máxima efetividade da tutela jurisdicional dispensada aos interesses reputados merecedores de proteção. Evitar-se-ia, assim, tanto o risco de ausência de preocupação dos civilistas com a efetividade da tutela quanto o risco de assunção de uma inexistente neutralidade das normas processuais pelos processualistas.[57] Tal necessidade de aproximação tem sido identificada também pela doutrina processualista, que em boa hora sustenta um movimento de "materialização do processo",[58] com base no reconhecimento de "relações de convergência coaxial entre direito e processo".[59]

---

[55] Assim se sustentou em SILVA, Rodrigo da Guia. Remédios no direito privado: tutela das situações jurídicas subjetivas em perspectiva civil-constitucional. *Revista de Direito Privado*, v. 98, p. 255-303, mar./abr. 2019. p. 296 e ss.

[56] Nesse sentido, v. PERLINGIERI, Pietro. Il "giusto rimedio" nel diritto civile. *Il Giusto Processo Civile*, n. 1, p. 1-23, 2011. p. 3, nota de rodapé n. 3; e MAJO, Adolfo Di. La tutela dei diritti tra diritto sostanziale e processuale. *Rivista Critica del Diritto Privato*, ano VII, n. 3, p. 363-392, set. 1989. p. 387.

[57] "Superada a fase metodológica autonomista do processo civil, evidente a insuficiência em caracterizá-lo como instrumento de ordem eminentemente técnica, algo neutro quanto ao aspecto axiológico. [...] Como o direito processual não é cego à realidade, fica evidente que as concepções filosóficas, políticas, culturais e ideológicas penetram, diretamente ou através do direito substancial, no processo e na sua concreta regulamentação, imprimindo-lhes certas orientações, significados, desenvolvimento que o simples texto da lei não saberia revelar" (PITERMAN, Marcel. Direito e processo: tutela dos direitos e tutela jurisdicional na perspectiva dos direitos fundamentais. *Revista Jurídica*, v. 65, n. 472, p. 27-58, fev. 2017. p. 28-29). Justifica-se, assim, a crítica à suposta discricionariedade absoluta do legislador em matéria processual, uma vez que não se lhe permite eximir-se da promoção dos valores consagrados pela Constituição, como ressalta MAJO, Adolfo Di. La tutela dei diritti tra diritto sostanziale e processuale. *Rivista Critica del Diritto Privato*, ano VII, n. 3, p. 363-392, set. 1989. p. 383.

[58] "Nessa toada, o diagnóstico exposto neste ensaio permite questionar se não estaria havendo um retorno do processo ao direito material, algo que poderia ser descrito como uma materialização do processo. Por 'materialização do processo' entendemos uma renovada aproximação entre direito material e direito processual que se coloca em várias dimensões e com intensidade muito diferente do que até hoje se viu" (CABRAL, Antonio. Da instrumentalidade à materialização do processo: as relações contemporâneas entre direito material e direito processual. *Civil Procedure Review*, v. 12, n. 2, p. 69-102, maio/ago. 2021. p. 95).

[59] "A relação contemporânea entre direito e processo assume uma configuração coaxial. São eixos convergentes e podem atuar em conjunto transformando as situações processuais e o próprio procedimento, dentro e fora do processo jurisdicional, moldando tanto a regulação primária como a regulação secundária" (CABRAL, Antonio. Da instrumentalidade à materialização do processo: as relações contemporâneas entre direito material e direito processual. *Civil Procedure Review*, v. 12, n. 2, p. 69-102, maio/ago. 2021. p. 97).

Por fim, cumpre advertir que a propugnada oponibilidade do contraditório e da ampla defesa pelos usuários em face dos provedores das redes sociais virtuais não há de conduzir a uma vedação absoluta à postergação do contraditório. De fato, a dinamicidade dos acontecimentos pode fazer chegarem ao conhecimento da plataforma situações lesivas a direitos fundamentais que, por sua gravidade e urgência de tutela, não se coadunariam com a oportunização do contraditório e da ampla defesa pelo usuário previamente à implementação do bloqueio (idealmente, temporário) do conteúdo reputado ofensor.

Em casos de tal magnitude, a análise atenta das circunstâncias do caso concreto (postura exigível na generalidade das situações, a bem da verdade) poderá conduzir à conclusão de que a medida mais adequada para a tutela dos interesses em rota potencial de colisão é a implementação de um contraditório diferido, em substituição da oitiva prévia. Incumbirá ao provedor da rede social virtual, em qualquer cenário, fundamentar detidamente a sua decisão e assegurar (ainda que *a posteriori*, em caráter excepcional) o exercício do contraditório e da ampla defesa pelo usuário titular do perfil ou autor da publicação.

4 Conclusão

O presente estudo buscou desenvolver reflexões acerca da legitimidade da exclusão de contas e/ou conteúdos particulares por provedores de redes sociais virtuais sem a prévia oportunização do exercício do contraditório e da ampla defesa. Para tanto, partiu-se de uma análise dos debates atuais sobre limites à atuação das plataformas de redes sociais virtuais, buscando levantarem-se questões acerca da tutela dos direitos fundamentais no contexto das redes sociais. Na sequência, passaram-se em revista algumas das principais vertentes teóricas acerca da eficácia horizontal dos direitos fundamentais, com base no que se adentrou na hipótese norteadora do presente estudo.

Tal percurso teórico conduziu ao reconhecimento da renovada importância das garantias processuais do contraditório e da ampla defesa no âmbito da exclusão de perfis e conteúdos por provedores de redes sociais virtuais. Entendeu-se, assim, pela aplicabilidade dos direitos fundamentais entre particulares no âmbito das redes sociais virtuais como não só possível, mas também necessária para a devida tutela das situações jurídicas subjetivas titularizadas pelos usuários. Espera-se, então, que, uma vez assentadas as premissas ora propugnadas, possa-se avançar na análise de questões igualmente relevantes na matéria, tais como a definição do prazo razoável e do espectro de dilação probatória a ser facultado ao usuário.

Dessa forma, ao se reconhecer a aplicabilidade de garantias processuais como protagonistas da proteção ao usuário em hipóteses de exclusão de conta ou conteúdo, almeja-se que as presentes reflexões possam auxiliar no progressivo incremento da proteção dispensada aos internautas Josef K. da realidade virtual contemporânea, assim entendidos os usuários surpreendidos pela exclusão abrupta e imotivada de seus perfis ou publicações. Andará bem a sociedade se lograr restringir à obra-prima da literatura o insuperável drama existencial consistente em ser acusado e perseguido sem direito de defesa e sem conhecimento do teor da acusação.

Referências

ACIOLI, Bruno de Lima; PEIXOTO, Erick Lucena Campos. A privacidade nas redes sociais virtuais e a cultura do cancelamento. In: EHRHARDT JÚNIOR, Marcos; CATALAN, Marcos; MALHEIROS, Pablo (Coord.). *Direito civil e tecnologia*. Belo Horizonte: Fórum, 2020.

ANJOS, Júlia dos. A violência da vigilância: discursos sobre tecnologia na série You. *Rumores (USP)*, v. 14, 2020.

BENJAMIN, Antonio Herman V.; MARQUES, Claudia Lima; BESSA, Leonardo Roscoe. *Manual de direito do consumidor*. 7. ed. São Paulo: Revista dos Tribunais, 2016.

BINENBOJM, Gustavo. *Liberdade igual*: o que é e por que importa. Rio de Janeiro: Intrínseca, 2020.

BIONI, Bruno R.; MENDES, Laura Schertel. Regulamento Europeu de Proteção de Dados Pessoais e a Lei Geral brasileira de Proteção de Dados: mapeando convergências na direção de um nível de equivalência. In: TEPEDINO, Gustavo; FRAZÃO, Ana; OLIVA, Milena Donato (Coord.). *Lei Geral de Proteção de Dados Pessoais e suas repercussões no direito brasileiro*. São Paulo: Thomson Reuters Brasil, 2019.

CABRAL, Antonio. Da instrumentalidade à materialização do processo: as relações contemporâneas entre direito material e direito processual. *Civil Procedure Review*, v. 12, n. 2, p. 69-102, maio/ago. 2021.

CANARIS, Claus-Wilhelm. Wandlungen des Schuldvertragsrechts – Tendenzen zu seiner „Materialisierung". *Archiv für die civilistische Praxis*, v. 200, n. 3, 2000.

CARDOSO, Simone Tassinari; BASTOS, Ísis Boll de Araujo. Leading cases de direito das famílias: uma análise das situações com repercussão geral no Supremo Tribunal Federal a partir da eficácia horizontal dos direitos fundamentais. *Revista Brasileira de Direito Civil*, v. 10, p. 61-95, out./dez. 2016.

EHRHARDT JR., Marcos; OLIVEIRA, Ewerton Gabriel Protázio de. Relações privadas e a aplicabilidade dos direitos fundamentais: uma análise sob a perspectiva do princípio do contraditório. In: MENEZES, Joyceane Bezerra de; CICCO, Maria Cristina De; RODRIGUES, Francisco Luciano Lima (Coord.). *Direito civil na legalidade constitucional*: algumas aplicações. Indaiatuba: Foco, 2021.

FRATESCHI, Yara. Participação e liberdade política em Hannah Arendt. *Cadernos de Filosofia Alemã: Crítica e Modernidade*, n. 10, p. 83-100, jul./dez. 2007.

GOULART, Josette. Efeito Trump: Bolsonaro quer vacina contra bloqueios do Facebook e Twitter. *Veja*, 2021. Disponível em: https://veja.abril.com.br/blog/radar-economico/efeito-trump-bolsonaro-quer-vacina-contra-bloqueios-do-facebook-e-twitter/. Acesso em: 16 maio 2021.

HOWES, Frederico Falarz; BERGSTEIN, Laís; MELO, Marcelo Tayah de; SILVA, Micheline Criz da; KRETZMANN, Renata. O risco da atividade como fundamento do dever de compensar o tempo perdido pelo consumidor e o entendimento atual do Superior Tribunal de Justiça. *Revista Eletrônica do Curso de Direito do Centro Universitário Univel*, v. 3, n. 1, p. 67-93, dez. 2019.

KADUSHIN, Charles. Introduction to social network theory. *Draft*, p. 1-60, fev. 2004.

KAFKA, Franz. *O processo*. Tradução de Torrieri Guimarães Rio de Janeiro: Nova Fronteira, 2011. E-Book.

KOEHLER, Cristiane; MACHADO-SPENCE, Nádie Christina. *Grupos, agrupamentos e comunidades nas redes sociais na internet*: proximidades, distanciamentos e complementaridades. Livro 2: didática e prática de ensino na relação com a formação de professores. Fortaleza: Ed. UECE, 2014.

KONDER, Carlos Nelson. Direitos fundamentais e relações privadas: o exemplo da distinção por gênero nos planos de previdência complementar. *Interesse Público*, ano 18, n. 99, p. 47-66, set./out. 2016.

KONDER, Carlos Nelson; SOUZA, Amanda Guimarães Cordeiro de. Onerosidade do acesso às redes sociais. *Revista de Direito do Consumidor*, ano 28, v. 121, p. 185-212, jan./fev. 2019.

LEAL, Pastora do Socorro Teixeira; RODRIGUES, Leandro Nascimento. A eficácia dos direitos fundamentais nas relações privadas à luz da jurisprudência do Supremo Tribunal Federal: análise crítica do Recurso Especial 201.819-8 e Ação Direta de Inconstitucionalidade 4815. *Revista de Direitos e Garantias Fundamentais*, v. 19, n. 2, p. 12-41, maio/ago. 2018.

LEMOS, Ronaldo. O Oversight Board do Facebook. *ITS Rio*, maio 2020. Disponível em: https://itsrio.org/pt/artigos/o-oversight-board-do-facebook/. Acesso em: 14 maio 2021.

LÜTTRINGHAUS, Jan D. *Vertragsfreiheit und ihre Materialisierung im Europäischen Binnenmarkt*: die Verbürgung und Materialisierung unionaler Vertragsfreihet im Zusammenspiel von EU-Privatrecht, BGB und ZPO. Tübingen: Mohr Siebeck, 2018.

MAJO, Adolfo Di. La tutela dei diritti tra diritto sostanziale e processuale. *Rivista Critica del Diritto Privato*, ano VII, n. 3, p. 363-392, set. 1989.

MEDON, Filipe. Decisões automatizadas: o necessário diálogo entre a inteligência artificial e a proteção de dados pessoais para a tutela de direitos fundamentais. *In*: TEPEDINO, Gustavo; SILVA, Rodrigo da Guia (Coord.). *O direito civil na era da inteligência artificial*. São Paulo: Thomson Reuters Brasil, 2020.

MENDES, Gilmar. A eficácia dos direitos fundamentais nas relações privadas: exclusão de sócio da União Brasileira de Compositores (RE 201.819). *Revista da Ajuris*, v. 31, n. 100, p. 139-167, dez. 2005.

MENDES, Laura Schertel; MATTIUZZO, Marcela. Discriminação algorítmica: conceito, fundamento legal e tipologia. *RDU*, v. 16, n. 90, p. 39-64, nov./dez. 2019.

MIRAGEM, Bruno. *Curso de direito do consumidor*. 6. ed. São Paulo: Revista dos Tribunais, 2016.

MONTEIRO FILHO, Carlos Edison do Rêgo. Breve ensaio em tema dos fundamentos do direito civil-constitucional e a concepção do direito fundamental à proteção de dados pessoais. *In*: MENEZES, Joyceane Bezerra de; CICCO, Maria Cristina De; RODRIGUES, Francisco Luciano Lima (Coord.). *Direito civil na legalidade constitucional*: algumas aplicações. Indaiatuba: Foco, 2021.

MORAES, Bruno Terra de. Aplicação direta x indireta das normas constitucionais: rejeição de espaços de não direito. *In*: HIRONAKA, Giselda Maria F. Novaes; SANTOS, Romualdo Baptista dos (Coord.). *Direito civil*: estudos. Coletânea do XV Encontro dos Grupos de Pesquisa – IBDCivil. São Paulo: Blucher, 2018.

MORAES, Maria Celina Bodin de. A caminho de um direito civil constitucional. *Revista de Direito Civil, Imobiliário, Agrário e Empresarial*, ano 17, p. 21-32, jul./set. 1993.

NEUMANN, Franz; PROL, Flávio Marques O conceito de liberdade política. *Cadernos de Filosofia Alemã: Crítica e Modernidade*, n. 22, p. 107-154, jul./dez. 2013.

OLIVEIRA, Carlos E. Elias de. Constitucionalização e recivilização constitucional do direito civil: um mapeamento atual. *In*: MENEZES, Joyceane Bezerra de; CICCO, Maria Cristina De; RODRIGUES, Francisco Luciano Lima (Coord.). *Direito civil na legalidade constitucional*: algumas aplicações. Indaiatuba: Foco, 2021.

PAIVA, Letícia. Governo Bolsonaro tem intenção de vedar remoção de posts por redes sociais. Liberdade de expressão. *Jota*, 2021. Disponível em: https://www.jota.info/coberturas-especiais/liberdade-de-expressao/governo-bolsonaro-tem-intencao-de-vedar-remocao-de-posts-por-redes-sociais-07052021. Acesso em: 16 maio 2021.

PAREDES, Arthur. As redes sociais mais utilizadas: números e estatísticas. Redes Sociais. *Blog da Business & Technology, Empreendedores, Marketing e Mídias Sociais*. Disponível em: https://www.iebschool.com/pt-br/blog/social-media/redes-sociais/as-redes-sociais-mais-utilizadas-numeros-e-estatisticas/#:~:text=De%20acordo%20com%20o%20The,representa%2045%25%20da%20popula%C3%A7%C3%A3o%20mundial. Acesso em: 17 maio 2021.

PERLINGIERI, Pietro. Fonti del diritto e "ordinamento del caso concreto". *Rivista di Diritto Privato*, ano XV, n. 4, p. 7-28, out.-dez./2010.

PERLINGIERI, Pietro. Il "giusto rimedio" nel diritto civile. *Il Giusto Processo Civile*, n. 1, p. 1-23, 2011.

PERLINGIERI, Pietro. *O direito civil na legalidade constitucional*. Tradução de Maria Cristina De Cicco. Rio de Janeiro: Renovar, 2008.

PINHEIRO, Patricia Peck. Cyber rights: direitos fundamentais dos cidadãos digitais e a existência de uma ordem pública global através da internet. *Revista dos Tribunais*, v. 971, set. 2016.

PITERMAN, Marcel. Direito e processo: tutela dos direitos e tutela jurisdicional na perspectiva dos direitos fundamentais. *Revista Jurídica*, v. 65, n. 472, p. 27-58, fev. 2017.

QUINELATO, João. Liberdade, verdade e fake news: mecanismos para o ressarcimento de danos. *In*: EHRHARDT JÚNIOR, Marcos; CATALAN, Marcos; MALHEIROS, Pablo (Coord.). *Direito civil e tecnologia*. Belo Horizonte: Fórum, 2020.

RECUERO, Raquel. *A conversação em rede*: comunicação mediada pelo computador e redes sociais na Internet. Porto Alegre: Sulina, 2014.

RODRIGUES JUNIOR, Otavio Luiz. *Direito civil contemporâneo*: estatuto epistemológico, Constituição e direitos fundamentais. 2. ed. Rio de Janeiro: Forense, 2019.

ROUSSEAU, Jean-Jacques. *Do contrato social*. [s.l.]: Ed. Ridendo Castigat Mores, [s.d.]. *E-Book*.

RUDOFSKY, Daniel. Modern state action doctrine in the age of big data. *NYU Annual Survey of American Law*, v. 71, n. 4, p. 741-800, 2017.

RUZYK, Carlos Eduardo Pianovski. *Institutos fundamentais do direito civil e liberdade(s)*: repensando a dimensão funcional do contrato, da propriedade e da família. Rio de Janeiro: GZ, 2011.

SARLET, Ingo Wolfgang. Neoconstitucionalismo e influência dos direitos fundamentais no direito privado: algumas notas sobre a evolução brasileira. *Civilistica.com*, ano 1, n. 1, jul./set. 2012.

SCHMIDT, Christopher W. On doctrinal confusion: the case of the state action doctrine. *BYU Law Review*, v. 2016, p. 575-628, mar. 2016.

SCHREIBER, Anderson. Liberdade de expressão e tecnologia. *In*: SCHREIBER, Anderson; MORAES, Bruno Terra de; TEFFÉ, Chiara Spadaccini de (Coord.). *Direito e mídia*: tecnologia e liberdade de expressão. Indaiatuba: Foco, 2020.

SCHREIBER, Anderson. Redes sociais, perfis falsos e liberdade de expressão. *GenJurídico.com.br*, 28 ago. 2018. Disponível em: http://genjuridico.com.br/2018/08/28/redes-sociais-perfis-falsos-e-liberdade-de-expressao/. Acesso em: 17 maio 2021.

SCHREIBER, Anderson. Twitter bloqueia Trump: há limites para a liberdade de expressão?. Fumus boni iuris. *O Globo*, 2021. Disponível em: https://blogs.oglobo.globo.com/fumus-boni-iuris/post/twitter-bloqueia-trump-ha-limites-para-liberdade-de-expressao.html. Acesso em: 15 maio 2021.

SILVA, Rodrigo da Guia. Equilíbrio e vulnerabilidade nos contratos: marchas e contramarchas do dirigismo contratual. *Civilistica.com*, ano 9, n. 3, 2020.

SILVA, Rodrigo da Guia. Perspectivas de um diálogo entre a metodologia do direito civil-constitucional e algumas proposições do direito constitucional. *In*: MENEZES, Joyceane Bezerra de; CICCO, Maria Cristina De; RODRIGUES, Francisco Luciano Lima (Coord.). *Direito civil na legalidade constitucional*: algumas aplicações. Indaiatuba: Foco, 2021.

SILVA, Rodrigo da Guia. Remédios no direito privado: tutela das situações jurídicas subjetivas em perspectiva civil-constitucional. *Revista de Direito Privado*, v. 98, p. 255-303, mar./abr. 2019.

SOPRANA, Paula. Facebook lança conselho independente para moderação de conteúdo. *Folha de S.Paulo*, 6 maio 2020. Disponível em: https://www1.folha.uol.com.br/mercado/2020/05/facebook-lanca-conselho-independente-para-moderacao-de-conteudo.shtml. Acesso em: 14 maio 2021.

SOUZA, Eduardo Nunes de. *Teoria geral das invalidades do negócio jurídico*: nulidade e anulabilidade no direito civil contemporâneo. São Paulo: Almedina, 2017.

SOUZA, Eduardo Nunes de; RODRIGUES, Cássio Monteiro. Aplicativos de economia compartilhada: tutela da vulnerabilidade dos usuários diante dos "termos e condições de uso". *In*: EHRHARDT JÚNIOR, Marcos; CATALAN, Marcos; MALHEIROS, Pablo (Coord.). *Direito civil e tecnologia*. Belo Horizonte: Fórum, 2020.

SOUZA, Eduardo Nunes de; SILVA, Rodrigo da Guia. Autonomia, discernimento e vulnerabilidade: estudo sobre as invalidades negociais à luz do novo sistema das incapacidades. *Civilistica.com*, ano 5, n. 1, 2016.

SOUZA, Eduardo Nunes de; SILVA, Rodrigo da Guia; RODRIGUES, Cássio Monteiro. Desafios atuais à disciplina jurídica da liberdade de expressão nas redes sociais. *In*: EHRHARDT JR., Marcos; LOBO, Fabíola Albuquerque; ANDRADE, Gustavo (Coord.). *Liberdade de expressão e relações privadas*. Belo Horizonte: Fórum, 2021.

STERN, Ana Luiza Saramago. *A imaginação no poder*: obediência política e servidão em Espinosa. Rio de Janeiro: Ed. PUC-Rio, 2016.

TEFFÉ, Chiara Spadaccini; MORAES Maria Celina Bodin de. Redes sociais virtuais: privacidade e responsabilidade civil: análise a partir do Marco Civil da Internet. *Pensar*, v. 22, n. 1, p. 108-146, jan./abr. 2017.

TEPEDINO, Gustavo. Liberdades, tecnologia e teoria da interpretação. *Revista da Academia Paranaense de Letras Jurídicas*, n. 3, p. 29-50, 2014.

TEPEDINO, Gustavo. Notas esparsas sobre o direito civil na legalidade constitucional. *In*: MENEZES, Joyceane Bezerra de; CICCO, Maria Cristina De; RODRIGUES, Francisco Luciano Lima (Coord.). *Direito civil na legalidade constitucional*: algumas aplicações. Indaiatuba: Foco, 2021.

TEPEDINO, Gustavo. Premissas metodológicas para a constitucionalização do direito civil. *Revista da Faculdade de Direito da UERJ*, n. 5, 1997.

VELLOSO, Carlos Mário. As novas garantias constitucionais. *Revista de Direito Administrativo*, v. 177, p. 14-28, jul./set. 1989.

WAGNER, Gerhard. Materialisierung des Schuldrechts unter dem Einfluss von Verfassungsrecht und Europarecht – Was bleibt von der Privatautonomie?. *In*: BLAUROCK, Uwe; HAGER, Günter (Org.). *Obligationenrecht im 21. Jahrhundert*. Baden-Baden: Nomos, 2010.

Informação bibliográfica deste texto, conforme a NBR 6023:2018 da Associação Brasileira de Normas Técnicas (ABNT):

SILVA, Rodrigo da Guia; SILVA, Marcela Guimarães Barbosa da. Contraditório e ampla defesa na exclusão de perfis e publicações por provedores de redes sociais virtuais: notas sobre a eficácia horizontal de direitos fundamentais no contexto virtual. *In*: EHRHARDT JÚNIOR, Marcos; CATALAN, Marcos; MALHEIROS, Pablo (Coord.). *Direito Civil e tecnologia*. 2. ed. Belo Horizonte: Fórum, 2022. t. II. p. 267-287. ISBN 978-65-5518-432-7.

MENSAGENS E MENSAGEIROS: PRIVACIDADE E CONFIANÇA EM TEMPOS DE DISRUPÇÃO TECNOLÓGICA

MARCO ANTONIO LIMA BERBERI

JOYCE FINATO PIRES

1 Introdução

Quando se fala em tecnologia, a primeira coisa que vem à mente são imagens de circuitos, engrenagens, telas e, mais recentemente, dados que abarrotam nuvens e revelam históricos, gostos e preferências de um usuário em apenas um clique. No entanto, o caminho para chegar até aqui foi longo e, não raras vezes, tortuoso. Não é de se admirar que, ainda hoje, se esteja traçando este percurso, na esperança de esclarecer muitas dúvidas: as que restam e as que surgem constantemente a cada nova descoberta.

Nas primeiras cenas de *2001: uma odisseia no espaço*, filme dirigido por Stanley Kubrick, baseado no romance de Arthur C. Clarke, um parente pré-histórico do ser humano acidentalmente descobre a primeira ferramenta sob um céu azul anil salpicado de nuvens. Ao som de *Assim falou Zaratustra*, música composta por Richard Strauss em 1891, ele pula e se agita freneticamente com a nova extensão do seu corpo. Embora seja um filme de ficção científica de 1968, essas primeiras cenas traduzem bem nossa trajetória em busca da conquista do ambiente e da construção da realidade humana. Construção feita, entre outras coisas, dos tijolos fabricados da habilidade humana de enviar e receber mensagens.

A voz, isto é, a capacidade de emitir sons decodificáveis e entendíveis a um interlocutor próximo, sozinha não era suficiente. Era preciso mais. Além dos gestos e das expressões, foi necessário criar as pinturas, a escrita e todo um montante de aparatos capazes de levar as mensagens para além de apenas alguns metros de distância. A busca pela transmissão de mensagens é tão urgente que existem até divindades específicas que ajudam nesta tarefa. Hermes e Mercúrio,[1] nas mitologias grega e romana, ou Agni,

---

[1] GRIMAL, Pierre. *Dicionário da mitologia grega e romana*. Tradução de Victor Jabouille. 5. ed. Rio de Janeiro: Bertrand Brasil, 2005.

na mitologia hindu,[2] são apenas alguns dos exemplos que se podem encontrar em algumas tradições do globo.

À medida que os mensageiros foram se tornando mais abstratos, a privacidade passou a ser levada ainda mais em conta que anteriormente, principalmente quando seu conteúdo trazia informações importantes sobre estratégias de guerra, por exemplo. Basta lembrar das corridas pela interceptação de mensagens estratégicas durante a Segunda Guerra para se ter uma noção da importância do assunto.

Na era da internet, em que mensagens cruzam o mundo o tempo inteiro, garantir a segurança delas tornou-se uma preocupação constante de muitas sociedades. Depois de um período de certo distanciamento, os seres humanos se voltam novamente para a busca dos mensageiros perfeitos. Desta vez em forma de *bytes* e códigos binários.

2 Avanços da tecnologia

Aristóteles[3] foi preciso quando afirmou que o ser humano é um ser social. A necessidade de interação ou comunicação sempre esteve presente na sociedade. O ato de enviar e receber mensagens sempre foi uma constante na existência do ser humano. A comunicação parece ser a sina da humanidade. Não apenas a comunicação com o próximo, com aquele que está perto, mas também com o distante e até mesmo com o inalcançável. As pinturas milenares nas cavernas de Lascaux e Altamira[4] revelam uma tentativa de contato íntimo com o inatingível. Uma mensagem deixada não só para as gerações futuras, mas primeiramente para os deuses.

Assim como acontecia com os ancestrais daquele período, os dedos continuam a ser importantes para a comunicação, especialmente via internet e celular: tarefa que cada vez mais se parece com uma corrida contra o tempo – uma ironia, quando se pensa que, para isso, são utilizados principalmente os polegares opositores, frutos de um lento e demorado processo evolutivo. A velocidade com que um adolescente escreve uma mensagem no celular ou no computador é algo que deixa as pessoas mais velhas perplexas.[5] É claro que, para conseguir tamanha velocidade, a mensagem precisa ser sucinta e "quebrada", é necessário fazer surgir uma espécie de novo código para iniciados: "vc", "bl", "tb", "pq", entre tantas outras palavras e atalhos que compõem o arsenal da comunicação digital contemporânea. Comportamento que é acompanhado pela crescente falta de atenção e de concentração do indivíduo, que, assim como os dados, está cada vez mais fragmentado.

---

[2] DHARMA, Krishna. *Mahabharata*: versão condensada da maior epopeia do mundo. Adaptação de Krishna Dharma. Apresentação de Steven J. Rosen. Tradução de Vânia de Castro. 2. ed. Rio de Janeiro: Nova Fronteira, 2016.

[3] ARISTÓTELES. *A política*. Tradução de Nestor Silveira Chaves. Rio de Janeiro: Nova Fronteira, 2011. p. 17.

[4] LEROI-GOURHAN, André. *Prehistoria del arte occidental*. Barcelona: Editorial Gustavo Gilli, 1971.

[5] Byung-Chul Han destaca que "A palavra 'digital' aponta para o dedo (*digitus*) que, antes de tudo, *enumera* [*zählt*]. A cultura digital se baseia no dedo contador. A história, porém, é uma narrativa [*Erzählung*]. Ela não *enumera*. Enumerar é uma categoria pós-histórica. Nem tweets nem informações se reúnem em uma *narrativa*. Também o *mural* não narra nenhuma história de vida, nenhuma biografia. Ele é aditivo, e não narrativo. O homem digital *passa os dedos* no sentido de que ele enumera e calcula constantemente. O digital absolutiza o número e o enumerar. Também amigos do Facebook são, antes de tudo, *contados* [*gezählt*]. A amizade, porém, é uma narrativa. A era digital totaliza o aditivo, o enumerar e o enumerável" (HAN, Byung-Chul. *No enxame*: perspectivas do digital. Tradução de Lucas Machado. Rio de Janeiro: Vozes, 2018. p. 66-67).

Tal prática pode ser vista sob dois pontos de vista diferentes: o primeiro a vê como benéfica em face à hipervelocidade que domina o cotidiano da pessoa comum, que acabou por se acostumar às exigências da aceleração cibernética para garantir espaço em um mundo cada vez mais veloz; e o segundo a enxerga como sintoma de um retrocesso. Partidário da segunda posição, Byung-Chul Han, que aponta o indicador em riste para o comportamento multitarefa que parece ter se tornado exigência do existir na contemporaneidade:

> A técnica temporal e de atenção *multitasking* (multitarefa) não representa nenhum progresso civilizatório. A multitarefa não é uma capacidade para a qual só seria capaz o homem na sociedade trabalhista e de informação pós-moderna. A multitarefa está amplamente disseminada entre os animais em estado selvagem. Trata-se de uma técnica de atenção, indispensável para sobreviver na vida selvagem.[6]

Junto com as letras, vão-se também os significados. Ou, para os mais otimistas, transformam-se. O fenômeno do "encurtamento" das palavras é dúbio e traz consigo uma viscosa mistura de esperança e incerteza. É difícil não ceder à tentação de encurtar duas ou três palavras em uma frase quando dirigida virtualmente a alguém. Quando isso é feito, a impressão que fica é de que assim se economizam tempo e dedos. A diferença entre o *ethos*[7] do homem analógico para o do homem digital é gritante. Sua relação com o tempo era de outra ordem (diz-se que era porque sua extinção é hoje praticamente certa), pois as configurações culturais e sociais também eram outras, mostrando ser verdadeira a observação feita por François Ost: "Quanto aos instrumentos de medida de tempo, toda sua história (desde o quadrante solar até os relógios atômicos de hoje) revela sua estreita dependência em relação às necessidades sociais e configurações culturais do momento".[8]

Em suma, o homem analógico, que não deve ser confundido com o *homo psychologicus*,[9] possuía um entendimento diferente da interação entre o corpo e o meio em que vive. Suas mãos, a casa dos dedos, não precisam de proteção contra o desgaste da realidade, já que, como aponta Henri Focillon, "Por meio delas, o homem trava contato com a dureza do pensamento. Elas lapidam o bloco. Impõem uma forma, um contorno e, no domínio mesmo da caligrafia, um estilo".[10] Uma relação orgânica e que se retroalimenta: "O homem fez a mão, isto é, destacou-a pouco a pouco do mundo animal, libertou-a de uma antiga e natural servidão, mas a mão também fez o homem.

---

[6] HAN, Byung-Chul. *Sociedade do cansaço*. Tradução de Enio Paulo Giachini. 2. ed. ampl. Petrópolis: Vozes, 2017. p. 31-32.

[7] Segundo o dicionário eletrônico da Real Academia Española, *ethos* é o "Conjunto de traços e modos de comportamento que constituem o caráter ou identidade de uma pessoa ou comunidade", ou, no original: "Conjunto de rasgos y modos de comportamiento que conforman el carácter o la identidad de una persona o una comunidad" (ETHOS. *Real Academia Española*. Disponível em: https://dle.rae.es/ethos. Acesso em: 3 abr. 2021.1).

[8] OST, François. *O tempo do direito*. Tradução de Élcio Fernandes. Bauru: EDUSC, 2005. p. 24.

[9] SIBILIA, Paula. *O show do eu*: a intimidade como espetáculo. 2. ed. rev. Rio de Janeiro: Contraponto, 2016. p. 98.

[10] FOCILLON, Henri. *Elogio da mão*. Tradução de Samuel Titan Jr. São Paulo: Instituto Moreira Salles, 2012. p. 5.

Permitiu-lhe certos contatos com o universo que os outros órgãos e partes do corpo não facultavam".[11]

Em 1959, André Leroi-Gourhan escreveu um artigo que ainda figura entre os mais representativos sobre a evolução do ser humano, tendo como ponto central a relação entre a mão, o ambiente e a estrutura anatômica:

> A oposição entre a mão constantemente disponível do homem e a mão locomotora do quadrúpede constituiu, sob os mais diversos pontos de vista, o objecto da reflexão dos filósofos, dos anatomistas e dos paleontólogos. Apanágio do homo faber, o mais bem organizado instrumento do cérebro de toda a série zoológica, a mão, livre dos seus constrangimentos locomotores, é o símbolo da evolução do homem e, mesmo os trabalhos os mais distantes da metafísica sacrificam involuntariamente ao antropocentrismo ao isolar o técnico e o pensador cujas mãos se tornaram servidoras. Numa perspectiva mais próxima do movimento que anima os seres através do tempo, a tecnicidade, o pensamento, a locomoção e a mão aparecem como que ligados num só fenómeno ao qual o homem dá o significado mas ao qual nenhum membro do mundo animal é completamente estranho.[12]

A liberdade das mãos representou a liberdade do ser humano como um todo, pois por meio dela foi possível o advento da técnica, que por sua vez abriu a janela para um mundo inteiramente novo de relações com a realidade e com as outras pessoas. Sem esse impulso dado por elas, o ser humano provavelmente ainda se comunicaria como fazem os outros animais. Foi graças a essa libertação que a humanidade conseguiu meios mais eficientes de expressão, incluindo a linguagem:

> [...] logo que se desenvolve de maneira quase exclusiva a tecnicidade manual uma nova forma de actividade toma progressivamente posse do campo facial: a mímica e a linguagem. Não se processa qualquer rotura porque os movimentos dos lábios e da língua deslizam simplesmente das operações alimentares para a modulação dos sons com os mesmos órgãos e as mesmas áreas motrizes ligadas às duas formas de actividade.
>
> Esta relação entre a tecnicidade manual e a linguagem implicada de certo modo por uma evolução que se pode seguir desde os primeiros vertebrados é seguramente um dos aspectos mais satisfatórios da paleontologia e da psicologia porque restituem as ligações profundas entre o gesto e a palavra, entre o pensamento exprimível e a actividade criadora da mão.[13]

As relações causais entre mão e linguagem levaram a um salto mais notável que a melhor performance do melhor atleta em salto em distância. O resultado de tamanha alteração qualitativa só foi possível graças a um dos principais agentes transformadores da sociedade humana: a técnica.

A técnica, do grego τέχνη, ou *techné* (ofício, arte), além de proporcionar as ferramentas necessárias para a evolução do homem foi também ela mesma uma ferramenta, sem a qual dificilmente seria possível construir a realidade como se conhece hoje. Uma

---

[11] FOCILLON, Henri. *Elogio da mão*. Tradução de Samuel Titan Jr. São Paulo: Instituto Moreira Salles, 2012. p. 9.
[12] LEROI-GOURHAN, André. A libertação da mão. *Laboreal*, v. 6, n. 2, p. 56-59, 2010.
[13] LEROI-GOURHAN, André. A libertação da mão. *Laboreal*, v. 6, n. 2, p. 56-59, 2010.

realidade que é singular e que carrega, em diversos níveis, a inconfundível assinatura da técnica, como demonstra Bernard Stiegler:

> Toda ação humana tem algo a ver com a techné, é de certa forma uma techné. Porém, em todo o trabalho humano, as "técnicas" são isoladas [...]. A tecnologia é assim o discurso que descreve e explica a evolução dos procedimentos e técnicas especializadas, artes e ofícios – seja sobre um determinado tipo de procedimentos e técnicas, seja no conjunto das técnicas na medida em que constituem um sistema: a tecnologia é então o discurso sobre a evolução deste sistema.[14]

Do conceito de técnica nasce também o conceito de tecnologia. Pierre Lévy afirma não existir nenhuma distinção real bem definida entre o homem e a técnica.[15] Pouco tempo depois desse nascimento demorado, a tecnologia conquistou o seu espaço no mundo e foi se adaptando melhor a cada época, a cada geração. Da engrenagem ao vapor; do telégrafo ao rádio; da eletricidade à revolução descomunal da internet. Por consequência, e erroneamente, o conceito de tecnologia fica cada vez mais distante da técnica que lhe anima a vida.

"No entanto, com mais frequência hoje em dia, a tecnologia é chamada de técnica quando integra a ciência, em oposição às técnicas pré-científicas tradicionais",[16] explica Bernard Stiegler, que dedicou boa parte do seu tempo a discutir sobre os contrastes que técnica e tecnologia passaram a vestir ao longo do tempo.

> Se a tecnologia, por muito tempo sinônimo de progresso, não é mais necessariamente percebida como tal, ou melhor, se não é mais evidente que o progresso representa um benefício para a raça humana, sentimento que encoraja profundamente as multiformes reações de resistência ao desenvolvimento, pode-se continuar a afirmar que a tecnociência submete a teoria para propósitos úteis – sempre entendendo a utilidade como utilidade-para-o-homem?
> A técnica seria assim seu próprio fim. [...] Porém, análises desse tipo, que ainda opõem fins e meios, continuam a ser vinculadas a categorias que não podem mais dizer o que é a técnica. Se a técnica pode ser finalizada em si mesma, isso significa que a oposição de fins e meios não pensa longe o suficiente.[17]

---

[14] STIEGLER, Bernard. *La técnica y el tiempo*. Tradução de Beatriz Morales Bastos. Hondarribia: Hiru Argitaletxe, 2002. p. 146. No original: "Todo obrar humano tiene algo que ver con la techné, es en cierto modo una techné. Sin embargo, en el conjunto del obrar humano, se aíslan 'técnicas' [...] La tecnología es así el discurso que describe y explica la evolución de los procedimientos y de las técnicas especializadas, de las artes y de los oficios – sea sobre un cierto tipo de procedimientos y de técnicas, sea sobre el conjunto de las técnicas en tanto que esta hacen sistema: la tecnología es entonces el discurso sobre la evolución de este sistema".

[15] LÉVY, Pierre. *As tecnologias da inteligência*: o futuro do pensamento na era da informática. Tradução de Carlos Irineu da Costa. São Paulo: Editora 34, 2010. p. 14.

[16] STIEGLER, Bernard. *La técnica y el tiempo*. Tradução de Beatriz Morales Bastos. Hondarribia: Hiru Argitaletxe, 2002. p. 146. No original: "Sin embargo, con más frecuencia se llama hoy tecnología a la técnica cuando integra a la ciencia, por oposición a las técnicas tradicionales precientíficas".

[17] STIEGLER, Bernard. *La técnica y el tiempo*. Tradução de Beatriz Morales Bastos. Hondarribia: Hiru Argitaletxe, 2002. p. 147. No original: "Si la tecnología, durante mucho tiempo sinónimo de progreso, ya no es necesariamente percibida como tal, o más bien, si ya no es evidente que el progreso equivale a un beneficio para el género humano, sentimiento que anima profundamente las reacciones multiformes de resistencia al desarrollo, se puede seguir afirmando que la tecnociencia somete la teoría a las finalidades útiles – comprendiendo siempre la utilidad como utilidad-para-el-hombre? La técnica sería así para ella misma su propio fin [...] Sin embargo, análisis de este tipo, que todavía oponen los fines a los medios, siguen estando trabados por categorías que ya

Na quarta de suas *The Reith Lectures*[18] para a rádio BBC, batizada de *Conflict of Technique and Human Nature*, Bertrand Russell traça interessante paralelo entre o desenvolvimento da técnica e seus efeitos sobre o processo civilizatório. Segundo ele, ainda que a Revolução Industrial tenha intensificado certas relações de poder, não haveria motivo para não confiar na existência de uma luz no fim do túnel:

> A velha carga de pobreza, sofrimento e crueldade, de que padece a humanidade desde o início da história, não é mais necessária à existência da civilização; ela pode ser removida com a ajuda da ciência moderna e da técnica moderna, contanto que sejam usadas com espírito humano e com uma compreensão das fontes da felicidade e da vida.[19]

Um pensamento muito claro e curiosamente positivo em seu prognóstico, que parecia entender que a tecnologia é apenas um elemento entre tantos outros que configuram a existência. Da mesma forma, não existe apenas uma tecnologia universal, como pode parecer em um mundo cada vez mais globalizado. O que existe mesmo, de acordo com Yuk Hui, é um conjunto distinto de visões de mundo, já que ela, a tecnologia, "não é antropologicamente universal; seu funcionamento é assegurado e limitado por cosmologias particulares que vão além da mera funcionalidade e da utilidade. Assim, não há uma tecnologia única, mas uma multiplicidade de cosmotécnicas".[20] Para explicar um pouco melhor sobre a cosmotécnica, Yuk Hui retoma as palavras de Arnold Toynbee, que afirma que "a tecnologia em si mesma não é neutra, carrega formas particulares de conhecimentos e práticas que se impõem aos usuários, os quais, por sua vez, se veem obrigados a aceitá-las".[21]

Compreender essa multiplicidade de cosmologias requer atenção para os detalhes, para as diferenças, sejam elas culturais, sociais, econômicas ou linguísticas. Para tanto, é preciso comunicação. Mensagens precisam ser trocadas; signos precisam ser corretamente interpretados e seguramente enviados, sob o risco de se fazer perder parte importante de um grande quebra-cabeça.

A quem cabe essa missão hoje em dia? Quem são os mensageiros mais confiáveis e gabaritados em tempos de disrupção tecnológica e quais são os principais desafios que estes novos e reconfigurados mensageiros precisam vencer?

Não se deve esquecer que cada pessoa é portadora de mensagens e que deve também ter responsabilidade por elas. Com a chegada das redes sociais, cada vez mais pessoas ampliam seus papéis como mensageiros. Enquanto umas estão cientes de tal responsabilidade, outras parecem não se importar muito com isso. Quando fazemos uso

---

no pueden decir qué es la técnica. Si la técnica puede finalizarse, eso quiere decir que la oposición de fines y medios ya no piensa suficientemente lejos".

[18] *The Reith Lectures* é uma série de palestras anuais de rádio produzida pela BBC e transmitida pela BBC Radio 4 e pelo BBC World Service.

[19] AUTHORITY and the individual: The conflict of technique and human nature. The Reith Lectures. *BBC Radio 4*, 16 jan. 1949. Disponível em: https://bbc.in/3row9C4. Acesso em: 28 mar. 2021. No original: "The old load of poverty and suffering and cruelty, from which mankind has suffered since history began, is no longer necessary to the existence of civilisation; it can be removed by the help of modern science and modern technique, provided these are used in a humane spirit and with an understanding of the springs of happiness and life".

[20] HUI, Yuk. *Tecnodiversidade*. Tradução de Humberto do Amaral. São Paulo: Ubu, 2020. p. 25.

[21] HUI, Yuk. *Tecnodiversidade*. Tradução de Humberto do Amaral. São Paulo: Ubu, 2020. p. 15.

dessas redes, acontece um choque entre mensageiros: a pessoa que digita e a plataforma que publica e que pode, às vezes de maneira aparentemente arbitrária, agir como censor.

Quando uma pessoa publiciza seus pensamentos, será que essas mídias têm a capacidade ou a competência para dizer o que se pode postar e o que não pode? Que autoridade é essa que elas têm de censurar isso?[22]

3 Privacidade e mundo virtual

Atualmente, as barreiras que separavam o espaço privado do espaço público foram implodidas. Antes, mutuamente excludentes, hoje são praticamente complementares, como um quarto precisa de uma janela para deixar ar e luz entrar e uma janela precisa de uma parede que a sustente em sua função de deixar ver o que há dentro e o que há fora. Em seu trabalho, a antropóloga Paula Sibilia faz uma interessante genealogia da intimidade e do espaço privado dos sujeitos dos séculos XIX e XX, e o que veio a ser denominado *ex*timidade.

De forma clara e envolvente, a autora mostra como a intimidade estava relacionada com tudo o que podia se desenvolver no espaço privado. A casa é o emblema desse espaço, onde cada sujeito poderia se isolar, em silêncio e solidão. Esse isolamento proporcionava condições adequadas para se desenvolver uma série de atributos, comportamentos e qualidades que eram considerados importantes. Essa dimensão privada era tão valiosa que a sua exposição era vista como uma atitude de descuido. As pessoas tinham que se preservar do olhar dos outros por meio não apenas das paredes do lar, como também de uma série de válvulas morais, como o pudor, a discrição e o decoro. As paredes da casa eram parte da constituição da subjetividade.

Ao comparar com tudo o que acontece na contemporaneidade, fica claro que houve uma ruptura desse modo comportamental. A internet e os meios midiáticos se sofisticaram e se expandiram. No começo dos anos 2000, houve a explosão dos *blogs*, que eram utilizados como diários íntimos e nos quais as pessoas contavam detalhes sobre suas vidas. Na televisão, o *Big Brother* virou febre com a exposição voluntária de seus participantes, e o Facebook e o Instagram mostram de tudo: desde a comida bem arrumada até as propagandas que fazem a roda do mundo econômico girar.

Por conta disso, está cada vez mais difícil falar de intimidade nos espaços público e privado. A voraz corrida por curtidas e compartilhamentos enfraqueceu a solidez das paredes e ampliou vertiginosamente a construção de janelas. O espaço doméstico agora extrapola as fronteiras, antes rígidas, das paredes, das portas, das cortinas. A intimidade se mostra, tem vontade e ânsia por se exibir, e acaba cedendo à tentação da *ex*timidade. O que se vê então é a normalização de uma espécie de teatro que ganha forma de uma tela ou, mais precisamente, de janelas (ou *windows*), que servem para se mostrar, para exibir cenas da antiga intimidade. "Nesse monopólio da aparência e da quantificação dos *likes*, tudo o que ficar no escuro simplesmente não é".[23]

---

[22] Aqui não se quer dizer que se pode expressar qualquer coisa. Há limites para tudo, entre eles as apologias e a prática de ilicitudes.
[23] SIBILIA, Paula. *O show do eu*: a intimidade como espetáculo. 2. ed. rev. Rio de Janeiro: Contraponto, 2016. p. 151.

Para existir, não é mais preciso a concretude de uma ação física do ser humano, mas uma entrega aos olhos e ao julgamento do outro, como bem explica Vilém Flusser:

> O que lhe resta das mãos são apenas as pontas dos dedos, que pressionam o teclado para operar com os símbolos. O novo homem não é mais uma pessoa de ações concretas, mas sim um *performer (Spieler)*: *Homo ludens*, e não *Homo faber*. Para ele, a vida deixou de ser um drama e passou a ser um espetáculo.[24]

No mundo hiperconectado de hoje, os dados acabaram por se transformar numa moeda de troca bastante valiosa. Um tesouro que geralmente é entregue de bom grado em troca de uma melhor experiência no uso do mundo virtual. Não é à toa que se diz que os dados são o novo petróleo, pois são eles os geradores de receita de muitas empresas de tecnologia. Por isso, a observação atenta e a regulamentação sobre o que é feito com eles é assunto atual e ainda está em andamento. Na falta de medidas realmente efetivas na decisão sobre o que se pode e o que não se pode fazer com os dados coletados e voluntariamente entregues, a privacidade tem se tornado um *commodity* que poucos conseguem manter.

Stefano Rodotà se preocupava com o vazamento e captura de informações na era da vigilância, defendia o direito de controle da pessoa sobre suas próprias informações, ou, em suas palavras, da autodeterminação informativa:

> Já que os fluxos de informação não contêm somente dados "destinados para fora" – a serem mantidos longe das mãos alheias –, mas também dados "destinados para dentro" – sobre os quais a pessoa talvez queira exercer o "direito de não saber" –, a privacidade deve ser considerada também como o "direito de manter o controle sobre suas próprias informações e de determinar a maneira de construir sua própria esfera particular".[25]

Um cenário que seria ideal, mas que encontra enorme dificuldade para existir. Uma dificuldade erigida pelos hábitos e costumes de um tempo veloz, conectado e majoritariamente inconsciente. Afinal, quantas vezes o usuário lê de fato as políticas de privacidade dos *sites* e das redes sociais que acessa? Discutir o direito à privacidade[26] e a Lei Geral de Proteção de Dados (LGPD) é ação fundamental para uma mudança de cenário, em que o destino dos dados seja mais claro. Afinal, não se trata de uma extinção da prática da coleta de dados. É, antes, um apelo ao uso consciente deles por parte de

---

[24] FLUSSER, Vilém. *O mundo codificado*: por uma filosofia do design e da comunicação. Tradução de Raquel Abi-Sâmara. São Paulo: Ubu, 2017. p. 54.

[25] RODOTÀ, Stefano. *A vida na sociedade da vigilância*: a privacidade hoje. Organização, seleção e apresentação de Maria Celina Bodin de Moraes. Tradução de Danilo Doneda e Luciana Cabral Doneda. Rio de Janeiro: Renovar, 2008. p. 15.

[26] O direito à privacidade foi, primeiramente, definido em clássico artigo publicado em 1890, por Samuel Warren e Louis Brandeis, no qual se identificou, a partir de precedentes da *common law*, o direito a ser deixado só (*right to be let alone*), tanto mais relevante quando se consideravam as crescentes ameaças à personalidade humana decorrentes da massificação da mídia e do abuso da imagem e de informações pessoais. Tal direito foi integrado paulatinamente à maior parte dos ordenamentos jurídicos nacionais e reconhecido na Declaração Universal dos Direitos do Homem (art. 12) (CUEVA, Ricardo Villas Bôas. A proteção de dados pessoais na jurisprudência do Superior Tribunal de Justiça. *In*: FRAZÃO, Ana; TEPEDINO, Gustavo; OLIVA, Milena Donato (Coord.). *Lei Geral de Proteção de Dados Pessoais e suas repercussões no direito brasileiro*. São Paulo: Thomson Reuters Brasil, 2019. p. 249-260).

quem os coleta, no intuito também de garantir maior segurança contra a interceptação de usuários mal-intencionados. Como aponta Danilo Doneda:

> O tratamento de dados pessoais, em particular por processos automatizados, é, ao mesmo tempo, uma atividade que apresenta riscos cada vez mais claros. Risco que se concretiza na possibilidade de exposição e utilização indevida ou abusiva de dados pessoais; na eventualidade de esses dados não serem corretos e representarem erroneamente seu titular; na sua utilização por terceiros sem o conhecimento ou autorização de seu titular; na eventualidade de serem utilizados para fins discriminatórios, somente para citar algumas hipóteses [...]. Daí a necessidade de mecanismos que possibilitem à pessoa deter conhecimento e controle sobre seus próprios dados – que são, no fundo, expressão direta de sua personalidade.[27]

"O que mais importa às pessoas não é simplesmente restringir o fluxo de informações, mas garantir que elas fluam de maneira adequada, e uma descrição do fluxo apropriado é fornecida por meio da estrutura de integridade contextual", explica Helen Nissenbaum.[28] Para ela, o conceito de privacidade é bastante largo, adentrando áreas como direito, política, filosofia e tecnologia, despertando opiniões e posições divergentes, o que dificulta a criação de um mecanismo único de regulação.[29] Mas nem toda a responsabilidade disso precisa ser depositada em terceiros.

Juntamente com Finn Brunton, Helen Nissenbaum criou uma espécie de manual prático para quem deseja se esquivar ou pelo menos dificultar o trabalho dos interceptadores, com indicações práticas de programas e táticas que podem ser utilizadas na internet. Portanto, aqueles usuários que têm uma preocupação maior com uso de seus dados podem optar pelas chamadas técnicas de ofuscação para confundir os algoritmos. Uma caixa de ferramentas que não resolve o problema, mas que já ajuda bastante a trazer um pouco mais de paredes para um mundo só de janelas. "A ofuscação, em sua forma mais abstrata, é a produção de ruído modelado em um sinal existente para tornar uma coleção de dados mais ambígua, confusa, mais difícil de explorar, mais difícil de agir e, portanto, menos valiosa".[30]

Iniciativas como essa deixam entrever a urgência do resgate da privacidade no mundo atual.

4 A privacidade em risco

Antes mesmo da entrada em vigor da LGPD em 2021, o Supremo Tribunal Federal (STF) foi chamado para resolver a constitucionalidade da Medida Provisória

---

[27] DONEDA, Danilo. O direito fundamental à proteção de dados pessoais. *In*: MARTINS, Guilherme Magalhães; LONGHI, João Victor Rozatti (Coord.). *Direito digital*: direito privado e internet. 3. ed. atual., rev. e ampl. de acordo com a Lei nº 13.709/2018. Indaiatuba: Foco, 2020. p. 33-49.

[28] NISSENBAUM, Helen. *Privacy in context*: technology, policy, and the integrity of social life. Stanford: Stanford University Press, 2010. p. 2. No original: "What people care most about is not simply restricting the flow of information but ensuring that it flows appropriately, and an account of appropriate flow is given here through the framework of contextual integrity".

[29] BRUNTON, Finn; NISSENBAUM, Helen. *Obfuscation*: a user's guide for privacy and protest. Cambridge: MIT Press, 2015. p. 45.

[30] BRUNTON, Finn; NISSENBAUM, Helen. *Obfuscation*: a user's guide for privacy and protest. Cambridge: MIT Press, 2015. p. 46.

nº 954. Essa MP versava sobre a liberação do compartilhamento de dados pessoais por empresas de telefonia com o Instituto Brasileiro de Geografia e Estatística (IBGE). O voto da relatora Ministra Rosa Weber foi no sentido da imprecisão de como esses dados coletados seriam usados e para qual finalidade, o que foi acatado por maioria, tendo como único divergente o Ministro Marco Aurélio.[31] Quando o usuário cede seus dados para as operadoras de telefonia fixa e celular, espera-se que eles sejam utilizados somente por elas, tendo o uso daquelas informações uma finalidade. Nenhum órgão público deveria usar seu *status* para receber e utilizar informações que os usuários forneceram para terceiros.

Outras situações abusivas podem ocorrer. O que se vê por notícias dos últimos tempos é que muitas empresas têm tentado se conformar à LGPD. Mas, algumas delas, ainda não fazendo as adequações necessárias, acreditaram que não receberiam nenhuma sanção administrativa (pois contavam com o período de *vacatio legis* em relação aos dispositivos sancionatórios); no entanto, muitas acabaram recebendo sanções judiciais.[32]

O começo do ano de 2021 foi marcado pelo megavazamento de dados (constituídos por dois vazamentos): dados relativos ao CPF (nome, data de nascimento e endereço), fotos de rosto, imposto de renda de pessoa física, dados cadastrais de serviços de telefonia, escolaridade, dados relativos a servidores públicos, benefícios do INSS, *score* de crédito e informações do LinkedIn, num total de 223 milhões de informações de brasileiros.[33] Ainda não se sabe como se deu esse vazamento nem a origem dos dados. Para deixar a situação mais complicada, a Autoridade Nacional de Proteção de Dados (ANPD), órgão da Administração Pública federal, funciona a passos lentos. Além disso, não é autônoma, não possui dotação orçamentária, estando subjugada ao Poder Executivo.[34]

Percebe-se que a LGPD, sozinha, não dá conta. Como apontam Ronaldo Lemos *et al.*, "deve-se atentar para o fato de que parte do sucesso da LGPD dependerá diretamente da prometida independência de facto da ANPD e de nomeações técnicas e representativas para esta Autoridade".[35] Para impedir que situações complicadas como essas voltem a acontecer, ou para que pelo menos haja uma atuação mais dura caso aconteçam, será preciso uma atuação forte da ANPD. Situação que, até o momento, não se tornou realidade.

A vida pandêmica fez com que muitos optassem (em muitos casos, quase que de maneira compulsória) mais por um tipo de vida em frente a um computador do que por uma vida analógica. O Metaverso está aí para provar que a vida digital veio para ficar. Entretanto, há quem diga que essa nova plataforma digital "(...) possibilitará

---

[31] POMPEU, Ana. Rosa Weber suspende envio de dados de usuários de telefones ao IBGE. *Jota*, 24 abr. 2020. Disponível em: https://bit.ly/2SnyxNP. Acesso em: 28 mar. 2021.

[32] COUTINHO, Dimitria. Ao menos oito vazamentos de dados aconteceram no Brasil em 2021; quem é punido? *Ig*, 28 mar. 2021. Disponível em: https://bit.ly/3366ZOR. Acesso em: 28 mar. 2021.

[33] MEGAVAZAMENTO de dados de 223 milhões de brasileiros: o que se sabe e o que falta saber. *G1*, 28 jan. 2021. Disponível em: https://glo.bo/3rP0oSK. Acesso em: 3 abr. 2021.

[34] LUCCA, Newton De; MACIEL, Renata Mota. A proteção de dados pessoais no Brasil a partir da Lei 13.709/2018: efetividade? *In*: MARTINS, Guilherme Magalhães; LONGHI, João Victor Rozatti (Coord.). *Direito digital*: direito privado e internet. 3. ed. atual., rev. e ampl. de acordo com a Lei nº 13.709/2018. Indaiatuba: Foco, 2020. p. 211-228.

[35] LEMOS, Ronaldo; DOUEK, Daniel; LANGENEGGER, Natalia; ZANATTA, Rafael A. F.; FRANCO, Sofia Lima; SOUZA, Isabela Garcia de; RIBEIRO, Gabriela Sanches. As mudanças finais da Lei Geral de Proteção de Dados Pessoais. *Jota*, 10 jul. 2019. Disponível em: https://bit.ly/2RjmqAu. Acesso em: 3 abr. 2021.

um domínio maior das Big Techs sobre as informações pessoais dos seus usuários, a partir da natureza do seu ambiente imersivo e do compartilhamento de dados entre as plataformas da rede",[36] fazendo com que seus usuários acabem abrindo mão, ainda mais, tanto dos seus dados quanto da sua privacidade. O Metaverso se apresenta como uma estrutura propícia para captação de dados, gerando graves violações.

É necessário que haja abertura para essas discussões urgentes sobre os mundos que se quer viver. Abrir mão da privacidade em troca de certas benesses pode não ser das decisões mais acertadas a se tomar. Shoshana Zuboff[37] lucidamente vem alertando sobre os perigos de cada vez mais permitir que a vida pessoal seja aliciada por meio de estratagemas complexos e industriosos, que demolem as paredes do lar para que se instale uma vigilância contínua, que tem como principal intenção não o conforto e a segurança (como alguns ainda chegam a acreditar), mas a extração de dados para alimentar o mercado e seus *players*.

A fusão entre real e digital há tempos já deixou de ser apenas uma promessa distante. Em muitas partes, o mundo já é uma simbiose entre essas duas categorias. Por isso, é necessário atenção aos próximos passos, às próximas decisões, pois elas irão ser responsáveis por consequências diretas e indiretas na vida de centenas de milhões de pessoas. Um número alto demais para não ser levado em consideração na matemática do futuro.

5 Conclusão

Após milhares de anos de marcha histórica, vive-se sob o signo da celeridade. O lento processo biológico agora divide espaço com o frenético desenvolvimento tecnológico e digital. Com isso, o ato de enviar, de portar e de receber uma mensagem sofreu transformações nunca antes imaginadas, culminando na sociedade da informação e comunicação e na sociedade em rede[38] de hoje. As questões sobre privacidade e a segurança ganharam outros contornos e a relação com o mundo passou a ser mediada por novas técnicas e tecnologias.

O funcionamento das relações entre sociedade e tecnologia, abrindo caminhos para discutir questões como privacidade e segurança, precisa ser primeiramente compreendido como resultado de um longo processo histórico que envolve também a natureza e o desenvolvimento das capacidades humanas. Refletir sobre estes assuntos é se colocar diante não só de problemas concretos, mas também de todo um fundo histórico e teórico que está muito além do que os olhos podem ver.

---

[36] OLIVEIRA, Marcela. Metaverso: um desafio para a privacidade do usuário? *Privacy Tech*, 07 dez. 2021. Disponível em: https://bit.ly/3O2jt0f. Acesso em 11 abr. 2022; CARVALHO, Thaís de Freitas. O Metaverso e as implicações com a privacidade e LGPD. *Itforum*, 27 jan. 2022. Disponível em: https://bit.ly/3JpzvxK. Acesso em 11 abr. 2022.

[37] ZUBOFF, Shoshana. *A era do capitalismo da vigilância*: a luta por um futuro humano na nova fronteira do poder. (Trad. George Schlesinger). Rio de Janeiro: Intrínseca, 2021.

[38] É importante explicitar que existem importantes diferenças conceituais entre os termos "sociedade da informação" e "sociedade em rede". Para mais informações, verificar as obras de (i) CASTELLS, Manuel. *A sociedade em rede*: a era da informação – Economia, sociedade e cultura. 17. ed. rev. e ampl. Tradução de Roneide Venancio Majer. São Paulo: Paz e Terra, 2016. v. 1; (ii) ASCENSÃO, José de Oliveira. *O direito da internet e da sociedade da informação*. Rio de Janeiro: Forense, 2002; e (iii) MASUDA, Yoneji. *The information society and post-industrial society*. Washington: World Future Society, 1980.

Diante de toda problemática que decorre das inúmeras transformações tecnológicas e sociais, é preciso estimular o pensamento e a reflexão sobre a importância da privacidade no intuito de resgatá-la, entendendo-a, antes de mais nada, como algo do qual não podemos abrir mão e que não pode ser abandonado, mesmo em prol dos efêmeros prazeres do mundo virtual.

Referências

ARISTÓTELES. *A política*. Tradução de Nestor Silveira Chaves. Rio de Janeiro: Nova Fronteira, 2011.

ASCENSÃO, José de Oliveira. *O direito da internet e da sociedade da informação*. Rio de Janeiro: Forense, 2002.

AUTHORITY and the individual: The conflict of technique and human nature. The Reith Lectures. *BBC Radio 4*, 16 jan. 1949. Disponível em: https://bbc.in/3row9C4. Acesso em: 28 mar. 2021.

BRUNTON, Finn; NISSENBAUM, Helen. *Obfuscation*: a user's guide for privacy and protest. Cambridge: MIT Press, 2015.

CARVALHO, Thaís de Freitas. O Metaverso e as implicações com a privacidade e LGPD. *Itforum*, 27 jan. 2022. Disponível em: https://bit.ly/3JpzvxK. Acesso em 11 abr. 2022.

CASTELLS, Manuel. *A sociedade em rede*: a era da informação – Economia, sociedade e cultura. 17. ed. rev. e ampl. Tradução de Roneide Venancio Majer. São Paulo: Paz e Terra, 2016. v. 1.

COUTINHO, Dimitria. Ao menos oito vazamentos de dados aconteceram no Brasil em 2021; quem é punido? *Ig*, 28 mar. 2021. Disponível em: https://bit.ly/3366ZOR. Acesso em: 28 mar. 2021.

CUEVA, Ricardo Villas Bôas. A proteção de dados pessoais na jurisprudência do Superior Tribunal de Justiça. In: FRAZÃO, Ana; TEPEDINO, Gustavo; OLIVA, Milena Donato (Coord.). *Lei Geral de Proteção de Dados Pessoais e suas repercussões no direito brasileiro*. São Paulo: Thomson Reuters Brasil, 2019.

DHARMA, Krishna. *Mahabharata*: versão condensada da maior epopeia do mundo. Adaptação de Krishna Dharma. Apresentação de Steven J. Rosen. Tradução de Vânia de Castro. 2. ed. Rio de Janeiro: Nova Fronteira, 2016.

DONEDA, Danilo. O direito fundamental à proteção de dados pessoais. In: MARTINS, Guilherme Magalhães; LONGHI, João Victor Rozatti (Coord.). *Direito digital*: direito privado e internet. 3. ed. atual., rev. e ampl. de acordo com a Lei nº 13.709/2018. Indaiatuba: Foco, 2020.

ETHOS. *Real Academia Española*. Disponível em: https://dle.rae.es/ethos. Acesso em: 3 abr. 2021.

FLUSSER, Vilém. *O mundo codificado*: por uma filosofia do design e da comunicação. Tradução de Raquel Abi-Sâmara. São Paulo: Ubu, 2017.

FOCILLON, Henri. *Elogio da mão*. Tradução de Samuel Titan Jr. São Paulo: Instituto Moreira Salles, 2012.

GRIMAL, Pierre. *Dicionário da mitologia grega e romana*. Tradução de Victor Jabouille. 5. ed. Rio de Janeiro: Bertrand Brasil, 2005.

HAN, Byung-Chul. *No enxame*: perspectivas do digital. Tradução de Lucas Machado. Rio de Janeiro: Vozes, 2018.

HAN, Byung-Chul. *Sociedade do cansaço*. Tradução de Enio Paulo Giachini. 2. ed. ampl. Petrópolis: Vozes, 2017.

HUI, Yuk. *Tecnodiversidade*. Tradução de Humberto do Amaral. São Paulo: Ubu, 2020.

LEMOS, Ronaldo; DOUEK, Daniel; LANGENEGGER, Natalia; ZANATTA, Rafael A. F.; FRANCO, Sofia Lima; SOUZA, Isabela Garcia de; RIBEIRO, Gabriela Sanches. As mudanças finais da Lei Geral de Proteção de Dados Pessoais. *Jota*, 10 jul. 2019. Disponível em: https://bit.ly/2RjmqAu. Acesso em: 3 abr. 2021.

LEROI-GOURHAN, André. A libertação da mão. *Laboreal*, v. 6, n. 2, p. 56-59, 2010.

LEROI-GOURHAN, André. *Prehistoria del arte occidental*. Barcelona: Editorial Gustavo Gilli, 1971.

LÉVY, Pierre. *As tecnologias da inteligência*: o futuro do pensamento na era da informática. Tradução de Carlos Irineu da Costa. São Paulo: Editora 34, 2010.

LUCCA, Newton De; MACIEL, Renata Mota. A proteção de dados pessoais no Brasil a partir da Lei 13.709/2018: efetividade? *In*: MARTINS, Guilherme Magalhães; LONGHI, João Victor Rozatti (Coord.). *Direito digital*: direito privado e internet. 3. ed. atual., rev. e ampl. de acordo com a Lei nº 13.709/2018. Indaiatuba: Foco, 2020.

MASUDA, Yoneji. *The information society and post-industrial society*. Washington: World Future Society, 1980.

MEGAVAZAMENTO de dados de 223 milhões de brasileiros: o que se sabe e o que falta saber. *G1*, 28 jan. 2021. Disponível em: https://glo.bo/3rP0oSK. Acesso em: 3 abr. 2021.

NISSENBAUM, Helen. *Privacy in context*: technology, policy, and the integrity of social life. Stanford: Stanford University Press, 2010.

OLIVEIRA, Marcela. Metaverso: um desafio para a privacidade do usuário? *Privacy Tech*, 07 dez. 2021. Disponível em: https://bit.ly/3O2jt0f. Acesso em 11 abr. 2022.

OST, François. *O tempo do direito*. Tradução de Élcio Fernandes. Bauru: EDUSC, 2005.

POMPEU, Ana. Rosa Weber suspende envio de dados de usuários de telefones ao IBGE. *Jota*, 24 abr. 2020. Disponível em: https://bit.ly/2SnyxNP. Acesso em: 28 mar. 2021.

RODOTÀ, Stefano. *A vida na sociedade da vigilância*: a privacidade hoje. Organização, seleção e apresentação de Maria Celina Bodin de Moraes. Tradução de Danilo Doneda e Luciana Cabral Doneda. Rio de Janeiro: Renovar, 2008.

SIBILIA, Paula. *O show do eu*: a intimidade como espetáculo. 2. ed. rev. Rio de Janeiro: Contraponto, 2016.

STIEGLER, Bernard. *La técnica y el tiempo*. Tradução de Beatriz Morales Bastos. Hondarribia: Hiru Argitaletxe, 2002.

ZUBOFF, Shoshana. *A era do capitalismo da vigilância*: a luta por um futuro humano na nova fronteira do poder. (Trad. George Schlesinger). Rio de Janeiro: Intrínseca, 2021.

Informação bibliográfica deste texto, conforme a NBR 6023:2018 da Associação Brasileira de Normas Técnicas (ABNT):

BERBERI, Marco Antonio Lima; PIRES, Joyce Finato. Mensagens e mensageiros: privacidade e confiança em tempos de disrupção tecnológica. *In*: EHRHARDT JÚNIOR, Marcos; CATALAN, Marcos; MALHEIROS, Pablo (Coord.). *Direito Civil e tecnologia*. 2. ed. Belo Horizonte: Fórum, 2022. t. II. p. 289-301. ISBN 978-65-5518-432-7.

PROTEÇÃO DE DADOS PESSOAIS E ANTIJURIDICIDADE

EDUARDO LUIZ BUSATTA

1 Introdução

Como toda inovação tecnológica, a atividade de tratamento de dados pessoais é ambivalente, pois, além de possibilitar benefícios sociais, traz consigo inúmeros riscos que, não raro, acabam se transformando em danos efetivos.

Nessa perspectiva, em 14.8.2018, foi publicada a Lei nº 13.709, intitulada Lei Geral de Proteção de Dados (doravante simplesmente LGPD). Com entrada em vigor em agosto de 2020, tal diploma supre o vácuo legislativo existente, passando a disciplinar a atividade de tratamento de dados pessoais. Trata-se de lei com forte caráter preventivo, conforme se vê de seus princípios (art. 6º) e de inúmeras outras passagens ali presentes. Também se ocupa de disciplinar a responsabilidade em virtude dos danos decorrentes. E, nesse sentido, exige, como pressuposto do dever de reparar danos por parte do agente de tratamento, a ocorrência de violação à legislação de proteção de dados pessoais ao menos em três passagens.[1] Primeiramente estabelece, no *caput* do art. 42, que:

> O controlador ou o operador que, em razão do exercício de atividade de tratamento de dados pessoais, causar a outrem dano patrimonial, moral, individual ou coletivo, *em violação à legislação de proteção de dados pessoais*, é obrigado a repará-lo.[2] (Grifos nossos)

Já no art. 43, ao tratar das excludentes do dever de ressarcir, estabelece que os "[...] agentes de tratamento só não serão responsabilizados quando provarem: [...] II – que, embora tenham realizado o tratamento de dados pessoais que lhes é atribuído, *não houve*

---

[1] BRASIL. *Lei nº 13.709, de 14 de agosto de 2018*. Lei Geral de Proteção de Dados Pessoais (LGPD). Brasília, DF: Presidência da República, 2018. Disponível em: http://www.planalto.gov.br/ccivil_03/_ato2015-2018/2018/lei/L13709.htm. Acesso em 17 ago. 2020.

[2] BRASIL. *Lei nº 13.709, de 14 de agosto de 2018*. Lei Geral de Proteção de Dados Pessoais (LGPD). Brasília, DF: Presidência da República, 2018. Disponível em: http://www.planalto.gov.br/ccivil_03/_ato2015-2018/2018/lei/L13709.htm. Acesso em 17 ago. 2020.

violação à legislação de proteção de dados"[3] (grifos nossos). Por último, estabelece, no art. 44, que é irregular o tratamento de dados que "[...] deixar de observar a legislação [...]".[4]

As disposições da LGPD foram claramente inspiradas no Regulamento Geral de Proteção de Dados – RGPD (UE) 2016/679 (doravante simplesmente RGPD), que regulamenta a matéria de proteção de dados na União Europeia, ao estabelecer no art. 82 que:

> Qualquer pessoa que tenha sofrido danos materiais ou imateriais *devido a uma violação do presente regulamento* tem direito a receber uma indemnização[5] do responsável pelo tratamento ou do subcontratante pelos danos sofridos.[6] (Grifos nossos)

Trata-se de disposição que se afasta da tradição brasileira de legislar no tocante à responsabilidade civil.[7] E isso acaba gerando, na doutrina, dúvidas sobre o tipo de responsabilidade civil trazida pelo *novel* diploma legislativo – se subjetiva ou objetiva.

O objeto do presente artigo se insere nessa temática, pois visa investigar a definição e os elementos da "violação à legislação de proteção de dados" para fins de proteção de dados pessoais.

Assim, na primeira parte do artigo, será investigada a abrangência do ato antijurídico – suas formas e fontes – no tocante à proteção de dados pessoais. Quadra asseverar que não será efetuada uma explanação detalhada de todos os direitos e deveres decorrentes, uma vez que isso exigiria um trabalho bastante mais alentado do que o possível aqui. Na segunda parte do artigo serão feitas incursões a respeito da evolução do conceito de antijuridicidade e seus elementos de configuração, especialmente no que se refere à exclusão da culpa como elemento integrante da antijuricidade.

É importante ressaltar que não se pretende esgotar a sistemática de responsabilidade civil em matéria de proteção de dados, mas somente contribuir para a verificação da antijuridicidade e sua influência no dever de reparar os danos decorrentes da atividade de tratamento de dados pessoais.

---

[3] BRASIL. *Lei nº 13.709, de 14 de agosto de 2018*. Lei Geral de Proteção de Dados Pessoais (LGPD). Brasília, DF: Presidência da República, 2018. Disponível em: http://www.planalto.gov.br/ccivil_03/_ato2015-2018/2018/lei/L13709.htm. Acesso em 17 ago. 2020.

[4] BRASIL. *Lei nº 13.709, de 14 de agosto de 2018*. Lei Geral de Proteção de Dados Pessoais (LGPD). Brasília, DF: Presidência da República, 2018. Disponível em: http://www.planalto.gov.br/ccivil_03/_ato2015-2018/2018/lei/L13709.htm. Acesso em 17 ago. 2020.

[5] Conforme grafia apresentada no documento original – tradução para o português consoante grafia utilizada em Portugal.

[6] REINO UNIDO. EUR-Lex. Parlamento Europeu. Atos Legislativos. Regulamento (UE) 2016/679 do Parlamento Europeu e do Conselho de 27 de abril de 2016. Relativo à proteção das pessoas singulares no que diz respeito ao tratamento de dados pessoais e à livre circulação desses dados e que revoga a Diretiva 95/46/CE (Regulamento Geral sobre a Proteção de Dados). *Jornal Oficial da União Europeia*, Bruxelas, 2016. Disponível em: https://eur-lex.europa.eu/legal-content/PT/TXT/?uri=celex%3A32016R0679. Acesso em 30 abr. 2020.

[7] A tradição legislativa brasileira na matéria, em regra, é bastante clara a respeito da modalidade de responsabilidade – se subjetiva ou objetiva –, fazendo menção expressa à necessidade ou dispensa da culpa como requisito do dever de indenizar. Uma rápida leitura dos arts. 186 e 927 do Código Civil e dos arts. 12 e 14 do Código de Defesa do Consumidor não deixam dúvida a respeito (BRASIL. *Lei nº 10.406, de 10 de janeiro de 2002*. Institui o Código Civil. Brasília, DF: Presidência da República, 2002. Disponível em: http://www.planalto.gov.br/ccivil_03/leis/2002/l10406.htm. Acesso em 15 abr. 2020; BRASIL. *Lei nº 8.078, de 11 de setembro de 1990*. Dispõe sobre a proteção do consumidor e dá outras providências. Brasília, DF: Presidência da República, 1990. Disponível em: http://www.planalto.gov.br/ccivil_03/leis/l8078compilado.htm. Acesso em 30 abr. 2020).

O trabalho foi desenvolvido via o método fenomenológico-hermenêutico, por meio da análise do fenômeno e da interpretação crítica do direito a ele correspondente, sem olvidar que sujeito e objeto encontram-se conectados.

A análise será feita tendo como marco teórico a matriz civil-constitucional, ou seja, a análise dos institutos de direito civil à luz dos princípios e valores da Constituição de 1988, especialmente no que é pertinente à centralidade da pessoa humana no ordenamento jurídico.

2 A violação à legislação na Lei Geral de Proteção de Dados (LGPD): formas e fontes

Como mencionado, a LGPD estabelece como requisito do dever reparatório a violação à legislação de proteção de dados pessoais, o que significa dizer que exige a antijuridicidade, que se dá, na visão de Fernando Noronha, "[...] quando um ato ou fato se coloca em contradição com o ordenamento, independentemente de qualquer juízo de censura que porventura também possa estar presente e ser referido a alguém".[8]

É importante esclarecer que há bastante divergência semântica em relação aos conceitos de *antijuridicidade*, *ilicitude* e *ato ilícito* em diversos ordenamentos, inclusive no Brasil.[9] Após a edição do Código Civil de 2002, configura-se que tais conceitos se encontram com fronteiras bastante diluídas. Assim, preferiu-se utilizar a expressão *antijuridicidade* na presente pesquisa por entendê-la como mais ampla e mais técnica. Contudo, é importante mencionar, foram feitas algumas citações mediante o uso das expressões *ilicitude* e *ato ilícito*, que o leitor deve entender como sinônimas de *antijuridicidade*, excetuando-se quando devidamente ressalvado em sentido contrário.

Assim, é certo que a LGPD, conforme dispositivos transcritos, estabelece como requisito do dever de reparar o dano a ocorrência de antijuridicidade. E, nessa medida, a antijuridicidade funciona como um "[...] filtro objetivo de seleção das pretensões indenizatórias[10] procedentes".[11] Opera em sentido negativo, ou seja, não havendo antijuridicidade, não haverá o dever de reparar. Em uma primeira análise, pode-se dizer que a caracterização do ato como antijurídico implica um juízo "[...] que comporta não poucas dificuldades", mas que pode ser reduzida à seguinte fórmula: será jurídico o ato conforme o direito, e, antijurídico o ato "[...] quando é contrário a normas imperativas, à ordem pública e ao bom costume".[12]

---

[8] NORONHA, Fernando. *Direito das obrigações*: fundamentos do direito das obrigações: introdução à responsabilidade civil. São Paulo: Saraiva, 2003. v. 1. p. 366.

[9] A respeito da distinção, consultar: SILVA, Rafael Peteffi da. Antijuridicidade como requisito da responsabilidade civil extracontratual: amplitude conceitual e mecanismos de aferição. *In*: SILVA, Michel Cesar; BRAGA NETO, Felipe Peixoto (Coord.). *Direito privado e contemporaneidade*: desafios e perspectivas do direito privado no século XXI. Indaiatuba: Foco, 2020. p. 91-123.

[10] Grafia conforme texto original.

[11] BARBOSA, Mafalda Miranda. Entre a ilicitude e o dano. *In*: BARBOSA, Mafalda Miranda; ROSENVALD, Nelson; MUNIZ, Francisco (Coord.). *Desafios da nova responsabilidade civil*. São Paulo: JusPodivm, 2019. p. 223.

[12] PERLINGIERI, Pietro. *Perfis do direito civil*: introdução ao direito civil constitucional. Tradução de Maria Cristina De Cicco. 3. ed. Rio Janeiro: Renovar, 2002. p. 91. Importante asseverar que o referido autor não considera *ato ilícito* como o (ato) que simplesmente não está conforme o direito, por entender que os atos não conformes ao direito podem não ser ilícitos na hipótese de contrariarem normas dispositivas.

O ponto central, então, refere-se ao âmbito da antijuridicidade. Na doutrina portuguesa (que utiliza a expressão *ato ilícito*), mais afeta a tais questões por não ter uma cláusula geral de responsabilidade civil, ao contrário do que ocorre no Brasil,[13] costuma-se afirmar que se verifica o ato ilícito suficiente à caraterização da responsabilidade civil quando da violação de direitos de outrem, ou seja: na violação de direitos subjetivos, especialmente aqueles oponíveis *erga omnes*; na violação de disposições legais de proteção de interesses alheios; e no abuso de direito visto em seu aspecto objetivo, ou seja, na "[...] desconformidade entre o exercício do direito que formalmente se invoca e [n]os princípios normativos que louvam o sistema".[14]

Trazendo para o âmbito da proteção de dados, verifica-se, portanto, que a primeira hipótese de antijuridicidade residirá no ferimento de qualquer direito da personalidade ligado à proteção de dados pessoais. Anota, concernentemente a isso, Maria Celina Bodin de Moraes:

> [...] nas sociedades de informação, como são as sociedades em que vivemos, pode-se dizer que "nós somos as nossas informações", pois elas nos definem, nos classificam, nos etiquetam; portanto, a privacidade hoje se manifesta essencialmente em ter como controlar a circulação das informações e saber quem as usa significa adquirir, concretamente, um poder sobre si mesmo. Trata-se da concepção, qualitativamente diferente, da privacidade como "direito à autodeterminação informativa", o qual concede a cada um de nós um real poder sobre nossas próprias informações, nossos próprios dados.[15] (Grifos no original)

A relevância na atualidade é tamanha que, por meio da Emenda Constitucional nº 115/2022, a proteção de dados pessoais foi incluída no rol de direitos e garantias fundamentais (inciso LXXIX do art. 5º da Constituição Federal).[16] Inclusive, anteriormente a tal alteração constitucional, o Supremo Tribunal Federal, no julgamento da ADI nº 6.387 (Ação Direta de Inconstitucionalidade nº 6.387 – Distrito Federal), reconheceu que a proteção de dados pessoais poderia ser considerada um direito fundamental implícito e autônomo em relação à privacidade.[17]

---

[13] SILVA, Rafael Peteffi da. Antijuridicidade como requisito da responsabilidade civil extracontratual: amplitude conceitual e mecanismos de aferição. *In*: SILVA, Michel Cesar; BRAGA NETO, Felipe Peixoto (Coord.). *Direito privado e contemporaneidade*: desafios e perspectivas do direito privado no século XXI. Indaiatuba: Foco, 2020. p. 94.

[14] BARBOSA, Mafalda Miranda. Entre a ilicitude e o dano. *In*: BARBOSA, Mafalda Miranda; ROSENVALD, Nelson; MUNIZ, Francisco (Coord.). *Desafios da nova responsabilidade civil*. São Paulo: JusPodivm, 2019. p. 233. No mesmo sentido: COSTA, Mário Júlio de Almeida. *Direito das obrigações*. 9. ed. Coimbra: Almedina, 2006. p. 514-519.

[15] MORAES, Maria Celina Bodin de. Ampliando os direitos da personalidade. *In*: MORAES, Maria Celina Bodin de. *Na medida da pessoa humana*: estudos de direito civil-constitucional. Rio de Janeiro: Renovar, 2010. p. 140.

[16] BRASIL. *Emenda Constitucional nº 115, de 10 de fevereiro de 2022*. Altera a Constituição Federal para incluir a proteção de dados pessoais entre os direitos e garantias fundamentais e para fixar a competência privativa da União para legislar sobre proteção e tratamento de dados pessoais. Brasília, DF: Presidência da República, 2022. Disponível em: http://www.planalto.gov.br/ccivil_03/constituicao/Emendas/Emc/emc115.htm. Acesso em 19 abr. 2022.

[17] BRASIL. Supremo Tribunal Federal. *Medida Cautelar na Ação Direta de Inconstitucionalidade 6.387 Distrito Federal*. Medida Cautelar de Urgência. [...] Cuida-se de pedido de medida cautelar em ação direta de inconstitucionalidade proposta pelo Conselho Federal da Ordem dos Advogados do Brasil – CFOAB contra o inteiro teor da Medida Provisória nº 954, de 17 de abril de 2020 [...]. Requerente: Conselho Federal da Ordem dos Advogados do Brasil – CFOAB. Intimado: Presidente da República. Procurador: Advogado-Geral da União. Relatora: Ministra Rosa Weber, 24 de abril de 2020. p. 1-13. Disponível em: http://www.stf.jus.br/arquivo/cms/noticiaNoticiaStf/anexo/

É importante ressaltar que, vistos os fatos dessa forma, ou seja, tendo em conta as especificidades dos dados pessoais na sociedade de informação, não há dúvida de que a proteção de dados vai muito além da privacidade, pois confere proteção a diversos direitos fundamentais. De forma efetiva, os dados pessoais traduzem para o mundo digital a pessoa, constituem sua representação, correspondem a seu "corpo digital". Cada dia mais as ações humanas no "mundo físico" repercutem no "mundo digital", e vice-versa. Pode-se até mesmo afirmar a ocorrência de uma contínua diluição das fronteiras entre o "real" e o "virtual". E, nessa medida, a proteção dedicada aos dados pessoais deve abranger todos os outros direitos e liberdades individuais, como a liberdade, a igualdade, a segurança etc., que não cabem no conceito estrito de privacidade, baseado na lógica antagônica privado-público. Assim:

> O direito à proteção de dados deve ser alocado como uma nova espécie do rol aberto dos direitos da personalidade, dando elasticidade à cláusula geral de tutela da pessoa humana. Caso contrário, corre-se o risco de ele não se desprender das amarras conceituais e da dinâmica do direito à privacidade e, em última análise, inviabilizar uma normatização própria para regular o fluxo informacional como fator promocional da pessoa humana.[18]

De fato, pouca ou nenhuma relevância, em muitos aspectos, possui a discussão do que é *dado público* ou *dado privado* para fins de proteção de dados pessoais.[19] Basta verificar, por exemplo, o direito de acesso (arts. 6º, IV, e 9º da LGPD) ou o direito de correção (art. 18, III da LGPD) que fogem da lógica do sigilo.[20] Nesse sentido, é necessário pensar a proteção de dados, inclusive, no espaço público.

Assim, é certo que a proteção de dados pessoais tem origem na privacidade, contudo dela se autonomiza, passando a abranger uma série de outros direitos e liberdades públicas além da privacidade, de forma que pode ser fundamentada por intermédio da cláusula geral de proteção à pessoa humana, a qual deve abranger "[...]

ADI6387MC.pdf. Acesso em 15 set. 2020. Do voto do Ministro Gilmar Mendes extrai-se a seguinte passagem que bem retrata a questão: "A afirmação de um direito fundamental à privacidade e à proteção de dados pessoais deriva, ao contrário, de uma compreensão integrada do texto constitucional lastreada (i) no direito fundamental à dignidade da pessoa humana, (ii) na concretização do compromisso permanente de renovação da força normativa da proteção constitucional à intimidade (art. 5º, inciso X, da CF/88) diante do espraiamento de novos riscos derivados do avanço tecnológico e ainda (iii) no reconhecimento da centralidade do *Habeas Data* enquanto instrumento de tutela material do direito à autodeterminação informativa" (BRASIL. Supremo Tribunal Federal. *Referendo na Medida Cautelar na ação Direta de Inconstitucionalidade 6.389 Distrito Federal*. Voto Conjunto ADIs 6.389, 6.390, 6.393, 6.388 e 6.387. [...] Trata-se de ações diretas de inconstitucionalidade, com pedidos de medida cautelar, ajuizadas contra o inteiro teor da Medida Provisória 954, de 17 de abril de 2020, que dispõe sobre "o compartilhamento de dados por empresas de telecomunicações prestadoras de Serviço Telefônico Fixo Comutado e de Serviço Móvel Pessoal com a Fundação Instituto Brasileiro de Geografia e Estatística, para fins de suporte à produção estatística oficial durante a situação de emergência de saúde pública de importância internacional decorrente do coronavírus (Covid 19), de que trata a Lei nº 13.979, de 6 de fevereiro de 2020" [...]. Requerente: Partido Socialista Brasileiro – PSB. Intimado: Presidente da República. Procurador: Advogado-Geral da União. Relatora: Ministra Rosa Weber. [2020]. p. 1-32. p. 20. Disponível em: https://www.conjur.com.br/dl/pandemia-reforca-necessidade-protecao.pdf. Acesso em 17 ago. 2020).

[18] BIONI, Bruno Ricardo. *Proteção de dados pessoais*: a função e os limites do consentimento. Rio de Janeiro: Forense, 2019. p. 100.

[19] BIONI, Bruno Ricardo. *Proteção de dados pessoais*: a função e os limites do consentimento. Rio de Janeiro: Forense, 2019. p. 67.

[20] BRASIL. *Lei nº 13.709, de 14 de agosto de 2018*. Lei Geral de Proteção de Dados Pessoais (LGPD). Brasília, DF: Presidência da República, 2018. Disponível em: http://www.planalto.gov.br/ccivil_03/_ato2015-2018/2018/lei/L13709.htm. Acesso em 17 ago. 2020.

todas as dimensões da personalidade humana [...]".[21] No quadro atual, a questão da proteção de dados encontra-se ligada com mesma ou maior intensidade à dignidade da pessoa humana, à liberdade e à igualdade.

A própria LGPD estabelece que a disciplina da proteção de dados tem como fundamentos, conforme art. 2º: "I – o respeito à privacidade; II – a autodeterminação informativa; III – a liberdade de expressão, de informação, de comunicação e de opinião", como também "[...] o livre desenvolvimento da personalidade, a dignidade, [os direitos humanos] e o exercício da cidadania pelas pessoas naturais", entre outros.[22] Há, portanto, o reconhecimento, pelo legislador, de que o rol de direitos da personalidade protegidos em matéria de dados pessoais vai muito além do direito à privacidade.

Assim, é correta, ao atual estado da matéria, a conclusão de Stefano Rodotà no sentido de que a "[...] proteção de dados pode ser vista como a soma de um conjunto de direitos que configuram a cidadania do novo milênio".[23]

Dessarte, restará configurada a antijuridicidade no ferimento de quaisquer dos direitos da personalidade[24] que tenham alguma relação, direta ou indireta, com o tratamento de dados pessoais. As possibilidades são amplas, mas se pode dizer que os principais direitos da personalidade envolvidos são a liberdade (em todos os seus possíveis sentidos, inclusive das escolhas existenciais, altamente influenciadas no ambiente virtual),[25] a igualdade (especialmente no que é pertinente à vedação de discriminação), a privacidade, a honra, a identidade pessoal (incluindo nome, imagem, voz, verdade biográfica) etc. Importante ressaltar que tais direitos, obviamente, não são oponíveis somente em face do Estado, mas também em face de terceiros privados (correspondente à eficácia horizontal dos direitos fundamentais).

A segunda modalidade de antijuridicidade configura-se no descumprimento das normas de proteção dos interesses do titular de dados. Veja-se que a LGPD, de forma próxima ao RGPD, fala "[...] em violação à legislação de proteção de dados pessoais [...]" (art. 42).[26] Obviamente, essa disposição deve ser interpretada no sentido de que qualquer violação de direito levará à verificação de antijuridicidade. De fato, não faz sentido exigir que tal violação seja diretamente ligada a uma norma que tenha como finalidade imediata a *proteção de dados*. Tal exigência pode fazer algum sentido no RGPD, dado seu caráter de regulamento comunitário, o que significa dizer, ante

---

[21] SARLET, Ingo Wolfgang; SAAVEDRA, Giovani Agostini. Fundamentos jusfilosóficos e âmbito de proteção do direito fundamental à proteção de dados pessoais. *Revista Direito Público – RDP*, Brasília, v. 17, n. 93, p. 33-57, maio/jun. 2020. p. 43. Disponível em: https://www.portaldeperiodicos.idp.edu.br/direitopublico/article/view/4315. Acesso em 15 set. 2020.

[22] BRASIL. *Lei nº 13.709, de 14 de agosto de 2018*. Lei Geral de Proteção de Dados Pessoais (LGPD). Brasília, DF: Presidência da República, 2018. Disponível em: http://www.planalto.gov.br/ccivil_03/_ato2015-2018/2018/lei/L13709.htm. Acesso em 17 ago. 2020.

[23] RODOTÀ, Stefano. *A vida na sociedade da vigilância*: a privacidade hoje. Tradução de Danilo Doneda e Luciana Cabral Doneda. Organização de Maria Celina Bodin de Moraes. São Paulo: Renovar, 2008. p. 17.

[24] A respeito do paralelismo entre direitos fundamentais e direitos da personalidade ver: RODRIGUES JÚNIOR, Otávio Luiz. Direitos fundamentais e direitos da personalidade. *In*: TOFFOLI, José Antonio Dias. *30 anos da constituição brasileira*: democracia, direitos fundamentais e instituições. Rio de Janeiro: Forense, 2018. p. 679-703.

[25] Ver a respeito em: PARISER, Eli. *O filtro invisível*: o que a internet está escondendo de você. Rio de Janeiro: Zahar, 2012; SILVEIRA, Sérgio Amadeu da. *Democracia e os códigos invisíveis*: como os algoritmos estão modulando comportamentos e escolhas políticas. São Paulo: Edições Sesc, 2019.

[26] BRASIL. *Lei nº 13.709, de 14 de agosto de 2018*. Lei Geral de Proteção de Dados Pessoais (LGPD). Brasília, DF: Presidência da República, 2018. Disponível em: http://www.planalto.gov.br/ccivil_03/_ato2015-2018/2018/lei/L13709.htm. Acesso em 17 ago. 2020.

a necessária coexistência com as ordens jurídicas nacionais de cada um dos países-membros da União Europeia e suas especificidades. Contudo, não faz qualquer sentido no ordenamento jurídico brasileiro. Afinal, não seria racional defender, por exemplo, que o ferimento de um direito fundamental positivado na Constituição da República de 1988, em decorrência do tratamento de dados pessoais, deveria ser objeto de ação de indenização com base unicamente no Código Civil, somente pelo fato de que não se poderia enquadrar o direito (ou sua violação) como constante da legislação de proteção de dados. É um erro reduzir a tutela aos estreitos limites de não mais que algumas leis ordinárias especialmente voltadas à tutela dos dados pessoais. Nesse sentido, Gustavo Tepedino e Rodrigo da Guia Silva, ao tratarem da responsabilidade civil e da inteligência artificial, mas cuja lição cabe aqui, asseveram que a tutela das vítimas deve ser obtida "[...] no ordenamento jurídico em sua unidade e complexidade".[27]

De qualquer forma, a LGPD traz extensa regulamentação voltada à *proteção* dos interesses dos titulares de dados. Não se trata de uma lei "neutra", mas sim um diploma legislativo que visa, da mesma forma que o Código de Defesa do Consumidor (doravante simplesmente CDC), a proteger a parte vulnerável da relação jurídica, no caso, o titular dos dados pessoais. É interessante observar que a LGPD não positivou expressamente a vulnerabilidade do titular dos dados pessoais, como o fez o CDC no art. 4º, inc. I, em relação ao consumidor.[28] Contudo, trata-se de um verdadeiro arquétipo legal[29] implícito, já que toda a lei foi estruturada sob tal consideração, a ponto de o substantivo *proteção* ser inserido na própria ementa da lei – "Lei Geral de *Proteção* de Dados Pessoais (LGPD)"[30] (grifos nossos).

A primeira hipótese de descumprimento das normas de proteção dos interesses do titular de dados se dá com o tratamento de dados pessoais sem base legal. A LGPD elenca nos arts. 7º e 11 (esse último em relação aos dados pessoais sensíveis) as hipóteses exaustivas em que é admissível o tratamento de dados pessoais. Em que pese não ser possível detalhar aqui todas as questões relevantes ligadas ao ponto, dadas as finalidades da presente pesquisa, é certo que assume especial relevância o consentimento do titular

---

[27] TEPEDINO, Gustavo; SILVA, Rodrigo da Guia. Inteligência artificial e elementos da responsabilidade civil. *In*: FRAZÃO, Ana; MULHOLLAND, Caitlin (Coord.). *Inteligência artificial e direito*: ética, regulação e responsabilidade. São Paulo: Thomson Reuters Brasil, 2019. p. 303.

[28] BRASIL. *Lei nº 8.078, de 11 de setembro de 1990*. Dispõe sobre a proteção do consumidor e dá outras providências. Brasília, DF: Presidência da República, 1990. Disponível em: http://www.planalto.gov.br/ccivil_03/leis/l8078compilado.htm. Acesso em 30 abr. 2020.

[29] A expressão "arquétipo legal" é utilizada aqui no sentido que lhe dá Jeremy Waldron, ou seja, "[...] a um item específico (ou a vários itens) em um sistema normativo que tem um significado que vai além de seu conteúdo normativo imediato, um significado decorrente do fato de fornecer, resumir ou produzir de forma vívida para nós, ou parece fornecer a chave para o ponto, propósito, política ou princípio (ou um dos pontos, propósitos, políticas ou princípios) de toda uma área do direito" (tradução nossa). No texto original: "[...] a particular item (or ste of items) in a normative system which has a significance going beyond its immediate normative content, a significance stemming from the fact that it furnishes or sums up or makes vivid to us or seems to provide the key to the point, purpose, policy, or principle (or one of the points, purposes, policies, or principles) of a whole area of law" (WALDRON, Jeremy. Torture and positive law: jurisprudence for the White House. *UC Berkeley: Kadish Center for Morality, Law and Public Affairs*, 30 set. 2004. p. 47. Disponível em: https://escholarship.org/uc/item/23d27577. Acesso em 1 jun. 2020).

[30] BRASIL. *Lei nº 13.709, de 14 de agosto de 2018*. Lei Geral de Proteção de Dados Pessoais (LGPD). Brasília, DF: Presidência da República, 2018. Disponível em: http://www.planalto.gov.br/ccivil_03/_ato2015-2018/2018/lei/L13709.htm. Acesso em 17 ago. 2020.

autorizando o tratamento de seus dados pessoais (art. 7º, I).[31] E a hipótese que gera maiores controvérsias dá-se no tratamento de dados pessoais fundado no legítimo interesse do controlador ou de terceiro (art. 7º, IX) detalhada no art. 10.[32] [33]

Na sequência, importará em ato antijurídico o descumprimento, por parte dos agentes de tratamento de dados, dos deveres decorrentes dos 11 (onze) princípios que devem ser observados na atividade de tratamento de dados pessoais, conforme art. 6º da LGPD.[34]

O dispositivo se inicia com o princípio da boa-fé objetiva, o qual foi inserido já no *caput* do art. 6º,[35] o que já demonstra certa preponderância, provavelmente decorrente de toda a tradição germânica a seu respeito e que vem sendo estudada e aplicada no Brasil de forma bastante substancial nos últimos 30 anos, especialmente em razão de sua positivação no Código de Defesa do Consumidor (art. 4º)[36] e no Código Civil (arts. 113, 187 e 422).[37] Trata-se de importante disposição legal, especialmente por conferir flexibilidade à LGPD, permitindo sua adequação, mesmo diante da rápida evolução tecnológica. De fato, assevera Clóvis Veríssimo do Couto e Silva:

> Com a edição de conceitos abertos como o da boa-fé, a ordem jurídica atribui ao juiz [e também à autoridade administrativa] a tarefa de adequar a aplicação judicial [e administrativa] às modificações sociais, uma vez que os limites dos fatos previstos pelas aludidas cláusulas gerais são fugidios, móveis; de nenhum modo fixos.[38]

---

[31] A respeito disso, consultar: TEPEDINO, Gustavo; TEFFÉ, Chiara Spadaccini de. Consentimento e proteção de dados pessoais na LGPD. In: FRAZÃO, Ana; TEPEDINO, Gustavo; OLIVA, Milena Donato (Coord.). *Lei Geral de Proteção de Dados Pessoais e suas repercussões no direito brasileiro*. São Paulo: Thomson Reuters Brasil, 2019. p. 287-322.

[32] BRASIL. *Lei nº 13.709, de 14 de agosto de 2018*. Lei Geral de Proteção de Dados Pessoais (LGPD). Brasília, DF: Presidência da República, 2018. Disponível em: http://www.planalto.gov.br/ccivil_03/_ato2015-2018/2018/lei/L13709.htm. Acesso em 17 ago. 2020.

[33] A respeito disso, consultar: BUCAR, Daniel; VIOLA, Mario. Tratamento de dados pessoais por "legítimo interesse do controlador": primeiras impressões. *In*: FRAZÃO, Ana; TEPEDINO, Gustavo; OLIVA, Milena Donato (Coord.). *Lei Geral de Proteção de Dados Pessoais e suas repercussões no direito brasileiro*. São Paulo: Thomson Reuters Brasil, 2019. p. 465-484.

[34] BRASIL. *Lei nº 13.709, de 14 de agosto de 2018*. Lei Geral de Proteção de Dados Pessoais (LGPD). Brasília, DF: Presidência da República, 2018. Disponível em: http://www.planalto.gov.br/ccivil_03/_ato2015-2018/2018/lei/L13709.htm. Acesso em 17 ago. 2020.

[35] BRASIL. *Lei nº 13.709, de 14 de agosto de 2018*. Lei Geral de Proteção de Dados Pessoais (LGPD). Brasília, DF: Presidência da República, 2018. Disponível em: http://www.planalto.gov.br/ccivil_03/_ato2015-2018/2018/lei/L13709.htm. Acesso em 17 ago. 2020.

[36] BRASIL. *Lei nº 8.078, de 11 de setembro de 1990*. Dispõe sobre a proteção do consumidor e dá outras providências. Brasília, DF: Presidência da República, 1990. Disponível em: http://www.planalto.gov.br/ccivil_03/leis/l8078compilado.htm. Acesso em 30 abr. 2020.

[37] BRASIL. *Lei nº 10.406, de 10 de janeiro de 2002*. Institui o Código Civil. Brasília, DF: Presidência da República, 2002. Disponível em: http://www.planalto.gov.br/ccivil_03/leis/2002/l10406.htm. Acesso em 15 abr. 2020. "Atente-se, ainda, para o fato de que além dos princípios literalmente enunciados no art. 6º (em número de dez) e de outros que possam ser deduzidos do texto, o *caput* do referido artigo faz referência expressa, como a um *primus inter pares*, ao princípio da boa-fé. Em tema de proteção de dados pessoais, o radicamento da boa-fé como dever de conduta é de fundamental importância, principalmente ao se levar em conta o caráter massificado de diversos mecanismos de tratamento de dados e da própria opacidade intrínseca a estas operações" (MENDES, Laura Schertel; DONEDA, Danilo. Reflexões iniciais sobre a nova Lei Geral de Proteção de Dados. *Revista de Direito do Consumidor*, São Paulo, ano 27, v. 120, p. 469-483, nov./dez. 2018. Disponível em: http://www.rtonline.com.br/. Acesso em 15 abr. 2020. Grifos no original).

[38] SILVA, Clóvis Veríssimo do Couto e. O princípio da boa-fé no direito brasileiro e português. *In*: FRADERA, Vera Maria Jacob (Org.). *O direito privado brasileiro na visão de Clóvis do Couto e Silva*. Porto Alegre: Livraria do Advogado, 1997. p. 39.

Assim, impõe-se aos agentes de tratamento de dados a observância da ética em todas as etapas do tratamento. Não basta, portanto (e tão somente), o cumprimento formal das disposições legais previstas na LGPD. A atividade de tratamento de dados pessoais deve ser de igual forma pautada na lealdade, honestidade e probidade, de acordo com o caso concreto e tendo em conta os riscos envolvidos, respeitando sempre a legítima expectativa do titular dos dados.

Apesar de tal princípio ter aplicação em toda atividade voltada a tratamento de dados pessoais, será relevante no que for pertinente ao uso adequado e ético dos dados pelos agentes de tratamento, especialmente no que toca à utilização de inteligência artificial, criação de perfis, estratégias publicitárias etc., bem como ao fornecimento do consentimento para o tratamento dos dados pessoais.

No inc. I do art. 6º é estabelecido o princípio da *finalidade*, pelo qual somente admite a recolha e o tratamento de dados pessoais para finalidades legítimas e específicas, expressamente informadas ao titular, vedado qualquer desvio posterior.[39]

Na sequência, a LGPD positiva o princípio da *adequação* (inc. II), pelo qual é exigida a contextualização e a "[...] compatibilidade do tratamento [de dados] com as finalidades informadas ao titular [...]", quando da obtenção da autorização.[40]

Já o inc. III estabelece o princípio da *necessidade*, visando à

> limitação do tratamento ao mínimo necessário para a realização de suas finalidades, com abrangência dos dados pertinentes, proporcionais e não excessivos em relação às finalidades do tratamento de dados.[41]

Veda-se, portanto, a recolha de dados além dos (dados) efetivamente necessários para a finalidade informada.

O inc. IV, por sua vez, positiva o princípio do *livre acesso aos dados*, estabelecendo que é garantida aos titulares a consulta gratuita e facilitada sobre todos os aspectos relevantes do tratamento de dados.[42]

Positivou-se também o princípio da *qualidade dos dados* (inc. V), que visa a afastar inexatidões, bem como o princípio da *transparência* (inc. VI) que importa em "garantia, aos titulares, de informações claras, precisas e facilmente acessíveis sobre a realização do tratamento e os respectivos agentes de tratamento, observados os segredos comercial e industrial".[43]

---

[39] BRASIL. *Lei nº 13.709, de 14 de agosto de 2018*. Lei Geral de Proteção de Dados Pessoais (LGPD). Brasília, DF: Presidência da República, 2018. Disponível em: http://www.planalto.gov.br/ccivil_03/_ato2015-2018/2018/lei/L13709.htm. Acesso em 17 ago. 2020.

[40] BRASIL. *Lei nº 13.709, de 14 de agosto de 2018*. Lei Geral de Proteção de Dados Pessoais (LGPD). Brasília, DF: Presidência da República, 2018. Disponível em: http://www.planalto.gov.br/ccivil_03/_ato2015-2018/2018/lei/L13709.htm. Acesso em 17 ago. 2020.

[41] BRASIL. *Lei nº 13.709, de 14 de agosto de 2018*. Lei Geral de Proteção de Dados Pessoais (LGPD). Brasília, DF: Presidência da República, 2018. Disponível em: http://www.planalto.gov.br/ccivil_03/_ato2015-2018/2018/lei/L13709.htm. Acesso em 17 ago. 2020.

[42] BRASIL. *Lei nº 13.709, de 14 de agosto de 2018*. Lei Geral de Proteção de Dados Pessoais (LGPD). Brasília, DF: Presidência da República, 2018. Disponível em: http://www.planalto.gov.br/ccivil_03/_ato2015-2018/2018/lei/L13709.htm. Acesso em 17 ago. 2020.

[43] BRASIL. *Lei nº 13.709, de 14 de agosto de 2018*. Lei Geral de Proteção de Dados Pessoais (LGPD). Brasília, DF: Presidência da República, 2018. Disponível em: http://www.planalto.gov.br/ccivil_03/_ato2015-2018/2018/lei/L13709.htm. Acesso em 17 ago. 2020.

Por sua vez, o princípio da *segurança* (inc. VII) consiste, de acordo com a LGPD, na "utilização de medidas técnicas e administrativas aptas a proteger os dados pessoais de acessos não autorizados e de situações acidentais ou ilícitas de destruição, perda, alteração, comunicação ou difusão".[44] Nesse entendimento, os "[...] dados organizados eletronicamente devem, portanto, estar em ambiente informacional que disponha de ferramentas adequadas e atualizadas no que se refere à segurança da informação".[45] O foco desse princípio é a adoção de medidas que sejam aptas a impedir os ataques cibernéticos, realizados por *hackers* e *crackers*, e que têm causado inúmeros prejuízos em todo o mundo.[46] Trata-se, nesse caso, do risco mais visível em matéria de proteção de dados pessoais, até mesmo em razão das reiteradas falhas de segurança.

Já o princípio da *prevenção* (inc. VIII) evoca, nos termos positivados, a "adoção de medidas para prevenir a ocorrência de danos em virtude do tratamento de dados pessoais".[47] Ou seja, traz para o bojo da atividade relativa ao tratamento de dados pessoais a necessidade de atuação proativa, técnica, científica e economicamente voltada à evitabilidade do dano. Cumprem aos agentes de tratamento de dados, nessa perspectiva, a efetiva averiguação dos riscos que recaem sobre sua atividade, o mapeamento dos pontos críticos e a realização das ações necessárias à mitigação dos riscos. Exige-se, dessa forma, do agente de tratamento de dados uma efetiva política de gestão de riscos, em sentido amplo, que vai muito além da segurança de *hardware* e *software*.

Decorrente do princípio da isonomia, o inc. IX traz o princípio da *não discriminação*, vedando o tratamento de dados pessoais com finalidades "[...] discriminatóri[a]s ilícit[a]s ou abusiv[a]s".[48] Interessante e importante decorrência desse princípio é a disposição contida no §5º do art. 11 (da mesma lei), proibindo "[...] às operadoras de planos privados de assistência à saúde o tratamento de dados de saúde para a prática de seleção de riscos na contratação de qualquer modalidade, assim como na contratação e exclusão de beneficiários".[49]

---

[44] BRASIL. *Lei nº 13.709, de 14 de agosto de 2018*. Lei Geral de Proteção de Dados Pessoais (LGPD). Brasília, DF: Presidência da República, 2018. Disponível em: http://www.planalto.gov.br/ccivil_03/_ato2015-2018/2018/lei/L13709.htm. Acesso em 17 ago. 2020.

[45] BLUM, Rita Peixoto Ferreira. *O direito à privacidade e a proteção de dados do consumidor*. São Paulo: Almedina, 2018. p. 161.

[46] Estima-se que somente um dos ataques realizados no ano de 2017, denominado WannaCry, tenha gerado prejuízos superiores a US$8 bilhões (PARENTY, Thomas J.; DOMET, Jack J. Como avaliar riscos cibernéticos. *Harvard Business Review Brasil*, 3 abr. 2020. p. 54).

[47] BRASIL. *Lei nº 13.709, de 14 de agosto de 2018*. Lei Geral de Proteção de Dados Pessoais (LGPD). Brasília, DF: Presidência da República, 2018. Disponível em: http://www.planalto.gov.br/ccivil_03/_ato2015-2018/2018/lei/L13709.htm. Acesso em 17 ago. 2020.

[48] BRASIL. *Lei nº 13.709, de 14 de agosto de 2018*. Lei Geral de Proteção de Dados Pessoais (LGPD). Brasília, DF: Presidência da República, 2018. Disponível em: http://www.planalto.gov.br/ccivil_03/_ato2015-2018/2018/lei/L13709.htm. Acesso em 17 ago. 2020.

[49] BRASIL. *Lei nº 13.709, de 14 de agosto de 2018*. Lei Geral de Proteção de Dados Pessoais (LGPD). Brasília, DF: Presidência da República, 2018. Disponível em: http://www.planalto.gov.br/ccivil_03/_ato2015-2018/2018/lei/L13709.htm. Acesso em 17 ago. 2020.

Por fim, o princípio da *responsabilização e prestação de contas* (inc. X), que estabelece, conforme os estritos termos da LGPD, a necessária

> demonstração, pelo agente, da adoção de medidas eficazes e capazes de comprovar a observância e o cumprimento das normas de proteção de dados pessoais e, inclusive, da eficácia dessas medidas.[50]

Assim, o agente de tratamento de dados é o responsável por agir de forma a proteger os interesses do titular dos dados pessoais, tomando as medidas aptas e eficazes contra os riscos envolvidos, podendo ser instado a prestar contas de todos os atos praticados. É certo que esse princípio se desdobra em duas facetas complementares: a *responsabilização* e a *prestação de contas*. A *responsabilização* importa na imposição do dever de efetiva realização das medidas aptas ao cumprimento das normas de proteção de dados, o que importa dizer, em um reforço à concretização factual do respeito devido aos direitos dos titulares dos dados pessoais. Por ele, busca-se a materialização dos direitos, a adoção de medidas de aproximação do *ser* com o *dever* ser. Note-se que a responsabilização em questão difere da responsabilização prevista nos arts. 42 e seguintes da LGPD.[51] Aqui se está a falar de uma "[...] responsabilidade prospectiva (*responsability* em inglês)",[52] que pode ser chamada de responsabilidade de primeiro grau, no sentido de ser responsável pela prática dos atos de proteção de dados pessoais (dever primário). Já a responsabilidade civil, estabelecida nos arts. 42 e seguintes da LGPD, é pretérita (*liability* em inglês), decorrente do descumprimento do dever primário. Trata-se de uma responsabilidade de segunda ordem, portanto. Já a *prestação de contas* conduz à efetiva demonstração das medidas tomadas. Assim, não basta agir de forma oportuna e adequada. É necessário prestar contas, demonstrar – ao titular dos dados, às autoridades judiciária e administrativa – que medidas foram tomadas e qual é a eficiência destas.

É importante ressaltar que, na atualidade, os "[...] princípios atuam sem intermediários, nas condutas a eles pertinentes, plasmando-as e tornando lícitos ou ilícitos os comportamentos que afirmam ou contrariam suas diretrizes de valor".[53] Logo, se o ato praticado for contrário a um dos princípios acima referidos, fará surgir a antijuridicidade, ainda que não exista regra específica proibindo a conduta.

---

[50] BRASIL. *Lei nº 13.709, de 14 de agosto de 2018*. Lei Geral de Proteção de Dados Pessoais (LGPD). Brasília, DF: Presidência da República, 2018. Disponível em: http://www.planalto.gov.br/ccivil_03/_ato2015-2018/2018/lei/L13709.htm. Acesso em 17 ago. 2020.

[51] BRASIL. *Lei nº 13.709, de 14 de agosto de 2018*. Lei Geral de Proteção de Dados Pessoais (LGPD). Brasília, DF: Presidência da República, 2018. Disponível em: http://www.planalto.gov.br/ccivil_03/_ato2015-2018/2018/lei/L13709.htm. Acesso em 17 ago. 2020.

[52] LOUREIRO, José Carlos. Constituição, tecnologia e risco(s): entre medo(s) e esperança(s). *In*: MENDES, Gilmar Ferreira; SARLET, Ingo Wolfgang; COELHO, Alexandre Zavaglia P. *Direito, inovação e tecnologia*. São Paulo: Saraiva, 2015. p. 73.

[53] BRAGA NETTO, Felipe Peixoto. Ilícito civil, esse desconhecido... *In*: DIDIER JÚNIOR, Fredie; EHRHARDT, Marcos (Coord.). *Revisitando a teoria do fato jurídico*: homenagem a Marcos Bernardes de Mello. São Paulo: Saraiva, 2010. p. 184.

O Capítulo III da LGPD é inteiramente dedicado a explicitar os "direitos do titular" de dados. O art. 17 (desse capítulo) dá uma visão panorâmica[54] e parcial da questão, assegurando a titularidade das pessoas relativamente a seus próprios dados pessoais, bem como tratando da garantia dos "[...] direitos fundamentais de liberdade, de intimidade e de privacidade [...]".[55] Apesar da boa intenção do legislador de iniciar o capítulo citando a titularidade e os direitos do titular, é certo que tal dispositivo é passível de críticas. Primeiro, em razão de parecer considerar o regime jurídico da propriedade aos dados pessoais, ao referir-se à titularidade; segundo, por repetir, e de forma meramente parcial, os direitos envolvidos na proteção de dados, o que pode levar ao entendimento de que outros direitos da personalidade não são objeto de proteção.

Por sua vez, o art. 18 do Capítulo III traz um rol exemplificativo dos direitos que o titular de dados pessoais possui e que pode exigir do agente de tratamento de dados. Destacam-se: confirmação da realização de tratamento (inc. I); acesso aos dados pelo titular (inc. II); correção (inc. III); anonimização e apagamento (incs. IV e VI); portabilidade (inc. V); informações sobre uso e compartilhamento (inc. VII); informações ligadas às consequências da negativa de consentimento (inc. VIII); e exercício do direito de revogação do consentimento (inc. IX).[56]

Uma leitura atenta do rol do art. 18 leva ao entendimento de que, na verdade, são ali elencados *remédios jurídicos*, ou seja, instrumentos criados para a tutela dos efetivos direitos dos titulares de dados consagrados anteriormente.[57]

A terceira modalidade de antijuridicidade é o exercício inadmissível das posições jurídicas, na forma positivada no art. 187 do Código Civil. Assim, o exercício do direito de tratar dados pessoais alheios conferido pelo ordenamento jurídico aos agentes de tratamento de dados deve ser exercido de modo adequado, não se admitindo, portanto, que se vá além dos limites criados pela boa-fé, bons costumes e fins econômicos e sociais.[58]

Feita esta breve exposição das principais hipóteses de antijuridicidade ligada à matéria, é importante ressaltar que não se pode fazer uma interpretação meramente exegética dos direitos e deveres relacionados à atividade de tratamento de dados pessoais, no sentido de restringi-los na lei em seu sentido formal, ou seja, oriunda do parlamento, entre outras razões, em especial ante sua clara defasagem legislativa em

---

[54] Para mais dados, leia: SOUZA, Eduardo Nunes de; SILVA, Rodrigo da Guia. Direitos do titular de dados pessoais na Lei 13.709/2018: uma abordagem sistemática. *In*: FRAZÃO, Ana; TEPEDINO, Gustavo; OLIVA, Milena Donato (Coord.). *Lei Geral de Proteção de Dados Pessoais e suas repercussões no direito brasileiro*. São Paulo: Thomson Reuters Brasil, 2019. p. 261.

[55] BRASIL. *Lei nº 13.709, de 14 de agosto de 2018*. Lei Geral de Proteção de Dados Pessoais (LGPD). Brasília, DF: Presidência da República, 2018. Disponível em: http://www.planalto.gov.br/ccivil_03/_ato2015-2018/2018/lei/L13709.htm. Acesso em 17 ago. 2020.

[56] BRASIL. *Lei nº 13.709, de 14 de agosto de 2018*. Lei Geral de Proteção de Dados Pessoais (LGPD). Brasília, DF: Presidência da República, 2018. Disponível em: http://www.planalto.gov.br/ccivil_03/_ato2015-2018/2018/lei/L13709.htm. Acesso em 17 ago. 2020.

[57] SOUZA, Eduardo Nunes de; SILVA, Rodrigo da Guia. Direitos do titular de dados pessoais na Lei 13.709/2018: uma abordagem sistemática. *In*: FRAZÃO, Ana; TEPEDINO, Gustavo; OLIVA, Milena Donato (Coord.). *Lei Geral de Proteção de Dados Pessoais e suas repercussões no direito brasileiro*. São Paulo: Thomson Reuters Brasil, 2019. p. 264.

[58] BRASIL. *Lei nº 10.406, de 10 de janeiro de 2002*. Institui o Código Civil. Brasília, DF: Presidência da República, 2002. Disponível em: http://www.planalto.gov.br/ccivil_03/leis/2002/l10406.htm. Acesso em 15 abr. 2020.

áreas como a proteção de dados pessoais. A assimetria de velocidade entre a tecnologia e o direito, em especial o legislado, já foi anotada por Stefano Rodotà, para quem:

> Tem-se a sensação [de] que cresce a distância entre o mundo velocíssimo da inovação tecnológica e o mundo lentíssimo da proteção sócio-institucional [sic]. Quase a todo momento percebe-se a rápida obsolescência das soluções jurídicas reguladoras de um determinado fenômeno técnico, destinadas a [sic] solução de um problema apenas.[59]

Soma-se a isso o fato de que os fenômenos ligados à digitalização, além de serem velozes, desconhecem qualquer tipo de fronteira, de forma que atingem, de modo muito próximo (além de acelerado), pessoas nos mais diversos países. Pode-se mesmo dizer que há uma simetria fática, porém, também, uma assimetria jurídica, no sentido de que ocorre uma multiplicação de ordens jurídicas de diferentes níveis e que geram efeitos sobre a vida das pessoas, conforme assevera José Rodrigo Rodriguez, ao declarar:

> um usuário da internet sofre os efeitos de uma série de normas produzidas por agências variadas que regulam as diversas dimensões da internet, por exemplo, o funcionamento dos provedores de internet, o registro dos sites, o tipo de conteúdo que pode ser publicado nas redes sociais, e assim por diante.[60]

É certo que o direito emanado de agências, regulamentos internos, contratos, pode representar um grau elevado de "perversão do direito", no sentido de que os atores envolvidos venham a se apropriar deste (direito) de forma não democrática. O contrato firmado entre as partes nesse contexto, por exemplo, pode resultar em um "contrato de dominação".[61] Além disso, "ordens jurídicas técnicas" podem importar na criação de "zonas de autarquia"[62] em que o determinismo tecnológico é mais

---

[59] Rodotá *apud* DONEDA, Danilo Cesar Maganhoto. Considerações iniciais sobre bancos de dados informatizados e o direito à privacidade. *In*: TEPEDINO, Gustavo (Org.). *Problemas de direito civil-constitucional*. Rio de Janeiro: Renovar, 2000. p. 120-121.

[60] RODRIGUEZ, José Rodrigo. *Direito das lutas*: democracia, diversidade, multinormatividade. São Paulo: Liber Ars, 2019. p. 355. Ainda no mesmo sentido, cabe citar Wolfgang Hoffmann-Riem, para quem, nesse âmbito, "[...] a transformação digital se depara com um reajuste já por ela introduzido na relação entre direito estabelecido por privados e pelo Estado, especialmente em consequência de medidas anteriores de desregulação e privatização. Pode-se perceber, em especial, um recuo do direito estabelecido pelo Estado como meio de estruturar situações da vida – e isto não obstante o maior número de regras jurídicas estatais. Particularmente duradouro é – não só, mas também – o deslocamento da responsabilidade para portadores privados nas esferas determinadas pela digitalização, especialmente nas áreas de negócios das grandes empresas de TI que operam no mundo inteiro, como, por exemplo, das chamadas *big five* [cinco grandes]: Alphabet/Google, Facebook, Amazon, Microsoft e Apple. Elas atuam, em grande parte, segundo normas elaboradas por conta própria e, na maioria das vezes, estabelecidas e implementadas unilateralmente, também na medida em que elas atingem terceiros – por exemplo, os usuários de seus serviços" (HOFFMANN-RIEM, Wolfgang. Inteligência artificial como oportunidade para a regulação jurídica. *Direito Público*, Porto Alegre, v. 16, n. 90, p. 11-38, nov./dez. 2019. p. 18. Disponível em: https://www.portaldeperiodicos.idp.edu.br/direitopublico/article/view/3756. Acesso em 1 set. 2020. Grifos no original).

[61] RODRIGUEZ, José Rodrigo. *Direito das lutas*: democracia, diversidade, multinormatividade. São Paulo: Liber Ars, 2019. p. 365.

[62] "Uma zona de autarquia se caracteriza, insisto, nas situações em que não se possa identificar nenhuma justificação racional, nenhum conjunto de regras que organize a fundamentação da decisão tomada. A zona de autarquia é formada por argumentos sob a aparência de direito, mas que, na prática, não permitem o controle da argumentação pela sociedade, uma vez que não possibilitam a reconstrução organizada do raciocínio que serve de fundamento para a decisão ou para as decisões tomadas" (RODRIGUEZ, José Rodrigo. *Direito das lutas*: democracia, diversidade, multinormatividade. São Paulo: Liber Ars, 2019. p. 51).

importante do que a proteção dos valores consagrados pelo direito. Porém, também é certo que algumas limitações impostas ao tratamento de dados – seja em contratos, seja por intermédio de estatutos das empresas multinacionais, seja por meio de normas técnicas a respeito (que busquem evitar ou minimizar possíveis riscos), seja em diplomas internacionais ou mesmo em leis nacionais de outros países – podem ser utilizadas para a configuração da antijuridicidade da conduta. Afinal, "[...] as tecnologias digitais utilizadas, suas infraestruturas e modelos de negócios empregados não tem limites regionais – por exemplo, nacionais – ou só os têm em casos excepcionais",[63] de forma que não faz sentido abdicar da experiência jurídica estrangeira ou técnica para a configuração da antijuridicidade. Obviamente, não se está defendendo aqui a utilização, sem qualquer filtro, a mera transposição de disposições de proteção de dados pessoais constantes de outros diplomas jurídicos. O que se visa é a análise da experiência estrangeira (ou mesmo técnica, ou regulatória em geral), de acordo com os princípios e valores constantes da Constituição da República e da LGPD, a fim de conferir uma maior proteção à pessoa humana, figura central e fundante de todo o ordenamento.[64] Assim, as diversas formas de regulação, além da estatal (autorregulamentação social, autorregulação social, autorregulação social regulada pelo Estado, tecnorregulação, padrões éticos, direito transnacional),[65] devem ser levadas em consideração a fim de que possa haver uma proteção eficiente ao direito fundamental concernente à proteção de dados pessoais, evitando, com isso, por exemplo, estratégias empresariais de fuga de regulação. Nesse sentido, Rafael Peteffi da Silva assevera que se deve ter em conta uma noção de antijuridicidade de aspecto material, que "[...] é observada na infração do ordenamento jurídico compreendido em sua totalidade, englobando os princípios jurídicos, normas consuetudinárias e, segundo alguns, normas de Direito Natural".[66] De fato, dadas as complexidades das relações sociais e do fenômeno jurídico, não se pode divisar a antijuridicidade unicamente no descumprimento de expressa disposição legal, mas até mesmo em decorrência de "[...] choques entre interesses contrapostos, ambos formalmente lícitos, ou nas quais o exercício do direito é realizado contra o seu conteúdo axiológico".[67]

---

[63] HOFFMANN-RIEM, Wolfgang. Inteligência artificial como oportunidade para a regulação jurídica. *Direito Público*, Porto Alegre, v. 16, n. 90, p. 11-38, nov./dez. 2019. p. 27-28. Disponível em: https://www.portaldeperiodicos.idp.edu.br/direitopublico/article/view/3756. Acesso em 1º set. 2020.

[64] Nesse sentido é a lição de Wolfgang Hoffmann-Riem: "As inovações tecnológicas estão geralmente disponíveis em todos os lugares. Em contraste, as inovações sociais devem ser adaptadas às culturas específicas da sociedade a menos que elas tomem em conta os problemas decorrentes das características regionais, locais ou étnicas, devendo ter em consideração as tradições sociais, os valores específicos ou as estruturas sociais estabelecidas" (HOFFMANN-RIEM, Wolfgang. Direito, tecnologia e inovação. *In*: MENDES, Gilmar Ferreira; SARLET, Ingo Wolfgang; COELHO, Alexandre Zavagila P. *Direito, inovação e tecnologia*. São Paulo: Saraiva, 2015. p. 13).

[65] Ver a respeito em: HOFFMANN-RIEM, Wolfgang. Inteligência artificial como oportunidade para a regulação jurídica. *Direito Público*, Porto Alegre, v. 16, n. 90, p. 11-38, nov./dez. 2019. p. 32-38. Disponível em: https://www.portaldeperiodicos.idp.edu.br/direitopublico/article/view/3756. Acesso em 1 set. 2020.

[66] SILVA, Rafael Peteffi da. Antijuridicidade como requisito da responsabilidade civil extracontratual: amplitude conceitual e mecanismos de aferição. *In*: SILVA, Michel Cesar; BRAGA NETO, Felipe Peixoto (Coord.). *Direito privado e contemporaneidade*: desafios e perspectivas do direito privado no século XXI. Indaiatuba: Foco, 2020. p. 101.

[67] SILVA, Rafael Peteffi da. Antijuridicidade como requisito da responsabilidade civil extracontratual: amplitude conceitual e mecanismos de aferição. *In*: SILVA, Michel Cesar; BRAGA NETO, Felipe Peixoto (Coord.). *Direito privado e contemporaneidade*: desafios e perspectivas do direito privado no século XXI. Indaiatuba: Foco, 2020. p. 101.

Uma noção ampla de antijuridicidade que abranja, além da legislação específica de proteção dados, os preceitos constitucionais, em especial a proteção da pessoa humana em todas as suas dimensões existenciais, é condição de possibilidade para a adequada proteção dos dados pessoais na atualidade.

3 A antijuridicidade e o dever de reparar danos

É bastante comum, na doutrina tradicional, o entendimento de que a responsabilidade civil objetiva decorre de atos lícitos, enquanto a responsabilidade civil subjetiva decorre de atos ilícitos, caracterizados pelo descumprimento culposo de deveres de cuidado impostos ao agente. De fato, Orlando Gomes conceitua o ato ilícito como a "[...] ação ou omissão culposa com a qual se infringe, direta e imediatamente, um preceito jurídico de Direito Privado, causando-se dano a outrem".[68] Veja-se que, além da contrariedade ao direito, exige-se culpa e dano para a caraterização de ato ilícito. No mesmo sentido, é a doutrina de Caio Mário da Silva Pereira, a partir de sua obra *Instituições de direito civil: introdução ao direito civil* –[69] e de Washington de Barros Monteiro, em seu *Curso de direito civil: parte geral* –,[70] entre outros. Mesmo entre doutrinadores mais atuais, tal entendimento é corrente,[71] o que também pode ser visto na doutrina portuguesa.[72]

Nesse sentido, tratando especificamente da LGPD, Gisela Sampaio da Cruz Guedes e Rose Melo Vencelau Meireles defendem que foi adotada a responsabilidade civil subjetiva, justamente em razão de exigir, para fins de compensação do dano, a ocorrência de ato ilícito. Assim:

> Se o que se pretende é responsabilizar os agentes, independentemente de culpa de fato, não faz sentido criar deveres a serem seguidos, tampouco responsabilizá-los quando tiverem cumprido perfeitamente todos es[s]es deveres. A lógica da responsabilidade objetiva é outra, completamente diferente: não cabe discutir cumprimento de deveres, porque quando se discute cumprimento de deveres, o que no fundo está sendo analisado é se o agente atuou ou não com culpa.[73]

A inclusão da culpa como requisito do ato ilícito é decorrência, de um lado, da importação da doutrina estrangeira, especialmente a francesa, com seus ensinamentos

---

[68] GOMES, Orlando. *Introdução ao direito civil*. 15. ed. atual. por Humberto Theodoro Júnior. Rio de Janeiro: Forense, 2000. p. 488.
[69] PEREIRA, Caio Mário da Silva. *Instituições de direito civil*: introdução ao direito civil. 18. ed. Rio de Janeiro: Forense, 1995. v. 1. p. 416-418.
[70] MONTEIRO, Washington de Barros. *Curso de direito civil*: parte geral. 33. ed. São Paulo: Saraiva, 1995. v. 1. p. 274-276.
[71] *Vide*: AMARAL, Francisco. *Direito civil*: introdução. 5. ed. Rio de Janeiro: Renovar, 2003. p. 549; STOCO, Rui. Responsabilidade civil pela prática de atos lícitos. *In*: NERY JÚNIOR, Nelson; NERY, Rosa Maria de Andrade (Org.). *Doutrinas essenciais*: responsabilidade civil. São Paulo: Revista dos Tribunais, 2010. v. 1. p. 609.
[72] "A ilicitude representa uma qualificação fundamental. Mas não se basta com a mera desconformidade à lei. Supõe uma posição subjetiva do agente, negativamente valorada pela ordem jurídica. Essa posição traduz no dolo ou na negligência" (ASCENSÃO, José de Oliveira. *O direito*: introdução e teoria geral. 2. ed. Rio de Janeiro: Renovar, 2001. p. 70).
[73] GUEDES, Gisela Sampaio da Cruz; MEIRELES, Rose Melo Vencelau. Término do tratamento de dados. *In*: FRAZÃO, Ana; TEPEDINO, Gustavo; OLIVA, Milena Donato (Coord.). *Lei Geral de Proteção de Dados Pessoais e suas repercussões no direito brasileiro*. São Paulo: Thomson Reuters Brasil, 2019. p. 231.

a respeito do conceito de *faute* para fins de responsabilização,[74] e de outro, do fato de que o Código Civil de 1916, na inadequada redação do art. 159, permitia a intepretação de que a culpa era requisito de todo e qualquer ato ilícito e não somente do ato ilícito indenizatório culposo.[75] Clóvis Bevilaqua já se manifestava a respeito do equívoco de tal visão, o que foi resultado do trâmite legislativo do Código Civil de 1916:

> No *Projeto Primitivo*, o ato ilícito aparecia somente como causa geradora de obrigações no livro respectivo. A Comissão Revisora destacou-o, porém, na parte geral, sem atender a que lhe faltava para isso a necessária amplitude conceitual, e alterando, assim, o sistema do Projeto. Alteração mais profunda proveio da emenda do Senado, que introduziu no conceito do ato ilícito a menção da culpa, estranha ao projeto primitivo e que a Câmara não julgara necessário acrescentar ao dispositivo.[76] (Grifos no original)

Note-se, portanto, que o deslocamento temerário do dispositivo acerca do ato ilícito para a parte geral do Código Civil de 1916, bem como a inclusão da culpa como seu requisito, somado ao exegetismo dominante à época, acabou por fazer com que boa parte da doutrina passasse a entender que somente o ato culposo pode(ria) ser considerado ilícito.[77] E eram desnecessárias maiores indagações a respeito, já que a previsão legal no tocante ao ato ilícito somente era voltada à responsabilidade civil,[78] e toda a sistemática desta, presente no Código Civil de 1916, era baseada na culpa. "Em outras palavras: para a perspectiva tradicional[,] a ilicitude, para além de restar confundida com a culpa, era verdadeiramente construída, conceitualmente, a partir do seu efeito mais corriqueiro e geral, qual seja a obrigação de indenizar por dano ao patrimônio".[79]

---

[74] "No direito francês, o codificador cogitou da *faute*, figura cuja dificuldade de tradução em estudos comparatistas tornou-se quase lendária, já que congrega não apenas o aspecto culposo (que já se depreende da semântica coloquial do termo) como também a própria conduta de descumprimento de um dever jurídico pre-existente [sic]" (SOUZA, Eduardo Nunes de. Em defesa do nexo causal: culpa, imputação e causalidade na responsabilidade civil. In: SOUZA, Eduardo Nunes de; SILVA, Rodrigo da Guia (Coord.). *Controvérsias atuais em responsabilidade civil*: estudos de direito civil-constitucional. São Paulo: Almedina, 2018. p. 44).

[75] BRASIL. *Lei nº 3.071, de 1º de janeiro de 1916*. Código Civil dos Estados Unidos do Brasil. Rio de Janeiro: Presidência da República, 1916. Disponível em: http://www.planalto.gov.br/ccivil_03/leis/l3071.htm. Acesso em 17 ago. 2020.

[76] BEVILAQUA, Clóvis. *Código Civil dos Estados Unidos do Brasil comentado*. 12. ed. atual. por Achilles Bevilaqua e Isaias Bevilaqua. Rio de Janeiro: Editora Paulo de Azevedo Ltda., 1959. v. 1. p. 343.

[77] Pode-se ver claramente uma visão kelseniana do direito, no sentido de que somente há ato ilícito quando o ordenamento previr uma sanção: "Se o Direito é concebido como ordem coercitiva, uma conduta somente pode ser considerada como objetivamente prescrita pelo Direito e, portanto, como conteúdo de um dever jurídico, se uma norma jurídica liga a conduta oposta um ato coercitivo como sanção" (KELSEN, Hans. *Teoria pura do direito*. Tradução de João Baptista Machado. 8. ed. São Paulo: WMF Martins Fontes, 2009. p. 129).

[78] "Na concepção que chamaremos, por brevidade, de clássica, o ilícito é pensado e tratado, sempre e sem exceção, como um apêndice da responsabilidade civil. Não haveria, para os que perfilham semelhante concepção, razão maior para diferenciação, porquanto, segundo raciocinam, o ilícito produz sempre, como eficácia, a responsabilidade civil, de modo que estudando essa estaremos, com vantagem, estudando aquele, ainda que nem toda responsabilidade civil advenha de atos ilícitos" (BRAGA NETTO, Felipe Peixoto. *Teoria dos ilícitos civis*. 2. ed. Salvador: JusPodivm, 2014. p. 32).

[79] MARTINS-COSTA, Judith. Os avatares do abuso do direito e o rumo indicado pela boa-fé. *Ulisboa – Universidade de Lisboa*, p. 1-43, [2014]. p. 12. Disponível em: http://www.fd.ulisboa.pt/wp-content/uploads/2014/12/Costa-Judith-Os-avatares-do-Abuso-do-direito-e-o-rumo-indicado-pela-Boa-Fe.pdf. Acesso em 19 ago. 2020.

Logo, a partir de uma visão simplificadora e reducionista, claramente ligada aos valores do Estado e do direto liberal,[80] somente se considerava *ato ilícito* o ato culposo e danoso.[81]

A culpa é, inegavelmente, a categoria nuclear da responsabilidade civil concebida pelos juristas da Modernidade. A ideologia liberal e individualista, então dominante, impunha a construção de um sistema de responsabilidade que se fundasse no mau uso da liberdade individual, justificado, des[s]a forma, a concessão de um amplo espaço à atuação dos particulares. Responsabilidade e liberdade passam, assim, a ser noções intimamente vinculadas, uma servindo de fundamento a [sic] outra.[82]

Considerados os fatos dessa forma, a culpa e, consequentemente, a responsabilidade civil subjetiva funcionariam como "o penhor da liberdade".[83]

Essa "hipertrofia da culpa" ou "primado da culpa"[84] acabou por fazer com que a doutrina, ao tratar da responsabilidade objetiva, passasse a sustentar, por vezes, que a responsabilidade civil objetiva não pressupunha a ocorrência de ato ilícito, o que não é totalmente correto. Essa (a responsabilidade civil objetiva) não exige a ocorrência de culpa, porém pode decorrer de atos ilícitos (regra geral) ou de atos lícitos (exceção), chamada de responsabilidade pelo sacrifício.[85]

O regime de reponsabilidade baseado exclusivamente na culpa passou por transformações importantes no decorrer do século XX, em razão de sua clara insuficiência, já que as "[...] novas situações exigem novo modo de equacionar o problema".[86]

Na verdade, o entendimento clássico resta superado por três fundamentos em especial, a saber: (i) a culpa não é elemento necessário de antijuridicidade; (ii) a atenção do direito, visando à proteção da pessoa, deslocou-se da conduta para o dano; (iii) o Código Civil de 2002 desfez o erro existente no Código Civil de 1916.

Tratando do primeiro argumento, é certo que o entendimento de que somente há antijuridicidade (ou ato ilícito) quando constatada a existência de culpa é reducionista, pois limita o fenômeno total à sua parte mais evidente, ou seja, confunde o ilícito (gênero) com uma de suas espécies (ilícito subjetivo).

A antijuridicidade é a contrariedade da ação ou omissão ao direito. Dá-se quando um fato não é admitido pelo ordenamento. Sua análise é objetiva, independente da

---

[80] MARINONI, Luiz Guilherme. *Tutela específica*: arts. 461, CPC e 84, CDC. São Paulo: Revista dos Tribunais, 2000. p. 20.
[81] Isso foi repetido, em grande medida, no Código Civil de 2002, como se percebe do disposto em seu art. 189 (BRASIL. *Lei nº 10.406, de 10 de janeiro de 2002*. Institui o Código Civil. Brasília, DF: Presidência da República, 2002. Disponível em: http://www.planalto.gov.br/ccivil_03/leis/2002/l10406.htm. Acesso em 15 abr. 2020).
[82] SCHREIBER, Anderson. *Novos paradigmas da responsabilidade civil*: da erosão dos filtros da reparação à diluição dos danos. São Paulo: Atlas, 2007. p. 12.
[83] USTÁRROZ, Daniel. *Responsabilidade civil por ato lícito*. São Paulo: Atlas, 2014. p. 88.
[84] FRANÇA, Rubens Limongi. As raízes da responsabilidade civil aquiliana. In: NERY JÚNIOR, Nelson; NERY, Rosa Maria Andrade (Org.). *Doutrinas essenciais*: responsabilidade civil. São Paulo: Revista dos Tribunais, 2010. v. 1. p. 267.
[85] Ver a respeito em: USTÁRROZ, Daniel. *Responsabilidade civil por ato lícito*. São Paulo: Atlas, 2014.
[86] GOMES, Orlando. A evolução do direito privado e o atraso da técnica jurídica. *Revista de Direito GV*, v. 1, n. 1, p. 121-134, maio 2005. p. 129. Disponível em: http://bibliotecadigital.fgv.br/ojs/index.php/revdireitogv/article/view/35268. Acesso em 18 ago. 2020. (Trata-se de texto originalmente publicado em 1955, na obra *A crise do direito*.)

intenção ou da conduta do agente. Segundo Fernando Noronha, "[a]ntijurídicos, ou injurídicos, são os fatos que se colocam em contradição com o ordenamento, deste modo afetando negativamente quaisquer situações que eram juridicamente tuteladas".[87] Prescinde de "[...] qualquer juízo de censura que porventura também possa estar presente e ser referido a alguém".[88]

Ora, "*ilícito*, na acepção original da palavra, é qualquer comportamento contrário ao Direito (o que inclui o descumprimento de qualquer dever jurídico ou vedação normativa)"[89] (grifos no original). A respeito disso, esclarecedora é a lição de Pontes de Miranda:

> A explicação de que se tornaram não-contrários (sic) a direito, porque se lhes excluiu a contrariedade a direito, assimila-os às espécies de pré-exclusão da contrariedade, quando, em verdade, só se pré-dispensou a culpa. Foi ao elemento culpa, elemento do suporte fático, que se fez ablação, e não ao elemento contrariedade a direito. À contrariedade a direito não é essencial juntar-se a culpa; há ato contrário a direito sem culpa [...].[90]

A culpa, quando legalmente exigida, é pressuposto de aplicação da sanção (no caso da responsabilidade civil subjetiva, do dever jurídico sucessivo de reparar os danos). Não é integrante da antijuridicidade em si, "[...] não comparticipa da ontologia do ilícito, em direito civil",[91] que pode existir independente dela. Essa distinção é importante não só para a questão do dever de reparar os danos (tutela pelo equivalente pecuniário), como também para situações de tutela inibitória ou de remoção do ilícito.

Talvez alguns exemplos ajudem a esclarecer a questão. Um determinado fornecedor, por razões desconhecidas, está colocando no mercado de consumo produtos defeituosos que têm o potencial de lesar a saúde e a segurança dos consumidores. Tal conduta, caso ocorram danos aos consumidores, dá ensejo à reparação, na forma do art. 12 do CDC.[92] Contudo, independentemente da existência de culpa e ocorrência de dano, dúvida não há de que a venda de produtos defeituosos importa em antijuridicidade. Tanto é assim que será possível a obtenção de tutela inibitória ou de remoção do ilícito, na forma do art. 84 do CDC,[93] a fim de que seja suspensa a venda de tais produtos.

---

[87] NORONHA, Fernando. *Direito das obrigações*: fundamentos do direito das obrigações: introdução à responsabilidade civil. São Paulo: Saraiva, 2003. v. 1. p. 347.

[88] NORONHA, Fernando. *Direito das obrigações*: fundamentos do direito das obrigações: introdução à responsabilidade civil. São Paulo: Saraiva, 2003. v. 1. p. 470.

[89] SOUZA, Eduardo Nunes de. Em defesa do nexo causal: culpa, imputação e causalidade na responsabilidade civil. *In*: SOUZA, Eduardo Nunes de; SILVA, Rodrigo da Guia (Coord.). *Controvérsias atuais em responsabilidade civil*: estudos de direito civil-constitucional. São Paulo: Almedina, 2018. p. 44.

[90] MIRANDA, Francisco Cavalcanti Pontes de. *Tratado de direito privado*. 2. ed. Rio de Janeiro: Borsoi, 1954. t. II. p. 197.

[91] BRAGA NETTO, Felipe Peixoto. Ilícito civil, esse desconhecido... *In*: DIDIER JÚNIOR, Fredie; EHRHARDT, Marcos (Coord.). *Revisitando a teoria do fato jurídico*: homenagem a Marcos Bernardes de Mello. São Paulo: Saraiva, 2010. p. 200.

[92] BRASIL. *Lei nº 8.078, de 11 de setembro de 1990*. Dispõe sobre a proteção do consumidor e dá outras providências. Brasília, DF: Presidência da República, 1990. Disponível em: http://www.planalto.gov.br/ccivil_03/leis/l8078compilado.htm. Acesso em 30 abr. 2020.

[93] BRASIL. *Lei nº 8.078, de 11 de setembro de 1990*. Dispõe sobre a proteção do consumidor e dá outras providências. Brasília, DF: Presidência da República, 1990. Disponível em: http://www.planalto.gov.br/ccivil_03/leis/l8078compilado.htm. Acesso em 30 abr. 2020.

A mesma ação ocorre(rá) em relação a produtos defeituosos, ainda que não sujeitos ao CDC, já que é dever do vendedor fazer boa a coisa. O descumprimento desse dever, por si só, é antijurídico. Inclusive, o Código Civil, ao tratar dos vícios redibitórios nos arts. 441 a 446, estabelece que o vendedor é responsável por tais vícios sem cogitar da existência de culpa, mencionando somente que deverá indenizar as perdas decorrentes se conhecia o vício ou defeito existente na coisa; se não conhecia, somente está obrigado a restituir o valor recebido e as despesas do contrato (art. 443).[94] Nessa hipótese, se se levar em conta a lição clássica, a consequência óbvia seria no sentido de que somente ocorreria ato ilícito no caso de haver efetivo conhecimento do vício por parte do vendedor, afastando-se a ilicitude diante da ausência de conhecimento, o que tornaria sem qualquer justificativa ou fundamento o direito de o comprador devolver o produto, receber o valor pago e as despesas do contrato, ou o abatimento do equivalente. Obviamente, o direito do comprador de devolver o objeto, receber o valor pago e as despesas do contrato, mesmo quando desconhecido o vício pelo vendedor, decorre da prática de ato antijurídico. Isso também se dá em relação à evicção, em que a antijuridicidade decorre do descumprimento do dever de garantia por parte do alienante.

Da mesma forma, ainda a título de exemplificação, se dá no direito ambiental. Na hipótese de uma empresa produzir poluição acima dos limites previstos legalmente, configurada estará a antijuridicidade, independentemente de qualquer indagação a respeito da culpa da empresa ou de seus dirigentes. E a antijuridicidade poderá ser objeto de tutela inibitória ou mandamental, a fim de que cesse.

Nesses exemplos – venda de produtos defeituosos ou com vícios redibitórios e prática de poluição acima dos níveis admitidos –, como se pode averiguar, não há dúvida de que o ato em si é antijurídico, haja ou não culpa. Afinal, como seria possível defender que tais atos são lícitos ao mesmo tempo em que podem ser obstados judicialmente? "A rigor, ilícita é a conduta contrária à legalidade no direito privado, isto é, a conduta antijurídica; a produção de dano e a existência de culpa são relevantes para o surgimento do dever de indenizar, mas não para a configuração da ilicitude em sentido amplo".[95]

Logo, a antijuridicidade se dá quando um ato ou fato é contrário ao ordenamento jurídico. A culpa, quando exigida por lei, é pressuposto de aplicação da sanção, mas não (é) integrante da antijuridicidade.

Quanto ao segundo fundamento, Manuel Atienza e Juan Ruiz Manero afirmam que é possível pensar na ocorrência de ato ilícito ante uma "ação em sentido amplo" (conduta omissa ou comissiva) "[...] suscetível de ser qualificada deonticamente como obrigatória, proibida", mas também como "[...] consequência de ações ou omissões, quando essa consequência está deonticamente qualificada".[96]

Classicamente, no direito civil, o juízo de verificação da ocorrência do ato ilícito centrava-se na ação ou omissão do agente. Contudo, um movimento muito claro em matéria de responsabilidade civil consistiu (e ainda consiste) em deslocar a atenção, o

---

[94] BRASIL. *Lei nº 10.406, de 10 de janeiro de 2002*. Institui o Código Civil. Brasília, DF: Presidência da República, 2002. Disponível em: http://www.planalto.gov.br/ccivil_03/leis/2002/l10406.htm. Acesso em 15 abr. 2020.

[95] SOUZA, Eduardo Nunes de. Em defesa do nexo causal: culpa, imputação e causalidade na responsabilidade civil. *In*: SOUZA, Eduardo Nunes de; SILVA, Rodrigo da Guia (Coord.). *Controvérsias atuais em responsabilidade civil*: estudos de direito civil-constitucional. São Paulo: Almedina, 2018. p. 46.

[96] ATIENZA, Manuel; RUIZ MANERO, Juan. *Ilícitos atípicos*: sobre o abuso de direito, fraude à lei e desvio de poder. Tradução de Janaina Roland Matida. São Paulo: Marcial Pons, 2014. p. 24.

objeto de análise, da conduta para o *resultado da conduta* ou das condutas relevantes. Orlando Gomes chamou de "giro conceitual" o que definiu como uma mudança de foco do *ato ilícito* para o *dano injusto*, o que importaria em noção "mais ampla e mais social".[97] A influência é claramente italiana, dada a disposição do art. 2.043 do *Codice Civile* de 1942.[98] Assevera Fernando Noronha, acerca disso, que, na "[...] Itália, a generalidade da doutrina e da jurisprudência entende que *danno ingiusto* é aquele resultante de uma conduta *sine jure* e *contra jus*"[99] (grifos no original).

Mafalda Miranda Barbosa, após ressaltar que a doutrina da ilicitude do resultado "[...] contenta-se com a violação do direito ou bem jurídico para a afirmação, ou pelo menos indiciação da ilicitude",[100] assevera que, no ordenamento jurídico português, há clara inclinação na admissão da teoria da ilicitude do resultado, o que melhor se adequa ao "[...] modelo bipartido entre a ilicitude e a culpa"[101] e permite a entrada em cena de "[...] uma ideia de imputação objetiva a partir da qual cada um responde por determinadas consequências de sua conduta",[102] especialmente em se tratando de direitos absolutos, o "[...] último reduto de afirmação da pessoalidade", de forma que, o "[...] agente lesivo, com sua atuação, pretere princípios fundamentais da juridicidade".[103]

Dessa forma, o objeto de análise é deslocado da atuação do agente para resultado contrário à ordem jurídica, o chamado *dano evento*. Passa-se da ideia de punição ou sanção do ofensor, própria do direito penal, para a "reparação da vítima injustamente lesada",[104] muito mais ligada ao direito de danos. Conforme assinala Marcos Catalan, é "[...] sobre o dano [...] que a responsabilidade civil deve ser pensada",[105] o que permite, com maior facilidade, promover a proteção da pessoa humana.

Essa ressignificação (também) foi captada pelo Código Civil argentino de 2014, ao estabelecer que é antijurídica qualquer ação ou omissão que cause danos sem que exista uma causa de justificação.[106] Anderson Schreiber ressalta que essa mudança de foco, da

---

[97] GOMES, Orlando. Tendências modernas na teoria da responsabilidade civil. *In*: DI FRANCESCO, José Roberto Pacheco (Org.). *Estudos em homenagem ao professor Silvio Rodrigues*. São Paulo: Saraiva, 1989. p. 295.

[98] "*Art. 2043 Compensação por delito civil* Qualquer ato doloso ou negligente, que cause danos injustos a terceiros, obriga a pessoa que cometeu o ato a ressarcir o dano [...]" (tradução nossa). Texto original: "*Art. 2043 Risarcimento per fatto illecito* Qualunque fatto doloso o colposo, che cagiona ad altri un danno ingiusto, obbliga colui che ha commesso il fatto a risarcire il danno [...]" (ITÁLIA. Codice Civile. Regio Decreto 16 marzo 1942, n. 262 – Approvazione del testo del Codice Civile. *Gazzetta Ufficiale*, n. 79, 4 aprile 1942. Disponível em: http://www.rcscuola.it/disciplina/ccivile.pdf. Acesso em 17 ago. 2020).

[99] NORONHA, Fernando. *Direito das obrigações*: fundamentos do direito das obrigações: introdução à responsabilidade civil. São Paulo: Saraiva, 2003. v. 1. p. 471.

[100] BARBOSA, Mafalda Miranda. Entre a ilicitude e o dano. *In*: BARBOSA, Mafalda Miranda; ROSENVALD, Nelson; MUNIZ, Francisco (Coord.). *Desafios da nova responsabilidade civil*. São Paulo: JusPodivm, 2019. p. 234.

[101] BARBOSA, Mafalda Miranda. Entre a ilicitude e o dano. *In*: BARBOSA, Mafalda Miranda; ROSENVALD, Nelson; MUNIZ, Francisco (Coord.). *Desafios da nova responsabilidade civil*. São Paulo: JusPodivm, 2019. p. 236.

[102] BARBOSA, Mafalda Miranda. Entre a ilicitude e o dano. *In*: BARBOSA, Mafalda Miranda; ROSENVALD, Nelson; MUNIZ, Francisco (Coord.). *Desafios da nova responsabilidade civil*. São Paulo: JusPodivm, 2019. p. 237.

[103] BARBOSA, Mafalda Miranda. Entre a ilicitude e o dano. *In*: BARBOSA, Mafalda Miranda; ROSENVALD, Nelson; MUNIZ, Francisco (Coord.). *Desafios da nova responsabilidade civil*. São Paulo: JusPodivm, 2019. p. 238.

[104] MORAES, Maria Celina Bodin de. Risco, solidariedade e responsabilidade objetiva. *Revista dos Tribunais*, São Paulo, ano 95, v. 854, p. 11-37, dez. 2006. p. 19.

[105] CATALAN, Marcos. *A morte da culpa na responsabilidade contratual*. 2. ed. Indaiatuba: Foco, 2019. p. 119.

[106] "ARTIGO 1717.- Antijuricidade. Qualquer ação ou omissão que cause dano a outro é antijurídica se não for justificada" (tradução nossa). Texto original: "ARTÍCULO 1717.- Antijuricidad. Cualquier acción u omisión que causa un daño a otro es antijurídica si no está justificada" (ARGENTINA. *Ley n. 26.994/2014*. Código Civil y Comercial de la Nación. Apruebael nuevo Código Civil y Comercial de la Nación. SITEAL – Sistema de

causa para o resultado, deve ser pensada especialmente em sede de responsabilidade civil objetiva:

> Verifica-se uma crescente conscientização de que a responsabilidade objetiva consiste em uma responsabilização não pela causa (conduta negligente, conduta criadora de risco etc.), mas pelo resultado (dano), distanciando-se, por conseguinte, de considerações centradas sobre a socialização dos riscos, para desaguar em uma discussão mais finalística sobre a socialização das perdas.[107]

De fato, a importância excessiva à conduta em detrimento das consequências dela decorrentes está muito mais ligada a uma sociedade pré-industrial, em que danos eram decorrentes de acontecimentos extraordinários, verdadeiros desvios de condutas que, como tais, deveriam ser objeto de punições (em sentido amplo).

O acidente, como emerge da sociedade industrial, tem características que impedem de interpretá-lo nos significados anteriores de acaso ou providência. O conceito obedece a um tipo de objetividade específica e decorre do curso natural das atividades coletivas, e não de acontecimentos excepcionais ou extraordinários. O evento danoso deixa, pois, de ser considerado uma fatalidade e passa a ser tido como fenômeno "normal", estatisticamente calculável. De fato, é na organização coletiva – e devido mesmo a esta organização – que, com regularidade, como demonstram as estatísticas, danos ocorrem para os indivíduos: nenhuma causa, nem transcendente nem pessoal, pode disso dar conta. Trata-se, simplesmente, de danos que "devem acontecer".[108]

De fato, não há dúvida de que, na atualidade, especialmente tendo em conta a centralidade da pessoa no ordenamento jurídico, o foco do direito civil deve deslocar-se da conduta do agente para o dano. Isso não só em relação ao dano já efetivado, momento em que se deve criar instrumentos para a adequada reparação, mas também relativamente ao dano potencial, com estabelecimento de deveres de prevenção e precaução.[109] Assim, a simples ocorrência de um dano será considerada antijurídica, sem qualquer indagação a respeito da culpa. Obviamente, havendo hipóteses de justificação, a antijuridicidade será afastada.

Ainda que pareçam inafastáveis as considerações acima a respeito da dissociação entre ilícito/antijuridicidade e culpa, a doutrina jurídica nacional, em sua maioria, ainda defendia o contrário. Contudo, após o Código Civil de 2002, esse entendimento não pode/não pôde subsistir, mesmo em uma interpretação mais exegética. Isso em razão de que esse Código permitiu uma melhor compreensão acerca da antijuridicidade

---

Información de Tendencias Educativas en America Latina. Autor Institucional. Poder Legislativo. Ministerio de Economia y Finanzas Públicas, 08 de agosto de 2018. 275 p. Disponível em: https://www.siteal.iiep.unesco.org/sites/default/files/sit_accion_files/siteal_argentina_0837.pdf. Acesso em 17 ago. 2020).

[107] SCHREIBER, Anderson. *Novos paradigmas da responsabilidade civil*: da erosão dos filtros da reparação à diluição dos danos. São Paulo: Atlas, 2007. p. 28.

[108] MORAES, Maria Celina Bodin de. Risco, solidariedade e responsabilidade objetiva. *Revista dos Tribunais*, São Paulo, ano 95, v. 854, p. 11-37, dez. 2006. p. 17.

[109] A respeito disso, consultar: BUSATTA, Eduardo Luiz. Do dever de prevenção em matéria de proteção de dados pessoais. In: EHRHARDT JÚNIOR, Marcos; CATALAN, Marcos; MALHEIROS, Pablo (Coord.). *Direito civil e tecnologia*. Belo Horizonte: Fórum, 2020. p. 25-56.

(aqui, já tratando do terceiro argumento relativo à superação do entendimento clássico concernente à relação ilícito/antijuridicidade e culpa), ainda que a redação do art. 186 seja de todo criticável.[110] A sistemática por ele adotada deixa claro que inexiste conexão necessária entre antijuridicidade e culpa.

Isso em razão, especialmente, da construção legislativa a respeito do abuso de direito (leia-se, exercício inadmissível das posições jurídicas) realizada via art. 187. De fato, tal dispositivo estabelece: "Também *comete ato ilícito* o titular de um direito que, ao exercê-lo, excede manifestamente os limites impostos pelo seu fim econômico ou social, pela boa-fé ou pelos bons costumes" (grifos nossos).[111] Soma-se a essa indicação o contido no art. 927, que estabelece: "Aquele que, por ato ilícito (arts. 186 e 187), causar dano a outrem, fica obrigado a repará-lo".[112]

À medida que o art. 187 não faz qualquer menção à culpa como requisito do abuso de direito, é inafastável que o Código Civil consagrou a figura do abuso de direito em sua forma objetiva,[113] ou seja, que somente tem em conta o exercício do direito além das finalidades para o qual foi criado. E foi bastante claro no sentido de que também na hipótese de abuso de direito se está diante de ato ilícito.[114]

Assim, fato é que restou claramente positivada uma espécie de ato ilícito que prescindia da culpa para sua configuração.

Já pertinente ao campo contratual, o descumprimento da obrigação por parte do devedor importa em ilícito (o chamado ilícito relativo), conforme se extrai dos arts. 389 e 395. E o entendimento dominante nessa área é que não se discute a existência de culpa,[115] sendo a responsabilidade objetiva somente afastada na hipótese de caso fortuito ou de força maior, na forma do art. 393, hipóteses de exclusão do nexo de causalidade e não do ato ilícito ou mesmo da culpa (ainda que em sentido presumido). Soma-se a isso o analisado *supra* a respeito dos vícios redibitórios e da evicção.[116]

Nessa medida, após o Código Civil de 2002, "[...] ilicitude e culpabilidade não se confundem".[117] Logo, além do tradicional ato ilícito culposo, é imprescindível

---

[110] BRASIL. *Lei nº 10.406, de 10 de janeiro de 2002*. Institui o Código Civil. Brasília, DF: Presidência da República, 2002. Disponível em: http://www.planalto.gov.br/ccivil_03/leis/2002/l10406.htm. Acesso em 15 abr. 2020.

[111] BRASIL. *Lei nº 10.406, de 10 de janeiro de 2002*. Institui o Código Civil. Brasília, DF: Presidência da República, 2002. Disponível em: http://www.planalto.gov.br/ccivil_03/leis/2002/l10406.htm. Acesso em 15 abr. 2020.

[112] BRASIL. *Lei nº 10.406, de 10 de janeiro de 2002*. Institui o Código Civil. Brasília, DF: Presidência da República, 2002. Disponível em: http://www.planalto.gov.br/ccivil_03/leis/2002/l10406.htm. Acesso em 15 abr. 2020.

[113] Sobre isso, consultar: MARTINS-COSTA, Judith. Os avatares do abuso do direito e o rumo indicado pela boa-fé. *Ulisboa – Universidade de Lisboa*, p. 1-43, [2014], *passim*. Disponível em: http://www.fd.ulisboa.pt/wp-content/uploads/2014/12/Costa-Judith-Os-avatares-do-Abuso-do-direito-e-o-rumo-indicado-pela-Boa-Fe.pdf. Acesso em 19 ago. 2020; TARTUCE, Flávio. *Manual de responsabilidade civil*. Rio de Janeiro: Forense, 2018. p. 75.

[114] É importante ressaltar que, tamanho era o apego da doutrina à culpa como integrante do ato ilícito, que tal qualificação foi criticada, pois seria apta a permitir que o abuso de direito fosse contaminado pelo subjetivismo. Nesse sentido: "A concepção do abuso de direito como espécie de ato ilícito, permita-se insistir, além de obscurecer seus contornos, caminha no sentido da responsabilidade subjetiva, sendo a culpa elemento quase indissociável do conceito de ilicitude" (CARPENA, Heloisa. O abuso de direito no Código de 2002: relativização de direitos na ótica civil-constitucional. *In*: TEPEDINO, Gustavo (Coord.). *A parte geral do novo Código Civil*: estudos na perspectiva civil-constitucional. Rio de Janeiro: Renovar, 2002. p. 382).

[115] Para um maior aprofundamento, consultar: CATALAN, Marcos. *A morte da culpa na responsabilidade contratual*. 2. ed. Indaiatuba: Foco, 2019, *passim*.

[116] BRASIL. *Lei nº 10.406, de 10 de janeiro de 2002*. Institui o Código Civil. Brasília, DF: Presidência da República, 2002. Disponível em: http://www.planalto.gov.br/ccivil_03/leis/2002/l10406.htm. Acesso em 15 abr. 2020.

[117] BORJES, Isabel Cristina Porto; GOMES, Taís Ferraz; ENGELMANN, Wilson. *Responsabilidade civil e nanotecnologias*. São Paulo: Atlas, 2014. p. 40.

admitir a existência do ato ilícito decorrente do descumprimento do dever de conduta, independentemente da existência de dolo ou culpa, o qual Judith Martins-Costa designa de ilícito objetivo, caracterizado

> pelo desvio ou pela contrariedade à norma de dever-ser imposta pelo Ordenamento, compreendido [...] como o conjunto de princípios e regras derivadas das quatro fontes de normatividade [o processo legislativo; a jurisdição; os usos e costumes jurídicos, e; a fonte negocial (expressão da autonomia da vontade)] e destinadas, em última instância, a assegurar a coexistência de liberdades.[118]

É importante ressaltar que não há razões para sustentar que somente na hipótese de abuso de direito se admite o ilícito objetivo, já que o Código Civil, em momento algum, traz, de forma expressa ou implícita, tal restrição. Ademais, seria contraditório admitir que, no caso de abuso de direito, ilícito atípico[119] e, em tese, menos flagrante, a culpa fosse desnecessária e, em todas as demais hipóteses de ilícito típico, portanto, mais diretas, seria a culpa integrante do núcleo do ato ilícito. Assim, mesmo os espíritos mais próximos ao exegetismo devem entender que a culpa não é elemento integrante e indissociável do ato ilícito.

Em conclusão, é certo que o direito civil brasileiro evoluiu consideravelmente, deixando para trás a centralidade da culpa em relação à antijuridicidade e o dever de reparar danos, passando, com isso, a ser muito mais adequado à tutela da pessoa humana.

4 Conclusão

Ao exigir "violação à legislação de proteção de dados pessoais" como requisito da pretensão indenizatória (art. 42), a LGPD reconhece expressamente a necessidade de antijuridicidade para que o dever de reparar seja imposto ao agente de tratamento de dados pessoais.

Muitas são as possibilidades de antijuridicidade na área de proteção de dados pessoais, ante os direitos personalíssimos envolvidos e as diversas disposições de proteção dos interesses do titular. Contudo, o juízo de antijuridicidade não deve ser formal e estático, mas sim abrangente e dinâmico, para ir além da legislação específica de proteção dados, alcançando os preceitos constitucionais e os valores fundantes do direito brasileiro. Inclusive, é necessária uma visão multinormativista e policêntrica, a fim de admitir que ordens jurídicas técnicas, contratuais, internacionais sejam utilizadas, mediante filtragem constitucional, no desvelamento da antijuridicidade.

A noção de antijuridicidade, nessa perspectiva, sofreu profunda alteração no direito civil brasileiro, de forma que resta superado o entendimento de que culpa é elemento necessário. Com isso, o direito voltou sua atenção à vítima, deixando de se preocupar, no campo da responsabilidade civil, com a punição do ofensor.

---

[118] MARTINS-COSTA, Judith. Os avatares do abuso do direito e o rumo indicado pela boa-fé. *Ulisboa – Universidade de Lisboa*, p. 1-43, [2014]. p. 16. Disponível em: http://www.fd.ulisboa.pt/wp-content/uploads/2014/12/Costa-Judith-Os-avatares-do-Abuso-do-direito-e-o-rumo-indicado-pela-Boa-Fe.pdf. Acesso em 19 ago. 2020.

[119] ATIENZA, Manuel; RUIZ MANERO, Juan. *Ilícitos atípicos*: sobre o abuso de direito, fraude à lei e desvio de poder. Tradução de Janaina Roland Matida. São Paulo: Marcial Pons, 2014. p. 25-30.

Assim, é certo que a maioria das hipóteses de responsabilidade civil objetiva decorre de atos antijurídicos. Logo, o entendimento de que a LGPD adotou o regime de responsabilidade civil subjetiva simplesmente por exigir a antijuridicidade para o surgimento do dever de reparar os danos não se mostra correto.

Referências

AMARAL, Francisco. *Direito civil*: introdução. 5. ed. Rio de Janeiro: Renovar, 2003.

ARGENTINA. *Ley n. 26.994/2014*. Código Civil y Comercial de la Nación. Aprueba el nuevo Código Civil y Comercial de la Nación. SITEAL – Sistema de Información de Tendencias Educativas en America Latina. Autor Institucional. Poder Legislativo. Ministerio de Economia y Finanzas Públicas, 08 de agosto de 2018. 275 p. Disponível em: https://www.siteal.iiep.unesco.org/sites/default/files/sit_accion_files/siteal_argentina_0837.pdf. Acesso em 17 ago. 2020.

ASCENSÃO, José de Oliveira. *O direito*: introdução e teoria geral. 2. ed. Rio de Janeiro: Renovar, 2001.

ATIENZA, Manuel; RUIZ MANERO, Juan. *Ilícitos atípicos*: sobre o abuso de direito, fraude à lei e desvio de poder. Tradução de Janaina Roland Matida. São Paulo: Marcial Pons, 2014.

BARBOSA, Mafalda Miranda. Entre a ilicitude e o dano. *In*: BARBOSA, Mafalda Miranda; ROSENVALD, Nelson; MUNIZ, Francisco (Coord.). *Desafios da nova responsabilidade civil*. São Paulo: JusPodivm, 2019.

BARBOSA, Mafalda Miranda. O futuro da responsabilidade civil desafiada pela inteligência artificial: as dificuldades dos sistemas tradicionais e caminhos de solução. *Revista de Direito da Responsabilidade*, ano 2, p. 280-326, 2020. Disponível em: https://revistadireitoresponsabilidade.pt/2020/o-futuro-da-responsabilidade-civil-desafiada-pela-inteligencia-artificial-as-dificuldades-dos-modelos-tradicionais-e-caminhos-de-solucao-mafalda-miranda-barbosa/. Acesso em 22 set. 2020.

BEVILAQUA, Clóvis. *Código Civil dos Estados Unidos do Brasil comentado*. 12. ed. atual. por Achilles Bevilaqua e Isaias Bevilaqua. Rio de Janeiro: Editora Paulo de Azevedo Ltda., 1959. v. 1.

BIONI, Bruno Ricardo. *Proteção de dados pessoais*: a função e os limites do consentimento. Rio de Janeiro: Forense, 2019.

BLUM, Rita Peixoto Ferreira. *O direito à privacidade e a proteção de dados do consumidor*. São Paulo: Almedina, 2018.

BOBBIO, Norberto. *Da estrutura à função*: novos estudos de teoria do direito. Barueri: Manole, 2007.

BONNA, Alexandre Pereira. Dados pessoais, identidade virtual e a proteção da personalidade. *In*: SOARES, Guilherme Magalhães; ROSENVALD, Nelson (Coord.). *Responsabilidade civil e novas tecnologias*. Indaiatuba: Foco, 2020.

BORJES, Isabel Cristina Porto; GOMES, Taís Ferraz; ENGELMANN, Wilson. *Responsabilidade civil e nanotecnologias*. São Paulo: Atlas, 2014.

BRAGA NETTO, Felipe Peixoto. Ilícito civil, esse desconhecido... *In*: DIDIER JÚNIOR, Fredie; EHRHARDT, Marcos (Coord.). *Revisitando a teoria do fato jurídico*: homenagem a Marcos Bernardes de Mello. São Paulo: Saraiva, 2010.

BRAGA NETTO, Felipe Peixoto. *Teoria dos ilícitos civis*. 2. ed. Salvador: JusPodivm, 2014.

BRASIL. [Constituição (1988)]. *Constituição da República Federativa do Brasil de 1988*. Brasília, DF: Presidência da República, 1988. Disponível em: http://www.planalto.gov.br/ccivil_03/constituicao/constituicao.htm. Acesso em 17 ago. 2020.

BRASIL. [Constituição (1988)]. *Proposta de Emenda à Constituição n. 17, de 2019*. Acrescenta o inciso XII-A, ao art. 5º, e o inciso XXX, ao art. 22, da Constituição Federal para incluir a proteção de dados pessoais entre os direitos fundamentais do cidadão e fixar a competência privativa da União para legislar sobre a matéria. Brasília, DF: Senado Federal, 2019. Disponível em: https://www25.senado.leg.br/web/atividade/materias/-/materia/135594. Acesso em 15 abr. 2020.

BRASIL. *Lei nº 10.406, de 10 de janeiro de 2002*. Institui o Código Civil. Brasília, DF: Presidência da República, 2002. Disponível em: http://www.planalto.gov.br/ccivil_03/leis/2002/l10406.htm. Acesso em 15 abr. 2020.

BRASIL. *Lei nº 13.709, de 14 de agosto de 2018*. Lei Geral de Proteção de Dados Pessoais (LGPD). Brasília, DF: Presidência da República, 2018. Disponível em: http://www.planalto.gov.br/ccivil_03/_ato2015-2018/2018/lei/L13709.htm. Acesso em 17 ago. 2020.

BRASIL. *Lei nº 3.071, de 1º de janeiro de 1916*. Código Civil dos Estados Unidos do Brasil. Rio de Janeiro: Presidência da República, 1916. Disponível em: http://www.planalto.gov.br/ccivil_03/leis/l3071.htm. Acesso em 17 ago. 2020.

BRASIL. *Lei nº 8.078, de 11 de setembro de 1990*. Dispõe sobre a proteção do consumidor e dá outras providências. Brasília, DF: Presidência da República, 1990. Disponível em: http://www.planalto.gov.br/ccivil_03/leis/l8078compilado.htm. Acesso em 30 abr. 2020.

BRASIL. Superior Tribunal de Justiça. *Súmula n. 479*. As instituições financeiras respondem objetivamente pelos danos gerados por fortuito interno relativo a fraudes e delitos praticados por terceiros no âmbito de operações bancárias. Brasília, DF: Superior Tribunal de Justiça, [2012]. Disponível em: https://scon.stj.jus.br/SCON/sumanot/toc.jsp#TIT1TEMA0. Acesso em 17 ago. 2020.

BRASIL. Supremo Tribunal Federal. *Medida Cautelar na Ação Direta de Inconstitucionalidade 6.387 Distrito Federal*. Medida Cautelar de Urgência. [...] Cuida-se de pedido de medida cautelar em ação direta de inconstitucionalidade proposta pelo Conselho Federal da Ordem dos Advogados do Brasil – CFOAB contra o inteiro teor da Medida Provisória n. 954, de 17 de abril de 2020 [...]. Requerente: Conselho Federal da Ordem dos Advogados do Brasil – CFOAB. Intimado: Presidente da República. Procurador: Advogado-Geral da União. Relatora: Ministra Rosa Weber, 24 de abril de 2020. p. 1-13. Disponível em: http://www.stf.jus.br/arquivo/cms/noticiaNoticiaStf/anexo/ADI6387MC.pdf. Acesso em 15 set. 2020.

BRASIL. Supremo Tribunal Federal. *Referendo na Medida Cautelar na ação Direta de Inconstitucionalidade 6.389 Distrito Federal*. Voto Conjunto ADIs 6.389, 6.390, 6.393, 6.388 e 6.387. [...] Trata-se de ações diretas de inconstitucionalidade, com pedidos de medida cautelar, ajuizadas contra o inteiro teor da Medida Provisória 954, de 17 de abril de 2020, que dispõe sobre "o compartilhamento de dados por empresas de telecomunicações prestadoras de Serviço Telefônico Fixo Comutado e de Serviço Móvel Pessoal com a Fundação Instituto Brasileiro de Geografia e Estatística, para fins de suporte à produção estatística oficial durante a situação de emergência de saúde pública de importância internacional decorrente do coronavírus (covid19), de que trata a Lei nº 13.979, de 6 de fevereiro de 2020" [...]. Requerente: Partido Socialista Brasileiro – PSB. Intimado: Presidente da República. Procurador: Advogado-geral da União. Relatora: Ministra Rosa Weber. [2020]. p. 1-32. Disponível em: https://www.conjur.com.br/dl/pandemia-reforca-necessidade-protecao.pdf. Acesso em 17 ago. 2020.

BUCAR, Daniel; VIOLA, Mario. Tratamento de dados pessoais por "legítimo interesse do controlador": primeiras impressões. *In*: FRAZÃO, Ana; TEPEDINO, Gustavo; OLIVA, Milena Donato (Coord.). *Lei Geral de Proteção de Dados Pessoais e suas repercussões no direito brasileiro*. São Paulo: Thomson Reuters Brasil, 2019.

BUSATTA, Eduardo Luiz. Do dever de prevenção em matéria de proteção de dados pessoais. *In*: EHRHARDT JÚNIOR, Marcos; CATALAN, Marcos; MALHEIROS, Pablo (Coord.). *Direito civil e tecnologia*. Belo Horizonte: Fórum, 2020.

CANARIS, Claus-Wilhelm. *Direitos fundamentais e direito privado*. Tradução de Ingo Wolfgang Sarlet e Paulo Mota Pinto. Coimbra: Almedina, 2009.

CANOTILHO, José Joaquim Gomes. *Direito constitucional e teoria da Constituição*. 6. ed. Coimbra: Almedina, 2002.

CARPENA, Heloisa. O abuso de direito no Código de 2002: relativização de direitos na ótica civil-constitucional. *In*: TEPEDINO, Gustavo (Coord.). *A parte geral do novo Código Civil*: estudos na perspectiva civil-constitucional. Rio de Janeiro: Renovar, 2002.

CATALAN, Marcos. *A morte da culpa na responsabilidade contratual*. 2. ed. Indaiatuba: Foco, 2019.

COSTA, Mário Júlio de Almeida. *Direito das obrigações*. 9. ed. Coimbra: Almedina, 2006.

DONEDA, Danilo Cesar Maganhoto. Considerações iniciais sobre bancos de dados informatizados e o direito à privacidade. *In*: TEPEDINO, Gustavo (Org.). *Problemas de direito civil-constitucional*. Rio de Janeiro: Renovar, 2000.

DWORKIN, Ronald. *O império do direito*. Tradução de Jefferson Luiz Camargo. São Paulo: Martins Fontes, 1999.

EHRHARDT JÚNIOR, Marcos. Apontamentos para uma teoria geral da responsabilidade civil no Brasil. *In*: ROSENVALD, Nelson; MILAGRES, Marcelo (Coord.). *Responsabilidade civil*: novas tendências. Indaiatuba: Foco, 2018.

FRANÇA, Rubens Limongi. As raízes da responsabilidade civil aquiliana. *In*: NERY JÚNIOR, Nelson; NERY, Rosa Maria Andrade (Org.). *Doutrinas essenciais*: responsabilidade civil. São Paulo: Revista dos Tribunais, 2010. v. 1.

GOMES, Orlando. A evolução do direito privado e o atraso da técnica jurídica. *Revista de Direito GV*, v. 1, n. 1, p. 121-134, maio 2005. Disponível em: http://bibliotecadigital.fgv.br/ojs/index.php/revdireitogv/article/view/35268. Acesso em 18 ago. 2020.

GOMES, Orlando. *Introdução ao direito civil*. 15. ed. atual. por Humberto Theodoro Júnior. Rio de Janeiro: Forense, 2000.

GOMES, Orlando. Tendências modernas na teoria da responsabilidade civil. *In*: DI FRANCESCO, José Roberto Pacheco (Org.). *Estudos em homenagem ao professor Silvio Rodrigues*. São Paulo: Saraiva, 1989.

GUEDES, Gisela Sampaio da Cruz; MEIRELES, Rose Melo Vencelau. Término do tratamento de dados. *In*: FRAZÃO, Ana; TEPEDINO, Gustavo; OLIVA, Milena Donato (Coord.). *Lei Geral de Proteção de Dados Pessoais e suas repercussões no direito brasileiro*. São Paulo: Thomson Reuters Brasil, 2019.

HOFFMANN-RIEM, Wolfgang. Direito, tecnologia e inovação. *In*: MENDES, Gilmar Ferreira; SARLET, Ingo Wolfgang; COELHO, Alexandre Zavagila P. *Direito, inovação e tecnologia*. São Paulo: Saraiva, 2015.

HOFFMANN-RIEM, Wolfgang. Inteligência artificial como oportunidade para a regulação jurídica. *Direito Público*, Porto Alegre, v. 16, n. 90, p. 11-38, nov./dez. 2019. Disponível em: https://www.portaldeperiodicos.idp.edu.br/direitopublico/article/view/3756. Acesso em 1 set. 2020.

ITÁLIA. Codice Civile. Regio Decreto 16 marzo 1942, n. 262 – Approvazione del testo del Codice Civile. *Gazzetta Ufficiale*, n. 79, 4 aprile 1942. Disponível em: http://www.rcscuola.it/disciplina/ccivile.pdf. Acesso em 17 ago. 2020.

JONAS, Hans. *O princípio responsabilidade*: ensaio de uma ética para a civilização tecnológica. Rio de Janeiro: Editora PUC-Rio, 2006.

KELSEN, Hans. *Teoria pura do direito*. Tradução de João Baptista Machado. 8. ed. São Paulo: WMF Martins Fontes, 2009.

KONDER, Carlos Nelson; LIMA, Marco Antônio de Almeida. Responsabilidade civil dos advogados no tratamento de dados à luz da Lei nº 13.709/2018. *In*: EHRHARDT JÚNIOR, Marcos; CATALAN, Marcos; MALHEIROS, Pablo (Coord.). *Direito civil e tecnologia*. Belo Horizonte: Fórum, 2020.

LLANO, Pablo de; SÁNCHEZ, Álvaro. Vazamento de dados do Facebook causa tempestade política mundial: caso Cambridge Analytyca. *El País*, Miami/Bruxelas, 20 mar. 2018. Disponível em: https://brasil.elpais.com/brasil/2018/03/19/internacional/1521500023_469300.html. Acesso em 17 ago. 2020.

LOBEL, Orly. Coase and the platform economy. *San Diego Legal Studies Paper*, n. 17-318, 2018. DOI: http://dx.doi.org/10.2139/ssrn.3083764. Disponível em: https://ssrn.com/abstract=3083764. Acesso em 17 ago. 2020.

LOUREIRO, José Carlos. Constituição, tecnologia e risco(s): entre medo(s) e esperança(s). *In*: MENDES, Gilmar Ferreira; SARLET, Ingo Wolfgang; COELHO, Alexandre Zavaglia P. *Direito, inovação e tecnologia*. São Paulo: Saraiva, 2015.

MARINONI, Luiz Guilherme. *Tutela específica*: arts. 461, CPC e 84, CDC. São Paulo: Revista dos Tribunais, 2000.

MARTINS, Guilherme Magalhães; FALEIROS JÚNIOR, José Luiz de Moura. Compliance digital e responsabilidade civil na Lei Geral de Proteção de Dados. *In*: SOARES, Guilherme Magalhães; ROSENVALD, Nelson (Coord.). *Responsabilidade civil e novas tecnologias*. Indaiatuba: Foco, 2020.

MARTINS-COSTA, Judith. Os avatares do abuso do direito e o rumo indicado pela boa-fé. *Ulisboa – Universidade de Lisboa*, p. 1-43, [2014]. Disponível em: http://www.fd.ulisboa.pt/wp-content/uploads/2014/12/Costa-Judith-Os-avatares-do-Abuso-do-direito-e-o-rumo-indicado-pela-Boa-Fe.pdf. Acesso em 19 ago. 2020.

MENDES, Laura Schertel; DONEDA, Danilo. Reflexões iniciais sobre a nova Lei Geral de Proteção de Dados. *Revista de Direito do Consumidor*, São Paulo, ano 27, v. 120, p. 469-483, nov./dez. 2018. Disponível em: http://www.rtonline.com.br/. Acesso em 15 abr. 2020.

MIRANDA, Francisco Cavalcanti Pontes de. *Tratado de direito privado*. 2. ed. Rio de Janeiro: Borsoi, 1954. t. II.

MONTEIRO, Washington de Barros. *Curso de direito civil*: parte geral. 33. ed. São Paulo: Saraiva, 1995. v. 1.

MORAES, Maria Celina Bodin de. Ampliando os direitos da personalidade. *In*: MORAES, Maria Celina Bodin de. *Na medida da pessoa humana*: estudos de direito civil-constitucional. Rio de Janeiro: Renovar, 2010.

MORAES, Maria Celina Bodin de. Risco, solidariedade e responsabilidade objetiva. *Revista dos Tribunais*, São Paulo, ano 95, v. 854, p. 11-37, dez. 2006.

MULHOLLAND, Caitlin. Responsabilidade civil e processos decisórios autônomos em sistemas de inteligência artificial (IA): autonomia, imputabilidade e responsabilidade. *In*: FRAZÃO, Ana; MULHOLLAND, Caitlin (Coord.). *Inteligência artificial e direito*: ética, regulação e responsabilidade. São Paulo: Thomson Reuters Brasil, 2019.

MULHOLLAND, Caitlin. Responsabilidade civil por danos causados pela violação de dados sensíveis e a Lei Geral de Proteção de Dados pessoais (Lei 13.709/2018). *In*: SOARES, Guilherme Magalhães; ROSENVALD, Nelson (Coord.). *Responsabilidade civil e novas tecnologias*. Indaiatuba: Foco, 2020.

NORONHA, Fernando. *Direito das obrigações*: fundamentos do direito das obrigações: introdução à responsabilidade civil. São Paulo: Saraiva, 2003. v. 1.

PARENTY, Thomas J.; DOMET, Jack J. Como avaliar riscos cibernéticos. *Harvard Business Review Brasil*, 3 abr. 2020.

PARISER, Eli. *O filtro invisível*: o que a internet está escondendo de você. Rio de Janeiro: Zahar, 2012.

PEREIRA, Caio Mário da Silva. *Instituições de direito civil*: introdução ao direito civil. 18. ed. Rio de Janeiro: Forense, 1995. v. 1.

PERLINGIERI, Pietro. *Perfis do direito civil*: introdução ao direito civil constitucional. Tradução de Maria Cristina De Cicco. 3. ed. Rio Janeiro: Renovar, 2002.

PÜSCHEL, Flávia Portella. *A responsabilidade por fato do produto no CDC*: acidentes de consumo. São Paulo: Quartier Latin, 2006.

REINO UNIDO. EUR-Lex. Parlamento Europeu. Atos Legislativos. Regulamento (UE) 2016/679 do Parlamento Europeu e do Conselho de 27 de abril de 2016. Relativo à proteção das pessoas singulares no que diz respeito ao tratamento de dados pessoais e à livre circulação desses dados e que revoga a Diretiva 95/46/CE (Regulamento Geral sobre a Proteção de Dados). *Jornal Oficial da União Europeia*, Bruxelas, 2016. Disponível em https://eur-lex.europa.eu/legal-content/PT/TXT/?uri=celex%3A32016R0679. Acesso em 30 abr. 2020.

RODOTÀ, Stefano. *A vida na sociedade da vigilância*: a privacidade hoje. Tradução de Danilo Doneda e Luciana Cabral Doneda. Organização de Maria Celina Bodin de Moraes. São Paulo: Renovar, 2008.

RODOTÀ, Stefano. Autodeterminação e laicidade. Tradução de Carlos Nelson de Paula Konder. *Revista Brasileira de Direito Civil – RBDCivil*, Belo Horizonte, v. 17, p. 139-152, jul./set. 2018.

RODRIGUES JÚNIOR, Otávio Luiz. Direitos fundamentais e direitos da personalidade. *In*: TOFFOLI, José Antonio Dias. *30 anos da constituição brasileira*: democracia, direitos fundamentais e instituições. Rio de Janeiro: Forense, 2018.

RODRIGUEZ, José Rodrigo. *Direito das lutas*: democracia, diversidade, multinormatividade. São Paulo: Liber Ars, 2019.

SARLET, Ingo Wolfgang. *A eficácia dos direitos fundamentais*: uma teoria geral dos direitos fundamentais na perspectiva constitucional. 11. ed. rev. e atual. Porto Alegre: Livraria do Advogado, 2012.

SARLET, Ingo Wolfgang; SAAVEDRA, Giovani Agostini. Fundamentos jusfilosóficos e âmbito de proteção do direito fundamental à proteção de dados pessoais. *Revista Direito Público – RDP*, Brasília, v. 17, n. 93, p. 33-57, maio/jun. 2020. Disponível em: https://www.portaldeperiodicos.idp.edu.br/direitopublico/article/view/4315. Acesso em 15 set. 2020.

SCHREIBER, Anderson. *Novos paradigmas da responsabilidade civil*: da erosão dos filtros da reparação à diluição dos danos. São Paulo: Atlas, 2007.

SILVA, Clóvis Veríssimo do Couto e. O princípio da boa-fé no direito brasileiro e português. *In*: FRADERA, Vera Maria Jacob (Org.). *O direito privado brasileiro na visão de Clóvis do Couto e Silva*. Porto Alegre: Livraria do Advogado, 1997.

SILVA, Rafael Peteffi da. Antijuridicidade como requisito da responsabilidade civil extracontratual: amplitude conceitual e mecanismos de aferição. *In*: SILVA, Michel Cesar; BRAGA NETO, Felipe Peixoto (Coord.). *Direito privado e contemporaneidade*: desafios e perspectivas do direito privado no século XXI. Indaiatuba: Foco, 2020.

SILVEIRA, Sérgio Amadeu da. *Democracia e os códigos invisíveis*: como os algoritmos estão modulando comportamentos e escolhas políticas. São Paulo: Edições Sesc, 2019.

SOUZA, Eduardo Nunes de. Em defesa do nexo causal: culpa, imputação e causalidade na responsabilidade civil. *In*: SOUZA, Eduardo Nunes de; SILVA, Rodrigo da Guia (Coord.). *Controvérsias atuais em responsabilidade civil*: estudos de direito civil-constitucional. São Paulo: Almedina, 2018.

SOUZA, Eduardo Nunes de; SILVA, Rodrigo da Guia. Direitos do titular de dados pessoais na Lei 13.709/2018: uma abordagem sistemática. *In*: FRAZÃO, Ana; TEPEDINO, Gustavo; OLIVA, Milena Donato (Coord.). *Lei Geral de Proteção de Dados Pessoais e suas repercussões no direito brasileiro*. São Paulo: Thomson Reuters Brasil, 2019.

SPIECKER, Indra. O direito à proteção de dados na internet em caso de colisão. *Revista Brasileira de Direitos Fundamentais & Justiça*, v. 12, n. 38, p. 17-33, jan./jun. 2018. DOI: https://doi.org/10.30899/dfj.v12i38.709. Disponível em: http://dfj.emnuvens.com.br/dfj/article/view/709. Acesso em 24 set. 2020.

STOCO, Rui. Responsabilidade civil pela prática de atos lícitos. *In*: NERY JÚNIOR, Nelson; NERY, Rosa Maria de Andrade (Org.). *Doutrinas essenciais*: responsabilidade civil. São Paulo: Revista dos Tribunais, 2010. v. 1.

TARTUCE, Flávio. *Manual de responsabilidade civil*. Rio de Janeiro: Forense, 2018.

TEPEDINO, Gustavo; SILVA, Rodrigo da Guia. Inteligência artificial e elementos da responsabilidade civil. *In*: FRAZÃO, Ana; MULHOLLAND, Caitlin (Coord.). *Inteligência artificial e direito*: ética, regulação e responsabilidade. São Paulo: Thomson Reuters Brasil, 2019.

TEPEDINO, Gustavo; TEFFÉ, Chiara Spadaccini de. Consentimento e proteção de dados pessoais na LGPD. *In*: FRAZÃO, Ana; TEPEDINO, Gustavo; OLIVA, Milena Donato (Coord.). *Lei Geral de Proteção de Dados Pessoais e suas repercussões no direito brasileiro*. São Paulo: Thomson Reuters Brasil, 2019.

USTÁRROZ, Daniel. *Responsabilidade civil por ato lícito*. São Paulo: Atlas, 2014.

WALDRON, Jeremy. Torture and positive law: jurisprudence for the White House. *UC Berkeley: Kadish Center for Morality, Law and Public Affairs*, 30 set. 2004. Disponível em: https://escholarship.org/uc/item/23d27577. Acesso em 1 jun. 2020.

Informação bibliográfica deste texto, conforme a NBR 6023:2018 da Associação Brasileira de Normas Técnicas (ABNT):

BUSATTA, Eduardo Luiz. Proteção de dados pessoais e antijuridicidade. *In*: EHRHARDT JÚNIOR, Marcos; CATALAN, Marcos; MALHEIROS, Pablo (Coord.). *Direito Civil e tecnologia*. 2. ed. Belo Horizonte: Fórum, 2022. t. II. p. 303-330. ISBN 978-65-5518-432-7.

DEFINIÇÃO DE PERFIS E O RISCO DE DISCRIMINAÇÃO: A IMPORTÂNCIA DAS LEGISLAÇÕES DE PROTEÇÃO DE DADOS PARA A TUTELA DA PESSOA NATURAL

JÉSSICA ANDRADE MODESTO
MARCOS EHRHARDT JÚNIOR

1 Introdução

A partir do século XX, o mundo assistiu a uma série de avanços tecnológicos, os quais passaram a permitir a coleta e o tratamento de uma extensa quantidade de dados pessoais. Nas últimas décadas, os equipamentos tecnológicos tornaram-se acessíveis à boa parte da população e das organizações empresariais. Nesse contexto, organizações públicas e privadas perceberam que, a partir dos dados pessoais coletados, é possível inferir um significativo conhecimento, que poderá ajudar na tomada de decisões políticas, negociais e sociais.

Quando submetidos ao tratamento adequado, os dados pessoais revelam informações que agregam valor às entidades, permitindo-lhes, de maneira rápida, identificar novas oportunidades e minimizar os riscos das decisões tomadas. A principal espécie de tratamento a que os dados pessoais são submetidos dá-se com a mineração de dados, fundamental na construção de perfis que servem de força motriz em tempos de capitalismo de vigilância.

Na sociedade da informação, são inúmeras as possibilidades de aplicação de perfis. Apenas a título exemplificativo, a partir da análise das características de seus funcionários que desempenharam determinada função, uma corporação pode verificar quais são os atributos comuns entre os trabalhadores que mais produziram e, a partir disso, montar um perfil do funcionário desejado. Assim, num processo seletivo, a corporação pode filtrar os currículos dos inscritos e entrevistar apenas aqueles que se encaixam no perfil traçado, o que lhe permite contratar mais rapidamente e com um menor risco quanto à produtividade do novo funcionário.

Contudo, há situações em que a definição e a aplicação de perfis, como único fundamento para a tomada de decisões, poderão levar à discriminação, isto é, à atribuição injusta de uma consequência negativa a determinado indivíduo apenas com base em suas características. É preciso avaliar se as legislações que disciplinam atualmente as operações de tratamento de dados pessoais são capazes de minimizar o risco da discriminação envolvido em atividades de *profiling*.

O presente trabalho se propõe a estudar essas questões. Para tanto, será feita uma pesquisa bibliográfica sobre o tema, buscando-se investigar a mineração de dados e a definição de perfis, para, em seguida, examinar se (e como) essas operações de tratamentos de dados pessoais potencializam a ameaça de os indivíduos serem injustamente discriminados.

Por fim, averiguar-se-á se as disposições da Lei Geral de Proteção de Dados Pessoais (LGPD), no Brasil, e do Regulamento Geral de Proteção de Dados Pessoais (GPDR), na União Europeia, são capazes de oferecer uma adequada mitigação de tal risco.

2 A mineração de dados e a definição de perfis

Mineração de dados, ou *data mining*, é o processo de extrair informação válida e previamente desconhecida a partir de grandes bases de dados, procurando características ou padrões para previsões acuradas de comportamento e tendências relacionadas a determinados eventos, os quais serão utilizados nas tomadas de decisão. Assim, a mineração de dados "vai muito além da simples consulta a um banco de dados, no sentido de que permite aos usuários explorar e inferir informação útil a *partir* dos dados, descobrindo relacionamentos 'escondidos' no banco de dados".[1]

A mineração de dados identifica oportunidades, problemas e ameaças mais rapidamente, minimizando os riscos e aumentando as probabilidades de êxito das decisões tomadas. Contudo, no que diz respeito ao titular dos dados pessoais, observa-se que ela é capaz de provocar uma substancial assimetria de informação entre as entidades responsáveis por essa espécie de tratamento de dados e os indivíduos que são seus titulares.

Nessa senda, estas organizações podem descobrir correlações acerca dos titulares que estes sequer imaginam existir, o que concede muito poder a tais entidades, já que está ao seu alcance a possibilidade de tomar uma série de decisões com base num conhecimento que nem o próprio indivíduo a que tal informação se refere tem sobre si mesmo.

Mas não é só. O *data mining* pode revelar informações a respeito do titular dos dados que este conhece, mas que não fornece nem tem intenção de que o agente de tratamento delas tenha ciência. Imagine uma situação na qual uma entidade pode considerar um consumidor como indesejado, pois a mineração de dados revelou seu nível econômico, ou pode aumentar os preços de determinados produtos por verificar que certo consumidor necessita muito do item e irá adquiri-lo mesmo com a elevação do valor de venda.

---

[1] NEVES, Fabricia Vancim Frachone. *Uma análise da aplicabilidade do data warehouse no comércio eletrônico, enfatizando o CRM analítico*. 2001. 159 f. Dissertação (Mestrado em Engenharia da Produção) – Escola de Engenharia de São Carlos, Universidade de São Paulo, São Carlos, 2001. p. 81-82. Disponível em: https://teses.usp.br/teses/disponiveis/18/18140/tde-10042017-160131/en.php. Acesso em 28 nov. 2020.

Um dos principais usos do *data mining* se verifica na construção de perfis. Um perfil é um conjunto de dados correlacionados que representa um sujeito, individual ou coletivo.[2] Essas correlações fornecem uma probabilidade de que determinado comportamento passado se repita no futuro.[3]

Já *profiling* é o processo de "descobrir" correlações entre dados em bancos de dados que podem ser usados para identificar e representar um indivíduo ou grupo.[4] Tal processamento de dados será utilizado para a tomada de decisões, em muitas situações, até mesmo sem intervenção humana.

O conhecimento produzido pelo *profiling* diferencia-se da produção de conhecimento clássica, uma vez que, nesta, o pesquisador formula uma hipótese acerca do comportamento social e, em seguida, testa tal conjectura numa amostra da população, ao passo que, na construção de perfis, a descoberta se dá a partir dos dados, isto é, a partir da mineração surge uma hipótese que só será testada quando os perfis forem aplicados.[5]

Um perfil pode ser individual ou de grupo. O perfil individual é usado para identificar um indivíduo numa comunidade ou apenas para inferir seus hábitos, comportamento, preferências, conhecimentos, riscos ou outras características sociais e econômicas. Por sua vez, o perfil de grupo é usado para encontrar recursos compartilhados entre membros de uma comunidade definida ou para definir categorias de indivíduos que compartilham algumas características.[6]

A partir da análise dos dados coletados, emergem grupos e categorias de sujeitos com propriedades e características semelhantes. Cada grupo tem sua própria identidade definida. Um perfil de grupo possibilita a classificação de indivíduos nessas diferentes categorias. É suficiente identificar um sujeito como um membro do grupo para poder inferir, para este sujeito, o conhecimento herdado do próprio grupo: comportamento provável, atributos, riscos etc.[7]

Isso posto, a criação de perfis é uma técnica pela qual um conjunto de características de determinada classe de pessoa é inferida com base em experiências anteriores, para que, em seguida, sejam identificados indivíduos que se enquadrem nesse conjunto

---

[2] BOSCO, Francesca et al. Profiling technologies and fundamental rights and values: regulatory challenges and perspectives from European Data Protection Authorities. *In*: BOSCO, Francesca et al. *Profiling technologies in practice*: applications and impact on fundamental rights and values. [s.l.]: Wolf Legal Publishers, 2015. p. 8. Disponível em: https://research.tilburguniversity.edu/en/publications/profiling-technologies-and-fundamental-rights-an-introduction. Acesso em 1 out. 2020.

[3] JAQUET-CHIFFELLE, David-Olivier. Reply: direct and indirect profiling in the light of virtual persons. *In*: HILDEBRANDT, Mireille. *Defining profiling*: a new type of knowledge? Dordrecht: Springer, 2008. p. 18. Disponível em: https://link.springer.com/chapter/10.1007%2F978-1-4020-6914-7_2#citeas. Acesso em 28 nov. 2020.

[4] JAQUET-CHIFFELLE, David-Olivier. Reply: direct and indirect profiling in the light of virtual persons. *In*: HILDEBRANDT, Mireille. *Defining profiling*: a new type of knowledge? Dordrecht: Springer, 2008. p. 19. Disponível em: https://link.springer.com/chapter/10.1007%2F978-1-4020-6914-7_2#citeas. Acesso em 28 nov. 2020.

[5] JAQUET-CHIFFELLE, David-Olivier. Reply: direct and indirect profiling in the light of virtual persons. *In*: HILDEBRANDT, Mireille. *Defining profiling*: a new type of knowledge? Dordrecht: Springer, 2008. p. 18-19. Disponível em: https://link.springer.com/chapter/10.1007%2F978-1-4020-6914-7_2#citeas. Acesso em 28 nov. 2020.

[6] JAQUET-CHIFFELLE, David-Olivier. Reply: direct and indirect profiling in the light of virtual persons. *In*: HILDEBRANDT, Mireille. *Defining profiling*: a new type of knowledge? Dordrecht: Springer, 2008. p. 35. Disponível em: https://link.springer.com/chapter/10.1007%2F978-1-4020-6914-7_2#citeas. Acesso em 28 nov. 2020.

[7] JAQUET-CHIFFELLE, David-Olivier. Reply: direct and indirect profiling in the light of virtual persons. *In*: HILDEBRANDT, Mireille. *Defining profiling*: a new type of knowledge? Dordrecht: Springer, 2008. p. 35. Disponível em: https://link.springer.com/chapter/10.1007%2F978-1-4020-6914-7_2#citeas. Acesso em 28 nov. 2020.

de características.[8] Por sua vez, a aplicação de perfis é o processo de identificação e representação de um indivíduo específico ou grupo que se enquadra num perfil e a tomada de alguma forma de decisão com base nesta identificação e representação.[9]

Ressalte-se que um perfil pode ser criado manualmente, entretanto, na sociedade da informação, a maior parte dos perfis é construída de maneira automatizada. Para a construção de tais perfis, diferentes dispositivos de *hardware*, como biometria, sensores e computadores, são integrados a diferentes técnicas, como agregação e mineração de dados, no intento de descobrir padrões entre os diferentes dados existentes em grandes conjuntos de dados que podem ser usados para perfilização.[10]

Numa sociedade que exige rápidas e eficientes tomadas de decisão, estas devem passar por adequada avaliação e mitigação de riscos. Para tanto, é necessário processar uma massiva quantidade de dados. A construção de perfis assume importante papel como ferramenta de análise e resposta. Outrossim, no caso da aplicação de perfis de maneira automatizada, a decisão pode ser tomada livre de tendências e preconceitos do ser humano, apenas por critérios supostamente objetivos.

No entanto, apesar de tais benefícios, além de contribuir para a assimetria da informação entre titulares dos dados e agentes de tratamento, o *profiling* também pode acarretar prejuízos ao indivíduo. A seguir, investigar-se-á um dos riscos envolvidos na definição e aplicação de perfis: a discriminação.

3 O risco da discriminação decorrente da aplicação de perfis

O *profiling* destina-se à classificação e à segmentação dos indivíduos de acordo com certas características, predições e correlações. Contudo, muitas vezes essa atividade pode levar à discriminação.[11]

Ressalte-se que tal resultado pode ocorrer mesmo em caso de construção e aplicação de perfis de maneira não automatizada, no entanto, os algoritmos potencializam sobremaneira os riscos de discriminação, bem como tornam mais difícil a identificação deste resultado, já que são procedimentos complexos e obscuros, os quais as organizações sempre buscam proteger como segredo de negócio.

Como visto, a mineração encontra correlações entre os dados coletados e projeta possíveis comportamentos futuros dos titulares dos dados. A partir dessas predições, são criadas categorias em que os indivíduos serão enquadrados. Nesse cenário, o primeiro

---

[8] CLARKE, Roger. Profiling: a hidden challenge to the regulation of data surveillance. *Journal of Law, Information and Science*, v. 4, n. 2, 1993. p. 2. Disponível em: https://www.austlii.edu.au/au/journals/JlLawInfoSci/1993/26.html. Acesso em 12 set. 2020.

[9] BOSCO, Francesca *et al*. Profiling technologies and fundamental rights and values: regulatory challenges and perspectives from European Data Protection Authorities. *In*: BOSCO, Francesca *et al*. *Profiling technologies in practice*: applications and impact on fundamental rights and values. [s.l.]: Wolf Legal Publishers, 2015. p. 8. Disponível em: https://research.tilburguniversity.edu/en/publications/profiling-technologies-and-fundamental-rights-an-introduction. Acesso em 1 out. 2020.

[10] JAQUET-CHIFFELLE, David-Olivier. Reply: direct and indirect profiling in the light of virtual persons. *In*: HILDEBRANDT, Mireille. *Defining profiling*: a new type of knowledge? Dordrecht: Springer, 2008. p. 1-2. Disponível em: https://link.springer.com/chapter/10.1007%2F978-1-4020-6914-7_2#citeas. Acesso em 28 nov. 2020.

[11] Registre-se que esse termo é utilizado no sentido da categorização de pessoas a partir de uma característica ou situação jurídica para, injustamente, atribuir-lhes alguma consequência negativa (MOREIRA, Adilson José. *O que é discriminação?* Belo Horizonte: Letramento; Casa do Direito; Justificando, 2017. p. 27).

ponto a ser considerado é que os perfis são construídos a partir de dados anteriores, os quais podem trazer consigo tendências discriminatórias.

Saliente-se que os perfis não levam em consideração relações de causa e efeito, apenas a probabilidade de se verificar determinado evento caso outro evento venha a ocorrer, de modo que, se os dados que serão analisados apresentarem qualquer viés discriminatório, os perfis aprenderão tal tendência.

No caso de construção de perfis por meio de algoritmos, como o tratamento é automatizado, o problema se torna ainda maior, haja vista que é mais difícil identificar esse viés, bem como se retira a possibilidade de integrantes dos grupos discriminados transporem a barreira do respectivo perfil, como poderia acontecer, por exemplo, numa seleção de emprego em que o recrutador, ao entrevistar um indivíduo, resolve contratá-lo, mesmo ele estando fora do perfil procurado pela empregadora.

Um estudo da Professora Latanya Sweeney revelou que, ao se pesquisar um nome completo no Google.com ou Reuters.com, muitas vezes estes provedores de pesquisa veiculam anúncios, os quais podem ser diferentes se o nome pesquisado for comumente associado a pessoas negras ou, ao contrário, se o nome frequentemente for associado a pessoas brancas. Nessa senda, 60% dos anúncios para verificação de antecedentes criminais ou anúncios que mencionavam as palavras "prisão" ou "criminal" apareciam quando a pesquisa se referia a nomes negros, ao passo que apenas 48% de tais anúncios eram mostrados quando se pesquisavam nomes brancos.[12]

Isso acontece porque o Google entende que um anunciante pode não saber qual texto do anúncio funcionará melhor, então este pode fornecer vários modelos para a mesma sequência de pesquisa e, posteriormente, o algoritmo do Google aprenderá qual texto do anúncio obtém mais cliques dos visualizadores. Assim, no início, todos os textos de anúncio fornecidos possuem a mesma probabilidade de produzir um clique e, por conseguinte, de serem veiculados. Com o tempo, conforme as pessoas clicam na versão de um anúncio com mais frequência do que em outras versões, as probabilidades mudam e o texto do anúncio que obtém mais cliques passará a ser exibido com mais frequência.[13]

Dessa forma, o algoritmo utilizado para veicular anúncios não foi projetado para ser racista, no entanto, ao aprender com os dados com os quais foi alimentado, passa a reproduzir vieses sociais.

Ademais, se um dado é incorretamente coletado ou há qualquer falha no tratamento desse dado, tal qual um erro na codificação do algoritmo, o perfil que será aplicado ao titular será inadequado, podendo levar a uma injusta discriminação. Assim, um erro no histórico de crédito de um indivíduo pode resultar em condições menos vantajosas na contratação de um financiamento ou até mesmo na sua exclusão das ofertas de crédito.

De igual modo, dados da saúde do indivíduo coletados ou tratados inadequadamente podem trazer grandes prejuízos ao titular, uma vez que tal tratamento pode indicar, equivocadamente, que o indivíduo possui uma doença preexistente, levando

---

[12] SWEENEY, Lataya. Discrimination in online ad delivey. *Search Engines*. p. 12. Disponível em: https://dl.acm.org/doi/pdf/10.1145/2460276.2460278. Acesso em 29 dez. 2020.

[13] SWEENEY, Lataya. Discrimination in online ad delivey. *Search Engines*. p. 14-15. Disponível em: https://dl.acm.org/doi/pdf/10.1145/2460276.2460278. Acesso em 29 dez. 2020.

a um aumento na mensalidade ou carência diferenciada para determinados tipos de tratamento.

Se, por exemplo, uma pessoa faz todas as compras de medicamentos para ela e sua família numa mesma farmácia e esta, por sua vez, não só armazena tais informações como ainda as compartilha com operadoras de planos de saúde, os medicamentos comprados para familiares – e não para o indivíduo – também serão submetidos a tratamento como se lhe dissessem respeito, predizendo, então, que o indivíduo sofre de enfermidades que, na verdade, são dos seus familiares. Esse processamento poderá aumentar a sua mensalidade do plano de saúde ou até mesmo fazer com que a operadora entenda que o indivíduo cometeu fraude por omissão de informações.

Além disso, se os dados não forem precisos, bem como se as variáveis do perfil não forem escolhidas de maneira representativa, ampla e neutra, os resultados da aplicação de perfil poderão ser enviesados.

A esse respeito, Timnit Gebru, cientista da computação que foi colíder da Equipe de Inteligência Artificial do Google, afirmou que os algoritmos de reconhecimento facial têm mais dificuldade em diferenciar homens e mulheres quanto mais escuro for o tom de pele, de modo que é muito mais provável que uma mulher de pele escura seja confundida com um homem do que outra mulher de pele mais clara. Uma das razões para isso seria que o conjunto de dados originais utilizado para treinar esses algoritmos é, em sua maioria, composto por dados de pessoas brancas e do sexo masculino.[14]

Outro fator que pode levar à discriminação é a coleta e o tratamento de dados sensíveis para a construção de perfis. Tais dados são assim chamados por, historicamente, possuírem um maior potencial de ser utilizados para fins lesivos.[15]

Acerca da importância da proteção dos dados genéticos, Rodotà escreve:

> Parece evidente, a esta altura, que as informações genéticas assumem um valor *constitutivo* da esfera privada bem mais forte do que qualquer outra categoria de informações pessoais. Isso resulta do fato de que elas estão relacionadas à própria estrutura da pessoa, não são modificáveis pela vontade do interessado (como acontece para muitos outros dados, dos

---

[14] WALL, Matthew. Inteligência artificial: por que as tecnologias de reconhecimento facial são tão contestadas. *BBC News Brasil*, 5 jul. 2019. Disponível em: https://www.bbc.com/portuguese/geral-48889883. Acesso em 1º out. 2020.

[15] Nos últimos anos, os testes de ancestralidade ganharam inúmeros adeptos, uma vez que são facilmente encontrados na internet a preço acessível. Em 2019, a companhia de análise genética Family Tree DNA admitiu que estava compartilhando as informações genéticas coletadas por meio de tais testes com o FBI e a Polícia Federal dos Estados Unidos para ajudar a identificar suspeitos de estupros e assassinatos. Posteriormente, surgiram notícias de que outras companhias afins estavam compartilhando os dados genéticos dos clientes com gigantes farmacêuticas para a realização de pesquisas e desenvolvimento de novos medicamentos (FOGARTY, Philippa. Como empresas estão ganhando dinheiro com seu DNA. *BBC News Brasil*, 7 maio 2019. Disponível em: https://www.bbc.com/portuguese/vert-cap-47926294. Acesso em 1 out. 2020). Segundo essas organizações, as quais possuem dados genéticos de milhões de pessoas, somente foram compartilhadas as informações cujos titulares consentiram com a respectiva transferência. Contudo, nos Estados Unidos, são comuns fusões de grandes farmacêuticas com fornecedoras de plano de saúde. Em 2018, por exemplo, o Departamento de Justiça autorizou a fusão entre a gigante farmacêutica CVS Health e a seguradora de Saúde Aetna por US$69 bilhões (ABELSON, Reed. CVS Health and Aetna $69 billion merger is approved with conditions. *The New York Times*, 10 out. 2018. Disponível em: https://www.nytimes.com/2018/10/10/health/cvs-aetna-merger.html. Acesso em 19 set. 2020). Por conseguinte, não é remota a possibilidade de que tais dados sensíveis, cujo tratamento foi permitido pelos seus titulares para ajudar em pesquisas de desenvolvimento, sejam utilizados para a construção e a aplicação de perfis por seguradoras de saúde, o que pode levar à discriminação dos indivíduos no que diz respeito a mensalidades e coberturas do plano de saúde.

nomes às opiniões), não podem ser removidas ou cobertas pelo esquecimento (como acontece com as informações relacionadas aos comportamentos do passado). Exatamente por seu caráter *estrutural* e *permanente*, as informações genéticas constituem a parte mais dura do "núcleo duro" da privacidade, fornecem o perfil mais definido da pessoa e estão, assim, na base de ações discriminatórias. Não foi por acaso que uma das críticas mais preocupantes relacionadas ao "Projeto Genoma" tenha sido a que põe em evidencia o risco de que, utilizando seus resultados, se chegue a um *"gene based castle system"*, a uma nova organização por castas da sociedade. (Grifos no original).

Conforme se observa, os dados genéticos são capazes de fornecer o perfil mais preciso de um indivíduo, pois estão relacionados, de maneira imutável, à própria estrutura da pessoa. Podem revelar informações como as características físicas e genéticas de um indivíduo, sua ascendência, predisposição a doenças, metabolismo, dados relacionados à resposta a tratamentos e medicamentos, probabilidade de os descendentes desenvolverem alguma doença genética. Por essa razão, devem ser especialmente protegidos para que não sejam coletados ou compartilhados sem autorização, bem como para que não sejam tratados para fins discriminatórios.

Da mesma forma, os demais dados sensíveis podem gerar práticas tendenciosas. Pessoas com HIV, por exemplo, são demitidas ou deixam de ser promovidas se seus empregadores tomam conhecimento da sua condição de saúde.[16] É justamente para evitar isso que a proteção de dados pessoais proíbe ou restringe a coleta de dados sensíveis, em regra.[17]

No entanto, mesmo quando dados considerados sensíveis por natureza são omitidos, a discriminação ainda pode ocorrer, já que, no *profiling*, quando determinada variável não é coletada, utilizam-se, em substituição, outras variáveis presumidamente ligadas à variável sensível omitida. São as chamadas variáveis *proxies*.

O Facebook, por exemplo, não faz pergunta acerca da raça ou etnia dos usuários, contudo, a partir das interações do indivíduo, consegue inferir o *proxy* "afinidade cultural", o qual se torna uma ferramenta eficaz para anunciantes que desejem apresentar diferentes versões de seus anúncios a grupos distintos.[18] A proibição da coleta de determinados dados pessoais não é suficiente para impedir a discriminação,

---

[16] Segundo dados da Organização Internacional do Trabalho, a porcentagem de demissão por esse tipo de preconceito vai de 13% nas Ilhas Fiji a cerca de 100% no Timor Leste. Na Nicarágua, Grécia e Costa Rica, esses percentuais são de 67%, 80% e 53%, respectivamente. A pesquisa da OIT também incluiu relatos de pessoas que não foram aprovadas em um processo seletivo para uma vaga de emprego depois que informaram serem soropositivas (ONU NEWS. Pessoas com HIV continuam discriminadas no mercado de trabalho. *Agência Brasil*, 26 jul. 2018. Disponível em: https://agenciabrasil.ebc.com.br/internacional/noticia/2018-07/pessoas-com-hiv-continuam-discriminadas-no-mercado-de-trabalho. Acesso em 2 nov. 2020).

[17] A disciplina dos dados pessoais sensíveis varia em cada ordenamento jurídico, contudo, de um modo geral, costuma-se proibir o tratamento de tais dados, indicando as exceções em que o tratamento pode ocorrer ou se permite o tratamento desses dados, em circunstâncias muito mais restritas que a dos demais dados pessoais e sob regras bem mais rígidas. Nessa esteira, a LGPD traz, em seu art. 11, uma seção própria acerca das particularidades no tratamento desses dados, dispondo que o processamento de dados sensíveis somente poderá ocorrer: a) mediante consentimento do titular fornecido de forma específica e destacada, para finalidades específicas, ou b) sem fornecimento de consentimento do titular, mas em hipóteses mais limitadas que aquelas permitidas para os outros dados pessoais.

[18] WILLIAMS, Betsy Anne; BROOKS, Catherine F.; SHMARGAD, Yotam. How algorithms discriminate based on data they lack: challenges, solutions, and policy implications. *Journal of Information Policy*, Penn State University Press, v. 8, 4 set. 2018. p. 89-90. Disponível em: https://www.jstor.org/stable/10.5325/jinfopoli.8.2018.0078. Acesso em 29 dez. 2020.

haja vista que as organizações tendem a preencher tais lacunas na aplicação de perfis com as variáveis *proxies*.

Agan e Starr fizeram um estudo de discriminação na contratação com base em inscrições *on-line* depois que vários estados dos Estados Unidos proibiram os empregadores de questionar os candidatos acerca de antecedentes criminais. A pesquisa revelou que, após tal proibição, a diferença entre a quantidade de candidatos com nomes associados a pessoas brancas e candidatos cujos nomes são comumente associados a pessoas negras que foram chamados para a fase de entrevista cresceu cerca de 40%, uma vez que os empregadores passaram a assumir que os negros têm maior probabilidade de possuir antecedentes criminais.[19]

Como se observa, na situação acima, a variável *proxy* é fruto de generalização, que é um dos maiores fatores de discriminação na atividade de *profiling*.

Ressalte-se que há generalizações em que não há nenhuma congruência estatística ou evidência que as corroborem. São, pois, generalizações inconsistentes e costumam reforçar estereótipos sociais, conforme se verifica em sentenças como "loiras são burras" e "baianos são preguiçosos". Mas há também situações em que a discriminação se baseia em generalizações estatisticamente consistentes – isto é, que se mostram verdadeiras em 100% dos casos ou que se referem a determinada característica que é compartilhada pela maioria dos indivíduos de certo grupo –, contudo, dizem respeito a grupos historicamente discriminados e acabam reforçando o tratamento discriminatório.[20]

Dessa feita, não somente as generalizações inconsistentes podem gerar discriminação, generalizações consistentes também são capazes disso. Assim, numa hipótese ilustrativa, o tratamento de dados de determinada companhia revelou que as pessoas do sexo feminino trabalhavam menos horas, por dia, na referida organização e, por isso, ao construir o perfil do próximo contratado para um cargo de gestão, define que este deverá ser do sexo masculino. Nessa situação, há uma evidência estatística a embasar esse perfil, no entanto, esses dados objetivos desconsideram qualquer relação de causalidade. Se a decisão é tomada unicamente com base nesse perfil, reforça-se o preconceito institucional contra as mulheres.

Quando os indivíduos são julgados por características do grupo que eles não possuem individualmente, tal fato pode acarretar uma injusta segregação. Por exemplo, uma pessoa que pretende financiar um imóvel e, por conta disso, faz uma pesquisa acerca dos imóveis disponíveis em diferentes construtoras, as quais, por sua vez, realizam várias consultas ao seu CPF, pode acabar sendo encaixada, pelo banco financiador, num perfil de risco e, por conseguinte, tendo o crédito negado. Isso porque os dados que deram origem ao perfil revelaram que indivíduos que têm seu CPF consultado com alta frequência têm mais probabilidade de ser inadimplentes, haja vista que tais consultas indicam que estes indivíduos fazem mais uso de diferentes créditos ao mesmo tempo, tornando-se mais endividados. Ainda que esta informação esteja estatisticamente correta,

---

[19] AGAN, Amanda; STARR, Sonja. Ban the box, criminal records, and racial discrimination: a field experiment. *The Quarterly Journal of Economics*, v. 13, n. 1, p. 191-235, fev. 2018. Disponível em: https://academic.oup.com/qje/article-abstract/133/1/191/4060073?redirectedFrom=fulltext. Acesso em 2 nov. 2020.

[20] MENDES, Laura Schertel; MATTIUZZO, Marcela. Discriminação algorítmica: conceito, fundamento legal e tipologia. *Revista Direito Público*, v. 16, n. 90, 2019. p. 47-49; 54. Disponível em: https://www.portaldeperiodicos.idp.edu.br/direitopublico/article/view/3766/Schertel%20Mendes%3B%20Mattiuzzo%2C%202019. Acesso em 18 set. 2020.

não é a realidade daquela pessoa específica, pois ela não fechará vários contratos de financiamento, mas apenas um.

Assim, as generalizações com base em perfis de grupo desindividualizam os titulares dos dados, que passam a ser julgados não pelo que são como indivíduos, mas como integrantes de determinado grupo, aos quais, muitas vezes, nem pertencem. Esse fato faz com que as pessoas que não se encaixam no perfil objetivamente desejado sejam cada vez mais excluídas do acesso a oportunidades e serviços. Conforme Rodotà, a difusão do uso do *profiling* pode discriminar pessoas que não correspondam ao modelo padrão, acentuando a estigmatização dos comportamentos distintos de tal modelo, bem como a penalização das minorias.[21]

Nas grandes companhias dos Estados Unidos, é frequente o uso do *profiling* para a contratação de novos empregados. Algoritmos decifram os currículos dos candidatos, verificam seus perfis em redes sociais e até mesmo utilizam inteligência artificial para analisar entrevistas. Não raramente, os candidatos são submetidos a testes de personalidade, devendo responder se concordam ou não com afirmações como: "Ao longo do dia, posso experimentar muitas mudanças de humor" ou "Se algo muito ruim acontecer, levo algum tempo até que eu me sinta feliz novamente".[22]

Esses testes são usados para avaliar a personalidade, as habilidades cognitivas e outras características de 60% a 70% dos trabalhadores em potencial nos EUA. O problema é que tais testes são capazes de identificar e discriminar pessoas com provável histórico de doença mental.[23]

Outro exemplo de tratamento discriminatório são as práticas de *geopricing* e *geoblocking*, isto é, respectivamente, ofertar, sem nenhuma justificativa legítima, num mesmo dia, local e para o mesmo produto ou serviço, preços diferentes ou restringir o acesso a determinado conteúdo da internet, ambas as ações com base na localização geográfica do indivíduo.

Em junho de 2018, o Departamento de Proteção e Defesa do Consumidor (DPDC) condenou a Decolar.com ao pagamento de multa de R$7.500.000,00 por considerar que

> ao precificar – ou permitir que se precifique – o serviço de acomodação de acordo com a localização geográfica do usuário, a Decolar.com se conduz de forma a extrapolar o direito de precificar (ou permitir que serviço por ele anunciado seja precificado) de acordo com as práticas do mercado. Com efeito, não se justifica, e nem é prática usual, o estabelecimento de preços diferentes de serviços que são prestados no mesmo local e nas mesmas condições a qualquer consumidor que esteja disposto a pagar por esses serviços. Quanto à não exibição da disponibilidade total de acomodações, a infração à ordem jurídica é ainda mais evidente: a Decolar.com extrapola de seu direito de praticar o comércio e de ofertar o produto, prejudicando o consumidor brasileiro, ao não mostrar serviço que não queira vender a determinado consumidor (no caso, o consumidor brasileiro). Isso porque

---

[21] RODOTÀ, Stefano. *A vida na sociedade de vigilância* – A privacidade hoje. Tradução de Danilo Doneda e Luciana Cabral Doneda. Rio de Janeiro: Renovar, 2008. p. 105.

[22] WEBER, Lauren; DWOSKIN, Elizabeth. Are workplace personality tests fair? *The Wall Street Journal*, 29 set. 2014. Disponível em: https://www.wsj.com/articles/are-workplace-personality-tests-fair-1412044257. Acesso em 11 out. 2020.

[23] WEBER, Lauren; DWOSKIN, Elizabeth. Are workplace personality tests fair? *The Wall Street Journal*, 29 set. 2014. Disponível em: https://www.wsj.com/articles/are-workplace-personality-tests-fair-1412044257. Acesso em 11 out. 2020.

o favorecimento (ou desfavorecimento), bem como a discriminação por conta de etnia, localização geográfica ou qualquer outra característica extrínseca ao ato comercial causa desequilíbrio no mercado e nas relações de consumo.[24]

No caso acima, a informação da localização geográfica do indivíduo foi utilizada para apresentar preços mais caros para as acomodações e até mesmo negar a oferta de vagas para brasileiros, enquanto indivíduos de outros países tinham, nas mesmas condições, acesso a ofertas melhores para a mesma acomodação.

Há, ainda, mais um fator que pode levar à discriminação: é o exercício de direitos pelo titular dos dados. Aqui não se verifica erro quanto aos dados ou à estatística; o que ocorre é que o perfil coleta informações acerca de quais direitos o titular exerceu, bem como quantas vezes o fez para, então, afetar negativamente os resultados para o indivíduo.

Um exemplo ajudará no entendimento desse tipo de discriminação: na Alemanha, verificou-se que os birôs de crédito estavam considerando o exercício do direito de acesso do indivíduo ao *score* de crédito como um aspecto negativo, de modo que as pessoas que acessavam o seu *score* tinham sua pontuação reduzida.[25]

Por fim, importa dizer que o *profiling* pode prejudicar a coesão social, tendo em vista que quando os perfis de grupo, ainda que corretos, tornam-se publicamente conhecidos, pessoas podem tratar umas às outras de acordo com tais perfis, como no caso de um processamento de dados indicar que há mais criminosos entre os residentes de determinada localidade; apesar de a informação desconsiderar uma série de fatores que poderiam explicar essa estatística, as pessoas podem passar a se comportar com mais suspeita entre os moradores dessa região.[26]

Até o momento não há uma solução única e plenamente eficaz para minimizar os riscos que a mineração de dados e a definição de perfis representam para o indivíduo. Apesar disso, como se verá a seguir, as legislações sobre proteção de dados pessoais, máxime as mais recentes, fornecem alguns mecanismos que podem ajudar a garantir, mesmo que parcialmente, os direitos dos titulares de dados.

4 A importância da LGPD e do GPDR para a mitigação da ameaça de discriminação

Inicialmente, para uma melhor compreensão deste tópico, importa dizer que a LGPD, em seu art. 12, §2º, prevê que mesmo os dados anonimizados poderão ser considerados dados pessoais se forem "utilizados para a formação do perfil comportamental de determinada pessoa natural, se identificada", hipótese em que, por conseguinte, aplica-se a referida legislação.

---

[24] BRASIL. Ministério da Justiça e Segurança Pública. *Decolar.com é multada por prática de geopricing e geoblocking*. 16 ago. 2018. Disponível em: https://www.justica.gov.br/news/collective-nitf-content-51. Acesso em 20 abr. 2020.

[25] MENDES, Laura Schertel; MATTIUZZO, Marcela. Discriminação algorítmica: conceito, fundamento legal e tipologia. *Revista Direito Público*, v. 16, n. 90, 2019. p. 54. Disponível em: https://www.portaldeperiodicos.idp.edu.br/direitopublico/article/view/3766/Schertel%20Mendes%3B%20Mattiuzzo%2C%202019. Acesso em 18 set. 2020.

[26] SCHERMER, Bart W. The limits of privacy in automated profiling and data mining. *Computer Law & Security Review*, n. 27, 2011. p. 47. Disponível em: https://www.sciencedirect.com/science/article/abs/pii/S0267364910001767. Acesso em 10 out. 2020.

Ocorre que, muitas vezes, as informações usadas no *profiling* são anonimizadas, pois, nos casos dos perfis de grupo, não há necessidade de se identificar uma pessoa, especificamente; é suficiente a identificação apenas da categoria da qual ela faz parte para que uma série de decisões que irão afetá-la, individualmente, seja tomada.[27] Uma vez que o dispositivo acima mencionado utiliza a expressão "identificada", estas situações não seriam tuteladas pela LGPD?

Adota-se o entendimento defendido por Bruno Bioni, segundo o qual, numa interpretação sistemática da Lei Geral de Proteção de Dados Pessoais, tendo em conta seus fundamentos e objetivos, bem como o próprio conceito expansionista por esta adotado:

> As expressões "determinada pessoa" e "identificada", constantes do referido dispositivo da LGPD, devem ser compreendidas com relação aos desdobramentos que o tratamento de dados pode ter sobre um indivíduo, ao contrário de significá-los com os olhos voltados para a base de dados em si, especificamente se o perfil comportamental pode ser ou não atribuído a uma pessoa em específico. Ou seja, o foco não está no dado, mas no seu uso – para a formação de perfis comportamentais – e sua consequente repercussão na esfera do indivíduo.[28]

Dessa forma, se o tratamento de dados, anonimizados ou pessoais, submeter uma coletividade ou um indivíduo a processos de decisões automatizadas e puder lhes causar efeitos negativos, deve ser regulado pelo escopo normativo da proteção dos dados pessoais.[29]

Noutra senda, segundo o item 71 da exposição de motivos do RGPD, a "definição de perfis automatizada baseada em categorias especiais de dados pessoais só deverá ser permitida em condições específicas", de modo que o *profiling* com base em dados sensíveis deve ser, em regra, proibido.

Na LGPD, contudo, não há idêntica previsão, possibilitando que dados que potencialmente podem gerar mais discriminação sejam utilizados no tratamento automático para a definição de perfis, desde que tal processamento esteja de acordo com as hipóteses legais que autorizam o tratamento de dados sensíveis, o que deixa os titulares dos dados mais suscetíveis à discriminação algorítmica, que é mais difícil de ser detectada. No entanto, ainda que houvesse disposição semelhante, tal previsão não minimiza satisfatoriamente os riscos envolvidos nessa prática, haja vista que a existência de variáveis *proxies* pode levar a resultados discriminatórios.

---

[27] BIONI, Bruno Ricardo. *Proteção de dados pessoais* – A função e os limites do consentimento. Rio de Janeiro: Forense, 2019. p. 80.

[28] BIONI, Bruno Ricardo. *Proteção de dados pessoais* – A função e os limites do consentimento. Rio de Janeiro: Forense, 2019. p. 81.

[29] BIONI, Bruno Ricardo. *Proteção de dados pessoais* – A função e os limites do consentimento. Rio de Janeiro: Forense, 2019. p. 82. De fato, uma interpretação literal do aludido art. 12, §2º, retiraria do âmbito de aplicação da LGPD inúmeras situações que oferecem sérios riscos aos direitos dos titulares dos dados, os quais continuarão sofrendo os impactos do *profiling* e das decisões neste baseadas, sem ter à sua disposição os mecanismos de proteção conferidos pela Lei nº 13.709/2018. Caberá à Autoridade Nacional, então, dirimir quaisquer dúvidas a respeito do sentido e alcance do artigo em questão. A observância de cada um dos princípios que norteiam a proteção de dados contribui, em algum grau, para regular que o *data mining* e a definição de perfis ocorram de maneira lícita e acarretem o mínimo possível de consequências negativas ao titular dos dados, em especial o princípio da não discriminação, expressamente previsto pela LGPD e que é definido como a "impossibilidade de realização do tratamento para fins discriminatórios ilícitos ou abusivos".

Ainda conforme o referido item da exposição de motivos do RGPD, recomenda-se expressamente que o responsável pelo tratamento das informações pessoais utilize procedimentos matemáticos e estatísticos adequados à definição de perfis, bem como aplique medidas técnicas e organizativas que garantam a correção dos fatores que introduzem imprecisões nos dados pessoais e a atenuação do risco de erros.

As duas mencionadas legislações preveem alguns direitos dos indivíduos, os quais são essenciais para a tutela do direito fundamental à proteção de dados pessoais. Isso inclui a salvaguarda dos titulares dessas informações contra os perigos envolvidos no *profiling* e na tomada de decisão com base no processamento de dados pessoais.

O primeiro deles é o *direito de acesso*, que garante ao titular que obtenha dos agentes de tratamento, de modo facilitado, informações claras, adequadas e ostensivas acerca da finalidade, duração e forma do processamento de dados. Esse direito é essencial para a redução da assimetria de informação entre os agentes de tratamento e os titulares dos dados, assegurando aos indivíduos algum grau de conhecimento sobre o uso de suas informações pessoais.

Também o *direito à correção de dados incompletos*, inexatos ou desatualizados se mostra importante para que ao titular de tais informações seja aplicado o perfil mais adequado. Contudo, somente o exercício desses dois direitos não é suficiente. Por tal razão, o Regulamento Geral de Proteção de Dados da União Europeia prevê, em seu art. 21, que o indivíduo tem direito de se opor à submissão de seus dados pessoais a tratamento destinado à definição de perfis, inclusive se tal processamento estiver relacionado à comercialização direta.[30]

A LGPD, por sua vez, também prevê um *direito à oposição*, mas de modo mais genérico, estabelecendo, em seu art. 18, §2º, que o titular pode se opor a tratamento realizado com fundamento numa das hipóteses de dispensa de consentimento, em caso de descumprimento das disposições da referida lei. O direito previsto na legislação pátria restringe consideravelmente as possibilidades de o titular dos dados se opor a determinado tratamento, pois exige que este processamento esteja em desacordo com o disposto pela LGPD, o que, por seu turno, já tornaria o respectivo tratamento ilícito, permitindo, por conseguinte, que o indivíduo tomasse medidas para fazer cessar o processamento de seus dados, mesmo na ausência de previsão do direito à oposição.[31]

No que concerne às decisões individuais automatizadas, o art. 22 da RGPD estabelece que o titular das informações tem o direito de, salvo determinadas exceções,

---

[30] "Artigo 21º – Direito de oposição: 1. O titular dos dados tem o direito de se opor a qualquer momento, por motivos relacionados com a sua situação particular, ao tratamento dos dados pessoais que lhe digam respeito com base no artigo 6º, nº 1, alínea e) ou f), ou no artigo 6º, nº 4, incluindo a definição de perfis com base nessas disposições. O responsável pelo tratamento cessa o tratamento dos dados pessoais, a não ser que apresente razões imperiosas e legítimas para esse tratamento que prevaleçam sobre os interesses, direitos e liberdades do titular dos dados, ou para efeitos de declaração, exercício ou defesa de um direito num processo judicial. 2. Quando os dados pessoais forem tratados para efeitos de comercialização direta, o titular dos dados tem o direito de se opor a qualquer momento ao tratamento dos dados pessoais que lhe digam respeito para os efeitos da referida comercialização, o que abrange a definição de perfis na medida em que esteja relacionada com a comercialização direta. 3. Caso o titular dos dados se oponha ao tratamento para efeitos de comercialização direta, os dados pessoais deixam de ser tratados para esse fim".

[31] Já o Regulamento europeu tutela de maneira mais adequada a autodeterminação informativa do titular, ao lhe garantir maior controle sobre as hipóteses em que seus dados serão tratados, permitindo-lhe, inclusive, opor-se ao processamento de dados com base no legítimo interesse do responsável pelo tratamento, a menos que este apresente razões imperiosas e fundamentadas para o processamento que prevaleçam sobre os interesses, direitos e liberdades do titular dos dados.

não ficar sujeito a nenhuma decisão tomada unicamente em virtude do processamento automatizado de seus dados, incluindo-se aí a definição de perfis. Mesmo quando não puder exercer tal direito, garante-se ao indivíduo o direito de obter "intervenção humana por parte do responsável, manifestar o seu ponto de vista e contestar a decisão".[32]

Já a legislação pátria, em seu art. 20, estabelece que o indivíduo tem direito a solicitar a revisão de decisões tomadas baseadas exclusivamente no tratamento automatizado de seus dados pessoais que afetem seus interesses, no que se incluem as decisões destinadas à definição de perfil pessoal, profissional, de consumo e de crédito ou de aspectos de sua personalidade. A esse respeito, inicialmente, o texto da lei previa a possibilidade de a pessoa solicitar que a revisão fosse feita por pessoa natural, contudo, a Lei nº 13.853/2019 retirou tal possibilidade.

Dessa feita, a revisão humana das decisões automatizadas deixou de ser uma obrigatoriedade e passou a ser uma faculdade dos agentes de tratamento, o que não tutela de maneira adequada os direitos da personalidade do titular dos dados, haja vista que, consoante demonstrado, não são apenas erros de codificação que podem levar um algoritmo a um resultado inadequado, porquanto existem diversos fatores que podem levar a isso, como os cálculos probabilísticos e as inconsistências nas amostras, os quais podem não ser sanados com uma revisão que também ocorra de forma automatizada.

Em suma, a revisão automatizada não garante que os indivíduos sejam julgados com base nas suas próprias características e méritos individuais, e não pelas características do grupo a que pertencem, as quais, embora válidas para a categoria em questão, podem não ser válidas para o indivíduo.

Entretanto, nada impede que os agentes de tratamento viabilizem aos titulares dos dados que solicitem um reexame que conte com a intervenção humana. Também, caso as circunstâncias do caso concreto apontem para a necessidade da revisão humana de uma decisão automatizada, o Judiciário poderá determiná-la com vistas a tutelar os direitos dos titulares dos dados.

É preciso garantir que o exercício desses direitos pelo indivíduo não influenciará, negativamente, a decisão tomada pelos agentes de tratamento. Por essa razão, o art. 21 da LGPD expressamente prevê que "os dados pessoais referentes ao exercício regular de direitos pelo titular não podem ser utilizados em seu prejuízo".

Tendo em vista que, atualmente, o tratamento de dados pessoais para a definição de perfis e para a tomada de decisão ocorre cada vez mais de maneira automatizada, também é crescente a preocupação dos estudiosos da privacidade com a obscuridade

---

[32] "Artigo 22º Decisões individuais automatizadas, incluindo definição de perfis. 1. O titular dos dados tem o direito de não ficar sujeito a nenhuma decisão tomada exclusivamente com base no tratamento automatizado, incluindo a definição de perfis, que produza efeitos na sua esfera jurídica ou que o afete significativamente de forma similar. 2. O nº 1 não se aplica se a decisão: a) For necessária para a celebração ou a execução de um contrato entre o titular dos dados e um responsável pelo tratamento; b) For autorizada pelo direito da União ou do Estado-Membro a que o responsável pelo tratamento estiver sujeito, e na qual estejam igualmente previstas medidas adequadas para salvaguardar os direitos e liberdades e os legítimos interesses do titular dos dados; ou c) For baseada no consentimento explícito do titular dos dados. 3. Nos casos a que se referem o nº 2, alíneas a) e c), o responsável pelo tratamento aplica medidas adequadas para salvaguardar os direitos e liberdades e legítimos interesses do titular dos dados, designadamente o direito de, pelo menos, obter intervenção humana por parte do responsável, manifestar o seu ponto de vista e contestar a decisão. 4. As decisões a que se refere o nº 2 não se baseiam nas categorias especiais de dados pessoais a que se refere o artigo 9º, nº 1, a não ser que o nº 2, alínea a) ou g), do mesmo artigo sejam aplicáveis e sejam aplicadas medidas adequadas para salvaguardar os direitos e liberdades e os legítimos interesses do titular".

dos algoritmos que processam essas informações. Diante disso, a literatura costuma apontar a *transparência* como um importante mecanismo para tutelar os direitos dos indivíduos ante os potenciais riscos que o tratamento de dados por meio de sistemas computacionais implica.

A transparência permite que os indivíduos tomem conhecimento de quais tipos de dados pessoais são coletados, como são gerenciados e analisados, bem como quais decisões são tomadas a partir desses dados e com base em que fatores.[33] Esse princípio intenta assegurar um conhecimento mais amplo acerca do que ocorre durante o tratamento das informações pessoais e de como se chegou a certo resultado.

A transparência exige que sejam satisfeitos dois requisitos: acessibilidade e compreensibilidade.[34] O primeiro componente é o que mais gera debates. De um lado, há argumentos contrários à abertura do código-fonte ao público em geral, máxime o segredo comercial. De outro, há autores, como Pasquale e Citron, que defendem que essas alegações são compensadas pelas ameaças à dignidade, não se podendo tolerar que as decisões sobre os indivíduos sejam tomadas por um sistema secreto que não oferece aos indivíduos "chance para desafiar pontuações preditivas que prejudicam sua capacidade de obter crédito, empregos, habitação e outras oportunidades importantes".[35]

A extensão do acesso ao código-fonte de algoritmos deve levar em consideração o objetivo do sistema e os outros interesses envolvidos na questão. A depender do uso a que se destina o algoritmo, a divulgação do seu código fará com que o sistema perca a sua capacidade preditiva, já que os indivíduos poderão utilizar o conhecimento obtido para burlá-lo. Outras vezes, haverá preocupações a justificar a não abertura do código-fonte a toda a população, a exemplo do segredo comercial.

Não incorrendo nessas hipóteses, o ideal é que seja dada a maior transparência possível ao algoritmo. E quando existirem justificativas legítimas para se atribuir algum nível de segredo ao código do sistema? Não deve haver acesso algum ao funcionamento interno do sistema?

Os algoritmos não devem ser caixas-pretas, cujo funcionamento interno ninguém conhece. Uma alternativa que conciliaria a proteção dos dados e o segredo empresarial seria a abertura do código apenas à autoridade responsável – no caso brasileiro, a Autoridade Nacional de Proteção de Dados –, a qual garantiria o sigilo dessas informações. Dessa forma, seria assegurada a transparência do sistema, sem comprometer o negócio nele baseado.

A esse respeito, tanto a Lei Geral de Proteção de Dados Pessoais quanto o Regulamento Geral de Proteção de Dados Pessoais levam em consideração os argumentos contrários à divulgação do código-fonte dos algoritmos.

---

[33] CABALLOL, Daniel Contreras; DENDAL, Daniel Pefaur. Transparencia Algorítmica: buenas prácticas y estándares de transparencia en el proceso de toma de decisiones automatizadas. *Cuaderno de Trabajo*, n. 17, out. 2020. p. 9. Disponível em: https://www.consejotransparencia.cl/wp-content/uploads/2020/10/Transparencia-Algoritmica.pdf. Acesso em 29 dez. 2020.

[34] MITTELSTADT, Brent Daniel *et al*. The ethics of algorithms: mapping the debate. *SAGE Journals*, 1º dez. 2016. p. 6. Disponível em: https://journals.sagepub.com/doi/full/10.1177/2053951716679879. Acesso em 18 set. 2020.

[35] "At the very least, individuals should have a meaningful form of notice and a chance to challenge predictive scores that harm their ability to obtain credit, jobs, housing, and other important opportunities" (CITRON, Danielle Keats; PASQUALE, Frank A. The scored society: due process for automated predictions. *Washington Law Review*, v. 89, 8 jan. 2014. p. 27. Disponível em: https://papers.ssrn.com/sol3/papers.cfm?abstract_id=2376209. Acesso em 18 set. 2020).

A LGPD, em seu art. 6º, VI, define a transparência como a "garantia, aos titulares, de informações claras, precisas e facilmente acessíveis sobre a realização do tratamento e os respectivos agentes de tratamento, observados os segredos comercial e industrial".

Contudo, no intento de verificar se as organizações estão observando a LGPD no tratamento dos dados pessoais, inclusive na mineração de dados e na aplicação de perfis, a LGPD, em seu art. 20, estabelece:

> §1º O controlador deverá fornecer, sempre que solicitadas, informações claras e adequadas a respeito dos critérios e dos procedimentos utilizados para a decisão automatizada, observados os segredos comercial e industrial.
>
> §2º Em caso de não oferecimento de informações de que trata o §1º deste artigo baseado na observância de segredo comercial e industrial, a autoridade nacional poderá realizar auditoria para verificação de aspectos discriminatórios em tratamento automatizado de dados pessoais.

Sempre que um agente de tratamento se utilizar do segredo comercial ou industrial para não fornecer informações acerca dos fundamentos e da metodologia utilizados na tomada de decisão, a ANPD poderá auditar o sistema de computação, no intento de identificar o respeito, ou não, aos direitos dos titulares dos dados.

O art. 20, §1º, da lei brasileira traz a obrigação de fornecer informações sobre uma decisão automatizada, chamada pela doutrina de *direito à explicação*. Também o art. 13, nº 1, alínea "f", do RGPD, prevê tal direito ao dispor que o titular tem direito a obter informações acerca da existência de decisões automatizadas, incluindo a definição de perfis, bem como informações úteis relativas à lógica subjacente, além da importância e das possíveis consequências de tal tratamento para o titular dos dados.

Esse direito é de suma importância para a utilização dos sistemas computacionais de maneira transparente. Entretanto, nem a lei brasileira nem a lei europeia deixam claro qual é o grau de explicação a que os agentes de tratamento devem atender.[36]

Ainda sobre o componente da acessibilidade, assim como a LGPD, em momento algum o Regulamento Geral de Dados da União Europeia exige que tal atributo seja aplicado aos códigos-fontes dos algoritmos que processam dados pessoais. Não que a transparência não possa ser empregada ao funcionamento interno dos sistemas computacionais; aliás, se a divulgação de um código-fonte não acarretar prejuízos, sua abertura é desejável.

---

[36] O Grupo de Trabalho do Artigo 29º para a Proteção de Dados, em suas "Orientações sobre as decisões individuais automatizadas e a definição de perfis para efeitos do Regulamento (UE) 2016/679", recomenda que os responsáveis pelo tratamento, em vez de apresentarem uma explicação complexa sobre o funcionamento dos algoritmos ou da aprendizagem automática, forneçam, de maneira clara, informações essenciais acerca dos fundamentos da decisão, como a) as categorias de dados que foram ou serão utilizadas no processo de definição de perfis ou de tomada de decisão e suas respectivas fontes; b) o motivo pelo qual essas categorias são consideradas pertinentes; c) o modo como é elaborado qualquer perfil utilizado no processo de decisão automatizada, incluindo eventuais estatísticas utilizadas na análise; d) o motivo pelo qual esse perfil é relevante para o processo de decisão automatizada; e e) o modo como é utilizado para uma decisão relativa ao titular dos dados (UNIÃO EUROPEIA. *Guidelines on Automated individual decision-making and Profiling for the purposes of Regulation 2016/679 (wp251rev.01).* 22 ago. 2018. p. 35. Disponível em: https://ec.europa.eu/newsroom/article29/item-detail.cfm?item_id=612053. Acesso em 3 nov. 2020). No Brasil, ante a ausência de maiores critérios legislativos, espera-se que a Autoridade Nacional de Proteção de Dados elabore diretrizes básicas a respeito da abrangência do direito à explicação.

Uma vez que a LGPD não traça maiores critérios a respeito da abrangência da transparência, é possível utilizar alguns parâmetros desenvolvidos no âmbito do RGPD como base para se entender tal amplitude.

Nessa esteira, o RGPD também não ignora que os algoritmos protegidos por segredo comercial não podem ser divulgados ao público em geral, no entanto, estabelece que os responsáveis pelo tratamento não podem abusar dessa proteção para se recusar a fornecer qualquer informação aos titulares dos dados. Deve ser fornecido, portanto, o máximo de informação, possível e necessária, para o atendimento da solicitação do indivíduo, inclusive quanto à lógica subjacente ao tratamento automático dos dados pessoais e aos critérios aplicados para tomar a decisão.[37]

A exigência de transparência prevista no Regulamento é voltada para informações e comunicações relacionadas com tratamento dos dados, em particular, informações sobre a identidade do responsável pelo processamento e os fins a que o tratamento se destina, informações voltadas a assegurar que o tratamento de dados seja efetuado com equidade e transparência, bem como a salvaguardar o direito dos titulares para obter a confirmação e a comunicação dos seus dados pessoais que estão a ser tratados, além de informações sobre riscos, regras, garantias e direitos associados ao tratamento dos dados pessoais e acerca dos meios de que os indivíduos dispõem para exercer os seus direitos relativamente a esse tratamento.[38]

O titular dos dados deverá ser informado da definição de perfis e das consequências que daí advêm, bem como sobre eventual obrigatoriedade de fornecer os dados pessoais e quanto às implicações do não fornecimento.[39]

---

[37] Considerando 63: "[...] Por conseguinte, cada titular de dados deverá ter o direito de conhecer e ser informado, nomeadamente, das finalidades para as quais os dados pessoais são tratados, quando possível do período durante o qual os dados são tratados, da identidade dos destinatários dos dados pessoais, da lógica subjacente ao eventual tratamento automático dos dados pessoais e, pelo menos quando tiver por base a definição de perfis, das suas consequências. Quando possível, o responsável pelo tratamento deverá poder facultar o acesso a um sistema seguro por via eletrónica que possibilite ao titular aceder diretamente aos seus dados pessoais. Esse direito não deverá prejudicar os direitos ou as liberdades de terceiros, incluindo o segredo comercial ou a propriedade intelectual e, particularmente, o direito de autor que protege o *software*. Todavia, essas considerações não deverão resultar na recusa de prestação de todas as informações ao titular dos dados. Quando o responsável proceder ao tratamento de grande quantidade de informação relativa ao titular dos dados, deverá poder solicitar que, antes de a informação ser fornecida, o titular especifique a que informações ou a que atividades de tratamento se refere o seu pedido".

[38] "(39) O tratamento de dados pessoais deverá ser efetuado de forma lícita e equitativa. Deverá ser transparente para as pessoas singulares que os dados pessoais que lhes dizem respeito são recolhidos, utilizados, consultados ou sujeitos a qualquer outro tipo de tratamento e à medida que os dados pessoais são ou virão a ser tratados. O princípio da transparência exige que as informações ou comunicações relacionadas com o tratamento desses dados pessoais sejam de fácil acesso e compreensão, e formuladas numa linguagem clara e simples. Esse princípio diz respeito, em particular, às informações fornecidas aos titulares dos dados sobre a identidade do responsável pelo tratamento dos mesmos e os fins a que o tratamento se destina, bem como às informações que se destinam a assegurar que seja efetuado com equidade e transparência para com as pessoas singulares em causa, bem como a salvaguardar o seu direito a obter a confirmação e a comunicação dos dados pessoais que lhes dizem respeito que estão a ser tratados. As pessoas singulares a quem os dados dizem respeito deverão ser alertadas para os riscos, regras, garantias e direitos associados ao tratamento dos dados pessoais e para os meios de que dispõem para exercer os seus direitos relativamente a esse tratamento. Em especial, as finalidades específicas do tratamento dos dados pessoais deverão ser explícitas e legítimas e ser determinadas aquando da recolha dos dados pessoais. [...]".

[39] "(60) Os princípios do tratamento equitativo e transparente exigem que o titular dos dados seja informado da operação de tratamento de dados e das suas finalidades. O responsável pelo tratamento deverá fornecer ao titular as informações adicionais necessárias para assegurar um tratamento equitativo e transparente tendo em conta as circunstâncias e o contexto específicos em que os dados pessoais forem tratados. O titular dos dados deverá também ser informado da definição de perfis e das consequências que daí advêm. Sempre que

Quanto ao componente da compreensibilidade, como visto, a LGPD prevê que informações sobre o tratamento de dados pessoais devem ser prestadas de maneira clara, precisa e facilmente acessível. De igual forma, consoante o RGPD, qualquer informação destinada ao público ou ao titular dos dados deve ser concisa, de fácil acesso e compreensão, bem como formulada numa linguagem clara e simples. Adicionalmente, deve-se recorrer à visualização sempre que adequado.[40]

Entretanto, o emprego cada vez mais comum de *machine learning* dificulta a compreensão do algoritmo, tendo em vista que o código-fonte contém apenas as regras que ditarão o aprendizado das máquinas, mas não a regra decisória que o sistema efetivamente aprendeu.

Assim, se muitas vezes já é difícil compreender algoritmos mais simples, quando se trata de sistemas com inteligência artificial, Oterllo chama a atenção para o fato de que, para os humanos, enormes conjuntos de centenas de regras são muito difíceis de inspecionar visualmente, especialmente quando suas previsões são combinadas probabilisticamente de maneiras complexas.[41] Tornar os algoritmos compreensíveis é um desafio a ser enfrentado na busca por transparência, devendo ser um objetivo almejado desde o início do desenvolvimento do sistema.

Em que pese seja um importante instrumento para avaliar se determinado algoritmo promove a discriminação ou viola outras normas de proteção de dados, Kroll e colaboradores[42] apontam as limitações da transparência como remédio para os riscos que envolvem a mineração dos dados e os sistemas para tomadas de decisão.

Para os autores, muitas situações exigem o segredo dos elementos de uma política de decisão. Como exemplo, citam um algoritmo utilizado para procurar sinais de evasão fiscal nas declarações de imposto de renda e asseveram que, se as pessoas sabem exatamente o que é considerado indício de fraude, elas podem ajustar seu comportamento e os sinais podem perder seu valor preditivo. Outras vezes, o segredo comercial pode mostrar-se incompatível com a transparência total. Ademais, se um sistema não foi projetado visando à avaliação futura, os testes de verificação de *software* muitas vezes não serão eficazes.

---

os dados pessoais forem recolhidos junto do titular dos dados, este deverá ser também informado da eventual obrigatoriedade de fornecer os dados pessoais e das consequências de não os facultar. Essas informações podem ser fornecidas em combinação com ícones normalizados a fim de dar, de modo facilmente visível, inteligível e claramente legível uma útil perspectiva geral do tratamento previsto. Se forem apresentados por via eletrónica, os ícones deverão ser de leitura automática".

[40] "(58) O princípio da transparência exige que qualquer informação destinada ao público ou ao titular dos dados seja concisa, de fácil acesso e compreensão, bem como formulada numa linguagem clara e simples, e que se recorra, adicionalmente, à visualização sempre que for adequado. Essas informações poderão ser fornecidas por via eletrónica, por exemplo, num sítio web, quando se destinarem ao público. Isto é especialmente relevante em situações em que a proliferação de operadores e a complexidade tecnológica das práticas tornam difícil que o titular dos dados saiba e compreenda se, por quem e para que fins os seus dados pessoais estão a ser recolhidos, como no caso da publicidade por via eletrónica. Uma vez que as crianças merecem proteção específica, sempre que o tratamento lhes seja dirigido, qualquer informação e comunicação deverá estar redigida numa linguagem clara e simples que a criança compreenda facilmente".

[41] OTTERLO, Martijn van. A machine learning view on profiling. *Cognitive Artificial Intelligence – Radboud University Nijmegen*. p. 16. Disponível em: http://www.martijnvanotterlo.nl/cpdp11-draftversion-ProjectedWorlds-MartijnVanOtterlo-2011.pdf. Acesso em 12 out. 2020.

[42] KROLL, Joshua A. *et al*. Accountable algorithms. *University of Pennsylvania Law Review*, v. 165, 2017. p. 23-25. Disponível em: https://papers.ssrn.com/sol3/papers.cfm?abstract_id=2765268. Acesso em 18 set. 2020.

Ainda para os referidos autores, se o processo decisório envolver algum elemento de aleatoriedade, a transparência algorítmica pode não ser tão eficiente, já que, por *design*, o processo produz resultados imprevisíveis. O problema é que um algoritmo pode esconder uma randomização mal elaborada e uma suposta escolha aleatória, e esse fato continuar indetectável mesmo com a transparência, porque, em tese, se uma decisão depende de um valor selecionado aleatoriamente, qualquer resultado consistente com algum valor possível da escolha aleatória, não importa quão improvável, deve ser considerado válido, o que dificulta bastante a percepção da falha do sistema.

Os autores argumentam que os sistemas que são constantemente atualizados e, modificados, não podem ser completamente compreendidos por meio da transparência. Primeiro, porque, como dependem da interação com os usuários, ainda que se conheça o código-fonte do algoritmo, isso não explica, por si só, o porquê de qualquer decisão específica nem quão justo é o sistema com diferentes bases de usuários ou interações. Em segundo lugar, porque há o risco de a regra decisória divulgada já ser obsoleta no momento em que é analisada. Os sistemas *on-line* que utilizam aprendizado de máquina atualizam suas regras de decisão após cada interação, o que significa que qualquer divulgação ficará obsoleta assim que for feita.

Apesar de tais limitações, a transparência é um instrumento fundamental na tutela dos dados pessoais, uma vez que garante aos seus titulares, de maneira compreensível, explicações e informações ao menos acerca de quais dados são coletados, para quais finalidades serão utilizados, quem os processará, a que tipo de tratamento serão submetidos, com quem serão compartilhados, por quanto tempo serão armazenados e quais as consequências do fornecimento – ou não – de dados pessoais.

Disponibilizar uma transparência total é praticamente impossível e até inviável numa economia em que muitos modelos de negócio dependem do segredo dos algoritmos que utilizam; entretanto, deve-se buscar algum grau de transparência, de modo que os titulares dos dados e as autoridades de controle recebam a maior quantidade de informação significativa possível, levando-se em conta os interesses de ambas as partes.

Tão ou até mais importantes quanto à quantidade de informação devem ser a qualidade e a clareza da informação, haja vista que, se o indivíduo leigo tiver acesso a uma série de fórmulas matemáticas e códigos de programação, ele não será capaz de identificar se aquilo que vê viola seus direitos ou lhe causa prejuízo de alguma natureza. Em nome da transparência, os agentes de tratamento devem atentar para as peculiaridades dos diferentes grupos que receberão as informações.

Faz-se necessário que eles se comprometam a assegurar os direitos fundamentais dos indivíduos, aplicando métodos de prevenção de discriminação e outras ameaças em todas as fases do tratamento.

Nas hipóteses de tratamento automatizado, devem ser aplicadas técnicas de prevenção desde o pré-processamento, buscando-se identificar e remover vieses discriminatórios contidos nos dados, passando pela construção de algoritmos justos e que respeitem os direitos dos titulares dos dados e pela análise do código com o objetivo de identificar e corrigir falhas, discriminação ou qualquer outro potencial dano ao titular dos dados, até o pós-processamento, fazendo testes constantes no sistema.

Mendes e Mattiuzzo ressaltam a importância de que as equipes responsáveis pelos tratamentos de dados e desenvolvimento dos sistemas de processamento sejam treinadas para compreender os aspectos éticos e morais relacionados à tomada de decisão, bem como que sejam compostas por grupos diversificados, no intento de diminuir as chances de que vieses sociais sejam transpostos para os algoritmos.[43]

A LGPD busca incentivar os agentes de tratamento a adotarem mecanismos de mitigação de riscos aos direitos dos indivíduos, o que inclui a constante avaliação dos processos envolvidos no tratamento de dados, com vistas a identificar e corrigir possíveis falhas e impactos negativos ao titular das informações.

Em observância ao *princípio da prevenção*, o art. 50, §2º, da referida lei estimula a implementação de programa de governança em privacidade que "estabeleça políticas e salvaguardas adequadas com base em processo de avaliação sistemática de impactos e riscos à privacidade", o que será levado em consideração quando da aplicação de eventuais sanções, caso se verifique que a mineração de dados e o *profiling* causaram prejuízo aos indivíduos, mesmo com a adoção de tais práticas.

A autoridade nacional poderá determinar ao controlador que elabore relatório de impacto à proteção de dados pessoais referente a suas operações de tratamento de dados; aquele deverá conter "a descrição dos processos de tratamento de dados pessoais que podem gerar riscos às liberdades civis e aos direitos fundamentais, bem como medidas, salvaguardas e mecanismos de mitigação de risco" (arts. 38 e 5º, XVII). Contudo, o texto normativo sugere a ideia de que a formulação desse relatório não é obrigatória mesmo em caso de operações com elevados riscos aos direitos dos titulares envolvidos, dependendo, pois, da iniciativa da ANPD para requisitá-la.[44]

Já o art. 35º do RGPD apresenta maior garantia aos direitos dos titulares dos dados, pois prevê a obrigatoriedade da avaliação de impacto das operações de tratamento que impliquem elevado risco aos direitos e liberdades das pessoas singulares sempre que uma decisão que afete a esfera jurídica de um indivíduo for tomada com base na avaliação sistemática, completa e automatizada dos seus aspectos pessoais, incluindo a definição de perfis.[45]

Se os mecanismos legislativos acima apresentados não forem suficientes para impedir o tratamento discriminatório ou os impactos negativos decorrentes da mineração de dados e do *profiling*, caberá a aplicação ao agente de tratamento das sanções administrativas e das regras de responsabilidade civil previstas tanto na lei brasileira

---

[43] MENDES, Laura Schertel; MATTIUZZO, Marcela. Discriminação algorítmica: conceito, fundamento legal e tipologia. *Revista Direito Público*, v. 16, n. 90, 2019. p. 60-61. Disponível em: https://www.portaldeperiodicos.idp.edu.br/direitopublico/article/view/3766/Schertel%20Mendes%3B%20Mattiuzzo%2C%202019. Acesso em 18 set. 2020.

[44] "Art. 38. A autoridade nacional poderá determinar ao controlador que elabore relatório de impacto à proteção de dados pessoais, inclusive de dados sensíveis, referente a suas operações de tratamento de dados, nos termos de regulamento, observados os segredos comercial e industrial. Parágrafo único. Observado o disposto no caput deste artigo, o relatório deverá conter, no mínimo, a descrição dos tipos de dados coletados, a metodologia utilizada para a coleta e para a garantia da segurança das informações e a análise do controlador com relação a medidas, salvaguardas e mecanismos de mitigação de risco adotados".

[45] "Artigo 35º – Avaliação de impacto sobre a proteção de dados. 1. Quando um certo tipo de tratamento, em particular que utilize novas tecnologias e tendo em conta a sua natureza, âmbito, contexto e finalidades, for suscetível de implicar um elevado risco para os direitos e liberdades das pessoas singulares, o responsável pelo tratamento procede, antes de iniciar o tratamento, a uma avaliação de impacto das operações de tratamento previstas sobre a proteção de dados pessoais. Se um conjunto de operações de tratamento que apresentar riscos elevados semelhantes, pode ser analisado numa única avaliação. [...] 3. A realização de uma avaliação de impacto sobre a proteção de dados a que se refere o nº 1 é obrigatória nomeadamente em caso de: a) Avaliação sistemática e completa dos aspetos pessoais relacionados com pessoas singulares, baseada no tratamento automatizado, incluindo a definição de perfis, sendo com base nela adotadas decisões que produzem efeitos jurídicos relativamente à pessoa singular ou que a afetem significativamente de forma similar; [...]".

como na europeia, o que levará em consideração o empenho ou não do mencionado agente em prevenir e mitigar tais danos.

5 Conclusão

A definição e a aplicação de perfis, por diversas razões, podem levar a um resultado discriminatório – em que se destaca a construção de perfis a partir de dados incorretos (incompletos ou que apresentam vieses discriminatórios), falhas relacionadas ao tratamento de dados (tal como o erro de codificação do algoritmo de *profiling*), o tratamento de dados sensíveis ou a extração de conhecimento sensível a partir dos dados pessoais, ou, ainda, a definição de perfis a partir de uma base de dados que não seja ampla e representativa, e o *profiling* baseado em generalizações.

Uma decisão discriminatória pode resultar da aplicação de um perfil, mesmo no caso de *profiling* realizado de maneira não automatizada. Entretanto, os algoritmos potencializam sobremaneira os riscos de discriminação, bem como tornam mais difícil a identificação deste resultado, já que são procedimentos complexos e obscuros, os quais as organizações sempre buscam proteger como segredo de negócio.

A aplicação de perfis de maneira automatizada retira a possibilidade de integrantes dos grupos discriminados transporem a barreira do respectivo perfil, já que, ao subtrair o componente humano, não há nenhuma probabilidade de que uma pessoa que não se encaixa no perfil traçado possa superá-lo por meio de algum aspecto subjetivo do tomador de decisão.

Diante disso, as legislações sobre proteção de dados pessoais são de extrema importância por fornecerem alguns mecanismos que podem ajudar a garantir, ainda que parcialmente, os direitos dos titulares de dados. Entretanto, até o momento, não há uma solução única e plenamente eficaz para minimizar os riscos que a mineração de dados e a definição de perfis representam para o indivíduo.

No Brasil, a Lei Geral de Proteção de Dados Pessoais e o Regulamento Geral de Proteção de Dados, na União Europeia, trazem algumas disposições capazes de mitigar o risco de discriminação decorrente da aplicação de perfis. Nessa senda, além do princípio da não discriminação expressamente previsto pela lei brasileira, ambas as legislações preveem, de maneira semelhante, alguns direitos fundamentais para tutelar o indivíduo de práticas tendenciosas. Além dos direitos de acesso e de correção, que permitirão ao indivíduo proceder às medidas necessárias para que o seu perfil seja construído da forma mais fiel possível à realidade, as referidas legislações preveem o direito à oposição.

Entretanto, o direito à oposição na legislação pátria não abrange muitas hipóteses, sendo limitado às situações em que o tratamento de dados estiver em desacordo com o disposto pela LGPD, enquanto o Regulamento europeu permite que o titular se oponha ao processamento de dados em mais hipóteses, inclusive possibilitando-lhe opor-se ao tratamento para a definição de perfis, fundamentado no legítimo interesse do responsável, de modo que tutela de maneira mais efetiva o indivíduo. Há, ainda, previsões acerca das decisões individuais automatizadas, as quais, como demonstrado, muitas vezes são tomadas com base na definição e na aplicação de perfis.

O RGPD dispõe que o titular das informações tem o direito de não ficar sujeito a nenhuma decisão tomada de maneira totalmente automatizada, incluindo-se aí a definição de perfis, bem como o direito de obter intervenção humana por parte do responsável pelo tratamento, além de poder manifestar o seu ponto de vista e contestar a decisão que lhe foi aplicada. Por sua vez, a LGPD também estabelece que o indivíduo tem direito a solicitar a revisão de decisões automatizadas que lhe forem aplicadas, no que se incluem as decisões destinadas à definição de perfil. Contudo, após a alteração realizada pela Lei nº 13.853/2019, retirou-se do titular o direito de solicitar que a revisão fosse feita por pessoa natural, o que não garante que os indivíduos sejam julgados com base nas suas próprias características e méritos individuais, e não pelas características do grupo a que pertence.

Outro instrumento de fundamental importância para a tutela do indivíduo contra a discriminação é o princípio da transparência, previsto tanto pela LGPD quanto pelo GPDR, uma vez que garante aos seus titulares, de maneira compreensível, explicações e informações acerca do *profiling*. No entanto, é praticamente impossível dispor de uma transparência total, máxime quando muitos modelos de negócio dependem do segredo dos algoritmos que utilizam.

Os algoritmos não devem ser caixas-pretas, cujo funcionamento interno ninguém conhece. Uma alternativa que conciliaria a proteção dos dados e o segredo empresarial seria a abertura do código apenas à autoridade responsável, como a ANPD, a qual garantiria o sigilo dessas informações. Dessa forma, seria assegurada a transparência do sistema, sem comprometer o negócio nele baseado. As autoridades de controle, inclusive a brasileira, poderão realizar auditorias para verificar aspectos discriminatórios no tratamento automatizado de dados pessoais.

Faz-se necessário que os agentes de tratamento se comprometam a assegurar os direitos fundamentais dos indivíduos, aplicando métodos de prevenção de discriminação e outras ameaças em todas as fases do tratamento, bem como fazendo análise do código e testes recorrentes no sistema, visando identificar e corrigir qualquer potencial ou viés discriminatório.

A LGPD e o GPDR buscam incentivar os agentes de tratamento a adotarem mecanismos de mitigação de riscos aos direitos dos indivíduos, estimulando a implementação de programa de governança em privacidade e a realização de avaliação de impacto.

Além da responsabilização civil, ambas as legislações estabelecem sanções administrativas que podem ser aplicadas aos agentes de tratamento que, ao aplicarem perfis, acabem gerando discriminação, tais como advertência, bloqueio ou eliminação dos dados pessoais, proibição parcial ou total do exercício de atividades relacionadas a tratamento de dados e multa pecuniária.

Todas essas disposições da Lei Geral de Proteção de Dados Pessoais e do Regulamento de Proteção de Dados Pessoais – muitas das quais estão presentes em diversas outras legislações sobre proteção de dados – são fundamentais para a tutela do indivíduo na sociedade da informação, porquanto permitem que as organizações continuem a utilizar o *profiling* como ferramenta de apoio para a tomada de decisão, ao passo que mitigam os riscos relacionados à definição e à aplicação de perfis, tão comuns em tempos de capitalismo de vigilância.

Ademais, estas legislações atribuem competência para que as autoridades de controle fiscalizem a atuação dos agentes de tratamento e apliquem sanções ao verificarem o descumprimento da legislação. A atuação destas autoridades será fundamental para garantir a efetividade das disposições e criar uma cultura organizacional de respeito aos direitos dos indivíduos em todas as fases de tratamento.

Referências

ABELSON, Reed. CVS Health and Aetna $69 billion merger is approved with conditions. *The New York Times*, 10 out. 2018. Disponível em: https://www.nytimes.com/2018/10/10/health/cvs-aetna-merger.html. Acesso em 19 set. 2020.

AGAN, Amanda; STARR, Sonja. Ban the box, criminal records, and racial discrimination: a field experiment. *The Quarterly Journal of Economics*, v. 13, n. 1, p. 191-235, fev. 2018. Disponível em: https://academic.oup.com/qje/article-abstract/133/1/191/4060073?redirectedFrom=fulltext. Acesso em 2 nov. 2020.

BIONI, Bruno Ricardo. *Proteção de dados pessoais* – A função e os limites do consentimento. Rio de Janeiro: Forense, 2019.

BOSCO, Francesca et al. Profiling technologies and fundamental rights and values: regulatory challenges and perspectives from European Data Protection Authorities. *In*: BOSCO, Francesca et al. *Profiling technologies in practice*: applications and impact on fundamental rights and values. [s.l.]: Wolf Legal Publishers, 2015. Disponível em: https://research.tilburguniversity.edu/en/publications/profiling-technologies-and-fundamental-rights-an-introduction. Acesso em 1 out. 2020.

BRASIL. *Lei nº 13.709, de 14 de agosto de 2018*. Lei Geral de Proteção de Dados Pessoais (LGPD). Disponível em: http://www.planalto.gov.br/ccivil_03/_Ato2015-2018/2018/Lei/L13709.htm. Acesso em 6 abr. 2021.

BRASIL. Ministério da Justiça e Segurança Pública. *Decolar.com é multada por prática de geopricing e geoblocking*. 16 ago. 2018. Disponível em: https://www.justica.gov.br/news/collective-nitf-content-51. Acesso em 20 abr. 2020.

CABALLOL, Daniel Contreras; DENDAL, Daniel Pefaur. Transparencia Algorítmica: buenas prácticas y estándares de transparencia en el proceso de toma de decisiones automatizadas. *Cuaderno de Trabajo*, n. 17, out. 2020. Disponível em: https://www.consejotransparencia.cl/wp-content/uploads/2020/10/Transparencia-Algoritmica.pdf. Acesso em 29 dez. 2020.

CITRON, Danielle Keats; PASQUALE, Frank A. The scored society: due process for automated predictions. *Washington Law Review*, v. 89, 8 jan. 2014. Disponível em: https://papers.ssrn.com/sol3/papers.cfm?abstract_id=2376209. Acesso em 18 set. 2020.

CLARKE, Roger. Profiling: a hidden challenge to the regulation of data surveillance. *Journal of Law, Information and Science*, v. 4, n. 2, 1993. Disponível em: https://www.austlii.edu.au/au/journals/JlLawInfoSci/1993/26.html. Acesso em 12 set. 2020.

FOGARTY, Philippa. Como empresas estão ganhando dinheiro com seu DNA. *BBC News Brasil*, 7 maio 2019. Disponível em: https://www.bbc.com/portuguese/vert-cap-47926294. Acesso em 1 out. 2020.

JAQUET-CHIFFELLE, David-Olivier. Reply: direct and indirect profiling in the light of virtual persons. *In*: HILDEBRANDT, Mireille. *Defining profiling*: a new type of knowledge? Dordrecht: Springer, 2008. Disponível em: https://link.springer.com/chapter/10.1007%2F978-1-4020-6914-7_2#citeas. Acesso em 28 nov. 2020.

KROLL, Joshua A. et al. Accountable algorithms. *University of Pennsylvania Law Review*, v. 165, 2017. Disponível em: https://papers.ssrn.com/sol3/papers.cfm?abstract_id=2765268. Acesso em 18 set. 2020.

MENDES, Laura Schertel; MATTIUZZO, Marcela. Discriminação algorítmica: conceito, fundamento legal e tipologia. *Revista Direito Público*, v. 16, n. 90, 2019. Disponível em: https://www.portaldeperiodicos.idp.edu.br/direitopublico/article/view/3766/Schertel%20Mendes%3B%20Mattiuzzo%2C%202019. Acesso em 18 set. 2020.

MITTELSTADT, Brent Daniel et al. The ethics of algoritms: mapping the debate. *SAGE Journals*, 1º dez. 2016. Disponível em: https://journals.sagepub.com/doi/full/10.1177/2053951716679679. Acesso em 18 set. 2020.

MOREIRA, Adilson José. *O que é discriminação?* Belo Horizonte: Letramento; Casa do Direito; Justificando, 2017.

NEVES, Fabricia Vancim Frachone. *Uma análise da aplicabilidade do data warehouse no comércio eletrônico, enfatizando o CRM analítico*. 2001. 159 f. Dissertação (Mestrado em Engenharia da Produção) – Escola de Engenharia de São Carlos, Universidade de São Paulo, São Carlos, 2001. Disponível em: https://teses.usp.br/teses/disponiveis/18/18140/tde-10042017-160131/en.php. Acesso em 28 nov. 2020.

ONU NEWS. Pessoas com HIV continuam discriminadas no mercado de trabalho. *Agência Brasil*, 26 jul. 2018. Disponível em: https://agenciabrasil.ebc.com.br/internacional/noticia/2018-07/pessoas-com-hiv-continuam-discriminadas-no-mercado-de-trabalho. Acesso em 2 nov. 2020.

OTTERLO, Martijn van. A machine learning view on profiling. *Cognitive Artificial Intelligence – Radboud University Nijmegen*. Disponível em: http://www.martijnvanotterlo.nl/cpdp11-draftversion-ProjectedWorlds-MartijnVanOtterlo-2011.pdf. Acesso em 12 out. 2020.

RODOTÀ, Stefano. *A vida na sociedade de vigilância* – A privacidade hoje. Tradução de Danilo Doneda e Luciana Cabral Doneda. Rio de Janeiro: Renovar, 2008.

SCHERMER, Bart W. The limits of privacy in automated profiling and data mining. *Computer Law & Security Review*, n. 27, 2011. Disponível em: https://www.sciencedirect.com/science/article/abs/pii/S0267364910001767. Acesso em 10 out. 2020.

SWEENEY, Lataya. Discrimination in online ad delivey. *Search Engines*. Disponível em: https://dl.acm.org/doi/pdf/10.1145/2460276.2460278. Acesso em 29 dez. 2020.

UNIÃO EUROPEIA. *Guidelines on Automated individual decision-making and Profiling for the purposes of Regulation 2016/679 (wp251rev.01)*. 22 ago. 2018. Disponível em: https://ec.europa.eu/newsroom/article29/item-detail.cfm?item_id=612053. Acesso em 3 nov. 2020.

UNIÃO EUROPEIA. *Regulamento (UE) 2016/679 do Parlamento Europeu e do Conselho de 27 de abril de 2016*. Relativo à proteção de dados pessoais singulares no que diz respeito ao tratamento de dados pessoais e à livre circulação desses dados e que revoga a Diretiva 95/46/CE (Regulamento Geral sobre Proteção de Dados). Disponível em: https://eur-lex.europa.eu/legal-content/PT/TXT/HTML/?uri=CELEX:32016R0679#d1e1554-1-1. Acesso em 28 jun. 2020.

WALL, Matthew. Inteligência artificial: por que as tecnologias de reconhecimento facial são tão contestadas. *BBC News Brasil*, 5 jul. 2019. Disponível em: https://www.bbc.com/portuguese/geral-48889883. Acesso em 1 out. 2020.

WEBER, Lauren; DWOSKIN, Elizabeth. Are workplace personality tests fair? *The Wall Street Journal*, 29 set. 2014. Disponível em: https://www.wsj.com/articles/are-workplace-personality-tests-fair-1412044257. Acesso em 11 out. 2020.

WILLIAMS, Betsy Anne; BROOKS, Catherine F.; SHMARGAD, Yotam. How algorithms discriminate based on data they lack: challenges, solutions, and policy implications. *Journal of Information Policy*, Penn State University Press, v. 8, 4 set. 2018. Disponível em: https://www.jstor.org/stable/10.5325/jinfopoli.8.2018.0078. Acesso em 29 dez. 2020.

Informação bibliográfica deste texto, conforme a NBR 6023:2018 da Associação Brasileira de Normas Técnicas (ABNT):

MODESTO, Jéssica Andrade; EHRHARDT JÚNIOR, Marcos. Definição de perfis e o risco de discriminação: a importância das legislações de proteção de dados para a tutela da pessoa natural. *In*: EHRHARDT JÚNIOR, Marcos; CATALAN, Marcos; MALHEIROS, Pablo (Coord.). *Direito Civil e tecnologia*. 2. ed. Belo Horizonte: Fórum, 2022. t. II. p. 331-353. ISBN 978-65-5518-432-7.

LIBERDADE E PRIVACIDADE ANTE O CARÁTER ANÁRQUICO DO AMBIENTE TECNOLÓGICO

JOÃO LEONARDO MÜLLER BASTOS
ANDRÉ LUIZ ARNT RAMOS

Introdução

A proteção de dados pessoais desponta como uma projeção contemporânea da privacidade e da liberdade, em larga medida devido ao advento das comunidades digitais propiciadas pela internet. A conectividade cara ao ambiente digital é fenômeno inédito, potencializado pela globalização. Isto é: por um mundo de conectividade, informação, rapidez, facilidade e praticidade proporcionadas pelo ambiente digital. Todavia, não se pode olvidar que, como qualquer inovação, esta dá margem a riscos e inseguranças sensíveis.

Este aspecto sombrio da conectividade é explorado pela arte, que mimetiza a realidade e é por ela mimetizada. Assim, jogos eletrônicos como Watch Dogs (2014) e Watch Dogs 2 (2016) retratam o uso dos dados pessoais de cada cidadão por meio de serviços essenciais, fornecidos por grandes empresas de tecnologia. Na primeira obra da série, a representação fictícia de Chicago fica à mercê da Blume, uma empresa de tecnologia responsável pelo ctOS, um *software* que controla toda a rede de informações da cidade e, por consequência, todos os dados pessoais. Na segunda obra, o mesmo fenômeno acontece, agora com o ctOS 2.0, na representação de São Francisco, com grande enfoque nas mídias sociais e, além disso, retrata, até, uma pretensa fraude eleitoral, em que o *software* é utilizado para direcionar votos através do uso dos dados pessoais da população.

O pano de fundo do *game* está longe de ser ficção. O documentário *Privacidade hackeada* (2019) demonstra a gravidade do que o uso inapropriado de dados pessoais pode ter sobre a realidade. A obra fala sobre a Cambridge Analytica, parte do SLC Group, uma empresa privada especializada em pesquisa comportamental e comunicação estratégica, acusada de interferir nas eleições de diversos países ao redor do globo, entre elas, a eleição americana de 2016[1] e a votação para o Brexit.[2]

A empresa aproveitava-se do sonho de um mundo conectado e, posteriormente, da dependência coletiva desta conectividade, para coletar rastros digitais e utilizá-los em um informal mercado de dados. O *modus operandi* da obtenção de dados ocorre através das empresas de tecnologia, como as poderosas Google, Amazon e Facebook, cuja mastodôntica importância econômica tem lastro, precisamente, nos dados de que tratam.

A Cambridge Analytica encabeçou o "Projeto Alamo", o qual teria investido cerca de um milhão de dólares por dia em propaganda política, em favor do então candidato Donald Trump, no Facebook, nas eleições estadunidenses de 2016. Ainda, teve projetos no Brexit junto ao grupo Leave.EU, os quais defendiam a saída do Reino Unido da União Europeia, e também nas eleições de Trindade e Tobago, onde realizaram uma profunda análise populacional e criaram o movimento "Do so!", que visava ao desestímulo do grupo contrário para ir votar, gerando a consequente eleição do grupo para quem trabalhava.

Somente nos EUA, mais de cinco mil pontos de dados foram pegos sem consentimento de cada cidadão americano, gerando um banco de aproximadamente 87 milhões de dados coletados somente de usuários do Facebook. Verifica-se através do documentário como os dados são utilizados na realidade e prejudicam diretamente o processo democrático de um país. Outro fato importante de se observar é a função das redes sociais, que muito além da conectividade e facilidade que geram, também são utilizadas para monopolizar a atenção, priorizando emoções como medo ou raiva, permitindo, assim, que entidades explorem o público, visando cada um, individualmente, de acordo com seu perfil de personalidade e psicológico. Todo este processo interfere diretamente não só na privacidade de cada indivíduo que confia seus dados à rede, mas também em sua liberdade e em sua autodeterminação.

E não se trata de ocorrências isoladas no âmbito do mercado. Também a seara estatal é prenhe de eventos semelhantes, envolvendo espionagem de um país para com outros e espionagem da própria população. Exemplo claro é o caso de Edward Snowden e a NSA.[3] O ex-técnico da CIA vazou documentos sobre programas de vigilância que envolviam empresas de comunicações como a Verizon e empresas de tecnologia como Facebook, Google, Microsoft e Apple para revelar dados sensíveis de seus usuários. Snowden também revelou documentos mostrando que os Estados Unidos teriam espionados países como Brasil, Alemanha, França e Espanha, incluindo chefes de Estado.

A discussão sobre os dados pessoais é, pois, essencial. É indubitável que a tecnologia promoveu e continua promovendo diversas facilidades e, claro, o desenvolvimento humano, contudo, sua característica anárquica dota esse ambiente de

---

[1] COMO os dados de milhões de usuários foram usados na campanha de Trump. *BBC Brasil*, 9 abr. 2018. Disponível em: https://www.bbc.com/portuguese/geral-43705839. Acesso em: 15 out. 2020.

[2] SATARIANO, Adam; CONFESSORE, Nicholas. Cambridge Analytica's Use of Facebook Data Broke British Law, Watchdog Finds. *The New York Times*, 6 nov. 2018. Disponível em: https://www.nytimes.com/2018/11/06/technology/cambridge-analytica-arron-banks.html. Acesso em: 15 out. 2020.

[3] COSTA, Camila. 'Quem é Snowden?', perguntam internautas após entrada de delator no Twitter. *BBC Brasil*, 29 set. 2015. Disponível em: https://www.bbc.com/portuguese/noticias/2015/09/150929_snowden_salasocial_twitter_cc. Acesso em: 15 out. 2020.

uma espessa névoa cinzenta que encobre, por muitas vezes, intenções e ações que não são vistas e custam um preço alto ao indivíduo. Este fenômeno influencia contundentemente as mais diversas áreas da vida, tanto no âmbito individual, quanto coletivo.

Democracia, liberdade, privacidade e as relações interpessoais estão à mercê da conectividade que a tecnologia proporciona. Como consequência, surge a necessidade de transparência quanto aos dados pessoais. De outra forma, estariam todos estes institutos basilares da sociedade apenas servindo de fachada para um autoritarismo que os veste como uma nova roupagem, com o intuito de se remodelar e de se adequar ao contexto contemporâneo.

Diante deste pano de fundo, o presente trabalho tem como objetivos: (i) abordar o progresso tecnológico na perspectiva dos dados pessoais e seus inerentes direitos de privacidade e liberdade, no contexto do anárquico ambiente tecnológico; (ii) descrever, na égide dos dados pessoais e sensíveis, os níveis de importância das empresas multinacionais de tecnologia, e suas ações que transbordam as fronteiras geográficas – transnacionalidade – que sutilmente moldam direitos e sociedades; e (iii) observar e descrever práticas como o perfilamento e uso do *big data* para traçar perfis psicológicos e de personalidade para direcionamento em grande escala de pessoas, abordando nesse ponto, também, a liberdade e a privacidade. Por fim, intenta-se demonstrar o caráter anárquico do ambiente digital e traçar linhas para um desenvolvimento tecnológico sustentável e uniforme.

1 Liberdade e as múltiplas faces que a constituem

A liberdade não pode ser definida como um conceito unitário e imutável. É, antes, um instituto que flutua por entre várias concepções e ideias, as quais transparecem motivações ideológicas e temporais. A importância de compreender tal instituto além da pura abstração formal é, como entende Pianovski Ruzyk, que nessa medida pode ser fonte de privações ou de submissão do mais fraco para com o mais forte.[4]

Despontam, neste aspecto, os múltiplos perfis que conformam a problemática da liberdade, a principiar pela liberdade negativa, tomada como ausência de coerção. Ante essa concepção, o Estado desempenha funções mínimas, correspondentes às de um guarda-noturno (*night-watchman*).

Por sua vez, a liberdade positiva tem seu âmago na autodeterminação inerente a todo ser humano. Trata-se da prerrogativa de tomar as rédeas da própria existência. Este sentido de liberdade, que alberga a autodeterminação, é fundamental para compreendê-la como componente nuclear da dignidade humana.

A literatura disputa o real sentido de liberdade, abalizada por esses dois extremos. Contudo e como esclarece Pianovski Ruzyk, eles são indissociáveis e mutualmente complementares.[5] Essa característica é especialmente pronunciada no ambiente virtual. Basta que se veja, a propósito, que projeções restritivas de poderes públicos ou privados

---

[4] RUZYK, Carlos Eduardo Pianovski. *Institutos fundamentais do direito civil e liberdade(s)*. Repensando a dimensão funcional do contrato, da propriedade e da família. 1. ed. Rio de Janeiro: GZ, 2011. p. 13.
[5] RUZYK, Carlos Eduardo Pianovski. *Institutos fundamentais do direito civil e liberdade(s)*. Repensando a dimensão funcional do contrato, da propriedade e da família. 1. ed. Rio de Janeiro: GZ, 2011. p. 28.

neste mundo produzem distorções graves desde o prisma democrático.[6] Por outro lado, na perspectiva do desenvolvimento humano, a mera não intervenção é insuficiente, por fechar os olhos à complexidade inata à autodeterminação – à construção do *self*.

Na esteira da advogada pluralidade inata à liberdade e em reconhecimento da centralidade do tema, Sessarego advoga que a liberdade não somente faz parte do ser humano, mas ela "é o ser do humano, e o humano é um ser de liberdade".[7] Ela, em si só, não pode ser identificada, mas possui atributos visíveis para sua constatação, como as capacidades de avaliar, tomar decisões, preferir ou eleger, por si mesmo um comportamento, ato ou conduta, sem limitação alguma entre as infinitas possibilidades oferecidas por nossas próprias potencialidades.

O autor, ainda, cinde a liberdade em ontológica e fenomênica. A primeira, inerente do ser, que faz ser o indivíduo o que de fato ele é; a segunda, externa ao ser, que envolve o projeto de vida e fala sobre a liberdade como uma manifestação advinda das escolhas.[8] Nesta mirada, a liberdade exsurge como germinadora de dignidade humana, sem prejuízo às possíveis restrições que possam recair sobre as escolhas feitas, mas que só foram possíveis pela liberdade inerente ao ser. Aqui, então, fala-se da liberdade atrelada à responsabilidade, em que pese a liberdade responsabiliza o sujeito por suas ações, pelas condutas que pratica e pelos pensamentos que tem, trazendo assim a concepção de liberdade também como responsabilidade.[9]

Outrossim, de forma complementar ao perfil positivo, avulta a concepção de liberdade como efetividade (substancial). Trata-se, na concepção de Sen, do poder de realizar aquilo que se valoriza[10] e traduz-se, ainda, nas palavras de Pianovski Ruzyk,[11] como as "condições materiais e subjetivas de exercício da liberdade formal". Assim, compreende-se que a liberdade substancial trata da possibilidade de o ser humano realizar aquilo que valoriza, a partir de capacidades. Essa acepção parte da ideia de que os indivíduos não são iguais, tendo diferentes motivações, capacidades e objetivos os quais julgam ser importantes. O impasse maior na tangente com os meios digitais é que o direcionamento de massas e pensamentos obstrui as reais motivações do indivíduo, altera seus objetivos e atrapalha o desenvolvimento adequado de suas capacidades. Em suma, obsta a autodeterminação.

Para além das concepções de liberdade tratadas, não se pode olvidar da liberdade quanto às distinções entre os aspectos social e metafísico.[12]

No campo metafísico, brevemente, fala-se sobre o livre arbítrio e a relação entre o ser humano e natureza, que encontram empecilhos em maior determinação conceitual

---

[6] CHINA social media censorship: how does it work? *BBC News*, 31 set. 2019. Disponível em: https://www.bbc.com/news/av/stories-49527899. Acesso em: 15 out. 2020.

[7] SESSAREGO, Carlos Fernandez. É possível proteger, juridicamente, o projeto vida? *Revista Eletrônica Direito e Sociedade*, Canoas, v. 5, n. 2, p. 41-57, nov. 2017.

[8] SESSAREGO, Carlos Fernandez. É possível proteger, juridicamente, o projeto vida? *Revista Eletrônica Direito e Sociedade*, Canoas, v. 5, n. 2, p. 41-57, nov. 2017.

[9] SESSAREGO, Carlos Fernandez. É possível proteger, juridicamente, o projeto vida? *Revista Eletrônica Direito e Sociedade*, Canoas, v. 5, n. 2, p. 41-57, nov. 2017.

[10] SEN, Amartya. *Desenvolvimento como liberdade*. 1. ed. São Paulo: Companhia das letras, 2000. p. 32.

[11] RUZYK, Carlos Eduardo Pianovski. *Institutos fundamentais do direito civil e liberdade(s)*. Repensando a dimensão funcional do contrato, da propriedade e da família. 1. ed. Rio de Janeiro: GZ, 2011. p. 57.

[12] SGARBI, Adrian. Liberdade: conceitos básicos, teorias e problemas. *Revista de Direito, Estado e Sociedade*, Rio de Janeiro, n. 35, p. 6-27, jul./dez. 2009. p. 8.

justamente por não haver uma limitação objetiva por parte da natureza quanto às vontades humanas, muito menos há a compreensão clara da essência humana que possa ser objeto de um determinismo.[13]

Por outro lado, complementar ao ideário tratado, a liberdade em seu sentido social está envolvida numa dinâmica distinta, consistente na relação entre ser humano e poder, ou mais minuciosamente na autonomia que cada indivíduo possui inerentemente e a coerção social que a limita. Aqui reside um ponto fundamental, em vista do fato de que o ser humano perde parte de sua liberdade, a pertencente ao seu âmago individual, para entidades maiores, em troca de ordem, dando poder ao aspecto social.[14] Assim, naturalmente, pode-se chegar à compreensão de que não existe liberdade plena, já que se dispõe da liberdade individual pelo aspecto social.

Fato é que enquanto a liberdade é dada, ainda que em partes, ao elemento social, a perspectiva individual sobre este princípio resta prejudicada. A maior problemática neste sentido é a identificação da liberdade que cada indivíduo possui, já que saber o grau de liberdade que se tem é essencial para determinar o rumo de vida que se toma. Esta ciência, por óbvio, não é algo simples de se constatar no plano concreto, dada confusão entre ser livre e sentir-se livre, a qual cria simulacros de liberdades e por consequência de perspectivas de vidas limitadas, senão falsas.[15] Portanto, aqui, reside uma grande necessidade de compreender a liberdade como de fato é, e não suas falsas representações, sendo um dos maiores obstáculos da liberdade em sua dimensão social.

O social, por sua vez, vem sendo cada vez mais mitigado na contemporaneidade, dada a elusividade do meio virtual em que as relações humanas crescentemente se dão.[16] A liberdade, nesse aspecto é impactada pela dinâmica do ambiente virtual, no qual os meios estão cada vez mais opacos, enquanto as informações pessoais estão cada vez mais cristalinas e fáceis de serem obtidas.[17]

Disso tudo se pode concluir que a liberdade tem diversas faces diferentes e complementares, bem como que sua importância atual é imensurável, uma vez que o ambiente conta com os mais diversos mecanismos de controles difusos que tolhem as escolhas e limitam o desenvolvimento humano. Consequência direta disso é o surgimento de grupos de interação humana ultrapolarizados e monocromáticos que segmentam e estratificam o tecido social, colaborando para a vertigem de um ambiente democrático.

2 Privacidade e sua democratização por meio da necessidade social

A privacidade como conceito necessário para o convívio humano não é uma novidade, ainda que não protegido até recentemente. Todavia, novas carências surgem

---

[13] SGARBI, Adrian. Liberdade: conceitos básicos, teorias e problemas. *Revista de Direito, Estado e Sociedade*, Rio de Janeiro, n. 35, p. 6-27, jul./dez. 2009. p. 9.
[14] SGARBI, Adrian. Liberdade: conceitos básicos, teorias e problemas. *Revista de Direito, Estado e Sociedade*, Rio de Janeiro, n. 35, p. 6-27, jul./dez. 2009. p. 9.
[15] SGARBI, Adrian. Liberdade: conceitos básicos, teorias e problemas. *Revista de Direito, Estado e Sociedade*, Rio de Janeiro, n. 35, p. 6-27, jul./dez. 2009. p. 16.
[16] BAUMAN, Zygmunt. *Modernidade líquida*. 1. ed. Rio de Janeiro: Zahar, 2001. p. 15; 22.
[17] RODOTÀ, Stefano. *El derecho a tener derechos*. 1. ed. Madrid: Trotta, 2014. p. 300.

demandando novos significados para significantes antigos.[18] Nesta singra, Warren e Brandeis compreendem ser a privacidade o resultado de um avanço linear do direito: primeiro como proteção da propriedade, após como da vida, então da qualidade de vida (contra odores, vibrações, desordens deste gênero), depois das relações familiares, até chegar aos direitos incorpóreos, em que a privacidade se insere. Foi um princípio, nas concepções dos supracitados autores, resultante do reconhecimento de novas matérias humanas que levavam em conta pensamentos, emoções e sensações.[19]

Inicialmente, como direito, a privacidade surge atrelada à simplória ideia de "direito de ser deixado a sós",[20] simétrica à de liberdade negativa, em que o âmago de tal princípio reside na não perturbação alheia, de não ter seu espaço – físico e incorpóreo – invadido por outrem.

Por meio desta feição única e marcante dos primórdios da privacidade – o direito de ser deixado a sós –, percebe-se o forte individualismo e o paradigma *zero relationship*,[21] ou seja, o isolamento do indivíduo como o cerne conceitual.[22] Esta definição inicial, apesar de singela, guardava um recorte social bastante específico e excludente. Doneda, ao se referir ao caráter de regalia da privacidade, explica o individualismo, o elitismo e o patrimonialismo que lhe seriam caros, já que ela surgiu como um "direito tipicamente burguês",[23] utilizado somente por aqueles que tinham uma reputação a zelar, atrelado, portanto, ao aspecto social e não como um direito inerente de qualquer ser humano.

A importância de compreender a fase inicial da privacidade reside no fato de ela ser marcadamente individualista, com a diferença de que hoje adquiriu "aspecto fundamental da realização da pessoa e do desenvolvimento de sua personalidade".[24] Essa aquisição muito se deve a profundas mudanças nas concepções de sociedade e de Estado, as quais permitiram a democratização de proteções jurídicas outrora estratificadas.

Outro fator importante é o aumento de fluxo de informações que se deve, sobremaneira, ao ambiente tecnológico que trouxe inúmeras facilidades e entretenimento às sociedades, aliadas a uma vertiginosa complexidade social. Assim, na era da informação, dados pessoais transitam livremente na rede, criando uma extensão à fisicalidade pessoal do indivíduo e de seus bens incorpóreos, gerando uma nova identidade – a digital – a qual vem sendo utilizada de forma cada vez mais ostensiva e generalizada.

A identidade digital, longe de simplória, envolve as mais diversas áreas da vida humana, devido aos incontáveis rastros digitais depositados em uma rede que nada esquece. Muito mais que informações de *login*, *e-mail* e contas em redes sociais, ela se determina pelos hábitos que se têm no ambiente virtual. Esta constatação permite

---

[18] WARREN, Samuel D.; BRANDEIS, Louis D. The right of privacy. *Harvard Law Review Association*, Cambridge, v. 4, n. 5, p. 193-220, dez. 1890. p. 193.
[19] WARREN, Samuel D.; BRANDEIS, Louis D. The right of privacy. *Harvard Law Review Association*, Cambridge, v. 4, n. 5, p. 193-220, dez. 1890. p. 195.
[20] WARREN, Samuel D.; BRANDEIS, Louis D. The right of privacy. *Harvard Law Review Association*, Cambridge, v. 4, n. 5, p. 193-220, dez. 1890. p. 195.
[21] SHILLS, Edward. Privacy: its constitution and vicissitudes. *Law and Contemporary Problems*, Durham, v. 31, p. 281-306, 1966.
[22] DONEDA, Danilo. *Da privacidade à proteção de dados pessoais*. 1. ed. Rio de Janeiro: Renovar, 2006.
[23] DONEDA, Danilo. *Da privacidade à proteção de dados pessoais*. 1. ed. Rio de Janeiro: Renovar, 2006.
[24] DONEDA, Danilo. *Da privacidade à proteção de dados pessoais*. 1. ed. Rio de Janeiro: Renovar, 2006.

compreender que o escopo protetivo da privacidade *hoje* compreende tais informações e o controle de seu fluxo, inclusive daquelas eventualmente ignoradas pelo titular.[25] Portanto, a necessidade de se estabelecer limites objetivos quanto à informação pessoal e ao uso desta se tornou o principal atributo da privacidade na seara tecnológica.

Destarte, apesar de parecerem óbvias a proteção aos dados pessoais e a privacidade como imperativos, a discussão resvala em uma questão pertinente: satisfazer o direito à privacidade e a proteção de dados pessoais não interfere no desenvolvimento tecnológico e nas melhorias de vida?

A questão, que nada tem de impertinente, guarda visceral conexão com o problema reputacional que Cohen vislumbra no direito à privacidade.[26] A resposta que se vislumbra é negativa, em decorrência do caráter reativo e dinâmico do sentido de privacidade, o qual varia ao sabor das demandas de cada tempo histórico.[27] Aliado a isso, a atual perspectiva de que a inovação está diretamente ligada a um ambiente com restrições mínimas é um discurso recorrente quando tange sobre as áreas que envolvem algum tipo de atividade econômica,[28] principalmente nos nichos inovadores e carentes de regulação.

A privacidade, então, é construída como rival do progresso e das facilidades que a tecnologia pode oferecer. Isso é o alto preço pago por cada indivíduo cujos dados são tratados para atender a finalidades por ele não raro desconhecidas.

De todo o exposto, a maior preocupação se traduz na construção de uma nova ordem estruturada para receber todos os benefícios da tecnologia, mas ainda respeitando direitos fundamentais essenciais à coexistência humana. Esta tarefa é algo que Bauman, ao abordar a modernidade – *rectius*: contemporaneidade – e sua liquidez, expõe que não é uma preocupação vigente na agenda mundial, pelo menos não nas mentes das quais a ação política possa partir,[29] o que demonstra o problema sistemático que a humanidade enfrenta ao transpor o pórtico do mundo conectado.

A problemática da privacidade tornou-se mais evidente pela crescente expansão do poderio e das ambições de *players* do mercado da tecnologia, bem como pelas dificuldades inerentes à proteção de indivíduos e grupos sociais ante o mau uso de dados cujo acúmulo aumenta exponencialmente.[30]

Desta forma, a privacidade e suas nuances e necessidades precisam ser adequadas a necessidades individuais e coletivas contemporâneas. Ainda assim não é desejável uma visão estreita e radical deste direito, que é fundamental ao desenvolvimento e à dignidade humanos.[31] No entanto, ainda que alguma flexibilização da privacidade possa ser desejável à vista das benesses próprias da conectividade, balizas são necessárias para

---

[25] SHILLS, Edward. Privacy: its constitution and vicissitudes. *Law and Contemporary Problems*, Durham, v. 31, p. 281-306, 1966. p. 282.
[26] COHEN, Julie. What privacy is for. *Harvard Law Review*, Cambridge, v. 126, p. 1904-1933, maio 2013. p. 1904.
[27] COHEN, Julie. What privacy is for. *Harvard Law Review*, Cambridge, v. 126, p. 1904-1933, maio 2013. p. 1908.
[28] COHEN, Julie. What privacy is for. *Harvard Law Review*, Cambridge, v. 126, p. 1904-1933, maio 2013. p. 1919.
[29] BAUMAN, Zygmunt. *Modernidade líquida*. 1. ed. Rio de Janeiro: Zahar, 2001. p. 12.
[30] SHILLS, Edward. Privacy: its constitution and vicissitudes. *Law and Contemporary Problems*, Durham, v. 31, p. 281-306, 1966. p. 305.
[31] SHILLS, Edward. Privacy: its constitution and vicissitudes. *Law and Contemporary Problems*, Durham, v. 31, p. 281-306, 1966. p. 305.

impedir a irreversível desforra de uma posição jurídica jusfundamental.[32] A privacidade é fundamental para que estrutura virtual não seja utilizada para consolidar a era da informação como um período de vigilância constante,[33] semelhante aos mundos fictícios e distópicos de *1984*,[34] de Orwell, e *Admirável mundo novo*,[35] de Aldous Huxley.

Assim, não se pode criar a ilusão de separação de mundos, muito menos a mentira de que a tecnologia trouxe somente progresso e benefícios, já que é mais do que concreta a real possibilidade de burlar a privacidade coletiva por meio de engodos que travestem uma sociedade de controle amparada na tecnologia.[36] Desta forma, a falta de ciência da infração à privacidade pode levar a sociedade a proteger as referidas tecnologias de controle devido ao "culto" ao progresso, haja vista que a manipulação baseada na distração, no engano ou na forma subliminar é realizada como método de direcionamento social, em que se invade a esfera privada e a psique de outrem. Disso se extrai que a privacidade não se limita apenas ao controle de informações e ao uso destas, mas também suporta a liberdade positiva (ou a autodeterminação),[37] consectário da dignidade humana, com importantes projeções *macro* atinentes à democraticidade mesma das democracias contemporâneas.[38]

3 *Big data*: os dados massivos que definem e direcionam sociedades

Big data é um termo advindo da tecnologia da informação que versa sobre o vasto número de dados que são armazenados e processados na rede virtual, sendo dotados de altíssima velocidade de gestão, enorme volume e a mais diversificada variedade de fontes e naturezas imagináveis. A hiperconectividade das sociedades contemporâneas é sustentada por uma crescente dependência do *big data*.[39] Daí advêm importantes repercussões jurídicas.

Neste prisma, Virginia Eubanks aponta o fato de que há aproximadamente 40 anos as decisões a serem tomadas, tanto na esfera pública quanto privada, eram humanas, ainda que com auxílio das tecnologias da época. Distintamente, hoje, a cientista política sublinha que a internet e a conectividade proporcionada não somente se tornaram

---

[32] RODOTÀ, Stefano. Democracy, innovation, and the information society. *In*: GOUJON, P.; LAVELLE, S.; DUQUENOY, P.; KIMPPA, K.; LAURENT, V. (Ed.). *The information society*: innovation, legitimacy, ethics and democracy in honor of Professor Jacques Berleu. Boston: Springer, 2007. v. 233. p. 17.

[33] RODOTÀ, Stefano. Democracy, innovation, and the information society. *In*: GOUJON, P.; LAVELLE, S.; DUQUENOY, P.; KIMPPA, K.; LAURENT, V. (Ed.). *The information society*: innovation, legitimacy, ethics and democracy in honor of Professor Jacques Berleu. Boston: Springer, 2007. v. 233. p. 17.

[34] ORWELL, George. *1984*. 1. ed. São Paulo: Companhia das letras, 2009.

[35] HUXLEY, Aldous. *Admirável mundo novo*. 1. ed. Rio de Janeiro: Ed. Biblioteca Azul, 2014.

[36] RODOTÀ, Stefano. Democracy, innovation, and the information society. *In*: GOUJON, P.; LAVELLE, S.; DUQUENOY, P.; KIMPPA, K.; LAURENT, V. (Ed.). *The information society*: innovation, legitimacy, ethics and democracy in honor of Professor Jacques Berleu. Boston: Springer, 2007. v. 233. p. 17.

[37] RODOTÀ, Stefano. Democracy, innovation, and the information society. *In*: GOUJON, P.; LAVELLE, S.; DUQUENOY, P.; KIMPPA, K.; LAURENT, V. (Ed.). *The information society*: innovation, legitimacy, ethics and democracy in honor of Professor Jacques Berleu. Boston: Springer, 2007. v. 233. p. 23.

[38] RODOTÀ, Stefano. Democracy, innovation, and the information society. *In*: GOUJON, P.; LAVELLE, S.; DUQUENOY, P.; KIMPPA, K.; LAURENT, V. (Ed.). *The information society*: innovation, legitimacy, ethics and democracy in honor of Professor Jacques Berleu. Boston: Springer, 2007. v. 233. p. 19.

[39] Esse *site* – www.internetlivestats.com –, por exemplo, demonstra em tempo real o aumento do uso da internet, de criação de conteúdo digital, de equipamentos eletrônicos e mais fatores pertinentes a esta área.

essenciais na vida de todos, como também em grande parte nas tomadas de decisões outrora puramente humanas.[40]

Sistemas tecnológicos associam todo tipo de informação para qualquer fim que seja necessário. E coletam informações por intermédio de equipamentos variadíssimos, alguns imperceptíveis para os titulares dos dados,[41] permitindo uma análise comportamental e categorizando perfis de conduta.

Tudo isso atribui notável importância econômica ao *big data* – o que pode ser ilustrado pela Resolução de 2017 da União Europeia sobre "As implicações dos dados massivos nos direitos fundamentais: privacidade, proteção de dados, não discriminação, segurança e aplicação da lei", de que se colhe que cerca de 50% da economia europeia é afetada pelo *big data*, além ser um ramo da tecnologia que cresce 40% ao ano.[42] A relevância multidimensional que daí desponta é explicitada por Hueso, que anota: o *big data* mudará a teoria social, tal qual Ford mudou a forma de se fabricar carros.[43] Em última análise, o *big data* representa o que mais se deseja no mercado: análise em grande escala de dados e de forma eficiente[44] e preditiva.[45]

A análise viabilizada pelo *big data* oportuniza ao público consumidor serviços e produtos personalizados. De outro lado, permite às empresas conhecer seus clientes de forma cada vez mais pessoal e íntima. Contudo, o que parece ser somente progresso, esconde um viés obscuro que põe indivíduos e coletividades na berlinda. Aos poucos, os rastros digitais deixados pelo uso habitual dos recursos da rede dão origem a uma subcategoria que Thatcher denomina *data fumes*, ou dados-fumaça,[46] a qual se refere às informações colhidas passivamente.[47] Com ela e paulatinamente, o ambiente digital que antes o indivíduo mudava e determinava conscientemente de acordo com suas vontades, agora realiza o processo inverso, moldando o indivíduo de forma quase imperceptível. Os benefícios propiciados pelo uso desenfreado do *big data*, então, dão-se à custa de identidades individuais e coletivas.[48]

Muito deste referido sacrifício se deve ao fato de, no ambiente virtual, buscar-se pôr eficiência acima de tudo e, assim, fazer prevalecer a lógica de mercado à de cidadania. Consequentemente, a mercantilização da cidadania através da coleta e uso indevido dos dados é resultado de violação de direitos e princípios que visam salvaguardar

---

[40] EUBANKS, Virginia. The Digital Poorhouse. Harper's Magazine. 2018. Disponível em: https://harpers.org/archive/2018/01/the-digital-poorhouse/. Acesso em: 30 abr. 2021.

[41] EUBANKS, Virginia. The digital poorhouse. *Harper's Magazine*, jan. 2018. Disponível em: https://harpers.org/archive/2018/01/the-digital-poorhouse/. Acesso em: 30 abr. 2021.

[42] UNIÃO EUROPEIA. *Resolução de 14 de março de 2017, sobre as implicações dos macrodados nos direitos fundamentais*: privacidade, proteção de dados, a não discriminação, segurança e aplicação da lei 2016/2225 (INI). 2017. Disponível em: https://op.europa.eu/es/publication-detail/-/publication/bba9b363-8fdf-11e8-8bc1-01aa75ed71a1. Acesso em: 30 mar. 2021.

[43] COTINO HUESO, Lorenzo. Big data e inteligencia artificial. Una aproximación a su tratamiento jurídico desde los derechos fundamentales. *Dilemata*, Valência, n. 24, p. 131-150, maio 2017. p. 132.

[44] THATCHER, Jim. Living on fumes: digital footprints, data fumes, and the limitations of spatial big data. *International Journal of Communication*, Los Angeles, v. 8, p. 1765-1783, 2014. p. 1768.

[45] COTINO HUESO, Lorenzo. Big data e inteligencia artificial. Una aproximación a su tratamiento jurídico desde los derechos fundamentales. *Dilemata*, Valência, n. 24, p. 131-150, maio 2017. p. 133.

[46] Tradução livre de *data fumes*.

[47] THATCHER, Jim. Living on fumes: digital footprints, data fumes, and the limitations of spatial big data. *International Journal of Communication*, Los Angeles, v. 8, p. 1765-1783, 2014. p. 1769.

[48] COTINO HUESO, Lorenzo. Big data e inteligencia artificial. Una aproximación a su tratamiento jurídico desde los derechos fundamentales. *Dilemata*, Valência, n. 24, p. 131-150, maio 2017. p. 132.

o usuário da rede. No ideário de Rodotà, ao tratar sobre o ambiente virtual e o risco para a democracia, deve-se prevenir que a atual sociedade em rede seja totalmente capturada pela lógica do mercado.[49] O motivo pelo qual se deve prevenir é o fato de a mercantilização do ambiente digital ser tão prejudicial à coletividade. Por sua vez, o risco à sociedade encontra-se justamente nas distorções que Eubanks vislumbra na potencialização de exclusões sociais de indivíduos tidos por improdutivos propiciada pela proliferação da rede.[50]

Em miúdos: o uso desenfreado do *big data* resulta em estratificação social, criando estruturas de segmentação virtuais estimuladoras de polarizações e maniqueísmos. Segundo Eubanks, esse fenômeno é especialmente cruel com grupos sociais vulneráveis e minoritários.[51] A problemática é real, em termos de que os dados depositados no sistema podem ser utilizados para fundamentar uma eugenia velada, em que alguns grupos possuem seus direitos e sua pessoalidade violados de forma mais aferrada.

Apesar desses traços sombrios, é imprudente negar a importância do *big data* também para o desenvolvimento humano. Não se trata, portanto, de condenar o instrumento pelo mau uso que dele se faz, mas de deitar balizas para o uso transparente e legítimo dos dados massivos,[52] assim como medidas preventivas e a correta aplicação das normativas existentes.[53] Neste prisma, a despeito das tendências de recurso a técnicas de regulação *hard*, com predominância de enunciados normativos pretensamente determinados, é aconselhável o emprego de enunciados intencionalmente indeterminados, por razões explicitadas alhures.[54]

Outro não é, aliás, o entendimento de Hueso, para quem o melhor é "estabelecer diretrizes e regulações legais para limitar usos pouco éticos, contrários a direitos fundamentais e princípios, em especial os vinculados com a discriminação e privacidade, assim como fortalecer o controle e as garantias do indivíduo",[55] em caráter predominantemente preventivo. Neste ponto, a importância da consideração da privacidade é inegável, integrando-se desde o início do tratamento de dados até o final de forma padronizada.[56]

---

[49] RODOTÀ, Stefano. Democracy, innovation, and the information society. In: GOUJON, P.; LAVELLE, S.; DUQUENOY, P.; KIMPPA, K.; LAURENT, V. (Ed.). *The information society*: innovation, legitimacy, ethics and democracy in honor of Professor Jacques Berleu. Boston: Springer, 2007. v. 233. p. 20.

[50] EUBANKS, Virginia. The digital poorhouse. *Harper's Magazine*, jan. 2018. Disponível em: https://harpers.org/archive/2018/01/the-digital-poorhouse/. Acesso em: 30 abr. 2021.

[51] EUBANKS, Virginia. The digital poorhouse. *Harper's Magazine*, jan. 2018. Disponível em: https://harpers.org/archive/2018/01/the-digital-poorhouse/. Acesso em: 30 abr. 2021.

[52] COTINO HUESO, Lorenzo. Big data e inteligencia artificial. Una aproximación a su tratamiento jurídico desde los derechos fundamentales. *Dilemata*, Valência, n. 24, p. 131-150, maio 2017. p. 131.

[53] A LGPD teve sua vigência aprovada pelo Senado em agosto de 2020, ainda que já tenha sido ratificada em 2018 e tenha vindo como substituta do Marco Civil da Internet de 2014. Além disso, diversos outros grupos ao redor do globo têm suas legislações para os dados pessoais, como a União Europeia com a RGPD. Neste aspecto, a crescente preocupação com o ambiente virtual e os dados pessoais já causou uma diferença significativa no que tange à regulação deste espaço. O Brasil, por sua vez, apesar de já possuir um ideário em construção desde o Marco Civil de 2014, somente recentemente vem fazendo algo concreto.

[54] RAMOS, André Luiz Arnt. *Segurança jurídica e indeterminação normativa deliberada*: elementos para uma teoria do direito (civil) contemporâneo. Curitiba: Juruá, 2021.

[55] COTINO HUESO, Lorenzo. Big data e inteligencia artificial. Una aproximación a su tratamiento jurídico desde los derechos fundamentales. *Dilemata*, Valência, n. 24, p. 131-150, maio 2017. p. 136.

[56] COTINO HUESO, Lorenzo. Big data e inteligencia artificial. Una aproximación a su tratamiento jurídico desde los derechos fundamentales. *Dilemata*, Valência, n. 24, p. 131-150, maio 2017. p. 139. Ainda assim, há de se observar que alguns danos são muito pequenos às individualidades, enquanto são grandes ameaças à coletividade,

Por fim, para além da plasticidade inerente aos direitos fundamentais e aos enunciados normativos que lhes garantem, é esperado que demandas próprias da contemporaneidade suscitem a eventual cunhagem de novos e mais específicos direitos. Exemplos possíveis seriam o direito à criptografia,[57] a transparência algorítmica, ou, ainda, a pseudonimização.[58] É indispensável, entretanto, ter em mente que o reconhecimento de um direito fundamental é um compromisso sério com sua efetivação, o qual importa custos significativos à sociedade e ao Estado, como sustentado, no Brasil, por Galdino.[59]

4 Transnacionalidade, o agir que permeia fronteiras

A ingerência do Estado sobre a esfera privada dos indivíduos é objeto de crescentes preocupações normativas que limitam o tratamento de dados pessoais, em razão das consequências catastróficas vislumbradas na disposição de dados pessoais e sensíveis nas mãos de uma só entidade. Amarras foram e vêm sendo, então, impostas, em nome da privacidade e da dignidade humana.[60]

Não obstante isso, o vertiginoso desenvolvimento da tecnologia e a dependência que dela tem a conduziram a novas e perigosas concentrações de poder nas mãos do Estado e de agentes de mercado.[61] O potencial deletério de tais concentrações é agravado pelo fenômeno da transnacionalidade, que consiste em novas dinâmicas de economia e Estado, timbradas pela mobilidade e agilidade do capital, pela existência de possibilidades virtualmente infinitas de *networking*, pela emergência das mídias sociais e, principalmente, pelo aparecimento de regiões com novas soberanias.[62]

Trata-se, como se vê, de produto do capitalismo global, com importantes projeções para os sentidos de soberania, Estado, cultura e identidades.[63] Daí decorrem desafios inadiáveis para o direito privado, vocacionado ao acesso e permeável a transformações econômicas e comportamentais.[64] A transnacionalidade, aliada aos demais tópicos discutidos nas seções precedentes, desafia o tracejo dos atualíssimos limites da

---

assim, sendo imperioso um enfoque jurídico que consiga habilmente lidar com tais situações. Desta maneira, pode-se citar que a RGPD, a legislação europeia de proteção de dados, em seu art. 25, fez um bom trabalho ao responsabilizar o ente que trata os dados, colocando uma série de filtros e obrigações no tratamento destes, de forma padrão e em todo o processo de captura de dados.

[57] COTINO HUESO, Lorenzo. Big data e inteligencia artificial. Una aproximación a su tratamiento jurídico desde los derechos fundamentales. *Dilemata*, Valência, n. 24, p. 131-150, maio 2017. p. 137.

[58] A LGDP (2020) prevê em seu escopo a anonimização e a pseudonimização como técnicas a serem empregadas, sempre que possível, no tratamento de dados pessoais sensíveis, visando à segurança dos titulares dos referidos dados.

[59] GALDINO, Flávio. O custo dos direitos. *In*: TORRES, Ricardo Lôbo (Org.). *Legitimação dos direitos humanos*. Rio de Janeiro: Renovar, 2002. p. 155-156.

[60] RODOTÀ, Stefano. Democracy, innovation, and the information society. *In*: GOUJON, P.; LAVELLE, S.; DUQUENOY, P.; KIMPPA, K.; LAURENT, V. (Ed.). *The information society*: innovation, legitimacy, ethics and democracy in honor of Professor Jacques Berleu. Boston: Springer, 2007. v. 233. p. 23.

[61] RODOTÀ, Stefano. *El derecho a tener derechos*. 1. ed. Madrid: Trotta, 2014. p. 291-292.

[62] ONG, Aihwa. *Flexible citizenship*: the cultural logics of transnationality. Durham: Duke Univeristy Press, 1999. p. 22.

[63] ONG, Aihwa. *Flexible citizenship*: the cultural logics of transnationality. Durham: Duke Univeristy Press, 1999. p. 22.

[64] GIORGIANNI, Michelle. O direito privado e suas atuais fronteiras. *Doutrina Civil – Primeira seção*, ano 87, v. 747, p. 35-55, jan. 1998. p. 35.

disciplina. E reclama atenção especial às consequências *macro* que advêm da manutenção e da expansão de bancos de dados que desconhecem fronteiras nacionais, tanto para problemas atuais, como a identificação da lei aplicável e do foro competente – eleito ou não –, quanto para a atividade legiferante futura.[65]

O repto que então se descortina é de notável magnitude, vez que a tecnologia se apresenta como uma espécie de catalisador das sociedades hodiernas, a borrar as fronteiras entre os mundos *on-line* e *off-line*.[66] E as abordagens até aqui aventadas, embora não sejam despropositadas, ainda se mostram insuficientes.

De início, tentou-se o que Kohl chama de *cyber*fronteiras, definidas por analogia às geográficas. Alguns Estados como a China e a Rússia continuam a usá-las, sobretudo como instrumento de mascarar a realidade e praticar a censura. Notadamente, esta dinâmica funcionou melhor em contextos autoritários ou de perfil fechado e restrito. O modelo, segundo Kohl, não vingou no Ocidente.[67] Nele, a dinâmica de crescimento do ambiente tecnológico, além de ter ocorrido no referido esquema "debaixo para cima", andou de mãos dadas com a globalização, compreendendo desde seus primórdios um ambiente plural em que as fronteiras digitais seriam pouco eficazes, altamente questionadas e limitariam as benesses da globalização.

Desta forma, a solução que por ora se apresenta para os problemas próprios deste tempo histórico com relação à tecnologia foi a harmonização legislativa. Este caminho, que se imbrica com a transnacionalidade, diminuiu o protagonismo do Estado e contribuiu para consolidar poder em entidades maiores. Na ambiência da proteção de dados no Velho Continente, a União Europeia, nos termos do RGPD.

Não foi diferente no âmbito privado, em que gigantes da tecnologia, como Google, Facebook e Amazon, figuram como carros-chefes da transnacionalidade, ao pôr em ação mecanismos globais de tratamento de dados voltados a fins primariamente mercadológicos.[68] Com isso se cria, no ambiente tecnológico, não uma aldeia global em que cidadãos interagem em pé de igualdade, mas um enorme contingente de consumidores cujas informações retroalimentam sistemas refinados de tratamento de informações para maximização de vendas. E tal característica é há muito denunciada e criticada por Rodotà,[69] para quem o risco inerente a este processo de "consumerização" do cidadão representa risco para o futuro das organizações sociais, do Estado e do tecido social como um todo.[70] Tudo por intermédio de mecanismos sutis, quase imperceptíveis

---

[65] COTINO HUESO, Lorenzo. Big data e inteligencia artificial. Una aproximación a su tratamiento jurídico desde los derechos fundamentales. *Dilemata*, València, n. 24, p. 131-150, maio 2017. p. 136.

[66] KOHL, Uta. Barbarians in our midst: 'cultural diversity' on the transnational internet. *European Journal of Law and Technology*, v 5, n. 1, 2014. Disponível em: https://papers.ssrn.com/sol3/papers.cfm?abstract_id=2562074. Acesso em: 30 abr. 2021.

[67] KOHL, Uta. Barbarians in our midst: 'cultural diversity' on the transnational internet. *European Journal of Law and Technology*, v 5, n. 1, 2014. Disponível em: https://papers.ssrn.com/sol3/papers.cfm?abstract_id=2562074. Acesso em: 30 abr. 2021.

[68] KOHL, Uta. Barbarians in our midst: 'cultural diversity' on the transnational internet. *European Journal of Law and Technology*, v 5, n. 1, 2014. Disponível em: https://papers.ssrn.com/sol3/papers.cfm?abstract_id=2562074. Acesso em: 30 abr. 2021.

[69] RODOTÀ, Stefano. Democracy, innovation, and the information society. In: GOUJON, P.; LAVELLE, S.; DUQUENOY, P.; KIMPPA, K.; LAURENT, V. (Ed.). *The information society*: innovation, legitimacy, ethics and democracy in honor of Professor Jacques Berleu. Boston: Springer, 2007. v. 233. p. 20.

[70] RODOTÀ, Stefano. Privacy, freedom, and dignity. *Closing remarks at the 26th International Conference on Privacy and Personal Data Protection*, 2004. Disponível em: https://www.garanteprivacy.it/home/docweb/-/docweb-display/docweb/1049293. Acesso em: 30 abr. 2021.

ao usuário.[71] Assim, a proteção do cidadão que utiliza as redes se traduz na proteção aos dados que este gera no ambiente virtual, sendo de fundamental importância para a atualidade e para o futuro dos indivíduos e das instituições basilares da sociedade.

Se, por um lado, boas iniciativas regulatórias são importantes para administrar os riscos da hiperconectividade, é certo que todo expediente regulatório dedicado ao tema deve ser estudado com cautela. É o que sugere Brouwer, ao diagnosticar que, na ambiência europeia, o compartilhamento de informações, envolvendo dados pessoais, entre os Estados pautado na liberdade, segurança e justiça, por causa da permeabilidade das fronteiras, gerou uma concepção de que o estrangeiro é sempre equivalente a um risco nacional.[72] O relato da autora é reforçado pelo fato de que autoridades de Estados europeus utilizam bancos de dados e mecanismos de compartilhamento de informações sobre indivíduos de outros países, sobretudo sobre imigrantes, com o intento de usá-los em prol da segurança e do policiamento de eventuais criminosos.[73] Isso abre espaço para a hipervigilância mencionada *supra*, a importar abalos à noção moderna de soberania e agravamento de disparidades entre populações de países mais ou menos desenvolvidos.

Desta forma, compreende-se que não somente os entes privados podem ser prejudiciais no tratamento de dados, em sua lógica criativa de um espaço pouco regulado, aliado à tentativa de satisfazer um mercado consumidor cada vez maior, mas o Estado também pode exercer forte interferência nos direitos alheios ao normatizar o tema de forma excessiva ou obscura.

A transnacionalidade, portanto, trouxe benefícios inegáveis em conjunto com a tecnologia, entretanto, carrega de forma diretamente proporcional diversos riscos a patamares comezinhos de proteção jurídica a direitos humanos e fundamentais. As questões envolvendo o ambiente tecnológico leva a um espaço criativo perigoso para os indivíduos que, despidos de suas garantias, são facilmente manipulados. Por outro lado, a regulação excessiva por parte do Estado pode levar a um apreço exacerbado da própria cultura e a alvejar determinados grupos e indivíduos de forma mais assídua, colaborando para o crescimento da discriminação, acarretando graves problemas sociais.

Conclusão

As transformações econômicas e sociais que caracterizam a contemporaneidade demandam a reconsideração do sentido e do alcance de categorias jurídicas construídas em e para outros contextos históricos. A profusão do acesso à internet, a hiperconectividade daí decorrente, a transnacionalidade do ambiente virtual e a emergência do *big data*, conforme demonstrado pelas seções precedentes, clamam, muito particularmente, pela revisitação da *privacidade*, para o fim de abranger a dimensão informacional de controle sobre dados pessoais e a autodeterminação informativa, que é expressão de liberdade positiva.

---

[71] RODOTÀ, Stefano. Democracy, innovation, and the information society. *In*: GOUJON, P.; LAVELLE, S.; DUQUENOY, P.; KIMPPA, K.; LAURENT, V. (Ed.). *The information society*: innovation, legitimacy, ethics and democracy in honor of Professor Jacques Berleu. Boston: Springer, 2007. v. 233. p. 19.

[72] BROUWER, Evelien. Large-scale databases and interoperability in migration and border policies: the non-discriminatory approach of data protection. *European Public Law*, Hull, v. 26, n. 1, p. 71-92, mar. 2020. p. 72.

[73] BROUWER, Evelien. Large-scale databases and interoperability in migration and border policies: the non-discriminatory approach of data protection. *European Public Law*, Hull, v. 26, n. 1, p. 71-92, mar. 2020. p. 72; 77.

A partir da ressignificação da privacidade, descrita a partir de revisão de literatura, pode-se perceber sua importância central ao debate contemporâneo em torno da regulação do ambiente virtual. O mesmo procedimento metodológico permitiu mapear guias para tal normatização, as quais recomendam renúncia a pretensões exaustivas ou por demais regulamentares, em prol de expedientes preventivos, pautados pela indeterminação normativa deliberada e afinados no diapasão da privacidade e da liberdade.

Por fim, ante a atualidade e a vastidão de produções intelectuais sobre o tema da privacidade no mundo contemporâneo, espera-se, com as modestas reflexões esboçadas nas linhas precedentes, contribuir para a discussão acerca da efetividade de sua proteção jurídica no ambiente tecnológico.

Referências

BAUMAN, Zygmunt. *Modernidade líquida*. 1. ed. Rio de Janeiro: Zahar, 2001.

BROUWER, Evelien. Large-scale databases and interoperability in migration and border policies: the non-discriminatory approach of data protection. *European Public Law*, Hull, v. 26, n. 1, p. 71-92, mar. 2020.

CHINA social media censorship: how does it work? *BBC News*, 31 set. 2019. Disponível em: https://www.bbc.com/news/av/stories-49527899. Acesso em: 15 out. 2020.

COHEN, Julie. What privacy is for. *Harvard Law Review*, Cambridge, v. 126, p. 1904-1933, maio 2013.

COMO os dados de milhões de usuários foram usados na campanha de Trump. *BBC Brasil*, 9 abr. 2018. Disponível em: https://www.bbc.com/portuguese/geral-43705839. Acesso em: 15 out. 2020.

COSTA, Camila. 'Quem é Snowden?', perguntam internautas após entrada de delator no Twitter. *BBC Brasil*, 29 set. 2015. Disponível em: https://www.bbc.com/portuguese/noticias/2015/09/150929_snowden_salasocial_twitter_cc. Acesso em: 15 out. 2020.

COTINO HUESO, Lorenzo. Big data e inteligencia artificial. Una aproximación a su tratamiento jurídico desde los derechos fundamentales. *Dilemata*, Valência, n. 24, p. 131-150, maio 2017.

DONEDA, Danilo. *Da privacidade à proteção de dados pessoais*. 1. ed. Rio de Janeiro: Renovar, 2006.

EUBANKS, Virginia. The digital poorhouse. *Harper's Magazine*, jan. 2018. Disponível em: https://harpers.org/archive/2018/01/the-digital-poorhouse/. Acesso em: 30 abr. 2021.

GALDINO, Flávio. O custo dos direitos. In: TORRES, Ricardo Lôbo (Org.). *Legitimação dos direitos humanos*. Rio de Janeiro: Renovar, 2002.

GIORGIANNI, Michelle. O direito privado e suas atuais fronteiras. *Doutrina Civil – Primeira seção*, ano 87, v. 747, p. 35-55, jan. 1998.

HUXLEY, Aldous. *Admirável mundo novo*. 1. ed. Rio de Janeiro: Ed. Biblioteca Azul, 2014.

KOHL, Uta. Barbarians in our midst: 'cultural diversity' on the transnational internet. *European Journal of Law and Technology*, v 5, n. 1, 2014. Disponível em: https://papers.ssrn.com/sol3/papers.cfm?abstract_id=2562074. Acesso em: 30 abr. 2021.

ONG, Aihwa. *Flexible citizenship*: the cultural logics of transnationality. Durham: Duke Univeristy Press, 1999.

ORWELL, George. *1984*. 1. ed. São Paulo: Companhia das letras, 2009.

RAMOS, André Luiz Arnt. *Segurança jurídica e indeterminação normativa deliberada*: elementos para uma teoria do direito (civil) contemporâneo. Curitiba: Juruá, 2021.

RODOTÀ, Stefano. Democracy, innovation, and the information society. In: GOUJON, P.; LAVELLE, S.; DUQUENOY, P.; KIMPPA, K.; LAURENT, V. (Ed.). *The information society*: innovation, legitimacy, ethics and democracy in honor of Professor Jacques Berleu. Boston: Springer, 2007. v. 233.

RODOTÀ, Stefano. *El derecho a tener derechos*. 1. ed. Madrid: Trotta, 2014.

RODOTÀ, Stefano. Privacy, freedom, and dignity. *Closing remarks at the 26th International Conference on Privacy and Personal Data Protection*, 2004. Disponível em: https://www.garanteprivacy.it/home/docweb/-/docweb-display/docweb/1049293. Acesso em: 30 abr. 2021.

RUZYK, Carlos Eduardo Pianovski. *Institutos fundamentais do direito civil e liberdade(s)*. Repensando a dimensão funcional do contrato, da propriedade e da família. 1. ed. Rio de Janeiro: GZ, 2011.

SATARIANO, Adam; CONFESSORE, Nicholas. Cambridge Analytica's Use of Facebook Data Broke British Law, Watchdog Finds. *The New York Times*, 6 nov. 2018. Disponível em: https://www.nytimes.com/2018/11/06/technology/cambridge-analytica-arron-banks.html. Acesso em: 15 out. 2020.

SEN, Amartya. *Desenvolvimento como liberdade*. 1. ed. São Paulo: Companhia das letras, 2000.

SESSAREGO, Carlos Fernandez. É possível proteger, juridicamente, o projeto vida? *Revista Eletrônica Direito e Sociedade*, Canoas, v. 5, n. 2, p. 41-57, nov. 2017.

SGARBI, Adrian. Liberdade: conceitos básicos, teorias e problemas. *Revista de Direito, Estado e Sociedade*, Rio de Janeiro, n. 35, p. 6-27, jul./dez. 2009.

SHILLS, Edward. Privacy: its constitution and vicissitudes. *Law and Contemporary Problems*, Durham, v. 31, p. 281-306, 1966.

THATCHER, Jim. Living on fumes: digital footprints, data fumes, and the limitations of spatial big data. *International Journal of Communication*, Los Angeles, v. 8, p. 1765-1783, 2014.

UNIÃO EUROPEIA. *Resolução de 14 de março de 2017, sobre as implicações dos macrodados nos direitos fundamentais*: privacidade, proteção de dados, a não discriminação, segurança e aplicação da lei 2016/2225 (INI). 2017. Disponível em: https://op.europa.eu/es/publication-detail/-/publication/bba9b363-8fdf-11e8-8bc1-01aa75ed71a1. Acesso em: 30 mar. 2021.

WARREN, Samuel D.; BRANDEIS, Louis D. The right of privacy. *Harvard Law Review Association*, Cambridge, v. 4, n. 5, p. 193-220, dez. 1890.

Informação bibliográfica deste texto, conforme a NBR 6023:2018 da Associação Brasileira de Normas Técnicas (ABNT):

BASTOS, João Leonardo Müller; RAMOS, André Luiz Arnt. Liberdade e privacidade ante o caráter anárquico do ambiente tecnológico. *In*: EHRHARDT JÚNIOR, Marcos; CATALAN, Marcos; MALHEIROS, Pablo (Coord.). *Direito Civil e tecnologia*. 2. ed. Belo Horizonte: Fórum, 2022. t. II. p. 355-369. ISBN 978-65-5518-432-7.

COMPLIANCE DIGITAL EM PROTEÇÃO DE DADOS PESSOAIS: A NECESSIDADE DE HUMANIZAÇÃO DA REGULAÇÃO DE DADOS NAS INSTITUIÇÕES

ALEXANDRE BARBOSA DA SILVA
PHILLIP GIL FRANÇA

Introdução

O tratamento de dados pessoais pelas instituições tem sido considerado o tema do momento, em especial pelas preocupações que todos têm com o quanto de ética e de responsabilidade será empreendido neste afazer, bem como se haverá cuidado em preservar informações e realidades próprios de cada pessoa.

Às empresas e aos entes públicos é determinada a responsabilidade por aludidas informações, recaindo sobre estas pessoas o dever de atender ao comando protetivo da Lei Geral de Proteção de Dados (LGPD), cuja regulação da atividade está a cargo da Autoridade Nacional de Proteção de Dados (ANPD), órgão do Governo federal.

Como a tal regulação é recente e não se dispõe de regras governamentais claras para o desenvolvimento dos trabalhos de proteção de dados, o que se verifica na prática é que cada ente (público ou privado) interpreta e executa os ferramentais disponibilizados pela LGPD, para proteção dos dados das pessoas envolvidas em suas atividades, de forma própria e casuística, em conformidade com o que entendem correto e justo.

O presente estudo tem por finalidade apresentar uma inicial reflexão sobre o que se tem denominado "*compliance* digital" ou "*compliance* de dados", focado na autorregulação das instituições, de maneira a construir alguns caminhos úteis para a implementação de uma política de proteção de dados fundada na humanidade e na compreensão do outro no processo de tratamento dos dados pessoais, em especial dos dados sensíveis.

Para tanto, o texto percorre três vias: 1) apresentar a realidade atual da regulação da proteção de dados no Brasil; 2) indicar alguns conceitos e pressupostos para boas práticas na construção e manutenção de programas de integridade e de *compliance*; 3) demonstrar a necessidade de humanização e cuidado nos processos de tratamento de dados pelas instituições, com breves sugestões.

Espera-se, com tudo isso, que se alcancem razoáveis e úteis ideias para a gestão de dados pessoais por empresas e entes públicos.

1 Aspectos gerais da regulação da proteção de dados no Brasil

No cenário brasileiro contemporâneo, em especial no pós-década de 90, o modelo de regulação por meio de agências reguladoras se potencializou no Brasil, a partir das privatizações de empresas públicas importantes para o desenvolvimento do país.

Não se desconhece, por óbvio, que a ideia de regulação data de período muito anterior, fundada nas duas principais escolas regulatórias – a americana e a francesa –, nem mesmo o alcance do termo "Estado regulador", que deriva da possibilidade de o ente público impor regulamentos e realizar atos normativos com vistas a efetivar suas políticas públicas, inclusive na busca pelo bem-estar social.

O que se busca compreender neste estudo é exatamente o modelo contemporâneo de regulação estatal necessária para determinar os limites, os parâmetros e as possibilidades de desenvolvimento de todos aqueles envolvidos nas dimensões artificiais virtuais decorrentes do "mundo real", como é o caso da proteção dos dados que cada pessoa faz circular e fornece a cada dia, e a cada momento, em suas rotinas comuns da vida.

É possível compreender como regulação estatal a atuação sustentável e proporcional do ente público competente, e tecnicamente legítimo, voltada a *limitar* a autonomia da vontade do particular (art. 5º, II, da CF/1988),[1] bem como a adequação normativa do setor público, conforme aplicação da legalidade consequencialista (art. 20 da LINDB) e dos valores constitucionais vigentes ao setor submetido a tal sistema regulatório do Estado.

Assim, é possível verificar a ocorrência da regulação estatal quando, por meio de legítimas decisões regulatórias administrativas, mediante atendimento dos princípios constitucionais, com o fim de proteção e de desenvolvimento do bem comum (bem-estar democraticamente fruível), depreende-se o exercício de efetivação dos objetivos fundamentais da república (art. 3º da CF/1988) via atendimento, realização e promoção de determinados (ou determináveis) interesses públicos passíveis de concretização via atos regulatórios que reproduzam, na realidade vivenciada, políticas públicas de Estado, que geram, desse modo, o *mínimo de desenvolvimento intersubjetivo* prometido pela Constituição de 1988.

Dessa maneira aplicada a *regulação*, é importante sublinhar a impossibilidade de se ultrapassarem os limites de sua função executiva estatal, pois deve conservar a sua característica regulatória de atividade *não jurisdicional* (não tem força de decisão final, não faz coisa julgada) e não legislativa (não pode inovar ou contrariar lei). Como bem lembra Ruy Cirne Lima,[2] "a regulação, aos moldes nacionais, em sentido amplo, manifesta-se no exercício de *Poder de Polí*cia do Estado".[3]

---

[1] "Art. 5º [...] II - ninguém será obrigado a fazer ou deixar de fazer alguma coisa senão em virtude de lei; [...]".
[2] LIMA, Ruy Cirne. *Princípios do direito administrativo*. 3. ed. Porto Alegre: Sulina, 1954. p. 106.
[3] Vale registrar, ainda, que, segundo Calixto Salomão Filho, no sistema brasileiro, houve tentativa de formulação de uma teoria geral da regulação. A razão para tanto é jurídica e simples. Trata-se da tradicional concepção do Estado como agente de duas funções diametralmente opostas: a ingerência direta na vida econômica e a mera

Assim estabelecido, conforme se depreende do relatório de dois anos de aplicação do Regulamento Geral sobre a Proteção de Dados Europeu (RGPD) da Comissão Europeia ao Parlamento Europeu,[4] numa economia que se baseia cada vez mais no tratamento de dados, incluindo *dados pessoais sensíveis*, a regulação estatal correspondente é um instrumento essencial para assegurar maior controle e proteção sobre os dados sensíveis das pessoas e a forma como esses dados serão tratados adequadamente, com a necessária transparência e o obrigatório atendimento aos valores constitucionais.

Ao mesmo tempo, a regulação estatal de tratamento de dados sensíveis na internet contribui para promover a inovação da confiança das relações obrigacionais e das interações sociais desenvolvidas nesse ambiente virtual, notadamente por meio das abordagens baseadas nos riscos próprios de conexões intersubjetivas firmadas a distância, e de princípios, como o da *proteção da privacidade*, do *respeito aos direitos de personalidade* e dos direitos fundamentais.

Segundo Burkard Eberlein, há inúmeras interpretações do termo *regulação*, sendo que o único território comum é a noção de regulação ligada às restrições de escolha privada pela imposição de regras públicas.[5]

Para Tony Posner, a regulação é um conjunto de atos de controle e direção de acordo com uma regra, princípio ou sistema, que se desenvolve por meio de normas legais e outras medidas de comando e controle, caracterizadores da intervenção pública que afeta a operação de mercados e as decisões econômicas das empresas, normalmente pela restrição de mercados.[6]

A regulação de diversos setores de atividades privadas é, atualmente, algo imprescindível para se conceber segurança mínima de relacionamento interpessoal a partir de sociedades cada vez mais conectadas em um ambiente globalizado e interdependente, observado, de modo destacado, a partir dos anos 2000 e com a grande eclosão de redes de relacionamentos via internet, em que pessoas estão de diversas formas em diversos lugares ao mesmo tempo.

Desse modo, pensar em regulação de tratamento de dados sensíveis na internet, pelo Estado, a partir da atuação privada desenvolvida em um novo ambiente virtual, não é apenas urgente, mas, também, imprescindível para que a realidade vivenciada seja positivamente impactada pela nova "virtualidade" criada.

Como exemplo da necessária reação estatal regulatória, buscam-se, com base na doutrina de Alberto Bianchi,[7] alguns indicativos sobre como as atividades particulares podem ser descritas conforme um critério de *crescimento* no interesse que o Estado

---

fiscalização dos particulares. A prestação de serviços públicos, de um lado, e a vigilância do mercado, por meio do poder de polícia, de outro, sempre representaram para os administrativistas a totalidade das funções que o Estado poderia exercer. Em um mundo de dicotomia entre a esfera privada e a esfera estatal, não havia razão para desacreditar a precisão de tal análise (SALOMÃO FILHO, Calixto. *Regulação da atividade econômica*: princípios e fundamentos jurídicos. São Paulo: Malheiros, 2001. p. 13).

[4] Texto adaptado do citado relatório (Disponível em: https://eur-lex.europa.eu/legal-content/EN/TXT/?uri=CELEX%3A52020DC0264. Acesso em: 19 maio 2021).

[5] Eberlein Burkard: "The only commom ground is that the notion of regulation suggests the restriction (private) choice by the imposition of (public) rules" apud SILVA, Fernando Quadros da. *A independência das agências reguladoras e o princípio do Estado democrático de direito*. Dissertação (Mestrado) – Faculdade de Direito, Setor de Ciências Jurídicas, Universidade Federal do Paraná, Curitiba, 2001.

[6] POSNER, Tony. *Law and the regulators*. Oxford: Claredon Press, 1997. p. 3-7 apud SOUTO, Marcos Juruena Villela. *Direito administrativo regulatório*. Rio de Janeiro: Lumen Juris, 2002. p. 38.

[7] Conforme BIANCHI, Alberto B. *La regulación económica*. Buenos Aires: Depalma, 2001. t. I. p. 225.

coloca nelas, ao ponto de demandar marcos regulatórios correspondentes, abalizado, em linhas gerais, em três fases:
  i) quando uma atividade privada adquire algum interesse público, o Estado começa a regulá-la, a fixar certas pautas e metas para seu exercício. Por exemplo, as atividades profissionais, que demandam crescente interação interpessoal;
  ii) quando a intensidade dessa regulação determina que tal atividade não poderá ser realizada sem uma prévia autorização especial, em razão de suas respectivas repercussões no contexto de onde e quando é desenvolvida (social, político, econômico etc.), por exemplo, a atividade bancária; e
  iii) quando a autoridade estatal considera que essa atividade é *essencial* para a comunidade e então a qualifica especialmente, concedendo-lhe o caráter de serviço público. Assim, envolve-se na vida privada de maneira tal que a partir desse momento o Estado pode decidir prestar diretamente tais atividades, em forma de monopólio, ou bem entregar à iniciativa privada para que as exerçam por tempo determinado e de acordo com específica forma contratual (concessão, licença ou outra maneira semelhante).

Assenta o autor,[8] ainda, que tanto no segundo como no terceiro casos, o Estado precisa controlar *a atividade especial de interesse estatal* para que esteja sendo prestada *dentro dos limites da regulação imposta e conforme as metas compromissadas*. Para tanto, pode-se optar por: *exercer o controle diretamente ou encomendá-lo a uma outra pessoa estatal*, sendo a autarquia a forma jurídica que aparentemente mais indica resultados para esses fins.

Para Bianchi,[9] então, quando se busca essa segunda solução há, na verdade, a procura de alcance de dois objetivos adicionais: *independência diante do poder político e idoneidade técnica*.

Ademais, conforme indicado, esse processo de descentralização da operação de controle conduz naturalmente o ente público à *autonomia funcional e a delegação de todas as funções que sejam necessárias para o cumprimento desse fim*. Conclui o autor,[10] assim, que *o ente regulador acaba sendo um pequeno Estado dentro do Estado*.

Dessa forma, por exemplo, as entidades públicas reguladoras nacionais, aqui representadas pelas *agências reguladoras federais*, possuem, basicamente, as seguintes atribuições:
  i) a busca e a cobrança de prestação de serviços públicos mais eficientes, mediante a regulação da atividade de particulares (ou de entes públicos) que exerçam atividades de relevante interesse público;
  ii) a proteção dos cidadãos (usuários/consumidores), mediante, por exemplo, o estabelecimento de boas práticas empresariais (*compliance*), proteção de dados pessoais, controle de fixação de tarifas e de preços justos, bem como repressão às práticas abusivas destoantes dos valores basilares do direito, da lei e da atividade regulatória (atos normativos) aplicáveis ao setor sob competência técnica de cada respectiva entidade estatal reguladora criada para o exercício da correspondente tutela jurídica;

---

[8] BIANCHI, Alberto B. *La regulación económica*. Buenos Aires: Depalma, 2001. t. I.
[9] BIANCHI, Alberto B. *La regulación económica*. Buenos Aires: Depalma, 2001. t. I.
[10] BIANCHI, Alberto B. *La regulación económica*. Buenos Aires: Depalma, 2001. t. I.

iii) a manutenção e o fomento da livre concorrência do mercado que está sob sua guarda para o melhor desenvolvimento do cidadão que será direta ou indiretamente impactado pela atividade regulada.

A previsão de instituição de entidades que, especificamente, tratassem da regulação, do controle e da administração de setores estratégicos da economia nacional adveio primordialmente da Constituição Federal de 1988.[11] Contudo, observa-se apenas a menção de entes dotados de caráter regulatório, não havendo, posteriormente, legislação exclusiva que tratasse das *regras gerais* dessas entidades. Assim, suas atribuições e características são delimitadas em suas próprias leis criadoras.

Em que pese destacar o caráter autônomo das demais agências reguladoras existentes no Brasil, importa sublinhar que, para a atividade de proteção de dados na internet, observa-se, ainda, uma vinculação de subordinação estrutural da autoridade regulatória desse setor diretamente à Presidência da República.

Tal fato, em tese, pode afetar a segurança discricionária técnica de suas decisões e da formulação de políticas regulatórias pertinentes ao seu espectro de atuação, uma vez que o exercício do poder realizado de forma direta pelo presidente da República é comumente influenciado, de forma robusta, por decisões políticas, partidárias e de governo que, não necessariamente, em sua totalidade, correspondem aos anseios de promoção e de proteção dos destinatários-alvos da atividade regulatória técnica de tal setor.

Assim alertado, em especial, ao tratar da regulação da *proteção de dados sensíveis na internet*, a Lei Geral de Proteção de Dados (LGPD) trouxe ao cenário regulatório a Autoridade Nacional de Proteção de Dados (ANPD), implementada em 2020, com o expresso objetivo de *proteger os direitos fundamentais de liberdade e privacidade e o livre desenvolvimento da personalidade da pessoa natural.*

Entre outras tarefas, conforme se depreende do Decreto nº 10.474/2020, a ANPD tem como missões primordiais:
a) regulamentar a Lei Geral de Proteção de Dados;
b) fiscalizar o cumprimento da legislação de proteção de dados pessoais, com vistas a proteger os direitos fundamentais de liberdade, privacidade e o livre desenvolvimento da personalidade da pessoa natural;
c) elaborar as diretrizes do Plano Nacional de Proteção de Dados com a finalidade de proteger os direitos fundamentais de liberdade, privacidade e o livre desenvolvimento da personalidade da pessoa natural; e
d) aplicar sanções administrativas, após os respectivos dispositivos entrarem em vigor em agosto de 2021 e a matéria ser regulamentada, considerando as contribuições de consulta pública.

Pela relevância do tema, os incisos do art. 2º do citado decreto estruturante da ANPD indicam a forma como deverão ser aplicadas as suas destinações regulatórias. Aqui, importa citar textualmente as competências e os deveres da Autoridade Nacional de Proteção de Dados nessa expressão normativa, da forma que segue:

---

[11] A CF/1988 menciona "órgão regulador" no seu art. 177, §2º, III, contudo, as agências reguladoras federais são pessoas jurídicas do direito público, destarte, serão devidamente tratadas como entidades públicas, isto é, juridicamente dotadas de personalidade jurídica de direito público.

Art. 2º Compete à ANPD:

I - zelar pela proteção dos dados pessoais, nos termos da legislação;

II - zelar pela observância dos segredos comercial e industrial, observada a proteção de dados pessoais e do sigilo das informações, quando protegido por lei ou quando a quebra do sigilo violar os fundamentos do art. 2º da Lei nº 13.709, de 2018;

III - elaborar diretrizes para a Política Nacional de Proteção de Dados Pessoais e da Privacidade;

IV - fiscalizar e aplicar sanções na hipótese de tratamento de dados realizado em descumprimento à legislação, mediante processo administrativo que assegure o contraditório, a ampla defesa e o direito de recurso;

V - apreciar petições de titular contra controlador após a comprovação pelo titular da apresentação de reclamação ao controlador não solucionada no prazo estabelecido em regulamentação;

VI - promover na população o conhecimento das normas e das políticas públicas sobre proteção de dados pessoais e das medidas de segurança;

VII - promover e elaborar estudos sobre as práticas nacionais e internacionais de proteção de dados pessoais e privacidade;

VIII - estimular a adoção de padrões para serviços e produtos que facilitem o exercício de controle dos titulares sobre seus dados pessoais, os quais deverão levar em consideração as especificidades das atividades e o porte dos responsáveis;

IX - promover ações de cooperação com autoridades de proteção de dados pessoais de outros países, de natureza internacional ou transnacional;

X - dispor sobre as formas de publicidade das operações de tratamento de dados pessoais, respeitados os segredos comercial e industrial;

XI - solicitar, a qualquer momento, aos órgãos e às entidades do Poder Público que realizam operações de tratamento de dados pessoais, informe específico sobre o âmbito, a natureza dos dados e os demais detalhes do tratamento realizado, com a possibilidade de emitir parecer técnico complementar para garantir o cumprimento da Lei nº 13.709, de 2018;

XII - elaborar relatórios de gestão anuais acerca de suas atividades;

XIII - editar regulamentos e procedimentos sobre proteção de dados pessoais e privacidade e sobre relatórios de impacto à proteção de dados pessoais para os casos em que o tratamento representar alto risco à garantia dos princípios gerais de proteção de dados pessoais previstos na Lei nº 13.709, de 2018;

XIV - consultar os agentes de tratamento e a sociedade em matérias de interesse relevante e prestar contas sobre suas atividades e seu planejamento;

XV - arrecadar e aplicar suas receitas e publicar, nos relatórios de gestão a que se refere o inciso XII, o detalhamento de suas receitas e despesas;

XVI - realizar auditorias ou determinar sua realização, no âmbito da atividade de fiscalização de que trata o inciso IV e com observância ao disposto no inciso II, sobre o tratamento de dados pessoais efetuado pelos agentes de tratamento, incluído o Poder Público;

XVII - celebrar, a qualquer momento, compromisso com agentes de tratamento para eliminar irregularidade, incerteza jurídica ou situação contenciosa, no âmbito de processos administrativos, de acordo com o previsto no Decreto-Lei nº 4.657, de 4 de setembro de 1942;

XVIII - editar normas, orientações e procedimentos simplificados e diferenciados, inclusive quanto aos prazos, para que microempresas, empresas de pequeno porte e iniciativas empresariais de caráter incremental ou disruptivo que se autodeclarem *startups* ou empresas de inovação possam adequar-se ao disposto na Lei nº 13.709, de 2018;

XIX - garantir que o tratamento de dados de idosos seja efetuado de maneira simples, clara, acessível e adequada ao seu entendimento, nos termos da Lei nº 13.709, de 2018, e da Lei nº 10.741, de 1º de outubro de 2003 - Estatuto do Idoso;

XX - deliberar, na esfera administrativa, em caráter terminativo, sobre a Lei nº 13.709, de 2018, as suas competências e os casos omissos, sem prejuízo da competência da Advocacia-Geral da União estabelecida pela Lei Complementar nº 73, de 10 de fevereiro de 1993;

XXI - comunicar às autoridades competentes as infrações penais das quais tiver conhecimento;

XXII - comunicar aos órgãos de controle interno o descumprimento do disposto na Lei nº 13.709, de 2018, por órgãos e entidades da administração pública federal;

XXIII - articular-se com as autoridades reguladoras públicas para exercer suas competências em setores específicos de atividades econômicas e governamentais sujeitas à regulação; e

XXIV - implementar mecanismos simplificados, inclusive por meio eletrônico, para o registro de reclamações sobre o tratamento de dados pessoais em desconformidade com a Lei nº 13.709, de 2018.

Conforme mencionado, os respectivos incisos dos citados textos regulatórios indicam os caminhos normativos de aplicação e de concretização da atividade reguladora estatal correspondente.

Nela, por exemplo, observa-se o claro desiderato de busca de diminuição de externalidades/fricções negativas decorrentes da atividade regulatória estatal, comumente observada quando da interação obrigacional ocorrida no ambiente regulado por determinado ente regulatório do Estado.

Nessa esteira, assim expressa o §1º, do mencionado art. 2º do Decreto nº 10.474/2020:

> Na imposição de condicionantes administrativas ao tratamento de dados pessoais por agente de tratamento privado, sejam eles limites, encargos ou sujeições, a ANPD deve observar a exigência de mínima intervenção, assegurados os fundamentos, os princípios e os direitos dos titulares previstos no art. 170 da Constituição e na Lei nº 13.709, de 2018.

Ainda, de forma pertinente, a preocupação de legitimação democrática da atividade regulatória da novel ANPD e as correspondentes consequências no mundo real também são expostas na norma executiva acima, destacadamente, no seu §2º, do art. 2º, com o seguinte texto: "Os regulamentos e as normas editados pela ANPD devem ser precedidos de consulta e audiência públicas e de Análise de Impacto Regulatório".

A seguir, no respectivo §3º, o aludido decreto demonstra sua preocupação com a coordenação e a sinergia regulatórias obrigatoriamente necessárias, e que devem estar permanentemente presentes, entre as atividades e entes estatais relacionados à proteção de dados para se alcançar a maior excelência possível de atividade estatal eficiente quando se refere ao tratamento de dados pessoais (destacadamente, aqueles sensíveis).

Assim expressa o §3º, do art. 2º do citado decreto:

> A ANPD e os órgãos e entidades públicos responsáveis pela regulação de setores específicos da atividade econômica e governamental devem coordenar suas atividades, nas respectivas esferas de atuação, com vistas a assegurar o cumprimento de suas atribuições com a maior eficiência e promover o adequado funcionamento dos setores regulados, conforme legislação específica, e o tratamento de dados pessoais, na forma da Lei nº 13.709, de 2018.

A ANPD também deverá conceder uma especial atenção à transparência de sua atuação regulatória, bem como respeito ao princípio constitucional da publicidade administrativa, conforme se depreende da leitura do §4º, do art. 2º do decreto em foco:

> A ANPD manterá fórum permanente de comunicação, inclusive por meio de cooperação técnica, com órgãos e entidades da administração pública responsáveis pela regulação de setores específicos da atividade econômica e governamental, a fim de facilitar as competências regulatória, fiscalizatória e punitiva da ANPD.

Vale lembrar que o princípio da publicidade da Administração Pública, estabelecido no *caput* do art. 37 da CF/1988, enuncia a necessária e ampla divulgação dos atos administrativos, conforme determinação e limites legais, principalmente aqueles que tragam algum impacto sobre a liberdade das pessoas. Importa o respeito ao princípio da publicidade a ser seguido pela Administração, também, no sentido de viabilizar o controle dos seus atos perante os meios de controle institucionalmente constituídos, assim como o realizado pela sociedade.

Diretamente ligada à noção de publicidade, a atuação transparente da Administração Pública deve ser preocupação primordial de seus gestores e daqueles que exercem o controle (interno e externo) sobre eles. De igual maneira, a Administração precisa conceder elementos para a efetivação de seu obrigatório – e constitucional – controle por entes externos por meio de promoção da maior transparência possível de suas atividades.

Para tanto, é essencial que se utilize dos meios de publicidade atualmente disponíveis para plena difusão da informação, como a internet (bem como meios escritos e radiofônicos), para que se promova e se atinja o esclarecimento da população sobre sua atuação, com a abrangência necessária para a eliminação de dúvidas e desconfianças sobre o seu exercício público regulatório (ou daqueles que lhe façam as vezes).

Desse modo estabelecido, então, intenta-se conceder maior previsibilidade, estabilidade, segurança e eficiência do atuar administrativo – pontos relevantes para promoção do esperado desenvolvimento responsável estatal e de seus partícipes, inclusive, o cidadão.

Não há como se imaginar o agir público sem a possibilidade de controle correspondente proveniente do adequado atendimento do princípio constitucional da publicidade da Administração Pública. Demonstrar *o que fez, como fez* e *para que se fez* é dever básico de um sistema próprio de responsabilização sobre tudo o que é feito em nome de um dever constitucional comum de promover um ambiente melhor de integração entre entes públicos e privados positivamente produtiva.

A sinergia entre o dever de publicidade e de transparência de órgãos estatais, destarte, é valor democrático, imprescindível para a manutenção de um regime jurídico de participação e de viabilização do cidadão no Estado voltado ao atendimento dos envolvidos na missão de realização e de promoção de seres humanos dignos – tanto sob a perspectiva *objetiva* (sociedade), como no viés *subjetivo* (indivíduo).

Na sequência das instruções primordiais sobre como a ANPD deve desempenhar suas atividades regulatórias, o §5º do art. 2º do Decreto nº 10.474/2020 enfatiza que a proteção de dados, além de ser um dever de todos os partícipes do Estado (inclusive, dos particulares), precisa ser objeto de preocupação especial da Autoridade Reguladora de Proteção de Dados.

É de se destacar, também, o papel desenvolvido por estruturas de percepção, processamento e resposta de reclamações junto à ANPD. As questões apresentadas em queixas junto à ouvidoria da ANPD podem ser respondidas de forma individual ou como problemas coletivos, caminhando, dessa forma, de maneira contrária à individualização do atendimento ao cidadão.

Dessa forma, vale o destaque de que cabe aos programas de integridade legal e ética (*compliance*) da ANPD a tomada de providências necessárias para a equalização de adequado atendimento ao cidadão, como titular destinatário das providências estatais de atendimento ao interesse público envolvido na sua atividade regulatória.

Nessa linha de raciocínio, vale sublinhar o disposto no §6º do art. 2º do decreto aqui em análise: "As reclamações recebidas conforme o disposto no inciso V do caput poderão ser analisadas de forma agregada e as eventuais providências delas decorrentes poderão ser adotadas de forma padronizada".

Depreende-se do decreto em foco, ainda, a preponderância do poder regulatório da ANPD ante os demais entes administrativos que, eventualmente, exerçam tais competências de proteção de dados. Esse monopólio regulador, e de exercício do poder de polícia administrativo, concentrado na Autoridade Nacional de Proteção de Dados, também se refere à interpretação e à aplicação de normas sancionatórias.

Nessa mesma esteira, então, deve a ANPD providenciar a integração de um sistema harmônico de viabilização prática e de aplicação concreta da nova estrutura regulatória criada entre os órgãos públicos direta e indiretamente envolvidos nas competências relacionadas à proteção de dados.

Tais conclusões são extraídas da leitura dos §§7º e 8º do já indicado decreto que regulamenta a estruturação ANPD, da forma que segue:

> §7º A aplicação das sanções previstas na Lei nº 13.709, de 2018, compete exclusivamente à ANPD e suas competências prevalecerão, no que se refere à proteção de dados pessoais, sobre as competências correlatas de outras entidades ou órgãos da administração pública.
>
> §8º A ANPD articulará sua atuação com outros órgãos e entidades com competências sancionatórias e normativas afetas ao tema de proteção de dados pessoais e será o órgão central de interpretação da Lei nº 13.709, de 2018, e do estabelecimento de normas e diretrizes para a sua implementação.

De todo o conteúdo até aqui analisado, fica a sensação de que a regulação de proteção de dados sensíveis na internet, apesar de já ser uma realidade sentida no cotidiano, ainda está no seu período inicial de amadurecimento.

Faz-se necessário, sem dúvida, tempo para que essa produção regulatória estatal seja testada no mundo real, discutida pela comunidade científica, estudada pela doutrina, avaliada pelos tribunais e, assim, desenvolvida proativamente – e de forma positiva, sinérgica e produtivamente integrada – pelos atores responsáveis pelo respeito, pela proteção e pela promoção da identificação humana no ambiente de redes virtuais para que, efetivamente, o uso de dados pessoais sensíveis seja voltado ao caminho de benefícios de seus titulares, não como armas (ou armadilhas) que lhes tragam prejuízos.

2 A importância da construção e da adequada manutenção de programas de integridade e de compliance nas instituições

A nova configuração da sociedade, a partir da participação menor do Estado nas atividades econômicas, exige que se cuide muito atentamente dos mecanismos de regulação, como se viu. Isso porque o Estado deixa de agir por si e delega algumas funções para a iniciativa privada. Se não houver fiscalização e controle do Poder Público, muito provavelmente as leis do mercado serão nefastas ao cidadão comum.

Nessa perspectiva, não é simples obter dessa regulação todos os frutos que se pretende, motivo pelo qual se transferem ao particular, à empresa, atitudes de autorregulação. Deve o gestor de determinada atividade regulada criar, também, mecanismos de controle interno para atingir suas metas e objetivos empresariais, prevenindo riscos de prejuízo ao erário e à sociedade. Trata-se do que se denomina autorregulação regulada.

Essa autorregulação regulada se dá por meio de programas de integridade e de *compliance* que, apesar de merecerem conceitos diversos, são institutos que se complementam, como bem ensina Aldacy Rachid Coutinho:

> Programa de integridade tem um significado conexo, mas distinto de Programa de *compliance*. *Compliance* é agir conforme as normas, em conformidade. Integridade é agir com comprometimento ético, com probidade e honestidade, isto é, contribuir para a lisura nas tratativas e adequada relação no mundo dos negócios; integridade é um dos princípios da governança pública e, ademais, um dos mecanismos para o seu exercício como previsto no Decreto n. 9.203/2017, em seu artigo 3º, inciso II e artigo 5º, inciso I, "a".[12]

Segundo o Comitê Administrativo de Defesa Econômica, "*compliance* é um conjunto de medidas internas que permite prevenir ou minimizar os riscos de violação às leis decorrentes de atividade praticada por um agente econômico e de qualquer um de seus sócios ou colaboradores".[13]

Entretanto, é pertinente recordar que *compliance* não é algo novo.

A novidade, talvez, esteja na sua imprescindibilidade atual para grande parte dos negócios e, em breve, para qualquer negócio que se revele minimamente sério.

Sem dúvida, o custo de implementação de pudorosos programas de *compliance* nunca será tão alto quanto o prejuízo de não estar em conformidade. Isso porque o valor de uma não conformidade, para uma empresa ou para uma entidade pública, que dependem de credibilidade para atuar, é imensurável e se propaga no tempo e no espaço indefinidamente.

Estar em sintonia com a atual cultura de integridade e de *compliance* previne prejuízos oriundos da aplicação do sistema regulatório anticorrupção e de conformidade de pessoas jurídicas (destaque à Lei nº 12.846/2013 e ao seu ato decreto regulamentador, sob nº 8.420/2015).

---

[12] COUTINHO, Aldacy Rachid. Rumo a um programa de compliance e integridade para a administração pública. *In*: COUTINHO, Aldacy Rachid; COPETTI NETO, Alfredo; SILVA, Alexandre Barbosa da Silva (Org.). *Direito, compliance e tecnologia*. São Paulo: Tirant lo Blanch, 2019. p. 24-25.

[13] CADE. *Guia programas de compliance*. p. 9. Disponível em: http://www.cade.gov.br/acesso-a-informacao/publicacoes-institucionais/guias_do_Cade/guia-compliance-versao-oficial.pdf. Acesso em: 19 maio 2021.

A organização engajada em um projeto de integridade se autorregula adequadamente e acaba por atender à exigência do mercado, em especial para contratações com grandes corporações e com entes públicos. São muitas as empresas e entes públicos que exigem, para entabular negócios, que haja na estrutura da contratada uma rigidez de conduta ética, que se comprova por meio da existência de ações de integridade e de *compliance*.

Assim ocorre justamente porque programas de *compliance* estabelecem, pelo menos, duas perspectivas na atividade proativa de controle das entidades.

Uma *interna*, com, por exemplo, o concreto objetivo de orientar os colaboradores e agentes das entidades sobre a necessidade de agir nos limites da integridade, a partir de um claro regramento de boas práticas; de prevenir irregularidades; de monitorar ações e comportamentos; bem como de sancionar agentes faltosos e de reestruturar os possíveis atos de inconformidade daqueles que estão no interior dos muros da entidade, entre outros quesitos.

Outra, *externa*, em que será necessário desenvolver, por exemplo, a sensibilidade e a pesquisa para adequar a cultura da empresa aos parâmetros locais de *quando* e *onde* a entidade está inserida; o estabelecimento de relacionamentos produtivos com os respectivos órgãos de controle que regulam a atividade da pessoa jurídica que possui um programa de integridade estabelecido; a obrigatória submissão das entidades ao sistema regulatório correspondente, entre outras obrigações necessárias para a busca de um *efetivo* programa de *compliance*.

Sem dúvida, implementar um consciencioso programa de *compliance*, com uma equipe preparada, treinada e experimentada para tanto, de forma estruturada e adequada ao porte e à complexidade de uma empresa ou de uma entidade pública, permitirá uma salutar atuação preventiva, assim como um ambiente organizacional sustentável e ético, propício para a continuidade e o desenvolvimento das atividades dessas organizações.

Nesse duto de ideias, é de conhecimento geral que a LGPD tem gerado muitas dúvidas, questionamentos e hesitações por parte das empresas que necessitam implementar os sistemas de proteção de dados. Muitas delas demoraram a compreender que, apesar da lentidão para a entrada em vigor de algumas partes da lei – a qual, aliás, até o presente momento não está totalmente em vigor –, este momento chegaria, como de fato chegou, trazendo demandas das mais severas e muitos problemas para o atendimento adequado do conteúdo normativo.

Desse modo, em respeito próprio, ao cidadão, ao cliente e ao mercado onde se está inserido, pensar em programas de integridade e de *compliance* digital indica, objetivamente, que a responsabilidade e o comprometimento com a permanente atenção a todos os envolvidos na atividade de determinada organização estão presentes.

Porque, afinal, respeito é bom, todo mundo gosta e traz desenvolvimento sustentável aos impactados, interna e externamente, das empresas e entidades públicas responsáveis (e responsabilizáveis).

No contexto do combate à corrupção, conforme expressão normativa estampada no Decreto nº 8.420/2015, que regulamenta a Lei Anticorrupção, ao dispor sobre a operacionalidade da responsabilização administrativa de pessoas jurídicas pela prática de atos contra a Administração Pública, nacional ou estrangeira, tem-se que os programas de integridade e de *compliance* podem ser compreendidos da seguinte forma:

Art. 41. Para fins do disposto neste Decreto, programa de integridade consiste, no âmbito de uma pessoa jurídica, no conjunto de mecanismos e procedimentos internos de integridade, auditoria e incentivo à denúncia de irregularidades e na aplicação efetiva de códigos de ética e de conduta, políticas e diretrizes com objetivo de detectar e sanar desvios, fraudes, irregularidades e atos ilícitos praticados contra a administração pública, nacional ou estrangeira.

Parágrafo único. O programa de integridade deve ser estruturado, aplicado e atualizado de acordo com as características e riscos atuais das atividades de cada pessoa jurídica, a qual por sua vez deve garantir o constante aprimoramento e adaptação do referido programa, visando garantir sua efetividade.

Em outras palavras, trata-se de um feixe de atos organizacionais destinados a estipular uma clara e objetiva política de atuação corporativa em conformidade com a lei e com os princípios éticos vigentes em determinado tempo e espaço.

Compliance, portanto, não se resume a um ato ou a um conjunto de atos aleatórios, sem uma propositada concatenação. Trata-se de uma cultura inserida no contexto da instituição, que se conduz a determinar condutas comprometidas com o que é correto, conforme padrões éticos e regulatórios estabelecidos a partir de um recorte temporal e espacial, atraídos pelo desenvolvimento intersubjetivo de todos os envolvidos e impactados pela sua atuação.

Em outras palavras, *compliance* representa a maneira como uma entidade pode se expressar para os seus, e para os outros, de modo a externar seus pontos fortes de integridade e aqueles que precisam ser aperfeiçoados, para que sua imagem possa ser fortalecida e, assim, maiores e melhores negócios possam ser viabilizados no contexto de seus afazeres. É pensar em ações institucionais nas quais se busca efetividade de resultados provenientes de uma conformação legal e ética que representem um compromisso com o *outro* e o reconhecimento de que, sozinho, ninguém evolui.

Todo programa de integridade precisa ser humano, voltado para o aprimoramento do humano, com requisitos e metas humanizadas, com o objetivo final de proporcionar uma melhora quantitativa e qualitativa das pessoas, para que possam, ao fim e ao cabo, serem realizadoras de situações de bem viver e de eficiência no ambiente corporativo.

É fato que, nesse contexto de mecanismos de desenvolvimento empresarial e estatal conforme padrões legais e éticos, as pessoas precisam buscar o melhor possível nas atividades que executam, nos limites de sua capacidade como ser humano que falha em alguns momentos. Isso porque é, a partir da superação dessas falhas, que surge a oportunidade de se encontrar um efetivo e concreto desenvolvimento pessoal para que, assim, surja a possiblidade de contribuir para evolução do sistema de que faz parte.

No sentido desse contexto, os programas de integridade e de *compliance* visam identificar métodos de controle proativos dos agentes partícipes de entidades públicas e privadas para que, dessa análise preliminar (diagnóstico) do que está em conformidade com a lei e com os padrões éticos estabelecidos, seja possível desenhar um mapa da entidade, destacando os pontos positivos e negativos, o que é preciso melhorar e o que necessita uma maior atenção.

O caminho adequado, neste momento histórico, para que as instituições possam alcançar resultados efetivos de conformidade é a preocupação com que seus programas de integridade e de compliance sejam, efetivamente, programas humanizados. E isso, em verdade, significa que o foco da atuação deve ser a realidade das pessoas e não unicamente os objetivos econômicos da empresa ou da pessoa jurídica de direito público.

Com esse tabuleiro formado, faz-se necessário dar atenção às peças que compõem a complexa estrutura de uma pessoa jurídica, mediante a verificação da sua estrutura hierárquica, dos seus métodos disciplinares e como o objeto de tal entidade é perseguido por cada um de seus agentes. É o que se denomina formação de programas efetivos.

3 A necessidade de humanização e de cuidado nos processos de tratamento de dados pelas instituições: breves sugestões para a implantação de um *compliance* de proteção de dados efetivo

Identificar tarefas, responsabilidades, prerrogativas, deveres, direitos, limites e gatilhos motivacionais de setores, dos grupos de trabalho, das equipes de ação e, individualmente, de cada pessoa que constrói a personalidade de uma entidade é essencial para a diagramação da verdadeira natureza e essência da instituição que está sob um programa de integridade.

Assim, ao concluir a etapa de *diagnóstico* e de *identificação* da entidade, das pessoas e dos elementos funcionais que a compõe, um programa de *compliance* destina-se a *apontar*, hierarquizando falhas e acertos, quais serão *os melhores caminhos* que tal entidade pública ou privada precisa seguir para que o objetivo maior – ser e parecer séria perante si, seus colaboradores e a sociedade – seja atingido e mantido ao longo do tempo para que os riscos da atividade e das intercorrências administrativas sejam os mais baixos possíveis.

Desse modo, cabe ao programa de integridade corporativo estabelecer mecanismos de manutenção da eficiência dos métodos implantados, justamente para que todas as engrenagens que conformam tal programa atuem de forma diáfana e voltadas para um mesmo propósito.

Necessário que se repita que pensar em integridade e em *compliance* não significa visar unicamente à otimização empresarial, pois esse é o desígnio característico das máquinas. Antes de tudo, esses programas são destinados à promoção do desenvolvimento humano para que, assim, seja possível alcançar a evolução das entidades que (ainda) são movidas por pessoas.

Nada mais trágico, ou definitivo, do que entregar mecanismos de integridade tão somente à inteligência artificial (IA). Isso porque tal sorte representaria o reconhecimento da derrocada da raça humana.

Infelizmente, render-se à limitação por meio de mecanismos artificiais de controle significa admitir que a humanidade não deu certo, pois no afã desenvolvimentista desenfreado, no vale tudo em busca de ser melhor em tudo, vende-se – literalmente – a alma para um *goal* de perfeição inexistente e impraticável para o homem, mas possível para a máquina.[14]

---

[14] Essa é a essência do pensamento de Michael J. Sandel, que discute a ética na engenharia genética, em especial a ética sobre o melhoramento das condições humanas, que tornariam as pessoas menos naturais, menos submetidas a falhas. As falhas, no entanto, são próprias da humanidade do ser. Fazem parte de nossos modos de viver de forma saudável (SANDEL, Michael J. *Contra a perfeição*: ética na era da engenharia genética. Tradução de Ana Carolina Mesquita. 3. ed. Rio de Janeiro: Civilização Brasileira, 2018).

Portanto, em tal realidade catastrófica, a humanidade será obrigada a se transformar radicalmente, de forma a abandonar suas próprias características elementares. Ou seja, o que era natural, passa a ser sintético. O que era espontâneo, passa a ser programado. O que era consciência, passa a ser algoritmo.

Assim, importante deixar claro: *compliance* não pode significar perfeição. *Compliance* não pode indicar desumanidade. *Compliance* precisa identificar que pessoas podem e devem fazer o seu melhor, para alcançar os melhores resultados conforme suas características humanas.

Logo, faz-se imprescindível a construção de um complexo de orientações, supervisões e até mesmo de sanções, humanamente praticáveis, justamente para que se viabilize o desenvolvimento proporcional de todos os envolvidos na empresa ou no órgão estatal que está sob um programa de *compliance*.

Impossível afastar integridade e *compliance* da obrigatória observância dos deveres e dos direitos fundamentais a que todos os envolvidos no pacto constitucional estão subscritos. Imperioso que se promovam os direitos fundamentais a partir da execução de todas as tarefas profissionais no contexto institucional, com vistas a tornar efetiva e concreta a cultura de fazer o *bem*, o *bom* e o *correto*.

Nessa esteira, o dever de buscar o legal, o ético e o correto precisa estar acompanhado do agir conforme limitações humanas e, assim, aceitar a necessidade de programas de integridade que direcionem a atividade das pessoas para um amanhã permanentemente melhor do que o diariamente vivido.

Compreender a necessidade de programas de *compliance* em todas as empresas e órgãos públicos é reconhecer que o erro faz parte da jornada, assim como a busca de sua superação para a satisfação do alcance do desenvolvimento esperado. Nada mais humano do que compreender que processos de adaptação pressupõem vontade de mudança. Logo, sem considerar o fator humano, todo e qualquer programa de integridade e de *compliance* estará fadado ao fracasso.

Ao considerar o ser humano em planejamentos estratégicos de empresas e órgãos públicos, faz-se necessário *linkar* os direitos fundamentais com todo e qualquer planejamento e desenvolvimento de políticas internas para que o entorno da organização em integridade ateste a legitimidade, a legalidade e a eficácia dos programas construídos e adequadamente aplicados em tais entidades.

A proteção da boa reputação das entidades públicas e privadas sob um programa de *compliance* realizado conforme direitos fundamentais traz uma certificação que certamente diferenciará ainda mais as empresas e os órgãos públicos comprometidos com o desenvolvimento humano.

Tudo isso foi reforçado exatamente para que seja possível compreender que toda atividade humana determina riscos, até porque a ideia de *compliance* nada mais é do que identificação e administração de riscos. Cuidar e proteger dados pessoais, no sentido da LGPD, significa gerir riscos que vão desde a má administração das informações (como no exemplo do vazamento de dados – proposital ou não) até a comercialização equivocada de bancos de dados.

Os riscos que envolvem a proteção de dados pessoais são por demais relevantes e devem ser objeto de toda a atenção no sentido de sua prevenção,[15] especialmente por versarem sobre direito fundamental.[16]

Como destacam Rômulo Paiva Farias, Márcia Martins Mendes e Marcus Vinicius Veras Machado:

> o controle interno não pode ser dissociado do risco. Ambos seguem um caminho conjunto, que ajuda a instituição a atingir seus objetivos, quando aplicado e gerenciado da forma mais adequada. Segundo a Federação das Associações Europeias de Gerenciamento de Risco (Federation of European Risk Management Associations, 2003), o "risco pode ser definido como a combinação da probabilidade de um acontecimento e das suas consequências".[17]

É certo que o simples fato de a instituição (pública ou privada) estar em atividade já abre um leque de possibilidades para eventos ou situações cujas consequências possam ser de vantagens ou de ameaças ao sucesso intentado. No contexto da governança corporativa, controle interno e risco são interconectados e acabam por ser considerados "gerenciamento de risco".

Exatamente porque um programa de *compliance* digital – em especial na modalidade de *compliance* de proteção de dados – nada mais será do que um conjunto de boas práticas que visem a conhecer a probabilidade e a gravidade dos *riscos* e dos *benefícios* decorrentes do tratamento dos dados do titular (art. 50, §1º, da LGPD), faz-se relevante indicar, ainda que de forma breve, algumas sugestões que têm norteado projetos efetivos e de sucesso.

Dentro de um contexto que envolve conceitos e culturas de *compliance* como base e de proteção de dados como complemento e real finalidade, um caminhar seguro e adequado pode ser trilhado nos 15 (quinze) indicativos adiante:

1) Conscientização e comprometimento da alta cúpula diretiva.
2) Criação de um setor de *compliance*, composto por equipe multidisciplinar, com autonomia e independência, para análise e controle geral do contexto institucional de dados pessoais.
3) Conscientização e comprometimento de todo o quadro de colaboradores.
4) Escolha dos gestores do programa de *compliance*: o *compliance officer*, que será o responsável pelo programa; especificação dos agentes de tratamento, o controlador e o operador (art. 37), assim como o encarregado de tratamento

---

[15] Sobre o dever de prevenção no campo da proteção de dados pessoais, *vide*: BUSATTA, Eduardo Luiz. Do dever de prevenção em matéria de proteção de dados pessoais. *In*: EHRHARDT JÚNIOR, Marcos; CATALAN, Marcos; MALHEIROS, Pablo (Coord.). *Direito civil e tecnologia*. Belo Horizonte: Fórum, 2020. p. 25-56.

[16] Doutrina sofisticada tem defendido que o direito à proteção de dados é direito fundamental autônomo. *Vide*, por todos, Stefano Rodotà: "Daí, a proteção de dados contribui para a 'constitucionalização da pessoa' – o que pode ser considerado como uma das mais significativas conquistas, e não apenas da Carta. Estamos diante da verdadeira reinvenção da proteção de dados – não somente porque ela é expressamente considerada como um direito fundamental autônomo, mas também porque se tornou uma ferramenta essencial para o livre desenvolvimento da personalidade. A proteção de dados pode ser vista como a soma de um conjunto de direitos que configuram a cidadania do novo milênio" (RODOTÀ, Stefano. *A vida na sociedade da vigilância*: a privacidade hoje. Rio de Janeiro: Renovar, 2008. p. 17).

[17] FARIAS, Rômulo Paiva; MENDES, Márcia Martins; MACHADO, Marcus Vinícius. A metodologia Coso como ferramenta de gerenciamento dos controles internos. *Contabilidade, Gestão e Governança*, Brasília, v. 12, n. 3, p. 55-71, set./dez. 2009.

dos dados pessoais (art. 41), todos absolutamente comprometidos com a cultura corporativa de respeito à ética e às leis.

5) *Workshop(s)* para ampla divulgação das bases legais da LGPD, em especial seus fundamentos (art. 2º), conceitos (art. 5º), requisitos para tratamento dos dados pessoais (art. 7º), compreensão sobre o contexto dos dados sensíveis (art. 11), direitos do titular dos dados (art. 17), responsabilidade dos envolvidos (art. 31), necessidade de segurança e boas práticas na gestão dos dados pessoais (arts. 46 e 50), sanções possíveis (art. 52) e compreensão sobre a ANPD e o CNPD (arts. 55 e 58).
6) Realizar diagnóstico minucioso da realidade da empresa ou órgão público, com vistas à análise dos riscos que possam envolver os dados pessoais disponíveis.
7) Elaborar plano de ação, com cronograma adequadamente estabelecido.
8) Mapear o fluxo dos dados pessoais sob os cuidados da instituição, planejando os modos de proteção, com relatórios específicos.
9) Elaborar código de conduta específico para as ações de proteção de dados, bem como manual de boas práticas.
10) Elaborar relatório de impacto à proteção de dados.
11) Instituir procedimentos de investigação e sanções disciplinares, sempre no contexto do devido processo legal constitucionalmente assegurado.
12) Primar, nas ações, pela transparência e pelo cuidado com o consentimento e a autodeterminação informativa dos titulares dos dados.
13) Manter treinamentos frequentes para os profissionais de *compliance* e de proteção de dados.
14) Monitoramento constante dos modos de agir (dos processos e controles) e aperfeiçoamento frequente da busca por resultados de excelência na proteção dos dados disponíveis.
15) Manter espaço de comunicação institucional, com canais de denúncia adequados.

Cada uma das sugestões acima tem seu próprio grau de dificuldade e de complexidade de realização, e deverá variar conforme cada pessoa jurídica para a qual o programa de integridade e *compliance* de tratamento de dados pessoais seja proposto.

Mas uma coisa está para além de qualquer dúvida: o fator humano vai prevalecer, no sentido de criar-se uma cultura de cumprimento de preceitos éticos e normativos. Isto é *compliance*. A cultura de cumprir as regras, a partir de uma pauta focada na eticidade, na legalidade e na juridicidade. É, em fácil pensar, fazer a coisa certa, na preocupação com o outro e com a coerência de vida do grupo em que se está inserido.

O momento é de transição paradigmática histórica. O presente tempo é muito bem delineado por Ana Frazão, Milena Donato Oliva e Vivianne da Silveira Abilio, no seguinte pensamento:

> Em um cenário de mudanças tão robustas, o recurso ao estabelecimento de procedimentos de boas práticas pelos agentes econômicos privados torna-se passo fundamental para propiciar a adequação à nova realidade com alguma segurança. O *compliance* de dados pessoais volta-se justamente para auxiliar os agentes de tratamento a aplicar de forma eficaz as normas de proteção de dados e "conduzirá a pessoa jurídica a manter esses dados

e toda sua atividade dentro dos ditames legais, utilizando a segurança da informação em prol da minimização de incidentes que impliquem na responsabilidade empresarial".[18]

Por isso o presente capítulo, que ora se encerra, tem por intenção frisar a necessidade da humanização e do cuidado nos processos de tratamento de dados pelas instituições, na medida em que um programa de integridade e de *compliance* efetivo poderá até ter o apoio de máquinas e de IA, mas nada substituirá o agir verdadeiro, a vivência, as experiências e o sentimento de uma pessoa de carne e osso.[19]

Conclusões

A regulação dos dados pessoais, em especial dos dados sensíveis, deve acontecer para além da realidade projetada pela incipiente ANPD, mas forte na autorregulação das empresas e dos entes públicos, por meio também de programas de integridade e de *compliance* focados na humanização dos processos, na análise dos riscos e na orientação de técnicas efetivas de proteção dos interesses das pessoas, em especial na proteção de dados individuais.

Isso é absolutamente fundamental para atender à finalidade constitucional de promover o desenvolvimento intersubjetivo dos partícipes do Estado dentro de um propósito de respeito à integridade física, moral e intelectual de cada um.

Por isso, mecanismos de estabelecimento de *standards* mínimos de conduta no tratamento de dados, de pontes de inter-relacionamento confiável, de soluções para superação de conflitos e de luzes para o atendimento da regulação da dimensão digital, conforme as diretrizes constitucionais, passam a ser indispensáveis.

A implantação de programas de integridade e de *compliance* digital, na modalidade de *compliance* de proteção de dados, nas empresas e órgãos públicos, tem o potencial de gerar segurança e confiança, sem prejuízo da lucratividade, com diminuição de riscos, em benefício de todos os envolvidos. E assim podem ser construídos, tendo por hipóteses de reflexão as 15 (quinze) balizas descritas ao final do item 3, que talvez auxiliem como um roteiro de planejamento – ainda que breve e objetivo – nestes tempos de dúvidas e de dificuldades que rondam a realidade das instituições privadas e públicas.

Referências

BIANCHI, Alberto B. *La regulación económica*. Buenos Aires: Depalma, 2001. t. I.

BUSATTA, Eduardo Luiz. Do dever de prevenção em matéria de proteção de dados pessoais. *In*: EHRHARDT JÚNIOR, Marcos; CATALAN, Marcos; MALHEIROS, Pablo (Coord.). *Direito civil e tecnologia*. Belo Horizonte: Fórum, 2020.

---

[18] FRAZÃO, Ana; OLIVA, Milena Donato; ABILIO, Vivianne da Silveira. Compliance de dados pessoais. *In*: TEPEDINO, Gustavo; FRAZÃO, Ana; OLIVA, Milena Donato (Coord.). *Lei Geral de Proteção de Dados Pessoais e suas repercussões no direito brasileiro*. São Paulo: Revista dos Tribunais, 2019. p. 694.

[19] Para estudar mais sobre o tema da IA e do fator humano, *vide* nosso texto anterior: SILVA, Alexandre Barbosa da; FRANÇA, Phillip Gil. Novas tecnologias e o futuro das relações obrigacionais privadas na era da inteligência artificial: a preponderância do fator humano. *In*: EHRHARDT JÚNIOR, Marcos; CATALAN, Marcos; MALHEIROS, Pablo (Coord.). *Direito civil e tecnologia*. Belo Horizonte: Fórum, 2020. p. 491-508.

CADE. *Guia programas de compliance*. Disponível em: http://www.cade.gov.br/acesso-a-informacao/publicacoes-institucionais/guias_do_Cade/guia-compliance-versao-oficial.pdf. Acesso em: 19 maio 2021.

COUTINHO, Aldacy Rachid. Rumo a um programa de compliance e integridade para a administração pública. *In*: COUTINHO, Aldacy Rachid; COPETTI NETO, Alfredo; SILVA, Alexandre Barbosa da Silva (Org.). *Direito, compliance e tecnologia*. São Paulo: Tirant lo Blanch, 2019.

FARIAS, Rômulo Paiva; MENDES, Márcia Martins; MACHADO, Marcus Vinícius. A metodologia Coso como ferramenta de gerenciamento dos controles internos. *Contabilidade, Gestão e Governança*, Brasília, v. 12, n. 3, p. 55-71, set./dez. 2009.

FRAZÃO, Ana; OLIVA, Milena Donato; ABILIO, Vivianne da Silveira. Compliance de dados pessoais. *In*: TEPEDINO, Gustavo; FRAZÃO, Ana; OLIVA, Milena Donato (Coord.). *Lei Geral de Proteção de Dados Pessoais e suas repercussões no direito brasileiro*. São Paulo: Revista dos Tribunais, 2019.

LIMA, Ruy Cirne. *Princípios do direito administrativo*. 3. ed. Porto Alegre: Sulina, 1954.

POSNER, Tony. *Law and the regulators*. Oxford: Claredon Press, 1997.

RODOTÀ, Stefano. *A vida na sociedade da vigilância*: a privacidade hoje. Rio de Janeiro: Renovar, 2008.

SALOMÃO FILHO, Calixto. *Regulação da atividade econômica*: princípios e fundamentos jurídicos. São Paulo: Malheiros, 2001.

SANDEL, Michael J. *Contra a perfeição*: ética na era da engenharia genética. Tradução de Ana Carolina Mesquita. 3. ed. Rio de Janeiro: Civilização Brasileira, 2018.

SILVA, Alexandre Barbosa da; FRANÇA, Phillip Gil. Novas tecnologias e o futuro das relações obrigacionais privadas na era da inteligência artificial: a preponderância do fator humano. *In*: EHRHARDT JÚNIOR, Marcos; CATALAN, Marcos; MALHEIROS, Pablo (Coord.). *Direito civil e tecnologia*. Belo Horizonte: Fórum, 2020.

SILVA, Fernando Quadros da. *A independência das agências reguladoras e o princípio do Estado democrático de direito*. Dissertação (Mestrado) – Faculdade de Direito, Setor de Ciências Jurídicas, Universidade Federal do Paraná, Curitiba, 2001.

SOUTO, Marcos Juruena Villela. *Direito administrativo regulatório*. Rio de Janeiro: Lumen Juris, 2002.

Informação bibliográfica deste texto, conforme a NBR 6023:2018 da Associação Brasileira de Normas Técnicas (ABNT):

SILVA, Alexandre Barbosa da; FRANÇA, Phillip Gil. Compliance digital em proteção de dados pessoais: a necessidade de humanização da regulação de dados nas instituições. *In*: EHRHARDT JÚNIOR, Marcos; CATALAN, Marcos; MALHEIROS, Pablo (Coord.). *Direito Civil e tecnologia*. 2. ed. Belo Horizonte: Fórum, 2022. t. II. p. 371-388. ISBN 978-65-5518-432-7.

INCLUSÃO DIGITAL DAS PESSOAS COM DEFICIÊNCIA E A PROTEÇÃO DE DADOS PESSOAIS

CLARA CARDOSO MACHADO JABORANDY
TATIANE GONÇALVES MIRANDA GOLDHAR

1 Introdução

A Lei Brasileira de Inclusão da Pessoa com Deficiência ou Estatuto da Pessoa com Deficiência (Lei nº 13.146/2015) foi promulgada em julho de 2015, visando assegurar e promover, em condições de igualdade, o exercício dos direitos e das liberdades fundamentais por pessoa com deficiência, almejando sua inclusão social e o exercício de cidadania.

É marco legal importantíssimo para o ordenamento jurídico brasileiro, com forte impacto no sistema de direitos e de cidadania por rever artigos do Código Civil que dispunham sobre a capacidade da pessoa natural para praticar atos da vida civil, retirando do rol de incapazes as pessoas com deficiência mental, a partir das descobertas científicas de que há vários graus de deficiência mental e nem toda patologia resvala em incapacidade civil, seja parcial, seja plena.

Infelizmente, a atualização da compreensão sobre o sistema de capacidade civil não veio acompanhada de atualização do Código de Processo Civil neste aspecto, o qual ainda prevê o processo de interdição normalmente, sem as especificidades trazidas pela nova regulação.

Pelo Estatuto das Pessoas com Deficiência, "considera-se pessoa com deficiência aquela que tem impedimento de longo prazo de natureza física, mental, intelectual ou sensorial, o qual, em interação com uma ou mais barreiras, pode obstruir sua participação plena e efetiva na sociedade em igualdade de condições com as demais pessoas" (art. 2º) e, mais adiante, o artigo traz o que é necessário para se caracterizar a deficiência e o grau dela para fins de assegurar o auxílio ou até substituição na emissão da vontade.

O art. 63 do Estatuto da Pessoa com Deficiência preocupou-se com a acessibilidade digital dessas pessoas ao estabelecer ser

> obrigatória a acessibilidade nos sítios da internet mantidos por empresas com sede ou representação comercial no País ou por órgãos de governo, para uso da pessoa com deficiência, garantindo-lhe acesso às informações disponíveis, conforme as melhores práticas e diretrizes de acessibilidade adotadas internacionalmente.

Desse modo, para cumprimento legal, os sítios devem expressamente conter símbolo de acessibilidade em destaque, até por que o Código de Defesa do Consumidor (Lei nº 8.078, de 11.9.1990) é incisivo em seu art. 6º, III, ao estabelecer que é direito básico o acesso à informação "adequada e clara sobre os diferentes produtos e serviços, com especificação correta de quantidade, características, composição, qualidade, tributos incidentes e preço, bem como sobre os riscos que apresentem", o que certamente vem a materializar essa garantia da pessoa com deficiência no sistema jurídico brasileiro, no que tange ao uso da internet e ao trânsito desta no mundo virtual.

No intuito de garantir o direito à autodeterminação informativa e o livre desenvolvimento da personalidade da pessoa natural, foi promulgada a Lei de Proteção de Dados Pessoais (Lei nº 13.709, de 14.8.2018), dispondo sobre o tratamento de dados pessoais, inclusive nos meios digitais, por pessoa natural ou por pessoa jurídica de direito público ou privado. A referida lei é outro marco histórico no Brasil para a proteção e garantia da pessoa humana ao impor deveres e responsabilidades aos agentes de tratamento.

Dentro do contexto das relações digitais, era premente a necessidade de um sistema específico para regular o tratamento dos dados pessoais, com fundamentos jurídicos de reconhecida razoabilidade, clara delimitação do âmbito de aplicabilidade, principiologia e linguagem próprias e, ainda, um regime de responsabilidade civil diferenciado.

A lei, todavia, não tratou dos dados das pessoas com deficiência, embora tenha dado disciplina elogiável ao tratamento de dados de crianças e adolescentes também reconhecidamente um grupo vulnerável no Brasil.

Diante deste contexto, o presente artigo analisa a legislação de proteção de dados pessoais e o microssistema de proteção às pessoas com deficiência para avaliar a necessidade de um tratamento específico dos dados das pessoas com deficiência, haja vista sua condição de vulnerável. Partiu-se da hipótese de que seria necessária uma regulação própria para as pessoas com deficiência, como forma de proteção.

Para abordar essa temática, o artigo inicia com o direito fundamental à proteção de dados e à proteção jurídica das pessoas com deficiência no Brasil. Em sequência, aborda o tema vulnerabilidade, buscando compreender os motivos pelos quais o legislador não tratou sobre a proteção de dados das pessoas com deficiência, perpassando a principiologia das vulnerabilidades, as nuanças do tratamento de dados da pessoa com deficiência. Ao final, é enfrentada a delicada questão do consentimento para tratamento de dados da pessoa com deficiência mental ou intelectual, buscando aferir como será garantido esse consentimento diante da atual omissão legislativa.

Trata-se de uma pesquisa de abordagem qualitativa, tendo como procedimento o levantamento bibliográfico e documental.

2 O direito fundamental à proteção de dados e a proteção jurídica das pessoas com deficiência no Brasil

Antes de entrar propriamente no estudo da proteção de dados das pessoas com deficiência, faz-se necessário tecer algumas considerações sobre o direito fundamental à proteção de dados no Brasil.

Os avanços tecnológicos, a popularização da internet e a universalização dos meios de comunicação de massa propiciaram o surgimento da sociedade informacional e em rede,[1] realidade global que dinamiza as relações sociais e aponta a necessidade de maior proteção aos direitos das pessoas decorrentes do uso da informação, principal matéria-prima da contemporaneidade.[2]

O aumento da coleta e o uso indiscriminado dos dados pessoais no ciberespaço[3] com intuitos econômicos, a partir do conhecimento dos perfis comportamentais dos indivíduos por meio de diversas tecnologias da informação e da comunicação, são marcas do séc. XXI, que alimentam o capitalismo informacional ou cognitivo[4] e que fez surgir o direito de cada indivíduo poder controlar e determinar como será o uso e acesso de seus dados pessoais (direito à autodeterminação informativa).

O direito humano à autodeterminação informativa indicou a necessidade de legislação específica para proteção de dados pessoais, a exemplo do Regulamento Geral sobre Proteção de Dados na União Europeia (GDPR) e a Lei Geral de Proteção de Dados no Brasil (Lei nº 13.709/2018), como forma de garantir que a pessoa tenha autonomia para decidir como suas informações serão tratadas na era digital.

Não obstante a ausência da previsão constitucional do direito específico à proteção de dados no Brasil, compreende-se que a cláusula de abertura constitucional art. 5º, §2º, CF abre a possibilidade de reconhecimento de outros direitos para além dos previstos formalmente no corpo da Constituição, razão pela qual o direito à proteção de dados deve ser reconhecido como direito fundamental autônomo.[5]

Demais disso, o Supremo Tribunal Federal reconheceu o direito fundamental à proteção de dados pessoais como direito autônomo e com âmbito de proteção distinto ao do direito à privacidade e intimidade no julgamento da ADI nº 6.387 de relatoria da Ministra Rosa Weber. Neste julgado, o STF suspendeu a eficácia da Medida Provisória nº 954, que determinava às empresas de telefonia fornecer ao IBGE nomes, endereços e telefones de mais de cem milhões de brasileiros. Na oportunidade, o Plenário ratificou o voto da relatora compreendendo que a medida representaria uma violação ao sigilo de dados pessoais, além da privacidade e da intimidade.

Inelutavelmente, o reconhecimento da proteção de dados como um direito fundamental autônomo representa um grande avanço para os direitos da personalidade, materializado no âmbito infraconstitucional por meio da Lei Geral de Proteção de

---

[1] Optou-se pela expressão "sociedade informacional" de Castells, cuja estrutura básica é apresentada em rede e indica que a geração, o processamento e a transmissão da informação são essenciais para a organização social contemporânea (CASTELLS, Manuel. *A sociedade em rede* – A era da informação: economia, sociedade e cultura. Tradução de Roneide Venancio Majer. 6. ed. 14. reimpr. São Paulo: Paz e Terra, 1999).

[2] Há outras expressões para indicar a revolução tecnológica como "era tecnotrônica" (BRZEZINSKI, Zbigniew. *La era tecnotronica*. Buenos Aires: Paidós, 1973), "sociedade pós-industrial" (BELL, Daniel. *O advento da sociedade pós-industrial*. São Paulo: Cultrix, 1974).

[3] LÉVY, Pierre. *Cibercultura*. Tradução de Carlos Irineu da Costa. São Paulo: Editora 34, 2008.

[4] CASTELLS, Manuel. *A sociedade em rede* – A era da informação: economia, sociedade e cultura. Tradução de Roneide Venancio Majer. 6. ed. 14. reimpr. São Paulo: Paz e Terra, 1999.

[5] Na defesa do direito à proteção de dados como direito autônomo RUARO, Regina Linden; RODRIGUEZ, Daniel Piñeiro. O direito à proteção de dados pessoais na sociedade de informação. *Direito, Estado Sociedade*, n. 36, jan./jun. 2010; MENDES, Laura Schertel. *Privacidade, proteção de dados e defesa do consumidor*. São Paulo: Saraiva, 2013; BIONI, Bruno Ricardo. *Proteção de dados pessoais*: a função e os limites do consentimento. 2. ed. Rio de Janeiro: Forense, 2020; RODRIGUES, Ricardo Schneider; RUARO, Regina Linden. O direito fundamental à proteção de dados pessoais e os limites ao serviço remunerado de conferência de dados por biometria. *In*: EHRHARDT JÚNIOR, Marcos; CATALAN, Marcos; MALHEIROS, Pablo (Coord.). *Direito civil e tecnologia*. Belo Horizonte: Fórum, 2020; SARLET, Ingo Wolfgang. Fundamentos constitucionais: o direito fundamental à proteção de dados. *In*: DONEDA, Danilo *et al*. *Tratado de proteção de dados pessoais*. Rio de Janeiro: Forense, 2021.

Dados (Lei nº 13.709/2018), com grande influência do Regulamento (UE) 2016/679 do Parlamento Europeu e do Conselho (*General Data Protection Regulation* – GDPR), que entrou em vigor em 25.5.2018, revogando a Diretiva 95/46/CE (Regulamento Geral sobre Proteção de Dados – *Data Protection Directive* – DPD).

Na legislação brasileira, os fundamentos da proteção de dados pessoais estão delineados no art. 2º da LGPD, a saber: o respeito à privacidade; a autodeterminação informativa; a liberdade de expressão, de informação, de comunicação e de opinião; a inviolabilidade da intimidade, da honra e da imagem; o desenvolvimento econômico e tecnológico e a inovação; a livre iniciativa, a livre concorrência e a defesa do consumidor; e, ainda, os direitos humanos; o livre desenvolvimento da personalidade; a dignidade e o exercício da cidadania pelas pessoas naturais.

Os princípios jurídicos que norteiam o microssistema protetivo estão sistematizados no art. 6º, com destaque para a boa-fé, a qual está fundada nas expectativas de comportamento baseado na confiança que deve existir nas relações da vida, alinhando-se, assim, à doutrina mais contemporânea acerca desse princípio norteador de toda relação civil-constitucional da atualidade.

É preciso ressaltar que a LGPD não é a primeira lei a tratar de princípios e regras acerca dos dados pessoais e suas garantias no Brasil; outras leis já vêm pontuando a temática, ainda que de modo incipiente, como de forma espaçada o Código Civil de 2002, a Lei do *Habeas Data*, o Código de Defesa do Consumidor, a Lei de Acesso à Informação, a Lei do Cadastro Positivo e o Marco Civil da Internet. Todavia, é inegável que a Lei nº 13.709/2018 foi a que realmente conseguiu compilar os princípios de forma mais didática, abordando-os de maneira harmonizada e ostentando assim a característica de um verdadeiro Estatuto da Privacidade no Brasil.

Para os fins da LGPD, dado pessoal é toda informação relacionada à pessoa natural identificada ou identificável (art. 5º, I), e o dado sensível é conceito mais específico e denota "dado pessoal sobre origem racial ou étnica, convicção religiosa, opinião política, filiação a sindicato ou a organização de caráter religioso, filosófico ou político, dado referente à saúde ou à vida sexual, dado genético ou biométrico, quando vinculado a uma pessoa natural" (art. 5º, II).

O tratamento de dados é toda operação realizada com dados pessoais, a exemplo de coleta, produção, recepção, classificação, utilização, acesso, reprodução, transmissão, distribuição, processamento, arquivamento, armazenamento, eliminação, avaliação ou controle da informação, modificação, comunicação, transferência, difusão ou extração. Já o art. 7º dispõe sobre as hipóteses em que o tratamento de dados pessoais é derivado do consentimento do titular e aquele em que não há o consentimento do titular (incs. I e de II a X).

É a questão do consentimento que importa sobremaneira para desenvolvimento dos próximos pontos deste trabalho. Para o legislador que deseja a integral proteção da privacidade, o consentimento de titular deve ser expresso, preferencialmente por escrito; destacado, ou seja, uma cláusula específica sobre o teor da vontade manifestada; livre de vícios civis, a saber, erro, dolo, coação, lesão e estado de perigo; específico, proibindo-se, portanto, autorizações genéricas e/ou superficiais para tratamento de dados pessoais sob pena de nulidade; revogável a qualquer momento, mediante manifestação inequívoca do seu titular.

O consentimento do titular, como regra geral, é condição para o tratamento de dados pessoais a depender da situação e de dados pessoais sensíveis, tanto que a lei indica como deve ser esse consentimento e quando ele deve ocorrer, isto porque, interpretando a norma de maneira teleológica, o fim maior da proteção de dados pessoais é simplesmente o seu uso indevido e que esse uso e abuso leve o indivíduo a situações humilhantes e constrangedoras, invadindo o núcleo da privacidade e da intimidade, afetando sua honra, imagem e reputação social ou a imagem individual que a pessoa tem de si também.

O estatuto protetivo, portanto, impede que nesse universo digital, em que informações e dados pessoais trafegam numa velocidade sem igual e sem fronteiras, a pessoa humana seja exposta a situações de estigmatização, exclusão ou segregação, as quais se materializam quando as informações sobre saúde, sexualidade, religião, etnia são usadas com fins escusos e não autorizados. Apesar de divergências doutrinárias no assunto, observa-se que essa é a razão pela qual o rol de dados sensíveis não pode ser taxativo, e sim meramente exemplificativo, de forma a garantir a proteção integral da pessoa na sociedade informacional.[6] Como exemplo, a LGPD não aponta condenação criminal no rol de dados sensíveis e essas informações revelam potencialidade de gerar discriminação, razão pela qual deve ser considerado dado sensível. Nesse particular, o Regulamento Europeu trouxe um artigo específico para tratar a matéria (art. 10).[7]

Diferentemente do Regulamento Europeu, que veda o tratamento de dados pessoais sensíveis,[8] salvo as hipóteses disciplinadas no regulamento, a LGPD apresenta hipóteses autorizativas mais restritas para tratamento de dados sensíveis, nos termos do art. 11, mas não veta a possibilidade.

Como já sublinhado, a LGPD não trata especificamente da proteção de dados das pessoas com deficiência, fato que causa perplexidade, haja vista a necessidade de um olhar cuidadoso e específico dessas pessoas em condição de vulnerabilidade.

No cenário brasileiro, os direitos da pessoa com deficiência têm estatura constitucional a partir da constitucionalização da Convenção Internacional de Direitos da Pessoa com Deficiência (Decreto nº 6.949/2009), que observou o rito descrito no art. 5º, §3º da Constituição Federal, ingressando no ordenamento jurídico com *status* de emenda constitucional.

Em reforço à convenção, foi criada também a da Lei Brasileira de Inclusão da Pessoa com Deficiência (Estatuto da Pessoa com Deficiência – EPD – Lei nº 13.146/2015). Com isso, pode-se afirmar que não se trata de mais um microssistema do ordenamento jurídico nacional, mas verdadeiro marco de proteção da pessoa humana com deficiência, reconhecendo, concretizando seus direitos como pessoa e, por fim, minimizando

---

[6] É cediço que a lei parece apontar um esquema taxativo limitado a situações jurídicas objetivas. Entretanto, defende-se a ampliação normativa dos dados sensíveis como forma de ampliar a proteção.

[7] O art. 10, do GDPR, prescreve que "O tratamento de dados pessoais relacionados com condenações penais e infrações ou com medidas de segurança conexas com base no artigo 6, n. 1, só é efetuado sob o controle de uma autoridade pública ou se o tratamento for autorizado por disposições do direito da União ou de um Estado-Membro que prevejam garantias adequadas para os direitos e liberdades dos titulares dos dados. Os registros completos das condenações penais só são conservados sob o controlo das autoridades públicas".

[8] O art. 9º, item 1, do GDPR, dispõe que "É proibido o tratamento de dados pessoais que revelem a origem racial ou étnica, as opiniões políticas, as convicções religiosas ou filosóficas, ou a filiação sindical, bem como o tratamento de dados genéticos, dados biométricos para identificar uma pessoa de forma inequívoca, dados relativos à saúde ou dados relativos à vida sexual ou orientação sexual de uma pessoa".

a vulnerabilidade que decorre da deficiência identificada, ainda que parcial ou momentaneamente.

A alteração mais relevante do estatuto atingiu os arts. 3º e 4º do Código Civil que, desde janeiro de 2016, deixou de elencar no rol de absolutamente e relativamente incapazes os que por deficiência mental não tiverem o necessário discernimento para a prática desses atos ou que tenham discernimento reduzido, respectivamente. Com isso, a representação integral por interdição não existe mais (ou não deveria existir), devendo a curatela judicial limitar-se a questões patrimoniais e negociais, não abarcando atos pessoais ou existenciais da pessoa curatelada. O estatuto incluiu a tomada de decisão apoiada, voltado para as pessoas com deficiência plenamente capazes no sentido de prestar apoio sem promover qualquer restrição à sua autonomia e vontade.[9]

Sem dúvida, essas alterações repercutem no reconhecimento das pessoas com deficiência, mas precisam ser acompanhadas de uma proteção jurídica efetiva que não as desampare e não amplie sua vulnerabilidade, sobretudo quando o assunto é acessibilidade digital.

Trata-se de resgatar e garantir a dignidade e a cidadania dessa pessoa e permitir, inclusive, sua acessibilidade digital e inclusão social em todos os sentidos possíveis.

O art. 22 da Convenção Internacional sobre Direitos da Pessoa com Deficiência (Convenção de Nova York), relativamente à privacidade, estabelece:

> Nenhuma pessoa com deficiência, qualquer que seja seu local de residência ou tipo de moradia, deverá ser sujeita a interferência arbitrária ou ilegal em sua privacidade, família, domicílio ou correspondência ou outros tipos de comunicação, nem a ataques ilícitos à sua honra e reputação. As pessoas com deficiência têm o direito à proteção da lei contra tais interferências ou ataque.

A LGPD traz um capítulo inteiro voltado à proteção de dados pessoais de pessoas vulneráveis, focando apenas no tratamento de dados de crianças e adolescentes, a partir do princípio constitucional do melhor interesse (art. 227, CR/88). Entretanto, em relação à proteção de dados de pessoas com deficiência, é silente. Entende-se que se trata de uma omissão legislativa incompatível com todos os avanços alcançados até então acerca dos direitos das pessoas com deficiência.

Apesar de não ter disciplinado especificamente a tutela da pessoa com deficiência, a LGPD deve garantir a proteção e mecanismos para que ela exerça os direitos previstos. Isto porque cabe ao Estado e à sociedade garantir aos vulneráveis a autodeterminação informativa, que inclusive é um dos fundamentos da LGPD, razão pela qual é preciso verificar as ferramentas disponíveis para que as pessoas com deficiência exerçam o controle sobre seus dados, seja em relação ao consentimento ou durante o exercício dos direitos previstos no art. 18 da Lei Geral de Proteção de Dados.

Segundo a LGPD, dados pessoais são todas as informações de caráter personalíssimo caracterizadas pela identificabilidade e pela determinabilidade do seu titular, enquanto os dados sensíveis são aqueles que tratam sobre a origem racial e étnica, as convicções políticas, ideológicas e religiosas, as preferências sexuais, a saúde, os dados

---

[9] *Vide* arts. 84, §2º, 115 e 116 do Estatuto da Pessoa com Deficiência.

genéticos e os biométricos, os quais formam a identidade digital do indivíduo e ele precisa saber qual o destino e o uso dos seus dados no mundo virtual, em decorrência do princípio da autodeterminação informativa, abordado anteriormente.

No que se refere aos dados sensíveis, sobretudo os dados médicos, esses merecem especial atenção quando são titularizados por pessoas com deficiência, sobretudo devido ao potencial discriminatório dos dados, pois, a partir de determinado tratamento dos dados das pessoas com deficiência, surge a possibilidade de discriminação ou exclusão em razão de suas condições, por exemplo, numa entrevista de emprego.

Heloisa Helena Barboza, Paula Moura Francesconi de Lemos Pereira e Vitor Almeida afirmam:

> A preocupação com a proteção de dados pessoais de pessoas em situação de vulnerabilidade é ainda mais acentuada, notadamente em relação aos dados sensíveis. Assegurar os direitos da pessoa de manter o controle sobre seus dados, por meio da autodeterminação informativa, de forma a evitar a não discriminação, é ainda mais difícil para integrantes de grupos vulneráveis. Se já é tormentosa a proteção da liberdade e da igualdade no contexto da proteção de dados diante das assimetrias de poder na sociedade da informação, no caso de pessoas vulneradas é dramática sua tutela. Entre eles, as pessoas com deficiência constituem grupo estigmatizado e inferiorizado socialmente que representa significativa parcela da população e que o Direito brasileiro somente em tempos mais recentes se voltou à sua tutela na medida de suas vulnerabilidades.[10]

Gabrielle Bezerra Sarlet e Cristina Caldeira alertam para as finalidades dos dados sensíveis:

> Em síntese, não se pode olvidar que estão em causa dados pessoais, que são considerados ativos financeiros e que em uma composição contemporânea logram uma nova corrida pelo ouro nos Estados menos desenvolvidos para fins de novas modalidades de dominação, particularmente em áreas sensíveis como a que envolve o complexo fenômeno da saúde que, sinteticamente, se expande muito além da lógica do adoecimento e da cura.[11]

As autoras vão além, informando que, através do GDPR, a União Europeia introduziu alterações importantes sobre a proteção das pessoas singulares relativamente ao tratamento de dados pessoais, com especial impacto sobre os dados de saúde, consequentemente sobre os dados sensíveis que, independentemente do formato com que são coletados, vêm impor novas obrigações aos cidadãos e a todas as instituições, públicas e privadas, ao exigir a adoção de medidas técnicas e organizativas adequadas para uma efetiva proteção desses dados no âmbito da acessibilidade digital.

A GPRD é bastante enfática na responsabilidade, informação e transparência no uso dos dados sensíveis e traz alterações paradigmáticas na realização do tratamento de

---

[10] BARBOZA, Heloisa Helena; PEREIRA, Paula Moura Francesconi de Lemos; ALMEIDA, Vitor. Proteção dos dados pessoais da pessoa com deficiência. *In*: TEPEDINO, Gustavo; FRAZÃO, Ana; OLIVA, Milena Donato (Coord.). *Lei Geral de Proteção de Dados Pessoais e suas repercussões no direito brasileiro*. São Paulo: Thomson Reuters (Revista dos Tribunais), 2020. E-book.

[11] SARLET, Gabrielle Bezerra Sales; CALDEIRA, Cristina. O consentimento informado e a proteção de dados pessoais de saúde na internet: uma análise das experiências legislativas de Portugal e do Brasil para a proteção integral da pessoa humana. *Civilistica.com*, ano 8, n. 1, 2019. p. 5.

dados pessoais, ou seja, coloca a pessoa e a defesa dos seus direitos constitucionalmente consagrados no centro do debate, dada a importância dos princípios da dignidade da pessoa humana, liberdade e igualdade.

A questão que se levanta nesse momento é quais deveres anexos a legislação impõe para proteção de dados das pessoas com deficiência, haja vista sua condição de vulnerabilidade? Considerando o fato de que os dados pessoais são verdadeiros ativos financeiros, é necessário que haja participação do curador para que a pessoa com deficiência em situação de curatela possa expressar sua vontade ao consentir com o uso de seus dados? Deveria haver norma específica na Lei Geral de Proteção de Dados para tutelar os direitos das pessoas com deficiência?

Essas questões serão enfrentadas nos tópicos seguintes.

3 A Lei Geral de Proteção de Dados e as vulnerabilidades. Inclusão digital e acessibilidade

Segundo dados levantados em 2019, pelo Instituto Brasileiro de Geografia e Estatística (IBGE), pelo menos 45 milhões de pessoas têm algum tipo de deficiência, ou seja, quase 25% da população do país.[12]

Antes de adentrar no estudo do tópico, importante tratarmos, em breves linhas, do problema da acessibilidade e inclusão digital no Brasil, que vem antes mesmo da questão problemática da omissão legislativa acerca do tratamento de dados pessoais das pessoas com deficiência.

No que tange à acessibilidade digital, por saber a dificuldade que as pessoas com deficiência têm de navegar nos sítios da internet, é importante usar recursos da tecnologia assistiva,[13] que significa, em breves linhas, a adoção de produtos e tecnologias para uso pessoal no cotidiano que envolve facilitação da mobilidade e transporte pessoal, comunicação, educação, trabalho, cultura, atividades recreativas e desportivas, prática religiosa e espiritualidade e arquitetura para uso e acesso das pessoas com deficiência.

O termo "tecnologia assistiva" é um termo relativamente novo para identificar recursos utilizados que contribuem para criar ou ampliar habilidades funcionais de pessoas com deficiência, promovendo sua inclusão.

Esse recurso tecnológico viabiliza a inclusão digital das pessoas com deficiência e é o caminho para materializá-la. Sabe-se que a inclusão digital dos deficientes visuais envolve aspectos como: tecnologias assistivas existentes ou a desenvolver, acessibilidade das páginas na internet e, também, o acesso ao computador com a utilização dessas

---

[12] DIA Internacional das Pessoas com Deficiência: avanços e desafios no Brasil. *EBC*, 3 dez. 2020. Disponível em: https://radios.ebc.com.br/revista-brasil/2020/12/dia-internacional-das-pessoas-com-deficiencia-avancos-e-desafios-no-brasil#:~:text=Segundo%20dados%20levantados%20em%202019,25%25%20da%20popula%C-3%A7%C3%A3o%20do%20pa%C3%ADs. Acesso em 20 mai. 2021.

[13] Esta terminologia foi oficializada pelo Comitê de Ajudas Técnicas da Subsecretaria Nacional de Promoção dos Direitos da Pessoa com Deficiência e é considerada uma área interdisciplinar do conhecimento, que engloba produtos, recursos, metodologias, estratégias, práticas e serviços para promover a funcionalidade, relacionada à atividade e participação de pessoas com deficiência, incapacidades ou mobilidade reduzida, para lhes proporcionar autonomia, independência, qualidade de vida e inclusão social (BRASIL. Subsecretaria Nacional de Promoção dos Direitos da Pessoa com Deficiência. *Comitê de Ajudas Técnicas*. Tecnologia Assistiva. Brasília: Corde, 2009).

tecnologias assistivas, ou seja, não se pode falar em inclusão e acessibilidade digital sem as tecnologias assistivas.[14]

Apesar de estudos e alguns avanços do campo científico e legislativo, o movimento Web Para Todos com o World Wide Web Consortium, em 2018, comprovou a precariedade da acessibilidade digital no Brasil.[15] Dos quinze maiores *websites* brasileiros de comércio eletrônico (por exemplo, Americanas, Casas Bahia, Centauro, Dafiti, Extra, Kabum, Kanui, Magazine Luiza, Netshoes, Pontofrio, Ricardo Eletro, Saraiva, Shoptime, Submarino e Walmart), em 28% dos testes, pessoas com deficiência não foram capazes de concluir a compra por problemas antes ou durante a finalização do pedido, devido a dificuldades no cadastro de dados, para clicar nos botões, na navegação, ao adicionar produtos ao carrinho, gerar boleto ou usar leitor de tela.[16]

Já em outubro de 2019, outro estudo do movimento Web para Todos e plataforma BigData Corp visitou 14 milhões de endereços ativos da internet brasileira, buscando avaliar seu nível de acessibilidade, e concluiu que menos de 1% passou nos testes de acessibilidade, ou seja, 99% dos *sites* do Brasil apresentam barreiras de navegação para pessoas com deficiência,[17] contrariando ainda o art. 6º do Código de Defesa do Consumidor, sem mencionar que no art. 76, IV, "b", o Código preceitua que é circunstância considerada agravante quando os crimes são cometidos em detrimento de pessoas portadoras de deficiência mental, interditadas ou não.

Há muitos estudos e pesquisas[18] no Brasil que revelam os gargalos da inclusão digital no país, mas certamente estamos a caminho de um ambiente digital mais humano, igualitário e acessível para as pessoas com deficiência. E se o acesso existe, natural que a preocupação resida na proteção dos dados dos titulares desse acesso, em acordo com os princípios da autodeterminação informativa, liberdade e igualdades, como direitos autônomos e fundamentais.

Informou-se que, no que tange à proteção jurídica dos dados das pessoas vulneráveis, a LGPD voltou-se à proteção de dados pessoais de crianças e adolescentes, determinando que seja observado o princípio constitucional do melhor interesse (art. 227, CR/88), todavia olvidou o legislador infraconstitucional de regular a proteção de dados de pessoas com deficiência, grupo igualmente vulnerável.

Apesar da omissão, Taísa Maria Lima e Maria de Fátima de Sá compreendem que "[...] do diálogo dos dois microssistemas (EPD e LGPD) é possível visualizar a disciplina

---

[14] REINALDI, Letícia R.; CAMARGO JÚNIOR, Cláudio Rosa de; CALAZANS, Angélica T. Seidel. Acessibilidade para pessoas com deficiência visual como fator de inclusão digital. *Univ. Gestão e TI*, Brasília, v. 1, n. 2, p. 35-61, jul./dez. 2011. p. 38. DOI: https://doi.org/10.5102/un.gti.v1i2.1292.

[15] AS PRINCIPAIS barreiras de acesso em sites do e-commerce brasileiro. *Web Para Todos*, 27 mar. 2018. Disponível em: https://mwpt.com.br/estudo-sobre-navegacao-em-sites-de-e-commerce/. Acesso em 20 mai. 2021.

[16] CREUZ, Luís Rodolfo Cruz e; CRUVINEL, Aline. A inclusão digital das pessoas com deficiência. *Law Innovation*, 19 nov. 2020. Disponível em: https://lawinnovation.com.br/a-inclusao-digital-das-pessoas-com-deficiencia/. Acesso em 20 mai. 2021.

[17] CREUZ, Luís Rodolfo Cruz e; CRUVINEL, Aline. A inclusão digital das pessoas com deficiência. *Law Innovation*, 19 nov. 2020. Disponível em: https://lawinnovation.com.br/a-inclusao-digital-das-pessoas-com-deficiencia/. Acesso em 20 mai. 2021.

[18] Uma das melhores fontes de estudos é o o WCAG (*Web Content Accessibility Guidelines*) (WCAG (Web Content Accessibility Guidelines). W3. Disponível em: https://www.w3.org/. Acesso em 12 out. 2020) ou *Diretrizes Para o Conteúdo de Acessibilidade Web* (DIRETRIZES Para o Conteúdo de Acessibilidade Web. W3. Disponível em: https://www.w3.org/Translations/WCAG20-pt-br/WCAG20-pt-br-20141024/. Acesso em 12 out. 2020).

jurídica do tratamento de dados das pessoas com deficiência".[19] De fato, se observarmos todo o sistema de proteção poderíamos concluir que os deveres anexos decorrentes do Estatuto das Pessoas com Deficiência e da Lei Geral de Proteção de Dados devem ser vistos como complementares, de modo a garantir o respeito das pessoas com deficiência. Explorar um pouco mais a questão dessa interação dos deveres anexos que viabilizaria um tratamento oblíquo dos dados pessoais das pessoas deficientes?

Primeiramente, vale lembrar que a vulnerabilidade é um conceito derivado das discussões sobre direitos humanos, associado à defesa dos direitos de grupos ou indivíduos fragilizados jurídica ou politicamente ao longo do processo histórico de um país. Desse modo, a vulnerabilidade é compreendida como a qualidade de vulnerável (aquele suscetível de ser exposto a danos físicos ou morais devido a sua fragilidade) e pode ser aplicada a uma pessoa ou um grupo social, conforme a sua capacidade de prevenir, de resistir ou de contornar potenciais impactos. As pessoas vulneráveis são aquelas que, por diversas razões, se encontram em situação de risco ou fragilidade.

Atualmente, o grupo de pessoas vulneráveis é classificado em seis categorias: mulheres, crianças e adolescentes, idosos, população em situação de rua, pessoas com deficiência ou sofrimento mental e comunidade LGBTQI+ (lésbicas, gays, bissexuais, travestis e transexuais).

Ao reconhecer a vulnerabilidade da pessoa com deficiência, toda a sociedade e o Estado, por meio da produção legislativa, começam a disciplinar as regras para a acessibilidade daquela, de modo a viabilizar a esse grupo o retorno ao centro social de capacidades e participação ativas na rotina de brasileiros comuns, sem as limitações que a deficiência pode trazer. Um claro exemplo disso é a Associação Brasileira de Normas Técnicas (ABNT), que, com o objetivo de tratar da promoção da acessibilidade das pessoas portadoras de deficiência ou com mobilidade reduzida, tem publicado várias normas de adaptação de espaços públicos urbanos para garantir a acessibilidade de inclusão.[20]

Já tecemos considerações acima de que se entende como pessoa com deficiência aquela que tem impedimento de longo prazo de natureza física, mental, intelectual ou sensorial, o qual, em interação com uma ou mais barreiras, pode obstruir sua participação plena e efetiva na sociedade em igualdade de condições com as demais pessoas, nos termos no art. 2º do Estatuto da Pessoa com Deficiência, motivo pelo qual ela tem proteção especial em razão de sua situação de vulnerabilidade.

Para proteção efetiva dos dados das pessoas com deficiência, é necessário que sejam observados deveres anexos que não necessariamente estarão previstos na LGPD, mas que decorrem da Convenção e do Estatuto das pessoas com deficiência, que impõe a adoção de um desenho universal que consiste "concepção de produtos, ambientes, programas e serviços a serem usados por todas as pessoas, sem necessidade de adaptação ou de projeto específico, incluindo os recursos de tecnologia assistiva" (art. 3º, II, Lei nº 13.146/2015).

---

[19] LIMA, Taísa Maria Macena; SÁ, Maria Fátima Freire de. As pessoas com deficiência no microssistema de proteção de dados pessoais *Revista Duc In Altum – Cadernos de Direito*, v. 12, n. 26, jan./abr. 2020.

[20] Visite o *site PCD.com.br* (https://www.deficienteonline.com.br/principais-normas-de-acessibilidade-para-deficientes___9.html) ou o da ABNT.

Assim, a transparência nas informações deve observar a disponibilização de conteúdos em formatos acessíveis (disponíveis para leitura com *softwares* e aplicativos leitores de tela), oferta de serviços de audiodescrição e libras em eventos e produções audiovisuais, adequação dos *sites* para permitir acessibilidade digital, divulgação e disponibilização de tecnologias assistivas, entre outros.

No ambiente digital, o grau de proteção das pessoas com deficiência precisa ser ainda maior, principalmente em razão de publicidades ocultas na rede que coletam consentimentos dentro de jogos e aplicativos como condicionante para a continuidade do uso. Consoante assevera Cláudia Lima Marques, as vendas a distância, por telefone, televisão ou internet, aliadas a estratégias agressivas de *marketing*, "acrescentam à vulnerabilidade técnica e jurídica do consumidor novos problemas, como acrescente internacionalidade de relações".[21]

Como se tem conhecimento, em vários momentos, o produto no ambiente virtual é a própria pessoa fornecendo seus dados e consentimento, com a ilusão de estar obtendo algum produto gratuitamente. Por meio de "consentimento" à política de *cookies* para boa funcionalidade do *site* ou aplicativo, os dados podem ser comercializados sem a real compreensão por parte do titular.

Nessa conjuntura, há necessidade de implementar mecanismos de transparência que permitam a proteção da pessoa com deficiência e também a finalização do consentimento com a supervisão, quando necessário, do curador ou da pessoa que auxilia na tomada de decisão apoiada, conforme se verá no tópico seguinte.

Cabe ainda registrar que a Autoridade Nacional de Proteção de Dados (ANPD) publicou a resolução nº 2, de 27 de janeiro de 2022, aprovando o Regulamento de aplicação da LGPD para agentes de tratamento de pequeno porte, startups e microempresas, mas também foi silente em relação à proteção dos dados pessoais das pessoas com deficiência por essas empresas, permanecendo a lacuna legislativa para esses titulares de dados pessoais quando poderia ter havido alguma abordagem protetiva na referida resolução.

Por fim, observa-se que neste momento não há norma cogente que regulamente os direitos dos dados das pessoas com deficiência.

4 O consentimento para tratamento de dados da pessoa com deficiência

É sabido que a gestão dos dados pessoais deve ser realizada com base na boa-fé e na transparência, com base no consentimento prévio para uma finalidade determinada, que só será válido se a pessoa estiver no pleno gozo da capacidade civil.

Por consentimento a Lei Geral de Proteção de Dados entende a manifestação livre, informada e inequívoca pela qual o titular concorda com o tratamento de seus dados pessoais para uma finalidade determinada (art. 5º, XII). Trata-se da consagração da autodeterminação informativa e meio para legitimar o tratamento de dados pessoais.[22]

---

[21] MARQUES, Claudia Lima. *Confiança no comércio eletrônico e a proteção do consumidor*: um estudo dos negócios jurídicos de consumo no comércio eletrônico. São Paulo: Revista dos Tribunais, 2004. p. 90.

[22] Segundo Danilo Doneda, "O consentimento do interessado para o tratamento de seus dados é um dos pontos mais sensíveis de toda a disciplina de proteção de dados pessoais; através do consentimento, o direito civil tem

É livre no sentido de que não pode ser coagida ou emitida sob ameaças nem chantagens ou troca de favores, livre inclusive de quaisquer condicionantes; informada significa o âmbito de conhecimento que é ofertado ao emitente da vontade, ou seja, o grau de compreensão que a pessoa humana tem acerca do que está consentindo, de modo que, quanto maior esse grau de entendimento da extensão dos efeitos de sua vontade, maior será a informação que preenche o conteúdo da vontade e, por último, inequívoca, ou seja, a vontade emitida não deixa dúvidas ao interlocutor ou destinatário, ela é clara e objetiva, não há margens para interpretações e subjetividades que sombreiem a vontade emitida.

Uma vez que compreendemos o conteúdo e o alcance do consentimento da pessoa, deve-se ir além para compreender que o consentimento da pessoa com deficiência deve ser emitido resguardando as possibilidades da deficiência, ou seja, a vontade humana, mesmo do deficiente, não deve ser deficiente, e sim completa, clara, inequívoca e sem obscuridades, cabendo ao Estado e à sociedade buscar meios e formas de tecnologia assistiva, como vimos anteriormente, para permitir que a emissão do consentimento da pessoa com deficiência seja realizada de forma plena.

Mais uma vez: não é porque a pessoa possui uma deficiência que a vontade dela será deficiente, precária. Ao contrário, é justamente porque o indivíduo tem uma limitação mental, motora ou intelectual que sua vontade deve ser colhida de forma plena, respeitando a verdadeira vontade do sujeito emitente. A depender do caso, o consentimento precisará da supervisão do curador ou da pessoa encarregada do apoio à sua tomada de decisão, e é ônus do controlador criar uma estrutura que permita a gestão desse consentimento, sob pena de ser considerado inválido.

Compreendidos os contornos da emissão do consentimento da pessoa com deficiência, é mister conceituar tratamento de dados pessoais, à luz do novel diploma protetivo. A LGPD, no art. 5º, X, preceitua que tratamento é:

> toda operação realizada com dados pessoais, como as que se referem a coleta, produção, recepção, classificação, utilização, acesso, reprodução, transmissão, distribuição, processamento, arquivamento, armazenamento, eliminação, avaliação ou controle da informação, modificação, comunicação, transferência, difusão ou extração.

No que tange ao tratamento de dados, é mister observar a boa-fé e todos os princípios elencados no art. 6º da LGPD, a saber, princípios da finalidade, adequação, necessidade, livre acesso, qualidade dos dados, transparência, segurança, prevenção, não discriminação e responsabilização seguida da prestação e contas. É dizer, para que o tratamento de dados seja feito nos moldes da vontade como instituto protetivo, deve observar cada um desses nortes ontológicos. E sobre o tratamento de dados das pessoas com deficiência?

No que se refere ao exercício de direitos em situações existenciais, o microssistema reeditou a teoria das incapacidades derivada do Código Civil vigente para excluir

---

a oportunidade de estruturar, a partir da consideração da autonomia da vontade, da circulação de dados e dos direitos fundamentais, uma disciplina que ajuste os efeitos deste consentimento à natureza dos interesses em questão" (DONEDA, Danilo. *Da privacidade à proteção de dados pessoais*. 2. ed. São Paulo: Revista dos Tribunais, 2020. p. 292).

qualquer referência à deficiência física, sensorial, mental ou intelectual como causa de incapacidade relativa ou absoluta. Os arts. 3º e 4º do Código Civil tiveram as categorias jurídicas da capacidade civil alteradas e ressignificadas, sem interferir aprioristicamente no grau de discernimento dos seres humanos que, em razão de condições pessoais (saúde e idade) não o tem, ou o tem de forma limitada.

Dessa forma, a pessoa com deficiência, mental ou intelectual, poderá necessitar de auxílio para exercer direitos, sobretudo de ordem negocial e patrimonial, razão pela qual o EPD introduziu o instituto da curatela das pessoas com deficiência. O curador poderá atuar como assistente – tomada de decisão apoiada – ou como representante, conforme o caso, substituindo-lhe a vontade. Nas questões de natureza existencial, a participação do curador no assessoramento do curatelado foi excluída (art. 85, EPD).

Na doutrina, desponta-se uma clara preferência pela adoção do instituto da TDA – tomada de decisão apoiada – art. 1.783-A do CC/2002, pois viabiliza o apoio no exercício dos direitos, patrimoniais e existenciais, da pessoa portadora de deficiência, preservando sua autonomia para a prática de atos jurídicos, na presença de duas testemunhas. Um dos grandes diferenciais é que o pedido de tomada de decisão apoiada é formulado pela própria pessoa com deficiência, com necessário discernimento, que deve apresentar um documento com todas as informações indispensáveis, inclusive com a indicação de, pelo menos, duas pessoas idôneas, que mantenham vínculos com o apoiado e que gozem de sua inteira confiança. Os apoiadores devem ser escolhidos entre as pessoas que integram o círculo de convivência da pessoa apoiada e devem gozar de sua inteira confiança.[23]

Ao contrário da curatela, que objetiva a substituição da pessoa curatelada, a TDA visa apenas auxiliar, colocando-se ao lado da vontade da pessoa, sem a desconsiderar. Para Nelson Rosenvald, "o apoio é uma medida de natureza ortopédica, jamais amputativa de direitos".[24]

O princípio da autonomia da vontade se materializa no instituto na medida em que a pessoa apoiada tem o direito potestativo de, a qualquer tempo, solicitar o término do acordo firmado, em processo de tomada de decisão apoiada. Todavia, na constatada impossibilidade de emissão da vontade, dado o grau de comprometimento da capacidade civil, o instituto adequado será, sem dúvidas, a curatela, adotada ainda para os casos de incapacidade total, absoluta e irreversível.

Nelson Rosenvald faz importante delimitação do instituto da TDA:

> [...] a Tomada de decisão apoiada é um modelo jurídico que se aparta da curatela, tanto na estrutura como na função. É um paradigmático exemplo da influência que o Direito Constitucional exercita sobre o direito civil na tão esperada "personalização da pessoa humana". Definitivamente, é figura bem mais elástica do que a curatela, pois estimula a capacidade de agir e a autodeterminação da pessoa beneficiária do apoio, livre do estigma

---

[23] REQUIÃO, Maurício. Conheça a tomada de decisão apoiada, alternativa à curatela. *Conjur*, 2015. Disponível em: https://www.conjur.com.br/2015-set-14/direito-civil-atual-conheca-tomada-decisao-apoiada-regime-alternativo-curatela. Acesso em 18 out. 2020; TARTUCE, Flávio. Alterações do Código Civil pela Lei 13.146/2015. *JusBrasil*, 2015. Disponível em: https://flaviotartuce.jusbrasil.com.br/noticias/213830256/alteracoes-do-codigo-civil-pela-lei-13146-2015. Acesso em 13 out. 2020.

[24] ROSENVALD, Nelson. A tomada de decisão apoiada – Primeiras linhas sobre um novo modelo jurídico promocional da pessoa com deficiência. *Revista IBDFAM Famílias e Sucessões*, Belo Horizonte, v. 10, p. 11-19, jul./ago. 2015. p. 18.

social da curatela, medida nitidamente invasiva à liberdade da pessoa. Na tomada de decisão apoiada o beneficiário (ou pessoa apoiada) conserva a capacidade de fato. Mesmo nos específicos atos em que seja coadjuvado pelos apoiadores, a pessoa com deficiência não sofrerá restrição em seu estado de plena capacidade, apenas será privada de legitimação para a prática de episódicos atos da vida civil.[25]

Quanto ao tratamento de dados, realmente a LGPD somente tratou de forma destacada dos dados das crianças e adolescentes no §1º do art. 14, determinando que o tratamento de dados pessoais de crianças deverá ser realizado com o consentimento específico e em destaque dado por pelo menos um dos pais ou pelo responsável legal. Taísa Maria Lima e Maria de Fátima de Sá, explorando o assunto, ponderam:

> A linguagem legal é dúbia, podendo levar a duas interpretações excludentes entre si: a primeira, segundo a qual a expressão criança abrange todas as pessoas que encontram sob autoridade parental ou tutela, mesmo com idade superior a 12 anos; a segunda interpretação, que considera a distinção entre criança (pessoa com idade igual ou inferior a 12 anos) e adolescente (com idade superior a 12 anos e inferior a 18), para concluir que o tratamento dos dados do adolescente dispensa o consentimento de um dos pais ou responsável, sendo suficiente o consentimento do próprio titular adolescente.[26]

O tema ganha complexidade ao atentarmos para o fato de que o tratamento de dados pessoais envolve inúmeras atividades que necessitam muitas vezes do consentimento prévio e específico. Como ficaria então o consentimento da emissão da vontade das pessoas com deficiência em relação a dados sensíveis, relacionados à saúde, por exemplo?

Sobre a importância na emissão e obtenção do consentimento, Gabrielle Bezerra Sales Sarlet e Cristina Caldeira advertem:

> o consentimento informado como forma de legitimar o tratamento de dados em saúde, o direito de oposição designadamente à utilização de dados pessoais para efeitos de definição de perfis; o direito de portabilidade dos dados de um prestador de serviços para outro e, a obrigação de os responsáveis pelo tratamento de dados fornecerem aos titulares dos dados, informações transparentes e de fácil acesso sobre o processamento dos seus dados, permite-nos observar que na atualidade estão sendo criados os critérios para a edificação de uma cultura de proteção de dados pessoais no Brasil [...].[27]

A questão é se a curatela das pessoas com deficiência se restringe aos atos patrimoniais e negociais, não alcançando questões existenciais, e a tomada de decisão apoiada também tem aplicação restrita, pois exige um discernimento mínimo da pessoa

---

[25] ROSENVALD, Nelson. Há fungibilidade entre a tomada de decisão apoiada e as diretivas antecipadas de vontade? *IBDFAM*, 27 jun. 2016. Disponível em: https://ibdfam.org.br/artigos/1128/H%C3%A1+Fungibilidade+entre+a+Tomada+de+Decis%C3%A3o+Apoiada+e+as+Diretivas+Antecipadas+de+Vontade%3F. Acesso em 20 mai. 2021.
[26] LIMA, Taísa Maria Macena; SÁ, Maria Fátima Freire de. As pessoas com deficiência no microssistema de proteção de dados pessoais *Revista Duc In Altum – Cadernos de Direito*, v. 12, n. 26, jan./abr. 2020. p. 48.
[27] SARLET, Gabrielle Bezerra Sales; CALDEIRA, Cristina. O consentimento informado e a proteção de dados pessoais de saúde na internet: uma análise das experiências legislativas de Portugal e do Brasil para a proteção integral da pessoa humana. *Civilistica.com*, ano 8, n. 1, 2019. p. 23.

apoiada. Como ficaria esse consentimento nas decisões de natureza médica, que são as mais controvertidas?

Taísa Maria Lima e Maria de Fátima de Sá defendem que "[...] se a pessoa com deficiência não tem discernimento para consentir, o tratamento de seus dados somente será lícito se se verificar uma das hipóteses legais de dispensa do consentimento do titular para tratamento dos dados".[28] Ou seja, nesse caso teria que ser observada alguma das demais bases legais existentes para tratamento de dados pessoais (art. 7º, II a IX) e tratamento de dados sensíveis (LGPD, art. 11, II).

A LPGP delineou modelo de consentimento qualificado, devendo ser: prévio e livre; informado e específico; inequívoco e por escrito ou por outro meio capaz de demonstrar a vontade do titular. Como compatibilizar esse consentimento qualificado com as peculiaridades do consentimento do deficiente?

Se os dois institutos que suprem atualmente as lacunas de autonomia do deficiente são a tutela e a curatela e eles só se aplicam a questões patrimoniais e disponíveis, como ficam as questões existenciais do deficiente?

> O curador está inibido de imiscuir-se em decisões de natureza médica, podendo, no máximo, em situações limites que a lei prevê, postular suprimento judicial do consentimento livre e esclarecido do curatelado. Por outro lado, a tomada de decisão pressupõe, necessariamente, a capacidade de escolher e decidir da própria pessoa com deficiência; afinal, ela terá apoio das pessoas que escolher, mas a decisão final recairá sobre os seus ombros.[29]

Conclui-se que se a pessoa com deficiência não tem discernimento para consentir, o tratamento de seus dados será lícito se verificar uma das hipóteses legais de dispensa do consentimento do titular para tratamento dos dados pessoais (LGPD, art. 7º, II a X) e do tratamento de dados sensíveis (LGPD, art. 11, II).

> Se o consentimento para o tratamento de dados pessoais (sensíveis ou não sensíveis) for manifestado por quem não tem discernimento, tal manifestação não atenderá os requisitos legais. Ainda que a pessoa tenha recebido informações, tal não significa que ela as tenha compreendido. Não é livre o consentimento de quem não entende no que consente. Há vício de vontade, correspondente ao erro (falsa representação da realidade).

A ausência de higidez na manifestação de vontade poderá ensejar dupla sanção de natureza civil: a invalidade no negócio jurídico existencial viciado por erro, nos moldes do art. 138 a 144 do Código Civil, e a aplicação do regime de responsabilidade civil objetiva, previsto na LGPD para os agentes privados (art. 42 a 45) e para os agentes públicos (art. 37, CF88).

Cumpre ressaltar que o aspecto negocial do consentimento informado na coleta de dados em meio virtual para o comércio eletrônico é inequívoco.

---

[28] LIMA, Taísa Maria Macena; SÁ, Maria Fátima Freire de. As pessoas com deficiência no microssistema de proteção de dados pessoais *Revista Duc In Altum – Cadernos de Direito*, v. 12, n. 26, jan./abr. 2020. p. 48.
[29] SÁ, Maria de Fátima Freire de; MOUREIRA, Diogo Luna. Auto-nomia privada e vulnerabilidade: o direito civil e a diversidade de-mocrática. In: LIMA, Taisa Maria Macena de; SÁ, Maria de Fátima Freire de; MOUREIRA, Diogo Luna (Org.). *Autonomia de vul-nerabilidade*. Belo Horizonte: Arraes, 2017. p. 1-9. p. 130.

Laís Bergstein e José Roberto Della Tonia Trautwein sublinham que "é comum que diferentes empresas paguem a instalação de cookies para coleta de informações, assim como também é habitual que a empresa use os dados não somente para seus estudos internos, mas também para vendê-los a terceiros".[30] Diante disto, é necessário observar os requisitos previstos no Estatuto da Pessoa com Deficiência de modo a garantir sua validade. Defende-se que, nesses casos, o consentimento seja específico e destacado com a possibilidade de supervisão do curador ou da pessoa que auxilia na tomada de decisão apoiada.

Para tanto, é necessário que sejam adotadas medidas, a partir dos recursos da tecnologia assistiva, para zelar pelos dados das pessoas com deficiência de modo a efetivar seus direitos e evitar danos a estas.

É inegável que o valor do consentimento informado deve ser considerado o fio condutor da proteção da dignidade da pessoa humana, com ênfase na sua autodeterminação, a qual contempla a dimensão informativa. E quando se aborda essa dimensão, à luz das deficiências da pessoa humana, há que se garantir expressamente, não simplesmente a partir de processos hermenêuticos, uma normatividade cogente como resultado do necessário reconhecimento da vulnerabilidade e da igualdade em relação à proteção infantojuvenil que foi eleita pelo legislador, evitando-se, pois, quaisquer disparidades e direitos à margem da LGPD.

Poderíamos trabalhar mais aqui ao final, o Princípio da não discriminação da LGPD que veda o tratamento com fins discriminatórios e interpretá-lo a favor da regulamentação legislativa em prol dos deficientes, já que a omissão legislativa vai na contramão do próprio princípio estruturante da LGPD.

Falar um pouco mais do que o princípio da autodeterminação informativa não está perfectibilizado para as pessoas deficientes, porquanto se a lei não regulou o tratamento de dados das pessoas deficientes, ela não promove a autonomia da vontade desse grupo e, assim, não torna pleno esse princípio valorativo.

5 Considerações finais

A proteção e a inclusão das pessoas com deficiência são necessidades que se impõem. Nesse contexto é que se defende a proteção específica dos dados pessoais das pessoas com deficiência, por meio de alteração/inclusão legislativa, ou, no mínimo, a partir da adoção de uma hermenêutica civil-constitucional, alicerçada nos pilares ontológicos do Estatuto da Pessoa com Deficiência no sentido de concluir pela proteção especial dos dados pessoais (sensíveis ou não) delas em decorrência da inegável acessibilidade digital da atualidade.

Na falta do parâmetro normativo, o operador do direito não pode, a pretexto de omissão legal, manter a pessoa humana com deficiência alijada da proteção digital integral.

A proteção digital, mormente dos dados pessoais, trata-se de um caminho sem volta, que ganha ênfase e urgência com as recentes alterações ocorridas com a inclusão da tomada de decisão apoiada, que faz renascer um protagonismo significativo da pessoa com deficiência para além das capacidades parciais, limitadas e deficientes

---

[30] BERGSTEIN, Laís; TRAUTWEIN, José Roberto Della Tonia. Desafios da tutela da pessoa com deficiência no comércio eletrônico. *Revista de Direito do Consumidor*, v. 125, p. 63-88, set./out. 2019.

com as quais se costuma caracterizar esse grupo vulnerável. A ideia é integrar para proteger e humanizar.

Se a ordem constitucional, por meio do princípio da dignidade da pessoa humana, e a ordem infraconstitucional, por meio do EPD, vigem para garantir o máximo de participação ativa da pessoa humana nos mais variados espaços sociais, não seria diferente com o espaço cibernético e com a proteção de dados da atual legislação (LGPD). Assim, por um lado ou por outro, há que se atentar para as especificidades da pessoa com deficiência e garantir a ela trânsito seguro no mundo digital, extraindo seu consentimento de forma plena e inequívoca a partir dos recursos tecnológicos já em voga no Brasil.

Referências

AS PRINCIPAIS barreiras de acesso em sites do e-commerce brasileiro. *Web Para Todos*, 27 mar. 2018. Disponível em: https://mwpt.com.br/estudo-sobre-navegacao-em-sites-de-e-commerce/. Acesso em 20 mai. 2021.

BARBOZA, Heloisa Helena; PEREIRA, Paula Moura Francesconi de Lemos; ALMEIDA, Vitor. Proteção dos dados pessoais da pessoa com deficiência. *In*: TEPEDINO, Gustavo; FRAZÃO, Ana; OLIVA, Milena Donato (Coord.). *Lei Geral de Proteção de Dados Pessoais e suas repercussões no direito brasileiro*. São Paulo: Thomson Reuters (Revista dos Tribunais), 2020. E-book.

BELL, Daniel. *O advento da sociedade pós-industrial*. São Paulo: Cultrix, 1974.

BERGSTEIN, Laís; TRAUTWEIN, José Roberto Della Tonia. Desafios da tutela da pessoa com deficiência no comércio eletrônico. *Revista de Direito do Consumidor*, v. 125, p. 63-88, set./out. 2019.

BIONI, Bruno Ricardo. *Proteção de dados pessoais*: a função e os limites do consentimento. 2. ed. Rio de Janeiro: Forense, 2020.

BRASIL. *Lei nº 13.146/15*. Estatuto da Pessoa com Deficiência. Disponível em: http://www.planalto.gov.br/ccivil_03/_ato2015-2018/2015/lei/l13146.htm.

BRASIL. *Lei nº 13.709/18*. Lei Geral de Proteção de Dados. Disponível em: http://www.planalto.gov.br/ccivil_03/_ato2015-2018/2018/lei/L13709.htm.

BRASIL. *Lei nº 8.078, de 11 de setembro de 1990*. Dispõe sobre a proteção do consumidor e dá outras providências. Disponível em http://www.planalto.gov.br/ccivil_03/leis/l8078compilado.htm.

BRASIL. Subsecretaria Nacional de Promoção dos Direitos da Pessoa com Deficiência. *Comitê de Ajudas Técnicas*. Tecnologia Assistiva. Brasília: Corde, 2009.

BRZEZINSKI, Zbigniew. *La era tecnotronica*. Buenos Aires: Paidós, 1973.

CASTELLS, Manuel. *A sociedade em rede* – A era da informação: economia, sociedade e cultura. Tradução de Roneide Venancio Majer. 6. ed. 14. reimpr. São Paulo: Paz e Terra, 1999.

CREUZ, Luís Rodolfo Cruz e; CRUVINEL, Aline. A inclusão digital das pessoas com deficiência. *Law Innovation*, 19 nov. 2020. Disponível em: https://lawinnovation.com.br/a-inclusao-digital-das-pessoas-com-deficiencia/. Acesso em 20 mai. 2021.

DIA Internacional das Pessoas com Deficiência: avanços e desafios no Brasil. *EBC*, 3 dez. 2020. Disponível em: https://radios.ebc.com.br/revista-brasil/2020/12/dia-internacional-das-pessoas-com-deficiencia-avancos-e-desafios-no-brasil#:~:text=Segundo%20dados%20levantados%20em%202019,25%25%20da%20popula%C3%A7%C3%A3o%20do%20pa%C3%ADs. Acesso em 20 mai. 2021.

DIA Internacional das Pessoas com Deficiência: avanços e desafios no Brasil. *EBC*, 3 dez. 2020. Disponível em: https://radios.ebc.com.br/revista-brasil/2020/12/dia-internacional-das-pessoas-com-deficiencia-avancos-e-desafios-no-brasil#:~:text=Segundo%20dados%20levantados%20em%202019,25%25%20da%20popula%C3%A7%C3%A3o%20do%20pa%C3%ADs. Acesso em 20 mai. 2021.

DIRETRIZES Para o Conteúdo de Acessibilidade Web. *W3*. Disponível em: https://www.w3.org/Translations/WCAG20-pt-br/WCAG20-pt-br-20141024/. Acesso em 12 out. 2020.

DONEDA, Danilo. *Da privacidade à proteção de dados pessoais*. 2. ed. São Paulo: Revista dos Tribunais, 2020.

LÉVY, Pierre. *Cibercultura*. Tradução de Carlos Irineu da Costa. São Paulo: Editora 34, 2008.

LIMA, Taísa Maria Macena; SÁ, Maria Fátima Freire de. As pessoas com deficiência no microssistema de proteção de dados pessoais *Revista Duc In Altum – Cadernos de Direito*, v. 12, n. 26, jan./abr. 2020.

MARQUES, Claudia Lima. *Confiança no comércio eletrônico e a proteção do consumidor*: um estudo dos negócios jurídicos de consumo no comércio eletrônico. São Paulo: Revista dos Tribunais, 2004.

MENDES, Laura Schertel. *Privacidade, proteção de dados e defesa do consumidor*. São Paulo: Saraiva, 2013.

REINALDI, Letícia R.; CAMARGO JÚNIOR, Cláudio Rosa de; CALAZANS, Angélica T. Seidel. Acessibilidade para pessoas com deficiência visual como fator de inclusão digital. *Univ. Gestão e TI*, Brasília, v. 1, n. 2, p. 35-61, jul./dez. 2011. DOI: https://doi.org/10.5102/un.gti.v1i2.1292.

REQUIÃO, Maurício. Conheça a tomada de decisão apoiada, alternativa à curatela. *Conjur*, 2015. Disponível em: https://www.conjur.com.br/2015-set-14/direito-civil-atual-conheca-tomada-decisao-apoiada-regime-alternativo-curatela. Acesso em 18 out. 2020.

RODRIGUES, Ricardo Schneider; RUARO, Regina Linden. O direito fundamental à proteção de dados pessoais e os limites ao serviço remunerado de conferência de dados por biometria. *In*: EHRHARDT JÚNIOR, Marcos; CATALAN, Marcos; MALHEIROS, Pablo (Coord.). *Direito civil e tecnologia*. Belo Horizonte: Fórum, 2020.

ROSENVALD, Nelson. A tomada de decisão apoiada – Primeiras linhas sobre um novo modelo jurídico promocional da pessoa com deficiência. *Revista IBDFAM Famílias e Sucessões*, Belo Horizonte, v. 10, p. 11-19, jul./ago. 2015.

ROSENVALD, Nelson. Há fungibilidade entre a tomada de decisão apoiada e as diretivas antecipadas de vontade? *IBDFAM*, 27 jun. 2016. Disponível em: https://ibdfam.org.br/artigos/1128/H%C3%A1+Fungibilidade+entre+a+Tomada+de+Decis%C3%A3o+Apoiada+e+as+Diretivas+Antecipadas+de+Vontade%3F. Acesso em 20 mai. 2021.

RUARO, Regina Linden; RODRIGUEZ, Daniel Piñeiro. O direito à proteção de dados pessoais na sociedade de informação. *Direito, Estado Sociedade*, n. 36, jan./jun. 2010.

LIMA, Taísa Maria Macena; SÁ, Maria Fátima Freire de. As pessoas com deficiência no microssistema de proteção de dados pessoais. *Revista Duc In Altum – Cadernos de Direito*, v. 12, n. 26, jan./abr. 2020. Disponível em: https://doi.org/10.22293/2179-507x.v12i26.1219. Acesso em 14 set. 2021.

SÁ, Maria de Fátima Freire de; MOUREIRA, Diogo Luna. Auto-nomia privada e vulnerabilidade: o direito civil e a diversidade de-mocrática. *In*: LIMA, Taisa Maria Macena de; SÁ, Maria de Fátima Freire de; MOUREIRA, Diogo Luna (Org.). *Autonomia de vul-nerabilidade*. Belo Horizonte: Arraes, 2017.

SARLET, Gabrielle Bezerra Sales; CALDEIRA, Cristina. O consentimento informado e a proteção de dados pessoais de saúde na internet: uma análise das experiências legislativas de Portugal e do Brasil para a proteção integral da pessoa humana. *Civilistica.com*, ano 8, n. 1, 2019.

SARLET, Ingo Wolfgang. Fundamentos constitucionais: o direito fundamental à proteção de dados. *In*: DONEDA, Danilo *et al. Tratado de proteção de dados pessoais*. Rio de Janeiro: Forense, 2021.

TARTUCE, Flávio. Alterações do Código Civil pela Lei 13.146/2015. *JusBrasil*, 2015. Disponível em: https://flaviotartuce.jusbrasil.com.br/noticias/213830256/alteracoes-do-codigo-civil-pela-lei-13146-2015. Acesso em 13 out. 2020.

WCAG (Web Content Accessibility Guidelines). *W3*. Disponível em: https://www.w3.org/. Acesso em 12 out. 2020.

Informação bibliográfica deste texto, conforme a NBR 6023:2018 da Associação Brasileira de Normas Técnicas (ABNT):

JABORANDY, Clara Cardoso Machado; GOLDHAR, Tatiane Gonçalves Miranda. Inclusão digital das pessoas com deficiência e a proteção de dados pessoais. *In*: EHRHARDT JÚNIOR, Marcos; CATALAN, Marcos; MALHEIROS, Pablo (Coord.). *Direito Civil e tecnologia*. 2. ed. Belo Horizonte: Fórum, 2022. t. II. p. 389-406. ISBN 978-65-5518-432-7.

O JULGAMENTO DO CASO AÍDA CURI NO RE Nº 1.010.606 PELO SUPREMO TRIBUNAL FEDERAL: PERSPECTIVAS E RUMOS SOBRE O DIREITO AO ESQUECIMENTO

GABRIELA BUARQUE PEREIRA SILVA

Introdução

No contexto da sociedade informacional contemporânea, são inúmeras as questões oriundas dos problemas enfrentados a partir da eclosão de novas tecnologias e da disseminação dos mecanismos virtuais, especialmente no que tange aos direitos de personalidade. Tutelam-se, desse modo, os direitos fundamentais de uma forma mais concreta, por analisar as especificidades do caso e atribuir pesos aos interesses em questão.

Nesse panorama, um dos conflitos de direitos fundamentais se caracteriza pelo embate entre a liberdade de expressão e o direito ao esquecimento, discussão especialmente relevante em um contexto de sociedade informacional e, ademais, repleta de *fake news* e discursos de ódio. Com efeito, tal conflito chegou ao Supremo Tribunal Federal, por meio do RE nº 1.010.606, de relatoria do Ministro Dias Toffoli, em que a Corte, por maioria de votos, fixou tese pela incompatibilidade do direito ao esquecimento com a Constituição Federal.

O presente texto visa, por meio de metodologia dedutiva de revisão bibliográfica e documental, analisar o julgamento proferido pelo Supremo Tribunal Federal, com a descrição dos fundamentos expostos no voto do Relator Ministro Dias Toffoli e no voto divergente apresentado pelo Ministro Edson Fachin. Para tanto, também serão apresentados os fundamentos atinentes à concepção doutrinária de direito ao esquecimento e liberdade de expressão, bem como serão pincelados julgamentos anteriores proferidos pelo Superior Tribunal de Justiça, com vistas a investigar o amadurecimento da matéria até que chegasse ao Supremo Tribunal Federal.

1 Notas sobre o direito ao esquecimento

O advento da sociedade informacional ensejou uma ressignificação na compreensão dos direitos fundamentais. Nesse ponto, no contexto contemporâneo, o direito de privacidade abandona a clássica concepção americana de ser o mero "direito de estar só" de Samuel Warren e Louis Brandeis[1] (1890), numa concepção individual negativa, para abranger outras facetas de controle sobre as informações pessoais, especialmente na sociedade digital.

Stefano Rodotà desenvolve a concepção de autodeterminação informativa como direito fundamental e argumenta que o exercício do direito de privacidade, hoje, se manifesta, sobretudo, pelo controle do fluxo das nossas informações pessoais. Nesse panorama:

> [...] coerentemente com a mudança da própria definição de privacidade, a atenção deve passar do sigilo ao controle. Isto significa, em primeiro lugar, que se torna cada vez mais difícil individuar tipos de informações acerca dos quais o cidadão estaria disposto a "despir-se" completamente, no sentido de renunciar definitivamente a controlar as modalidades de seu tratamento e a atividade dos sujeitos que a utilizam. Esta concepção depende sobretudo da percepção de que até as informações aparentemente mais inócuas podem, se integradas a outras, provocar dano ao interessado. E não se pode dizer que tal comportamento esteja em contradição com a tendência, anteriormente referida, segundo a qual existem categorias inteiras de informações pessoais (como aquelas de conteúdo econômico) cuja divulgação é oportuna ou necessária: publicidade e controle não são termos contraditórios, como são publicidade e sigilo. Exatamente onde se admitir a máxima circulação das informações de conteúdo econômico, deve-se permitir aos interessados exercitar um real poder de controle sobre a exatidão de tais informações, sobre os sujeitos que as operam e sobre as modalidades de sua utilização. Em segundo lugar, e sobretudo, a nova situação determinada pelo uso de computadores no tratamento das informações pessoais torna cada vez mais difícil considerar o cidadão como um simples "fornecedor de dados", sem que a ele caiba algum poder de controle. De fato, a obrigação de fornecer dados não pode ser simplesmente considerada como a contrapartida dos benefícios sociais que, direta ou indiretamente, o cidadão pode chegar a aproveitar. As informações coletadas não somente tornam as organizações públicas e privadas capazes de planejar e executar os seus programas, mas permitem o surgimento de novas concentrações de poder ou o fortalecimento de poderes já existentes: consequentemente, os cidadãos têm o direito de pretender exercer um controle direto sobre aqueles sujeitos aos quais as informações fornecidas atribuirão um crescente plus-poder.[2]

A ideia de privacidade como liberdade negativa passou por uma transformação que, hoje, a caracteriza como uma ideia de liberdade também positiva,[3] isto é, o poder do indivíduo de exigir medidas que assegurem o controle de suas informações. Assim, falar em esquecimento é especialmente sensível em um contexto de sociedade de informação e, ainda, de desinformação, caracterizando-se essencialmente como uma manifestação do direito à autodeterminação informativa.

---

[1] WARREN, Samuel D.; BRANDEIS, Louis D. *The right to privacy*. Disponível em: https://www.cs.cornell.edu/~shmat/courses/cs5436/warren-brandeis.pdf. Acesso em 20 out. 2020.

[2] RODOTÀ, Stefano. *A vida na sociedade de vigilância*: a privacidade hoje. Rio de Janeiro: Renovar, 2008. p. 36.

[3] SILVA, José Afonso da. A liberdade no mundo contemporâneo. *Constituição, Economia e Desenvolvimento: Revista da Academia Brasileira de Direito Constitucional*, Curitiba, v. 8, n. 14, p. 99-111, jan./jun. 2016. p. 102.

Nesse sentido, impõe-se o respeito pela privacidade, qualidade, integridade e acesso aos dados. Nos termos de Erick Lucena e Marcos Ehrhardt Júnior,[4] algumas estratégias podem ser traçadas para a tutela da privacidade:

> a primeira delas seria o "direito de oposição", que, de forma individual ou coletiva, funcionaria como uma negativa à coleta e circulação de informações pessoais em determinadas formas. b) O "direito de não saber" é a segunda estratégia de tutela da privacidade, podendo ser tratado como decorrente do primeiro. Surgido em relação a dados de saúde, passa a ser estendido contra as formas de marketing direto que invadem a esfera privada do indivíduo com informações não solicitadas e não desejadas. c) Outra estratégia é tornar mais clara a finalidade da coleta de dados. A legitimidade aqui é condicionada à comunicação preventiva ao interessado sobre o motivo da coleta e o destino dos dados coletados. d) Por último, o "direito ao esquecimento", "prevendo-se que algumas categorias de informações devam ser destruídas, ou conservadas somente em forma agregada e anônima, uma vez que tenha sido atingida a finalidade para a qual foram coletadas" ou ainda, "depois de transcorrido um determinado lapso de tempo."

Noutro norte, não se ignora que o fluxo de informações é essencial para o adequado funcionamento de qualquer regime democrático. A análise do direito ao esquecimento também passa pela compreensão da liberdade como alicerce do poder do indivíduo de expressar-se da maneira que lhe convier. O direito à liberdade se consubstancia na "prerrogativa fundamental que investe o ser humano de um poder de autodeterminação ou de determinar-se conforme a sua própria consciência".[5] Nesse diapasão, caracteriza-se pelo poder de atuação individual em busca de seus próprios objetivos, substancializado na liberdade de ação, de locomoção, de opinião, de expressão, de informação, de crença, de associação e opção profissional.

Compete salientar a perspectiva de Daniel Sarmento, na qual existiriam três dimensões jurídicas da liberdade: a autonomia pública, a autonomia privada e as condições da liberdade:

> Portanto, pode-se concluir que, afora raras posições radicais em sentido contrário, converge o pensamento jusfilosófico contemporâneo para a idéia [sic] de que a garantia tanto da autonomia pública do cidadão como da sua autonomia privada são vitais para a proteção jurídica integral da liberdade humana. Da mesma forma, é lícito dizer que é amplamente dominante a concepção, de resto até intuitiva, de que a liberdade é esvaziada quando não são asseguradas as condições materiais mínimas para que as pessoas possam desfrutar delas de forma consciente.[6]

Para os fins da presente discussão, vislumbra-se a liberdade de expressão no âmbito da autonomia privada dos indivíduos, isto é, uma relação entre dois pares em

---

[4] PEIXOTO, Erick Lucena Campos; EHRHARDT JÚNIOR, Marcos. Breves notas sobre a ressignificação da privacidade. *Revista Brasileira de Direito Civil – RBDCivil*, Belo Horizonte, v. 16, p. 35-56, abr./jun. 2018. p. 44.

[5] CUNHA JÚNIOR, Dirley da. *Curso de direito constitucional*. 3. ed. rev., ampl. e atual. Salvador: JusPodivm, 2009. p. 664.

[6] SARMENTO, Daniel. Os princípios constitucionais da liberdade e da autonomia privada. *Boletim Científico da Escola Superior do Ministério Público da União*, Brasília, a. 4, n. 4, p. 167-217, 2005.

que um deles se utiliza de seu direito de liberdade para exprimir-se sobre determinado conceito. Tratando da liberdade de expressão, Daniel Sarmento argumenta:

> Trata-se do direito fundamental à manifestação de mensagens de toda e qualquer natureza, por qualquer forma não violenta. A liberdade de imprensa, por sua vez, é a liberdade dos meios de comunicação de divulgarem informações, opiniões e mensagens para o público, por qualquer veículo ou plataforma. Tais liberdades são constitucionalmente protegidas não apenas em favor do emissor das manifestações, mas também em proveito dos seus receptores e do público em geral, que, em razão do seu exercício, podem ter acesso a opiniões e informações diversificadas. No caso da liberdade de imprensa, enfatiza-se, inclusive, que o principal destinatário desta garantia constitucional não são os titulares dos veículos de comunicação, mas a sociedade, que se torna mais bem informada, tem acesso a mais pontos de vista sobre temas de interesse social e pode controlar melhor os negócios públicos.[7]

Isso não implica dizer, contudo, que seu exercício não comporta qualquer modulação, máxime quando estão em jogo outros direitos fundamentais, como direitos à honra, imagem e vida privada.

Nesse teor, o direito ao esquecimento caracteriza-se pelo direito de determinada pessoa de não ser obrigada a recordar, ou ter recordado, certos acontecimentos de sua vida.[8] Com efeito, seria o direito de impedir que dados de outrora sejam revividos na atualidade, de modo descontextualizado, sendo conferido à pessoa revelar-se tal qual ela é atualmente, em sua realidade existencial.[9]

Guilherme Magalhães Martins cita, por exemplo, o caso de pessoa transexual: tendo mudado de sexo, não é mais pertinente que aquela pessoa seja apresentada em veículos de comunicação como alguém que nasceu homem e se tornou mulher, ou vice-versa, sem qualquer contexto, porque tal rótulo, ainda que verdadeiro, dá excessivo peso a um fato pretérito que obscurece a identidade do indivíduo, não havendo interesse público em sua divulgação.

A desindexação, por sua vez, é uma forma de "esquecimento" que se caracteriza pela retirada da informação das listas-resultado das pesquisas dos *sites* de buscas.[10] Isso porque a estrutura da internet usa protocolos TCP/IP que permitem que os mecanismos de busca continuamente rastreiem e indexem o conteúdo disponível na *web*, disposto sob a forma de um *ranking*, em que aparecem em primeiro lugar os resultados mais relevantes de cada pesquisa.[11] O direito ao esquecimento, portanto, é mais abrangente que a desindexação, já que esta objetiva, tão somente, que o provedor de busca pare de divulgar determinado *link*.

---

[7] SARMENTO, Daniel. Liberdades comunicativas e "direito ao esquecimento" na ordem constitucional brasileira. *Revista Brasileira de Direito Civil*, v. 7, jan./mar. 2016. p. 205.

[8] José Barros Correia Jr. e Luís Holanda Galvão *apud* ACIOLI, Bruno de Lima; EHRHARDT JÚNIOR, Marcos. Uma agenda para o direito ao esquecimento no Brasil. *Revista Brasileira de Políticas Públicas*, Brasília, v. 7, n. 3, dez. 2017.

[9] MARTINS, Guilherme Magalhães. Direito ao esquecimento na era da memória e da tecnologia. *Revista dos Tribunais*, v. 1019, p. 109-153, set. 2020.

[10] ACIOLI, Bruno de Lima; EHRHARDT JÚNIOR, Marcos. Uma agenda para o direito ao esquecimento no Brasil. *Revista Brasileira de Políticas Públicas*, Brasília, v. 7, n. 3, dez. 2017.

[11] MARTINS, Guilherme Magalhães. Direito ao esquecimento na era da memória e da tecnologia. *Revista dos Tribunais*, v. 1019, p. 109-153, set. 2020.

Assim, por exemplo, diante de uma pretensão de esquecimento, é razoável que também haja o pedido de desindexação, até como mecanismo para efetivar o esquecimento pleiteado. Não se ignora que no contexto digital contemporâneo o provedor de pesquisas possui um papel primordial na difusão de conteúdo, sendo o principal meio de obtenção de dados virtuais.

A recíproca, contudo, não é verdadeira, mormente considerando que as legitimidades passivas para efetivar os comandos judiciais de desindexação e de esquecimento são diferentes. O responsável pela desindexação é o provedor de pesquisas, ao passo que o de esquecimento será o provedor de serviços na internet.

Ressalte-se que o ambiente virtual torna ainda mais relevante a dinâmica do esquecimento:

> A temática do direito ao esquecimento é ainda mais delicada quando a notícia se encontra divulgada na internet, em razão da facilidade com que conteúdos podem ser transmitidos, armazenados e acessados por terceiros. Nos casos em que a informação estiver desatualizada, equivocada ou fora de contexto, a identidade do sujeito e sua imagem poderão ser transmitidas de forma falsa ou mesmo deformada, por incompatibilidade com suas atuais ou verdadeiras características, podendo causar-lhe um dano irreparável.[12]

No panorama internacional, um caso emblemático sobre o tema é o caso Google Spain, julgado no Tribunal de Justiça da União Europeia.[13] Nesse caso, um cidadão ajuizou ação em face da Google e de provedor de serviço, requerendo o apagamento dos dados e a desindexação, considerando que estava sendo divulgado anúncio com seu nome acerca de venda de imóveis em hasta pública, decorrente de dívida que sofrera com a seguridade social. Ressaltou que a dívida já fora quitada há anos, razão pela qual não havia interesse público na divulgação da matéria.

O Tribunal acolheu o direito ao esquecimento do cidadão e decidiu,[14] em síntese, que os provedores de busca são responsáveis pelo tratamento dos dados que realizam ao coletar e disponibilizar conteúdo em seus resultados de pesquisa, e que, portanto, cada cidadão europeu está autorizado a solicitar, até mesmo extrajudicialmente, que o servidor de buscas retire *links* imprecisos, inadequados, irrelevantes ou excessivos

---

[12] TEFFÉ, Chiara Spadaccini de; BARLETTA, Fabiana Rodrigues. O direito ao esquecimento: uma expressão possível do direito à privacidade. *Revista de Direito do Consumidor*, São Paulo, a. 25, v. 105, p. 33-64, mai./jun. 2016. p. 62.

[13] ACIOLI, Bruno de Lima; EHRHARDT JÚNIOR, Marcos. Uma agenda para o direito ao esquecimento no Brasil. *Revista Brasileira de Políticas Públicas*, Brasília, v. 7, n. 3, dez. 2017.

[14] "[...] no âmbito da apreciação das condições de aplicação destas disposições, importa designadamente examinar se a pessoa em causa tem o direito de que a informação em questão sobre a sua pessoa deixe de ser associada ao seu nome através de uma lista de resultados exibida na sequência de uma pesquisa efetuada a partir do seu nome, sem que, todavia, a constatação desse direito pressuponha que a inclusão dessa informação nessa lista causa prejuízo a essa pessoa. Na medida em que esta pode, tendo em conta os seus direitos fundamentais nos termos dos artigos 7º e 8º da Carta, requerer que a informação em questão deixe de estar à disposição do grande público devido à sua inclusão nessa lista de resultados, esses direitos prevalecem, em princípio, não só sobre o interesse económico do operador do motor de busca mas também sobre o interesse desse público em aceder à informação numa pesquisa sobre o nome dessa pessoa. No entanto, não será esse o caso se se afigurar que, por razões especiais como, por exemplo, o papel desempenhado por essa pessoa na vida pública, a ingerência nos seus direitos fundamentais é justificada pelo interesse preponderante do referido público em ter acesso à informação em questão, em virtude dessa inclusão" (ACIOLI, Bruno de Lima; EHRHARDT JÚNIOR, Marcos. Uma agenda para o direito ao esquecimento no Brasil. *Revista Brasileira de Políticas Públicas*, Brasília, v. 7, n. 3, dez. 2017).

sobre sua pessoa, hipótese em que o provedor analisará a solicitação e decidirá se deve acolhê-la. A solução adotada foi o reconhecimento de que os mecanismos de busca podem ser compelidos a remover da indexação informações que contenham dados pessoais sempre que sejam inadequadas, impertinentes ou excessivas.

Julgamentos de casos sobre esquecimento, contudo, não se restringem ao âmbito europeu. No Brasil, a matéria também já foi decidida pelo Superior Tribunal de Justiça em algumas oportunidades.

2 Direito ao esquecimento no Superior Tribunal de Justiça

Inicialmente, impende ressaltar que existem julgados das Quarta e Sexta Turmas do Superior Tribunal de Justiça[15] favoráveis à existência do esquecimento como prerrogativa do indivíduo. Na oportunidade, argumentou-se ainda que a desindexação não garante que o conteúdo se esvairá do meio virtual, mas, tão somente, que sua difusão estará mais restrita, o que enseja, a depender do alcance atribuído ao termo, um julgamento de procedência parcial da pretensão de esquecimento.

O ponto-chave que acarreta dificuldades nas pretensões de esquecimento é especialmente a liberdade de informação, havendo flagrantemente um embate entre direitos de personalidade. No Superior Tribunal de Justiça, impende ressaltar o Recurso Especial nº 1.316.921/RJ,[16] de relatoria da Ministra Nancy Andrighi, julgado em 26.6.2012, interposto pela Google nos autos de ação ajuizada pela apresentadora

---

[15] STJ, Sexta Turma. HC nº 256.210/SP, j. 3.12.2013. DJe, 13 dez. 2013; STJ, Quarta Turma. REsp nº 1.335.153/RJ, j. 28.5.2013. DJe, 10 set. 2013; e STJ, Quarta Turma. REsp nº 1.334.097/RJ, j. 28.5.2013. DJe, 10 set. 2013.

[16] "CIVIL E CONSUMIDOR. INTERNET. RELAÇÃO DE CONSUMO. INCIDÊNCIA DO CDC. GRATUIDADE DO SERVIÇO. INDIFERENÇA. PROVEDOR DE PESQUISA. FILTRAGEM PRÉVIA DAS BUSCAS. DESNECESSIDADE. RESTRIÇÃO DOS RESULTADOS. NÃO CABIMENTO. CONTEÚDO PÚBLICO. DIREITO À INFORMAÇÃO. 1. A exploração comercial da Internet sujeita as relações de consumo daí advindas à Lei nº 8.078/90. 2. O fato de o serviço prestado pelo provedor de serviço de Internet ser gratuito não desvirtua a relação de consumo, pois o termo 'mediante remuneração', contido no art. 3º, §2º, do CDC, deve ser interpretado de forma ampla, de modo a incluir o ganho indireto do fornecedor. 3. O provedor de pesquisa é uma espécie do gênero provedor de conteúdo, pois não inclui, hospeda, organiza ou de qualquer outra forma gerencia as páginas virtuais indicadas nos resultados disponibilizados, se limitando a indicar *links* onde podem ser encontrados os termos ou expressões de busca fornecidos pelo próprio usuário. 4. A filtragem do conteúdo das pesquisas feitas por cada usuário não constitui atividade intrínseca ao serviço prestado pelos provedores de pesquisa, de modo que não se pode reputar defeituoso, nos termos do art. 14 do CDC, o *site* que não exerce esse controle sobre os resultados das buscas. 5. Os provedores de pesquisa realizam suas buscas dentro de um universo virtual, cujo acesso é público e irrestrito, ou seja, seu papel se restringe à identificação de páginas na *web* onde determinado dado ou informação, ainda que ilícito, estão sendo livremente veiculados. Dessa forma, ainda que seus mecanismos de busca facilitem o acesso e a consequente divulgação de páginas cujo conteúdo seja potencialmente ilegal, fato é que essas páginas são públicas e compõem a rede mundial de computadores e, por isso, aparecem no resultado dos *sites* de pesquisa. 6. Os provedores de pesquisa não podem ser obrigados a eliminar do seu sistema os resultados derivados da busca de determinado termo ou expressão, tampouco os resultados que apontem para uma foto ou texto específico, independentemente da indicação do URL da página onde este estiver inserido. 7. Não se pode, sob o pretexto de dificultar a propagação do conteúdo ilícito ou ofensivo na *web*, reprimir o direito da coletividade à informação. Sopesados os direitos envolvidos e o risco potencial de violação de cada um deles, o fiel da balança deve pender para a garantia da liberdade de informação assegurada pelo art. 220, §1º, da CF/88, sobretudo considerando que a internet representa, hoje, importante veículo de comunicação social de massa. 8. Preenchidos os requisitos indispensáveis à exclusão, da *web*, de uma determinada página virtual, sob a alegação de veicular conteúdo ilícito ou ofensivo – notadamente a identificação do URL dessa página – a vítima carecerá de interesse de agir contra o provedor de pesquisa, por absoluta falta de utilidade da jurisdição. Se a vítima identificou, via URL, o autor do ato ilícito, não tem motivo para demandar contra aquele que apenas facilita o acesso a esse ato que, até então, se encontra publicamente disponível na rede para divulgação. 9. Recurso especial provido".

Xuxa Meneghel, em que esta pleiteava que o provedor de buscas removesse resultados relativos à expressão "xuxa pedófila" ou, ainda, qualquer outra que associasse o nome da autora a qualquer prática criminosa. O recurso foi provido por unanimidade, de modo que as teses assentadas seguem como paradigma no Superior Tribunal de Justiça para julgamento de casos assemelhados, oportunidade em que se negou provimento à pretensão da apresentadora.

Observa-se, contudo, uma tendência de flexibilização da referida tese adotada no Superior Tribunal de Justiça. Nesse cenário, sublinha-se o julgado do REsp nº 1.334.097/RJ, de relatoria do Ministro Luís Felipe Salomão e julgado em 28.5.2013, em que a Quarta Turma do STJ reconheceu o direito ao esquecimento para um homem inocentado da acusação de ter se envolvido na chacina da Candelária, anos depois retratado no programa *Linha Direta* da Rede Globo.

Na ocasião, o Superior Tribunal de Justiça reconheceu o direito ao esquecimento como um direito de não ser lembrado contra a vontade do indivíduo, especificamente no tocante aos fatos desabonadores de natureza criminal de que o requerente, posteriormente, foi inocentado.

Outrossim, o REsp nº 1.660.168/RJ, julgado em 8.5.2018, de relatoria da Ministra Nancy Andrighi, cujo voto restou vencido. Nesse caso, a controvérsia dizia respeito ao fato de que o resultado mais relevante obtido com a busca do nome da recorrida, após o decurso de mais de uma década do fato, apontava a notícia de fraude em concurso público da magistratura fluminense, no qual havia sido reprovada.

Essa decisão mitiga o entendimento do caso da apresentadora Xuxa Meneghel, por compreender que, no presente caso, havia circunstâncias excepcionalíssimas em que se fez necessária a intervenção pontual do Poder Judiciário:

> Essa desproporcionalidade pode advir do conteúdo cujo interesse seja essencialmente privado e particular, de modo a escapar ao interesse coletivo de informação. Assim, também, pode resultar do longo prazo decorrido desde o fato que deu ensejo à inclusão dos dados pessoais apontados na busca [...]. A insurgência é restrita ao apontamento de seu nome, como critério exclusivo, desvinculado de qualquer outro termo, e a exibição de fato desabonador divulgado há mais de dez anos entre as notícias mais relevantes. Outrossim, a manutenção desses resultados acaba por retroalimentar o sistema, uma vez que, ao realizar a busca pelo nome da recorrida e se deparar com a notícia, o cliente acessará o conteúdo – até movido por curiosidade despertada em razão da exibição do *link* – reforçando, no sistema automatizado, a confirmação da relevância da página catalogada. Assim, é imprescindível a atuação do Poder Judiciário, até para afastar a função de censor das ferramentas de busca, em casos em que se sustente a necessidade de interferência pontual para assegurar à pessoa em causa a quebra dessa vinculação eternizada pelos *sites* de busca, a fim de desassociar os dados pessoais do resultado cuja relevância se encontra superada pelo decurso do tempo. Essa é a essência do direito ao esquecimento: não se trata de efetivamente apagar o passado, mas de permitir que a pessoa envolvida siga sua vida com razoável anonimato, não sendo o fato desabonador corriqueiramente rememorado e perenizado por sistemas automatizados de busca [...]. Para fazer cessar o vínculo criado, nos bancos de dados dos provedores de busca, entre dados pessoais e resultados da busca, que não guardam relevância para interesse público à informação, seja pelo conteúdo eminentemente privado, seja pelo decurso do tempo.

Nesse panorama, verifica-se que o Superior Tribunal de Justiça flexibilizou as teses assentadas no Recurso Especial nº 1.316.921/RJ. O julgamento transcrito acima foi proferido por maioria, vencidos o Ministro Ricardo Villas Boas Cuêvas e a Ministra Nancy Andrighi, que argumentaram, respectivamente, no seguinte sentido:

> Em verdade, revela-se verdadeiro contrassenso afirmar (como vem iterativamente fazendo o Superior Tribunal de Justiça) que aos provedores de aplicações de pesquisa não se pode impor o ônus de promover o controle prévio de seus resultados para fins de supressão de *links* relacionados com conteúdo manifestamente ilícito gerado por terceiros e, no presente caso, impor a eles essa mesma obrigação com o propósito de que suprimidos sejam todos os *links* que remetam a conteúdo jornalístico aparentemente lícito, mas que, pelo transcorrer do tempo, possam se revelar, aos olhos do personagem ali citado, atentatório ao seu suposto direito constitucional de, pelos fatos narrados, deixar de ser lembrado. Além disso, ao impor às recorrentes a genérica obrigação de instalarem filtros ou mecanismos capazes de atender a pretensão da autora de ver desvinculado seu nome de notícias relacionadas com a suposta fraude havida em concurso para a magistratura fluminense, a Corte de origem negou vigência ao §1º do art. 19 do Marco Civil da Internet, pois referido dispositivo de lei, como já externado, dispõe expressamente que a ordem judicial de remoção de conteúdo dessa espécie (gerado por terceiros) padece de nulidade quando desacompanhada da "identificação clara e específica do conteúdo apontado como infringente, que permita a localização inequívoca do material". (Min. Ricardo Villas Boas Cuêvas).
>
> Apesar de se reconhecer o direito ao esquecimento, em situações bem particulares, o ordenamento jurídico pátrio não permite imputar tal função ao provedor de aplicação de buscas, sob o risco de torná-lo um verdadeiro censor digital, conforme será demonstrado a seguir. (Min. Nancy Andrighi).

Ressalte-se que a alegação de que o provedor de buscas se tornaria um censor digital é controversa, porquanto muitas vezes o pedido se cinge à retirada de conteúdo que já foi publicado na internet, isto é, trata-se de um controle posterior. Tal argumento, portanto, somente possui pertinência quando há pedido no sentido de proibir previamente a difusão de determinado conteúdo.

O Superior Tribunal de Justiça também julgou, em 28.5.2013, o caso Aída Curi. Em 1958, Aída Jacob Curi foi vítima de um crime bárbaro que culminou em sua morte, perpetrada por três jovens que a atiraram do alto de um prédio em Copacabana, no Rio de Janeiro, após uma série de abusos sexuais. Posteriormente, em 2004, o programa *Linha Direta* da Rede Globo de Televisão trouxe um episódio sobre o crime, com o nome da vítima e fotografias do evento delituoso.

Os irmãos da vítima ingressaram com ação judicial suscitando a inconveniência da divulgação, uma vez que ausente qualquer razão para revolvimento da história após meia década de sua ocorrência. Nessa hipótese, o julgamento do Superior Tribunal de Justiça consignou que os fatos analisados caracterizariam interesse público, o que tornaria inviável a pretensão de esquecimento e a restrição à liberdade de expressão.

3 O caso Aída Curi e o RE nº 1.010.606

O caso Aída Curi chegou ao Supremo Tribunal Federal por meio do Recurso Extraordinário com Repercussão Geral nº 1.010.606. O juízo de primeiro grau, o Tribunal de Justiça do Rio de Janeiro e o Superior Tribunal de Justiça julgaram improcedente a pretensão de direito ao esquecimento em favor da memória de Aída e de seus familiares, assentando-se na constatação de que a matéria jornalística reportava fatos verídicos e formadores da história do país com relevante repercussão nacional. Por fim, houve interposição de recurso extraordinário para o Supremo Tribunal Federal.

Por decisão majoritária, o Supremo Tribunal Federal negou provimento ao RE nº 1.010.606, concluindo pela incompatibilidade da Constituição Federal com um direito ao esquecimento que possibilite impedir, em razão da passagem do tempo, a divulgação de fatos ou dados verídicos em meios de comunicação, de modo que eventuais excessos no exercício da liberdade de expressão e informação deveriam ser analisados caso a caso, com base em parâmetros constitucionais e na legislação penal e civil.

Ao contrário das referidas decisões do STJ que expressamente mencionam a questão da desindexação, no julgamento do STF em apreço, o relator expressamente consignou que não seria travada uma apreciação do alcance da responsabilidade dos provedores de internet em matéria de desindexação de conteúdos selecionados por motores de busca, considerando que são institutos que não se confundem e que existem inúmeros fundamentos que podem ensejar um pedido de desindexação, muitos dos quais estariam dissociados do direito ao esquecimento.

Parece difícil, entretanto, lidar com a matéria do esquecimento sem tratar de pautas atinentes à desindexação, reabilitação, apagamento, obscuridade e esquecimento digital, uma vez que, em realidade, o esquecimento é um termo guarda-chuva que alberga todas essas modalidades.[17] Em continuidade, o relator também consigna em seu voto:

> na extensa maioria dos precedentes mais remotos, recorrentemente invocados na defesa da existência do direito ao esquecimento, mesmo quando se atendia ao pedido de restrição à divulgação de fato ou evento, se solucionava a controvérsia posta com base em institutos já consolidados nos respectivos ordenamentos jurídicos.

Nesse sentido, o direito ao esquecimento, de fato, constitui-se como um corolário de direitos fundamentais já consagrados no ordenamento jurídico pátrio, tal como o direito à imagem, honra e vida privada, integrando o seu suporte fático. Assim, não haveria que se falar em "direito ao esquecimento" como um instituto autônomo, uma vez que se caracteriza, tão somente, pela manifestação de direitos já conhecidos e tutelados pelo sistema jurídico.

O voto do relator também menciona o histórico caso alemão Lebach. No caso, dois homens invadiram um depósito de armas na cidade de Lebach e executaram quatro soldados que vigiavam o local. O canal televisivo ZDF produziu um documentário sobre o caso, que iria ao ar poucos dias antes da soltura de um dos condenados, identificando nominalmente e por fotografia os autores do crime, detalhando, inclusive, uma relação homossexual que existia entre os acusados.

A questão foi judicializada e o Tribunal Constitucional alemão entendeu que houve violação ao direito ao livre desenvolvimento da personalidade do réu, ponderando a liberdade de expressão com a proteção aos direitos personalíssimos e questionando

---

[17] ACIOLI, Bruno de Lima; EHRHARDT JÚNIOR, Marcos. Uma agenda para o direito ao esquecimento no Brasil. *Revista Brasileira de Políticas Públicas*, Brasília, v. 7, n. 3, dez. 2017. p. 1.

a presença de interesse público no documentário.

Conforme explanado no voto do relator, no caso Lebach restou assentado que: a) o interesse pela informação geralmente tem prioridade no caso de reportagem atual sobre crimes, mas não se trata de precedência ilimitada, pois a intrusão na esfera pessoal não deve ir além de uma satisfação adequada do interesse pela informação, de modo que nome, foto ou outra identificação dos perpetradores do crime nem sempre é permitida; b) não há um prazo previamente definível a partir do qual a apresentação dos fatos se torna inadmissível; c) a principal referência para a determinação do prazo é o interesse na reinserção do infrator na sociedade, em sua reabilitação ou socialização; d) a reabilitação exige a criação de prerrequisitos internos para uma vida posterior livre de punição, mas também requer que se criem condições externas que evitem o descaso e a rejeição no meio ambiente; e) no caso concreto, o objetivo da emissora de TV também poderia ser perseguido sem uma apresentação de identificação do infrator.

Observa-se, assim, que a conclusão do caso Lebach reconhece a precedência da liberdade de informação sem desconsiderar, contudo, elementos que, no caso concreto, podem pesar e determinar a excepcional limitação desse direito em prol da tutela dos direitos da personalidade envolvidos. Nesse ponto, o relator sustentou que, em realidade, o caso Lebach não se fundamenta no direito ao esquecimento, mas sim na proteção à personalidade do condenado:

> [...] o Caso Lebach, embora tenha assegurado a proibição da exibição do documentário sobre fato criminoso relativamente ao qual a pena já fora cumprida, o fez não propriamente com amparo em alegado "direito ao esquecimento", mas sim com base na proteção à personalidade do condenado: ante a ausência de contemporaneidade dos fatos, a inexistência de interesse, àquele tempo, no reavivamento do caso, com a identificação do condenado, e o estímulo à ressocialização.

O relator ainda discorre sobre a existência de três posicionamentos sobre a existência do direito fundamental ao esquecimento: o primeiro define a existência como um direito fundamental explícito; o segundo como um direito fundamental implícito, decorrente da dignidade humana e da privacidade; e o terceiro não o reconhece como um direito fundamental autônomo, mas admite identificá-lo como integrante do suporte fático de algum dos direitos fundamentais do art. 5º, X (intimidade, vida privada, honra e imagem) com reflexos no direito ordinário.

Nesse panorama, o relator se filia ao posicionamento de que o ordenamento jurídico não admite um direito genérico ao esquecimento, seja de forma expressa ou implícita, havendo, tão somente, pontuais previsões em que se admite, sob condições específicas, o decurso do tempo como razão para supressão de dados ou informações.

Observa-se, outrossim, que o relator compreende que os precedentes apontados sobre o direito ao esquecimento, em verdade, se valiam de institutos jurídicos já consolidados como a ressocialização, a proteção ao nome e à imagem do indivíduo. Ao asseverar essa perspectiva, verifica-se que o relator rechaça o direito ao esquecimento como um direito autônomo, destacado da proteção à privacidade, honra e imagem, o que pode ter ensejado a conclusão de sua proposta de repercussão geral no sentido da inexistência do instituto.

Impende ressaltar, contudo, que o direito ao esquecimento se caracteriza como corolário dos direitos fundamentais já consolidados no ordenamento jurídico, razão pela qual o compreender como um direito autônomo e, por conseguinte, negar sua existência no plano normativo pode acarretar interpretações equivocadas acerca da proteção da personalidade no caso concreto.

Não à toa, após a prolação do resultado pelo Supremo Tribunal Federal no caso da Aída Curi, verificou-se uma enxurrada de matérias[18] enfatizando a inexistência do direito ao esquecimento, o que pode induzir uma compreensão de que a pretensão de afastamento de determinadas notícias no caso concreto também restaria inviabilizada, o que não se coaduna com a *ratio decidendi* do julgado. Nesse contexto, parece mais coerente assentar a compreensão da inexistência do direito ao esquecimento como um direito autônomo, ressalvando a possibilidade de tutela dos direitos de personalidade de honra, imagem, intimidade e vida privada no caso concreto.

Mais adequado seria propor a tese com base no reconhecimento do esquecimento, ainda que com a precedência do direito de liberdade à informação e expressão, asseverando que sua incidência no caso concreto é de caráter excepcional nas hipóteses em que haja efetiva inexistência de interesse público e violação desarrazoada dos direitos de personalidade envolvidos, quais sejam, honra, imagem e vida privada, manifestando-se como um reflexo de tais direitos.

Parece soar meramente taxonômica e improdutiva a discussão acerca da existência do direito ao esquecimento como um direito autônomo ou como um corolário dos direitos fundamentais já envolvidos, uma vez que, caso haja, no caso concreto, indícios da necessidade de prevalência da tutela dos direitos de personalidade, o apagamento da informação será levado a cabo de toda forma. Tanto é assim que a própria Lei Geral de Proteção de Dados prevê, em seu art. 18, hipóteses de eliminação de dados pessoais tratados com o consentimento do titular.

Para além disso, o Marco Civil da Internet, em seu art. 7º, X, prevê como direito básico do usuário a exclusão definitiva dos dados pessoais que tiver fornecido a determinada aplicação de internet, a seu requerimento, ao término da relação entre as partes, ressalvadas as hipóteses de guarda obrigatória de registros previstas na lei. Tratam-se, portanto, de modalidades específicas de direito ao esquecimento lastreadas nos deveres laterais de conduta decorrentes da boa-fé objetiva.[19]

O relator, no entanto, frisa que a conclusão do julgamento não pode ser generalizada para outras áreas que já possuem regras específicas de tratamento informacional, como a LGPD, a Lei de Acesso à Informação ou o Marco Civil da Internet. Questiona-se, contudo, tal conclusão, uma vez que a interpretação sistemática do ordenamento jurídico apontaria na conclusão harmônica desses institutos, restando claro que a eliminação de

---

[18] STF: não existe direito ao esquecimento no Brasil. *Migalhas*, 11 fev. 2021. Disponível em: https://www.migalhas.com.br/quentes/340215/stf-nao-existe-direito-ao-esquecimento-na-area-civel. Acesso em 10 mai. 2021; POR 9 a 1, STF decide que não existe direito ao esquecimento e defende o direito à informação. *G1*, 11 fev. 2021. Disponível em: https://g1.globo.com/jornal-nacional/noticia/2021/02/11/por-9-a-1-stf-decide-que-nao-existe-direito-ao-esquecimento-e-defende-o-direito-a-informacao.ghtml. Acesso em 10 mai. 2021; RICHTER, André. STF não reconhece o direito ao esquecimento no Brasil. *Agência Brasil*, fev. 2021. Disponível em: https://agenciabrasil.ebc.com.br/justica/noticia/2021-02/stf-nao-reconhece-direito-ao-esquecimento-no-brasil. Acesso em 10 mai. 2021; TEIXEIRA, Matheus. STF decide que não existe direito ao esquecimento no Brasil. *Paraná Portal*, 11 fev. 2021. Disponível em: https://paranaportal.uol.com.br/politica/stf-decide-que-nao-existe-direito-ao-esquecimento-no-brasil/. Acesso em 10 mai. 2021; RODAS, Sérgio. Direito ao esquecimento é incompatível com a Constituição, decide STF. *Conjur*, 11 fev. 2021. Disponível em: https://www.conjur.com.br/2021-fev-11/direito-esquecimento-incompativel-constituicao-stf2. Acesso em 10 mai. 2021.

[19] MARTINS, Guilherme Magalhães. Direito ao esquecimento na era da memória e da tecnologia. *Revista dos Tribunais*, v. 1019, p. 109-153, set. 2020.

dados desnecessários, por exemplo, é uma faceta do direito ao esquecimento.

Considerando que as liberdades também incidem no ciberespaço, parece difícil lidar com o problema sem considerar que tais manifestações merecem o mesmo tratamento daquelas observadas nos meios tradicionais. Não à toa a própria Constituição Federal, em seu art. 220, fala acerca da proibição de restrições de manifestação do pensamento, criação, expressão e informação em qualquer veículo ou processo, além de que o art. 222, parágrafo terceiro, também determina que o sistema constitucional de comunicação social abrange os meios eletrônicos, independentemente da tecnologia utilizada para a prestação do serviço.

Em sentido contrário, o relator argumenta que as legislações específicas mencionadas pretenderam cercar os dados de ampla proteção, viabilizando meios para eventuais correções/retificações que se façam necessárias, não prevendo, contudo, um direito conferido ao indivíduo de se opor às publicações nas quais constem dados licitamente obtidos e tratados.

Tal conclusão, contudo, não parece coerente com a determinação do art. 18 da LGPD, em que se dispõe que o titular dos dados pessoais tem direito a obter do controlador, em relação aos dados por ele tratados, a qualquer momento e mediante requisição, a anonimização, o bloqueio ou a eliminação de dados desnecessários ou excessivos ou até mesmo aqueles tratados com o consentimento do titular, ressalvadas exceções legais.

Com efeito, o advento da sociedade informacional e a ampliação da exposição a que diariamente estamos submetidos demandam a análise de parâmetros que preservem os direitos fundamentais envolvidos e, muitas vezes, a ressignificação de institutos já consagrados.

O relator elenca alguns elementos tidos como essenciais para a caracterização do referido direito ao esquecimento. Nesse ponto, em que pese reconheça que parcela da doutrina entende que o direito ao esquecimento abrange todo tipo de informação, o relator entende pertinente consignar que a abordagem em questão se restringe às informações lícitas.

Desse modo, não haveria que se falar em direcionamento do esquecimento às informações inverídicas e adquiridas ou utilizadas contrariamente à lei. Isso porque, para tanto, o ordenamento já possuiria mecanismos próprios para tratamento, tanto no âmbito cível como no âmbito penal. Argumentou-se, assim, que a veracidade da informação deveria estar presente na invocação do direito ao esquecimento, uma vez que, tratando-se de informação falsa, outros mecanismos deveriam ser utilizados.[20]

Essa distinção é relevante tendo em vista o atual contexto repleto de *fake news*, em que notícias deliberadamente falsas são diuturnamente veiculadas nos meios de comunicação. O relator ressalta, ainda, que a manifestação de pensamento não deve respaldar o ódio, a intolerância e a desinformação, uma vez que tais manifestações caracterizam exercício abusivo do direito de liberdade de expressão por atentarem, sobretudo, contra o princípio democrático.

Argumenta-se no voto, ainda, que é de potencial interesse público aquilo que possa ser licitamente obtido e divulgado. É pertinente refletir, entretanto, que algumas informações, embora licitamente obtidas, não podem ser divulgadas em qualquer

---

[20] BRANCO, Sérgio. *Memória e esquecimento na internet*. Porto Alegre: Arquipélago, 2017. p. 174.

contexto e sob qualquer circunstância sem que haja interesse público relevante, sob pena de violarem indevidamente a privacidade do titular. Assim, uma informação que não possa ser divulgada não é, em qualquer circunstância, dotada de interesse público.

Desse modo, o que torna a informação pertinente para fins de direito ao esquecimento é a utilização temporal descontextualizada. Com efeito, no cerne da controvérsia de esquecer fatos pretéritos está a ideia de que, em que pese o fato seja verdadeiro e, portanto, sua veiculação seja lícita, sua divulgação estaria ocorrendo em um lapso temporal exagerado ou, ainda, fora do contexto. Para o relator, o segundo elemento caracterizador do direito ao esquecimento seria, então, o decurso do tempo:

> A pretensão ao direito ao esquecimento vincula-se, então, a um elemento temporoespacial: a passagem do tempo seria capaz de tornar opacas as informações no contexto espacial, a tal ponto que sua publicação não retrataria a completude dos fatos nem a atual identidade dos envolvidos.[21]

Nesse sentido, a passagem do tempo acarretaria a perda do interesse público na divulgação da informação, de modo que a divulgação de informações individuais seria cabível quando tais sejam relevantes e atuais, podendo esta relevância desaparecer com o decurso do tempo.

Assim, o relator compreende o direito ao esquecimento como a "pretensão apta a impedir a divulgação, seja em plataformas tradicionais ou virtual, de fatos ou dados verídicos e licitamente obtidos, mas que, em razão da passagem do tempo, teriam se tornado descontextualizados ou destituídos de interesse público relevante".[22] Partindo desse conceito, verifica-se a dificuldade de trabalhar a ideia de esquecimento divorciada de textos normativos como o Marco Civil da Internet e a Lei Geral de Proteção de Dados como propôs o relator, máxime tendo em vista que o próprio conceito apresentado inclui as plataformas virtuais.

O relator também assevera que, em que pese não negue o impacto do tempo na percepção humana dos acontecimentos que envolvem informações ou dados dos indivíduos, a passagem do tempo, por si só, não teria o condão de transmutar uma publicação ou um dado nela contido de lícito para ilícito.

Essa afirmação, contudo, parece ignorar a ideia do tempo como valor jurídico e tampouco é consentânea com precedentes do próprio Supremo Tribunal Federal. Cita-se, nesse teor, o caso do amianto crisotila, cuja utilização fora proibida no território brasileiro a partir da declaração de inconstitucionalidade do art. 2º da Lei Federal nº 9.055/95, pelo Supremo Tribunal Federal, em sede da ADI nº 3.937,[23] sob a ideia de que o

---

[21] BRASIL. Supremo Tribunal Federal. Recurso Extraordinário nº 1.010.606/RJ. Rel. Min. Dias Toffoli, j. 11.2.2021. DJe, 19 fev. 2021. Disponível em: http://www.stf.jus.br/portal/jurisprudenciaRepercussao/verAndamentoProcesso.asp?incidente=5091603&numeroProcesso=1010606&classeProcesso=RE&numeroTema=786. Acesso em 21 abr. 2021.

[22] BRASIL. Supremo Tribunal Federal. Recurso Extraordinário nº 1.010.606/RJ. Rel. Min. Dias Toffoli, j. 11.2.2021. DJe, 19 fev. 2021. Disponível em: http://www.stf.jus.br/portal/jurisprudenciaRepercussao/verAndamentoProcesso.asp?incidente=5091603&numeroProcesso=1010606&classeProcesso=RE&numeroTema=786. Acesso em 21 abr. 2021.

[23] "Ação direta de inconstitucionalidade. Lei nº 12.684/2007 do Estado de São Paulo. Proibição do uso de produtos, materiais ou artefatos que contenham quaisquer tipos de amianto ou asbesto. Produção e consumo, proteção do meio ambiente e proteção e defesa da saúde. Competência legislativa concorrente. Impossibilidade de a legislação estadual disciplinar matéria de forma contrária à lei geral federal. Lei federal nº 9.055/1995. Autorização de extração, industrialização, utilização e comercialização do amianto da variedade crisotila. Processo de incons-

tempo tornou inconstitucional aquilo que, um dia, havia sido considerado constitucional. No julgado, compreendeu-se que o dispositivo que permitia a comercialização do amianto no Brasil passou por um processo de inconstitucionalização, em razão da alteração dos fatos e do conhecimento científico sobre o tema.

Na época da publicação da legislação autorizativa, não existia consenso científico acerca dos prejuízos oriundos do amianto, razão pela qual o dispositivo não fora questionado. No momento atual, contudo, já resta consolidado o conhecimento científico de seus efeitos nefastos, o que teria tornado incompatível com a Constituição Federal a permissão de uso do amianto a partir do decurso do tempo.

Questiona-se, então, o porquê de tal raciocínio não poder ser aplicado em casos atinentes à difusão de informações pessoais, isto é, quando uma informação, embora licitamente obtida e divulgada sob condições ordinárias, passou a ser destituída de qualquer relevância e interesse público com o decorrer do tempo.

É fato que o decurso do tempo, por si só, nem sempre terá o condão de tornar ilícita a divulgação de determinada informação. No entanto, em algumas hipóteses excepcionais, é possível que haja o esvaziamento dessa utilidade, situação que não pode ser afastada da tutela em questão.

Também é ressaltado no voto o fato de que negar acesso a dados ou fatos simplesmente porque pretéritos seria interferir na ciência, em sua independência e seu progresso. Tal afirmação, contudo, desconsidera que o próprio direito ao esquecimento não pretende atingir fatos em que haja relevância científica, razão pela qual não parece pertinente a invocação do argumento. O relator também evidencia que o direito ao esquecimento caracteriza uma ameaça ao direito à informação:

---

titucionalização. Alteração nas relações fáticas subjacentes à norma jurídica. Natureza cancerígena do amianto crisotila e inviabilidade de seu uso de forma efetivamente segura. Existência de matérias-primas alternativas. Ausência de revisão da legislação federal, como determina a Convenção nº 162 da OIT. Inconstitucionalidade superveniente da Lei Federal nº 9.055/1995. Competência legislativa plena dos estados. Constitucionalidade da Lei estadual nº 12.684/2007. Improcedência da ação. [...] 4. No entanto, o art. 2º da Lei Federal nº 9.055/1995 passou por um processo de inconstitucionalização, em razão da alteração nas relações fáticas subjacentes à norma jurídica, e, no momento atual, não mais se compatibiliza com a Constituição de 1988. Se, antes, tinha-se notícia dos possíveis riscos à saúde e ao meio ambiente ocasionados pela utilização da crisotila, falando-se, na época da edição da lei, na possibilidade do uso controlado dessa substância, atualmente, o que se observa é um consenso em torno da natureza altamente cancerígena do mineral e da inviabilidade de seu uso de forma efetivamente segura, sendo esse o entendimento oficial dos órgãos nacionais e internacionais que detêm autoridade no tema da saúde em geral e da saúde do trabalhador. 5. A Convenção nº 162 da Organização Internacional do Trabalho, de junho de 1986, prevê, dentre seus princípios gerais, a necessidade de revisão da legislação nacional sempre que o desenvolvimento técnico e o progresso no conhecimento científico o requeiram (art. 3º, §2). A convenção também determina a substituição do amianto por material menos danoso, ou mesmo seu efetivo banimento, sempre que isso se revelar necessário e for tecnicamente viável (art. 10). Portanto, o Brasil assumiu o compromisso internacional de revisar sua legislação e geral federal, desvirtuando o mínimo de unidade normativa almejado pela Constituição Federal. [...] 6. Quando da edição da lei federal, o país não dispunha de produto qualificado para substituir o amianto crisotila. No entanto, atualmente, existem materiais alternativos. Com o advento de materiais recomendados pelo Ministério da Saúde e pela ANVISA e em atendimento aos compromissos internacionais de revisão periódica da legislação, a Lei Federal nº 9.055/1995 – que, desde sua edição, não sofreu nenhuma atualização -, deveria ter sido revista para banir progressivamente a utilização do asbesto na variedade crisotila, ajustando-se ao estágio atual do consenso em torno dos riscos envolvidos na utilização desse mineral. 7. (i) O consenso dos órgãos oficiais de saúde geral e de saúde do trabalhador em torno da natureza altamente cancerígena do amianto crisotila, (ii) a existência de materiais alternativos à fibra de amianto e (iii) a ausência de revisão da legislação federal revelam a inconstitucionalidade superveniente (sob a óptica material) da Lei Federal nº 9.055/1995, por ofensa ao direito à saúde (art. 6º e 196, CF/88), ao dever estatal de redução dos riscos inerentes ao trabalho por meio de normas de saúde, higiene e segurança (art. 7º, inciso XXII, CF/88), e à proteção do meio ambiente (art. 225, CF/88)".

Embora a pretensão inserta no "direito ao esquecimento" não corresponda ao intuito de propalar uma notícia falsa, ao pretender o ocultamento de elementos pessoais constantes de informações verdadeiras em publicações lícitas, ela finda por conduzir notícias fidedignas à incompletude, privando os seus destinatários de conhecer, na integralidade, os elementos do contexto informado. Parece-me que, admitir um direito ao esquecimento, seria uma restrição excessiva e peremptória às liberdades de expressão e de manifestação de pensamento dos autores e ao direito que todo cidadão tem de se manter informado a respeito de fatos relevantes da história social. Ademais, tal possibilidade equivaleria a atribuir, de forma absoluta e em abstrato, maior peso aos direitos à imagem e à vida privada, em detrimento da liberdade de expressão, compreensão que não se compatibiliza com a ideia de unidade da Constituição.[24]

O voto conclui, assim, que o direito ao esquecimento acarretaria uma valorização de maior peso aos direitos de imagem e vida privada em detrimento da liberdade de expressão, compreensão que não se compatibilizaria com a ideia de unidade da Constituição. Impende salientar, no entanto, que a ideia de unidade da Constituição parece consentânea com a proporcionalidade e ponderação dos direitos fundamentais no caso concreto, afastando-se de qualquer hierarquização abstrata de valores, seja em favor da liberdade, seja em favor da privacidade.

Por fim, o relator fixa a tese de que é incompatível com a Constituição a ideia de um direito ao esquecimento, assim entendido como o poder de obstar, em razão da passagem do tempo, a divulgação de fatos ou dados verídicos e licitamente obtidos e publicados em meios de comunicação social analógicos ou digitais.

Assevera, ainda, que eventuais excessos ou abusos no exercício da liberdade de expressão e de informação devem ser analisados caso a caso, a partir dos parâmetros constitucionais – especialmente os relativos à proteção da honra, da imagem, da privacidade e da personalidade em geral – e das expressas e específicas previsões legais nos âmbitos penal e cível.

Nesse sentido, verifica-se que, em realidade, o relator pretende assegurar a inexistência de um direito autônomo ao esquecimento, compreendendo que a pretensão de apagamento de diversas informações somente pontualmente pode ser manifestada nas hipóteses em que houver uma lesão a algum direito de personalidade.

Parece mais coerente, contudo, entender que o chamado direito ao esquecimento é uma ressignificação dos direitos de personalidade como honra, imagem e vida privada, manifestando-se em casos específicos em que, ponderado com o direito de liberdade de expressão, a inexistência do interesse público privilegia a pretensão de preservação da privacidade, ainda que de forma excepcional.

O relator arremata o voto ressaltando que crimes bárbaros cometidos contra Aída Curi, Ângela Diniz, Daniella Perez, Sandra Gomide, Eloá Pimentel, Marielle Franco, Viviane Vieira e tantos outros não podem e não devem ser esquecidos. Posição semelhante é também compartilhada por Daniel Sarmento, oportunidade em que

---

[24] BRASIL. Supremo Tribunal Federal. Recurso Extraordinário nº 1.010.606/RJ. Rel. Min. Dias Toffoli, j. 11.2.2021. DJe, 19 fev. 2021. Disponível em: http://www.stf.jus.br/portal/jurisprudenciaRepercussao/verAndamentoProcesso.asp?incidente=5091603&numeroProcesso=1010606&classeProcesso=RE&numeroTema=786. Acesso em 21 abr. 2021.

argumenta que, embora a Constituição de 1988 tenha resultado de uma bem-sucedida transição pacífica, ela pretendeu romper com um passado nacional de autoritarismo e instaurar uma nova ordem sociopolítica fundada sobre valores democráticos.[25]

O direito ao esquecimento, contudo, jamais pretendeu albergar a restrição na divulgação de crimes que possuem notória relevância histórica e social, mormente os casos alhures mencionados. Ao contrário, a pretensão se destina a evitar a mácula aos direitos de personalidade oriunda de fatos destituídos de qualquer utilidade, razão pela qual não é razoável argumentar que o direito ao esquecimento acarretaria esse impacto inadequado de censura, de modo que crimes que marcaram a história não estão albergados pela pretensão de esquecimento.

É nesse sentido, inclusive, que o Regulamento Geral de Proteção de Dados vigente na União Europeia (Regulamento EU 2016/679) dispõe, em seu art. 17, acerca das exceções ao chamado "direito de apagamento", que são as hipóteses de exercício lícito da liberdade de expressão ou informação, interesse público na área de saúde, cumprimento de obrigação legal, defesa em processo judicial, arquivo de interesse público ou investigações de natureza científica, histórica ou estatística.

Noutro giro, o Ministro Edson Fachin apresentou voto divergente. Na oportunidade, o Ministro Fachin ressalta, inicialmente, a primeira dificuldade na compreensão da problemática: o fato de que o termo "direito ao esquecimento" é multifário por recolher uma pluralidade de direitos singulares que, não necessariamente, se adunam. Assim, seria inadequado compreender o direito ao esquecimento meramente como o tradicional direito à privacidade e à honra ou, ainda, como o direito à proteção de dados, uma vez que sua tutela decorre da interpretação sistemática do conjunto de liberdades fundamentais.

Para além disso, o Ministro Fachin também elenca que a segunda dificuldade diz respeito à tentativa de definir os contornos do direito ao esquecimento em um contexto material de sociedade essencialmente mutável e ligada às tecnologias de arquivamento disponíveis que evoluem exponencialmente em termos qualitativos.

Nesse ponto, o voto divergente se posiciona no sentido de acentuar a natureza fundamental do direito ao esquecimento, cuja incidência é ponderada no caso concreto, mormente tendo em vista a inexistência de primazia apriorística de qualquer interesse jurídico, seja a liberdade de expressão e informação ou a proteção de dados pessoais.

Dessa forma, a liberdade de expressão consagrada no art. 220 da Constituição Federal recai sobre um juízo de ponderação que incide no caso concreto, com o preciso objetivo de sopesar os interesses diante das circunstâncias. Não se ignora que a tendência jurisprudencial do Supremo Tribunal Federal implica uma posição preferencial do direito à liberdade e à informação no ordenamento constitucional brasileiro. Isso não significa, contudo, que tal direito é irrestrito, acarretando, tão somente, um maior grau de ônus argumentativo na hipótese de limitação desse direito. Nesse trilhar:

> [...] o que se pode afirmar, em caráter de síntese e retomando a perspectiva adotada já na parte inicial deste item, é que doutrina e jurisprudência, notadamente o STF, embora adotem a tese da posição preferencial da liberdade de expressão, admitem não se tratar

---

[25] SARMENTO, Daniel. Liberdades comunicativas e "direito ao esquecimento" na ordem constitucional brasileira. *Revista Brasileira de Direito Civil*, v. 7, jan./mar. 2016. p. 205.

de direito absolutamente infenso a limites e restrições, desde que eventual restrição tenha caráter excepcional, seja promovida por lei e/ou decisão judicial (visto que vedada toda e qualquer censura administrativa) e tenha por fundamento a salvaguarda da dignidade da pessoa humana (que aqui opera simultaneamente como limite e limite aos limites de direitos fundamentais) e de direitos e bens jurídico-constitucionais individuais e coletivos fundamentais, observados os critérios da proporcionalidade e da preservação do núcleo essencial dos direitos em conflito.[26]

Essa preocupação é expressamente enfatizada pelo Ministro Edson Fachin que, em seu voto divergente, assevera que eventuais juízos de proporcionalidade, em casos de conflito entre o direito ao esquecimento e a liberdade de informação, devem considerar a posição preferencial que a liberdade de expressão possui no sistema constitucional brasileiro, ao passo em que também deve preservar o núcleo essencial dos direitos da personalidade.

Essa constatação é especialmente relevante quando se observa que o Brasil já passou por severos momentos de silenciamento parasitário que, de fato, exige do corpo social uma fiscalização permanente sobre o controle dos poderes midiáticos e sobre eventuais tentativas de manipulação institucional. Seja na época da ditadura militar ou no século XXI, o que se observa é que persistem cerceamentos indevidos, que solidificam preconceitos estruturais e violam direitos fundamentais.

Nesse ponto, verifica-se que a infringência da liberdade de expressão e informação também atinge a perspectiva utilitária social, tendo em vista que o silêncio obstrui a denúncia de violações de outros direitos fundamentais, além da construção de memórias, identidade e cultura. Possuindo nítido caráter instrumental, sua obstrução prejudica o exercício dos direitos culturais, além de estar usualmente conectado com manutenções arbitrárias de poder. Quando aliada à instrumentos de força, a censura pode acarretar riscos, inclusive, à vida e propriedade de indivíduos tidos como desertores.

Tal preocupação, no entanto, não implica dizer que toda e qualquer manifestação é lícita, uma vez que a violação, no caso concreto, de direitos de personalidade também deve ser observada para que haja adequada ponderação de interesses.

É sob tal raciocínio, inclusive, que, na hipótese fática entabulada, o Ministro Edson Fachin entendeu restarem ausentes as condições para que as pretensões dos autores ao direito ao esquecimento prevalecessem sobre a posição preferencial da liberdade de expressão, votando pela procedência parcial da ação para reconhecer a existência de um direito ao esquecimento no Brasil e, no caso concreto, negar a pretensão dos demandantes. Nesse contexto, a proposta de tese de repercussão geral foi no seguinte sentido:

> têm a liberdade de expressão e o direito à informação precedência sobre o direito ao esquecimento, independentemente do transcurso do tempo, cedendo a essa primazia a pretensão de vítimas ou familiares, quando se verificar interesse transindividual, ou a natureza pública da informação, ou o alto grau de relevância histórica ou importância da memória, sendo aquele direito, nesses limites, compatível com a Constituição que alberga a dignidade da pessoa humana (art. 1º, III, CRFB/88), o direito à privacidade, a honra e a imagem (art. 5º, X, CRFB/88) e o direito à autodeterminação (art. 5º, XII, CRFB/88).

---

[26] SARLET, Ingo Wolfgang; MARINONI, Luiz Guilherme; MITIDIERO, Daniel. *Curso de direito constitucional*. 8. ed. São Paulo: Saraiva, 2018. p. 514.

Assim, a proposta de repercussão geral é atenta à primazia da liberdade de expressão e da informação, ressalvando, desse modo, a necessidade de prevalência de interesses transindividuais, natureza pública da informação e alto grau de relevância histórica ou importância da memória do fato em face da pretensão de esquecimento. O julgamento da Corte, no entanto, acompanhou o voto do Relator Ministro Dias Toffoli, que votou em sentido oposto ao Ministro Edson Fachin, o que parece se aproximar de uma lógica binária de "tudo ou nada" dissonante da axiologia constitucional.

Também não se pode sustentar que eventual julgamento majoritário da proposta de tese fixada pelo Ministro Edson Fachin seria incoerente com o julgamento da ADI nº 481.564 atinente às biografias não autorizadas, oportunidade em que o Plenário do Supremo Tribunal Federal, no dia 10.6.2015, julgou procedente o pedido declarando inexigível a autorização prévia para publicação de biografias. Isso porque a abrangência do direito ao esquecimento é mais ampla do que aquela pertinente às biografias e, ainda, porque o esquecimento não diz respeito à uma censura prévia, mas a uma medida posterior à divulgação que visa salvaguardar direitos de personalidade.

Com efeito, a Constituição Federal não propugna por uma hierarquização inflexível entre os direitos fundamentais envolvidos, razão pela qual não há outra alternativa senão a aplicação da ponderação com vistas a obter a menor restrição dos interesses presentes no caso concreto. O conflito entre o exercício de direitos é fenômeno comum no direito e que vem sendo resolvido por meio de máximas de proporcionalidade e de ponderação. Parte-se do marco teórico da teoria externa dos direitos fundamentais, segundo a qual:

> Ao contrário da teoria interna, que pressupõe a existência de apenas um objeto, o direito e seus limites (imanentes), a teoria externa divide esse objeto em dois: há, em primeiro lugar, o direito em si, e, destacadas dele, as suas restrições. [...] É principalmente a partir dessa distinção que se pode chegar ao sopesamento como forma de solução das colisões entre direitos fundamentais e, mais que isso, à regra da proporcionalidade, com suas três sub-regras- adequação, necessidade e proporcionalidade em sentido estrito.[27]

Nesse sentido, argumenta-se que os direitos fundamentais possuem suportes fáticos amplos e que suas respectivas restrições são, portanto, fruto de um sopesamento com outros princípios conflitantes. Sob o prisma de Alexy, uma restrição a um direito fundamental somente é admissível se, no caso concreto, aos princípios colidentes for atribuído um peso maior que aquele atribuído ao princípio de direito fundamental em questão.[28]

Dessa forma, trata-se de investigar em que medida e sob quais parâmetros ocorre a aplicabilidade da proporcionalidade como contenção no que se refere aos atos de conformação da liberdade de expressão, examinando a relação entre a regulação e as diretrizes constitucionais. No caso em perspectiva, o excesso no exercício do direito de liberdade acarreta uma restrição no direito de personalidade de outrem, razão pela qual são ponderados os interesses e a conduta do ofensor é coibida em face de sua

---

[27] SILVA, Virgílio Afonso da. *Direitos fundamentais*: conteúdo essencial, restrições e eficácia. 2. ed. São Paulo: Malheiros, 2014. p. 138.
[28] ALEXY, Robert. *Teoria dos direitos fundamentais*. 2. ed. São Paulo: Malheiros, 2015. p. 297.

antijuridicidade.

Assim, quando um indivíduo abusa do seu direito de liberdade de expressão para violar os direitos de personalidade de outrem, compreende-se que é possível que haja a sua limitação e até mesmo o dever de indenização. A conduta abusiva se subsume no art. 187[29] do Código Civil, que preconiza o instituto do abuso de direito.

Nesse cenário, Guilherme Magalhães Martins ressalta que deve haver uma ponderação de interesses entre o direito ao esquecimento e a liberdade de imprensa, somente podendo ocorrer o seu reconhecimento acaso se trate de ofensa suficientemente grave à pessoa humana, de modo a restringir a disseminação de determinada informação.[30]

O abuso de direito, portanto, consubstancia-se como uma cláusula geral que denota um ilícito a partir do confronto entre o exercício formal do direito e o fundamento valorativo que o embasa. Os princípios mencionados configuram efetivos limites à conduta de qualquer agente, de modo que sua inobservância acarreta inexorável abuso de direito por parte do titular.

Nessa modalidade de ilícito, o agente não desrespeita frontalmente uma estrutura normativa, mas vulnera princípios que fundamentam a disciplina jurídica. Ressalte-se que, para Marcos Bernardes de Mello,[31] a ilicitude importa sempre em contrariedade ao direito, porquanto se configura em situações que consubstanciam a não realização dos fins da ordem jurídica, implicando violação das suas normas.

O direito ao esquecimento, portanto, diz respeito ao direito de insurgência contra uma projeção social, quando nesta há mácula aos direitos de personalidade por ser uma projeção descontextualizada ou abusiva. Não se trata, portanto, de uma opção voluntarista em que o indivíduo pode simplesmente escolher aquilo que pode ou não ser veiculado.

Após o julgamento do caso Aída Curi, o STF analisará se o STJ descumpriu a tese firmada na ocasião do julgamento do caso da Chacina da Candelária, onde houve o reconhecimento do direito ao esquecimento. Isso porque, em novembro de 2021, a 4ª Turma do STJ considerou que não há que se falar em juízo de retratação na decisão que condenou a emissora televisiva ao pagamento de danos morais em razão do documentário exibido sobre a Chacina da Candelária, considerando que o caso se enquadraria na segunda parte da tese do STF, no sentido de que eventuais excessos ou abusos no exercício da liberdade de expressão e de informação podem ser coibidos.[32] Nesse contexto, o vice-presidente do STJ admitiu recurso extraordinário ajuizado pela emissora, identificando, em princípio, dissonância entre o que foi decidido no colegiado e a tese firmada em repercussão geral.[33]

Para além disso, a Terceira Turma do STJ decidiu, em 8 de março de 2022, que

---

[29] "Art. 187. Também comete ato ilícito o titular de um direito que, ao exercê-lo, excede manifestamente os limites impostos pelo seu fim econômico ou social, pela boa-fé ou pelos bons costumes".

[30] MARTINS, Guilherme Magalhães. Direito ao esquecimento na era da memória e da tecnologia. *Revista dos Tribunais*, v. 1019, p. 109-153, set. 2020.

[31] MELLO, Marcos Bernardes de. *Teoria do fato jurídico*: plano da existência. 17. ed. São Paulo: Saraiva, 2014. p. 279.

[32] Cf.: STF analisará se STJ descumpriu tese sobre direito ao esquecimento. *Migalhas Quentes*, 22 mar. 2022. Disponível em: https://www.migalhas.com.br/quentes/362152/stf-analisara-se-stj-descumpriu-tese-sobre-direito-ao-esquecimento. Acesso em 06 abr. 2022.

[33] Cf.: STF analisará se STJ descumpriu tese sobre direito ao esquecimento. *Migalhas Quentes*, 22 mar. 2022. Disponível em: https://www.migalhas.com.br/quentes/362152/stf-analisara-se-stj-descumpriu-tese-sobre-direito-ao-esquecimento. Acesso em 06 abr. 2022.

o direito ao esquecimento seria incompatível com o ordenamento jurídico brasileiro e não poderia servir de justificativa para impor exclusão de matéria de site jornalístico.[34] A matéria versava sobre o pedido de uma editora no sentido de negar a exclusão de notícia de 2009 sobre um homem que foi acusado de se passar por policial para entrar em uma festa particular, além de ter sido preso por dirigir embriagado e apresentar documento falso. Após a prisão, o homem teria sido absolvido pelo Tribunal de Justiça.

Na oportunidade, a relatora Ministra Nancy Andrighi lembrou que, em algumas ocasiões, a Quarta e a Sexta Turmas do STJ se posicionaram favoravelmente[35] acerca da existência do direito ao esquecimento, mas que, em fevereiro de 2021, o STF teria estabelecido a incompatibilidade do direito ao esquecimento com a Constituição Federal, o que modifica o entendimento firmado pelo STJ.

O maior desafio, portanto, caracteriza-se pela necessidade de amadurecimento democrático para filtrar o que, efetivamente, caracteriza ou não uma mácula irrazoável aos direitos de personalidade, apta a albergar o direito ao esquecimento, em uma hipótese concreta. Esse amadurecimento é imprescindível para uma adequada ponderação de valores e para que o direito à liberdade de expressão não seja equivocadamente cerceado, bem como com vistas a mitigar eventuais excessos judiciais no âmbito da subjetividade e discricionariedade. Mas isso já é assunto para o próximo debate.

Considerações finais

A dinâmica informacional no mundo contemporâneo acarreta inevitáveis reflexos na compreensão da abrangência dos direitos de personalidade e, por conseguinte, uma ressignificação nesses institutos. Nesse ponto, a ideia de esquecimento enseja confronto com a realidade pragmática do mundo digital e, ainda, com a essência dos direitos de liberdade.

Não obstante a inequívoca primazia da posição ostentada pelos direitos de liberdade no ordenamento pátrio, a sua hierarquização abstrata em desconsideração de outros direitos de personalidade não parece consentânea com a metodologia do direito civil constitucional e com a ponderação inerente aos conflitos albergados na própria Constituição Federal.

Desse modo, a afirmação peremptória da inexistência do direito ao esquecimento não dialoga com disposições legais já presentes no ordenamento, bem como pode trazer insuficiências no que tange à adequada tutela dos direitos de honra, imagem e vida privada.

Em que pese a relatoria reconheça a possibilidade de limitação do direito de liberdade em casos específicos para a tutela dos direitos fundamentais envolvidos, a tese fixada pela divergência, em sua proposição, é mais coerente com um paradigma efetivo de proteção aos direitos fundamentais no caso concreto e com a interpretação sistemática do ordenamento jurídico.

A compreensão do problema passa pela percepção de que não há uma fórmula

---

[34] BRASIL. Superior Tribunal de Justiça. *REsp nº 1.961.581*. Relatora: Min. Nancy Andrighi. Julgamento em: 08 mar. 2022. Disponível em: https://www.stj.jus.br/sites/portalp/Paginas/Comunicacao/Noticias/08032022-Direito-ao-esquecimento-nao-justifica-obrigacao-de-excluir-noticia-de-site--decide-Terceira-Turma.aspx. Acesso em 04 abr. 2022.

[35] HC nº 256.210, REsp nº 1.335.153 e REsp nº 1.334.097.

genérica e universal que possa ser utilizada em todos os casos, de modo que uma solução equilibrada requer a análise da hipótese concreta e das partes envolvidas, não sendo razoável, portanto, declarar a inexistência de um direito ao esquecimento uma vez que, sob determinadas circunstâncias, ele poderá ser manifestado e exercido.

Essa constatação é, inclusive, reconhecida pelo próprio relator. Assim, observa-se que, a despeito do resultado do julgamento do RE nº 1.010.606, não há como se expurgar as manifestações do direito ao esquecimento no ordenamento pátrio. Os próximos desafios, por ora, dizem respeito à aplicação judicial dessa tese, sendo necessário analisar as balizas sob as quais estarão respaldados os próximos julgamentos pelos tribunais brasileiros, inclusive, no tocante à desindexação e seu alcance.

Referências

ACIOLI, Bruno de Lima; EHRHARDT JÚNIOR, Marcos. Uma agenda para o direito ao esquecimento no Brasil. *Revista Brasileira de Políticas Públicas*, Brasília, v. 7, n. 3, dez. 2017.

ALEXY, Robert. *Teoria dos direitos fundamentais*. 2. ed. São Paulo: Malheiros, 2015.

BRANCO, Sérgio. *Memória e esquecimento na internet*. Porto Alegre: Arquipélago, 2017.

BRASIL. Superior Tribunal de Justiça. Recurso Especial nº 1.316.921/RJ. Rel. Min. Nancy Andrighi, j. 26.6.2012. *DJe*, 29 jun. 2012.

BRASIL. Superior Tribunal de Justiça. Recurso Especial nº 1.334.097/RJ. Rel. Min. Luís Felipe Salomão, j. 28.5.2013. *DJe*, 10 set. 2013.

BRASIL. Superior Tribunal de Justiça. Recurso Especial nº 1660168/RJ, j. 8.5.2018. *DJe*, 5 jun. 2018.

BRASIL. Supremo Tribunal Federal. Recurso Extraordinário nº 1.010.606/RJ. Rel. Min. Dias Toffoli, j. 11.2.2021. *DJe*, 19 fev. 2021.

CUNHA JÚNIOR, Dirley da. *Curso de direito constitucional*. 3. ed. rev. ampl. e atual. Salvador: JusPodivm, 2009.

MARTINS, Guilherme Magalhães. Direito ao esquecimento na era da memória e da tecnologia. *Revista dos Tribunais*, v. 1019, p. 109-153, set. 2020.

MELLO, Marcos Bernardes de. *Teoria do fato jurídico*: plano da existência. 17. ed. São Paulo: Saraiva, 2014.

MIGALHAS QUENTES. *STF analisará se STJ descumpriu tese sobre direito ao esquecimento*. 22 mar. 2022. Disponível em: https://www.migalhas.com.br/quentes/362152/stf-analisara-se-stj-descumpriu-tese-sobre-direito-ao-esquecimento. Acesso em 06 abr. 2022.

PEIXOTO, Erick Lucena Campos; EHRHARDT JÚNIOR, Marcos. Breves notas sobre a ressignificação da privacidade. *Revista Brasileira de Direito Civil – RBDCivil*, Belo Horizonte, v. 16, p. 35-56, abr./jun. 2018.

POR 9 a 1, STF decide que não existe direito ao esquecimento e defende o direito à informação. *G1*, 11 fev. 2021. Disponível em: https://g1.globo.com/jornal-nacional/noticia/2021/02/11/por-9-a-1-stf-decide-que-nao-existe-direito-ao-esquecimento-e-defende-o-direito-a-informacao.ghtml. Acesso em 10 mai. 2021.

RICHTER, André. STF não reconhece o direito ao esquecimento no Brasil. *Agência Brasil*, fev. 2021. Disponível em: https://agenciabrasil.ebc.com.br/justica/noticia/2021-02/stf-nao-reconhece-direito-ao-esquecimento-no-brasil. Acesso em 10 mai. 2021.

RODAS, Sérgio. Direito ao esquecimento é incompatível com a Constituição, decide STF. *Conjur*, 11 fev. 2021. Disponível em: https://www.conjur.com.br/2021-fev-11/direito-esquecimento-incompativel-constituicao-stf2. Acesso em 10 mai. 2021.

RODOTÀ, Stefano. *A vida na sociedade de vigilância*: a privacidade hoje. Rio de Janeiro: Renovar, 2008.

SARLET, Ingo Wolfgang; MARINONI, Luiz Guilherme; MITIDIERO, Daniel. *Curso de direito constitucional*. 8. ed. São Paulo: Saraiva, 2018.

SARMENTO, Daniel. Liberdades comunicativas e "direito ao esquecimento" na ordem constitucional brasileira. *Revista Brasileira de Direito Civil*, v. 7, jan./mar. 2016.

SARMENTO, Daniel. Os princípios constitucionais da liberdade e da autonomia privada. *Boletim Científico da Escola Superior do Ministério Público da União*, Brasília, a. 4, n. 4, p. 167-217, 2005.

SILVA, José Afonso da. A liberdade no mundo contemporâneo. *Constituição, Economia e Desenvolvimento: Revista da Academia Brasileira de Direito Constitucional*, Curitiba, v. 8, n. 14, p. 99-111, jan./jun. 2016.

SILVA, Virgílio Afonso da. *Direitos fundamentais*: conteúdo essencial, restrições e eficácia. 2. ed. São Paulo: Malheiros, 2014.

STF: não existe direito ao esquecimento no Brasil. *Migalhas*, 11 fev. 2021. Disponível em: https://www.migalhas.com.br/quentes/340215/stf-nao-existe-direito-ao-esquecimento-na-area-civel. Acesso em 10 mai. 2021.

TEFFÉ, Chiara Spadaccini de; BARLETTA, Fabiana Rodrigues. O direito ao esquecimento: uma expressão possível do direito à privacidade. *Revista de Direito do Consumidor*, São Paulo, ano 25, v. 105, p. 33-64, maio/jun. 2016.

TEIXEIRA, Matheus. STF decide que não existe direito ao esquecimento no Brasil. *Paraná Portal*, 11 fev. 2021. Disponível em: https://paranaportal.uol.com.br/politica/stf-decide-que-nao-existe-direito-ao-esquecimento-no-brasil/. Acesso em 10 mai. 2021.

WARREN, Samuel D.; BRANDEIS, Louis D. *The right to privacy*. Disponível em: https://www.cs.cornell.edu/~shmat/courses/cs5436/warren-brandeis.pdf. Acesso em 20 out. 2020.

Informação bibliográfica deste texto, conforme a NBR 6023:2018 da Associação Brasileira de Normas Técnicas (ABNT):

SILVA, Gabriela Buarque Pereira. O julgamento do caso Aída Curi no RE nº 1.010.606 pelo Supremo Tribunal Federal: perspectivas e rumos sobre o direito ao esquecimento. *In*: EHRHARDT JÚNIOR, Marcos; CATALAN, Marcos; MALHEIROS, Pablo (Coord.). *Direito Civil e tecnologia*. 2. ed. Belo Horizonte: Fórum, 2022. t. II. p. 407-428. ISBN 978-65-5518-432-7.

O USO *DE DEEPFAKE* E O DIREITO À IMAGEM DE PESSOAS PÚBLICAS

BRUNO DE LIMA ACIOLI
ERICK LUCENA CAMPOS PEIXOTO

1 Notas introdutórias: o que é *deepfake*?

O termo *deepfake* se origina de uma junção das expressões em inglês *deep learning* (aprendizagem profunda) e *fake* (falso),[1] e é utilizado para se referir a uma produção sintética em que uma mídia digital (imagem, áudio ou vídeo) "[...] é manipulada ou *totalmente gerada* por inteligência artificial".[2]

Estas tecnologias de *deep learning* de inteligência artificial, no contexto aqui tratado, geralmente são utilizadas para inserir o rosto de uma pessoa em uma imagem ou vídeo, ou até mesmo para emular a voz de uma pessoa em áudio.[3]

O primeiro vídeo *fake* a usar este tipo de tecnologia e se tornar amplamente conhecido na internet foi um trabalho colaborativo entre o comediante e cineasta Jordan Peele e o *site Buzzfeed*, lançado em 2018 na plataforma *YouTube*, em que a aparência e a voz do ex-presidente americano Barack Obama foram utilizadas para alertar sobre os perigos do uso do *deepfake* para se espalhar notícias falsas;[4] na mesma época, vídeos falsos com o rosto de políticos ou de celebridades circulavam pela rede, com um grande potencial de enganar seus espectadores. O vídeo de Obama conta atualmente com mais de 8 milhões de visualizações.

É importante ressaltarmos que alguns especialistas apenas consideram *deepfake* quando a mídia sinteticamente produzida é usada maliciosamente com o propósito de

---

[1] KIETZMANN, Jan; LEE, Linda W.; MCCARTHY, Ian P.; KIETZMANN, Tim C. Deepfakes: trick or treat? *Business Horizons*, Indianápolis, v. 63, n. 2, p. 135-146, mar./abr. 2020. p. 136.
[2] SCHICK, Nina. *Deepfakes*: the coming infocalypse. Nova York: Twelve, 2020. Edição Kindle, posição 53.
[3] KIETZMANN, Jan; LEE, Linda W.; MCCARTHY, Ian P.; KIETZMANN, Tim C. Deepfakes: trick or treat? *Business Horizons*, Indianápolis, v. 63, n. 2, p. 135-146, mar./abr. 2020, *passim*.
[4] SCHICK, Nina. *Deepfakes*: the coming infocalypse. Nova York: Twelve, 2020. Edição Kindle, posição 42-46.

desinformar e espalhar informações falsas.[5] Deste modo, o vídeo de Obama produzido por Jordan Peele e o *Buzzfeed* não seria um *deepfake*, pois ausente a intenção maliciosa e, muito pelo contrário, presente uma intenção educativa.

Não obstante, iremos pela definição majoritária, de modo a considerar *deepfake*, para os fins deste artigo, toda mídia sintética produzida com inteligência artificial que se utilize de imagem ou voz de pessoa sem a sua prévia autorização, havendo ou não intenção maliciosa.[6]

Os primeiros *deepfakes*, assim como a origem da própria expressão, remontam ao final do ano de 2017, em fórum de discussões na rede social *Reddit*, no qual usuários compartilhavam entre si imagens e vídeos de caráter pornográfico em que usavam aplicativos com sofisticada função de *deep learning* para realizar *face swaps* (trocas de rosto), colocando o rosto de celebridades no corpo de atrizes da indústria pornô.[7]

Outro uso popular e menos dissimulado de *deepfakes* em seus primeiros anos foi a produção de uma série de vídeos com a inserção do rosto do ator Nicolas Cage em personagens de diversos filmes, o que se tornou uma espécie de *meme* da internet: *Nicholas Cage everywhere* (Nicholas Cage em todo lugar).[8]

Logo, é possível perceber que o uso de *deepfakes* transita por uma série de interesses, desde usos "recreativos", sejam estes legítimos ou não, até mesmo uso político, como exemplo, vídeo em que o rosto do então Presidente argentino Mauricio Macri foi trocado pelo rosto de Adolf Hitler, ou vídeo em que o rosto da chanceler alemã Angela Merkel foi trocado pelo rosto de Donald Trump.[9]

Alguns destes vídeos podem carregar um caráter de crítica ou de sátira, ou de simples diversão, sem propósito diretamente associado ao debate público, mas não só são potencialmente atentatórios à imagem das pessoas usadas no *deepfake* como, também, podem enganar milhares ou milhões de pessoas que não percebem ou não sabem que o vídeo foi forjado a partir de ferramentas de *deep learning* de inteligência artificial.

Como falado anteriormente, o termo *deepfake* também pode ser usado para se referir ao uso de *deep learning* para a criação de voz sintética que imita perfeitamente a voz humana de alguém, incluindo o próprio modo de falar, algo que ocorreu, por exemplo, com o psicólogo e comentarista político Jordan Peterson,[10] que foi vitimado por uma série de áudios falsos com sua voz, os quais ainda hoje circulam pela internet.

A combinação letal da troca de rosto com o uso de voz sintética torna uma boa quantidade dos *deepfakes* indistinguíveis da realidade, mesmo aos olhos (e ouvidos) mais atentos.

---

[5] Neste sentido: SCHICK, Nina. *Deepfakes*: the coming infocalypse. Nova York: Twelve, 2020. Edição Kindle, posição 58.

[6] Compartilham deste posicionamento: KIETZMANN, Jan; LEE, Linda W.; MCCARTHY, Ian P.; KIETZMANN, Tim C. Deepfakes: trick or treat? *Business Horizons*, Indianápolis, v. 63, n. 2, p. 135-146, mar./abr. 2020.

[7] SCHICK, Nina. *Deepfakes*: the coming infocalypse. Nova York: Twelve, 2020. Edição Kindle, posição 297.

[8] SCHICK, Nina. *Deepfakes*: the coming infocalypse. Nova York: Twelve, 2020. Edição Kindle, posição 334.

[9] BEZMALINOVIC, Tomislav. Wenn Merkel plötzlich Trumps Gesicht trägt: die gefährliche Manipulation von Bildern und Videos. *Aargauer Zeitung*, Aarau, 3 fev. 2018. Disponível em: https://www.aargauerzeitung.ch/leben/digital/wenn-merkel-plotzlich-trumps-gesicht-tragt-die-gefahrliche-manipulation-von-bildern-und-videos-ld.1481742. Acesso em 15 mai. 2021.

[10] PETERSON, Jordan. The deepfake artists must be stopped before we no longer know what's real. *National Post*, Toronto, 23 ago. 2019. Disponível em: https://nationalpost.com/opinion/jordan-peterson-deep-fake. Acesso em 2 mai. 2021.

Para fins ilustrativos, é apresentada a seguir tabela traduzida e adaptada de artigo de Jan Kietzmann e outros pesquisadores,[11] em que estes fazem um excelente trabalho de identificação dos tipos de *deepfake*, exemplos concretos de sua utilização e possíveis usos comerciais não lesivos destas tecnologias:

Tipos e exemplos de *deepfakes*

Tipo	Descrição	Exemplo	Aplicação comercial
Deepfakes de fotos	**Troca de face e de corpo** Faz mudanças na face, substituindo ou mesclando a face (ou corpo) com a face (ou corpo) de outra pessoa	Filtro do aplicativo *FaceApp* altera a foto de sua face para mostrar como você provavelmente vai se parecer daqui a décadas no futuro	Consumidores podem experimentar virtualmente a aplicação à sua face de cosméticos, óculos, penteados ou roupas
Deepfakes de áudio	**Troca de voz** Muda a voz ou imita a voz de uma outra pessoa	Fraudadores usaram IA para imitar a voz do CEO de uma empresa, e convenceram um gerente a fazê-los uma transferência de 243 mil dólares	A voz de um narrador de audiobook pode soar mais jovial, mais velho, masculino ou feminina, com diferentes dialetos ou sotaques para personagens diferentes
	Texto escrito para fala Muda o áudio de uma gravação através da digitação de um novo texto	Usuários de internet fizeram o controverso Jordan B. Peterson, um famoso professor e autor, dizer qualquer coisa que eles quisessem até que ameaça de processo fez o site *NotJordanPeterson* sair do ar	Palavras faladas incorretamente ou uma mudança de roteiro em uma gravação de voz podem ser corrigidas sem precisar de uma nova gravação
Deepfakes de vídeo	**Troca de face** Substitui a face de uma pessoa no vídeo pela face de outra pessoa	A face de Jim Carrey foi usada para substituir a face da atriz Alice Brier em uma conversa em um programa de auditório	A técnica de troca de face em vídeo pode ser usada no cinema para colocar a face do ator no lugar da face do dublê, para tornar os filmes mais realistas
	Mesclagem de faces A face de uma pessoa muda para a face de outra pessoa em uma transição direta	A ex-estrela de *Saturday Night Live* Bill Harder imperceptivelmente transforma-se em Arnold Schwazenegger em conversa em programa de entrevista	Jogadores de videogame podem inserir suas faces nos seus personagens favoritos
	Manipulação do corpo Transporta o movimento do corpo de uma pessoa para o corpo de outra	A aplicação *Everybody Dance Now* permite qualquer um parecer um dançarino profissional	Homens de negócio e atletas podem esconder problemas físicos durante apresentações em vídeo
Deepfakes de vídeo e áudio	**Sincronização labial** Modifica o movimento dos lábios e as palavras ditas em um vídeo filmado em close	No famoso vídeo *deepfake*, Jordan Peele edita Obama para que este fale profanações em um vídeo de anúncio público	*Ads* e vídeos de instrução podem ser "traduzidos" para outros idiomas usando-se a mesma voz da gravação original

Como visto acima, existe uma série de possibilidades de uso dos *deepfakes* para enganar as pessoas, o que potencializa demais o uso destas tecnologias de maneira maliciosa, para a divulgação de informações falsas (*fake news*) que parecem, de fato, verdadeiras.

Em razão do avanço exponencial dessas tecnologias, há quem fale na chegada de uma era de "infocalipse" (uma amálgama das palavras *informação* e *apocalipse*), expressão criada pelo engenheiro do MIT Aviv Ovadya[12] para caracterizar esta época em que informações falsas circulam pelas redes e mídias digitais sem melhores parâmetros para descobrir-se que não são verdadeiras.

---

[11] Compartilham deste posicionamento: KIETZMANN, Jan; LEE, Linda W.; MCCARTHY, Ian P.; KIETZMANN, Tim C. Deepfakes: trick or treat? *Business Horizons*, Indianápolis, v. 63, n. 2, p. 135-146, mar./abr. 2020.

[12] OVADYA, Aviv. O "infocalipse" vem aí. Entrevista concedida a *UOL Tecnologia*, São Paulo, 30 maio 2018. Disponível em: https://www.uol/noticias/especiais/ele-previu-o-apocalipse-das-noticias-falsas.htm#tematico-8. Acesso em 10 mai. 2021.

A questão da chegada ou não do "infocalipse", no entanto, ultrapassa o escopo deste artigo e pode ser, esperamos, apenas um prospecto pessimista e exagerado; porém, de todo modo, não estaríamos aqui escrevendo sobre *deepfakes* se estes fossem inofensivos, se não tivessem potencial lesivo de fato.

O uso de ferramentas para a produção de imagem, vídeo e áudio *deepfakes* de pessoas, públicas ou não, é uma realidade mais do que constatada, o que, por óbvio, gera problemas sociais que dependem de instrumentos jurídicos para sua solução.

Embora, como mencionado acima, os *deepfakes* possam ter como alvo pessoas ordinárias, as vítimas mais recorrentes são pessoas públicas, como se pode perceber a partir de vários casos comentados anteriormente, envolvendo de atores de cinema a políticos.

Portanto, tendo em vista que o presente trabalho tem foco no uso de imagem de pessoa pública em vídeo ou áudio criado com tecnologia *deepfake*, torna-se necessário, primeiramente, que tracemos os principais elementos que caracterizam uma pessoa como "pública", antes de adentrar ao tema central do texto.

2 Dos critérios jurídicos de definição da pessoa pública

Muito antes da presente discussão sobre as *deepfakes*, a definição de pessoa pública e, por consequência, a delimitação do grau de proteção jurídica conferido à personalidade desta pessoa têm sido um tema problemático para o direito desde pelo menos meados do século XX.

Segundo o tradicional conceito de *pessoa pública*, explica René Ariel Dotti,[13] "algumas pessoas, pelo seu comportamento, em razão da profissão e outras atividades ou, ainda, por características especialíssimas, se distinguem das demais e projetam extraordinariamente sua personalidade".

Esta "projeção extraordinária" significa, conforme Costa Júnior,[14] que estas pessoas públicas teriam a esfera que configura o âmbito de sua privacidade sensivelmente reduzida em razão do interesse da coletividade em tomar conhecimento de fatos e eventos de suas vidas.

Contudo, cumpre ressaltarmos que Anderson Schreiber[15] critica o uso da expressão "pessoa pública" para designar estas pessoas notáveis, pois as "[...] pessoas humanas são privadas por definição". Segundo ele, a rotulação de que uma pessoa é *pública* indica, erroneamente, que o seu direito à imagem e à privacidade teria uma proteção legal menos intensa que aquela reservada às pessoas comuns.

Neste ponto, Schreiber pretende combater o argumento de que as pessoas ditas públicas não desfrutam de um círculo amplo de privacidade no que diz respeito a informações sobre elas que despertem algum interesse do público.

---

[13] DOTTI, René Ariel. *Proteção da vida privada e liberdade de informação*. São Paulo: Revista dos Tribunais, 1980. p. 207.
[14] COSTA JR., Paulo José da. *O direito de estar só*: tutela penal da intimidade. São Paulo: Revista dos Tribunais, 1995. p. 39.
[15] SCHREIBER, Anderson. *Direitos da personalidade*. São Paulo: Atlas, 2014. p. 111-112.

Contudo, decisões recentes do Supremo Tribunal Federal, sobretudo em casos envolvendo as polêmicas das biografias não autorizadas[16] e do direito ao esquecimento,[17] têm reafirmado na jurisprudência do STF a tese de que as liberdades comunicativas (direito à informação, direito à liberdade de expressão etc.) preponderam quando da ponderação com os direitos de personalidade de pessoas públicas, de modo que as liberdades comunicativas sempre assumem uma *posição preferencial* diante dos demais direitos em conflito.[18]

Portanto, consolidou-se no país um entendimento de que, em razão do papel que exercem dentro da sociedade, determinadas pessoas gozam de um menor poder de autodeterminação informativa ante o direito de informação do público em geral, mas que, por óbvio, essas pessoas jamais perdem os seus direitos de personalidade ou renunciam a eles.

Dito isto, precisamos refletir que o conceito de pessoa pública, para uma era de superinformação como a nossa, deve ser compreendido sobre diferentes contextos. Explicamos: primeiramente, devemos perceber que existem aquelas pessoas que se tornam notoriamente conhecidas em razão de suas próprias escolhas ou projetos de vida, e há aquelas pessoas que se tornam públicas sem jamais ter a intenção de ser famosas, seja por uma questão acidental qualquer, seja porque transgrediram deliberadamente a lei penal.

Ciente destas diferenças, Ana Paula de Barcellos[19] classifica as pessoas públicas em pelo menos dois grupos. Há aquelas pessoas que se tornam notórias em razão de determinada atividade pública ou privada, a qual, por óbvio, exercem de forma voluntária. Mas há, também, aquelas pessoas que se tornam públicas em razão de participarem, voluntariamente ou não, em determinados acontecimentos de interesse público, como os atos criminosos de repercussão e os eventos históricos.

Claro, é importante pensarmos se estas pessoas, as que se tornam públicas por sua própria vontade, e aquelas que se tornam públicas em razão de alguma vontade ou evento exterior a elas merecem ter o mesmo tratamento conferido pelo direito. Não obstante, manteremos como foco deste tópico, e do artigo em geral, as pessoas que se tornam públicas por exercerem atividade pública ou privada que as tornam notórias.

Sempre é oportuno lembrarmos que a possibilidade de exercício de fiscalização ou de crítica a estas pessoas públicas relaciona-se à própria ideia de convivência dentro de uma sociedade aberta e democrática. O argumento democrático sustenta que as pessoas comuns devem ter ampla liberdade para expressar e se informar sobre o que acontece na vida pública, mantendo-se uma *esfera de discurso público* aberta à discussão sobre todas as questões que afetem o interesse público.[20] Este é, ademais, um dos pressupostos de uma democracia legítima.

---

[16] ADI nº 4.815.
[17] Recurso Extraordinário (RE) nº 1.010.606.
[18] ACIOLI, Bruno de Lima; EHRHARDT JÚNIOR, Marcos. Notas sobre o direito à privacidade e ao direito ao esquecimento no ordenamento jurídico brasileiro. *In*: EHRHARDT JÚNIOR, Marcos, LÔBO, Fabíola Albuquerque. *Privacidade e sua compreensão no direito brasileiro*. Belo Horizonte: Fórum, 2019. p. 150 e ss.
[19] BARCELLOS, Ana Paula de. Intimidade e pessoas notórias. Liberdade de expressão e de informação e biografias. Conflito entre direitos fundamentais. Ponderação, caso concreto e acesso à justiça. Tutelas específicas e indenizatórias. *Revista Direito Público*, Brasília, v. 11, n. 55, 2004. p. 54-55.
[20] CANOTILHO, José Joaquim Gomes; MACHADO, Jónatas Eduardo; GAIO JÚNIOR, Antônio Pereira. *Biografia não autorizada versus liberdade de expressão*. Curitiba: Juruá, 2017. p. 33.

E aqui é, justamente, um ponto importante para pensarmos sobre o porquê da categorização de pessoa pública para o direito. A concepção de um direito de livre manifestação sobre a atividade das pessoas públicas tem raiz na desconfiança em relação ao exercício do poder político que é típica do constitucionalismo liberal,[21] mas também está indissociável do âmago da democracia moderna. Ou seja, se sacrificam, em parte, os direitos de personalidade das pessoas públicas para que se permita a sustentação da própria democracia.

Tratamos, portanto, em especial, da possibilidade de os cidadãos debaterem, criticarem ou mesmo satirizarem[22] a atuação das pessoas que exercem cargos públicos ou políticos sem temer represálias dos detentores do poder. Este será um ponto abordado de forma mais ampla quanto voltarmos às questões relacionadas ao uso de *deepfakes*.

No que toca estritamente ao direito à informação sobre a atividade das pessoas públicas ligadas à atividade pública, ou seja, aquela que usa de recursos públicos, o agente público deve satisfação à população de todas as atividades relativas ao seu ofício, por consequência do princípio constitucional da publicidade dos atos públicos.[23]

Por esta razão, os direitos de personalidade de pessoas que exercem cargos públicos também são mitigados ante o direito à informação. O exemplo mais simples e notório desta mitigação é a divulgação das informações patrimoniais de agentes e servidores públicos,[24] de tal forma que a população tenha conhecimento dos gastos realizados com o dinheiro dos seus impostos.

A mesma linha de pensamento deve ser aplicada, explica Tepedino,[25] para casos em que, por exemplo, um ministro da economia mantém reuniões secretas ou relação pessoal de amizade com empresários de determinado setor da indústria. Há no caso um claro interesse público na divulgação desta relação espúria entre setor público e setor privado.

É em razão de se manter aberta a esfera do debate público que, em posicionamentos mais radicais, alguns juristas defendem que mesmo as informações mais estritamente ligadas à intimidade das pessoas públicas que exercem cargos públicos, sobretudo cargos de natureza política, poderiam ser objeto de divulgação à população em geral.

Para Tepedino,[26] a forma como um político se apresenta à população deve ser levada em conta no ato de julgamento da existência de interesse público no que se refere

---

[21] MACHADO, Jónatas Eduardo Mendes. *Liberdade de expressão*: dimensões constitucionais da esfera pública no sistema social. Coimbra: Coimbra Editora, 2002. p. 804.

[22] Sobre a sátira e os direitos de personalidade, recomendamos, novamente: SCHREIBER, Anderson. *Direitos da personalidade*. São Paulo: Atlas, 2014. p. 89-93.

[23] BARCELLOS, Ana Paula de. Intimidade e pessoas notórias. Liberdade de expressão e de informação e biografias. Conflito entre direitos fundamentais. Ponderação, caso concreto e acesso à justiça. Tutelas específicas e indenizatórias. *Revista Direito Público*, Brasília, v. 11, n. 55, 2004. p. 54.

[24] BARCELLOS, Ana Paula de. Intimidade e pessoas notórias. Liberdade de expressão e de informação e biografias. Conflito entre direitos fundamentais. Ponderação, caso concreto e acesso à justiça. Tutelas específicas e indenizatórias. *Revista Direito Público*, Brasília, v. 11, n. 55, 2004. p. 55.

[25] Neste sentido, Gustavo Tepedino comenta que, embora todo homem público tenha um direito à sua intimidade, "[...] se ele professa um moralismo exasperado e é visto, pela imprensa, em situação que contradiga sua pregação e a de seu partido", deve-se reconhecer o direito da população de ter acesso a esta informação (Cf.: TEPEDINO, Gustavo. Informação e privacidade. *In*: TEPEDINO, Gustavo *Temas de direito civil*. Rio de Janeiro: Renovar, 2004. p. 536).

[26] TEPEDINO, Gustavo. Informação e privacidade. *In*: TEPEDINO, Gustavo *Temas de direito civil*. Rio de Janeiro: Renovar, 2004. p. 537.

às informações divulgadas na imprensa sobre a sua vida privada e íntima, conforme explica:

> Outros tantos exemplos poderiam ser analisados sob os mesmos referenciais. Um candidato à Prefeitura deve ser respeitado em suas convicções religiosas e em sua vida afetiva. Mas é direito de crônica a divulgação de um casamento feito às escondidas, em plena campanha eleitoral, para encobrir comportamento sexual ambíguo, taxado, pelo próprio candidato, como imoral e doentio. Se o candidato não fosse um cristão fervoroso e moralista convicto, não tivesse ele patrocinado o estranho enlace, sua vida sexual não poderia, jamais, ser devassada pela imprensa.

De tal forma, podemos sustentar a existência de um direito de tomar conhecimento daquilo que diz respeito aos fatos da vida amorosa ou, mesmo, sexual de pessoas públicas que exercem cargos políticos, informações que normalmente pertenceriam de modo estrito ao domínio privado, mas que, por afetarem sensivelmente o grau de confiança e respeito que uma pessoa inspira nos cidadãos em relação aos seus atos de cuidado com a coisa pública, passam a ser consideradas de interesse público.

O interesse público sobre o que diz respeito à administração da coisa pública justifica, nestes casos em específico, que a vida íntima de um político seja exposta ao público para impedir que ele convença os eleitores através de discurso mentiroso ou contraditório que se ampare em determinadas crenças morais ou qualidades as quais ele, em sua vida fora dos holofotes, não possui ou não cultiva. O sacrifício dos direitos da personalidade da pessoa pública aqui se sustenta, mais uma vez, no argumento do bom funcionamento da democracia:

> No caso das figuras públicas, esse interesse legítimo pode verificar-se quando condutas que integram *prima facie* a esfera íntima têm repercussões na atividade e nas instituições públicas, quando são relevantes para a avaliação pública de seu carácter pessoal, da sua capacidade para o exercício de cargos públicos ou do seu valor pessoal enquanto figura pública, ou ainda quando contribuem para um juízo mais completo e justo dos protagonistas do processo político.[27]

Feito este pequeno apanhado geral sobre os critérios jurídicos de definição de uma pessoa pública, e sustentando-se indubitavelmente que a sociedade em geral detém um direito de fiscalizar e de criticar a atuação das pessoas públicas, podendo inclusive adentrar esferas de privacidade que ficariam normalmente limitadas à intimidade e à reserva, debruçamo-nos em um problema novo: se o direito permite a mitigação dos direitos de personalidade de pessoa pública para fins de crítica e controle de suas atividades, sobretudo atividades que envolvem política e uso do dinheiro público, ele permite que sejam usados *deepfakes* para fins, por exemplo, de sátira a estas pessoas públicas? Investigaremos a questão nos tópicos a seguir.

---

[27] MACHADO, Jónatas Eduardo Mendes. *Liberdade de expressão*: dimensões constitucionais da esfera pública no sistema social. Coimbra: Coimbra Editora, 2002. p. 813-814.

3 Uso de *deepfake* e o direito à imagem

Ao abordar o assunto envolvendo as *deepfakes*, não há como escapar da discussão sobre os direitos da personalidade, haja vista a intrínseca relação com um de seus direitos corolários.

Pontes de Miranda[28] alertava que, "no suporte fático de qualquer fato jurídico, de que surge direito, há, necessariamente, alguma pessoa, como elemento de suporte", além do que, nesse "suporte fático do fato jurídico de que surge direito de personalidade, o elemento subjetivo é o ser humano, e não ainda pessoa: a personalidade resulta da entrada do ser humano no mundo jurídico". Adriano de Cupis, de modo mais peculiar, trata a personalidade como "uma susceptibilidade de ser titular de direitos e obrigações jurídicas", não se identificando nem com direitos nem com obrigações, sendo apenas a essência de uma simples qualidade jurídica, produto do direito positivo.[29]

O direito de personalidade é ubíquo, não se originando apenas no direito privado. Nasce simultaneamente no direito civil, nos outros ramos do sistema jurídico, nos outros sistemas jurídicos e no sistema jurídico supraestatal.[30]

São direitos intransmissíveis. Toda transmissão tem o pressuposto de que um sujeito se ponha no lugar do outro e, se isto for possível, o direito em questão não será de personalidade. "Não há, portanto, qualquer sub-rogação pessoal; nem poderes contidos em cada direito de personalidade, ou seu exercício, são suscetíveis de ser transmitidos ou por outra maneira outorgados".[31]

Para Adriano de Cupis, o objeto dos direitos da personalidade seria o modo de ser – físico ou moral – da pessoa, razão pela qual estes direitos nunca conterem em si mesmos uma utilidade imediata de ordem econômica. Ao ser lesado um direito de personalidade, surge para o sujeito um direito de ressarcimento, destinado a garantir o *tantundem* daqueles bens que o objeto do direito lesado estava em condições de alcançar.[32]

Todo direito que se destine a dar conteúdo à personalidade pode ser chamado de direito da personalidade. São tais que, se não existissem, a personalidade seria uma susceptibilidade totalmente vazia de qualquer valor concreto. Na sua falta, a pessoa não existiria como tal. Estes são os direitos essenciais, identificados nos direitos da personalidade justamente por constituírem a medula da personalidade.[33]

---

[28] MIRANDA, Francisco Cavalcanti Pontes de. *Tratado de direito privado*. Direito de personalidade. Direito de família: direito matrimonial (existência e validade do casamento). Atualização de Rosa Maria Barreto Borriello de Andrade Nery. São Paulo: Revista dos Tribunais, 2012. t. VII. Coleção Tratado de Direito Privado: Parte Especial. p. 57.

[29] CUPIS, Adriano de. *Os direitos da personalidade*. Tradução de Afonso Celso Furtado Rezende. São Paulo: Quorum, 2008. p. 19.

[30] PEIXOTO, Erick Lucena Campos. *O conteúdo do direito da privacidade no direito brasileiro contemporâneo*. Orientador: Prof. Dr. Marcos Augusto de Albuquerque Ehrhardt Júnior. Dissertação (Mestrado em Direito) – Programa de Pós-Graduação em Direito, Universidade Federal de Alagoas, 2017. p. 15.

[31] MIRANDA, Francisco Cavalcanti Pontes de. *Tratado de direito privado*. Direito de personalidade. Direito de família: direito matrimonial (existência e validade do casamento). Atualização de Rosa Maria Barreto Borriello de Andrade Nery. São Paulo: Revista dos Tribunais, 2012. t. VII. Coleção Tratado de Direito Privado: Parte Especial. p. 60.

[32] CUPIS, Adriano de. *Os direitos da personalidade*. Tradução de Afonso Celso Furtado Rezende. São Paulo: Quorum, 2008. p. 36.

[33] CUPIS, Adriano de. *Os direitos da personalidade*. Tradução de Afonso Celso Furtado Rezende. São Paulo: Quorum, 2008. p. 24.

Entre os direitos da personalidade, o direito à imagem assume uma posição de destaque, tendo, inclusive, estado presente no texto constitucional (incs. V[34] e X[35] do art. 5º), no Código Civil (art. 20),[36] no Marco Civil da Internet (art. 23),[37] na Lei Geral de Proteção de Dados Pessoais (art. 2º, IV)[38] e no Código Penal (arts. 216-B[39] e 218-C).[40]

Na obra clássica de Adriano de Cupis, o direito à imagem é inserido naquilo que o autor italiano chama de resguardo, definido como o modo de ser da pessoa, que consiste na exclusão do conhecimento pelos outros daquilo que se refere somente a ela.

Uma das manifestações mais importantes do direito ao resguardo (*riservatezza*, no italiano), segundo o autor, é o direito à imagem. "Com a violação do direito à imagem, o corpo, e suas funções não sofrem alteração; mas verifica-se relativamente à pessoa uma mudança da descrição de que ela estava possuída, e também uma modificação de caráter moral".[41]

A necessidade de proteger a pessoa do uso indiscriminado de sua imagem decorre, assinala de Cupis, de uma exigência individualista, segundo a qual a pessoa deve ser árbitro para consentir ou não na reprodução de suas próprias feições.

Em relação ao direito à honra e ao direito ao resguardo, o autor esclarece que "o direito à imagem não é absorvido pelo direito à honra, intervindo o ordenamento jurídico contra as abusivas exposições ou publicações",[42] ainda que não ofendesse a reputação.

Há a possibilidade de disposição da própria imagem. No entanto, a eficácia deste consentimento deve estar contida nos precisos limites em que ele foi dado. O consentimento será eficaz somente em relação a quem foi dado. A todas as outras pessoas, o *jus imaginis* continua inalterável, subsistindo o poder de consentir ou recusar a exposição.

A tutela do resguardo é diferente da tutela da honra. A pessoa é defendida contra o exame e a indiscrição alheios, mesmo se por tais vias a sua dignidade não for

---

[34] "Art. 5º [...] V – é assegurado o direito de resposta, proporcional ao agravo, além da indenização por dano material, moral ou à imagem".

[35] "Art. 5º [...] X – são invioláveis a intimidade, a vida privada, a honra e a imagem das pessoas, assegurado o direito a indenização pelo dano material ou moral decorrente de sua violação".

[36] "Art. 20. Salvo se autorizadas, ou se necessárias à administração da justiça ou à manutenção da ordem pública, a divulgação de escritos, a transmissão da palavra, ou a publicação, a exposição ou a utilização da imagem de uma pessoa poderão ser proibidas, a seu requerimento e sem prejuízo da indenização que couber, se lhe atingirem a honra, a boa fama ou a respeitabilidade, ou se se destinarem a fins comerciais".

[37] "Art. 23. Cabe ao juiz tomar as providências necessárias à garantia do sigilo das informações recebidas e à preservação da intimidade, da vida privada, da honra e da imagem do usuário, podendo determinar segredo de justiça, inclusive quanto aos pedidos de guarda de registro".

[38] "Art. 2º A disciplina da proteção de dados pessoais tem como fundamentos: [...] IV – a inviolabilidade da intimidade, da honra e da imagem; [...]".

[39] "Art. 216-B. Produzir, fotografar, filmar ou registrar, por qualquer meio, conteúdo com cena de nudez ou ato sexual ou libidinoso de caráter íntimo e privado sem autorização dos participantes: Pena – detenção, de 6 (seis) meses a 1 (um) ano, e multa. Parágrafo único. Na mesma pena incorre quem realiza montagem em fotografia, vídeo, áudio ou qualquer outro registro com o fim de incluir pessoa em cena de nudez ou ato sexual ou libidinoso de caráter íntimo".

[40] "Art. 218-C. Oferecer, trocar, disponibilizar, transmitir, vender ou expor à venda, distribuir, publicar ou divulgar, por qualquer meio – inclusive por meio de comunicação de massa ou sistema de informática ou telemática –, fotografia, vídeo ou outro registro audiovisual que contenha cena de estupro ou de estupro de vulnerável ou que faça apologia ou induza a sua prática, ou, sem o consentimento da vítima, cena de sexo, nudez ou pornografia: Pena – reclusão, de 1 (um) a 5 (cinco) anos, se o fato não constitui crime mais grave".

[41] CUPIS, Adriano de. *Os direitos da personalidade*. Tradução de Afonso Celso Furtado Rezende. São Paulo: Quorum, 2008. p. 139.

[42] CUPIS, Adriano de. *Os direitos da personalidade*. Tradução de Afonso Celso Furtado Rezende. São Paulo: Quorum, 2008. p. 142.

comprometida. O direito à honra caracteriza-se como um direito ao segredo da desonra; já quanto ao direito à imagem, o ordenamento protege contra as exposições abusivas, ainda que não haja ofensa ao decoro.

O direito à imagem é uma manifestação do direito ao resguardo, mas não a única. A pessoa não se constitui apenas de uma figura física, mas também de sua voz e de todos os acontecimentos e do desenvolvimento de sua vida.

Para o autor italiano, a voz deveria receber o mesmo tratamento dado à imagem quanto à sua proteção, além de se preocupar também com a representação da pessoa em peças teatrais e cinematográficas. A pessoa tem o direito de conservar a discrição mesmo em torno dos acontecimentos e do desenvolvimento da sua vida. Por consequência, um escritor poderá extrair dados da vida de uma pessoa para sua obra romântica ou dramática, mas não poderá fazê-lo de modo a constituir uma representação daquela pessoa em que ela possa vir a ser reconhecida.[43]

Paulo Lôbo leciona que o direito à imagem "diz respeito à toda forma de reprodução da figura humana, em sua totalidade ou em parte", além de também defender que não se mistura com o direito à honra, reputação ou consideração social de alguém, como constantemente se vê na linguagem coloquial. O direito à imagem "relaciona-se ao retrato, à efígie, cuja exposição não autorizada é repelida".[44]

Devido ao uso linguístico, há a possibilidade de se encarar o direito à imagem como tendo duas dimensões.

A primeira dessas dimensões seria a dimensão externa, relativa à imagem exterior da pessoa, também chamada de efígie. É aquela ligada à imagem tutelada nominalmente pelo ordenamento jurídico, como no caso da Constituição Federal, no art. 5º, inc. X.

A segunda dimensão do direito à imagem é o que se pode chamar de imagem-atributo, "o conceito público de que a pessoa desfruta, ou externalidade comportamental".[45] Teria esta segunda dimensão uma ligação com a imagem tratada no inc. V do art. 5º da Constituição, conforme leciona o Professor Paulo Lôbo. A imagem-atributo carrega em si algo além da mera efígie, fazendo representação de características do próprio comportamento que identificam o indivíduo.

O uso do termo "imagem-atributo" deve ser feito com bastante cautela, já que é possível, dado o uso da palavra "imagem" na linguagem coloquial, que seja causada uma confusão com o objeto do direito à honra. Estes têm objetos jurídicos distintos: o direito à imagem enquanto atributo protege uma camada externa da personalidade, socialmente aparente, ao passo que o direito à honra afeta uma dimensão mais íntima da personalidade.

Em que pese a diferença e independência entre o direito à imagem e o direito à honra no ordenamento jurídico brasileiro, é certo que ambos são direitos pertencentes à mesma família de direitos decorrentes da privacidade,[46] o que acaba por facilitar certas ambiguidades como o polêmico art. 20 do Código Civil de 2002.

---

[43] CUPIS, Adriano de. *Os direitos da personalidade*. Tradução de Afonso Celso Furtado Rezende. São Paulo: Quorum, 2008. p. 156.
[44] LÔBO, Paulo. *Direito civil*: parte geral. 3. ed. São Paulo: Saraiva, 2012. p. 146.
[45] LÔBO, Paulo. *Direito civil*: parte geral. 3. ed. São Paulo: Saraiva, 2012. p. 146.
[46] PEIXOTO, Erick Lucena Campos; EHRHARDT JÚNIOR, Marcos. Breves notas sobre a ressignificação da privacidade. *Revista Brasileira de Direito Civil – RBDCivil*, Belo Horizonte, v. 16, p. 35-56, abr./jun. 2018. p. 47.

Lesões à imagem podem trazer consigo também lesões à honra, mas isto não significa que toda lesão à imagem acarretará também um dano ao outro direito. Ambos, em verdade, podem ser violados individualmente. Em se tratando de *deepfakes*, cujas motivações dos autores podem ser as mais variadas, o argumento sempre levantado de que se está ofendendo a pessoa ali representada vai quase sempre direcionado à imagem-atributo.

Este direcionamento vai encontrar uma resistência na liberdade de expressão e na tarefa hercúlea de se controlar o que os outros pensam de si. Talvez o ponto principal aqui seja discutir o tipo de ofensa que se caracteriza à imagem em sua forma mais pura, a imagem como representação do indivíduo, seja em qualquer aspecto da sua figura e nos mais variados suportes disponíveis com a atual tecnologia: fotos, vídeos, áudios, desenhos, hologramas, imagens criadas a partir de técnicas de computação gráfica e demais representações, aqui não importando se sua origem é natural ou sintética.

Nos *deepfakes*, as representações da pessoa são geradas de maneira elaborada, talvez em um esmero jamais pensado pelos autores dos clássicos civilistas, a ponto de a linha entre a imagem natural e a imagem criada por técnicas elaboradas ser praticamente borrada. No entanto, a tutela jurídica alcança tais situações resguardando o titular do direito à imagem, ainda que apenas poucos traços seus estejam sendo utilizados, devendo-se observar, no caso concreto, se o envolvimento do interesse público na divulgação de informações dessa pessoa, inclusive para fins de crítica e sátira, faz com que este direito de imagem seja preterido em função das liberdades comunicativas.

4 Liberdade de expressão, *deepfakes* e sátira

Tal como colocado anteriormente, os direitos da personalidade das pessoas públicas podem ser mitigados em face das liberdades comunicativas, posto estas possuírem uma posição preferencial quando da ponderação com outros direitos fundamentais.

A questão está bem posta na jurisprudência do STF, como igualmente já explicado, sobretudo nos casos polêmicos envolvendo as biografias não autorizadas e o assim chamado "direito ao esquecimento". Importante notarmos, contudo, que nestes casos, as informações que dizem respeito à pessoa pública (sejam as memórias de um biografado, seja a lembrança de um crime bárbaro de importância histórica) são *verdadeiras*.

Quando nos referimos aos *deepfakes*, todavia, estamos lidando com manipulação da imagem para fins de ilusão. Ou seja, toda informação atrelada a um *deepfake*, independentemente de haver motivação maliciosa ou não, é inerentemente *falsa*.

É devido à falsidade da informação produzida com as tecnologias do *deepfake* que personalidades como Aviv Ovadya[47] e Jordan Peterson[48] alertam para os perigos destas novas tecnologias, que podem tornar indistinguível o real do falsificado, causando graves danos à pessoa cuja imagem ou voz foi manipulada.

---

[47] OVADYA, Aviv. O "infocalipse" vem aí. Entrevista concedida a Gabriel Francis Ribeiro. *UOL Tecnologia*, São Paulo, 30 maio 2018. Disponível em: https://www.uol/noticias/especiais/ele-previu-o-apocalipse-das-noticias-falsas.htm#tematico-8. Acesso em 10 mai. 2021.

[48] PETERSON, Jordan. The deepfake artists must be stopped before we no longer know what's real. *National Post*, Toronto, 23 ago. 2019. Disponível em: https://nationalpost.com/opinion/jordan-peterson-deep-fake. Acesso em 2 mai. 2021.

No campo do direito penal, o legislador brasileiro já fez um substancial avanço no combate às *deepfakes*, ao alterar recentemente o Código Penal, a fim de acrescentar o art. 216-B, o qual, em seu parágrafo único, impõe pena de detenção de 6 (seis) meses a 1 (um) ano, e multa, para quem "[...] realiza montagem em fotografia, vídeo, áudio ou qualquer outro registro com o fim de incluir pessoa em cena de nudez ou ato sexual ou libidinoso de caráter íntimo".

Neste contexto, irretocável a opção do legislador, posto não haver qualquer direito constitucionalmente assegurado de acesso à fotografia, vídeo ou áudio de pessoa, ordinária ou pública, que exponha sua nudez, ainda mais em se tratando de informação falsa.

Por outro lado, há um ponto em especial em que o uso não autorizado de *deepfakes* para manipulação da imagem ou voz de pessoa pública pode encontrar sua legitimidade jurídica: quando a manipulação se der para fins de sátira.

Os cânones da liberdade de expressão, desde pelo menos Voltaire e sua obra *Cândido*, têm contemplado na sátira uma grande ferramenta de crítica aos detentores do poder ou à moralidade da sociedade em geral. A sátira é, por fim, um fundamental alicerce de liberdade de crítica democrática.

Lembremos aqui do julgamento da ADI nº 4.451, ação movida pela Associação Brasileira de Emissoras de Rádio e Televisão (Abert), que considerou inconstitucionais os incs. II e III do art. 45 da Lei Eleitoral (Lei nº 9.504/97) que impediam as emissoras de rádio e de televisão de fazerem crítica e sátira a candidatos durante o período das eleições.

O jurista Gustavo Binenbojm,[49] que atuou como causídico da Abert na referida ADI, reproduz, em síntese, as premissas adotadas pelo STF para sua fundamentação em prol das liberdades comunicativas, inclusive o direito de sátira e de liberdade de imprensa:

> a) a liberdade de expressão é elemento estruturante da democracia, havendo prevalência de suas normas sobre os demais direitos fundamentais; b) os dispositivos legais não apenas restringiam e censuravam a liberdade de imprensa manifestada pela crítica e pelo humor – como expressão de arte e de opinião crítica –, mas também atingiam os programas de humor e o humor em qualquer programa; c) o período eleitoral é o momento em que o cidadão mais precisa da plenitude de informações proporcionada pelos meios de comunicação social, inclusive por radiodifusão.

Casos recentes e fora do período eleitoral também têm agitado a opinião pública acerca da sátira política; por exemplo, em maio de 2020, charge relacionando o Presidente Jair Bolsonaro ao nazismo foi objeto de crítica pela Secretaria de Comunicação do órgão da Presidência da República e a Procuradoria-Geral da República foi instada a enquadrar o ato do cartunista responsável na atual Lei de Segurança Nacional.[50]

---

[49] BINENBOJM, Gustavo. *Liberdade igual*: o que é e por que importa. Rio de Janeiro: História Real, 2020. Edição Kindle, posição 661-667.

[50] POMPEU, Ana. Charge que relaciona Bolsonaro a nazismo é liberdade de expressão, dizem juristas. *Jota*, Brasília, 15 maio 2020. Disponível em: https://www.jota.info/coberturas-especiais/liberdade-de-expressao/charge-que-relaciona-bolsonaro-a-nazismo-e-liberdade-de-expressao-dizem-juristas-15062020. Acesso em 2 mai. 2021.

Convidado a comentar sobre o caso, Anderson Schreiber fez uma defesa do direito de sátira, assim afirmando:

> A Constituição protege duplamente, portanto, o direito de sátira. No caso concreto, as atitudes dúbias adotadas pelo Presidente da República em relação ao Estado Democrático, seu elogio a torturadores e outros eventos de sua trajetória explicam a opção do chargista. Charges, como caricaturas, envolvem sempre algum grau de exagero, de amplificação, de hipérbole para destacar algum aspecto ou característica daquele que é retratado.[51]

De modo semelhante, Gustavo Binenbojm argumentou que a atividade do humorista "[...] pressupõe a ampliação dos limites da liberdade de expressão com o uso da ironia, da hipérbole, do exagero. Em primeiro lugar é a liberdade de crítica política que pode se valer desses elementos de arte, humor".[52]

Em outro episódio semelhante, quando Jair Bolsonaro era então deputado federal, este processou um cartunista que fez a associação de sua imagem ao nazismo, alegando ofensa à sua imagem. No julgamento do caso, a Décima Sétima Câmara Cível do Tribunal de Justiça do Estado do Rio de Janeiro negou o pedido de Bolsonaro de indenização por danos morais, mais uma vez amparada no argumento do exercício da liberdade de expressão artística e no direito de sátira.[53]

Recentemente, o Tribunal Superior Eleitoral tem divulgado conteúdos informativos por meio de seus canais oficiais, alertando para os perigos dos *deepfakes*, associando-os à desinformação.[54] O TSE, inclusive, orienta, de forma simples, como o cidadão poderia identificar um vídeo falso: rostos embaçados e bocas que não acompanham a fala, por exemplo, são fatores a ser observados. As orientações veiculadas pelas mídias do TSE vão sempre no sentido de que não se deve compartilhar conteúdo que não se tenha certeza de que é verdadeiro, um grande desafio para os tempos de hoje.

No campo eleitoral, a discussão sobre *deepfakes* tende a chamar atenção, à medida que a tecnologia se populariza e tem um potencial danoso considerável, o que pode levar a certos exageros por parte de grupos avessos a qualquer novidade tecnológica. Um vídeo manipulado não é essencialmente ruim, nem naturalmente é danoso. O que o torna perigoso é a sua utilização para desinformação, quando, de forma intencional, a realidade é subvertida em prol de interesses inominados. O uso recreativo que qualquer indivíduo munido de um *smatphone* pode fazer ou a utilização dessa tecnologia pela indústria do entretenimento devem ser tolerados e os excessos punidos *a posteriori*.

---

[51] POMPEU, Ana. Charge que relaciona Bolsonaro a nazismo é liberdade de expressão, dizem juristas. *Jota*, Brasília, 15 maio 2020. Disponível em: https://www.jota.info/coberturas-especiais/liberdade-de-expressao/charge-que-relaciona-bolsonaro-a-nazismo-e-liberdade-de-expressao-dizem-juristas-15062020. Acesso em 2 mai. 2021.

[52] POMPEU, Ana. Charge que relaciona Bolsonaro a nazismo é liberdade de expressão, dizem juristas. *Jota*, Brasília, 15 maio 2020. Disponível em: https://www.jota.info/coberturas-especiais/liberdade-de-expressao/charge-que-relaciona-bolsonaro-a-nazismo-e-liberdade-de-expressao-dizem-juristas-15062020. Acesso em 2 mai. 2021.

[53] TRIBUNAL DE JUSTIÇA DO RIO DE JANEIRO. Décima Sétima Câmara Cível. *Apelação Cível nº 0241254-05.2016.8.19.0001*. Rel. Des. Márcia Ferreira Alvarenga, j. 25.10.2017. Disponível em: http://www1.tjrj.jus.br/gedcacheweb/default.aspx?UZIP=1&GEDID=0004E973392A3FF65EC909F7741D72D76B6FC50717380955. Acesso em 2 mai. 2021.

[54] Desde 2020, o TSE vem se preocupando com o poder devastador das *fake news*, lançando campanhas informativas como a "Se for fake news, não transmita", veiculada nas eleições daquele ano. Os conteúdos podem ser vistos no canal oficial do tribunal no YouTube https://www.youtube.com/channel/UC1kilS1DdyYOEGItHPRukBw.

Fica evidente, pois, uma opção doutrinária e jurisprudencial que entende pela proteção constitucional do direito de liberdade de expressão para satirizar pessoas públicas, sobretudo aquelas que exercem cargos públicos ou são políticos, posto a importância da crítica ao poder, ainda que humorística, para a manutenção do regime democrático.

Diante dos novos tempos, temos que nos perguntar se o mesmo direito de sátira às pessoas públicas também estará assegurado aos artistas de *deepfake*. E, mais, se o direito de sátira pode ser exercido utilizando-se de ferramentas de *deepfake*, que seriam, em analogia, comparáveis ao lápis e ao pincel do cartunista, mesmo quando o vídeo ou áudio tenha o potencial de ludibriar as pessoas a acreditarem na sua veracidade.

O *youtuber* Bruno Sartori, pioneiro do uso de *deepfakes* no Brasil, ficou mais amplamente conhecido pelos internautas por vários vídeos em que se utiliza da imagem ou voz do Presidente Jair Bolsonaro para fins de humor e crítica. Em um dos seus vídeos *deepfakes* mais acessados, Sartori faz uma troca de rostos entre o Presidente Bolsonaro e o humorista Tiririca, e usa voz sintetizada (ou imitação), que muito se assemelha à voz do próprio presidente, para cantar uma paródia da música *Florentina* envolvendo o remédio cloroquina.[55]

O vídeo em questão, assim como o vídeo anteriormente mencionado em que as faces de Angela Merkel e Donald Trump são trocadas, tem baixíssimo potencial deceptivo. Ou seja, qualquer pessoa minimamente instruída e de diligência média pode percebê-los falsos.

Estes *deepfakes* anteriormente mencionados certamente não devem ser considerados problemáticos ao direito, sobretudo pelo seu caráter evidentemente satírico. Mas o que dizer das *deepfakes* que, mesmo criadas com ânimo humorístico, têm o potencial de realmente enganar mesmo a mais incrédula das pessoas?

O exemplo do vídeo *fake* de Barack Obama produzido por Jordan Peele e o *site Buzzfeed* nos liga o sinal de alerta; como explicado ao início do artigo, este vídeo em especial foi criado justamente para alertar as pessoas do perigo das *deepfakes*.

O caso envolvendo os áudios falsos com a voz sintética do psicólogo, comentarista político e polemista Jordan Peterson podem ser o ponto de referência que desenham a linha que separa a sátira com consciência crítica e espírito democrático do humor potencialmente lesivo (de fato).

Algumas pessoas podem se apegar à ironia do fato de Jordan Peterson ter ficado famoso nos círculos políticos da direita ao defender uma visão mais absolutista de liberdade de expressão em face do "politicamente correto" e, ainda assim, ter processado os autores do *site NotJordanPeterson*, o ponto de origem das *deepfakes* com a simulação da voz do psicólogo.[56]

Todavia, não vemos aqui uma contradição. Tal como mencionado no próprio artigo que critica a suposta hipocrisia de Jordan Peterson, a sua voz sintética não foi

---

[55] SIQUEIRA, André. Pioneiro das 'deepfakes' é ameaçado após satirizar Bolsonaro e a cloroquina. *Veja*, São Paulo, 15 abr. 2020. Disponível em: https://veja.abril.com.br/politica/pioneiro-das-deepfakes-e-ameacado-apos-satirizar-bolsonaro-e-cloroquina/. Acesso em 2 mai. 2021.

[56] Esta crítica à postura de Peterson, considerada contraditória, pode ser lida em matéria assinada no sítio internacional da *Vice*: COLE, Samantha. A site faking Jodan Peterson's voice shuts down after Peterson decries deepfakes. *Vice*, 26 ago. 2016. Disponível em: https://www.vice.com/en/article/43kwgb/not-jordan-peterson-voice-generator-shut-down-deepfakes. Acesso em 10 mai. 2021.

usada apenas para reproduzir meia dúzia de bobagens, mas também para proferir "vulgaridades" ou falsos depoimentos ou conselhos que envolvem, por exemplo, o ato de bater em mulheres.

Independentemente da intenção maliciosa ou não por trás destes áudios *deepfakes*, Jordan Peterson ou quem quer que seja a vítima corre o risco de sofrer graves prejuízos sociais em virtude da violação da imagem e honra, posto grande verossimilhança do conteúdo lesivo. Sobre o caso, o próprio Jordan Peterson assim comenta:

> Parece-me que legisladores ativos e conscientes devem tomar medidas imediatas para tornar a produção não autorizada de Inteligências Artificiais *deepfakes* uma ofensa criminosa, ao menos no caso em que o *fake* está sendo usado para difamar, causar danos ou enganar. [...] Nós precisamos seriamente considerar que a ideia de que a voz de alguém é uma parte integrante de sua identidade, de sua realidade, de sua pessoa – e que roubar aquela voz é um ato genuinamente criminoso, independentemente (talvez) da intenção.[57]

Tendo posto isso, inclinamo-nos para duas conclusões distintas sobre o uso da imagem (e voz e representações congêneres) de pessoas públicas em *deepfakes*: a) se o vídeo ou áudio *deepfake* tem caráter tipicamente humorístico ou satírico, ainda que eventualmente ofensivo, e é perceptível a qualquer pessoa de diligência média que se trata de montagem (falso), a liberdade de expressão deve prevalecer; b) se o vídeo ou áudio *deepfake*, ainda que produzido com ânimo tipicamente humorístico ou satírico, for capaz de confundir uma pessoa de diligência média, levando-a a acreditar que pode ser verdade e cumprindo a função de desinformar, os direitos de personalidade da pessoa pública se impõem, visto que a fama ou a atividade pública são incapazes de alienar os direitos personalíssimos de uma pessoa.

5 Considerações finais

As *deepfakes* são entendidas aqui como tecnologias que fazem uso de recursos de inteligência artificial e *deep learning* para gerar vídeos em que imagem e voz de pessoas podem ser manipulados, sendo possível a troca de faces de uma pessoa por outra, a manipulação de voz sintética, ou mesmo, no limite, a criação de uma aparência totalmente nova pela mistura de múltiplas faces.

Como quaisquer tecnologias, as *deepfakes* dependem do uso que lhes é destinado por seus usuários para serem consideradas benéficas ou maléficas. No quadro descritivo trazido no tópico introdutório deste texto, vimos que as aplicações para estas tecnologias podem ser maliciosas, com a intenção de propagar *fake news*, ou mesmo pode ter uso de caráter civil-comercial, com consensualidade, e sem violação de direitos da personalidade. Com o direito à imagem apresentando-se em duas dimensões, uma

---

[57] No original: "It seems to me that active and aware lawmakers would take immediate steps to make the unauthorized production of AI deepfakes a felony offence, at least in the case where the fake is being used to defame, damage or deceive. And it seems to be that we should perhaps throw caution to the wind, and make this an exceptionally wide-ranging law. We need to seriously consider the idea that someone's voice is an integral part of their identity, of their reality, of their person – and that stealing that voice is a genuinely criminal act, regardless (perhaps) of intent" (PETERSON, Jordan. The deepfake artists must be stopped before we no longer know what's real. *National Post*, Toronto, 23 ago. 2019. Disponível em: https://nationalpost.com/opinion/jordan-peterson-deep-fake. Acesso em 2 mai. 2021).

como representação da efígie da pessoa, englobando aí o vulto ou retrato da pessoa, na sua integralidade ou apenas em parte, bem como voz e outras representações, naturais ou sintéticas; e outra, enquanto imagem-atributo, derivada de um coloquialismo do termo imagem que leva a certa confusão com o direito à honra. Apesar disso, o direito à imagem tem sua independência, e sua relação com o direito à honra se dá em função de pertencerem à mesma família de direitos.

Vimos que o direito brasileiro, em função de entendimento sedimentado pelo Supremo Tribunal Federal e amparado pela doutrina constitucionalista, entende que as liberdades comunicativas se colocam em posição preferencial quando em colisão com os direitos de personalidade, em especial quando se referem a pessoas públicas.

Em uma visão constitucionalista-democrática, os direitos de personalidade das pessoas públicas, inclusa a imagem, estão sujeitos a intrusões juridicamente justificáveis para que se mantenha uma esfera aberta para o debate público, principalmente para se exercer o juízo de crítica à atividade destas pessoas, em especial aquelas que exercem cargos públicos ou políticos.

Neste sentido, a jurisprudência e doutrina têm assentado o entendimento de que a crítica à atividade das pessoas públicas, inclusive com o uso "ofensivo" de sua imagem – em sentido jurídico mais amplo –, em tom humorístico ou de sátira, não só é permitido constitucionalmente, como é um importante mecanismo de controle da atividade pública.

Ascendendo a discussão ao terreno das novíssimas tecnologias, no qual o *deepfake* é um dos tópicos em alta, questionamos a legitimidade jurídica do uso desta tecnologia de manipulação audiovisual, que, em absoluto, tem potencial lesivo altíssimo a vários aspectos da personalidade do indivíduo, mas, com o seu uso adequado, abrem-se novas possibilidades para que haja aprimoramento e desenvolvimento desta e de outras tecnologias derivadas.

Também destacamos que, tal como o direito protege a sátira feita por escritores e cartunistas, os artistas de *deepfake* podem encontrar legitimidade jurídica em sua atividade, quando atuarem em ânimo satírico e sem a possibilidade de gerar desinformação especialmente danosa à pessoa satirizada.

O debate sobre as *deepfakes* é, de fato, questão recente, tão recente quanto é o uso dessa tecnologia. A opinião pública se exaspera em profetizar a chegada do "infocalipse" ou a perda da referência do real, mas o papel do jurista é buscar uma análise com maior autocontrole, ponderando os interesses envolvidos e buscando as melhores soluções que possam pacificar os problemas em sociedade.

Assim como colocado pela especialista Nina Schick,[58] este é um momento de "baixar a temperatura". Lembremos, pois, do conhecido "efeito Streisand" da internet: sempre que alguém tenta esconder ou "censurar" alguma informação ou movimento na rede, acaba-se por se alcançar o resultado contrário. Inflamar o debate pode acabar acelerando o alertado processo de "infocalipse". A recomendação é a cautela, antes de optar por qualquer posição de maior rigidez, afinal, a solução para o problema colocado neste texto é coisa nova e, portanto, depende de um amplo debate racional, para o qual esperamos ter feito valiosa contribuição.

---

[58] SCHICK, Nina. *Deepfakes*: the coming infocalypse. Nova York: Twelve, 2020. Edição Kindle, posição 1774.

Referências

ACIOLI, Bruno de Lima; EHRHARDT JÚNIOR, Marcos. Notas sobre o direito à privacidade e ao direito ao esquecimento no ordenamento jurídico brasileiro. In: EHRHARDT JÚNIOR, Marcos, LÔBO, Fabíola Albuquerque. *Privacidade e sua compreensão no direito brasileiro*. Belo Horizonte: Fórum, 2019.

BARCELLOS, Ana Paula de. Intimidade e pessoas notórias. Liberdade de expressão e de informação e biografias. Conflito entre direitos fundamentais. Ponderação, caso concreto e acesso à justiça. Tutelas específicas e indenizatórias. *Revista Direito Público*, Brasília, v. 11, n. 55, 2004.

BEZMALINOVIC, Tomislav. Wenn Merkel plötzlich Trumps Gesicht trägt: die gefährliche Manipulation von Bildern und Videos. *Aargauer Zeitung*, Aarau, 3 fev. 2018. Disponível em: https://www.aargauerzeitung.ch/leben/digital/wenn-merkel-plotzlich-trumps-gesicht-tragt-die-gefahrliche-manipulation-von-bildern-und-videos-ld.1481742. Acesso em 15 mai. 2021.

BINENBOJM, Gustavo. *Liberdade igual*: o que é e por que importa. Rio de Janeiro: História Real, 2020. Edição Kindle.

CANOTILHO, José Joaquim Gomes; MACHADO, Jónatas Eduardo; GAIO JÚNIOR, Antônio Pereira. *Biografia não autorizada versus liberdade de expressão*. Curitiba: Juruá, 2017.

COLE, Samantha. A site faking Jodan Peterson's voice shuts down after Peterson decries deepfakes. *Vice*, 26 ago. 2016. Disponível em: https://www.vice.com/en/article/43kwgb/not-jordan-peterson-voice-generator-shut-down-deepfakes. Acesso em 10 mai. 2021.

COSTA JR., Paulo José da. *O direito de estar só*: tutela penal da intimidade. São Paulo: Revista dos Tribunais, 1995.

CUPIS, Adriano de. *Os direitos da personalidade*. Tradução de Afonso Celso Furtado Rezende. São Paulo: Quorum, 2008.

DOTTI, René Ariel. *Proteção da vida privada e liberdade de informação*. São Paulo: Revista dos Tribunais, 1980.

KIETZMANN, Jan; LEE, Linda W.; MCCARTHY, Ian P.; KIETZMANN, Tim C. Deepfakes: trick or treat? *Business Horizons*, Indianápolis, v. 63, n. 2, p. 135-146, mar./abr. 2020.

LÔBO, Paulo. *Direito civil*: parte geral. 3. ed. São Paulo: Saraiva, 2012.

MACHADO, Jónatas Eduardo Mendes. *Liberdade de expressão*: dimensões constitucionais da esfera pública no sistema social. Coimbra: Coimbra Editora, 2002.

MIRANDA, Francisco Cavalcanti Pontes de. *Tratado de direito privado*. Direito de personalidade. Direito de família: direito matrimonial (existência e validade do casamento). Atualização de Rosa Maria Barreto Borriello de Andrade Nery. São Paulo: Revista dos Tribunais, 2012. t. VII. Coleção Tratado de Direito Privado: Parte Especial.

OVADYA, Aviv. O "infocalipse" vem aí. Entrevista concedida a Gabriel Francis Ribeiro. *UOL Tecnologia*, São Paulo, 30 maio 2018. Disponível em: https://www.uol/noticias/especiais/ele-previu-o-apocalipse-das-noticias-falsas.htm#tematico-8. Acesso em 10 mai. 2021.

PEIXOTO, Erick Lucena Campos. *O conteúdo do direito da privacidade no direito brasileiro contemporâneo*. Orientador: Prof. Dr. Marcos Augusto de Albuquerque Ehrhardt Júnior. Dissertação (Mestrado em Direito) – Programa de Pós-Graduação em Direito, Universidade Federal de Alagoas, 2017.

PEIXOTO, Erick Lucena Campos; EHRHARDT JÚNIOR, Marcos. Breves notas sobre a ressignificação da privacidade. *Revista Brasileira de Direito Civil – RBDCivil*, Belo Horizonte, v. 16, p. 35-56, abr./jun. 2018.

PETERSON, Jordan. The deepfake artists must be stopped before we no longer know what's real. *National Post*, Toronto, 23 ago. 2019. Disponível em: https://nationalpost.com/opinion/jordan-peterson-deep-fake. Acesso em 2 mai. 2021.

POMPEU, Ana. Charge que relaciona Bolsonaro a nazismo é liberdade de expressão, dizem juristas. *Jota*, Brasília, 15 maio 2020. Disponível em: https://www.jota.info/coberturas-especiais/liberdade-de-expressao/charge-que-relaciona-bolsonaro-a-nazismo-e-liberdade-de-expressao-dizem-juristas-15062020. Acesso em 2 mai. 2021.

SCHICK, Nina. *Deepfakes*: the coming infocalypse. Nova York: Twelve, 2020. Edição Kindle.

SCHREIBER, Anderson. *Direitos da personalidade*. São Paulo: Atlas, 2014.

SIQUEIRA, André. Pioneiro das 'deepfakes' é ameaçado após satirizar Bolsonaro e a cloroquina. *Veja*, São Paulo, 15 abr. 2020. Disponível em: https://veja.abril.com.br/politica/pioneiro-das-deepfakes-e-ameacado-apos-satirizar-bolsonaro-e-cloroquina/. Acesso em 2 mai. 2021.

TEPEDINO, Gustavo. *Temas de direito civil*. Rio de Janeiro: Renovar, 2004.

TEPEDINO, Gustavo. Informação e privacidade. *In*: TEPEDINO, Gustavo *Temas de direito civil*. Rio de Janeiro: Renovar, 2004.

Informação bibliográfica deste texto, conforme a NBR 6023:2018 da Associação Brasileira de Normas Técnicas (ABNT):

ACIOLI, Bruno de Lima; PEIXOTO, Erick Lucena Campos. O uso de *deepfake* e o direito à imagem de pessoas públicas. *In*: EHRHARDT JÚNIOR, Marcos; CATALAN, Marcos; MALHEIROS, Pablo (Coord.). *Direito Civil e tecnologia*. 2. ed. Belo Horizonte: Fórum, 2022. t. II. p. 429-446. ISBN 978-65-5518-432-7.

A POSSIBILIDADE DE INDENIZAÇÃO AO CONSUMIDOR FRENTE À ABUSIVIDADE DO USO INDEVIDO DOS DADOS PESSOAIS: AS LIGAÇÕES INCESSANTES E INDESEJÁVEIS DAS OPERADORAS DE *TELEMARKETING*

MÉRIAN H. KIELBOVICZ
LUIZ GONZAGA SILVA ADOLFO

1 Introdução

O fenômeno da reparação civil em decorrência dos danos provocados pelo uso indevido dos dados pessoais, na esfera do Direito Consumidor, passa por diversas problemáticas e consequências no ordenamento jurídico. Neste passo, a presente pesquisa tem como tema central a responsabilidade civil no âmbito consumerista pelo uso indevido dos dados pessoais pelas operadoras de *telemarketing*, em seus meios de publicidade, buscando-se responder a seguinte indagação: é cabível indenização aos consumidores lesados pelas ligações incessantes e indesejadas das operadoras de *telemarketing* pelo mau uso dos dados pessoais?

Para isso, buscar-se-á analisar, como objetivo geral, a doutrina da responsabilidade civil no campo consumerista, com enfoque sobre o cenário do uso indevido dos dados pessoais pelas operadoras de *telemarketing* e o respectivo dever de indenizar aos consumidores prejudicados, nos casos em que se preencham os pressupostos do instituto. Dentre os objetivos específicos, serão apresentados os elementos da responsabilidade civil nas relações consumeristas, delineando-se, igualmente, sobre a abusividade nas publicidades em face dos consumidores e, por fim, verificando-se a respeito da proteção dos dados pessoais sob a ótica da Lei Geral de Proteção de Dados e da responsabilidade civil nas relações de consumo.

Observa-se, de plano, que o tema ainda se mostra incipiente no direito brasileiro, estando sujeito a diversos obstáculos legais e processuais, destacando-se, neste estudo, a respeito das ações indenizatórias no cenário da proteção de dados pessoais.

A temática proposta se justifica ao trazer reflexões a respeito do Direito e da tecnologia, visto que frente a realidade da Sociedade da Informação, surgem constantemente novas formas de publicidade e de contato com os consumidores, que acabam por aumentar o número de danos e, consequentemente, o dever de indenizar. Assim, no presente trabalho, a finalidade será de buscar soluções no âmbito da responsabilidade civil, consumerista e na Lei Geral de Proteção de Dados, pelas práticas abusivas realizadas pelas operadoras de *telemarketing*, por meio de ligações indesejáveis e incessantes em seus canais de publicidade, ponderando-se, desta forma, sobre o uso indevido dos dados pessoais.

Neste passo, a pesquisa se deu a partir do tipo qualitativo, utilizando-se do método exploratório, e a coleta de dados será bibliográfica. A metodologia utilizada foi a abordagem crítico-descritiva das leituras, tomando por pressuposto crítico a possibilidade de aplicação do dever de reparar nos casos em que se identifica o uso indevido dos dados pessoais e a abusividade no excesso de ligações por parte das operadoras de *telemarketing*.

2 Breve panorama a respeito da responsabilidade civil nas relações consumeristas

Neste tópico adentrar-se-á ao tema da responsabilidade civil e sua aplicação nas relações consumeristas, que possuem respaldo legal no Código Civil[1] e no Código de Defesa do Consumidor,[2] com o objetivo principal de disciplinar sobre a proteção efetiva da parte mais frágil na relação de consumo: os consumidores.

No sistema jurídico brasileiro, para que haja a responsabilização do indivíduo na seara cível, devem ser analisados os componentes que formam a efetividade do dever de indenizar, elementos que necessitam do ato, do dano e da ligação entre eles, denominado de nexo causal.[3] Com base nos pressupostos da responsabilidade civil, busca-se a reparação dos prejuízos causados pelo agente lesador.

Frisa-se que os pressupostos do instituto indenizatório sofreram, ao longo dos anos, erosões nos filtros de reparação, tendo em vista as novas realidades vivenciadas pela sociedade contemporânea. Assim, para que exista o dever de indenizar é necessário que haja uma ligação entre os supracitados elementos, configurando-se, desta forma, o dever de reparar.[4]

Neste passo, os chamados filtros da responsabilidade civil passaram a se tornar empecilhos para que fossem acolhidos pedidos indenizatórios, considerando a limitação que advinha das teorias tradicionais adotadas. À vista disso, com o desenvolvimento do capitalismo industrial e com o surgimento dos acidentes que a indústria passou a

---

[1] BRASIL. Lei nº 10.406 de 10 de janeiro de 2002. Institui o Código Civil 2002. *Diário Oficial da União*, Brasília, 11 jan. 2002. Disponível em: http://www.planalto.gov.br/ccivil_03/leis/2002/L10406.htm. Acesso em 22 mar. 2022.

[2] BRASIL. Lei nº 8.078 de 11 de setembro de 1990. Institui o Código de Defesa do Consumidor. *Diário Oficial da União*, Brasília, 12 set. 1990, retificado em 10 jan. 2007. Disponível em: http://www.planalto.gov.br/ccivil_03/leis/l8078.htm. Acesso em 20 mar. 2022.

[3] CAVALIERI FILHO, Sergio. *Programa de responsabilidade civil*. 14. ed. São Paulo: Atlas, 2020.

[4] AMORIM, Bruno de Almeida Lewer; FIUZA, César. Considerações práticas acerca da responsabilidade objetiva. *Revista Brasileira de Direito Civil em Perspectiva*, v. 2, p. 1-20, 2016.

gerar, tornou-se cada vez mais complexa a comprovação da culpa, tendo sido a Teoria do Risco uma solução para os problemas que o sistema capitalista desencadeou.[5]

A Teoria do Risco está diretamente relacionada com perigo, melhor dizendo, uma ameaça ao indivíduo ou a coisa, sendo este elemento basilar para o surgimento da responsabilidade objetiva – aquela independentemente de culpa. Com base na conceituação do tema, verifica-se que toda atividade empresarial traz em sua função o elemento de risco, que pode acarretar danos a terceiros, sendo o risco correspondente a um fator menor que o perigo, tendo em vista que naquele há apenas uma probabilidade deste se efetuar.[6]

Registre-se, de plano, que a responsabilidade civil é um dos temas mais infinitos e extraordinários do Direito Privado – seja pelo desenvolvimento natural das relações sociais ou da própria ciência – razão pela qual gera debates, discussões e interpretações das mais diversas classes.[7] Neste passo, observa-se que a responsabilidade civil está atrelada a um desvio de conduta, isto é, deve ser comprovada a ocorrência de uma conduta contrária ao direito para que haja um dano em face do indivíduo.[8]

Portanto, a violação de um dever jurídico originário ou primário que configura o ilícito pode gerar um dano a outrem, caracterizando-se, deste modo, um dever jurídico sucessivo ou secundário, que é uma obrigação – de indenizar o prejuízo causado.[9] No que se refere à responsabilidade civil nas relações consumeristas, aponta-se que a função basilar das normas é a de realizar a proteção do consumidor, conforme as disposições do Código de Defesa do Consumidor,[10] buscando-se garantir o ressarcimento pelos prejuízos gerados por produtos e serviços defeituosos, positivando-se a responsabilidade objetiva.[11]

Em relação aos efeitos oriundos da atividade empresarial que gera danos aos consumidores, ressalta-se que o risco é potencializador da responsabilidade civil, uma vez que é componente imprescindível para a configuração do dever de reparar, na contemporaneidade. Além disso, a lei, doutrina e jurisprudência, propõem-se a proteger a coletividade dos danos sofridos pelas empresas que desenvolvem atividades de risco, criando medidas de prevenção aos perigos a eles expostos, conforme dispõe o Código de Defesa do Consumidor,[12] em seu artigo 6º, incisos I e III, que versou sobre os direitos básicos e formas de proteção dos serviços e produtos ofertados que não poderiam expor

---

[5] LUTZKY, Daniela Courtes. *O Direito das obrigações na contemporaneidade – Estudos em homenagem ao Ministro Ruy Rosado de Aguiar Júnior*. 1. ed. Porto Alegre: Livraria do Advogado, 2014.

[6] TARTUCE, Flávio. *Responsabilidade civil objetiva e risco – a teoria do risco concorrente*. São Paulo: Editora Método, 2011.

[7] ALMEIDA, Caio César Domingues de; BRAGIOLA, Ricardo Augusto. A responsabilidade pré-contratual no Brasil e em Portugal: uma perspectiva comparada com os países do Common Law. *In*: ROSENVALD, Nelson; DRESCH, Rafael de Freitas Valle; WESENDONCK, Tula. (Org.). *Responsabilidade civil*: novos riscos. 1. ed. Indaiatuba: Editora Foco Jurídico Ltda., 2019. v. 1.

[8] CAVALIERI FILHO, Sergio. *Programa de responsabilidade civil*. 14. ed. São Paulo: Atlas, 2020.

[9] CAVALIERI FILHO, Sergio. *Programa de responsabilidade civil*. 14. ed. São Paulo: Atlas, 2020.

[10] BRASIL. Lei nº 8.078 de 11 de setembro de 1990. Institui o Código de Defesa do Consumidor. *Diário Oficial da União*, Brasília, 12 set. 1990, retificado em 10 jan. 2007. Disponível em: http://www.planalto.gov.br/ccivil_03/leis/l8078.htm. Acesso em 20 mar. 2022.

[11] NUNES, Rizzatto. *Curso de direito do consumidor*. 13. ed. São Paulo: Saraiva Educação, 2019.

[12] BRASIL. Lei nº 8.078 de 11 de setembro de 1990. Institui o Código de Defesa do Consumidor. *Diário Oficial da União*, Brasília, 12 set. 1990, retificado em 10 jan. 2007. Disponível em: http://www.planalto.gov.br/ccivil_03/leis/l8078.htm. Acesso em 20 mar. 2022.

os consumidores a riscos provenientes da relação de consumo, conforme elenca o artigo 8º do mesmo diploma legal.[13]

Dito isto, nos casos em que o dano seja causado pelo produto ou serviço que apresenta defeito, o responsável pela reparação da lesão será o fornecedor, uma vez que é ele quem assume o risco do exercício de sua atividade profissional.[14] Logo, o código consumerista tem como principal fundamento a objetividade na teoria do risco-proveito, a qual indica que respondem pelos riscos de danos causados por atividades que dão causa a tais riscos aqueles que a promovem, obtendo delas vantagem econômica.[15]

Portanto, os fundamentos que configuram a responsabilidade civil devem se moldar na sociedade atual, frente aos novos danos causados aos consumidores pelos fornecedores de serviços e produtos, com a finalidade do mercado de consumo passar a ser um espaço seguro para a sociedade. Ante os apontamentos a respeito da aplicação da responsabilidade civil nas relações de consumo, passar-se-á a discorrer, no próximo item, a respeito das práticas abusivas realizadas nas publicidades em desfavor dos consumidores.

2.1 A abusividade nas publicidades em relação aos consumidores na contemporaneidade

Conforme exposto no item anterior, as normas civis e consumeristas buscam regular as relações em que existe, de um lado, o consumidor (parte mais frágil) e, do outro, o fornecedor/produtor de serviço (parte mais forte). Neste item, a finalidade será a de discorrer sobre as práticas abusivas identificadas nas publicidades que desencadeiam lesões aos consumidores.

Registre-se que foi a partir da evolução dos meios de comunicação que ocorreu o crescimento exponencial das ofertas de consumo, de maneira global e em tempo real, elementos estes que formam o atual cenário da sociedade contemporânea.[16] Ademais, são os produtos e serviços cada vez mais inovadores no mercado de consumo que fundamentam o crescimento de publicidades, principalmente, no que tange às tecnologias, que visam a facilitar a vida dos consumidores na busca por seus objetos de necessidade e desejo.[17]

Aliás, é inegável que os consumidores buscam em diversos meios o acesso a novos produtos e serviços, o que incentiva as formas de se realizar publicidades, que se tornam direcionadas e personalizadas, ou seja, criam necessidades de consumo de

---

[13] TARTUCE, Flávio. *Responsabilidade civil objetiva e risco – a teoria do risco concorrente*. São Paulo: Editora Método, 2011.
[14] NUNES, Rizzatto. *Curso de direito do consumidor*. 13. ed. São Paulo: Saraiva Educação, 2019.
[15] MIRAGEM, Bruno Nubens Barbosa. *Curso de direito do consumidor*. 6. ed. São Paulo: Thomson Reuters Brasil, 2020.
[16] BASAN, Arthur Pinheiro; FALEIROS JÚNIOR, José Luiz de Moura. A proteção de dados pessoais e a concreção do direito ao sossego no mercado de consumo. *Civilistica.com – Revista Eletrônica de Direito Civil*, v. 9, n. 3, p. 1-27, 2020.
[17] SANTANA, Héctor Valverde; VIANA, Rafael Souza. O compartilhamento de dados e informações pessoais de consumidores: o abuso dos fornecedores e as propostas apresentadas no PLS 181/2014. *Revista Brasileira de Políticas Públicas*, 2017.

modo constante aos usuários, 24 (vinte e quatro) horas por dia. Logo, a essência dos negócios virtuais pode ser resumida a uma ideia central: a publicidade.[18]

Pontua-se que a publicidade massiva nos diversos canais de comunicação com o consumidor gera um aumento significativo na importância das informações no mercado atual, o que, somado à velocidade e à capacidade das novas tecnologias, acabaram por facilitar o cadastro e a retenção dos dados dos consumidores. Por conseguinte, ao processar dados cada vez mais rapidamente e em maiores quantidades, os fornecedores de produtos e serviços alcançam um maior número de pessoas, com publicidades cada vez mais específicas e direcionadas ao seu público.[19]

Assim, considerando que na contemporaneidade a vida social das pessoas/consumidoras é compartilhada em tempo real e que seu consumo cresce nos ambientes digitais, passa-se a realizar um maior acesso de produtos e serviços por meio de redes sociais, perfis, e-mails, *blogs*, entre outros, o que também gera uma maior divulgação de dados pessoais dos consumidores para os fornecedores.[20]

A partir disso, as práticas publicitárias passam a assediar os indivíduos, considerando que os fornecedores se utilizam das inúmeras formas tecnológicas para captar a informação e se comunicar, com a finalidade de realizar ofertas incessantes de produtos e serviços, tanto por e-mail, *short message service* (mensagem SMS), de ligações telefônicas, de notificações em aplicativos, dentre outros canais.[21] Assinala-se que o presente estudo irá tratar pontualmente a respeito das ligações telefônicas como forma de publicidade abusiva, em tópico posterior.

Portanto, ao se observar a abusividade nas publicidades nas relações de consumo, passar-se-á, no próximo tópico, à apresentação de conceitos e normas que regem a proteção dos dados pessoais no sistema jurídico pátrio, sob a ótica da Lei Geral de Proteção de Dados [22] e da responsabilidade civil nas relações de consumo.

3 A proteção dos dados pessoais sob a ótica da Lei Geral de Proteção de Dados e a responsabilidade civil nas relações de consumo

Com base nas informações apresentadas no item anterior, verifica-se que, no contexto da Sociedade da Informação, ocorre a ampliação dos canais de comunicação de publicidade entre os fornecedores de produtos e serviços em relação aos consumidores,

---

[18] BASAN, Arthur Pinheiro; FALEIROS JÚNIOR, José Luiz de Moura. A proteção de dados pessoais e a concreção do direito ao sossego no mercado de consumo. *Civilistica.com – Revista Eletrônica de Direito Civil*, v. 9, n. 3, p. 1-27, 2020.

[19] SANTANA, Héctor Valverde; VIANA, Rafael Souza. O compartilhamento de dados e informações pessoais de consumidores: o abuso dos fornecedores e as propostas apresentadas no PLS 181/2014. *Revista Brasileira de Políticas Públicas*, 2017.

[20] BASAN, Arthur Pinheiro; FALEIROS JÚNIOR, José Luiz de Moura. A proteção de dados pessoais e a concreção do direito ao sossego no mercado de consumo. *Civilistica.com – Revista Eletrônica de Direito Civil*, v. 9, n. 3, p. 1-27, 2020.

[21] BASAN, Arthur Pinheiro; FALEIROS JÚNIOR, José Luiz de Moura. A proteção de dados pessoais e a concreção do direito ao sossego no mercado de consumo. *Civilistica.com – Revista Eletrônica de Direito Civil*, v. 9, n. 3, p. 1-27, 2020.

[22] BRASIL. Lei nº 13.709, de 14 de agosto de 2018. Lei Geral de Proteção de Dados. *Diário Oficial da União*: seção 1, Brasília, DF, a. 155, n. 157, p. 59-64, 15 ago. 2018. Disponível em: https://www.jusbrasil.com.br/diarios/203872157/dou-secao-1-15-08-2018-pg-59. Acesso em 09 nov. 2021.

o que pode, por vezes, ser identificada como abusiva. Ocorre então, um crescimento nas formas de acesso às novas tecnologias de informação e comunicação e, também, a exposição a novos tipos de riscos, já que as novas tecnologias possuem a capacidade de coletar qualquer espécie de informação sobre um usuário, citem-se: os registros de navegação, cliques, tempo de permanência em páginas da Internet, reações (*likes*) a conteúdos distribuídos em mídias sociais, condensados em relatórios (*logs*) que são processados e geram o chamado perfil (*profile*) do usuário/consumidor.[23]

Dito isso, observa-se que as novas tecnologias acabam por utilizar a coleta de dados pessoais com o objetivo de atuarem de forma mais intensa no mercado de consumo, especialmente diante da possibilidade de ampliação das publicidades indesejadas, como as ligações incessantes de *telemarketing*, que acabam, além de perturbar o consumidor, instigando o aumento do consumismo.[24]

Frente a essa nova realidade, a construção da Lei Geral de Proteção de Dados[25] surgiu pela necessidade de disciplinar as demandas advindas de inúmeros vazamentos e ataques cibernéticos ocorridos recentemente, carecendo, assim, de uma atenção à proteção de dados pessoais.[26] A Lei Geral de Proteção de Dados,[27] portanto, estabelece diversos direitos do titular dos dados pessoais, especialmente em seu artigo 18, elencando, dentre eles, a informação, o acesso, a correção, a portabilidade e a eliminação.[28]

Rabelo e Tristão[29] ressaltam, ainda, que existe um rol de deveres daqueles que exercem a atividade de tratamento de dados, estando submetidos à aplicação da responsabilidade civil, quando descumprirem a legislação específica. No que se refere à responsabilidade civil, nestes casos, destacam que essas relações, muitas vezes, estão sujeitas à legislação consumerista, aplicando-se a responsabilidade objetiva em situações que se encaixam na cadeia de consumo e, nos demais casos que não envolvam essa relação, a legislação brasileira tem como regra a aplicação da responsabilidade subjetiva, acolhendo-se a responsabilidade objetiva somente nos casos em que se enquadram

---

[23] BASAN, Arthur Pinheiro; FALEIROS JÚNIOR, José Luiz de Moura. A proteção de dados pessoais e a concreção do direito ao sossego no mercado de consumo. *Civilistica.com – Revista Eletrônica de Direito Civil*, v. 9, n. 3, p. 1-27, 2020.

[24] BASAN, Arthur Pinheiro; FALEIROS JÚNIOR, José Luiz de Moura. A proteção de dados pessoais e a concreção do direito ao sossego no mercado de consumo. *Civilistica.com – Revista Eletrônica de Direito Civil*, v. 9, n. 3, p. 1-27, 2020.

[25] BRASIL. Lei nº 13.709, de 14 de agosto de 2018. Lei Geral de Proteção de Dados. *Diário Oficial da União*: seção 1, Brasília, DF, a. 155, n. 157, p. 59-64, 15 ago. 2018. Disponível em: https://www.jusbrasil.com.br/diarios/203872157/dou-secao-1-15-08-2018-pg-59. Acesso em 09 nov. 2021.

[26] ALISTE, Mario Bruno. Governo do Brasil. *Big Data e LGPD*: do impacto negativo ao positivo. 2019. Disponível em: https://www.serpro.gov.br/lgpd/noticias/2019/lgpd-bid-data-grandevolume-dados-impactos. Acesso em 16 nov. 2021.

[27] BRASIL. Lei nº 13.709, de 14 de agosto de 2018. Lei Geral de Proteção de Dados. *Diário Oficial da União*: seção 1, Brasília, DF, a. 155, n. 157, p. 59-64, 15 ago. 2018. Disponível em: https://www.jusbrasil.com.br/diarios/203872157/dou-secao-1-15-08-2018-pg-59. Acesso em 09 nov. 2021.

[28] RABELO, Têmis Chenso da Silva; TRISTAO, Manuela Albertoni. Responsabilidade Civil dos agentes de tratamento à luz da Lei Geral de Proteção de Dados. In: *Etic-2019*: Revolução na Ciência e Ciências e Profissões em Transformação, Presidente Prudente. Anais do ETIC: Encontro de Iniciação Científica. Presidente Prudente: ETIC, 2020. v. 16.

[29] RABELO, Têmis Chenso da Silva; TRISTAO, Manuela Albertoni. Responsabilidade Civil dos agentes de tratamento à luz da Lei Geral de Proteção de Dados. In: *Etic-2019*: Revolução na Ciência e Ciências e Profissões em Transformação, Presidente Prudente. Anais do ETIC: Encontro de Iniciação Científica. Presidente Prudente: ETIC, 2020. v. 16.

situações excepcionais, dependendo de previsão legal expressa, conforme artigo 927, parágrafo único do Código Civil.[30]

Ademais, registre-se que a relação consumerista pode ser evidenciada na medida em que o titular dos dados é considerado consumidor direto ou indireto e a empresa é considerada fornecedora de produtos ou serviços. Desta feita, nenhum tipo de segurança cobrirá absolutamente todos os riscos da atividade, devendo ser observados os preceitos do Código de Defesa do Consumidor,[31] visto que é o Poder Judiciário que deverá considerar a Teoria do Risco da atividade para concluir pela responsabilidade objetiva do fornecedor.[32]

Verifica-se, neste rumo, que por meio do diálogo de fontes entre o Código Civil,[33] o Código de Defesa do Consumidor[34] e a Lei Geral de Proteção de Dados,[35] os canais utilizados para a realização de publicidade no mercado de consumo devem se adequar às novas disposições em respeito à integridade da pessoa humana. Ou seja, faz-se necessária que a publicidade encontre novos limites, a partir da adoção de meios efetivos de controles exigidos, por exemplo, pela proteção de dados pessoais.[36]

Cabe mencionar que a responsabilidade civil, a partir do desenvolvimento de novas tecnologias, e o surgimento de uma sociedade de massa, revelou a existência de danos que não necessariamente estão vinculados à atitude ilícita de determinado agente, mas ao potencial lesivo do exercício de determinada atividade. Por consequência, a responsabilidade civil se tornou insuficiente para tutelar todas as relações sociais, frente à real dificuldade de se identificar o agente ou grupo de agentes responsável por determinado dano, motivos que fundamentam uma nova visão sobre um princípio de imputabilidade moral para se voltar à intenção de reparação integral da vítima, promovendo um movimento no sentido de sua objetivação.[37]

Evidencia-se que a utilização das tecnologias de comunicação e informação nos canais de publicidade acabam, por vezes, expondo os consumidores a novas espécies de riscos e de danos, o que desencadeia a necessidade de promoção da tutela das pessoas,

---

[30] BRASIL. Lei nº 10.406 de 10 de janeiro de 2002. Institui o Código Civil 2002. *Diário Oficial da União*, Brasília, 11 jan. 2002. Disponível em: http://www.planalto.gov.br/ccivil_03/leis/2002/L10406.htm. Acesso em 22 mar. 2022.

[31] BRASIL. Lei nº 8.078 de 11 de setembro de 1990. Institui o Código de Defesa do Consumidor. *Diário Oficial da União*, Brasília, 12 set. 1990, retificado em 10 jan. 2007. Disponível em: http://www.planalto.gov.br/ccivil_03/leis/l8078.htm. Acesso em 20 mar. 2022.

[32] SÁ JUNIOR, Sergio Ricardo C. *A regulação jurídica da proteção de dados pessoais no Brasil*. Monografia de especialização – Pontífica Universidade Católica do Rio de Janeiro, Rio de Janeiro, 2019.

[33] BRASIL. Lei nº 10.406 de 10 de janeiro de 2002. Institui o Código Civil 2002. *Diário Oficial da União*, Brasília, 11 jan. 2002. Disponível em: http://www.planalto.gov.br/ccivil_03/leis/2002/L10406.htm. Acesso em 22 mar. 2022.

[34] BRASIL. Lei nº 8.078 de 11 de setembro de 1990. Institui o Código de Defesa do Consumidor. *Diário Oficial da União*, Brasília, 12 set. 1990, retificado em 10 jan. 2007. Disponível em: http://www.planalto.gov.br/ccivil_03/leis/l8078.htm. Acesso em 20 mar. 2022.

[35] BRASIL. Lei nº 13.709, de 14 de agosto de 2018. Lei Geral de Proteção de Dados. *Diário Oficial da União*: seção 1, Brasília, DF, a. 155, n. 157, p. 59-64, 15 ago. 2018. Disponível em: https://www.jusbrasil.com.br/diarios/203872157/dou-secao-1-15-08-2018-pg-59. Acesso em 09 nov. 2021.

[36] BASAN, Arthur Pinheiro; FALEIROS JÚNIOR, José Luiz de Moura. A proteção de dados pessoais e a concreção do direito ao sossego no mercado de consumo. *Civilistica.com – Revista Eletrônica de Direito Civil*, v. 9, n. 3, p. 1-27, 2020.

[37] PORTO, Antônio José Maristrello; SILVA, Maria Eduarda Vianna e. Lei Geral de Proteção de Dados Pessoais: uma análise econômica sobre o seu regime de responsabilidade. *Economic Analysis Of Law Review*, v. 11, p. 283-300, 2021.

considerando a relação entre o direito à integridade psicofísica e a proteção de dados pessoais, protetora do "corpo eletrônico".[38]

E, no que se refere aos dados pessoais, destaca-se que esses expõem elementos da personalidade dos indivíduos, o que pode revelar comportamentos e preferências, criando a possibilidade de montar um perfil psicológico dos usuários. Dito isso, identifica-se, de plano, a necessidade de uma proteção mais abrangente das pessoas, em especial em situação de consumo, que impeça ou reprima o uso dos dados pessoais de forma indevida por parte das empresas, para que seja possível a promoção de publicidades que não importunem ou perturbem o sossego dos consumidores.[39]

Neste sentido, tanto o Código Civil,[40] o Código de Defesa do Consumidor,[41] quanto a Lei Geral de Proteção de Dados,[42] buscam sustentar a integral tutela da pessoa nas relações de consumo, isto é, protegendo tanto a incolumidade econômica, quanto a personalidade. Em relação às irregularidades do tratamento de dados, estas serão observadas pelo magistrado, nos casos em que se constatar que não foram respeitadas as disposições da legislação ou não fornecer a segurança esperada pelo titular do dado, consideradas circunstâncias como o modo de realização, os resultados e os riscos razoavelmente esperados e as técnicas de tratamento de dados pessoais disponíveis à época da realização, como bem disciplina o art. 44 da Lei Geral de Proteção de Dados.[43]

Dito isso, a Lei Geral de Proteção de Dados[44] estabeleceu duas hipóteses para a configuração da responsabilidade civil dos agentes de tratamento de dados no artigo 44: a violação à legislação de proteção de dados pessoais e a violação da segurança dos dados. Porém, essa bifurcação acaba sendo desnecessária na prática, considerando que a consequência para ambas é a mesma, a obrigação de indenizar.[45]

Conclui-se, neste rumo, que o regime jurídico da responsabilidade civil estabelecido pela Lei Geral de Proteção de Dados[46] trouxe uma erosão dos filtros da

---

[38] BASAN, Arthur Pinheiro; FALEIROS JÚNIOR, José Luiz de Moura. A proteção de dados pessoais e a concreção do direito ao sossego no mercado de consumo. *Civilistica.com – Revista Eletrônica de Direito Civil*, v. 9, n. 3, p. 1-27, 2020.

[39] BASAN, Arthur Pinheiro; FALEIROS JÚNIOR, José Luiz de Moura. A proteção de dados pessoais e a concreção do direito ao sossego no mercado de consumo. *Civilistica.com – Revista Eletrônica de Direito Civil*, v. 9, n. 3, p. 1-27, 2020.

[40] BRASIL. Lei nº 10.406 de 10 de janeiro de 2002. Institui o Código Civil 2002. *Diário Oficial da União*, Brasília, 11 jan. 2002. Disponível em: http://www.planalto.gov.br/ccivil_03/leis/2002/L10406.htm. Acesso em 22 mar. 2022.

[41] BRASIL. Lei nº 8.078 de 11 de setembro de 1990. Institui o Código de Defesa do Consumidor. *Diário Oficial da União*, Brasília, 12 set. 1990, retificado em 10 jan. 2007. Disponível em: http://www.planalto.gov.br/ccivil_03/leis/l8078.htm. Acesso em 20 mar. 2022.

[42] BRASIL. Lei nº 13.709, de 14 de agosto de 2018. Lei Geral de Proteção de Dados. *Diário Oficial da União*: seção 1, Brasília, DF, a. 155, n. 157, p. 59-64, 15 ago. 2018. Disponível em: https://www.jusbrasil.com.br/diarios/203872157/dou-secao-1-15-08-2018-pg-59. Acesso em 09 nov. 2021.

[43] BRASIL. Lei nº 13.709, de 14 de agosto de 2018. Lei Geral de Proteção de Dados. *Diário Oficial da União*: seção 1, Brasília, DF, a. 155, n. 157, p. 59-64, 15 ago. 2018. Disponível em: https://www.jusbrasil.com.br/diarios/203872157/dou-secao-1-15-08-2018-pg-59. Acesso em 09 nov. 2021.

[44] BRASIL. Lei nº 13.709, de 14 de agosto de 2018. Lei Geral de Proteção de Dados. *Diário Oficial da União*: seção 1, Brasília, DF, a. 155, n. 157, p. 59-64, 15 ago. 2018. Disponível em: https://www.jusbrasil.com.br/diarios/203872157/dou-secao-1-15-08-2018-pg-59. Acesso em 09 nov. 2021.

[45] BIONI, Bruno; DIAS, Daniel. Responsabilidade civil na proteção de dados pessoais: construindo pontes entre a Lei Geral de Proteção de Dados Pessoais e o Código de Defesa do Consumidor. *Civilistica.com – Revista Eletrônica de Direito Civil*, v. 14, p. 1-23, 2020.

[46] BRASIL. Lei nº 13.709, de 14 de agosto de 2018. Lei Geral de Proteção de Dados. *Diário Oficial da União*: seção 1, Brasília, DF, a. 155, n. 157, p. 59-64, 15 ago. 2018. Disponível em: https://www.jusbrasil.com.br/diarios/203872157/dou-secao-1-15-08-2018-pg-59. Acesso em 09 nov. 2021.

responsabilidade civil em favor do titular dos dados. Mesmo que o regime seja o de responsabilidade civil subjetiva, a culpa e autoria do agente de tratamento de dados são presumidas e, adicionalmente, pode haver a inversão do ônus da prova quanto aos demais pressupostos da responsabilidade civil. Portanto, verifica-se a necessidade de responsabilização civil das empresas que se utilizam da (hiper)vulnerabilidade do consumidor conectado, com o objetivo de realizar práticas de consumo não solicitadas, o que caracteriza assédio ao consumidor.[47]

Assim, o próximo tópico se volta ao tema central do presente trabalho, adentrando-se na possibilidade de aplicação do dever de reparar aos consumidores nos casos em que se verifica o uso indevido dos dados pessoais, pelo excesso de ligações recebidas das operadoras de *telemarketing*.

4 A proteção dos dados pessoais e a reparação cabível aos consumidores frente à abusividade no excesso de ligações realizadas pelas operadoras de *telemarketing*

Como se apresentou até aqui, cada vez mais, as empresas se aproveitam dos dados pessoais, principalmente, dos dados sensíveis das pessoas, para conquistarem um dos recursos mais escassos na sociedade atual: a atenção real e exclusiva dos consumidores. É por meio do surgimento de novas tecnologias de *marketing* agressivo que se possibilita o aumento massivo da publicidade, que visa a atingir o maior número de consumidores para atrair, então, novos clientes.[48]

No tocante às publicidades virtuais, essas são fundamentadas na coleta dos dados pessoais dos usuários, ao criar fontes para a prática de assédio do consumidor, caracterizando-se assédio de consumo por meio da atividade publicitária, como é o caso das publicidades realizadas por *telemarketing* – por meio das incessantes e indesejáveis ligações diárias aos consumidores.[49]

Dentre as diversas mudanças advindas da Lei Geral de Proteção de Dados,[50] frisa-se que houve reflexos diretos nos fundamentos do respeito à privacidade, da autodeterminação informativa e da defesa do consumidor, disposições estas contidas no art. 2º, I, II e VI, da Lei Geral de Proteção de Dados.[51] Ademais, de todos os princípios incidentes sobre o tratamento dos dados pessoais disciplinados no art. 6º da Lei Geral

---

[47] BIONI, Bruno; DIAS, Daniel. Responsabilidade civil na proteção de dados pessoais: construindo pontes entre a Lei Geral de Proteção de Dados Pessoais e o Código de Defesa do Consumidor. *Civilistica.com – Revista Eletrônica de Direito Civil*, v. 14, p. 1-23, 2020.

[48] BASAN, Arthur Pinheiro; FALEIROS JÚNIOR, José Luiz de Moura. A proteção de dados pessoais e a concreção do direito ao sossego no mercado de consumo. *Civilistica.com – Revista Eletrônica de Direito Civil*, v. 9, n. 3, p. 1-27, 2020.

[49] BASAN, Arthur Pinheiro; FALEIROS JÚNIOR, José Luiz de Moura. A proteção de dados pessoais e a concreção do direito ao sossego no mercado de consumo. *Civilistica.com – Revista Eletrônica de Direito Civil*, v. 9, n. 3, p. 1-27, 2020.

[50] BRASIL. Lei nº 13.709, de 14 de agosto de 2018. Lei Geral de Proteção de Dados. *Diário Oficial da União*: seção 1, Brasília, DF, a. 155, n. 157, p. 59-64, 15 ago. 2018. Disponível em: https://www.jusbrasil.com.br/diarios/203872157/dou-secao-1-15-08-2018-pg-59. Acesso em 09 nov. 2021.

[51] BRASIL. Lei nº 13.709, de 14 de agosto de 2018. Lei Geral de Proteção de Dados. *Diário Oficial da União*: seção 1, Brasília, DF, a. 155, n. 157, p. 59-64, 15 ago. 2018. Disponível em: https://www.jusbrasil.com.br/diarios/203872157/dou-secao-1-15-08-2018-pg-59. Acesso em 09 nov. 2021.

de Proteção de Dados[52] e, igualmente, dos fundamentos do desenvolvimento econômico e tecnológico, da livre iniciativa e da livre concorrência (art. 2º, V e VI, da LGPD).[53]

Assinala-se que, dentre as atividades de tratamento de dados pessoais, estão a coleta, o armazenamento, o acesso e a utilização, art. 5º, X, da Lei Geral de Proteção de Dados.[54] A simples consulta aos dados de uma pessoa por um operador de *telemarketing*, ainda que não faça qualquer uso deles, é uma atividade regulada pela Lei Geral de Proteção de Dados.[55]

Assim, para os titulares dos dados, além dos direitos que já eram assegurados pelo Código de Defesa do Consumidor,[56] como o direito de conhecimento da inserção de seus dados pessoais em bancos de dados, nos casos em que inexiste o seu consentimento, também se destaca o direito de acesso e de retificação desses dados, conforme dispõe o art. 43 do Código de Defesa do Consumidor,[57] que ainda assegura outros direitos específicos.

A publicidade que se mostra importunadora é aquela que se aproveita da vantagem da coleta indevida dos dados pessoais e passa a agir de maneira ilícita, atraindo, desta forma, para si, a responsabilidade civil. É com base nesses elementos que se extrai as finalidades da responsabilidade civil, quais sejam: reparar ou compensar o dano, punir o ilícito e prevenir o risco, o que, nos casos do mercado de consumo, tem cada vez mais indo ao encontro de prevenir os danos (tutela preventiva), para além de esperar que ocorram para posterior reparação (tutela repressiva).[58]

Registre-se que a Lei Geral de Proteção de Dados[59] não foi clara na definição do regime jurídico adotado no que tange ao ressarcimento de danos e à responsabilidade dos agentes controladores e operadores que realizarem tratamento de dados pessoais, tendo, a partir disso, iniciado um debate doutrinário acerca do tema. Frisa-se que, considerando a multiplicidade de interpretações quanto ao regime jurídico adotado na Lei Geral de Proteção de Dados,[60] cumpre notar que os artigos 42 a 45 da referida norma

---

[52] BRASIL. Lei nº 13.709, de 14 de agosto de 2018. Lei Geral de Proteção de Dados. *Diário Oficial da União*: seção 1, Brasília, DF, a. 155, n. 157, p. 59-64, 15 ago. 2018. Disponível em: https://www.jusbrasil.com.br/diarios/203872157/dou-secao-1-15-08-2018-pg-59. Acesso em 09 nov. 2021.

[53] BRASIL. Lei nº 13.709, de 14 de agosto de 2018. Lei Geral de Proteção de Dados. *Diário Oficial da União*: seção 1, Brasília, DF, a. 155, n. 157, p. 59-64, 15 ago. 2018. Disponível em: https://www.jusbrasil.com.br/diarios/203872157/dou-secao-1-15-08-2018-pg-59. Acesso em 09 nov. 2021.

[54] BRASIL. Lei nº 13.709, de 14 de agosto de 2018. Lei Geral de Proteção de Dados. *Diário Oficial da União*: seção 1, Brasília, DF, a. 155, n. 157, p. 59-64, 15 ago. 2018. Disponível em: https://www.jusbrasil.com.br/diarios/203872157/dou-secao-1-15-08-2018-pg-59. Acesso em 09 nov. 2021.

[55] BRASIL. Lei nº 13.709, de 14 de agosto de 2018. Lei Geral de Proteção de Dados. *Diário Oficial da União*: seção 1, Brasília, DF, a. 155, n. 157, p. 59-64, 15 ago. 2018. Disponível em: https://www.jusbrasil.com.br/diarios/203872157/dou-secao-1-15-08-2018-pg-59. Acesso em 09 nov. 2021.

[56] BRASIL. Lei nº 8.078 de 11 de setembro de 1990. Institui o Código de Defesa do Consumidor. *Diário Oficial da União*, Brasília, 12 set. 1990, retificado em 10 jan. 2007. Disponível em: http://www.planalto.gov.br/ccivil_03/leis/l8078.htm. Acesso em 20 mar. 2022.

[57] BRASIL. Lei nº 8.078 de 11 de setembro de 1990. Institui o Código de Defesa do Consumidor. *Diário Oficial da União*, Brasília, 12 set. 1990, retificado em 10 jan. 2007. Disponível em: http://www.planalto.gov.br/ccivil_03/leis/l8078.htm. Acesso em 20 mar. 2022.

[58] BASAN, Arthur Pinheiro; FALEIROS JÚNIOR, José Luiz de Moura. A proteção de dados pessoais e a concreção do direito ao sossego no mercado de consumo. *Civilistica.com – Revista Eletrônica de Direito Civil*, v. 9, n. 3, p. 1-27, 2020.

[59] BRASIL. Lei nº 13.709, de 14 de agosto de 2018. Lei Geral de Proteção de Dados. *Diário Oficial da União*: seção 1, Brasília, DF, a. 155, n. 157, p. 59-64, 15 ago. 2018. Disponível em: https://www.jusbrasil.com.br/diarios/203872157/dou-secao-1-15-08-2018-pg-59. Acesso em 09 nov. 2021.

[60] BRASIL. Lei nº 13.709, de 14 de agosto de 2018. Lei Geral de Proteção de Dados. *Diário Oficial da União*: seção 1, Brasília, DF, a. 155, n. 157, p. 59-64, 15 ago. 2018. Disponível em: https://www.jusbrasil.com.br/diarios/203872157/dou-secao-1-15-08-2018-pg-59. Acesso em 09 nov. 2021.

não fazem qualquer referência expressa à culpa ou ao risco da atividade, restando de forma pontual a real necessidade de prova quanto à existência ou não de violação à Lei Geral de Proteção de Dados.[61]

Ademais, por meio da disciplina adotada no artigo 45 da Lei Geral de Proteção de Dados,[62] verifica-se que a legislação submete a violação dos direitos atinentes à proteção de dados pessoais especificamente às regras aplicáveis às relações de consumo. O regime de responsabilidade civil aplicável ao tratamento de dados em relações de consumo seguiria a regra geral do Código de Defesa do Consumidor,[63] sendo objetiva. Por conseguinte, ao se diferenciar o regime aplicável às relações de tal natureza e aquele instituído pela Lei Geral de Proteção de Dados,[64] a legislação em análise seria, por exclusão, submetida à regra de responsabilidade civil que não seja aquela aplicada às relações de consumo; logo, a subjetiva.[65]

Portanto, nota-se que, na aplicação do regime de responsabilidade civil subjetivo na Lei Geral de Proteção de Dados,[66] o legislador buscou estabelecer, na própria lei, os parâmetros de observância mínimos necessários à conduta diligente dos agentes, sem que houvesse o prejuízo de estabelecerem uma governança ainda mais estruturada no sentido da promoção de melhores práticas. Isto é, revela-se protetora dos fundamentos e propósitos da Lei Geral de Proteção de Dados,[67] a presunção relativa de culpa, imputando-se ao agente controlador e/ou operador de dados pessoais a obrigatoriedade de demonstrar sua diligência no cumprimento dos *standards* previstos na lei, sob pena do dever de reparar. Para os casos em que houver o reconhecimento de relações de consumo, os vazamentos de dados devem ser considerados fortuitos internos, já que são situações imprevisíveis e, por conseguinte, inevitáveis, mas passíveis de ocorrência do desenvolvimento da atividade.[68]

---

[61] BRASIL. Lei nº 13.709, de 14 de agosto de 2018. Lei Geral de Proteção de Dados. *Diário Oficial da União*: seção 1, Brasília, DF, a. 155, n. 157, p. 59-64, 15 ago. 2018. Disponível em: https://www.jusbrasil.com.br/diarios/203872157/dou-secao-1-15-08-2018-pg-59. Acesso em 09 nov. 2021; PORTO, Antônio José Maristrello; SILVA, Maria Eduarda Vianna e. Lei Geral de Proteção de Dados Pessoais: uma análise econômica sobre o seu regime de responsabilidade. *Economic Analysis Of Law Review*, v. 11, p. 283-300, 2021.

[62] BRASIL. Lei nº 13.709, de 14 de agosto de 2018. Lei Geral de Proteção de Dados. *Diário Oficial da União*: seção 1, Brasília, DF, a. 155, n. 157, p. 59-64, 15 ago. 2018. Disponível em: https://www.jusbrasil.com.br/diarios/203872157/dou-secao-1-15-08-2018-pg-59. Acesso em 09 nov. 2021.

[63] BRASIL. Lei nº 8.078 de 11 de setembro de 1990. Institui o Código de Defesa do Consumidor. *Diário Oficial da União*, Brasília, 12 set. 1990, retificado em 10 jan. 2007. Disponível em: http://www.planalto.gov.br/ccivil_03/leis/l8078.htm. Acesso em 20 mar. 2022.

[64] BRASIL. Lei nº 13.709, de 14 de agosto de 2018. Lei Geral de Proteção de Dados. *Diário Oficial da União*: seção 1, Brasília, DF, a. 155, n. 157, p. 59-64, 15 ago. 2018. Disponível em: https://www.jusbrasil.com.br/diarios/203872157/dou-secao-1-15-08-2018-pg-59. Acesso em 09 nov. 2021.

[65] PORTO, Antônio José Maristrello; SILVA, Maria Eduarda Vianna e. Lei Geral de Proteção de Dados Pessoais: uma análise econômica sobre o seu regime de responsabilidade. *Economic Analysis Of Law Review*, v. 11, p. 283-300, 2021.

[66] BRASIL. Lei nº 13.709, de 14 de agosto de 2018. Lei Geral de Proteção de Dados. *Diário Oficial da União*: seção 1, Brasília, DF, a. 155, n. 157, p. 59-64, 15 ago. 2018. Disponível em: https://www.jusbrasil.com.br/diarios/203872157/dou-secao-1-15-08-2018-pg-59. Acesso em 09 nov. 2021.

[67] BRASIL. Lei nº 13.709, de 14 de agosto de 2018. Lei Geral de Proteção de Dados. *Diário Oficial da União*: seção 1, Brasília, DF, a. 155, n. 157, p. 59-64, 15 ago. 2018. Disponível em: https://www.jusbrasil.com.br/diarios/203872157/dou-secao-1-15-08-2018-pg-59. Acesso em 09 nov. 2021.

[68] PORTO, Antônio José Maristrello; SILVA, Maria Eduarda Vianna e. Lei Geral de Proteção de Dados Pessoais: uma análise econômica sobre o seu regime de responsabilidade. *Economic Analysis Of Law Review*, v. 11, p. 283-300, 2021.

Na prática, já existem julgados que acolhem o entendimento a respeito da indenização aos consumidores que recebem ligações publicitárias com ofertas de produtos e serviços de forma abusiva. Pontua-se que o juiz do 7º Juizado Especial Cível de Brasília, no processo nº 0724516-28.2020.8.07.0016, condenou a operadora Claro S/A e seus terceirizados a indenizar um idoso que recebeu diversas ligações publicitárias com ofertas de produtos e serviços.[69]

Neste passo, consta nos autos que o autor passou a receber inúmeras ligações e mensagens de texto da operadora ré, sendo que nos meses de maio e junho de 2020, as chamadas se intensificaram e passaram a ser, em média, de 3 a 5 por dia. Ainda, o autor relatou que as referidas mensagens eram todas robotizadas e ofereciam serviços ou propaganda. O consumidor afirmou que a insistência das chamadas era de forma abusiva e requereu que a ré se abstivesse de realizar as ligações e que fosse condenada a indenizá-lo pelos danos morais suportados. Ao analisar o caso, o magistrado observou que os documentos juntados aos autos mostraram que a ré realizou diversas chamadas para telefone particular do autor, sendo as chamadas, segundo o julgador, abusivas.[70]

No entendimento do juiz, as ligações reiteradas, principalmente quando feitas em tempos de pandemia causada pela *Covid*-19 e de isolamento social, ultrapassaram os limites dos aborrecimentos do dia a dia. Logo, não deveria a empresa ré tornar ainda mais angustiante e perturbador os dias de recolhimento do autor, idoso, realizando incansáveis ligações publicitárias através de robôs ao seu número de celular. Dessa forma, a Claro S/A foi condenada a pagar ao autor a quantia de R$1.500,00, a título de danos morais, indicando-se, ainda, que as ligações deveriam cessar imediatamente no número telefônico do autor, por qualquer meio, sob pena de aplicação de multa diária.[71]

Outro exemplo de indenização em casos semelhantes no Brasil por ligações excessivas, decorrentes do uso de dados pessoais, com ofertas de produtos ou serviços não solicitados, que, no entender do magistrado, gerariam, então, responsabilidade pela perturbação de sossego do consumidor, encontra-se na decisão proferida pelo Tribunal de Justiça de São Paulo, que reconheceu a obrigação de indenizar da empresa Claro S/A ao pagamento de indenização pela perturbação ao consumidor, no valor de R$40.000,00, ao realizar diversas ligações telefônicas publicitárias indesejadas. Destaca-se, com base nas informações dos autos, que o autor da lide chegou a receber mais de 20 (vinte) ligações telefônicas por dia, que tinham como finalidade oferecer um serviço indesejado.[72]

Observa-se, de pronto, que a empresa, por meio do seu canal de *telemarketing*, realizou inúmeras ligações ao requerente, sendo importunado por uma publicidade

---

[69] BRASÍLIA. Tribunal de Justiça do Distrito Federal e dos Territórios (7º Juizado Especial Cível de Brasília). *Ação Indenizatória nº 0724516-28.2020.8.07.0016*. Requerente: Eudacio Pereira Brandao. Requerido: Claro S/A. Juiz Flávio Fernando Almeida Da Fonseca. Brasília, 20 ago. 2020).

[70] BRASÍLIA. Tribunal de Justiça do Distrito Federal e dos Territórios (7º Juizado Especial Cível de Brasília). *Ação Indenizatória nº 0724516-28.2020.8.07.0016*. Requerente: Eudacio Pereira Brandao. Requerido: Claro S/A. Juiz Flávio Fernando Almeida Da Fonseca. Brasília, 20 ago. 2020).

[71] BRASÍLIA. Tribunal de Justiça do Distrito Federal e dos Territórios (7º Juizado Especial Cível de Brasília). *Ação Indenizatória nº 0724516-28.2020.8.07.0016*. Requerente: Eudacio Pereira Brandao. Requerido: Claro S/A. Juiz Flávio Fernando Almeida Da Fonseca. Brasília, 20 ago. 2020).

[72] SÃO PAULO. Tribunal de Justiça do Estado de São Paulo (22ª Câmara de Direito Privado). *Apelação cível nº 1020418-43.2017.8.26.0196*. Requerente: Nilton Alexandre Andreoli. Requerido: Claro S/A. Relator Desembargador Roberto Mac Cracken. São Paulo, julg. 27 mar. 2019.

indesejável mais de 20 vezes ao longo de um dia, com o objetivo de oferecer um serviço que não era de seu interesse. Assim, a realidade é que mesmo nos casos em que existe a comunicação a respeito da negativa por parte do consumidor, ocorre uma insistência na oferta, o que passa a se tornar um verdadeiro problema no cotidiano do consumidor, visto que as ligações são em diferentes horários e, mesmo quando há o pedido explícito para que cessem, as empresas permanecem com as práticas, o que gera danos que ultrapassam qualquer dissabor.[73]

Frente aos casos apresentados, e com base na doutrina pátria, é possível identificar que as publicidades virtuais, fundadas na coleta indevida dos dados pessoais dos usuários, são fonte para a prática de assédio do consumidor, caracterizando-se assédio de consumo, considerando que a forma como é realizada a atividade publicitária nos canais *telemarketing* mostra-se danosa e cabível de indenização.[74]

Observa-se, neste passo, que o assédio de consumo ocorre nos casos em que a pessoa é importunada, de maneira agressiva, por meio da prática da publicidade direcionada por dados pessoais ilegalmente coletados ou com desvio de finalidades.[75] Considerando as reflexões aqui expostas, evidencia-se a importância de regulamentação em relação às práticas publicitárias, a partir do uso indevido dos dados pessoais dos consumidores, para que, nos casos em que for constatado o dano, seja possível aplicar as penalidades cabíveis, como uma resposta capaz de tutelar as pessoas, que deverá ser baseado na responsabilidade civil do direito do consumidor e na Lei Geral de Proteção de Dados.[76]

5 Considerações finais

Após o estudo sobre os dados pessoais, a responsabilidade civil e o direito do consumidor, apresentou-se o cenário atual da sociedade, por meio dos danos provocados pelo serviço de *telemarketing* e suas práticas publicitárias abusivas, utilizando-se de inúmeras ligações indesejáveis e incessantes a potenciais consumidores.

O trabalho concluiu pela possibilidade de aplicação do dever de reparar, nos casos em que se comprove o uso indevido dos dados pessoais, a partir do excesso de ligações aos consumidores pelas operadoras de *telemarketing*. Assim, nos casos em que se constate a abusividade na obtenção dos dados, deve-se aplicar as indenizações cabíveis, para que haja a responsabilização do agente causador do dano.

Desta feita, nos casos em que as ligações se tornam incessantes, mesmo mediante recusa da oferta do serviço, em que as empresas, por meio de seus prepostos, continuam

---

[73] SÃO PAULO. Tribunal de Justiça do Estado de São Paulo (22ª Câmara de Direito Privado). *Apelação cível nº 1020418-43.2017.8.26.0196*. Requerente: Nilton Alexandre Andreoli. Requerido: Claro S/A. Relator Desembargador Roberto Mac Cracken. São Paulo, julg. 27 mar. 2019.

[74] BASAN, Arthur Pinheiro; FALEIROS JÚNIOR, José Luiz de Moura. A proteção de dados pessoais e a concreção do direito ao sossego no mercado de consumo. *Civilistica.com – Revista Eletrônica de Direito Civil*, v. 9, n. 3, p. 1-27, 2020.

[75] BASAN, Arthur Pinheiro; FALEIROS JÚNIOR, José Luiz de Moura. A proteção de dados pessoais e a concreção do direito ao sossego no mercado de consumo. *Civilistica.com – Revista Eletrônica de Direito Civil*, v. 9, n. 3, p. 1-27, 2020.

[76] BRASIL. Lei nº 13.709, de 14 de agosto de 2018. Lei Geral de Proteção de Dados. *Diário Oficial da União*: seção 1, Brasília, DF, a. 155, n. 157, p. 59-64, 15 ago. 2018. Disponível em: https://www.jusbrasil.com.br/diarios/203872157/dou-secao-1-15-08-2018-pg-59. Acesso em 09 nov. 2021.

realizando o contato com o consumidor de forma incansável, caracteriza-se uma abusividade na publicidade realizada pelos fornecedores no mercado de consumo, o que gera, então, danos na esfera moral do agente lesado e, consequentemente, o dever de indenizar.

Verificou-se, portanto, que as empresas realizam a coleta de dados pessoais com o objetivo de identificar diversas informações importantes dos consumidores, traçando um perfil que serve para direcionar publicidades, por vezes abusivas, como é o caso das incansáveis ligações de *telemarketing*. Assim, conforme observado junto às decisões judiciais apresentadas, ultrapassa-se o limite do serviço de oferta, visto que vão de 3 (três) a 20 ligações por dia, o que configura uma verdadeira importunação do sossego do indivíduo, que mesmo após indicar de forma clara a ausência de interesse, permanece recebendo o contato telefônico da operadora.

Dito isso, e considerando o diálogo das fontes entre Código Civil, Direito do Consumidor e Lei Geral de Proteção de Dados, destaca-se a importância de priorizar a tutela da pessoa humana, por meio da limitação das práticas publicitárias abusivas que infringem as normas pátrias, com o objetivo de divulgar produtos e serviços, mas que sequer são da vontade do consumidor, que passam a ser importunados diversas vezes ao dia, em qualquer horário, sendo dia útil ou não. Assim, considerando as novas tecnologias e a atual situação da sociedade contemporânea, faz-se necessária que haja uma proteção dos dados pessoais dos consumidores, com a finalidade de assegurar um mercado de consumo saudável.

Referências

ALISTE, Mário Bruno. Governo do Brasil. *Big Data e LGPD*: do impacto negativo ao positivo. 2019. Disponível em: https://www.serpro.gov.br/lgpd/noticias/2019/lgpd-bid-data-grandevolume-dados-impactos. Acesso em 16 nov. 2021.

ALMEIDA, Caio César Domingues de; BRAGIOLA, Ricardo Augusto. A responsabilidade pré-contratual no Brasil e em Portugal: uma perspectiva comparada com os países do Common Law. *In*: ROSENVALD, Nelson; DRESCH, Rafael de Freitas Valle; WESENDONCK, Tula. (Org.). *Responsabilidade civil*: novos riscos. 1. ed. Indaiatuba: Editora Foco Jurídico Ltda., 2019. v. 1.

AMORIM, Bruno de Almeida Lewer; FIUZA, César. Considerações práticas acerca da responsabilidade objetiva. *Revista Brasileira de Direito Civil em Perspectiva*, v. 2, p. 1-20, 2016.

BASAN, Arthur Pinheiro; FALEIROS JÚNIOR, José Luiz de Moura. A proteção de dados pessoais e a concreção do direito ao sossego no mercado de consumo. *Civilistica.com – Revista Eletrônica de Direito Civil*, v. 9, n. 3, p. 1-27, 2020.

BIONI, Bruno; DIAS, Daniel. Responsabilidade civil na proteção de dados pessoais: construindo pontes entre a Lei Geral de Proteção de Dados Pessoais e o Código de Defesa do Consumidor. *Civilistica.com – Revista Eletrônica de Direito Civil*, v. 14, p. 1-23, 2020.

BRASIL. Lei nº 8.078 de 11 de setembro de 1990. Institui o Código de Defesa do Consumidor. *Diário Oficial da União*, Brasília, 12 set. 1990, retificado em 10 jan. 2007. Disponível em: http://www.planalto.gov.br/ccivil_03/leis/l8078.htm. Acesso em 20 mar. 2022.

BRASIL. Lei nº 10.406 de 10 de janeiro de 2002. Institui o Código Civil 2002. *Diário Oficial da União*, Brasília, 11 jan. 2002. Disponível em: http://www.planalto.gov.br/ccivil_03/leis/2002/L10406.htm. Acesso em 22 mar. 2022.

BRASIL. Lei nº 13.709, de 14 de agosto de 2018. Lei Geral de Proteção de Dados. *Diário Oficial da União*: seção 1, Brasília, DF, a. 155, n. 157, p. 59-64, 15 ago. 2018. Disponível em: https://www.jusbrasil.com.br/diarios/203872157/dou-secao-1-15-08-2018-pg-59. Acesso em 09 nov. 2021.

BRASÍLIA. Tribunal de Justiça do Distrito Federal e dos Territórios (7º Juizado Especial Cível de Brasília). *Ação Indenizatória nº 0724516-28.2020.8.07.0016*. Requerente: Eudácio Pereira Brandao. Requerido: Claro S/A. Juiz Flávio Fernando Almeida Da Fonseca. Brasília, 20 ago. 2020).

CAVALIERI FILHO, Sergio. *Programa de responsabilidade civil*. 14. ed. São Paulo: Atlas, 2020.

LUTZKY, Daniela Courtes. *O Direito das obrigações na contemporaneidade – Estudos em homenagem ao Ministro Ruy Rosado de Aguiar Júnior*. 1. ed. Porto Alegre: Livraria do Advogado, 2014.

MIRAGEM, Bruno Nubens Barbosa. *Curso de direito do consumidor*. 6. ed. São Paulo: Thomson Reuters Brasil, 2020.

NUNES, Rizzatto. *Curso de direito do consumidor*. 13. ed. São Paulo: Saraiva Educação, 2019.

PORTO, Antônio José Maristrello; SILVA, Maria Eduarda Vianna e. Lei Geral de Proteção de Dados Pessoais: uma análise econômica sobre o seu regime de responsabilidade. *Economic Analysis of Law Review*, v. 11, p. 283-300, 2021.

RABELO, Têmis Chenso da Silva; TRISTÃO, Manuela Albertoni. Responsabilidade Civil dos agentes de tratamento à luz da Lei Geral de Proteção de Dados. *In: Etic-2019*: Revolução na Ciência e Ciências e Profissões em Transformação, Presidente Prudente. Anais do ETIC: Encontro de Iniciação Científica. Presidente Prudente: ETIC, 2020. v. 16.

SÁ JUNIOR, Sergio Ricardo C. *A regulação jurídica da proteção de dados pessoais no Brasil*. Monografia de especialização – Pontifícia Universidade Católica do Rio de Janeiro, Rio de Janeiro, 2019.

SANTANA, Héctor Valverde; VIANA, Rafael Souza. O compartilhamento de dados e informações pessoais de consumidores: o abuso dos fornecedores e as propostas apresentadas no PLS 181/2014. *Revista Brasileira de Políticas Públicas*, 2017.

SÃO PAULO. Tribunal de Justiça do Estado de São Paulo (22ª Câmara de Direito Privado). *Apelação cível nº 1020418-43.2017.8.26.0196*. Requerente: Nilton Alexandre Andreoli. Requerido: Claro S/A. Relator Desembargador Roberto Mac Cracken. São Paulo, julg. 27 mar. 2019.

TARTUCE, Flávio. *Responsabilidade civil objetiva e risco – a teoria do risco concorrente*. São Paulo: Editora Método, 2011.

Informação bibliográfica deste texto, conforme a NBR 6023:2018 da Associação Brasileira de Normas Técnicas (ABNT):

KIELBOVICZ, Mérian H.; SILVA ADOLFO, Luiz Gonzaga. A possibilidade de indenização ao consumidor frente à abusividade do uso indevido dos dados pessoais: as ligações incessantes e indesejáveis das operadoras de *telemarketing*. *In*: EHRHARDT JÚNIOR, Marcos; CATALAN, Marcos; MALHEIROS, Pablo (Coord.). *Direito Civil e tecnologia*. 2. ed. Belo Horizonte: Fórum, 2022. t. II. p. 447-461. ISBN 978-65-5518-432-7.

PARTE IV

IMPACTOS DA TECNOLOGIA NAS RELAÇÕES FAMILIARES E SUCESSÓRIAS

O EXERCÍCIO DA AUTORIDADE PARENTAL NO AMBIENTE DIGITAL

ANA CAROLINA BROCHADO TEIXEIRA

RENATA VILELA MULTEDO

Introdução

O ambiente virtual tem trazido novos desafios para a proteção da privacidade e dignidade das pessoas, o que, paralelamente, caminha com a necessidade de se pensar em novos mecanismos de proteção, principalmente quando, em frente às telas, estão crianças e adolescentes, ainda despreparados para uma navegação segura.

A pandemia da Covid-19 acabou por colocar todos diante de uma realidade em que uma das únicas formas seguras de relacionamento foi por meio de telas: reuniões, aulas, palestras, tudo passou a ser *on-line*. A vida *on-line* não é mais separada da vida *off-line*. Conquanto a internet tenha promovido a possibilidade jamais antes vista de interatividade por meio de diversos canais (Facebook, WhatsApp, Instagram, YouTube, Twitter, entre outros), ela também potencializou riscos. A "Internet apresenta-se cada vez mais como uma trama de possibilidades ainda não resolvida, como um conjunto de promessas contraditórias".[1]

Diante dessa realidade pós-moderna, é crescente o uso da rede por crianças e adolescentes. A pesquisa *TIC Kids Online Brasil* é realizada anualmente, e vem apontando constante tendência de crescimento no acesso à internet por crianças e adolescentes. Em 2019, os dados indicam que 89% da população brasileira entre 9 e 17 anos utiliza internet (em 2015, a proporção era de 79%),[2] sendo que 68% fazem uso de redes sociais.[3]

---

[1] RODOTÀ, Stefano. *A vida na sociedade da vigilância*: a privacidade hoje. Organização, seleção e apresentação de Maria Celina Bodin de Moraes. Tradução de Danilo Doneda e Luciana Cabral Doneda. Rio de Janeiro: Renovar, 2008. p. 169.

[2] NÚCLEO DE INFORMAÇÃO E COORDENAÇÃO DO PONTOBR. *TIC Kids Online Brasil 2019*. São Paulo: Comitê Gestor da Internet no Brasil, 2020. p. 73. Disponível em: https://cetic.br/media/docs/publicacoes/2/20201123093344/tic_kids_online_2019_livro_eletronico.pdf. Acesso em 5 abr. 2021.

[3] NÚCLEO DE INFORMAÇÃO E COORDENAÇÃO DO PONTOBR. *TIC Kids Online Brasil 2019*. São Paulo: Comitê Gestor da Internet no Brasil, 2020. p. 24. Disponível em: https://cetic.br/media/docs/publicacoes/2/20201123093344/tic_kids_online_2019_livro_eletronico.pdf. Acesso em 5 abr. 2021.

De acordo com a pesquisa, "a frequência de acesso varia de acordo com a classe social e com o fato de a criança ou adolescente residir ou não em um domicílio com acesso à rede. O uso da Internet mais de uma vez por dia nas classes A/B (89%) e C (81%) foi superior ao das classes D/E (64%)". Todos esses índices são elevados, indicando a intensidade da presença do jovem na internet.[4] Paralelamente, no entanto, os dados apontam que apenas "55% das crianças têm pais que verificavam os amigos ou contatos adicionados às suas redes; 51% que verificavam os seus e-mails; 50% o histórico de registro dos sites visitados e 48% suas redes sociais".[5] E ressalte-se: são dados anteriores à pandemia, na qual a utilização dos meios digitais aumentou expressivamente.

Paralelamente a isso, não se pode ignorar que a navegação importa em riscos, agravados pela vulnerabilidade digital da população infantojuvenil. Para citar alguns dos potenciais danos aos direitos da personalidade dos filhos, ligados principalmente à privacidade e imagem, pode-se citar *cyberbullying*, contato com conteúdos inadequados na rede (inclusive publicidade), participação de jogos *on-line* que podem apresentar riscos à saúde, divulgação de imagens íntimas (*sexting*), captura e manipulações de imagem[6] e de dados, utilização dos dados para lhes direcionar sistemas de inteligência artificial.

Outra questão que merece atenção sob a ótica dos direitos da criança e do adolescente e de sua privacidade e a responsabilidade parental é a hiperexposição pelos próprios pais de imagens e informações de seus filhos menores nas redes sociais, fenômeno denominado *sharenting*.[7]

Como se verifica, é de grande importância que os pais, no exercício da autoridade parental, possam auxiliar os filhos orientando-lhes tanto em relação ao comportamento digital como no que se refere aos mecanismos necessários para uma navegação segura. Trata-se da educação digital.

1 O exercício da autoridade parental no ambiente virtual

A família reproduz padrões culturais no indivíduo, proporcionando à criança não só sua primeira instrução sobre as regras sociais predominantes, mas também moldando profundamente seu caráter e utilizando vias sobre as quais nem sempre ela tem consciência.[8]

---

[4] NÚCLEO DE INFORMAÇÃO E COORDENAÇÃO DO PONTOBR. *TIC Kids Online Brasil 2019*. São Paulo: Comitê Gestor da Internet no Brasil, 2020. p. 72. Disponível em: https://cetic.br/media/docs/publicacoes/2/20201123093344/tic_kids_online_2019_livro_eletronico.pdf. Acesso em 5 abr. 2021.

[5] NÚCLEO DE INFORMAÇÃO E COORDENAÇÃO DO PONTOBR. *TIC Kids Online Brasil 2019*. São Paulo: Comitê Gestor da Internet no Brasil, 2020. p. 83. Disponível em: https://cetic.br/media/docs/publicacoes/2/20201123093344/tic_kids_online_2019_livro_eletronico.pdf. Acesso em 5 abr. 2021.

[6] "Outro fenômeno constatado é o 'sequestro digital', em que estranhos roubam fotos de bebês e repostam como se fossem seus filhos, normalmente com outro nome e outra história, numa ficção virtual. Além disso, o *sharenting* pode ridicularizar criança. Um exemplo extremo foi um grupo criado no Facebook em que mães repostavam fotos de outras crianças com deficiência para serem zombadas. Outra questão é que imagens postadas pelos pais podem constranger e embaraçar seus filhos quando adolescente ou podem ser acessadas por empregadores e universidades na admissão. (Daily Mail, 8.02.2014)" (BROSCH, A. When the child is born into the internet: sharenting as a growing trend among parents on Facebook. *The New Educational Review*, v. 1, n. 43, mar. 2016. p. 227).

[7] Diz o art. 20 do CC: "Salvo se autorizadas, ou se necessárias à administração da justiça ou à manutenção da ordem pública, a divulgação de escritos, a transmissão da palavra, ou a publicação, a exposição ou a utilização da imagem de uma pessoa poderão ser proibidas, a seu requerimento e sem prejuízo da indenização que couber, se lhe atingirem a honra, a boa fama ou a respeitabilidade, ou se se destinarem a fins comerciais".

[8] LASCH, Christopher. *Refúgio num mundo sem coração* – A família: santuário ou instituição sitiada? Rio de Janeiro: Paz e Terra, 1991. p. 25.

Portanto, esse poder-dever dos pais não pode se assentar em mero voluntarismo e constitui, antes de tudo, um poder jurídico atribuído pelo Estado para que possam utilizá-lo na concreção do princípio do melhor interesse do filho, eis que a autoridade parental representa uma situação subjetiva complexa que conjuga poderes e deveres que devem ser exercidos sempre em favor dos filhos menores.[9]

Tendo em vista as mudanças na realidade social – inclusive na de crianças e adolescentes –, é essencial uma releitura ampliativa das funções da autoridade parental, que existe no âmbito de uma família democrática,[10] na qual se pretende a construção de uma relação parental pautada no diálogo sem descurar da autoridade dos pais, advinda da maior vivência e experiência. Por isso o diálogo educativo é o recurso prioritário no exercício da autoridade parental contemporânea, pois é por meio dele que se possibilita uma relação de confiança, na qual crianças e adolescentes, aos poucos, vão amadurecendo e entendendo as consequências das suas escolhas. Nesses termos, este processo educacional viabiliza a formação paulatina de um adulto livre e responsável.[11]

A autoridade parental pressupõe o exercício dos deveres constitucionais de criação, assistência e educação (art. 229, CF). Os deveres de criação e educação desdobram-se em outros que, embora aplicáveis no ambiente *off-line*, adequam-se às atividades *on-line*. Entende-se que, no ambiente digital, é muito importante um papel ativo dos pais, para que os filhos possam compreender a importância da segurança nas redes para que, a depender da fase de desenvolvimento, possam trafegar com seus próprios *clicks*, independentemente de seus pais. Por isso, elegeu-se aqui cinco condutas que se entendem essenciais por parte dos pais, inclusive no ambiente virtual.

a) Orientar implica que os pais guiem, conduzam, encaminhem seus filhos, estando sempre presentes, tornando-se a pessoa na qual os filhos confiem e com que possam conversar, tirar dúvidas, falar dos seus medos, aconselhar-se. Atrela-se a uma influência no aspecto anímico dos filhos, à formação da sua personalidade, ao ponderar prós e contras de determinada conduta, a fim de se apurar alternativas que coadunam com seu melhor interesse. Orientar é influenciar positivamente.

b) Acompanhar é "ir junto", ficar com, desenvolver uma escuta ativa do que os filhos têm a dizer e, a partir daí, compreender suas questões, seus desejos para, então, participar e assessorá-los. É estar com os filhos diariamente para ajudá-los com seus comportamentos, atitudes, relacionamentos.

c) Dialogar também é essencial, pois pressupõe conversar para entender-se e ajustar-se. Muitas vezes, os pais precisam dizer "não", mas, nesse sistema de parentalidade que se busca instaurar, o "não" deve ser explicado para que os filhos desenvolvam entendimento dos riscos e do que é adequado para sua idade e desenvolvimento.

---

[9] TEIXEIRA, Ana Carolina Brochado. *Família, guarda e autoridade parental*. 2. ed. Rio de Janeiro: Renovar, 2009. p. 97 e ss.

[10] Sobre o tema, ver MORAES, Maria Celina Bodin de. *A família democrática*. Disponível em: http://www.ibdfam.org.br/assets/upload/anais/31.pdf.

[11] TEIXEIRA, Ana Carolina Brochado; NERY, Maria Carla Moutinho. Vulnerabilidade digital de crianças e adolescentes: a importância da autoridade parental para uma educação nas redes. *In*: EHRHARDT JR., Marcos; LOBO, Fabíola (Org.). *Vulnerabilidade e sua compreensão no direito brasileiro*. Indaiatuba: Foco, 2021. p. 133-147.

d) Consentir significa autorizar. Essa ação tem duplo destinatário no ambiente digital: (i) os filhos, por meio da permissão do uso de determinados aplicativos no universo virtual e (ii) as plataformas, na medida em que, de acordo com o art. 14 da Lei Geral de Proteção de Dados, pelo menos um dos pais ou responsável deve dar o consentimento específico e em destaque para o tratamento de dados pessoais de criança.[12]

e) Fiscalizar quer dizer observar e supervisionar o comportamento dos filhos no ambiente digital, o que pressupõe a interface com as plataformas, o relacionamento com "amigos" virtuais, as emoções que essa interface gera nos seus filhos. Trata-se de conduta dos pais – até certo ponto passiva – que é o gatilho dos outros "verbos" analisados até aqui e que tem como ponto de partida as necessidades individualizadas de cada filho.

Reitera-se que a função da autoridade parental é contribuir para a construção da personalidade do filho com base nos valores eleitos pelos pais como mais adequados, até que o filho tenha condições de avaliá-los e escolher o seu ideário de vida boa por si próprio.

No caso do ambiente virtual, é necessário que esses deveres caminhem juntos, para que haja um controle parental acompanhado de diretrizes orientadoras justificadas, de modo a propiciar que haja real compreensão da situação em si, com riscos que lhe são inerentes, para que eles possam, aos poucos, entender a necessidade de segurança e o comportamento necessário no ambiente virtual. Embora possa parecer uma invasão da sua intimidade, entende-se ser papel dos pais o exercício dessa função, para que os filhos não fiquem abandonados. Orientá-los e direcioná-los em termos de valores, relacionamentos e escolhas é parte inegável do dever de educar dos pais. Diante disto, busca-se, de fato, a implementação de uma autoridade dialógica, pautada na orientação respeitosa, mas com a autoridade necessária, conduta que se espera ser realizada no âmbito de uma família democrática.

O conjunto dessas ações coordenadas constituirá o que vem se denominando educação digital. Trata-se de atuação dos pais para orientar seus filhos, crianças e adolescentes, para a compreensão da importância da segurança na rede, navegando de forma saudável e segura no ambiente virtual. São condutas dos pais para preparação dos filhos para o mundo tecnológico. O monitoramento de uso do perfil em redes sociais, WhatsApp, jogos *on-line* são alguns exemplos do que deve ser objeto da educação digital, e que deve ser modulado segundo a fase de desenvolvimento da criança, pois o processo educacional engloba conjugar autonomia e vulnerabilidade também no ambiente *on-line*. A assistência parental deve ser segura e permanente, a respeito do uso e limites dos equipamentos e dos riscos em potencial, além de os pais respeitarem as normas de idade das próprias redes sociais.

A falsa ilusão de que os filhos, por estarem fisicamente em casa, em cômodo ao lado de onde se encontram os pais, estão em total segurança, deve ser encarada de forma realista. É importante que os próprios pais tenham a dimensão de que relegá-los

---

[12] Sobre o tema, seja consentido remeter ao nosso TEIXEIRA, Ana Carolina Brochado; RETTORE, Anna Cristina Carvalho. A autoridade parental e o tratamento de dados pessoais de crianças e adolescentes. *In*: FRAZÃO, Ana; TEPEDINO, Gustavo; OLIVA, Melina Donato (Org.). *Lei Geral de Proteção de Dados Pessoais e suas repercussões no direito brasileiro*. São Paulo: Revista dos Tribunais, 2019, v. 1. p. 516.

à própria sorte nas redes pressupõe seu abandono digital, que é deixá-los sozinhos, em situação de inerente vulnerabilidade, sem qualquer acompanhamento. "Você deixaria seu filho sozinho o dia todo, sentado na calçada, sem saber com quem ele poderia estar falando? Mas por que será que hoje há tantos jovens assim, abandonados na calçada digital da internet?".[13] A resposta é: em razão da fantasia de que a presença física no mesmo ambiente livra os filhos de qualquer perigo, o que é completamente irreal. Por isso, a necessidade de se assumir uma postura ativa na condução da educação digital dos filhos, o que pode ocorrer, inclusive, por meio de programas de controle parental, previstos pelo art. 29 do Marco Civil da Internet, cabendo aos pais a eleição dos conteúdos adequados para seus filhos.

O Comitê dos Direitos da Criança, em fevereiro de 2021, publicou o Comentário Geral nº 25 sobre os Direitos das Crianças[14] em relação ao ambiente digital. Trata-se de importante documento que visa a estabelecer parâmetros para a interface entre criança e tecnologia, de modo a resguardar os direitos da criança no ambiente digital. Parte-se da premissa de que a criança deve ser protegida enquanto tal, não por ser o futuro ou como um pequeno adulto. Por estar em fase de desenvolvimento, cada fase de sua vida deve ser resguardada, de acordo com suas condições de maturidade e do que consegue compreender, a fim de que seus direitos fundamentais sejam protegidos, nos moldes do art. 227 do Texto Constitucional.[15]

O Comentário afirma que se deve alcançar um equilíbrio entre o universo digital e a vida presencial, pois os dispositivos não devem substituir as interações presenciais entre crianças, entre elas e mães, pais ou cuidadores, principalmente nos primeiros anos de vida, nos quais a plasticidade cerebral é máxima e os relacionamentos, essenciais para construir o desenvolvimento cognitivo, emocional e social das crianças. Por isso, os pais devem receber treinamento e aconselhamento sobre o uso adequado de dispositivos digitais, para que saibam orientar adequadamente, em especial nos períodos de crescimento neurológico da infância e adolescência.[16] Isso é importante porque, em alguns casos, a educação digital não é feita em razão da própria dificuldade dos pais em lidar com o ambiente digital. Por isso, é necessário que os pais se apropriem desse conhecimento para que possam auxiliar os filhos de maneira efetiva.

Tudo isso é importante porque são muitos os direitos fundamentais de crianças e adolescentes que estão envolvidos nessa interface com a rede, como a imagem,

---

[13] PINHEIRO, Patricia Peck. Abandono digital. *HuffPost Brasil*, 26 jan. 2017. Disponível em: https://www.huffpostbrasil.com/patricia-peck-pinheiro/abandono-digital_b_5408043.html. Acesso em 21 mai. 2021. No mesmo sentido: "O 'abandono digital' é a negligência parental configurada por atos omissos dos genitores, que descuidam da segurança dos filhos no ambiente cibernético proporcionado pela internet e por redes sociais, não evitando os efeitos nocivos delas diante de inúmeras situações de risco e de vulnerabilidade" (ALVES, Jones Figueiredo. Negligência dos pais no mundo virtual expõe criança a efeitos nocivos da rede. *Conjur*, 15 jan. 2017. Disponível em: https://www.conjur.com.br/2017-jan-15/processo-familiar-abandono-digital-expoe-crianca-efeitos-nocivos-internet. Acesso em 21 mai. 2021).

[14] A Convenção dos Direitos das Crianças trata criança como a pessoa de 0 a 18 anos.

[15] O melhor interesse da criança e do adolescente também se projeta no ambiente digital. Sobre o tema, seja consentido remeter a: TEIXEIRA, Ana Carolina Brochado; RETTORE, Anna Cristina de Carvalho. O princípio do melhor interesse no ambiente digital. *In*: LATERÇA, Priscilla Silva *et al*. (Coords.). *Privacidade e proteção de dados de crianças e adolescentes*. Rio de Janeiro: Instituto de Tecnologia e Sociedade do Rio de Janeiro; Obliq, 2021. E-book. p. 255-286.

[16] COMITÊ DOS DIREITOS DA CRIANÇA. *Comentário Geral nº 25 (2021) sobre os Direitos das Crianças em relação ao ambiente digital*. 2021. p. 3. Disponível em: https://criancaeconsumo.org.br/wp-content/uploads/2021/04/comentario-geral-n-25-2021.pdf. Acesso em 28 mai. 2021.

a privacidade, a identidade, entre outros. O Comentário ainda prevê uma série de liberdades que devem ser resguardadas pelos Estados-Partes, como exemplo, o acesso à informação e a liberdade de expressão, pensamento, consciência, religião, associação e reunião pacífica.

A conjugação entre proteção e autonomia também é uma preocupação demonstrada em várias oportunidades do Comentário, de modo que os Estados deverão formalizar orientações nesse sentido:

> Essa orientação deve apoiar as mães e pais na manutenção de um equilíbrio adequado entre a proteção da criança e a sua autonomia emergente, baseada na empatia e respeito mútuos, ao invés da proibição ou controle. Para ajudar mães, pais e cuidadores a manter um equilíbrio entre as responsabilidades parentais e os direitos das crianças, o melhor interesse da criança, aplicado juntamente com a consideração do desenvolvimento progressivo das capacidades da criança, devem ser os princípios orientadores. A orientação às mães, pais e cuidadores deve encorajar as atividades sociais, criativas e de aprendizagem das crianças no ambiente digital e enfatizar que o uso de tecnologias digitais não deve substituir interações diretas e responsivas entre as próprias crianças ou entre as crianças e as mães, pais ou cuidadores.[17]

Nota-se, portanto, a relevância de uma postura ativa dos pais para que a autoridade parental se verta também em prol da construção da educação digital dos seus filhos. Isso implica critérios para a exposição da imagem destes no ambiente digital, entendendo-se que a liberdade de expressão dos pais encontra limites em relação à imagem da prole e uma atenção importante quando os filhos estiverem sofrendo e praticando *cyberbullying*, um novo tipo de violência perpetrada no âmbito da internet.

2 *Sharenting*

Ao se refletir sobre a forma em que a autoridade parental ocorre no "mundo das redes", é preciso se atentar para o fenômeno do *sharenting* no contexto dos direitos da criança e do adolescente e sob a ótica de sua privacidade e da responsabilidade parental, uma vez que, nesses casos, diferentemente de exposições feitas por terceiros, os indivíduos responsáveis por compartilhar as informações das crianças e garantir sua segurança são os mesmos que detêm a responsabilidade de proteger sua privacidade e sua imagem, ou seja, os próprios pais.

O exercício da parentalidade vem se tornando uma experiência compartilhada digitalmente pelos pais em dimensões nunca vistas. Decorre daí o surgimento do fenômeno que foi nomeado de *sharenting*, isto é, o hábito de os pais utilizarem as mídias sociais para compartilhar informações – fotos, vídeos e acontecimentos – sobre seus filhos.

Esta forma de compartilhamento digital pelos pais de suas experiências em relação ao exercício da parentalidade é comparada ao que seria, no passado, um vídeo ou álbum público de fotos. Mas a potencialidade da internet de eternizar informações

---

[17] COMITÊ DOS DIREITOS DA CRIANÇA. *Comentário Geral nº 25 (2021) sobre os Direitos das Crianças em relação ao ambiente digital*. 2021. p. 17. Disponível em: https://criancaeconsumo.org.br/wp-content/uploads/2021/04/comentario-geral-n-25-2021.pdf. Acesso em 28 mai. 2021.

que estejam na rede é infinitas vezes maior. Tudo isso contribui para que hoje se tenha reduzida possibilidade de avaliação do impacto que as informações dessas crianças e adolescentes no universo *on-line* irá ter em seu desenvolvimento social.

Cogita-se, em doutrina, a interferência que tal fenômeno irá gerar na vida escolar, universitária e profissional dessas crianças, sendo inclusive possível já prever "a toda criança um dia será permitido trocar seu nome a fim de se livrar de seu passado digital".[18] Isto se deve, principalmente, ao fato de os pais tenderem a compartilhar conteúdo sobre crianças, incluindo data de nascimento, nome completo da criança ou publicação de fotos que podem ser constrangedoras, o que as pode colocar em risco ainda maior. Essa questão recebeu referência expressa do Comentário Geral nº 25:

> As ameaças à privacidade das crianças podem surgir da coleta e processamento de dados por instituições públicas, empresas e outras organizações, bem como de atividades criminosas como o roubo de identidade. As ameaças também podem surgir das próprias atividades das crianças e das atividades de membros da família, colegas ou outros, por exemplo, por mães e pais que compartilham fotografias online ou por um estranho que compartilha informações sobre uma criança.[19]

Destaca-se que esse compartilhamento pode satisfazer a necessidade de autorrealização e de aprovação social dos pais, principalmente nos primeiros momentos da parentalidade, caracterizados por maior isolamento social.[20] No entanto, suas divulgações *on-line* podem prejudicar seus filhos, intencionalmente ou não, já que a decisão dos pais em compartilhar as informações pessoais de um filho na rede é uma fonte potencial de danos que permanece em grande parte sem solução. Infelizmente, não há um *link* de "exclusão" para crianças e as decisões tomadas por seus pais resultarão em dados indeléveis.

Embora muitos pais sejam iludidos pela falsa sensação de segurança, acreditando que as informações compartilhadas sobre as crianças não passarão de uma audiência selecionada por eles – já que algumas redes sociais oferecem opções de privacidade –, a realidade é que esses *posts* podem ser salvos e repostados em *sites* alternativos sem permissão.[21]

Sob o aspecto da privacidade, deve ainda se considerar que esses filhos não apenas possam ter interesse, no futuro, em proteger informações negativas sobre si mesmos no *feed* de notícias de seus pais, mas também que, muitas vezes, não tinham a capacidade de consentir e concordar com a decisão dos pais de compartilhar qualquer informação pessoal – negativa ou positiva – sobre eles no mundo *on-line*.

Além dos riscos de segurança atuais e da permanência no contexto *on-line*, o *sharenting* pode causar outras consequências no futuro. Devido ao compartilhamento

---

[18] BROSCH, A. When the child is born into the internet: sharenting as a growing trend among parents on Facebook. *The New Educational Review*, v. 1, n. 43, mar. 2016. p. 233-234.

[19] COMITÊ DOS DIREITOS DA CRIANÇA. *Comentário Geral nº 25 (2021) sobre os Direitos das Crianças em relação ao ambiente digital*. 2021. p. 13. Disponível em: https://criancaeconsumo.org.br/wp-content/uploads/2021/04/comentario-geral-n-25-2021.pdf. Acesso em 28 mai. 2021.

[20] BROSCH, A. When the child is born into the internet: sharenting as a growing trend among parents on Facebook. *The New Educational Review*, v. 1, n. 43, mar. 2016. p. 233.

[21] STEINBERG, S. B. Sharenting: children's privacy in the age of social. *Emory L.J.*, v. 66, 2017. p. 850.

pelos próprios pais, crianças crescem com um conceito de privacidade totalmente diferente, tornando-se normal para elas que tudo seja de domínio público. Essa superexposição nas redes sociais passa a ser naturalizada e assim o conceito de privacidade vai desaparecendo rapidamente, o que pode não ser saudável para seu crescimento biopsíquico. Por isso, a atuação dos pais no manejo da internet é tão relevante.

É no âmbito familiar que o indivíduo começa a desenvolver sua personalidade e a construir sua autonomia. A responsabilidade dos pais na criação dos filhos menores inclui a construção de um ambiente saudável, democrático e hábil à formação da autonomia individual da criança. Sob essa orientação se inspirou o legislador brasileiro, ao ampliar significativamente o conteúdo da autoridade parental e dos deveres a esta inerentes, de modo a concretizar a autonomia da criança e do adolescente em seu melhor interesse, priorizando seu desenvolvimento em consonância com suas particularidades.[22]

Para garantir o bem-estar das crianças e dos adolescentes, reconhecidamente vulneráveis,[23] a tutela especial que lhes é deferida pode se estender até mesmo em face dos seus pais, nas hipóteses de eventual malversação dessa autoridade.[24] Assim, "na concepção contemporânea, a autoridade parental não pode ser reduzida nem a uma pretensão juridicamente exigível em favor dos seus titulares nem a um instrumento jurídico de sujeição (dos filhos à vontade dos pais)".[25] Ela tem a finalidade precípua de promover o desenvolvimento da personalidade dos filhos, respeitando sua dignidade pessoal.[26]

Ao assumir essa função, a autoridade parental não significa mais somente o cerceamento de liberdade ou, na expressão popular, a "imposição de limites", mas, principalmente, a promoção dos filhos em direção à emancipação. A estes devem ser conferidas as escolhas existenciais personalíssimas para as quais eles demonstrem o

---

[22] O interesse da criança, como destaca Perlingieri, identifica-se "com a obtenção de uma autonomia pessoal e de juízo, que pode se concretizar na possibilidade de exprimir escolhas nos mais diversos setores, [...] desde que sejam salvaguardados a sua integridade psicofísica e o crescimento global de sua personalidade" (PERLINGIERI, Pietro. A doutrina do direito civil na legalidade constitucional. *In*: TEPEDINO, Gustavo (Org.). *Direito civil contemporâneo*: novos problemas à luz da legalidade constitucional. São Paulo: Atlas, 2008. p. 1003).

[23] Heloisa Helena Barboza destaca que a vulnerabilidade é, na verdade, característica ínsita do ser humano: "Considerada que seja a cláusula geral de tutela da pessoa humana, constata-se que a vulnerabilidade se apresenta sob múltiplos aspectos existenciais, sociais, econômicos. Na verdade, o conceito de vulnerabilidade (do latim, vulnerabilis, 'que pode ser ferido', de vulnerare, 'ferir', de vulnus, 'ferida') refere-se a qualquer ser vivo, sem distinção, que pode, eventualmente, ser 'vulnerado' em situações contingenciais. Trata-se, portanto, de característica ontológica de todos os seres vivos" (BARBOZA, Heloisa Helena. Vulnerabilidade e cuidado: aspectos jurídicos. *In*: PEREIRA, Tânia da Silva; OLIVEIRA, Guilherme. *Cuidado & Vulnerabilidade*. São Paulo: Atlas, 2009. p. 110). Complementa Thaís Sêco que a referência a uma "vulnerabilidade que tende à extinção", no caso da criança e do adolescente, portanto, é à vulnerabilidade específica da doutrina da tutela integral, e não à vulnerabilidade geral, a qual fundamenta até mesmo os próprios direitos humanos e fundamentais como um todo, além de ramos específicos como o direito do trabalho e o direito do consumidor.

[24] MORAES, Maria Celina Bodin de. Danos morais em família? *In*: MORAES, Maria Celina Bodin de. *Na medida da pessoa humana*: estudos de direito civil-constitucional. Rio de Janeiro: Renovar, 2010. p. 448.

[25] Assim, complementa Gustavo Tepedino, a "interferência na esfera jurídica dos filhos só encontra justificativa funcional na formação e no desenvolvimento da personalidade dos próprios filhos, não caracterizando posição de vantagem juridicamente tutelada em favor dos pais" (TEPEDINO, Gustavo. A disciplina jurídica da guarda e da autoridade parental. *Revista Trimestral de Direito Civil*, v. 17, n. 5, p. 40-41, jan./mar. 2004).

[26] MENEZES, Joyceane Bezerra de; MORAES, Maria Celina Bodin de. Autoridade parental e a privacidade do filho menor: o desafio de cuidar para emancipar. *Revista Novos Estudos Jurídicos*, v. 20, n. 2, maio/ago. 2015. p. 504.

amadurecimento e a competência necessários no processo de construção de sua própria identidade.[27]

O desafio está justamente em encontrar a medida entre cuidar e emancipar.[28] A relação entre pais e filhos não pode ser pensada exclusivamente como contraposição, já que diz respeito, também, ao chamado desenvolvimento fisiológico de uma família.[29] O contraste ou a conexão ocorrem entre situações jurídicas subjetivas complexas, delineando o conteúdo dessa relação que se altera e que se desenvolve conforme as diferentes exigências dos filhos.[30]

É sob o enfoque das relações dialéticas, democráticas e concretas entre pais e filhos – com todas as particularidades que envolvem a criança em cada etapa de seu desenvolvimento – que se pretende investigar o impacto do compartilhamento excessivo pelos pais da imagem e da vida dos filhos menores nas redes sociais, bem como, sob o prisma da autonomia existencial dos filhos, se há justificativas para heteronomia estatal no exercício da autoridade parental no que tange à exposição dos filhos no ambiente virtual.

Nesse sentir é que se entende, por ora, que os pais excedem os limites no exercício de sua liberdade de expressão, de modo que sua conduta pode configurar abuso se se refere a esse direito, não ao exercício da autoridade parental, uma vez que as postagens não decorrem do exercício dos poderes/deveres oriundos da autoridade parental, podendo se configurar em descumprimento do dever de cuidado.[31]

Embora o assunto ainda seja pouco explorado no Brasil, na Europa, há uma tendência geral no sentido de se exigir o consentimento de ambos os pais,[32] sendo essa exigência relativizada quando o escopo da publicação é restrito a familiares e amigos, e não em todos os casos, dado o risco de que essa publicação restrita possa acabar em uma republicação (*repost*) não autorizada da imagem. De fato, a necessidade de obter o consentimento do outro genitor favorece a reflexão do que está em jogo e se determinada exposição beneficia o melhor interesse da criança. Em caso de desacordo entre os pais, será necessária a intervenção estatal para que o juiz determine qual decisão se coaduna com o melhor interesse da criança envolvida, da mesma forma como dispõe o parágrafo único do art. 1.631 do Código Civil brasileiro.[33]

---

[27] MULTEDO, Renata Vilela. *Liberdade e família*: limites para a intervenção do Estado nas relações conjugais e parentais. Rio de Janeiro: Processo, 2017. p. 107 e ss.

[28] MENEZES, Joyceane Bezerra de; MORAES, Maria Celina Bodin de. Autoridade parental e a privacidade do filho menor: o desafio de cuidar para emancipar. *Revista Novos Estudos Jurídicos*, v. 20, n. 2, maio/ago. 2015. p. 505.

[29] STANZIONE, Pasquale. Personalidade, capacidade e situações jurídicas do menor. *In*: TEIXEIRA, Ana Carolina Brochado; RIBEIRO, Gustavo Pereira Leite; COLTRO, Antônio Carlos Mathias; TELLES, Marília Campos Oliveira e (Org.). *Problemas da família no direito*. Belo Horizonte: Del Rey, 2011. p. 222.

[30] STANZIONE, Pasquale. Personalidade, capacidade e situações jurídicas do menor. *In*: TEIXEIRA, Ana Carolina Brochado; RIBEIRO, Gustavo Pereira Leite; COLTRO, Antônio Carlos Mathias; TELLES, Marília Campos Oliveira e (Org.). *Problemas da família no direito*. Belo Horizonte: Del Rey, 2011. p. 222.

[31] TEIXEIRA, Ana Carolina Brochado; MULTEDO, Renata Vilela. (*Over*)sharenting e o abuso da conduta dos pais no ambiente digital. *In*: SANCHES, Patricia Correa (Coord.). *Direito das famílias e sucessões na era digital*. Belo Horizonte: IBDFAM, 2021.

[32] LARA, E. Toral. Menores y redes sociales: consentimiento, protección y autonomía. *Derecho Privado y Constitución*, v. 36, p. 179-218, 2020. Disponível em: https://doi.org/10.18042/cepc/dpc.36.05. Acesso em 24 fev. 2021.

[33] Nesse sentido, o Tribunal Distrital de Haia condenou um influenciador a remover permanentemente todo o conteúdo de suas redes sociais em que aparecem seus filhos menores. Além disso, proibiu o pai de postar conteúdo desse tipo no futuro. A decisão baseou-se no fato de que a decisão de publicar imagens ou vídeos de filhos menores nas redes sociais deve ser adotada em conjunto pelos pais. Isso sem prejuízo de que, na falta de acordo, se recorra ao Tribunal para a retirada e futura proibição das publicações nos casos em que os

Os pais são os naturais protetores da identidade digital de seus filhos. No entanto, muitas vezes essa abertura online da vida pessoal de seus filhos pode prejudicá-los, intencionalmente ou não. Muitas crianças e adolescentes têm interesse em proteger informações que consideram negativas sobre elas mesmas no feed de seus pais e também podem desejar que nenhuma informação pessoal – negativa ou positiva – a seu respeito seja divulgada. Embora os adultos tenham a capacidade de definir seus próprios parâmetros ao compartilhar suas informações pessoais no mundo virtual, as crianças não têm tal controle sobre sua pegada digital, a menos que haja limites para os pais.[34]

Assim, em colisão entre os direitos à privacidade e imagem dos filhos e o da liberdade de expressão dos pais, deve-se ponderar pela maior proteção ao segmento vulnerável. Isso não significa que os pais não possam postar fotos de família em que os filhos estejam presentes, mas que essa prática seja moderada, para que os filhos tenham a possibilidade de, eles mesmos, sob a orientação dos pais no exercício da autoridade parental, criar sua identidade no mundo virtual, no gozo do seu direito à autodeterminação informativa. Isso porque, a rigor, trata-se da imagem do filho, que, além de titularizar esse direito da personalidade, também deve exercê-lo. Assim, parece não ser recomendável a exposição "do filho pelo filho", sem qualquer relação ou senso de pertencimento ao grupo familiar, principalmente em imagens da criança em situações vexatórias, de nudez ou seminudez que possam comprometê-la e potencializar riscos de danos. Entende-se que, nessas hipóteses, há um excesso, uma abusividade na conduta dos pais.

Os casos julgados pelos tribunais brasileiros ainda são poucos. Mas o conflito parece vir da discordância entre os pais, geralmente divorciados/separados. Em caso examinado pelo TJSP, o autor, pai de um filho menor, pleiteou a remoção de postagem feita pela mãe, no Facebook, sem sua autorização. Argumentou que detém a guarda compartilhada e não foi consultado sobre o *post* que versava sobre seu filho e ainda publicava sua foto. Tratava-se de uma postagem em que a mãe compartilhava seus sentimentos ao descobrir o autismo do filho, razão pela qual, na contestação, ela alegou que não ofendeu a dignidade, imagem ou identidade do filho. O magistrado entendeu pela inexistência de ofensa aos direitos da personalidade do menor, agindo a mãe no exercício da sua liberdade de expressão:

> Pelo teor do texto publicado, pode-se perceber uma mãe, preocupada com o diagnóstico de autismo do filho, relatando, de forma emotiva, a descoberta da moléstia e a confusão de sentimentos que se seguiu. Percebe-se, nitidamente, que não houve qualquer mácula à imagem do menor. Pelo contrário, nota-se uma mãe preocupada com o filho que tanto ama, compartilhando seus sentimentos na rede social, em busca de afeto, reconhecimento e identificação. [...] De todo o exposto, pode-se perceber que a pretensão do apelante não merece acolhimento, não tendo a postagem da ré capacidade de ofender a imagem ou privacidade do menor.[35]

---

filhos tenham sua privacidade comprometida. No entanto, o Tribunal autorizou a publicação nas redes sociais privadas com menos de 250 seguidores (Disponível em: https://uitspraken.rechtspraak.nl/inziendocument?id=ECLI:NL:RBDHA:2018:13105. Acesso em 24 fev. 2021).

[34] STEINBERG, S. B. Sharenting: children's privacy in the age of social. *Emory L.J.*, v. 66, 2017. p. 842-843.

[35] "Direito de imagem. Postagem, pela mãe, em rede social, acerca da doença de seu filho (autismo). Contrariedade do pai. Não cabimento. Embora se deva evitar a superexposição dos filhos em redes sociais, privilegiando a proteção à imagem e à intimidade do incapaz, necessário balizar tais direitos fundamentais com a liberdade

Não parece ser possível, de antemão, estabelecer um *standard* de número de postagens de família que seja razoável se admitir em razão do senso de pertencimento ao coletivo familiar, mesmo porque os critérios definidores não são apenas quantitativos, mas também, qualitativos, pois não é qualquer foto que pode ser exibida, vez que ela não pode transmitir qualquer conteúdo constrangedor que possa, no futuro, comprometer a integridade do filho, por isso, não deve ser permitida a exibição de crianças nuas ou seminuas, em momentos da sua reserva máxima de intimidade (banho, necessidades fisiológicas etc.), mesmo que seja num contexto familiar. O que parece ser possível afirmar é que os pais precisam refletir que, ao fazerem uma postagem, perdem totalmente o controle sobre seu conteúdo. Por isso, é preciso se pensar no risco de potencial lesão tanto no presente, quanto no futuro.

O que se constata é o expressivo potencial danoso dessa exposição exacerbada, razão pela qual se fala em *(over)sharenting*, situação que se configura na abusividade no exercício da autoridade parental e do direito à liberdade de expressão dos pais. Portanto, a hiperexposição parece estar vedada por si só, mesmo que não incomode o filho, pois ela pode trazer graves consequências relativas à criação de rastros digitais para o futuro da criança.

> Como se procurou demonstrar, não há como voltar atrás. Seria impossível imaginar que pais e familiares vão parar de postar fotos, vídeos e informações de crianças e adolescentes na Internet. Seria como lutar contra a maré da realidade social, numa sociedade marcada pela exibição e pelo consumo. O que se deve fazer é estar atento para prevenir e reprimir os abusos, como aqueles associados à captura das rédeas da construção da história e da narrativa dos filhos nas redes sociais na Internet.[36]

3 A responsabilidade dos pais perante o *cyberbullying*

Outra grave questão envolvendo danos nas redes sociais é o combate ao *cyberbullying*,[37] definido pela Lei nº 13.185/2015 como a "intimidação sistemática na rede mundial de computadores (*cyberbullying*), quando se usarem os instrumentos que lhe são próprios para depreciar, incitar a violência, adulterar fotos e dados pessoais com o intuito de criar meios de constrangimento psicossocial", que vem sendo considerado questão de política pública no Brasil e em diversos países ao redor do mundo.

A questão é tão séria que vem ocasionando suicídios entre crianças e adolescentes, denominado de *bullycídio*,[38] sendo também identificado como possível causa de chacinas

---

de expressão da genitora. Postagem que não ofende ou desmoraliza o infante. Teor do texto publicado que demonstra preocupação e afeto com o menor. Sentença mantida. Recurso desprovido" (TJSP, 6ª Câm. Dir. Priv. Ap. Civ. nº 1015089-03.2019.8.26.0577. Rel. Des. Vito Guglielmi, j. 13.7.2020).

[36] MEDON, Filipe. (Over)sharenting: a superexposição da imagem e dos dados da criança na internet. In: TEIXEIRA, Ana Carolina Brochado; DADALTO, Luciana (Coord.). *Autoridade parental*: dilemas e desafios contemporâneos. 2. ed. Indaiatuba: Foco, 2021. p. 371.

[37] Art. 2º, parágrafo único, da Lei nº 13.185/2015. O *bullying* também é definido na mesma lei, no seu art. 1º §1º, da Lei nº 13.185/2015: "No contexto e para os fins desta Lei, considera-se intimidação sistemática (bullying) todo ato de violência física ou psicológica, intencional e repetitivo que ocorre sem motivação evidente, praticado por indivíduo ou grupo, contra uma ou mais pessoas, com o objetivo de intimidá-la ou agredi-la, causando dor e angústia à vítima, em uma relação de desequilíbrio de poder entre as partes envolvidas".

[38] DEZ casos de bullying que tiveram consequências graves. Iefap, 30 mar. 2015. Disponível em: http://www.iefap.com.br/noticia/10-casos-de-bullying-que-tiveram-consequencias-graves. Acesso em 9 fev. 2021.

em escolas praticadas por adolescentes vítimas de *bullying*[39] ou de *cyberbullying* em todo o mundo.[40]

Como destaque para o agravamento exponencial do dano e da violência psicossociais sofridos pela criança, ressaltam-se em doutrina as características específicas do *cyberbullying*, que "permite ataques anônimos; torna o dano indelével e, portanto, permanente; desconhece limites espaciais; e pode envolver um número significativamente maior de expectadores".[41]

Forma de violência também considerada como uma das principais causas de *bullying* e *cyberbullying* entre adolescentes é a chamada pornografia da vingança ou *revenge porn*.[42] Ela consiste na prática de um ato ilícito que se materializa com a divulgação em *sites*, aplicativos e redes sociais de imagens com cenas de intimidade, nudez e sexo, sem o consentimento das pessoas envolvidas, com o único objetivo de colocá-las em situação vexatória e constrangedora diante dos amigos, pais, parentes, escola e toda a sociedade.[43] Nesse caso, em regra, o intuito do ofensor é vingar-se de alguém que feriu seus sentimentos ou terminou um relacionamento.[44]

Ressalta-se em doutrina[45] que a divulgação desse tipo de conteúdo pode ocorrer tanto por ex-cônjuges, ex-companheiros e ex-namorados inconformados com o término da relação, como por terceiros (como *hackers* oportunistas que visam obter algum tipo de vantagem econômica). Por isso, nesses casos, justifica-se ter o legislador aberto mão das ordens judiciais para tornar o mais célere possível a retirada do conteúdo.

Com efeito, a disposição do art. 21 do Marco Civil da Internet assume especial relevância tendo em vista o elevado número de vítimas da chamada pornografia de vingança, praticada principalmente em face de adolescentes e de mulheres, via redes sociais e grupos de WhatsApp.

---

[39] No Brasil, o "Massacre de Realengo" ocorrido em 2011, chamou a atenção do mundo quando, no Rio de Janeiro, Wellington Menezes de Oliveira entrou armado em uma escola e tirou a vida de 12 adolescentes antes de cometer suicídio. O autor do massacre havia sido aluno da mesma escola e teria sofrido com *bullying*, motivo pelo qual se especula que o fez planejar o massacre. As famílias de todas as vítimas desenvolveram a "Associação dos Anjos de Realengo" com o intuito de lutar contra o *bullying* e evitar a formação de outros jovens que, assim como Wellington, acabam recorrendo a atitudes violentas diante da intimidação.

[40] BULLYING motivou 87 ataques em escolas, diz estudo dos EUA. *G1*, 16 abr. 2011. Disponível em: http://g1.globo.com/educacao/noticia/2011/04/bullying-motivou-87-de-ataques-em-escolas-diz-estudo-dos-eua.html. Acesso em 12 out. 2020.

[41] SCHREIBER, Anderson. Cyberbullying: responsabilidade civil e efeitos na família. *Carta Forense*, São Paulo, 4 out. 2018. Disponível em: http://www.cartaforense.com.br/m/conteudo/colunas/cyberbullying-responsabilidade-civil-e-efeitos-na-familia/18295. Acesso em 12 out. 2020.

[42] FRANKS, Mary Ann. *Criminalizing revenge porn*: frequently asked questions. Disponível em: https://ssrn.com/abstract=2337998. Acesso em 18 fev. 2020.

[43] TEFFÉ, Chiara Spadaccini de. Divulgação não autorizada de imagens íntimas na internet: o caso da pornografia de vingança. In: MORAES, Maria Celina Bodin de; MULHOLLAND, Caitlin (Org.). *Privacidade hoje*: Anais do I Seminário de Direito Civil da PUC-Rio. Rio de Janeiro: [s.n.], 2018. Disponível em: https://www.academia.edu/35797545/Divulgação_não_autorizada_de_imagens_íntimas_na_Internet_o_caso_da_pornografia_de_vingança. Acesso em 12 ago. 2020.

[44] OTONI, Isadora. Pornografia de revanche: em dez dias, duas jovens se suicidam. *Fórum*, 21 nov. 2013. Disponível em: https://revistaforum.com.br/noticias/revenge-porn-divulgacao-de-fotos-intimas-culmina-com-suicidio-de-duas-jovens/. Acesso em 18 abr. 2020.

[45] TEFFÉ, Chiara Spadaccini de; MORAES, Maria Celina Bodin de. Redes sociais virtuais: privacidade e responsabilidade civil. Análise a partir do Marco Civil da Internet. *Revista Pensar*, Fortaleza, v. 22, n. 1, p. 108-146, jan./abr. 2017.

Com vistas a maior eficácia da proteção de pessoas menores, o Comentário Geral nº 25 determina:

> Estados Partes devem implementar medidas que protejam as crianças de riscos, incluindo a cyberagressão e a exploração e abuso sexual de crianças online facilitados pela tecnologia digital, assegurar a investigação desses crimes e fornecer reparações e apoio às crianças que são vítimas.[46]

Caso emblemático sobre o assunto ocorreu em 2014, pelo uso do aplicativo Secret, e gerou grande discussão no país[47] pela prática frequente de *bullying* e disseminação de imagens de jovens nuas[48] de modo aparentemente anônimo. Devido aos abusos no uso do aplicativo para divulgação de imagens e textos de terceiros, em agosto de 2014, foi deferida medida liminar requerida pelo Ministério Público do Espírito Santo na Ação Civil Pública nº 0028553-98.2014.8.08.0024 para determinar que o Google e a Apple retirassem de suas lojas virtuais o referido aplicativo.[49]

A enxurrada de casos de *bullying* e *cyberbullying* no Brasil gerou a promulgação de duas leis e já chegou ao Superior Tribunal de Justiça,[50] demonstrando não só a gravidade da questão como a necessidade de uma reflexão mais aprofundada e multidisciplinar sobre o tema.[51]

No âmbito da responsabilidade civil, o sistema vigente dispõe que os pais são responsáveis pela reparação civil em relação aos filhos menores que estiverem sob sua autoridade e em sua companhia.[52] Adverte-se em doutrina que "embora essa posição seja tranquila em nossa jurisprudência, na prática, já se chegou a afirmar que essa espécie de ação faz com que o *cyberbullying* arruíne a vida não de uma criança, mas sim de duas".[53] Além da responsabilização dos pais, a lei brasileira prevê a responsabilidade civil dos estabelecimentos de ensino públicos e particulares se houver nexo de causalidade entre a ofensa e os deveres de cuidado que são impostos a tais entidades.[54]

---

[46] COMITÊ DOS DIREITOS DA CRIANÇA. *Comentário Geral nº 25 (2021) sobre os Direitos das Crianças em relação ao ambiente digital*. 2021. p. 3. Disponível em: https://criancaeconsumo.org.br/wp-content/uploads/2021/04/comentario-geral-n-25-2021.pdf. Acesso em 28 mai. 2021.

[47] TEFFÉ, Chiara Spadaccini de; MORAES, Maria Celina Bodin de. Redes sociais virtuais: privacidade e responsabilidade civil. Análise a partir do Marco Civil da Internet. *Revista Pensar*, Fortaleza, v. 22, n. 1, p. 108-146, jan./abr. 2017.

[48] AGUILHAR, Lígia. Brasileiros vão entrar com processo para tirar app Secret do ar. *Estadão*, 8 ago. 2014. Disponível em: https://link.estadao.com.br/noticias/geral,brasileiros-vao-entrar-com-processo-para-tirar-app-secret-do-ar,10000030757. Acesso em 25 fev. 2020.

[49] TEFFÉ, Chiara Spadaccini de. Divulgação não autorizada de imagens íntimas na internet: o caso da pornografia de vingança. *In*: MORAES, Maria Celina Bodin de; MULHOLLAND, Caitlin (Org.). *Privacidade hoje*: Anais do I Seminário de Direito Civil da PUC-Rio. Rio de Janeiro: [s.n.], 2018. Disponível em: https://www.academia.edu/35797545/Divulgação_não_autorizada_de_imagens_íntimas_na_Internet_o_caso_da_pornografia_de_vingança. Acesso em 12 ago. 2020.

[50] BRASIL. STJ. Recurso Especial nº 1.517.973. 4ª Turma. Rel. Min. Luis Felipe Salomão, j. 16.11.17. *DJ*, 1º fev. 2018; BRASIL. STJ. Recurso Especial nº 1.639.690. Rel. Min. Regina Helena Costa, j. 30.11.16. *DJ*, 9 dez. 2016 e BRASIL. STJ. Agravo em Recurso Especial nº 124.562. Rel. Min. Antonio Carlos Ferreira, j. 2.2.2015.

[51] Lei nº 13.185/2015 e Lei nº 13.663/2018.

[52] Art. 932 do CC/2002.

[53] SCHREIBER, Anderson. Cyberbullying: responsabilidade civil e efeitos na família. *Carta Forense*, São Paulo, 4 out. 2018. Disponível em: http://www.cartaforense.com.br/m/conteudo/colunas/cyberbullying-responsabilidade-civil-e-efeitos-na-familia/18295. Acesso em 12 out. 2020.

[54] GODINHO, Adriano Marteleto; DRUMOND, Marcela Maia de Andrade. Autoridade parental e cyberbullying. *In*: TEIXEIRA, Ana Carolina Brochado; DADALTO, Luciana (Org.). *Autoridade parental*: dilemas e desafios contemporâneos. 2. ed. Indaiatuba: Foco, 2021. p. 185 e ss.

No entanto, tratando-se de *cyberbullying*, difícil se faz configurar a responsabilidade por atos além das fronteiras físicas do ambiente escolar, já que não há qualquer ingerência do estabelecimento de ensino em relação à criação de grupos de WhatsApp,[55] tampouco ao comportamento dos alunos nas redes sociais.

A recente lei editada em 2018 objetivou combater o *bullying* e o *cyberbullying* no ambiente escolar, dispondo:

> os estabelecimentos de ensino terão a incumbência de promover medidas de conscientização, de prevenção e de combate a todos os tipos de violência, especialmente a intimidação sistemática (*bullying*), no âmbito das escolas; bem como estabelecer ações destinadas a promover a cultura de paz nas escolas.[56]

Na França, foi aprovada em caráter definitivo pelo Parlamento lei que proíbe a utilização de telefones celulares e qualquer objeto conectado à internet, como *tablets* e relógios, em escolas públicas, para crianças entre 6 e 15 anos de idade.[57]

É preciso refletir se as responsabilidades civil e penal têm se mostrado eficientes no combate à prática e na prevenção do *bullying* e do *cyberbullying*. Também é discutível se medidas como a proibição de uso de celulares nas escolas na França são, de fato, as mais adequadas, pois a opção por um paternalismo exacerbado ao invés de uma real autoimplicação dos adolescentes, pais, escolas e sociedade não parece a melhor solução.

Em verdade, a objetivação da responsabilidade civil e a imposição da tutela das vítimas de danos imateriais – e não apenas puramente econômicos – alinham o direito civil com os princípios constitucionais que contribuíram para humanizar o instituto. A responsabilidade civil, assim, passa a cumprir uma função social, repartindo os riscos e não permitindo que as vítimas arquem com as consequências dos danos que sofreram.[58]

Para além disso, em estudo doutrinário aprofundado sobre o tema, destacaram-se as práticas restaurativas e as propostas de difusão de uma cultura de paz como estratégias para a pacificação dos conflitos[59] e para a ressignificação das ações nas práticas docentes.

A necessidade de uma abordagem multidisciplinar tem se mostrado indispensável para a realização de um verdadeiro combate à prática do *bullying* e do *cyberbullying*.

---

[55] Uma das modalidades do *cyberbullying* é denominada *cyberostracismo*, que se configura na exclusão de grupos de WhatsApp.

[56] Art. 12 da Lei nº 13.663/2018.

[57] PARLAMENTO francês aprova proibição dos celulares em escolas na França. *G1*, 31 jul. 2018. Disponível em: https://g1.globo.com/educacao/noticia/2018/07/31/parlamento-frances-aprova-proibicao-dos-celulares-em-escolas-na-franca.ghtml. Acesso em 12 out. 2020.

[58] GODINHO, Adriano Marteleto; DRUMOND, Marcela Maia de Andrade. Autoridade parental e cyberbullying. *In*: TEIXEIRA, Ana Carolina Brochado; DADALTO, Luciana (Org.). *Autoridade parental*: dilemas e desafios contemporâneos. 2. ed. Indaiatuba: Foco, 2021. p. 182.

[59] "A justiça restaurativa é uma ideia que vem sendo trazida por diversos estudiosos para lidar com a questão do bullying escolar. Os círculos restaurativos buscam solucionar problemas entre alunos a partir do diálogo honesto entre eles. A ideia, como forma de prevenção parece interessante é vista com entusiasmo por pedagogos. [...] Outra medida relevante é a promoção de uma cultura generalizada de direitos humanos, que representa forte evolução social para qualquer sociedade. Nessa questão, escola e pais devem esmerar-se em criar seus filhos para que aprendam a ser solidários e responsáveis frente às outras pessoas" (COHEN, Fernanda. *Agressões à pessoa em desenvolvimento*: o problema do bullying escolar. Dissertação (Mestrado) – UERJ, Rio de Janeiro, 2017).

Nesse cenário é que os métodos não adversariais de solução de conflitos aparecem como uma opção mais eficiente, na medida em que possibilitam um real envolvimento da família, da escola e de toda a sociedade civil, tornando viável uma efetiva e sustentável solução do problema.[60] Além disso, uma maior conscientização dos pais para orientação dos seus filhos sobre os riscos, na linha da chamada educação digital, pode ser importante instrumento de prevenção, para se evitar que imagens nocivas a terceiros sejam propositadamente divulgadas na rede.

Conclusão

A ideia de democracia inicia-se dentro dos lares, com o desenvolvimento e o crescimento relativamente saudável dos indivíduos.[61] Com base nessa premissa, destaca-se que, embora não haja nada de novo em afirmar que a família é um dado essencial de nossa civilização, todo o conhecimento empírico sobre aquela só demonstra a necessidade de estudos cada vez mais detalhados.[62] O psiquiatra Donald Winnicott relata:

> durante o último meio século tem havido um crescente aumento na consciência do valor do lar (infelizmente, essa consciência provém da compreensão dos efeitos de um lar ruim). Conhecemos algumas razões que fazem essa longa e exigente tarefa – o trabalho dos pais de compreender os filhos – valer a pena; e, de fato, acreditamos que esse trabalho prove a única base real para a sociedade, sendo o único fator para a tendência democrática do sistema social de um país.[63]
>
> Quanto mais famílias democráticas, maior o fortalecimento da democracia no espaço público, e vice-versa. Além disso, e evidentemente, quanto mais democracia houver nos pequenos grupos, mais democrática será a sociedade na qual eles coexistem.[64]

É sob o enfoque das relações dialéticas, democráticas e concretas entre pais e filhos – com todas as particularidades que envolvem a criança e o adolescente em cada etapa de seu desenvolvimento – que se pretendeu analisar a autonomia existencial dos filhos e a responsabilidade parental no ambiente digital.

A educação digital perpassa uma maior conscientização dos pais para orientação dos seus filhos sobre os riscos, tornando-se importante instrumento de prevenção de danos e, sobretudo, do aprendizado para a construção de uma história digital saudável. É por esse motivo que se detalhou que a autoridade parental no ambiente digital deve passar por alguns comportamentos dos pais: orientar, acompanhar, dialogar, consentir e fiscalizar, sempre respeitando a autonomia e a fase de desenvolvimento de suas

---

[60] MULTEDO, Renata Vilela. Desafios da responsabilidade civil nas relações familiares: redes sociais e os métodos adequados de solução de conflitos. *Revista Iberc*, v. 2, n. 2, p. 1-35, 1º set. 2019.

[61] WINNICOTT, Donald W. *A família e o desenvolvimento individual*. Tradução de Marcelo Brandão Cipolla. 4. ed. São Paulo: Martins Fontes, 2011. p. 69.

[62] WINNICOTT, Donald W. *A família e o desenvolvimento individual*. Tradução de Marcelo Brandão Cipolla. 4. ed. São Paulo: Martins Fontes, 2011. p. 59.

[63] WINNICOTT, Donald W. *Tudo começa em casa*. São Paulo: Martins Fontes, 1999. p. 118.

[64] MORAES, Maria Celina Bodin de. *Na medida da pessoa humana*: estudos de direito civil-constitucional. Rio de Janeiro: Renovar, 2010. p. 214.

crianças e adolescentes.

Nesse sentido, analisaram-se duas situações-problemas, com fins de investigar a atuação dos pais:

(i) o *sharenting*, ou seja, o compartilhamento de fotografias dos filhos na internet, demonstrando que essa conduta não pode ser praticada à revelia pelos pais, sob pena de se caracterizar abusiva e causar danos para os filhos. Nesse sentido, não deve nem ser excessiva – *(over)sharenting* – nem pode se valer de qualquer imagem dos filhos, para que eles possam ser protegidos de constrangimentos futuros;

(ii) *cyberbullying*, forma de violência perpetrada na internet, que demanda um acompanhamento rigoroso dos pais – tanto daquele que pratica a conduta quanto daquele que sofre com ela –, de modo a minimizar os danos que podem se eternizar no ambiente virtual. Quanto à sua reparação, a necessidade de uma abordagem multidisciplinar e a utilização dos métodos autocompositivos surgem como uma opção mais efetiva, na medida em que possibilitam um real envolvimento da criança e do adolescente, da família, da escola e de toda a sociedade civil; tornando viável e mais sustentável uma solução que é coconstruída para um problema que ainda clama por muitas reflexões.

Referências

ALVES, Jones Figueiredo. Negligência dos pais no mundo virtual expõe criança a efeitos nocivos da rede. *Conjur*, 15 jan. 2017. Disponível em: https://www.conjur.com.br/2017-jan-15/processo-familiar-abandono-digital-expoe-crianca-efeitos-nocivos-internet. Acesso em 21 mai. 2021.

BARBOZA, Heloisa Helena. Vulnerabilidade e cuidado: aspectos jurídicos. *In*: PEREIRA, Tânia da Silva; OLIVEIRA, Guilherme. *Cuidado & Vulnerabilidade*. São Paulo: Atlas, 2009.

BROSCH, A. When the child is born into the internet: sharenting as a growing trend among parents on Facebook. *The New Educational Review*, v. 1, n. 43, mar. 2016.

BULLYING motivou 87 ataques em escolas, diz estudo dos EUA. *G1*, 16 abr. 2011. Disponível em: http://g1.globo.com/educacao/noticia/2011/04/bullying-motivou-87-de-ataques-em-escolas-diz-estudo-dos-eua.html. Acesso em 12 out. 2020.

CHEUNG, Helier. Publicar fotos dos filhos nas redes sociais é invasão de privacidade? *BBC News*, 28 mar. 2019. Disponível em: https://www.bbc.com/portuguese/geral-47731061. Acesso em 21 fev. 2021.

DEZ casos de bullying que tiveram consequências graves. *Iefap*, 30 mar. 2015. Disponível em: http://www.iefap.com.br/noticia/10-casos-de-bullying-que-tiveram-consequencias-graves. Acesso em 9 fev. 2021.

EBERLIN, Fernando Büscher von Teschenhausen. *Direitos da criança na sociedade da informação*. Ambiente digital, privacidade e dados pessoais. São Paulo: RT, 2020.

FACHIN, Luiz Edson. *Elementos críticos do direito de família*. Rio de Janeiro: Renovar, 1999.

GODINHO, Adriano Marteleto; DRUMOND, Marcela Maia de Andrade. Autoridade parental e cyberbullying. *In*: TEIXEIRA, Ana Carolina Brochado; DADALTO, Luciana (Org.). *Autoridade parental*: dilemas e desafios contemporâneos. 2. ed. Indaiatuba: Foco, 2021.

GUERRA, Alexandre Dartanhan de Mello. Responsabilidade civil por abuso de direito. *In*: ROSENVALD, Nelson; MILAGRES, Marcelo. *Responsabilidade civil*: novas tendências. São Paulo: Foco, 2018.

LARA, E. Toral. Menores y redes sociales: consentimiento, protección y autonomía. *Derecho Privado y Constitución*, v. 36, p. 179-218, 2020. Disponível em: https://doi.org/10.18042/cepc/dpc.36.05. Acesso em 24 fev. 2021.

LASCH, Christopher. *Refúgio num mundo sem coração* – A família: santuário ou instituição sitiada? Rio de Janeiro: Paz e Terra, 1991.

MATOS, Ana Carla Harmatiuk; TEIXEIRA, Ana Carolina Brochado. Responsabilidade civil e família. *In*: ROSENVALD, Nelson; RUZYK, Carlos Eduardo Pianovski (Coord.). *Novas fronteiras da responsabilidade civil*: direito comparado. Indaiatuba: Foco, 2020.

MEDON, Filipe. (Over)sharenting: a superexposição da imagem e dos dados da criança na internet. *In*: TEIXEIRA, Ana Carolina Brochado; DADALTO, Luciana (Coord.). *Autoridade parental*: dilemas e desafios contemporâneos. 2. ed. Indaiatuba: Foco, 2021.

MEDON, Filipe. Influenciadores digitais e o direito à imagem de seus filhos: uma análise a partir do melhor interesse da criança. *Revista Eletrônica da Procuradoria Geral do Estado do Rio de Janeiro – PGE-RJ*, Rio de Janeiro, v. 2, n. 2, p. 1-26, mai./ago. 2019.

MEIRELES, Rose Melo Vencelau; ABÍLIO, Viviane da Silveira. Autoridade parental como relação pedagógica: entre o direito à liberdade dos filhos e o dever de cuidado dos pais. *In*: TEPEDINO, Gustavo; FACHIN, Luiz Edson (Org.). *Diálogos sobre direito civil*. Rio de Janeiro: Renovar, 2012. v. 3.

MENEZES, Joyceane Bezerra de; MORAES, Maria Celina Bodin de. Autoridade parental e a privacidade do filho menor: o desafio de cuidar para emancipar. *Revista Novos Estudos Jurídicos*, v. 20, n. 2, mai./ago. 2015.

MORAES, Maria Celina Bodin de. Danos morais em família? *In*: MORAES, Maria Celina Bodin de. *Na medida da pessoa humana*: estudos de direito civil-constitucional. Rio de Janeiro: Renovar, 2010.

MORAES, Maria Celina Bodin de; TEIXEIRA, Ana Carolina Brochado. Comentário ao artigo 226. *In*: CANOTILHO, José Joaquim Gomes *et al.* (Coord.). *Comentários à Constituição do Brasil*. São Paulo: Saraiva/Almedina, 2013.

MULTEDO, Renata Vilela. Desafios da responsabilidade civil nas relações familiares: redes sociais e os métodos adequados de solução de conflitos. *Revista Iberc*, v. 2, n. 2, p. 1-35, 1º set. 2019.

MULTEDO, Renata Vilela. *Liberdade e família*: limites para a intervenção do Estado nas relações conjugais e parentais. Rio de Janeiro: Processo, 2017.

MULTEDO, Renata Vilela; MEIRELES, Rose Melo Vencelau. Autonomia privada nas relações familiares: direitos do Estado dos direitos nas famílias. *In*: CORTIANO JUNIOR, Eroulths; EHRHARDT JUNIOR, Marcos (Org.). *Transformações no direito privado nos 30 anos da Constituição*: estudos em homenagem a Luiz Edson Fachin. 1. ed. Belo Horizonte: Fórum, 2018.

NÚCLEO DE INFORMAÇÃO E COORDENAÇÃO DO PONTOBR. *TIC Kids Online Brasil 2019*. São Paulo: Comitê Gestor da Internet no Brasil, 2020. Disponível em: https://cetic.br/media/docs/publicacoes/2/20201123093344/tic_kids_online_2019_livro_eletronico.pdf. Acesso em 5 abr. 2021.

OLIVEIRA, José Lamartine Corrêa de; MUNIZ, Francisco José Ferreira. *Curso de direito de família*. 2. ed. Curitiba: Juruá, 1998.

PERLINGIERI, Pietro. A doutrina do direito civil na legalidade constitucional. *In*: TEPEDINO, Gustavo (Org.). *Direito civil contemporâneo*: novos problemas à luz da legalidade constitucional. São Paulo: Atlas, 2008.

PINHEIRO, Patricia Peck. Abandono digital. *HuffPost Brasil*, 26 jan. 2017. Disponível em: https://www.huffpostbrasil.com/patricia-peck-pinheiro/abandono-digital_b_5408043.html. Acesso em 21 mai. 2021.

POMPEU, Renata Guimarães. A mediação nos conflitos familiares: convite ao exercício dialógico da autonomia privada. *In*: TEIXEIRA, Ana Carolina Brochado; RIBEIRO, Gustavo Pereira Leite (Org.). *Problemas da família no direito*. Belo Horizonte: Del Rey, 2012.

RODOTÀ, Stefano. *A vida na sociedade da vigilância*: a privacidade hoje. Organização, seleção e apresentação de Maria Celina Bodin de Moraes. Tradução de Danilo Doneda e Luciana Cabral Doneda. Rio de Janeiro: Renovar, 2008.

ROSENVALD, Nelson. Um possível conceito de responsabilidade civil. *Revista Iberc*, v. 1, n. 1, 1 nov. 2019.

SCHREIBER, Anderson. Cyberbullying: responsabilidade civil e efeitos na família. *Carta Forense*, São Paulo, 4 out. 2018. Disponível em: http://www.cartaforense.com.br/m/conteudo/colunas/cyberbullying-responsabilidade-civil-e-efeitos-na-familia/18295. Acesso em 12 out. 2020.

STANZIONE, Pasquale. Personalidade, capacidade e situações jurídicas do menor. *In*: TEIXEIRA, Ana

Carolina Brochado; RIBEIRO, Gustavo Pereira Leite; COLTRO, Antônio Carlos Mathias; TELLES, Marília Campos Oliveira e (Org.). *Problemas da família no direito*. Belo Horizonte: Del Rey, 2011.

STEINBERG, S. B. Sharenting: children's privacy in the age of social. *Emory L.J.*, v. 66, 2017.

TEFFÉ, Chiara Spadaccini de; MORAES, Maria Celina Bodin de. Redes sociais virtuais: privacidade e responsabilidade civil. Análise a partir do Marco Civil da Internet. *Revista Pensar*, Fortaleza, v. 22, n. 1, p. 108-146, jan./abr. 2017.

TEFFÉ, Chiara Spadaccini de; SOUZA, Carlos Affonso. Responsabilidade civil de provedores na rede: análise da aplicação do Marco Civil da Internet pelo Superior Tribunal de Justiça. *Revista Iberc*, Minas Gerais, v. 1, n. 1, p. 1-28, nov./fev. 2019. Disponível em: https://docs.wixstatic.com/ugd/5d72ed_bab4da105706419dbbbc3804ce8add99.pdf. Acesso em 5 fev. 2021.

TEIXEIRA, Ana Carolina Brochado. *Família, guarda e autoridade parental*. 2. ed. Rio de Janeiro: Renovar, 2009.

TEIXEIRA, Ana Carolina Brochado; NERY, Maria Carla Moutinho. Vulnerabilidade digital de crianças e adolescentes: a importância da autoridade parental para uma educação nas redes. *In*: EHRHARDT JR., Marcos; LOBO, Fabíola (Org.). *Vulnerabilidade e sua compreensão no direito brasileiro*. Indaiatuba: Foco, 2021.

TEIXEIRA, Ana Carolina Brochado; RETTORE, Anna Cristina Carvalho. A autoridade parental e o tratamento de dados pessoais de crianças e adolescentes. *In*: FRAZÃO, Ana; TEPEDINO, Gustavo; OLIVA, Melina Donato (Org.). *Lei Geral de Proteção de Dados Pessoais e suas repercussões no direito brasileiro*. São Paulo: Revista dos Tribunais, 2019, v. 1.

TEIXEIRA, Ana Carolina Brochado; RETTORE, Anna Cristina de Carvalho. Desenvolvimento infanto-juvenil e riscos da interação das crianças e adolescentes com sistemas de inteligência artificial. *In*: TEPEDINO, Gustavo; GUIA, Rodrigo da (Coord.). *O direito civil na era da inteligência artificial*. São Paulo: Revista dos Tribunais, 2020.

TEIXEIRA, Ana Carolina Brochado; RETTORE, Anna Cristina de Carvalho. O princípio do melhor interesse no ambiente digital. *In*: LATERÇA, Priscilla Silva *et al.* (Coords.). *Privacidade e proteção de dados de crianças e adolescentes*. Rio de Janeiro: Instituto de Tecnologia e Sociedade do Rio de Janeiro; Obliq, 2021. E-book.

TEIXEIRA, Ana Carolina Brochado; MULTEDO, Renata Vilela. (*Over*)sharenting e o abuso da conduta dos pais no ambiente digital. *In*: SANCHES, Patricia Correa (Coord.). *Direito das famílias e sucessões na era digital*. Belo Horizonte: IBDFAM, 2021.

TEPEDINO, Gustavo. A disciplina jurídica da guarda e da autoridade parental. *Revista Trimestral de Direito Civil*, v. 17, n. 5, p. 40-41, jan./mar. 2004.

UNICEF. *Children in a digital world*. The state of the world's children 2017. Noca York: Unicef, 2017. Disponível em: https://www.unicef.org/media/48581/file/SOWC_2017_ENG.pdf. Acesso em 20 fev. 2021.

Informação bibliográfica deste texto, conforme a NBR 6023:2018 da Associação Brasileira de Normas Técnicas (ABNT):

TEIXEIRA, Ana Carolina Brochado; MULTEDO, Renata Vilela. O exercício da autoridade parental no ambiente digital. *In*: EHRHARDT JÚNIOR, Marcos; CATALAN, Marcos; MALHEIROS, Pablo (Coord.). *Direito Civil e tecnologia*. 2. ed. Belo Horizonte: Fórum, 2022. t. II. p. 465-482. ISBN 978-65-5518-432-7.

CONVIVÊNCIA FAMILIAR POR MEIOS TECNOLÓGICOS

DÉBORA BRANDÃO
FERNANDA TARTUCE

1 Contextualização e relevância do tema

A convivência familiar, assunto de grande importância, demanda tratamento cuidadoso por dizer respeito ao relacionamento familiar e à necessária continuidade de contatos entre pais, filhos e outros familiares a despeito de eventuais problemas no liame conjugal[1] e/ou parental.

Este assunto, desde o início da pandemia que assola a Terra, vem sendo debatido em praticamente todos os países e, no Brasil, não foi diferente...

A convivência que, de ordinário, sempre ocorreu de maneira presencial, passou a ter seu modo de ocorrência reavaliado para ser substituído, temporariamente, pela interação por meios tecnológicos.

Diversos avós, pais e filhos que vivem separados por grandes distâncias já vêm utilizando esses instrumentos para o exercício da convivência há algum tempo. Considerando a conversa telefônica nesse contexto, há décadas de experiência de contatos nesse formato; tais interações, consideradas pertinentes por força de barreiras geográficas, eram consentidas por todas as pessoas envolvidas. No cenário pandêmico da Covid-19, muitas vezes o contato remoto acabou sendo imposto.

O inconformismo quanto a tal ocorrência é compreensível, já que os contatos físicos são importantes para o desenvolvimento social e para o aprofundamento das relações.

Como explica o médico psiquiatra Fábio Aurélio, "O homem é um ser sociável e, como nos socializamos pouco durante a pandemia, retrocedemos um pouco mais no nosso processo evolutivo emocional. A nossa inteligência emocional foi prejudicada". E continua, apontando a importância do abraço na saúde mental: "Na interação virtual, a nossa experiência sensorial é muito empobrecida, e o brasileiro precisa muito de contato físico".[2]

---

[1] TARTUCE, Fernanda. *Processo civil no direito de família*: teoria e prática. 5. ed. São Paulo: Método, 2021. p. 366.
[2] O médico é citado no seguinte artigo: RIBEIRO, Raquel; SILVA, Tayanne. Isolamento social potencializa dependência tecnológica. *Correio Braziliense*, 7 fev. 2021. Disponível em: https://www.correiobraziliense.com.br/

Este trabalho tem o objetivo de demonstrar como o exercício da convivência entre genitores e prole vem sendo tratado/exercido com uso de meios tecnológicos durante a pandemia do coronavírus, pela doutrina e por julgadores atuantes em tribunais de justiça do país.

2 Conceito e fundamentos jurídicos da convivência familiar

A convivência familiar é um dos princípios que regem as relações familiares. Porém, outros princípios também amparam o princípio da convivência familiar.

Um deles é o princípio do solidarismo familiar, que vem destacado no art. 3º, I da Constituição Federal. Ele é um princípio geral e, por isso, deve ser aplicado a todos os ramos do direito, inclusive no âmbito familiar.

> Ele se traduz no cuidado material, com o dever de sustento completo, no cuidado emocional, psicológico entre cônjuges e companheiros, entre genitores e filhos, até a idade adulta; no cuidado emocional, psicológico também. Um membro da família deve zelar diuturnamente pelo bem estar do outro. Isso é ser família, é viver em família. Os membros do núcleo familiar devem se esforçar para proporcionar aos seus parentes as melhores experiências da vida, experiências de amor, de afeto, de harmonia, de segurança emocional e física, as melhores oportunidades em todas as áreas, enfim, plenitude de vida![3]

É sempre oportuno citar que o princípio da dignidade da pessoa humana, nas relações familiares, alcança lugar de destaque porque é força matriz de todo o ordenamento.

O princípio da parentalidade responsável, consignado no art. 226, §7º da Constituição Federal, é de igual importância para as relações familiares.

> [...] por esse princípio, há responsabilidade individual e social das pessoas que vêm a gerar uma nova vida humana, no exercício das liberdades inerentes à sexualidade. A criança que nascerá deve ter priorizado o seu bem-estar físico, psíquico e espiritual, com todos os direitos fundamentais reconhecidos em seu favor. Por fim, afirme-se que essa responsabilidade que se mostra vitalícia – ou, quem sabe perpétua nas pessoas dos descendentes atuais e futuros – porque vincula a pessoa a situações jurídicas existenciais e patrimoniais relacionadas a seu filho, à sua descendência.[4]

O princípio do melhor ou especial interesse da criança e do adolescente é o primeiro princípio a ser invocado em matéria infancionista porque lhe é específico. A diretriz encontra guarida no art. 227, *caput*, da Constituição Federal, que consagra o dever da família, da sociedade e do Estado de proteger a criança e o adolescente, assegurando, de maneira holística, sua vida digna, bem como no art. 1º do Estatuto da Criança e do Adolescente.

---

revista-do-correio/2021/02/4905199-isolamento-social-potencializa-dependencia-tecnologica.html. Acesso em 6 mai. 2021.

[3] BRANDÃO, Débora. *Curso de direito civil constitucional*. Direito de família. São Paulo: Saraiva. No prelo. Capítulo sobre direito de família e a constitucionalização do direito.

[4] GAMA, Guilherme Calmon Nogueira da. *Princípios constitucionais de direito de família*. São Paulo: Atlas, 2008. p. 78.

Ainda no bojo do art. 227, *caput*, da Constituição Federal, está previsto o princípio da convivência familiar. Por meio dele, assegura-se o direito de genitores e prole de desenvolverem relacionamentos durante suas vidas, vivendo cotidianamente inseridos em família nuclear ou não.

Note-se que o direito à convivência familiar não é restrito a genitores e prole, devendo ser estendido aos demais membros da família ampla.

É direito-dever dos genitores assegurar a convivência familiar de seus filhos consigo e demais parentes; afinal, é no seio da família que a pessoa deve nascer, crescer, desenvolver-se e ser educada para a vida.

> O art. 229 da Carta Maior consagra o dever dos pais de assistir, criar e educar os filhos menores. O Estado confere aos genitores esse direito-dever porque a ele interessa que as futuras gerações sejam protegidas, bem criadas, para que a paz, o desenvolvimento humano e econômico estejam presentes.[5]

Portanto, a convivência familiar é fundamental para que crianças e adolescentes possam crescer e se desenvolver em proteção, apropriando-se de elementos como a história, os valores e os costumes de sua família, uma vez que é ela o primeiro espaço de contato social, em regra, de todos os seres humanos.

A convivência familiar assume maior relevância no exercício da guarda, que pressupõe presença, compartilhamento de vidas, troca de experiências, em verdadeira relação de ensino-aprendizagem. É por meio da guarda[6] que os genitores criam e educam seus filhos; para tanto, é necessária a presença física, em regra. Os filhos aprendem pelo exemplo, pela observação e pela escuta, além da experiência sinestésica do afeto, que é insubstituível, ao ser efetivada por meio de gestos como abraços, carinhos, beijos...

O desafio se instala quando os genitores não vivem juntos e há algum empecilho, por parte de um deles, para o exercício da convivência familiar.

Também é necessário observar que a recusa à convivência familiar, por parte dos genitores, dá ensejo ao abandono afetivo, que é passível de ser reparado apenas do ponto de vista econômico, por meio de ação de indenização por dano moral. Eis mais uma razão para que a convivência seja pautada pelo princípio da responsabilidade parental (art. 226, §7º, da Constituição Federal).

É sempre oportuno lembrar que todas as decisões devem ser pautadas pelo melhor interesse da criança e do adolescente e a reiteração de condutas impeditivas do exercício da convivência podem configurar ato de alienação parental.

3 Meios tecnológicos e convivência familiar

Na era digital (mundo virtual), as tecnologias de informação e comunicação (TICs) assumem grande relevância. TIC é a sigla que retrata um conjunto de recursos

---

[5] BRANDÃO, Débora. *Curso de direito civil constitucional*. Direito de família. São Paulo: Saraiva. No prelo. Capítulo sobre poder familiar e direito à convivência.

[6] "Exercer a guarda significa ter a prole em sua companhia física e, por tê-la consigo, cuidar, conforme mencionado anteriormente. Quando os genitores convivem *more uxorio*, exercem o poder familiar conjuntamente e como a guarda está contida nele, convivem todos fisicamente não havendo maiores desdobramentos" (BRANDÃO, Débora. *Curso de direito civil constitucional*. Direito de família. São Paulo: Saraiva. No prelo. Capítulo sobre poder familiar e direito à convivência).

tecnológicos integrados entre si que proporcionam, por meio das funções de *hardware*, *software* e telecomunicações, a automação e a comunicação referentes a negócios, pesquisa, ensino e aprendizagem; são exemplos de TICs os computadores, os telefones celulares e a internet.[7]

A invasão de elementos resultantes de avanços tecnológicos no cotidiano das famílias é pujante: computadores, *laptops*, internet, *e-mail*, telefones celulares e televisão a cabo, entre outros, contribuem para desafiar e alterar o relacionamento e a comunicação familiares; é preciso reformular significados e valores, refletir sobre o tempo despendido ao convívio familiar e escolher práticas de lazer, rituais diários e interação entre pais e filhos (inclusive reformulando aspectos ligados à privacidade e à intimidade).[8]

Inicialmente, o uso de meios tecnológicos para favorecer a comunicação familiar ocorria de modo espontâneo em situações que envolviam pessoas distantes geograficamente. Ligações telefônicas eram recorrentes para que avós e avôs, por exemplo, conversassem com filhos e ouvissem as primeiras palavras de neto(as); com a evolução da comunicação, muitas avós conheceram netos(as) nascidos(as) em outros países e os(as) visualizaram pela primeira vez por meio de telas.

A emergência de novas tecnologias, que passaram a fazer parte do cotidiano das pessoas, fez com que rapidamente novos comportamentos fossem adquiridos, surgindo novas necessidades e expectativas.[9]

A integração do uso da tecnologia a práticas relevantes é uma realidade à qual as pessoas devem se adaptar cada vez mais; nessa medida, os meios tecnológicos devem ser usados para concretizar os direitos e as garantias fundamentais de crianças e adolescentes.[10]

Antes da pandemia, a convivência familiar por meio de recursos tecnológicos era utilizada de maneira complementar por genitores e prole quando, mesmo vivendo em locais próximos, não possuíam disponibilidade, todos os dias da semana, para o encontro físico, mas não abriam mão de contatos visuais para a manutenção do diálogo contínuo que deve existir nas relações entre pais e filhos, especialmente enquanto menores, em fase de formação e desenvolvimento.

A ocorrência de críticas ao uso da internet e, consequentemente, ao aumento das relações por meio de ferramentas tecnológicas, é fato notório. Bauman, em toda a sua obra, já alertava para o fenômeno da liquidez das relações no período pós-moderno, com tendência de substituir as relações da vida material – aqui dotada do significado daquilo que se pode tocar, tangível – pela vida "virtual".

---

[7] TICs – Tecnologias da informação e comunicação. *Canal TI*, 2017. Disponível em: https://www.canalti.com.br/tecnologia-da-informacao/tics-tecnologias-da-informacao-e-comunicacao/. Acesso em 3 mai. 2021.

[8] FOGAÇA, Cristiano Padial; STEFANO, Isa Gabriela de Almeida. Covid-19 e reflexos no direito de família: o direito de visita virtual. *Migalhas*, 10 jun. 2020. Disponível em: https://www.migalhas.com.br/depeso/328750/covid-19-e-reflexos-no-direito-de-familia--o-direito-de-visita-virtual. Acesso em 30 abr. 2021.

[9] FERRARINI, Letícia. Sociedade tecnológica e de consumo, relações líquidas e novas formas de constituir família – Perspectivas inovadoras para o direito. *IBDFAM*. Disponível em: https://ibdfam.org.br/index.php/artigos/1149/Sociedade+tecnol%C3%B3gica+e+de+consumo,+rela%C3%A7%C3%B5es+l%C3%ADquidas+e+novas+formas+d e+constituir+fam%C3%ADlia+-+perspectivas+inovadoras+para+o+Direito. Acesso em 30 abr. 2021.

[10] FOGAÇA, Cristiano Padial; STEFANO, Isa Gabriela de Almeida. Covid-19 e reflexos no direito de família: o direito de visita virtual. *Migalhas*, 10 jun. 2020. Disponível em: https://www.migalhas.com.br/depeso/328750/covid-19-e-reflexos-no-direito-de-familia--o-direito-de-visita-virtual. Acesso em 30 abr. 2021.

No entanto, diante da excepcionalidade vivida pela pandemia, é preciso atuar com criatividade, boa vontade e bom senso para garantir, com segurança, a convivência entre pais e filhos, pelo menos.

O Conselho Nacional dos Direitos da Criança e do Adolescente (Conanda) publicou em 25.3.2020 interessantes recomendações para a proteção integral a crianças e adolescentes durante a pandemia da Covid-19:

> 18. Que crianças e adolescentes filhos de casais com guarda compartilhada ou unilateral não tenham sua saúde e a saúde da coletividade submetidas à risco em decorrência do cumprimento de visitas ou período de convivência previstos no acordo estabelecido entre seus pais ou definido judicialmente. Para tanto, devem ser observadas as seguintes orientações:
>
> a. As visitas e os períodos de convivência devem, preferencialmente, ser substituídos por meios de comunicação telefônica ou on-line, permitindo que a convivência seja mantida;
>
> b. O responsável que permanece com a criança deve manter o outro informado com regularidade e não impedir a comunicação entre a criança ou adolescente com o outro responsável;
>
> c. Em casos que se opte pela permissão de visitas ou períodos de convivência, responsáveis que tenham voltado de viagem ou sido expostos à situações de risco de contágio devem respeitar o período de isolamento de 15 dias antes que o contato com a criança ou o adolescente seja realizado;
>
> d. O deslocamento da criança ou do adolescente deve ser evitado;
>
> e. No caso de acordada a visita ou permissão para o período de convivência, todas as recomendações de órgãos oficiais devem ser seguidas;
>
> f. O Judiciário, a família e os responsáveis devem se atentar, ao tomarem decisões relativas à permissão de visitas ou períodos de convivência, ao melhor interesse da criança e do adolescente, incluindo seu direito à saúde e à vida, e à saúde da coletividade como um todo.

O distanciamento social imposto como medida sanitária pelas autoridades, para a contenção do vírus, gerou, em muitas famílias, impactos negativos porque genitores utilizaram-se da situação como pretexto para proibir a convivência parental, sem qualquer justificativa.

O distanciamento social não é medida de extrema restrição, como o chamado *lockdown*, em que as pessoas somente estão autorizadas a sair de suas casas para a compra de gêneros alimentícios básicos e frequentar farmácias e hospitais. Em caso de *lockdown*, a cessação da convivência física se impõe.

O convívio familiar, desde que os genitores observem todos os protocolos de segurança sanitária, não deve ser interrompido quando inexistem pessoas com comorbidades convivendo nas residências; afinal, deveria sempre prevalecer o interesse dos filhos menores.

Para tanto, a busca por alternativas criativas e que assegurem a manutenção do convívio familiar deve ser a tônica da comunicação entre os genitores. A guarda alternada, que não encontra guarida na legislação brasileira, pode ser solução transitória adequada para não submeter a criança a maior risco de contágio.

> Ainda assim, julgo ser mais benéfico para a salvaguarda da saúde da criança reduzir os perigos de exposição ao vírus com mudanças frequentes de ambiente familiar, parecendo-me

vantajoso que, durante esta fase pandémica, os regimes de residência alternada semanal possam vigorar com uma alternância de tempo diferente, designadamente, quinzenal, de modo a permitir que, sempre que ocorra a mudança de residência, exista como que um período de quarentena junto desse progenitor (semelhante ao recomendado pela Organização Mundial de Saúde e pela Direcção-Geral de Saúde para quem viaja e regressa do estrangeiro), assim como serão de evitar convívios de curta duração a meio da semana, que acarretarão um risco superior de exposição ao vírus por parte da criança. Neste último caso, justifica-se uma compressão do direito ao convívio dando preferência ao direito da criança à saúde e segurança, sem prejuízo das particulares circunstâncias do caso poderem recomendar a manutenção desses convívios de curta duração, caso a avaliação do risco seja mínima.[11]

Infelizmente há situações peculiares que necessitam de intervenção de terceiros pois os genitores não conseguem fazer análise de risco de maneira isenta. Como exemplo, é possível citar o caso em que o genitor se nega a adotar os protocolos sanitários de prevenção da contaminação com o vírus SARS-Cov-2. O não uso de máscaras, a falta de lavagem constante das mãos e a presença em locais de aglomeração, por parte de um dos genitores, são fatos que podem ensejar o pedido de suspensão da convivência física, por parte do outro genitor. Isto se deve ao fato de que não apenas o filho é colocado em risco de contrair a doença, mas também os demais parentes que com este residem.

Outro exemplo se dá quando um dos genitores é médico, enfermeiro, dentista ou outro profissional da área da saúde exposto a riscos reais por estar atendendo ao público, e ainda assim insiste no convívio físico sem a utilização de máscaras. Há razões para que o outro genitor se oponha à convivência porque o risco de contágio é genuíno.

Em casos como estes, a doutrina portuguesa, amparada no quadro emergencial, sugere que a criança passe

> [...] a habitar no domicílio do progenitor com o qual não reside, não acarreta a transferência absoluta do exercício das responsabilidades parentais relativas aos atos da vida corrente, pelo que, também nesta situação, este progenitor ao exercer as suas responsabilidades, não deverá contrariar as orientações educativas mais relevantes, tal como elas são definidas pelo progenitor com quem o filho reside habitualmente.
>
> Por outro lado, o atual estado de emergência não constituirá, só por si, fundamento bastante para que qualquer dos cônjuges possa tomar, sem o acordo do outro, decisões relativas a atos de particular importância para a vida do filho, apenas se admitindo tal possibilidade no caso de neste atual quadro se justificar a tomada urgente de uma decisão, encontrando-se o outro progenitor totalmente impossibilitado de manifestar a sua posição a esse respeito.[12]

---

[11] MONGE, Carla Ramos. O impacto da Covid-19 nas responsabilidades parentais: possíveis abordagens às novas problemáticas. *In*: LOPES, Edgar Taborda; LEAL, Ana Teresa (Coord.). *Covid-19 – Implicações na jurisdição da família e das crianças*. Lisboa: Centro de Estudos Judiciários, 2020. Coleção Formação Contínua. p. 38.

[12] FIGUEIREDO, Pedro Raposo de. Exercício das responsabilidades parentais em tempos de pandemia e de isolamento social. P. 111-160. *In*: LOPES, Edgar Taborda; LEAL, Ana Teresa (Coord.). *Covid-19 – Implicações na jurisdição da família e das crianças*. Lisboa: Centro de Estudos Judiciários, 2020. Coleção Formação Contínua. p. 141.

Há evidente conflito de direitos, especificamente entre o direito à saúde e o direito à convivência familiar.

A doutrina aponta que, diante do conflito de direitos, as regras de hermenêutica devem ser invocadas a fim de sopesar os direitos envolvidos. Notadamente, o direito à preservação da saúde tem maior relevância (força) diante do direito à convivência familiar, sobretudo diante da situação de excepcionalidade pandêmica que exige sacrifícios de todas as pessoas.

Ideal seria que os genitores buscassem dialogar de forma produtiva para encontrarem, juntos, a solução excepcional, inclusive com o auxílio da mediação, se possível. Porém, muitas vezes o deslinde ocorrerá por decisão judicial, como se depreende dos relatos que seguem.

4 Definição judicial de convivência tecnológica durante a pandemia da Covid-19

Tão logo a crise gerada pela expansão do coronavírus se instalou no Brasil, pleitos com requerimentos de tutelas de urgência foram levados à Justiça para assegurar a convivência familiar e ganharam destaque; como a convivência poderia ocorrer de forma segura na inédita conjuntura[13] pandêmica?

Quando as pessoas conseguem conversar de forma construtiva, a negociação de novas condições de interação pode ter lugar; como, porém, muitas vezes o histórico de conversações envolve desconfianças, ressentimentos e dificuldades,[14] o diálogo acaba sendo percebido como inviável. Em casos mais intensos, a situação acaba sendo levada ao Poder Judiciário, que geralmente precisa decidir a situação já em sede liminar.

Um dado antecedente a qualquer apreciação judicial sobre o tema é a acessibilidade às TICs:[15]

> Dados do último trimestre de 2018 demonstram que 25,3% da população não tem acesso à internet, o que em números absolutos representa cerca de 46 milhões de pessoas.
>
> A falta de acesso em áreas rurais chega a 53,5%, enquanto que em áreas urbanas é de 20,6%; portanto, a questão não é simplesmente ligada à hipossuficiência econômica, já que a infraestrutura para o acesso é fato merecedor de atenção.
>
> Há que se considerar a falta de oferta de serviço de internet: ainda que o consumidor queira contratar o serviço, este não está disponível na região por ele habitada, problema exacerbado na Região Norte do país, onde a porcentagem de desconectados chega a 13,8%.

---

[13] TARTUCE, Fernanda; TASSINARI, Simone. Exigências de maior responsabilidade parental e ajustes sobre convivência familiar no contexto da pandemia. *In*: NEVARES, Ana Luiza Maia; XAVIER, Marilia Pedroso; MARZAGÃO, Silvia Felipe (Coord.). *Coronavírus* – Impactos no direito de família e sucessões. Indaiatuba: Foco, 2020. p. 163.

[14] TARTUCE, Fernanda; TASSINARI, Simone. Exigências de maior responsabilidade parental e ajustes sobre convivência familiar no contexto da pandemia. *In*: NEVARES, Ana Luiza Maia; XAVIER, Marilia Pedroso; MARZAGÃO, Silvia Felipe (Coord.). *Coronavírus* – Impactos no direito de família e sucessões. Indaiatuba: Foco, 2020. p. 163.

[15] Em abril de 2020, o Instituto Brasileiro de Geografia e Estatística (IBGE) publicou a Pesquisa Nacional por Amostra de Domicílios Contínua – Tecnologia da Informação e Comunicação (Pnad Contínua TIC) com os dados consolidados referentes ao ano de 2018.

Diante do fenômeno da exclusão digital, muitas dificuldades poderão se impor não só à pessoa desprovida de computador e aparatos adjacentes, mas também a quem, apesar de dispor desses equipamentos, revela dificuldade de os manipular.[16]

Portanto, é fundamental verificar se as partes possuem equipamentos tecnológicos para a realização da chamada de voz ou vídeo, o que demanda acesso à internet e mínima alfabetização digital.

Um caso apreciado no contexto da pandemia da Covid-19 originou-se de decisão do Juiz de Direito Leonardo Bofill Vanoni, da 1ª Vara Judicial da Comarca de Taquari-RS, que regulamentou a visita virtual para garantir os laços de afetividade entre o pai e a filha a ser realizada por vídeo, ao vivo, duas vezes por semana, pelo prazo mínimo de 10 minutos.[17]

Tal tipo de situação, ressalte-se, deve realmente ocorrer quando for estritamente necessária. Como destacou Silvia Marzagão, sendo possível o convívio físico com segurança, ele deveria ser mantido em relação aos filhos para viabilizar o cuidado equilibrado da prole pelos genitores.[18] Na mesma linha ponderou Rolf Madaleno:

> Resulta tudo de um juízo de ponderação, quando sabido que a vida comunitária e o exercício da plena formação do infante se encontram em suspenso para que não só a vida dos filhos seja plenamente protegida, mas para que também possa por a salvo as vidas dos que em tempos de pandemia por enfermidade do coronavírus são tanto ou até mais vulneráveis pelo grupo de risco em que se encontram (pessoas mais idosas ou enfermas) e que também precisam ser preservadas.[19]

Como apontado, há casos em que o genitor deixa de adotar medidas de segurança, mas refuta que seu comportamento enseje risco à saúde; por isso, o conflito se instaura (ou se agudiza).

A paternidade implica deveres de informação inerentes à preservação da saúde de crianças/adolescentes e de quem com eles convive, justamente para resguardar a saúde daqueles. Assim, os genitores devem assegurar a circulação entre as casas de maneira responsável, evitando, tanto quanto possível, o transporte público e informando qualquer suspeita de sintomas.[20] É desta forma que a doutrina portuguesa vem se pautando, conforme o material diretivo produzido pelo Centro de Estudos Judiciários.

---

[16] TARTUCE, Fernanda; BRANDÃO, Débora. Mediação e conciliação on-line, vulnerabilidade cibernética e destaques do ato normativo nº 1/2020 do Nupemec/SP. *Cadernos Jurídicos (EPM)*, v. 55, p. 153-162, 2020. Disponível em: https://www.tjsp.jus.br/download/EPM/Publicacoes/CadernosJuridicos/cj_n55_5.2_media%C3%A7%C3%A3o%20e%20concilia%C3%A7%C3%A3o%20on-line_.pdf?d=637364814447198926. Acesso em 19 mai. 2021.

[17] FOGAÇA, Cristiano Padial; STEFANO, Isa Gabriela de Almeida. Covid-19 e reflexos no direito de família: o direito de visita virtual. *Migalhas*, 10 jun. 2020. Disponível em: https://www.migalhas.com.br/depeso/328725/covid-19-e-reflexos-no-direito-de-familia--o-direito-de-visita-virtual. Acesso em 30 abr. 2021.

[18] MARZAGÃO, Silvia Felipe. Direito de Família e Pandemia: tempo de reflexão e transformação. *Migalhas*, 13 abr. 2020. Disponível em: https://www.migalhas.com.br/depeso/324495/direito-de-familia-e-pandemia-tempo-de-reflexao-e-transformacao. Acesso em 27 abr. 2021.

[19] MADALENO, Rolf. Guarda compartilhada e regulação de visitas (pandemia ou pandemônio). *GenJurídico*, 20 mar. 2020. Disponível em: http://genjuridico.com.br/2020/03/20/guarda-compartilhada-visitas-pandemia/. Acesso em 27 abr. 2021.

[20] FIGUEIREDO, Pedro Raposo de. Exercício das responsabilidades parentais em tempos de pandemia e de isolamento social. P. 111-160. *In*: LOPES, Edgar Taborda; LEAL, Ana Teresa (Coord.). *Covid-19* – Implicações na jurisdição da família e das crianças. Lisboa: Centro de Estudos Judiciários, 2020. Coleção Formação Contínua. p. 140.

Em Portugal, a recomendação é a realização de acordo entre os genitores nos casos em que haja situação de risco, com a fixação de regime especial para vigorar durante o tempo de suspensão do convívio regular

> [...] de forma a promover a "relação de proximidade com o outro progenitor", nomeadamente através de contactos telefónicos mais regulares e realização de videochamadas, indicando ainda o caminho para um possível acordo quanto a uma compensação de dias de convívio após este período, tudo nos termos permitidos pelo artigo 41º, nº 4, do Regime Geral do Processo Tutelar Cível, aplicado com as necessárias adaptações.[21]

A compensação futura dos dias de convívio, após a cessação da pandemia, pode ser uma possibilidade diante da falta de recursos tecnológicos. No entanto, deve-se sopesar outros fatores como a idade da criança, porque deixar o exercício da convivência para momento futuro pode implicar o comprometimento da formação de laços paterno-filiais ou mesmo causar a ruptura destes.

Em certo caso apreciado pela Justiça paulista, a decisão de primeiro grau deferiu tutela antecipada para fixar direito de convivência em favor do pai em finais de semana alternados por considerar que ele visitava regularmente o filho anteriormente. A genitora recorreu alegando não ter permitido a continuidade das visitas por verificar que o pai não tomava os cuidados necessários em relação à pandemia de Covid-19, havendo ainda notícias de que o menor teria sido agredido por outras crianças (filhos da namorada atual do genitor).

O pedido recursal não foi acolhido ante a ausência de comprovação: a) de que o pai tenha voluntariamente exposto o filho a situações de risco; b) de que tenha havido agressão do menor por outras crianças. Concluiu o desembargador relator que a convivência "constitui não apenas direito do pai, mas da própria criança, sendo necessária para o amadurecimento da relação".[22]

Em caso apreciado pelo Tribunal do Distrito Federal sobre a colisão estabelecida entre os direitos e interesses resguardados aos pais e os conferidos aos filhos foi ressaltada a "prevalência do direito que assiste à criança ou adolescente de ter sua integridade física e higidez psicológica preservadas, garantindo-lhe o bem-estar e a possibilidade de convivência com as famílias maternas e paternas".[23]

Vale também destacar que o olhar restritivo às visitas presenciais, tão comum no início do primeiro ano pandêmico, foi perdendo força com o passar do tempo. Exemplifica tal assertiva o caso apreciado pelo TJSP, cuja ementa de acórdão destacou o seguinte:

---

[21] FIGUEIREDO, Pedro Raposo de. Exercício das responsabilidades parentais em tempos de pandemia e de isolamento social. P. 111-160. In: LOPES, Edgar Taborda; LEAL, Ana Teresa (Coord.). *Covid-19* – Implicações na jurisdição da família e das crianças. Lisboa: Centro de Estudos Judiciários, 2020. Coleção Formação Contínua. p. 141.

[22] TJSP, Sexta Câmara de Direito Privado. AI nº 2180013-62.2020.8.26.0000; Ac. 13868780; São Bernardo do Campo. Rel. Des. Marcus Vinicius Rios Gonçalves, j. 18.8.2020. *DJESP*, 21 ago. 2020. p. 2423.

[23] TJDF, Primeira Turma Cível. Rec nº 00011.47-42.2017.8.07.0019; Ac. 133.6502. Rel. Des. Teófilo Caetano, j. 5.5.2021. *PJe*, 12 maio 2021.

Pretensão da genitora agravante de substituir as visitas presenciais por visitas telepresenciais por meio de aplicativos eletrônicos, ao fundamento [sic] de que a Comarca de Campinas vive o pior momento da crise sanitária decorrente da pandemia do coronovírus [sic]. Inviabilidade. Primazia do melhor interesse dos menores. Saudável que as visitas paternas sejam facilitadas, a fim de que as crianças possuam [sic] manter viva a convivência com o genitor e o núcleo familiar paterno. Pandemia do Covid 19 que não obstaculiza as visitas presenciais, desde que o agravado adote durante as visitas as cautelas preconizadas pelas autoridades sanitárias.[24]

Em outro caso, este apreciado pelo Tribunal de Justiça do Ceará, havia histórico de violência contra a genitora do menor e alegações dela de que o pai teria exposto o filho a prática de atos com conteúdo sexual impróprio; como tais atos não foram comprovados, invocando as mencionadas recomendações do Conanda os julgadores assim entenderam:

[...] os interesses do menor serão resguardados caso as visitas sejam realizadas por videoconferência, devendo estas ocorrerem 2 (duas) vezes por semana, pelo período mínimo de 2 (duas) horas cada, sendo a primeira realizada toda quarta-feira e a outra aos sábados em horários a serem acordados entre as partes. 9. Com o viso de resguardar a integridade psíquica do infante, verifica-se ser essencial o acompanhamento ininterrupto do rebento por um membro da família materna, que não seja a genitora, durante todo o período em que se realizar a videoconferência com o genitor, porquanto, assim, se resguardará o melhor interesse da criança.[25]

Como se nota, a falta de comprovação é decisiva em muitos casos.

Mas tal óbice não se verificou em certo caso apreciado pelo Tribunal de Justiça de Sergipe: duas crianças, um menino de 1 ano e 11 meses e uma menina de 6 (seis) anos de idade, moravam com a mãe na casa dos avós maternos, pessoas idosas com comorbidades sérias. Por conta desse fato, a genitora pleiteou que a guarda compartilhada passasse a ser unilateral e os contatos com o pai ocorressem por via remota; o pedido foi deferido. Posteriormente, em audiência conciliatória, no acordo para a retomada do convívio presencial do genitor com os filhos, restou consignado seu compromisso de, enquanto os filhos estivessem sob sua guarda e enquanto persistisse a pandemia, não frequentar locais públicos com aglomeração (como bares e restaurantes), não contratar terceiros para os cuidados dos menores e evitar eventuais contatos com terceiros alheios ao convívio dos genitores.

Contudo, no dia 20.12.2020, o acordo foi descumprido pelo pai dos menores, que levou, juntamente com madrasta, os infantes para um "bar no rio", onde ficaram até as 4h da tarde, sem máscaras (desde a hora que chegaram, até a hora de entrarem no carro). Constou então no acórdão o seguinte:

---

[24] TJSP, Primeira Câmara de Direito Privado. AI nº 2055899-17.2021.8.26.0000; Ac. 14612298; Campinas. Rel. Des. Francisco Loureiro, j. 7.5.2021. *DJESP*, 12 maio 2021. p. 2101.

[25] TJCE, Segunda Câmara de Direito Privado. AI nº 0639608-16.2020.8.06.0000. Rel. Des. Carlos Alberto Mendes Forte, j. 14.4.2021; *DJCE*, 22 abr. 2021. p. 256.

> [...] como forma de conciliar o distanciamento social momentâneo e a necessidade de convívio familiar, em especial dos filhos com o seu pai, entendo que a decisão agravada deve ser reformada, a fim de que os menores mantenham o contato com o seu genitor de forma presencial na área aberta e comum do condomínio em que as crianças e a mãe residem nos dias em que as crianças deveriam estar na residência do pai e de maneira virtual diariamente, por meio telefônico e/ou chamadas por vídeo conferência, por qualquer aplicativo (WHATSAPP, MESSENGER e ETC.), por entender que neste momento é o que melhor se coaduna com o princípio do melhor interesse da criança e do adolescente...
>
> Advirto que a visitação deverá ocorrer, de forma virtual, como determinado nesta decisão. As partes deverão combinar entre si, antecipadamente, as datas e horários das visitas, sempre priorizando a melhor conveniência dos infantes.

Como se nota, mesmo em casos em que houve judicialização, a necessidade de diálogo foi expressamente destacada pelo julgador.

5 Necessário diálogo sobre o modo de interação *on-line*

Conversar sobre o modo da interação eletrônica é uma necessidade pontuada em diversos casos.

A título ilustrativo, consideremos mais um caso, o da "visita à matriarca":[26] seis familiares (filhos, netos e nora) desejavam visitar Helena (82), que havia sofrido um AVC e estava na casa da filha Cátia; como esta impedia a aproximação, eles promoveram ação de regulamentação de visitas com pedido de tutela de urgência antes da pandemia se instalar (em fevereiro de 2020). A decisão de primeiro grau postergou a apreciação do pedido para o dia da audiência conciliatória; inconformados, os familiares interpuseram agravo de instrumento com pedido de antecipação dos efeitos da tutela recursal. O caso, que acabou sendo apreciado no início do contexto pandêmico, recebeu no acórdão do Tribunal de Justiça do Rio de Janeiro a seguinte motivação:

> [...] como forma de conciliar o distanciamento social momentâneo e a necessidade de convívio familiar, em especial com os idosos, CONCEDO PARCIALMENTE A ANTECIPAÇÃO DA TUTELA RECURSAL para autorizar que os Agravantes mantenham contato virtual com a Sra. HELENA por meio telefônico e chamadas por videoconferência, por qualquer aplicativo (Skype, WhatsApp, Messenger e etc.), com periodicidade de 03 (três) vezes por semana, duração mínima de 05 (cinco) minutos e máxima de 10 (dez) minutos, por evento. As partes deverão combinar entre si, antecipadamente, as datas e horários das ligações, sempre priorizando a melhor conveniência da Sra. HELENA.[27]

Como se nota, mesmo que as partes tenham buscado "terceirizar" a decisão sobre o conflito, o entendimento de que elas deveriam conversar para combinar a forma de comunicação foi devidamente destacado no acórdão.

Por um lado, decisões como esta tendem a causar espécie; afinal, se a aptidão para uma boa comunicação estivesse presente, familiares não estariam em juízo buscando

---

[26] TARTUCE, Fernanda. *Processo civil no direito de família*: teoria e prática. 5. ed. São Paulo: Método, 2021. p. 366.

[27] TJRJ, Sétima Câmara Cível. AI nº 0015225-60.2020.8.19.0000. Rel. Desembargador Luciano Saboia Rinaldi de Carvalho, j. 18.3.2020.

a tutela jurisdicional. Por outro lado, seria árduo que o Poder Judiciário, sem conhecer detalhes sobre o contexto e os horários da pessoa a ser tutelada, impusesse mecanismos de interação que, sem aderência à realidade, poderiam restar inócuos.

A diversidade de mecanismos é notória; como saber se as pessoas envolvidas na interação conhecem a ferramenta escolhida – por ex., Zoom ou Meet? E se há pacote de dados suficiente para dar conta da interação – especialmente considerando que nos fins de semana muitas pessoas não conseguem usar Wi-Fi, geralmente acessado em ambientes comerciais?

Como destaca Letícia Ferrarini, no âmbito das famílias democráticas e eudemonistas, "maiores são os espaços de liberdades e escolhas, havendo, pois, uma interlocução cada vez mais aguda entre as diferentes formas de inovações".[28]

Assim, queiram ou não, familiares em conflito precisarão dialogar sobre o modo de interação *on-line* e ajustar detalhes como horários, uso ou não de imagem etc.

Algumas vezes as conversas são reputadas difíceis e não contam com esmero em seu desenvolvimento. Imagine que um pai responda de forma monossilábica que não quer e não concorda em estar com o filho de modo remoto; certamente a mãe da criança acreditará que há má vontade por parte dele, que simplesmente se recusa por mero capricho.

A conversa pode ter sido ruim por fatores como *bad timing* (nem sempre o diálogo ocorre em momento apropriado) e abordagem assertiva (que foi mal entendida como agressiva pela outra).

Identificada resistência em um primeiro momento, é preciso ser resiliente e não desistir, fazendo uma análise realista sobre o contexto e tendo disposição para uma nova interação em melhores condições; para tanto, será importante dialogar sobre elementos favoráveis para que ocorra uma próxima conversa produtiva. Será essencial haver real abertura para escutar a outra pessoa e se dispor a conversar sobre possibilidades e limites. Importante também que as pessoas se lembrem que há interesses maiores a serem protegidos – como a integridade psíquica de incapazes –, evitando cair em armadilhas que desviem o foco e as levem a frívolas disputas de poder.

Além disso, é preciso evitar criar a expectativa irrealista de que aquela combinação valerá para sempre, sendo imutável.

Embora seja compreensível que as pessoas se programem e criem expectativas por força de ajustes (muitas vezes alcançados após diversas conversas), as combinações bem concebidas no plano teórico podem não funcionar na prática. A abertura à comunicação será essencial, uma vez mais, para que as pessoas conversem e busquem delinear alternativas.

No mais, também é preciso sempre ter cuidado com expectativas irrealistas sob o prisma da recorrência da interação remota: o fato de que a avó aceitou em certo momento ver o neto a distância, por exemplo, pode ser visto por ela como exceção, mas ser concebido como regra pelo pai da criança (genro da idosa). A comunicação será essencial para que as expectativas de cada pessoa sejam reportadas e devidamente esclarecidas.

---

[28] FERRARINI, Letícia. Sociedade tecnológica e de consumo, relações líquidas e novas formas de constituir família – Perspectivas inovadoras para o direito. *IBDFAM*. Disponível em: https://ibdfam.org.br/index.php/artigos/1149/Sociedade+tecnol%C3%B3gica+e+de+consumo,+rela%C3%A7%C3%B5es+l%C3%ADquidas+e+novas+formas+de+constituir+fam%C3%ADlia+-+perspectivas+inovadoras+para+o+Direito. Acesso em 30 abr. 2021.

Vale lembrar que, se reputarem árdua a atuação solitária para remoção das travas na conversação, havendo manifesta disposição de seguir avançando no plano consensual, as pessoas poderão recorrer a facilitadores(as) da comunicação como mediadores(as) e conciliadores(as) para que o diálogo possa avançar.

6 Considerações finais

Não há dúvida de que o direito à convivência familiar deve ser preservado por todas as pessoas envolvidas na relação e, preferencialmente, com o contato físico/presencial, para que trocas e aprendizagens entre familiares sejam mais intensas e produzam todos os efeitos esperados. Nada pode, afinal, ser comparado ao toque, especialmente na tenra idade, quando a criança identifica seus genitores pelo cheiro (feromônios).

A convivência presencial é capaz de revelar hábitos, formas de pensar, cultura familiar, sendo um elemento riquíssimo para o desenvolvimento de crianças e adolescentes por propiciar a criação de laços e a apropriação do sentimento de pertencimento ao núcleo familiar.

Diante de ocorrências como a pandemia e as mudanças de endereço (para outro município, estado ou mesmo país), recorrer à convivência familiar por meio de recursos tecnológicos é, para muitas famílias, a única forma possível de exercício de tal e, assim, buscar minorar a saudade e cumprir a função social constitucionalmente imposta aos pais de criação e educação dos filhos.

No entanto, é importante ter em mente que a verificação de condições para o exercício deve ser checada.

O primeiro requisito para a adoção de formas criativas de exercício da convivência familiar é a observância, sempre, do princípio do melhor interesse da criança e do adolescente. Tal diretriz deve nortear toda a atividade de genitores, promotores de justiça e juízes no trabalho voltado a fixar as regras de convivência.

É neste ponto inicial que reside a avaliação acerca dos riscos de contágio, no caso de Covid-19, a que a criança e as pessoas que vivem com ela na mesma residência estão sujeitas. Os genitores, assim como o julgador, quando for o caso, deverão apreciar os riscos envolvidos para optar pela manutenção da convivência física ou pela adoção de meios tecnológicos. Alguns genitores, de maneira excepcional, podem voltar a morar juntos para viabilizar a convivência parental plena. Outra alternativa, temporária, é a adoção de guarda alternada, utilizando-se do modelo de convivência familiar no período de férias.

O segundo fator é a verificação das condições materiais para a viabilização do exercício da convivência tecnológica, porque as pessoas precisam possuir os equipamentos para tanto. Além de computador, *tablet* ou telefone celular, ainda é preciso ter acesso à internet que comporte chamadas em vídeo.

Também, é necessário verificar a idade da criança para estabelecer qual a melhor forma de fixação de tal convivência. Crianças em tenra idade não possuem maturidade para ficar além de poucos minutos diante de uma tela de computador, *tablet* ou telefone celular. Se for bebê, os pais ou julgador terão de pensar em uma forma de não onerar o genitor que detém a guarda física da criança, porque este terá a responsabilidade de viabilizar que o outro genitor visualize a criança durante o tempo que estabelecerem.

Por fim, um terceiro fator importante é a adoção de posturas abertas a conversações sobre as possibilidades e os limites de interações eletrônicas, com respeito recíproco e paciência (sobretudo se novos diálogos forem necessários).

Referências

BRANDÃO, Débora. *Curso de direito civil constitucional*. Direito de família. São Paulo: Saraiva. No prelo.

FERRARINI, Letícia. Sociedade tecnológica e de consumo, relações líquidas e novas formas de constituir família – Perspectivas inovadoras para o direito. *IBDFAM*. Disponível em: https://ibdfam.org.br/index.php/artigos/1149/Sociedade+tecnol%C3%B3gica+e+de+consumo,+rela%C3%A7%C3%B5es+l%C3%ADquidas+e+novas+formas+de+constituir+fam%C3%ADlia+-+perspectivas+inovadoras+para+o+Direito. Acesso em 30 abr. 2021.

FOGAÇA, Cristiano Padial; STEFANO, Isa Gabriela de Almeida. Covid-19 e reflexos no direito de família: o direito de visita virtual. *Migalhas*, 10 jun. 2020. Disponível em: https://www.migalhas.com.br/depeso/328725/covid-19-e-reflexos-no-direito-de-familia--o-direito-de-visita-virtual. Acesso em 30 abr. 2021.

LOPES, Edgar Taborda; LEAL, Ana Teresa (Coord.). *Covid-19 – Implicações na jurisdição da família e das crianças*. Lisboa: Centro de Estudos Judiciários, 2020. Coleção Formação Contínua.

MADALENO, Rolf. Guarda compartilhada e regulação de visitas (pandemia ou pandemônio). *GenJurídico*, 20 mar. 2020. Disponível em: http://genjuridico.com.br/2020/03/20/guarda-compartilhada-visitas-pandemia/. Acesso em 27 abr. 2021.

MARZAGÃO, Silvia Felipe. Direito de Família e Pandemia: tempo de reflexão e transformação. *Migalhas*, 13 abr. 2020. Disponível em: https://www.migalhas.com.br/depeso/324495/direito-de-familia-e-pandemia-tempo-de-reflexao-e-transformacao. Acesso em 27 abr. 2021.

NEUMANN, Débora Martins Consteila; MISSEL, Rafaela Jarros. Família digital: a influência da tecnologia nas relações entre pais e filhos adolescentes. *Pensando Famílias*, v. 23, n. 2, p. 75-91, dez. 2019. Disponível em: http://pepsic.bvsalud.org/pdf/penf/v23n2/v23n2a07.pdf. Acesso em 30 abr. 2021.

RIBEIRO, Raquel; SILVA, Tayanne. Isolamento social potencializa dependência tecnológica. *Correio Braziliense*, 7 fev. 2021. Disponível em: https://www.correiobraziliense.com.br/revista-do-correio/2021/02/4905199-isolamento-social-potencializa-dependencia-tecnologica.html. Acesso em 6 mai. 2021.

TARTUCE, Fernanda. *Processo civil no direito de família*: teoria e prática. 5. ed. São Paulo: Método, 2021.

TARTUCE, Fernanda; BRANDÃO, Débora. Mediação e conciliação on-line, vulnerabilidade cibernética e destaques do ato normativo nº 1/2020 do Nupemec/SP. *Cadernos Jurídicos (EPM)*, v. 55, p. 153-162, 2020. Disponível em: https://www.tjsp.jus.br/download/EPM/Publicacoes/CadernosJuridicos/cj_n55_5.2_media%C3%A7%C3%A3o%20e%20concilia%C3%A7%C3%A3o%20on-line_.pdf?d=637364814447198926. Acesso em 19 mai. 2021.

TARTUCE, Fernanda; TASSINARI, Simone. Exigências de maior responsabilidade parental e ajustes sobre convivência familiar no contexto da pandemia. In: NEVARES, Ana Luiza Maia; XAVIER, Marilia Pedroso; MARZAGÃO, Silvia Felipe (Coord.). *Coronavírus* – Impactos no direito de família e sucessões. Indaiatuba: Foco, 2020.

Informação bibliográfica deste texto, conforme a NBR 6023:2018 da Associação Brasileira de Normas Técnicas (ABNT):

BRANDÃO, Débora; TARTUCE, Fernanda. Convivência familiar por meios tecnológicos. In: EHRHARDT JÚNIOR, Marcos; CATALAN, Marcos; MALHEIROS, Pablo (Coord.). *Direito Civil e tecnologia*. 2. ed. Belo Horizonte: Fórum, 2022. t. II. p. 483-496. ISBN 978-65-5518-432-7.

TECNOLOGIA E ADVOCACIA EXTRAJUDICIAL EM DIREITO DE FAMÍLIA E SUCESSÕES – LIMITES E POSSIBILIDADES

SIMONE TASSINARI CARDOSO FLEISCHMANN

CAROLINE POMJÉ

1 Introdução

Diante de mudanças paradigmáticas em termos de constitucionalização da legislação e alteração das perspectivas socioculturais, as entidades familiares tornaram-se verdadeiro "espaço de realização da afetividade humana",[1][2] marcando o "deslocamento de suas antigas funções para o espaço preferencial de realização dos projetos existenciais das pessoas"[3] e "a mais profunda alteração no vértice do ordenamento, a impor radical reformulação dos critérios interpretativos adotados em matéria de família".[4]

Inegavelmente, porém, os vínculos familiares ensejam a possibilidade de conflitos de diversas índoles, projetando-se tanto no âmbito das conjugalidades (sendo exemplificativa a situação de término do relacionamento e consequente necessidade de formalização do rompimento por meio do procedimento de divórcio ou dissolução de união estável) quanto das parentalidades (como nas questões envolvendo reconhecimento de filiação e estipulação de direitos e deveres inerentes à autoridade parental). Além disso, as relações estabelecidas no ambiente privado e familiar geralmente também produzem efeitos *post mortem*, avançando para o campo do direito sucessório com facilidade.

---

[1] LÔBO, Paulo. *Direito civil*: famílias. 7. ed. São Paulo: Saraiva, 2017. p. 19.

[2] Insere-se em tal cenário a lição de Pietro Perlingieri de acordo com a qual "A família não é titular de um interesse separado e autônomo, superior àquele do livre e pleno desenvolvimento de cada pessoa. Devem ser rechaçadas, portanto, as várias teorias que discorrem sobre um 'interesse familiar' superindividual, de tipo público ou corporativo", reforçando o entendimento de que a família representa um *locus* para o desenvolvimento pleno de seus sujeitos, considerando as peculiaridades individuais (PERLINGIERI, Pietro. *Perfis do direito civil*. Introdução ao direito civil constitucional. Tradução de Maria Cristina De Cicco. 3. ed. rev. e ampl. Rio de Janeiro: Renovar, 2002. p. 244).

[3] LÔBO, Paulo. *Direito civil*: famílias. 7. ed. São Paulo: Saraiva, 2017. p. 19.

[4] TEPEDINO, Gustavo; TEIXEIRA, Ana Carolina Brochado. *Direito de família*. Rio de Janeiro: Forense, 2020. p. 1.

Em outros termos: os eventuais impasses estabelecidos no ambiente familiar – sejam ou não carregados de conteúdo litigioso, podendo ser interpretados como mera situação em relação à qual as pessoas envolvidas desejam formalizar determinado posicionamento com o objetivo de prevenir efetivos conflitos futuros – podem estar vinculados às conjugalidades e/ou parentalidades, sendo possível sua projeção também ao âmbito sucessório.

A principal forma de resolução de eventuais impasses ainda perpassa, no contexto brasileiro contemporâneo, o acionamento do Poder Judiciário. O Estado, portanto, acaba sendo provocado a decidir sobre – ou a homologar – uma situação que não raramente diz respeito unicamente ao interesse de pessoas maiores e plenamente capazes. Ao mesmo tempo, o sistema judiciário nacional atravessa cenário de exaustão que se reflete na frequente demora da entrega da prestação jurisdicional, o que culmina frequentemente na impossibilidade de entrega tempestiva do bem da vida pretendido. Não há outra resposta em ambiente familiar, a insatisfação é a regra.

A via judicial, no entanto, não representa a única forma de solução dos impasses tão comuns no ambiente familiar e sucessório. Isso porque as atividades denominadas "extrajudiciais" representam possibilidade que, para além de valorizar a autonomia dos sujeitos envolvidos,[5] simbolizam caminho menos oneroso e mais ágil para a resolução de diversas demandas.[6]

O ambiente das atividades notariais e registrais, assim, desponta como um horizonte em que a autonomia dos sujeitos envolvidos pode ser adequadamente exercida. Apesar de estar tradicionalmente vinculada ao "recebimento e qualificação jurídica da vontade dos particulares endereçada à celebração de atos jurídicos que têm por fim a circulação de riquezas",[7] a atividade notarial também abrange a realização de atos jurídicos que se situam no ambiente dos interesses existenciais.

A classificação dos atos notariais decorre do disposto no art. 6º, da Lei nº 8.935/94 (legislação esta que concretiza o art. 236, da CRFB/88), ensejando a diferenciação entre as atas notariais e as escrituras públicas. Enquanto as atas notariais "configuram todo e qualquer ato do tabelião cuja finalidade seja simplesmente autenticar certo fato,

---

[5] "A privatização das relações conjugais e conviveciais permite que as pessoas estabeleçam as próprias regras de convivência, evitando-se, assim, intervencionismo injustificado e desnecessário, salvaguardando-se a intervenção somente para as situações patológicas. Nesse aspecto, a atuação estatal deve ser balizada pelos limites de uma 'reserva de intimidade', de forma a promover os princípios constitucionais, somente intervindo efetivamente mediante solicitação judicial por parte dos próprios cônjuges, se impossível a solução de conflitos internos da relação conjugal" (MULTEDO, Renata Vilela; MORAES, Maria Celina Bodin de. A privatização do casamento. Civilística.com, Rio de Janeiro, ano 5, n. 2, 2016. Disponível em: http://civilistica.com/a-privatizacao-do-casamento/. Acesso em: 3 jun. 2021. p. 13). Seguindo caminho similar, Paulo Lôbo afirma que "o direito de família é genuinamente privado, pois os sujeitos de suas relações são entes privados, apesar da predominância das normas cogentes ou de ordem pública. Não há qualquer relação de direito público entre marido e mulher, entre companheiros, entre pais e filhos, dos filhos entre si e dos parentes entre si. Não lhe retira essa natureza o fato de ser o ramo do direito civil em que é menor a autonomia privada e em que é marcante a intervenção legislativa. Diz-se que 'as situações sociais típicas ou os supostos institucionais do direito civil são, precisamente, a pessoa, a família e o patrimônio'" (LÔBO, Paulo. Direito civil: famílias. 7. ed. São Paulo: Saraiva, 2017. p. 43).

[6] "Pode-se dizer que a atividade notarial e de registro tem por finalidade assegurar a publicidade, autenticidade, segurança e eficácia dos atos jurídicos de modo preventivo, evitando, com isso, o acúmulo de processos no judiciário e atuando como meio de pacificação social" (LIMA, Lucas Almeida de Lopes. A atividade notarial e registral e sua natureza jurídica. Âmbito Jurídico, Rio Grande, ano XIV, n. 92, set. 2011. Disponível em: http://www.ambito-juridico.com.br/site/index.php?n_link=revista_artigos_leitura&artigo_id=10253. Acesso em: 3 jun. 2021).

[7] BRANDELLI, Leonardo. Teoria geral do direito notarial. 3. ed. São Paulo: Saraiva, 2009. p. 66.

pré-constituindo prova",[8] as escrituras públicas destinam-se à formalização jurídica da vontade das partes, contando com a intervenção do notário "nos atos e negócios jurídicos a que as partes devam ou queiram dar forma legal e autenticidade, redigindo o instrumento adequado para propiciar a plena eficácia".[9] [10]

Apesar de as escrituras públicas não se submeterem a um regime de tipicidade, havendo "tantas escrituras possíveis quantas forem as possibilidades da vontade das partes em matéria de atos jurídicos",[11] em matéria de direito de família e de direito sucessório verifica-se a prevalência – ou, ao menos, a recorrência – de determinadas modalidades de escrituras públicas. Assim, escrituras de reconhecimento de união estável, pactos antenupciais, escrituras de divórcio extrajudicial, escrituras de dissolução de união estável, contratos de namoro,[12] escrituras de inventário extrajudicial, testamentos públicos, cessão de direitos hereditários e sobrepartilhas[13] representam modalidades de escrituras públicas que perpassam o ambiente familiar e sucessório e que podem conter disposições de caráter patrimonial e existencial por parte dos sujeitos envolvidos.

Ao gradual aumento da procura pela realização dos procedimentos extrajudiciais alia-se a competência do Conselho Nacional de Justiça para a formulação de normas voltadas à fiscalização dos sistemas notarial e registral e para uma atuação normativa vinculada,[14] cabendo analisar, no âmbito do presente estudo, os impactos de diferentes resoluções e provimentos[15] expedidos pelo CNJ em matéria de família e sucessões e o

---

[8] FERREIRA, Paulo Roberto Gaiger; RODRIGUES, Felipe Leonardo; CASSETARI, Christiano (Coord.). *Tabelionato de notas*. 4. ed. Indaiatuba: Foco, 2021. p. 47.

[9] FERREIRA, Paulo Roberto Gaiger; RODRIGUES, Felipe Leonardo; CASSETARI, Christiano (Coord.). *Tabelionato de notas*. 4. ed. Indaiatuba: Foco, 2021. p. 48.

[10] Nesse sentido: "A escritura pública é o ato notarial mediante o qual o tabelião recebe manifestações de vontade endereçadas à criação de atos jurídicos. É o ato notarial pelo qual o notário recebe a vontade manifestada pelas partes e endereçadas a ele, tabelião, para que instrumentalize o ato jurídico adequado; é o ato por meio do qual o tabelião recebe a vontade das partes, qualifica esta vontade e cria o instrumento adequado a dar vazão jurídica a esta vontade. A escritura pública é o instrumento (público-notarial) que contém em si um ato jurídico. Não é o próprio ato jurídico. Assim, a chamada escritura de compra e venda é uma escritura pública que contém um negócio jurídico de compra e venda; da mesma forma, a escritura de doação, e assim por diante" (BRANDELLI, Leonardo. *Teoria geral do direito notarial*. 3. ed. São Paulo: Saraiva, 2009. p. 345).

[11] BRANDELLI, Leonardo. *Teoria geral do direito notarial*. 3. ed. São Paulo: Saraiva, 2009. p. 345.

[12] Ver, por todos, XAVIER, Marília Pedroso. *Contrato de namoro. Amor líquido e direito de família mínimo*. 2. ed. Belo Horizonte: Fórum, 2020.

[13] Sobre a viabilidade de sobrepartilha extrajudicial: "Com efeito, se a realização do inventário por escritura pública se revela meio adequado de acesso à justiça, a realização de sobrepartilha por escritura também deve ser admissível, ainda que o inventário tenha sido celebrado pela via judicial, como forma de promoção ao direito de obtenção da solução justa para o conflito de interesses" (ROSA, Conrado Paulino da; RODRIGUES, Marco Antonio. *Inventário e partilha*. Teoria e prática. 2. ed. rev., atual. e ampl. Salvador: JusPodivm, 2020. p. 372).

[14] POMJÉ, Caroline; FLEISCHMANN, Simone Tassinari Cardoso. Critérios de legalidade constitucional para a função normativa do Conselho Nacional de Justiça: o exemplo do direito de família. *Pensar: Revista de Ciências Jurídicas*, Fortaleza, v. 25, n. 2, p. 1-14, abr./jun. 2020. p. 1.

[15] O exercício da atividade de regulação e uniformização de serviços de justiça, pelo Conselho Nacional de Justiça, ocorre por meio da expedição de resoluções e provimentos. Tratam-se de atos administrativos que não se confundem: enquanto os provimentos se caracterizam pelo fato de serem atos administrativos que contêm "determinações e instruções que a Corregedoria ou os tribunais expedem para a regularização e uniformização dos serviços, especialmente os da Justiça, com o objetivo de evitar erros e omissões na observância da lei" (MEIRELLES, Hely Lopes; BURLE FILHO, José Emmanuel. *Direito administrativo brasileiro* (1964). 42. ed. atual. até a Emenda Constitucional 90, de 15.9.2015. São Paulo: Malheiros, 2016. p. 210), as resoluções "são atos administrativos normativos expedidos pelas altas autoridades do Executivo (mas não pelo Chefe do Executivo, que só deve expedir decretos) ou pelos presidentes de tribunais, órgãos legislativos e colegiados administrativos, para disciplinar matéria de sua competência específica. Por exceção admitem-se resoluções individuais. As

modo como tais diretrizes e normativas têm sido implementadas em um contexto de incremento da virtualização dos procedimentos notariais.

Para tanto, serão objetos de análise seis diferentes resoluções e provimentos expedidos pelo CNJ nos últimos anos, quais sejam: Resolução nº 35/2007; Resolução nº 125/2010; Resolução nº 175/2013; Provimento nº 63/2017; Provimento nº 67/2018; e Provimento nº 83/2019. Além disso, a vertente mais tecnológica origina-se no recente Provimento nº 100/2020, que será objeto de estudo a partir da análise de sua aplicabilidade vinculada às regulamentações inicialmente analisadas, verificando-se o modo pelo qual tem ocorrido sua implementação em cada um dos procedimentos extrajudiciais específicos.

2 Provimentos e resoluções do Conselho Nacional de Justiça: análise contemporânea das possibilidades extrajudiciais em matéria de família e sucessões

Um primeiro aspecto a ser considerado, antes de adentrarmos na verificação do teor de cada uma das manifestações do Conselho Nacional de Justiça em matéria de família e sucessões, vincula-se com a competência do órgão para a expedição de normativas voltadas aos sistemas notarial e registral. Como já abordado em outra oportunidade,[16] a competência atribuída ao CNJ não representa total liberdade nessa regulamentação, conforme seguinte posicionamento doutrinário:

> No Estado Democrático de Direito, é inconcebível permitir-se a um órgão administrativo expedir atos (resoluções, decretos, portarias, etc) com força de lei, cujos reflexos possam avançar sobre direitos fundamentais, circunstância que faz com que tais atos sejam ao mesmo tempo legislativos e executivos, isto é, como bem lembra Canotilho, a um só tempo *"leis e execução de leis"*.[17]

Consequentemente, seguindo o entendimento de supramencionados autores, o Conselho Nacional de Justiça enfrentaria duas modalidades de limitação na edição de atos regulamentares: "uma, *stricto sensu*, pela qual não podem expedir regulamentos com caráter geral e abstrato, em face da reserva de lei; outra, *lato sensu*, que diz respeito a impossibilidade de ingerência nos direitos e garantias fundamentais dos cidadãos".[18]

---

resoluções, normativas ou individuais, são sempre atos inferiores ao regulamento e ao regimento, não podendo inová-los ou contrariá-los, mas unicamente complementá-los e explicá-los. Seus efeitos podem ser internos ou externos, conforme o campo de atuação da norma ou os destinatários da providência concreta" (MEIRELLES, Hely Lopes; BURLE FILHO, José Emmanuel. Direito administrativo brasileiro (1964). 42. ed. atual. até a Emenda Constitucional 90, de 15.9.2015. São Paulo: Malheiros, 2016. p. 208).

[16] POMJÉ, Caroline; FLEISCHMANN, Simone Tassinari Cardoso. Critérios de legalidade constitucional para a função normativa do Conselho Nacional de Justiça: o exemplo do direito de família. *Pensar: Revista de Ciências Jurídicas*, Fortaleza, v. 25, n. 2, p. 1-14, abr./jun. 2020.

[17] STRECK, Lenio Luiz; SARLET, Ingo Wolfgang; CLÈVE, Clèmerson Merlin. Os limites constitucionais das resoluções do Conselho Nacional de Justiça (CNJ) e Conselho Nacional do Ministério Público (CNMP). *Migalhas*, 16 jan. 2006. p. 2. Disponível em: https://www.migalhas.com.br/dePeso/16,MI20381,41046-Os+limites+Constitucionais+das+resolucoes+do+Conselho+Nacional+de. Acesso em: 3 jun. 2021.

[18] STRECK, Lenio Luiz; SARLET, Ingo Wolfgang; CLÈVE, Clèmerson Merlin. Os limites constitucionais das resoluções do Conselho Nacional de Justiça (CNJ) e Conselho Nacional do Ministério Público (CNMP). *Migalhas*, 16 jan. 2006. p. 3. Disponível em: https://www.migalhas.com.br/dePeso/16,MI20381,41046-Os+limites+Constitucionais+das+resolucoes+do+Conselho+Nacional+de. Acesso em: 3 jun. 2021.

Destaca-se, por oportuno, que a reserva de lei – ou princípio da legalidade – representa "uma peça essencial do Estado de direito" objetivando outorgar uma "garantia ao cidadão contra o arbítrio do administrador".[19]

Apesar dos méritos do entendimento acima apresentado, tem-se que o Supremo Tribunal Federal, ao consignar que as normativas expedidas pelo CNJ correspondem a atos normativos primários,[20] autorizou a expedição de atos com caráter geral e abstrato, no caso da ADC nº 12, dentro da competência constitucionalmente prevista. Assim, haveria a possibilidade de o Conselho Nacional de Justiça emitir normativas com caráter geral e abstrato desde que estribadas em sua competência constitucional, devendo buscar parâmetros de conformação no próprio texto constitucional.

2.1 Do inventário, partilha, separação consensual e divórcio extrajudicial – Resolução nº 35, de 24.4.2007

Transpondo tais considerações à análise das diferentes regulamentações emitidas pelo Conselho Nacional de Justiça e elencadas anteriormente, a Resolução nº 35, de 24.4.2007, "disciplina a aplicação da Lei nº 11.441/07 pelos serviços notariais e de registro", viabilizando, ainda sob a égide do Código de Processo Civil de 1973, a realização de "inventário, partilha, separação consensual e divórcio consensual por via administrativa", ou seja, extrajudicialmente. Por meio da Resolução nº 326, de 26.6.2020, a Resolução nº 35/2007 passou a vigorar com a inclusão da extinção consensual de união estável por via administrativa.

Essa possibilidade foi expressamente prevista no âmbito do Código de Processo Civil de 2015. O art. 610 do diploma processual estabelece, no §1º, que "Se todos forem capazes e concordes, o inventário e a partilha poderão ser feitos por escritura pública, a qual constituirá documento hábil para qualquer ato de registro, bem como para levantamento de importância depositada em instituições financeiras". O *caput* de referido artigo menciona que, em havendo testamento ou interessado incapaz, o procedimento de inventário deverá ser realizado judicialmente; no entanto, o Superior Tribunal de Justiça, quando do julgamento do Recurso Especial nº 1.808.767/RJ, em 15.10.2019, sob relatoria do Ministro Luiz Felipe Salomão, fixou o entendimento pela possibilidade do "inventário extrajudicial, ainda que exista testamento, se os interessados forem capazes e concordes e estiverem assistidos por advogado, desde que o testamento tenha sido previamente registrado judicialmente ou haja a expressa autorização do juízo competente".[21] [22]

---

[19] SOARES, R. Ehrhardt. Princípio da legalidade e administração constitutiva. *Boletim da Faculdade de Direito da Universidade de Coimbra*, v. 57, p. 169-192, 1981. p. 169. Disponível em: https://heinonline.org/HOL/P?h=hein.journals/boltfdiuc57&i=177. Acesso em: 3 jun. 2021.

[20] BRASIL. Supremo Tribunal Federal. Tribunal Pleno. *Medida Cautelar na ADC nº 12-6/DF*. Rel. Min. Carlos Britto, j. 16.2.2006, publ. 1.9.2006.

[21] BRASIL. Superior Tribunal de Justiça. Quarta Turma. REsp 1.808.767-RJ. Rel. Min. Luis Felipe Salomão, j. 15.10.2019. *Informativo*, n. 663, 2019. Disponível em: https://www.stj.jus.br/publicacaoinstitucional/index.php/Informjuris20/article/view/3824/4053. Acesso em: 3 jun. 2021.

[22] Além disso, como destacam Conrado Paulino da Rosa e Marco Antonio Rodrigues, poder-se-ia cogitar da hipótese "em que o testamento não dispõe sobre questões relativas à herança, mas, por exemplo, apenas sobre quem será o inventariante, ou outra questão não patrimonial. Em tais casos, não se justifica uma obrigatoriedade de realização do inventário judicialmente, considerando que não há uma necessidade de controle de obediência

Quanto ao divórcio consensual e à separação consensual, o Código de Processo Civil de 2015 igualmente disciplinou expressamente a possibilidade de realização extrajudicial do procedimento "não havendo nascituro ou filhos incapazes e observados os requisitos legais", como se extrai do art. 733, *caput*, o qual incluiu a aplicabilidade do procedimento aos casos de extinção consensual de união estável. Referida previsão privilegia a autonomia privada dos sujeitos, "que podem, por si próprios, de comum acordo, sem a interferência do Estado-juiz, resolver as questões relacionadas à extinção da sociedade conjugal ou até do vínculo matrimonial",[23] viabilizando, com isso, que ocorra o afastamento do Estado do ambiente familiar.

Cabe destacar que se por um lado os últimos anos vislumbraram um recrudescimento das possibilidades extrajudiciais de extinção dos vínculos conjugais, o procedimento tradicional para fins de formalização do vínculo casamentário ocorre de forma extrajudicial, por meio de requerimento de habilitação para o casamento. Como destaca Paulo Lôbo, "a habilitação é a primeira fase do casamento e deve ser promovida perante o oficial de registro civil de residência de ambos os nubentes ou de um deles".[24] [25] A celebração do ato, por sua vez, corresponde ao momento de realização do casamento, constituindo-se "pela manifestação da vontade de estabelecer o vínculo conjugal perante o juiz, que então os declara casados (CC, art. 1.514)",[26] sendo seguido pelo registro do casamento – que dará publicidade ao ato, opondo a situação a terceiros e representando meio de prova quanto à sua ocorrência.[27]

Ocorre que, com a superveniência da pandemia de Covid-19, em março de 2020, a logística para fins de realização das solenidades de celebração de casamentos precisou ser alterada. Em um primeiro momento, os registradores civis suspenderam a celebração dos casamentos, em atendimento às normas administrativas que passaram a proibir a realização de eventos sociais.[28] Algumas normativas estaduais, no entanto, "passaram a disciplinar a realização da solenidade e do registro de casamento por meio de videoconferência, com regras específicas".[29]

---

a disposições testamentárias sobre a partilha dos bens" (ROSA, Conrado Paulino da; RODRIGUES, Marco Antonio. *Inventário e partilha*. Teoria e prática. 2. ed. rev., atual. e ampl. Salvador: JusPodivm, 2020. p. 369).

[23] ALVES, Leonardo Barreto Moreira. *Direito de família mínimo*. A possibilidade de aplicação e o campo de incidência da autonomia privada no direito de família. Rio de Janeiro: Lumen Juris, 2010. p. 168-169.

[24] LÔBO, Paulo. *Direito civil*: famílias. 7. ed. São Paulo: Saraiva, 2017. p. 103.

[25] "Em boa hora, a Lei n. 12.133, de 12 de dezembro de 2009, que deu nova redação ao art. 1.526 do Código Civil, suprimiu a exigência, que este tinha introduzido, de homologação da habilitação pelo juiz, o que a tornava desnecessariamente burocratizada e judicializada. A habilitação apenas será submetida ao juiz se o membro do Ministério Público, ou o oficial ou o terceiro impugná-la" (LÔBO, Paulo. *Direito civil*: famílias. 7. ed. São Paulo: Saraiva, 2017. p. 103-104).

[26] GAGLIARDI, Andreia Ruzzante; SALAROLI, Marcelo; CAMARGO NETO, Mario de Carvalho; CASSETARI, Christiano (Coord.). *Registro civil das pessoas naturais*. 3. ed. Indaiatuba: Foco, 2021. p. 324.

[27] GAGLIARDI, Andreia Ruzzante; SALAROLI, Marcelo; CAMARGO NETO, Mario de Carvalho; CASSETARI, Christiano (Coord.). *Registro civil das pessoas naturais*. 3. ed. Indaiatuba: Foco, 2021. p. 335.

[28] GAGLIARDI, Andreia Ruzzante; SALAROLI, Marcelo; CAMARGO NETO, Mario de Carvalho; CASSETARI, Christiano (Coord.). *Registro civil das pessoas naturais*. 3. ed. Indaiatuba: Foco, 2021. p. 496.

[29] "São exemplos nesse sentido: Santa Catarina - Provimento n. 22, de 31 de março de 2020, Amazonas - provimento 348/2020, CGJ-AM; Bahia - Provimento Conjunto nº 13/2020 da CGJ/CCIPJ-BA; Paraíba - Recomendação nº 08/2020, CGJ-PB; Goiás - Provimento nº 41/2020 - CGJ-GO; e Minas Gerais - Portaria Conjunta de Presidência nº 955/2020 TJMG" (GAGLIARDI, Andreia Ruzzante; SALAROLI, Marcelo; CAMARGO NETO, Mario de Carvalho; CASSETARI, Christiano (Coord.). *Registro civil das pessoas naturais*. 3. ed. Indaiatuba: Foco, 2021. p. 496).

Essa necessidade de modificação do procedimento diante do cenário pandêmico, com valorização da utilização de mecanismos tecnológicos para fins de celebração de atos que, até então, eram realizados exclusiva ou majoritariamente de maneira presencial, refletiu-se também na prática de outros atos notariais. O Provimento nº 100, de 26.5.2020, sobreveio meses após o início do isolamento social imposto pela pandemia, dispondo "sobre a prática de atos notariais eletrônico utilizando o sistema e-Notariado", além de criar a Matrícula Notarial Eletrônica – MNE e dar outras providências.

Tem-se, por meio de referido provimento, a aliança entre a utilização de mecanismos tecnológicos que possibilitam a realização de procedimentos solenes a distância e a manutenção de certa rigidez procedimental necessária à prática de atos dotados de fé pública.[30] Cotejando o teor do Provimento nº 100/2020 com o previsto na Resolução nº 35/2007 – bem como no Código de Processo Civil de 2015, ao ampliar o rol de procedimentos passíveis de realização extrajudicial – verifica-se a viabilidade de realização de atos notariais eletrônicos, via e-Notariado, para fins de assinatura de escrituras públicas de inventário, partilhas, divórcio extrajudicial, separação consensual ou dissolução de união estável.

A concretização do ato, no entanto, submete-se a requisitos previstos no art. 3º do Provimento nº 100/2020, quais sejam: (a) realização de videoconferência notarial para captação do consentimento das partes sobre os expressos termos do ato notarial eletrônico;[31] (b) concordância expressa manifestada pelas partes participantes do ato notarial eletrônico; (c) assinatura digital das partes (certificado digital notarial ou ICP-Brasil), apostas exclusivamente através do sistema e-Notariado; (d) assinatura do tabelião de notas ou seu substituto legal com a utilização exclusiva de certificado digital ICP-Brasil; e (e) utilização de formatos de documentos de longa duração (PDF/A) com assinatura digital.[32]

De se destacar que, em se tratando de procedimento extrajudicial no qual há a exigência de que as partes estejam assessoradas por advogado ou defensor público,

---

[30] De se destacar que o Provimento nº 100/2020 parte de diversos considerandos, entre os quais: "CONSIDERANDO as vantagens advindas da adoção de instrumentos tecnológicos que permitam a preservação das informações prestadas perante os notários; CONSIDERANDO a necessidade de regulamentar a implantação do sistema de atos notariais eletrônicos - e-Notariado, de modo a conferir uniformidade na prática de ato notarial eletrônico em todo o território nacional; CONSIDERANDO a Orientação n. 9, de 13 de março de 2020, da Corregedoria Nacional de Justiça, que dispõe sobre a necessidade de as Corregedorias-Gerais do Poder Judiciário nacional observarem medidas temporárias de prevenção ao contágio pelo novo coronavírus (COVID-19); CONSIDERANDO a necessidade de se manter a prestação dos serviços extrajudiciais, o fato de que os serviços notariais são essenciais ao exercício da cidadania e que devem ser prestados, de modo eficiente, adequado e contínuo" (BRASIL. Conselho Nacional de Justiça. Provimento nº 100, de 26 de maio de 2020. Portal CNJ – Atos Administrativos, Brasília, 26 maio 2020. Disponível em: https://atos.cnj.jus.br/files/original222651202006025ed6d22b74c75.pdf. Acesso em: 4 jun. 2021).

[31] Além disso, como se depreende do parágrafo único do mesmo artigo, "a gravação da videoconferência notarial deverá conter, no mínimo: a) a identificação, a demonstração da capacidade e a livre manifestação das partes atestadas pelo tabelião de notas; b) o consentimento das partes e a concordância com a escritura pública; c) o objeto e o preço do negócio pactuado; d) a declaração da data e horário da prática do ato notarial; e e) a declaração acerca da indicação do livro, da página e do tabelionato onde será lavrado o ato notarial" (BRASIL. Conselho Nacional de Justiça. Provimento nº 100, de 26 de maio de 2020. Portal CNJ – Atos Administrativos, Brasília, 26 maio 2020. Disponível em: https://atos.cnj.jus.br/files/original222651202006025ed6d22b74c75.pdf. Acesso em: 4 jun. 2021).

[32] FERREIRA, Paulo Roberto Gaiger; RODRIGUES, Felipe Leonardo; CASSETARI, Christiano (Coord.). Tabelionato de notas. 4. ed. Indaiatuba: Foco, 2021. p. 81.

tal requisito deve igualmente ser observado para fins de realização do procedimento extrajudicial eletrônico. É o caso, por exemplo, dos procedimentos de inventário, partilha, divórcio extrajudicial, separação consensual e dissolução de união estável, que exigem a presença do profissional na celebração do ato.[33]

Além disso, o acesso ao sistema e-Notariado ocorre com a utilização de assinatura digital, por certificado digital notarizado ou, quando possível, por biometria (art. 9º, *caput*, Provimento nº 100/2020), sendo assegurado aos usuários externos o acesso gratuito ao sistema, "mediante cadastro prévio, sem assinatura eletrônica, para conferir a autenticidade de ato em que tenham interesse" (art. 9º, §§2º e 4º, Provimento nº 100/2020). Já para fins de assinatura dos atos notariais eletrônicos:

> é imprescindível a realização de videoconferência notarial para captação do consentimento das partes sobre os termos do ato jurídico, a concordância com o ato notarial, a utilização da assinatura digital e a assinatura do Tabelião de Notas com o uso de certificado digital, segundo a Infraestrutura de Chaves Públicas Brasileira – ICP. (art. 9º, §3º, Provimento nº 100/2020)

Uma das grandes contribuições que os meios tecnológicos trazem ao direito de família e sucessões é a superação das noções tradicionais de tempo e espaço. Se, antes, havia necessidade de deslocamento e reunião em sala física, hoje, ela ocorre virtualmente, de forma que o espaço do qual se fala já não seja mais o mesmo. E, com relação ao tempo, pode-se afirmar que também há certa relativização, uma vez que a sincronicidade exigida para a perfectibilização do "ato jurídico virtual" chega a cada local do mundo em um fuso horário distinto.

Em um momento em que a circulação das pessoas tem sido mitigada e que muitos necessitam redobrar os cuidados com a saúde,[34] a possibilidade de resolução extrajudicial e eletrônica de questões vinculadas aos âmbitos familiar e sucessório representa significativo avanço na concretização de mecanismos para a tutela adequada e eficiente dos direitos dos sujeitos envolvidos.

2.2 Conciliação e mediação em ambiente notarial e registral – Resolução nº 125, de 29.11.2010, e Provimento nº 67, de 26.3.2018

A Resolução nº 125, de 29.11.2010, "dispõe sobre a política judiciária nacional de tratamento adequado dos conflitos de interesses no âmbito do Poder Judiciário e dá outras providências", atribuindo competência ao Conselho Nacional de Justiça, em seu art. 4º, para a organização de "programa com o objetivo de promover ações de incentivo à autocomposição de litígios e à pacificação social por meio da conciliação e da mediação". A Lei nº 13.140/2015, que "dispõe sobre a mediação entre particulares como meio de solução de controvérsias e sobre a autocomposição de conflitos no âmbito da administração pública", já previa no art. 42 sua aplicabilidade, "no que couber, às

---

[33] CPC/2015, art. 610, §2º; e art. 733, §2º.
[34] No ponto, importante o teor do art. 30, do Provimento nº 100/2020, de acordo com o qual "fica autorizada a realização de ato notarial híbrido, com uma das partes assinando fisicamente o ato notarial e a outra, a distância, nos termos desse provimento".

outras formas consensuais de resolução de conflitos, tais como mediações comunitárias e escolares, e àquelas levadas a efeito nas serventias extrajudiciais, desde que no âmbito de suas competências".

Anos depois, por meio do Provimento nº 67, de 26.3.2018, o CNJ regulamentou os procedimentos de conciliação e de mediação nos serviços notariais e registrais brasileiros. A possibilidade de realização dos procedimentos extrajudiciais de conciliação e de mediação representa, de acordo com Conrado Paulino da Rosa, "ótima medida haja vista que os notários e registradores, desde há muito, transmitem segurança jurídica aos seus usuários, bem como confiabilidade numa orientação imparcial e conciliatória".[35]

No seu art. 2º, o Provimento nº 67/2018 destaca a facultatividade da realização dos procedimentos de conciliação e de mediação nos serviços notarial e registral, sendo viável a participação de pessoa natural absolutamente capaz, pessoa jurídica e de entes despersonalizados a que a lei confere capacidade postulatória (art. 10). Ainda, deve ser ressaltado o previsto no art. 12, de acordo com o qual "os direitos disponíveis e os indisponíveis que admitam transação poderão ser objeto de conciliação e de mediação, o qual poderá versar sobre todo o conflito ou parte dele". O §1º do art. 12 dispõe "a conciliação e a mediação que envolvam direitos indisponíveis, mas transigíveis, deverão ser homologadas em juízo, na forma do art. 725, VIII, do CPC e do art. 3º, § 2º, da Lei n. 13.140/2015". Sobre tal previsão, cotejada com o disposto no art. 733, do CPC/2015, Conrado Paulino da Rosa afirma:

> Tendo em vista que, no artigo 733 do CPC, impede a concretização de divórcio ou dissolução de união estável em caso de gravidez ou presença de filhos incapazes, a previsão acima exposta poderia ser um bom instrumento para a tentativa de composição nas serventias extrajudiciais, antes da distribuição de qualquer demanda no Judiciário. Para isso aplicar-se-ia a redação do Enunciado 571 da VI Jornada de Direito Civil no sentido de que "se comprovada a resolução prévia e judicial de todas as questões referentes aos filhos menores ou incapazes, o tabelião de notas poderá lavrar escrituras públicas de dissolução conjugal".[36]

A cultura do litígio ainda se coloca como preponderante na sociedade contemporânea, entretanto, iniciativas das serventias cartorárias – no Tabelionato de Notas e nos Registros – podem ser destacadas. É exemplo o 26º Tabelionato de Notas de São Paulo:[37] o *site* da serventia apresenta o serviço, esclarece as metodologias e apresenta um formulário para o cadastramento de interessados. Trata-se, sem dúvidas, de uma

---

[35] ROSA, Conrado Paulino da. *Direito de família contemporâneo*. 8. ed. rev., atual. e ampl. Salvador: JusPodivm, 2021. p. 821.
[36] ROSA, Conrado Paulino da. *Direito de família contemporâneo*. 8. ed. rev., atual. e ampl. Salvador: JusPodivm, 2021. p. 823.
[37] 26º TABELIONATO DE NOTAS. *Mediação e conciliação*. Disponível em: https://www.26notas.com.br/servicos/mediacao-e-conciliacao. Acesso em: 4 jun. 2021.

excelente via para dirimir conflitos nas relações civis.[38] [39] Em se tratando de possibilidades de mediações *on-line*, destaca-se uma larga utilização, em vários países das chamadas ODRs (*Online Dispute Resolution*).[40]

2.3 Casamento das pessoas do mesmo sexo – Resolução nº 175, de 14.5.2013

Em 14.5.2013 foi publicada a Resolução nº 175, que "dispõe sobre a habilitação, celebração de casamento civil, ou conversão de união estável em casamento, entre pessoas do mesmo sexo". Esta resolução corrobora princípios basilares da ordem jurídica brasileira, como o princípio da igualdade, da proibição de discriminação, da pluralidade na formação familiar e do livre desenvolvimento da personalidade.

Fundamentada nas decisões históricas do Supremo Tribunal Federal, a Resolução nº 175/2013 proibiu quaisquer tratamentos discriminatórios na seara familiar. Nesse sentido, Maria Berenice Dias destaca que as decisões proferidas pelo STF em maio de 2011, quando do julgamento da ADI nº 4.277 e da ADPF nº 132, ambas de relatoria do Ministro Ayres Britto, dispõem "de eficácia contra todos e efeito vinculante, relativamente aos demais órgãos do Poder Judiciário e à administração pública direta e indireta, nas esferas federal, estadual e municipal (CF 102 § 2º)".[41]

Seguindo a tendência das decisões do Supremo Tribunal Federal, a resolução ora analisada proíbe que o casamento entre pessoas do mesmo sexo seja recusado "com fundamento na identidade de sexos dos nubentes, sendo possível recusar o casamento

---

[38] Embora alheia ao direito de família e sucessório, plataforma apresentada pelo Conselho Nacional de Justiça no ano de 2018 exemplifica de maneira consistente a junção entre os métodos extrajudiciais de resolução de conflitos e a utilização de ferramentas digitais. Em 27.5.2018, foi divulgada notícia de que o CNJ disponibilizaria plataforma de mediação digital com o sistema financeiro, com o "objetivo de facilitar a solução extrajudicial e judicial de conflitos com instituições financeiras". De acordo com a notícia divulgada pelo CNJ, "A ideia é facilitar a solução consensual de conflitos entre cidadãos e instituições financeiras. Há anos as demandas judiciais de consumidores contra bancos ocupam as primeiras posições em volume de processos. A principal novidade é a possibilidade de haver mediação digital de conflitos com processos já em andamento na justiça. Nesse caso, é necessária a participação de advogados e o juiz que está com o processo poderá homologar o eventual acordo" (ANDRADE, Paula. CNJ apresenta nova plataforma de mediação digital com o sistema financeiro. *CNJ*, 22 maio 2018. Disponível em: https://www.cnj.jus.br/cnj-apresenta-nova-plataforma-de-mediacao-digital-no-sistema-financeiro/. Acesso em: 4 jun. 2021). Em recente busca pela ferramenta, verificou-se que a Plataforma Mediação Digital está passando por reformulações, contendo o seguinte aviso em sua página inicial: "Informamos que o Sistema de Mediação Digital 2.0 está passando por reformulações. Com isso, temporariamente, não serão aceitos novos pedidos. Nesse período de suspensão, apenas os pleitos iniciados antes do dia 19/11/2018 serão processados e concluídos. Pedimos desculpas pelo transtorno. Em breve, disponibilizaremos uma ferramenta mais segura e eficiente" (CONSELHO NACIONAL DE JUSTIÇA. *Mediação digital*. A Justiça a um clique. Disponível em: https://www.cnj.jus.br/mediacaodigital/. Acesso em: 4 de jun. 2021).

[39] Especificamente quanto à mediação, Renata Vilela Multedo afirma que na "busca da melhor solução para o caso concreto, à luz do diálogo e das recíprocas concessões, em vez da substituição da vontade das partes pela imposição do Estado-juiz, a mediação mostra-se, na grande maioria das vezes, muito mais vantajosa. Ao contrário da lógica do ganhar e perder, ínsita aos processos judiciais, a mediação busca que as partes em conflito identifiquem por si mesmas as alternativas do benefício mútuo" (MULTEDO, Renata Vilela. *Liberdade e família*. Limites para a intervenção do Estado nas relações conjugais e parentais. Rio de Janeiro: Processo, 2017. p. 97).

[40] Na Europa, veja-se a lista de países que utilizam esta tecnologia em https://ec.europa.eu/consumers/odr/main/?event=main.complaints.odrList (acesso em: 7.6.2021). Sobre a utilização no Canadá, veja-se https://adric.ca/online-dispute-resolution/ (acesso em: 7.6.2021). Sobre a aplicação em outros países, veja-se https://www.rand.org/pubs/research_reports/RRA108-9.html (acesso em: 7.6.2021).

[41] DIAS, Maria Berenice. *Manual de direito das famílias*. 11. ed. rev., atual. e ampl. São Paulo: Revista dos Tribunais, 2016. p. 275.

entre pessoas do mesmo sexo por outros fundamentos, por exemplo, o parentesco entre eles, como se faz em todos os casamentos".[42]

A viabilidade de celebração do casamento de maneira virtual, tal qual vista anteriormente (item 2.1), igualmente se aplica à hipótese de habilitação e formalização do casamento entre pessoas do mesmo sexo, destacando-se que um dos méritos da Resolução nº 175/2013 está justamente em "pacificar e uniformizar a possibilidade de casamento entre pessoas do mesmo sexo em todo o Brasil, que assim deixa de depender da convicção pessoal de cada uma das autoridades envolvidas".[43]

De se destacar, por fim, que o Provimento nº 37/2014, do CNJ, "autorizou o registro das uniões estáveis, inclusive entre pessoas do mesmo sexo, no Livro 'E' do Registro Civil das Pessoas Naturais do domicílio dos companheiros",[44] estendendo-se tal possibilidade tanto às uniões estáveis formalizadas por meio de escritura pública quanto às decorrentes de decisão judicial, "podendo ser formalizada não só a constituição, mas também a sua dissolução".[45]

2.4 Reconhecimento voluntário e averbação da paternidade e maternidade socioafetivas – Provimentos nº 63, de 14.11.2017, e nº 83, de 14.8.2020

Seguindo a mesma tendência de regulamentar o exercício de direitos personalíssimos, o Provimento nº 63, de 14.11.2017, alterado pelo Provimento nº 83, de 14.8.2019,[46] trata "sobre o reconhecimento voluntário e a averbação da paternidade e maternidade socioafetiva no Livro 'A' e sobre o registro de nascimento e emissão da respectiva certidão dos filhos havidos por reprodução assistida". No âmbito desse mesmo provimento, porém, encontrava-se interessante limitação ao exercício de direitos pelos particulares: embora fosse reconhecida a viabilidade de reconhecimento de paternidade ou maternidade socioafetiva, o art. 14, do Provimento nº 63/2017, afirmava que "o reconhecimento da paternidade ou maternidade socioafetiva somente poderá ser realizado de forma unilateral e *não implicará o registro de mais de dois pais ou de duas mães no campo filiação no assento de nascimento*" (grifos nossos).

A partir da vigência do Provimento nº 83/2019, o art. 14 do Provimento nº 63/2017 passou a vigorar acrescido de dois parágrafos: o primeiro, afirmando que "somente

---

[42] GAGLIARDI, Andreia Ruzzante; SALAROLI, Marcelo; CAMARGO NETO, Mario de Carvalho; CASSETARI, Christiano (Coord.). *Registro civil das pessoas naturais*. 3. ed. Indaiatuba: Foco, 2021. p. 267.

[43] GAGLIARDI, Andreia Ruzzante; SALAROLI, Marcelo; CAMARGO NETO, Mario de Carvalho; CASSETARI, Christiano (Coord.). *Registro civil das pessoas naturais*. 3. ed. Indaiatuba: Foco, 2021. p. 267.

[44] DIAS, Maria Berenice. *Manual de direito das famílias*. 11. ed. rev., atual. e ampl. São Paulo: Revista dos Tribunais, 2016. p. 275.

[45] DIAS, Maria Berenice. *Manual de direito das famílias*. 11. ed. rev., atual. e ampl. São Paulo: Revista dos Tribunais, 2016. p. 275.

[46] "Posteriormente, o Provimento 83/19 trouxe alterações que resumidamente são: a) o estabelecimento de idade mínima do filho reconhecido em 12 anos; b) a necessidade de apuração objetiva da socioafetividade, demonstrada pelo requerente por todos os meios em direito admitidos, com destaque expresso para provas documentais; c) o obrigatório encaminhamento ao Ministério Público, cujo parecer favorável é condição para a averbação do reconhecimento de filho socioafetivo" (GAGLIARDI, Andreia Ruzzante; SALAROLI, Marcelo; CAMARGO NETO, Mario de Carvalho; CASSETARI, Christiano (Coord.). *Registro civil das pessoas naturais*. 3. ed. Indaiatuba: Foco, 2021. p. 209).

é permitida a inclusão de um ascendente socioafetivo, seja do lado paterno ou do materno"; o segundo, dispondo que "a inclusão de mais de um ascendente socioafetivo deverá tramitar pela via judicial". Logo, verifica-se pelo menos *a priori* a manutenção de uma limitação ao número de pais ou mães que podem figurar no campo filiação do assento de nascimento, o que consiste em uma limitação ao exercício de direitos pelos indivíduos, como já destacamos em outra oportunidade.[47]

Quanto ao reconhecimento voluntário da paternidade ou da maternidade socioafetiva, verifica-se por meio do disposto no art. 10 do Provimento nº 63/2017, com redação conferida pelo Provimento nº 83/2019, que se assegura a possibilidade de reconhecimento extrajudicial de tal filiação quando o filho for maior de 12 anos. Nesta hipótese, o requerimento pode ser realizado diretamente perante os oficiais de registro civil das pessoas naturais, tendo o registrador a incumbência de "estar a existência do vínculo afetivo da paternidade ou maternidade socioafetiva mediante apuração objetiva por intermédio da verificação de elementos concretos" (art. 10-A, §1º, Provimento nº 63/2017).

No cenário pandêmico, respeitadas as limitações a atendimentos presenciais nos Registros Civis de Pessoas Naturais, foi mantido o encaminhamento de reconhecimentos de filiações – tanto biológicas quanto socioafetivas. No entanto, deve-se destacar iniciativa do Tribunal de Justiça do Estado de Minas Gerais, implementada pelo Centro de Reconhecimento de Paternidade (CRP): o serviço, oferecido pelo TJMG desde 2011, já possibilitou quase 20 mil reconhecimentos de paternidade, sendo todos os encaminhamentos necessários realizados pelos servidores do CRP.[48]

De acordo com notícia divulgada na imprensa, as audiências migraram para o ambiente virtual em março de 2020, com o início da pandemia: "foram mais de mil sessões virtuais realizadas desde março do ano passado e 2021 tem chances de superar o número alcançado em 2020, de 682 atendimentos, já que em quatro meses chegou à metade desse total".[49] O atendimento, realizado via plataforma Cisco Webex, disponibilizada pelo Conselho Nacional de Justiça, tem sido aplicado tanto ao reconhecimento de paternidade biológica quanto socioafetiva, demonstrando como as plataformas digitais – ainda que de maneira bastante singela – podem contribuir para a efetivação dos direitos dos sujeitos em um contexto como o atualmente vivenciado.

3 Conclusão

O presente estudo procurou verificar, a partir da análise das diferentes resoluções e provimentos do Conselho Nacional de Justiça, o modo como tem ocorrido a efetivação

---

[47] POMJÉ, Caroline; FLEISCHMANN, Simone Tassinari Cardoso. Critérios de legalidade constitucional para a função normativa do Conselho Nacional de Justiça: o exemplo do direito de família. *Pensar: Revista de Ciências Jurídicas*, Fortaleza, v. 25, n. 2, p. 1-14, abr./jun. 2020. p. 6-7.

[48] BERNARDES, Isabela. Reconhecimento de paternidade bate recorde durante a pandemia em MG. *Estado de Minas*, 30 abr. 2021. Disponível em: https://www.em.com.br/app/noticia/gerais/2021/04/30/interna_gerais,1262285/reconhecimento-de-paternidade-bate-recorde-durante-a-pandemia-em-mg.shtml. Acesso em: 6 jun. 2021.

[49] BERNARDES, Isabela. Reconhecimento de paternidade bate recorde durante a pandemia em MG. *Estado de Minas*, 30 abr. 2021. Disponível em: https://www.em.com.br/app/noticia/gerais/2021/04/30/interna_gerais,1262285/reconhecimento-de-paternidade-bate-recorde-durante-a-pandemia-em-mg.shtml. Acesso em: 6 jun. 2021.

de direitos dos cidadãos perante as serventias extrajudiciais, em especial por meio da aplicação de procedimentos eletrônicos decorrentes, em grande parte, das limitações impostas pela pandemia atualmente vivenciada. Foi possível constatar que as variadas normativas expedidas pelo CNJ nos últimos anos em matéria de direito de família representam a possibilidade de incremento de resolução extrajudicial dos conflitos existentes no ambiente familiar e, simultaneamente, de prevenção de litígios futuros.

Especificamente quanto à ampliação dos mecanismos tecnológicos empregados no ambiente extrajudicial para efetivação dos direitos dos cidadãos, tem-se que o Provimento nº 100/2020, por meio do qual foi instituída a ferramenta do e-Notariado, representa significativo progresso com a finalidade de que seja possível a realização de atos solenes, dotados de fé pública, ainda que de maneira remota. Foi possível analisar a aplicabilidade de tal ferramenta aos procedimentos para fins de elaboração de escrituras públicas extremamente significativas nas searas familiar e sucessória, como nos casos de escrituras públicas de reconhecimento de união estável, pactos antenupciais, partilhas de bens, sobrepartilhas, renúncia à herança, cessão de direitos hereditários, dissolução de união estável e divórcio extrajudicial.

Além disso, a possibilidade de realização de videoconferências com participação das partes e do notário, como previsto no Provimento nº 100/2020, representa mais uma forma de ampliação das alternativas extrajudiciais e remotas de resolução de questões envolvendo direito de família e sucessório, sendo aplicável a realização de tais sessões com o objetivo de o tabelião avaliar a livre manifestação de vontade pelas partes. Por fim, outros caminhos eletrônicos têm sido igualmente aplicados, ainda que de forma mais singela, para garantir a continuidade da resolução de questões pelos sujeitos independentemente da situação pandêmica. É o caso da realização de sessões de conciliação e de mediação de maneira *on-line* – seja na via judicial ou extrajudicial – e, ainda, a iniciativa de programas específicos, como o realizado pelo Tribunal de Justiça do Estado de Minas Gerais, com o objetivo de possibilitar o reconhecimento espontâneo de paternidade (biológica ou socioafetiva) por meio de requerimento formulado diretamente ao Centro de Reconhecimento de Paternidade, que propicia o encaminhamento de documentação para fins de perfectibilização do reconhecimento pretendido desde que preenchidos os requisitos necessários para tanto.

Verifica-se, portanto, um paulatino incremento da utilização de ferramentas tecnológicas tanto pelo Poder Judiciário quanto pelas serventias extrajudiciais, o que possibilita, em última análise, a concretização de serviços tempestivos e eficientes aos cidadãos, ainda que em meio a um cenário de incertezas e de contínuas mudanças e adaptações como o atualmente vivenciado. Por óbvio, o alcance dos serviços ainda se apresenta como limitado e, muitas vezes, as informações sobre seu efetivo funcionamento não se encontram facilmente à disposição dos operadores do direito e da população em geral. Em se tratando, no entanto, de ferramentas cuja aplicação tem ocorrido há cerca de um ano, há um longo caminho a ser percorrido até a sua efetivação e maior adaptação da sociedade em geral para a sua utilização.

Referências

26º TABELIONATO DE NOTAS. *Mediação e conciliação*. Disponível em: https://www.26notas.com.br/servicos/mediacao-e-conciliacao. Acesso em: 4 jun. 2021.

ALVES, Leonardo Barreto Moreira. *Direito de família mínimo*. A possibilidade de aplicação e o campo de incidência da autonomia privada no direito de família. Rio de Janeiro: Lumen Juris, 2010.

ANDRADE, Paula. CNJ apresenta nova plataforma de mediação digital com o sistema financeiro. *CNJ*, 22 maio 2018. Disponível em: https://www.cnj.jus.br/cnj-apresenta-nova-plataforma-de-mediacao-digital-no-sistema-financeiro/. Acesso em: 4 jun. 2021.

BERNARDES, Isabela. Reconhecimento de paternidade bate recorde durante a pandemia em MG. *Estado de Minas*, 30 abr. 2021. Disponível em: https://www.em.com.br/app/noticia/gerais/2021/04/30/interna_gerais,1262285/reconhecimento-de-paternidade-bate-recorde-durante-a-pandemia-em-mg.shtml. Acesso em: 6 jun. 2021.

BRANDELLI, Leonardo. *Teoria geral do direito notarial*. 3. ed. São Paulo: Saraiva, 2009.

BRASIL. Conselho Nacional de Justiça. Provimento nº 100, de 26 de maio de 2020. *Portal CNJ – Atos Administrativos*, Brasília, 26 maio 2020. Disponível em: https://atos.cnj.jus.br/files/original222651202006025ed6d22b74c75.pdf. Acesso em: 4 jun. 2021.

BRASIL. Conselho Nacional de Justiça. Provimento nº 37, de 07 de julho de 2017. *Portal CNJ – Atos Administrativos*, Brasília, 11 jul. 2014. Disponível em: https://atos.cnj.jus.br/files//provimento/provimento_37_07072014_11072014155005.pdf. Acesso em: 3 jun. 2021.

BRASIL. Conselho Nacional de Justiça. Provimento nº 63, de 14/11/2017. *Portal CNJ – Atos Administrativos*, Brasília, 20 nov. 2017. Disponível em: http://www.cnj.jus.br/busca-atos-adm?documento=3380. Acesso em: 3 jun. 2021.

BRASIL. Conselho Nacional de Justiça. Provimento nº 67, de 26/03/2018. *Portal CNJ – Atos Administrativos*, Brasília, 26 mar. 2018. Disponível em: http://www.cnj.jus.br/busca-atos-adm?documento=3415. Acesso em: 3 jun. 2021.

BRASIL. Conselho Nacional de Justiça. Provimento nº 83, de 14/08/2019. *Sindicato dos Oficiais de Registro Civil de Minas Gerais*, 2019. Disponível em: http://www.recivil.com.br/noticias/noticias/view/cnj-publica-provimento-n-83-que-altera-requisitos-na-paternidade-socioafetiva.html. Acesso em: 3 jun. 2021.

BRASIL. Conselho Nacional de Justiça. Resolução nº 125, de 29 de novembro de 2010. *Portal CNJ – Atos Administrativos*, Brasília, 30 jun. 2020. Disponível em: https://atos.cnj.jus.br/atos/detalhar/3366. Acesso em: 3 jun. 2021.

BRASIL. Conselho Nacional de Justiça. Resolução nº 175, de 14/05/2013. *Portal CNJ – Atos Administrativos*, Brasília, 14 maio 2013. Disponível em: http://www.cnj.jus.br/busca-atos-adm?documento=2504. Acesso em: 3 jun. 2021.

BRASIL. Conselho Nacional de Justiça. Resolução nº 326, de 26 de junho de 2020. *Portal CNJ – Atos Administrativos*, Brasília, 2020. Disponível em: https://www.cnj.jus.br/wp-content/uploads/2011/02/Resolucao_n_125-GP.pdf. Acesso em: 3 jun. 2021.

BRASIL. Conselho Nacional de Justiça. Resolução nº 35, de 24 de abril de 2007. *Portal CNJ – Atos Administrativos*, Brasília, 6 out. 2010. Disponível em: https://atos.cnj.jus.br/files/resolucao_35_24042007_26032019143704.pdf. Acesso em: 3 jun. 2021.

BRASIL. Superior Tribunal de Justiça. Quarta Turma. REsp 1.808.767-RJ. Rel. Min. Luis Felipe Salomão, j. 15.10.2019. *Informativo*, n. 663, 2019. Disponível em: https://www.stj.jus.br/publicacaoinstitucional/index.php/Informjuris20/article/view/3824/4053. Acesso em: 3 jun. 2021.

BRASIL. Supremo Tribunal Federal. Tribunal Pleno. *Medida Cautelar na ADC nº 12-6/DF*. Rel. Min. Carlos Britto, j. 16.2.2006, publ. 1.9.2006.

CONSELHO NACIONAL DE JUSTIÇA. *Mediação digital*. A Justiça a um clique. Disponível em: https://www.cnj.jus.br/mediacaodigital/. Acesso em: 4 de jun. 2021.

DIAS, Maria Berenice. *Manual de direito das famílias*. 11. ed. rev., atual. e ampl. São Paulo: Revista dos Tribunais, 2016.

FERREIRA, Paulo Roberto Gaiger; RODRIGUES, Felipe Leonardo; CASSETARI, Christiano (Coord.). *Tabelionato de notas*. 4. ed. Indaiatuba: Foco, 2021.

GAGLIARDI, Andreia Ruzzante; SALAROLI, Marcelo; CAMARGO NETO, Mario de Carvalho; CASSETARI, Christiano (Coord.). *Registro civil das pessoas naturais*. 3. ed. Indaiatuba: Foco, 2021.

KUMPEL, Vitor Frederico; BORGARELLI, Bruno de Ávila. Provimento reaviva debate sobre limites do CNJ em serventias extrajudiciais. *Conjur*, 29 jan. 2018. Disponível em: https://www.conjur.com.br/2018-jan-29/direito-civil-atual-provimento-reaviva-debate-limites-cnj-cartorios. Acesso em: 3 jun. 2021.

LIMA, Lucas Almeida de Lopes. A atividade notarial e registral e sua natureza jurídica. *Âmbito Jurídico*, Rio Grande, ano XIV, n. 92, set. 2011. Disponível em: http://www.ambito-juridico.com.br/site/index.php?n_link=revista_artigos_leitura&artigo_id=10253. Acesso em: 3 jun. 2021.

LOBO, Fabíola Albuquerque. *Multiparentalidade*. Efeitos no direito de família. Indaiatuba: Foco, 2021.

LÔBO, Paulo. *Direito civil*: famílias. 7. ed. São Paulo: Saraiva, 2017.

MEIRELLES, Hely Lopes; BURLE FILHO, José Emmanuel. Direito administrativo brasileiro (1964). 42. ed. atual. até a Emenda Constitucional 90, de 15.9.2015. São Paulo: Malheiros, 2016.

MULTEDO, Renata Vilela. *Liberdade e família*. Limites para a intervenção do Estado nas relações conjugais e parentais. Rio de Janeiro: Processo, 2017.

MULTEDO, Renata Vilela; MORAES, Maria Celina Bodin de. A privatização do casamento. *Civilística.com*, Rio de Janeiro, ano 5, n. 2, 2016. Disponível em: http://civilistica.com/a-privatizacao-do-casamento/. Acesso em: 3 jun. 2021.

PERLINGIERI, Pietro. *Perfis do direito civil*. Introdução ao direito civil constitucional. Tradução de Maria Cristina De Cicco. 3. ed. rev. e ampl. Rio de Janeiro: Renovar, 2002.

POMJÉ, Caroline; FLEISCHMANN, Simone Tassinari Cardoso. Critérios de legalidade constitucional para a função normativa do Conselho Nacional de Justiça: o exemplo do direito de família. *Pensar: Revista de Ciências Jurídicas*, Fortaleza, v. 25, n. 2, p. 1-14, abr./jun. 2020.

ROSA, Conrado Paulino da. *Direito de família contemporâneo*. 8. ed. rev., atual. e ampl. Salvador: JusPodivm, 2021.

ROSA, Conrado Paulino da; RODRIGUES, Marco Antonio. *Inventário e partilha*. Teoria e prática. 2. ed. rev., atual. e ampl. Salvador: JusPodivm, 2020.

SOARES, R. Ehrhardt. Princípio da legalidade e administração constitutiva. *Boletim da Faculdade de Direito da Universidade de Coimbra*, v. 57, p. 169-192, 1981. Disponível em: https://heinonline.org/HOL/P?h=hein.journals/boltfdiuc57&i=177. Acesso em: 3 jun. 2021.

STRECK, Lenio Luiz; SARLET, Ingo Wolfgang; CLÈVE, Clèmerson Merlin. Os limites constitucionais das resoluções do Conselho Nacional de Justiça (CNJ) e Conselho Nacional do Ministério Público (CNMP). *Migalhas*, 16 jan. 2006. Disponível em: https://www.migalhas.com.br/dePeso/16,MI20381,41046-Os+limites+Constitucionais+das+resolucoes+do+Conselho+Nacional+de. Acesso em: 3 jun. 2021.

TEPEDINO, Gustavo; TEIXEIRA, Ana Carolina Brochado. *Direito de família*. Rio de Janeiro: Forense, 2020.

XAVIER, Marília Pedroso. *Contrato de namoro*. Amor líquido e direito de família mínimo. 2. ed. Belo Horizonte: Fórum, 2020.

Informação bibliográfica deste texto, conforme a NBR 6023:2018 da Associação Brasileira de Normas Técnicas (ABNT):

FLEISCHMANN, Simone Tassinari Cardoso; POMJÉ, Caroline. Tecnologia e advocacia extrajudicial em direito de família e sucessões – Limites e possibilidades. *In*: EHRHARDT JÚNIOR, Marcos; CATALAN, Marcos; MALHEIROS, Pablo (Coord.). *Direito Civil e tecnologia*. 2. ed. Belo Horizonte: Fórum, 2022. t. II. p. 497-511. ISBN 978-65-5518-432-7.

A ESPETACULARIZAÇÃO DA VIDA NA REPRODUÇÃO HUMANA ASSISTIDA: UMA REFLEXÃO NECESSÁRIA[1]

CARLA FROENER FERREIRA

MARCOS CATALAN

1 A título de introito: o espetáculo da vida

A reprodução humana – e os muitos belíssimos acidentes[2] por ela gestados – pode ser pensada como processo atado à sucessão de eventos que tem início, em regra e ao menos por ora, na união das células germinativas feminina e masculina[3] e haverá de experimentar seu êxtase no nascimento, na vinda, portanto, com vida, à dimensão extrauterina, de mais um ser humano. Um processo que, em julho do ano de 1978,[4] vivenciou manifesta e apoteótica mutação quando comunicou-se ao mundo a existência de *Louise Joy Brown* – o primeiro bebê de proveta do planeta – e, que, desde então, tem sido colonizado pelo mercado.

Enfrentado, criticamente, alguns dos desafios postos pelo contemporâneo, este estudo busca explorar questões ligadas ao universo da *reprodução humana assistida* a partir

---

[1] Este artigo foi produzido no desvelar dos projetos de investigação científica: *Abrindo fissuras nas paredes da sociedade do espetáculo* (442136/2014-5) e *Proteção do consumidor à deriva: uma tentativa de aferição do estado da arte, na tutela jusconsumerista, no âmbito do Superior Tribunal de Justiça* (407142/2018-5), ambos financiados pelo CNPq.

[2] Quantos espermatozoides – e quantos óvulos – são necessários para que que surja um embrião? E quantos são desperdiçados, nos processos aperfeiçoados através do tempo, para que uma vida viável venha a existir? Quantas conversas ou contatos mais íntimos que, ao serem interrompidos, não permitiram o surgimento de mais uma vida? Quantas vidas perdidas na forma intrauterina? Quais as chances de uma gravidez a cada contato sexual? Quais as chances de que o nascituro venha a conhecer a luz do dia? Quantas dúvidas? Para muitas delas, é bem possível que a ciência tenha respostas. Como não afirmar, entretanto, que somos todos belíssimos acidentes da natureza?

[3] MOORE, Keith L.; PERSAUD, T. V. N. *Embriologia clínica*. Rio de Janeiro: Elsevier, 2008. p. 32.

[4] FEMINA CENTRO DE REPRODUÇÃO HUMANA ASSISTIDA. *Histórico*. 2016. Disponível em: http://www.reproducaohumanafemina.com.br/medicina-reprodutiva/. Acesso em 2 ago. 2016. Lesley Brown e seu marido buscavam, há anos, ter filhos. O diagnóstico: Lesley tinha as trompas de falópio bloqueadas. Percebendo-o, os médicos britânicos Patrick Steptoe e Robert Edwards, especialistas em fertilidade, decidiram tentar algo pioneiro: uma fertilização *in vitro*, técnica utilizada apenas de modo experimental em animais. Pouco antes da meia-noite de 25.7.1978, no hospital de Oldham em Bristol, nascia o primeiro bebê de proveta do mundo: Louise Joy Brown.

de uma peculiaridade: o uso de lentes epistêmicas forjadas no *Espetáculo*[5] roteirizado por Debord[6] na segunda metade do século XX.

Ambientado em um universo em mutação, em um espaço notadamente colonizado pelo mercado, apesar de, por longa data – o que inclui parte substancial do século XX – ter sido tratado como um assunto estritamente privado que interessava apenas aos titulares de projetos parentais frustrados e, talvez, aos seus familiares mais próximos, o artigo tem por hipótese a recorrente inobservância de deveres jurídicos constitucionalmente qualificados como fundamentais quando da atuação de entes coletivos que, ao se moverem, almejando lucro, personificam o referido ator social.

Antecipe-se que, em razão do corte metodológico que a informa, esta pesquisa exclui – intencionalmente e sem prejuízo da manifesta relevância teórica desses assuntos – quaisquer reflexões acerca de discussões como as que tangenciam: (a) a experimentação de liberdades positivas no exercício de direitos sexuais[7] e reprodutivos;[8] ou (b) os efeitos benfazejos derivados da dissociação dos fenômenos da fecundação e da gestação.[9]

O artigo tampouco busca promover a análise pontual de histórias (c) como a delineada na recentíssima discussão, ocorrida na Itália, acerca dos embriões que, tendo sido produzidos na fusão dos gametas de dois casais que buscavam experimentar o projeto parental por meio da fertilização homóloga perante a mesma clínica, acabaram, inadvertidamente, trocados durante a fase de introdução no(s) útero(s) materno(s), e que deságua em um drama jurídico-existencial bastante trágico;[10] (d) escrito na necessidade de solucionar casos que margeiam a possibilidade de resolução de contratos de gestação quando da comprovação de fatos prejudiciais ao feto, imputáveis (ou não) à *gestatrix*; e, no limite, (e) o direito de exigir o aborto do filho gestado por outrem.[11]

---

[5] DEBORD, Guy. *A sociedade do espetáculo*. Tradução de Estela dos Santos Abreu. Rio de Janeiro: Contraponto, 1997. p. 9-137.

[6] NEGRINI, Michele; AUGUSTI, Alexandre Rossato. *O legado de Guy Debord*: reflexões sobre o espetáculo a partir de sua obra. Disponível em: http://www.bocc.ubi.pt/pag/negrini-augusti-2013-legado-guy-debord.pdf. Acesso em 11 jul. 2019. "A 'espetacularização midiática' é discutida pelo crítico Guy Debord, em *A sociedade do espetáculo*. O autor, que se definia como 'doutor em nada' e 'pensador radical', foi um dos fundadores – junto com artistas e escritores de diferentes países, em 1957, na Itália – da Internacional Situacionista, um movimento internacional de cunho artístico e político, que aspirava transformações sociais. Debord acreditava que se devem fazer críticas ao sistema através da criação de 'situações significativas'. Para o autor francês, o capitalismo é um dos grandes problemas da sociedade. O pensamento de Debord tem perspectiva marxista e se concentra na crítica radical ao fetichismo da mercadoria, tal como ela se apresenta no seu modo de produção. Um dos pontos fortes do pensamento debordiano é a crítica radical contra a presença de imagens na sociedade – na sua concepção, elas podem induzir à passividade e à aceitação do capitalismo".

[7] SCHIOCCHET, Taysa. Direitos sexuais a partir de uma perspectiva emancipatória: reconhecimento e efetividade no âmbito jurídico. *In*: SALES, Gabrielle Bezerra; GONÇALVES, Camila Figueiredo Oliveira; CASTILHO, Natália Martinuzzi (Org.). *A concretização dos direitos fundamentais na contemporaneidade*. Fortaleza: Boulesis, 2016. v. 1. p. 349-392.

[8] PIRES, Teresinha Teles. Procreative autonomy, gender equality and right to life: the decision of the Interamerican Court of Human Rights in Artavia Murillo versus Costa Rica. *Revista Direito GV*, São Paulo, v. 13, n. 3, p. 1007-1028, set./dez. 2017. p. 1014-1019; BUSNELLI, Francesco Donato. Il diritto della famiglia di fronte al problema della difficile integrazione delle fonti. *Rivista di Diritto Civile*, Padova, v. 62, n. 6, p. 1447-1478, nov./dez. 2016.

[9] CAMARDI, Carmelita. Diritto findamentali e status della persona. *Rivista Critica del Diritto Privato*, Napoli, v. 33, n. 1, p. 7-54, giu. 2015; PINELLI, Arnaldo Morace. Il diritto di conscere le proprie origini e i recenti interventi della corte costituzionale: il caso dell'ospedale Sandro Pertini. *Rivista di Diritto Civile*, Padova, v. 62, n. 1, p. 242-277, gen./feb. 2016.

[10] CORTI, Ines. Due gemelli e quattro genitori interrogano il diritto – riflessioni in merito all'erroneo scambio di embrioni: ondinanza del Tribunale di Roma 8 agosto 2014. *Rivista Critica del Diritto Privato*, Napoli, v. 34, n. 1, p. 115-139, mar. 2016.

[11] GIACOBBE, Emanuela. Dell'insensata aspirazione umana al dominio voluntaristico sul corso della vita. *Il diritto di famiglia e delle persone*, Milano, v. 45, n. 2, p. 590-606, apr./giu. 2016. p. 590-606.

O percurso a ser adiante percorrido foi pensado para permitir que o leitor: (a) observe importantes aspectos no processo de mutação das famílias brasileiras, em especial, no tocante a algumas de suas conexões com a crescente busca da reprodução assistida; (b) entenda como o mercado opera – por meio da publicidade e de outras práticas comerciais que transitam, muitas vezes, por sobre os umbrais da licitude;[12] e, ainda, (c) identifique a presença de riscos que, embora não informados, pululam no interior das molduras que envolvem as reflexões ora alinhavadas.

Informe-se, enfim, que: (a) o pensamento crítico[13] orientou a lapidação das muitas ideias que, uma vez fundidas umas às outras, deram forma e vida a este texto; (b) a imaginação jus-sociológica antecedeu cada momento de sua redação,[14] cada ir e vir da pena usada para escrever estas poucas páginas; e (c) a literatura – jurídica e não jurídica, nacional e alienígena – foi o sopro que deu forma e conteúdo a cada uma das linhas esboçadas ao largo desta investigação científica.

2 Famílias: arquitetura e movimento

Muito antes de sua sistematização científica – ao menos nas sociedades ocidentais, legatárias do Cristianismo –, a sacralização da família e a mitificação da figura paterna acabaram por legitimar, de algum modo, a atribuição, ao *pater famílias*, da possibilidade de escolher entre a *vida e morte dos filhos*,[15] filhos que, curiosamente, ser-lhe-iam atribuídos, recebendo a sua marca, o seu patronímico, pelo tão só fato de aquele a ser chamado de *pai*, de *pater*, encontrar-se casado com a gestante.[16] Tais fatores, aliás, também colaboraram na construção do direito de eleger entre a *vida e a morte da esposa* adúltera, diante da imposição social atada à pretensão de assegurar efetividade ao brocardo *pater ist est*[17] e da necessidade de garantir, ao menos ficcionalmente, a obediência ao dever de fidelidade.

A arqueologia das famílias ocidentais acaba revelando, ademais, que, em tal processo, à mulher foram reservados papéis explicitamente secundários.[18] Coadjuvante, também, na concepção, a mulher deveria dar ao homem filhos saudáveis, devendo, portanto, possuir um bom ventre. Daí que os problemas no campo da infertilidade

---

[12] UEQUED PITOL, Yasmine; CATALAN, Marcos. El acoso de consumo en el derecho brasileño. *Revista Critica de Derecho Privado*, Montevideo, v. 14, p. 759-778, 2017. p. 766-774.

[13] FACHIN, Luiz Edson. *Teoria crítica do direito civil*. Rio de Janeiro: Renovar, 2000. p. 21-170.

[14] JACOBSEN, Michael Hviid; TESTER, Keith. Introdução. In: BAUMAN, Zygmunt. *Para que serve a sociologia?* Tradução de Carlos Alberto Medeiros. Rio de Janeiro: Zahar, 2015. p. 13-14. O estilo literário conscientemente incorporado às linhas que carregam consigo os raciocínios aqui grafados, em boa medida, foi imantado pela assunção de postura metodológica denominada "imaginação [jus]sociológica", que visa a capacitar homens e mulheres a navegarem pelos significados de sua época de modo a compreenderem-nos, permitindo, assim, a multiplicação das narrativas que chegam até eles. Seus critérios de validade são "narrativos e experimentais".

[15] Sobre o tema, sugere-se a leitura de ARIÈS, Philippe. *História social da criança e da família*. Tradução de Dora Flaksman. 2. ed. Rio de Janeiro: LTC, 1981 e de VEYNE, Paul. *História da vida privada*: do império romano ao ano mil. São Paulo: Companhia das Letras, 2009. v. 1.

[16] AGUIRRE, João. Reflexões sobre a multiparentalidade e a repercussão Geral 622 do STF. *Revista Eletrônica Direito e Sociedade*, v. 5, n. 1, p. 269-291, maio 2017. p. 271-274.

[17] ENGELS, Friedrich. *A origem da família, da propriedade privada e do Estado*. Tradução de José Silveira Paes. São Paulo: Global, 1984. O autor trata do tema nos dois primeiros capítulos da obra.

[18] Sobre o tema, sugere-se VEYNE, Paul. *História da vida privada*: do império romano ao ano mil. São Paulo: Companhia das Letras, 2009.

acabavam por ser atribuídos, com exclusividade, à esposa, embora, curiosamente, aos olhos do direito privado, *a impossibilidade de gerar filhos* não viesse a legitimar a dissolução do casamento.[19] Tais casos não eram tratados como hipótese de erro essencial sobre a pessoa.

(a) O §3º do cânon 1084 do *Codex Iuris Canonici*,[20] (b) o silêncio que ainda emana das codificações civis decimonônicas e (c) os aromas que emergem de turíbulos que, impregnados de senso comum, obnubilam a percepção da sacralidade que informa muitas das regras do direito das famílias no Brasil ajudam a percebê-lo, mormente, quando se nota que tais roteiros regeram e ainda regem a vida de muitas famílias e, antes disso, de muitos seres humanos.

Hodiernamente, entretanto, entremeio ao contato constante com espectros vindos do passado e que insistem em transitar por entre as muitas sombras que ganham forma no contexto do senso comum, parece impossível não perceber a náusea incitada pelo movimento de fragmentação e reconfiguração da arquitetura familiar e, ainda, pela bruma gerada pelo avanço prometeico da técnica em searas como a biotecnologia, a robótica e o transumanismo.

E é assim que, em alguma medida, das fendas abertas no atrito havido entre o direito e a sociedade emergem, nos campos outrora semeados por intérpretes da pandectística com as sementes do purismo conceitual, importantes mutações nas searas da práxis.

Exsurgem famílias eudemonistas, famílias esboçadas com tons alegres sobre telas, retratando as muitas possibilidades léxicas enraizadas no termo εὐδαίμων, *eudaimon*, signo que chega ao vernáculo, podendo ser significado enquanto caminho até a felicidade – estado de espírito ou ilusão, sentimento ou dado objetivamente aferível, pouco importa aqui –, caminho por meio do qual, portanto, o exercício de incomensuráveis liberdades positivas[21] poderá vir a ser vivenciado em concreto, independentemente de expressa permissão legislativa, nos múltiplos espaços de coexistência, ternura e afetividade[22] fundidos (ou não) aos incomensuráveis núcleos conjugais e (ou) parentais existentes na dimensão fenomênica; afinal, o direito também se reafirma, é possível percebê-lo, quando do desrespeito a seus comandos.

Também por isso uma família, atualmente, não pressupõe, como exigido até pouquíssimo tempo pelo direito no Brasil, o casamento. A sua constituição dispensa relações sexuais, deixando de ser um lenitivo hipócrita para a concupiscência. Ela não exige, ademais, sequer e (ou) exclusivamente, pessoas com sexos distintos ante a valorização do gênero: *do gênero humano*.

É preciso aclarar ser evidente que haverá, igualmente, outras incontáveis relações humanas que, apesar de manifestamente marcadas pelo convívio público e duradouro, por conexões ou fios biológicos dos mais variados matizes, ou mesmo configuradas por

---

[19] MIRANDA, Francisco Cavalcanti Pontes de. *Tratado de direito privado*. Rio de Janeiro: Borsoi, 1955. t. VII. p. 266-275.

[20] Can. 1084 – "§1. Impotentia coeundi antecedens et perpetua, sive ex parte viri sive ex parte mulieris, sive absoluta sive relativa, matrimonium ex ipsa eius natura dirimit. §2. Si impedimentum impotentiae dubium sit, sive dubio iuris sive dubio facti, matrimonium non est impediendum nec, stante dubio, nullum declarandum. §3. Sterilitas matrimonium nec prohibet nec dirimit, firmo praescripto can. 1098".

[21] RUZYK, Carlos Eduardo Pianovski. *Institutos fundamentais do direito civil e liberdade(s)*: repensando a dimensão funcional do contrato, da propriedade e da família. Rio de Janeiro: GZ, 2010. p. 211-339.

[22] FACHIN, Luiz Edson; RUZYK, Carlos Eduardo Pianovski. *Código Civil comentado*: direito de família – Casamento. São Paulo: Atlas, 2003. v. 15. p. 17.

meio de arranjos genéticos estatisticamente pouco frequentes, não receberão molduras que as identifiquem como um ajuste familiar.[23]

É possível afirmar, agora, desenhado o cenário no qual as famílias vivenciam explícito e manifesto processo de mutação, que ajustes normalmente diárquicos parecem ter influenciado a derrocada de um modelo hierarquicamente formatado para submeter, de modo servil e a quase todos, aos mais pueris caprichos de um ser que, muitas vezes, no exercício do papel de chefe de família,[24] em regra, atraia para si os atributos de proprietário – nobre, aristocrata ou burguês, pouco importa aqui – e, ainda, de contratante e testador, preferencialmente nessa ordem, qualidades que deveriam ser antecedidas, inexoravelmente, por outro adjetivo: masculino.

A apreciação crítica da arquitetura jurídica das famílias brasileiras permite, ainda, rasgar outros véus legados pelo *senso comum*. Nelas, sequer filhos são necessários.[25] *Double income, no kids*. Diversos são os casais, no Brasil,[26] para os quais a prole não é pensada como dever, tampouco como o resultado esperado da experimentação de necessidades biológicas. Aliás, por inúmeros motivos, ela talvez jamais venha a existir.

Ressignificados como ideia, os filhos exsurgem no presente como frutos de projetos de vida a serem experimentados (ou não),[27] consoante os roteiros eleitos pela *Fortuna* ou, se preferir o leitor, consoante os caprichos da deusa *Libera* e, ainda, com lastro nas múltiplas e, quase sempre, não antecipáveis variáveis que poderão informar as vidas de cada ser humano, mesmo que, é preciso reconhecer, a medicina possa facilitar o acesso aos projetos parentais em muitas ocasiões. Daí que, caso esse venha a ser o caminho a ser eleito, a ser experimentado – se é que se trata de opção em muitas das situações havidas nos campos das relações sociais –,[28] os recentes avanços da técnica permitirão driblar muitas das limitações biológicas identificadas, até bastante recentemente, como barreiras manifestamente intransponíveis nos cenários da reprodução humana.[29]

Uma revolução que, como antecipado no preâmbulo deste artigo, teve início em julho de 1978, na Inglaterra, com o nascimento de Louise Brown – o primeiro bebê de proveta. Um processo que, deste lado do Atlântico, exigiu um pouco mais de espera

---

[23] BRASILEIRO, Luciana; HOLANDA, Maria Rita. A proteção da pessoa nas famílias simultâneas. *In*: EHRHARDT, Marcos et al. (Org.). *Direito civil constitucional*: a ressignificação dos institutos fundamentais do direito civil contemporâneo e suas consequências. Florianópolis: Conceito, 2014. p. 495-497.

[24] SANTOS, J. M. de Carvalho. *Código Civil interpretado*: principalmente do ponto de vista prático – Direito de família. 4. ed. Rio de Janeiro: Freitas Bastos, 1953. v. 4. p. 8-12.

[25] FONSECA, Cláudia. Concepções de família e práticas de intervenção: uma contribuição antropológica. *Saúde e Sociedade*, São Paulo, v. 14, n. 2, p. 50-59, maio/ago. 2005. p. 51-52. Oportuno lembrar com a autora que a concepção de família flutua consoante a hierarquia social e seu modo de vida. Entre as classes economicamente favorecidas, a família é pensada como linhagem, normalmente linear, unindo pais e filhos. Nas classes menos favorecidas, a família se estende horizontalmente, em rede, e acaba envolvendo irmãos, tios, primos, ex-sogros, compadres e até amigos.

[26] IBGE. *Síntese de indicadores sociais*: uma análise das condições de vida da população brasileira. Rio de Janeiro: IBGE, 2018. p. 60. A pesquisa revela que entre os mais pobres – pessoas com renda *per capta* inferior a US$5.50 – (a) arranjos unipessoais somam 11.8%, (b) casais sem filhos 10%, (c) casais com filho(s) 30,4%, (d) famílias compostas por mulher sem cônjuge e com filho(s) até 14 anos 56,9%.

[27] BAUDIN, Thomas Baudin; DE LA CROIX, David; GOBBI, Paula. *DINKs, DEWKs & Co. Marriage, Fertility and Childlessness in the United States*. 2012. Disponível em: https://halshs.archives-ouvertes.fr/hal-00993307/document. Acesso em 14 jun. 2017. "Childlessness is no longer necessarily a fate, it can also be a choice".

[28] Sobre o tema sugere-se SCHÜTZ, Alfred. *Sobre fenomenologia e relações sociais*. Petrópolis: Vozes, 2012.

[29] CERUTTI, Eliza. Gestação por substituição: o que o Brasil pode aprender com a experiência estrangeira. *Revista de Nacional de Direito de Família e Sucessões*, Porto Alegre, v. 12, p. 14-30, maio/jun. 2016.

– Ana Paula nasceu, na cidade de Curitiba, em outubro de 1984 –[30] e que, certamente, ainda não recebeu seu ponto final.

Aliás – e descartada aqui a clonagem humana, também pela violência ética que ela representa e potencialmente difunde –, embora a procriação siga, ainda, a depender da união dos gametas masculino e feminino,[31] os avanços no campo da técnica desarticularam a *relação causal natural*[32] pressuposta até recentemente em tais contextos, ao permitir, por exemplo, a procriação sem contato sexual, a dissociação entre ascendência genética, maternidade e gestação e, ainda, a fusão de óvulos e de estruturas embrionárias.[33]

Transformações que permitem que intervenções médicas produzam a vida por meio (a) do recurso a procedimentos aptos a agenciarem o *approach* entre espermatozoides e óvulos, e entre aqueles e o útero feminino; (b) da fusão dos gametas dos titulares dos projetos parentais ou de terceiros no interior do corpo da mãe ou da mulher disposta a exercer o papel de *gestatrix*[34] de forma gratuita – no Brasil, a onerosidade é vedada – ou, ainda, entre outras possibilidades, (c) da implantação de embriões na mucosa intrauterina[35] feminina.

Mutações que levam a antever, ainda, em cenários marcados pela complexidade, que a emancipação da mulher também influencia a reprodução humana, eis que a gravidez segue sendo adiada,[36] consoante pode ser observado na leitura de dados que apontam que o percentual de mães com menos de 20 anos caiu pela metade, ao mesmo tempo em que a taxa daquelas que o são com 30 anos ou mais saltou de 26%, no início do século, para 39,1% em 2019.[37]

É patente que, envoltas por tal contexto, muitas destas mulheres – privadas, por *Chronos* (ou não), de óvulos em quantidade e (ou) com a qualidade exigida por *Afrodite* – terão de recorrer ao auxílio da técnica[38] caso queiram vivenciar o projeto parental.

---

[30] FEMINA CENTRO DE REPRODUÇÃO HUMANA ASSISTIDA. *Histórico*. 2016. Disponível em: http://www.reproducaohumanafemina.com.br/medicina-reprodutiva/. Acesso em 2 ago. 2016.

[31] HÉRITIER, Françoise. A coxa de Júpiter – Reflexões sobre os novos modos de procriação. *Estudos Feministas*, Florianópolis, ano 8, p. 98-114, 1º sem. 2000. p. 98.

[32] STRATHERN, Marilyn. A antropologia e o advento da fertilização in vitro no Reino Unido: uma história curta. *Cadernos Pagu*, v. 33, p. 9-55, jul./dez. 2009. p. 30.

[33] CASTRO, Rosa J. Mitochondrial replacement therapy: the UK and US regulatory landscapes. *Journal of Law and the Biosciences*, v. 3, issue 3, p. 726-735, dez. 2016. p. 728. "MRT uses healthy mitochondria from an egg donor and can be performed by two different processes. In the first, called maternal spindle transfer, the healthy nucleus of an egg with affected mitochondria is removed and then transferred to the egg of a donor containing healthy mitochondria, which has been previously deprived of its nucleus. In the second method, pronuclear transfer, the transfer happens 'after' fertilization of the oocyte. [...] Shortly after, the pronuclei of the embryo containing the mother's mitochondria are transferred to a previously enucleated embryo containing healthy mitochondria".

[34] CERUTTI, Eliza. Gestação por substituição: o que o Brasil pode aprender com a experiência estrangeira. *Revista de Nacional de Direito de Família e Sucessões*, Porto Alegre, v. 12, p. 14-30, maio/jun. 2016.

[35] ALVES, Sandrina Maria Araújo Lopes; OLIVEIRA, Clara Costa. Reprodução medicamente assistida: questões bioéticas. *Revista Bioética*, Brasília, v. 22, n. 1, p. 66-75, 2014. p. 68.

[36] A propagação de métodos contraceptivos, a ênfase dada à realização profissional e a busca de estabilidade financeira, bem como a recomposição de núcleos conjugais são algumas das principais causas deste fenômeno.

[37] BOEHM, C. Cresce índice de mulheres que se tornam mães dos 30 aos 39 anos, *Agência Brasil*, 09 dez. 2020. Disponível em: https://agenciabrasil.ebc.com.br/geral/noticia/2020-12/cresce-indice-de-mulheres-que-se-tornam-maes-dos-30-aos-39-anos. Acesso em 04 abr. 2020.

[38] FONSECA, Larissa Lupião; HOSSNE, William Saad; BARCHIFONTAINE, Christian de Paul de. Doação compartilhada de óvulos: opinião de pacientes em tratamento para infertilidade. *Revista Bioethikos*, São Paulo, v. 3, n. 2, p. 235-240, 2009. p. 236.

Evidentemente, a reprodução humana assistida – além de driblar alguns do inúmeros problemas de fertilidade provocados, como adiantado no parágrafo anterior, pela não priorização da gravidez na juventude – poderá viabilizar o exercício da parentalidade noutros inúmeros contextos, facultando, até mesmo, o uso de gametas e (ou) do útero alheio[39] para a experimentação de projetos parentais, de produções independentes ou da coparentalidade, embora não se possa ignorar que tais fenômenos vêm recebendo, do direito, respostas que flutuam ao sabor de conveniências ideológicas, religiosas, geográficas e políticas, tampouco desprezar aspectos imantados ao *birth power*,[40] em especial no que é pertinente à deveras questionável disponibilidade do *status* familiar,[41] temas que, como pode perceber o leitor atento, transbordam o corte metodológico que informa esta investigação científica.

Ao mesmo tempo, a reprodução humana se espraia pelo *dantesco* campo da seleção genética. Em alguns cenários, poderão existir[42] linhas muito tênues entre as expectativas subjetivamente construídas pelos titulares dos projetos parentais e as práticas eticamente contestáveis,[43] por se aproximarem perigosamente da eugenia e possibilitarem desde a escolha de embriões que não possuam alterações cromossômicas[44] até a seleção minudente de características como sexo e cor da pele e (ou) dos olhos[45] do *futuro* bebê e, em um cenário bastante próximo, é factível supor, da tonicidade muscular, da altura e dos coeficientes de inteligência.[46]

Práticas que, consoante recentemente identificado, em alguma medida, não podem ser dissociadas, por completo, do aborto seletivo de fetos do sexo feminino[47]

---

[39] FONSECA, Larissa Lupião; HOSSNE, William Saad; BARCHIFONTAINE, Christian de Paul de. Doação compartilhada de óvulos: opinião de pacientes em tratamento para infertilidade. *Revista Bioethikos*, São Paulo, v. 3, n. 2, p. 235-240, 2009. p. 236.

[40] BUSNELLI, Francesco Donato. Il diritto della famiglia di fronte al problema della difficile integrazione delle fonti. *Rivista di Diritto Civile*, Padova, v. 62, n. 6, p. 1447-1478, nov./dez. 2016. p. 1469. "Il diritto alla genitorialità diviene 'birth power', in una logica dominicale che legittima il relativo titolare a disporre del suo diritto come 'committente' dando vita a un rapporto contrattuale suscettibile di sfociare in un libero mercato della procreazione, nel cui contesto il commesso si rende disponibile (o viene costretta) a rinunciare alla propria dignità di persona".

[41] VENUTI, Maria Carmela. Coppie sterili o infertili e coppie " same-sex": la genitorialità negata come problema giuridico. *Rivista Critica del Diritto Privato*, Napoli, v. 33, n. 2, p. 259-295, giu. 2015. p. 266-273.

[42] As leituras a seguir apontadas ensejam algumas reflexões deveras importantes acerca do tema: SANDEL, Michael. *Contra a perfeição*: ética na era da engenharia genética. Tradução de Ana Carolina Mesquita. Rio de Janeiro: Civilização Brasileira, 2013; HARARI, Yuval Noah. *Homo Deus*: uma breve história do amanhã. Tradução de Paul Geiger. São Paulo: Companhia das Letras, 2016.

[43] HABERMAS, Jürgen. *O futuro da natureza humana*: a caminho de uma eugenia liberal? Tradução de Karina Jannini. São Paulo: Martins Fontes, 2004. p. 84-87. Ao tratar sobre os limites morais da eugenia, o autor afirma que a programação eugênica restringe a liberdade de escolha da vida própria em prol das preferências pessoais dos genitores. Tais intervenções buscam o aperfeiçoamento, mas o fazem de forma irreversível, impedindo a pessoa de se compreender livremente como autor único de sua vida.

[44] WOLFF, Philip; MARTINHAGO, Ciro Dresch; UENO, Joji. Diagnóstico genético pré-implantacional: uma ferramenta importante para a rotina da fertilização in vitro? *Femina*, São Paulo, v. 37, n. 6, p. 297-303, jun. 2009. p. 297. Consoante os autores, o diagnóstico genético pré-implantacional permite a seleção de embriões saudáveis obtidos por meio de programas de fertilização *in vitro* antes de serem transferidos para o útero materno. A técnica é extremamente invasiva, consistindo na análise de um pequeno fragmento do embrião, no qual é possível identificar aberrações cromossômicas.

[45] SANDEL, Michael. *Contra a perfeição*: ética na era da engenharia genética. Tradução de Ana Carolina Mesquita. Rio de Janeiro: Civilização Brasileira, 2013. p. 19.

[46] RAMÍREZ-GALVEZ, Martha. Corpos fragmentados e domesticados na reprodução humana assistida. *Cadernos Pagu*, v. 33, p. 83-115, jul./dez. 2009. p. 90.

[47] MOHANTY, Tapan Rajan. Law, liberty and life: a discursive analysis of PCPNDT Act. *Redes – Revista Eletrônica Direito e Sociedade*, Canoas, v. 3, n. 2, p. 97-120, nov. 2015. p. 98. O avanço das tecnologias de identificação de

detectado na Índia como efeito colateral – tão indesejado quanto cruel –, fundido aos muitos tons de incerteza[48] que tingem as telas sobre as quais a contemporaneidade registra, dia após dia, alguns dos incomensuráveis instantes existenciais que informam a coexistência humana, bem como permite identificar na fenomenologia incontáveis momentos marcados pelo não direito.

A seu turno, a catalogação de perfis genéticos de doadores e *fornecedores de gametas* – nem sempre há gratuidade no ato, permita-o, ou não, o direito pátrio – emerge, aqui, como outra questão deveras preocupante[49] e, nesse ambiente, seres demasiadamente humanos têm tido suas características físicas, intelectuais e genéticas mapeadas e explicitadas em catálogos explorados por aqueles que buscam espermatozoides e óvulos alheios para a realização de projetos parentais.[50]

O ser humano foi transformado em mercadoria.[51] A vida passou a ser ofertada em *sites* e em *outdoors*. O mercado explora o *fetiche genético* da filiação,[52] pelo menos quando se tem em mente o seleto grupo que pode pagar por mais experiência. Tais práticas estimulam o perigoso flerte com a hipervalorização[53] da prova biológica e poderá ameaçar o universo parental ao exponenciar, em alguma medida, a dificuldade de enxergar e, consequentemente, entender a explícita diferença que demarca os contornos dogmáticos que albergam, de um lado, a origem genética e, de outro, o estado de filiação.[54]

Tanto é verdade que a aludida confusão acabou influenciando a construção da tese de que "a paternidade socioafetiva, declarada (ou não) em registro público, não impede o reconhecimento do vínculo de filiação concomitante baseado na origem biológica, com

---

sexo e a cultura de preferência aos filhos do sexo masculino têm levado a Índia ao aumento exponencial de abortos de fetos do sexo feminino. Nas últimas décadas, o número de nascimentos de mulheres está cada vez menor em relação à população masculina, gerando um problema social. A gravidade da situação conduziu o Legislativo indiano a legislar proibindo que médicos e clínicas divulgassem o sexo do bebê aos genitores, sob pena de sanções, obrigando, ainda, que todas as máquinas de ultrassom sejam registradas e fiscalizadas pelo governo, com objetivo de coibir abusos.

[48] A reflexão encontrou inspiração na leitura de OST, François. Tiempo y contrato: crítica del pacto fáustico. *Doxa*, Alicante, n. 25, p. 597-626, 2002.

[49] CÓRDOBA GARCÍA, Francisco. La privacidad genética: concepto, fundamentos y consecuencias. *In*: ANARTE BORRALLO, Enrique; MORENO, Fernando; GARCÍA RUIZ, Carmen (Coord.). *Nuevos conflictos sociales*: el papel de la privacidad. Madrid: Iustel, 2015. p. 21-45.

[50] GRAZIUSO, Bruna Kern. *Your body is a battleground*: justiça reprodutiva e reprodução humana assistida na sociedade de consumo. Inédito. "Atualmente é fácil adquirir material genético para compra, com amplo banco de doadores de gametas femininos e masculinos disponíveis por diferentes quantias pecuniárias. Sociedades como Egg Donation Inc. estão no mercado desde o final dos anos 80, oferecendo vasto banco de dados de mulheres doadoras, que incluem em seus perfis informações médicas, genéticas e de ancestralidade. Uma pequena biografia da candidata também é apresentada, juntamente com seu histórico educacional, quociente de inteligência (Q.I) e emprego. O mercado de consumo faz seu consumidor acreditar que não basta escolher um óvulo saudável de uma doadora saudável, mas sim precisa buscar o melhor óvulo, que dará origem a um 'vencedor', uma pessoa moldada exatamente para se encaixar na sociedade de consumo atual".

[51] BAUDRILLARD, Jean. *A sociedade de consumo*. Tradução de Artur Morão. Lisboa: Edições 70, 2011. p. 11-46.

[52] LUNA, Naara. Natureza humana criada em laboratório: biologização e genetização do parentesco nas novas tecnologias reprodutivas. *História, Ciências, Saúde – Manguinhos*, v. 12, n. 2, p. 395-417, maio/ago. 2007. p. 398.

[53] CATALAN, Marcos; SILVA, Giana de Marco Vianna da. Registro de biparentalidade homoafetiva: um estudo de caso. *Revista Síntese Direito de Família*, n. 92, p. 9-23, out./nov. 2015. p. 22. O exame de DNA não transforma alguém em pai ou mãe. No máximo, por si só, comprova a ligação genética da criança com seus genitores.

[54] CERUTTI, Eliza. A ancestralidade genética como desdobramento dos direitos de personalidade. *In*: SOUZA, Ivone Maria Cândido Coelho de (Org.). *Família contemporânea*: uma visão interdisciplinar. Porto Alegre: Letra & Vida, 2011. p. 60-69; LOBO, Paulo Luiz Netto. Direito ao estado de filiação e direito à origem genética: uma distinção necessária. *Revista CEJ*, Brasília, n. 27, p. 47-56, out./dez. 2004. p. 48.

os efeitos jurídicos próprios", consoante frisado recentemente pelo Supremo Tribunal Federal, por ocasião do julgamento da Repercussão Geral nº 622.[55]

Eis, aqui, algumas das muitas questões que levam a concluir quão difícil é não enaltecer a relevância da reprodução humana assistida – ainda que espetacularizada, consoante se procura demonstrar ao largo deste texto – enquanto ferramenta de afirmação da afetividade[56] nas relações familiares que se espraiam pelas mais distintas paisagens da geografia brasileira e, por que não, da geografia global.

De fato, como grafado outrora, há prismas de análise que permitem vislumbrá-la em suas cores mais vibrantes e alegres, mormente quando se tem em mente muitos dos frutos colhidos – melhor seria dizer paridos – no exercício de direitos sexuais e reprodutivos,[57] temas que ultrapassam as fronteiras metodológicas que emolduram esta investigação.

De outra banda, produzida na união de gametas dos titulares do projeto parental (ou não), gestada por aquela que produziu o óvulo (ou não), fato é que a filiação haverá de ser vivenciada independentemente de existirem eventuais conexões biológicas e (ou) genéticas entre as múltiplas personagens que podem ser envoltas pelo direito das famílias.

A questão, aliás, encontra tutela abstrata na arcaica codificação civil[58] vigente no Brasil e, não apenas, nas múltiplas possibilidades de densificação do princípio da inocência –[59] usualmente denominado melhor interesse da criança –, não obstante, em alguma medida, tais soluções se encontrem alocadas em espaços deveras distantes dos pontos que exsurgem nas intersecções havidas entre a reprodução humana assistida e o *espetáculo* estimulado, diuturnamente, pelos "desígnios da razão mercantil [que conduz] à sujeição [do ser] e [muitas vezes] à negação da vida real".[60]

---

[55] AGUIRRE, João. Reflexões sobre a multiparentalidade e a repercussão Geral 622 do STF. *Revista Eletrônica Direito e Sociedade*, v. 5, n. 1, p. 269-291, maio 2017. p. 284. "No caso decidido no RE 898.060/SP, escolhido como *leading case* [...], é possível verificar pela leitura da sentença prolatada pelo Juízo da 2ª Vara da Família da Comarca de Florianópolis, bem como dos acórdãos proferidos pelo Tribunal de Justiça do Estado de Santa Catarina, que a autora, F. G., é filha biológica de A. N., o que restou comprovado pelo resultado dos exames de DNA produzidos no curso do processo. Todavia, a autora foi registrada como filha de I. G., quando de seu nascimento, dele recebendo, por mais de vinte anos, os cuidados de pai. O acórdão de origem reconheceu a dupla parentalidade, dispondo acerca dos efeitos jurídicos decorrentes do vínculo genético relativos ao nome, alimentos e herança. Contra essa decisão insurge-se o pai biológico, através [sic] da interposição do Recurso Extraordinário ora em comento, sustentando a preponderância da paternidade socioafetiva em detrimento da biológica, com fundamento nos artigos 226, §§4º e 7º, 227, caput e §6º, 229 e 230 da Constituição Federal, posto existir vínculo de parentalidade socioafetiva previamente reconhecido e descoberta posterior da paternidade biológica".

[56] LÔBO, Paulo Luiz Netto. *Direito civil*: famílias. 3. ed. São Paulo: Saraiva, 2010. p. 47-52.

[57] SCHIOCCHET, Taysa. Direitos sexuais a partir de uma perspectiva emancipatória: reconhecimento e efetividade no âmbito jurídico. In: SALES, Gabrielle Bezerra; GONÇALVES, Camila Figueiredo Oliveira; CASTILHO, Natália Martinuzzi (Org.). *A concretização dos direitos fundamentais na contemporaneidade*. Fortaleza: Boulesis, 2016. v. 1, p. 349-392; BUSNELLI, Francesco Donato. Il diritto della famiglia di fronte al problema della difficile integrazione delle fonti. *Rivista di Diritto Civile*, Padova, v. 62, n. 6, p. 1447-1478, nov./dez. 2016.

[58] CC: "Art. 1.593. O parentesco é natural e civil, conforme resulte da consanguinidade ou outra origem".

[59] FACHIN, Luiz Edson. *Direito de família*: elementos críticos à luz do novo Código Civil brasileiro. 2. ed. Rio de Janeiro: Renovar, 2003. A expressão espraia-se por toda a obra ora referida.

[60] FREIRE FILHO, João. A sociedade do espetáculo revisitada. *Revista Famecos*, Porto Alegre, n. 22, p. 33-46, dez. 2003. p. 37.

3 A colonização da reprodução humana assistida pelo mercado: sobre felicidade, frustração e outros problemas mais graves

O prisma que informa as reflexões ora alinhavadas permite identificar que a reprodução humana, ao ser colonizada pelo mercado, roteirizou um *espetáculo* capaz de subverter a realidade e limitar, em alguma medida, a experiência humana à contemplação do não real, à sublimação de imagens e de aparências[61] e (ou) ao culto à superficialidade redutora da complexidade no nível do visível.[62]

No espetáculo roteirizado por Debord, os seres humanos são espectadores[63] que vivenciarão, a cada escolha, situações que oscilam entre estados contemplativos e algum nível de interação,[64] como se afere no relato nada novo de que médicos ingleses, pioneiros na reprodução da vida, antes mesmo de divulgarem suas conquistas em revistas especializadas – valorizando a ciência –, teriam vendido suas histórias para um jornal londrino.[65]

Aliás, no Brasil, muito antes de a reprodução humana assistida ser oferecida ao grande público – e, percebam, o recurso da fertilização assistida não ocorre apenas no uso de técnicas tão complexas quanto economicamente onerosas –, a mídia televisiva a explorava como se a *imagem* fosse capaz de preceder a *realidade*, consoante antevisto pela genialidade visionária de Debord.[66]

Em 1990, estreou, na televisão brasileira, a novela *Barriga de aluguel*. Nela, a fertilização *in vitro* e a maternidade por substituição permeavam os dias – e a angústia – vividos pela mãe genética e autora do projeto parental, em sua luta pela guarda do filho custodiado pela *gestatrix*, tratada, na novela, como mãe substituta.[67] Duas décadas mais tarde, em 2012, a novela *Fina estampa* narrou a história de uma mulher cujos óvulos foram manipulados sem o seu consentimento e implantados em uma mulher que buscava gerar um ser, sonhando *ter* um filho pela via biológica, apesar de sua reconhecida infertilidade.[68]

É curioso notar como ambos os roteiros buscados nos porões da memória culminaram em dramáticas batalhas judiciais questionando a titularidade da parentalidade das crianças, embora, em momento algum, tenham estimulado, de fato, a promoção de qualquer discussão mais densa acerca dos limites éticos e (ou) jurídicos fundidos à

---

[61] DEBORD, Guy. *A sociedade do espetáculo*. Tradução de Estela dos Santos Abreu. Rio de Janeiro: Contraponto, 1997. p. 15-18.

[62] SOUZA, Daniel Maurício Viana de. A teoria da "sociedade do espetáculo" e os mass media. *Revista Brasileira de Sociologia*, v. 2, n. 4, jul./dez. 2014. p. 250.

[63] DEBORD, Guy. *A sociedade do espetáculo*. Tradução de Estela dos Santos Abreu. Rio de Janeiro: Contraponto, 1997. p. 24.

[64] SASSATELLI, Roberta. *Consumo, cultura y sociedad*. Buenos Aires: Amorrortu, 2012. A autora trata do tema no segundo capítulo do livro ora destacado.

[65] CORREA, Marilena. As novas tecnologias reprodutivas: uma evolução a ser assimilada. *Physis: Revista Saúde Coletiva*, Rio de Janeiro, v. 7, n. 1, p. 69-98, 1997. p. 75; DINIZ, Debora. Tecnologias reprodutivas, ética e gênero: o debate legislativo brasileiro. *Série Anis*, Brasília, v. 15, p. 1-10, out. 2000. p. 2.

[66] DEBORD, Guy. *A sociedade do espetáculo*. Tradução de Estela dos Santos Abreu. Rio de Janeiro: Contraponto, 1997. p. 9-137.

[67] CATALAN, Marcos. Um ensaio sobre a multiparentalidade: explorando no ontem as pegadas que levarão ao amanhã. *Revista da Faculdade de Direito – UFPR*, Curitiba, n. 55, p. 143-162, 2012. p. 144.

[68] CORREA, Marilena; LOYOLA, Maria Andréa. Novas tecnologias reprodutivas: novas estratégias de reprodução? *Physis: Revista Saúde Coletiva*, Rio de Janeiro, v. 9, n. 1, p. 209-234, 1999. p. 203.

reprodução humana assistida e (ou) à complexidade atada à experimentação de projetos e responsabilidades parentais.

Da ficção à vida cotidiana, oportuno apontar, ademais, que a abordagem midiática, aliás, costuma descrever as tecnologias de reprodução humana como práticas extremamente simples, bastante acessíveis e inegavelmente inofensivas – mormente por meio de belas imagens criadas pela indústria publicitária –,[69] sem quaisquer referências às baixas taxas de sucesso, aos riscos à saúde ou aos elevados custos financeiros[70] que estão comumente acoplados a tais procedimentos.

Um *espetáculo* alocado nos palcos do capitalismo avançado e, portanto, encenado em alguns dos espaços cenografados por um sistema econômico que parece *acreditar* na possibilidade de desenvolvimento infinito – ao criar, de forma ininterrupta, uma miríade de *pseudonecessidades*[71] em sua corrida frenética pelo lucro expectado na colonização de muitos dos setores da vida privada –[72] e, ao mesmo tempo, despreza as suas muitas contradições e incongruências.[73]

Há muita dramatização, mas quase nenhuma informação,[74] apesar do sem número de comandos que pulsam do reconhecimento, no Brasil, (a) da fundamentalidade do direito do consumidor e (ou) da miríade de regras que, ao atribuírem densidade a este direito, obrigando a avisar, a comunicar, a explicar, a orientar e (ou) a advertir, bem como (b) da mesmíssima fundamentalidade utilizada para significar a força normativa do princípio do melhor interesse da criança[75] e (ou) da inafastável leitura de todas as regras que gravitam caoticamente ao redor do referido princípio constitucional. E tudo isso sem que se explicite – ao menos quando se olha através do prisma eleito para a análise aqui conduzida – maior preocupação com a tutela da dignidade humana quando se afere que vidas foram transformadas em bens de consumo.

Em tal contexto, com a permissão do direito ou à margem dele, caminhando por sobre os seus umbrais ou se protegendo de algumas de suas muitas zonas impregnadas da mais absurda incerteza, o mercado expandiu-se por sobre o universo da reprodução humana assistida, colonizando-o com suas práticas e discursos.

É difícil não perceber como a racionalidade econômica se fundiu ao exercício da medicina também nessa seara. Diagnósticos e terapias, fármacos, próteses, equipamentos

---

[69] FROENER, Carla. *A reprodução humana assistida e a sociedade do espetáculo*: a fragmentação do direito frente à publicidade via internet de tratamento de fertilização. Dissertação (Mestrado em Direito e Sociedade) – Unilasalle, Canoas, 2016. No primeiro dos anexos apensos ao trabalho, a pesquisadora – ora coautora – mapeou os *sites* de mais de 100 clínicas de reprodução humana assistida no Brasil. O trabalho pode ser encontrado na Biblioteca da Unilasalle, em Canoas.

[70] CORREA, Marilena; LOYOLA, Maria Andréa. Novas tecnologias reprodutivas: novas estratégias de reprodução? *Physis: Revista Saúde Coletiva*, Rio de Janeiro, v. 9, n. 1, p. 209-234, 1999. p. 217-224.

[71] DEBORD, Guy. *A sociedade do espetáculo*. Tradução de Estela dos Santos Abreu. Rio de Janeiro: Contraponto, 1997. p. 34.

[72] FREIRE FILHO, João. A sociedade do espetáculo revisitada. *Revista Famecos*, Porto Alegre, n. 22, p. 33-46, dez. 2003. p. 35.

[73] JAPPE, Anselm. *Crédito à morte*: a decomposição do capitalismo e suas críticas. Tradução de Robson de Oliveira. São Paulo: Hedra, 2013. A questão atravessa toda a obra ora referenciada.

[74] FROENER, Carla. *A reprodução humana assistida e a sociedade do espetáculo*: a fragmentação do direito frente à publicidade via internet de tratamento de fertilização. Dissertação (Mestrado em Direito e Sociedade) – Unilasalle, Canoas, 2016.

[75] BALLESTÉ, Isaac Ravetllat. El interés superior del niño: concepto y delimitación del término. *Educatio Siglo XXI*, v. 30, n. 2, p. 89-108, dez. 2012.

e filhos são ofertados como se fossem bens de consumo,[76] tais quais o são roupas, sapatos, telefones celulares e televisores.

Sem perceber que são personagens nesse processo, os consumidores acabam sendo consumidos[77] por promessas que costumam garantir, de forma sutil, é verdade, que a felicidade será experimentada na próxima compra, viagem e, por que não, na viabilização do projeto parental há algum tempo adiado em razão de um sem número de razões que não precisam ser aqui colacionadas.

A pesquisa permitiu identificar, por exemplo, que a infertilidade, pensada, entre 1960 e 1980, como uma patologia eminentemente social que poderia vir a ser tratada ou, em boa medida, amenizada por meio da adoção de crianças órfãs ou separadas da autoridade parental por outro motivo qualquer, passou a ser difundida como problema de ordem pessoal e para o qual, obviamente, há soluções[78] que podem ser compradas, especialmente, por aqueles que possam pagar por elas ou estão dispostos a financiar a materialização de sonhos que algumas vezes não são seus. Comprova-o o fato de que apenas no ano de 2012, nos Estados Unidos, o setor movimentou algo em torno de 3,5 bilhões de dólares[79] ou, ainda, o fato de que no Brasil, em 2019, 161 clínicas de reprodução humana assistida – das 183 cadastradas na ANVISA – *produziram* 421.263 oócitos, realizaram 44.705 ciclos reprodutivos e *congelaram* 100.380 embriões,[80] sem que se saiba exatamente quantos bebês vieram ao mundo.

Foi possível perceber também o surgimento de conglomerados empresariais ofertando fertilidade, aliando técnicas médicas e conhecimento empresarial – como o que informa a atividade publicitária –, seduzindo e conquistando clientes e, consequentemente, ocupando as melhores posições em termos concorrenciais[81] e, talvez, melhor cotação nas bolsas de valores.

Um negócio que se expande através do globo, conectando profissionais e instituições médicas – médicos, clínicas e hospitais –, agenciadores e intermediários, bancos de genes, produtores de gametas e, até mesmo, mulheres literalmente dispostas a gestar o sonho alheio. Mais recentemente, aliás, grupos econômicos – situados em países nos

---

[76] RAMÍREZ-GALVEZ, Martha. Corpos fragmentados e domesticados na reprodução humana assistida. *Cadernos Pagu*, v. 33, p. 83-115, jul./dez. 2009. p. 86.

[77] BAUMAN, Zygmunt. *Vida para consumo*: a transformação das pessoas em mercadoria. Rio de Janeiro: J. Zahar, 2008. p. 64-73.

[78] DINIZ, Debora. O impacto das tecnologias conceptivas nas relações parentais. *Série Anis*, Brasília, v. 24, p. 1-5, abr. 2001. p. 1.

[79] ROSATO, Donna. How high-tech baby making fuels the infertility market boom. *Time*, 9 jul. 2014. Disponível em: https://time.com/2955345/high-tech-baby-making-is-fueling-a-market-boom/. Acesso em 10 fev. 2015. *Vide*, ainda, IKEMOTO, Lisa. Reproductive tourism: equality concerns in the global market for fertility services. *UC Davis Legal Studies Research Paper Serie*, n. 189, 2009. p. 288. Disponível em: http://ssrn.com/abstract=1462477. Acesso em 20 fev. 2015. Nos EUA, entre 2004 – ano em que os serviços de reprodução humana assistida passaram a ser monitorados no país – e 2013, houve um aumento de quase 45% do número de bebês nascidos por meio de técnicas de reprodução humana assistida. Só no ano de 2013, foram transferidos 73.571 embriões em um universo de 467 clínicas.

[80] AGÊNCIA NACIONAL DE VIGILÂNCIA SANITÁRIA. *13º Relatório do Sistema Nacional de Produção de Embriões*. Brasília: Ministério da Saúde, 2020. p. 02-14. Disponível em: https://app.powerbi.com/view?r=eyJrIjoiO-TVjMDYxOGMtMmNlYy00MjQ3LTg3Y2ItYTAxYTQ4NTkxYjFkIiwidCI6ImI2N2FmMjNmLWMzZjMtNGQz NS04MGM3LWI3MDg1ZjVlZGQ4MSJ9&pageName=ReportSection770f72a0cca27de07030. Acesso em 04 abr. 2022.

[81] IKEMOTO, Lisa. Reproductive tourism: equality concerns in the global market for fertility services. *UC Davis Legal Studies Research Paper Serie*, n. 189, 2009. p. 280-282. Disponível em: http://ssrn.com/abstract=1462477. Acesso em 20 fev. 2015.

quais os custos da reprodução são menores, possuem maior oferta de gametas ou, ainda, regras mais permissivas e capazes de legitimar e (ou) desburocratizar o acesso à *surrogacy* e (ou) ao registro de filhos que surgem na fusão das cores buscadas nas paletas LGBTI+ –[82] têm estimulado o que se convencionou denominar *turismo reprodutivo* e alguns dos pacotes oferecidos incluem, além de todo o tratamento médico – raramente simples na fenomenologia das relações sociais –, passagens aéreas e hotéis de luxo situados nas cercanias de belíssimos centros de compras,[83] prometendo, portanto, todo o necessário à experimentação de mais uma deliciosa experiência hedonista.[84]

A reprodução humana tornou-se um produto a ser consumido.[85] Colonizada pelo capital, cria demandas que parecem ser cada vez menos espontâneas. Especialistas são, habitualmente, sugeridos por ginecologistas do setor privado.[86] Quem a procura se submete, muitas vezes, a procedimentos de elevadíssimo custo econômico e iguais possibilidades de insucesso,[87] não se olvidando quão comuns são os diagnósticos de "infertilidade sem causa aparente".[88]

Ao mesmo tempo, é possível mapear relatos mostrando que pesquisas médicas sobre as causas da infertilidade e (ou) da baixa fecundidade são pouco incentivadas, pois, consoante a lógica do mercado, será muito mais lucrativo investir em sofisticadas técnicas de reprodução assistida, mormente quando se identifica que a cura para a infertilidade – quando possível e recomendada, evidentemente – será, provavelmente, comercializada uma única vez, enquanto o apoio à reprodução pode *ter que ser* consumido diversas vezes, mesmo nos casos de êxito, pois há sempre a possibilidade de um novo projeto parental.[89]

Ademais, há outras tantas questões éticas mascaradas pela espetacularização da reprodução humana assistida. A captura dos óvulos pressupõe a estimulação hormonal por meio de medicamentos que podem disparar efeitos colaterais, com risco, em casos extremos, de morte da paciente.[90] A retirada dos gametas pode ser relacionada a quadros

---

[82] REIS, Toni (Org.). *Manual de comunicação LGBTI+*. 2. ed. Curitiba: Aliança Nacional LGBTI/GayLatino, 2018. p. 13. As letras grafadas em caixa alta aludem a lésbicas, gays, bissexuais, travestis, transexuais e interssexuais. "O símbolo + diz respeito à inclusão de outras orientações sexuais, identidades e expressões de gênero".

[83] IKEMOTO, Lisa. Reproductive tourism: equality concerns in the global market for fertility services. *UC Davis Legal Studies Research Paper Serie*, n. 189, 2009. p. 291. Disponível em: http://ssrn.com/abstract=1462497. Acesso em 20 fev. 2015.

[84] LIPOVETSKY, Gilles. *A sociedade da decepção*. Tradução de Armando Braio Ara. Barueri: Manole, 2007. O tema atravessa toda a obra do pensador francês.

[85] BRAGA, Maria das Graças Reis; AMAZONAS, Maria Cristina Lopes de Almeida. Família: maternidade e procriação assistida. *Psicologia em Estudo*, Maringá, v. 10, n. 1, p. 11-18, jan./abr. 2005. p. 17.

[86] CORREA, Marilena; LOYOLA, Maria Andréa. Novas tecnologias reprodutivas: novas estratégias de reprodução? *Physis: Revista Saúde Coletiva*, Rio de Janeiro, v. 9, n. 1, p. 209-234, 1999. p. 225.

[87] RAMÍREZ-GALVEZ, Martha. Inscrito nos genes ou escrito nas estrelas? Adoção de crianças e o uso de reprodução humana assistida. *Revista de Antropologia*, São Paulo, v. 54, n. 1, p. 47-87, 2011. p. 67.

[88] VIERA CHERRO, Mariana. Sujetos y cuerpos asistidos: un análisis de la reproducción asistida en el río de la plata. *Civitas*, Porto Alegre, v. 15, n. 2, p. 350-368, abr./jun. 2015. p. 356.

[89] DINIZ, Debora. O impacto das tecnologias conceptivas nas relações parentais. *Série Anis*, Brasília, v. 24, p. 1-5, abr. 2001. p. 2; CARLOS, Paula Pinhal de; SCHIOCCHET, Taysa. Novas tecnologias reprodutivas e direito: mulheres brasileiras entre benefícios e vulnerabilidades. *Novos Estudos Jurídicos (Univali)*, v. 11, p. 249-263, 2006. p. 250.

[90] CORREA, Marilena; LOYOLA, Maria Andréa. Novas tecnologias reprodutivas: novas estratégias de reprodução? *Physis: Revista Saúde Coletiva*, Rio de Janeiro, v. 9, n. 1, p. 209-234, 1999. p. 217. Entre outras complicações atadas à hiperestimulação hormonal estão a "formação de cistos, hipertrofia ovariana, distensão hormonal, diarreia, vômitos, ascite, hidrotórax, desequilíbrio hidroeletrolítico, hemoconcentração, hipovolemia, oligúria e [o destacado] risco de morte".

de infecção. O monitoramento da implantação do embrião exige exames invasivos e desgastantes. São elevadas as taxas de insucesso, de casos de gravidez ectópica e de abortamento espontâneo.

Além disso, os dados apresentados por veículos oficiais e pelas clínicas geralmente ressaltam as taxas de sucesso da fertilização – no Brasil, o último relatório oficial alude a 76% de êxito a partir da produção do número médio de 8,6 oócitos por mulher –,[91] ignorando, entretanto, quantos entre os procedimentos realizados resultaram em implantações bem-sucedidas e nascimentos com vida.[92]

A seu turno, casos de gestação múltipla também são deveras comuns, exponenciando os riscos à saúde.[93] Os bebês, aliás, muitas vezes vêm ao mundo de forma prematura.[94] E há, ainda, pensando no *processo de produção* do ser gestado, questões relacionadas ao destino a ser dado aos embriões supranumerários fertilizados, por exigência da técnica, para não serem implantados. Enfim, há de se destacar, antes que este texto alcance seus parágrafos conclusivos, que a saúde psicofísica das pessoas que buscam a reprodução humana assistida – em especial, daquelas que apenas experimentam angústia e frustração ao vivenciarem um sem número de infrutíferas tentativas de fertilização – muitas vezes é posta em xeque,[95] havendo pesquisas que apontam para os casos marcados pela dificuldade de assumir a própria história, na medida em os motivos que levam à tentativa de reprodução *na forma* assistida se revelam, por vezes, entremeio a processos deveras dolorosos e angustiantes, pois, em algumas ocasiões,

---

[91] AGÊNCIA NACIONAL DE VIGILÂNCIA SANITÁRIA. *13º Relatório do Sistema Nacional de Produção de Embriões.* Brasília: Ministério da Saúde, 2020. p. 5-6.

[92] AMERICAN SOCIETY FOR REPRODUCTIVE MEDICINE. *Assisted reproductive technology.* 2015. p. 9. Disponível em: https://www.asrm.org/uploadedFiles/ASRM_Content/Resources/Patient_Resources/Fact_Sheets_and_Info_Booklets/ART.pdf. Acesso em 8 ago. 2016. Dados dos EUA informam que, enquanto as "taxas de sucesso de fertilização" costumam ser entre 65 a 75%, de acordo com as condições pessoais do paciente (idade e saúde), a taxa de nascimento de bebês com vida por implantação embrionária foi de 37,5% nos EUA em 2013. Isso significa que apenas 37,5% dos embriões implantados resultaram em nascimento com vida.

[93] DEBOLT, Andy. What happened to "octomon" Nadya Suleman? *Gazette Review*, 2015. Disponível em: http://gazettereview.com/2015/07/what-happened-to-octomom-nadya-suleman-new-updates-available/. Acesso em 20 jan. 2016. O caso da norte-americana Nadya Suleman, a *octomãe*, é emblemático. Em 2009, ela ficou conhecida por dar à luz oito bebês, simultaneamente originários de fertilização *in vitro*. Nadya, à época desempregada, possuía outros seis filhos também concebidos por meio de técnicas de reprodução assistida, tendo iniciado seus tratamentos aos 21 anos. A *octomãe* tornou-se celebridade nos EUA, tendo participado de vários *reality shows*, até lançar a carreira de atriz de filmes adultos. O caso foi duramente criticado pela opinião pública norte-americana, principalmente pela irresponsabilidade de Suleman, que acumulou dívidas milionárias pelos tratamentos e que aparentava não possuir condições financeiras e psicológicas para cuidar de extensa prole, bem como, em razão da conduta de seus médicos, pois colocaram em risco a vida da gestante e de seus filhos.

[94] SPAR, Debora; HARRINGTON, Anna M. Building a better baby business. *Minnesota Journal of Law Science and Technology*, Minnesota, v. 10, n. 1, 41-49, 2009. p. 57-58. De acordo com Spar e Harrington, bebês nascidos por meio de reprodução humana assistida possuem duas vezes mais chances de possuírem má formação, graves problemas de saúde e baixo peso. Também há uma grande incidência de gravidezes múltiplas que podem representar riscos à saúde dos bebês e da gestante. Enquanto a média costuma ser 3% na reprodução sem assistência, na reprodução humana assistida, a média de nascimento de bebês múltiplos é de 30%.

[95] LINDNER, Sheila Rubia; COELHO, Elza Berger Salema; BÜCHELE, Fátima. O discurso e a prática de médicos sobre direitos reprodutivos. *Saúde & Transformação Social*, Florianópolis, v. 4, n. 3, p. 98-106, 2013. p. 102-103. Estudos realizados com pacientes que buscam tratamentos para a reprodução demonstram que tais experiências elevam o nível de estresse e os abalam emocionalmente. A maioria dos participantes de entrevistas e de grupos de apoio fala deste período com grande mal-estar. Lindner, Coelho e Büchele, em pesquisa empírica realizada com nove médicos da rede pública, constataram que, nas unidades básicas de saúde, a situação de abalo emocional dos pacientes que enfrentam a infertilidade é ainda mais acentuada. Não são oferecidos acompanhamento psicológico e grupos de apoio ou, quando há, o serviço é extremamente precário. As informações são apenas aquelas dadas na consulta médica.

não é apenas o vazio produzido pela ausência de filhos que conduz alguém a recorrer ao auxílio médico, mas vazios marcados por perdas ao longo da vida, como abortos, a morte de outro filho ou mesmo a ilusão depositada na reconstrução de uma relação conjugal corroída pelo tempo.[96]

4 Na provisoriedade de uma conclusão: a volatilidade de vidas deixadas à deriva

Como observado ao longo do texto, colonizada pelo mercado, a reprodução humana assistida tem sido roteirizada como *espetáculo* apto, em alguma medida, a conduzir muitos seres humanos por caminhos prenhes de perigos e riscos difusamente camuflados nas promessas de experimentação da inenarrável felicidade pretensamente atada aos desafios de ser pai, de ser mãe.

O artigo buscou mapear alguns dos possíveis pontos de intersecção havidos no acoplamento do processo de mutação vivenciado pelas famílias brasileiras, especialmente após o advento da Constituição Federal em 1988, com algumas das ações postas em movimento por aqueles que lucram com contratos que têm por objeto a reprodução humana assistida.

De um lado, em ebulição, as famílias brasileiras singram mares e paisagens que, cada vez menos, remetem o pensamento ao modelo cinzelado nas codificações decimonônicas dos séculos XIX, XX e mesmo em códigos civis nascidos no século XXI, consagrando modelos que aludem à família unitária, matrimonial, patriarcal e patrimonialista para, cada vez mais, revelarem-se aos intérpretes como algumas das imagens que ocupam telas rabiscadas por Monet ou por Degas com cores que as aproximam do constitucional, do plural, do diárquico, do democrático e, especialmente, do eudemonista. Entre as sístoles e diástoles sociais que provocam esse movimento, a prole acabou deixando de ser pensada como dever, exsurgindo, muitas vezes, como fruto de projetos de vida a serem vivenciados, tenham sido planejados (ou não), nos reinos da afetividade.

E é aqui, neste exato instante, que mais bem são percebidas algumas das mais explícitas conexões entre a família e a reprodução humana, pois se, de um lado, os avanços da técnica desarticularam a *relação causal natural* pressuposta até pouquíssimo tempo nesses contextos, ao permitirem a experimentação de projetos parentais que de outra forma, em alguma medida, não poderiam ser vividos, de outro, colonizadas pelo mercado, nem sempre transitam por vias iluminadas pela ética e (ou) pelo direito.

Tais preocupações parecem ter algum sentido quando se imagina que a reprodução humana margeia o *dantesco* campo da seleção genética ou são vislumbrados os riscos havidos na catalogação de perfis detalhados dos doadores de gametas, igualmente quando se tem em mente a mercantilização da vida – de novas vidas e de vidas novas – por meio de anúncios em *sites*, revistas e *outdoors* e, ainda, o fato de que diagnósticos, terapias, fármacos e filhos são sugeridos e (ou) prescritos como quaisquer outros bens de consumo. E não seja aqui desprezada a – ao menos, aparentemente – ausência de

---

[96] LINS, Patrícia Gomes Accioly; PATTI, Elci Antonia de Macedo Ribeiro; PERON, Antonio Cézar; BARBIERI, Valéria. O sentido da maternidade e da infertilidade: um discurso singular. Estudos de Psicologia, Campinas, v. 31, n. 3, p. 387-392, jul./set. 2014. p. 390.

informação qualificada acerca das baixíssimas taxas de sucesso, dos riscos à saúde ou dos custos financeiros comumente imantados a essas práticas.

Tudo isso, como outrora grafado, apesar da existência de um sem número de regras e princípios que se propõem a, sistemicamente, tutelar consumidores e crianças no Brasil, direitos inegavelmente marcados pela fundamentalidade formal e material e que, a seu modo, densificam a promessa normativa de vidas dignas feita a todos que aqui vivem, em 1988, pela Constituição Federal.

Tudo isso ignorando que a vulnerabilidade – e sua inafastável normatividade – deve ser identificada como o pilar que sustenta a própria existência do *direito do consumidor* nos termos do art. 4º da Lei nº 8.078/90:

> Art. 4º A Política Nacional das Relações de Consumo tem por objetivo o atendimento das necessidades dos consumidores, o respeito à sua dignidade, saúde e segurança, a proteção de seus interesses econômicos, a melhoria da sua qualidade de vida, bem como a transparência e harmonia das relações de consumo, atendidos os seguintes princípios:
> I – reconhecimento da vulnerabilidade do consumidor no mercado de consumo [...].

Vulnerabilidade que hermeneuticamente pode ser colorida com tons que remetem:
(a) à frágil posição ocupada pelo consumidor ante a melhor condição socioeconômica do fornecedor ou dos fornecedores envolvidos na cadeia de consumo[97] e que, no contexto delineado neste artigo, por não ser respeitada, pode acabar levando consumidores ao endividamento;
(b) à percepção parcial ou distorcida, à incompreensão ou desconhecimento de aspectos fundidos aos processos produtivos, aos efeitos positivos e (ou) deletérios potencialmente esperados ou, ainda, aos perigos e riscos imantados ao consumo instantâneo ou prolongado de um produto ou serviço qualquer,[98] tal qual descrito ao longo da terceira parte deste estudo, e cujo limite pode levar à morte das mulheres seduzidas pelo discurso publicitário nos cenários recortados nesta investigação;
(c) à miríade de consequências negativas identificáveis no contexto da dicotomia litigantes habituais *versus* litigantes eventuais, um tema que começou a ser desnudado por Cappelletti e Garth[99] em meados do século passado e, desde então, segue a alimentar a expertise jurídica do mercado; e, enfim,
(d) ao delicado e indelével equilíbrio atado à adequada densificação do direito à informação, intersecção que exige, de um lado, que a deficiência informativa não se manifeste em concreto e, de outro, que a sua hiperbolização não

---

[97] CATALAN, Marcos. Uma ligeira reflexão acerca da hipervulnerabilidade dos consumidores no Brasil. *In*: DANUZZO, Ricardo Sebastián (Org.). *Derecho de daños y contratos*: desafíos frente a las problemáticas del siglo XXI. Resistencia: Contexto, 2019. p. 46-47.

[98] CATALAN, Marcos. Uma ligeira reflexão acerca da hipervulnerabilidade dos consumidores no Brasil. *In*: DANUZZO, Ricardo Sebastián (Org.). *Derecho de daños y contratos*: desafíos frente a las problemáticas del siglo XXI. Resistencia: Contexto, 2019. p. 46-47.

[99] CAPPELLETTI, Mauro; GARTH, Bryan. *Acesso à justiça*. Tradução de Ellen Gracie Northfleet. Porto Alegre: Fabris, 1988, *passim*.

transforme compreensão em angústia, confusão ou dúvida[100] e que, sem dúvida, ao menos neste momento, não permeie as práticas havidas no contexto da reprodução humana assistida.

Referências

AGÊNCIA NACIONAL DE VIGILÂNCIA SANITÁRIA. *13º Relatório do Sistema Nacional de Produção de Embriões*. Brasília: Ministério da Saúde, 2020.

AGUIRRE, João. Reflexões sobre a multiparentalidade e a repercussão Geral 622 do STF. *Revista Eletrônica Direito e Sociedade*, v. 5, n. 1, p. 269-291, maio 2017.

ALVES, Sandrina Maria Araújo Lopes; OLIVEIRA, Clara Costa. Reprodução medicamente assistida: questões bioéticas. *Revista Bioética*, Brasília, v. 22, n. 1, p. 66-75, 2014.

AMERICAN SOCIETY FOR REPRODUCTIVE MEDICINE. *Assisted reproductive technology*. 2015. Disponível em: https://www.asrm.org/uploadedFiles/ASRM_Content/Resources/Patient_Resources/Fact_Sheets_and_Info_Booklets/ART.pdf. Acesso em 8 ago. 2016.

ARIÈS, Philippe. *História social da criança e da família*. Tradução de Dora Flaksman. 2. ed. Rio de Janeiro: LTC, 1981.

BALLESTÉ, Isaac Ravetllat. El interés superior del niño: concepto y delimitación del término. *Educatio Siglo XXI*, v. 30, n. 2, p. 89-108, dez. 2012.

BAUDIN, Thomas Baudin; DE LA CROIX, David; GOBBI, Paula. *DINKs, DEWKs & Co. Marriage, Fertility and Childlessness in the United States*. 2012. Disponível em: https://halshs.archives-ouvertes.fr/hal-00993307/document. Acesso em 14 jun. 2017.

BAUDRILLARD, Jean. *A sociedade de consumo*. Tradução de Artur Morão. Lisboa: Edições 70, 2011.

BAUMAN, Zygmunt. *Vida para consumo*: a transformação das pessoas em mercadoria. Rio de Janeiro: J. Zahar, 2008.

BOEHM, C. Cresce índice de mulheres que se tornam mães dos 30 aos 39 anos, *Agência Brasil*, 09 dez. 2020. Disponível em: https://agenciabrasil.ebc.com.br/geral/noticia/2020-12/cresce-indice-de-mulheres-que-se-tornam-maes-dos-30-aos-39-anos. Acesso em 04 abr. 2020.

BRAGA, Maria das Graças Reis; AMAZONAS, Maria Cristina Lopes de Almeida. Família: maternidade e procriação assistida. *Psicologia em Estudo*, Maringá, v. 10, n. 1, p. 11-18, jan./abr. 2005.

BRASILEIRO, Luciana; HOLANDA, Maria Rita. A proteção da pessoa nas famílias simultâneas. *In*: EHRHARDT, Marcos et al. (Org.). *Direito civil constitucional*: a ressignificação dos institutos fundamentais do direito civil contemporâneo e suas consequências. Florianópolis: Conceito, 2014.

BRITO, Leila Maria Torraca de. *Paternidades contestadas*: a definição da paternidade como um impasse contemporâneo. Belo Horizonte: Del Rey, 2008.

BUSNELLI, Francesco Donato. Il diritto della famiglia di fronte al problema della difficile integrazione delle fonti. *Rivista di Diritto Civile*, Padova, v. 62, n. 6, p. 1447-1478, nov./dez. 2016.

CAMARDI, Carmelita. Diritto findamentali e status della persona. *Rivista Critica del Diritto Privato*, Napoli, v. 33, n. 1, p. 7-54, giu. 2015.

CAPPELLETTI, Mauro; GARTH, Bryan. *Acesso à justiça*. Tradução de Ellen Gracie Northfleet. Porto Alegre: Fabris, 1988.

CARLOS, Paula Pinhal de; SCHIOCCHET, Taysa. Novas tecnologias reprodutivas e direito: mulheres brasileiras entre benefícios e vulnerabilidades. *Novos Estudos Jurídicos (Univali)*, v. 11, p. 249-263, 2006.

CASTRO, Rosa J. Mitochondrial replacement therapy: the UK and US regulatory landscapes. *Journal of Law and the Biosciences*, v. 3, issue 3, p. 726-735, dez. 2016.

---

[100] CATALAN, Marcos. Uma ligeira reflexão acerca da hipervulnerabilidade dos consumidores no Brasil. *In*: DANUZZO, Ricardo Sebastián (Org.). *Derecho de daños y contratos*: desafíos frente a las problemáticas del siglo XXI. Resistencia: Contexto, 2019. p. 46-47.

CATALAN, Marcos. Um ensaio sobre a multiparentalidade: explorando no ontem as pegadas que levarão ao amanhã. *Revista da Faculdade de Direito – UFPR*, Curitiba, n. 55, p. 143-162, 2012.

CATALAN, Marcos. Uma ligeira reflexão acerca da hipervulnerabilidade dos consumidores no Brasil. *In*: DANUZZO, Ricardo Sebastián (Org.). *Derecho de daños y contratos*: desafíos frente a las problemáticas del siglo XXI. Resistencia: Contexto, 2019.

CATALAN, Marcos; SILVA, Giana de Marco Vianna da. Registro de biparentalidade homoafetiva: um estudo de caso. *Revista Síntese Direito de Família*, n. 92, p. 9-23, out./nov. 2015.

CERUTTI, Eliza. A ancestralidade genética como desdobramento dos direitos de personalidade. *In*: SOUZA, Ivone Maria Cândido Coelho de (Org.). *Família contemporânea*: uma visão interdisciplinar. Porto Alegre: Letra & Vida, 2011.

CERUTTI, Eliza. Gestação por substituição: o que o Brasil pode aprender com a experiência estrangeira. *Revista de Nacional de Direito de Família e Sucessões*, Porto Alegre, v. 12, p. 14-30, mai./jun. 2016.

CÓRDOBA GARCÍA, Francisco. La privacidad genética: concepto, fundamentos y consecuencias. *In*: ANARTE BORRALLO, Enrique; MORENO, Fernando; GARCÍA RUIZ, Carmen (Coord.). *Nuevos conflictos sociales*: el papel de la privacidad. Madrid: Iustel, 2015.

CORREA, Marilena. As novas tecnologias reprodutivas: uma evolução a ser assimilada. *Physis: Revista Saúde Coletiva*, Rio de Janeiro, v. 7, n. 1, p. 69-98, 1997.

CORTI, Ines. Due gemelli e quattro genitori interrogano il diritto – riflessioni in merito all'erroneo scambio di embrioni: ondinanza del Tribunale di Roma 8 agosto 2014. *Rivista Critica del Diritto Privato*, Napoli, v. 34, n. 1, p. 115-139, mar. 2016.

DEBOLT, Andy. What happened to "octomon" Nadya Suleman? *Gazette Review*, 2015. Disponível em: http://gazettereview.com/2015/07/what-happened-to-octomom-nadya-suleman-new-updates-available/. Acesso em 20 jan. 2016.

DEBORD, Guy. *A sociedade do espetáculo*. Tradução de Estela dos Santos Abreu. Rio de Janeiro: Contraponto, 1997.

DINIZ, Debora. O impacto das tecnologias conceptivas nas relações parentais. *Série Anis*, Brasília, v. 24, p. 1-5, abr. 2001.

DINIZ, Debora. Tecnologias reprodutivas, ética e gênero: o debate legislativo brasileiro. *Série Anis*, Brasília, v. 15, p. 1-10, out. 2000.

ENGELS, Friedrich. *A origem da família, da propriedade privada e do Estado*. Tradução de José Silveira Paes. São Paulo: Global, 1984.

FACHIN, Luiz Edson. *Direito de família*: elementos críticos à luz do novo Código Civil brasileiro. 2. ed. Rio de Janeiro: Renovar, 2003.

FACHIN, Luiz Edson. *Teoria crítica do direito civil*. Rio de Janeiro: Renovar, 2000.

FACHIN, Luiz Edson; RUZYK, Carlos Eduardo Pianovski. *Código Civil comentado*: direito de família – Casamento. São Paulo: Atlas, 2003. v. 15.

FEMINA CENTRO DE REPRODUÇÃO HUMANA ASSISTIDA. *Histórico*. 2016. Disponível em: http://www.reproducaohumanafemina.com.br/medicina-reprodutiva/. Acesso em 2 ago. 2016.

FONSECA, Cláudia. Concepções de família e práticas de intervenção: uma contribuição antropológica. *Saúde e Sociedade*, São Paulo, v. 14, n. 2, p. 50-59, mai./ago. 2005.

FONSECA, Larissa Lupião; HOSSNE, William Saad; BARCHIFONTAINE, Christian de Paul de. Doação compartilhada de óvulos: opinião de pacientes em tratamento para infertilidade. *Revista Bioethikos*, São Paulo, v. 3, n. 2, p. 235-240, 2009.

FREIRE FILHO, João. A sociedade do espetáculo revisitada. *Revista Famecos*, Porto Alegre, n. 22, p. 33-46, dez. 2003.

FROENER, Carla. *A reprodução humana assistida e a sociedade do espetáculo*: a fragmentação do direito frente à publicidade via internet de tratamento de fertilização. Dissertação (Mestrado em Direito e Sociedade) – Unilasalle, Canoas, 2016.

GATTO, Alessandra. Surrogazione di maternità e diritto del minore al rispetto della propria vita privata e familiare. *Il diritto di famiglia e delle persone*, Milano, v. 44, n. 3, p. 1091-1131, lug./set. 2015.

GIACOBBE, Emanuela. Dell'insensata aspirazione umana al dominio volontaristico sul corso della vita. *Il diritto di famiglia e delle persone*, Milano, v. 45, n. 2, p. 590-606, apr./giu. 2016.

GRAZIUSO, Bruna Kern. *Your body is a battleground*: justiça reprodutiva e reprodução humana assistida na sociedade de consumo. Inédito.

HABERMAS, Jürgen. *O futuro da natureza humana*: a caminho de uma eugenia liberal? Tradução de Karina Jannini. São Paulo: Martins Fontes, 2004.

HARARI, Yuval Noah. *Homo Deus*: uma breve história do amanhã. Tradução de Paul Geiger. São Paulo: Companhia das Letras, 2016.

HÉRITIER, Françoise. A coxa de Júpiter – Reflexões sobre os novos modos de procriação. *Estudos Feministas*, Florianópolis, ano 8, p. 98-114, 1º sem. 2000.

IBGE. *Síntese de indicadores sociais*: uma análise das condições de vida da população brasileira. Rio de Janeiro: IBGE, 2018.

IKEMOTO, Lisa. Reproductive tourism: equality concerns in the global market for fertility services. *UC Davis Legal Studies Research Paper Serie*, n. 189, 2009. Disponível em: http://ssrn.com/abstract=1462477. Acesso em 20 fev. 2015.

JACOBSEN, Michael Hviid; TESTER, Keith. Introdução. *In*: BAUMAN, Zygmunt. *Para que serve a sociologia?* Tradução de Carlos Alberto Medeiros. Rio de Janeiro: Zahar, 2015.

JAPPE, Anselm. *Crédito à morte*: a decomposição do capitalismo e suas críticas. Tradução de Robson de Oliveira. São Paulo: Hedra, 2013.

LINDNER, Sheila Rubia; COELHO, Elza Berger Salema; BÜCHELE, Fátima. O discurso e a prática de médicos sobre direitos reprodutivos. *Saúde & Transformação Social*, Florianópolis, v. 4, n. 3, p. 98-106, 2013.

LINS, Patrícia Gomes Accioly; PATTI, Elci Antonia de Macedo Ribeiro; PERON, Antonio Cézar; BARBIERI, Valéria. O sentido da maternidade e da infertilidade: um discurso singular. Estudos de Psicologia, Campinas, v. 31, n. 3, p. 387-392, jul./set. 2014.

LIPOVETSKY, Gilles. *A sociedade da decepção*. Tradução de Armando Braio Ara. Barueri: Manole, 2007.

LOBO, Paulo Luiz Netto. Direito ao estado de filiação e direito à origem genética: uma distinção necessária. *Revista CEJ*, Brasília, n. 27, p. 47-56, out./dez. 2004.

LÔBO, Paulo Luiz Netto. *Direito civil*: famílias. 3. ed. São Paulo: Saraiva, 2010.

LUNA, Naara. Natureza humana criada em laboratório: biologização e genetização do parentesco nas novas tecnologias reprodutivas. *História, Ciências, Saúde – Manguinhos*, v. 12, n. 2, p. 395-417, mai./ago. 2007.

MAIS brasileiras esperam chegar aos 30 para ter primeiro filho. *Gov.br*, 2014. Disponível em: http://www.brasil.gov.br/saude/2014/10/mais-brasileiras-esperam-chegar-aos-30-para-ter-primeiro-filho. Acesso em 15 jan. 2015.

MALUF, Adriana Caldas do Rego Dabus. *Curso de bioética e biodireito*. São Paulo: Atlas, 2010.

MARQUES, Cláudia Lima. *Contratos no Código de Defesa do Consumidor*: o novo regime das relações contratuais. 6. ed. São Paulo: RT, 2011.

MASI, Domenico de. A sociedade pós-industrial. *In*: MASI, Domenico de. *A sociedade pós-industrial*. 4. ed. Tradução de Anna Maria Capovilla *et al*. São Paulo: Senac, 2003.

MIRANDA, Francisco Cavalcanti Pontes de. *Tratado de direito privado*. Rio de Janeiro: Borsoi, 1955. t. VII.

MOHANTY, Tapan Rajan. Law, liberty and life: a discursive analysis of PCPNDT Act. *Redes – Revista Eletrônica Direito e Sociedade*, Canoas, v. 3, n. 2, p. 97-120, nov. 2015.

MOORE, Keith L.; PERSAUD, T. V. N. *Embriologia clínica*. Rio de Janeiro: Elsevier, 2008.

OST, François. Tiempo y contrato: crítica del pacto fáustico. *Doxa*, Alicante, n. 25, p. 597-626, 2002.

PARADISO, Massimo. Navigando nell'arcipelago familiare: Itaca non c'è. *Rivista di Diritto Civile*, Padova, n. 62, v. 5, p. 1306-1318, set./out. 2016.

PINELLI, Arnaldo Morace. Il diritto di conscere le proprie origini e i recenti interventi della corte costituzionale: il caso dell'ospedale Sandro Pertini. *Rivista di Diritto Civile*, Padova, v. 62, n. 1, p. 242-277, gen./feb. 2016.

PIRES, Teresinha Teles. Procreative autonomy, gender equality and right to life: the decision of the Interamerican Court of Human Rights in Artavia Murillo versus Costa Rica. *Revista Direito GV*, São Paulo, v. 13, n. 3, p. 1007-1028, set./dez. 2017.

PORTER, Eduardo. *O preço de todas as coisas*: por que pagamos o que pagamos. Tradução de Cássio de Arantes Leite. Rio de Janeiro: Objetiva, 2011.

RAMÍREZ-GALVEZ, Martha. Corpos fragmentados e domesticados na reprodução humana assistida. *Cadernos Pagu*, v. 33, p. 83-115, jul./dez. 2009.

RAMÍREZ-GALVEZ, Martha. Inscrito nos genes ou escrito nas estrelas? Adoção de crianças e o uso de reprodução humana assistida. *Revista de Antropologia*, São Paulo, v. 54, n. 1, p. 47-87, 2011.

REIS, Toni (Org.). *Manual de comunicação LGBTI+*. 2. ed. Curitiba: Aliança Nacional LGBTI/GayLatino, 2018.

ROSATO, Donna. How high-tech baby making fuels the infertility market boom. *Time*, 9 jul. 2014. Disponível em: https://time.com/2955345/high-tech-baby-making-is-fueling-a-market-boom/. Acesso em 10 fev. 2015.

RUZYK, Carlos Eduardo Pianovski. *Institutos fundamentais do direito civil e liberdade(s)*: repensando a dimensão funcional do contrato, da propriedade e da família. Rio de Janeiro: GZ, 2010.

SANDEL, Michael. *Contra a perfeição*: ética na era da engenharia genética. Tradução de Ana Carolina Mesquita. Rio de Janeiro: Civilização Brasileira, 2013.

SANTOS, J. M. de Carvalho. *Código Civil interpretado*: principalmente do ponto de vista prático – Direito de família. 4. ed. Rio de Janeiro: Freitas Bastos, 1953. v. 4.

SASSATELLI, Roberta. *Consumo, cultura y sociedad*. Buenos Aires: Amorrortu, 2012.

SCHIOCCHET, Taysa. Direitos sexuais a partir de uma perspectiva emancipatória: reconhecimento e efetividade no âmbito jurídico. *In*: SALES, Gabrielle Bezerra; GONÇALVES, Camila Figueiredo Oliveira; CASTILHO, Natália Martinuzzi (Org.). *A concretização dos direitos fundamentais na contemporaneidade*. Fortaleza: Boulesis, 2016. v. 1.

SCHÜTZ, Alfred. *Sobre fenomenologia e relações sociais*. Petrópolis: Vozes, 2012.

SOUZA, Daniel Maurício Viana de. A teoria da "sociedade do espetáculo" e os mass media. *Revista Brasileira de Sociologia*, v. 2, n. 4, jul./dez. 2014.

SPAR, Debora; HARRINGTON, Anna M. Building a better baby business. *Minnesota Journal of Law Science and Technology*, Minnesota, v. 10, n. 1, 41-49, 2009.

STRATHERN, Marilyn. A antropologia e o advento da fertilização in vitro no Reino Unido: uma história curta. *Cadernos Pagu*, v. 33, p. 9-55, jul./dez. 2009.

STRECK, Lenio. *Dicionário de hermenêutica*. São Paulo: Casa do Direito, 2017.

UEQUED PITOL, Yasmine; CATALAN, Marcos. El acoso de consumo en el derecho brasileño. *Revista Critica de Derecho Privado*, Montevideo, v. 14, p. 759-778, 2017.

VENUTI, Maria Carmela. Coppie sterili o infertili e coppie " same-sex": la genitorialità negata come problema giuridico. *Rivista Critica del Diritto Privato*, Napoli, v. 33, n. 2, p. 259-295, giu. 2015.

VEYNE, Paul. *História da vida privada*: do império romano ao ano mil. São Paulo: Companhia das Letras, 2009.

VIERA CHERRO, Mariana. Sujetos y cuerpos asistidos: un análisis de la reproducción asistida en el río de la plata. *Civitas*, Porto Alegre, v. 15, n. 2, p. 350-368, abr./jun. 2015.

WOLFF, Philip; MARTINHAGO, Ciro Dresch; UENO, Joji. Diagnóstico genético pré-implantacional: uma ferramenta importante para a rotina da fertilização in vitro? *Femina*, São Paulo, v. 37, n. 6, p. 297-303, jun. 2009.

Informação bibliográfica deste texto, conforme a NBR 6023:2018 da Associação Brasileira de Normas Técnicas (ABNT):

FERREIRA, Carla Froener; CATALAN, Marcos. A espetacularização da vida na reprodução humana assistida: uma reflexão necessária. *In*: EHRHARDT JÚNIOR, Marcos; CATALAN, Marcos; MALHEIROS, Pablo (Coord.). *Direito Civil e tecnologia*. 2. ed. Belo Horizonte: Fórum, 2022. t. II. p. 513-532. ISBN 978-65-5518-432-7.

O DIREITO SUCESSÓRIO NA FECUNDAÇÃO HOMÓLOGA *POST MORTEM*

ANA CAROLINA SENNA

Introdução

Não há dúvidas de que a tecnologia influencia intensamente o cotidiano de toda a humanidade, nos tempos atuais. Nas últimas décadas, os avanços tecnológicos e, especialmente, biotecnológicos modificaram substancialmente as relações humanas e, especialmente, a reprodução humana, passando a realizar em laboratório o que antigamente somente era possível por meio de relação sexual entre o homem e a mulher: gerar filhos.

Os métodos atuais de reprodução assistida estão cada vez mais difundidos, pois, com os avanços tecnológicos, vêm se tornando mais simplificados e acessíveis à população. Essas técnicas permitem que pessoas que possuem problemas de infertilidade, sejam eles de ordem biológica, médica ou psíquica, se tornem pais ou mães biológicos. Há também quem as utilize com o intuito de preservação do material genético para posterior utilização, tendo em vista alguma enfermidade que gere futura infertilidade ou por conta do fator tempo, que faz com que os gametas percam gradativamente sua função reprodutora.

Ocorre que nem sempre a legislação acompanha todas essas modificações sociais e avanços tecnológicos. É o caso das técnicas de reprodução humana assistida, as quais não possuem regulamentação no ordenamento jurídico brasileiro.

A única passagem do Código Civil brasileiro que cita essas técnicas é o art. 1.597, que dispõe sobre os casos em que há presunção de filiação concebida na constância do casamento. Uma dessas possibilidades é o inc. III, da referida lei, que presume concebidos na constância do casamento os filhos havidos por fecundação artificial homóloga, mesmo que falecido o marido.

Esse é exatamente o caso do presente estudo, no qual o filho foi concebido com a utilização dos gametas criopreservados do pai ou mãe já falecidos. É uma questão muito controversa e polêmica, pois, ao mesmo tempo que a codificação civil presume esse sujeito como filho, exclui-o da vocação hereditária, ou seja, do direito de suceder.

A exclusão ao direito de suceder é verificada no art. 1.798, também do Código Civil, que legitima a suceder as pessoas *nascidas* ou *já concebidas* no momento da abertura da sucessão, o que não é caso tratado, em que a concepção se dá após o falecimento.

Embora tramitem na Câmara e no Senado projetos de lei sobre o tema, a situação atual é a existência desse vácuo legislativo. Casos dessa relevância surgirão cada vez mais na sociedade e demandarão apreciação do Poder Judiciário, que não pode ficar silente.

Imperiosa, então, a análise do eventual direito sucessório do caso apresentado com base na doutrina, nas disposições infralegais existentes, na jurisprudência e, especialmente, na Constituição Federal.

1 Reprodução humana assistida e a presunção de paternidade

O avanço tecnológico e, especialmente, biotecnológico ocorrido nas últimas décadas refletiu também nas formas de filiação e nos métodos de geração de filhos.

Atualmente, as técnicas de reprodução artificial permitem que nasçam filhos sem a necessidade de relação sexual entre o homem e a mulher, sendo possível, inclusive, a utilização de material genético de terceiros em determinadas técnicas.[1] Os métodos, que se tornam cada vez mais acessíveis e avançados, já são bastante utilizados, principalmente no intuito de atenuar os problemas relativos à fertilização, sejam eles de ordem biológica, médica ou psíquica.[2]

As técnicas mais conhecidas são a *inseminação artificial*, que consiste, basicamente, na introdução do sêmen no organismo da paciente, realizando-se a fecundação[3] no organismo feminino, e a *fertilização in vitro*, na qual a fecundação é realizada em laboratório, com a utilização dos óvulos retirados da mulher e do sêmen masculino, introduzindo-se posteriormente o embrião no organismo feminino.

O Código Civil brasileiro presume a filiação durante o casamento em três hipóteses de reprodução assistida, quais sejam:

> Art. 1.597. Presumem-se concebidos na constância do casamento os filhos: [...]
>
> III - havidos por fecundação artificial homóloga, mesmo que falecido o marido;
>
> IV - havidos, a qualquer tempo, quando se tratar de embriões excedentários, decorrentes de concepção artificial homóloga;
>
> V - havidos por inseminação artificial heteróloga, desde que tenha prévia autorização do marido.

A norma faz referência, portanto, a três expressões diferentes de reprodução assistida, quais sejam: *fecundação artificial homóloga*, *concepção artificial homóloga* e *inseminação artificial heteróloga*.

As expressões utilizadas não correspondem diretamente às técnicas hoje existentes, o que gera muitas dúvidas na aplicação da lei aos casos em concreto. Na opinião da

---

[1] MADALENO, Rolf. *Sucessão legítima*. Rio de Janeiro: Forense, 2019. p. 111.
[2] MEIRELLES, Jussara Maria Leal. Sucessão do embrião. *In*: TEIXEIRA, Daniele Chaves. *Arquitetura do planejamento sucessório*. Belo Horizonte: Fórum, 2019. p. 209.
[3] União entre gameta masculino (espermatozoide) e gameta feminino (óvulo), com fusão dos respectivos núcleos, formando o zigoto.

Jurista Jussara Maria Leal de Meirelles,[4] o Código utilizou as expressões que definem de modo abrangente as técnicas de reprodução humana assistida. O legislador pretendera, portanto, estabelecer a presunção de paternidade tanto para os casos de inseminação artificial homóloga, quanto para os casos de fertilização *in vitro* homóloga.

Nesse sentido, no intuito de dirimir eventuais dúvidas, foi editado o Enunciado nº 257, da III Jornada de Direito Civil do Conselho da Justiça Federal, sob a coordenação do Professor Luiz Edson Fachin, que dispõe que as expressões "fecundação artificial", "concepção artificial" e "inseminação artificial", constantes, respectivamente, dos incs. III, IV e V do art. 1.597 do Código Civil, devem ser interpretadas restritivamente, não abrangendo a utilização de óvulos doados e a gestação de substituição.

Insta, contudo, esclarecer, que se denomina homóloga a técnica que utiliza gametas masculinos e femininos do próprio casal, e heteróloga quando utilizado material genético de um terceiro, como explica a Jurista Maria Berenice Dias.[5]

Desse modo, o objeto do presente estudo se restringe à fecundação homóloga ocorrida após a morte de um dos detentores do material genético criopreservado, seja por inseminação artificial ou fertilização *in vitro*, portanto, se refere à presunção de filiação descrita no inc. III do art. 1597.

O dispositivo supracitado é o único em que o Código Civil brasileiro dispõe sobre técnicas assistidas de reprodução humana. Embora estejam em tramitação alguns projetos de lei com este intuito, ainda não há legislação referente ao tema.

Em face da lacuna legal existente, o Conselho Nacional de Justiça editou o Provimento nº 63, de 14.11.2017, que traz uma seção específica sobre o procedimento de registro de filhos havidos por técnica de reprodução assistida. O Conselho Federal de Medicina publicou a Resolução nº 2.294/2021, que também versa sobre o tema. Ambos serão esmiuçados no próximo capítulo.

Ainda que a maioria dos escritos sobre o tema limitem-se a citar o homem na posição póstuma da situação ora analisada, é certo que o avanço tecnológico atual permite que as mulheres também congelem seus gametas e que o homem venha a utilizá-los para reprodução mesmo após seu falecimento, portanto, o estudo refere-se a ambas as situações.

2 O direito de suceder e a fecundação *post mortem*

2.1 Fecundação *post mortem*

Como mencionado anteriormente, a fecundação artificial homóloga é aquela realizada após o falecimento de um dos sujeitos detentores do material genético, utilizando-se o material criopreservado.

Nos termos do dispositivo mencionado do Código Civil, o filho nascido por fecundação artificial homóloga, mesmo depois do falecimento do marido, é presumidamente seu. Mas isso não significa que deixa de ser necessário o consentimento do marido para a utilização do material genético após a sua morte.

---

[4] MEIRELLES, Jussara Maria Leal. Sucessão do embrião. *In*: TEIXEIRA, Daniele Chaves. *Arquitetura do planejamento sucessório*. Belo Horizonte: Fórum, 2019. p. 210.
[5] DIAS, Maria Berenice. *Manual de direito das famílias*. São Paulo: Revista dos Tribunais, 2013. p. 375.

Isso porque não há como presumir o consentimento da utilização do material genético após a morte da pessoa. Somente com a autorização expressa é possível a fertilização após o falecimento, em razão do princípio da autonomia da vontade, nas palavras de Maria Berenice Dias.[6]

Nesse sentido orienta a Resolução nº 2.294/2021[7] do Conselho Federal de Medicina, quando dispõe que, no momento da criopreservação, ou seja, no momento de realização do procedimento de criação e preservação do material genético, "os pacientes devem manifestar sua vontade, por escrito, quanto ao destino a ser dado aos embriões criopreservados em caso de divórcio, dissolução de união estável ou falecimento de um deles ou de ambos, e se desejam doá-los".

A resolução também dispõe que é permitida a reprodução assistida *post mortem*, desde que haja autorização prévia específica do(a) falecido(a) para o uso do material biológico criopreservado, de acordo com a legislação vigente.

Em conformidade com a resolução, o Provimento nº 63 do Conselho Nacional de Justiça de 14.11.2017, que dispõe sobre procedimentos de registro civil das pessoas naturais, determina que nas hipóteses de reprodução assistida *post mortem*, além dos documentos obrigatórios, conforme o caso, deverá ser apresentado termo de autorização prévia específica do falecido ou falecida para uso do material biológico preservado, lavrado por instrumento público ou particular com firma reconhecida.

Nessa mesma direção, foi aprovado o Enunciado nº 106 da CJF, na I Jornada de Direito Civil, sob a coordenação do Professor Gustavo Tepedino, que além de determinar a autorização escrita do marido para que se utilize o material genético, também dispôs que a mulher deve estar na condição de viúva, no momento de realização do procedimento.[8]

Sobre esse limite temporal da utilização do gameta após a morte, o CFM não regulamenta de forma clara, mas dispõe que o material genético poderá ser descartado com três anos ou mais se essa for a vontade expressa dos pacientes, se for abandonado, ou seja, se houver descumprimento do contrato por parte dos contratantes ou se a clínica não os localizou nesse período, em todos os casos mediante autorização judicial.

No entanto, a possibilidade de utilização do material genético não é questão pacífica entre os estudiosos do ramo. Para o Professor Eduardo de Oliveira Leite,[9] não há amparo jurídico para a utilização do gameta do falecido, pois visa atender aos interesses egoísticos do viúvo ou da viúva, uma vez que um dos sujeitos do projeto parental não está mais presente:

> Fica logo rechaçada a hipótese da medicina endossar e fomentar o nascimento de uma criança que é *ab initio* órfã de pai. Ou seja, as procriações artificiais, como remédio à

---

[6] DIAS, Maria Berenice. *Manual de direito das famílias*. São Paulo: Revista dos Tribunais, 2013. p. 376.

[7] A primeira resolução do CFM a tratar sobre o tema foi a de nº 1.957/2010, revogada pela nº 2.013/2013, revogada pela nº 2.121/2015, revogada pela nº 2.168/2017, e esta por último revogada pela nº 2.294, atualmente em vigência.

[8] Enunciado nº 106: "Para que seja presumida a paternidade do marido falecido, será obrigatório que a mulher, ao se submeter a uma das técnicas de reprodução assistida com o material genético do falecido, esteja na condição de viúva, sendo obrigatória, ainda, a autorização escrita do marido para que se utilize seu material genético após sua morte".

[9] LEITE, Eduardo de Oliveira. *Estudos de direito de família e pareceres de direito civil*. Rio de Janeiro: Forense, 2011. p. 144-145.

esterilidade, são justificáveis quando atendem específica e tão somente a um projeto parental (de pai e mãe) em não podem vingar no terreno egoístico da unilateralidade, quer seja feminina, quer masculina, porque compromete o interesse maior da criança em usufruir da presença de ambos os genitores.

O professor cita exemplos de outros ordenamentos jurídicos que proíbem a concepção *post mortem*, tais quais França e Portugal, e sustenta que o Conselho Federal de Medicina não tem competência para legislar sobre a licitude do procedimento, uma vez que suas resoluções se destinam a nortear as normas de conduta da classe e, portanto, estão destituídas de cogência, que é própria da norma jurídica.

Já o Professor Rolf Madaleno defende a possibilidade de utilização por igualdade constitucional, devendo ser incluído o companheiro ou qualquer pessoa para a fecundação da viúva ou da ex-companheira do falecido, em analogia ao art. 1.799, inc. I, do Código Civil, que trata da prole eventual testamentária,[10] desde que se tenha deixado em vida anuência escrita para a realização do ato após seu óbito.[11]

Interessante caso foi recentemente julgado pelo Tribunal de Justiça de São Paulo,[12] no qual herdeiros buscavam impedir a utilização do material genético de seu pai falecido por parte da viúva, que juntamente com seu marido, em vida, contratou os serviços de reprodução assistida do hospital, optando por deixar o material em confiança do cônjuge no caso de falecimento, ao invés do descarte.

No caso em apreço, o contrato firmado pelo casal apresentava de forma evidente a opção de custódia para o cônjuge no caso de falecimento, o que, conforme consignado na decisão, por si só, autorizaria o procedimento, pois a única utilidade do material é a reprodutora.

O Tribunal reformou a sentença desfavorável à viúva para julgar improcedente o pleito dos herdeiros, assinalando que o contrato realizado demonstrou de forma inequívoca a vontade do falecido e que, ante a ausência de lei que preveja forma específica para manifestação da vontade, há de se considerar o contrato, uma vez que o Provimento nº 63/2017, do CNJ, que ostenta caráter infralegal, é flexível quanto à forma de manifestação da vontade, permitindo que se dê por instrumento privado, como ocorrido no caso dos autos.

---

[10] "Art. 1.799. Na sucessão testamentária podem ainda ser chamados a suceder: I - os filhos, ainda não concebidos, de pessoas indicadas pelo testador, desde que vivas estas ao abrir-se a sucessão; [...]".

[11] MADALENO, Rolf. *Sucessão legítima*. Rio de Janeiro: Forense, 2019. p. 112.

[12] "AÇÃO MOVIDA PELOS FILHOS DO 'DE CUJUS' CONTRA SEU CÔNJUGE E HOSPITAL, PARA OBSTAR A IMPLANTAÇÃO DE EMBRIÃO DO FALECIDO – Sentença que comporta reforma- Constatação da suficiência de manifestação de vontade carreada no documento de fls. 86/87, consubstanciado em contrato hospitalar denominado Declaração de opção de encaminhamento de material criopreservado em caso de doença incapacitante, morte, separação ou não utilização no prazo de 3 anos ou 5 anos – Contratante que acordaram que, em caso de morte de um deles, todos os embriões congelados seriam mantidos sob custódia do outro, aos invés de descartados ou doados – Confiança dos embriões ao parceiro viúvo que representa autorização para continuidade do procedimento, a critério do sobrevivente, sendo embriões criopreservados inservíveis a outra finalidade que não implantação em útero materno para desenvolvimento – Contrato celebrado com o hospital com múltiplas escolhas, fáceis, objetivas e simples, impassíveis de gerar qualquer confusão ou desentendimento para os contratantes – Ausência, outrossim, de lei que preveja forma específica para manifestação da vontade – Provimento 63/2017, do CNJ que ostenta caráter infralegal e é, ademais, flexível quanto à forma de manifestação da vontade, permitindo se dê por instrumento provado, caso dos autos – Inversão do ônus pela sucumbência – RECURSOS PROVIDOS" (TJSP, 9ª Câmara de Direito Privado. AC nº 10827478820178260100. Rel. Angela Lopes, j. 19.11.2019, publ. 28.11.2019).

Ante os argumentos exibidos, parece acertada a decisão prolatada. Diante da ausência de legislação que proíba a utilização póstuma do material genético, com fundamento na regulamentação do Conselho Federal de Medicina, e respeitando-se a autonomia da vontade das partes, não há empecilho para a realização do procedimento.

Não parece, tampouco, que a intenção do legislador caminha no sentido de proibição. Na verdade, verifica-se justamente o contrário, pois, se o Código Civil brasileiro presume como concebidos na constância do casamento os filhos havidos por fecundação homóloga, mesmo após o falecimento, estar-se-á, ao nosso sentir, amparando o procedimento póstumo.

2.2 Direito de suceder do filho concebido *post mortem*

O direito de suceder ou a denominada vocação hereditária diz respeito às pessoas que estão legalmente capacitadas a suceder o autor da herança, tanto pela via da sucessão legítima, quando proveniente da lei, quanto da sucessão testamentária, quando proveniente de testamento.[13]

Nos termos do art. 1.798 do Código Civil brasileiro, são legítimos a suceder as pessoas *nascidas* ou *já concebidas* no momento da abertura da sucessão.

Eis o ponto de conflito na análise sobre a possibilidade de o filho concebido após a morte do genitor ser herdeiro. Embora, como tratado no tópico anterior, a codificação brasileira reconheça a presunção de filiação e a concepção durante o casamento do filho concebido após a morte, o direito sucessório, em uma interpretação literal da norma supracitada, exclui-o do direito de suceder, uma vez que determina como limite temporal para a concepção a abertura da sucessão.

Em suma, a questão é: o filho concebido artificialmente após a morte de seu genitor ou genitora tem direito sucessório?

Antes de adentrar à resposta, importante distinguir os filhos *nascituros* de *concepturos*. Os filhos já concebidos são os denominados *nascituros*. Já foram concebidos, somente ainda não nasceram. Desde que nasçam com vida, possuem legitimação para suceder, nos termos do Código Civil. Os embriões, ou seja, os gametas já fecundados artificialmente no momento da sucessão, ainda que não tenham sido implantados no útero, sob essa ótica, também estariam legitimados para suceder, como entende a maior parte da doutrina, pelo motivo de que não importa se a concepção se deu interna ou externamente – se houve, há direito de suceder, como ilustram os professores Cristiano Chaves de Faria e Nelson Rosenvald.[14]

Já a sucessão dos filhos ainda não concebidos no momento da abertura da sucessão, ou seja, dos *concepturos*, é mais polêmica e controversa, justamente pela exclusão do art. 1.798 do Código Civil.

A questão divide os estudiosos do direito. A Jurista Jussara Maria Leal de Meireles[15] destaca que até o momento da abertura da sucessão não houve concepção de fato, mas apenas uma presunção legal de que os filhos foram concebidos na constância

---

[13] MADALENO, Rolf. *Sucessão legítima*. Rio de Janeiro: Forense, 2019. p. 99.
[14] FARIAS, Cristiano Chaves de; ROSENVALD, Nelson. *Curso de direito civil*. São Paulo: Atlas, 2015. v. 7.
[15] MEIRELLES, Jussara Maria Leal. Sucessão do embrião. *In*: TEIXEIRA, Daniele Chaves. *Arquitetura do planejamento sucessório*. Belo Horizonte: Fórum, 2019. p. 221.

do casamento e que por isso a presunção legal não seria um dado pacífico a nortear o direito sucessório de o novo ser concebido.

Alguns juristas defendem essa possibilidade, quando disposta em testamento, em analogia ao já citado art. 1.799, inc. I do Código Civil, que possibilita que filhos ainda não concebidos por terceiros sejam chamados a suceder.

Para o Professor Dimas Messias de Carvalho,[16] o princípio da igualdade dos filhos, não importando a origem ou a época do nascimento, garante direitos sucessórios aos descendentes havidos mediante reprodução assistida mesmo após a morte do genitor.

A solução prática e jurídica seria, portanto, para o jurista, ocorrendo a concepção antes da patilha, aplicar as mesmas regras do nascituro na reprodução assistida, reservando-se seu quinhão respectivo. Se ocorrer após a partilha, a solução seria aguardar o nascimento e ajuizar a demanda de petição de herança.

Averiguada a divergência, cumpre realizar essa análise sob a ótica do direito civil constitucional, que será feita no capítulo seguinte.

3 Análise sob a perspectiva do direito civil constitucional e projetos de lei sobre o tema

Para que as normas jurídicas possam ser transferidas dos textos para as realidades, é necessário um movimento de aproximação entre a força da letra da norma e a força construtiva dos fatos. Esse é um dos maiores desafios do intérprete jurídico na atualidade, que importa conceber na norma jurídica também um instrumento de cidadania e democracia, como ensina o Jurista Luiz Edson Fachin.[17]

Para que isso ocorra, o Professor Gustavo Tepedino[18] sustenta que é necessária uma construção interpretativa, que se compatibilize com a Constituição Federal, sendo imperioso também que se mantenha um comportamento crítico em face do Código Civil, em busca de lhe conferir a máxima eficácia social.

O Código Civil de 2002, na opinião do professor, não possui uma uniformidade política e ideológica, por conta, principalmente, das diferenças de contextos do período de sua elaboração e sua conclusão.[19]

Nota-se, portanto, que no caso em análise existe uma clara divergência de valores entre o que está disposto na norma referente à filiação do filho concebido após a morte de seu genitor ou genitora cujo material foi utilizado, com a norma referente à vocação hereditária: o direito de família presume como concebido durante a constância do casamento o filho fecundado artificialmente, mesmo após a morte do pai ou mãe ao tempo que o direito sucessório o exclui do direito de suceder.

---

[16] CARVALHO, Dimas Messias de. *Direito das sucessões*: inventário e partilha. São Paulo: Saraiva, 2018. p. 67.
[17] FACHIN, Luiz Edson; SILVA, Christine Peter da. A constituição do direito civil da coexistência: ideias reunidas a partir de um reflexo da jurisdição constitucional em direito da família. *In*: BELMONTE, Alexandre Agra *et al*. *30 anos da Constituição da República Federativa do Brasil*: da teoria constitucionalista aos tribunais superiores. Curitiba: Instituto Memória, 2018.
[18] TEPEDINO, Gustavo (Coord.). *O Código Civil na perspectiva civil-constitucional*. Rio de Janeiro: Renovar, 2013. 2013. p. 1.
[19] TEPEDINO, Gustavo (Coord.). *O Código Civil na perspectiva civil-constitucional*. Rio de Janeiro: Renovar, 2013. p. 4.

Necessário, portanto, recorrer-se ao texto constitucional e à interpretação conforme a Constituição, nas perspectivas material, substancial e prospectiva,[20] a fim de uniformizar o entendimento.

A Carta Magna estabelece a família como base da sociedade e consagra a igualdade entre os filhos, ao dispor no art. 227, §6º, que os filhos, havidos ou não da relação do casamento, ou por adoção, terão os mesmos direitos e qualificações, proibidas quaisquer designações discriminatórias relativas à filiação.

Ora, além de igualar os filhos, independentemente da origem de filiação, a Constituição proíbe qualquer designação discriminatória. Nesse contexto, interpretar o art. 1.758 isoladamente, de forma a excluir o *concepturo* ora analisado do seu direito de suceder, representa afronta a esse princípio e aponta uma conduta discriminatória.

A Jurista Maria Berenice Dias[21] acrescenta que a legislação não proíbe a inseminação *post mortem*, ao tempo que a Constituição consagra a igualdade entre filhos, não podendo admitir-se uma legislação infraconstitucional restritiva de direito do filho assim concebido.

Além disso, a Lei Maior institui o planejamento familiar como "livre decisão do casal, competindo ao Estado propiciar recursos educacionais e científicos para o exercício desse direito, vedada qualquer forma coercitiva por parte de instituições oficiais ou privadas" (art. 227, §6º, Constituição Federal).

Se o casal em vida planejou a utilização do material, mesmo após a morte de um deles, o reconhecimento dessa filiação e também do direito de suceder do filho é o caminho de concretização desse princípio, que resta afrontado se o caminho for o da direção contrária.

Na perspectiva civil constitucional, a resposta à questão levantada parece ser positiva. O reconhecimento do direito de suceder do filho concebido com material genético de seu pai está em conformidade com os princípios e valores constitucionais.

Essa possibilidade também se coaduna com o moderno conceito de família eudemonista ou instrumental, que privilegia a busca da felicidade e realização pessoal, na qual todos os indivíduos da família contribuem entre si para o seu crescimento,[22] incentivados pela sociedade e isonomia, em respeito mútuo e afeto constante.

Tramitam desde o ano de 2004 diversas proposições de lei para dirimir as questões levantadas, algumas delas para negar o direito sucessório ao filho concebido após a morte de seu genitor ou genitora e outras para reconhecer o direito sucessório e regulamentar a utilização dos gametas, instituindo a obrigatoriedade de autorização expressa e limite temporal para a realização do procedimento após a morte.[23]

---

[20] Nas palavras do Professor e Ministro Luiz Edson Fachin: "Pelas premissas de um direito civil constitucional prospectivo, é possível ressignificar o princípio da dignidade da pessoa humana, numa perspectiva que evoca tanto o direito civil quanto o direito constitucional. E aqui é importante observar que as normas jurídicas, sejam legais, sejam constitucionais, têm substrato axiológico, de modo que se projetam funcionalmente. Uma das funções primordiais do Direito, nesse contexto, é a construção hermenêutica ativa da norma para que sua efetividade se converta em proveito para as pessoas humanas e para as suas relações de coexistencialidade" (FACHIN, Luiz Edson; SILVA, Christine Peter da. A constituição do direito civil da coexistência: ideias reunidas a partir de um reflexo da jurisdição constitucional em direito da família. *In*: BELMONTE, Alexandre Agra *et al. 30 anos da Constituição da República Federativa do Brasil*: da teoria constitucionalista aos tribunais superiores. Curitiba: Instituto Memória, 2018. p. 2).

[21] DIAS, Maria Berenice. *Manual de direito das famílias*. São Paulo: Revista dos Tribunais, 2013. p. 377.

[22] GIORGIS, José Carlos Teixeira. *Direito de família contemporâneo*. Porto Alegre: Livraria do Advogado, 2010. p. 36 *apud* ROSA, Conrado Paulino da. *Guarda compartilhada coativa*. Salvador: JusPodivm, 2018. p. 43.

[23] Entre os projetos de lei, destacam-se: nºs 7.701/2010, 4.686/2004, 9.403/2017, 1.218/2020 e 4.178/2020.

Não obstante, dentro da perspectiva civil constitucional, diante do cenário apresentado, cabe ao interpretador a integração e unificação do sistema jurídico, que deve ser feita em consonância com a legalidade constitucional.[24]

Considerações finais

A utilização de métodos de reprodução assistida para a geração de filhos já é uma realidade social que tende a se expandir com o avanço tecnológico e a consequente simplificação dos procedimentos não naturais de geração de filhos.

Embora existam projetos de lei em tramitação sobre o tema desde o ano de 2004, a situação atual é a existência desse vácuo legislativo. Os casos relativos ao direito sucessório do filho gerado por fecundação homóloga póstuma vão surgir de forma crescente para apreciação do Judiciário, que deve apresentar uma solução para a demanda.

Imperiosa, então, a análise, tal qual realizada no presente estudo, com base na doutrina, nas disposições infralegais existentes, na jurisprudência e, notadamente, na Constituição Federal.

Apesar de não ser detentora de força normativa jurídica sobre a questão, é certo que a Resolução nº 2.294/2021[25] do Conselho Federal de Medicina, ao dispor que no momento da criopreservação os pacientes devem manifestar sua vontade, por escrito, quanto ao destino a ser dado aos embriões criopreservados em caso de falecimento, apresenta um ponto de segurança no procedimento.

Da mesma forma, quando a resolução determina que é permitida a reprodução assistida *post mortem*, desde que haja autorização específica do(a) falecido(a) para o uso do material biológico criopreservado, e quando os cartórios exigem essa autorização no momento do registro civil, nos termos do Provimento nº 63 do CNJ, eles auxiliam sobremaneira na estruturação das questões retratadas.

O Enunciado nº 106 da CJF também contribui na resolução das lacunas quando corrobora a obrigatoriedade da autorização escrita do marido para que se utilize o material genético, e quando dispõe que a mulher deve estar na condição de viúva no momento de realização do procedimento.

Conclui-se, portanto, que não há nenhuma proibição para a utilização do material genético *post mortem*, portanto, o procedimento está em conformidade com o Código Civil, uma vez que presume como concebidos na constância do casamento os filhos havidos por fecundação homóloga, mesmo após o falecimento.

Não obstante à controvérsia envolvida, a questão sucessória do filho concebido artificialmente após a morte de seu genitor ou genitora restou respondida pela análise segundo a Constituição Federal.

Embora o Código Civil brasileiro exclua o *concepturo* da vocação hereditária, o princípio da igualdade dos filhos, que proíbe qualquer discriminação nesse sentido, somado à dignidade da pessoa humana e ao princípio do planejamento familiar, aponta claramente para a resposta positiva.

---

[24] TEPEDINO, Gustavo (Coord.). *O Código Civil na perspectiva civil-constitucional*. Rio de Janeiro: Renovar, 2013. p. 7.
[25] A primeira resolução do CFM a tratar sobre o tema foi a de nº 1.957/2010, revogada pela nº 2.013/2013, revogada pela nº 2.121/2015, por último revogada pela nº 2.168/2017, atualmente em vigência.

Importante pontuar que o Estado tem o dever de propiciar recursos educacionais e científicos para o exercício do planejamento familiar, vedada qualquer forma coercitiva por parte de instituições oficiais ou privadas.

Inviável, portanto, admissão de restrição desse direito por parte do Estado e, especialmente, por meio de legislação infraconstitucional que afronte a Lei Maior.

Se o casal em vida planejou a utilização do material, mesmo após a morte de um deles, e registrou o seu intuito, o reconhecimento dessa filiação e também do direito de suceder do filho é o caminho para a concretização desse princípio.

Ora, se a legislação permite que se estabeleçam direitos sucessórios a um filho de terceiro que ainda nem nasceu (ainda não concebido, portanto), ilógico parece negar o direito sucessório ao próprio filho que ainda não nasceu, sobretudo quando expressa a vontade de utilização do material genético pelo(a) companheiro(a) após a morte.

O reconhecimento do direito sucessório do filho concebido após a morte do pai ou da mãe, utilizando-se o seu material genético, está em consonância com a Constituição Federal e também com o moderno conceito de família eudemonista ou instrumental, que privilegia a busca da felicidade e realização pessoal de cada indivíduo pertencente à entidade familiar.

Referências

CARVALHO, Dimas Messias de. *Direito das sucessões*: inventário e partilha. São Paulo: Saraiva, 2018.

DIAS, Maria Berenice. *Manual de direito das famílias*. São Paulo: Revista dos Tribunais, 2013.

FACHIN, Luiz Edson; SILVA, Christine Peter da. A constituição do direito civil da coexistência: ideias reunidas a partir de um reflexo da jurisdição constitucional em direito da família. *In*: BELMONTE, Alexandre Agra *et al. 30 anos da Constituição da República Federativa do Brasil*: da teoria constitucionalista aos tribunais superiores. Curitiba: Instituto Memória, 2018.

FARIAS, Cristiano Chaves de; ROSENVALD, Nelson. *Curso de direito civil*. São Paulo: Atlas, 2015. v. 7.

LEITE, Eduardo de Oliveira. *Estudos de direito de família e pareceres de direito civil*. Rio de Janeiro: Forense, 2011.

LOBO, Paulo. *Famílias*. São Paulo: Saraiva: 2009.

MADALENO, Rolf. *Curso de direito de família*. 5. ed. Rio de Janeiro: Forense, 2013.

MADALENO, Rolf. *Sucessão legítima*. Rio de Janeiro: Forense, 2019.

MEIRELLES, Jussara Maria Leal. Sucessão do embrião. *In*: TEIXEIRA, Daniele Chaves. *Arquitetura do planejamento sucessório*. Belo Horizonte: Fórum, 2019.

ROSA, Conrado Paulino da. *Curso de direito de família*. Salvador: JusPodivm, 2018.

ROSA, Conrado Paulino da. *Guarda compartilhada coativa*. Salvador: JusPodivm, 2018.

TEPEDINO, Gustavo (Coord.). *O Código Civil na perspectiva civil-constitucional*. Rio de Janeiro: Renovar, 2013.

Informação bibliográfica deste texto, conforme a NBR 6023:2018 da Associação Brasileira de Normas Técnicas (ABNT):

SENNA, Ana Carolina. O direito sucessório na fecundação homóloga *post mortem*. *In*: EHRHARDT JÚNIOR, Marcos; CATALAN, Marcos; MALHEIROS, Pablo (Coord.). *Direito Civil e tecnologia*. 2. ed. Belo Horizonte: Fórum, 2022. t. II. p. 533-542. ISBN 978-65-5518-432-7.

IMPACTOS CIVIS DA REPRODUÇÃO HUMANA ASSISTIDA DECORRENTE DE MATERIAL DOADO: O DIREITO À IDENTIDADE GENÉTICA

RITA DE CÁSSIA RESQUETTI TARIFA ESPOLADOR
JULIANA CARVALHO PAVÃO

Introdução

As tecnologias no campo da saúde estão cada vez mais presentes na realidade da sociedade. Elas proporcionam melhorias na qualidade de vida e cura de determinadas doenças e até auxiliam pessoas com dificuldades para terem sua prole. O presente trabalho tem como objeto essas últimas tecnologias médicas: os procedimentos de reprodução humana assistida.

As técnicas de reprodução humana consistem em atividades que auxiliam na geração de embriões, seu desenvolvimento, implantação no útero e, consequentemente, nascimento de um novo ser vivo. Tais técnicas envolvem diversos procedimentos como disposição/doação de material genético, cessão temporária de útero, fertilização *in vitro*, entre outros.

Todos esses procedimentos se materializam no campo jurídico por meio de um negócio jurídico, com características especificas e particulares, que serão demonstradas nesse trabalho. Diante disso, este capítulo tem como objetivo analisar os impactos civis dos contratos de reprodução humana assistida, com enfoque para os casos que envolvem doação de material genético. Nessas situações, o doador dispõe do seu material genético de forma altruística e anônima, entretanto, atualmente, há a discussão sobre se a pessoa que foi gerada a partir do material genético doado não teria direito à sua identidade genética, isto significa conhecer a identidade do doador do material.

Para realizar tal estudo, utiliza-se o método dedutivo, com análise bibliografia e legislativa, observando como outros países abordaram essas questões. Antes de adentrar no ato de disposição/doação de material genético, é necessário, primeiramente, compreender como esses negócios estão fundamentados no campo jurídico brasileiro e como ocorrem os procedimentos de reprodução humana assistida. Após ter tais entendimentos, deve-se estudar mais detalhadamente a doação do material genético e a cláusula de anonimato.

Biodireito na contemporaneidade: os negócios biojurídicos

As relações sociais têm sofrido diversas mudanças, principalmente devido ao desenvolvimento de novas tecnologias. A exploração ocorrida no período de revolução industrial, e, posteriormente, as atrocidades contra a humanidade durante as grandes guerras fizeram a comunidade internacional se preocupar mais com a proteção do ser humano e, além disso, questionar os avanços desenfreados da ciência.

Qual o custo dos avanços tecnológicos? O desenvolvimento científico deve ser limitado ou não? O ser humano pode ser utilizado como objeto de pesquisas? Em que condições? Essas são algumas reflexões que envolvem esse período, e continuam a ser objeto de discussão. Como resultado dessas indagações, surgiram duas disciplinas que têm o objetivo de explorar isso: bioética e biodireito.

A bioética apresenta uma reflexão filosófica e ética sobre os avanços das tecnologias, com o intuito de promover um diálogo entre o desenvolvimento da ciência e a proteção da vida e da saúde.[1] Já o biodireito é "um ramo do Direito que trata da teoria, da legislação e da jurisprudência relativas às normas reguladoras da conduta humana em face dos avanços da Biologia, da Biotecnologia e da Medicina".[2]

Este trabalho tem como enfoque o biodireito, porque analisa os avanços das biotecnologias, com destaque aos contratos de disposição de material genético, e seus impactos civis na realidade social. Assim, a utilização do biodireito, como ramo jurídico preocupado com os impactos jurídicos das biotecnologias, é fundamental.

O biodireito apresenta atuação em diversas áreas tradicionais do direito como: direito constitucional, direito penal, direito civil, direito do trabalho etc. Percebe-se, por exemplo, quando se trata do contrato de cessão temporária de útero, que se deve analisar o direito à liberdade e direito ao próprio corpo, que são direitos fundamentais e relacionados à personalidade e, também, deve-se observar como tal contrato é confeccionado. Assim, existem discussões tanto constitucionais como civis, neste exemplo.

No campo do direito civil, as biotecnologias têm se formalizado por meio de negócios jurídicos. Entretanto, os negócios que são realizados são muito diferentes dos negócios jurídicos clássicos, que são muitas vezes de cunho estritamente patrimonial.

Alguns exemplos de negócios que surgem são: contrato de reprodução humana assistida, disposição de material genético, contrato de cessão temporária de útero, diretiva antecipada de vontade. Nenhum desses negócios estão previstos no Código Civil. Entretanto, são realizados de forma atípica, tendo em vista que o Código permite a realização de contratos, além dos tipificados pela lei, com base na liberdade contratual e na liberdade de contratar, desde que respeitem os princípios e normas de ordem pública e contenham os elementos de validade dos negócios jurídicos fixados no art. 104 do Código.

Dessa forma, surgem novos negócios, que utilizam as biotecnologias e não têm previsão legislativa. Esses negócios, que envolvem aspectos existenciais do ser humano e

---

[1] PAVÃO, Juliana Carvalho. *Bebê-doador*: limites e possibilidades do negócio biojurídico. Londrina: Thoth, 2021.
[2] BARBOZA, Heloisa Helena. Princípios da bioética e do biodireito. *Revista Bioética*, v. 8, n. 2, 2000. p. 212. Disponível em: http://revistabioetica.cfm.org.br/index.php/revista_bioetica/article/view/276/275. Acesso em: 2 jun. 2021.

as biotecnologias, foram denominados por Rose Melo Vencelau Meireles como negócios biojurídicos.

Sobre essa nova terminologia, é oportuno observar as palavras de Rose Melo Vencelau Meireles:

> A biotecnologia está no cerne dessa questão, na medida em que possibilita a escolha sobre aspectos do próprio corpo que podem promover efeitos constitutivos, modificados ou extintivos. Nesses casos, conforme antes mencionado, a autonomia privada ganha a forma de negócio jurídico. Como têm por referencial objetivo aspectos da saúde e do corpo do declarante, foram aqui chamados de biojurídicos.[3]

Diante disso, percebe-se que os negócios biojurídicos envolvem as biotecnologias e consequentemente o corpo e a saúde do ser humano. Tais negócios estão presentes hoje na realidade da sociedade, e devem ser devidamente estudados, porque seus efeitos incidirão diretamente sobre o próprio indivíduo. Por exemplo, no caso de inadimplemento de um contrato de armazenamento de células-tronco, se houver o encerramento do contrato por descumprimento de uma das partes, haverá a perda de um material humano que poderia ser utilizado no tratamento de uma doença no futuro. Assim, as consequências de uma resolução/extinção contratual serão mais severas e afetarão diretamente a dignidade humana.[4]

Tendo em vista a complexidade e afetação direta sobre o ser humano, é extremamente importante diferenciar os negócios biojurídicos dos demais negócios jurídicos, principalmente os exclusivamente patrimoniais. Sobre a adoção de uma terminologia específica para tais negócios, como Rose Melo Vencelau Meireles propõe, é oportuno observar as palavras de Juliana Carvalho Pavão e Rita de Cássia Resquetti Tarifa Espolador:

> Essa categoria é possível de ser adotada e também importante, porque, primeiramente, os negócios jurídicos no Código Civil constituem normas gerais, podendo haver negócios de cunho existencial, tendo em vista sua especialidade. E, segundo, a denominação diferenciada dos demais negócios jurídicos, devendo ter mais atenção que aqueles, pois envolve o ser humano, sua personalidade e, consequentemente, sua dignidade.[5]

É extremamente importante ter um olhar muito mais atento e centrado no ser humano quando se tratar de um negócio biojurídico, tendo em vista que a vida do indivíduo, seu corpo e sua saúde são objeto do negócio. Dessa forma, apenas aplicar as normas do direito civil, com viés muitas vezes patrimonial, não é adequado, o olhar correto nessas situações é de um estudo à luz do direito civil-constitucional, utilizando como parâmetro a dignidade da pessoa humana e seus direitos da personalidade.

---

[3] MEIRELES, Rose Melo Vencelau. Negócios biojurídicos. *In*: PONA, Éverton Willian; AMARAL, Ana Cláudia Corrêa Zuin Mattos; MARTINS, Priscila Machado (Coord.). *Negócio jurídico e liberdades individuais*: autonomia privada e situações jurídicas existenciais. Curitiba: Juruá, 2016. E-book.

[4] PAVÃO, Juliana Carvalho; ESPOLADOR, Rita de Cássia Resquetti Tarifa. Paradigma contemporâneo e os negócios biojurídicos: seleção embrionária. *Scientia Iuris*, Londrina, v. 22, n. 2, p. 244-271, jul. 2018. DOI: 10.5433/2178-8189.2018v22n2p244. ISSN: 2178-8189.

[5] PAVÃO, Juliana Carvalho; ESPOLADOR, Rita de Cássia Resquetti Tarifa. Paradigma contemporâneo e os negócios biojurídicos: seleção embrionária. *Scientia Iuris*, Londrina, v. 22, n. 2, p. 244-271, jul. 2018. p. 267-268. DOI: 10.5433/2178-8189.2018v22n2p244. ISSN: 2178-8189.

Ademais, deve-se destacar que esses novos negócios nem sempre se encaixam na estrutura clássica da teoria do negócio jurídico, contendo elementos mistos, às vezes de ato, às vezes de contrato. Isso porque eles envolvem diversas situações jurídicas e núcleos de interesse do ser humano. Isso corrobora mais ainda o argumento de que se deve analisá-los de forma mais específica e individualizada.

Com base nesse entendimento, o foco deste artigo é estudar os impactos dos contratos de reprodução humana assistida, mais especificamente quando envolver material genético doado. Esse é o tema do próximo item.

Negócios envolvendo a reprodução humana assistida

As técnicas de reprodução humana assistida (RHA) consistem em avanços das biotecnologias que auxiliam pessoas, que por determinada razão não podem ter filhos, a tê-los. Isso acontece graças aos procedimentos que promovem a formação de embriões com a intermediação de médicos especializados.

Os embriões podem ser formados em laboratório – tal procedimento é conhecido como fertilização *in vitro* –,[6] ou diretamente no útero da mulher, com a injeção de material genético masculino – esse procedimento é conhecido como inseminação artificial.

Esses procedimentos podem utilizar material genético do casal (RHA homóloga) como material genético doado (RHA heteróloga). Também é possível que o embrião seja implantado no útero de outra mulher que não irá criar a criança, logo, não será a mãe registral. A mulher que cede seu útero para essa gestação é denominada gestante por substituição. Essa situação ocorre quando a mulher que será a mãe da criança não pode, por determinada razão, como de saúde, viabilizar uma gestação, ou por ser tratar de uma união homoafetiva masculina, ou ser uma pessoa solteira.

As técnicas e procedimentos médicos que envolvem a reprodução humana assistida são aceitos no cenário nacional, tendo fundamento nos direitos reprodutivos dos indivíduos e no princípio do planejamento familiar, previsto no art. 226, §7º da Constituição Federal e da Lei nº 9.263/1996 (Lei do Planejamento Familiar).[7] Sobre essa fundamentação, é oportuno observar as palavras de Fernanda Frizzo Bragato e Taysa Schiocchet:

> Diante desse enquadramento normativo, a utilização das novas tecnologias reprodutivas constitui uma das faces do direito ao planejamento familiar e à concretização do projeto parental. Se por um lado, a lei prevê o direito de acesso aos meios contraceptivos, ela também reconhece o direito de acesso aos meios conceptivos. Além disso, os direitos reprodutivos compreendem o direito de obter um melhor padrão de saúde reprodutiva, o que inclui a utilização das novas técnicas procriativas, em casos de infertilidade, hipofertilidade e esterilidade.[8]

---

[6] DINIZ, Maria Helena. *O estado atual do biodireito*. 5. ed. rev., aum. e atual. São Paulo: Saraiva, 2008.

[7] BRAGATO, Fernanda Frizzo; SCHIOCCHET, Taysa. Reprodução humana assistida: aspectos éticos e legais da fecundação artificial post mortem no direito brasileiro. *In*: BOECKEL, Fabricio Dani de; ROSA, Karin Regina Rick (Org.). *Direito de família em perspectiva interdisciplinar*. Rio de Janeiro: Elsevier, 2011. p. 12.

[8] BRAGATO, Fernanda Frizzo; SCHIOCCHET, Taysa. Reprodução humana assistida: aspectos éticos e legais da fecundação artificial post mortem no direito brasileiro. *In*: BOECKEL, Fabricio Dani de; ROSA, Karin Regina Rick (Org.). *Direito de família em perspectiva interdisciplinar*. Rio de Janeiro: Elsevier, 2011. p. 12.

Assim, no território nacional, as técnicas são realizadas com base na fundamentação jurídica apresentada anteriormente. E as crianças geradas têm seus direitos à filiação reconhecidos. Para garantir esse direito e viabilizar o devido registro desses indivíduos, a Corregedoria Nacional de Justiça publicou o Provimento nº 63 de 14.11.2017, o mais recente em vigência do país, para tratar, entre diversos registros, do registro de nascimento de bebês gerados por meio de reprodução humana assistida.

Diante desse panorama nacional que envolve a RHA, deve-se questionar: como esses procedimentos se formalizam no mundo jurídico? A utilização de qualquer técnica ou procedimento de RHA ocorre por meio de negócios jurídicos, devendo estes ser enquadrados como negócios biojurídicos, uma vez que envolvem o corpo do ser humano. Quando aborda RHA, no geral, percebe-se que existem diversas formas de negócios relacionados, como exemplo: disposição de material genético, fertilização *in vitro*, inseminação artificial, cessão temporária de útero.

No Brasil, o Conselho Federal de Medicina, por meio da Resolução CFM nº 2.294/2021, apresenta dispositivos técnicos que norteiam os procedimentos e, assim, muitas vezes, estão presentes como cláusula do negócio. Contudo, deve-se registrar que as resoluções do CFM não são normas jurídicas.

Um ato muito presente em todos os procedimentos médicos é o termo de consentimento livre e esclarecido. Esse documento contém todas as informações a respeito do procedimento e deve ser assinado pelo paciente que irá se submeter ao ato, logo, quando assinado, o paciente declara que está devidamente informado. Segundo Beatriz Capanema Young, sobre esse termo, nos casos de RHA, "o consentimento seria, portanto, um negócio jurídico unilateral, fruto da declaração de vontade das partes".[9]

Dessa forma, para que o paciente concorde com o procedimento, ele deve estar devidamente esclarecido sobre todos os riscos e benefícios aos quais se submeterá. E a sua vontade, tanto no sentido de autorização como de recusa, deve ser respeitada pela equipe profissional. Assim, o consentimento informado é o aceite do paciente após uma completa e detalhada explicação.[10]

Entretanto, não se deve deixar de realizar uma crítica à forma como os procedimentos de RHA são expostos, principalmente pela mídia. Conforme Carla Froener e Marcos Catalan expõem:

> [...] a abordagem midiática [...] costuma descrever as tecnologias de reprodução humana assistida como práticas extremamente simples, bastante acessíveis e, inegavelmente, inofensivas – mormente, por meio de belas imagens criadas pela indústria publicitária –, sendo incomuns referências às taxas de sucesso, aos riscos à saúde ou aos elevados custos financeiros que estão, comumente, acoplados a tais procedimentos.[11]

---

[9] YOUNG, Beatriz Capanema. Os contratos nas técnicas de reprodução assistida. *In*: BARBOZA, Heloisa Helena; LEAL, Livia Teixeira; ALMEIDA, Vitor. *Biodireito*: tutela jurídica das dimensões da vida. Indaiatuba: Foco, 2021. p. 16.

[10] YOUNG, Beatriz Capanema. Os contratos nas técnicas de reprodução assistida. *In*: BARBOZA, Heloisa Helena; LEAL, Livia Teixeira; ALMEIDA, Vitor. *Biodireito*: tutela jurídica das dimensões da vida. Indaiatuba: Foco, 2021. p. 17.

[11] FROENER, Carla; CATALAN, Marcos. *A reprodução humana assistida na sociedade de consumo*. Indaiatuba: Foco, 2020. p. 16-17.

Tal narrativa é forçada pelas clínicas de RHA, que apresentam sempre o lado positivo dos procedimentos, omitindo, muitas vezes, os efeitos negativos. Em pesquisa de *sites* de clínicas de RHA na região Sul do país, Carla Froener e Marcos Catalan[12] concluem que tais *sites* utilizam imagens e frases para persuadir seus futuros clientes a realizar os procedimentos. Mas poucas clínicas informam a taxa de sucesso e nenhuma posta registros de antigos pacientes que pudessem prejudicar a sua imagem.[13]

Essas atitudes confrontam diretamente o direito à informação dos envolvidos, que claramente são iludidos pela propaganda e *marketing* que norteiam toda a situação. O incentivo a realizar os procedimentos de RHA decore do fato de que eles se tornaram altamente rendáveis para o mercado, ocasionando o crescimento de centros especializados.

Para a contratação de uma gestante por substituição nos Estados Unidos da América, paga-se entre 20 e 30 mil dólares, assim, a RHA completa pode custar em torno de 150 mil dólares.[14] Obviamente há diferenças dos custos entre os países que autorizam os procedimentos, este é um dos motivos de pessoas se deslocarem de seu país natal para realizar procedimentos de RHA em outro Estado. Devido a essa demanda, têm surgido também empresas especializadas no que é conhecido como turismo reprodutivo.[15]

Ademais, deve-se destacar para fins de registro neste trabalho que, devido ao alto custo das técnicas, algumas pessoas têm buscado outras alternativas mais acessíveis, como exemplo, a inseminação artificial caseira, o que não é recomendado por órgãos de saúde.[16] Neste trabalho, o enfoque está nos procedimentos realizados em clínicas especializadas, o que é recomendado por agências sanitárias.

Dentro desse contexto narrado, percebe-se que o mercado para RHA têm crescido cada vez mais. Alguns fatores que impulsionam isso são: ingresso da mulher no mercado de trabalho, envelhecimento da população (resultando na redução da fertilidade) e urbanização.[17]

Assim, é natural que no campo jurídico aumente a discussão sobre esses negócios biojurídicos e, principalmente, os seus efeitos. Quando se pensa em direito internacional privado, a situação torna-se mais complexa. Questionamentos como: reconhecimento dos filhos no país de origem, plena informação sobre os procedimentos, responsabilidade das partes, desistência de uma das partes, direito ao conhecimento da origem genética, são pontos que necessitam cada vez mais de respostas. Então, o próximo item tem como objetivo analisar um procedimento que envolve a RHA que é a doação de material genético para, posteriormente, estudar a cláusula de anonimato.

---

[12] FROENER, Carla; CATALAN, Marcos. *A reprodução humana assistida na sociedade de consumo*. Indaiatuba: Foco, 2020.

[13] FROENER, Carla; CATALAN, Marcos. *A reprodução humana assistida na sociedade de consumo*. Indaiatuba: Foco, 2020.

[14] PAIANO, Daniela Braga. *A família atual e as espécies de filiação*: da possibilidade jurídica da multiparentalidade. Rio de Janeiro: Lumen Juris, 2017.

[15] RIVABEM, Fernanda Schaefer; GLITZ, Frederico. Bebê globalizado: a gestação de substituição e o direito internacional privado brasileiro. *Revista da Faculdade Mineira de Direito – PUC Minas*, v. 23, n. 46, 2020.

[16] ARAÚJO, Ana Thereza Meireles. Projetos parentais por meio de inseminações caseiras: uma análise bioético-jurídica. *Revista Brasileira de Direito Civil – RBDCivil*, Belo Horizonte, v. 24, p. 101-119, abr./jun. 2020. DOI: 10.33242/ rbdc.2020.02.006.

[17] BRAGATO, Fernanda Frizzo; SCHIOCCHET, Taysa. Reprodução humana assistida: aspectos éticos e legais da fecundação artificial post mortem no direito brasileiro. *In*: BOECKEL, Fabricio Dani de; ROSA, Karin Regina Rick (Org.). *Direito de família em perspectiva interdisciplinar*. Rio de Janeiro: Elsevier, 2011.

Doação de material genético

Nos procedimentos de RHA, o material genético envolvido, tanto masculino como feminino, e até embriões podem ser de um doador. A pessoa que deseja doar seu material genético se dirige a uma clínica especializada, submete-se a exames e então poderá doar ou dispor do seu material.

No Brasil, o Conselho Federal de Medicina regulamenta as doações de gametas e embriões na Resolução CFM nº 2.294/2021. O título IV aborda especificamente essas hipóteses. No primeiro item desse tópico está expresso que a doação não pode ter finalidade lucrativa nem comercial. Dessa forma, já se nota uma grande diferença de outros países, como exemplo, os Estados Unidos da América.

No país norte-americano, o pagamento pela disposição do material genético para o doador é realizado. Podem-se citar alguns exemplos para ilustrar isso. O primeiro envolve a doação de óvulos: um casal anunciou em alguns jornais de universidades da Ivy League que pagaria 50 mil dólares pelo óvulo de uma jovem com determinadas características (altura mínima de 1,80m, atlética, sem problemas de saúde no histórico familiar e que tivesse feito, pelo menos, 1.400 pontos no SAT).[18] Além desse anúncio, também têm sido realizados leilões de óvulos, com valores iniciais de 15 mil dólares a 150 mil dólares.[19]

E, no tocante à doação de sêmen, existem bancos que recebem o material e pagam pelo ato de disposição. Um exemplo é o California Cryobank, com escritório em Massachusetts, que "coloca anúncios em busca de doadores nos jornais universitários (e oferece até US$900 por mês), mas aceita menos de 3% dos doadores que se candidatam".[20]

Retornando ao Brasil, essa relação contratual estabelece-se quando a pessoa dispõe do seu material genético para um centro tecnológico, que o utilizará com a finalidade de criação de um novo indivíduo.[21] Segundo o Conselho Federal de Medicina, o doador do material deverá ter, no máximo, 37 anos, no caso de mulher, e, no máximo, 45 anos, no caso de homem (item 3). E a sua identidade ficará sob sigilo, assim, o receptor do material não deverá saber a identidade do doador, nem vice-versa (item 2), "exceto na doação de gametas para parentesco de até 4º (quarto) grau, de um dos receptores, (primeiro grau – pais/filhos; segundo grau – avós/irmãos; terceiro grau – tios/sobrinhos; quarto grau – primos), desde que não incorra em consanguinidade" (item 2).

Além disso, o item 4 da resolução prevê o anonimato do doador, nos seguintes termos:

> 4. Será mantido, obrigatoriamente, sigilo sobre a identidade dos doadores de gametas e embriões, bem como dos receptores, com ressalva do item 2 do Capítulo IV. Em situações

---

[18] SANDEL, Michael J. *Contra a perfeição*: ética na era da engenharia genética. Tradução de Ana Carolina Mesquita. 1. ed. Rio de Janeiro: Civilização Brasileira, 2013.

[19] SANDEL, Michael J. *Contra a perfeição*: ética na era da engenharia genética. Tradução de Ana Carolina Mesquita. 1. ed. Rio de Janeiro: Civilização Brasileira, 2013.

[20] SANDEL, Michael J. *Contra a perfeição*: ética na era da engenharia genética. Tradução de Ana Carolina Mesquita. 1. ed. Rio de Janeiro: Civilização Brasileira, 2013. p. 86.

[21] MENDONÇA, Ana Luiza Mendes; PAIANO, Daniela Braga. Contrato de doação de sêmen e a (im)possibilidade de conhecer a origem genética no Brasil e em outros ordenamentos. *In*: ESPOLADOR, Rita de Cássia Resquetti Tarifa; AMARAL, Ana Cláudia Corrêa Zuin Mattos do; PAVÃO, Juliana Carvalho (Org.). *Questões atuais dos negócios jurídicos à luz do biodireito*: discussões sobre negócios biojurídicos. Londrina: Thoth, 2020. v. II. p. 25.

especiais, informações sobre os doadores, por motivação médica, podem ser fornecidas exclusivamente para os médicos, resguardando-se a identidade civil do(a) doador(a).

Diante dessa resolução, e apesar de não haver nenhuma norma jurídica expressa, os contratos realizados contêm a cláusula de vedação ao conhecimento da identidade do doador do material pelo receptor bem como pela criança gerada.[22]

Assim, no momento da doação, o doador está ciente de que está realizando o ato de forma anônima, não podendo ter a sua identidade conhecida. Contudo, com o transcurso do tempo, começou-se a questionar se a criança gerada não teria direito à conhecer a sua origem genética, o que consequentemente ocasionaria a quebra do sigilo. Esse é o assunto abordado no último tópico deste artigo.

Direito à identidade genética e suas controvérsias

Conforme o previsto na resolução do CFM, a pessoa que dispõe do seu material genético para um banco de armazenamento estará fazendo isso de forma altruísta e anônima. Quanto à possibilidade de onerosidade, esta não é objeto de discussão deste trabalho, mas, sim, o anonimato e a possibilidade de violá-lo com o intuito de que pessoa gerada por meio da técnica de reprodução humana assistida heteróloga conheça a identidade do doador.

O anonimato do doador, previsto na resolução do CFM, tem como base jurídica: o direito fundamental à privacidade, o princípio da autonomia nas relações privadas. Ademais, o Enunciado nº 405 do Conselho de Justiça Federal, proposto na V Jornada de Direito Civil, prevê que as informações genéticas integram a vida do indivíduo, não podendo ser divulgadas.[23]

Além desses dispositivos, a Anvisa publicou em 27.5.2011 a Resolução Anvisa/DC nº 23, que "dispõe sobre o regulamento técnico para o funcionamento dos Bancos de Células e Tecidos Germinativos". No seu art. 15, §3º, há a previsão de que a doação de células, tecidos germinativos e embriões será anônima, não podendo o receptor conhecer a identidade do doador nem o contrário.

Deve-se destacar que essa resolução teve alguns dispositivos alterados em 30.3.2016 pela Resolução nº 72, entretanto, o dispositivo sobre o anonimato do doador permaneceu o mesmo. E, em janeiro de 2021, a Anvisa abriu uma consulta pública sobre toda a resolução. Assim, é possível que no futuro sejam editadas mudanças, lembrando que a resolução aborda diversos procedimentos que ocorrem no banco de células e tecidos germinativos, não apenas a doação de material.

Sobre o anonimato do doador, Anderson Schreiber[24] aponta que a cláusula de anonimato é uma garantia ao indivíduo, fazendo com que ele realize a doação. Caso haja o rompimento do sigilo, isso poderá desincentivar as pessoas a realizarem as doações.

---

[22] MENDONÇA, Ana Luiza Mendes; PAIANO, Daniela Braga. Contrato de doação de sêmen e a (im)possibilidade de conhecer a origem genética no Brasil e em outros ordenamentos. In: ESPOLADOR, Rita de Cássia Resquetti Tarifa; AMARAL, Ana Cláudia Corrêa Zuin Mattos do; PAVÃO, Juliana Carvalho (Org.). *Questões atuais dos negócios jurídicos à luz do biodireito*: discussões sobre negócios biojurídicos. Londrina: Thoth, 2020. v. II. p. 27.

[23] Enunciado nº 405 do CJF: "As informações genéticas são parte da vida privada e não podem ser utilizadas para fins diversos daqueles que motivaram seu armazenamento, registro ou uso, salvo com autorização do titular".

[24] SCHREIBER, Anderson. *Direitos da personalidade*. 3. ed. rev. e atual. São Paulo: Atlas, 2014. p. 179.

É importante que esse fato seja ponderado, ainda mais no Brasil, onde a doação é feita de forma altruística.

Entretanto, hoje há o questionamento sobre se as pessoas geradas por meio da RHA heteróloga não teriam direito a conhecer a sua origem genética, visando ao desenvolvimento da sua personalidade.

O direito à identidade genética é um direito personalíssimo que corresponde à possibilidade de a pessoa conhecer a sua origem genética.[25] Tal direito insere-se como subespécie do direito à identidade. Apesar de o direito à identidade genética não estar expresso no texto constitucional, ele encontra fundamentação também no direito à vida e no princípio da dignidade da pessoa humana.[26]

Tal direito é tão importante que já é reconhecido para crianças e adolescentes adotados. O Estatuto da Criança e do Adolescente, no seu art. 48, garante à pessoa adotada conhecer a sua origem biológica, após completar 18 anos, para isso, ela terá acesso irrestrito ao seu processo. Antes dos 18 anos, a pessoa adotada poderá ter acesso ao processo com orientação e assistência jurídica e psicológica (parágrafo único do art. 48 do ECA). Mas, no tocante às crianças geradas por RHA, não há uma previsão semelhante, gerando uma discriminação a estes indivíduos que têm seu direito negado.

Ana Luiza Mendes Mendonça e Daniela Braga Paiano defendem o direito ao conhecimento da origem genética afirmando:

> negar ao indivíduo o direito de conhecer sua origem genética seria extremamente lesivo ao princípio da dignidade da pessoa humana e a própria pessoa, indo no sentido contrário de se proteger aquilo que mais importa no que diz respeito à reprodução humana assistida: a pessoa por ela concebida.[27]

Entretanto, em contraponto ao direito à identidade genética da pessoa gerada, há o direito à privacidade do doador, que quando realizou a doação, de forma voluntária, concordou com um procedimento anônimo. Segundo Cássio Monteiro Rodrigues,[28] "o direito à privacidade do doador estaria, portanto, caracterizado por fazer a sua vontade de não conhecer ou saber da existência dos indivíduos que são gerados com o uso de seus gametas, bem como à proteção de seus dados pessoais e genéticos".

Diante disso, percebe-se um nítido conflito entre direitos: direito à identidade genética da pessoa gerada por RHA *versus* direito ao anonimato e à privacidade do doador. Ambos os direitos correspondem a aspectos da personalidade dos seus titulares, logo, a resolução da questão não é simples.

---

[25] ALMEIDA, Silmara J. A. Chinelato e. Bioética e direitos de personalidade do nascituro. *Scientia Iuris*, v. 7/8, p. 87-104, 2003/2004. p. 103.
[26] PETTERLE, Selma Rodrigues. *O direito fundamental à identidade genética na Constituição brasileira*. Porto Alegre: Livraria do Advogado, 2007. p. 87.
[27] MENDONÇA, Ana Luiza Mendes; PAIANO, Daniela Braga. Contrato de doação de sêmen e a (im)possibilidade de conhecer a origem genética no Brasil e em outros ordenamentos. *In*: ESPOLADOR, Rita de Cássia Resquetti Tarifa; AMARAL, Ana Cláudia Corrêa Zuin Mattos do; PAVÃO, Juliana Carvalho (Org.). *Questões atuais dos negócios jurídicos à luz do biodireito*: discussões sobre negócios biojurídicos. Londrina: Thoth, 2020. v. II. p. 36.
[28] RODRIGUES, Cássio Monteiro. Notas sobre a reprodução assistida heteróloga no Brasil: a resolução 2.168/2017 do Conselho Federal de Medicina e o merecimento de tutela do anonimato do doador de gametas. *In*: BARBOZA, Heloisa Helena; LEAL, Livia Teixeira; ALMEIDA, Vitor. *Biodireito*: tutela jurídica das dimensões da vida. Indaiatuba: Foco, 2021. p. 29.

Tendo em vista tratar-se de direito, a solução mais adequada seria a ponderação, analisando cada caso e as suas particularidades, a fim de, com um sopesamento adequado, compreender qual direito deve prevalecer. E, conforme Cássio Monteiro Rodrigues aponta:

> deve-se ressaltar que a simples curiosidade não justifica a prevalência do direito à identidade genética sobre à privacidade do doador de gametas, que deve ter sua intimidade e identidade resguardados, quando não houver motivo determinante (tal como medicinal, conforme apontado) para sua quebra.[29]

Uma observação que deve ser feita é de que, caso o anonimato seja quebrado, concedendo ao indivíduo gerado por RA heteróloga o conhecimento da sua origem genética, não haverá nenhum reconhecimento de filiação nem sucessório.[30][31] O próprio Provimento nº 52 do CNJ, no art. 2º, §4º, afirma que, mesmo havendo o conhecimento da ascendência biológica, não haverá o reconhecimento de vínculo de parentesco e seus efeitos jurídicos.

No cenário brasileiro, diante desse conflito, existem três projetos de lei sobre o assunto: PL nº 4.892/2012, PL nº 115/2015 e PL nº 1.184/2003. Os dois primeiros projetos estão apensados ao terceiro. A situação do projeto nº 1.184/2003 é de aguardando parecer do relator na Comissão de Constituição e Justiça e de Cidadania. O texto original do Projeto de Lei nº 1.184 de 2003 prevê:

> Art. 9º O sigilo estabelecido no art. 8º poderá ser quebrado nos casos autorizados nesta Lei, obrigando-se o serviço de saúde responsável pelo emprego da Reprodução Assistida a fornecer as informações solicitadas, mantido o segredo profissional e, quando possível, o anonimato.
>
> §1º A pessoa nascida por processo de Reprodução Assistida terá acesso, a qualquer tempo, diretamente ou por meio de representante legal, e desde que manifeste sua vontade, livre, consciente e esclarecida, a todas as informações sobre o processo que o gerou, inclusive à identidade civil do doador, obrigando-se o serviço de saúde responsável a fornecer as informações solicitadas, mantidos os segredos profissional e de justiça.
>
> Art. 17. O doador e seus parentes biológicos não terão qualquer espécie de direito ou vínculo, quanto à paternidade ou maternidade, em relação à pessoa nascida a partir do emprego das técnicas de Reprodução Assistida, salvo os impedimentos matrimoniais elencados na legislação civil.

---

[29] RODRIGUES, Cássio Monteiro. Notas sobre a reprodução assistida heteróloga no Brasil: a resolução 2.168/2017 do Conselho Federal de Medicina e o merecimento de tutela do anonimato do doador de gametas. *In:* BARBOZA, Heloisa Helena; LEAL, Livia Teixeira; ALMEIDA, Vitor. *Biodireito:* tutela jurídica das dimensões da vida. Indaiatuba: Foco, 2021. p. 35.

[30] PAIANO, Daniela Braga. *A família atual e as espécies de filiação:* da possibilidade jurídica da multiparentalidade. Rio de Janeiro: Lumen Juris, 2017.

[31] MENDONÇA, Ana Luiza Mendes; PAIANO, Daniela Braga. Contrato de doação de sêmen e a (im)possibilidade de conhecer a origem genética no Brasil e em outros ordenamentos. *In:* ESPOLADOR, Rita de Cássia Resquetti Tarifa; AMARAL, Ana Cláudia Corrêa Zuin Mattos do; PAVÃO, Juliana Carvalho (Org.). *Questões atuais dos negócios jurídicos à luz do biodireito:* discussões sobre negócios biojurídicos. Londrina: Thoth, 2020. v. II.

E os projetos de lei n°s 4.892/2012 e 115/2015 preveem:

Art. 19. O sigilo é garantido ao doador de gametas, salvaguardado o direito da pessoa nascida com utilização de material genético de doador de conhecer sua origem biológica, mediante autorização judicial, em caso de interesse relevante para garantir a preservação de sua vida, manutenção de sua saúde física ou higidez psicológica e em outros casos graves que, a critério do juiz, assim o sejam reconhecidos por sentença judicial.

Parágrafo único. O mesmo direito é garantido ao doador em caso de risco para sua vida, saúde ou, a critério do juiz, por outro motivo relevante.

No campo internacional, esse conflito já foi objeto de análise judicial. Na Alemanha, em 28.1.2015, o 12º Senado Cível reconheceu, em um processo do Tribunal de Hannover, a possibilidade de uma pessoa gerada por meio de RA heteróloga conhecer a identidade civil do doador do material. O tribunal declarou que deve ser demonstrada a real necessidade ou interesse de a criança gerada ter acesso às informações.[32]

Na Inglaterra, após grande discussão, entendeu-se que a criança gerada pelas técnicas de RHA heteróloga tem direito a conhecer a sua origem genética, assim, foi aprovada, em 2005, uma nova lei que permitia que as pessoas geradas, a partir daquela lei, soubessem a identidade do doador do material genético. Contudo, a nova regra não teve efeitos retroativos, logo, quem realizou a doação antes da existência dessa lei tem direito ao sigilo.[33]

Em Portugal, até 2018, a legislação previa a existência de sigilo absoluto sobre a identidade do doador de material genético. Todavia, em abril de 2018, o Tribunal Constitucional português declarou inconstitucional vários artigos da Lei de Reprodução Assistida no país, incluindo a norma que previa o sigilo do doador de gametas e de embriões. O caso em analise discutia a lei de procriação medicamente assistida e as normas da gestação por substituição, determinando a possibilidade de acesso à identidade genética dos envolvidos.[34] Após essa decisão, deputados portugueses, em 24.4.2019, aprovaram no Parlamento uma norma transitória sobre a confidencialidade das doações de material genético, logo, há um período, transitório, no qual há a confidencialidade.[35]

Contrariamente a esses dois países, o Poder Legislativo canadense, em 2004, manteve o anonimato do doador de material, contrário à recomendação do Standing Committee on Health. Alguns países que mantêm o anonimato são: Canadá, Estados Unidos da América, Rússia e Dinamarca. Enquanto que Alemanha, Suécia, Noruega, Austrália e Nova Zelândia baniram o anonimato.[36]

---

[32] FRITZ, Karina Nunes. Tribunal alemão reconhece direito à identificação do doador de sêmen. *Conjur*, 16 mar. 2015. Disponível em: https://www.conjur.com.br/2015-mar-16/direito-civil-atual-tribunal-alemao-reconhece-identificacao-doador-semen. Acesso em: 11 maio 2021.

[33] SPERM donor anonymity ends. *BBC News*, 31 mar 2005. Disponível em: http://news.bbc.co.uk/2/hi/health/4397249.stm. Acesso em: 13 maio 2021.

[34] RODRIGUES JUNIOR, Otavio Luiz. Portugal obriga acesso à identidade genética em gestação de substituição. *Conjur*, 2 maio 2018. Disponível em: https://www.conjur.com.br/2018-mai-02/direito-comparado-portugal-acesso-genoma-barriga-aluguel. Acesso em: 13 maio 2021.

[35] LUSA. Deputados aprovam norma transitória para confidencialidade nas doações de PMA. *Jornal Público*, 24 abr. 2019. Disponível em: https://www.publico.pt/2019/04/24/sociedade/noticia/deputados-aprovam-norma-transitoria-confidencialidade-doacoes-pma-1870440. Acesso em: 13 maio 2021.

[36] MOTLUK, Alison. When it comes to sperm donor anonymity, Canada is behind the curve. *CBC*, 30 set. 2020. Disponível em: https://www.cbc.ca/documentaries/cbc-docs-pov/when-it-comes-to-sperm-donor-anonymity-canada-is-behind-the-curve-1.5744558. Acesso em: 13 maio 2021.

Apenas para concluir essa análise do cenário internacional, é interessante citar o caso do California Cryobank nos Estados Unidos da América. Apesar de os EUA aceitarem o sigilo do doador, devido a toda essa discussão e conflito, desde 2017, o California Cryobank retirou a cláusula de anonimato para novos doadores, assim, quem doar, esta concordando em ter sua identidade revelada à pessoa gerada quando ela completar 18 anos.[37]

Conclusão

Diante do exposto, pôde-se observar que as biotecnologias estão presentes na atualidade, e são inseridas na forma de negócios biojurídicos, seguindo a terminologia apresenta por Rose Melo Vencelau Meireles. Tais negócios têm como objeto o ser humano e o seu corpo, assim, a aplicação de tais instrumentos deve ter como foco o próprio indivíduo e a proteção da dignidade da pessoa humana, não podendo aqueles ser comparados a negócios estritamente patrimoniais.

Entre os diversos negócios biojurídicos, existem os negócios envolvendo reprodução humana assistida (RHA). Essa biotecnologia auxilia as pessoas a terem filhos, quando por alguma questão não possam os ter naturalmente. Assim, a RHA, que envolve diversas técnicas e procedimentos, proporciona a efetivação do planejamento familiar, que é um direito reconhecido pela Constituição Federal.

Entretanto, deve-se registrar que os procedimentos de RHA são muito complexos, podem ocasionar problemas à saúde e também não ter sucesso. Tais informações devem ser repassadas, de forma precisa e acessível a quem deseja realizá-los, entretanto, tais dados nem sempre são informados de modo tão transparente, conforme demonstrado neste trabalho.

Na RHA é possível utilizar material genético de um doador anônimo. No Brasil, a pessoa que doa seu material genético o faz de forma altruística, sem receber um pagamento por isso, e de forma anônima. Contudo, hoje se discute se pessoa que foi gerada por meio desse material não tem direito a conhecer a identidade do doador, com o objetivo de auxiliar no seu pleno desenvolvimento.

Percebe-se que o Estatuto da Criança e do Adolescente garante o direito ao conhecimento da origem genética da pessoa adotada, contudo, não há nenhuma garantia semelhante à pessoa gerada por meio de técnicas de RHA.

O direito à identidade genética é um direito personalíssimo do indivíduo. Entretanto, nesse caso, há também o direito à intimidade do doador, que, ao realizar a doação de seu material genético, foi informado de que haveria o anonimato. Diante disso, percebe-se o nítido conflito entre direitos. Tendo em vista que o conhecimento da identidade genética corresponde a um direito da personalidade, e visando promover a igualdade entre os indivíduos (tanto adotados como gerados por meio de RHA), deve haver a prevalência do direito à identidade genética, mas se deve destacar que o indivíduo apenas poderá conhecer a identidade do doador com a finalidade de

---

[37] DOMINUS, Susan. Sperm donors can't stay secret anymore. Here's what that means. *The New York Times Magazine*, 26 jun. 2018. Disponível em: https://www.nytimes.com/2019/06/26/magazine/sperm-donor-questions.html. Acesso em: 13 maio 2021.

promover o conhecimento das suas origens, não é possível nenhum efeito sucessório nem familiar nessa relação.

Ademais, percebe-se que essa é a conclusão com a qual têm caminhado diversos países, que optam por encerrar com a opção de sigilo. Em alguns países, como Portugal e Reino Unido, a discussão resultou em mudanças legislativas, prevendo o fim do anonimato. Tais medidas são essenciais nessa questão. É extremamente importante que haja uma discussão sobre quebra ou não do anonimato e que a resposta do poder legislativo se torne uniforme para o território nacional. Apenas assim é possível proporcionar segurança jurídica às pessoas que desejam participar desses procedimentos.

Assim, deve-se concluir que, no Brasil, apesar da existência de alguns projetos de lei acerca da temática, não houve a sua devida discussão. É essencial que esse debate seja travado e uma resposta, por meio de uma norma jurídica, seja apresentada. A invalidação de uma cláusula de anonimato de um contrato de doação de material genético, por decisão judicial, ocasiona muita insegurança para futuros doadores. Um debate extenso, seguido por uma decisão legislativa, tem como finalidade a pacificação deste problema que envolve conflito de direitos, além de proporcionar o pleno conhecimento do doador a respeito dos efeitos dessa doação, sem gerar nenhuma surpresa futura.

Referências

ALMEIDA, Silmara J. A. Chinelato e. Bioética e direitos de personalidade do nascituro. *Scientia Iuris*, v. 7/8, p. 87-104, 2003/2004.

ARAÚJO, Ana Thereza Meireles. Projetos parentais por meio de inseminações caseiras: uma análise bioético-jurídica. *Revista Brasileira de Direito Civil – RBDCivil*, Belo Horizonte, v. 24, p. 101-119, abr./jun. 2020. DOI: 10.33242/ rbdc.2020.02.006.

BARBOZA, Heloisa Helena. Princípios da bioética e do biodireito. *Revista Bioética*, v. 8, n. 2, 2000. Disponível em: http://revistabioetica.cfm.org.br/index.php/revista_bioetica/article/view/276/275. Acesso em 2 jun. 2021.

BRAGATO, Fernanda Frizzo; SCHIOCCHET, Taysa. Reprodução humana assistida: aspectos éticos e legais da fecundação artificial post mortem no direito brasileiro. *In*: BOECKEL, Fabricio Dani de; ROSA, Karin Regina Rick (Org.). *Direito de família em perspectiva interdisciplinar*. Rio de Janeiro: Elsevier, 2011.

BRASIL. *Projeto de Lei nº 115/2015*. Autor: Juscelino Rezende Filho – PRP/MA. Apresentação 03.02.2015. Emenda: Institui o Estatuto da Reprodução Assistida, para regular a aplicação e utilização das técnicas de reprodução humana assistida e seus efeitos no âmbito das relações civis sociais. Brasília, 2015.

BRASIL. *Projeto de Lei nº 1184/2003*. Autor: Senados Federal Lucio Alcantara – PSDB/CE. Apresentação 03/06/2003. Emenda: Institui o Estatuto da Reprodução Assistida, para regular a aplicação e utilização das técnicas de reprodução humana assistida e seus efeitos no âmbito das relações civis sociais. Brasília, 2003.

BRASIL. *Projeto de Lei nº 4892/2012*. Autor Eleuses Paiva – PSD/SP. Apresentação 19/12/2012. Emenda: Institui o Estatuto da Reprodução Assistida, para regular a aplicação e utilização das técnicas de reprodução humana assistida e seus efeitos no âmbito das relações civis sociais. Brasília, 2012.

DINIZ, Maria Helena. *O estado atual do biodireito*. 5. ed. rev., aum. e atual. São Paulo: Saraiva, 2008.

DOMINUS, Susan. Sperm donors can't stay secret anymore. Here's what that means. *The New York Times Magazine*, 26 jun. 2018. Disponível em: https://www.nytimes.com/2019/06/26/magazine/sperm-donor-questions.html. Acesso em 13 mai. 2021.

FRITZ, Karina Nunes. Tribunal alemão reconhece direito à identificação do doador de sêmen. *Conjur*, 16 mar. 2015. Disponível em: https://www.conjur.com.br/2015-mar-16/direito-civil-atual-tribunal-alemao-reconhece-identificacao-doador-semen. Acesso em 11 mai. 2021.

FROENER, Carla; CATALAN, Marcos. *A reprodução humana assistida na sociedade de consumo*. Indaiatuba: Foco, 2020.

LUSA. Deputados aprovam norma transitória para confidencialidade nas doações de PMA. *Jornal Público*, 24 abr. 2019. Disponível em: https://www.publico.pt/2019/04/24/sociedade/noticia/deputados-aprovam-norma-transitoria-confidencialidade-doacoes-pma-1870440. Acesso em 13 mai. 2021.

MEIRELES, Rose Melo Vencelau. Negócios biojurídicos. *In*: PONA, Éverton Willian; AMARAL, Ana Cláudia Corrêa Zuin Mattos; MARTINS, Priscila Machado (Coord.). *Negócio jurídico e liberdades individuais*: autonomia privada e situações jurídicas existenciais. Curitiba: Juruá, 2016. E-book.

MENDONÇA, Ana Luiza Mendes; PAIANO, Daniela Braga. Contrato de doação de sêmen e a (im)possibilidade de conhecer a origem genética no Brasil e em outros ordenamentos. *In*: ESPOLADOR, Rita de Cássia Resquetti Tarifa; AMARAL, Ana Cláudia Corrêa Zuin Mattos do; PAVÃO, Juliana Carvalho (Org.). *Questões atuais dos negócios jurídicos à luz do biodireito*: discussões sobre negócios biojurídicos. Londrina: Thoth, 2020. v. II.

MOTLUK, Alison. When it comes to sperm donor anonymity, Canada is behind the curve. *CBC*, 30 set. 2020. Disponível em: https://www.cbc.ca/documentaries/cbc-docs-pov/when-it-comes-to-sperm-donor-anonymity-canada-is-behind-the-curve-1.5744558. Acesso em 13 mai. 2021.

PAIANO, Daniela Braga. *A família atual e as espécies de filiação*: da possibilidade jurídica da multiparentalidade. Rio de Janeiro: Lumen Juris, 2017.

PAVÃO, Juliana Carvalho. *Bebê-doador*: limites e possibilidades do negócio biojurídico. Londrina: Thoth, 2021.

PAVÃO, Juliana Carvalho; ESPOLADOR, Rita de Cássia Resquetti Tarifa. Paradigma contemporâneo e os negócios biojurídicos: seleção embrionária. *Scientia Iuris*, Londrina, v. 22, n. 2, p. 244-271, jul. 2018. DOI: 10.5433/2178-8189.2018v22n2p244. ISSN: 2178-8189.

PETTERLE, Selma Rodrigues. *O direito fundamental à identidade genética na Constituição brasileira*. Porto Alegre: Livraria do Advogado, 2007.

RIVABEM, Fernanda Schaefer; GLITZ, Frederico. Bebê globalizado: a gestação de substituição e o direito internacional privado brasileiro. *Revista da Faculdade Mineira de Direito – PUC Minas*, v. 23, n. 46, 2020.

RODRIGUES JUNIOR, Otavio Luiz. Portugal obriga acesso à identidade genética em gestação de substituição. *Conjur*, 2 maio 2018. Disponível em: https://www.conjur.com.br/2018-mai-02/direito-comparado-portugal-acesso-genoma-barriga-aluguel. Acesso em 13 mai. 2021.

RODRIGUES, Cássio Monteiro. Notas sobre a reprodução assistida heteróloga no Brasil: a resolução 2.168/2017 do Conselho Federal de Medicina e o merecimento de tutela do anonimato do doador de gametas. *In*: BARBOZA, Heloisa Helena; LEAL, Livia Teixeira; ALMEIDA, Vitor. *Biodireito*: tutela jurídica das dimensões da vida. Indaiatuba: Foco, 2021.

SANDEL, Michael J. *Contra a perfeição*: ética na era da engenharia genética. Tradução de Ana Carolina Mesquita. 1. ed. Rio de Janeiro: Civilização Brasileira, 2013.

SCHREIBER, Anderson. *Direitos da personalidade*. 3. ed. rev. e atual. São Paulo: Atlas, 2014.

SPERM donor anonymity ends. *BBC News*, 31 mar 2005. Disponível em: http://news.bbc.co.uk/2/hi/health/4397249.stm. Acesso em 13 mai. 2021.

YOUNG, Beatriz Capanema. Os contratos nas técnicas de reprodução assistida. *In*: BARBOZA, Heloisa Helena; LEAL, Livia Teixeira; ALMEIDA, Vitor. *Biodireito*: tutela jurídica das dimensões da vida. Indaiatuba: Foco, 2021.

Informação bibliográfica deste texto, conforme a NBR 6023:2018 da Associação Brasileira de Normas Técnicas (ABNT):

ESPOLADOR, Rita de Cássia Resquetti Tarifa; PAVÃO, Juliana Carvalho. Impactos civis da reprodução humana assistida decorrente de material doado: o direito à identidade genética. *In*: EHRHARDT JÚNIOR, Marcos; CATALAN, Marcos; MALHEIROS, Pablo (Coord.). *Direito Civil e tecnologia*. 2. ed. Belo Horizonte: Fórum, 2022. t. II. p. 543-556. ISBN 978-65-5518-432-7.

A REPRODUÇÃO HUMANA ASSISTIDA E AS DIFICULDADES NA SUA REGULAMENTAÇÃO JURÍDICA NO BRASIL: UMA ANÁLISE DOS VINTE E QUATRO PROJETOS DE LEI QUE TRAMITAM NO CONGRESSO NACIONAL

MANUEL CAMELO FERREIRA DA SILVA NETTO

[...] Estabilidade. Não há civilização sem estabilidade social. Não há estabilidade social sem estabilidade individual.

(Aldous Huxley)

Introdução

A infertilidade sempre se apresentou como uma questão de saúde com consequências sociais expressivas, sobretudo em razão da ideia de uma impossibilidade de transmissão dos genes de determinada família para as gerações futuras. Isso, especialmente em um contexto histórico pautado no exclusivismo do matrimônio heteroafetivo e na consanguinidade como legitimadora das relações filiais, corroborava uma sistemática de frustração de expectativas sociais impostas aos casais.

No século XX, porém, desenvolveram-se importantes experimentos no ramo da genética que proporcionaram o aperfeiçoamento, no campo reprodutivo, de procedimentos para o tratamento e a superação da infertilidade e da esterilidade. Surgem, então, as técnicas de reprodução humana assistida (RHA), as quais oportunizaram, guardadas as devidas proporções, a viabilização do que antes não passava de mera ficção científica, idealizada por Aldous Huxley na sua clássica obra distópica *Admirável mundo novo* (1932).

Em 1978, nascia, então, o primeiro "bebê de proveta" do mundo, a inglesa Louise Brown, fruto da aplicação da técnica da fertilização *in vitro* e resultantes dos esforços do embriologista Robert Edwards e do ginecologista Patrick Steptoe. No Brasil, por sua vez, não tardou a que a referida técnica também fosse exitosa, sendo que, em 1984, nascia Ana Paula Caldeira, primeiro "bebê de proveta" brasileiro, em razão do trabalho do ginecologista Milton Nakamura.[1]

Desde então, tem-se que a biotecnologia reprodutiva avançou e continua avançando para caminhos nunca dantes imaginados, trazendo com ela necessárias reflexões e impactos no campo jurídico. Entretanto, curiosamente, passados quase 40 anos desse feito, considerando apenas a sua realização em âmbito nacional, o Brasil ainda carece de uma estrutura normativa específica, apta a regular de forma abrangente o recurso à RHA, fato que é bastante problemático, especialmente quando se considera que atualmente existem vinte e quatro[2] projetos de lei que tramitam no Congresso Nacional sobre o assunto.

À vista disso, foi levantada a seguinte problemática: quais as diretrizes (consonâncias e divergências) que estão sendo suscitadas, no campo legislativo, a respeito da regulação da reprodução humana assistida?

Nesse diapasão, o presente trabalho visa a realizar uma análise dos vinte e quatro projetos de lei que tramitam no Congresso Nacional e cujo objeto seja a regulação das técnicas de reprodução humana assistida, a fim de compreender quais diretrizes estão sendo discutidas no âmbito legislativo acerca do assunto. Dessa forma, objetiva-se: a) compreender o panorama atual que circunda o uso das técnicas de reprodução humana assistida, suas finalidades e procedimentos disponíveis; b) realizar um estudo comparativo entre as resoluções do Conselho Federal de Medicina sobre a matéria, a fim de perquirir as diretrizes éticas estabelecidas para a sua aplicação; e c) investigar os projetos de lei sobre reprodução humana assistida e apontar os principais delineamentos, consonâncias e divergências que estão sendo discutidos no Legislativo para normatizar esses procedimentos.

Para tanto, recorreu-se ao método de raciocínio analítico-dedutivo, com uma abordagem qualitativa, por meio da aplicação das técnicas da revisão bibliográfica e da pesquisa documental. Nesse sentido, almejou-se realizar um embasamento teórico-jurídico para compreensão das técnicas de reprodução humana assistida, suas finalidades e alternativas, para, em seguida, investigar as consonâncias e divergências, no Legislativo, em torno da sua regulação jurídica.

1 Um panorama geral sobre a reprodução humana assistida na contemporaneidade: suas finalidades e técnicas disponíveis

As expressões "reprodução humana assistida" (RHA) e "procriação medicamente assistida" (PMA)[3] foram cunhadas pelo campo médico, especificamente na área da

---

[1] MOURA, Marisa Decat de; SOUZA, Maria do Carmo Borges de; SCHEFFER, Bruno Brum. Reprodução assistida. Um pouco de história. *Revista da Sociedade Brasileira de Psicologia Hospitalar*, Rio de Janeiro, v. 12, n. 2, p. 23-42, 2009. p. 35-36. Disponível em: http://pepsic.bvsalud.org/scielo.php?script=sci_arttext&pid=S1516-08582009000200004. Acesso em 11 jun. 2019.

[2] Faz-se constar que a elaboração do presente trabalho está pautada em dados coletados até a data de 20.04.2022.

[3] Essa segunda expressão, "procriação medicamente assistida" (PMA), é mais utilizada na tradição jurídica portuguesa, tendo sido, inclusive, a terminologia empregada na legislação lusitana (Lei nº 32/2006), ao que se pode constatar já no seu art. 1º: "Artigo 1.º Objecto. A presente lei regula a utilização de técnicas de procriação medicamente assistida (PMA)".

medicina reprodutiva, a fim de caracterizar um conjunto de métodos que se destinavam a um tratamento paliativo da infertilidade.[4] Nesse sentido, percebe-se que, em sua origem, as TRHA estavam ligadas ao tratamento de quadros clínicos precisos de infertilidade e de esterilidade masculina e/ou feminina, dizendo-se um tratamento paliativo, pois, após a aplicação das técnicas, a infertilidade continua a subsistir.

Não obstante, com o passar do tempo e o melhor desenvolvimento desses procedimentos, essa definição restrita a um tratamento da infecundidade meramente biológica já não se mostra totalmente condizente com o que seria esse fenômeno social, tendo em vista o fato de pessoas solteiras e de casais homoafetivos, por exemplo, também reivindicarem a sua utilização no intuito de desempenhar projetos parentais autônomos, alicerçados na liberdade de planejamento familiar.[5]

Nessa toada, ante um panorama constitucional que presa pela liberdade e autonomia dos indivíduos, máxime no tocante ao exercício livre do planejamento familiar, pode-se dizer que as técnicas de RHA surgem para potencializar as possibilidades de concretização dos projetos parentais no geral. Isso, pois, com base principalmente no direito à autodeterminação e também nos direitos sexuais e reprodutivos, pode-se dizer que "[...] deve ser considerada legítima toda intervenção que tenha o objetivo de assegurar o restabelecimento das funções reprodutivas, ou, de oferecer alternativas que possam resultar no nascimento de filhos desejados".[6]

É nessa seara, portanto, que estão inseridos esses procedimentos, almejando dar às pessoas a possibilidade de realizar seus desejos de constituírem uma parentalidade, a qual, por diversos fatores, não tem como ser efetivada através do método reprodutivo tradicional (coito sexual). Afinal, a infertilidade e a esterilidade são problemas comuns na sociedade, os quais encontram uma possível solução nesses tratamentos.[7] As causas de infecundidade são múltiplas, tanto para os homens quanto para as mulheres, sendo que suas principais causas são:

(A) Na *infertilidade masculina*: a) a aspermia – ausência de ejaculação; b) a oligospermia – ausência de um mínimo de espermatozoides por mililitro, equivalente a 20.000.000/ml; c) a azoospermia – total ausência de espermatozoides; d) astenozoospermia – dificuldade na mobilidade dos espermatozoides; e e) impotência, ensejando uma dificuldade no coito.

(B) Na *infertilidade feminina*: a) fatores tubários – ausência de trompas ou questões congênitas ou adquiridas, as quais impedem a passagem do espermatozoide; b) fatores ovarianos – ausência de óvulos por fatores congênitos, psíquicos ou

---

[4] CORRÊA, Marilena Cordeiro Dias Villela; LOYOLA, Maria Andréa. Reprodução e bioética. A regulação da reprodução assistida no Brasil. *Caderno CRH*, Salvador, v. 18, n. 43, p. 103-112, 2005. p. 103. Disponível em: https://portalseer.ufba.br/index.php/crh/article/view/18514/11890. Acesso em 19 abr. 2021.

[5] No mesmo sentido, conferir SILVA NETTO, Manuel Camelo Ferreira. *Planejamento familiar nas famílias LGBT*: desafios sociais e jurídicos do recurso à reprodução humana assistida no Brasil. Belo Horizonte: Fórum, 2021.

[6] BRAUNER, Maria Claudia Crespo. *Direito, sexualidade e reprodução humana*: conquistas médicas e o debate bioético. Rio de Janeiro: Renovar, 2003. p. 51-52.

[7] Cabe ressaltar, ainda, que, para os fins do presente trabalho, os vocábulos "infertilidade" e "esterilidade" serão utilizados como sinônimos. No entanto, é importante pontuar que os seus conceitos diferem entre si, consoante explica Ana Cláudia Brandão, ao indicar que a infertilidade diz respeito a uma condição que apenas dificulta a concepção, podendo ser tratada e revertida, ao passo que a esterilidade redunda numa impossibilidade permanente e irreversível (cf. FERRAZ, Ana Claudia Brandão de Barros Correia. *Reprodução humana assistida e suas consequências nas relações de família*: a filiação e a origem genética sob a perspectiva da repersonalização. 2. ed. Curitiba: Juruá, 2016. p. 43).

por uma escassez precoce; c) fatores uterinos – ausência de útero ou infecções neste, miomas, alterações no muco endocervical, causando a destruição dos espermatozoides etc.; d) fatores vaginais – vaginite (inflamações vaginais) ou vaginismo (espasmos dolorosos na vagina) etc.; e e) endometriose – presença do tecido do endométrio fora do útero, causando processos inflamatórios crônicos e dificultando a fertilização.[8]

Ainda com relação a esse tema, não se pode olvidar de outras duas circunstâncias particulares:

(A) A chamada *infertilidade psicológica* – que diz respeito ao exercício da autonomia daquelas pessoas que não queiram ter relações sexuais com o sexo oposto; impedindo, por conseguinte, a possibilidade de procriação natural.[9] Dentro desse conceito, enquadram-se, por exemplo, as pessoas homossexuais (cuja expressão afetivo-sexual destina-se a pessoas do mesmo gênero), as pessoas bissexuais em contextos familiares homoafetivos (por estarem relacionando-se afetivo-sexualmente com pessoas de mesmo gênero) e as assexuais (compreendidas como aquelas pessoas que não experimentam a atração sexual, podendo experimentar interesses de tipo romântico por outras – dissociados de experiências sexuais –, bem como aquelas pessoas que não expressam sequer interesse romântico por outrem).[10] Além disso, considerando o contexto de pessoas sozinhas (solteiras, viúvas ou divorciadas) que desejem desempenhar seus projetos de parentalidade individualmente, o recurso à RHA encontra-se assegurado pela desobrigatoriedade de manutenção de relações sexuais com o sexo oposto (infertilidade psicológica), bem como pela proteção constitucional conferida às famílias monoparentais, voluntárias ou involuntárias, e pelo respeito ao exercício do planejamento familiar.[11]

(B) As questões relativas às hormonioterapias e/ou às cirurgias realizadas em pessoas trans submetidas ao processo transexualizador, nas quais se vislumbra a ocorrência de infertilidade como um de seus efeitos colaterais.[12]

---

[8] HOLANDA, Caroline Sátiro. *As técnicas de reprodução assistida e a necessidade de parâmetros jurídicos à luz da Constituição Federal de 1988*. 2006. 263 f. Dissertação (Mestrado em Direito) – Universidade de Fortaleza, Fortaleza, 2006. p. 60-61. Disponível em: http://www.dominiopublico.gov.br/download/teste/arqs/cp041477.pdf. Acesso em 19 abr. 2021.

[9] PINHEIRO NETO, Othoniel. O direito dos homossexuais biologicamente férteis, mas psicologicamente inférteis, habilita-os como beneficiários da Política Nacional de Reprodução Humana Assistida. 2016. 137 f. Tese (Doutorado em Direito) – Universidade Federal da Bahia, Salvador, 2016. p. 62. Disponível em: https://repositorio.ufba.br/ri/bitstream/ri/20172/1/Tese%20Othoniel%20Pinheiro%20Neto.pdf. Acesso em 28 nov. 2018.

[10] BRIGEIRO, Mauro. A emergência da assexualidade: notas sobre política sexual, ethos científico e o desinteresse pelo sexo. *Sexualidad, Salud y Sociedad – Revista Latinoamericana*, Rio de Janeiro, n. 14, p. 253-283, 2013. Disponível em: http://www.scielo.br/pdf/sess/n14/a12n14.pdf. Acesso em 9 jul. 2018.

[11] No mesmo sentido, conferir SILVA NETTO, Manuel Camelo Ferreira; DANTAS, Carlos Henrique Félix; FERRAZ, Carolina Valença. O dilema da "produção independente" de parentalidade: é legítimo escolher ter um filho sozinho? *Revista Direito GV*, São Paulo, v. 14, n. 9, p. 1.106-1.138, 2018. Disponível em: http://www.scielo.br/scielo.php?script=sci_arttext&pid=S1808-24322018000301106. Acesso em 15 jun. 2019.

[12] Esse tema foi melhor aprofundado em outro trabalho pelo que se indica conferir SILVA NETTO, Manuel Camelo Ferreira. *Planejamento familiar nas famílias LGBT*: desafios sociais e jurídicos do recurso à reprodução humana assistida no Brasil. Belo Horizonte: Fórum, 2021.

Diante desse panorama, pode-se dizer, então, que a procriação medicamente assistida apresenta-se como uma alternativa legítima e eficaz de concretização de projetos parentais outrora inimagináveis. Afinal, o planejamento familiar consiste em direito constitucionalmente tutelado, cabendo a cada entidade familiar autodeterminar-se com relação ao estabelecimento desses vínculos filiatórios, respeitando, por óbvio, os limites impostos a essa garantia, quais sejam a *dignidade da pessoa humana* e a *parentalidade responsável*, nos termos do art. 226, §7º, da Constituição Federal (CF).[13]

Por essa razão, faz-se pertinente conhecer e estudar as principais técnicas disponíveis atualmente em matéria de RHA, a fim de que se possa compreender como se dão os seus procedimentos específicos, para consequentemente poder-se melhor discutir as suas repercussões jurídicas. Neste ponto, serão comentadas as técnicas que auxiliam o processo reprodutivo, seja por meio da fertilização *in vivo* (dentro do corpo da receptora), seja pela fecundação *in vitro* (fora do corpo da receptora, em laboratório). Ademais, serão elucidados alguns métodos auxiliares, entre os quais, a doação de gametas sexuais, o diagnóstico genético pré-implantacional, a crioconservação de gametas e de embriões, a gestação compartilhada de oócitos e o recurso à gestação sub-rogada. Para tanto, optou-se por sintetizá-los no quadro a seguir.

QUADRO 1

Técnicas de reprodução humana assistida disponíveis na contemporaneidade

(continua)

Técnica		Descrição
Técnicas de auxílio no processo de reprodução propriamente dito	Inseminação artificial (IA)	A IA consiste em uma técnica que implica a substituição da relação sexual, na qual ocorreria a fecundação pela união do espermatozoide ao óvulo, auxiliando o processo reprodutivo deficitário em alguma de suas etapas.[14] Esse método caracteriza-se pelo depósito do sêmen, através de meios artificiais, na vagina (inseminação intravaginal), no colo do útero (inseminação intracervical) ou dentro do útero (inseminação intrauterina).[15] Tal técnica pode ser classificada em: a) homóloga – quando o espermatozoide introduzido na mulher é do seu marido ou companheiro; b) heteróloga – quando o espermatozoide introduzido na mulher não é o do seu marido ou companheiro, mas sim de um terceiro, doador anônimo; e c) bisseminal – quando os gametas sexuais masculinos pertencem a duas pessoas distintas.[16]

---

[13] Constituição Federal de 1988: "Art. 226. [...] §7º Fundado nos princípios da dignidade da pessoa humana e da paternidade responsável, o planejamento familiar é livre decisão do casal, competindo ao Estado propiciar recursos educacionais e científicos para o exercício desse direito, vedada qualquer forma coercitiva por parte de instituições oficiais ou privadas".

[14] FERRAZ, Ana Claudia Brandão de Barros Correia. *Reprodução humana assistida e suas consequências nas relações de família*: a filiação e a origem genética sob a perspectiva da repersonalização. 2. ed. Curitiba: Juruá, 2016. p. 44.

[15] HOLANDA, Caroline Sátiro. *As técnicas de reprodução assistida e a necessidade de parâmetros jurídicos à luz da Constituição Federal de 1988*. 2006. 263 f. Dissertação (Mestrado em Direito) – Universidade de Fortaleza, Fortaleza, 2006. p. 63. Disponível em: http://www.dominiopublico.gov.br/download/teste/arqs/cp041477.pdf. Acesso em 19 abr. 2021.

[16] FERRAZ, Ana Claudia Brandão de Barros Correia. *Reprodução humana assistida e suas consequências nas relações de família*: a filiação e a origem genética sob a perspectiva da repersonalização. 2. ed. Curitiba: Juruá, 2016. p. 45.

(continua)

Técnica		Descrição
Técnicas de auxílio no processo de reprodução propriamente dito (Cont.)	Transferência intratubária de gametas (GIFT)	Na GIFT, a mulher é submetida a um tratamento hormonal, a fim de induzir a ovulação. Posteriormente, esses óvulos são aspirados do corpo da mulher, com o auxílio de um ultrassom de alta frequência e um probe transvaginal com uma agulha acoplada, mediante anestesia geral na paciente. O espermatozoide, a seu turno, recebe um tratamento *in vitro* de forma a selecionar os espermatozoides mais aptos à fertilização.[17] Em seguida, há a transferência desses gametas, através de uma cirurgia, denominada laparoscopia, na qual um cateter deposita os gametas na trompa. Daí em diante, o processo de fecundação ocorre naturalmente e de forma totalmente intracorpóreas.[18] Assim, se tudo ocorrer regularmente, os espermatozoides penetram em um ou mais óvulos, formando-se o embrião, o qual descerá dentro das trompas até o útero.[19] É um método não muito utilizado, pois seus resultados deixam a desejar em relação aos demais.[20]
	Transferência intratubária de zigotos (ZIFT)	A ZIFT tem um procedimento parecido com o da GIFT, com indução hormonal, captação dos óvulos e tratamento *in vitro* dos espermatozoides. As técnicas, contudo, diferem entre si somente quanto ao local da fertilização, a qual, na ZIFT, ocorre em uma placa, que é transferida para uma estufa a qual simula o ambiente das trompas. Dessa forma, a fecundação dá-se de forma extrauterina, sendo que os gametas são colocados em contato e o processo acontece sem necessidade de indução.[21] A partir desse procedimento, forma-se o zigoto, o qual é reimplantado nas trompas de falópio dentro do prazo de 24 horas e a sua implantação dá-se, assim como na GIFT, através da cirurgia de laparoscopia.[22] A técnica, assim como a GIFT, encontra-se em desuso, servindo apenas para casos excepcionais, a exemplo da incapacidade de implantação de embriões no colo do útero.[23]

---

[17] HOLANDA, Caroline Sátiro. *As técnicas de reprodução assistida e a necessidade de parâmetros jurídicos à luz da Constituição Federal de 1988*. 2006. 263 f. Dissertação (Mestrado em Direito) – Universidade de Fortaleza, Fortaleza, 2006. p. 64-65. Disponível em: http://www.dominiopublico.gov.br/download/teste/arqs/cp041477.pdf. Acesso em 19 abr. 2021.

[18] HOLANDA, Caroline Sátiro. *As técnicas de reprodução assistida e a necessidade de parâmetros jurídicos à luz da Constituição Federal de 1988*. 2006. 263 f. Dissertação (Mestrado em Direito) – Universidade de Fortaleza, Fortaleza, 2006. p. 65. Disponível em: http://www.dominiopublico.gov.br/download/teste/arqs/cp041477.pdf. Acesso em 19 abr. 2021.

[19] FERRAZ, Ana Claudia Brandão de Barros Correia. *Reprodução humana assistida e suas consequências nas relações de família*: a filiação e a origem genética sob a perspectiva da repersonalização. 2. ed. Curitiba: Juruá, 2016. p. 48.

[20] HOLANDA, Caroline Sátiro. *As técnicas de reprodução assistida e a necessidade de parâmetros jurídicos à luz da Constituição Federal de 1988*. 2006. 263 f. Dissertação (Mestrado em Direito) – Universidade de Fortaleza, Fortaleza, 2006. p. 65. Disponível em: http://www.dominiopublico.gov.br/download/teste/arqs/cp041477.pdf. Acesso em 19 abr. 2021.

[21] HOLANDA, Caroline Sátiro. *As técnicas de reprodução assistida e a necessidade de parâmetros jurídicos à luz da Constituição Federal de 1988*. 2006. 263 f. Dissertação (Mestrado em Direito) – Universidade de Fortaleza, Fortaleza, 2006. p. 66. Disponível em: http://www.dominiopublico.gov.br/download/teste/arqs/cp041477.pdf. Acesso em 19 abr. 2021.

[22] FERRAZ, Ana Claudia Brandão de Barros Correia. *Reprodução humana assistida e suas consequências nas relações de família*: a filiação e a origem genética sob a perspectiva da repersonalização. 2. ed. Curitiba: Juruá, 2016. p. 49-50.

[23] HOLANDA, Caroline Sátiro. *As técnicas de reprodução assistida e a necessidade de parâmetros jurídicos à luz da Constituição Federal de 1988*. 2006. 263 f. Dissertação (Mestrado em Direito) – Universidade de Fortaleza, Fortaleza, 2006. p. 66. Disponível em: http://www.dominiopublico.gov.br/download/teste/arqs/cp041477.pdf. Acesso em 19 abr. 2021.

(continua)

Técnica		Descrição
Técnicas de auxílio no processo de reprodução propriamente dito (Cont.)	Fertilização *in vitro* (FIV)	A FIV configura uma espécie de continuação da técnica da ZIFT, com a diferença de que os zigotos continuam incubados, *in vitro*, até que haja a sua segmentação e a formação do embrião, daí o fato de essa técnica ter ficado popularmente conhecida como "bebê de proveta".[24] Nesse procedimento, colhe-se um óvulo maduro, o qual será misturado ao sêmen do marido ou companheiro ou de um doador anônimo em uma proveta, na qual se processará a fecundação.[25] Em seguida, realiza-se a transferência desses embriões (estágio em que se tem de 2 a 8 células) para o útero ou para as trompas da receptora,[26] seja a beneficiária ou a gestante por substituição. Assim, da mesma forma que ocorre na IA, os materiais genéticos a serem utilizados na FIV poderão ser tanto do casal beneficiário (reprodução homóloga) quanto de doadores anônimos (reprodução heteróloga). Note-se, porém, que, diferentemente da IA, não apenas o sêmen poderá ser de um terceiro, doador anônimo, mas também o óvulo a ser utilizado, no processo de fertilização, poderá ser de uma doadora anônima. Além disso, o embrião poderá ser implantado no útero de uma terceira, gestante por substituição,[27] a qual levará a termo aquela gestação em favor do projeto parental de outrem, seja um casal heteroafetivo ou homoafetivo ou ainda uma pessoa solteira. Ela é uma das técnicas de RHA que mais se desenvolveu, não só o procedimento em si, mas também os métodos auxiliares para aumentar a taxa de gravidez e melhorar a viabilidade dos embriões a serem implantados.[28]
	Injeção intracitoplásmica do espermatozoide (ICSI)	A ICSI é uma técnica bastante parecida com a FIV – pois a fecundação dá-se *in vitro* e não *in vivo* –, mas possui algumas especificidades. Nesse procedimento, diferentemente da FIV, em que os gametas sexuais são colocados em contato, numa proveta, para que a fecundação ocorra, a fertilização do óvulo com o espermatozoide ocorrerá a partir de uma técnica chamada de micromanipulação. A partir dela, o espermatozoide é injetado no óvulo, com a ajuda de um microscópio especial e de uma microagulha. A vantagem da ICSI sobre a FIV é que basta um único espermatozoide saudável para que a fecundação seja viabilizada.[29]

---

[24] HOLANDA, Caroline Sátiro. *As técnicas de reprodução assistida e a necessidade de parâmetros jurídicos à luz da Constituição Federal de 1988*. 2006. 263 f. Dissertação (Mestrado em Direito) – Universidade de Fortaleza, Fortaleza, 2006. p. 67. Disponível em: http://www.dominiopublico.gov.br/download/teste/arqs/cp041477.pdf. Acesso em 19 abr. 2021.

[25] FERRAZ, Ana Claudia Brandão de Barros Correia. *Reprodução humana assistida e suas consequências nas relações de família*: a filiação e a origem genética sob a perspectiva da repersonalização. 2. ed. Curitiba: Juruá, 2016. p. 46.

[26] OMMATI, José Emílio Medauar. As novas técnicas de reprodução humana à luz dos princípios constitucionais. *Revista de Informação Legislativa*, Brasília, v. 36, n. 141, p. 229-238, 1999. p. 233. Disponível em: https://www2.senado.leg.br/bdsf/bitstream/handle/id/464/r141-17.pdf?sequence=4. Acesso em 4 jun. 2019.

[27] FERRAZ, Ana Claudia Brandão de Barros Correia. *Reprodução humana assistida e suas consequências nas relações de família*: a filiação e a origem genética sob a perspectiva da repersonalização. 2. ed. Curitiba: Juruá, 2016. p. 48.

[28] HOLANDA, Caroline Sátiro. *As técnicas de reprodução assistida e a necessidade de parâmetros jurídicos à luz da Constituição Federal de 1988*. 2006. 263 f. Dissertação (Mestrado em Direito) – Universidade de Fortaleza, Fortaleza, 2006. p. 67. Disponível em: http://www.dominiopublico.gov.br/download/teste/arqs/cp041477.pdf. Acesso em 19 abr. 2021.

[29] HOLANDA, Caroline Sátiro. *As técnicas de reprodução assistida e a necessidade de parâmetros jurídicos à luz da Constituição Federal de 1988*. 2006. 263 f. Dissertação (Mestrado em Direito) – Universidade de Fortaleza, Fortaleza, 2006. p. 67-68. Disponível em: http://www.dominiopublico.gov.br/download/teste/arqs/cp041477.pdf. Acesso em 19 abr. 2021.

(continua)

Técnica		Descrição
Técnicas auxiliares ao processo de RHA	Doação de gametas sexuais	Em alguns casos de infertilidade, seja ela masculina ou feminina, pode ser que seja necessário o recurso ao material genético de um terceiro ou de uma terceira, a fim de que se dê viabilidade a determinado projeto parental, o qual será possibilitado pela aplicação de uma técnica de RHA heteróloga (que faz uso de gametas sexuais de terceiros). Diante disso, demanda-se que haja a doação anônima dos gametas sexuais, a fim de preservar-se a identidade dos doadores, os quais não fazem parte do projeto parental específico, mas tão somente disponibilizam seus materiais genéticos para auxiliá-lo.
	Doação compartilhada de oócitos (DCO)	Diz respeito a uma modalidade específica de doação de gametas, através da qual a doadora e a receptora dividem o material genético e também os custos com o procedimento de RHA ao qual ambas irão submeter-se. Para tanto, de um lado, buscam-se pacientes jovens, para fazer o papel de doadoras, caso tenham um bom prognóstico de ovulação e desejem recorrer às técnicas de RHA por fatores outros que não digam respeito à anovulação.[30] Do outro lado, geralmente estão mulheres mais velhas e com um maior poderio econômico, acometidas por problemas de fertilidade, as quais se comprometem a arcar com os custos da medicação ou de todo o tratamento das primeiras.[31] A partir daí, o material genético coletado será dividido entre a doadora e a receptora, sendo fertilizado com os gametas sexuais dos respectivos parceiros. Além disso, vale salientar que certos cuidados devem ser tomados com relação a esse procedimento, a exemplo da preservação do anonimato de ambas (doadora e receptora) e a suspensão do compartilhamento quando a captação de oócitos da doadora for pequena, a fim de evitar prejuízos quanto ao sucesso do seu tratamento.[32]
	Diagnóstico genético pré-implantacional (DGPI)	Consiste em uma técnica auxiliar, através da qual se analisa o genoma de um embrião fecundado *in vitro* antes de proceder-se com a sua transferência para o útero ou para as trompas da receptora. Através dele é possível detectar doenças genéticas ou cromossômicas severas, dando aos beneficiários a opção de descartar, ou seja, não realizar a transferência daqueles embriões que contiverem qualquer "atipicidade".[33]
	Crioconservação de gametas	Levando-se em conta que algumas das técnicas de RHA demandam a coleta do material genético dos beneficiários e/ou de doadores anônimos, bem como a formação de embriões extrauterinos *in vitro*, é necessário que se proceda com a sua preservação extracorpórea. Para tanto, é utilizada a técnica da crioconservação, na qual se faz uma imersão dos gametas sexuais ou dos embriões no nitrogênio líquido em temperaturas abaixo de -100°C.[34]

---

[30] FONSECA, Larissa Lupião; HOSSNE, William Saad; BARCHFINTAINE, Christian de Paul de. Doação compartilhada de óvulos: opinião de pacientes em tratamento para infertilidade. *Revista Bioethikos – Centro Universitário São Camilo*, São Paulo, v. 3, n. 2, p. 235-240, 2009. p. 239. Disponível em: http://www.saocamilo-sp.br/pdf/bioethikos/71/235-240.pdf. Acesso em 14 ago. 2019.

[31] CORRÊA, Marilena Cordeiro Dias Villela. Novas tecnologias reprodutivas: doação de óvulos. O que pode ser novo nesse campo? *Caderno de Saúde Pública*, Rio de Janeiro, v. 16, n. 3, p. 863-870, 2000. p. 867. Disponível em: https://www.scielosp.org/pdf/csp/2000.v16n3/863-870/pt. Acesso em 24 set. 2018.

[32] FONSECA, Larissa Lupião; HOSSNE, William Saad; BARCHFINTAINE, Christian de Paul de. Doação compartilhada de óvulos: opinião de pacientes em tratamento para infertilidade. *Revista Bioethikos – Centro Universitário São Camilo*, São Paulo, v. 3, n. 2, p. 235-240, 2009. p. 239. Disponível em: http://www.saocamilo-sp.br/pdf/bioethikos/71/235-240.pdf. Acesso em 14 ago. 2019.

[33] FERRAZ, Ana Claudia Brandão de Barros Correia. *Reprodução humana assistida e suas consequências nas relações de família*: a filiação e a origem genética sob a perspectiva da repersonalização. 2. ed. Curitiba: Juruá, 2016. p. 52.

[34] HADDAD FILHO, Jorge. Criopreservação de oócitos e embriões. *Associação Paulista para o Desenvolvimento da Medicina*, 4 jul. 2013. Disponível em: https://www.spdm.org.br/blogs/reproducao-humana/item/1284-75criopreservacao-de-oocitos-e-embrioes. Acesso em 15 ago. 2019.

(conclusão)

Técnica		Descrição
Técnicas auxiliares ao processo de RHA (Cont.)	Crioconservação de embriões	No caso dos embriões extrauterinos, dada a invasividade do procedimento para coleta de óvulos, é comum que sejam produzidos entre 10 e 15 embriões, sendo que nem sempre há a transferência de todos eles para o útero da receptora, o que dá ensejo à necessidade de sua crioconservação, fazendo surgir a figura dos chamados embriões excedentários.[35] Nessa continuidade, se esses embriões não forem utilizados pelos beneficiários, restam-lhes apenas as opções de doação para projeto parental alheio ou, após o prazo de 3 anos, de descarte ou de destinação para fins de pesquisa científica, nos termos da Lei de Biossegurança (nº 11.105/2005), tudo mediante o consentimento livre e esclarecido dos beneficiários.
	Gestação sub-rogada ou gestação por substituição (GS)[36]	Compreende o recurso através do qual uma terceira dispõe-se a suportar uma gravidez e carregar um embrião, durante um período de gestação, em razão da impossibilidade física do beneficiário que recorreu ao serviço de RHA de fazê-lo. Pode ser qualificada da seguinte forma: a) gestação sub-rogada tradicional ou parcial – aquela em que a própria gestante por substituição doa o material genético o qual será utilizado na fecundação; e b) gestação sub-rogada gestacional ou total – aquela em que o material genético fecundante é totalmente pertencente ao casal beneficiário ou oriundo da doação por terceiros, não sendo utilizados os óvulos da gestante sub-rogada.[37]

Fonte: Elaboração pelo autor a partir dos dados da pesquisa.

Entendidos, portanto, os aspectos que circundam a RHA, seu conceito e técnicas, cabe analisar se existe, ao menos, alguma diretriz para a sua aplicação no contexto brasileiro, tema que será explorado no tópico que se segue.

2 Resoluções do Conselho Federal de Medicina: a reprodução humana assistida e a sua regulamentação deontológica

Atualmente, no Brasil, não existe nenhuma legislação específica a qual regulamente o exercício das técnicas de RHA, no máximo, tem-se o art. 1.597 do Código Civil de 2002

---

[35] UREL, Isadora. Adoção de embriões: uma opção apropriada aos embriões excedentários viáveis. *Revista de Direito Constitucional e Internacional*, São Paulo, v. 99, p. 191-202, 2015. Disponível em: http://www.mpsp.mp.br/portal/page/portal/documentacao_e_divulgacao/doc_biblioteca/bibli_servicos_produtos/bibli_boletim/bibli_bol_2006/RDConsInter_n.97.08.PDF. Acesso em 15 ago. 2019.

[36] Em que pese a existência de diversos sinônimos para essa técnica, tais quais "barriga de aluguel", "cessão de útero", "maternidade de substituição", "mães de substituição", optou-se, neste trabalho, pela utilização dos termos "gestação sub-rogada" e "gestação por substituição", por se entender que eles refletem de forma mais precisa o objetivo desse procedimento, qual seja o de suportar uma gravidez em favor de um projeto parental de terceiros. Afasta-se, portanto, as terminologias "mãe" ou "maternidade", tendo em vista que o aceite da mulher para levar a termo a gravidez não inclui o desejo de ser "mãe" ou de desempenhar a "maternidade" para com aquela criança que será gerada, mas se dá tão somente para suportar aquela gravidez em favor da concretização de projeto parental alheio. Da mesma forma, não se utilizará a expressão "cessão de útero", pois a palavra "cessão", em termos jurídicos, estaria atrelada à ideia de alienação, onerosa ou gratuita, a qual não compreende o objetivo desse procedimento, pois a mulher não está alienando seu útero para terceiros. Por fim, a expressão "barriga de aluguel", ainda que tenha ficado popularmente conhecida por meio dessa nomenclatura, não será empregada, dado o seu caráter um tanto pejorativo.

[37] FINKELSTEIN, Alex; MAC DOUGALL, Sarah; KINTOMINAS, Angela; OLSEN, Anya. Surrogacy law policy in the U.S.: a national conversation informed by global lawmaking. *Columbia Law School Sexuality & Gender Law Clinic*, 2016. p. 5. Disponível em: https://web.law.columbia.edu/sites/default/files/microsites/gender-sexuality/files/columbia_sexuality_and_gender_law_clinic_-_surrogacy_law_and_policy_report_-_june_2016.pdf. Acesso em 21 ago. 2019.

(CC/02),[38] o qual se restringe à atribuição de presunções de paternidade e, mesmo assim, traz uma abordagem ainda bastante incipiente quando comparada à real complexidade da matéria. Tais recursos, entretanto, não estão apartados de certa normatização, visto que o Conselho Federal de Medicina (CFM) já adotou algumas resoluções, editando normas éticas para a utilização das referidas práticas. Essas resoluções, por sua vez, comportam-se como instrumentos deontológicos a serem observados pelos médicos quando da aplicação desses procedimentos reprodutivos, servindo de balizador para o exercício correto das suas atribuições profissionais, como bem explicam André Soares e Walter Piñero ao referirem-se à deontologia médica:

> [...] em Medicina a deontologia (código de ética profissional) tem um papel importante, pois regula a ação do profissional nos limites de sua prática, tornando-a boa e adequada. [...] A deontologia implica sempre uma legalidade. Ela estabelece as condutas que deverão ser assumidas e pune outras, reprováveis.[39]

Assim, não há que se falar em uma ausência de parâmetros mínimos para o uso da RHA, uma vez que já foram editadas sete Resoluções do CFM sobre a matéria, a nº 1.358/1992, a nº 1.957/2010, a nº 2.013/2013, a nº 2.121/2015, a nº 2.168/2017, a nº 2.283/2020 (a qual apenas realizou uma pequena mudança de redação na 2.168/2017) e a recente 2.294/2021, as quais foram elaboradas sequencialmente, na tentativa de aprimorar as disposições sobre a matéria, revogando, assim, as suas antecedentes.

Em função disso, passar-se-á aqui a analisar de forma comparativa as principais disposições trazidas por essas resoluções e as mudanças que foram implementadas ao longo do tempo, destacando as principais alterações.

Nesse diapasão, a respeito dos princípios gerais, *a priori*, destaca-se que todas as resoluções, sem exceção, previram a utilização das TRHA com o intuito de facilitar o processo de procriação, auxiliando na resolução dos problemas de infertilidade humana, desde que existisse probabilidade de sucesso e não incorresse em risco de saúde para a paciente ou possível descendente. Dessa forma, os beneficiários seriam pessoas capazes, segundo parâmetros estabelecidos na resolução, desde que de acordo e esclarecidos. Quanto à previsão da extensão de tais direitos para casais homoafetivos e pessoas solteiras, as cinco últimas previram essa possibilidade, sendo que, a partir da Resolução nº 2.121/15, constou-se igualmente a possibilidade de gestação compartilhada por casal de lésbicas, o que fora reproduzido, também, nas Resoluções nºs 2.168/17 e 2.294/21, acrescido de uma definição dessa prática (Item II-3).[40]

---

[38] Código Civil de 2002, grifos nossos: "Art. 1.597. Presumem-se concebidos na constância do casamento os filhos: [...] I – nascidos cento e oitenta dias, pelo menos, depois de estabelecida a convivência conjugal; [...] II – nascidos nos trezentos dias subsequentes à dissolução da sociedade conjugal, por morte, separação judicial, nulidade e anulação do casamento; [...] III – *havidos por fecundação artificial homóloga, mesmo que falecido o marido*; [...] IV – *havidos, a qualquer tempo, quando se tratar de embriões excedentários, decorrentes de concepção artificial homóloga*; [...] V – *havidos por inseminação artificial heteróloga, desde que tenha prévia autorização do marido*".

[39] SOARES, André Marcelo M.; PIÑEIRO, Walter Esteves. *Bioética e biodireito*: uma introdução. 2. ed. São Paulo: Edições Loyola, 2006. p. 27.

[40] Resolução nº 2.168/2017 do CFM: "3. É permitida a gestação compartilhada em união homoafetiva feminina em que não exista infertilidade. Considera-se gestação compartilhada a situação em que o embrião obtido a partir da fecundação do(s) oócito(s) de uma mulher é transferido para o útero de sua parceira". Resolução nº 2.294/2021: "3. É permitida a gestação compartilhada em união homoafetiva feminina. Considera-se gestação compartilhada a situação em que o embrião obtido a partir da fecundação do(s) oócito(s) de uma mulher é transferido para o útero de sua parceira".

Observe-se, no entanto, que, no ano de 2020, foi realizada uma alteração na Resolução nº 2.168/17, através da Resolução nº 2.283/20, que deu nova redação ao Item II-2 daquela, passando a constar da seguinte forma: "2. É permitido o uso das técnicas de RA para heterossexuais, homoafetivos e transgêneros", em substituição ao texto anterior, que dizia: "2. É permitido o uso das técnicas de RA para relacionamentos homoafetivos e pessoas solteiras, respeitado o direito a objeção de consciência por parte do médico".[41] Essa nova redação, introduzida em 2020, fora reproduzida igualmente na Resolução nº 2.294/21 (Item II-2).[42]

No tocante à idade máxima, houve certa variação, visto que as resoluções nºs 1.358/92 e 1.957/10 não estipulavam qualquer limite etário às pacientes, enquanto que a Resolução nº 2.013/13 determinou a idade máxima de 50 anos (Item I-2)[43] e a Resolução nº 2.121/15, mesmo tendo estabelecido a idade máxima de 50 anos, admitiu também exceções a essa idade-limite, por determinação do médico responsável, com motivos técnicos científicos, após esclarecimento dos riscos envolvidos (Item I-3).[44] A Resolução nº 2.168/17, a seu turno, manteve a idade máxima de 50 anos e também apresentou a possibilidade de exceções, fundamentadas em motivos técnico-científicos, relativos à ausência de comorbidades da mulher, e na autonomia dos pacientes depois de esclarecidos quanto aos riscos de tais intervenções, tanto para a gestante quanto para a futura prole (Item I-3, §§1º e 2º),[45] o que fora mantido na Resolução nº 2.294/21 (Item I-3.1 e 3.2).[46]

---

[41] Sobre essa mudança, em que pese a sua clara intenção de consolidar a amplitude de acesso às técnicas, é preciso que sejam ponderadas algumas questões: a) quando o CFM traz essa redação ("heterossexuais, homoafetivos e transgêneros"), peca na escolha terminológica, pois, quando se fala em expressão de sexualidade/orientação sexual, tem-se a figura dos "heterossexuais" e dos "homossexuais", ao passo que a terminologia "homoafetivo" não serviria para designar a pessoa em si, mas sim a relação familiar na qual está inserida, tanto que pessoas bissexuais também podem vir a compor relações homoafetivas; b) é igualmente importante frisar que a diversidade sexual e de gênero não se restringe a um binarismo hétero/homo, cis/trans, abarcando, da mesma forma, as figuras da bissexualidade, da pansexualidade, da assexualidade, da não binariedade, da intersexualidade etc. Por essa razão, acredita-se que seria mais adequada a seguinte redação: "O uso das técnicas de RA é permitido independentemente da orientação sexual/expressão de sexualidade ou da identidade de gênero das pessoas beneficiárias, não importando, igualmente, para fins de sua aplicação, a formatação da entidade familiar nas quais se encontram inseridas".

[42] Resolução nº 2.294/2021: "2. É permitido o uso das técnicas de RA para heterossexuais, homoafetivos e transgêneros".

[43] Resolução nº 2.013/2013 do CFM: "2 – As técnicas de RA podem ser utilizadas desde que exista probabilidade efetiva de sucesso e não se incorra em risco grave de saúde para a paciente ou o possível descendente, e a idade máxima das candidatas à gestação de RA é de 50 anos".

[44] Resolução nº 2.121/2015 do CFM: "3 – As exceções ao limite de 50 anos para participação do procedimento serão determinadas, com fundamentos técnicos e científicos, pelo médico responsável e após esclarecimento quanto aos riscos envolvidos".

[45] Resolução nº 2.168/2017 do CFM: "3. As técnicas de RA podem ser utilizadas desde que exista probabilidade de sucesso e não se incorra em risco grave de saúde para o(a) paciente ou o possível descendente. §1ºA idade máxima das candidatas à gestação por técnicas de RA é de 50 anos. §2º As exceções a esse limite serão aceitas baseadas em critérios técnicos e científicos fundamentados pelo médico responsável quanto à ausência de comorbidades da mulher e após esclarecimento ao(s) candidato(s) quanto aos riscos envolvidos para a paciente e para os descendentes eventualmente gerados a partir da intervenção, respeitando-se a autonomia da paciente".

[46] Resolução nº 2.294/2021: "3.1 A idade máxima das candidatas à gestação por técnicas de RA é de 50 anos. [...] 3.2 As exceções a esse limite serão aceitas com base em critérios técnicos e científicos fundamentados pelo médico responsável quanto à ausência de comorbidades da mulher e após esclarecimento ao(s) candidato(s) quanto aos riscos envolvidos para a paciente e para os descendentes eventualmente gerados a partir da intervenção, respeitando a autonomia da paciente e do médico".

Consequentemente, quanto ao número máximo de embriões ou oócitos a serem transferidos, houve também algumas modificações. A Resolução nº 1.358/92 apenas determinou que não poderiam ser superiores a 4 (Item I-6).[47] As resoluções seguintes dividem em categorias, enquanto que a nº 1.957/10 determina que deveriam ser transferidos até 2 para pacientes com até 35 anos, até 3 para pacientes entre 36 e 39 anos e até 4 para pacientes acima de 40 anos (Item I-6),[48] as três posteriores alteraram apenas a última categoria: a) a nº 2.013/13 determina até 4 embriões para mulheres entre 40 e 50 anos (Item I-6);[49] b) a nº 2.121/15 retoma a previsão de até 4 embriões para pacientes acima de 40 anos; e c) a Resolução nº 2.168/17 (Item I-7)[50] replicou essa estipulação etária (pacientes acima de 40 anos), o que se justifica, pois a idade máxima de 50 anos, nessas duas últimas resoluções, pode ser afastada em certas hipóteses, como fora destacado anteriormente. Por sua vez, a resolução nº 2.294/21 reformulou essas categorias etárias – sob a justificativa de que os avanços tecnológicos e as melhorias nas taxas de gravidez autorizam a redução no número de embriões transferidos –, fazendo constar as seguintes possibilidades: a) até 2 embriões para mulheres até 37 anos; b) até 3 embriões para mulheres acima de 37 anos; e, c) até 2 embriões nos casos de embriões euploides[51] ao diagnóstico genético (Item I-7).[52] Além disso, todas as resoluções proibiram a possibilidade de redução embrionária, que nada mais é do que a remoção de embriões, a fim de evitar gravidezes múltiplas, mas que, na prática, assemelhar-se-ia ao abortamento, o qual, por sua vez, é expressamente vedada pelo ordenamento jurídico brasileiro, salvo nas hipóteses legais (estupro e risco de vida da mãe) e judiciais (caso de fetos anencefálicos) previstas.

A respeito do consentimento informado, todas as resoluções preveem-no como obrigatório, devendo conter os aspectos médicos detalhadamente expostos e os resultados obtidos naquela unidade de tratamento com a técnica sugerida. A única diferença, nesse tópico, contudo, foi quanto à elaboração do formulário de consentimento informado, ao qual, na Resolução nº 2.121/15, acrescentou-se a necessidade de ser

---

[47] Resolução nº 1.358/1992 do CFM: "6 – O número ideal de oócitos e pré-embriões a serem transferidos para a receptora não deve ser superior a quatro, com o intuito de não aumentar os riscos já existentes de multiparidade".

[48] Resolução nº 1.957/2010 do CFM: "6 – O número máximo de oócitos e embriões a serem transferidos para a receptora não pode ser superior a quatro. Em relação ao número de embriões a serem transferidos, são feitas as seguintes determinações: a) mulheres com até 35 anos: até dois embriões); b) mulheres entre 36 e 39 anos: até três embriões; c) mulheres com 40 anos ou mais: até quatro embriões".

[49] Resolução nº 2.013/2013 do CFM: "6 – O número máximo de oócitos e embriões a serem transferidos para a receptora não pode ser superior a quatro. Quanto ao número de embriões a serem transferidos faz-se as seguintes recomendações: a) mulheres com até 35 anos: até 2 embriões; b) mulheres entre 36 e 39 anos: até 3 embriões; c) mulheres entre 40 e 50 anos: até 4 embriões; d) nas situações de doação de óvulos e embriões, considera-se a idade da doadora no momento da coleta dos óvulos".

[50] Resolução nº 2.168/2017 do CFM: "7. Quanto ao número de embriões a serem transferidos, fazem-se as seguintes determinações de acordo com a idade: a) mulheres até 35 anos: até 2 embriões; b) mulheres entre 36 e 39 anos: até 3 embriões; c) mulheres com 40 anos ou mais: até 4 embriões; d) nas situações de doação de oócitos e embriões, considera-se a idade da doadora no momento da coleta dos oócitos. O número de embriões a serem transferidos não pode ser superior a quatro".

[51] Embriões euploides são aqueles que possuem 46 cromossomos, apresentando maiores probabilidades de sucesso na gravidez (Cf.: GENOMIKA – HOSPITAL ALBERT EINSTEIN. *Triagem genética pré-implantação*: saiba como aumentar as chances de uma gravidez bem-sucedida. [s.d.]. Disponível em: https://genomika.einstein.br/medicina-fetal/. Acesso em 18 abr. 2022).

[52] Resolução nº 2.294/2021: "7. Quanto ao número de embriões a serem transferidos, fazem-se as seguintes determinações, de acordo com a idade: a) mulheres com até 37 (trinta e sete) anos: até 2 (dois) embriões; b) mulheres com mais de 37 (trinta e sete) anos: até 3 (três) embriões; c) em caso de embriões euploides ao diagnóstico genético; até 2 (dois) embriões, independentemente da idade; e d) nas situações de doação de oócitos, considera-se a idade da doadora no momento de sua coleta".

formulado pela discussão bilateral entre os envolvidos, sendo retomada tal ideia na Resolução nº 2.168/2017 (Item I-4)[53] e na nº 2.294/21 (Item 1-4),[54] o que revela a maior preocupação com a autonomia dos pacientes.

Em matéria de seleção de sexo ou outra característica biológica do futuro filho, todas foram unânimes em vedar a sua possibilidade, salvo para evitar doenças do filho que venha a nascer. Tratando acerca da finalidade das TRHA, por sua vez, todas determinam que deva ser sempre procriativa, vedada qualquer outra finalidade distinta dessa.

Inovação trazida pela Resolução nº 2.168/17 com relação aos princípios gerais do uso desses procedimentos está na previsão de possibilidade de preservação social e/ou oncológica de gametas sexuais, embriões ou tecidos germinativos (Item I-2).[55] Tal disposição foi bastante importante, pois os pacientes que se submetem a tratamento oncológico podem ter, como efeito colateral, a infertilidade, sendo importante o oferecimento dessa alternativa. Ademais, deu a outros pacientes – os quais não tenham a infertilidade diagnosticada ou aqueles submetidos a outros tipos de tratamentos ou que forem acometidos por doenças as quais gerem um quadro de infertilidade – a opção de preservarem seus gametas sexuais, no intuito de desempenharem um projeto parental futuro. Nessa toada, a Resolução nº 2.294/21 manteve a possibilidade de preservação de gametas, embriões e tecidos germinativos, por razões médicas e não médicas (Item I-2).[56]

Note-se, porém, que não há qualquer previsão específica com relação à possibilidade de sua preservação em caso de pacientes trans que desejam se submeter ao processo transexualizador. Por óbvio que essa disposição possa ser interpretada em favor dessas pessoas, adequando-se à noção de preservação social, especialmente após a modificação textual introduzida pela Resolução nº 2.283/20 e reproduzida pela Resolução nº 2.294/21. No entanto, seria oportuno trazer essa alternativa, de forma específica, tanto nesta última, quanto na Resolução nº 2.265/19 (que regulamenta o acompanhamento médico às pessoas trans), como uma das etapas do processo de afirmação de gênero,[57] de modo a dar visibilidade à preservação dos direitos reprodutivos dessas pessoas.

---

[53] Resolução nº 2.168/2017 do CFM, grifos nossos: "4. O consentimento livre e esclarecido será obrigatório para todos os pacientes submetidos às técnicas de RA. Os aspectos médicos envolvendo a totalidade das circunstâncias da aplicação de uma técnica de RA serão detalhadamente expostos, bem como os resultados obtidos naquela unidade de tratamento com a técnica proposta. As informações devem também atingir dados de caráter biológico, jurídico e ético. O documento de consentimento livre e esclarecido será elaborado em formulário especial e estará completo com a concordância, por escrito, *obtida a partir de discussão bilateral entre as pessoas envolvidas nas técnicas de reprodução assistida*".

[54] Resolução nº 2.294/2021: "4. O consentimento livre e esclarecido será obrigatório para todos os pacientes submetidos às técnicas de RA. Os aspectos médicos envolvendo a totalidade das circunstâncias da aplicação de uma técnica de RA serão detalhadamente expostos, bem como os resultados obtidos naquela unidade de tratamento com a técnica proposta. As informações devem também atingir dados de caráter biológico, jurídico e ético. O documento de consentimento livre e esclarecido será elaborado em formulário específico e estará completo com a concordância, por escrito, obtida a partir de discussão entre as partes envolvidas nas técnicas de reprodução assistida".

[55] Resolução nº 2.168/2017 do CFM: "2. As técnicas de RA podem ser utilizadas na preservação social e/ou oncológica de gametas, embriões e tecidos germinativos".

[56] Resolução nº 2.294/2021: "2. As técnicas de RA podem ser utilizadas para doação de oócitos e na preservação de gametas, embriões e tecidos germinativos por razões médicas e não médicas".

[57] A resolução traz menção apenas à necessidade de informação da pessoa trans quanto aos riscos e benefícios do tratamento, demandando o consentimento livre e esclarecido da pessoa quanto a ocorrência de esterilidade, nos termos do seu art. 6º, parágrafo único: "Art. 6º Na atenção médica especializada, o transgênero deverá ser informado e orientado previamente sobre os procedimentos e intervenções clínicas e cirúrgicas aos quais será submetido, incluindo seus riscos e benefícios. [...] Parágrafo único. É obrigatório obter o consentimento livre e esclarecido, informando ao transgênero sobre a possibilidade de esterilidade advinda dos procedimentos hormonais e cirúrgicos para a afirmação de gênero. No entanto, não é trazida qualquer disposição quanto às alternativas para conservação das capacidades reprodutivas dessas pessoas.

No tocante à doação de gametas, todas as Resoluções determinam que ela deve ser gratuita, sendo vedada aos médicos, funcionários e demais integrantes da equipe multidisciplinar das clínicas, unidades ou serviços. No entanto, a partir da Resolução nº 2.013/13, passou-se a estabelecer a idade máxima para fazer essa doação, sendo de 35 anos para mulheres e de 50 anos para homens, disposição essa a qual se repetiu nas Resoluções nºs 2.121/15 e 2.168/17 (Item IV-3),[58] sendo alterada para 37 anos para mulheres e 45 anos para homens na Resolução nº 2.294/21, admitindo-se exceções em casos de doação de oócitos ou embriões previamente congelados, desde que esclarecidos os(as) receptores(as) a respeito dos riscos (Item IV-3 e 3.1).[59]

Nessa continuidade, note-se que todas as Resoluções determinaram o sigilo dos(as) doadores(as), num modelo de anonimato absoluto[60] das doações, sendo que nem os(as) doadores(as) nem os(as) receptores(as) poderiam conhecer as identidades uns dos outros, e, excepcionalmente, em caso de motivação médica, poderiam ser fornecidas informações sobre os(as) doadores(as) exclusivamente para médicos, resguardando-se a sua identidade civil. Tal estipulação fora mantida na Resolução nº 2.294/21, mas se passou a admitir uma exceção a essa regra: a doação de gametas por parentes até o 4º grau de um(a) do(a)(s) receptor(es)/receptora(s), "desde que não incorra em consanguinidade" (Item IV-2 e 4).[61] Essa relativização ao anonimato absoluto – pelo que se depreende da própria exposição de motivos da Resolução – deu-se em razão do elevado número de decisões judiciais a favor da doação de gametas entre parentes, o que se justifica com base em diversos fundamentos, a exemplo: a) do direito fundamental ao exercício do livre planejamento familiar (art. 226, §7º da Constituição Federal de 1988); b) da ausência de vedação legal expressa; c) da consolidação do parentesco socioafetivo na legislação, doutrina e jurisprudência brasileiras;[62] d) da solidificação da distinção entre direito ao

---

[58] Resolução nº 2.168/2017 do CFM: "3. A idade limite para a doação de gametas é de 35 anos para a mulher e de 50 anos para o homem".

[59] Resolução nº 2.294/2021: "3. A idade limite para a doação de gametas é de 37 (trinta e sete) anos para a mulher e de 45 (quarenta e cinco) anos para o homem. [...] 3.1 Exceções ao limite da idade feminina poderão ser aceitas nos casos de doação de oócitos e embriões previamente congelados, desde que a receptora/receptores seja(m) devidamente esclarecida(os) dos riscos que envolvem a prole".

[60] FERRAZ, Ana Claudia Brandão de Barros Correia. *Reprodução humana assistida e suas consequências nas relações de família*: a filiação e a origem genética sob a perspectiva da repersonalização. 2. ed. Curitiba: Juruá, 2016. p. 69.

[61] Resolução nº 2.294/2021: "2. Os doadores não devem conhecer a identidade dos receptores e vice-versa, exceto na doação de gametas para parentesco de até 4º (quarto) grau, de um dos receptores (primeiro grau – pais/filhos; segundo grau – avós/irmãos; terceiro grau – tios/sobrinhos; quarto grau – primos), desde que não incorra em consanguinidade. [...] 4. Será mantido, obrigatoriamente, sigilo sobre a identidade dos doadores de gametas e embriões, bem como dos receptores, com ressalva do item 2 do Capítulo IV. Em situações especiais, informações sobre os doadores, por motivação médica, podem ser fornecidas exclusivamente para os médicos, resguardando a identidade civil do(a) doador(a)".

[62] Tais debates tiveram como precursor João Baptista Villela o qual, em seu famoso texto "*Desbiologização da Paternidade*" (1979), já atribuía à paternidade – o que aqui pode ser compreendido em um sentido mais amplo, abarcando também a ideia de maternidade – um elemento muito mais cultural do que natural. Afinal, nos dizeres do mencionado autor, "[...] ser pai ou ser mãe não está tanto no fato de gerar quanto na circunstância de amar e servir" (Cf.: VILLELA, João Baptista. Desbiologização da paternidade. *Revista da Faculdade de Direito da Universidade Federal de Minas Gerais*, Belo Horizonte, n. 21, p. 400-418, 1979. p. 408. Disponível em: https://www.direito.ufmg.br/revista/index.php/revista/article/view/1156/1089. Acesso em 12 jun. 2019). Ademais, segundo observa Carlos Dantas, aqui não há que se falar em multiparentalidade, em razão de conhecer-se a origem biológica e a identidade civil do(a) doador(a), uma vez que a parentalidade socioafetiva, no Direito brasileiro, é muito mais abrangente que um mero critério pautado no puro biologismo (Cf.: DANTAS, Carlos Henrique Félix. A filiação programada: a proteção genética da deficiência como diversidade biológica humana e os limites à autonomia do planejamento familiar em projetos parentais assistidos. Dissertação (Mestrado em

conhecimento de ascendência genética e estado de filiação na reprodução assistida heteróloga;[63] e) da possibilidade da gestante ser conhecida na gestação sub-rogada etc.

Ademais, cabe ressaltar que, em que pese uma redação um tanto confusa no que diz respeito à indicação da não ocorrência de consanguinidade nessas doações conhecidas, deve-se aqui compreender que o CFM preocupou-se em vedar a realização de procedimentos de fecundação com gametas sexuais de pessoas da mesma família. Isso, por sua vez, deve ser observado tanto nos casos de parentesco consanguíneo, quanto nos do civil e do socioafetivo, observando-se as regras que vedam o incesto e fundamentam os impedimentos em razão do parentesco (Art. 1.521, I a V e Art. 1.723, §1º do Código Civil de 2002).[64]

Ainda sobre as doações, as Resoluções atribuíram a escolha dos doadores às unidades, responsáveis por garantir a máxima semelhança fenotípica e a máxima compatibilidade com a receptora, e as resoluções nºs 2.013/13, 2.121/15 e 2.168/17 inovaram ao admitir a possibilidade de doação compartilhada de oócitos (Item IV-9).[65] A Resolução nº 2.294/21, a seu turno, manteve a possibilidade de realização da doação compartilhada, atribuindo ao médico, apenas nesse caso, a responsabilidade pela escolha das doadoras – devendo selecionar, na medida do possível, aquelas com a máxima semelhança fenotípica e a máxima compatibilidade com o(a)(s) receptor(a)(s) (Item IV-8 e 9)[66] –, enquanto, no caso de recurso a bancos de gametas ou embriões, atribuiu exclusivamente aos usuários a responsabilidade pela seleção dos(as) doadores(as) (Item IV-10).[67]

Com relação ao uso do material genético de um mesmo doador em mais de uma gestação, algumas alterações foram sendo acrescidas ao texto das resoluções ao longo do tempo: a) na Resolução nº 1.358/92 – impunha-se que fosse evitado o fato de, na região de localização da unidade, um doador produzisse mais de 2 (duas) gestações, de sexos diferentes, numa área de um milhão de habitantes; b) na Resolução nº 1.957/10 – esse número fora reduzido para 1 (uma) gestação de criança de sexos diferentes numa área de um milhão de habitantes; c) nas resoluções nºs 2.013/13 e 2.121/15 – o número

---

Direito) – Universidade Federal de Pernambuco, Recife, 2022. p. 136. Disponível em: https://attena.ufpe.br/handle/123456789/43933. Acesso em 19 abr. 2022).

[63] Para maior aprofundamento no tema, ver: LÔBO, Paulo. Direito ao estado de filiação e direito à origem genética: uma distinção necessária. *Revista Brasileira de Direito de Família*, Porto Alegre, v. 1, n. 1, p. 133-156, 1999.

[64] Código Civil de 2002: "Art. 1.521. Não podem casar: [...] I – os ascendentes com os descendentes, seja o parentesco natural ou civil; [...] II – os afins em linha reta; [...] III – o adotante com quem foi cônjuge do adotado e o adotado com quem o foi do adotante; [...] IV – os irmãos, unilaterais ou bilaterais, e demais colaterais, até o terceiro grau inclusive; [...] V – o adotado com o filho do adotante; [...] Art. 1.723. [...] §1º A união estável não se constituirá se ocorrerem os impedimentos do art. 1.521; não se aplicando a incidência do inciso VI no caso de a pessoa casada se achar separada de fato ou judicialmente".

[65] Resolução nº 2.168/2017 do CFM, grifos nossos: "[...] 9. É permitida a doação voluntária de gametas, bem como a situação identificada como *doação compartilhada de oócitos* em RA, em que doadora e receptora, participando como portadoras de problemas de reprodução, compartilham tanto do material biológico quanto dos custos financeiros que envolvem o procedimento de RA. A doadora tem preferência sobre o material biológico que será produzido".

[66] Resolução nº 2.294/2021: "8. É permitida a doação voluntária de gametas, bem como a situação identificada como doação compartilhada de oócitos em RA, em que doadora e receptora compartilham tanto do material biológico quanto dos custos financeiros que envolvem o procedimento de RA. [...] 9. A escolha das doadoras de oócitos, nos casos de doação compartilhada, é de responsabilidade do médico assistente. Dentro do possível, deverá selecionar a doadora que tenha a maior semelhança fenotípica com a receptora, com a anuência desta".

[67] Resolução nº 2.294/2021: "10. A responsabilidade pela seleção dos doadores é exclusiva dos usuários quando da utilização de banco de gametas ou embriões".

foi novamente elevado para 2 (duas) gestações de crianças de sexos diferentes numa área de um milhão de habitantes; e d) nas Resoluções nº 2.168/17 e 2.294/21 – o número de 2 (duas) gestações de crianças de sexos diferentes para uma área de um milhão de habitantes foi mantido, mas autorizou-se que o mesmo doador pudesse contribuir com quantas gestações fossem desejadas, desde que em uma mesma família (Item IV-6).[68]

Acerca dos embriões excedentários, as Resoluções optaram pela possibilidade de sua criopreservação, tendo as quatro últimas adicionado a possibilidade de criopreservar também tecidos gonádicos, além dos espermatozoides e óvulos, constantes também nas duas primeiras Resoluções. Além disso, segundo atual previsão da Resolução nº 2.294/21, o número total de embriões a serem gerados em laboratórios não pode ser superior a 8 (oito) (Item V-2),[69] bem como, no momento da criopreservação, os pacientes devem expressar sua vontade por escrito, quanto ao destino desses embriões em caso de divórcio, dissolução de união estável ou falecimento de um ou de ambos, e quando desejarem doá-los (Item V-3).[70]

O prazo previsto para o descarte dos embriões foi alterado ao longo das normativas, posto que, nas resoluções nºs 2.013/13 e 2.121/15, ficou estabelecido que os embriões criopreservados por mais de 5 anos poderiam ser descartados ou utilizados para pesquisas com células-tronco, nos termos do art. 5º da Lei de Biossegurança (Lei nº 11.105/2005),[71] respeitada a vontade dos pacientes. Em 2017, a Resolução nº 2.168/17 reduziu o prazo para o descarte, segundo a vontade dos beneficiários, para 3 (três) anos; autorizando, ainda, a possibilidade de descarte, independentemente da vontade dos pacientes, quando os embriões fossem abandonados por eles, considerando abandonados aqueles embriões cujos responsáveis descumprissem o contrato preestabelecido com a clínica e não fossem encontrados por ela (Item V-5),[72] silenciando com relação à sua destinação para fins de pesquisa científica. Tal dispositivo era bastante problemático, pois contrariava disposição expressa da Lei de Biossegurança (art. 5º, §1º), na qual ficou estabelecido que, em qualquer hipótese, o descarte só poderá ser realizado a partir do

---

[68] Resolução nº 2.294/2021: "6. Na região de localização da unidade, o registro dos nascimentos evitará que um(a) doador(a) tenha produzido mais de dois nascimentos de crianças de sexos diferentes em uma área de 1 milhão de habitantes. Um(a) mesmo(a) doador(a) poderá contribuir com quantas gestações forem desejadas, desde que em uma mesma família receptora".

[69] Resolução nº 2.294/2021: "2. O número total de embriões gerados em laboratório não poderá exceder a 8 (oito). Será comunicado aos pacientes para que decidam quantos embriões serão transferidos a fresco, conforme determina esta Resolução. Os excedentes viáveis serão criopreservados. Como não há previsão de embriões viáveis ou quanto a sua qualidade, a decisão deverá ser tomada posteriormente a essa etapa".

[70] Resolução nº 2.294/2021: "3. No momento da criopreservação, os pacientes devem manifestar sua vontade, por escrito, quanto ao destino a ser dado aos embriões criopreservados em caso de divórcio, dissolução de união estável ou falecimento de um deles ou de ambos, e se desejam doá-los".

[71] Lei de Biossegurança (nº 11.105/05): "Art. 5º É permitida, para fins de pesquisa e terapia, a utilização de células-tronco embrionárias obtidas de embriões humanos produzidos por fertilização in vitro e não utilizados no respectivo procedimento, atendidas as seguintes condições: I – sejam embriões inviáveis; ou II – sejam embriões congelados há 3 (três) anos ou mais, na data da publicação desta Lei, ou que, já congelados na data da publicação desta Lei, depois de completarem 3 (três) anos, contados a partir da data de congelamento. §1º Em qualquer caso, é necessário o consentimento dos genitores. §2º Instituições de pesquisa e serviços de saúde que realizem pesquisa ou terapia com células-tronco embrionárias humanas deverão submeter seus projetos à apreciação e aprovação dos respectivos comitês de ética em pesquisa. §3º É vedada a comercialização do material biológico a que se refere este artigo e sua prática implica o crime tipificado no art. 15 da Lei nº 9.434, de 4 de fevereiro de 1997".

[72] Resolução nº 2.168/2017 do CFM, grifos nossos: "5. Os embriões criopreservados e abandonados por três anos ou mais poderão ser descartados. Parágrafo único: *Embrião abandonado é aquele em que os responsáveis descumpriram o contrato pré-estabelecido e não foram localizados pela clínica*".

consentimento dos genitores,[73] o que implicou em uma revisão dessa disposição pelo CFM na Resolução nº 2.294/21, em que se estabeleceu a necessidade de autorização judicial para o descarte em todos os casos, tanto dos embriões criopreservados por mais de 3 anos, quanto no caso daqueles ditos "abandonados" (Item V-4 e 5).[74]

Em matéria de diagnóstico genético pré-implantacional, as Resoluções nºs 1.358/92 e 1.957/10 permitiram-no apenas para fins de prevenção e tratamento de doenças genéticas ou hereditárias, quando perfeitamente indicado e com suficientes garantias de diagnóstico e terapêutica. A seu turno, as Resoluções nºs 2.013/13 e 2.121/15 também permitiram o diagnóstico anterior, mas, dessa vez, com outras duas finalidades: a) de seleção de embriões com alterações genéticas causadoras de doenças; e b) de tipagem do Antígeno Leucocitário Humano (HLA) do embrião, para verificar embriões HLA-compatíveis com o filho do casal já acometido pela doença, cujo tratamento efetivo seja com células-tronco, possibilitando a técnica que ficou conhecida como "bebê medicamento" ou "bebê salvador".[75] No restante, a Resolução nº 2.168/17 apenas trouxe, como um requisito para a realização desse diagnóstico, a existência de termo de consentimento informado específico com relação a essa técnica (Item IV-1)[76] e a Resolução nº 2.294/21 acrescentou que, no laudo da avaliação genética, para evitar sexagem social, somente é permitido informar se o embrião é masculino ou feminino em caso de doenças ligadas ao sexo ou de aneuploidias[77] de cromossomos sexuais (Item IV-1).[78]

De mais a mais, em se tratando de inseminação artificial *post mortem*, ou seja, aquela em que a técnica é aplicada após a morte de um dos beneficiários originais (art. 1.597, III, do CC/02), a Resolução nº 1.358/92 não previu nada a respeito, ao passo que todas as demais permitiram a sua realização, desde que houvesse autorização

---

[73] Lei de Biossegurança (nº 11.105/05): "§1º Em qualquer caso, é necessário o consentimento dos genitores".

[74] Resolução nº 2.294/2021: "4. Os embriões criopreservados com três anos ou mais poderão ser descartados se essa for a vontade expressa dos pacientes, mediante autorização judicial. [...] 5. Os embriões criopreservado".

[75] Explicam Claudia Aparecida Costa Lopes e Pedro Henrique Sanches que a concepção do "bebê medicamento" inicia-se com a coleta de óvulos e espermatozoides dos pais para a realização da fertilização *in vitro*. Durante o processo, formam-se os embriões, os quais passarão pelo diagnóstico genético pré-implantatório, em que é feita uma análise profunda das suas características genéticas, a fim de excluir a possibilidade de aquela criança desenvolver a doença hereditária em questão. O diagnóstico é feito a partir da retirada de células do embrião (chamado, nesse momento, de blastômero) quando ele apresenta de 6 a 8 células. Selecionam-se, então, os embriões que não possuem a doença e que são compatíveis com o irmão que está acometido da doença. Por fim, no momento do nascimento, são coletadas e congeladas as células tronco do cordão umbilical (cf. LOPES, Claudia Aparecida Costa; SANCHES, Pedro Henrique. Do bebê medicamento: "instrumento" de dignidade familiar. In: ENCONTRO NACIONAL DA CONPEDI: A HUMANIZAÇÃO DO DIREITO E A HORIZONTALIZARÃO DA JUSTIÇA NO SÉCULO XXI, 23, 2014, João Pessoa. Anais Direito de Família II... Florianópolis: Conpedi, 2014. p. 1-17. Disponível em: http://www.publicadireito.com.br/artigos/?cod=8ec959b57278128a. Acesso em 17 jun. 2019).

[76] Resolução nº 2.168/2017 do CFM, grifos nossos: "1. As técnicas de RA podem ser aplicadas à seleção de embriões submetidos a diagnóstico de alterações genéticas causadoras de doenças – podendo nesses casos ser doados para pesquisa ou descartados, *conforme a decisão do(s) paciente(s) devidamente documentada em consentimento informado livre e esclarecido específico*".

[77] Aneuplóides são embriões que não possuem o número correto de cromossomos (46 cromossomos), não sendo recomendados para a transferência, uma vez que têm baixíssimas possibilidades de produzirem uma gravidez bem sucedida (Cf.: GENOMIKA – HOSPITAL ALBERT EINSTEIN. Triagem genética pré-implantação: saiba como aumentar as chances de uma gravidez bem-sucedida. [s.d.]. Disponível em: https://genomika.einstein.br/medicina-fetal/. Acesso em 18 abr. 2022).

[78] Resolução nº 2.294/2021, grifo nosso: "1. As técnicas de RA podem ser aplicadas à seleção de embriões submetidos a diagnóstico de alterações genéticas causadoras de doenças, podendo nesses casos ser doados para pesquisa ou descartados, conforme a decisão do(s) paciente(s), devidamente documentada com consentimento informado livre e esclarecido específico. *No laudo da avaliação genética, só é permitido informar se o embrião é masculino ou feminino em casos de doenças ligadas ao sexo ou de aneuploidias de cromossomos sexuais*".

prévia específica do falecido para o uso do material genético, em conformidade com a legislação vigente.

Enfim, relativamente à gestação por substituição (GS), todas as Resoluções admitiram-na, de forma gratuita, para casos de problema médico que impedisse ou contraindicasse a gestação na doadora genética. No entanto, algumas questões foram mudando ao longo do tempo: a) nas resoluções nºs 1.358/92 e 1.957/10 – admitiu-se como gestante por substituição apenas as mulheres pertencentes à família da doadora genética, em parentesco consanguíneo, até o 2º grau; b) as resoluções nºs 2.013/13 e 2.121/15 – permitiram que mulheres da família de qualquer dos beneficiários, em parentesco consanguíneo até o 4º grau (1º grau – mãe; 2º grau – irmã e avó; 3º grau – tia; 4º grau – prima), pudessem figurar na posição de gestante por substituição, inclusive nos casos de família homoafetiva; c) na Resolução nº 2.168/17 – manteve-se a limitação do parentesco no 4º grau, consanguíneo, com ampliação das hipóteses (1º grau – mãe e filha; 2º grau – irmã e avó; 3º grau – tia e sobrinha; 4º grau – prima), e estendeu-se a possibilidade da prática também para pessoas solteiras; e, d) na Resolução nº 2.294/21 – manteve-se a limitação do parentesco no 4º grau consanguíneo e a possibilidade de seu uso para casais homoafetivos e pessoas solteiras, exigindo-se, agora, que a cedente possua, ao menos, um filho vivo.

Assim, pode-se notar que há uma grande restrição ao uso dessa técnica, pois as diretrizes administrativas instauradas pelo CFM acabam por restringir alguns acessos, os quais, *a priori*, não estariam excluídos pela legislação em si. Por exemplo, é o caso do parentesco civil, que, por lei, apresenta semelhante *dignidade* quando comparado ao consanguíneo, mas que se encontra fora do *rol* elencado pelo CFM para o uso da técnica da GS, sendo necessário, na prática, parecer do CRM para suplantar tal requisito.

Nesse caso, entende-se que tais disposições deontológicas desse conselho de classe não têm o condão de afastar a *igualdade* no parentesco, que representa conquista legal fundamental, consagrada tanto na seara constitucional, quanto na infraconstitucional. Por essa razão, o recurso à GS poderá estar atrelado a qualquer forma de parentesco, não podendo ser instaurada qualquer discriminação quanto a algum dos vínculos possíveis, quando devidamente comprovados. Desse modo, o que deve ser perquirido é a autonomia da gestante, através do seu efetivo consentimento informado, para que seja dada a legitimidade necessária ao procedimento, não sendo imprescindível, para a hipótese em apreço, o parecer do CRM.

Finalmente, cumpre salientar, mais uma vez, que, a despeito da existência dessas normas deontológicas, não se pode eximir o legislador da sua função de editar leis específicas nessa matéria. Isso, pois, como bem ressalta Olga Jubert Krell:

> Deve ser respeitado o princípio constitucional da "reserva de lei", que exige uma decisão do legislador parlamentar democraticamente legitimado sobre assuntos que envolvem diretamente direitos fundamentais, questões que envolvem diretamente a liberdade das pessoas.[79]

---

[79] KRELL, Olga Jubert Gouveia. *Reprodução humana assistida e filiação civil*: princípios éticos e jurídicos. Curitiba: Juruá, 2006. p. 37.

Afinal, essas resoluções configuram somente normas "paralegais" aplicáveis aos médicos e cujo descumprimento implica apenas a instauração de processos administrativos disciplinares, no âmbito do conselho profissional específico, em face daqueles profissionais que não observarem os preceitos trazidos nas Resoluções, não acarretando quaisquer sanções estatais comuns.[80] Por esse motivo, chama-se atenção para a urgência na regulamentação dessa temática, a qual não pode mais passar despercebida pelo Legislativo, que, apesar da existência de inúmeros projetos de lei, ainda não consolidou uma lei que regule seus procedimentos.

3 Os projetos de lei brasileiros sobre as técnicas de reprodução humana assistida: leis que não saem do papel

Em que pese a inexistência de leis específicas que tratem do tema da RHA, existem diversos projetos de lei (PLs), vinte e quatro no total, tramitando no Congresso Nacional, os quais podem ser divididos em duas categorias, os que pretendem regular totalmente o uso das técnicas de RHA e aqueles que pretendem regulá-las apenas parcialmente. Dessa maneira, passa-se à análise dos referidos projetos, a fim de verificar as direções que estão sendo tomadas pelo Legislativo em matéria de regulamentação dos procedimentos de reprodução humana, especialmente no concernente à atribuição da filiação.

Nesse sentido, dividiram-se os PLs em dois grandes grupos: a) os projetos de lei com propostas de regulamentação mais abrangentes – estando presentes, nesse grupo, aqueles projetos, seis no total, que se dispõem a criar um verdadeiro sistema jurídico de legalização do uso da reprodução humana assistida; e b) os projetos de lei com propostas pontuais de regulamentação – colocando-se, nessa categoria, os projetos, dezoito no total, que pretendem normatizar apenas algumas questões específicas atinentes às TRHA.

Com relação a esse segundo grupo, não serão tecidos maiores detalhes a seu respeito, tendo em vista que as ideias e propostas trazidas por eles não se destinam a uma regulamentação ampla das técnicas, mas tão somente disciplinar algumas temáticas pontuais. Por essa razão, foram reunidos no quadro a seguir, o qual traz um resumo dos seus conteúdos e principais disposições.

---

[80] KRELL, Olga Jubert Gouveia. *Reprodução humana assistida e filiação civil*: princípios éticos e jurídicos. Curitiba: Juruá, 2006. p. 37.

QUADRO 2

Quadro comparativo entre os projetos de lei com propostas pontuais de regulamentação das TRHA

(continua)

PL nº	Proposta de regulamentação
4.664/2001 (do Sr. Lamartine Posella)	Autoriza a fertilização *in vitro* só para casais que não puderem ter filhos pelo processo natural de fertilização, somente em clínicas autorizadas pelo Ministério da Saúde.
4.665/2001 (do Sr. Lamartine Posella)	Veda o descarte de embriões humanos fertilizados *in vitro*. Determina que a responsabilidade sobre o destino dos embriões não implantados é dos doadores das células germinativas por 5 anos. Após este período, passa a ser da clínica a responsabilidade que, acrescida à responsabilidade de manutenção, só poderá destiná-los para adoção, nunca para experiências.
6.296/2002 (do Sr. Magno Malta)	Proíbe a fertilização de óvulos humanos com material genético proveniente de células de doador do gênero feminino.
120/2003 (do Sr. Roberto Pessoa)	Trata da investigação de paternidade de pessoas nascidas de técnicas de reprodução humana assistida, acrescentando o art. 6º-A na Lei nº 8.560/1992, o qual dispõe que as pessoas nascidas das técnicas de reprodução humana assistida têm direito de saber a identidade de seu pai ou mãe biológicos, a ser fornecido na ação de investigação de paternidade ou maternidade pelo profissional médico que assistiu a reprodução ou, se for o caso, de quem detenha seus arquivos. Estabelece, ainda, que a parentalidade biológica resultante de doações de gametas não gera direitos sucessórios.
4.686/2004 (do Sr. José Carlos Araújo)	Acrescenta o art. 1.597-A no Código Civil: 1) Pessoa nascida pelo processo de inseminação heteróloga tem direito ao acesso, a qualquer tempo, diretamente ou mediante representante legal, desde que manifeste sua vontade livre e consciente, a todas as informações sobre o processo que a gerou, inclusive a identidade civil do doador e mãe biológica, obrigando-se o serviço de saúde a fornecer as informações solicitadas, mantidos segredo profissional e de justiça. 2) Parentalidade biológica surgida de processo de reprodução assistida heteróloga não gera direitos sucessórios. 3) Conhecimento da verdade biológica impõe a aplicação dos art. 1.521 (impedimentos matrimoniais), 1.596 (igualdade na filiação), 1.626 (revogado) e 1.628 (revogado) do Código Civil.
4.889/2005 (do Sr. Salvador Zimbaldi)	Estabelece critérios para o funcionamento das clínicas de reprodução humana assistida. As clínicas já instaladas, na data da publicação da lei, disporão de prazo de seis meses para fazer sua regulamentação junto ao Ministério da Saúde e as novas precisarão de licença do mesmo Ministério para poder funcionar. Todos os procedimentos de reprodução humana deverão ser informados ao Ministério da Saúde. Proíbe a fecundação de mais de 1 óvulo de uma mesma mulher para cada gestação, somente sendo autorizada fecundação de dois óvulos quando a mãe desejar ter filhos gêmeos. Proibida a redução terapêutica. Proibido o congelamento de óvulos. Proibida a fecundação de óvulos para obtenção de células tronco embrionárias. Clínicas que transgredirem serão responsabilizadas criminalmente segundo crimes estabelecidos no Código Penal e sendo tratado como crime inafiançável, sujeitando-se à multa de cinco mil salários mínimos vigentes e perda da licença para funcionamento. Vetada a constituição de novas clínicas aos infratores.

(continua)

PL nº	Proposta de regulamentação
5.624/2005 (do Sr. Neucimar Fraga)	Institui o Programa de Reprodução Assistida no Sistema Único de Saúde, a ser desenvolvido pelos estabelecimentos e conveniados ao Ministério da Saúde. Objetiva: garantir a oferta de atendimento ao usuário que necessite de auxílio na reprodução humana assistida; prestar auxílio, assistência e orientação especializada dos órgãos de saúde a pessoas com problema de fertilidade; desenvolver projetos e ações destinados a garantir a saúde reprodutiva; oferecer técnicas de reprodução assistida para pessoas com doenças genéticas e infectocontagiosas; oferecer atendimento básico e de alta complexidade. Prevê a realização de convênios e parcerias com entidades públicas ou privadas, governamentais ou não governamentais.
3.067/2008 (do Sr. Dr. Pinotti)	Altera o art. 5º da Lei nº 11.105/2005 (Lei de Biossegurança), o qual trata acerca da pesquisa com células-tronco embrionárias obtidas de embriões humanos obtidos por fertilização *in vitro* e não utilizados no procedimento. Estabelece, entre outras prescrições, a necessidade de autorização para realizar tais pesquisas, a ser concedida pela Comissão Nacional de Ética em Pesquisa (Conep) ou a quem ela delegar; a vedação à remessa para o exterior do país de embriões humanos, mesmo para fins terapêuticos ou de pesquisa; a garantia da aplicação universal dos resultados, sem discriminação social e a vedação ao privilégio em matéria de patentes para os resultados etc.
7.701/2010 (da Sra. Dalva Figueiredo)	Acrescenta o art. 1.597-A, o qual dispõe que a utilização de sêmen, depositado em banco de esperma, para inseminação artificial após a morte do marido ou companheiro somente poderá ser feita pela viúva ou ex-companheira, desde que haja anuência expressa do *de cujus*, quando em vida e até 300 dias após óbito.
3.977/2012 (do Sr. Lael Varella)	Estabelece que todo cidadão em idade reprodutiva que se submeter a tratamento de combate ao câncer o qual implique esterilidade tem assegurado o direito ao acesso à preservação, conservação, distribuição e transferências dos seus gametas, para serem utilizados, quando assim julgar, em processo de reprodução assistida pelo SUS. Obrigatório o consentimento livre e informado do cidadão, sendo vetada a manifestação de vontade por procurador. O instrumento de consentimento livre e esclarecido deverá ser formalizado por instrumento particular, contendo indicação médica específica de emprego de técnicas de tratamento oncológico consideradas infertilizantes e os aspectos técnicos e as implicações médicas das diferentes fases das modalidades de reprodução assistida disponíveis.
7.591/2.017 (do Sr. Carlos Bezerra)	Acrescenta o parágrafo único ao art. 1.798 do Código Civil, a fim de conferir capacidade sucessória às pessoas concebidas mediante o uso das técnicas de reprodução humana assistida após a abertura da sucessão.
9.403/2017 (do Sr. Vitor Valim)	Estabelece o direito à sucessão do filho gerado por meio de inseminação artificial após a morte do autor da herança. Para tanto, altera o art. 1.798 do Código Civil, fazendo-se prever o seguinte: que se legitimam a suceder as pessoas nascidas ou já concebidas à época da abertura da sucessão, assim como os filhos gerados por meio do uso de inseminação artificial após a morte do autor da herança, desde que: a) os cônjuges ou companheiros expressem sua vontade, por escrito, quanto ao destino que deverá ser dado aos embriões, em caso de divórcio, doenças graves ou falecimento de um deles ou de ambos, e quando desejarem doá-lo, por meio de testamento público, testamento particular ou documento assinado em clínica, centros ou serviços de RHA, serviços médico-hospitalares, todos devidamente cadastrados e reconhecidos pelo CFM ou CRMs; b) no caso de necessidade de recurso à gestação por substituição, obedecer-se-á as disposições da legislação vigente ou do CFM ou determinação judicial.

(continua)

PL nº	Proposta de regulamentação
5.768/2019 (do Sr. Afonso Motta)	Acrescenta dispositivo (art. 1.597-A) ao Código Civil para estabelecer as hipóteses de presunção de maternidade, quais sejam: a) pela gestação (art. 1.597-A, *caput*); b) nos casos de reprodução humana assistida, maternidade atribuída àquela que doou o material genético ou que, planejando a gestação, valeu-se de técnica de reprodução assistida heteróloga (art. 1.597-A, parágrafo único). Além disso, autoriza expressamente a possibilidade de recurso à gestação por substituição, através do art. 1.597-B, o qual determina que será uma técnica gratuita e voluntária, somente permitida quando houver problemas médicos que impeçam ou contraindiquem a gestação pela doadora do material genético (comprovados por laudo médico demonstrativo), devendo a gestante substituta ser plenamente capaz e pertencer à família da doadora genética ou do seu cônjuge ou companheiro.
1.218/2020 (do Sr. Alexandre Frota)	Altera o art. 1.798 do Código Civil para estabelecer o direito à sucessão de filho gerado por meio de reprodução assistida após a morte do autor da herança. Nesse sentido, dispõe que o artigo passa a prever como legitimados a suceder as pessoas nascidas ou já concebidas no momento da abertura da sucessão bem como os filhos gerados por meio de reprodução assistida após a morte do autor da herança, desde que os cônjuges ou companheiros expressem sua vontade, por escrito, quanto ao destino que será dado aos embriões, em caso de divórcio, doenças graves ou de falecimento de um deles ou de ambos, e quando desejam doá-los, através de: a) testamento público; ou b) documento assinado em clínica, centros ou serviços de reprodução humana, serviços médico-hospitalares, todos devidamente cadastrados e reconhecidos pelo Conselho Federal de Medicina ou Conselhos Regionais de Medicina. Além disso, prevê que, nos casos de necessidade de gestação em útero diverso a um dos cônjuges, será obedecido o disposto na legislação vigente ou na resolução do Conselho Federal de Medicina ou determinação judicial.
4.178/2020 (do Sr. Deuzinho Filho)	Modifica a redação do art. 1.798 o Código Civil para estabelecer o direito à sucessão de filho gerado por meio de inseminação artificial após a morte do autor da herança. Diante disso, prevê que são legitimados a suceder as pessoas nascidas ou já concebidas no momento da abertura da sucessão, bem como os filhos gerados por meio de reprodução humana assistida após a morte do autor da herança, desde que os cônjuges ou companheiros expressem sua vontade, por escrito, quanto ao destino que será dado aos embriões, em caso de divórcio, doenças graves ou de falecimento de um deles ou de ambos, e quando desejam doá-los, através de: a) testamento público; b) testamento particular; ou c) documento assinado em clínica, centros ou serviços de reprodução humana, serviços médico-hospitalares, todos devidamente cadastrados e reconhecidos pelo Conselho Federal de Medicina ou Conselhos Regionais de Medicina. Ademais, prevê que, nos casos de necessidade de gestação em útero diverso a um dos cônjuges, será obedecido o disposto na legislação vigente ou na resolução do Conselho Federal de Medicina ou determinação judicial.
299 (da Sra. Chris Tonietto)	Dá nova redação ao art. 5º da Lei nº 11.105/2005 (Lei de Biossegurança), a fim de proibir qualquer forma de manipulação experimental, comercialização e descarte de embriões humanos, aplicando-se a esses casos a pena do art. 24 dessa lei (detenção, de 1 a 3 anos).
3.461/2021 (do Sr. Paulo Eduardo Martins)	Cria os tipos penais de furto, roubo e apropriação indébita de célula germinal humana, de zigoto humano ou de embrião humano, acrescentando à Lei nº 11.105/2005 (Lei de Biossegurança) os artigos 25-A (furto), 25-B (roubo) e 25-C (apropriação indébita)

(conclusão)

PL nº	Proposta de regulamentação
3.996/2021 (do Sr. Alexandre Frota)	Dispõe sobre o acesso a todas as pessoas aos serviços de reprodução assistida, independentemente do gênero ou qualquer outra condição. Estabelece que as TRHA podem "[...] ser utilizadas como um dos componentes auxiliares na resolução dos problemas de infertilidade humana, através dos serviços de saúde, públicos e privados, como forma de facilitar o processo de procriação, não apenas para a solução da problemas de infertilidade". Além disso: 1) permite o acesso de qualquer pessoa maior de idade ao recurso às TRHA no âmbito do SUS; 2) veda, tanto no âmbito do SUS, quanto em estabelecimentos privados, o impedimento do procedimento em razão do gênero ou da orientação sexual, dando acesso "[...] a mulheres e homens, solteiros(as), lésbicas, bissexuais e transexuais"; 3) veda o uso das TRHA com qualquer intenção de determinar o sexo, ou qualquer outra característica biológica ou étnica da futura prole, salvo nos casos de evitar doenças congênitas; 4) determina como beneficiários desta lei todo homem e mulher – doador(a) e receptor(a) – capazes e que tenham concordado de forma livre através de documento de consentimento informado, independentemente de gênero e orientação sexual; 5) atribui responsabilidade às Unidades de saúde, públicas ou privadas, que aplicarem as TRHA, "[...] pelo controle de doenças infectocontagiosas, coleta, manuseio, conservação, distribuição e transferência de material biológico humano para os usuários – doadores e receptores – [...]" e, também "[...] por evitar qualquer tipo de preconceito ou discriminação[...]", impondo-lhes, para tanto, a apresentação como requisitos mínimos para seu funcionamento: (i) a existência de um médico responsável por todos os procedimentos médicos e laboratoriais; e, (ii) manutenção de um registro permanente de todas as ocorrências havidas na condução dos processos, inclusive no que tange a ocorrência de óbitos; 6) autoriza o recurso à gestação de substituição, desde que sem caráter lucrativo ou comercial, havendo problemas médicos que impeçam ou contraindiquem a gestação na doadora genética ou, ainda, por solicitação do usuário; 7) responsabiliza pelo crime de homofobia, nos casos de recusa à aplicação das TRHA em razão da orientação sexual da pessoa solicitante, o profissional que negar o procedimento e o responsável pelo serviço.

Fonte: Elaboração pelo autor a partir dos dados da pesquisa.

Nessa continuidade, passa-se, nos tópicos que se seguem, à apreciação dos PLs que compuseram o objeto do primeiro grupo, quais sejam: o PL nº 2.855/1997, PL nº 1.135/2003, o PL nº 1.184/2003, o PL nº 2.061/2003, o PL nº 4.892/2012 e o PL nº 115/2015, destacando-se suas propostas de regulamentação e ressaltando-se os seus pontos principais.

3.1 PL nº 2.855/1997

Destarte, insta salientar que os projetos guardam certa semelhança entre si, geralmente seguindo as orientações e diretrizes já estabelecidas nas resoluções do CFM. No caso do PL nº 2.855/1997, especificamente, nota-se que ele traz, de forma um tanto superficial, as discussões que atinem ao debate a respeito da aplicação da RHA, fazendo constar que:

    (A) as técnicas de reprodução humana assistida far-se-ão pertinentes ante os problemas de fertilidade e esterilidade humanas, mediante consentimento informado em documento escrito e assinado pelos beneficiários em formulário especial;

(B) veda a seleção de sexo ou qualquer outra característica biológica, salvo para os casos em que se pretenda prevenir doenças e, inclusive, veda a utilização da RHA para fins de clonagem e eugenia;
(C) proíbe expressamente o recurso à redução embrionária;
(D) estabelece a gratuidade e o sigilo na doação de gametas e embriões, podendo esse anonimato ser quebrado e fornecido pela equipe, somente por motivações de cunho médico, preservando-se a identidade civil do doador e jamais implicando estabelecimento de vínculo de filiação;
(E) admite a possibilidade de crioconservação de gametas e embriões, sendo que, no caso dos embriões excedentários, eles serão preservados pelo prazo de cinco anos;
(F) veda o reconhecimento de paternidade *post mortem* quando não houver manifestação prévia e expressa do casal nesse sentido;
(G) permite o uso de diagnóstico genético pré-implantacional, desde que tenha finalidade exclusiva de fazer uma avaliação da viabilidade dos pré-embriões *in vitro* e da detecção de doenças hereditárias, com o fim de tratá-las ou impedir sua transmissão, condicionadas ao prévio consentimento informado do casal. Além disso, não poderá ser objeto de seleção eugênica.
(H) admite a gestação sub-rogada gratuita, sendo indispensável a autorização do Conselho Nacional de RHA (órgão criado pelo PL em comento), salvo nos casos em que a gestante por substituição seja parente até o 4º grau consanguíneo ou afim[81] da futura mãe legal.

3.2 PL nº 1.135/2003

O PL nº 1.135/2003 – o qual corresponde ao PLS nº 90/1999 – mostra-se basicamente uma cópia da Resolução nº 1.358/1992 do CFM, com apenas alguns acréscimos, quais sejam:

(A) atribuição da filiação aos beneficiários das técnicas;
(B) determinação de que o Ministério Público será responsável pela fiscalização dos centros que oferecerem as técnicas reprodutivas;
(C) atribuição de personalidade jurídica ao embrião apenas no momento da implantação no organismo da receptora, não considerando os embriões excedentários seres dotados de personalidade;
(D) previsão, mesmo que excepcionalmente, para os casos de risco de vida da gestante, da possibilidade de redução embrionária; e,
(E) previsão da possibilidade de infrações éticas (a serem disciplinadas pelo conselho dos órgãos de classe a que estão subordinados os profissionais) e administrativas (a serem estabelecidas pelo órgão competente da Administração Pública) e a tipificação de algumas condutas criminosas.

---

[81] Este ponto trata de uma imprecisão no projeto de lei, pois o parentesco por afinidade vai apenas até o 2º grau colateral e não se confunde com o parentesco civil ou socioafetivo, mas é aquele que decorre dos vínculos estabelecidos entre o cônjuge ou companheiro com os parentes do outro.

No mais, mantêm-se as ideias de: a) facilitação do processo de procriação, como finalidade; b) necessidade de consentimento esclarecido prévio, expresso e obrigatório, mas com a possibilidade de transferência de, no máximo, 3 embriões; c) gratuidade na doação de gametas, respeitado também o sigilo; d) possibilidade de inseminação *post mortem*; e) diagnóstico pré-implantacional (na prevenção e tratamento de doenças genéticas ou hereditárias, quando perfeitamente indicadas e com suficientes garantias de diagnóstico e terapêutica); e f) gestação por substituição, na modalidade gratuita, para caso de problema médico que impeça a gestação na doadora genética, devendo a doadora temporária do útero pertencer à família da doadora genética (parentesco consanguíneo até o 2º grau), sendo os demais casos sujeitos à autorização do Conselho Regional de Medicina.

3.3 PL nº 1.184/2003

Em seguida, fala-se do PL nº 1.184/2003, o qual traz consigo algumas diferenças do projeto anteriormente comentado e também da própria resolução do CFM:
(A) não é estabelecida uma idade máxima, assim como no anterior, mas se traz a ideia de aptidão física e psicológica da beneficiária, não podendo ser transferidos mais do que dois embriões;
(B) veda-se o uso das técnicas de inseminação *post mortem* e da gestação por substituição, além de ser estabelecida a possibilidade de redução embrionária nos casos de risco de vida da mãe e, assim como o anterior, não se consideram os embriões excedentário como seres dotados de personalidade jurídica antes de sua implantação no organismo da receptora;
(C) autoriza-se a realização de diagnóstico genético pré-implantacional para prevenir doenças genéticas ligadas ao sexo, remetendo a regulamento próprio para estabelecer as diretrizes;
(D) no tocante à filiação, esta se atribui aos beneficiários, cumprindo ao Ministério Público a fiscalização do uso dessas técnicas;
(E) prevê-se apenas uma série de condutas criminais tipificadas, sem mencionar infrações administrativas ou éticas.

3.4 PL nº 2.061/2003

O projeto que se segue, PL nº 2.061/2003, também tem suas peculiaridades em relação aos demais, a exemplo:
(A) da possibilidade de transferência de até 4 embriões, podendo tal número ser reduzido em função do aperfeiçoamento das técnicas; e
(B) da previsão de fiscalização do uso correto da RHA por parte de uma comissão de ética a ser criada pelo conselho municipal de saúde ou, na sua falta, pelo conselho estadual de saúde da localidade dos estabelecimentos.

É curioso, contudo, o fato de o referido projeto ter sido omisso quanto à constituição da filiação, bem como quanto à possibilidade de redução embrionária, quanto à personalidade jurídica do embrião *in vitro* e quanto à possibilidade de RHA *post mortem*, apresentando diversas lacunas relativas a temas fundamentais para o trato da RHA.

3.5 PL nº 4.892/2012 e PL nº 115/2015 (Estatuto da Reprodução Humana Assistida)

Finalmente, cumpre destacar os principais pontos dos PLs nº 4.892/2012 e nº 115/2015, intitulados Estatuto da Reprodução Humana Assistida, os quais são, na realidade, o mesmo projeto, que foi apresentado duas vezes, uma pelo Ex-Deputado Eleuses Paiva e, em seguida, pelo Deputado Juscelino Rezende Filho. Tais projetos são, de longe, os mais completos, pois estabelecem:

(A) princípios próprios a serem aplicados ao uso das técnicas (respeito à vida humana, serenidade familiar, igualdade, dignidade da pessoa humana, superior interesse do menor, paternidade responsável, liberdade de planejamento familiar, proteção integral da família, autonomia da vontade, boa-fé objetiva, transparência e subsidiariedade);

(B) direitos e deveres tanto para os beneficiários quanto para os médicos;

(C) direitos patrimoniais e pessoais para os nascidos da RHA *post mortem*, a exemplo da garantia de direitos sucessórios ao descendente oriundo de embrião criopreservado, desde que nascido até três anos da abertura da sucessão;

(D) vedação à criação de seres humanos geneticamente modificados, embriões para investigação de qualquer natureza, bem como embriões com finalidades de eugenia, híbridos e quimeras;

(E) vedação à intervenção no genoma humano, exceto para o caso de terapia gênica;

(F) vedação à produção de embriões supranumerários, os quais podem ser criopreservados apenas em caráter excepcional e estão sujeitos ao cadastro de adoção específico e ao respectivo processo, no que couber;

(G) permissão para o recurso ao diagnóstico genético pré-implantacional, para avaliar a viabilidade do embrião ou decretar doenças hereditárias graves, a fim de tratá-las ou impedir sua transmissão, somente sendo utilizado com garantias reais de sucesso, sendo obrigatório o consentimento informado dos beneficiários;

(H) permissão para o recurso à gestação sub-rogada para casos em que a indicação médica identifique qualquer fator de saúde que impeça ou contraindique a gestação por um dos cônjuges, companheiros ou pessoa que se submeta ao tratamento. Deve obedecer aos seguintes critérios: a) ser gratuita, pois é vedado caráter lucrativo ou comercial; b) a cessionária deverá pertencer à família dos cônjuges ou companheiros, em um parentesco de 2º grau. Porém, excepcionalmente e desde que comprovadas a indicação e compatibilidade da receptora, será admitida a gestação por pessoa que não seja parente dos beneficiários, após parecer do Conselho Regional Medicina; e c) deverá ser formalizada por pacto de gestação de substituição, homologado judicialmente, antes do início do procedimento, sendo nulos os pactos não homologados, considerando-se, nesse caso, a cedente do útero como mãe da criança. Além disso, para lavratura do registro em Cartório de Registro Civil e Pessoas Naturais, deve-se levar o pacto homologado, comprovação do nascimento emitida pelo hospital, declaração do médico responsável descrevendo a técnica empregada e o termo de consentimento informado;

(I) toda uma sistemática de controle administrativo, exercida pelo Sistema Nacional de Reprodução Assistida e seus órgãos, todos vinculados ao Ministério da Saúde e a Agência de Vigilância Sanitária, consoante determina o próprio projeto.

Além disso, impende ressaltar que, apesar de os referidos projetos normativos omitirem a questão da personalidade jurídica dos embriões excedentários, pode-se perceber uma leve tendência a atribuir-lhes uma proteção diferenciada quando comparado com os demais. Isso, pois, além de desaconselhar a sua produção excessiva, veda o seu descarte e traz, como dito anteriormente, a figura da adoção embrionária no seu art. 34.[82] Nesse sentido, percebe-se o cuidado do legislador em proteger a expectativa daquela vida, pois, mesmo que não lhe tenha atribuído expressamente personalidade, ao menos optou por resguardá-lo, prezando pela responsabilidade e a ética para com a vida humana quando do uso das citadas técnicas.

Considerações finais

1. As técnicas de RHA foram pensadas e desenvolvidas originalmente com a intenção de viabilizar tratamentos para casais que padecessem de infertilidade ou esterilidade, o que dificultava ou impossibilitava a concretização de projetos parentais biológicos. Com o passar do tempo, esses procedimentos foram aprimorando-se, sendo que, na atualidade, têm-se vários recursos disponíveis para assistir o processo de procriação, desde técnicas que a auxiliam propriamente (IA, GIFT, ZIFT, FIV e ICSI), até procedimentos auxiliares, que se destinam a facilitar e viabilizar a realização dos projetos parentais (doação de gametas, doação compartilhada de oócitos, diagnóstico genético pré-implantacional, crioconservação de gametas e de embriões e a gestação sub-rogada).
2. Outra circunstância importante de ser observada quanto ao acesso às técnicas de RHA é que, apesar de originalmente terem sido desenvolvidas como tratamento paliativo para infertilidade biológica, na atualidade o seu acesso expandiu-se na intenção de dar concretude a projetos parentais autônomos, alicerçados no exercício da *liberdade* no planejamento familiar. Nesse diapasão, não somente casais heteroafetivos podem socorrer-se dela, como também casais homoafetivos, pessoas sozinhas (solteiras, divorciadas ou viúvas) e pessoas trans (independentemente do seu contexto familiar,

---

[82] Projeto de Lei nº 115/2015 (Estatuto da Reprodução Assistida): "Art. 34. A adoção de embriões seguirá as regras previstas no Estatuto da Criança e do Adolescente, no que couberem e não contrariarem o presente Estatuto [...] Parágrafo único. Para atender os fins propostos neste artigo, será criado no prazo de 180 (cento e oitenta) dias contado da entrada em vigor desta lei, pelo Conselho Nacional de Reprodução Assistida, um Cadastro Nacional de Adoção de Embriões".

se heteroafetivo, homoafetivo ou mesmo monoparental). Por isso, diz-se que ganha um grande relevo a ideia também de infertilidade psicológica, interpretada como uma expressão da autonomia daquelas pessoas que não desejem estabelecer relações com pessoas de sexo oposto ao seu, implicando uma desobrigatoriedade tanto de integrar uma relação heteroafetiva, quanto sequer de integrar um casal propriamente.
3. Apesar dessa difusão e do desenvolvimento que as técnicas de reprodução humana assistida ganharam nos últimos tempos, elas ainda não são devidamente reguladas no Brasil, sendo que a atribuição de filiação, nesses casos, ainda depende da incidência de presunções de paternidade, as quais não são suficientes para atender a todas as demandas sociais, especialmente aquelas que dizem respeito à imposição de limites no recurso a esses procedimentos. No entanto, elas não estão totalmente desamparadas de quaisquer diretrizes, tendo em vista que o Conselho Federal de Medicina vem editando resoluções para estabelecer normas deontológicas atinentes à sua aplicação.
4. Por isso, foi feita uma análise comparativa dessas resoluções (sendo 7, no total, até o momento). Ante tal estudo, percebeu-se que:
   (A) o direito ao acesso a esses procedimentos foi assegurado, nas resoluções, às pessoas heterossexuais, homossexuais, sobretudo após a decisão do STF, e às pessoas transgênero, não se exigindo um estado civil particular e sendo também admitida a sua realização *post mortem*, desde que conste autorização expressa do(a) dono(a) do material genético nesse sentido. Para tanto, a idade máxima da candidata à gestação é de 50 anos, salvo exceções fundamentadas pelo médico responsável e respeitada a autonomia da paciente;
   (B) a necessidade de construção conjunta de um termo de consentimento informado, detalhadamente exposto, e oriundo da discussão bilateral entre a equipe médica e o(s)/a(s) paciente(s);
   (C) a vedação à sexagem e à escolha de qualquer outro caractere biológico do filho, salvo para evitar doenças na prole;
   (D) o estabelecimento de número máximo de embriões a serem transferidos, de acordo com a faixa etária da receptora ou com a característica do embrião: a) até dois para pacientes até 37 anos; b) até três, quando tiverem mais de 37 anos; e c) até 2, quando esses embriões forem euplóides, sendo expressamente vedada a realização de redução embrionária;
   (E) a regulamentação do anonimato das doações de gametas sexuais – salvo nos casos de doadores(as) parentes em até 4º grau de pelo menos um(a) dos(as) receptores(as) –, não sendo autorizanda, nos demais casos,, , a revelação da identidade civil do(a) doador(a), ficando a sua escolha a cargo dos usuários, quando do recurso a banco de gametas ou embriões, e a cargo do médico, quando da realização de doação compartilhada, observando-se os caracteres fenotípicos do(a)(s) beneficiários(a)(s), e sendo estabelecido o limite máximo de 2 gestações de crianças de sexos opostos em uma área de um milhão de habitantes. Ademais, a idade máxima para fazer essa doação é de 37 anos para mulheres e de

45 anos para homens, e é admitida a prática da gestação compartilhada de oócitos, bem como a crioconservação de gametas e embriões;
(F) o diagnóstico genético pré-implantacional é permitido para: a) identificar alterações genéticas causadoras de doenças; ou b) para estabelecer a tipagem do sistema HLA-compatível para realização da técnica do "bebê medicamento". Além disso, no laudo de avaliação genética, só é permitido informar se o embrião é masculino ou feminino nos casos de doenças ligadas ao sexo ou de aneuploidias de cromossomos sexuais;
(G) o reconhecimento da possibilidade de emprego da prática da GS, desde que possua caráter gratuito e que a gestante por substituição – possuindo, ao menos, um filho vivo – pertença à família de um(a) dos(as) beneficiários(as), em parentesco consanguíneo até 4º grau (mãe, filha, avó, irmã, tia, sobrinha, prima), com a observação de que a restrição a tal tipo de parentesco não se aplica, tendo em vista a igualdade estabelecida pela Constituição e pelo Código Civil. Além disso, excepcionalmente, podem ser admitidas gestantes que não se enquadrem no critério de parentesco, desde que haja parecer prévio do CRM autorizando a prática nesses casos.

Tal regulamentação, entretanto, ainda é bastante incipiente, pois são normas meramente deontológicas voltadas a direcionar a conduta profissional dos médicos no emprego da procriação assistida, jamais tendo força jurídica capaz de atribuir filiação a esses casais.

5. Investigaram-se, igualmente, os diversos projetos de lei que tramitam no Congresso Nacional em matéria de reprodução assistida, tendo eles sido segmentados em dois grupos, o que levou às seguintes conclusões:
    (A) para aqueles projetos que se destinam apenas a uma regulamentação pontual da RHA – as disposições levantadas são bastante diversificadas, mas se observa uma grande incidência de projetos voltados a regular a questão da sucessão na aplicação *post mortem* da RHA e também na tentativa de regular a técnica da gestação sub-rogada;
    (B) para aqueles projetos que se destinam a uma regulação mais abrangente da RHA – chegou-se à conclusão de que muitos deles se fundam nas diretrizes estabelecidas pelo CFM. No que diz respeito às diretrizes para a regulamentação dessas práticas, os PLs mostram-se bastante diversificados, sendo que:
        (B.1) preveem que as técnicas devem ser aplicadas com finalidade de auxiliar no processo de reprodução, tendo como beneficiários mulheres capazes, homens e mulheres capazes ou pessoas maiores de 18 anos, desde que devidamente esclarecidos. Note-se que nenhum traz expressamente a possibilidade de pessoas sozinhas (solteiras, viúvas ou divorciadas), casais homoafetivos ou pessoas trans poderem socorrer-se desses procedimentos, apesar de ser possível enquadrá-los dentro dos beneficiários, visto que nenhum dos projetos chega também a vedar a sua utilização por essas pessoas, salvo uma única exceção em que é vedada a prática da

RHA *post mortem*, levando-se ao entendimento de que pessoas solteiras, muito provavelmente, não estariam abarcadas pela sua tutela;

(B.2) o consentimento informado é obrigatório em todos os projetos, devendo ser escrito e assinado pelos envolvidos. Cada projeto traz seus próprios requisitos, os quais, via de regra, gravitam em torno da necessidade de ele indicar os riscos, benefícios e resultados de cada uma das técnicas, a fim de esclarecer os beneficiários, para que possam tomar suas decisões de forma autônoma e efetiva;

(B.3) a sexagem e a escolha de qualquer outro caractere biológico do filho são vedadas na maioria dos projetos de lei, salvo para evitar doenças na prole. Apenas o PL nº 1.184/2003 diz que tal alternativa é autorizada para prevenir doenças genéticas ligadas ao sexo, remetendo a regulamento próprio para estabelecer as diretrizes;

(B.4) o número máximo de embriões a serem transferidos varia entre os projetos, sendo que, em um deles, não há qualquer previsão, enquanto que, nos outros, ele varia de 2 a 4 sem indicação de faixa etária, constando uma divisão por idade em apenas dois deles (até 2 para a faixa até 35 anos, até 3 para faixa entre 36 a 39 anos e até 4 para a faixa de mais de 40 anos). Ademais, a redução embrionária é expressamente proibida, salvo nos casos de risco de vida da gestante em três dos projetos, sendo que apenas um deles não traz qualquer menção a respeito do tema;

(B.5) no que diz respeito ao anonimato dos(as) doadores(as) de gametas sexuais, preza-se, via de regra, sempre pelo sigilo nessas doações. No entanto, os PLs divergem quanto à possibilidade de quebra do sigilo, sendo que alguns apenas autorizam-na em casos de risco de saúde da pessoa oriunda do emprego da RHA, ao passo que outros a autorizam independentemente desse aspecto, apenas para assegurar o direito ao conhecimento da origem genética do filho gerado a partir da RHA, sem atribuir-lhe filiação para com o(a) doador(a). Além disso, não há qualquer menção à possibilidade da prática da doação compartilhada em nenhum dos projetos;

(B.6) o diagnóstico genético pré-implantacional é autorizado em todos os projetos para prevenir doenças genéticas ou hereditárias, para prevenir doenças genéticas ligadas ao sexo e/ou para detectar a viabilidade do embrião;

(B.7) no que tange à GS, via de regra, ela se encontra legitimada como uma prática possível (estando vedada em apenas um dos PLs analisados), sempre na forma gratuita e relativa a algum grau de parentesco com os beneficiários, salvo algumas exceções, desde que autorizadas por órgãos específicos indicados no projeto de lei.

6. Por derradeiro, cabe comentar que, através dessa minuciosa análise, é perceptível que ainda existem várias divergências quanto à regulação das técnicas de reprodução assistida, especialmente quanto aos limites que devem ser impostos à sua utilização, bem como a legitimidade de alguns

de seus procedimentos, tais quais a reprodução *post mortem*, a gestação por substituição, o diagnóstico genético pré-implantacional etc. Talvez, essas controvérsias expliquem a razão pela qual a RHA ainda tarda em obter sua regulação no ordenamento jurídico brasileiro, o que, sem dúvidas, não pode ser utilizado como desculpa para justificar a mora do Legislativo. Diante disso, a única certeza que se pode ter é que essa é uma realidade inquestionável e latente na sociedade brasileira; demandando, portanto, atenção imediata do Legislativo no estabelecimento de norma que norteie, de forma mais apropriada, o seu uso.

Referências

BRASIL. *Código Civil de 2002*. Lei nº 10.406, de 10 de janeiro de 2002. Disponível em: http://www.planalto.gov.br/ccivil_03/Leis/2002/L10406.htm. Acesso em 14 mar. 2019.

BRASIL. Congresso Nacional. *Projeto de Lei nº 1.135/2003*. Dispõe sobre a reprodução humana assistida. Disponível em: http://www.camara.gov.br/proposicoesWeb/prop_mostrarintegra?codteor=136097&filename=PL+1135/2003. Acesso em 18 jun. 2019.

BRASIL. Congresso Nacional. *Projeto de Lei nº 1.218/2020*. Altera a redação do art. 1.798 da Lei nº 10.406, de 10 de janeiro de 2002, para estabelecer direito à sucessão de filho gerado por meio de inseminação artificial após a morte do autor da herança. Disponível em: https://www.camara.leg.br/proposicoesWeb/prop_mostrarintegra?codteor=1871455&filename=PL+1218/2020. Acesso em 29 jan. 2021.

BRASIL. Congresso Nacional. *Projeto de Lei nº 115/2015*. Institui o Estatuto da Reprodução Assistida, para regular a aplicação e utilização das técnicas de reprodução humana assistida e seus efeitos no âmbito das relações civis sociais. Disponível em: http://www.camara.gov.br/proposicoesWeb/prop_mostrarintegra?codteor=1296985&filename=PL+115/2015. Acesso em 18 jun. 2019.

BRASIL. Congresso Nacional. *Projeto de Lei nº 1184/2003*. Dispõe sobre a Reprodução Assistida. Disponível em: http://www.camara.gov.br/proposicoesWeb/prop_mostrarintegra?codteor=137589&filename=PL+1184/2003. Acesso em 18 jun. 2019.

BRASIL. Congresso Nacional. *Projeto de Lei nº 120/2003*. Dispõe sobre a investigação de paternidade de pessoas nascidas de técnicas de reprodução assistida. Disponível em: http://www.camara.gov.br/proposicoesWeb/prop_mostrarintegra?codteor=114176&filename=PL+120/2003. Acesso em 18 jun. 2019.

BRASIL. Congresso Nacional. *Projeto de Lei nº 2.061/2003*. Disciplina o uso de técnicas de Reprodução Humana Assistida como um dos componentes auxiliares no processo de procriação, em serviços de saúde, estabelece penalidades e dá outras providências. Disponível em: http://www.camara.gov.br/proposicoesWeb/prop_mostrarintegra?codteor=166567&filename=PL+2061/2003. Acesso em 18 jun. 2019.

BRASIL. Congresso Nacional. *Projeto de Lei nº 2.855/1997*. Dispõe sobre a utilização de técnicas de reprodução humana assistida, e dá outras providências. Disponível em: http://imagem.camara.gov.br/Imagem/d/pdf/DCD14MAR1997.pdf#page=73. Acesso em 18 jun. 2019.

BRASIL. Congresso Nacional. *Projeto de Lei nº 3.067/2008*. Altera a Lei n.º 11.105, de 24 de março de 2005. Disponível em: http://www.camara.gov.br/proposicoesWeb/prop_mostrarintegra?codteor=546968&filename=PL+3067/2008. Acesso em 18 jun. 2019.

BRASIL. Congresso Nacional. *Projeto de Lei nº 3.977/2012*. Dispõe sobre o acesso às técnicas de preservação de gametas e Reprodução Assistida aos pacientes em idade reprodutiva submetidos a tratamento de câncer. Disponível em: http://www.camara.gov.br/proposicoesWeb/prop_mostrarintegra?codteor=996949&filename=PL+3977/2012. Acesso em 18 jun. 2019.

BRASIL. Congresso Nacional. *Projeto de Lei nº 4.178/2020*. Modifica a redação do art. 1.798 da Lei nº 10.406, de 10 de janeiro de 2002 para estabelecer o direito a sucessão de filho gerado por meio de inseminação artificial após a morte do autor da herança. Disponível em: https://www.camara.leg.br/proposicoesWeb/prop_mostrarintegra?codteor=1921956&filename=PL+4178/2020. Acesso em 29 jan. 2021.

BRASIL. Congresso Nacional. *Projeto de Lei nº 4.664/2001*. Dispõe sobre a autorização da fertilização humana in vitro para casais comprovadamente incapazes de gerar filhos pelo processo natural de fertilização e dá outras providências. Disponível em: http://www.camara.gov.br/proposicoesWeb/prop_mostrarintegra?codteor=1426&filename=PL+4664/2001. Acesso em 18 jun. 2019.

BRASIL. Congresso Nacional. *Projeto de Lei nº 4.665/2001*. Dispõe sobre a autorização da fertilização humana "in vitro" para os casais comprovadamente incapazes de gerar filhos pelo processo natural de fertilização e dá outras providências. Disponível em: http://www.camara.gov.br/proposicoesWeb/prop_mostrarintegra?codteor=1429&filename=PL+4665/2001. Acesso em 18 jun. 2019.

BRASIL. Congresso Nacional. *Projeto de Lei nº 4.686/2004*. Introduz o art. 1.597-A à Lei nº 10.406, de 10 de janeiro de 2002, que institui o Código Civil, assegurando o direito ao conhecimento da origem genética do ser gerado a partir de reprodução assistida, disciplina a sucessão e o vínculo parental, nas condições que menciona. Disponível em: http://www.camara.gov.br/proposicoesWeb/prop_mostrarintegra?codteor=259391&filename=PL+4686/2004. Acesso em 18 jun. 2019.

BRASIL. Congresso Nacional. *Projeto de Lei nº 4.889/2005*. Estabelece normas e critérios para o funcionamento de Clínicas de Reprodução Humana. Disponível em: http://www.camara.gov.br/proposicoesWeb/prop_mostrarintegra?codteor=282844&filename=PL+4889/2005. Acesso em 18 jun. 2019.

BRASIL. Congresso Nacional. *Projeto de Lei nº 4.892/2012*. Institui o Estatuto da Reprodução Assistida, para regular a aplicação e utilização das técnicas de reprodução humana assistida e seus efeitos no âmbito das relações civis sociais. Disponível em: http://www.camara.gov.br/proposicoesWeb/prop_mostrarintegra?codteor=1051906&filename=PL+4892/2012. Acesso em 18 jun. 2019.

BRASIL. Congresso Nacional. *Projeto de Lei nº 5.624/2005*. Cria Programa de Reprodução Assistida no Sistema Único de Saúde e dá outras providências. Disponível em: https://www.camara.leg.br/proposicoesWeb/prop_mostrarintegra?codteor=322712&filename=PL+5624/2005. Acesso em 18 jun. 2019.

BRASIL. Congresso Nacional. *Projeto de Lei nº 5.768/2019*. Acrescenta dispositivos à lei 10.406, de 10 de janeiro de 2002 (Código Civil) para estabelecer as hipóteses de presunção de maternidade pela gestação na utilização de técnicas de reprodução assistida e autoriza a gestão de substituição. Disponível em: https://www.camara.leg.br/proposicoesWeb/prop_mostrarintegra?codteor=1828256&filename=PL+5768/2019. Acesso em 29 jan. 2021.

BRASIL. Congresso Nacional. *Projeto de Lei nº 6.296/2002*. Proíbe a fertilização de óvulos humanos com material genético proveniente de células de doador do gênero feminino. Disponível em: http://www.camara.gov.br/proposicoesWeb/prop_mostrarintegra?codteor=1281277&filename=PL+6296/2002. Acesso em 18 jun. 2019.

BRASIL. Congresso Nacional. *Projeto de Lei nº 7.591/2017*. Acrescenta parágrafo único ao art. 1.798 da Lei nº 10.406, de 10 de janeiro de 2002 (Código Civil), para conferir capacidade para suceder aos concebidos com o auxílio de técnica de reprodução assistida após a abertura da sucessão. Disponível em: https://www.camara.leg.br/proposicoesWeb/prop_mostrarintegra?codteor=1556651&filename=PL+7591/2017. Acesso em 18 jun. 2019.

BRASIL. Congresso Nacional. *Projeto de Lei nº 7.701/2010*. Dispõe sobre a utilização post mortem de sêmen do marido ou companheiro. Disponível em: http://www.camara.gov.br/proposicoesWeb/prop_mostrarintegra?codteor=792197&filename=PL+7701/2010. Acesso em 18 jun. 2019.

BRASIL. Congresso Nacional. *Projeto de Lei nº 9.403/2017*. Modifica a redação do art. 1.798 da Lei nº 10.406, de 10 de janeiro de 2002. Disponível em: https://www.camara.leg.br/proposicoesWeb/prop_mostrarintegra?codteor=1634728&filename=PL+9403/2017. Acesso em 18 jun. 2019.

BRASIL. Congresso Nacional. *Projeto de Lei nº 299/2021*. Dá nova redação ao artigo 5º da Lei nº 11.105, de 24 de março de 2005, a fim de proibir qualquer forma de manipulação experimental, comercialização e descarte de embriões humanos. Disponível em: https://www.camara.leg.br/proposicoesWeb/prop_mostrarintegra?codteor=1961442&filename=PL+299/2021. Acesso em 18 abr. 2022.

BRASIL. Congresso Nacional. *Projeto de Lei nº 3.461/2021*. Cria os tipos penais de furto, roubo e apropriação indébita de célula germinal humana, de zigoto humano ou de embrião humano, alterando a Lei nº 11.105, de 24 de março de 2005. Disponível em: https://www.camara.leg.br/proposicoesWeb/prop_mostrarintegra?codteor=2085518&filename=PL+3461/2021. Acesso em 18 abr. 2022.

BRASIL. Congresso Nacional. *Projeto de Lei nº 3.996/2021*. Dispõe sobre o acesso a todas as pessoas ao serviço de reprodução assistida, independentemente do gênero ou qualquer outra condição, exceto quando causar prejuízos a saúde do solicitante. Disponível em: https://www.camara.leg.br/proposicoesWeb/prop_mostrarintegra?codteor=2104053&filename=PL+3996/2021. Acesso em 18 abr. 2022.

BRASIL. Constituição Federal (1988). *Constituição da República Federativa do Brasil*. Brasília: Senado, 1988. Disponível em: http://www.planalto.gov.br/ccivil_03/Constituicao/Constituicao.htm. Acesso em 7 ago. 2018.

BRASIL. *Lei nº 11.105 de 24 de março de 2005*. Regulamenta os incisos II, IV e V do §1º do art. 225 da Constituição Federal, estabelece normas de segurança e mecanismos de fiscalização de atividades que envolvam organismos geneticamente modificados – OGM e seus derivados, cria o Conselho Nacional de Biossegurança – CNBS, reestrutura a Comissão Técnica Nacional de Biossegurança – CTNBio, dispõe sobre a Política Nacional de Biossegurança – PNB, revoga a Lei nº 8.974, de 5 de janeiro de 1995, e a Medida Provisória nº 2.191-9, de 23 de agosto de 2001, e os arts. 5º, 6º, 7º, 8º, 9º, 10 e 16 da Lei nº 10.814, de 15 de dezembro de 2003, e dá outras providências. Disponível em: http://www.planalto.gov.br/ccivil_03/_ato2004-2006/2005/lei/l11105.htm. Acesso em 17 jun. 2019.

BRAUNER, Maria Claudia Crespo. *Direito, sexualidade e reprodução humana*: conquistas médicas e o debate bioético. Rio de Janeiro: Renovar, 2003.

BRIGEIRO, Mauro. A emergência da assexualidade: notas sobre política sexual, ethos científico e o desinteresse pelo sexo. *Sexualidad, Salud y Sociedad – Revista Latinoamericana*, Rio de Janeiro, n. 14, p. 253-283, 2013. Disponível em: http://www.scielo.br/pdf/sess/n14/a12n14.pdf. Acesso em 9 jul. 2018.

CONSELHO FEDERAL DE MEDICINA. *Resolução CFM nº 1.957, de 06 de janeiro de 2010*. A Resolução CFM nº 1.358/92, após 18 anos de vigência, recebeu modificações relativas à reprodução assistida, o que gerou a presente resolução, que a substitui in totum. Disponível em: http://www.portalmedico.org.br/resolucoes/CFM/2010/1957_2010.htm. Acesso em 17 jun. 2019.

CONSELHO FEDERAL DE MEDICINA. *Resolução CFM nº 2.013, de 09 de maio de 2013*. Adota as normas éticas para a utilização das técnicas de reprodução assistida, anexas à presente resolução, como dispositivo deontológico a ser seguido pelos médicos e revoga a Resolução CFM nº 1.957/10. Disponível em: http://www.portalmedico.org.br/resolucoes/CFM/2013/2013_2013.pdf. Acesso em 17 jun. 2019.

CONSELHO FEDERAL DE MEDICINA. *Resolução CFM nº 2.121, de 24 de setembro de 2015*. Adota as normas éticas para a utilização das técnicas de reprodução assistida – sempre em defesa do aperfeiçoamento das práticas e da observância aos princípios éticos e bioéticos que ajudarão a trazer maior segurança e eficácia a tratamentos e procedimentos médicos – tornando-se o dispositivo deontológico a ser seguido pelos médicos brasileiros e revogando a Resolução CFM nº 2.013/13, publicada no D.O.U. de 9 de maio de 2013, Seção I, p. 119. Disponível em: http://www.portalmedico.org.br/resolucoes/CFM/2015/2121_2015.pdf. Acesso em 17 jun. 2019.

CONSELHO FEDERAL DE MEDICINA. *Resolução CFM nº 2.168, de 10 de novembro de 2017*. Adota as normas éticas para a utilização das técnicas de reprodução assistida – sempre em defesa do aperfeiçoamento das práticas e da observância aos princípios éticos e bioéticos que ajudam a trazer maior segurança e eficácia a tratamentos e procedimentos médicos –, tornando-se o dispositivo deontológico a ser seguido pelos médicos brasileiros e revogando a Resolução CFM nº 2.121, publicada no D.O.U. de 24 de setembro de 2015, Seção I, p. 117. Disponível em: https://sistemas.cfm.org.br/normas/visualizar/resolucoes/BR/2017/2168. Acesso em 17 jun. 2019.

CONSELHO FEDERAL DE MEDICINA. *Resolução CFM nº 2.265, de 09 de janeiro de 2020*. Dispõe sobre o cuidado específico à pessoa com incongruência de gênero ou transgênero e revoga a Resolução CFM nº 1.955/2010. Disponível em: https://sistemas.cfm.org.br/normas/visualizar/resolucoes/BR/2019/2265. Acesso em 19 abr. 2022.

CONSELHO FEDERAL DE MEDICINA. *Resolução CFM nº 2.283, de 27 de novembro de 2020*. Altera a redação do item 2 do inciso II, "Pacientes das técnicas de RA", da Resolução CFM nº 2.168/2017, aprimorando o texto do regulamento de forma a tornar a norma mais abrangente e evitar interpretações contrárias ao ordenamento jurídico. Disponível em: https://sistemas.cfm.org.br/normas/visualizar/resolucoes/BR/2020/2283. Acesso em 18 abr. 2022.

CONSELHO FEDERAL DE MEDICINA. *Resolução CFM nº 2.294, de 15 de junho de 2021*. Adota as normas éticas para a utilização das técnicas de reprodução assistida – sempre em defesa do aperfeiçoamento das práticas e da observância aos princípios éticos e bioéticos que ajudam a trazer maior segurança e eficácia a tratamentos e procedimentos médicos, tornando-se o dispositivo deontológico a ser seguido pelos médicos brasileiros e revogando a Resolução CFM nº 2.168, publicada no D.O.U. de 10 de novembro de 2017, Seção I, p. 73. Disponível em: https://sistemas.cfm.org.br/normas/arquivos/resolucoes/BR/2021/2294_2021.pdf. Acesso em 18 abr. 2022.

CONSELHO FEDERAL DE MEDICINA. *Resolução nº 1.358, de 19 de novembro de 1992*. Adota normas éticas para utilização das técnicas de reprodução assistida. Disponível em: http://www.portalmedico.org.br/resolucoes/CFM/1992/1358_1992.htm. Acesso em 17 jun. 2019.

CORRÊA, Marilena Cordeiro Dias Villela. Novas tecnologias reprodutivas: doação de óvulos. O que pode ser novo nesse campo? *Caderno de Saúde Pública*, Rio de Janeiro, v. 16, n. 3, p. 863-870, 2000. Disponível em: https://www.scielosp.org/pdf/csp/2000.v16n3/863-870/pt. Acesso em 24 set. 2018.

CORRÊA, Marilena Cordeiro Dias Villela; LOYOLA, Maria Andréa. Reprodução e bioética. A regulação da reprodução assistida no Brasil. *Caderno CRH*, Salvador, v. 18, n. 43, p. 103-112, 2005. Disponível em: https://portalseer.ufba.br/index.php/crh/article/view/18514/11890. Acesso em 19 abr. 2021.

DANTAS, Carlos Henrique Félix. A filiação programada: a proteção genética da deficiência como diversidade biológica humana e os limites à autonomia do planejamento familiar em projetos parentais assistidos. Dissertação (Mestrado em Direito) – Universidade Federal de Pernambuco, Recife, 2022. Disponível em: https://attena.ufpe.br/handle/123456789/43933. Acesso em 19 abr. 2022.

FERRAZ, Ana Claudia Brandão de Barros Correia. *Reprodução humana assistida e suas consequências nas relações de família*: a filiação e a origem genética sob a perspectiva da repersonalização. 2. ed. Curitiba: Juruá, 2016.

FONSECA, Larissa Lupião; HOSSNE, William Saad; BARCHFINTAINE, Christian de Paul de. Doação compartilhada de óvulos: opinião de pacientes em tratamento para infertilidade. *Revista Bioethikos – Centro Universitário São Camilo*, São Paulo, v. 3, n. 2, p. 235-240, 2009. Disponível em: http://www.saocamilo-sp.br/pdf/bioethikos/71/235-240.pdf. Acesso em 14 ago. 2019.

GENOMIKA – HOSPITAL ALBERT EINSTEIN. *Triagem genética pré-implantação*: saiba como aumentar as chances de uma gravidez bem-sucedida. [s.d.]. Disponível em: https://genomika.einstein.br/medicina-fetal/. Acesso em 18 abr. 2022.

HADDAD FILHO, Jorge. Criopreservação de oócitos e embriões. *Associação Paulista para o Desenvolvimento da Medicina*, 4 jul. 2013. Disponível em: https://www.spdm.org.br/blogs/reproducao-humana/item/1284-75criopreservacao-de-oocitos-e-embrioes. Acesso em 15 ago. 2019.

HOLANDA, Caroline Sátiro. *As técnicas de reprodução assistida e a necessidade de parâmetros jurídicos à luz da Constituição Federal de 1988*. 2006. 263f. Dissertação (Mestrado em Direito) – Universidade de Fortaleza, Fortaleza, 2006. Disponível em: http://www.dominiopublico.gov.br/download/teste/arqs/cp041477.pdf. Acesso em 19 abr. 2021.

KRELL, Olga Jubert Gouveia. *Reprodução humana assistida e filiação civil*: princípios éticos e jurídicos. Curitiba: Juruá, 2006.

LÔBO, Paulo. Direito ao estado de filiação e direito à origem genética: uma distinção necessária. *Revista Brasileira de Direito de Família*, Porto Alegre, v. 1, n. 1, p. 133-156, 1999.

LOPES, Claudia Aparecida Costa; SANCHES, Pedro Henrique. Do bebê medicamento: "instrumento" de dignidade familiar. *In*: ENCONTRO NACIONAL DA CONPEDI: A HUMANIZAÇÃO DO DIREITO E A HORIZONTALIZARÃO DA JUSTIÇA NO SÉCULO XXI, 23, 2014, João Pessoa. *Anais Direito de Família II...* Florianópolis: Conpedi, 2014. Disponível em: http://www.publicadireito.com.br/artigos/?cod=8ec959b57278128a. Acesso em 17 jun. 2019.

MOURA, Marisa Decat de; SOUZA, Maria do Carmo Borges de; SCHEFFER, Bruno Brum. Reprodução assistida. Um pouco de história. *Revista da Sociedade Brasileira de Psicologia Hospitalar*, Rio de Janeiro, v. 12, n. 2, p. 23-42, 2009. Disponível em: http://pepsic.bvsalud.org/scielo.php?script=sci_arttext&pid=S1516-08582009000200004. Acesso em 11 jun. 2019.

OMMATI, José Emílio Medauar. As novas técnicas de reprodução humana à luz dos princípios constitucionais. *Revista de Informação Legislativa*, Brasília, v. 36, n. 141, p. 229-238, 1999. Disponível em: https://www2.senado.leg.br/bdsf/bitstream/handle/id/464/r141-17.pdf?sequence=4. Acesso em 4 jun. 2019.

PINHEIRO NETO, Othoniel. *O direito dos homossexuais biologicamente férteis, mas psicologicamente inférteis, habilita-os como beneficiários da Política Nacional de Reprodução Humana Assistida*. 2016. 137 f. Tese (Doutorado em Direito) – Universidade Federal da Bahia, Salvador, 2016. Disponível em: https://repositorio.ufba.br/ri/bitstream/ri/20172/1/Tese%20Othoniel%20Pinheiro%20Neto.pdf. Acesso em 28 nov. 2018.

SILVA NETTO, Manuel Camelo Ferreira. *Planejamento familiar nas famílias LGBT*: desafios sociais e jurídicos do recurso à reprodução humana assistida no Brasil. Belo Horizonte: Fórum, 2021.

SILVA NETTO, Manuel Camelo Ferreira; DANTAS, Carlos Henrique Félix; FERRAZ, Carolina Valença. O dilema da "produção independente" de parentalidade: é legítimo escolher ter um filho sozinho? *Revista Direito GV*, São Paulo, v. 14, n. 9, p. 1.106-1.138, 2018. Disponível em: http://www.scielo.br/scielo.php?script=sci_arttext&pid=S1808-24322018000301106. Acesso em 15 jun. 2019.

SOARES, André Marcelo M.; PIÑEIRO, Walter Esteves. *Bioética e biodireito*: uma introdução. 2. ed. São Paulo: Edições Loyola, 2006.

UREL, Isadora. Adoção de embriões: uma opção apropriada aos embriões excedentários viáveis. *Revista de Direito Constitucional e Internacional*, São Paulo, v. 99, p. 191-202, 2015. Disponível em: http://www.mpsp.mp.br/portal/page/portal/documentacao_e_divulgacao/doc_biblioteca/bibli_servicos_produtos/bibli_boletim/bibli_bol_2006/RDConsInter_n.97.08.PDF. Acesso em 15 ago. 2019.

VILLELA, João Baptista. Desbiologização da paternidade. *Revista da Faculdade de Direito da Universidade Federal de Minas Gerais*, Belo Horizonte, n. 21, p. 400-418, 1979. Disponível em: https://www.direito.ufmg.br/revista/index.php/revista/article/view/1156/1089. Acesso em 12 jun. 2019.

Informação bibliográfica deste texto, conforme a NBR 6023:2018 da Associação Brasileira de Normas Técnicas (ABNT):

SILVA NETTO, Manuel Camelo Ferreira da. A reprodução humana assistida e as dificuldades na sua regulamentação jurídica no Brasil: uma análise dos vinte e quatro projetos de lei que tramitam no Congresso Nacional. *In*: EHRHARDT JÚNIOR, Marcos; CATALAN, Marcos; MALHEIROS, Pablo (Coord.). *Direito Civil e tecnologia*. 2. ed. Belo Horizonte: Fórum, 2022. t. II. p. 557-591. ISBN 978-65-5518-432-7.

O ADMIRÁVEL MUNDO NOVO DO CRISPR-CAS9: A (IM)POSSIBILIDADE DE INSTRUMENTALIZAÇÃO DA PESSOA HUMANA NA CONSTRUÇÃO DO PROJETO DE PARENTALIDADE A PARTIR DA EDIÇÃO GENÉTICA

CARLOS HENRIQUE FÉLIX DANTAS

> *Toda descoberta da ciência pura é potencialmente subversiva: até a ciência deve, às vezes, ser tratada como um inimigo possível. Sim, a própria ciência.*
>
> (Aldous Huxley)[1]

Introdução

Os progressivos avanços científicos no campo da engenharia genética permitiram que o ser humano fosse capaz de identificar a estrutura do seu DNA,[2] formada por uma dupla hélice e contendo a informação genética única de cada ser vivo, em 1953, por intermédio dos estudos de James Watson e Francis Crick.[3] E, posteriormente, em 1978, desenvolvesse a tecnologia reprodutiva que ainda hoje é capaz de auxiliar na infertilidade daqueles sujeitos que buscam concretizar o sonho do projeto de parentalidade.[4] Essa tecnologia, conhecida como reprodução humana assistida (RHA),

---

[1] HUXLEY, Aldous. *Admirável mundo novo*. 22. ed. São Paulo: Globo, 2014.
[2] Salienta-se que para esta pesquisa, em conformidade com os estudos que envolvem genética humana, utiliza-se como sinônimo de DNA a expressão conhecida como "genoma". Por sua vez, o termo "gene" refere-se a uma pequena unidade do DNA, cujo conjunto é responsável por caracterizar o genoma de cada ser vivo.
[3] Consultar WATSON, James; CRICK, Francis. Molecular structure of nucleic acids: a structure for deoxyribose nucleic acid. *Nature*, n. 171, p. 737-738, 1953. Disponível em: https://www.nature.com/articles/171737a0. Acesso em 14 nov. 2020; WATSON, James; CRICK, Francis. Genetical implications of the structure of deoxyribonucleic acid. *Nature*, v. 171, p. 964-967, 1953. Disponível em: https://www.leeds.ac.uk/heritage/Astbury/bibliography/Watson_and_Crick_1953b.pdf. Acesso em 30 nov. 2020.
[4] Seja esse projeto biparental heteroafetivo (os autores do projeto parental possuem o gênero diferente) ou homotransafetivo (composto por autores que destoem do padrão heterocisnormativo, ou seja, casais compostos

na época, possibilitou o nascimento de Louise Brown, o primeiro ser humano nascido a partir de uma fertilização *in vitro* (FIV). Entretanto, somente a partir de 1992 que a técnica de injeção intracitoplasmática de espermatozoides ganhou popularidade no mundo,[5] ocasionando, por isso, o fomento de debates incansáveis a respeito do fantástico potencial da tecnologia na possível instrumentalização da vida humana. Nesse ínterim, cumpre mencionar também a importância do Projeto Genoma Humano (1990-2003), responsável pelo sequenciamento dos genes que compõem a estrutura do DNA, obtendo-se uma precisão de aproximadamente 92% no desenvolvimento da pesquisa.[6] Somente em pesquisa publicada no ano de 2022 que os cientistas do Consórcio Telomere-to-Telomere (T2T) conseguiram decifrar os 8% restantes.[7]

Na virada para o século XXI, por isso, o filósofo Jürgen Habermas fomentou sua inquietação em nível internacional sobre o uso de células-tronco humanas em pesquisas científicas e sobre o perigo do uso do diagnóstico genético pré-implantacional[8] (DGPI), por meio da RHA. Diante disso, era possível discutir-se, então, a possibilidade de selecionar ou excluir um embrião a partir de determinadas características genéticas já

---

por pessoas de mesmo gênero ou que tenham, na sua configuração, pelo menos uma pessoa com identidade de gênero trans), monoparental feminino ou masculino, coparental ou, ainda, multiparental. Isso, pois as amarras da infertilidade ou a impossibilidade gestacional não traduzem mais a não possibilidade de conduzir o projeto de parentalidade. Afinal, tem-se a possibilidade de utilizar-se da técnica de gestação por substituição e/ou, num futuro não tão distante, da tecnologia do útero artificial como alternativa extracorpórea de gestação humana. Para um aprofundamento na temática, conferir SILVA NETTO, Manuel Camelo Ferreira da. *Planejamento familiar nas famílias LGBT*: desafios sociais e jurídicos do recurso à reprodução humana assistida no Brasil. Belo Horizonte: Fórum, 2021; SILVA NETTO, Manuel Camelo Ferreira da; DANTAS, Carlos Henrique Félix; FERRAZ, Carolina Valença. O dilema da "produção independente" de parentalidade: é legítimo escolher ter um filho sozinho? *Revista Direito GV*, São Paulo, v. 14, n. 3, p. 1106-1138, 2018. Disponível em: https://www.scielo.br/pdf/rdgv/v14n3/2317-6172-rdgv-14-03-1106.pdf. Acesso em 9 nov. 2020; SILVA NETTO, Manuel Camelo Ferreira da; DANTAS, Carlos Henrique Félix. Entre a ficção científica e a realidade: o "útero artificial" e as (futuras) perspectivas em matéria de biotecnologia reprodutiva humana à luz do biodireito. *In*: EHRHARDT JR., Marcos; CATALAN, Marcos; MALHEIROS, Pablo. *Direito civil e tecnologia*. Belo Horizonte: Fórum, 2020.

[5] MOURA, Marisa Decat de; SOUZA, Maria do Carmo Borges de; SCHEFFER, Bruno Brum. Reprodução assistida: um pouco de história. *Revista da SBPH*, v. 12, n. 2, p. 23-42, 2009. Disponível em: http://pepsic.bvsalud.org/pdf/rsbph/v12n2/v12n2a04.pdf. Acesso em 20 dez. 2020.

[6] Sobre os resultados obtidos no projeto, consultar COLLINS, Francis; GREEN, Eric; GUTTMACHER, Alan; GUYER, Mark. A vision for the future of genomics research. *Nature*, v. 422, p. 835-847, 2003. Disponível em: https://www.nature.com/articles/nature01626. Acesso em 30 nov. 2020. Além disso, sobre o tema, consultar: CORREA, Marilena. O admirável Projeto Genoma Humano. *Physis*, Rio de Janeiro, v. 12, n. 2, p. 277-299, 2002. Disponível em: https://www.scielo.br/scielo.php?script=sci_arttext&pid=S0103-73312002000200006. Acesso em 16 abr. 2021.

[7] NURK, Sergey *et al*. The complete sequence of a human genome. *Science*, v. 376, p. 44-53, 2022. Disponível em: https://www.science.org/doi/epdf/10.1126/science.abj6987. Acesso em 19 abr. 2022.

[8] Entende-se por DGPI a técnica, associada à RHA, que consiste em identificar no embrião já formado o gene relativo à determinada característica hereditária indesejada, procedendo-se, por isso, com o descarte intencional deste, caso esteja em desenvolvimento extracorpóreo. Comenta-se, ainda, que existe a possibilidade de se realizar o teste genético em embriões formados e intracorpóreos, procedendo-se com o aborto intencional e legalizado quando se tratar de anencefalia, conforme decisão histórica proferida pelo Supremo Tribunal Federal na ADPF 54 (cf. BRASIL. Supremo Tribunal Federal. *Ação de Descumprimento de Preceito Fundamental nº 54/DF*. Rel. Min. Marco Aurélio, j. 12.4.2021. Disponível em: http://redir.stf.jus.br/paginadorpub/paginador.jsp?docTP=TP&docID=3707334. Acesso em 26 abr. 2021).

formadas.[9] [10] Em função disso, Habermas escreveu a obra *O futuro da natureza humana* (2001), responsável por introduzir nas sociedades neoliberais as discussões a respeito dos impactos das intervenções biotecnológicas no futuro da espécie humana, a partir das regras que levam em consideração o mercado que estipula os valores do material genético humano e das tecnologias reprodutivas na pós-modernidade. Assim, a crítica habermasiana sobre a instrumentalização da espécie humana torna-se cada vez mais atual no debate público sobre desenvolvimento humano e biotecnologia reprodutiva.

Entretanto, comenta-se que a partir de 2012 houve um novo salto evolutivo em matéria de biotecnologia reprodutiva, uma vez que as cientistas Jennifer Doudna e Emmanuelle Charpentier descobriram o potencial do sistema CRISPR que, quando associado à proteína Cas9, funciona como uma ferramenta capaz de alterar o genoma de qualquer ser vivo (seja ele animal ou vegetal). Desse modo, compreende-se que a técnica age de modo que: a) o CRISPR identifique a localização do gene-destino a ser modificado; e b) o Cas9 funcione como uma "tesoura genética", capaz de romper com a sequência do DNA-alvo, substituindo-o pelo gene que esteja contido no RNA carregado pelo sistema CRISPR.[11] A revolução ocasionada pelo método, em matéria genética e reprodutiva, por sua vez, concedeu, no ano de 2020, o Prêmio Nobel de Química para as pesquisadoras,[12] demonstrando, no cenário internacional, que a tecnologia, mais uma vez, renova o debate internacional sobre a importância da discussão de limites éticos e jurídicos no desenvolvimento de novas biotecnologias, sobretudo no que diz respeito à construção de projetos de parentalidade ante a autonomia reprodutiva disponível pela garantia do planejamento familiar (art. 226, §7º da Constituição Federal de 1988).[13]

Percebe-se, assim, que se poderá estar mais perto da distopia de *Admirável mundo novo* (1932), de Aldous Huxley, do que se imaginava. A referida obra aborda uma sociedade em que é possível existir o amplo uso de intervenção científica no processo reprodutivo humano. Isso porque, no ensaio, a reprodução natural é substituída quase que integralmente pela artificial, viabilizando indivíduos produzidos em laboratório, em

---

[9] Isto é, momento posterior à concepção, em que houve a junção dos gametas femininos e masculinos, tratando-se, por isso, de um embrião formado. Nesse sentido, no DGPI não se altera direta e precisamente o patrimônio genético do embrião. Entretanto, ressalta Vera Lúcia Raposo que a seleção reiterada de embriões com determinadas características genéticas acabará por alterar o genoma da pessoa humana (RAPOSO, Vera Lúcia. *O direito à imortalidade*: o exercício de direitos reprodutivos mediante técnicas de reprodução assistida e o estatuto jurídico do embrião in vitro. Coimbra: Almedina, 2014. p. 959).

[10] Comenta-se, também, que os critérios utilizados – inclusive ainda hoje – perpassam noções do que deve ser considerado doença, qualidade de vida e uma vida que mereceu ou não ser vivida. Afinal, sobre o pretexto de falta de qualidade vida e "anormalidade", alguns sujeitos são taxados como prescindíveis de existência e direitos na percepção eugênica e médica de deficiência, a qual se encontra superada pelo paradigma social de deficiência nos sistemas jurídicos que tenham assimilado a Convenção Sobre os Direitos das Pessoas com Deficiência, como é o caso do Brasil. Para aprofundar o debate, consultar PALACIOS, Agustina; ROMAÑACH, Javier. *El modelo de la diversidade*: la bioética y los derechos humanos como herramientas para alcanzar la plena dignidade em la diversidad funcional. Madrid: Ediciones Diversitas – AIES, 2006.

[11] DOUDNA, Jennifer; STERNBERG, Samuel. *A crack in creation*: gene editing and unthinkable power to control evolution. Boston: Houghton Mifflin Harcourt, 2017. p. 90 e ss.

[12] Consultar MLA style: The Nobel Prize in Chemistry 2020. *NobelPrize.org*, 2020. Disponível em: https://www.nobelprize.org/prizes/chemistry/2020/summary/. Acesso em 14 nov. 2020.

[13] Constituição Federal de 1988: "Art. 226. [...]. §7º Fundado nos princípios da dignidade da pessoa humana e da paternidade responsável, o planejamento familiar é livre decisão do casal, competindo ao Estado propiciar recursos educacionais e científicos para o exercício desse direito, vedada qualquer forma coercitiva por parte de instituições oficiais ou privadas".

que a edição genética se torna a regra e a maneira comum de determinar o nascimento das pessoas, abominando-se, assim, o acaso atribuído à reprodução pelo coito sexual.[14] Nesse sentido, ao levar em consideração a possibilidade de estar-se aproximando do mundo fictício criado por Huxley, este artigo busca oferecer ao leitor o olhar da crítica habermasiana a respeito da possível instrumentalização da espécie humana a partir da mais moderna tecnologia de *design* genético, conhecido como CRISPR-Cas9. E, por isso, investigar os possíveis efeitos nas sociedades modernas, tal qual o perigo de violação à diversidade no patrimônio genético humano. A partir desse contexto, este trabalho busca responder às seguintes provocações: a tecnologia do CRISPR-Cas9 torna possível a instrumentalização da pessoa humana na construção do projeto de parentalidade? Quais seriam os possíveis limites da edição genômica a partir da ideia de autonomia privada no planejamento familiar oferecidos pelo ordenamento jurídico brasileiro para proteger o patrimônio genético humano?

Em função disso, este artigo objetiva entender como esse método de edição genética se inseriu nas sociedades neoliberais como possível alternativa de uso no campo reprodutivo e desenvolvimento humano. Além disso, de forma específica, busca: a) levantar dados a respeito do uso do CRISPR-Cas9 em seres humanos e como essa tecnologia suscita a emergência de um diálogo sobre possíveis limites éticos e jurídicos; b) compreender a crítica habermasiana a respeito da instrumentalização da espécie humana, ao considerar, sobretudo, os signos da autonomia privada, eugenia (positiva e negativa) e liberalismo; e c) identificar, a partir da relação entre a bioética e o direito, os possíveis indicativos de instrumentos possíveis para promoção da tutela jurídica da diversidade no patrimônio genético humano.

A fim de alcançar os resultados almejados, utiliza-se o método de raciocínio analítico dedutivo a partir de revisão bibliográfica de doutrina nacional e internacional. Além disso, faz-se o uso de pesquisa documental ao considerar, sobretudo, a Convenção sobre Diversidade Biológica, a Constituição Federal de 1988 (CRFB/88), a Lei de Planejamento Familiar (Lei nº 9.263/1996) e a Lei nº 13.123/2015, sobre acesso ao patrimônio genético. Para tanto, utiliza-se a metodologia do direito civil-constitucional como forma de dar cabo à interpretação das relações privadas à luz da Constituição, no tocante à autonomia no projeto parental. Isso pois se busca promover o debate sobre a proteção da pessoa humana como centro das discussões referentes ao uso do *design* genético na esfera de proteção de diversidade no patrimônio genético humano.

1 A descoberta do CRISPR-Cas9 como ferramenta de edição genômica e o uso da tecnologia em seres humanos: dilemas éticos emergentes

Embora se acredite que as bactérias sejam o presságio de problemas relativos a doenças, infecções ou até mesmo o apodrecimento de alimentos, representam, também, um viés útil para seres humanos, como a regulação da digestão e o processamento de alimentos ingeridos. Nesse viés, comenta-se que o sistema CRISPR, que significa

---

[14] Cf.: HUXLEY, Aldous. *Admirável mundo novo*. 22. ed. São Paulo: Globo, 2014.

"curtas repetições palindrômicas agrupadas regularmente e interespaçadas",[15] deriva de bactérias, sendo, na atualidade, responsável pela descoberta do que até então era considerado impossível para a humanidade. A esse respeito, torna-se fundamental tecer que os primeiros estudos da ferramenta têm início nos anos oitenta, no Japão, apesar de ter se tornado decisivo seu estudo a partir da década de noventa, por intermédio do trabalho do espanhol Francis Mojica, à época vinculado à Universidade de Alicante (Espanha), tendo sido criado o termo pelo pesquisador, em parceria com holandeses, em novembro de 2001, chegando-se ao acrônimo que se popularizou no mundo.[16]

Nessa toada, o potencial da ferramenta para o *design* genético foi marcado pelos estudos das cientistas Jennifer Doudna e Emmanuelle Charpentier, a partir do ano de 2012. Isso porque, em parceria com os pesquisadores Martin Jinek, Krzysztof Chylinski, Ines Fonfara e Michael Haure, em artigo publicado em junho de 2012, na revista *Science*, propuseram uma nova metodologia baseada no RNA-programado, a partir da proteína Cas9, por intermédio do sistema CRISPR, de modo a oferecer um considerável potencial da ferramenta para a aplicação em alvos genéticos rastreáveis, tornando possível, assim, a edição do genoma com precisão.[17] Por sua vez, em novembro de 2014, as cientistas publicaram em coautoria, também na revista *Science*, um ensaio descritivo, provando como a tecnologia revolucionou o campo da engenharia genética. Discutem, as pesquisadoras, que o campo da biologia enfrenta agora uma nova fase de transformação com base no advento da ferramenta do RNA-programável, conhecido como CRISPR-Cas9, em seres vivos (animais e plantas). Isso porque, ao se associar o sistema imune bacteriano, chamado de CRISPR, com a proteína Cas9, torna-se possível guiar uma sequência do RNA para os alvos do DNA, possibilitando-se editar o genoma de forma objetiva, visto que a proteína Cas9 funcionará como uma "tesoura" capaz de cortar o gene-alvo,[18] como pode ser observado na imagem a seguir.

---

[15] "Clustered Regularly Interspaced Short Palindromic Repeats" (tradução livre).
[16] MONTOLIU, Lluís. *Editando genes*: recorta, pega y cólera. Las maravillosas herramientas CRISPR. 2. ed. Pamplona: Next Door Publishers, 2020.
[17] JINEK, Martin; CHYLINSKI, Krzysztof; FONFARA, Ines; HAURE, Michael; DOUDNA, Jennifer; CHARPENTIER, Emmanuelle. A programmable Dual-RNA–Guided DNA endonuclease in adaptive bacterial immunity. *Science*, v. 337, issue 6096, 2012. Disponível em: https://science.sciencemag.org/content/337/6096/816.full. Acesso em 30 nov. 2020.
[18] DOUDNA, Jennifer; CHARPENTIER, Emmanuelle. The new frontier of genome engineering with CRISPR-Cas9. *Science*, v. 346, issue 6213, 2014. Disponível em: https://science.sciencemag.org/content/346/6213/1258096. Acesso em 6 dez. 2020.

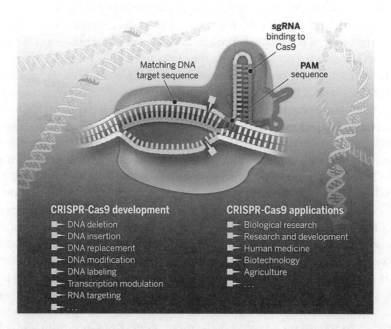

IMAGEM 1 – Desenho esquemático sobre a aplicação do sistema CRISPR-Cas9 como ferramenta de *design* genético

Fonte: DOUDNA, Jennifer; CHARPENTIER, Emmanuelle. The new frontier of genome engineering with CRISPR-Cas9. *Science*, v. 346, issue 6213, 2014.

Essa tecnologia, portanto, inaugura um novo marcador histórico nos avanços científicos que dizem respeito à engenharia genética, pois permite, com precisão, alterar o genoma de células somáticas e germinativas de forma mais objetiva, rápida e pouco onerosa do que as tecnologias disponíveis anteriormente. Além disso, introduz no debate as consequências nefastas que poderá ter na proteção da diversidade no patrimônio genético, uma vez que, ao se alterar por intermédio do método o genoma na linha germinativa do ser vivo, este não fará mais parte da cadeia genética dos descendentes, sendo excluído, por isso, das futuras gerações e colocando em risco a noção de herança genética atribuída pela mudança do código de ascendentes para descendentes. Assim, da mesma forma que aparenta ser um inequívoco benefício na história da humanidade, é, também, circundado por graves dilemas éticos no manejo da tecnologia, sobretudo àqueles que tenham o propósito eugênico ou de "limpeza de defeitos". Dessa forma, há quem diga que, na medida em que se pode ler e escrever o genoma humano, torna-se possível modificar, também, a percepção do que é ser humano na atualidade.[19]

A simplicidade no uso da ferramenta fez com ela se popularizasse rapidamente, não apenas no meio científico e acadêmico, mas também no uso doméstico por curiosos que desejassem utilizar a tecnologia de forma bruta e livre. A esse respeito, em rápida

---

[19] Cf.: MUKHERJEE, Siddhartha. *O gene*: uma história íntima. Tradução de Laura Motta. 1. ed. São Paulo: Companhia das Letras, 2016. p. 23.

consulta, pode-se encontrar a ferramenta à venda em plataformas como *Amazon*[20] ou em *sites* específicos como *genscript.com*[21] ou *the-odin.com*,[22] a partir do uso dos termos "Engenharia do genoma" ou "Crispr-Cas9 Kit", em preços que variam entre $169.99 e $379.00, prometendo facilidade e praticidade no uso da tecnologia. Em função disso, num futuro não tão distante, é possível que a simplicidade na aquisição da ferramenta possibilite que seja comercializada em grandes centros comerciais de forma pragmática.

Ao discorrer sobre *kits* caseiros, Walter Isaacson[23] entende que a praticidade no uso da técnica pode ser equiparada à chegada dos computadores pessoais e dos serviços digitais nos anos 70. Afinal, os grandes desenvolvedores e empreendedores podem elaborar variantes dos *kits*, de forma delimitada, para que os testes domésticos possam ter, de forma exemplificativa, as seguintes aplicações: detecção de vírus, diagnóstico de doenças, triagem de câncer, análises nutricionais, avaliações microbiológicas, testes genéticos, entre outros. De certa forma, para o autor, ajudarão a trazer a biologia para dentro de casa, de forma a permitir autodiagnósticos e soluções simplificadas para o que ocorre com o corpo humano.

Diante desse fenômeno, há o iminente desconforto sobre a inexistência de limites éticos e jurídicos bem delineados pelos Estados nacionais a respeito do uso da ferramenta em seus respectivos países, de modo a estar próximo da metáfora utilizada por Van Rensselaer Potter sobre a "caixa do conhecimento de Pandora", em alusão à mitologia grega sobre a execução de uma ação que supostamente pode parecer inocente, mas que pode trazer consequências nefastas. Assim, ao escolher abrir a "caixa do conhecimento", não se poderá mais colocar de volta a informação obtida, de modo que a humanidade deverá sempre procurar a sabedoria necessária para lidar com as novas descobertas. Dessa forma, ao mesmo tempo em que jamais se imaginou prever as possíveis consequências dos novos conhecimentos, deve-se considerar uma necessidade de aumento do planejamento multidisciplinar. Isso porque as descobertas deverão sempre presar pela sabedoria necessária para lidar com as novas tecnologias, devendo-se concluir que não é do conhecimento perigoso que se deve ter medo, mas sim da ignorância perigosa.[24]

A partir disso, percebe-se que, devido à descoberta do potencial do CRISPR-Cas9 para a edição genética, os cientistas agora podem utilizá-lo para modificar o código genético vital que compõe o DNA de plantas, animais e seres humanos. E, como argumentado, não apenas pesquisadores e cientistas têm acesso à tecnologia, mas todos aqueles que tenham interesse e o dinheiro necessário poderão comprar os instrumentos para reproduzir a tecnologia em suas casas, sendo facilmente adquiridos. Não obstante, embora existam as mais diversas possibilidades de aplicação da referida ferramenta

---

[20] KIT de Engenharia de Genoma Bacterial DIY, CRISPR. *Amazon*. Disponível em: https://www.amazon.com/DIY-Bacterial-Genome-Engineering-CRISPR/dp/B071ZXW1TW. Acesso em 6 dez. 2020.

[21] GENCRISPR™ Cas9 kits. *Genscript*. Disponível em: https://www.genscript.com/cas9-kits.html. Acesso em 6 dez. 2020.

[22] DIY Bacterial Gene Engineering CRISPR Kit. *The Odin*. Disponível em: https://www.the-odin.com/diy-crispr-kit/. Acesso em 17 abr. 2021.

[23] ISAACSON, Walter. *The code breaker*: Jennifer Doudna, gene editing and the future of the human race. New York: Simon&Schuster Inc., 2021. p. 432-433.

[24] POTTER, Van Rensselaer. *Bioética*: ponte para o futuro. Tradução de Diego Carlos Zanella. São Paulo: Edições Loyola, 2016. p. 89-91.

para edição no genoma, esclarece Jennifer Doudna, em livro escrito em coautoria com Samnuel Stenberg, que a sua intenção inicial, juntamente a Emmanuelle Charpentier, era que seu trabalho pudesse ajudar a reescrever o DNA de pacientes humanos para curar doenças.[25] Dessa forma, ressaltam os autores que existe uma diferença entre alterar células somáticas e germinativas no genoma, pois: a) células germinativas são aquelas em que o genoma pode ser herdado pelas gerações subsequentes, estando presente em óvulos ou esperma, por exemplo; e b) células somáticas são as outras células que compõem o organismo vivo, como coração, músculo, cérebro, entre outros.[26] Por isso, percebe-se que o propósito da técnica se direcionava como uma forma de garantir tratamento terapêutico para seres humanos nascidos que possuíssem uma doença hereditária.

Acerca do tema, em nível internacional, por outro lado, a experimentação da edição do genoma em seres vivos vem conquistando o mercado de patentes, tendo sido registrados mais de 13 mil pedidos relativos à tecnologia somente entre os anos de 2013 e 2017. Além disso, encontram-se entre os pedidos, a exemplo, que a multinacional DowDuPont, do setor agrícola, aparece em primeiro lugar no *ranking*, com 514 solicitações, uma vez que é mais barato editar o DNA de plantas do que desenvolver uma espécie transgênica.[27] Ademais, uma projeção de pesquisa baseada nos Estados Unidos da América (EUA) estima que o mercado de edição genética, no mundo, deve movimentar até 2025 aproximadamente U$$8,1 bilhões, impulsionando o campo de pesquisa público e privado na área.[28]

Entretanto, há de se sopesar que a edição genética não vem se restringindo apenas a plantas e animais irracionais, mas também vem ocorrendo com a intenção de alterar o DNA de seres humanos para fins: a) terapêuticos: realizar modificações no genoma em células somáticas, de forma a viabilizar novos tratamentos para as enfermidades; ou b) artesões: alterações na estrutura do DNA em células germinativas, com o intuito de evitar a existência de determinadas características hereditárias indesejáveis, conforme o pretexto de uma suposta melhor qualidade de vida.

Dessa forma, algumas pesquisas podem ser apontadas como propulsoras da emergência de um diálogo entre os limites da ética e do direito no uso da ferramenta na modernidade:

(1) Em outubro de 2016, a equipe liderada pelo oncologista Lu You, da Universidade de Sichuan (China), anunciou o início de projeto destinado a realizar estudos sobre como realizar terapia genética, por intermédio do sistema CRISPR-Cas9, em células de pacientes com câncer agressivo nos pulmões. Os resultados preliminares anunciados na revista *Nature*, em abril de 2020, apontaram para uma possível segurança e viabilidade da ferramenta

---

[25] DOUDNA, Jennifer; STERNBERG, Samuel. *A crack in creation*: gene editing and unthinkable power to control evolution. Boston: Houghton Mifflin Harcourt, 2017. p. 153.

[26] DOUDNA, Jennifer; STERNBERG, Samuel. *A crack in creation*: gene editing and unthinkable power to control evolution. Boston: Houghton Mifflin Harcourt, 2017. p. 158.

[27] MARQUES, Fabrício. Guerra de patentes: pesquisadores duelam por direitos de explorar a ferramenta de edição de genes CRISPR-Cas9. *Revista Pesquisa FAPESP*, p. 41-43, 2018. Disponível em: https://revistapesquisa.fapesp.br/wp-content/uploads/2018/07/041-043_Crispr_269.pdf. Acesso em 7 dez. 2020. p. 43.

[28] GENOME editing market size to reach $8.1 billion by 2025. *Grand View Research*, fev. 2017. Disponível em: https://www.grandviewresearch.com/press-release/global-genome-editing-market. Acesso em 17 abr. 2021.

em editar o gene "PD-1", responsável pela doença, de modo a demonstrar, assim, um inequívoco benefício para a humanidade. Salienta-se, ainda, que a descoberta foi realizada com interferência, acompanhamento e autorização de comitê ético-científico.[29] [30] Percebe-se, assim, que a conduta do cientista ocorreu de modo a viabilizar um novo tratamento para o câncer em pulmões, revelando ser um projeto com finalidade terapêutica, ao modificar células somáticas.

(2) Entre junho de 2016 e março de 2017, o cientista He Jiankui, da Universidade de Ciência e Tecnologia do Sul da China (SUSTech), lançou projeto de edição de genes em embriões humanos, objetivando utilizar a tecnologia do CRISPR-Cas9 para alterar o gene "CCR5" em embriões que viriam a nascer por meio de fertilização *in vitro*. A precisão na escolha do gene decorre por esse ser responsável por produzir uma proteína que é necessária para que o HIV consiga adentrar nas células humanas.[31] Por isso, em contato com o vírus, as gêmeas chinesas Lulu e Nana, que nasceram em novembro de 2018, estariam supostamente protegidas de contrair o HIV quando expostas. O anúncio do cientista chinês ocorreu, por sua vez, pela plataforma do YouTube,[32] estando entre as suas declarações que as bebês estariam saudáveis e em casa com os seus pais. A emergência ética suscitada pelo caso decorre do que Sheldon Krimsky[33] aponta como as dez maneiras diferentes com as quais o pesquisador infringe a ética médica de forma mais grave e imprudente desde os experimentos ocorridos na Segunda Guerra Mundial ao: a) violar o consenso internacional sobre a edição de embriões, pois a Primeira Reunião Internacional sobre a Edição de Genes, em 2015, concluiu como irresponsável proceder com qualquer edição de genes na linha germinal humana antes de se resolver a segurança e eficácia com base nos riscos e benefícios, devendo haver um amplo acordo social sobre o seu uso; b) não divulgar os resultados prévios de suas experimentações de uso do sistema CRISPR, inexistindo na literatura científica trabalhos prévios do cientista em edição de embriões; c) haver relatado os riscos e efeitos da

---

[29] CYRANOSKI, David. CRISPR gene-editing tested in a person for the first time. *Nature*, v. 539, 2016. p. 479. Disponível em: https://www.nature.com/news/crispr-gene-editing-tested-in-a-person-for-the-first-time-1.20988. Acesso em 7 dez. 2020.

[30] YOU, Lu *et al*. Safety and feasibility of CRISPR-edited T cells in patients with refractory non-small-cell lung cancer. *Nature*, v. 26, p. 732-740, 2020. Disponível em: https://www.nature.com/articles/s41591-020-0840-5. Acesso em 7 dez. 2020.

[31] CYRANOSKI, David. What's next for CRISPR babies. *Nature*, v. 566, p. 440-442, 2019. Disponível em: https://media.nature.com/original/magazine-assets/d41586-019-00673-1/d41586-019-00673-1.pdf. Acesso em 7 dez. 2020.

[32] Para assistir o vídeo referenciado, basta apontar a câmera do celular para o QR Code ou acessar o *link* https://www.youtube.com/watch?v=th0vnOmFltc:

[33] KRIMSKY, Sheldon. Ten ways in which He Jiankui violated ethics. *Nature Biotechnology*, v. 37, n. 1, p. 19-20, 2019. Disponível em: https://sites.tufts.edu/sheldonkrimsky/files/2019/01/pub2019TenWays.pdf. Acesso em 7 dez. 2020.

edição genética em embriões de forma insuficiente, na medida em que suas declarações públicas não interceptam maneiras de eliminá-los ou preveni-los em organismos vivos; d) falhar ao reunir informações suficientes sobre como seguir um consenso científico sobre os mínimos riscos ao tornar a edição de embriões possível; e) não cumprir as diretrizes éticas nacionais da China em termos de pesquisa embrionária; f) falhar no cumprimento das diretrizes éticas da própria universidade que integra como pesquisador; g) editar a linha germinal humana sem concentrar os experimentos para buscar a cura de doenças debilitantes ou potencialmente fatais, para as quais inexista terapia; h) induzir os pais a aceitarem realizar o procedimento, a partir da alegação de que o seu laboratório iria cobrir o pagamento da FIV, num valor de aproximadamente US$40.000, o que pode ser considerado um valor suficientemente alto, capaz de minar o julgamento dos pais ao tomar uma decisão voltada para os riscos e benefícios; i) não fornecer documento de consentimento livre e esclarecido aceitável, uma vez que continha termos técnicos, mas não havia nenhuma explicação dos significados dos efeitos ou mudanças indesejáveis nas crianças; e j) não informar os pais sobre o conflito de interesses remanescentes, o que requer menção expressa no termo de consentimento livre e esclarecido. Em decorrência do procedimento adotado, o cientista He Jiankui foi condenado por "prática médica ilegal" em dezembro de 2019, sendo sentenciado a três anos de cárcere e multa de $430.000.[34] A respeito das mutações geradas nas gêmeas, descobriu-se posteriormente que as edições efetuadas são "similares", mas não idênticas ao gene "CCR5", ocasionando uma incerteza quanto à resistência ao vírus do HIV.[35] A conduta do cientista chinês, além de revelar um descompasso com as diretrizes éticas nacionais e internacionais, também revela uma finalidade artesã no procedimento, de modo a viabilizar modificações em células germinativas humanas para fins de aperfeiçoamento genético, conforme os interesses subjetivos do cientista em realizar o procedimento sem adequado consentimento dos pais.

(3) Em outubro de 2019, o cientista russo Denis Rebrikov anunciou ter iniciado processo de edição de genes em óvulos doados para aprender como usar o CRISPR-Cas9 como ferramenta para evitar que casais surdos tenham filhos com a mesma mutação genética, identificada no gene "GJB2". Conforme o pesquisador, ele possui permissão de um conselho para realizar a sua pesquisa, entretanto essa não lhe concede a possibilidade de transferir os óvulos para um útero.[36] Ainda no mesmo ano, o cientista voltou a declarar que pretende realizar experimentos tendo como alvo também o gene "CCR5", o mesmo utilizado nas pesquisas de He Jiankui, declarando, ainda, que sua técnica

---

[34] JOSEPH, Andrew. CRISPR babies scientist sentenced to 3 years in prison. *Scientific American*, 2019. Disponível em: https://www.scientificamerican.com/article/crispr-babies-scientist-sentenced-to-3-years-in-prison/. Acesso em 7 dez. 2020.

[35] REGALADO, Antonio. China's CRISPR babies: Read exclusive excerpts from the unseen original research. *MIT Technology Review*, 2019. Disponível em: https://www.technologyreview.com/2019/12/03/131752/chinas-crispr-babies-read-exclusive-excerpts-he-jiankui-paper/. Acesso em 7 dez. 2020.

[36] CYRANOSKI, David. Russian 'CRISPR-baby' scientist has started editing genes in human eggs with goal of altering deaf gene. *Nature*, v. 574, n. 7779, 2019. Disponível em: https://www.nature.com/articles/d41586-019-03018-0. Acesso em 7 dez. 2020.

irá oferecer melhores benefícios, menores riscos e será eticamente mais bem justificada e aceita pelo público do que a feita pelo cientista chinês.[37] De acordo com a exposição de interesses do cientista russo, percebe-se que a pesquisa de edição genética terá a finalidade artesã, de modo a verificar os possíveis resultados quando a aplicabilidade ocorrer de forma a modificar células germinativas humanas ao: a) modificar um gene relativo a uma deficiência auditiva; e b) alterar um gene capaz de proteger o organismo humano contra o vírus do HIV em embriões.

(4) Em janeiro de 2021, a equipe liderada por Damiano Rondelli, professor de Hematologia da Faculdade de Medicina da University of Illinois Chicago (UIC), publicou artigo no *New England Journal of Medicine*,[38] relatando a edição de genes de células-tronco, de forma a deletar o gene "BCL11A", responsável pela supressão da produção da hemoglobina fetal, de forma a almejar a cura para anemia falciforme e para as talassemias betas – aquelas pessoas dependentes de transfusão sanguínea –, por intermédio da ferramenta do CRISPR-Cas9. Nesse sentido, a abordagem do estudo envolveu dois pacientes, um com a talassemia beta e outro com anemia falciforme, tendo ambos resultados positivos após receberem células editadas pela técnica de *design* genético. As pessoas humanas que foram submetidas a esse estudo ainda hoje permanecem sob monitoramento, mesmo após o procedimento e, conforme os pesquisadores, estão saudáveis. Entretanto, os cientistas ainda ressalvam que a pesquisa está em estágio inicial e os primeiros pacientes permanecerão sob avaliação até que haja uma expansão para novos sujeitos.[39] Uma das pacientes da pesquisa, Victoria Gray, que possui anemia falciforme, concedeu entrevista para *National Public Radio (NPR) News* (EUA), em junho de 2020, relatando que, desde o tratamento, não teve mais nenhum ataque de dor e sequer precisou ser socorrida para um cuidado emergencial, hospitalização ou transfusão de sangue, sendo uma "grande" mudança em sua vida que lhe trouxe esperança.[40] O trabalho desenvolvido pelos pesquisadores do departamento da UIC direciona-se para a busca de novos tratamentos para enfermidades graves que afetam milhões de pessoas no tocante a células somáticas, seguindo a finalidade terapêutica, para possibilitar melhor qualidade de vida para aqueles sujeitos já nascidos e que têm sua saúde afetada.

---

[37] CYRANOSKI, David. Russian biologist plans more CRISPR-edited babies. *Nature*, v. 570, n. 7760, 2019. Disponível em: https://www.scientificamerican.com/article/russian-biologist-plans-more-crispr-edited-babies/. Acesso em 7 dez. 2020.

[38] FRANGOUL, Haydar; ALTSHULER, David; CAPPELLINI, M. Domenica; CHEN, Yi-Shan; DOMM, Jennifer; EUSTACE, Brenda K.; FOELL, Juergen; LA FUENTE, Josu de; GRUPP, Stephan; HANDGRETINGER, Rupert; HO, Tony W; KATTAMIS, Antonis *et al*. CRISPR-Cas9 Gene Editing for Sickle Cell Disease and β-Thalassemia. *New England Journal of Medicine*, v. 384, p. 252-260, 2021. Disponível em: https://www.nejm.org/doi/10.1056/NEJMoa2031054. Acesso em 17 abr. 2021.

[39] UNIVERSITY OF ILLINOIS AT CHICAGO. CRISPR technology to cure sickle cell disease. *ScienceDaily*, 2021. Disponível em: www.sciencedaily.com/releases/2021/01/210121131904.htm. Acesso em 17 abr. 2021.

[40] STEIN, Rob. A year in, 1st patient to get gene editing for sickle cell disease is thriving. *NPR News*, 23 jun. 2020. Disponível em: https://www.npr.org/sections/health-shots/2019/11/19/780510277/gene-edited-supercells-make-progress-in-fight-against-sickle-cell-diseasehttps://www.npr.org/sections/health-shots/2020/06/23/877543610/a-year-in-1st-patient-to-get-gene-editing-for-sickle-cell-disease-is-thriving. Acesso em 18 abr. 2021.

Pontua-se, ainda, que parte da comunidade científica sustenta a possibilidade de investigar a aplicabilidade da edição genética, com finalidade terapêutica, em embriões com doenças monogenéticas, quando houver maior segurança e eficácia no uso da técnica. Isso porque as enfermidades monogenéticas hereditárias seriam aquelas que produzem uma alteração no DNA em apenas um único alelo ou gene, como as fibroses císticas, hemofilia A, doença de Huntington, neurofibromatosis, entre outros. Dessa maneira, o risco de se editar geneticamente um único alelo seria menor em se ocasionar mosaicismos indesejados, passíveis de causar modificações que originariam outras doenças.[41]

Nota-se, assim, que a inovação da tecnologia do CRISPR-Cas9 se expandiu rapidamente no meio científico e social, permitindo que a descoberta se tornasse conhecida e utilizada por pesquisadores e curiosos. Todavia, o uso da ferramenta carrega consigo não apenas a promessa de um futuro de prevenção e descobertas terapêuticas para doenças hereditárias, mas também abre a possibilidade para um potencial de uso com finalidade artesã, de modo a se alicerçar rapidamente com as regras de livre mercado da sociedade pós-moderna. Por essa razão, o risco de auto-otimização ou autoinstrumentalização da espécie humana torna-se, em grande medida, uma realidade, como aponta a crítica habermasiana sobre o futuro da espécie humana, como será discutido a seguir.

2 A crítica habermasiana: autonomia privada e a instrumentalização da espécie humana ante os avanços da biotecnologia reprodutiva

Para Habermas, a ordem jurídica moderna é formada com base nos direitos subjetivos, os quais concedem à pessoa natural âmbitos legais para conduzir suas preferências, de acordo com a percepção de uma ação que é guiada. Isso porque a sua capacidade de exercício de direitos estaria dentro das fronteiras do que é permitido em lei, conforme o princípio hobbesiano de que "é permitido tudo aquilo que não é explicitamente proibido". Separa-se, assim, o campo da moralidade do direito. Isso, pois os direitos morais derivam das obrigações recíprocas, enquanto as jurídicas são delimitações legais da liberdade subjetiva. Essa estrutura, por sua vez, reflete o modo característico da validade jurídica, de modo a limitar o mundo dos fatos a partir da execução judicial estatal, conforme uma positivação jurídica existente.[42] Dessa forma, para o autor, "não existe direito sem a autonomia privada das pessoas jurídicas individuais de um modo geral". Afinal, sem o direito clássico à liberdade não haveria de se ter o meio adequado para que os cidadãos possam exercer a sua autodeterminação. Além disso, torna-se necessário reforçar que as autonomias privada e pública coexistem na medida em que correspondem ao núcleo interno da democracia com o Estado.[43]

---

[41] FERREYRA, Karen Ayelén. Consideraciones éticas sobre CRISPR/Cas9: uso terapéutico en embriones y futura gobernabilidad. *Revista de Bioética y Derecho*, v. 54, p. 121-138, 2022, p. 127. Disponível em: https://revistes.ub.edu/index.php/RBD/article/view/36115. Acesso em 20 abr. 2022.

[42] HABERMAS, Jürgen. *A constelação pós-nacional*: ensaios políticos. Tradução de Márcio Seligmann-Silva. São Paulo: Littera Mundi, 2001. p. 144-145.

[43] HABERMAS, Jürgen. *A constelação pós-nacional*: ensaios políticos. Tradução de Márcio Seligmann-Silva. São Paulo: Littera Mundi, 2001. p. 149.

À esteira do que é pontuado, o frankfurtiano, na obra *O futuro da natureza humana* (2001), argumenta que as inovações no campo da biotecnologia estão à frente das transformações sociais que simplesmente se ajustam às regras normativas, ameaçando o processo normativo de esclarecimento na esfera pública.[44] Por essa razão, os avanços científicos desafiam constantemente a norma posta, de modo a ensejar do direito novas formas de regular as descobertas. E, assim, enquadra-se o DGPI e, atualmente, também, a ferramenta de *design* genético conhecida como CRISPR-Cas9, que torna possível a edição do genoma de seres vivos em células somáticas e germinativas de maneira precisa e objetiva. Dessa forma, cumpre esclarecer que a primeira tecnologia, em nível legislativo, permanece sem regulação, existindo projetos de lei[45] que se mantêm em tramitação no Congresso Nacional, sendo, até o momento, disciplinada por meio de resolução do Conselho Federal de Medicina (CFM),[46] de teor meramente deontológico. A segunda tecnologia, por sua vez, até o momento segue sem previsão específica de regulamentação no contexto nacional. À vista disso, subsiste a Lei de Biossegurança (Lei nº 11.105/2005) como forma de estabelecer diretrizes quanto às atividades que envolvam organismos geneticamente modificados, que será aprofundada no tópico seguinte.

Ademais, a preocupação habermasiana se concentra na discussão das sociedades regidas pelo liberalismo,[47] uma vez que, por serem regidas pela livre iniciativa de mercado, as decisões de cunho eugênico seriam tomadas com base na oferta e desejo dos sujeitos que integram esse contexto. A esse respeito, entende o autor como necessário separar o que seria a eugenia negativa da positiva, na medida em que a primeira aparenta possuir uma razão justificável, enquanto a segunda inicialmente pode ser considerada simplesmente injustificada. Assim, na fronteira de imprecisão de limites bem definidos, torna possível sustentar argumentos que se baseiam numa suposta eugenia liberal, a qual não define limites entre o que seria uma intervenção terapêutica e uma de cunho meramente de aperfeiçoamento humano, sendo guiada pelas preferências individuais da pessoa humana que integra o mercado na escolha de características genéticas.[48] Essa linha de reflexão utilizada pelo frankfurtiano possibilita que se imagine que a eugenia negativa possa também levar a uma positiva, correndo-se o risco de que as pessoas não consigam perceber a diferença entre o que seria certo e o errado. Assim, a crítica do filósofo alemão se direciona a ser favorável à construção de uma proteção jurídica, de modo a tentar evitar que as sociedades modernas se acostumem com a dita eugenia

---

[44] HABERMAS, Jürgen. *O futuro da natureza humana*: a caminho de uma eugenia liberal? Tradução de Karina Jannini. São Paulo: Martins Fontes, 2004. p. 25; 34.

[45] Entre os projetos de lei (PL) com maior abrangência de regulamentação da técnica de RHA, destacam-se os seguintes: PL nº 2.855/1997, PL nº 1.135/2003, PL nº 2.061/2003 e PL nº 4.892/2012.

[46] Há aproximadamente três décadas a RHA é disciplinada por resoluções editadas pelo CFM (Resolução nº 1.1358/1992, Resolução nº 1.957/2010, Resolução nº 2.013/2013, Resolução nº 2.121/2015 e Resolução nº 2.168/2017), estando em vigor atualmente a Resolução nº 2.168/2017 que foi alterada pela Resolução nº 2.283/2020.

[47] Na visão foucaultiana, o fenômeno do liberalismo, atualmente, pode ser compreendido como neoliberalismo, uma vez que esse constitui o princípio legitimador e fundador do Estado. Nesse sentido, observa-se a transformação da racionalidade interna social de acordo com a programação estratégica da atividade dos indivíduos, em que a pessoa humana não figurará mais como um simples parceiro de trocas, tornando-se, na verdade, empresário de si mesma e o próprio capital social (FOUCAULT, Michel. *Nascimento da biopolítica*: curso dado no Collège de France (1978-1979). Tradução de Eduardo Brandão. São Paulo: Martins Fontes, 2008. p. 299-300).

[48] HABERMAS, Jürgen. *O futuro da natureza humana*: a caminho de uma eugenia liberal? Tradução de Karina Jannini. São Paulo: Martins Fontes, 2004. p. 26-27.

liberal. Em função disso, outro direcionamento pertinente é que a eugenia liberal se diferencia, também, da eugenia conservadora, uma vez que esta última se baseia na visão de que o aperfeiçoamento humano é guiado pelas diretrizes estabelecidas pelo Estado.[49]

Ensina Habermas, ainda, que a manipulação genética pode corroborar para modificar a autocompreensão do homem enquanto ser da espécie, de modo a viabilizar um ataque ao direito e à moral, provocando uma ruptura com a noção de integração social a partir da perspectiva de pessoas que foram programadas geneticamente e pessoas que foram geradas a partir do acaso, por meio da reprodução natural.[50] Nesse sentido, acha preferível que a alteração no genoma ocorra de modo a não alterar a identidade genética da espécie humana, na medida em que considera aceitável que a modificação ocorra para evitar de maneira muito específica doenças hereditárias, o que se torna diferente de alterações de cunho meramente de aperfeiçoamento genético.[51] Por isso, a sua postura se adequa a ser favorável à eugenia negativa, viabilizando a alteração no genoma que possua a finalidade terapêutica. Isso porque, na visão do frankfurtiano, "ninguém deve dispor de uma outra pessoa e controlar as suas possibilidades de ação de tal modo que seja roubada uma parte essencial da liberdade da pessoa dependente. Essa condição é violada quando uma pessoa decide o programa genético de uma outra".[52]

Nesse sentido, a noção de instrumentalização, na perspectiva habermasiana, decorre da ideia de que as práticas eugênicas somente devem ser aplicadas em coisas e não em pessoas, pois, ao recorrer à noção de humanidade kantiana, entende que o sujeito é dotado de dignidade, enquanto uma coisa poderá ser instrumentalizada.[53] Dessa forma, na medida em que o indivíduo que foi manipulado geneticamente, com o propósito de *aperfeiçoamento*, descobre que foi fabricado, estar-se-ia diante do paradigma da existência de sujeitos produtores e artesões. Isso, pois a escolha egoísta e unilateral do código genético da prole pelos pais não considerou um consenso sobre a real necessidade da modificação genética – como a situação de uma doença hereditária grave, sem tratamento terapêutico disponível – e, também, foi baseada apenas nas preferências subjetivas do autor do projeto parental, levando-se a crer que se dispõe na verdade de um objeto e não de um potencial ser humano.[54]

A visão do filósofo alemão considera que essa atitude artesã prejudicará potencialmente também o crescimento do menor, na medida em que este não será autor e dono do seu próprio destino, não sendo supostamente detentor de direitos iguais como membro da sociedade. Dessa forma, afetar-se-á a ideia de consciência moral. Por isso, de maneira

---

[49] FELDHAUS, Charles. O futuro da natureza humana de Jürgen Habermas: um comentário. *Revista Ethic@*, Florianópolis, v. 3, n. 3, p. 309-319, 2005. Disponível em: https://periodicos.ufsc.br/index.php/ethic/article/view/20241/18613. Acesso em 20 nov. 2020.

[50] HABERMAS, Jürgen. *O futuro da natureza humana*: a caminho de uma eugenia liberal? Tradução de Karina Jannini. São Paulo: Martins Fontes, 2004. p. 37.

[51] HABERMAS, Jürgen. *O futuro da natureza humana*: a caminho de uma eugenia liberal? Tradução de Karina Jannini. São Paulo: Martins Fontes, 2004. p. 26.

[52] HABERMAS, Jürgen. *A constelação pós-nacional*: ensaios políticos. Tradução de Márcio Seligmann-Silva. São Paulo: Littera Mundi, 2001. p. 210.

[53] FELDHAUS, Charles. O futuro da natureza humana de Jürgen Habermas: um comentário. *Revista Ethic@*, Florianópolis, v. 3, n. 3, p. 309-319, 2005. Disponível em: https://periodicos.ufsc.br/index.php/ethic/article/view/20241/18613. Acesso em 20 nov. 2020. p. 310.

[54] HABERMAS, Jürgen. *O futuro da natureza humana*: a caminho de uma eugenia liberal? Tradução de Karina Jannini. São Paulo: Martins Fontes, 2004. p. 71.

contrária ao exemplo anterior, ao imaginar intervenções genéticas de caráter terapêutico, poder-se-á perceber como necessário considerar, figurativamente, o embrião como uma segunda pessoa em que se poderá supor o seu consentimento em circunstâncias que apontem indícios de que há a finalidade única de prevenção de um mal extremo, rejeitado no campo da moral, como doenças graves sem tratamento. Ou seja, doenças hereditárias graves. Isso, para o frankfurtiano, estabelece uma linha fronteiriça entre o que seria a eugenia negativa (terapêutica) e a positiva (aperfeiçoamento), na medida em que parte do ponto de vista moral de uma relação não instrumentalizadora.[55] A partir disso, esclarece Habermas que a primeira pessoa envolvida, guiada pelas experiências e desejos, deve agir de modo responsável, de forma a respeitar a liberdade de conduzir a própria vida da segunda pessoa, fundada na ideia de diversidade de interesses e que não marginalize ou exclua a voz do outro ser em potencial.[56]

Diante da inserção de um possível modelo de eugenia liberal na sociedade, há o risco evidente que os avanços da biotecnologia reprodutiva podem ter na violação da percepção de diversidade no patrimônio genético humano. Por isso, resta como necessário entender quais são os mecanismos disponíveis para que se possa tutelar uma esfera de preservação da herança genética humana como forma de expressão da diversidade na espécie. Isso, pois a incidência da autonomia nas sociedades marcadas pelo liberalismo, como forma de representação social, leva a crer na possibilidade de liberdade plena na construção do projeto de parentalidade. Todavia, estar-se-ia diante, também, da noção de autonomia privada no direito moderno, guiada pelo Estado em dispor sobre o exercício do planejamento familiar como um direito fundamental e os seus limites a partir da ótica do aperfeiçoamento e da alteração no genoma para fins terapêuticos.

3 Desafios do biodireito na proteção da diversidade no patrimônio genético humano

Os avanços biotecnológicos, no campo da reprodução humana, representam uma melhora na garantia da qualidade de vida e desenvolvimento da espécie. Todavia, nem sempre a rapidez das descobertas é acompanhada por diretrizes éticas e jurídicas capazes de balizar suficientemente o procedimento que deve ser adotado. A exemplo, pode-se comentar que, sobretudo a partir de meados do século XX, em decorrência dos experimentos realizados em seres humanos durante e após a Segunda Guerra Mundial, ocorreu o que se chama de um verdadeiro *boom* biotecnológico, e, assim, o surgimento da bioética como campo interdisciplinar para frear os abusos contra seres humanos considerados de segunda classe (mulheres, crianças, pessoas com deficiência, presidiários, entre outros).[57] Por essa razão, para Potter, a bioética tem o propósito de gerar a sabedoria necessária para que o homem possa usar o conhecimento disponível para o bem social, de modo a preservar os valores humanos e tornar o futuro da espécie

---

[55] HABERMAS, Jürgen. *O futuro da natureza humana*: a caminho de uma eugenia liberal? Tradução de Karina Jannini. São Paulo: Martins Fontes, 2004. p. 61-62.
[56] HABERMAS, Jürgen. *O futuro da natureza humana*: a caminho de uma eugenia liberal? Tradução de Karina Jannini. São Paulo: Martins Fontes, 2004. p. 79.
[57] DINIZ, Debora; GUILHEM, Dirce. *O que é bioética*. São Paulo: Brasiliense, 2002. p. 21-22.

aceitável.[58] Por outro lado, o biodireito consistiria na busca de regulamentação dos avanços biotecnológicos, de modo a não encontrar simplesmente um correspondente jurídico no campo da bioética, mas sim de estabelecer as normas jurídicas que possam reger e fundamentar os fenômenos decorrentes da biotecnologia.[59]

A partir disso, como ensina Norberto Bobbio, sob o ponto de vista teórico, os direitos do homem surgem a partir da necessidade de luta e defesa da pessoa humana contra os velhos poderes, de modo a almejar novas garantias e liberdades. Dessa forma, menciona o que se qualifica como o surgimento dos direitos de quarta geração, referindo-se aos riscos que as pesquisas biológicas oferecem ao patrimônio genético, devendo-se demarcar, por isso, os possíveis limites à manipulação na pós-modernidade.[60] Nesse sentido, para Stela Barbas, o patrimônio genético corresponde ao universo de componentes físicos, psíquicos e culturais que remontam um antepassado remoto, mas que permanecem constantes, ainda que ocorram mutações ao longo das gerações, para formar a natureza genética individual de cada ser vivo. Transcende, por isso, a própria ideia do genoma humano, pois irá abranger outras características para além daquelas que expressam as informações exteriores do organismo do indivíduo.[61] Salienta-se, ainda, que cada pessoa humana possui o seu próprio patrimônio genético, constituído a partir das gerações pela lógica da hereditariedade.

3.1 Instrumentos para a proteção do patrimônio genético humano

No ordenamento jurídico brasileiro, o legislador constitucional reforça, no §1º do inc. II do art. 225 da CRFB/88,[62] que incumbe ao Poder Público e à coletividade o dever de preservar para as presentes e as futuras gerações a diversidade e a integridade do patrimônio genético, devendo-se fiscalizar entidades que se dedicam à manipulação do material genético. Além disso, conforme definição do art. 2 da Convenção Sobre Diversidade Biológica (CDB),[63] entende-se por diversidade a variabilidade de organismos vivos de todas as origens e ecossistemas, o que inclui a multiplicidade dentro das espécies, entre as espécies e de ecossistemas. Por esse motivo, a interpretação conjunta dos dispositivos permite alicerçar a identificação do que se poderia chamar de princípio da *proteção da diversidade no patrimônio genético*, o qual implicaria a tutela protetiva em três dimensões: a) relativas aos ecossistemas (terrestres, marinhos e outros aquáticos); b) relativas às espécies (vegetais e animais); e c) dentro das espécies (vegetais e animais).

---

[58] POTTER, Van Rensselaer. *Bioética*: ponte para o futuro. Tradução de Diego Carlos Zanella. São Paulo: Edições Loyola, 2016. p. 51-52.

[59] BARBOZA, Heloísa Helena. Princípios do biodireito. *In*: BARBOZA, Heloísa Helena; MEIRELLES, Jussara Maria Leal de; BARRETTO, Vicente de Paulo (Org.). *Novos temas de biodireito e bioética*. Rio de Janeiro: Renovar, 2003. p. 70-71.

[60] BOBBIO, Norberto. *A era dos direitos*. Tradução de Carlos Nelson Coutinho. Rio de Janeiro: Elsevier, 2004. p. 9.

[61] BARBAS, Stela Marcos de Almeida Neves. *Direito do genoma humano*. Coimbra: Almedina, 2007. p. 12-13.

[62] Constituição Federal de 1988: "Art. 225 [...]. §1º Para assegurar a efetividade desse direito, incumbe ao Poder Público: II – preservar a diversidade e a integridade do patrimônio genético do País e fiscalizar as entidades dedicadas à pesquisa e manipulação de material genético; [...]".

[63] Convenção Sobre Diversidade Biológica: "Art. 2. Utilização de termos. [...] 'Diversidade biológica' significa a variabilidade de organismos vivos de todas as origens, compreendendo, dentre outros, os ecossistemas terrestres, marinhos e outros ecossistemas aquáticos e os complexos ecológicos de que fazem parte, compreendendo ainda a diversidade dentro de espécies, entre espécies e de ecossistemas".

A proteção do patrimônio genético humano, por sua vez, encontra espaço na dimensão de tutela da multiplicidade de dados genéticos dentro da espécie humana, de modo a promover o respeito à diversidade a partir da noção de herança genética atribuída pela mudança do código de ascendentes para descendentes entre as gerações. Argumenta-se, também, que os dados genéticos são formados por: a) genótipos: traços genéticos passados pela hereditariedade; e b) fenótipos: o resultado da interação entre o genótipo com o meio ao qual o sujeito está inserido.[64] Desse modo, pode-se entender que a conjunção dos dados genéticos da pessoa humana, por si só, não reflete o desenvolvimento que esta terá, na medida em que dependerá das escolhas particulares ou subjetivas e do ambiente sociocultural para além da predeterminação da genética. Em síntese, explicam o geneticista Luca Cavalli-Sforza e o filósofo Francesco Cavalli-Sforza[65] que parte da vida da pessoa humana depende do ambiente cultural ao qual esteja inserida, enquanto a outra depende fundamentalmente da estrutura de seu genoma. Isso porque, segundo os autores, para se desenvolver a personalidade é necessário respeitar a variação individual no tocante à esfera biológica e cultural.

Ademais, nas lições de Adriana Diaféria,[66] a proteção dos dados genéticos humanos encontra respaldo no art. 225 da CRFB/88 por duas razões: a) o legislador não faz nenhuma distinção específica ao tipo de patrimônio ao qual está se referindo; e b) numa postura inovadora na compreensão da evolução do direito, o homem e os demais seres vivos devem ser entendidos em pé de igualdade, de modo a que a pessoa humana seja considerada como parte integrante da natureza. Seguindo essa visão, a autora percebe que as informações contidas no genoma humano são bens de interesse difuso, de modo que a sua tutela interesse um número indeterminado de pessoas, sendo considerado um direito transindividual (ou metaindividual), devendo-se estabelecer o necessário controle social para se preservar a dignidade constituinte da espécie humana.

Infraconstitucionalmente, cumpre tecer que a Lei nº 13.123/2015 define patrimônio genético como a informação de origem genética de espécies vegetais, animais, microbianas ou espécies de outra natureza, incluindo substâncias oriundas do metabolismo destes seres vivos (inc. I do art. 2º),[67] excluindo-se de apreciação da referida lei o patrimônio genético humano (art. 4º).[68]

Diante disso, o CRISPR-Cas9 insere novamente a discussão sobre os limites éticos e jurídicos da engenharia genética a partir do poder econômico e do planejamento familiar disponível como uma garantia constitucional. Isso porque a tecnologia renova o debate sobre a eugenia liberal, previamente comentada na perspectiva habermasiana, como um

---

[64] Para aprofundar a discussão sobre genótipos e fenótipos, consultar: SNUSTAD, D. Peter; SIMMONS, Michael J. *Fundamentos da genética*. Revisão de Cláudia Vitória de Moura Gallo. 7. ed. Rio de Janeiro: Guanabara Koogan, 2017. p. 122 e ss.

[65] CAVALLI-SFORZA, Luca; CAVALLI-SFORZA, Francesco. *Quem somos?* História da diversidade humana. Tradução de Laura Cardellini Barbosa de Oliveira. São Paulo: Editora Unesp, 2002. p. 346-347.

[66] DIAFÉRIA, Adriana. Princípios estruturadores do direito à proteção do patrimônio genético humano e as informações genéticas contidas no genoma humano como bens de interesses difusos. *In*: CARNEIRO, Fernanda; EMERICK, Maria Celeste (Org.). *Limite* – A ética e o debate jurídico sobre acesso e uso do genoma humano. Rio de Janeiro: Fiocruz, 2000. p. 2; 10-11.

[67] Lei nº 13.123/2015: "Art. 2º [...]: I – patrimônio genético – informação de origem genética de espécies vegetais, animais, microbianas ou espécies de outra natureza, incluindo substâncias oriundas do metabolismo destes seres vivos; [...]".

[68] Lei nº 13.123/2015: "Art. 4º Esta Lei não se aplica ao patrimônio genético humano".

possível resultado na construção dos projetos parentais nas sociedades modernas. Essa alternativa de uso da tecnologia não pode vir a existir como uma forma de negação à existência da diferença, sob a ótica do aperfeiçoamento genético, de modo a objetivar o melhoramento da espécie ao se escolherem os dados genéticos que caracterizem uma potencial melhor qualidade de vida, com base em critérios do que é uma vida que merece ou não ser vivida numa ótica subjetiva do(s) autor(es) do projeto parental.

Por outro lado, o uso da tecnologia com a finalidade terapêutica deve ser encorajado, porque, conforme explica Iñigo de Miguel Berian,[69] a edição genética deve ser possível na atualidade, uma vez que os argumentos da sacralidade e da dignidade do genoma humano não são mais suficientes para impedir procedimentos derivados dos avanços tecnológicos. Entretanto, argumenta-se que, em se tratando de modificações no genoma que afetem as futuras gerações – como é o caso da edição genética em células germinativas, com finalidade de aperfeiçoamento genético –, há possíveis riscos incontornáveis, os quais o uso do CRISPR-Cas9 não deve alcançar.[70] Dessa forma, deve-se limitar, ainda, a poucas intervenções genéticas produzidas, de modo a buscar reduzir ou eliminar as variantes genéticas indesejadas, compreendidas como mosaicismos genéticos indevidos no gene-alvo a partir do uso da engenharia genética.[71]

A partir disso, como se sabe, não se deve estender essa percepção para a deficiência, já que ela não deve ser compreendida como uma desgraça, um problema individual, ou ainda uma patologia ou doença que merece um tratamento compulsório. Afinal, na atualidade, a premissa de que a deficiência seria sinônimo de ausência de qualidade de vida é vencida pelo modelo social de deficiência que foi assimilado pelos ordenamentos jurídicos dos países que tenham se tornado signatários da Convenção Sobre os Direitos das Pessoas com Deficiência. Cumpre mencionar, ainda, que o avanço biotecnológico com o fim de erradicar ou discriminar geneticamente a deficiência, sob o pretexto de ser uma vida que não merece ser vivida, viola frontalmente os preceitos do diploma de direitos humanos. Além disso, torna-se necessário associar a essa interpretação o *princípio da igualdade e não discriminação*, como forma de proteger, sob a ótica da igualdade material, a diferença como fundamento da diversidade na espécie humana.

Assim, resta dizer que o CRISPR-Cas9 não pode funcionar como ferramenta para erradicar ou eliminar a deficiência por meio de intervenção na linha germinal humana para fins de aperfeiçoamento genético. Isso porque a deficiência não deve ser entendida simplesmente como uma doença hereditária, na medida em que a doença constitui um problema de ausência de saúde, enquanto a deficiência reflete uma limitação que em contato com uma sociedade não adaptada para atender às diferenças ocasiona desigualdade de oportunidades.[72] Dessa forma, o argumento de que a diversidade

---

[69] DE MIGUEL BERIAIN, Iñigo. Human dignity and gene editing: using human dignity as an argument against modifying the human genome and germline is a logical fallacy. *EMBO Reports*, p. 1-4, 2018. p. 2. Disponível em: https://www.embopress.org/doi/pdf/10.15252/embr.201846789. Acesso em 14 dez. 2020.

[70] DE MIGUEL BERIAIN, Iñigo. Should human germ line editing be allowed? Some suggestions on the basis of the existing regulatory framework. *Bioethics*, p. 105-111, 2019. p. 110. Disponível em: https://onlinelibrary.wiley.com/doi/pdf/10.1111/bioe.12492. Acesso em 14 dez. 2020.

[71] MONTOLIU, Lluís. *Editando genes*: recorta, pega y cólera. Las maravillosas herramientas CRISPR. 2. ed. Pamplona: Next Door Publishers, 2020. p. 187.

[72] Sobre o tema, consultar: PALACIOS, Agustina; ROMAÑACH, Javier. *El modelo de la diversidad*: la bioética y los derechos humanos como herramientas para alcanzar la plena dignidad en la diversidad funcional. Madrid: Ediciones Diversitas – AIES, 2006.

funcional seria sinônimo de uma vida que não vale a pena ser vivida reflete uma visão ultrapassada à luz dos diplomas atuais de direitos humanos em vigência.

Dito isso, a Lei de Biossegurança (Lei nº 11.105/2005) segue uma linha mais restritiva em torno da aplicação da engenharia genética em seres humanos, como ocorre no Canadá, na França, na Alemanha e na Austrália,[73] de modo a proteger especificamente o embrião, o zigoto e as células germinais humanas a início de termo da construção do projeto de parentalidade. Isso porque o legislador brasileiro criminaliza a conduta no art. 25,[74] de modo a aplicar reclusão de 1 (um) a 4 (quatro) anos e multa. Dessa forma, o ordenamento jurídico brasileiro encontra-se dentro da perspectiva do que alguns teóricos qualificam como tendências bioconservadoras, pois tende a desincentivar práticas que possam conduzir a um comportamento artesão do(s) autor(es) do projeto parental. No entanto, a restrição faculta a possibilidade de uso da ferramenta de *design* genético em células somáticas humanas, podendo avançar no sentido de garantir qualidade de vida e novos tratamentos para aquelas pessoas que se encontram nascidas.

Ainda sobre tais critérios, Paulo Vinícius Sporleder de Souza compreende que os crimes de engenharia ou manipulação genética humana são "aquelas atividades que, de forma programada, permitem modificar (total ou parcialmente) o genoma humano, com fins não terapêuticos reprováveis, através da manipulação de genes".[75] Dessa forma, compreende-se como a intervenção que vise ao aperfeiçoamento da espécie, ainda que isso signifique abrir margem para práticas eugênicas ressignificadas.

3.2 Limites à autonomia na construção do projeto de parentalidade

A compreensão do princípio constitucional da *liberdade*, no planejamento familiar, não assegura uma liberdade irrestrita, pois há a necessidade de ponderação de limites na construção do projeto de parentalidade. Sob esse viés, não há como se admitir, a partir do uso das tecnologias advindas dos avanços biotecnológicos, a construção de uma filiação projetada que não leve em consideração, por exemplo, limites em sua constituição. A partir desse prisma, segundo Michel Tort, uma inexistência de limites poderia ensejar o simples liberalismo reprodutivo, vez que se poderá consubstanciar a "lei dos desejos" no mercado de bens da procriação. Pode-se entender a transformação do próprio ser vivo em produto industrial, resultado de uma artificialização do ser humano enquanto material para a transformação e a produção.[76]

De toda sorte, salienta-se que há uma ponderação dos valores da autonomia na transição do Estado liberal para o Estado social que, no Brasil, observa-se principalmente a partir da CRFB/1988. Dessa forma, é possível dizer que essa medida leva em consideração o detrimento da autonomia da vontade em relação à autonomia privada.

---

[73] CYRANOSKI, David. What's next for CRISPR babies. *Nature*, v. 566, p. 440-442, 2019. Disponível em: https://media.nature.com/original/magazine-assets/d41586-019-00673-1/d41586-019-00673-1.pdf. Acesso em 7 dez. 2020.

[74] Lei nº 11.105/2005: "Art. 25. Praticar engenharia genética em célula germinal humana, zigoto humano ou embrião humano: Pena – reclusão, de 1 (um) a 4 (quatro) anos, e multa".

[75] SOUZA, Paulo Vinícius Sporleder. *Direito penal genético e a Lei de Biossegurança*. Porto Alegre: Livraria do Advogado, 2007. p. 24.

[76] TORT, Michel. *O desejo frio*: procriação artificial e crise dos referenciais simbólicos. Tradução de Clóvis Marques. Rio de Janeiro: Civilização Brasileira, 2001. p. 70.

Isso porque, conforme Carlos Eduardo Pianovski Ruzyk, a liberdade no direito civil moderno se condensaria na autonomia privada.[77] Assim, como esclarece o autor, não é possível pensar em uma autonomia privada ilimitada, isso porque é possível identificar um conjunto de balizamentos dentro dos quais se pode pensar essa autonomia, construída a partir de uma ótica de liberdade negativa, que pressupõe limites, ainda que mínimos.

É importante esclarecer, também, que de acordo com Francisco Amaral existe uma distinção entre o que seria a autonomia da vontade e a autonomia privada, pois se para a primeira há um caráter mais subjetivo, como a manifestação da liberdade individual no campo do direito, a segunda reflete o poder de criar, nos limites da lei, normas jurídicas, isto é, o poder de alguém dar a si mesmo um ordenamento próprio.[78] Observa-se, assim, para esta última, que a norma jurídica funciona como limite da liberdade no contexto do exercício da autonomia, de modo impositivo e coercitivo.

Ainda sobre o tema, ensina Maria Rita de Holanda[79] que a valorização da autonomia existencial no ordenamento jurídico brasileiro pressupõe a existência de duas subespécies: a autonomia da vontade e a autonomia privada. Assim, a autonomia existencial seria um gênero que possui traços híbridos, na medida em que é composta pela: a) autonomia da vontade: pautada em ideais liberais, em que há a prevalência do interesse subjetivo sobre o coletivo; e b) autonomia privada: referindo-se ao exercício do direito subjetivo com observância dos valores e interesses da coletividade. Desse modo, para a autora, as condutas voltadas para a realização da autonomia existencial se prestariam não apenas à realização individual dos desejos particulares, mas na combinação de interesses com a observância dos valores coletivos. Além disso, salienta que o exercício da autonomia existencial se opera de maneira distinta nas esferas da relação conjugal e parental, pois na primeira houve um recuo da intervenção estatal. Entretanto, no tocante à relação parental, houve uma inversão, na medida em que há maior intervenção do Estado, haja vista a titularidade das crianças e adolescentes em serem sujeitos de direitos em desenvolvimento, o que acaba impondo limites comportamentais referentes ao(s) autor(es) do projeto parental.

Não obstante, levando-se em consideração os dilemas de ordem ética e jurídica suscitados a partir da concepção da edição de genes, sabe-se que o planejamento familiar é um direito constitucionalmente protegido. Assim, na legalidade constitucional, deve-se observar o que dispõe o §7º do art. 226,[80] ao estabelecer que se trata de livre decisão do casal, competindo ao Estado propiciar recursos educacionais e científicos para o exercício desse direito. Ademais, é possível dizer ainda que, por meio de legislação

---

[77] RUZYK, Carlos Eduardo Pianovski. *Liberdade(s) e função*: contribuição crítica para uma nova fundamentação da dimensão funcional do direito civil brasileiro. 2009. 402 f. Tese (Doutorado em Direito das Relações Sociais) – Universidade Federal do Paraná, Curitiba, 2009. p. 134. Disponível em: https://acervodigital.ufpr.br/bitstream/handle/1884/19174/?sequence=1. Acesso em 23 abr. 2021.

[78] AMARAL, Francisco. *Direito civil*: introdução. Rio de Janeiro: Renovar, 2006. p. 388.

[79] HOLANDA, Maria Rita. Filiação: natureza jurídica, autonomia e boa-fé. *In*: LÔBO, Fabíola Albuquerque; EHRHARDT JÚNIOR, Marcos; PAMPLONA FILHO, Rodolfo. (Coord.). *Boa-fé e sua aplicação no direito brasileiro*. Belo Horizonte: Fórum, 2017. p. 221.

[80] Constituição Federal de 1988: "Art. 226. [...] §7º Fundado nos princípios da dignidade da pessoa humana e da paternidade responsável, o planejamento familiar é livre decisão do casal, competindo ao Estado propiciar recursos educacionais e científicos para o exercício desse direito, vedada qualquer forma coercitiva por parte de instituições oficiais ou privadas".

infraconstitucional, o mesmo direito é tutelado mediante a Lei de Planejamento Familiar (Lei nº 9.263/1996), em seu art. 2º,[81] de modo a determinar que o planejamento familiar se trata de um conjunto de ações de regulamentação da fecundidade que garanta direitos iguais de constituição, limitação ou aumento da prole para pessoas solteiras e casais.

Dessa forma, percebe-se que o legislador, na interpretação conjunta desses dispositivos, busca garantir direitos iguais de reprodução para todas as pessoas naturais juridicamente consideradas, independentemente de conjugalidade, incluindo-se a pertinência em se impor limites na execução desse planejamento familiar para o aumento da prole.[82] Assim, seguindo as diretrizes do §7º do art. 226 da CRFB/1988, a autonomia no projeto parental possui como limitação os princípios constitucionais da *dignidade da pessoa humana* e da *parentalidade responsável*.

À vista disso, conforme Maria Amélia Beloma Castanho,[83] a *dignidade da pessoa humana* alcança dimensões diferenciadas que podem representar tanto o direito à escolha de gerar ou não, como restrições neste direito em favor de outros direitos fundamentais envolvidos, de modo a sustentar a liberdade de ação ou limitá-la. De toda sorte, poderá ainda significar limitação no exercício do direito de liberdade conferido à pessoa no planejamento familiar, tendo em vista que se esse direito, a exemplo, violar a dignidade dos filhos, ou de outros sujeitos envolvidos, deverá significar abstenção de ação. Isso, pois, a dignidade atuará como limitadora sempre que for necessário resguardar a dignidade de outrem, especialmente a figura do filho que não derivou da participação da decisão tomada e que definirá os rumos dos acontecimentos de sua vida.

Comenta-se, ainda, que na perspectiva habermasiana, existe uma distinção conceitual quanto ao que seria a *dignidade* no momento anterior e posterior ao nascimento com vida. Isso porque, embora o embrião ainda não seja pessoa, gozará dos atributos que devem lhe garantir proteção e prevenção de uma possível atitude instrumentalizadora ou objetificadora. A partir disso, possui o que seria chamado de *dignidade da vida humana*, ao passo que os nascidos com vida possuiriam a *dignidade da pessoa humana*. Essa contraposição conceitual, estabelecida pelo filósofo frankfurtiano, destina-se a afastar a possível coisificação da pessoa, pois deve ser considerada alheia à natureza humana.[84]

A *parentalidade responsável*, por sua vez, reflete a consciência sobre a responsabilidade que os pais têm ou devem ter quando decidirem constituir sua prole. Assim,

---

[81] Lei nº 9.263/1996: "Art. 2º Para fins desta Lei, entende-se planejamento familiar como o conjunto de ações de regulação da fecundidade que garanta direitos iguais de constituição, limitação ou aumento da prole pela mulher, pelo homem ou pelo casal".

[82] Ao contrário do que se pode perceber ao analisar tão somente a sua regulamentação na CRFB/1988, a Lei de Planejamento Familiar confere a sua viabilidade, também, para pessoas individualmente consideradas, sendo, por isso, dispensável a percepção de conjugalidade necessária para a sua concretização. Desse modo, tratar-se-ia de um direito à possibilidade de se constituir um projeto de parentalidade mediante a liberdade no planejamento familiar para pessoas solteiras ou casais, independentemente, ainda, de heterocisnormatividade compulsória. Cf. SILVA NETTO, Manuel Camelo Ferreira da; DANTAS, Carlos Henrique Félix; FERRAZ, Carolina Valença. O dilema da "produção independente" de parentalidade: é legítimo escolher ter um filho sozinho? *Revista Direito GV*, São Paulo, v. 14, n. 3, p. 1106-1138, 2018. Disponível em: https://www.scielo.br/pdf/rdgv/v14n3/2317-6172-rdgv-14-03-1106.pdf. Acesso em 9 nov. 2020.

[83] CASTANHO, Maria Amélia Belomo. *Planejamento familiar*: o estado na construção de uma sociedade inclusiva e a participação social para o bem comum. Curitiba: Juruá, 2014. p. 80-83.

[84] HABERMAS, Jürgen. *O futuro da natureza humana*: a caminho de uma eugenia liberal? Tradução de Karina Jannini. São Paulo: Martins Fontes, 2004. p. 71.

esse princípio atua como requisito para o planejamento familiar, por ser claro que o destinatário final da decisão é a criança e é o direito dela que goza de proteção e primazia constitucional, mesmo que venha de encontro ao direito de liberdade de planejamento familiar dos casais ou pessoas individualmente consideradas.[85] Desse modo, o direito à autonomia procriativa não reflete apenas direitos e potencialidades das pessoas existentes, mas se impõem, também, responsabilidades com o sujeito ainda não concebido ou concebido hipoteticamente.

De outro modo, a concretização da parentalidade, aqui em referência, trata da construção de projetos parentais derivados das mais modernas tecnologias de reprodução e edição genética, mediante os avanços cada vez mais constantes no campo da biotecnologia. Sob tal prisma, Mônica Aguiar esclarece que as tecnologias de auxílio à reprodução existem como forma de afastar o sofrimento individual existente por não ser possível conceber descendentes. Assim, o conhecimento científico disponível deve facilitar ou permitir a procriação, mas em nenhuma hipótese almejar a eugenia para assegurar a limpeza de "defeitos" do ente a ser gerado.[86]

À vista disso, torna-se necessário associar ao debate o que Glenn Cohen,[87] professor da Harvard Law School, chama de *the best interest of the resulting child* (BIRC) ou, em tradução livre, *melhor interesse da criança resultante* (MICR). Nesse sentido, percebe o autor que há um problema lógico ao interpretar o *melhor interesse* no contexto da autonomia reprodutiva e no caso de autonomia familiar. Isso porque, neste último, há a discussão protetiva de crianças já existentes, ao passo que na autonomia reprodutiva há, na verdade, o debate de proteção da criança que resultará do processo de construção do projeto parental.

Desse modo, ao utilizar o sistema bacteriano como ferramenta de edição genética em células germinativas humanas, estar-se-ia diante de modificações no patrimônio genético das futuras gerações, minando a lógica da hereditariedade. Assim, na medida em que o(s) autor(es) do projeto parental pode(m) utilizar a tecnologia ao supor um consentimento baseado em escolhas individuais e subjetivas, poderá haver uma mitigação da autonomia da futura prole projetada. Isso implicaria uma possível instrumentalização do ente a ser gerado, de modo a coisificá-lo (ou objetificá-lo).

Nesse quadro de discussão, o filósofo frankfurtiano Habermas[88] percebe que atitudes baseadas na eugenia positiva, com finalidade artesã, podem prejudicar o desenvolvimento do menor, pois este não seria autor e dono do seu próprio destino. Por essa razão, apenas em circunstâncias que apontem indícios de que há finalidade única de se prevenir um mal extremo e irremediável, rejeitado no campo moral, entenderia sobre a possibilidade de modificação genética para evitar doenças graves e que não possuem tratamento, consubstanciando a possibilidade justificável da eugenia negativa.

---

[85] CASTANHO, Maria Amélia Belomo. *Planejamento familiar*: o estado na construção de uma sociedade inclusiva e a participação social para o bem comum. Curitiba: Juruá, 2014. p. 89.

[86] AGUIAR, Mônica. *Direito à filiação e bioética*. Rio de Janeiro: Forense, 2005. p. 57.

[87] COHEN, Glenn. Regulating reproduction: the problem with the best interests. *Minnesota Law Review*, Minnesota, v. 96, n. 8, p. 423-519, 2011. p. 437. Disponível em: http://www.minnesotalawreview.org/wp-content/uploads/2012/02/CohenA_MLR.pdf. Acesso em 22 nov. 2020.

[88] HABERMAS, Jürgen. *O futuro da natureza humana*: a caminho de uma eugenia liberal? Tradução de Karina Jannini. São Paulo: Martins Fontes, 2004. p. 61-62.

Nesse contexto, ensina Glenn Cohen[89] que anomalias genéticas ou deficiências de ordem intelectual não necessariamente traduzem uma vida que não vale a pena ser vivida. Isso porque o argumento ocasiona suspeita sobre se essa vida realmente não merece ser vivida, parecendo-lhe implausível qualquer intervenção, embora acredite que, em situações específicas, como as síndromes Lesch-Nyhan ou Tay-Sachs, haveria uma suposta justificativa. Ou, também, em situações de graves anormalidades genéticas decorrentes do incesto. Todavia, até mesmo esses casos, para o autor, representam situações discutíveis sobre ser ou não uma vida que vale a pena ser vivida.

Por outro lado, ainda nesse campo de discussão, Julian Savulescu e Guy Kahane[90] argumentam sobre o princípio da *procreative beneficence* (PB), ou, em tradução livre, *beneficência procriativa* (BP), significando que o(s) autor(es) de um projeto parental deve(m) decidir com base em uma obrigação moral de selecionar a criança com a melhor dotação genética para que desfrute de uma vida com o melhor bem-estar possível. Essa visão não implica a escolha de uma criança que seja "perfeita", mas aquela que possa ser melhor esperada dentro da previsão dos pais sobre a expectativa de uma vida que seja considerada ideal. Além disso, os autores admitem que o debate se torna acalorado quando isso provocar a não escolha de embriões que possuam "doença" – seja por motivos principiológicos e pessoais –, mas ressaltam que a PB oferece uma resposta simples: há razões que possibilitam tomar a melhor escolha com base nas informações genéticas sobre suscetibilidade na construção do projeto parental.

Considerações finais

1. A descoberta do sistema CRISPR-Cas9 como ferramenta para o *design* genético revolucionou mais uma vez o debate internacional sobre o melhoramento do genoma humano para fins terapêuticos e de aperfeiçoamento. Isso porque a tecnologia favorece, em comparação com as técnicas disponíveis anteriormente, modificações precisas, rápidas e pouco onerosas na estrutura do DNA de seres vivos, sejam eles animais ou plantas. Torna possível, assim, algo que era imaginado apenas em ficções distópicas, como a obra *Admirável mundo novo* (de Aldous Huxley) ou o filme clássico conhecido como *Gattaca*, devido à simplicidade na aplicação da edição genética. Além disso, os riscos de utilização da tecnologia, sem a imposição de limites éticos e jurídicos pelos ordenamentos jurídicos, tornam possível a ocorrência de uma maior facilitação de uso da ferramenta para promover a instrumentalização da pessoa humana.
2. No tocante ao desenvolvimento de pesquisas envolvendo seres humanos, em nível internacional, a ferramenta vem sendo utilizada tanto para fins terapêuticos, em busca de novos tratamentos médicos para enfermidades, como também para alcançar finalidades de aperfeiçoamento genético humano,

---

[89] COHEN, Glenn. Regulating reproduction: the problem with the best interests. *Minnesota Law Review*, Minnesota, v. 96, n. 8, p. 423-519, 2011. p. 473-474. Disponível em: http://www.minnesotalawreview.org/wp-content/uploads/2012/02/CohenA_MLR.pdf. Acesso em 22 nov. 2020.

[90] SAVULESCU, Julian; KAHANE, Guy. The moral obligation to create children with the best chance of the best life. *Bioethics*, v. 23, n. 5, p. 274-290, 2009. p. 275-276. Disponível em: https://onlinelibrary.wiley.com/doi/abs/10.1111/j.1467-8519.2008.00687.x. Acesso em 17 mar. 2021.

de acordo com os interesses subjetivos dos pesquisadores em alcançar sempre inovações científicas que causem impacto no ambiente científico. Entre os principais resultados alcançados pelos geneticistas, no levantamento de dados realizado neste trabalho, tem-se para: a) fins terapêuticos: a descoberta de tratamento efetivo no combate a cânceres agressivos nos pulmões e a possível cura para a anemia falciforme e a talassemia beta; e b) fins de aperfeiçoamento: o nascimento com vida de embriões sem o gene "CCR5", responsável por facilitar a contaminação da pessoa humana pelo vírus do HIV (a comunidade científica alega incerteza sobre a possível eficácia da "imunidade" das crianças, ao frisar falhas no procedimento realizado pelo cientista chinês He Jiankui) e o anúncio do desenvolvimento de novas pesquisas relativas à edição genética do mesmo gene pelo cientista russo Denis Rebrikov, prometendo efetividade e melhores diretrizes éticas. Além disso, o cientista também alega estar realizando, com autorização de comitê de ética, pesquisas relativas à edição do gene "GJB2", responsável pela surdez, em embriões humanos.

3. A partir disso, percebe-se que a alteração no genoma traz dilemas éticos e jurídicos emergentes nas sociedades modernas, sobretudo quando tiver a finalidade de aperfeiçoamento genético e o propósito de modificar as células germinais humanas, de modo a afetar o patrimônio genético da espécie nas futuras gerações. Isso porque, em linhas gerais, a engenharia genética aplicada em células somáticas é relativa à descoberta de novas alternativas terapêuticas para pacientes enfermos.

4. Prevendo um risco cada vez maior sobre o futuro da espécie, a partir da engenharia genética, a crítica habermasiana do início do século XX aponta para uma possível instrumentalização da vida humana. Dessa forma, a alteração com o propósito de aperfeiçoamento, entendida como eugenia positiva, para o autor, tem o cunho de objetificar ou coisificar a pessoa humana, retirando a dignidade constitutiva da espécie. Por outro lado, em raríssimos e poucos casos, aponta como aceitável a eugenia negativa, com o propósito de evitar estritamente doenças hereditárias para a qual inexista tratamento médico, de modo a se imaginar uma possível pressuposição de consentimento da futura prole para a prática de edição genética. Dessa forma, Habermas possui uma visão restritiva no que diz respeito à aplicação da manipulação genética em seres humanos na modernidade, de modo a valorizar o domínio sobre identidade genética, herança genética e patrimônio genético humano como fundamento da diversidade na humanidade.

5. A proteção constitutiva do patrimônio genético humano, compreendida como direito de quarta geração, encontra respaldo constitucional por meio do direito à diversidade e integridade do patrimônio genético (art. 225, inc. II, da CRFB/88). Deve-se associar a essa interpretação o *princípio da igualdade e não discriminação* e a proteção constitucional conferida à pessoa com deficiência pela Convenção Sobre os Direitos das Pessoas com Deficiência, de modo a fazer valer a proteção dos seus dados genéticos como expressão da diversidade humana. Isso porque a deficiência não deve mais ser compreendida como falta de qualidade de vida ou uma simples patologia ou doença para a qual solução seja a sua inexistência na sociedade. Há de se supor, também, que a

interpretação conjunta desses dispositivos com a Convenção sobre Diversidade Biológica faça emergir no debate jurídico contemporâneo a incidência do chamado princípio da *proteção da diversidade no patrimônio genético humano*, de forma a fazer valer a tutela de todos os dados genéticos sem discriminações relativas a uma suposta superioridade racial ou alguma deficiência.

5.1. Ademais, no tocante à proteção dos dados genéticos humanos a partir da Lei de Biossegurança (Lei nº 11.105/2005), o legislador criminaliza a prática de engenharia genética em células germinais humanas, de forma a tentar coibir a engenharia genética com finalidade artesã no país. Portanto, o Brasil situa-se dentro do que alguns teóricos qualificam como de tendência bioconservadora, em razão dessa postura que busca desincentivar ou coibir a prática de edição genética. Além disso, a legislação não menciona proibição para a prática de engenharia genética em células somáticas, tornando possível o uso da modificação do genoma com finalidade terapêutica.

5.2. A garantia constitucional da *liberdade*, conferida na dimensão do planejamento familiar, deve ser vista de forma restritiva, conforme os parâmetros adotados pelo legislador quanto aos princípios da *dignidade humana* e da *parentalidade responsável* (art. 226, §7º, da CRFB/88) para guiar os projetos parentais assistidos. Além desses, cumpre mencionar também o *melhor interessante da criança resultante*, como forma de tutelar os interesses da futura prole que será originada a partir do uso das modernas tecnologias reprodutivas, devendo-se valorizar os seus interesses em contraposição aos valores subjetivos do(s) autor(es) do projeto parental. Além desses princípios, menciona-se também a polêmica construção doutrinária sobre o chamado princípio da *beneficência procriativa*, traduzindo as escolhas subjetivas do(s) autor(es) do projeto parental sobre a melhor vida que vale a pena ser vivida, conforme uma obrigação moral do(s) autor(es) do planejamento parental.

Referências

AGUIAR, Mônica. *Direito à filiação e bioética*. Rio de Janeiro: Forense, 2005.

AMARAL, Francisco. *Direito civil*: introdução. Rio de Janeiro: Renovar, 2006.

BARBAS, Stela Marcos de Almeida Neves. *Direito do genoma humano*. Coimbra: Almedina, 2007.

BARBOZA, Heloisa Helena. Princípios do biodireito. *In*: BARBOZA, Heloísa Helena; MEIRELLES, Jussara Maria Leal de; BARRETTO, Vicente de Paulo (Org.). *Novos temas de biodireito e bioética*. Rio de Janeiro: Renovar, 2003.

BOBBIO, Norberto. *A era dos direitos*. Tradução de Carlos Nelson Coutinho. Rio de Janeiro: Elsevier, 2004.

BRASIL. Supremo Tribunal Federal. *Ação de Descumprimento de Preceito Fundamental nº 54/DF*. Rel. Min. Marco Aurélio, j. 12.4.2021. Disponível em: http://redir.stf.jus.br/paginadorpub/paginador.jsp?docTP=TP&docID=3707334. Acesso em 26 abr. 2021.

CASTANHO, Maria Amélia Belomo. *Planejamento familiar*: o estado na construção de uma sociedade inclusiva e a participação social para o bem comum. Curitiba: Juruá, 2014.

CAVALLI-SFORZA, Luca; CAVALLI-SFORZA, Francesco. *Quem somos?* História da diversidade humana. Tradução de Laura Cardellini Barbosa de Oliveira. São Paulo: Editora Unesp, 2002.

COHEN, Glenn. Regulating reproduction: the problem with the best interests. *Minnesota Law Review*, Minnesota, v. 96, n. 8, p. 423-519, 2011. Disponível em: http://www.minnesotalawreview.org/wp-content/uploads/2012/02/CohenA_MLR.pdf. Acesso em 22 nov. 2020.

COLLINS, Francis; GREEN, Eric; GUTTMACHER, Alan; GUYER, Mark. A vision for the future of genomics research. *Nature*, v. 422, p. 835-847, 2003. Disponível em: https://www.nature.com/articles/nature01626. Acesso em 30 nov. 2020.

CORREA, Marilena. O admirável Projeto Genoma Humano. *Physis*, Rio de Janeiro, v. 12, n. 2, p. 277-299, 2002. Disponível em: https://www.scielo.br/scielo.php?script=sci_arttext&pid=S0103-73312002000200006. Acesso em 16 abr. 2021.

CYRANOSKI, David. CRISPR gene-editing tested in a person for the first time. *Nature*, v. 539, 2016. Disponível em: https://www.nature.com/news/crispr-gene-editing-tested-in-a-person-for-the-first-time-1.20988. Acesso em 7 dez. 2020.

CYRANOSKI, David. Russian 'CRISPR-baby' scientist has started editing genes in human eggs with goal of altering deaf gene. *Nature*, v. 574, n. 7779, 2019. Disponível em: https://www.nature.com/articles/d41586-019-03018-0. Acesso em 7 dez. 2020.

CYRANOSKI, David. Russian biologist plans more CRISPR-edited babies. *Nature*, v. 570, n. 7760, 2019. Disponível em: https://www.scientificamerican.com/article/russian-biologist-plans-more-crispr-edited-babies/. Acesso em 7 dez. 2020.

CYRANOSKI, David. What's next for CRISPR babies. *Nature*, v. 566, p. 440-442, 2019. Disponível em: https://media.nature.com/original/magazine-assets/d41586-019-00673-1/d41586-019-00673-1.pdf. Acesso em 7 dez. 2020.

DE MIGUEL BERIAIN, Iñigo. Human dignity and gene editing: using human dignity as an argument against modifying the human genome and germline is a logical fallacy. *EMBO Reports*, p. 1-4, 2018. Disponível em: https://www.embopress.org/doi/pdf/10.15252/embr.201846789. Acesso em 14 dez. 2020.

DE MIGUEL BERIAIN, Iñigo. Should human germ line editing be allowed? Some suggestions on the basis of the existing regulatory framework. *Bioethics*, p. 105-111, 2019. Disponível em: https://onlinelibrary.wiley.com/doi/pdf/10.1111/bioe.12492. Acesso em 14 dez. 2020.

DIAFÉRIA, Adriana. Princípios estruturadores do direito à proteção do patrimônio genético humano e as informações genéticas contidas no genoma humano como bens de interesses difusos. *In*: CARNEIRO, Fernanda; EMERICK, Maria Celeste (Org.). *Limite* – A ética e o debate jurídico sobre acesso e uso do genoma humano. Rio de Janeiro: Fiocruz, 2000.

DINIZ, Debora; GUILHEM, Dirce. *O que é bioética*. São Paulo: Brasiliense, 2002.

DOUDNA, Jennifer; CHARPENTIER, Emmanuelle. The new frontier of genome engineering with CRISPR-Cas9. *Science*, v. 346, issue 6213, 2014. Disponível em: https://science.sciencemag.org/content/346/6213/1258096. Acesso em 6 dez. 2020.

DOUDNA, Jennifer; STERNBERG, Samuel. *A crack in creation*: gene editing and unthinkable power to control evolution. Boston: Houghton Mifflin Harcourt, 2017.

FELDHAUS, Charles. O futuro da natureza humana de Jürgen Habermas: um comentário. *Revista Ethic@*, Florianópolis, v. 3, n. 3, p. 309-319, 2005. Disponível em: https://periodicos.ufsc.br/index.php/ethic/article/view/20241/18613. Acesso em 20 nov. 2020.

FERREYRA, Karen Ayelén. Consideraciones éticas sobre CRISPR/Cas9: uso terapéutico en embriones y futura gobernabilidad. *Revista de Bioética y Derecho*, v. 54, p. 121-138, 2022. Disponível em: https://revistes.ub.edu/index.php/RBD/article/view/36115. Acesso em 20 abr. 2022.

FOUCAULT, Michel. *Nascimento da biopolítica*: curso dado no Collège de France (1978-1979). Tradução de Eduardo Brandão. São Paulo: Martins Fontes, 2008.

FRANGOUL, Haydar; ALTSHULER, David; CAPPELLINI, M. Domenica; CHEN, Yi-Shan; DOMM, Jennifer; EUSTACE, Brenda K.; FOELL, Juergen; LA FUENTE, Josu de; GRUPP, Stephan; HANDGRETINGER, Rupert; HO, Tony W; KATTAMIS, Antonis *et al*. CRISPR-Cas9 Gene Editing for Sickle Cell Disease and β-Thalassemia. *New England Journal of Medicine*, v. 384, p. 252-260, 2021. Disponível em: https://www.nejm.org/doi/10.1056/NEJMoa2031054. Acesso em 17 abr. 2021.

GENOME editing market size to reach $8.1 billion by 2025. *Grand View Research*, fev. 2017. Disponível em: https://www.grandviewresearch.com/press-release/global-genome-editing-market. Acesso em 17 abr. 2021.

HABERMAS, Jürgen. *A constelação pós-nacional*: ensaios políticos. Tradução de Márcio Seligmann-Silva. São Paulo: Littera Mundi, 2001.

HABERMAS, Jürgen. *O futuro da natureza humana*: a caminho de uma eugenia liberal? Tradução de Karina Jannini. São Paulo: Martins Fontes, 2004.

HOLANDA, Maria Rita. Filiação: natureza jurídica, autonomia e boa-fé. *In*: LÔBO, Fabíola Albuquerque; EHRHARDT JÚNIOR, Marcos; PAMPLONA FILHO, Rodolfo. (Coord.). *Boa-fé e sua aplicação no direito brasileiro*. Belo Horizonte: Fórum, 2017.

HUXLEY, Aldous. *Admirável mundo novo*. 22. ed. São Paulo: Globo, 2014.

ISAACSON, Walter. *The code breaker*: Jennifer Doudna, gene editing and the future of the human race. New York: Simon&Schuster Inc., 2021.

JINEK, Martin; CHYLINSKI, Krzysztof; FONFARA, Ines; HAURE, Michael; DOUDNA, Jennifer; CHARPENTIER, Emmanuelle. A programmable Dual-RNA–Guided DNA endonuclease in adaptive bacterial immunity. *Science*, v. 337, issue 6096, 2012. Disponível em: https://science.sciencemag.org/content/337/6096/816.full. Acesso em 30 nov. 2020.

JOSEPH, Andrew. CRISPR babies scientist sentenced to 3 years in prison. *Scientific American*, 2019. Disponível em: https://www.scientificamerican.com/article/crispr-babies-scientist-sentenced-to-3-years-in-prison/. Acesso em 7 dez. 2020.

KRIMSKY, Sheldon. Ten ways in which He Jiankui violated ethics. *Nature Biotechnology*, v. 37, n. 1, p. 19-20, 2019. Disponível em: https://sites.tufts.edu/sheldonkrimsky/files/2019/01/pub2019TenWays.pdf. Acesso em 7 dez. 2020.

MARQUES, Fabrício. Guerra de patentes: pesquisadores duelam por direitos de explorar a ferramenta de edição de genes CRISPR-Cas9. *Revista Pesquisa FAPESP*, p. 41-43, 2018. Disponível em: https://revistapesquisa.fapesp.br/wp-content/uploads/2018/07/041-043_Crispr_269.pdf. Acesso em 7 dez. 2020.

MLA style: The Nobel Prize in Chemistry 2020. *NobelPrize.org*, 2020. Disponível em: https://www.nobelprize.org/prizes/chemistry/2020/summary/. Acesso em 14 nov. 2020.

MONTOLIU, Lluís. *Editando genes*: recorta, pega y cólera. Las maravillosas herramientas CRISPR. 2. ed. Pamplona: Next Door Publishers, 2020.

MOURA, Marisa Decat de; SOUZA, Maria do Carmo Borges de; SCHEFFER, Bruno Brum. Reprodução assistida: um pouco de história. *Revista da SBPH*, v. 12, n. 2, p. 23-42, 2009. Disponível em: http://pepsic.bvsalud.org/pdf/rsbph/v12n2/v12n2a04.pdf. Acesso em 20 dez. 2020.

MUKHERJEE, Siddhartha. *O gene*: uma história íntima. Tradução de Laura Motta. 1. ed. São Paulo: Companhia das Letras, 2016.

NURK, Sergey *et al*. The complete sequence of a human genome. *Science*, v. 376, p. 44-53, 2022. Disponível em: https://www.science.org/doi/epdf/10.1126/science.abj6987. Acesso em 19 abr. 2022.

PALACIOS, Agustina; ROMAÑACH, Javier. *El modelo de la diversidade*: la bioética y los derechos humanos como herramientas para alcanzar la plena dignidade em la diversidade funcional. Madrid: Ediciones Diversitas – AIES, 2006.

POTTER, Van Rensselaer. *Bioética*: ponte para o futuro. Tradução de Diego Carlos Zanella. São Paulo: Edições Loyola, 2016.

RAPOSO, Vera Lúcia. *O direito à imortalidade*: o exercício de direitos reprodutivos mediante técnicas de reprodução assistida e o estatuto jurídico do embrião in vitro. Coimbra: Almedina, 2014.

REGALADO, Antonio. China's CRISPR babies: Read exclusive excerpts from the unseen original research. *MIT Technology Review*, 2019. Disponível em: https://www.technologyreview.com/2019/12/03/131752/chinas-crispr-babies-read-exclusive-excerpts-he-jiankui-paper/. Acesso em 7 dez. 2020.

RUZYK, Carlos Eduardo Pianovski. *Liberdade(s) e função*: contribuição crítica para uma nova fundamentação da dimensão funcional do direito civil brasileiro. 2009. 402 f. Tese (Doutorado em Direito das Relações Sociais) – Universidade Federal do Paraná, Curitiba, 2009. Disponível em: https://acervodigital.ufpr.br/bitstream/handle/1884/19174/?sequence=1. Acesso em 23 abr. 2021.

SAVULESCU, Julian; KAHANE, Guy. The moral obligation to create children with the best chance of the best life. *Bioethics*, v. 23, n. 5, p. 274-290, 2009. Disponível em: https://onlinelibrary.wiley.com/doi/abs/10.1111/j.1467-8519.2008.00687.x. Acesso em 17 mar. 2021.

SILVA NETTO, Manuel Camelo Ferreira da. *Planejamento familiar nas famílias LGBT*: desafios sociais e jurídicos do recurso à reprodução humana assistida no Brasil. Belo Horizonte: Fórum, 2021.

SILVA NETTO, Manuel Camelo Ferreira da; DANTAS, Carlos Henrique Félix; FERRAZ, Carolina Valença. O dilema da "produção independente" de parentalidade: é legítimo escolher ter um filho sozinho? *Revista Direito GV*, São Paulo, v. 14, n. 3, p. 1106-1138, 2018. Disponível em: https://www.scielo.br/pdf/rdgv/v14n3/2317-6172-rdgv-14-03-1106.pdf. Acesso em 9 nov. 2020.

SILVA NETTO, Manuel Camelo Ferreira da; DANTAS, Carlos Henrique Félix. Entre a ficção científica e a realidade: o "útero artificial" e as (futuras) perspectivas em matéria de biotecnologia reprodutiva humana à luz do biodireito. *In*: EHRHARDT JR., Marcos; CATALAN, Marcos; MALHEIROS, Pablo. *Direito civil e tecnologia*. Belo Horizonte: Fórum, 2020.

SNUSTAD, D. Peter; SIMMONS, Michael J. *Fundamentos da genética*. Revisão de Cláudia Vitória de Moura Gallo. 7. ed. Rio de Janeiro: Guanabara Koogan, 2017.

SOUZA, Paulo Vinícius Sporleder. *Direito penal genético e a Lei de Biossegurança*. Porto Alegre: Livraria do Advogado, 2007.

STEIN, Rob. A year in, 1st patient to get gene editing for sickle cell disease is thriving. *NPR News*, 23 jun. 2020. Disponível em: https://www.npr.org/sections/health-shots/2019/11/19/780510277/gene-edited-supercells-make-progress-in-fight-against-sickle-cell-diseasehttps://www.npr.org/sections/health-shots/2020/06/23/877543610/a-year-in-1st-patient-to-get-gene-editing-for-sickle-cell-disease-is-thriving. Acesso em 18 abr. 2021.

TORT, Michel. *O desejo frio*: procriação artificial e crise dos referenciais simbólicos. Tradução de Clóvis Marques. Rio de Janeiro: Civilização Brasileira, 2001.

UNIVERSITY OF ILLINOIS AT CHICAGO. CRISPR technology to cure sickle cell disease. *ScienceDaily*, 2021. Disponível em: www.sciencedaily.com/releases/2021/01/210121131904.htm. Acesso em 17 abr. 2021.

WATSON, James; CRICK, Francis. Genetical implications of the structure of deoxyribonucleic acid. *Nature*, v. 171, p. 964-967, 1953. Disponível em: https://www.leeds.ac.uk/heritage/Astbury/bibliography/Watson_and_Crick_1953b.pdf. Acesso em 30 nov. 2020.

WATSON, James; CRICK, Francis. Molecular structure of nucleic acids: a structure for deoxyribose nucleic acid. *Nature*, n. 171, p. 737-738, 1953. Disponível em: https://www.nature.com/articles/171737a0. Acesso em 14 nov. 2020.

YOU, Lu *et al*. Safety and feasibility of CRISPR-edited T cells in patients with refractory non-small-cell lung cancer. *Nature*, v. 26, p. 732-740, 2020. Disponível em: https://www.nature.com/articles/s41591-020-0840-5. Acesso em 7 dez. 2020.

Informação bibliográfica deste texto, conforme a NBR 6023:2018 da Associação Brasileira de Normas Técnicas (ABNT):

DANTAS, Carlos Henrique Félix. O admirável mundo novo do CRISPR-Cas9: a (im)possibilidade de instrumentalização da pessoa humana na construção do projeto de parentalidade a partir da edição genética. *In*: EHRHARDT JÚNIOR, Marcos; CATALAN, Marcos; MALHEIROS, Pablo (Coord.). *Direito Civil e tecnologia*. 2. ed. Belo Horizonte: Fórum, 2022. t. II. p. 593-620. ISBN 978-65-5518-432-7.

TRANSMISSIBILIDADE SUCESSÓRIA DO ACERVO DIGITAL DE QUEM FALECE: CRÍTICA AOS PROJETOS DE LEI SOBRE O TEMA

PABLO MALHEIROS DA CUNHA FROTA
JOÃO AGUIRRE

1 Introdução

A Emenda Constitucional nº 115, publicada no Diário Oficial da União em 11.02.2022, alterou a Constituição Federal de 1988 (CF/88), enquadrou como direito fundamental a "proteção dos dados pessoais, inclusive nos meios digitais" (art. 5º, LXXIX), cabendo à União "organizar e fiscalizar a proteção e o tratamento de dados pessoais, nos termos da lei" (art. 21, XXVI) e legislar de forma privativa sobre a proteção e o tratamento de dados pessoais (art. 22, XXX), o que reforça a importância da Lei Geral de Proteção de Dados (LGPD – Lei nº 13.709/2018).

Como se percebe, a proteção de dados pessoais e de outros direitos da personalidade no ambiente digital e não digital tem preocupado o Direito e quem nele atua, tanto que os Tribunais têm sido instados a se manifestarem sobre os limites e as possibilidades de pessoas humanas e coletivas e alguns entes despersonalizados acessarem dados pessoais em qualquer ambiente.

A título de exemplo, o Superior Tribunal de Justiça (STJ),

> acolhendo recurso de um provedor de internet, limitou uma requisição judicial de informações apenas aos dados relativos ao IP dos usuários. Para o colegiado, a amplitude da requisição original violou o princípio da proporcionalidade, ao trazer determinação genérica sobre as pessoas investigadas e exigir informações que, em tese, não são importantes para as investigações.[1]

---

[1] Processo em segredo de justiça. BRASIL. STJ. *Sexta Turma limita requisição de dados genérica feita a provedor de internet em investigação criminal*. Disponível em: https://www.stj.jus.br/sites/portalp/Paginas/Comunicacao/Noticias/29092021-Sexta-Turma-limita-requisicao-de-dados-generica-feita-a-provedor-de-internet-em-investigacao-criminal.aspx. Acesso em 11 abr. 2022.

Nesse contexto é que se debate sobre a transmissibilidade do acervo digital de quem falece, já estudada em 2018 por nós, juntamente com Maurício Muriack de Fernandes e Peixoto,[2] e, agora, passados quase cinco anos daquele estudo, os subscritores deste artigo novamente refletem sobre o tema, mormente diante da existência de novos projetos de lei (PLs) sobre o assunto – nº 5.820/2019, nº 3.050/2020, nº 3.051/2020, nº 410/2021, nº 1.144/2021, nº 2.664/2021, nº 1.689/2021 e nº 703/2022, uma vez que outros PLs nº 4.099-B/2012, nº 4.847/2012, nº 7.742/2017 e nº 8.562/2017 já foram arquivados sem terem sidos transformados em lei.

Nessa linha, o presente texto visa analisar os fundamentos dos mencionados PLs, que pretendem regular a transmissibilidade do acervo digital da pessoa que falece, por meio de alteração de artigos do Código Civil (CC), o que enseja o seguinte *problema*: as referidas propostas legislativas de alteração do CC para admitir a transmissibilidade do acervo digital podem conduzir a uma resposta adequada à Constituição (RAC)[3] que seja acorde com um direito civil na legalidade constitucional?[4]

Duas *hipóteses* emergem do problema acima: (i) os PLs estão em desacordo com a RAC e com o a ordem constitucional e infraconstitucional brasileira; (ii) os PLs estão, totalmente ou parcialmente, em desacordo com a ordem constitucional e infraconstitucional brasileira.

O *objetivo geral* deste artigo consiste na análise crítica do texto e dos fundamentos atribuídos pelos PLs e no confronto deles com a literatura jurídica brasileira e com julgados de tribunais brasileiros, a fim de pesquisar como a tradição jurídica brasileira tratou da principiologia constitucional e infraconstitucional em direito sucessório e se ela se encontra observada nos PLs.

Consiste em *objetivos específicos* deste artigo estudar se os PLs podem trazer uma resposta adequada à Constituição, tendo por *prius* os requisitos que advêm da RAC em diálogo com a principiologia constitucional e infraconstitucional que funda o direito civil brasileiro aplicável ao caso.[5]

Os marcos teóricos do artigo são as ideias postas em nossa reflexão precedente, aliadas à resposta adequada à Constituição posta por Lenio Streck e a ideia de direito civil na legalidade constitucional de Fachin, dialogada com a RAC.[6]

Do ponto de vista metodológico, o método fenomenológico-hermenêutico serve para realizar esse revolvimento de sentido da ideia de interpretar:

---

[2] FROTA, Pablo Malheiros da Cunha; AGUIRRE, João Ricardo Brandão; PEIXOTO, Maurício Muriack de Fernandes. Transmissibilidade do acervo digital de quem falece: efeitos dos direitos da personalidade projetados post mortem. *Revista Eletrônica da Academia Brasileira de Direito Constitucional*, v. 10, p. 564-607, jul./dez. 2018.

[3] STRECK, Lenio Luiz. Resposta adequada à Constituição (resposta correta). *In*: STRECK, Lenio Luiz. *Dicionário de hermenêutica*: 50 verbetes fundamentais de acordo com a crítica hermenêutica do direito. 2. ed. Belo Horizonte: Letramento, 2021. p. 401-426.

[4] FROTA, Pablo Malheiros da Cunha. Compreendendo o direito civil constitucional prospectivo. *In*: MENEZES, Joyceane Bezerra de; DE CICCO, Maria Cristina; RODRIGUES, Francisco Luciano Lima (Org.). *Direito civil na legalidade constitucional*: algumas aplicações. Indaiatuba: Foco, 2021. p. 341-352.

[5] Sobre a principiologia do direito sucessório veja LOBO, Paulo. *Direito civil*: sucessões. 7. ed. São Paulo: Saraiva, 2021.

[6] FROTA, Pablo Malheiros da Cunha. Interpretação do direito privado: o direito civil constitucional prospectivo em diálogo com a crítica hermenêutica do direito. *In*: TEPEDINO, Gustavo; MENEZES, Joyceane Bezerra de (Org.). *Autonomia privada, liberdade existencial e direitos fundamentais*. Belo Horizonte: Fórum, 2019. p. 309-329.

o método fenomenológico, pelo qual se reconstrói o problema jurídico a partir de sua história institucional, para, ao final, permitir que ele apareça na sua verdadeira face. O Direito é um fenômeno que se mostra na sua concretude, mas sua compreensão somente se dá linguisticamente. Por isso, compreender o fenômeno jurídico significa compreendê-lo a partir de sua reconstrução. Não existem várias realidades; o que existe são diferentes visões sobre a realidade. Isto quer dizer que não existem apenas relatos ou narrativas sobre o Direito. Existem, sim, amplas possibilidades de dizê-lo de forma coerente e consistente.

Assim, cada caso jurídico concreto pode ter diferentes interpretações. Mas isso não quer dizer que dele e sobre ele se possam fazer quaisquer interpretações. Fosse isso verdadeiro poder-se-ia dizer que Nietzsche tinha razão quando afirmou que "fatos não existem; o que existe são apenas interpretações". Contrariamente a isso, pode-se contrapor que, na verdade, *somente porque há fatos é que existem interpretações.* E estes fatos que compõem a concretude do caso podem – e devem – ser devidamente definidos e explicitados.[7]

Como diz Streck, *a escolha pela fenomenologia representa a superação da metafísica no campo do Direito*, de tal modo que uma abordagem hermenêutica – e, portanto, crítica – do Direito jamais pretenderá ter a última palavra. E isso já é uma grande vantagem, sobretudo no paradigma da intersubjetividade.[8]

O aludido método fenomenológico-hermenêutico abarcará cada fato jurídico, cuja metodologia será bipartida em procedimento e abordagem. A primeira tem por base o procedimento monográfico, com a análise da literatura jurídica e de outras áreas do saber sobre o tema pesquisado. A segunda se ampara em uma linha crítico-metodológica, lastreada em uma teoria crítica[9] da realidade que compreende o direito como problema e como uma "rede complexa de linguagens e de significados".[10]

A temática apresentada para o texto tem uma vertente jurídico-teórico-prática, como se exige de qualquer investigação no campo das disciplinas jurídicas. Nessa senda, o raciocínio empregado será de natureza hermenêutico-dialógica, por meio da densificação[11] dos sentidos e dos significados das categorias jurídicas no âmbito das variadas formas de expressão do direito e que fundam os institutos jurídicos a partir dos imperativos da historicidade não linear.

O método e as metodologias da pesquisa permitirão uma verificação consistente dos sentidos atribuídos pelos PLs sobre a transmissibilidade do acervo digital, com o intuito de contribuir com a literatura jurídica, que tem "a função de dizer como deve ser a interpretação e a aplicação do direito".[12]

---

[7] STRECK, Lenio Luiz. Parecer. *Conjur*. Disponível em: https://www.conjur.com.br/dl/manifestacao-politica-juizes-nao-punida.pdf. Acesso em 7 jun. 2021.

[8] TRINDADE, André Karam; OLIVEIRA, Rafael Tomaz de. Crítica hermenêutica do direito: do quadro referencial teórico à articulação de uma posição filosófica sobre o direito. *Revista de Estudos Constitucionais, Hermenêutica e Teoria do Direito (RECHTD)*, a. 3, v. 9, p. 311-326, set./dez. 2017. p. 325.

[9] O sentido de crítica, positiva ou negativa, para esta pesquisa não está necessariamente vinculado a uma específica linha teórica da Escola de Frankfurt, em seus vários vieses, embora deles se possam apreender ensinamentos deveras importantes, mas sim a uma perspectiva de testabilidade do sentido atribuído aos institutos jurídicos pelos intérpretes, operadores do direito e (ou) juristas, por meio das instituições (ou não) e a sua adequabilidade àquilo que se encontra na multiplicidade do real, rejeitando-se dogmas e pensando o direito como problema. Sobre o assunto, por exemplo, COELHO, Nuno Manuel Morgadinho Santos. *Direito, filosofia e a humanidade como tarefa*. Curitiba: Juruá, 2012.

[10] GUSTIN, Miracy Barbosa de Sousa; DIAS, Maria Tereza. *(Re)pensando a pesquisa jurídica*: teoria e prática. 5. ed. São Paulo: Almedina, 2020. E-book, item 3.1.

[11] Sobre o tema: FREITAS FILHO, Roberto. *Intervenção judicial nos contratos e aplicação dos princípios e das cláusulas gerais*: o caso do leasing. Porto Alegre: Sérgio Antônio Fabris Editor, 2009.

[12] STRECK, Lenio Luiz. *Hermenêutica e jurisdição*. Diálogos com Lenio Streck. Porto Alegre: Livraria do Advogado, 2017. p. 18.

Nesse contexto, o artigo, além da introdução, da conclusão e das referências, divide-se em três partes: (i) função do direito sucessório, categorização jurídica do acervo digital e a discussão sobre os bens que compõem o objeto da herança; (ii) pressupostos para o diálogo entre a RAC e o direito civil na legalidade constitucional; (iii) crítica aos PLs sobre a transmissibilidade do acervo digital, como se passa a expor.

2 Função do direito sucessório, categorização jurídica do acervo digital e a discussão sobre os bens que compõem o objeto da herança

A classificação de qualquer instituto ou fenômeno jurídico refere-se ao critério de utilidade, segundo Genaro Carrió:

> não são verdadeiras nem falsas, são úteis ou *inúteis:* suas vantagens estão submetidas ao interesse de quem as formula e à sua fecundidade para apresentar um campo de conhecimento de maneira mais facilmente compreensível ou mais rica em consequências práticas desejáveis [...] Sempre há múltiplas maneiras de agrupar ou classificar um campo de relações ou de fenômenos; o critério para escolher uma delas não está circunscrito senão por considerações de conveniência científica, didática ou prática. Decidir-se por uma classificação não é como preferir um mapa fiel a um que não o seja... é como optar pelo sistema métrico decimal face do sistema de medição dos ingleses.[13]

Dessa maneira, antes de enquadramos os limites e as possibilidades do direito sucessório e do acervo digital, cabe tecer algumas palavras sobre o conteúdo jurídico das palavras "bem",[14] "bem fora do comércio" e de "bem imaterial", como explica Paulo Lobo:

> No âmbito do direito civil, bens são todos os objetos materiais ou imateriais que podem ser suscetíveis de apropriação ou utilização econômica pelas pessoas físicas ou jurídicas. Neste conceito estrito incluem-se tanto uma casa (bem material) quanto os direitos patrimoniais de autor (bens imateriais). Não inclui, consequentemente, o que pode ser considerado "bem jurídico", de modo amplo, ou seja, tudo o que o direito considere relevante para sua tutela. O direito da personalidade, por exemplo, é um bem jurídico, mas não bem no sentido ora empregado. [...]
> O CC/16 aludia aos bens "fora do comércio", a saber, os que não podem ser objeto de disposição ou negociação, quando um interesse maior se apresenta. Os direitos da personalidade ou as zonas ambientais protegidas são exemplos de bens que não podem ser transmitidos de seu titular para outrem. Quando o direito exclui um bem do tráfico jurídico – ou o põe "fora do comércio" –, determina sua natureza de uso pessoal, de uso

---
[13] CARRIÓ, Genaro. *Notas sobre derecho y lenguaje.* Buenos Aires: Abeledo-Perrot, 1965. p. 72-73. Tradução livre.
[14] Veja, por exemplo, Caio Mário da Silva Pereira: "Bem é tudo que nos agrada", diferenciando-se das coisas: "Os bens, especificamente considerados, distinguem-se das coisas, em razão da materialidade destas: as coisas são materiais e concretas, enquanto que se reserva para designar imateriais ou abstratos o nome bens, em sentido estrito" (PEREIRA, Caio Mário da Silva. *Instituições de direito civil.* 20. ed. Rio de Janeiro: Forense, 2014. v. 1. p. 403). Em sentido contrário e considerando bem espécie do gênero coisa, Sílvio Rodrigues: "Coisa é tudo que existe objetivamente, com exclusão do homem". E "bens são coisas que, por serem úteis e raras, são suscetíveis de apropriação e contêm valor econômico" (RODRIGUES, Silvio. *Direito civil.* 33. ed. São Paulo: Saraiva, 2003. v. 1. p. 116).

comunitário e até mesmo de não uso, no atendimento a valores relevantes. Talvez por essa razão o CC/2002 manteve a denominação "bens", como gênero, mas deixou de tratar os bens fora do comércio, o que a tornou dispensável; entre os que classificou não há bens que não possam ser considerados "coisas". Esse é o termo utilizado pelo Código na parte especial, cujo Livro III é intitulado "do direito das coisas". Os bens públicos permaneceram na classificação dos bens do CC, mas até estes podem ser qualificados como coisas, no sentido que estamos a empregar. [...]

De maneira geral a doutrina jurídica brasileira, refletindo a natureza patrimonializante e individual do bem, aponta como suas características: economicidade, utilidade, suscetibilidade de apropriação, exterioridade (Gomes, 2001, p. 199; Diniz, 2005, p. 309; Gagliano, Pamplona, 2002, p. 259; Amaral, 1998, p. 290). Essas características têm sido relativizadas, ante as profundas transformações contemporâneas das relações da pessoa humana com o meio ambiente e com outros interesses difusos e coletivos. Há bens econômicos e não econômicos, úteis e não úteis, apropriáveis e não apropriáveis, exteriores e inerentes à pessoa. No sentido corrente – e de certo modo filosófico –, coisa é tudo o que pode ser pensado, ainda que não tenha existência real e presente. No sentido físico, coisa é tudo o que tem existência corpórea ou, pelo menos, é suscetível de ser captado pelos sentidos (Pinto, p. 341). No sentido jurídico há grandes variações, presentes nas definições legais. O CC brasileiro não define coisa, como o fez o art. 202 do Código Civil português: "Diz-se coisa tudo aquilo que pode ser objeto de relações jurídicas". Não é a melhor definição, pois confunde coisa com objeto de relações jurídicas; a prestação de um serviço, por exemplo, é objeto de relação jurídica, mas não é coisa. [...] Objeto do direito é algum bem da vida, que pode inclusive ser indisponível, como a vida e a liberdade. Por exemplo, o prédio, o equipamento médico, o direito patrimonial de autor, a energia são bens ou coisas e objetos de direito; o fazer e o não fazer, a honra e a integridade física e psíquica são objetos do direito, mas não são coisas ou bens. O direito civil contemporâneo não mais confunde coisa com bem exclusivamente material. Há coisas materiais e coisas imateriais, ou coisas corpóreas e coisas incorpóreas. A quota ou a ação de uma empresa é coisa imaterial, de valor econômico e que circula no mundo econômico. Sob o ângulo da circulação, coisa é mais expressiva que bem, como objeto de prestação obrigacional. Nas obrigações civis, há prestação de dar ou de restituir coisas; ou de dar coisa certa ou coisa incerta; de dar coisa presente ou coisa futura. Portanto, doravante, utilizaremos bens e coisas indistintamente, com preferência para o segundo termo. O valor econômico da coisa não é relevante para a conceituação desta. Há bens sem valor econômico, mas que possuem valor estimativo para seu titular, como a coleção de jornais velhos de certa época ou de retratos de família. Há ainda coisas cuja despesa de manutenção supera seu eventual valor, mas que podem ingressar no tráfico jurídico, mediante doação, por exemplo. Quanto à utilidade, como pondera Eroulths Cortiano Junior, às coisas pode ser atribuído um valor de uso ou de troca. O primeiro corresponderia à satisfação das necessidades do ser humano, enquanto o segundo traduziria a suscetibilidade de circulação e de apropriação do bem. "Recuperar, na medida do possível, o devido valor de uso das coisas importa em recuperar o homem em sua realidade" (2002, p. 157), desqualificado pela economia de mercado. [...] Bens imateriais, ou seja, direitos sobre algo, podem ser equiparados aos bens móveis, para fins de classificação e distinção aos bens imóveis. São assim classificados os direitos reais sobre bens móveis alheios (exemplo, penhor, usufruto) e os direitos de crédito, em virtude de obrigação convencional (exemplo, contrato) ou legal (exemplo, responsabilidade civil por danos). Esses direitos nunca se imobilizam. O credor pode transferir, mediante pagamento ou outra vantagem, seu crédito a outrem. Do mesmo modo, os títulos de créditos, as ações de empresa negociadas em bolsa de valores, as quotas de fundos de investimento, enfim, tudo o que se convencionou denominar valores mobiliários. Os direitos patrimoniais de autor consideram-se bens móveis, podendo a criação intelectual (a música, o livro, o projeto arquitetônico, o programa de computador, a representação teatral, o direito de arena do esportista) ser objeto de cessão, concessão, permissão, para que outrem a explore economicamente. São, igualmente, bens móveis as criações industriais patenteadas, as marcas de produtos ou serviços, os nomes de empresas e outros signos distintivos de interesse econômico.[15]

Esclarecido este ponto, o direito sucessório brasileiro tem por função (contributo)[16] regular as situações jurídicas patrimoniais e, excepcionalmente, as existenciais, como o caso das disposições de última vontade de natureza existencial, cujo patrimônio é transferido de quem falece para quem seja legitimado a herdar por testamento ou sem testamento. Não obstante isso, o direito sucessório abarca vários ramos do direito, entre os direitos da personalidade do(a) falecido(a), na forma do art. 12, parágrafo único, do Código Civil. Desse modo, o respeito aos princípios constitucionais e infraconstitucionais em tal regulação é indispensável.[17]

Constitucionalmente, a herança, conjunto de bens, direitos, deveres, dívidas e obrigações de titularidade de quem falece e que se transmite a quem seja legitimado para suceder, é enquadra como uma unidade (CC, art. 1.791) qualificada como direito fundamental[18] (CF/88, art. 5º, XXX), cláusula pétrea (CF/88, art. 60, IV) e regulada pelos arts. 1.784-2.027 do Código Civil.

Infraconstitucionalmente, os direitos patrimoniais dos(as) herdeiros(as) advindos da sucessão legítima ou testamentária aberta são tidos como bens imóveis, na forma do art. 80, II, do CC. Nesse passo, falecendo uma pessoa humana, a sucessão é aberta e transmite-se a herança a quem seja herdeiro(a) legítimo(a) ou testamentário(a).

Quem seja herdeiro(a), ciente (ou não) do falecimento da pessoa de quem herda, adquire a posse dos bens deixados à sucessão (direito de *saisine* – CC, art. 1.784), sendo

---

[15] LOBO, Paulo. *Direito civil*: parte geral. 10. ed. São Paulo: Saraiva, 2021. p. 347; 348-350; 362.

[16] O sentido utilizado neste artigo é o de identificar o termo "função", seja qual for o seu conteúdo, como um contributo (a que serve e a quem serve) que o instituto jurídico "deve trazer para determinados entes – sejam eles indivíduos determinados, grupos de indivíduos ou a sociedade de modo difuso" (RUZYK, Carlos Eduardo Pianovski. *Institutos fundamentais do direito civil e liberdade(s)*. Rio de Janeiro: GZ, 2011. p. 144-150). A função, por conseguinte, não limita o conteúdo dos institutos jurídicos, mas serve de contributo, isto é, algo que o instituto jurídico deve realizar em favor de alguém.

[17] "Efetivamente, o Direito Sucessório justifica-se como significativo ramo do Direito Civil-Constitucional, a enfeixar, majoritariamente, um conjunto de regras de ordem pública, imperativas, bem como, em menor proporção, de regras dispositivas, isto é, supletivas da vontade particular" (CARVALHO, Luiz Paulo Vieira de. *Direito das sucessões*. 3. ed. São Paulo: Atlas, 2017. p. 18).

[18] Os direitos fundamentais conferem validade jurídica à lei, estando acima destas, como se extrai da Constituição portuguesa, art. 18, e da Constituição brasileira de 1988, art. 5º, §1º. O sentido atual dos direitos fundamentais abarca duas perspectivas contrárias: a) *individualismo liberal (liberalismo)*; e b) compreensão *comunitária* – direitos têm deveres correlatos de sentido. Esta concepção comunitária supera a ideia de *indivíduo* titular de direitos, de *sujeito* que assume os direitos no quadro de cidadania vinculante e aponta para a concepção de *pessoa*, com uma constitutiva e indefectível responsabilidade comunitária (NEVES, António Castanheira. Entre o "legislador", a "sociedade" e o "juiz" ou entre "sistema", "função" e "problema" – Modelos actualmente alternativos da realização jurisdicional do direito. *In*: SANTOS, Luciano Nascimento (Coord.). *Estudos jurídicos de Coimbra*. Curitiba: Juruá, 2007. p. 233). Nesse diapasão, os direitos fundamentais servem para desnaturalizar os usos, os costumes e as tradições que no pretérito eram normalizados, ex.: a desigualdade de direitos e deveres entre homens e mulheres, presente, por exemplo, no Código Civil de 1916. Esses direitos, portanto, envolvem uma gama de situações e de relações políticas, econômicas e jurídicas que demandam um estudo de enorme cabedal institucional, jurídico e social, pois políticas setoriais, planos, programas, projetos, leis e orçamento são elaborados com o intuito de efetivar o mandamento constitucional de desenvolvimento de uma sociedade mais justa e solidária (CR/88, arts. 3º, I, e 170, *caput*) (FROTA, Pablo Malheiros da Cunha. Processo eleitoral e políticas públicas: influências recíprocas. *Revista Brasileira de Políticas Públicas*, Brasília, v. 5, n. 1, p. 273-301, 2015. p. 280-281).

que, até a partilha, a herança é regulada pelos enunciados normativos alusivos ao condomínio – CC, arts. 1.314-1.326.

Para além da discussão de relativização à legítima (CC, art. 1.846), metade dos bens da herança, esta cabe a quem seja herdeiro necessário (CC, art. 1.845 – descendentes, ascendentes e cônjuges), sendo que o cálculo se faz "sobre o valor dos bens existentes na abertura da sucessão, abatidas as dívidas e as despesas do funeral, adicionando-se, em seguida, o valor dos bens sujeitos a colação" (CC, art. 1.847).

Além disso, a herança é integrada por "todos os bens ou valores de dimensão econômica ou estimativa que possam ser objeto de tráfico jurídico, além das dívidas (patrimônio ativo e passivo), deixados pelo morto".[19] Paulo Lobo explica:

> [...] bens jurídicos de natureza não patrimonial extinguem-se com a morte de seu titular, ainda que alguns de seus efeitos continuem sob proteção da lei. É o que ocorre com os direitos da personalidade, como o direito à intimidade, à vida privada, à honra, à imagem, à integridade física, à integridade psíquica, à identidade pessoal, os direitos morais de autor; os familiares são legitimados a defendê-los, quando ofendidos após a morte de seu titular, mas não são herdeiros das titularidades. Igualmente, bens jurídicos do morto que sejam tutelados pelo direito público não podem ser transmitidos, como se dá com cargos e funções públicas que eram exercidos pela pessoa que faleceu e suas respectivas remunerações.
>
> Há bens patrimoniais que se extinguem com a morte do titular, como os direitos reais de uso, usufruto e habitação (CC, arts. 1.410, 1.413 e 1.416) ou o direito de preferência (CC, art. 520). Há bens patrimoniais que não se transferem em sua integralidade, a exemplo dos herdeiros de sócio de sociedade empresária, pois a respectiva quota deve ser liquidada, transferindo-se o valor, mas não a titularidade (CC, art. 1.028), salvo se, por acordo com todos os herdeiros, regular-se a substituição do sócio falecido. Não apenas a transmissão de bens patrimoniais por causa da morte é objeto do direito das sucessões. A pessoa física pode valer-se de testamento para veiculação de manifestações de última vontade sem fins econômicos, com objetivo de declarar certos fatos de sua existência ou desejos, que repercutem na ordem jurídica privada, como o reconhecimento voluntário de filho (CC, art. 1.609), ou a nomeação de tutor para seus filhos (CC, art. 1.634), ou declarar o perdão a atos de seu herdeiro que a lei considera indignos e passíveis de exclusão da sucessão (CC, art. 1.818), neste caso podendo utilizar-se de qualquer ato autêntico, além do testamento. Pode, ainda, mediante testamento, instituir uma fundação de fins religiosos, morais, culturais ou de assistência (CC, art. 62), ou a instituição de condomínio em edifício (CC, art. 1.332), ou a constituição de servidão de um imóvel em benefício de certas pessoas ou comunidades (CC, art. 1.338), ou a destinação de parte de seu patrimônio para constituir bem de família, insuscetível de penhora por dívidas (CC, art. 1.711). Pode, igualmente, mediante escrito particular simplificado, sem necessidade de testamento, fazer disposições especiais sobre o seu enterro, sobre esmolas de pouca monta a certas e determinadas pessoas, ou aos pobres de certo lugar (CC, art. 1.881). Contudo, essas disposições de vontade são exceções instrumentais de certos atos do direito das sucessões, sem infirmar sua finalidade estrita de ordenamento jurídico da transmissão de bens patrimoniais a causa da morte.[20]

---

[19] LOBO, Paulo. *Direito civil*: sucessões. 7. ed. São Paulo: Saraiva, 2021. p. 59-60.
[20] LOBO, Paulo. *Direito civil*: sucessões. 7. ed. São Paulo: Saraiva, 2021. p. 14-16.

O direito sucessório dialoga com outras áreas do direito, como elucida Paulo Lobo:

> O direito das sucessões é parte integrante do direito privado e, notadamente, do direito civil. Sua referência principal é a morte da pessoa física. Todavia, seus efeitos irradiam-se em quase todos os campos do direito, em face de inserção voluntária ou compulsória de toda pessoa humana em posições, situações, qualificações e relações jurídicas, que são afetados pelo fim dela. O fim da pessoa física leva à extinção de seus direitos da personalidade, de suas qualificações jurídicas pessoais (nacionalidade, estado civil, estado político, capacidade de direito e de fato), de suas relações negociais, de suas titularidades sobre os bens, de seus deveres familiares e de parentesco, de suas relações com a Administração Pública, das penas criminais e administrativas que sofreu em vida. Se for empregado em empresa de direito privado, extingue-se sua relação de emprego e sua remuneração; se era servidor público, cessa o vínculo com a administração pública e sua remuneração; se era aposentado, extingue-se o direito aos proventos; se era contribuinte de tributos, cessa a incidência de novas obrigações tributárias; se exercia mandato político, este se extingue; se era empresário ou sócio de sociedade, essas posições desaparecem. As dívidas, inclusive as obrigações tributárias, todavia, não desaparecem com a morte da pessoa. Mas esta não é mais a devedora e sim o conjunto dos bens que deixou, denominado espólio, ente não personificado que responde por elas, nos limites da herança, pois o direito brasileiro não admite que alcancem os bens próprios dos herdeiros e sucessores.
>
> A morte de uma pessoa pode provocar o surgimento de direitos subjetivos de outras. Tais situações não se qualificam como sucessão hereditária. Apenas o evento morte faz nascer esses direitos, sem transmissão ou sucessão. É o que ocorre com o direito aos benefícios previdenciários financeiros, como a pensão por morte do titular.[21]

A sucessão, a *causa mortis* e a herança não se referem aos direitos de personalidade (atribuição conferida pelo ordenamento jurídico a entes humanos e não humanos – art. 1º do CC), pois quem herda sucede os bens e não a pessoa que faleceu, já que inexiste representação do *de cujus*. A herança não abarca os direitos da personalidade (conferidos somente à pessoa humana, como se verifica de forma exemplificativa nos arts. 12-21 do CC),[22] a tutela, a curatela, o direito aos alimentos, o capital estipulado no seguro de vida ou de acidentes pessoais (CC, art. 794) ou plano de previdência privada com natureza de seguro (STJ – REsp nº 1.713.147).[23]

Mesmo após a morte, alguns direitos da personalidade de quem falece continuam produzindo efeitos e não se confundem com a herança, com o CC (arts. 12-21) diferenciando "titularidade dos direitos da personalidade, da pessoa viva, e legitimação dos familiares para requerer medidas de proteção dos direitos da personalidade do falecido, sem caracterizar sucessão".[24]

Diante disso, a pessoa que falece mantém a tutela de direitos da personalidade, como a imagem, de acordo com o decidido pelo STJ e explicado por Paulo Lobo:

---

[21] LOBO, Paulo. *Direito civil*: sucessões. 7. ed. São Paulo: Saraiva, 2021. p. 29-30.
[22] Sobre a distinção entre direitos de personalidade e direito da personalidade, remetemos ao artigo FROTA, Pablo Malheiros da Cunha; AGUIRRE, João Ricardo Brandão; PEIXOTO, Maurício Muriack de Fernandes. Transmissibilidade do acervo digital de quem falece: efeitos dos direitos da personalidade projetados post mortem. *Revista Eletrônica da Academia Brasileira de Direito Constitucional*, v. 10, p. 564-607, jul./dez. 2018.
[23] LOBO, Paulo. *Direito civil*: sucessões. 7. ed. São Paulo: Saraiva, 2021. p. 60-61.
[24] LOBO, Paulo. *Direito civil*: sucessões. 7. ed. São Paulo: Saraiva, 2021. p. 60.

[...] decidiu o STJ (REsp 268.660) pelo direito de a mãe defender a imagem da falecida filha: "Ademais a imagem de pessoa famosa projeta efeitos econômicos para além de sua morte, pelo que os seus sucessores passam a ter, por direito próprio, legitimidade para postularem indenização em juízo". O direito próprio é sobre os efeitos patrimoniais (reparação por danos morais) em virtude da sucessão hereditária. Quanto à defesa da imagem da filha, não se trata de direito próprio, mas de legitimação para defesa de direito alheio.[25]

Como se sabe, o direito civil pátrio (CC, art. 6º) alude que a morte da pessoa humana se constata pela morte encefálica (Lei nº 9.434/97, art. 3º; Resolução nº 1.480/97, do Conselho Federal de Medicina), a ensejar o fim da personalidade.[26] Nesse passo, são os direitos de personalidade que findam, porque os direitos da personalidade (conjunto de direitos existenciais do(a) falecido(a)) "projetam-se para além da vida do seu titular".[27][28]

A proteção deste destes direitos da personalidade por quem seja legitimado abarca, exemplificativamente, a privacidade, a imagem e a honra do falecido, direitos existenciais a demandar tutela absolutamente diversa daquela conferida ao seu acervo patrimonial. A proteção do nome do morto, por exemplo, também afeta diretamente quem herda, legitimado para defender direito alheio, como aponta o parágrafo único do art. 12 do Código Civil, que autoriza a tutela material e processual de tais direitos por parentes, cônjuge e, por analogia, companheiros(as) do(a) falecido(a).[29]

Entre as pessoas legitimadas à defesa dos direitos da personalidade do morto, o Código Civil enumera no parágrafo único do mesmo art. 20, o cônjuge, os ascendentes ou os descendentes, não reconhecendo ao(à) companheiro(a) tal direito, o que foi acolhido pela literatura jurídica.[30] O art. 20 do CC não aponta o(a) companheiro(a) de quem falece como legitimado(a) para tanto, lembrando-se, contudo, de que a postulação jurídica de quem herda pode ser oposta aos direitos da personalidade de quem falece, como explicam Anderson Schreiber e Fachin:

> Ao enumerar os legitimados para a defesa dos direitos da personalidade do morto, o Código Civil seguiu claramente a trilha dos direitos das sucessões. A semelhança com o rol de vocação hereditária (arts. 1.829 c/c a.839) é inquestionável e a associação revela-se extremamente perigosa. No campo das biografias póstumas, são numerosos os conflitos deflagrados a partir do interesse puramente econômico de alguns herdeiros do falecido em receber parcela dos lucros derivados da obra. E a codificação acaba por corroborar essa postura ao nomear exatamente os herdeiros como legitimados para a defesa dos direitos da personalidade do morto. Melhor seria que o Código Civil tivesse evitado essa

---

[25] LOBO, Paulo. *Direito civil*: parte geral. 10. ed. São Paulo: Saraiva, 2021. p. 230-231.
[26] LOBO, Paulo. *Direito civil*: parte geral. 10. ed. São Paulo: Saraiva, 2021. p. 160.
[27] SCHREIBER, Anderson. *Direitos da personalidade*. 3. ed. São Paulo: Atlas, 2014. p. 25.
[28] RIBEIRO, Ney Rodrigo Lima. Direito à proteção de pessoas falecidas. Enfoque luso brasileiro. *In*: MIRANDA, Jorge; RODRIGUES JUNIOR, Otavio Luiz; FRUET, Gustavo Bonato (Org.). *Direitos da personalidade*. São Paulo: Atlas, 2012. p. 1-23; MAZUR, Maurício. A dicotomia entre os direitos da personalidade e os direitos fundamentais. *In*: MIRANDA, Jorge; RODRIGUES JUNIOR, Otavio Luiz; FRUET, Gustavo Bonato (Org.). *Direitos da personalidade*. São Paulo: Atlas, 2012. p. 424-462.
[29] TEPEDINO, Gustavo; MORAES, Maria Celina Bodin de; BARBOZA, Heloisa Helena. *Código Civil interpretado conforme a Constituição da República*. Rio de Janeiro: Renovar, 2005. v. 1. p. 34-35.
[30] Enunciado das Jornada de Direito Civil: "275 – Arts. 12 e 20. O rol dos legitimados de que tratam os arts. 12, parágrafo único, e 20, parágrafo único, do Código Civil também compreende o companheiro".

associação indevida. A privacidade, a imagem e a honra da pessoa não são "coisas" que se transmitem por herança. São direitos essenciais cuja proteção é inteiramente distinta daquela reservada ao patrimônio. Solução mais adequada seria ter deixado as portas abertas à iniciativa de qualquer pessoa que tivesse interesse legítimo em ver protegida, nas circunstâncias concretas, a personalidade do morto.[31]

"Em verdade, a intimidade não pode ser tratada como propriedade, de modo a ser disposta como bem entender seu titular. Da mesma forma, não pode ser transferida como direito hereditário a partir do qual os 'herdeiros' vão fruir e dispor do 'bem' conquistado".[32]

Por isso, a *vida privada*[33] de quem falece se projeta após a sua morte, como alude Paulo Lobo:

> O direito à vida privada diz respeito ao ambiente familiar, e sua lesão resvala nos outros membros do grupo. O gosto pessoal, a intimidade do lar, as amizades, as preferências artísticas, literárias, sociais, gastronômicas, sexuais, as doenças porventura existentes, medicamentos tomados, lugares frequentados, as pessoas com quem conversa e sai, até o lixo produzido, interessam exclusivamente a cada indivíduo, devendo ficar fora da curiosidade, intromissão ou interferência de quem quer que seja (Monteiro, 2003, p. 99). Com o avanço da tecnologia e da informática, a vida privada encontra-se muito vulnerável à violação, que pode ser feita por intermédio de satélites, aparelhos óticos, gravadores, transmissores de alta sensibilidade e máquinas fotográficas de última geração. Esses equipamentos sofisticados dispensam a invasão física da casa da pessoa, pois conseguem captar dados, informações, falas e imagens a distância.
>
> Estabelece o inciso XI do art. 5º da CF que a casa é o asilo inviolável do indivíduo, ninguém podendo penetrar sem o consentimento do morador, salvo em flagrante delito ou para prestar socorro ou por determinação judicial. O STF, para fins de proteção da privacidade, expandiu o conceito constitucional de casa como asilo inviolável, de modo a "estender-se a qualquer compartimento privado onde alguém exerce profissão ou atividade", não podendo nenhum agente público ingressar no recinto reservado ao exercício da atividade do profissional, sem consentimento deste (RE 251.445). Mais graves são as imensas possibilidades de invasão dos arquivos pessoais e das informações veiculadas pelas mídias sociais, causando danos às vezes irreversíveis à intimidade das vítimas, pela manipulação desses dados. Estão difundidos arquivos gravados pelo servidor ou programa invasivos, no disco rígido do usuário, sem o seu conhecimento, os quais armazenam informações sobre os hábitos dos consumidores, que são comercializadas para utilização em publicidades enviadas aos usuários de acordo com suas preferências, ofertando produtos e serviços. O consequente recebimento indesejado de correspondências eletrônicas (*spam*) caracteriza ilícito, suscetível de responsabilidade civil (CC, art. 186). A legislação brasileira considera crime "realizar interceptação de comunicações telefônicas, de informática ou telemática,

---

[31] SCHREIBER, Anderson. *Direitos da personalidade*. 3. ed. São Paulo: Atlas, 2014. p. 147.
[32] FACHIN, Luiz Edson. A liberdade e a intimidade: uma breve análise das biografias não autorizadas. *In*: SIMÃO, José Fernando; BELTRÃO, Silvio Romero (Coord.). *Direito civil*: estudos em homenagem à José de Oliveira Ascensão: teoria geral do direito, bioética, direito intelectual e sociedade da informação. São Paulo: Atlas, 2015. v. 1. p. 393.
[33] Sobre o assunto veja o profundo trabalho de ROBL FILHO, Ilton Norberto. *Direito, intimidade e vida privada*: paradoxos jurídicos e sociais na sociedade pós-moralista e hipermoderna. Curitiba: Juruá, 2010.

ou quebrar segredo de Justiça, sem autorização judicial ou com objetivos não autorizados em lei" (Lei nº 9.296/96, art. 10).[34]

Além disso, nem toda atividade exercida na internet é pública, uma vez que as mensagens trocadas em redes sociais e as anotações realizadas, por exemplo, em Google Docs ou Evernote, vídeos postados no YouTube ou no Vimeo, com senhas de acesso ou mesmo *blogs*, inclusive por meio de pseudônimo para manter o sigilo, podem servir com expressões da privacidade do titular de cada mensagem, vídeo ou anotação postas em ambiente virtual.[35] [36]

Da ideia de vida privada, passa-se à privacidade, que está posta expressamente na CF/88, art. 5º, X, no art. 21 do CC e nos arts. 7º, I, 21 e 23 da Lei do Marco Civil da Internet e nos arts. 1º, 2º, I, 17, entre outros, da Lei Geral de Proteção de Dados (LGPD), tida por inviolável e de observância obrigatória pelos provedores de aplicações de internet, ensejando a responsabilização civil por conteúdo que viole direito de terceiro (Marco Civil da Internet, art. 21[37] e art. 42 da LGPD).

Por isso, apesar de não tratar de forma específica sobre o assunto, a Lei nº 12.965/2014 (Marco Civil da Internet) traz em seus arts. 3º, I, II e III, a proteção da liberdade de expressão, da privacidade e dos dados pessoais, sendo assegurado ao usuário da internet um conjunto de direitos, como se infere dos arts. 6º, 7º, I, II, III, X, 8º e 10º, sendo que a LGPD trata do tema nos arts. 1º, 2º, I, 17, entre outros.

---

[34] LOBO, Paulo. *Direito civil*: parte geral. 10. ed. São Paulo: Saraiva, 2021. p. 245-246. Sobre a privacidade de pessoas em ambientes públicos e de pessoas com repercussão pública (atores, políticos etc.) em ambiente privado ou público veja: LOBO, Paulo. *Direito civil*: parte geral. 10. ed. São Paulo: Saraiva, 2021. p. 245-246. Enunciado nº 403 do STJ.

[35] BRANCO, Sérgio. *Memória e esquecimento na internet*. Porto Alegre: Arquipélago, 2017. p. 115.

[36] Sobre as delimitações da intimidade pela teoria nascida no direito alemão das esferas social, privada e íntima, recebida no Brasil com as ideias de esfera privada, íntima e segredo, e a sua superação naquele país, após o caso da Princesa Caroline de Mônaco x órgãos de imprensa alemã, pela teoria da proteção por camadas, já que: "Em um desses casos, a Corte Europeia de Direitos Humanos considerou haver sido violado o art. 8º da Convenção Europeia de Direitos Humanos. A princesa de Mônaco e também princesa-consorte de Hannover moveu ações contra órgãos de imprensa tendo por base a publicação de imagens suas por tabloides alemães, quando ela se encontrava em momentos de convívio familiar. O Bundesverfassungsgericht e o Tribunal Federal [Bundesgerichtshof] tiveram de modificar sua antiga filiação à teoria das esferas em razão de acordão da Corte Europeia, que entendeu ter ocorrido ofensa aos direitos da personalidade da princesa, mesmo quando a ação da imprensa se haja dado na esfera privada e que a ação tenha recaído sobre uma pessoa notória. Com isso, o Tribunal Federal passou a usar uma nova teoria – a abgestuftes Schutzkonzept (traduzível por concepção ou teoria da proteção por camadas), o que se considerou como uma reação às críticas da Corte Europeia de Direitos Humanos" RODRIGUES JUNIOR, Otavio Luiz. O direito ao nome, à imagem e outros relativos à identidade e à figura social, inclusive a intimidade. *In*: SIMÃO, José Fernando; BELTRÃO, Silvio Romero (Org.). *Direito civil*: estudos em homenagem a José de Oliveira Ascensão. São Paulo: Atlas, 2015. v. 2. p. 10-11. Sobre uma crítica às esferas LEWICKI, Bruno. *A privacidade da pessoa humana no ambiente de trabalho*. Rio de Janeiro: Renovar, 2003. p. 37; 79-89.

[37] TEFFE, C. S.; MORAES, Maria Celina Bodin de. Redes sociais virtuais: privacidade e responsabilidade civil. Análise a partir do Marco Civil da Internet. *Pensar*, Fortaleza, v. 22, 2017.

Como já afirmado:

a privacidade impede a indevida interferência externa da comunidade, dos(as) particulares e do Estado na vida de uma pessoa humana, abarcando o originário direito negativo de ser deixado(a) em paz ou só (*right to be alone*), de segredo, de liberdade positiva,[38][39] e o direito positivo de a própria pessoa controlar a circulação das informações e dos dados pessoais,[40] e genéticos[41] sem que se transforme em um dever de privacidade.[42][43][44]

A privacidade é composta pela intimidade, pela liberdade positiva, pelo sossego (direito de estar só), pelo sigilo, pela imagem, sempre em uma linha de coexistencialidade da pessoa humana com o ambiente social, como exemplifica Paulo Lobo.[45]

---

[38] O sentido atribuído às liberdades tem como fundamento o pensamento de Carlos Pianovski em sua tese de doutorado transformada em livro: RUZYK, Carlos Eduardo Pianovski. *Institutos fundamentais do direito civil e liberdade(s)*. Rio de Janeiro: GZ, 2011. Liberdades visualizadas em uma perspectiva funcional (função como contributo a alguém) que viabiliza o exercício, o incremento e a proteção coexistencial e plural das esferas jurídicas patrimoniais e existenciais de cada um ou de cada uma, que intersubjetivamente interagem com o meio e com terceiros, que podem sofrer consequências desse exercício da liberdade. O conteúdo dessas liberdades se divide em: (a) *formal*, aquela liberdade abstrata assegurada pelo ordenamento jurídico; (b) *negativa*, não coerção do Estado, do particular e da comunidade no exercício de liberdade de cada pessoa humana; (c) *positiva*, "liberdade de autoconstituição como definição dos rumos da própria vida" ou liberdade vivida; (d) *substancial*, "possibilidade efetiva de realizar essa autoconstituição". A coexistencialidade das liberdades de uma pessoa humana na vida em relação "não é mera justaposição de espaços reciprocamente delimitados externamente: ela implica interseção de vidas livres, o que importa a responsabilidade intersubjetiva recíproca pelas liberdades dos indivíduos em relação. Não se é livre sozinho: a liberdade é sempre coexistencial. É aí que a liberdade se encontra com a solidariedade" (RUZYK, Carlos Eduardo Pianovski. *Institutos fundamentais do direito civil e liberdade(s)*. Rio de Janeiro: GZ, 2011. p. 374-375).

[39] CANTALI, Fernanda Borghetti. *Direitos da personalidade*. Porto Alegre: Livraria do Advogado, 2009. p. 197.

[40] SCHREIBER, Anderson. *Direitos da personalidade*. 3. ed. São Paulo: Atlas, 2014. p. 130-131; CANTALI, Fernanda Borghetti. *Direitos da personalidade*. Porto Alegre: Livraria do Advogado, 2009. p. 197.

[41] Enunciados das Jornadas de Direito Civil sobre o assunto: "5 – Arts. 12 e 20: 1) as disposições do art. 12 têm caráter geral e aplicam-se inclusive às situações previstas no art. 20, excepcionados os casos expressos de legitimidade para requerer as medidas nele estabelecidas; 2) as disposições do art. 20 do novo Código Civil têm a finalidade específica de regrar a projeção dos bens personalíssimos nas situações nele enumeradas. Com exceção dos casos expressos de legitimação que se conformem com a tipificação preconizada nessa norma, a ela podem ser aplicadas subsidiariamente as regras instituídas no art. 12. 404) Art. 21. A tutela da privacidade da pessoa humana compreende os controles espacial, contextual e temporal dos próprios dados, sendo necessário seu expresso consentimento para tratamento de informações que versem especialmente o estado de saúde, a condição sexual, a origem racial ou étnica, as convicções religiosas, filosóficas e políticas. 405) Art. 21. As informações genéticas são parte da vida privada e não podem ser utilizadas para fins diversos daqueles que motivaram seu armazenamento, registro ou uso, salvo com autorização do titular".

[42] FROTA, Pablo Malheiros da Cunha; AGUIRRE, João Ricardo Brandão; PEIXOTO, Maurício Muriack de Fernandes. Transmissibilidade do acervo digital de quem falece: efeitos dos direitos da personalidade projetados post mortem. *Revista Eletrônica da Academia Brasileira de Direito Constitucional*, v. 10, p. 564-607, jul./dez. 2018.

[43] CANTALI, Fernanda Borghetti. *Direitos da personalidade*. Porto Alegre: Livraria do Advogado, 2009. p. 197.

[44] Nesse sentido Fernanda Nunes Barbosa: "Contemporaneamente, esse assédio à vida privada e à intimidade (para usar os termos da nossa Constituição Federal e do Código Civil) é tratado sob uma perspectiva um tanto diversa do que fora nos primeiros tempos do direito à privacidade na segunda metade do século XIX. Hoje fala--se largamente em um direito à proteção dos dados pessoais (que podem ser tanto de pessoas físicas como jurídicas), os quais afetam a sua 'autodeterminação informativa', seja em relação a agentes públicos, seja em relação a privados. Ocorre, a partir disso, uma evidente ampliação do chamado 'direito de estar só' (proteção estática, de caráter negativo), uma vez que o direito à privacidade passa a significar o *controle* do próprio sujeito sobre a maneira como os outros utilizam as informações a seu respeito, de forma a evitar discriminações, simplificações do sujeito, objetivações e avaliações fora de contexto. Da mesma forma, protege-se o que se tem chamado de 'direito de não saber' e o 'direito ao segredo da desonra', expressões dessa ampliada privacidade (proteção de caráter dinâmico, positiva) – 'que ninguém parece ter qualquer ideia clara sobre o que seja'. A privacidade ganha o sentido de *pessoal*, não necessariamente *secreto*" (BARBOSA, Fernanda Nunes. *Biografias e liberdade de expressão*: critérios para a publicação de histórias de vida. Porto Alegre: Arquipélago, 2016. p. 125-126).

[45] LOBO, Paulo. *Direito civil*: parte geral. 10. ed. São Paulo: Saraiva, 2021. p. 242.

A intimidade pode ser entendida como o direito que cada pessoa humana tem de deixar fatos de sua vida sob a sua reserva, sem que terceiros tenham acesso a tais fatos da vida,[46] como exemplo, os escritos em um diário impresso ou eletrônico, dados, ou documentos que causem constrangimentos, a impedir que eventos íntimos da pessoa humana em ambiente profissional sejam divulgados sem a sua autorização.

O STJ, no RHC nº 51.531, entendeu que é violação à intimidade quando o preso em flagrante que tem o seu aparelho celular apreendido e o Estado tem acesso aos dados e as mensagens trocadas pelo aplicativo WhatsApp, tornando esses dados semelhantes ao acesso a *e-mails*.

O sigilo abrange as correspondências impressas e eletrônicas, inclusive pelos cônjuges ou companheiros (CR/88, art. 5º XII), admitindo-se interceptações telefônicas com autorização judicial (STF – MS nº 21.279 e RE nº 418.416; STJ – REsp nº 605.687 e REsp nº 1.113.734). O sigilo bancário (expressão do valor patrimonial da pessoa humana) e o sigilo profissional (tutela da privacidade do cliente) não estão acobertados pelo sigilo.[47]

A imagem (CC, art. 20) se refere à reprodução total ou parcial da figura humana, dividida em imagem-retrato (externalidade física ou da imagem externa da própria pessoa humana – efígie – CR, art. 5º, X), cuja divulgação necessita de autorização, e imagem-atributo "conceito público de que a pessoa desfruta, ou externalidade comportamental" (CR/88, art. 5º, V).[48] Na linha dos arts. 12 e 20 do CC brasileiro, o Código Civil argentino de 2014 trata do direito de imagem, inclusive a sua tutela *post mortem*:

> ARTÍCULO 53 – Derecho a la imagen. Para captar o reproducir la imagen o la voz de una persona, de cualquier modo, que se haga, es necesario su consentimiento, excepto en los siguientes casos:
>
> a. que la persona participe en actos públicos;
>
> b. que exista un interés científico, cultural o educacional prioritario, y se tomen las precauciones suficientes para evitar un daño innecesario;
>
> c. que se trate del ejercicio regular del derecho de informar sobre acontecimiento de interés general.
>
> En caso de personas fallecidas pueden prestar el consentimiento sus herederos o el designado por el causante en una disposición de última voluntad. Si hay desacuerdo entre herederos de un mismo grado, resuelve el juez. Pasados veinte años desde la muerte, la reproducción no ofensiva es libre.

Nessa linha, Stefano Rodotà sintetiza os efeitos decorrentes das transformações tecnológicas sobre a privacidade da seguinte forma:

> – passamos por um mundo no qual as informações pessoais estavam substancialmente sob exclusivo controle dos interessados para um mundo de informações *divididas* com uma pluralidade de sujeitos;
>
> – passamos de um mundo no qual a cessão das informações era, em grande parte dos casos, efeito das relações interpessoais, tanto que a forma corrente de violação da privacidade era

---

[46] LOBO, Paulo. *Direito civil*: parte geral. 10. ed. São Paulo: Saraiva, 2021. p. 244.
[47] LOBO, Paulo. *Direito civil*: parte geral. 10. ed. São Paulo: Saraiva, 2021. p. 250.
[48] LOBO, Paulo. *Direito civil*: parte geral. 10. ed. São Paulo: Saraiva, 2021. p. 252.

a "fofoca", para um mundo no qual a coleta das informações ocorre através de transações abstratas;

– passamos de um mundo no qual o único problema era o do controle do fluxo de informações que *saíam* de dentro da esfera privada em direção ao exterior, para um mundo no qual se torna cada vez mais importante o controle das informações que *entram*, como demonstra a crescente importância assumida pelo direito de não saber, pela atribuição aos indivíduos do poder de recusar interferências em sua esfera privada, como as derivadas da remessa de material publicitário e do marketing direto;

– vivemos em um mundo no qual aumenta o valor agregado da informações pessoais, com uma mudança de paradigma, onde a referência ao valor da pessoa em si e de sua dignidade passou a secundário em relação à transformação da informação em mercadoria;

– vivemos em um mundo no qual se começa a refletir conscientemente sobre o fato de que, até agora, as tecnologias da informação e da comunicação assumiram muito frequentemente as características de tecnologias *sujas*, aproximando-se muito mais dos modelos de tecnologias industriais poluentes, tornando-se fundamental, portanto, favorecer ou impor a introdução no ambiente informativo de tecnologias *limpas*; – vivemos em um mundo no qual as tecnologias da informação e da comunicação contribuíram para tornar cada vez mais sutil a fronteira entre a esfera pública e a esfera privada: a possibilidade de construção livre da esfera privada e do desenvolvimento autônomo da personalidade passaram a ser condições para determinar a efetividade e a amplitude da liberdade na esfera pública.[49]

Na esteira dos ensinamentos de Diogo Leite de Campos, vimos que os direitos patrimoniais do(a) falecido(a) se transmitem com a abertura de sua sucessão, mas o mesmo não se pode dizer com relação aos direitos da personalidade, porque existem situações jurídicas existenciais protegidas *post mortem*.

Esse conjunto de reflexões nos leva à classificação do acervo digital para depois tratarmos da sua transmissibilidade com a morte de seu(sua) titular. A evolução tecnológica, principalmente na segunda metade do século XX e no início do século XXI, admitiu que bens com materialidade física fossem guardados virtualmente, como fotografias, mensagens, depoimentos, *e-mails*, vídeos, comentários e postagens em redes sociais, contas bancárias e de outra categoria com acesso à internet, *flash drives*, HD, celulares, câmeras digitais, entre outros.

O acesso, a catalogação, a seleção e o descarte do acervo digital, destarte, não é um fato simples, a conferir razão a Sérgio Branco: "Em outras palavras, após o surgimento da internet, passou-se a morrer de modo menos definitivo".[50] Este e outros problemas se relacionam com o acervo digital de uma pessoa humana, a ensejar a relevância da discussão sobre o acesso do acervo digital tendo ele valoração econômica (ou não), como procuram tratar os citados projetos de lei.

O acervo digital é o "conjunto de bens de potencial valor econômico armazenados virtualmente ou virtuais", abarcados pela ideia de herança, uma vez que não há restrição no ordenamento jurídico para esses bens estarem abrangidos na ideia de herança.[51]

---

[49] RODOTÀ, Stefano. A vida na sociedade da vigilância. A privacidade hoje. *In*: MORAES, Maria Celina Bodin de (Org.). *A vida na sociedade da vigilância*: a privacidade hoje. Rio de Janeiro: Renovar, 2008. p. 127-128.
[50] BRANCO, Sérgio. *Memória e esquecimento na internet*. Porto Alegre: Arquipélago, 2017. p. 103.
[51] COSTA FILHO, Marco Aurélio de Farias. *Patrimônio digital*: reconhecimento e herança. Recife: Nossa Livraria, 2016. p. 30-31.

É, por conseguinte, suscetível de apropriação ou de utilização econômica e não econômica pelas pessoas humanas e coletivas e entes despersonalizados, sendo classificados como bens imateriais (direitos sobre algo) e móveis (CC, art. 82), de acordo com a literatura jurídica retrocitada. Bens digitais como *sítios eletrônicos, músicas, filmes, livros,* entre outros podem ser transmissíveis por meio da partilha de bem do(a) falecido(a). Por exemplo, sítios eletrônicos podem representar mais da metade do patrimônio de uma pessoa humana ou coletiva.[52]

A classificação acima permite que textos, fotos, arquivos de áudio e outros bens sejam armazenados virtualmente, guardados em *hardware* do usuário ou em provedores contratados por este. Mesmo os arquivos digitais sem conteúdo econômico[53] ou com conteúdo econômico que sejam projeção da privacidade de cada pessoa humana podem ser objeto de acesso a quem herde, desde que o(a) falecido(a), em vida faça uma declaração de vontade expressa por instrumento público ou particular ou por comportamento concludente[54] devidamente comprovado. Caso um dos dois fatores mencionados não ocorra, tais bens serão considerados fora do comércio.

Os bens do(a) falecido(a) armazenados em ambiente virtual em *hard drives* de titularidade proprietária do(a) falecido(a) podem ser transferíveis, já que possuem uma mídia tangível que os contém, qual seja, o *hardware* herdado. Por isso, textos e fotos em acervo digital no computador pessoal do(a) falecido(a) são equivalentes aos álbuns de foto corpóreos armazenados em cômodos de um imóvel.[55]

Diante disso, os arquivos armazenados virtualmente por meio de serviços *on-line*, como no caso do Dropbox, contas de *e-mail* ou de redes sociais, para alguns, são regidos pelos termos de serviços contratados, pois, no direito brasileiro, não há legislação específica para isso.[56]

Na linha de categorização jurídica do acervo digital, importante refletir sobre alguns arquivos digitais específicos, como os *e-books* (livros eletrônicos), com o objetivo de saber se eles compõem o conjunto patrimonial de quem os adquire gratuita ou onerosamente, para, em seguida, fundamentar a constitucionalidade dos referidos projetos de lei.

---

[52] COSTA FILHO, Marco Aurélio de Farias. *Patrimônio digital*: reconhecimento e herança. Recife: Nossa Livraria, 2016. p. 31. Marco Costa Filho alude: "O potencial econômico do acervo digital é inegável. Em pesquisa realizada no período de 8 a 13 de dezembro de 2011, a pedido da empresa de segurança informática McAfee, a MSI Internacional entrevistou 323 consumidores brasileiros sobre o valor financeiro que atribuem aos seus ativos digitais. Foram avaliados downloads de música, memórias pessoais (como fotografias), comunicações pessoais. (e-mails ou anotações), registros pessoais (saúde, finanças e seguros), informações de carreira (currículos, carteiras, cartas de apresentação, contatos de e- mail), passatempos e projetos de criação. criação. Disso constatou-se que: O valor total atribuído pelos brasileiros entrevistados aos arquivos digitais é R$238.826,00. Os entrevistados indicam que 38% dos seus arquivos digitais são insubstituíveis, o que significa que o valor do seu patrimônio insubstituível é R$90.754,00 (COSTA FILHO, Marco Aurélio de Farias. *Patrimônio digital*: reconhecimento e herança. Recife: Nossa Livraria, 2016. p. 31-33) (informação retirada do sítio http://web.archive.org/web/20121107035938/http://info.abril.com.br/ftp/Pesquisa-McAfee.pdf. Acesso em 14 jun. 21).

[53] COSTA FILHO, Marco Aurélio de Farias. *Patrimônio digital*: reconhecimento e herança. Recife: Nossa Livraria, 2016. p. 34-35.

[54] O comportamento concludente tem por sentido retornar o comportamento que expressa vontade tácita a um modelo negocial. Sobre comportamento concludente veja: PINTO, Paulo Mota. *Declaração tácita e comportamento concludente no negócio jurídico*. Coimbra: Almedina, 1995.

[55] COSTA FILHO, Marco Aurélio de Farias. *Patrimônio digital*: reconhecimento e herança. Recife: Nossa Livraria, 2016. p. 35-36.

[56] COSTA FILHO, Marco Aurélio de Farias. *Patrimônio digital*: reconhecimento e herança. Recife: Nossa Livraria, 2016. p. 35-36.

Se está correta a afirmação de que são os termos de serviços contratados os regedores do acervo digital, os *e-books*, segundo tais termos, como o caso do Kindle, da Amazon, são de titularidade de quem os aliena e, portanto, quem os adquire possui somente a licença de uso do *e-book*, não sendo, destarte, titular proprietário do livro eletrônico, como o é quando adquire um livro impresso.[57] Noutros termos, pelos termos de serviços contratados, os *e-books* não seriam, em nenhuma hipótese, transmitidos a quem sucede a pessoa humana que falece, salvo se os titulares dos *e-books* (quem alienou os livros eletrônicos a quem falece) permitir.

Sérgio Branco, com razão, critica tal entendimento, visto que:
(i) os preços dos *e-books* são, em regra, um pouco menores do que aqueles cobrados pelas editoras pelos livros físicos. Nesse passo, quem adquire livros físicos figura como titular proprietário de tais livros;
(ii) os livros físicos correm o risco de esgotar, porém, os *e-books* nunca esgotam, sendo impossível a exploração econômica de tais *e-books*, caso se mantenha a ideia de licenciamento para quem os adquire;
(iii) o titular da licença pode ter ingerência sobre o *e-book* licenciado, como a Amazon fez, em 2009, ao apagar das plataformas Kindle os livros *A revolução dos bichos* e *1984*, ambos do autor George Orwell. Isso porque tais livros foram adicionados à plataforma Kindle por um terceiro que não tinha direitos sobre a obra, tendo reembolsado os adquirentes da obra. A Amazon, posteriormente, admitiu não ter sido adequado apagar as obras;[58]
(iv) o Supremo Tribunal Federal decidiu que os livros digitais e os suportes próprios de leitura, como ocorre com os livros impressos, são alcançados pela imunidade tributária posta no art. 150, IV, "d", da Constituição Federal de 1988, como se infere dos recursos extraordinários nºs 330.817 e 595.676.[59]

Esse problema está sendo minorado, visto que serviços de disponibilização de conteúdo *on-line* estão migrando para modelos de *download* (como o caso do Kindle) para acesso de obras como fazem o Spotify, o Netflix e o Kindle Unlimited. Nesses casos, a ideia de licença é mais evidente, pois não se paga pela cópia de uma obra, "mas sim para acessar um conjunto de obras, sem a garantia de que uma delas em particular esteja disponível no momento que se espera acessá-la".[60]

Seja o *e-book* titularidade proprietária, seja ele uma licença de uso, ele pode ser transmitido aos herdeiros ou a terceiros, cuja discussão sobre a natureza jurídica do livro eletrônico será discutida em outro artigo.

---

[57] BRANCO, Sérgio. *Memória e esquecimento na internet*. Porto Alegre: Arquipélago, 2017. p. 108-109.
[58] BRANCO, Sérgio. *Memória e esquecimento na internet*. Porto Alegre: Arquipélago, 2017. p. 109.
[59] O Plenário do STF apontou: "O Plenário aprovou, também por unanimidade, duas teses de repercussão geral para o julgamento dos recursos. O texto aprovado no julgamento do RE 330817 foi: A imunidade tributária constante do artigo 150, VI, 'd', da Constituição Federal, aplica-se ao livro eletrônico (*e-book*), inclusive aos suportes exclusivamente utilizados para fixá-lo. Para o RE 595676 os ministros assinalaram que "a imunidade tributária da alínea "d" do inciso VI do artigo 150 da Constituição Federal alcança componentes eletrônicos destinados exclusivamente a integrar unidades didáticas com fascículos" (BRASIL. Supremo Tribunal Federal. STF decide que livros digitais têm imunidade tributária. *STF Notícias*, 8 mar. 2017. Disponível em: http://www.stf.jus.br/portal/cms/verNoticiaDetalhe.asp?idConteudo=337857. Acesso em 14 jun. 2021).
[60] BRANCO, Sérgio. *Memória e esquecimento na internet*. Porto Alegre: Arquipélago, 2017. p. 109-110.

No ambiente *on-line* a ideia de privacidade se ergue, tendo em vista que o acervo digital de uma pessoa, a saber, perfis em redes sociais, contas de *e-mail*, *blogs*, vídeos, comentários, músicas, videogame e arquivos em plataforma digital, entre outros gera "a expectativa de segredo consideravelmente maior do que aquela de que desfrutamos em nosso ambiente físico".[61]

No mundo virtual existem bens que possuem inequívoco valor econômico e que, por essa razão, compõem o acervo hereditário passível de transmissão aos sucessores do falecido, como bem observa Marco Aurélio de Farias Costa Filho:

> Considerando seu evidente potencial econômico, o acervo digital deve ser considerado na sucessão patrimonial. A aferição de seu valor pode inclusive afetar a legítima destinada aos herdeiros e a parte disponível para ser legada pelo autor da herança. Bens virtuais raros, arquivos armazenados virtualmente potencialmente valiosos para efeitos de propriedade intelectual e até sites ou contas que podem servir como fonte de renda após a morte de seu titular são apenas alguns exemplos de formas de patrimônio que, ainda que não sejam mencionadas em testamento, não devem ser ignoradas pela partilha. Caso contrário, haverá claro prejuízo aos direitos dos herdeiros.[62]

Outros bens, contudo, carecem de valor economicamente apreciável, mas cuja medida pode ser aferida por distintos critérios, tais como seu valor estimativo, como é o caso de fotografias ou vídeos.

Ratifica-se que existem bens jurídicos em sentido amplo, como apontado antes por Paulo Lobo (*supra*), que representam a extensão da privacidade do morto, contidos em contas e arquivos digitais como WhatsApp, Facebook, Telegram e congêneres. É exatamente na tutela da privacidade que reside o âmago do presente artigo, porque o implacável avanço tecnológico resulta em radicais transformações nas relações interpessoais, impondo a necessária releitura dos mecanismos de proteção da vida privada, que legitima quem herda seu acesso, se for autorizado em vida pelo(a) falecido(a).

Indiscutivelmente, os bens digitais afetam o pós-morte da pessoa que falece, pois podem levar a um "estado de permanência, para torná-lo praticamente indelével",[63] com a pessoa humana morrendo biologicamente e se mantendo viva no ambiente digital por tempo-espaço indefinido. Nessa senda, a vida virtual de quem falece envolve bens patrimoniais e existenciais.[64]

Por tudo isso, o acervo digital também é tratado por Paulo Lobo como:

> As novas tecnologias de informação têm feito emergir bens incorpóreos que transitam entre a extrapatrimonialidade e a patrimonialidade no tráfico jurídico. É o que ocorre com

---

[61] BRANCO, Sérgio. *Memória e esquecimento na internet*. Porto Alegre: Arquipélago, 2017. p. 110.
[62] COSTA FILHO, Marco Aurélio de Farias. *Patrimônio digital*: reconhecimento e herança. Recife: Nossa Livraria, 2016. p. 70.
[63] BARBOZA, Heloisa Helena; ALMEIDA, Vitor. Tecnologia, morte e direito: em busca de uma compreensão sistemática da "herança digital". *In*: TEIXEIRA, Ana Carolina Brochado; LEAL, Livia Teixeira (Coord.). *Herança digital*: controvérsias e alternativas. Indaiatuba: Foco, 2021. E-book. p. 10.
[64] BARBOZA, Heloisa Helena; ALMEIDA, Vitor. Tecnologia, morte e direito: em busca de uma compreensão sistemática da "herança digital". *In*: TEIXEIRA, Ana Carolina Brochado; LEAL, Livia Teixeira (Coord.). *Herança digital*: controvérsias e alternativas. Indaiatuba: Foco, 2021. E-book. p. 11.

os dados pessoais lançados e transmitidos nas chamadas redes sociais, com as exigências antagônicas de defesa da privacidade e de utilização econômica deles. Um dos problemas emergentes é quanto ao acervo dos dados pessoais (imagens, mensagens, documentos eletrônicos) deixado no ambiente virtual pela pessoa que falece; cogita-se da possibilidade de o usuário escolher um "contato herdeiro" ou "contato de legado", para administrar suas contas após a morte. A assim chamada "herança digital" não tem natureza de sucessão hereditária, segundo os atuais padrões legais, mas sim de legitimação para preservação e guarda da memória do falecido. Sem essa escolha prévia, os dados pessoais, que integram o âmago dos direitos da personalidade, ficam indisponíveis a qualquer pessoa, inclusive a seus herdeiros, os quais estão legitimados apenas a defendê-los em caso de ameaça ou lesão (CC, art. 12). A Lei Geral de Proteção de Dados-LGPD (Lei nº 13.709/2018) não dispôs, explicitamente, sobre essa matéria. Sustenta-se para essa hipótese, doutrinariamente, a incidência do CC, art. 20, que qualifica os herdeiros como legitimados a tomar decisões acerca de situações que possam afetar a personalidade post mortem do indivíduo (Fritz; Mendes, 2019, p. 553). Porém, como legitimação para agir não é direito, essa norma legal não autoriza a sucessão hereditária dos direitos da personalidade, que não se transmitem porque não são bens econômicos, ainda que por essa via legal seja admitido o acesso aos dados pessoais aos familiares, mas não sua utilização como se titulares fossem. No exterior, o tribunal superior da Alemanha, em 2018 (caso BGH III ZR 183/17) obrigou o Facebook a liberar aos pais o acesso à conta de uma adolescente falecida aos quinze anos, bloqueada por aquele como "memorial", sob argumento de tutelar a privacidade do usuário. Para o tribunal o contrato de consumo celebrado entre a adolescente e o Facebook fora transmitido aos pais, que passaram a ocupar a posição contratual e os respectivos direitos dela.[65]

Têm razão Ana Carolina Brochado e Livia Leal quando indagam:

> Se as repercussões desses novos bens durante a vida dos seus titulares ainda carecem de estudos, o que dirá seus efeitos post mortem. O ponto de partida dessa reflexão é a tarefa de delimitar o acervo transmissível pelas regras do direito sucessório: todos os dados se transmitem ou apenas aqueles com natureza patrimonial ou dúplice? É dado aos herdeiros conhecer todas as situações jurídicas digitais nas quais o titular da herança está inserido ou faz-se necessário redimensionar a ideia de privacidade, projetando-a para uma tutela post mortem?[66]

Desse modo, há uma corrente que não admite a transmissibilidade do acervo digital lastreada na tutela da privacidade, como alude Marco Costa Filho:

> A lei consolida a privacidade dos dados armazenados, fortalecendo a corrente jurisprudencial que não concede aos herdeiros acesso ao acervo digital deixado, no caso de não haver disposição de última vontade do de cujus nesse sentido. Trata-se de corrente que privilegia a inviolabilidade e sigilo das informações em prejuízo do direito dos herdeiros, fundamentando-se não só no recente marco civil da internet, mas também na garantia constitucional referente à intimidade e vida privada (art. 5, inc. X, da CF). Nota-se, por outro lado, que a aprovação do PL 4099/2012 iria de encontro a tal corrente, visto que estenderia o direito de saisine à totalidade do acervo digital, independentemente de manifestação do autor da herança.

---

[65] LOBO, Paulo. *Direito civil*: sucessões. 7. ed. São Paulo: Saraiva, 2021. p. 61-62.
[66] TEIXEIRA, Ana Carolina Brochado; LEAL, Livia Teixeira. Apresentação. *In*: TEIXEIRA, Ana Carolina Brochado; LEAL, Livia Teixeira (Coord.). *Herança digital*: controvérsias e alternativas. Indaiatuba: Foco, 2021. E-book. p. 7.

Como ainda será exposto, diversos dispositivos presentes em termos de serviço proíbem a transmissão do conteúdo armazenado virtualmente após a morte do titular (outra tendência em clara oposição ao proposto pelo referido projeto de lei). Os componentes do acervo digital analisados no presente trabalho (músicas, livros, e- mails, perfis em redes sociais ou jogos on-line, entre outros) são, em regra, regidos por contratos de adesão que podem limitar as possibilidades de transferência de conteúdo ou conta.[67]

Por isso existem diversas causas judiciais nas quais herdeiros(as) de quem falece queriam acessar o acervo digital do(a) falecido(a) e foram impedidos(as), por exemplo, pelo Facebook e similares; ou tais redes sociais compilavam fotos postadas pelo(a) usuário(a) e, em seguida, realizava retrospectiva com tal material mesmo após a morte do(a) usuário(a). Isso levou o Facebook e a Google a colocarem um campo denominado "herdeiros digitais" ou "gerenciador de contas inativas", para que o(a) titular da conta informasse se alguém poderia gerir a conta da rede social após o seu falecimento e o nomeasse.[68]

Nessa linha, a literatura jurídica[69] tem tratado do tema, até porque é possível que os interesses dos(as) herdeiros(as) colidam com o de quem falece, como se infere da proteção de sua privacidade, representando a extensão de sua personalidade. De fato, não raro são os(as) próprios(as) sucessores(as) de quem falece que violam a privacidade pelo uso indevido dos dados pessoais do *de cujus*, seja se apropriando de seus *e-mails* pessoais, seja perscrutando sua intimidade através da leitura de conversas em dispositivos como o WhatsApp ou Telegram.

Como se vê, não obstante a improvidência do legislador na escolha dos(as) legitimados(as) a reclamar a proteção da personalidade do morto, é fato que existe em nosso sistema jurídico proteção expressa da privacidade do(a) autor(a) da herança, em especial no que se refere ao conteúdo de suas contas e arquivos digitais.

Trata-se de inequívoca salvaguarda dos bens imateriais, cujos efeitos econômicos, podem compor o acervo hereditário objeto da sucessão. Por conseguinte, impositiva a distinção entre bens suscetíveis e insuscetíveis de apreciação econômica componentes do acervo hereditário.

Arquivos e contas digitais que tenham ou possam ter caráter econômico e (ou) difusão pública, como Skype, contas bancárias, *blogs*, livros digitais, colunas em sítios ou jornais, entre outros, são bens imateriais transmissíveis e, portanto, já estão abarcados pelo art. 1.788 do CC. Eventuais conflitos entre os herdeiros e o(a) cônjuge ou companheiro(a) sobrevivente, ou legatários ou terceiros sobre as mencionadas contas

---

[67] COSTA FILHO, Marco Aurélio de Farias. *Patrimônio digital*: reconhecimento e herança. Recife: Nossa Livraria, 2016. p. 39-41.

[68] BRANCO, Sérgio. *Memória e esquecimento na internet*. Porto Alegre: Arquipélago, 2017. p. 104-107.

[69] Veja: TEIXEIRA, Ana Carolina Brochado; LEAL, Livia Teixeira (Coord.). *Herança digital*: controvérsias e alternativas. Indaiatuba: Foco, 2021. *E-book*; COSTA FILHO, Marco Aurélio de Farias. *Patrimônio digital*: reconhecimento e herança. Recife: Nossa Livraria, 2016; SPAGNOL, Débora. A destinação do patrimônio virtual em caso de morte ou incapacidade do usuário: "herança digital". *Jusbrasil*, 2017. Disponível em: https://deboraspagnol.jusbrasil.com.br/artigos/426777341/a-destinacao-do-patrimonio-virtual-em-caso-de-morte-ou-incapacidade-do-usuario-heranca-digital?ref=topic_feed. Acesso em 9 jun. 2021; BOSSO, Roseli Aparecida Casarini. A herança digital na nuvem. *Crimes Pela Internet*. Disponível em: http://crimespelainternet.com.br/a-heranca-digital-na-nuvem/. Acesso em 9 jun. de 2021; ATHENIENSE, Alexandre. Herança digital já chegou ao Brasil. *Jusbrasil*, 2011. Disponível em: https://alexandre-atheniense.jusbrasil.com.br/noticias/2986795/heranca-digital-ja-chegou-ao-brasil?ref=topic_feed. Acesso em 9 jun. 2021.

ou arquivos digitais transmissíveis de titularidade do(a) autor(a) da herança poderão ser dirimidos judicialmente ou extrajudicialmente, como ocorre com todos os bens que compõem a herança.

Os arquivos e (ou) as contas digitais como *WhatsApp, Telegram, Facebook, Instagram, "nuvens" de arquivos (ex.: Dropbox), senha de telefones celulares ou fixos, Twiter, e-mails*, entre outros, são bens imateriais intransmissíveis, pois são extensões da privacidade do(a) autor(a) da herança. O acesso a estes bens pode ser aceita se o(a) autor(a) da herança autorizasse por testamento ou de outra forma em vida que um ou mais herdeiros, cônjuge ou companheiro(a) sobrevivente, legatário(a) ou terceiro pudessem custodiar e (ou) acessar integralmente ou parcialmente tais arquivos e contas digitais. Eventuais conflitos entre os herdeiros e o(a) cônjuge ou companheiro(a) sobrevivente, ou legatários e ou terceiros sobre as mencionadas contas ou arquivos digitais intransmissíveis e de titularidade do(a) autor(a) da herança ou transmitidas por ele a outrem poderão ser dirimidos judicialmente ou extrajudicialmente.

Thamis Castro apresenta profundo trabalho sobre os bons costumes no direito civil brasileiro, tratando, também, da ideia de eficácias das situações jurídicas subjetivas existenciais ou dúplices. Desse modo, o que tratamos como liberdades, neste artigo, a autora denomina de situações jurídicas subjetivas existenciais ou dúplices, as quais ela categoriza como:

> (i) *situações de eficácia pessoal*, cujos efeitos jurídicos do ato de autonomia não alteram a esfera jurídica alheia de modo a representar lesão ou ameaça de lesão a direitos de outrem; (ii) *situações de eficácia interpessoal*, que ocorrem quando os efeitos gerados pelo ato de autonomia ultrapassam a esfera jurídica de seu titular e atingem pessoas que podem concretamente ser identificas provocando lesão ou ameaça de lesão a interesses juridicamente tutelados; e (iii) *situações de eficácia social*, configuradas quando os efeitos do ato de autonomia produzem lesão ou ameaça de lesão à coletividade, ou seja, a um número não identificado de pessoas.[70] [71]

Essa divisão se projeta no pós-morte de quem falece e circunscreve os limites e as possibilidades de transmissão os efeitos econômicos e de acesso a quem herda do(a) titular do acervo digital, como afirmou Paulo Lobo:

> não tem natureza de sucessão hereditária, segundo os atuais padrões legais, mas sim de legitimação para preservação e guarda da memória do falecido. Sem essa escolha prévia, os dados pessoais, que integram o âmago dos direitos da personalidade, ficam indisponíveis a qualquer pessoa, inclusive a seus herdeiros, os quais estão legitimados apenas a defendê-los em caso de ameaça ou lesão (CC, art. 12). A Lei Geral de Proteção de Dados-LGPD (Lei nº 13.709/2018) não dispôs, explicitamente, sobre essa matéria. Sustenta-se para essa hipótese, doutrinariamente, a incidência do CC, art. 20, que qualifica os herdeiros como legitimados a tomar decisões acerca de situações que possam afetar a personalidade post mortem do indivíduo (Fritz; Mendes, 2019, p. 553). Porém, como

---

[70] CASTRO, Thamis Dalsenter Viveiros de. *Bons costumes no direito civil brasileiro*. Coimbra: Almedina, 2017. p. 27-28.
[71] Sobre a teoria das esferas do direito da personalidade veja LOBO, Paulo. *Direito civil*: parte geral. 10. ed. São Paulo: Saraiva, 2021. p. 250; e das camadas RODRIGUES JUNIOR, Otavio Luiz. O direito ao nome, à imagem e outros relativos à identidade e à figura social, inclusive a intimidade. *In*: SIMÃO, José Fernando; BELTRÃO, Silvio Romero (Org.). *Direito civil*: estudos em homenagem a José de Oliveira Ascensão. São Paulo: Atlas, 2015. v. 2. p. 10-11.

legitimação para agir não é direito, essa norma legal não autoriza a sucessão hereditária dos direitos da personalidade, que não se transmitem porque não são bens econômicos, ainda que por essa via legal seja admitido o acesso aos dados pessoais aos familiares, mas não sua utilização como se titulares fossem. No exterior, o tribunal superior da Alemanha, em 2018 (caso BGH III ZR 183/17) obrigou o Facebook a liberar aos pais o acesso à conta de uma adolescente falecida aos quinze anos, bloqueada por aquele como "memorial", sob argumento de tutelar a privacidade do usuário. Para o tribunal o contrato de consumo celebrado entre a adolescente e o Facebook fora transmitido aos pais, que passaram a ocupar a posição contratual e os respectivos direitos dela.[72]

Com base nesta construção é que serão analisados os PLS, juntamente com os pressupostos epistemológicos advindos da resposta adequada à Constituição (RAC) e do direito civil na legalidade constitucional (DCLC), como se passa a expor no tópico a seguir.

3 Pressupostos para o diálogo entre a RAC e o direito civil na legalidade constitucional

A resposta adequada à Constituição (RAC) tem por pressuposto filosófico a possibilidade de se discutir a verdade construída intersubjetivamente no âmbito de cada caso concreto em que o direito incide, negando-se um poder discricionário a quem decide.[73]

Nosso *prius* é a possibilidade de existência de uma resposta correta para cada problema posto para o direito resolver, a evitar

> uma teoria que defende a discricionariedade, nenhuma das partes tem realmente direito a algo, devendo o Judiciário reconhecer esse direito por meio da melhor interpretação, mas que o direito é puramente dependente da interpretação que o juiz fizer (DWORKIN, 2002, p. 502).[74] E isso não é democrático, porque desloca o polo de sentido do Direito em direção à discricionariedade judicial.[75]

Nesse contexto, qualquer decisão que envolva o direito não pode se basear em subjetividades de quem decide e sim identificar no decidir

> uma melhor explicação filosófica para o fenômeno do Direito, Dworkin (2005, p. 235) demonstra como ele mobiliza a identificação das práticas jurídicas com sua leitura sob a melhor luz, atendendo na decisão a uma adequação institucional e a uma melhor justificativa substantiva.[76]

---

[72] LOBO, Paulo. *Direito civil*: sucessões. 7. ed. São Paulo: Saraiva, 2021. p. 61-62.
[73] STRECK, Lenio Luiz. Resposta adequada à Constituição (resposta correta). *In*: STRECK, Lenio Luiz. *Dicionário de hermenêutica*: 50 verbetes fundamentais de acordo com a crítica hermenêutica do direito. 2. ed. Belo Horizonte: Letramento, 2021. p. 401.
[74] DWORKIN, Ronald. *Levando os direitos a sério*. Tradução e notas de Nelson Boeira. São Paulo: Martins Fontes, 2002.
[75] STRECK, Lenio Luiz. Resposta adequada à Constituição (resposta correta). *In*: STRECK, Lenio Luiz. *Dicionário de hermenêutica*: 50 verbetes fundamentais de acordo com a crítica hermenêutica do direito. 2. ed. Belo Horizonte: Letramento, 2021. p. 401-402.
[76] STRECK, Lenio Luiz. Resposta adequada à Constituição (resposta correta). *In*: STRECK, Lenio Luiz. *Dicionário de hermenêutica*: 50 verbetes fundamentais de acordo com a crítica hermenêutica do direito. 2. ed. Belo Horizonte: Letramento, 2021. p. 402.

Explica Dworkin:

> [...] qualquer juiz obrigado a decidir uma demanda descobrirá, se olhar nos livros adequados, registros de muitos casos plausivelmente similares, decididos há décadas ou mesmo séculos por muitos outros juízes, de estilos e filosofias judiciais e políticas diferentes, em períodos nos quais o processo e as convenções judiciais eram diferentes. Ao decidir o novo caso, cada juiz deve considerar-se como um complexo empreendimento em cadeia, do qual essas inúmeras decisões, estruturas, convenções e práticas são a história; é seu trabalho continuar essa história no futuro por meio do que ele faz agora. Ele deve interpretar o que aconteceu antes porque tem a responsabilidade de levar adiante a incumbência que tem em mãos e não partir em alguma nova direção. Portanto, deve determinar, segundo seu próprio julgamento, o motivo das decisões anteriores, qual realmente é, tomando como um todo, o propósito ou o tema da prática até então.[77]

Desse modo, o direito não é uma prática jurídica convencional, pois não se legitima por um teste de *pedigree* nem por um viés voluntarista, nos quais a opinião de quem decide é determinante para o decidir, como se fosse "uma espécie de 'direito sem direitos' em que tudo é negociável a cada momento".[78] Alude Lenio Streck:

> Cada juiz se posiciona na história institucional, devendo interpretar o que aconteceu e dar-lhe continuidade da melhor maneira possível. Cada tomada de decisão deve se articular ao todo coerente do Direito, mantendo uma consistência com os princípios constitutivos da comunidade. Dworkin se compromete com decisões judiciais corretas através da coerência e integridade normativas.
>
> Nesse sentido, correta a observação de Horácio Neiva (2016a): se o modelo proposto por Dworkin é o Direito como integridade, é este modelo que irá determinar o exato impacto das escolhas institucionais no conteúdo do Direito. As doutrinas dos precedentes e da supremacia legislativa não determinam sozinhas o conteúdo do Direito, ou o significado de uma parcela da prática para este conteúdo, já que elas próprias são parte dessa prática. O texto claro de uma norma deve ser aplicado pelos juízes (isto é, em casos como esses, eles devem reconhecer que o texto claro da lei equivale ao Direito aplicável ao caso) não em virtude da supremacia legislativa, mas da relevância dada a essa supremacia dentro do modelo da integridade. É por conta disso que Dworkin afirma que se um juiz pretendesse ignorar a supremacia legislativa e o precedente estrito sempre que ignorar essas doutrinas permitisse que ele melhorasse a integridade do Direito, julgada apenas como uma questão de substância, então ele teria violado a integridade global [*overall*].[79]

Em poucas palavras: decisão sobre o direito jamais será uma escolha (razão prática), porque: "Respostas de escolha são respostas parciais; respostas de decisão são respostas totais, nas quais entra em jogo a existência inteira".[80]

---

[77] DWORKIN, Ronald. *Uma questão de princípio*. Tradução de Luis Carlos Borges. 2. ed. São Paulo: Martins Fontes, 2005. p. 235.

[78] STRECK, Lenio Luiz. Resposta adequada à Constituição (resposta correta). *In*: STRECK, Lenio Luiz. *Dicionário de hermenêutica*: 50 verbetes fundamentais de acordo com a crítica hermenêutica do direito. 2. ed. Belo Horizonte: Letramento, 2021. p. 402.

[79] STRECK, Lenio Luiz. Resposta adequada à Constituição (resposta correta). *In*: STRECK, Lenio Luiz. *Dicionário de hermenêutica*: 50 verbetes fundamentais de acordo com a crítica hermenêutica do direito. 2. ed. Belo Horizonte: Letramento, 2021. p. 402-403.

[80] STRECK, Lenio Luiz. Resposta adequada à Constituição (resposta correta). *In*: STRECK, Lenio Luiz. *Dicionário de hermenêutica*: 50 verbetes fundamentais de acordo com a crítica hermenêutica do direito. 2. ed. Belo Horizonte: Letramento, 2021. p. 404.

Quem decide sobre o direito – e isso se aplica às decisões privadas e públicas (Executivo, Legislativo e Judiciário), na linha integrativa de Dworkin ou hermenêutico-filosófica de Streck (crítica hermenêutica do direito – CHD) – "efetua *a* interpretação, uma vez que decide – e não escolhe – quais os critérios de ajuste e substância (moralidade) que estão subjacentes ao caso concreto analisado".[81] Por isso, são necessários critérios para uma resposta adequada à Constituição.[82]

A RAC não é uma emulação acrítica da ideia de Dworkin sobre uma resposta correta, haja vista as diferenças entre os sistemas jurídicos do *common law* e da *civil law*, bem como se fulcra na hermenêutica filosófica gadameriana, sem desconsiderar que a construção de Dworkin que também se faz presente no soerguimento da RAC. Isso porque o direito é um fenômeno interpretativo.[83]

A resposta adequada à Constituição demanda fundamentação da síntese hermenêutica advinda da *applicatio*,[84] *concretização* do conhecimento, interpretação e

---

[81] STRECK, Lenio Luiz. Resposta adequada à Constituição (resposta correta). *In*: STRECK, Lenio Luiz. *Dicionário de hermenêutica*: 50 verbetes fundamentais de acordo com a crítica hermenêutica do direito. 2. ed. Belo Horizonte: Letramento, 2021. p. 404.

[82] STRECK, Lenio Luiz. Resposta adequada à Constituição (resposta correta). *In*: STRECK, Lenio Luiz. *Dicionário de hermenêutica*: 50 verbetes fundamentais de acordo com a crítica hermenêutica do direito. 2. ed. Belo Horizonte: Letramento, 2021. p. 404.

[83] STRECK, Lenio Luiz. Resposta adequada à Constituição (resposta correta). *In*: STRECK, Lenio Luiz. *Dicionário de hermenêutica*: 50 verbetes fundamentais de acordo com a crítica hermenêutica do direito. 2. ed. Belo Horizonte: Letramento, 2021. p. 405.

[84] A *applicatio* vai de encontro à cisão do momento interpretativo "*subtilitas intelligendi, subtilitas explicandi* e *subtilitas applicandi* (primeiro conheço, depois interpreto e só depois aplico)" com Gadamer afirmando que sempre aplicamos, sendo impossível reproduzir sentidos. "E é por isso que não se pode mais falar em *Auslegung* – extrair sentido –, e, sim, em *Sinngebung* – atribuir sentido. O processo hermenêutico é sempre produtivo (afinal, nunca nos banhamos na mesma água do rio) [...] A *applicatio* tem direta relação com a pré-compreensão (*Vorverstandnis*). Há sempre um sentido antecipado. Não há grau zero de sentido. Assim, pode-se dizer que nem o texto é tudo e nem o texto é um nada. Por exemplo: nem a lei escrita é tudo; mas não se pode dizer que este texto (lei escrita) não tem valor ou importância para o intérprete. E, importante, textos, aqui, devem ser entendidos como eventos. Gadamer não deve ser entendido como um filólogo. A hermenêutica é universal. Todos os objetos, atos etc. são textos. E sempre são interpretados. Mas isso nunca ocorre no vácuo: quem quer compreender um texto deve deixar que o texto lhe diga algo. *Applicatio* quer dizer que desde sempre já estou operando com esse conjunto de elementos e categorias que me levam à compreensão. Mesmo quando raciocino com exemplos abstratos, estou aplicando. [...] A *applicatio* é a norma(tização) do texto jurídico. A Constituição, por exemplo, será, assim, o resultado da sua interpretação (portanto, de sua compreensão como Constituição), que tem o seu acontecimento (*Ereignis*) no ato aplicativo, concreto, produto da intersubjetividade dos intérpretes, que emerge da complexidade das relações sociais. A interpretação não é um ato posterior e ocasionalmente complementar à compreensão. Antes, compreender é sempre interpretar, e, por conseguinte, a interpretação é a forma explícita da compreensão. Relacionado com isso está também o fato de que a linguagem e a conceptualidade da interpretação foram reconhecidas como um momento estrutural interno da compreensão: com isso o problema da linguagem que ocupava uma posição ocasional e marginal passa a ocupar o centro da filosofia [...] Já sempre estamos operando nesse mundo, que somente nos é acessível pela linguagem e na linguagem. Assim, para a possibilidade de uma hermenêutica jurídica é essencial que a lei vincule por igual a todos os membros da comunidade jurídica. Porque a lei é uma representação do que ocorre na linguagem pública, isto é, na intersubjetividade. Ela é que deve constranger o intérprete. Ela é a 'coisa' na qual baterá a subjetividade do intérprete. Deixemos o texto nos fale. É evidente que não será qualquer texto. E a 'coisa' contra a qual baterá a subjetividade não é qualquer 'coisa', isto é, não é qualquer intersubjetividade. Apenas aquela que atende à tradição autêntica (ver o verbete 'Solipsismo'). A tarefa da interpretação consiste em concretizar a lei em cada caso, ou seja, é tarefa da aplicação, lócus em que se manifestam os sentidos jurídicos. O intérprete não constrói o texto, a coisa; mas também não será um mero reprodutor. A *applicatio* é esse espaço que o intérprete terá para atribuir o sentido. É o espaço de manifestação do sentido. *Applicatio* quer dizer que, além de não interpretarmos por partes, em fatias, também

aplicação, que não mais se separam no momento da atividade interpretativa, porque se compreende para interpretar, como dizia Gadamer. A RAC trabalha com a coerência e com a integridade[85] para conter a contingência do direito, afastando-se de vieses relativistas e discricionários.[86]

Dessa maneira, tem razão Gadamer ao afirmar que: "uma interpretação é correta quando ninguém se pergunta sobre o sentido atribuído a algo"; "toda a interpretação correta deve guardar-se da arbitrariedade dos chutes e do caráter limitado dos hábitos mentais inadvertidos, de maneira a voltar-se às coisas mesmas"; e "a constante tarefa de compreender consiste em elaborar projetos corretos, adequados às coisas, ou seja, ousar hipóteses que só devem ser confirmadas nas coisas mesmas".[87] Não há liberdade ante o texto, com a interpretação estando vinculada ao texto, mas sem nele se esgotar.[88]

Quem decide, portanto, independentemente do que pensa sobre o direito, deve exarar decisões íntegras com o direito daquela sociedade, podendo-se diferenciar decisões corretas das incorretas, com os princípios[89] jurídicos combinando com objetivos

---

não interpretamos *in abstrato*. Quando nos deparamos com um texto jurídico (uma lei), vamos compreendê-lo a partir de alguma situação, concreta ou imaginária" (STRECK, Lenio Luiz. Applicatio. *In*: STRECK, Lenio Luiz. *Dicionário de hermenêutica*: 50 verbetes fundamentais de acordo com a crítica hermenêutica do direito. 2. ed. Belo Horizonte: Letramento, 2021. p. 17-19).

[85] Como a resposta correta advém da divergência gerada na dimensão interpretativa do fenômeno jurídico com o objetivo de indicar a melhor interpretação possível para a resolução da controvérsia. A melhor interpretação é aquela a qual "articule coerentemente todos os seus elementos (regras, princípios, precedentes etc.) a fim de que a decisão particular se ajuste ao valor que é a sua razão de ser. Dito de outro modo, a divergência é resolvida com a melhor justificação". A coerência e a integridade se encontram no bojo da igualdade, com os casos sendo julgados com igual consideração: "Analiticamente, pode-se dizer que: a. coerência liga-se à consistência lógica que o julgamento de casos semelhantes deve guardar entre si. Trata-se de um ajuste que as circunstâncias fáticas que o caso deve guardar com os elementos normativos que o Direito impõe ao seu desdobramento; b. integridade é a exigência de que os juízes construam seus argumentos de forma integrada ao conjunto do Direito, numa perspectiva de ajuste de substância. A integridade traz em si um aspecto mais valorativo/moral enquanto a coerência seria um *modus operandi*, a forma de alcançá-la [...] A ideia nuclear da coerência e da integridade é a concretização da igualdade. A melhor interpretação do valor igualdade deverá levar em conta a convivência com um valor igualmente relevante e que deve ser expresso em sua melhor interpretação: a liberdade. Por isso, o lobo não pode ter 'liberdade' de matar o cordeiro; eu não tenho 'liberdade' para matar alguém. A liberdade também funciona como um conceito interpretativo. Na construção do meu direito à liberdade, a igualdade já está envolvida e vice-versa. A correta concepção de um conceito informa o significado da outra de forma coerente e interajustada. [...] A integridade também quer dizer: fazer da aplicação do Direito um 'jogo limpo' (*fairness* – que também quer dizer: tratar a todos os casos equanimemente)" (STRECK, Lenio Luiz. Coerência e integridade. *In*: STRECK, Lenio Luiz. *Dicionário de hermenêutica*: 50 verbetes fundamentais de acordo com a crítica hermenêutica do direito. 2. ed. Belo Horizonte: Letramento, 2021. p. 41-43).

[86] STRECK, Lenio Luiz. Resposta adequada à Constituição (resposta correta). *In*: STRECK, Lenio Luiz. *Dicionário de hermenêutica*: 50 verbetes fundamentais de acordo com a crítica hermenêutica do direito. 2. ed. Belo Horizonte: Letramento, 2021. p. 405-406.

[87] GADAMER, Hans-Georg. *Verdade e método I*: traços fundamentais de uma hermenêutica filosófica. Tradução de Flávio Paulo Meuer. 12. ed. Petrópolis: Vozes, 2012.

[88] STRECK, Lenio Luiz. Resposta adequada à Constituição (resposta correta). *In*: STRECK, Lenio Luiz. *Dicionário de hermenêutica*: 50 verbetes fundamentais de acordo com a crítica hermenêutica do direito. 2. ed. Belo Horizonte: Letramento, 2021. p. 407.

[89] Princípios tidos como padrão moral público compartilhado de comportamento de determinada comunidade (alteridade) em um dado momento histórico, que respeita e problematiza a tradição institucional daquela comunidade de forma íntegra e coerente, não se tornando os princípios cláusulas abertas ou de fechamento de lacuna do sistema, mas sim um prático "fechamento hermenêutico, isto é, não vinculam nem autorizam o intérprete desde fora, mas justificam a decisão no interior da prática interpretativa que define e constitui o direito". Toda regra contém um princípio, muitas vezes o da igualdade. A aplicação de um princípio jurídico "deve vir acompanhada de uma detalhada justificação, *ligando-se a uma cadeia significativa*, de onde se possa retirar a generalização principiológica minimamente necessária para a continuidade decisória, sob pena de cair em decisionismo, em que cada juiz tem o seu próprio conceito [...] a aplicação do princípio para justificar

políticos no intuito de elaboração de respostas coerentes com o direito positivo, a ensejar legitimidade à decisão.[90]

A legitimidade democrática de uma decisão jurídica passa por duas vertentes: (i) advir de um procedimento constitucional garantidor da participação moral (dimensão substantiva) dos(as) envolvidos(as); (ii) fundamentação intersubjetiva sem descolamento do texto, sem nele se circunscrever ao texto e que ratifique a coerência e a integridade (Código de Processo Civil – CPC, arts. 489 e 926), a concretizar a responsabilidade decisória como virtude.[91] Evitam-se, com isso, decisões casuísticas (*ad hoc*).[92]

---

determinada exceção não quer dizer que, em uma próxima aplicação, somente se poderá fazê-lo a partir de uma absoluta similitude fática. Isso seria congelar as aplicações. O que é importante em uma aplicação desse quilate é *exatamente o princípio que dele se extrai*, porque é por ele que se estenderá/generalizará a possibilidade para outros casos, em que as circunstâncias fáticas demonstrem a necessidade da aplicação do princípio para justificar uma nova exceção. Tudo isso formará uma cadeia significativa, forjando uma tradição, de onde se extrai a integridade e a coerência do sistema jurídico. Esse talvez seja o segredo da aplicação principiológica". A distinção entre regra e princípio não pode ser estrutural, como faz Alexy – regra como mandado de definição e princípio como mandado de otimização – pois, no viés hermenêutico, a distinção estrutural não resolve o problema da concretização, porque os princípios somente se apresentam se a subsunção das regras ao caso não resolverem a questão. "Para que um princípio tenha obrigatoriedade, ele não pode se desvencilhar da democracia, que se dá por enunciados jurídicos concebidos como regras" STRECK, Lenio Luiz. *Verdade e consenso*. 6. ed. São Paulo: Saraiva, 2017. E-book, item 5.2.3 – A diferença entre regras e princípios para além das cisões/distinções estruturais).

[90] STRECK, Lenio Luiz. Resposta adequada à Constituição (resposta correta). *In*: STRECK, Lenio Luiz. *Dicionário de hermenêutica*: 50 verbetes fundamentais de acordo com a crítica hermenêutica do direito. 2. ed. Belo Horizonte: Letramento, 2021. p. 407-408.

[91] MOTTA, Francisco José Borges. *Ronald Dworkin e a decisão jurídica*. 3. ed. Salvador: JusPodivm, 2021. p. 258.

[92] STRECK, Lenio Luiz. Resposta adequada à Constituição (resposta correta). *In*: STRECK, Lenio Luiz. *Dicionário de hermenêutica*: 50 verbetes fundamentais de acordo com a crítica hermenêutica do direito. 2. ed. Belo Horizonte: Letramento, 2021. p. 408.

Há, por conseguinte, um direito fundamental à RAC, cuja "decisão ultrapassa o raciocínio causal-explicativo, porque busca no *ethos* principiológico a fusão de horizontes[93] demandada pela situação que se apresenta".[94] Explica Lenio:

> Não esqueçamos que a constante tarefa do compreender consiste em elaborar projetos corretos, adequados às coisas, como bem lembra Gadamer. Aqui não há outra "objetividade" além da elaboração da opinião prévia a ser confirmada. Faz sentido, assim, afirmar que

---

[93] O horizonte para Gadamer "é o âmbito de visão que abarca e encerra tudo que é visível a partir de um determinado ponto" (GADAMER, Hans-Georg. *Verdade e método I*: traços fundamentais de uma hermenêutica filosófica. Tradução de Flávio Paulo Meurer. 12. ed. Petrópolis: Vozes, 2012. p. 399). Nessa linha, "a distância temporal é um importante elemento hermenêutico para uma melhor – e diferente – compreensão das coisas, que resulta justamente do contato do texto com novos horizontes históricos que são posteriores ao de sua produção e que produziram as capas que vão sendo sedimentadas [...] O ponto de inflexão, portanto, não é teórico-abstrato, mas prático-concreto, ligado à realidade de em que se busca a inspiração e para onde convergem as possibilidades abertas pela conversação, em que está em jogo não o exato, mas o contingente, o mutável e o variável, próprio do acontecer humano na sociedade. A isso Gadamer vai denominar 'fusão de horizontes', termo chave na sua léxica. O filósofo esclarece que '[...] ter horizontes significa não estar limitado ao que há de mais próximo, mas poder ver para além disso.' A pessoa que possui horizontes, portanto, '[...] sabe valorizar corretamente o significado de todas as coisas que pertencem ao horizonte, no que concerne a proximidade e a distância, a grandeza e a pequenez.' Disso resulta que '[...] a elaboração da situação hermenêutica significa então a obtenção do horizonte de questionamento correto para as questões que se colocam à frente da tradição.' Em razão disso, o entendimento é sempre uma 'fusão de horizontes', ou seja, um horizonte pode sempre ser colocado em contato com outro, sem obliterá-lo, mas fundindo-se com ele. Nessa lógica, o entendimento não é o ato de um sujeito ativo que projeta um significado sobre um objeto inerte, morto. Pelo contrário, presente e passado tem horizontes que podem ser juntados produtivamente, ou seja, a visão global do passado faz uma declaração, por meio do texto, no presente. Desse modo, o evento do entendimento representa uma negação e uma afirmação do presente e do passado. Com o termo fusão de horizontes, Gadamer pretende demonstrar que o ponto não é o obscurecimento do horizonte do passado. Seria, na verdade, mostrar como esse horizonte foi adotado e pode ser expandido no presente. [...] A tarefa hermenêutica consiste então, explica o mestre alemão, em não ocultar esta tensão em uma assimilação ingênua, e sim em desenvolvê-la conscientemente. Por esta razão é que o comportamento hermenêutico está obrigado a projetar um horizonte histórico que se distinga do presente. A consciência histórica é consciente de sua própria alteridade e por isto destaca o horizonte da tradição com respeito a si próprio. [...] Toda a compreensão hermenêutica pressupõe uma inserção no processo de transmissão da tradição. Há um movimento antecipatório da compreensão, cuja condição ontológica é o círculo hermenêutico, que nos liga à tradição em geral e à do nosso objeto de interpretação em particular. Deste ponto Gadamer fala de um novo significado de círculo hermenêutico a partir de Heidegger: a estrutura circular da compreensão manteve-se sempre, na teoria anterior, dentro do marco de uma relação formal entre o individual e o global ou seu reflexo subjetivo: a antecipação intuitiva do conjunto e sua explicitação posterior no caso concreto. Segundo esta teoria, o movimento circular no texto era oscilante e ficava superado na plena compreensão do próprio texto. A teoria da compreensão culminava em um ato adivinhatório que dava acesso direto ao autor e a partir daí expungia do texto tudo o que era estranho e chocante. Contrariamente a isto, Heidegger reconhece que a compreensão do texto está determinada permanentemente pelo movimento antecipatório da pré-compreensão. Portanto, no contexto gadameriano, o termo horizonte amplia a concepção da linguagem vista como um mero instrumento para realizar a comunicação, e passa a conceber a linguagem, como condição de possibilidade, como o próprio meio pelo qual se pode ver o mundo. A fusão de horizontes pressupõe a tradição (entrega de algo). De que modo, no âmbito jurídico, é feita a entrega do passado, mormente se considerarmos que o passado está eivado de tradições autoritárias, desrespeito à democracia e refém de um imaginário refratário ao giro ontológico-linguístico? A fusão de horizontes, neste caso, exige rupturas paradigmáticas. Fusão de horizontes implica poder olhar o que é novo e compreendê-lo como novo. E ter as condições para evitar que o que é velho (inautêntico, não-verdadeiro) obscureça as possibilidades transformadoras do novo (por exemplo, entra aqui o papel do Constitucionalismo Contemporâneo). A problemática relacionada ao conceito de princípio pode ser um bom exemplo para entender o sentido da fusão de horizontes. Se ainda hoje, passadas três décadas desde a promulgação da Constituição, utilizamos princípios gerais do Direito, é porque não houve fusão. Houve, na verdade, uma confusão de conceitos (ver o verbete 'Princípios jurídicos')" (STRECK, Lenio Luiz. Fusão e horizontes. *In*: STRECK, Lenio Luiz. *Dicionário de hermenêutica*: 50 verbetes fundamentais de acordo com a crítica hermenêutica do direito. 2. ed. Belo Horizonte: Letramento, 2021. p. 123-126).

[94] STRECK, Lenio Luiz. Resposta adequada à Constituição (resposta correta). *In*: STRECK, Lenio Luiz. *Dicionário de hermenêutica*: 50 verbetes fundamentais de acordo com a crítica hermenêutica do direito. 2. ed. Belo Horizonte: Letramento, 2021. p. 408.

o intérprete não vai diretamente ao "texto", a partir da opinião prévia pronta e instalada nele. Ao contrário, expressamente, coloca à prova essa opinião a fim de comprovar sua legitimidade, aquilo que significa, a sua origem e a sua validade.

O direito fundamental a uma resposta correta (constitucionalmente adequada à Constituição) não implica a elaboração sistêmica de respostas definitivas, porque isso provocaria um congelamento de sentidos. Respostas definitivas pressupõem o sequestro da temporalidade. E a hermenêutica praticada pela Crítica Hermenêutica do Direito é fundamentalmente dependente da temporalidade. O tempo[95] é o nome do ser. Ou seja, a pretensão a respostas definitivas (ou verdades apodíticas) nem sequer teria condições de ser garantida. A decisão (resposta) estará adequada na medida em que for respeitada, em maior grau, a autonomia do Direito (que se pressupõe produzido democraticamente), evitada a discricionariedade (além da abolição de qualquer atitude arbitrária) e respeitada a coerência e a integridade do Direito, a partir de uma detalhada fundamentação.

Importante referir que, conforme diz Dworkin, qualquer juiz obrigado a decidir uma demanda descobrirá, se olhar nos livros adequados, registros de muitos casos plausivelmente similares, decididos há décadas ou mesmo séculos por muitos outros juízes, de estilos e filosofias judiciais e políticas diferentes, em períodos nos quais o processo e as convenções judiciais eram diferentes.

Ao decidir o novo caso, cada juiz deve considerar-se como um complexo empreendimento em cadeia, do qual essas inúmeras decisões, estruturas, convenções e práticas são a história; é seu trabalho continuar essa história no futuro por meio do que ele faz agora.

O juiz deve interpretar o que aconteceu antes porque tem a responsabilidade de levar adiante a incumbência que tem em mãos e não partir em alguma nova direção. Portanto, deve determinar, segundo seu próprio julgamento, o motivo das decisões anteriores, qual realmente é, tomando como um todo, o propósito ou o tema da prática até então.

A busca de respostas corretas é um remédio contra o cerne que o engendrou: o positivismo e sua característica mais forte, a discricionariedade e seu calcanhar de Aquiles: a despreocupação com a decisão judicial. A resposta adequada à Constituição, uma resposta que deve ser confirmada na própria Constituição, não pode – sob pena de ferimento do princípio democrático – depender da consciência do juiz, do livre convencimento, da busca da "verdade real" etc. Isso seria devolver o processo interpretativo ao paradigma da filosofia da consciência (e suas vulgatas).[96]

O compromisso é com a Constituição, com a legislação democraticamente construída, cujo debate público perpassou e perpassa questões ético-morais da sociedade. Por isso que o direito deve ser autônomo,[97] sem que seja somente um discurso para legitimar o político, o econômico etc., a pressupor um discurso verdadeiro com base no direito e cada sociedade.

---

[95] Sobre o tempo no constitucionalismo e na democracia veja: CARVALHO NETTO, Menelick. Temporalidade, constitucionalismo e democracia. *Revista Humanidades*, Brasília, p. 33-43, n. 58, jun. 2011. Dossiê Presente Tempo Presente; FROTA, Pablo Malheiros da Cunha. Temporalidade, constitucionalismo e democracia a partir da construção teórico-prática de Menelick de Carvalho Netto. *In*: OLIVEIRA, Marcelo Andrade Cattoni de; GOMES, David F. L. (Org.). *1988-2018*: o que construímos? Homenagem a Menelick de Carvalho Netto nos 30 anos da Constituição de 1988. 2. ed. Belo Horizonte: Conhecimento, 2020. p. 447-457.

[96] STRECK, Lenio Luiz. Resposta adequada à Constituição (resposta correta). *In*: STRECK, Lenio Luiz. *Dicionário de hermenêutica*: 50 verbetes fundamentais de acordo com a crítica hermenêutica do direito. 2. ed. Belo Horizonte: Letramento, 2021. p. 409-410.

[97] STRECK, Lenio Luiz. Resposta adequada à Constituição (resposta correta). *In*: STRECK, Lenio Luiz. *Dicionário de hermenêutica*: 50 verbetes fundamentais de acordo com a crítica hermenêutica do direito. 2. ed. Belo Horizonte: Letramento, 2021. p. 410.

A RAC passa por critérios que a legitimam, a começar pelas seis hipóteses nas quais se pode deixar de aplicar uma lei quando o Poder Judiciário decide:

(i) quando a lei for inconstitucional, ocasião em que deve ser aplicada a jurisdição constitucional difusa ou concentrada;

(ii) quando estiver em face dos critérios de antinomias;

(iii) quando estiver em face de uma interpretação conforme a Constituição;

(iv) quando estiver em face de uma nulidade parcial com redução de texto;

(v) quando estiver em face da inconstitucionalidade sem redução de texto;

(vi) quando estiver em face de uma regra que se confronte com um princípio, ocasião em que a regra perde sua normatividade em face de um princípio constitucional, entendido este como um padrão, do modo como explicitado em *Verdade e consenso* (2014b; 2017). Fora dessas hipóteses, o juiz tem a obrigação de aplicar, passando a ser um dever fundamental.[98]

Além do preenchimento de ao menos uma das hipóteses acima, emergem três perguntas que precisam de respostas a serem ofertadas para que se possa legitimar decisões que afastam a lei:

se está diante de um direito fundamental com exigibilidade, se o atendimento a esse pedido pode ser, em situações similares, universalizado, quer dizer, concedido às demais pessoas e se, para atender aquele Direito, está-se ou não fazendo uma transferência ilegal-inconstitucional de recursos, que fere a igualdade e a isonomia.[99]

A RAC também tem por principiologia que uma decisão jurídica deve observar:

(i) Princípio um: a preservação da autonomia do Direito;

(ii) Princípio dois: o controle hermenêutico da interpretação constitucional – a superação da discricionariedade;

(iii) Princípio três: o respeito à integridade e à coerência do Direito (este princípio foi incorporado no artigo 926, do Código de Processo Civil aprovado em 2015);

(iv) Princípio quatro: o dever fundamental de justificar as decisões (também incorporado no inciso VI do parágrafo primeiro do artigo 489, do Código de Processo Civil);

(v) Princípio cinco: o direito fundamental a uma resposta constitucionalmente adequada (STRECK, 2013, 2014b; 2017).

Esses princípios se fundem com as seis hipóteses – explicitadas anteriormente – pelas quais o Judiciário pode deixar de aplicar uma lei, na medida em que são intercambiáveis. Também ocorrerá a necessidade de se fazer as três perguntas fundamentais antes referidas, para filtrar e afastar atitudes/decisões de caráter ativista.[100]

---

[98] STRECK, Lenio Luiz. Resposta adequada à Constituição (resposta correta). *In*: STRECK, Lenio Luiz. *Dicionário de hermenêutica*: 50 verbetes fundamentais de acordo com a crítica hermenêutica do direito. 2. ed. Belo Horizonte: Letramento, 2021. p. 411-412.

[99] STRECK, Lenio Luiz. Resposta adequada à Constituição (resposta correta). *In*: STRECK, Lenio Luiz. *Dicionário de hermenêutica*: 50 verbetes fundamentais de acordo com a crítica hermenêutica do direito. 2. ed. Belo Horizonte: Letramento, 2021. p. 411-412.

[100] STRECK, Lenio Luiz. Resposta adequada à Constituição (resposta correta). *In*: STRECK, Lenio Luiz. *Dicionário de hermenêutica*: 50 verbetes fundamentais de acordo com a crítica hermenêutica do direito. 2. ed. Belo Horizonte: Letramento, 2021. p. 413-414.

Outro critério importante para a RAC é a condição hermenêutica de sentido (CHS), cuja semântica do texto, plasmada pela diferença ontológica[101] contribui para o afastamento de "enunciados meramente retóricos/performativos, que apenas escondem raciocínios subjetivistas *lato sensu* nas decisões judiciais. Afinal, 'o elemento lógico-analítico já pressupõe sempre o elemento ontológico-linguístico' (STRECK, 2015f, p. 161)".[102] Explica Lenio:

> Portanto, qualquer enunciado proferido em uma decisão jurídica ou no âmbito do processo judicial sempre estará inserido nessa pressuposição de caráter hermenêutico. É neste sentido que o uso do "teste" da condição semântica pode contribuir para a busca de respostas adequadas. Afinal, sabemos que a hermenêutica ocupa um nível de linguagem diferente do ocupado pela analítica, lócus em que se encontram, por exemplo, as posturas neopositivistas. Falo, aqui, não do âmbito da hermenêutica (*logos* hermenêutico), mas, sim, do plano apofântico. Como já explicitado por Ernildo Stein e por mim, é possível fazer epistemologia na hermenêutica (STRECK, 2017; STEIN, 2017, Apresentação ao livro *Verdade e consenso*).
>
> Com isto quero dizer que a hermenêutica – entendida aqui como a minha CHD – não recusa o nível lógico-epistêmico. A compreensão deve ser sempre ser explicitada em um nível apofântico. O que não podemos fazer é confundir os níveis nos quais nos movemos e achar, por exemplo, que um enunciado já contenha todas as suas hipóteses de sentido ou que este seja meramente performativo. A separação entre o epistemológico e o nível concreto não é o mesmo que dividir o transcendental e o empírico. A posição hermenêutica não pretende eliminar procedimentos e dispensar o âmbito ôntico. Isto é, são os elementos objetivos (ônticos) que podem, de plano, afastar incongruências, contradições e falácias linguístico-discursivas presentes nas decisões judiciais. Portanto, esta ferramenta/critério pode ser útil para afastar as respostas incorretas, inadequadas e/ou falsas.

---

[101] No contexto da RAC, a diferença ontológica do direito pode ser entendida como a impossibilidade de haver um texto sem contexto e um texto isolado da norma que se atribui a este texto: "Sustentar que há uma diferença (ontológica) entre texto e norma não significa que haja uma cisão estrutural entre ambos (o mesmo valendo para a dualidade vigência-validade). O que se quer dizer é que o texto não subsiste como texto (algo como 'um conceito em abstrato'). Não há texto sem contexto, assim como não há texto jurídico isolado da norma que se atribui a esse texto. Quando interpretamos – e estamos sempre interpretando – o texto jurídico (lei, constituição, princípio etc.) já nos aparece com alguma norma, que é produto da atribuição de sentido do intérprete. Todavia, o intérprete não é livre para atribuir qualquer sentido ao texto. Ele sempre estará inserido em uma determinada tradição, que sobre ele exerce constrangimento. Assim como o ser humano não atribui um sentido qualquer aos objetos no seu cotidiano, o que seria esquizofrenia, do mesmo modo o intérprete do Direito também possui limites e não pode dizer qualquer coisa sobre qualquer coisa. A partir da diferença ontológica, a norma (sentido do texto) não é uma capa de sentido a ser acoplada a um texto 'desnudo'. Ela, a norma, é a construção hermenêutica do sentido do texto. Esse sentido manifesta-se na síntese hermenêutica da *applicatio*. A distinção entre as palavras do texto e o conteúdo normativo não pode levar a uma negação da relação entre ambas as coisas. Esse parece ser o equívoco mais constante cometido pela comunidade jurídica. Isso pode ser percebido já no início das petições dirigidas aos tribunais, quando a temática é cindida em 'dos fatos' e 'do Direito', como se um existisse ou fosse compreensível sem o outro. Assim, a cisão entre palavras e coisas, fato e Direito, texto e norma, enfim, entre ser e ente sustenta a cisão metafísica-ontoteológica que faz com que, por um lado, o intérprete do Direito se torne refém do texto, reproduzindo um superado positivismo exegético e, de outro, permitindo o total descolamento da norma (sentido) do texto (lei), fazendo com que, nesse segundo caso, o intérprete se torne o senhor dos sentidos. Por isso tem razão Gadamer (2012, p. 358): quem quer compreender um texto, deve deixar primeiro que o texto lhe diga algo. O texto sempre nos 'diz' algo. Sem ele, não há esse 'algo'. De certo modo, Gadamer se inspirou em Schopenhauer, que certa vez teria dito que o texto é como a palavra do Rei. Ela sempre vem antes e todos devem escutá-la" (STRECK, Lenio Luiz. Diferença ontológica no direito. *In*: STRECK, Lenio Luiz. *Dicionário de hermenêutica*: 50 verbetes fundamentais de acordo com a crítica hermenêutica do direito. 2. ed. Belo Horizonte: Letramento, 2021. p. 75-76).

[102] STRECK, Lenio Luiz. Resposta adequada à Constituição (resposta correta). *In*: STRECK, Lenio Luiz. *Dicionário de hermenêutica*: 50 verbetes fundamentais de acordo com a crítica hermenêutica do direito. 2. ed. Belo Horizonte: Letramento, 2021. p. 414.

Explicando melhor. Se dissermos que "chove lá fora", esse enunciado pode ser falso ou verdadeiro, bastando colocar a partícula "não" e olhar para fora. Com isso, verifica-se que o enunciado "chove lá fora" é falso. Entretanto, se dissermos – utilizando um exemplo que Luis Alberto Warat (1995a, p. 41) trazia frequentemente – que "os duendes se apaixonam em maio", esse enunciado é impossível de ser verificado. Se dissermos que os duendes se apaixonam em maio ou setembro ou que os duendes não se apaixonam, que importância isso terá, a não ser no campo da poética ou da ficção? Enunciados retóricos e argumentos performativos costumam ser anêmicos, vazios de conteúdo (os neopositivistas diziam que eram enunciados metafísicos). Por vezes, a simples colocação da negação (ou, se for o caso, de uma afirmação) tem o condão de desmontar um discurso com pretensões de verdade e que tão-somente esconde um conjunto de raciocínios subjetivistas e/ou ideológicos. Observe-se: não se trata de, simplesmente, apelar para uma verificação empírica *stricto sensu*. No plano hermenêutico, trata-se de buscar na tradição autêntica (esse conceito é hermenêutico e pode ser verificado no verbete "Pré-juízos autênticos e pré-juízos inautênticos") a existência de sentidos que confirmam o enunciado em sua história institucional (ver o verbete "Método hermenêutico").[103]

A verificação da CHS no plano analítico ou apofântico (semiótico – sintática, semântica e pragmática) é o primeiro filtro para saber se o enunciado é verdadeiro e tem um sentido mínimo quanto ao conteúdo das palavras naquele contexto interpretativo, ou seja, se consegue demonstrar um *a priori* compartilhado de um mínimo de sentido. Este "advém das condições engendradas pela tradição e que podem incorporar um sentido positivo para a história, em um sentido próximo àquele que Norbert Elias chama de 'Processo Civilizador'".[104] Lenio exemplifica:

> Aplique-se a "fórmula" às afirmações presentes nas decisões judiciais, como "o clamor público está a justificar a prisão preventiva". Se formos colocar um "não" na afirmação, tal circunstância não trará qualquer alteração no universo fenomênico, uma vez que essa condição de sentido é impossível de verificar. É arbitrária.
>
> Outro exemplo interessante é o caso da decisão da juíza do Rio de Janeiro que, nos autos da ação civil pública 0315505-67.2011.8.19.0001), negou pedido da Defensoria Pública para que o sistema prisional cessasse com a prática de raspar os cabelos dos detentos quando de seu ingresso no sistema prisional, por violação à dignidade. Ao negar o pedido, a juíza fez uma ponderação entre "[...] a suposta violação do direito a identidade e o direito individual e coletivo de manter as condições de higiene e saúde da população carcerária, não resta dúvida que deve ser prestigiado este". Mas não explicou o porquê dessa "ponderação". Por que, por exemplo, essa ordem de raspar a cabeça somente tem validade para a população masculina? Mulheres não precisam cortar cabelo. Sobre isso, disse a juíza: "Ora, é sabido que o corte de cabelo e barba previne determinadas pragas transmissoras de doenças, assim, como não se pode negar a realidade de que as mulheres são mais asseadas que os homens, além de representar efetivo carcerário infinitamente menor que o efetivo masculino, pelo que não se pode pretender comparar situações tão díspares para fundamentar a pretensão".

---

[103] STRECK, Lenio Luiz. Resposta adequada à Constituição (resposta correta). *In*: STRECK, Lenio Luiz. *Dicionário de hermenêutica*: 50 verbetes fundamentais de acordo com a crítica hermenêutica do direito. 2. ed. Belo Horizonte: Letramento, 2021. p. 414-415.

[104] STRECK, Lenio Luiz. Resposta adequada à Constituição (resposta correta). *In*: STRECK, Lenio Luiz. *Dicionário de hermenêutica*: 50 verbetes fundamentais de acordo com a crítica hermenêutica do direito. 2. ed. Belo Horizonte: Letramento, 2021. p. 414-415.

Fica fácil de perceber que, no caso em exame, se colocarmos a partícula "não", igualmente nada se altera, uma vez que a afirmação de que mulheres são mais higiênicas do que os homens está prenhe de metafísica ontoteológica (ver o verbete "Metafísica moderna"), isto é, é um "conceito sem coisa", com a ausência da diferença ontológica (ver o verbete "Diferença ontológica"), não é possível que, nesta quadra da história, possamos continuar a sustentar interpretações que sustentem hábitos pessoais em critérios estereotipados de gênero; ou, tampouco, que se dê validade para uma interpretação que acredita ser o número de pessoas (maior ou menor) o fator determinante para que uma peste ou praga se espalhe. Ou que a simples invocação de enunciados performativos como "clamor social" ou "ordem pública" tenham o condão de "criar realidade".

Não se trata, apenas, de se dizer que falta sustentáculo empírico para os enunciados adotados pela sentença da juíza do Rio de Janeiro ou em decisões que invocam argumentos meramente retóricos. Ou seja, não é apenas a ausência de estudos criteriosos que impossibilita apontar o acerto do enunciado feito pela juíza. É também a tradição e as condições concretas de nossa consciência histórica que apontam para isso. Diante do painel histórico em que se desdobra o nosso processo civilizador, simplesmente não é possível oferecer, como critérios de discriminação ou justificadores de tratamentos iníquos, platitudes que ecoam clichês sobre pretensas diferenças de gênero ou a expressividade numérica na disseminação de pragas e pestes.

No caso da juíza do Rio de Janeiro, na especificidade, não há qualquer estudo ou comprovação minimamente acreditável que aponte o acerto do enunciado feito pela juíza.[105]

O que se percebe é que a decisão da juíza do Rio de Janeiro utilizou significantes sem verificabilidade hermenêutica, visto que os fundamentos não encontravam parâmetros na ordem constitucional e legal ao não indicar como se justificaria o tratamento desigual entre homens e mulheres para permitir que os homens tivessem o cabelo raspado por falta de higiene. Seria necessário provar que o ato previne doenças no sistema prisional. Não existe na tradição jurídica brasileira nada que sustente a decisão da juíza do Rio de Janeiro. A CHS, portanto, aponta para a irracionalidade decisória.[106]

Nessa senda, todo enunciado jurídico (texto) constitucional, infraconstitucional, presente em uma decisão ou em um documento jurídico deve ser objeto de uma condição hermenêutica de verificabilidade, isto é, não há um grau zero de sentido das palavras, sendo que "há sempre um chão linguístico no qual está assentada a tradição que envolve um determinado conceito ou enunciado".[107]

Essa verificabilidade é democrática por permitir o controle das decisões, não sendo legítimas juridicamente, na atual quadra, decisões baseadas em livre convencimento motivado ou a livre apreciação da prova, embora ainda existam, seja por estarem proibidas pelo art. 371 do CPC, seja por serem antidemocráticas, por se lastrearem na subjetividade de quem decide e impedirem o controle de seus fundamentos.[108]

---

[105] STRECK, Lenio Luiz. Resposta adequada à Constituição (resposta correta). *In*: STRECK, Lenio Luiz. *Dicionário de hermenêutica*: 50 verbetes fundamentais de acordo com a crítica hermenêutica do direito. 2. ed. Belo Horizonte: Letramento, 2021. p. 417-418.

[106] STRECK, Lenio Luiz. Resposta adequada à Constituição (resposta correta). *In*: STRECK, Lenio Luiz. *Dicionário de hermenêutica*: 50 verbetes fundamentais de acordo com a crítica hermenêutica do direito. 2. ed. Belo Horizonte: Letramento, 2021. p. 418-420.

[107] STRECK, Lenio Luiz. Resposta adequada à Constituição (resposta correta). *In*: STRECK, Lenio Luiz. *Dicionário de hermenêutica*: 50 verbetes fundamentais de acordo com a crítica hermenêutica do direito. 2. ed. Belo Horizonte: Letramento, 2021. p. 420-421.

[108] STRECK, Lenio Luiz. Resposta adequada à Constituição (resposta correta). *In*: STRECK, Lenio Luiz. *Dicionário de hermenêutica*: 50 verbetes fundamentais de acordo com a crítica hermenêutica do direito. 2. ed. Belo Horizonte: Letramento, 2021. p. 421.

É necessário, destarte, que quem decida faça uma "reconstrução consistente do caso narrado, ajustando-o à história institucional do Direito".[109] Noutros termos:

> os fundamentos expostos pelo juiz devem, necessariamente, enfrentar substancialmente todos os argumentos levantados pelas partes, de forma clara e sólida, de tal modo que a parte possa saber não apenas o que se decidiu, mas o porquê levou o juiz a decidir de tal forma (essa obrigação, aliás, está prevista no artigo 489 do Código de Processo Civil em vigor desde 2015, antes explicitado).[110]

Direito é uma prática interpretativa e, portanto, intersubjetiva.

Não se separa questão de fato e questão de direito, já que sempre "uma questão de fato já está 'juridicizada'. E a questão de Direito já está 'faticizada'. Portanto, a narração que uma testemunha dá sobre algo é uma narração de um fenômeno que diz respeito ao Direito. E vice-versa. Não poderá dar qualquer versão. Porque há o contraditório".[111]

Decidir corretamente é:

> construir a resposta correta a partir da melhor interpretação possível do material jurídico básico (leis, códigos, precedentes etc.) e dos princípios que conformam esse empreendimento coletivo (que remetem, por sua vez, a dimensões da dignidade humana). [...] Uma questão de princípio: garantir os direitos de quem efetivamente os possui.[112]

Nesse contexto, não cabe à literatura jurídica somente *descrever* a resposta conferida pelo direito, pois, na fenomenologia hermenêutica:

> *descrição* e *prescrição*, no paradigma hermenêutico, já estão unidas em um só. Não há uma dicotomia rígida fato/valor. A dois, porque, ora, é impossível afirmar (fora de uma inexistente metalinguagem, artifício utilizado por Kelsen), no mesmo plano, que uma resposta judicial é tão aceitável quanto outra que diz exatamente o contrário.[113]

Percebe-se que a RAC dialoga com o correto entendimento acerca do sentido conferido a um direito civil acorde à legalidade constitucional. Isso porque se esclarece o que se entende por constitucionalização do direito civil, a fim de que não pairem dúvidas sobre o que se está a dizer.

---

[109] STRECK, Lenio Luiz. Resposta adequada à Constituição (resposta correta). *In*: STRECK, Lenio Luiz. *Dicionário de hermenêutica*: 50 verbetes fundamentais de acordo com a crítica hermenêutica do direito. 2. ed. Belo Horizonte: Letramento, 2021. p. 421.

[110] STRECK, Lenio Luiz. Resposta adequada à Constituição (resposta correta). *In*: STRECK, Lenio Luiz. *Dicionário de hermenêutica*: 50 verbetes fundamentais de acordo com a crítica hermenêutica do direito. 2. ed. Belo Horizonte: Letramento, 2021. p. 421.

[111] STRECK, Lenio Luiz. Resposta adequada à Constituição (resposta correta). *In*: STRECK, Lenio Luiz. *Dicionário de hermenêutica*: 50 verbetes fundamentais de acordo com a crítica hermenêutica do direito. 2. ed. Belo Horizonte: Letramento, 2021. p. 423.

[112] STRECK, Lenio Luiz. Resposta adequada à Constituição (resposta correta). *In*: STRECK, Lenio Luiz. *Dicionário de hermenêutica*: 50 verbetes fundamentais de acordo com a crítica hermenêutica do direito. 2. ed. Belo Horizonte: Letramento, 2021. p. 425-426.

[113] STRECK, Lenio Luiz. Resposta adequada à Constituição (resposta correta). *In*: STRECK, Lenio Luiz. *Dicionário de hermenêutica*: 50 verbetes fundamentais de acordo com a crítica hermenêutica do direito. 2. ed. Belo Horizonte: Letramento, 2021. p. 426.

Destaca-se que a necessidade de interação do direito civil com a Constituição já era indicada como necessária, por exemplo, por Clóvis Beviláqua, ainda sob a égide da Constituição de 1934, que inaugurou o Estado social no Brasil,[114] o que não poderia ser diferente no momento em que a Constituição pós-2ª Guerra Mundial foi reconfigurada pelos direitos fundamentais.

O direito civil na legalidade constitucional, portanto, tem por norte solver os problemas civilísticos com base nos fundamentos advindos dos princípios e das regras constitucionais, por meio de uma aplicação direta dos enunciados normativos constitucionais (texto e contexto) nas relações jurídicas privadas,[115] como expressamente dispõe o art. 5º, §1º, da Constituição Federal de 1988 (CF/88).

Não se afasta qualquer instituto do direito civil, sempre analisado sob os vieses estruturais, funcionais e principiológicos, muito menos a legislação infraconstitucional, salvo se esta for inconstitucional ou nas demais hipóteses da RAC, sempre balizados a partir dos casos concretos,[116] como ocorre em qualquer relação jurídica.

As nomenclaturas "direito civil constitucional", "constitucionalização do direito civil" ou "direito civil na legalidade constitucional" apontam, para além dos pontos retrocitados, para o não isolamento do direito civil dos ditames constitucionais, não sendo uma "disciplina distinta do direito civil, porque não é disciplina própria ou autônoma, mas sim metodologia que o integra ao sistema jurídico que tem a Constituição como sua fonte normativa primeira".[117]

De forma mais explícita, Paulo Lobo, ao prefaciar uma obra sobre o direito civil na legalidade constitucional, aponta:

> O direito civil na legalidade constitucional, título escolhido pelos organizadores desta obra, não dá as costas à milenar elaboração das categorias do direito civil. Muito ao contrário. História e contemporaneidade são imprescindíveis para a compreensão do direito civil. E é a história que nos orienta quanto à evolução por que passou o Estado moderno, nas três etapas vivenciadas até o momento atual: a do Estado absoluto, a do Estado liberal e a do Estado social. Essas três etapas impactaram na mesma medida no direito civil, quase a expressar os três momentos da dialética hegeliana, ou seja, a tese, a antítese e a síntese. No Estado absoluto, o direito civil emanava da vontade do soberano, do qual derivava também a constituição política, submetendo-se ao interesse público estatal; no Estado liberal, o direito civil converte-se em constituição do homem comum burguês, em paralelo e quase sempre em oposição à ordem constitucional, que dele não tratava, orientando-se pelo interesse privado hegemônico; no Estado Social, o direito civil é,

---

[114] LOBO, Paulo. Prefácio. *In*: MENEZES, Joyceane Bezerra de; DE CICCO, Maria Cristina; RODRIGUES, Francisco Luciano Lima (Org.). *Direito civil na legalidade constitucional*: algumas aplicações. Indaiatuba: Foco, 2021. p. V.

[115] FROTA, Pablo Malheiros da Cunha. Compreendendo o direito civil constitucional prospectivo. *In*: MENEZES, Joyceane Bezerra de; DE CICCO, Maria Cristina; RODRIGUES, Francisco Luciano Lima (Org.). *Direito civil na legalidade constitucional*: algumas aplicações. Indaiatuba: Foco, 2021. p. 341-352; FROTA, Pablo Malheiros da Cunha. Interpretação do direito privado: o direito civil constitucional prospectivo em diálogo com a crítica hermenêutica do direito. *In*: TEPEDINO, Gustavo; MENEZES, Joyceane Bezerra de (Org.). *Autonomia privada, liberdade existencial e direitos fundamentais*. Belo Horizonte: Fórum, 2019. p. 309-329.

[116] FROTA, Pablo Malheiros da Cunha. Compreendendo o direito civil constitucional prospectivo. *In*: MENEZES, Joyceane Bezerra de; DE CICCO, Maria Cristina; RODRIGUES, Francisco Luciano Lima (Org.). *Direito civil na legalidade constitucional*: algumas aplicações. Indaiatuba: Foco, 2021. p. 341-352; FROTA, Pablo Malheiros da Cunha. Interpretação do direito privado: o direito civil constitucional prospectivo em diálogo com a crítica hermenêutica do direito. *In*: TEPEDINO, Gustavo; MENEZES, Joyceane Bezerra de (Org.). *Autonomia privada, liberdade existencial e direitos fundamentais*. Belo Horizonte: Fórum, 2019. p. 309-329.

[117] LOBO, Paulo. Prefácio. *In*: MENEZES, Joyceane Bezerra de; DE CICCO, Maria Cristina; RODRIGUES, Francisco Luciano Lima (Org.). *Direito civil na legalidade constitucional*: algumas aplicações. Indaiatuba: Foco, 2021. p. V-VI.

ao mesmo tempo, ordem das relações privadas e integrante da ordem constitucional, conjugando interesse privado e interesse público. Nessa linha evolutiva é que vamos encontrar o equilíbrio virtuoso entre a dignidade da pessoa humana e a solidariedade social. [...] A correta interpretação do direito civil brasileiro, portanto, há de partir de sua historicidade e dos fundamentos estabelecidos na Constituição para aplicação das normas infraconstitucionais. [...] Situar a pessoa humana no centro do direito civil e considerar que o patrimônio deve ser orientado a sua realização existencial, sem a primazia que a dogmática tradicional a ele atribuía, tem sido um dos postulados mais importantes da metodologia civil constitucional.[118]

Além disso, busca-se "o equilíbrio harmônico dos princípios estruturantes da dignidade da pessoa humana e da solidariedade social, com impacto na legislação e na jurisprudência dos tribunais".[119]

Há uma preocupação, por conseguinte, com a densificação dos institutos jurídicos civis, bem como não se trabalha com a hipótese de que princípios sejam valores ou que sejam vias de concretização de valores, assim como que se criem princípios sem nenhum lastro jurídico ou que se admitam decisões voluntaristas.

Não se defende, outrossim, que os fins substituam os princípios, sendo importante trazer as três vertentes construídas por Fachin (formal, material e prospectiva), irradiando efeitos à sociedade e ao Estado:

> É possível encetar pela dimensão formal, como se explica. A Constituição Federal brasileira de 1988 ao ser apreendida tão só em tal horizonte se reduz ao texto positivado, sem embargo do relevo, por certo, do qual se reveste o discurso jurídico normativo positivado. É degrau primeiro, elementar regramento proeminente, necessário, mas insuficiente.
>
> Sobreleva ponderar, então, a estatura substancial que se encontra acima das normas positivadas, bem assim dos princípios expressos que podem, eventualmente, atuar como regras para além de serem *mandados de otimização*.[120] Complementa e suplementa o norte formal anteriormente referido, indo adiante até a aptidão de inserir no sentido da *constitucionalização* os princípios implícitos e aqueles decorrentes de princípios ou regras constitucionais expressas. São esses dois primeiros patamares, entre si conjugados, o âmbito compreensivo da percepção intrassistemática do ordenamento.
>
> Não obstante, o desafio é apreender extrassistematicamente o sentido de possibilidade da *constitucionalização* como ação permanente, viabilizada na força criativa dos fatos sociais que se projetam para o Direito, na doutrina, na legislação e na jurisprudência, por meio da qual os significados se constroem e refundam de modo incessante, sem juízos aprioristicos de exclusão. Nessa toada, emerge o mais relevante desses horizontes que é a dimensão prospectiva dessa travessia. O compromisso se firma com essa constante travessia que capta os sentidos histórico-culturais dos códigos e reescreve, por intermédio da *ressignificação* dessas balizas linguísticas, os limites e as possibilidades emancipatórias do próprio Direito.[121]

---

[118] LOBO, Paulo. Prefácio. *In*: MENEZES, Joyceane Bezerra de; DE CICCO, Maria Cristina; RODRIGUES, Francisco Luciano Lima (Org.). *Direito civil na legalidade constitucional*: algumas aplicações. Indaiatuba: Foco, 2021. p. V-VIII.

[119] LOBO, Paulo. Prefácio. *In*: MENEZES, Joyceane Bezerra de; DE CICCO, Maria Cristina; RODRIGUES, Francisco Luciano Lima (Org.). *Direito civil na legalidade constitucional*: algumas aplicações. Indaiatuba: Foco, 2021. p. V.

[120] Somente não se acolhe a ideia de princípio elucidada por Fachin, como se verificou neste texto 37. Nos demais pontos, subscreve-se integralmente a ideia de Fachin.

[121] FACHIN, Luiz Edson. A "reconstitucionalização" do direito civil brasileiro. *In*: FACHIN, Luiz Edson. *Questões do direito civil brasileiro contemporâneo*. Rio de Janeiro: Renovar, 2008. p. 11-20.

Não se defende que a solução dos casos concretos ocorra por ponderação, mas sim pela RAC, a permitir o controle democrático das decisões que envolvam o direito. Diante disso, é possível dialogar com a RAC e com o DCLC, até porque ambas as vertentes se encontram no "paradigma da intersubjetividade, a necessidade do outro para compreender o mundo, impede-se de nos bastarmos (exclusivamente) em nós mesmos. De mesmo modo, o direito deveria ser experenciado como um empreendimento coletivo".[122] [123]

Diante disso, a análise dos PLs sobre a transmissão do acervo digital de quem falece enseja as seguintes perguntas:

1. O PL espelha a prática jurídica sob sua melhor luz, com adequação institucional e com uma melhor justificativa substantiva?
2. Qual é o *ethos* principiológico do PL na fusão de horizontes sobre o acesso ao acervo digital de quem falece?
3. O PL é coerente e íntegro com os princípios constitucionais e infraconstitucionais alusivos ao direito civil que abarcam o caso?
4. O texto do PL pode ensejar a aplicação da RAC e evitar legitimamente a incidência da lei em casos concretos?
5. A CHS foi observada na fundamentação do PL?

A construção teórico-filosófica deste item serve de base para verificar a principiologia que informa o direito civil brasileiro.

4 Crítica aos PLs sobre a transmissibilidade do acervo digital

Destaca-se que o PL nº 8.562/2017[124] foi proposto pelo Deputado Federal Elizeu Dionizio (PSDB/MS) e visava acrescentar o Capítulo II-A e os arts. 1.797-A a 1.797-C ao Código Civil, tendo sido arquivado em 31.1.2019 e apensado ao Projeto de Lei nº 7742/2017.

O PL nº 7.742/2017[125] foi proposto pelo Deputado Alfredo Nascimento (PR/AM) e visava acrescentar o art. 10-A à Lei nº 12.965, de 23.4.2014 (Marco Civil da Internet), a fim de dispor sobre a destinação das contas de aplicações de internet após a morte de seu titular, tendo sido arquivado em 31.1.2019.

O PL nº 5.820/2019[126] foi proposto pelo Deputado Federal Elias Vaz (PSB/GO), pretende conferir nova reação ao art. 1.881 do Código Civil e se encontra na Comissão de Constituição e Justiça e Cidadania (CCJC) na Câmara dos Deputados do Brasil

---

[122] STRECK, Lenio Luiz. *Hermenêutica e jurisdição*. Diálogos com Lenio Streck. Porto Alegre: Livraria do Advogado, 2017. p. 111.

[123] Para uma consistente crítica aos críticos do direito civil constitucional veja: RAMOS, André Luiz Arnt. Direito civil contemporâneo: entre acertos e desacertos, uma resposta aos críticos. *In*: MENEZES, Joyceane Bezerra de; DE CICCO, Maria Cristina; RODRIGUES, Francisco Luciano Lima (Org.). *Direito civil na legalidade constitucional*: algumas aplicações. Indaiatuba: Foco, 2021. p. 39-49.

[124] BRASIL. Câmara dos Deputados. *Projeto de Lei nº 8562/2017*. Disponível em: https://www.camara.leg.br/proposicoesWeb/fichadetramitacao?idProposicao=2151223. Acesso em 14 jun. 2021.

[125] BRASIL. Câmara dos Deputados. *Projeto de Lei nº 7742/2017*. Disponível em: https://www.camara.leg.br/proposicoesWeb/fichadetramitacao?idProposicao=2139508. Acesso em 14 jun. 2021.

[126] BRASIL. Câmara dos Deputados. *Projeto de Lei nº 5820/2019*. Disponível em: https://www.camara.leg.br/proposicoesWeb/fichadetramitacao?idProposicao=2228037. Acesso em 2abr2022.

desde 12.5.2021, com designação de relatora à Deputada Federal Alê Silva (PSL/MG). Não houve emendas ao PL.

1 – O PL espelha a prática jurídica sob sua melhor luz, com adequação institucional e com uma melhor justificativa substantiva?

O PL nº 5.820/2019 recebeu redação final na Câmara dos Deputados em 16.12.2021, foi encaminhado ao Senado Federal em 08.02.2022, e pretende alterar os arts. 1.862, 1.864, 1.876 e 1.881 do Código Civil:

Atual redação do art. 1.862 do CC	Redação final proposta pelo PL nº 5.820/2019 ao art. 1.862 do CC
"São testamentos ordinários: I – o público; II – o cerrado; III – o particular".	"São testamentos ordinários: I – o público; II – o cerrado; III – o particular. IV – o digital".

Atual redação do art. 1.864 do CC	Redação final proposta pelo PL nº 5.820/2019 ao art. 1.864 do CC
"São requisitos essenciais do testamento público: I – ser escrito por tabelião ou por seu substituto legal em seu livro de notas, de acordo com as declarações do testador, podendo este servir-se de minuta, notas ou apontamentos; II – lavrado o instrumento, ser lido em voz alta pelo tabelião ao testador e a duas testemunhas, a um só tempo; ou pelo testador, se o quiser, na presença destas e do oficial; III – ser o instrumento, em seguida à leitura, assinado pelo testador, pelas testemunhas e pelo tabelião. Parágrafo único. O testamento público pode ser escrito manualmente ou mecanicamente, bem como ser feito pela inserção da declaração de vontade em partes impressas de livro de notas, desde que rubricadas todas as páginas pelo testador, se mais de uma".	"São requisitos essenciais do testamento público: Parágrafo único. O testamento público pode ser escrito manualmente ou mecanicamente, bem como ser feito pela inserção da declaração de vontade em partes impressas de livro de notas, desde que rubricadas todas as páginas pelo testador, se mais de uma, observando-se, quanto ao testamento digital, as disposições do §3º do art. 1.876 deste Código".

Atual redação do art. 1.876 do CC	Redação final proposta pelo PL nº 5.820/2019 ao art. 1.876 do CC
"O testamento particular pode ser escrito de próprio punho ou mediante processo mecânico. §1º Se escrito de próprio punho, são requisitos essenciais à sua validade seja lido e assinado por quem o escreveu, na presença de pelo menos três testemunhas, que o devem subscrever. §2º Se elaborado por processo mecânico, não pode conter rasuras ou espaços em branco, devendo ser assinado pelo testador, depois de o ter lido na presença de pelo menos três testemunhas, que o subscreverão".	"O testamento particular pode ser escrito de próprio punho, mediante processo mecânico ou sistema digital, assinado por meio eletrônico. §3º Se realizado mediante sistema digital, assinado por meio eletrônico, o testador deve utilizar gravação de som e imagem que tenham nitidez e clareza, com a declaração da data de realização do ato, observado ainda o seguinte: I – a mídia deve ser gravada em formato compatível com os programas computadorizados de leitura existentes na data da efetivação do ato, com a declaração do interessado de que o testamento consta do vídeo e com a apresentação de sua qualificação;

Atual redação do art. 1.876 do CC (cont.)	Redação final proposta pelo PL nº 5.820/2019 ao art. 1.876 do CC (cont.)
	II – para a herança digital, constituída de vídeos, fotos, senhas de redes sociais, e-mails e outros elementos armazenados exclusivamente na rede mundial de computadores ou em nuvem, o testamento em vídeo não dispensa a presença das testemunhas para sua validade; III – o testador, após 30 (trinta) dias da realização do ato por meio digital, deve validá-lo, confirmando seus termos por intermédio do mesmo meio digital utilizado para sua formalização; IV – o testamento digital deve ser assinado digitalmente pelo testador, com reconhecimento facial, criptografia SHA-512 (Secure Hash Algorithm512), tecnologia blockchain, Certificado SSL (Secure Sockets Layer Certificate) e adequação ao disposto na Lei nº 13.709, de 14 de agosto de 2018 (Lei Geral de Proteção de Dados Pessoais – LGPD), garantindo segurança para o testador".
Atual redação do art. 1.881 do CC	**Redação final proposta pelo PL nº 5.820/2019 ao art. 1.881 do CC**
"Toda pessoa capaz de testar poderá, mediante escrito particular seu, datado e assinado, fazer disposições especiais sobre o seu enterro, sobre esmolas de pouca monta a certas e determinadas pessoas, ou, indeterminadamente, aos pobres de certo lugar, assim como legar móveis, roupas ou joias, de pouco valor, de seu uso pessoal".	"Toda pessoa capaz de testar poderá, mediante escrito particular seu, datado e assinado, fazer disposições especiais sobre o seu enterro, sobre doações de pouca monta a certas e determinadas pessoas ou, indeterminadamente, aos pobres de certo lugar, assim como legar móveis, roupas ou joias, de pouco valor, de seu uso pessoal. §1º A disposição de vontade pode ser escrita com subscrição ao final, ou ainda assinada por meio eletrônico, mediante certificação digital no padrão da Infraestrutura de Chaves Públicas Brasileira (ICP-Brasil), dispensada a presença de testemunhas e sempre registrada a data de efetivação do ato. §2º A disposição de vontade também pode ser gravada em sistema digital de som e imagem que tenham nitidez e clareza, com a declaração da data de realização do ato, bem como o registro da presença de duas testemunhas, exigidas caso exista cunho patrimonial na declaração. §3º A mídia deverá ser gravada em formato compatível com os programas computadorizados de leitura existentes na data da efetivação do ato, com a declaração do interessado de que seu codicilo consta do vídeo e com a apresentação de sua qualificação completa e das testemunhas que acompanham o ato, caso haja necessidade da presença dessas. §4º Para a herança digital, constituída de vídeos, fotos, livros, senhas de redes sociais e outros elementos armazenados exclusivamente na rede mundial de computadores ou em nuvem, o codicilo em vídeo dispensa a presença das testemunhas para sua validade. §5º Na gravação realizada para o fim descrito neste artigo, todos os requisitos apresentados têm que ser cumpridos, sob pena de nulidade do ato, e o interessado deve expressar-se de modo claro e objetivo, valendo-se da fala e do vernáculo português, podendo a pessoa com deficiência utilizar também a Língua Brasileira de Sinais (Libras) ou qualquer maneira de comunicação oficial, compatível com a limitação que apresenta".

Os fundamentos do PL nº 5.820/2019 foram os seguintes:

Com o advento da internet, dispositivos móveis de acesso a rede mundial de computadores, app's com os mais variados conteúdos e objetivos, assim como toda a facilidade que os programas de mensagens instantâneas proporcionam à população, os brasileiros, em sua grande maioria se utilizam da tecnologia para estabelecer e manter relações sociais.

Assim, criou-se uma realidade virtual que é presente no cotidiano da sociedade, possibilitando as pessoas utilizarem desses meios como forma de expor seus conteúdos e ideias, expressões da personalidade.

Tais expressões dos cidadãos no mundo virtual podem ser obtidas, guardadas e disponibilizadas através da internet, das nuvens, que são locais virtuais para armazenamento.

A tecnologia hodiernamente é utilizada para depositar cheques de forma virtual, sem comparecer na agência bancária, fazer transferências de dinheiro através do aplicativo, assinar contratos de forma digital (certificado digital), colher depoimentos de testemunhas via vídeo conferência, enfim para facilitar e dinamizar o comportamento social, a vida de cada indivíduo.

O Código Civil Brasileiro em vigor, idealizado na década de 70, passou por diversas modificações até a data da sua aprovação em 2002, todavia esse não acompanhou as inovações tecnológicas citadas acima, assim como várias outras, tornando-se sinônimo de conservadorismo e procedimento retrógrado, necessitando assim de atualizações para que possa atender aos anseios da sociedade contemporânea.

Inserido neste contexto, de conservadorismo do Código Civil em vigor, encontra-se o Codicilo, que significa pequeno testamento, sendo esse um ato de disposição de última vontade pelo qual o titular deixa pequenos legados, apresenta regras para o funeral assim como pode expor outros desejos para serem observados após a morte.

O que é pequeno legado para uma pessoa, pode não ser para outra, tudo depende do referencial, do parâmetro de comparação. O Código Civil de 2002 não quantificou o que é pequeno legado, dificultando o uso do instrumento, contudo a jurisprudência, visando o pragmatismo, limitou o uso do codicilo em 10% (dez por cento) do patrimônio líquido do autor da herança.

Se a pretensão é dispor de patrimônio para alguém após a morte, em montante superior ao descrito no parágrafo anterior, o interessado tem que se valer de um procedimento complexo e repleto de requisitos, o testamento.

Uma parte do patrimônio da maioria das pessoas encontra-se nos espaços virtuais, onde é possível guardar músicas, fotos, livros, sendo denominados na sucessão de herança digital, constituindo tais elementos verdadeiras expressões da personalidade.

O Direito da personalidade, como é sabido, é vitalício. Todavia, com a morte do seu titular, atualmente, a maioria desse acervo virtual se perde em decorrência da ausência de um meio eficaz e simples para dispor sobre o mesmo.

No Brasil, a ideia de herança digital é timidamente discutida, entretanto o primeiro passo para instrumentalizar, tornar pragmático a disposição de última vontade quanto a essa parte do patrimônio, corresponde a modificação do Codicilo, atualizando-o, definindo regras claras para sua utilização, assim como criar sua modalidade digital.

A modificação do Codicilo representa uma evolução na sucessão, tornando seu uso mais fácil e acessível para a produção, resolvendo assim inúmeros problemas observados na sucessão legítima.

A alteração sugerida não modificará o testamento em qualquer de suas espécies, público, cerrado, particular, marítimo, militar ou aeronáutico; em verdade servirá de incentivo para a popularização das disposições de última vontade, sejam essas através de Codicilo ou testamento.

O Codicilo Digital, entre outros benefícios à sociedade brasileira, irá facilitar e desburocratizar o direito das sucessões. A forma digital atende as necessidades de uma sociedade dinâmica, que não para, como também garante maior acesso às pessoas nos termos da lei Brasileira de Inclusão da Pessoa com Deficiência.

Em sua forma gravada, em vídeo, assegura maior acessibilidade às pessoas deficientes, que podem comunicar sua vontade em LIBRAS ou se expressar de forma livre, nos termos de sua limitação, alcançando assim o sentido da lei em comento, como também do princípio maior da Constituição Federal de 1988, qual seja, a dignidade da pessoa humana.

Dessa forma, esta proposta para alteração do Código Civil em vigor pretende aprimorar o Codicilo, possibilitando que ele seja feito não só na forma tradicional, escrito, mas também em meio eletrônico, digital, nos moldes da sugestão que segue abaixo para a nova redação dos artigos pertinentes ao tema.

Por esses motivos é que peço o apoio de meus Pares para aprovar o presente Projeto de Lei.

O referido Projeto de Lei recebeu uma emenda, de autoria da Deputada Ângela Amin, na qual postulou:

O §1º do Art. 1.881 da Lei nº 10.406, de 10 de janeiro de 2002, Código Civil, alterado pelo Art. 1º do PL 5.820 de 2019, passa a vigorar com a seguinte redação: "Art. 1.881................ ....§1º A disposição de vontade pode ser escrita com subscrição no final, ou ainda assinada por meio eletrônico, valendo-se de certificação digital no padrão da Infraestrutura de Chaves Públicas Brasileira (ICP-Brasil), dispensando-se a presença de testemunhas e sempre registrando a data de efetivação do ato". (NR) JUSTIFICATIVA

O Projeto de Lei nº 5.820 de 2019 busca, de maneira louvável, aprimorar o Codicilo, possibilitando que ele seja feito não só na forma tradicional, escrito, mas também em meio eletrônico, digital. Nesse sentido, estabelece que toda pessoa capaz de testar poderá, mediante instrumento particular, destinar até 10% de seu patrimônio para determinadas ou indeterminadas pessoas, além de legar móveis, imóveis, roupas, joias, e outros bens físicos ou digitais. Para tanto, a disposição de vontade poderá ser assinada por meio eletrônico, através do Codicilo Digital, mediante uso de certificação digital. Visando a colaborar para com a robustez da proposição, a emenda em tela apenas complementa a redação original para prever o uso da certificação digital no padrão da Infraestrutura de Chaves Públicas Brasileira (ICP-Brasil) na autenticação e assinatura dos Codicilos Digitais. Tal procedimento facilitará os mecanismos de validação jurídica desses pequenos testamentos, uma vez que a assinatura digital nos padrões da ICP-Brasil é, de acordo com a Legislação brasileira[1], a única capaz de conferir autenticidade, integridade e validade jurídica a documentos eletrônicos. De forma simples, a certificação digital ICP-Brasil funciona basicamente como uma "carteira de identidade digital", com validade jurídica e que garante a proteção e a identificação das partes envolvidas. A tecnologia foi desenvolvida para facilitar a vida de todos os usuários, garantindo que mais questões possam ser resolvidas de forma on-line, de maneira rápida, segura e eficiente.

Com a identificação e assinatura digital no padrão ICP-Brasil, tanto pessoas físicas quanto jurídicas podem realizar, de qualquer lugar do mundo e a qualquer hora, transações eletrônicas e outros tipos de serviços via internet com mais segurança e agilidade. Ante o exposto, acredita-se fortemente que o emprego desta tecnologia contribuirá para a simplificação e a desburocratização, com máxima segurança, de codicilos, facilitando o direito das sucessões na era digital e garantindo a rastreabilidade e autenticidade das partes.[127]

Percebe-se que a alteração proposta ao art. 1.862 do CC, ao estipular o testamento digital como uma quarta tipologia de testamento no Brasil, não faz qualquer sentido, uma vez que digital é o meio no qual o documento jurídico é feito, e não, propriamente, um novo tipo de testamento.

Tal mudança, portanto, é desnecessária e demonstra a falta de qualidade jurídica na proposição legislativa quanto ao art. 1.862 do CC.

A alteração propalada para o art. 1864 do CC somente admite a feitura de testamento público pela via digital, não havendo qualquer problema jurídico nesta alteração, a ratificar que o digital é um meio de se fazer um testamento e não um tipo novo de testamento, o que torna absolutamente inútil a citada mudança alavancada no art. 1.862, IV, do CC.

A modificação posta no art. 1.876, §3º do CC, cuida de como deve ser feito o testamento da maneira digital, a confirmar que o digital é meio e não um novo tipo de testamento.

Não se compreende o inciso II do §3º do art. 1.876 do CC, visto que se o testamento é feito de forma digital, não importa se o bem é digital ou não digital. Qual é o sentido de se exigir testemunhas se a herança for digital? Se o testamento for feito sem que haja bem digital, não será necessário testemunha? O citado inciso II confunde bastante, o que não é a função de um texto de lei. Para qualquer tipo de testamento, testemunhas são necessárias, a tornar despiciendo o mencionado inciso II.

Além disso, não faz qualquer distinção sobre a intransmissibilidade dos direitos da personalidade e da legitimação de quem herde para acessar o acervo digital de quem falece. Admite a transmissibilidade integral e sem restrição do acervo digital sem qualquer filtro dos direitos da personalidade.

Os incisos III e IV do §3º do art. 1.876 do CC trazem corretos critérios para a validade do testamento digital, seja ele público, privado ou cerrado.

As mudanças acerca do art. 1.881 do CC possibilita que o codicilo seja realizado por meio digital. Como se sabe, o codicilo é um documento particular sem as formalidades testamentárias e que pode apresentar as disposições de última vontade de cunho não econômico ou de fins econômicos de pequena monta. É um instituto em declínio no país, com o Brasil sendo um dos últimos países que o mantém.[128]

A ideia de pequeno valor não pode exceder o percentual de 5% (cinco) por cento[129] a 10% (dez por cento)[130] do patrimônio do *de cujus*, valendo o codicilo por si e produzindo efeitos após a morte de quem falece. Como dito, é menos formal, pois a

---

[127] BRASIL. Câmara dos Deputados. Projeto de Lei nº 5820/2019. Disponível em: https://www.camara.leg.br/proposicoesWeb/fichadetramitacao?idProposicao=2274620. Acesso em 2 abr. 2022.
[128] LOBO, Paulo. *Direito civil*: sucessões. 7. ed. São Paulo: Saraiva, 2021. p. 347.
[129] LOBO, Paulo. *Direito civil*: sucessões. 7. ed. São Paulo: Saraiva, 2021. p. 347.
[130] FIGUEIREDO, Luciano; FIGUEIREDO, Roberto. *Manual de direito civil*. 2. ed. Salvador: JusPodivm, 2021. p. 1770.

única exigência é que seja escrito por qualquer processo mecânico, digital ou de próprio punho,[131] havendo discussão sobre a necessidade de ser datado, a fim de se aferir a capacidade de quem o fez.[132]

O codicilo não pode modificar ou revogar testamento e pode ser usado para nomear testamenteiro(a). Caso haja codicilo, sem testamento, o inventariante e quem herda deve cumprir com as disposições do codicilo, inclusive se houver legado.[133] O STF, no Recurso Extraordinário nº 18.012, entendeu pela impossibilidade de codicilo ter por conteúdo cláusula de conversão de testamento nulo.

O codicilo, lacrado ou envelopado com lacre, deve ser aberto pelo Juízo competente, na mesma forma do testamento cerrado, na forma do art. 737, §3º, do CPC. O codicilo pode ser revogado por outro codicilo de forma expressa ou tácita, parcial ou total, todavia, o testamento pode revogar o codicilo.[134]

Além disso, mesmo com omissão legal e por simetria ao testamento, "há ruptura do codicilo se houver descendente do de cujus que ele desconhecia quando o fez, no que concerne aos legados de pouco valor; subsiste o codicilo, todavia, quanto às disposições não econômicas".[135]

Como se vê, os fundamentos do PL nº 5.820/2019 se equivoca ao afirmar que o codicilo é um pequeno testamento, apesar de tentar de alguma forma regular a transmissibilidade do acervo digital e de explicitar os meios de como o codicilo possa ser escrito, a classificação de "herança digital" posta no §4º do art. 1881 do CC não faz qualquer distinção sobre a intransmissibilidade dos direitos da personalidade e da legitimação de quem herde para acessar o acervo digital de quem falece. Admite a transmissibilidade integral e sem restrição do acervo digital sem qualquer filtro dos direitos da personalidade.

Também o PL não traz critérios pelos quais, fora a pragmática decisória, o percentual de 10% (dez por cento) à pequena monta é adequado, como posto nos fundamentos e na emenda acerca do tema. Dessa maneira, o PL somente digitaliza o codicilo e, quanto ao acervo digital, não traz uma criteriosa análise do tema.

Por isso, a resposta *não espelha a prática jurídica sob sua melhor luz, com adequação institucional e com uma melhor justificativa substantiva.*

2 – Qual é o *ethos* principiológico do PL na fusão de horizontes sobre o acesso ao acervo digital de quem falece?

Não é possível extrair o *ethos principiológico* do PL, pois ele, a rigor, digitaliza o codicilo e não traz fundamentos para o acesso ao acervo digital a quem seja legitimado no direito sucessório.

---

[131] LOBO, Paulo. *Direito civil*: sucessões. 7. ed. São Paulo: Saraiva, 2021. p. 348.
[132] Tartuce traz a discussão defendendo, com Paulo Lobo, a desnecessidade de datação do codicilo (TARTUCE, Flávio. *Direito civil*. Direito das sucessões. 14. ed. Rio de Janeiro: Forense, 2021. p. 475).
[133] LOBO, Paulo. *Direito civil*: sucessões. 7. ed. São Paulo: Saraiva, 2021. p. 349.
[134] LOBO, Paulo. *Direito civil*: sucessões. 7. ed. São Paulo: Saraiva, 2021. p. 349.
[135] LOBO, Paulo. *Direito civil*: sucessões. 7. ed. São Paulo: Saraiva, 2021. p. 349.

3 – O PL é coerente e íntegro com os princípios constitucionais e infraconstitucionais alusivos ao direito civil que abarcam o caso?

A resposta é negativa, visto que os direitos da personalidade de quem falece foram violados pelo PL, pois ele admite, somente com o percentual de 10% (dez por cento) alusivo à pequena monta, o acesso ao acervo digital de quem falece por quem seja herdeiro(a) ou legatário(a).

4 – O texto do PL pode ensejar a aplicação da RAC e evitar legitimamente a incidência da lei em casos concretos?

Pode ensejar a aplicação da RAC para afastar a aplicação do texto legal em um caso concreto em relação ao §3º, III, do art. 1.876 e §4º do art. 18 do art. 1.881, ambos do CC, pela violação aos direitos da personalidade de quem falece, como apontado anteriormente.

Além disso, o PL coloca como disponíveis os direitos da personalidade, mesmo que circunscritos ao percentual de até 10% que envolva o patrimônio da pessoa que falece. Um PL e uma lei não podem tornar os direitos da personalidade disponíveis se o exercício de liberdade de quem faleceu foi o de não autorizar o acesso ao seu acervo digital por quem quer que seja.

5 – A CHS foi observada na fundamentação do PL?

Não foi cumprida, porque não há qualquer fundamentação sobre o que seja acervo digital e a denominada "herança digital" é reducionista quanto aos bens que estão nela inseridos. Por tudo isso, o PL nº 5.820/2019 pode ser mantido quanto à digitalização do codicilo, mas em relação ao acervo digital ele deve ser arquivado por flagrante violação aos direitos fundamentais de quem falece, bem como ignora a robusta literatura jurídica produzia no Brasil sobre o tema.

O PL nº 3.050/2020[136] foi proposto pelo Deputado Federal Gilberto Abramo (Republicanos/MG) e procura alterar o art. 1.788 do Código Civil. Ele se encontra na Comissão de Constituição e Justiça e Cidadania (CCJC) na Câmara dos Deputados do Brasil desde 19.5.2021, com designação de relator ao Deputado Federal Lafayette de Andrada (Republicanos/MG). Não houve emendas ao PL. Foi apensado aos PLs *PL 3051/2020 (1)*; PL 410/2021; PL 1144/2021; *PL 2664/2021 (1)*, PL 703/2022; PL 1689/2021.

---

[136] BRASIL. Câmara dos Deputados. *Projeto de Lei nº 3050/2020*. Disponível em: https://www.camara.leg.br/propostas-legislativas/2254247. Acesso em 02 abr. 2022.

1 – O PL espelha a prática jurídica sob sua melhor luz, com adequação institucional e com uma melhor justificativa substantiva?

O atual art. 1.788 do CC e a redação proposta no PL nº 3.050/2020 são:

Atual redação do art. 1.788 do CC	Redação proposta pelo PL nº 3.050/2020 ao art. 1.788 do CC
"Morrendo a pessoa sem testamento, transmite a herança aos herdeiros legítimos; o mesmo ocorrerá quanto aos bens que não forem compreendidos no testamento; e subsiste a sucessão legítima se o testamento caducar, ou for julgado nulo".	"Morrendo a pessoa sem testamento, transmite a herança aos herdeiros legítimos; o mesmo ocorrerá quanto aos bens que não forem compreendidos no testamento; e subsiste a sucessão legítima se o testamento caducar ou for julgado nulo. Parágrafo único. Serão transmitidos aos herdeiros todos os conteúdos de qualidade patrimonial contas ou arquivos digitais de titularidade do autor da herança".

Os fundamentos do PL nº 3.050/2020 foram os seguintes:

O projeto de lei pretende tratar sobre tema relevante e atual, que possibilita alterar o Código Civil com objetivo de normatizar o direito de herança digital.

Há no Judiciário diversos casos que aguardam decisões nesse sentido, situações em que familiares dos falecidas desejam obter acesso a arquivos ou contas armazenadas em serviços de internet.

É preciso que a lei civil trate do tema, como medida de prevenção e pacificação de conflitos sociais e compete ao Poder Público, e nós enquanto legisladores viabilizar formas de melhor aplicabilidade da herança digital.

Convictos do acerto das medidas ora propostas, convocamos os nobres pares desta Casa para aprovar o presente projeto de lei.

A fundamentação do PL não traz um fundamento sobre as razões pelas quais serão transmitidos "aos herdeiros todos os conteúdos de qualidade patrimonial contas ou arquivos digitais de titularidade do autor da herança".

Não obstante isso, o PL acerta ao restringir a transmissibilidade dos direitos patrimoniais advindos do acervo digital, todavia não traz nenhuma disposição sobre as deliberações de vontade sobre o acesso ao acervo digital de quem falece por quem herda ou esteja na condição de legatário(a).

O PL é incompleto e, em parte, traz o direito sobre o tema sob sua melhor luz e de acordo com adequação institucional e com uma melhor justificativa substantiva.

2 – Qual é o *ethos* principiológico do PL na fusão de horizontes sobre o acesso ao acervo digital de quem falece?

O *ethos* principiológico do PL, embora não expresso na fundamentação do projeto, é o correto respeito aos limites do direito sucessório de transmitir, em regra, os direitos patrimoniais de quem falece a quem herde ou esteja na condição de legatário(a).

3 – O PL é coerente e íntegro com os princípios constitucionais e infraconstitucionais alusivos ao direito civil que abarcam o caso?

O PL é coerente e íntegro com os limites do direito sucessório brasileiro, pois só admite a transmissão a quem suceda a pessoa que falece dos direitos patrimoniais do acervo digital, embora nada fale sobre o acesso ao acervo por quem suceda o(a) falecido(a).

4 – O texto do PL pode ensejar a aplicação da RAC e evitar legitimamente a incidência da lei em casos concretos?

A RAC somente será aplicada se, na concretização do parágrafo único do art. 1.788 do CC, for concedido a quem herde ou seja legatário(a) o acesso ao acervo digital de quem faleceu, mesmo sem um documento do *de cujus* em vida autorizando tal acesso.

O mérito do PL é ter restringido a transmissibilidade dos direitos patrimoniais advindos do acervo digital do(a) falecido(a) a quem herde ou seja legatário(a) e, quanto a isso, ele merece prosperar.

5 – A CHS foi observada na fundamentação do PL?

Não observou, uma vez que a fundamentação nada tem a ver com o texto proposto do parágrafo único do art. 1.788 do CC, a tornar impossível a análise da CHS no caso em tela.

O PL nº 3.051/2020[137] foi proposto pelo Deputado Federal Gilberto Abramo (Republicanos/MG) e procura acrescer o art. 10-A ao Marco Civil da Internet, a fim de dispor sobre a destinação das contas de aplicações de internet após a morte de seu titular, e se encontra na Comissão de Constituição e Justiça e Cidadania (CCJC) na Câmara dos Deputados do Brasil desde 10.2.2021. Não houve emendas ao PL.

1 – O PL espelha a prática jurídica sob sua melhor luz, com adequação institucional e com uma melhor justificativa substantiva?

O art. 10-A da Lei nº 12.965/2014 (Marco Civil da Internet) proposto pelo PL nº 3.051/2020 é:

> Art. 10-A. Os provedores de aplicações de internet devem excluir as respectivas contas de usuários brasileiros mortos imediatamente, se for requerido por familiares após a comprovação do óbito.
>
> §1º A exclusão dependerá de requerimento aos provedores de aplicações de internet, em formulário próprio, do cônjuge, companheiro ou parente, maior de idade, obedecida a linha sucessória, reta ou colateral, até o segundo grau inclusive.
>
> §2º Mesmo após a exclusão das contas, devem os provedores de aplicações de internet manter armazenados os dados e registros dessas contas pelo prazo de 1 (um) ano, a partir da data do requerimento dos familiares, ressalvado requerimento cautelar da autoridade policial ou do Ministério Público de prorrogação, por igual período, da guarda de tais dados e registros.

---

[137] BRASIL. Câmara dos Deputados. *Projeto de Lei nº 3051/2020*. Disponível em: https://www.camara.leg.br/proposicoesWeb/fichadetramitacao?idProposicao=2254248. Acesso em 14 jun. 2021.

§3º As contas em aplicações de internet poderão ser mantidas mesmo após a comprovação do óbito do seu titular, sempre que essa opção for possibilitada pelo respectivo provedor e caso o cônjuge, companheiro ou parente do morto indicados no caput deste artigo formule requerimento nesse sentido, no prazo de um ano a partir do óbito, devendo ser bloqueado o seu gerenciamento por qualquer pessoa, exceto se o usuário morto tiver deixado autorização expressa indicando quem deva gerenciá-la.

Os fundamentos do PL nº 3.051/2020 foram os seguintes:

O projeto de lei pretende tratar sobre a possibilidade de exclusão de contas virtuais de usuários falecidos quando requerido pela família, para que seja respeitado a memória do usuário. Procurando evitar situações indesejáveis e até mesmo judiciais é que estamos propondo que as contas nos provedores de aplicações de internet sejam encerradas imediatamente após a comprovação do óbito do seu titular, se forem requeridas pelos familiares, mas com a cautela de serem tais provedores obrigados a manter os respectivos dados da conta armazenados pelo prazo de um ano, prorrogável por igual período, sobretudo para fins de prova em apurações criminais.

Além disso, também está previsto a hipótese em que esses familiares próximos do falecido resolvam manter uma espécie de memorial a partir dessa mesma conta, que, contudo, somente poderá ser gerenciada com novas publicações no perfil do falecido e outras ações que se fizerem necessárias, se o falecido tiver deixado previamente estabelecido quem poderá gerenciar a sua conta após a sua morte.

Convictos do acerto das medidas ora propostas, convocamos os nobres pares desta Casa para aprovar o presente projeto de lei.

A fundamentação do PL atribui o poder de decisão sobre as contas dos provedores de internet aos familiares de quem falece,[138] a violar dos direitos da personalidade de quem faleceu. A referida proposição somente seria possível se vinculasse o poder decisório dos familiares de quem falece mediante autorização do *de cujus* em vida.

O PL não traz o direito sobre o tema sob sua melhor luz e de acordo com adequação institucional e com uma melhor justificativa substantiva.

2 – Qual é o *ethos* principiológico do PL na fusão de horizontes sobre o acesso ao acervo digital de quem falece?

O *ethos* principiológico do PL seria o direito sucessório de quem seja herdeiro(a) ou legatário(a), embora não expresse isso na fundamentação. Todavia o projeto torna disponível os dados pessoais de quem falece, mesmo que o(a) falecido(a) não autorize tal acesso em vida, a violar os direitos da personalidade do *de cujus*.

3 – O PL é coerente e íntegro com os princípios constitucionais e infraconstitucionais alusivos ao direito civil que abarcam o caso?

O PL não é coerente e íntegro com os limites do direito sucessório brasileiro e viola os direitos da personalidade de quem falece, como apontado antes.

---

[138] TARTUCE, Flávio. *Direito civil*. Direito das sucessões. 14. ed. Rio de Janeiro: Forense, 2021. p. 50.

4 – O texto do PL pode ensejar a aplicação da RAC e evitar legitimamente a incidência da lei em casos concretos??

A RAC pode ser utilizada para evitar a incidência do art. 10-A do Marco Civil da Internet, pois este viola os direitos da personalidade de quem falece pelas razões já expostas.

5 – A CHS foi observada na fundamentação do PL?

A CHS não foi observada, uma vez que a fundamentação não traz uma linha sequer sobre os direitos da personalidade de quem falece e confere o acesso integral dos familiares, se assim pedirem ao provedor, ao acervo digital de quem falece.

O PL nº 410/2021[139] foi proposto pelo Deputado Federal Carlos Bezerra (MDB/MT) e procura acrescer artigo à Lei do Marco Civil da Internet – Lei nº 12.965, de 23.4.2014, a fim de dispor sobre a destinação das contas de internet após a morte de seu titular. Encontra-se na Comissão de Constituição e Justiça e Cidadania (CCJC) na Câmara dos Deputados do Brasil desde 26.4.2021. Não houve emendas ao PL.

1 – O PL espelha a prática jurídica sob sua melhor luz, com adequação institucional e com uma melhor justificativa substantiva?

O art. 10-A do Marco Civil da Internet teria a seguinte redação proposta pelo PL nº 410/2021:

> Art. 10-A. Os provedores de aplicações de internet devem excluir as respectivas contas de usuários brasileiros mortos imediatamente após a comprovação do óbito.
>
> §1º A exclusão dependerá de requerimento aos provedores de aplicações de internet, do cônjuge, companheiro ou parente, maior de idade, obedecida a linha sucessória, reta ou colateral, até o segundo grau inclusive.
>
> §2º Mesmo após a exclusão das contas, devem os provedores de aplicações de internet manter armazenados os dados e registros dessas contas pelo prazo de dois anos, a partir da data do óbito, ressalvado requerimento cautelar da autoridade policial ou do Ministério Público para a guarda de tais dados e registros.
>
> §3º As contas em aplicações de internet poderão ser mantidas, mesmo após a comprovação do óbito do seu titular, sempre que essa opção for deixada como ato de última vontade pelo titular da conta, desde que indique quem deva gerenciá-la.

---

[139] BRASIL. Câmara dos Deputados. *Projeto de Lei nº 410/2021*. Disponível em: https://www.camara.leg.br/proposicoesWeb/fichadetramitacao?idProposicao=2270016. Acesso em 14 jun. 2021.

Os fundamentos do PL nº 410/2021 são:

2

A "herança digital" é um dos problemas que a modernidade nos trouxe. No entanto, esse assunto não é inteiramente novo. Já os deputados Alfredo Nascimento e Elizeu Dionízio, a quem rendo aqui minhas homenagens, propuseram a regulamentação do assunto na legislatura passada, porém suas iniciativas não prosperaram, encontrando-se arquivas suas proposições.

O fato é que o avanço da internet no dia-a-dia das pessoas fez com que o uso das chamadas redes sociais tenha se tornado frequente, sempre mais. Há notícia de que, em 2015, o *Facebook* tenha alcançado a marca do bilhão de usuários, o que significa dizer que aproximadamente um em cada sete habitantes do mundo tem acesso a esse sítio.

Deve ser assinalado que, além do *Facebook*, também se tornaram muito populares outros tantos sítios da internet, tais como o *Twitter*, *Instagram* e *Google+*, onde os usuários têm a liberdade de criar perfis próprios e deles se utilizam para o tráfego e armazenamento dos mais variados tipos de informações e, também, para o fluxo de comunicação.

Por conta da grande popularização desse fenômeno, que pode chegar à estrondosa quantidade de 30% de pessoas no mundo como detentoras de perfis em redes sociais, e dada a finitude da existência humana, avoluma-se o número de perfis deixados por falecidos. Tal fato vem gerando dificuldades no mundo do Direito.

O jornal Valor Econômico, em sua edição do último dia 18 de agosto de 2019, nos trás notícia de lide jurídica que, dia-a-dia, vai se tornando mais rotineira. *In verbis*:

> "Em interessante sentença no Estado de Minas Gerais, o juiz de direito julgou improcedente o direito de acesso aos dados pessoais da filha falecida da autora. O magistrado entendeu pela inviolabilidade de dados do titular da conta virtual, com base no artigo 5º, XII, da Constituição Federal, que trata sobre o sigilo da correspondência e das comunicações telegráficas, de dados e das comunicações telefônicas.
>
> Ainda alegou o magistrado que a quebra de sigilo dos dados da falecida permitiria não apenas o acesso aos seus dados, como também de terceiros com os quais a usuária mantinha contato, sendo que eventual quebra de sigilo certamente acarretaria a invasão da privacidade de outrem, conforme passagem da decisão: " Dada essa digressão, tenho que o

> pedido da autora não é legítimo, pois a intimidade de outrem, inclusive da falecida Helena, não pode ser invadida para satisfação pessoal. A falecida não está mais entre nós para manifestar sua opinião, motivo pela qual sua intimidade deve ser preservada."*

As razões invocadas pelo magistrado nos convenceram. Afinal, como diz antigo brocardo jurídico latino: *"mors omnia solvit"*. No vernáculo: a morte tudo solve. Ou seja, tudo termina com a morte.

Entendemos, por conseguinte, que com a morte, se não houver disposição de última vontade do falecido, suas contas nos diversos sítios da *internet* devem ser apagadas, mantendo-se íntegra a intimidade tanto do falecido quanto, principalmente, a intimidade de todos aqueles com quem o falecido se relacionava.

Como medida de exceção, prevemos que os dados devem ser mantidos por dois anos após a morte do titular, e que esse prazo poderá ser estendido a pedido tanto a autoridade policial quanto o Ministério Público.

Acredito que a presente matéria merecerá a atenção de meus caros pares, e que o principal mérito da presente proposição será trazer de volta ao debate assunto de tal magnitude.

Sala das Sessões, em   de   de 2021.

Deputado CARLOS BEZERRA

2019-18434

O PL respeita os direitos da personalidade de quem falece e admite o acesso às contas da internet de quem falece somente em havendo documento com disposição de última vontade de quem faleceu, indicando quem será responsável pela manutenção da conta.

Espelhou-se, portanto, a prática jurídica sob sua melhor luz, com adequação institucional e com uma melhor justificativa substantiva, por harmonizar o direito da personalidade de quem falece, juntamente com a legitimação de quem a sucede para tutelar tal direito, desde que haja autorização em vida para tanto.

2 – Qual é o *ethos* principiológico do PL na fusão de horizontes sobre o acesso ao acervo digital de quem falece?

O *ethos* principiológico do PL é o respeito aos direitos da personalidade de quem falece, em harmonia com a legitimação de quem a sucede para tutelar tal direito, desde que haja autorização em vida para tanto.

3 – O PL é coerente e íntegro com os princípios constitucionais e infraconstitucionais alusivos ao direito civil que abarcam o caso?

O PL é coerente e íntegro com os limites do direito sucessório brasileiro e com o respeito aos direitos da personalidade de quem falece.

4 – O texto do PL pode ensejar a aplicação da RAC e evitar legitimamente a incidência da lei em casos concretos?

A RAC será aplicada para que se respeite o art. 10-A do Marco Civil da Internet, caso o PL se transforme em lei, haja vista as razões anteriormente expostas, porque segue relevante literatura jurídica e diferencia

> os conteúdos que envolvem a tutela a intimidade e da intimidade e da vida privada da pessoa daqueles que não o fazem para, talvez, criar um caminho possível de atribuição da herança digital aos herdeiros legítimos, naquilo que for possível. Os dados digitais que dizem respeito à privacidade e à intimidade da pessoa, que parecem ser a regra, devem desaparecer com ela. Dito de outra forma, *a herança digital deve morrer com a pessoa.*[140]

5 – A CHS foi observada na fundamentação do PL?

Não houve a densificação de sentido dos direitos da personalidade na fundamentação do PL, embora se possa inferir que a intimidade e a privacidade de quem falece e a legitimação de quem as sucede merecem ser observadas e o texto proposto vai nessa linha. O PL merece ser transformado em lei.

O PL nº 1.144/2021[141] foi proposto pela Deputada Federal Renata Abreu (PODE-SP) e trata dos dados pessoais inseridos na internet após a morte do usuário. Encontra-se na Comissão de Constituição e Justiça e Cidadania (CCJC) na Câmara dos Deputados do Brasil desde 11.5.2021. Não houve emendas ao PL.

---

[140] TARTUCE, Flávio. *Direito civil*. Direito das sucessões. 14. ed. Rio de Janeiro: Forense, 2021. p. 52.
[141] BRASIL. Câmara dos Deputados. *Projeto de Lei nº 1144/2021*. Disponível em: https://www.camara.leg.br/propostas-legislativas/2254247. Acesso em 14 jun. 2021.

1 – O PL espelha a prática jurídica sob sua melhor luz, com adequação institucional e com uma melhor justificativa substantiva?

O PL nº 1.144/2021 visa:

A Lei nº 10.406, de 10 de janeiro de 2002 (Código Civil), passa a vigorar com as seguintes alterações: "Art. 12. .... Parágrafo único. Em se tratando de morto, terá legitimação para requerer a medida prevista neste artigo o cônjuge ou o companheiro sobrevivente, parente em linha reta, ou colateral até o quarto grau, ou qualquer pessoa com legítimo interesse". (NR) "Art. 20. .... Parágrafo único. Em se tratando de morto ou ausente, são partes legítimas para requerer essa proteção as pessoas indicadas no parágrafo único do art. 12". (NR)

"Art. 1.791-A. Integram a herança os conteúdos e dados pessoais inseridos em aplicação da Internet de natureza econômica.

§1º Além de dados financeiros, os conteúdos e dados de que trata o caput abrangem, salvo manifestação do autor da herança em sentido contrário, perfis de redes sociais utilizados para fins econômicos, como os de divulgação de atividade científica, literária, artística ou empresária, desde que a transmissão seja compatível com os termos do contrato.

§2º Os dados pessoais constantes de contas públicas em redes sociais observarão o disposto em lei especial e no Capítulo II do Título I do Livro I da Parte Geral.

§3º Não se transmite aos herdeiros o conteúdo de mensagens privadas constantes de quaisquer espécies de aplicações de Internet, exceto se utilizadas com finalidade exclusivamente econômica".

A Lei nº 12.965, de 23 de abril de 2014 (Marco Civil da Internet), passa a vigorar acrescido do seguinte art. 10-A:

"Art. 10-A. Os provedores de aplicações de internet devem excluir as contas públicas de usuários brasileiros mortos, mediante comprovação do óbito, exceto se:

I – houver previsão contratual em sentido contrário e manifestação do titular dos dados pela sua manutenção após a morte;

II – na hipótese do §1º do art. 1.791-A da Lei nº 10.406, de 10 de janeiro de 2002 (Código Civil).

§1º O encarregado do gerenciamento de contas não poderá alterar o conteúdo de escritos, imagens e outras publicações ou ações do titular dos dados, tampouco terá acesso ao conteúdo de mensagens privadas trocadas com outros usuários, ressalvado o disposto no §3º do art. 1.791-A da Lei nº 10.406, de 10 de janeiro de 2002 (Código Civil).

§2º Os legitimados indicados no parágrafo único do art. 12 da Lei nº 10.406, de 10 de janeiro de 2002 (Código Civil), poderão pleitear a exclusão da conta, em caso de ameaça ou lesão aos direitos de personalidade do titular dos dados.

§3º Mesmo após a exclusão das contas, devem os provedores de aplicações manter armazenados os dados e registros dessas contas pelo prazo de 1 (um) ano a partir da data do óbito, ressalvado requerimento em sentido contrário, na forma do art. 22".

Os fundamentos do PL nº 1.144/2021 são:

As mudanças sociais operadas pela incessante inovação tecnológica apresentam os mais diversos desafios coletivos e individuais. Os dados pessoais inseridos na rede tornam-se preciosa informação a direcionar publicidade, permitir troca de conhecimentos e a conexão de pessoas. Surgem novas formas de se relacionar, novas maneiras de estar no mundo, de compreendê-lo, de interpretá-lo. Nessa seara, há mesmo quem cogite da existência de um corpo eletrônico, constituído pelos dados disponibilizados na rede.

É indiscutível, sobretudo quando se fala em perfis de redes sociais, que as imagens, vídeos, áudios e escritos inseridos em semelhantes aplicações constituem importante elemento da personalidade de seu titular. As publicações públicas (abertas a quem tenha acesso às aplicações ou a pessoas determinadas, como amigos ou grupos) são uma forma de se apresentar em sociedade, de deixar-se conhecer.

Em que pese o esforço legislativo realizado pelo Congresso Nacional nos últimos anos em conferir tutela jurídica adequada aos mais diversos interesses que emergem dessas novas relações sociais, como a aprovação do Marco Civil da Internet (MCI) e da Lei Geral de Proteção de Dados (LGPD), os aspectos da personalidade relacionados a contas digitais (em redes sociais, e-mails, aplicações financeiras etc.) demandam regulamentação específica sobre sua destinação ou modos de uso após a morte do titular dos dados.

As ideias que em geral se apresentam tendem a propor a exclusão de contas ou, ao revés, a sua transmissão aos herdeiros. Acreditamos que uma e outra solução são plausíveis, a depender do tipo de aplicação e de conteúdo que se pretende disciplinar em lei. Por exemplo, o perfil de pessoa famosa em rede social pode ser impulsionado em número de seguidores quando de sua morte, mas a simples transmissão aos herdeiros do acesso irrestrito ao aplicativo correspondente, com acesso às mensagens privadas, significaria uma indevida intrusão na privacidade do titular dos dados (falecido) e de seus interlocutores.

No entanto, em se tratando de aspectos da personalidade do indivíduo, parece precipitado pensar sua disciplina jurídica exclusivamente a partir da estrutura do direito sucessório, que está voltado predominantemente à transferência de patrimônio. Vale lembrar que os direitos de personalidade são intransmissíveis, o que indica a necessidade de uma abordagem diferente em relação ao tema. Embora seja comum falar-se em herança digital, 1 o ideal é que essa ideia se restrinja a aspectos patrimoniais. Dessa forma, propomos que (i) os dados constantes de aplicações com finalidade econômica sejam considerados herança e transmitidos de acordo com as regras do direito das sucessões; (ii) que a exploração de aspectos da personalidade (como imagem, voz, vídeos etc.) constantes de aplicações sejam também transmitidos como herança, quando não haja disposição em sentido contrário do de cujus. Neste caso, embora dotados de valor econômico, o que seria potencializado pelo uso post mortem das contas digitais, não parece adequada a exploração desses elementos da personalidade quando seu titular haja se manifestado contrariamente.

No que concerne às mensagens privadas, (iii) o ideal é que não haja acesso a seu conteúdo pelos herdeiros, ainda que haja manifestação nesse sentido do titular das contas, pois isso constituiria violação da privacidade do interlocutor. A profusão de mensagens trocadas pelas mais diversas aplicações de mensagens (ou a funcionalidade de troca de mensagens em aplicações destinadas, em caráter principal, à prestação de outros serviços), em grande parte, substitui interações pessoais ou telefônicas, sendo importante tutelar a legítima expectativa de que seu conteúdo não será devassado por ocasião da morte de um dos interlocutores.

Por fim, quanto (iv) às redes sociais do falecido, propomos que a regra seja a sua exclusão, com as seguintes ressalvas: (a) quando houver disposição expressa do titular dos dados no sentido de manter ativa a sua conta (desde que isso esteja em consonância com os termos de uso do contrato celebrado) e (b) quando o perfil for objeto de herança, na já mencionada hipótese de se admitir a exploração econômica de aspectos da personalidade (item ii).

Ante o exposto, submeto esta proposição à apreciação dos ilustres pares, a quem rogo o indispensável apoio para sua aprovação.

O PL acerta ao incluir no parágrafo único do art. 12 do CC o(a) companheiro(a) como legitimado(a) para a tutela dos direitos da personalidade do(a) companheiro(a) falecido(a), e isso se encontra acorde com a literatura jurídica e com os julgados que respeitam a igualdade entre as entidades familiares.

A regulação do PL quanto ao art. 1.791-A do CC procura autorizar os efeitos econômicos do acervo digital respeitando a vontade do(a) titular, inclusive com ele podendo se manifestar de forma contrária, e impede que se transmita "aos herdeiros o conteúdo de mensagens privadas constantes de quaisquer espécies de aplicações de Internet, exceto se utilizadas com finalidade exclusivamente econômica".

Os direitos da personalidade de quem falece também estão preservados com a proposta do art. 10-A do Marco Civil da Internet, mantendo as contas públicas do(a) falecido(a) somente se houver previsão contratual nesse sentido, com manifestação do titular dos dados pela sua manutenção após a morte.

Espelhou-se, destarte, a prática jurídica sob sua melhor luz, com adequação institucional e com uma melhor justificativa substantiva, por harmonizar o direito da personalidade de quem falece com a legitimação de quem a sucede para tutelar tal direito, desde que haja autorização em vida para tanto.

2 – Qual é o *ethos* principiológico do PL na fusão de horizontes sobre o acesso ao acervo digital de quem falece?

O *ethos* principiológico do PL é o respeito aos direitos da personalidade de quem falece, em diálogo com a legitimação de quem a sucede para tutelar tal direito, desde que haja autorização em vida para tanto.

3 – O PL é coerente e íntegro com os princípios constitucionais e infraconstitucionais alusivos ao direito civil que abarcam o caso?

O PL é coerente e íntegro com os limites do direito sucessório brasileiro e com o respeito aos direitos da personalidade de quem falece.

4 – O texto do PL pode ensejar a aplicação da RAC e evitar legitimamente a incidência da lei em casos concretos?

A RAC será aplicada para que se respeitem os artigos de lei propostos no PL, caso se transforme em lei, tendo em vista os fundamentos retrocitados, porque acorde com a literatura jurídica antes citada.

5 – A CHS foi observada na fundamentação do PL?

Houve a enunciação dos direitos da personalidade na fundamentação do PL, todavia não há uma densificação de sentido dos institutos jurídicos. O PL merece ser transformado em lei.

O PL nº 2.664/2021[142] foi proposto pelo Deputado Federal Carlos Henrique Gaguim (DEM-TO) e trata do acréscimo do art. 1.857-A do CC para tratar dos dados pessoais dispostos em testamento. Encontra-se na Comissão de Constituição e Justiça

---

[142] BRASIL. Câmara dos Deputados. *Projeto de Lei nº 2664/2021*. Disponível em: https://www.camara.leg.br/proposicoesWeb/fichadetramitacao?idProposicao=2292060. Acesso em 02 abr. 2022.

e Cidadania (CCJC), na Câmara dos Deputados do Brasil desde 03.8.2021. Não houve emendas ao PL.

1 – O PL espelha a prática jurídica sob sua melhor luz, com adequação institucional e com uma melhor justificativa substantiva?

O PL nº 2.664/2021 visa:

> Art. 1º Esta lei acrescenta o art. 1857-A à Lei nº 10406, de 2002, Código Civil, de modo a dispor sobre a herança digital.
>
> Art. 2º A Lei n° 10.406, de 2002, Código Civil, passa a vigorar acrescida do seguinte artigo 1857-A:
>
> "Art. 1857-A. Toda pessoa capaz pode dispor, por testamento ou qualquer outro meio no qual fique expressa a manifestação de vontade, sobre o tratamento de dados pessoais após a sua morte.
>
> §1º São nulas quaisquer cláusulas contratuais voltadas a restringir os poderes da pessoa de dispor sobre os próprios dados.
>
> §2º Salvo manifestação expressa em contrário, os herdeiros têm o direito de: I – acessar os dados do falecido, a fim de organizar e liquidar os bens da herança, identificando informações que sejam úteis para o inventário e a partilha do patrimônio; II – obter os dados relacionados às memórias da família, tais como fotos, vídeos e áudios; III – eliminar, retificar ou comunicar os dados; IV – tratar os dados na medida necessária para cumprir obrigações pendentes com terceiros, bem como para exercer os direitos autorais e industriais que lhe tenham sido transmitidos;
>
> §2º As disposições do presente artigo aplicam-se, no que couber, aos declarados incapazes.
>
> Art. 3º Esta lei entra em vigor na data da publicação.

Os fundamentos do PL nº 2.664/2021 são:

> O direito à herança é assegurado no art. 5º, inciso XXX, da Carta da República, mas ao contrário do que já ocorreu em outros países, a legislação brasileira ainda não foi adaptada aos novos tempos, de modo a regular a herança digital.
>
> Na ausência de regulação, algumas empresas já colocaram em seus termos de uso cláusulas voltadas a regular o que ocorrerá com perfis e contas digitais em caso de falecimento. O Facebook, a exemplo, autoriza que alguém da família do falecido opte pela exclusão do conteúdo ou transforme o perfil em memorial, permitindo homenagens ao falecido. O mesmo pode ser definido pelo titular do perfil em vida. No Twitter, o procedimento é o cancelamento da conta, o que ocorre mediante o envio de e-mail por parente, que indicará nome completo, e-mail, grau de parentesco com o usuário falecido, nome de usuário da conta a ser excluída no Twitter e um link de uma notícia sobre a morte ou cópia do atestado de óbito.
>
> A situação, no entanto, está longe da ideal. Vários herdeiros relatam dificuldades para ter acesso a fotos e vídeos que registram momentos em família. Muitos também dizem sobre a impossibilidade de obter dados importantes para a realização do inventário e da partilha, bem como discorrem sobre a impossibilidade de passar a gerenciar contas digitais bastante lucrativas, após a morte do familiar.
>
> É preciso, portanto, adaptar o direito civil à nova realidade social, já que bens afetivos e de grande valor econômico, atualmente, encontram-se armazenados em contas digitais, descabendo delegar a empresas privadas a forma como se dará a sucessão dos brasileiros.

Entre os bens que integram a herança digital, há os de valoração econômica, tais como músicas, poemas e romances, apenas para exemplificar. Há também, na atualidade, empresas e marcas que existem apenas de modo virtual. Todos devem integrar a herança do falecido ou mesmo ser objeto de disposições de última vontade. Há também os que, embora não tenham valor econômico, são importantíssimos para os herdeiros do falecido, tais como fotos e vídeos registrando momentos familiares.

O presente projeto de lei pretende abarcar a sucessão de todos esses diferentes tipos de bens. Assim como já feito em outros países, tais como na Espanha e na França, estabelece como regra geral a possibilidade de os herdeiros acessarem determinados tipos de dados, a fim de viabilizar o exercício do direito à herança. Considero que sob a ótica da privacidade, não há razão para tratar certos bens de maneira diversa, apenas porque estão em formato digital.

É preciso também assegurar aos herdeiros a possibilidade de administrar e gerenciar os bens que lhe são transmitidos, em virtude do direito autoral e industrial, que podem ou não ter valor econômico.

Ante o quadro, solicito o apoio dos meus pares para aprovar o presente projeto de lei. (...)

O §2º do art. 1.857-A do CC visa a autorizar a transmissibilidade automática de todos os bens digitais, salvo manifestação expressa da pessoa que falece, a forçar que seja feito testamento, uma vez que, se a pessoa não se manifestar em sentido contrário, todos os bens digitais da pessoa que falece devem ser transmitidos aos(às) herdeiros(as).

O correto é o contrário, para haver a transmissão dos dados pessoais existenciais digitais, deve haver manifestação expressa nesse sentido. Não existindo tal manifestação, tais bens digitais não podem ser transmitidos a quem herde, como já afirmado na análise dos projetos anteriores.

O PL, quanto ao §2º do art. 1.857-A do CC, não espelhou a prática jurídica sob sua melhor luz, ao ser inadequado institucionalmente e no que tange à justificação substantiva, por não harmonizar o direito da personalidade de quem falece com a legitimação de quem a sucede para tutelar tal direito, desde que haja autorização em vida para tanto.

O §1º do art. 1.857-A do CC espelhou a melhor prática institucional e de justificação substantiva, pois respeita o direito de a pessoa dispor, nos limites do Direito, dos próprios dados pessoais.

2 – Qual é o *ethos* principiológico do PL na fusão de horizontes sobre o acesso ao acervo digital de quem falece?

O *ethos* principiológico do PL é o respeito ao direito dos herdeiros e da pessoa que falece, em relação ao §1º do art. 1.857-A do CC, porém, o PL inverte o respeito aos direitos da personalidade de quem falece, no caso do §2º do art. 1.857-A do CC.

3 – O PL é coerente e íntegro com os princípios constitucionais e infraconstitucionais alusivos ao direito civil que abarcam o caso?

O PL não é coerente e íntegro com os limites do direito sucessório brasileiro e com o respeito aos direitos da personalidade de quem falece, acerca do §2º do art. 1.857-A do CC, e é íntegro e coerente acerca do §1º do art. 1.857-A do CC.

4 – O texto do PL pode ensejar a aplicação da RAC e evitar legitimamente a incidência da lei em casos concretos?

A RAC será aplicada para que o §1º do art. 1.857-A do CC seja efetivado e que não seja efetivado o §2º do art. 1.857-A do CC, caso se transforme em lei, tendo em vista os fundamentos retrocitados.

5 – A CHS foi observada na fundamentação do PL?

Houve a enunciação dos direitos da personalidade na fundamentação do PL, todavia, não há uma densificação de sentido dos institutos jurídicos. O PL merece ser transformado em lei somente acerca do §1º do art. 1.857-A do CC.

O PL nº 1.689/2021[143] foi proposto pela Deputada Federal Alê Silva (PSL-MG) e procura inserir o art. 1.791-A, alterar o art. 1.857 e acrescer o art. 1.863-A do CC, assim como alterar o art. 41 da Lei nº 9.610/98 (Lei dos Direitos Autorais). Encontra-se na Comissão de Ciência e Tecnologia, Comunicação e Informática (CCTI) na Câmara dos Deputados do Brasil desde 05.11.2021. Não houve emendas ao PL e sim um substitutivo.

1 – O PL espelha a prática jurídica sob sua melhor luz, com adequação institucional e com uma melhor justificativa substantiva?

O PL nº 1.689/2021 visa:

Art. 1º Esta Lei altera a Lei nº 10.406, de 10 de janeiro de 2002, para dispor sobre perfis, páginas contas, publicações e os dados pessoais de pessoa falecida, incluindo seu tratamento por testamentos e codicilos.

Art. 2º Incluam-se os arts. 1.791-A e 1863-A e acrescente-se o §3º ao art. 1.857 da Lei nº 10.406, de 10 de janeiro de 2002, com as seguintes redações:

"Art. 1.791-A Incluem-se na herança os direitos autorais, dados pessoais e demais publicações e interações do falecido em provedores de aplicações de internet.

§1º O direito de acesso do sucessor à página pessoal do falecido deve ser assegurado pelo provedor de aplicações de internet, mediante apresentação de atestado de óbito, a não ser por disposição contrária do falecido em testamento.

§2º Será garantido ao sucessor o direito de, alternativamente, manter e editar as informações digitais do falecido ou de transformar o perfil ou página da internet em memorial.

§2º Morrendo a pessoa sem herdeiros legítimos, o provedor de aplicações de internet, quando informado da morte e mediante apresentação de atestado de óbito, tratará o perfil, publicações e todos os dados pessoais do falecido como herança jacente, consignando-os à guarda e administração de um curador, até a sua entrega ao sucessor devidamente habilitado ou à declaração de sua vacância.

Art. 1.857...

§3º A disposição por testamento de pessoa capaz inclui os direitos autorais, dados pessoais e demais publicações e interações do testador em provedores de aplicações de internet. ..
....

Art. 1.863-A O testamento cerrado e o particular, bem como os codicilos, serão válidos em formato eletrônico, desde que assinados digitalmente com certificado digital pelo testador, na forma da lei". (NR)

---

[143] BRASIL. Câmara dos Deputados. *Projeto de Lei nº 1689/2021*. Disponível em: https://www.camara.leg.br/proposicoesWeb/fichadetramitacao?idProposicao=2280308. Acesso em 02 abr. 2022.

Art. 3º Altere-se o art. 41 da Lei nº 9.610, de 19 de fevereiro de 1998, que passa a ter a seguinte redação:

"Art. 41. Os direitos patrimoniais do autor, incluindo suas publicações em provedores de aplicações de internet, perduram por setenta anos contados de 1º de janeiro do ano subsequente ao de seu falecimento, obedecida a ordem sucessória da lei civil. ...." (NR)

Art. 4º Esta lei entra em vigor na data de sua publicação.

Os fundamentos do PL nº 1.689/2021 são:

Num mundo em que as pessoas se expressam, em larga medida, por meios digitais, não é raro que elas construam na internet um retrato daquilo que elas foram no mundo real. Perfis de redes sociais e blogs registram reflexões e acabam por se transformar em uma memória ou até um patrimônio autoral da pessoa falecida.

E uma quantidade cada vez maior de pessoas utiliza essas ferramentas. Apenas para ficarmos num exemplo, o Facebook possui, no mundo, mais de 2,7 bilhões de contas ativas, enquanto no Brasil são dezenas de milhões de usuários.

Ocorre que há uma dúvida muito grande sobre que destino se dar ao conjunto das opiniões, lembranças, memórias e até segredos do usuário da internet após o seu falecimento. Devem os parentes ter acesso a sua senha? Devem poder editar seus conteúdos? Devem as plataformas simplesmente remover o perfil ou apagar a página do usuário?

Este projeto de lei pretende preencher esse vácuo jurídico, trazendo conforto e segurança aos familiares do falecido.

Com esse objetivo, propomos alteração do Código Civil para incluir expressamente na definição de herança os direitos autorais, os dados pessoais e as publicações e interações do falecido em redes sociais e outros sítios da internet, ou seja, nos chamados provedores de aplicações de internet, definidos pelo Marco Civil da Internet. A expressão "provedores de aplicações de internet" abrange melhor todo o acervo digital da pessoa, contemplando redes sociais, arquivos na nuvem, contas de e-mail, entre outros.

Nesse sentido, fica estabelecido que o sucessor legal possui direito de acesso à página pessoal do de cujus, mediante apresentação de atestado de óbito. O direito só não incidirá se houver vedação disposta pelo falecido em testamento, indicando que deseja que suas informações permaneçam em sigilo ou sejam eliminadas.

O sucessor pode, então, optar por manter ou editar as informações digitais do falecido ou mesmo por transformar o perfil ou página da internet em memorial em honra do *de cujus*.

Em caso de falecimento em que não haja herdeiros legítimos, o provedor de aplicações de internet deverá eliminar o perfil, publicações e todos os dados pessoais do falecido, desde que seja informado da morte e lhe seja apresentado atestado de óbito.

Determinamos, também, que é possível ao testador incluir em seu testamento os direitos autorais, os dados pessoais e as demais publicações e interações que estejam em provedores de aplicações de internet. Com exceção do testamento público, que deve ser lavrado em cartório, preceituamos que os testamentos cerrado e particular e os codicilos serão válidos em formato eletrônico, quando assinados digitalmente com certificado digital pelo testador, na forma da lei.

Deixamos claro, outrossim, que as publicações feitas em provedores de aplicações de internet constituem direitos patrimoniais do autor, para fins da Lei de Direitos Autorais.

Entendemos que a presente proposta supre uma demanda que traz enorme insegurança jurídica na sucessão e gestão de perfis em redes sociais e outras espécies de publicações na internet de pessoas falecidas, incorporando ao Código Civil as ferramentas apropriadas para dar aos sucessores hereditários maior tranquilidade e conforto nesse momento difícil de suas vidas.

Certos da justiça exposta no arrazoado acima, exortamos os preclaros colegas a votarem pela aprovação da presente matéria.

Na Comissão de Ciência e Tecnologia, Comunicação e Informática foi apresentado um substitutivo de relatoria do Deputado Pedro Vilela, no qual concorda com o PL apresentado dos arts. 1.791-A e do §3º no art. 1.857 do CC, bem como propõe um ajuste de redação, "tendo em vista que dados, publicações e interações não são realizadas "em provedor de aplicação", mas "em aplicação".

Quanto ao art. 1.863-A do CC, o Relator alude:

Em relação ao comando inserido no novo art. 1.863-A, prevendo para o testamento a validade do formato eletrônico assinado digitalmente pelo testador, é preciso destacar que a Medida Provisória nº 2.200-2, de 24 de agosto de 2001, já assegura validade ao procedimento:

Art. 10. ....

§1º As declarações constantes dos documentos em forma eletrônica produzidos com a utilização de processo de certificação disponibilizado pela ICP-Brasil presumem-se verdadeiros em relação aos signatários, na forma do art. 131 da Lei nº 3.071, de 1º de janeiro de 1916 – Código Civil. ....

Em que pese a referência a uma lei hoje revogada, a intenção do comando é clara.

A proposta, ainda assim, afigura-se oportuna, pois possibilita o alinhamento às previsões da Lei nº 14.063, de 23 de setembro de 2020, que trata do uso de assinaturas eletrônicas. Aperfeiçoamos, assim, a redação do dispositivo proposto, adotando a nomenclatura prevista no art. 4º da referida lei.

Por outro lado, é apropriado que se preveja, no testamento assinado eletronicamente, a aposição de datação digital, sem a qual torna-se impraticável a solução de eventuais controvérsias. Incluímos, pois, a obrigatoriedade desse procedimento.

O Relator aponta sobre o art. 41 da Lei de Direitos Autorais:

Quanto ao terceiro tema abordado na proposta, qual seja a modificação do art. 41 da Lei de Direitos Autorais, prevendo direitos patrimoniais sobre publicações na internet, consideramos a medida inoportuna.

De fato, há uma diversidade de aplicações hoje disponíveis, com usos os mais diversos. Nos casos em que a publicação ou divulgação eletrônica se refira a obra intelectual passível de proteção, tais como as previstas no art. 7º da lei, configura-se desde logo o direito. O comando do referido artigo é claro, ao prever a proteção a obras "fixadas em qualquer suporte, tangível ou intangível, conhecido ou que se invente no futuro". Sendo assim, nos parece desnecessária a introdução de dispositivo legal que assegure a proteção de direitos patrimoniais especificamente para o domínio da internet.

Além disso, não há sentido em prever, a priori, direito patrimonial sobre postagens irrelevantes, comentários conjunturais ou dados reproduzidos, muito frequentes no uso de vários tipos de aplicativo, situação que pode ser inferida a partir da modificação proposta. Ademais, a previsão abre espaço para que o provedor de aplicações reclame direitos autorais sobre a organização desses dados, nos termos do art. 7º, inciso XIII e §2º da lei, tornando mais complexa sua transferência aos herdeiros. Por essas razões, somos pela rejeição desse dispositivo.

Consolidamos tais considerações na forma do Substitutivo que ora oferecemos a esta douta Comissão.

Nosso VOTO, em suma, é pela APROVAÇÃO do Projeto de Lei nº 1.689, de 2021, na forma do SUBSTITUTIVO oferecido.

(...)

Art. 1º Esta Lei altera a Lei nº 10.406, de 10 de janeiro de 2002, para dispor sobre perfis, páginas contas, publicações e dados pessoais de pessoa falecida, incluindo seu tratamento por testamentos e codicilos.

Art. 2º Incluam-se os artigos 1.791-A e 1.863-A e acrescente-se o §3º ao art. 1.857 da Lei nº 10.406, de 10 de janeiro de 2002, com as seguintes redações:

"Art. 1.791-A. Incluem-se na herança os direitos autorais, dados pessoais e demais publicações e interações do falecido em aplicações de internet.

§1º O direito de acesso do sucessor à página pessoal e repositórios de dados do falecido deve ser assegurado pelo provedor de aplicações de internet, mediante apresentação de atestado de óbito, a não ser por disposição contrária do falecido em testamento.

§2º Será garantido ao sucessor o direito de, alternativamente, manter e editar as informações digitais do falecido ou de transformar o perfil ou página da internet em memorial.

§3º Morrendo a pessoa sem herdeiros legítimos, o provedor de aplicações de internet, quando informado da morte e mediante apresentação de atestado de óbito, tratará o perfil, publicações e todos os dados pessoais do falecido como herança jacente, consignando-os à guarda e administração de um curador, até a sua entrega ao sucessor devidamente habilitado ou à declaração de sua vacância".

"Art. 1.857 .... §3º A disposição por testamento de pessoa capaz inclui os direitos autorais, dados pessoais e demais publicações e interações do testador em aplicações de internet. ....
..." (NR)

"Art. 1.863-A. O testamento cerrado e o particular, bem como os codicilos, serão válidos em formato eletrônico, desde que assinados digitalmente pelo testador com assinatura eletrônica qualificada e datados eletronicamente, na forma da lei". (NR)

Art. 3º Esta lei entra em vigor na data de sua publicação.

O PL acerta em relação ao art. 1.863-A do CC, pois admite o meio eletrônico como via para se realizar testamentos. Acerta quanto à crítica acerca da alteração proposta para o art. 41 da Lei de Direitos Autorais, pelas razões lá expostas.

Se equivoca o PL quanto aos arts. 1791-A e 1857 do CC, uma vez que admite a transmissibilidade automática a quem herde, todos os direitos da personalidade da pessoa que falece, sem que haja qualquer tipo de filtro. Remetemos o(a) leitor(a) aos fundamentos expostos sobre o tema quando da análise dos PLs anteriores.

Não houve o espelhamento das propostas sobre os arts. 1791-A e 1857 do CC da prática jurídica sob sua melhor luz, com adequação institucional e com uma melhor justificativa substantiva, por desarmonizar o direito da personalidade de quem falece com a legitimação de quem a sucede para tutelar tal direito.

2 – Qual é o *ethos* principiológico do PL na fusão de horizontes sobre o acesso ao acervo digital de quem falece?

O *ethos* principiológico do PL é o respeito à classe de quem herda, todavia, sem respeitar os direitos da personalidade de quem falece, no que toca aos arts. 1791-A e 1857 do CC. A principiologia que embasa o art. 1.863 do CC é o respeito ao direito de herança, com a facilitação do direito de acesso a ela pela via testamentária digital.

3 – O PL é coerente e íntegro com os princípios constitucionais e infraconstitucionais alusivos ao direito civil que abarcam o caso?

O PL é coerente e íntegro com os limites do direito sucessório brasileiro e com o respeito aos direitos da personalidade de quem falece somente quanto ao art. 1.863 do CC.

4 – O texto do PL pode ensejar a aplicação da RAC e evitar legitimamente a incidência da lei em casos concretos?

A RAC será aplicada para que se respeite o art. 1.863 do CC, pois quanto aos demais artigos propostos, ela deve servir de meio de rechaço pelas razões antes expostas.

5 – A CHS foi observada na fundamentação do PL?

Não houve a densificação de sentido dos institutos jurídicos presentes nas propostas. O PL merece ser transformado em lei somente quanto ao art. 1.863 do CC.

O PL nº 703/2022[144] foi proposto pelo Deputado Federal Hélio Lopes (UNIÃO-RJ) e trata do acréscimo do art. 1.857-A do CC. Encontra-se na Coordenação de Comissões Permanentes (CCP), na Câmara dos Deputados do Brasil, desde 31.03.2022. Não houve emendas ao PL.

1 – O PL espelha a prática jurídica sob sua melhor luz, com adequação institucional e com uma melhor justificativa substantiva?

O PL nº 703/2022 visa:

Art. 1º Está lei acrescenta o art. 1857-A à Lei nº 10406, de 2002, Código Civil, dispondo sobre a herança digital.

Art. 2º A Lei nº 10406, de 2002, Código Civil, passa a vigorar acrescida do seguinte artigo 1857-A: "Art. 1857-A. Toda pessoa capaz pode dispor, por qualquer outro meio no qual fique expressa a manifestação de vontade, sobre o tratamento de dados pessoais após a sua morte.

§1º os herdeiros têm o direito de:

I – acessar os dados do falecido;

II – identificando informações válidas, relevantes e úteis para o inventário e a partilha do patrimônio; I

II – obtenção de todos os dados íntimos relativos a família;

---

[144] BRASIL. Câmara dos Deputados. *Projeto de Lei nº 703/2022*. Disponível em: https://www.camara.leg.br/propostas-legislativas/2318667. Acesso em 02 abr. 2022.

IV – eliminação e retificação de dados equivocados, falsos ou impróprios.

§2º As disposições do presente artigo aplicam-se, no que couber, aos declarados incapazes.

Art. 3º Esta lei entra em vigor na data da publicação.

Os fundamentos do PL nº 703/2022 são:

Com a aprovação deste projeto de lei em tela, a definição de herança contida no Código Civil passaria a incluir direitos autorais, dados pessoais e publicações e interações em redes sociais, arquivos na nuvem, contas de e-mail e sites da internet.

O sucessor terá acesso à página pessoal do falecido mediante apresentação do atestado de óbito. Caso não haja herdeiros legítimos, o provedor deverá eliminar o perfil, as publicações e todos os dados pessoais do falecido. Esse direito à herança consolidou-se em nossa Carta Magna em seu art. 5º, inciso XXX. todavia a nossa legislação pátria ainda não foi se amoldou aos novos tempos.

Atualmente, temos vários relatos de inúmeros herdeiros que buscam na justiça obter acesso a fotos e vídeos que registram momentos em família e que lhe são negados. Muitos também dizem sobre a impossibilidade de obter dados importantes para a realização do inventário e da partilha bem como discorrem sobre a impossibilidade de passar a gerenciar contas digitais bastante lucrativas, após a morte do familiar.

Dado o exposto, o presente projeto de lei vida adequar à legislação brasileira as novas problemáticas que a sucessão nos traz. Com a finalidade de viabilizar a possibilidade de os herdeiros acessarem determinados tipos de dados, de modo a garantir do direito à herança digital assim como é direito adquirido com relação aos outros direitos elencados em nosso Código Civil, solicitamos a APROVAÇÃO deste projeto de lei em tela.

O PL acerta ao incluir no *caput* do art. 1857-A do CC – embora este direito já exista no Brasil – o direito de a pessoa dispor dobre dados pessoais, nos limites do Direito e, em havendo tal disposição, podem os(s) herdeiros(as) acessar os bens digitais da pessoa que falece nos limites da disposição que fez.

Ocorre que o §1º do art. 1857-A do CC não diferencia se a disposição dos dados pessoais da pessoa que falece ocorreu de forma parcial ou total, o que pode ensejar um acesso integral aos dados da pessoa que falece, mesmo se a disposição foi parcial.

Espelhou-se, destarte, a prática jurídica sob sua melhor luz, com adequação institucional e com uma melhor justificativa substantiva, por harmonizar o direito da personalidade de quem falece com a legitimação de quem a sucede para tutelar tal direito, desde que haja autorização em vida para tanto, no *caput* do referido artigo, porém, o §1º precisa de ajustes para evitar um acesso maior a quem herde do que foi a disposição da pessoa que faleceu.

2 – Qual é o *ethos* principiológico do PL na fusão de horizontes sobre o acesso ao acervo digital de quem falece?

O *ethos* principiológico do PL é o respeito aos direitos da personalidade de quem falece, em diálogo com a legitimação de quem a sucede para tutelar tal direito, desde que haja autorização em vida para tanto.

3 – O PL é coerente e íntegro com os princípios constitucionais e infraconstitucionais alusivos ao direito civil que abarcam o caso?

O PL é coerente e íntegro com os limites do direito sucessório brasileiro e com o respeito aos direitos da personalidade de quem falece, embora careça de ajustes, como exposto antes.

4 – O texto do PL pode ensejar a aplicação da RAC e evitar legitimamente a incidência da lei em casos concretos?

A RAC será aplicada para que se respeitem os artigos de lei propostos no PL, caso se transforme em lei, tendo em vista os fundamentos retrocitados, porque acorde com a literatura jurídica antes citada, desde que ajustes sejam feitos na redação do §1º do art. 1857-A do CC.

5 – A CHS foi observada na fundamentação do PL?

Houve a enunciação dos direitos da personalidade na fundamentação do PL, todavia, não há uma densificação de sentido dos institutos jurídicos. O PL merece ser transformado em lei somente se ajustes forem feitos em seu texto, consoante as razões expostas.

5 Conclusão

Como visto, existem PLs que merecem ser transformados em lei e outros não, mas o que se viu é que há uma melhora, ainda que tímida, na fundamentação de alguns PLs e que procuraram harmonizar os direitos da personalidade com a legitimação de quem sucede a pessoa que falece e que é titular do acervo digital, como determinam uma RAC e um DCLC.

Referências

ATHENIENSE, Alexandre. *Herança digital já chegou ao Brasil*. Jusbrasil, 2011. Disponível em: https://alexandre-atheniense.jusbrasil.com.br/noticias/2986795/heranca-digital-ja-chegou-ao-brasil?ref=topic_feed. Acesso em 9 jun. 2021.

BARBOSA, Fernanda Nunes. *Biografias e liberdade de expressão*: critérios para a publicação de histórias de vida. Porto Alegre: Arquipélago, 2016.

BARBOZA, Heloisa Helena; ALMEIDA, Vitor. Tecnologia, morte e direito: em busca de uma compreensão sistemática da "herança digital". *In*: TEIXEIRA, Ana Carolina Brochado; LEAL, Livia Teixeira (Coord.). *Herança digital*: controvérsias e alternativas. Indaiatuba: Foco, 2021. E-book.

BOSSO, Roseli Aparecida Casarini. A herança digital na nuvem. *Crimes Pela Internet*. Disponível em: http://crimespelainternet.com.br/a-heranca-digital-na-nuvem/. Acesso em 9 jun. de 2021.

BRANCO, Sérgio. *Memória e esquecimento na internet*. Porto Alegre: Arquipélago, 2017.

BRASIL. Câmara dos Deputados. *Projeto de Lei nº 1144/20210*. Disponível em: https://www.camara.leg.br/propostas-legislativas/2254247. Acesso em 14 jun. 2021.

BRASIL. Câmara dos Deputados. *Projeto de Lei nº 3050/2020*. Disponível em: https://www.camara.leg.br/propostas-legislativas/2254247. Acesso em 02 abr. 2022.

BRASIL. Câmara dos Deputados. *Projeto de Lei nº 3051/2020*. Disponível em: https://www.camara.leg.br/proposicoesWeb/fichadetramitacao?idProposicao=2254248. Acesso em 14 jun. 2021.

BRASIL. Câmara dos Deputados. *Projeto de Lei nº 410/2021*. Disponível em: https://www.camara.leg.br/proposicoesWeb/fichadetramitacao?idProposicao=2270016. Acesso em 14 jun. 2021.

BRASIL. Câmara dos Deputados. *Projeto de Lei nº 5820/2019*. Disponível em: https://www.camara.leg.br/proposicoesWeb/fichadetramitacao?idProposicao=2228037. Acesso em 2 abr. 2022.

BRASIL. Câmara dos Deputados. *Projeto de Lei nº 5820/2019*. Disponível em: https://www.camara.leg.br/proposicoesWeb/fichadetramitacao?idProposicao=2274620 Acesso em 2 abr. 2022.

BRASIL. Câmara dos Deputados. *Projeto de Lei nº 7742/2017*. Disponível em: https://www.camara.leg.br/proposicoesWeb/fichadetramitacao?idProposicao=2139508. Acesso em 14 jun. 2021.

BRASIL. Câmara dos Deputados. *Projeto de Lei nº 8562/2017*. Disponível em: https://www.camara.leg.br/proposicoesWeb/fichadetramitacao?idProposicao=2151223. Acesso em 14 jun. 2021.

BRASIL. Supremo Tribunal Federal. STF decide que livros digitais têm imunidade tributária. *STF Notícias*, 8 mar. 2017. Disponível em: http://www.stf.jus.br/portal/cms/verNoticiaDetalhe.asp?idConteudo=337857. Acesso em 14 jun. 2021.

BRASIL. Câmara dos Deputados. *Projeto de Lei nº 2664/2021*. Disponível em: https://www.camara.leg.br/proposicoesWeb/fichadetramitacao?idProposicao=2292060. Acesso em 02 abr. 2022.

BRASIL. Câmara dos Deputados. *Projeto de Lei nº 1689/2021*. Disponível em: https://www.camara.leg.br/proposicoesWeb/fichadetramitacao?idProposicao=2280308. Acesso em 02 abr. 2022.

BRASIL. Câmara dos Deputados. *Projeto de Lei nº 703/2022*. Disponível em: https://www.camara.leg.br/propostas-legislativas/2318667. Acesso em 02 abr. 2022.

BRASIL. STJ. *Sexta Turma limita requisição de dados genérica feita a provedor de internet em investigação criminal*. Disponível em: https://www.stj.jus.br/sites/portalp/Paginas/Comunicacao/Noticias/29092021-Sexta-Turma-limita-requisicao-de-dados-generica-feita-a-provedor-de-internet-em-investigacao-criminal.aspx Acesso em 11 abr. 2022.

CANTALI, Fernanda Borghetti. *Direitos da personalidade*. Porto Alegre: Livraria do Advogado, 2009.

CARRIÓ, Genaro. *Notas sobre derecho y lenguaje*. Buenos Aires: Abeledo-Perrot, 1965.

CARVALHO NETTO, Menelick. Temporalidade, constitucionalismo e democracia. *Revista Humanidades*, Brasília, p. 33-43, n. 58, jun. 2011. Dossiê Presente Tempo Presente.

CARVALHO, Luiz Paulo Vieira de. *Direito das sucessões*. 3. ed. São Paulo: Atlas, 2017.

CASTRO, Thamis Dalsenter Viveiros de. *Bons costumes no direito civil brasileiro*. Coimbra: Almedina, 2017.

COELHO, Nuno Manuel Morgadinho Santos. *Direito, filosofia e a humanidade como tarefa*. Curitiba: Juruá, 2012.

COSTA FILHO, Marco Aurélio de Farias. *Patrimônio digital*: reconhecimento e herança. Recife: Nossa Livraria, 2016.

DWORKIN, Ronald. *Levando os direitos a sério*. Tradução e notas de Nelson Boeira. São Paulo: Martins Fontes, 2002.

DWORKIN, Ronald. *Uma questão de princípio*. Tradução de Luis Carlos Borges. 2. ed. São Paulo: Martins Fontes, 2005.

FACHIN, Luiz Edson. A liberdade e a intimidade: uma breve análise das biografias não autorizadas. *In*: SIMÃO, José Fernando; BELTRÃO, Silvio Romero (Coord.). *Direito civil*: estudos em homenagem à José de Oliveira Ascensão: teoria geral do direito, bioética, direito intelectual e sociedade da informação. São Paulo: Atlas, 2015. v. 1.

FIGUEIREDO, Luciano; FIGUEIREDO, Roberto. *Manual de direito civil*. 2. ed. Salvador: JusPodivm, 2021.

FREITAS FILHO, Roberto. *Intervenção judicial nos contratos e aplicação dos princípios e das cláusulas gerais*: o caso do leasing. Porto Alegre: Sérgio Antônio Fabris Editor, 2009.

FROTA, Pablo Malheiros da Cunha. Compreendendo o direito civil constitucional prospectivo. *In*: MENEZES, Joyceane Bezerra de; DE CICCO, Maria Cristina; RODRIGUES, Francisco Luciano Lima (Org.). *Direito civil na legalidade constitucional*: algumas aplicações. Indaiatuba: Foco, 2021.

FROTA, Pablo Malheiros da Cunha. Interpretação do direito privado: o direito civil constitucional prospectivo em diálogo com a crítica hermenêutica do direito. *In*: TEPEDINO, Gustavo; MENEZES, Joyceane Bezerra de (Org.). *Autonomia privada, liberdade existencial e direitos fundamentais*. Belo Horizonte: Fórum, 2019.

FROTA, Pablo Malheiros da Cunha. Processo eleitoral e políticas públicas: influências recíprocas. *Revista Brasileira de Políticas Públicas*, Brasília, v. 5, n. 1, p. 273-301, 2015.

FROTA, Pablo Malheiros da Cunha. Temporalidade, constitucionalismo e democracia a partir da construção teórico-prática de Menelick de Carvalho Netto. *In*: OLIVEIRA, Marcelo Andrade Cattoni de; GOMES, David F. L. (Org.). *1988-2018*: o que construímos? Homenagem a Menelick de Carvalho Netto nos 30 anos da Constituição de 1988. 2. ed. Belo Horizonte: Conhecimento, 2020.

FROTA, Pablo Malheiros da Cunha; AGUIRRE, João Ricardo Brandão; PEIXOTO, Maurício Muriack de Fernandes. Transmissibilidade do acervo digital de quem falece: efeitos dos direitos da personalidade projetados post mortem. *Revista Eletrônica da Academia Brasileira de Direito Constitucional*, v. 10, p. 564-607, jul./dez. 2018.

GADAMER, Hans-Georg. *Verdade e método I*: traços fundamentais de uma hermenêutica filosófica. Tradução de Flávio Paulo Meuer. 12. ed. Petrópolis: Vozes, 2012.

GUSTIN, Miracy Barbosa de Sousa; DIAS, Maria Tereza. *(Re)pensando a pesquisa jurídica*: teoria e prática. 5. ed. São Paulo: Almedina, 2020. E-book.

LEWICKI, Bruno. *A privacidade da pessoa humana no ambiente de trabalho*. Rio de Janeiro: Renovar, 2003.

LOBO, Paulo. *Direito civil*: parte geral. 10. ed. São Paulo: Saraiva, 2021.

LOBO, Paulo. *Direito civil*: sucessões. 7. ed. São Paulo: Saraiva, 2021.

LOBO, Paulo. Prefácio. *In*: MENEZES, Joyceane Bezerra de; DE CICCO, Maria Cristina; RODRIGUES, Francisco Luciano Lima (Org.). *Direito civil na legalidade constitucional*: algumas aplicações. Indaiatuba: Foco, 2021.

MAZUR, Maurício. A dicotomia entre os direitos da personalidade e os direitos fundamentais. *In*: MIRANDA, Jorge; RODRIGUES JUNIOR, Otavio Luiz; FRUET, Gustavo Bonato (Org.). *Direitos da personalidade*. São Paulo: Atlas, 2012.

MIRANDA, Jorge; RODRIGUES JUNIOR, Otavio Luiz; FRUET, Gustavo Bonato. Principais problemas dos direitos da personalidade e estado-da-arte da matéria no direito comparado. *In*: MIRANDA, Jorge; RODRIGUES JUNIOR, Otavio Luiz; FRUET, Gustavo Bonato (Org.). *Direitos da personalidade*. São Paulo: Atlas, 2012.

MOTTA, Francisco José Borges. *Ronald Dworkin e a decisão jurídica*. 3. ed. Salvador: JusPodivm, 2021.

NEVES, António Castanheira. Entre o "legislador", a "sociedade" e o "juiz" ou entre "sistema", "função" e "problema" – Modelos actualmente alternativos da realização jurisdicional do direito. *In*: SANTOS, Luciano Nascimento (Coord.). *Estudos jurídicos de Coimbra*. Curitiba: Juruá, 2007.

PEREIRA, Caio Mário da Silva. *Instituições de direito civil*. 20. ed. Rio de Janeiro: Forense, 2014. v. 1.

PINTO, Paulo Mota. *Declaração tácita e comportamento concludente no negócio jurídico*. Coimbra: Almedina, 1995.

RAMOS, André Luiz Arnt. Direito civil contemporâneo: entre acertos e desacertos, uma resposta aos críticos. *In*: MENEZES, Joyceane Bezerra de; DE CICCO, Maria Cristina; RODRIGUES, Francisco Luciano Lima (Org.). *Direito civil na legalidade constitucional*: algumas aplicações. Indaiatuba: Foco, 2021.

RIBEIRO, Ney Rodrigo Lima. Direito à proteção de pessoas falecidas. Enfoque luso brasileiro. *In*: MIRANDA, Jorge; RODRIGUES JUNIOR, Otavio Luiz; FRUET, Gustavo Bonato (Org.). *Direitos da personalidade*. São Paulo: Atlas, 2012.

ROBL FILHO, Ilton Norberto. *Direito, intimidade e vida privada*: paradoxos jurídicos e sociais na sociedade pós-moralista e hipermoderna. Curitiba: Juruá, 2010.

RODOTÀ, Stefano. A vida na sociedade da vigilância. A privacidade hoje. *In*: MORAES, Maria Celina Bodin de (Org.). *A vida na sociedade da vigilância*: a privacidade hoje. Rio de Janeiro: Renovar, 2008.

RODRIGUES JUNIOR, Otavio Luiz. O direito ao nome, à imagem e outros relativos à identidade e à figura social, inclusive a intimidade. *In*: SIMÃO, José Fernando; BELTRÃO, Silvio Romero (Org.). *Direito civil*: estudos em homenagem a José de Oliveira Ascensão. São Paulo: Atlas, 2015. v. 2.

RODRIGUES, Silvio. *Direito civil*. 33. ed. São Paulo: Saraiva, 2003. v. 1.

RUZYK, Carlos Eduardo Pianovski. *Institutos fundamentais do direito civil e liberdade(s)*. Rio de Janeiro: GZ, 2011.

SCHREIBER, Anderson. *Direitos da personalidade*. 2. ed. São Paulo: Atlas, 2013.

SCHREIBER, Anderson. *Direitos da personalidade*. 3. ed. São Paulo: Atlas, 2014.

SOUZA, Rabindranath Capelo de. *O direito geral de personalidade*. Coimbra: Ed. Coimbra, 1995.

SPAGNOL, Débora. A destinação do patrimônio virtual em caso de morte ou incapacidade do usuário: "herança digital". *Jusbrasil*, 2017. Disponível em: https://deboraspagnol.jusbrasil.com.br/artigos/426777341/a-destinacao-do-patrimonio-virtual-em-caso-de-morte-ou-incapacidade-do-usuario-heranca-digital?ref=topic_feed. Acesso em 9 jun. 2021.

STRECK, Lenio Luiz. Applicatio. *In*: STRECK, Lenio Luiz. *Dicionário de hermenêutica*: 50 verbetes fundamentais de acordo com a crítica hermenêutica do direito. 2. ed. Belo Horizonte: Letramento, 2021.

STRECK, Lenio Luiz. Coerência e integridade. *In*: STRECK, Lenio Luiz. *Dicionário de hermenêutica*: 50 verbetes fundamentais de acordo com a crítica hermenêutica do direito. 2. ed. Belo Horizonte: Letramento, 2021.

STRECK, Lenio Luiz. Diferença ontológica no direito. *In*: STRECK, Lenio Luiz. *Dicionário de hermenêutica*: 50 verbetes fundamentais de acordo com a crítica hermenêutica do direito. 2. ed. Belo Horizonte: Letramento, 2021.

STRECK, Lenio Luiz. Fusão e horizontes. *In*: STRECK, Lenio Luiz. *Dicionário de hermenêutica*: 50 verbetes fundamentais de acordo com a crítica hermenêutica do direito. 2. ed. Belo Horizonte: Letramento, 2021.

STRECK, Lenio Luiz. *Hermenêutica e jurisdição*. Diálogos com Lenio Streck. Porto Alegre: Livraria do Advogado, 2017.

STRECK, Lenio Luiz. *Hermenêutica jurídica e(m) crise*: uma exploração hermenêutica da construção do direito. 11. ed. Porto Alegre: Livraria do Advogado, 2014.

STRECK, Lenio Luiz. Parecer. *Conjur*. Disponível em: https://www.conjur.com.br/dl/manifestacao-politica-juizes-nao-punida.pdf. Acesso em 7 jun. 2021.

STRECK, Lenio Luiz. Resposta adequada à Constituição (resposta correta). *In*: STRECK, Lenio Luiz. *Dicionário de hermenêutica*: 50 verbetes fundamentais de acordo com a crítica hermenêutica do direito. 2. ed. Belo Horizonte: Letramento, 2021.

STRECK, Lenio Luiz. *Verdade e consenso*. 6. ed. São Paulo: Saraiva, 2017. E-book.

TARTUCE, Flávio. *Direito civil*. Direito das sucessões. 14. ed. Rio de Janeiro: Forense, 2021.

TEFFE, C. S.; MORAES, Maria Celina Bodin de. Redes sociais virtuais: privacidade e responsabilidade civil. Análise a partir do Marco Civil da Internet. *Pensar*, Fortaleza, v. 22, 2017.

TEIXEIRA, Ana Carolina Brochado; LEAL, Livia Teixeira (Coord.). *Herança digital*: controvérsias e alternativas. Indaiatuba: Foco, 2021. E-book.

TEIXEIRA, Ana Carolina Brochado; LEAL, Livia Teixeira. Apresentação. *In*: TEIXEIRA, Ana Carolina Brochado; LEAL, Livia Teixeira (Coord.). *Herança digital*: controvérsias e alternativas. Indaiatuba: Foco, 2021. E-book.

TEPEDINO, Gustavo; MORAES, Maria Celina Bodin de; BARBOZA, Heloisa Helena. *Código Civil interpretado conforme a Constituição da República*. Rio de Janeiro: Renovar, 2005. v. 1.

TRINDADE, André Karam; OLIVEIRA, Rafael Tomaz de. Crítica hermenêutica do direito: do quadro referencial teórico à articulação de uma posição filosófica sobre o direito. *Revista de Estudos Constitucionais, Hermenêutica e Teoria do Direito (RECHTD)*, a. 3, v. 9, p. 311-326, set./dez. 2017.

Informação bibliográfica deste texto, conforme a NBR 6023:2018 da Associação Brasileira de Normas Técnicas (ABNT):

FROTA, Pablo Malheiros da Cunha; AGUIRRE, João. Transmissibilidade sucessória do acervo digital de quem falece: crítica aos projetos de lei sobre o tema. *In*: EHRHARDT JÚNIOR, Marcos; CATALAN, Marcos; MALHEIROS, Pablo (Coord.). *Direito Civil e tecnologia*. 2. ed. Belo Horizonte: Fórum, 2022. t. II. p. 621-684. ISBN 978-65-5518-432-7.

PARTE V

RELAÇÕES OBRIGACIONAIS PATRIMONIAIS DIANTE DAS NOVAS TECNOLOGIAS

PARTE VI

LOCAÇÕES IMOBILIÁRIAS POR PLATAFORMAS DIGITAIS EM CONDOMÍNIOS RESIDENCIAIS: DA PROIBIÇÃO À REGULAMENTAÇÃO

GABRIEL HONORATO
ROGÉRIO COUTINHO BELTRÃO

1 Notas introdutórias

Tradicionalmente, o ser humano sempre se relacionou com os bens materiais através de uma perspectiva patrimonialista, calcada na concepção de que a posição social do indivíduo está intrinsecamente ligada ao seu patrimônio, o que implica na ideia de que os que lastreiam maiores recursos ostentam as melhoras posições perante a sociedade.

Nesse norte, o desejo pelo acúmulo de patrimônio, compreendido na sua órbita física e material, por muito moldou a forma como o homem se relacionava com os bens materiais, tendo-se, neste cerne, a acepção do pertencimento, ou seja, uma relação jurídica existente entre o sujeito e os seus bens materiais, em um nítido caráter acumulativo.

Essa relação de pertencimento, especialmente, sofreu significativa transformação com a nova economia do compartilhamento, consequente da constante revolução tecnológica pela qual passou e continua passando a sociedade, que adotou novos modelos de negócios em detrimento de métodos tradicionais. Neste sentido, pode-se mencionar a substituição do carro próprio pelo carro alugado; do táxi pelos transportes por aplicativos, a exemplo da Uber, que permite até mesmo o compartilhamento do transporte com desconhecidos; de hotéis e pousadas por estadia em casas e apartamentos alugados por aplicativos, como o Airbnb, modelo este objeto central do presente estudo.

Perceba-se que são modelos que se tornam atrativos por proporcionar benefícios e facilidades aos usuários, a exemplo dos planos de locação de veículos, que permitem ao locatário a manutenção de um veículo em modelo do ano, sem ter de administrar e custear manutenções, seguro, impostos, e ainda sofrer os efeitos da depreciação do seu patrimônio, de modo a preferir pagar tão somente pelo uso deste bem, a estilo de um aluguel, posto que, todo ano, obteria a renovação do veículo por um novo, ou se aquele quebrar, basta ir à concessionária e pleitear outro novo.

Com essa perspectiva, a propriedade privada tradicional, de caráter individual e material, passa a ser entendida como algo pesado, trabalhoso, oneroso e não eficiente, de forma a perder a sua atratividade, ao passo em que o sujeito não busca mais ser proprietário, mas tão somente ter o acesso aos bens materiais de forma livre e dinâmica, sem arcar com toda a burocracia e despesas inerentes à propriedade.

Tal realidade moderna e inovadora tem interferido, também, na forma pela qual as pessoas relacionam-se com a propriedade imobiliária, neste caso particular, na finalidade social a ela atribuída em sua estruturação, notadamente nas faculdades de usar, gozar e dispor da coisa,[1] está última, sensivelmente afetada nos casos das locações imobiliárias por intermédio de plataformas digitais.

Vê-se, neste sentido, um aumento considerável na utilização deste serviço em virtude da desburocratização da disposição de imóveis pelos proprietários – anfitriões – e também por uma maior facilidade de localização de hospedagens, nos moldes desejados, pelos inquilinos. Assim, tanto os proprietários passam a locar seus imóveis de forma mais fácil, sem a burocracia de ter de contratar uma imobiliária e, sobretudo, de modo mais lucrativo, ampliando suas rendas; assim como os inquilinos – hóspedes – podem gozar de preços mais acessíveis para hospedagem, barateando o custo de suas viagens pessoais e/ou profissionais. Não à toa, "segundo estatísticas da Property Management, de outubro de 2019, o Airbnb tem mais de 150 milhões de usuários em todo o mundo, com mais de 650 mil anfitriões e 2 milhões de pessoas utilizando os seus serviços todas as noites".[2] Daí porque só em 2018 o Airbnb movimentou quase 8 (oito) bilhões de reais com suas intermediações.[3]

Ocorre, todavia, que tal modelo de negócio tem gerado enormes discussões nas hipóteses de locação de apartamentos em condomínios edilícios de natureza residencial. São constantes as reclamações, por boa parte de moradores, quanto à segurança e ao sossego, defendendo estes, em suma: (i) que tal modelo contratual importaria na exploração econômica e comercial da unidade imobiliária, configurando, deste modo, conduta contrária à filosofia residencial do condomínio; (ii) a rotatividade decorrente do elevado número de pessoas estranhas ao condomínio (inquilinos) custaria o sossego e a segurança dos moradores, desrespeitando, deste modo, a disciplina contida no art. 1.336, inc. IV, do Código Civil.[4]

---

[1] "Art. 1.228. O proprietário tem a faculdade de usar, gozar e dispor da coisa, e o direito de reavê-la do poder de quem quer que injustamente a possua ou detenha" (BRASIL. Lei nº 10.406 de 10 de janeiro de 2002. Institui o Código Civil. *Diário Oficial da União*, Brasília, 11 jan. 2002).

[2] COZER, Carolina. Quanto dinheiro o Airbnb fez no primeiro trimestre? *Consumidor Moderno*, 24 out. 2019. Disponível em: https://www.consumidormoderno.com.br/2019/10/24/dinheiro-airbnb-primeiro-trimestre/. Acesso em 22 mai. 2021.

[3] AIRBNB gerou um impacto econômico direto a nível global de 86.000 milhões. *News Airbnb*, 1º jul. 2019. Disponível em: https://news.airbnb.com/pt/airbnb-gerou-um-impacto-economico-direto-a-nivel-global-de-86-000-milhoes/. Acesso em 22 mai. 2021.

[4] "Art. 1.336. São deveres do condômino: [...] IV – dar às suas partes a mesma destinação que tem a edificação, e não as utilizar de maneira prejudicial ao sossego, salubridade e segurança dos possuidores, ou aos bons costumes" (BRASIL. Lei nº 10.406 de 10 de janeiro de 2002. Institui o Código Civil. *Diário Oficial da União*, Brasília, 11 jan. 2002).

E isso tem gerado conflitos de interesses nas relações condominiais porque, doutra banda, os proprietários que exploram tal modelo contratual, diante das vantagens obtidas, defendem que esta exploração decorre do direito de uso, gozo, fruição e disposição do bem, isto é, o direito de propriedade insculpido no art. 1.228 do Código Civil.[5]

Diante desta contenda que tem sido levada ao Judiciário mediante discussões entre condôminos proprietários e condôminos insatisfeitos com a exploração de tal modelo de negócio em seus condomínios, tem-se visto uma jurisprudência nada pacífica sobre a matéria, com decisões que ora permitem, ora vedam, as locações de unidades autônomas em condomínios residenciais. Vários tribunais estaduais possuem decisões divergentes entre si, tanto prolatadas por juízes de primeira instância como por câmaras cíveis em grau recursal. O próprio Superior Tribunal de Justiça, recentemente, e pela vez primeira, enfrentou a matéria, iniciando o julgamento, com o voto do relator Ministro Luís Felipe Salomão, inclinando-se pela permissão incondicionada a tal modelo de negócio, concluindo, no entanto, com a maioria optando pelo voto de divergência do Ministro Raul Araújo, que proclamou a incompatibilidade de tais locações em condomínios de natureza residencial.

Por estas razões, busca-se, com este escrito, prestar contributo acadêmico com o intuito de fomentar os debates sobre o tema, prestando algumas sugestões sobre as controvérsias envolvidas, a iniciar pelo entendimento acerca da natureza jurídica desta modalidade contratual.

Antes de adentrar ao próximo capítulo, cumpre consignar a presente nota explicativa: embora se utilize a expressão "locação" no título e em algumas passagens deste escrito, não se pretende, com isso, induzir o leitor à eventual percepção de que se está diante de um modelo contratual locatício tradicional. Como se discorrerá adiante, prefere-se entender que a "locação por aplicativo" poderá, a depender do caso concreto, ter natureza de temporada, hospedagem, ou mesmo a denominada "hospedagem atípica".[6]

2 A natureza jurídica das locações por meio de aplicativos e plataformas digitais

Através das plataformas digitais de disponibilidade de unidades imobiliárias por curtas temporadas, em especial o Airbnb,[7] a mais comum entre as citadas e que será tomada como parâmetro na análise deste artigo, o anfitrião pode ceder o espaço físico do seu imóvel para locação/hospedagem[8] aos hóspedes,[9] geralmente por diárias,

---

[5] "Art. 1.228. O proprietário tem a faculdade de usar, gozar e dispor da coisa, e o direito de reavê-la do poder de quem quer que injustamente a possua ou detenha" (BRASIL. Lei nº 10.406 de 10 de janeiro de 2002. Institui o Código Civil. *Diário Oficial da União*, Brasília, 11 jan. 2002).
[6] Segundo o termo utilizado pelo Superior Tribunal de Justiça no REsp nº 1.819.075-RS.
[7] TERMOS e condições do serviço para usuários não europeus. *Airbnb*. Disponível em: https://www.airbnb.com.br/help/article/2908/termos-de-servi%C3%A7o. Acesso em 15 abr. 2021.
[8] A diferenciação dos termos e modalidades contratuais será tratada em ponto específico do trabalho.
[9] No Airbnb são utilizados os termos "anfitrião" e "hóspede", para tratar das partes que se utilizam da plataforma para ceder e gozar, respectivamente, das unidades imobiliárias, estas denominadas "acomodações".

tendo estes o acesso, através da adesão aos termos gerais de uso da plataforma, a uma grande variedade e opções para reserva de imóveis.

Nesta toada, as plataformas exercem uma espécie de prestação de serviço de intermediação, não possuindo, portanto, imóveis próprios, mas disponibilizando acesso à imóveis particulares a partir da aproximação entre o anfitrião e hóspede, impondo certas restrições, de modo a possuir caraterísticas de corretagem, mas com ela não se confundido, vez que denota elementos próprios, tais quais as condições do anúncio, fornecimento de comodidades básicas (papel higiênico, roupa de cama, travesseiros etc.), garantia contra avarias na unidade, recebimento dos valores de forma mais cômoda, entre outros serviços congêneres e acessórios.

Trata-se de uma modalidade de contrato aleatório, vez que sua concretização depende de evento futuro e incerto, porém desejado pelas partes, qual seja, a conclusão da reserva pelo hóspede por meio da plataforma.[10]

Acertadamente, Rodrigo Toscano[11] afirma que a modalidade contratual aqui debatida se caracteriza por ser "uma atividade complexa que envolve o serviço prestado pela empresa proprietária do aplicativo, em que os usuários publicam, oferecem, buscam e reservam múltiplos serviços". Cita, o autor, a visão de Maria Helena Marques Daneluzzi e Maria Lígia Mathias,[12] no sentido de que "a natureza jurídica do contrato envolvendo a plataforma Airbnb e assemelhadas é híbrida ou mista, traduzindo-se num contrato *sui generis* por envolver aspectos da locação e da hospedagem, com preponderância desta".

Todavia, como visto, a grande controvérsia não repousa sobre a natureza jurídica da relação entre a plataforma e os seus usuários, mas destes entre si, surgindo duas teses jurídicas antagônicas: a primeira no sentido de ser uma relação jurídica de locação por temporada, regida pelo art. 48, da Lei nº 8.245/1991, também conhecida como Lei de Inquilinato; a outra defende ser, na verdade, uma relação de hospedagem por curtos períodos, regulada pela Lei nº 11.771/2008, denominada Lei do Turismo.

Nesse norte, antes de tecer maiores considerações acerca de ambas as teses, importa consignar a existência de outros argumentos que embasam a controvérsia, tais como a quebra da segurança e do sossego[13] que as locações por plataformas digitais infringem ao serem realizadas em condomínios residenciais.

---

[10] SILVA, Jorge Cesa Ferreira. *Parecer*: regras restritivas à locação por meio do Airbnb. 14 jun. 2019. Disponível em: https://airbnb.app.box.com/s/l7ajps8bvblc2608tfqxcpwts0qmfohf. Acesso em 20 mai. 2021.

[11] BRITO, Rodrigo Toscano. Contrato atípico de hospedagem realizado através de plataformas digitais e sua incompatibilidade com destinação residencial dos condomínios edilícios. *Migalhas*, 10 maio 2021. Disponível em: https://www.migalhas.com.br/coluna/migalhas-contratuais/345206/contrato-atipico-de-hospedagem-realizado-por-plataformas-digitais. Acesso em 19 mai. 2021.

[12] DANELUZZI, Maria Helena Marques Braceiro; MATHIAS, Maria Lígia Coelho. O sistema Airbnb e sua relação com o direito de propriedade e condomínio edilício. *Revista Argumentum*, v. 20, n. 2, 2019. Disponível em: http://ojs.unimar.br/index.php/revistaargumentum/article/view/1142. Acesso em 14 mai. 2021.

[13] Silvio Venosa chega a afirmar: "O maior entrave para a utilização generalizada dessa modalidade diz respeito aos condomínios estritamente residenciais. Esta, como inúmeras inovações sociais trazidas nesta contemporaneidade, gera inquietação aos moradores, principalmente pela quebra de segurança, sem falar na interferência do sossego e no eventual tumulto da vida condominial" (VENOSA, Sílvio de Salvo. Condomínios e Airbnb. *Migalhas*, 13 fev. 2019. Disponível em: https://www.migalhas.com.br/dePeso/16,MI296505,71043-Condominios+e+Airbnb. Acesso em 2 out. 2019).

Quanto a tais argumentos, convém apontar que, nos termos do art. 1.337 do Código Civil,[14] a responsabilidade civil do condômino abrange, também, as infrações cometidas por seu hóspede/locatário, de sorte que eventuais problemas em relação ao descumprimento do direito de vizinhança, a exemplo de barulho excessivo, festas e afins, poderão ser resolvidos na seara administrativa, com aplicação de multas ao condômino que locou a sua unidade.

Insta ressaltar que aqui não se está a desmerecer as reclamações, muitas vezes justas e válidas. Quer-se dizer, na verdade, que o problema da segurança e do sossego pode ser resolvido por outro caminho, que não a proibição, como será discutido no próximo capítulo.

Feito o aludido esclarecimento, passa-se ao enfrentamento da matéria que realmente se mostra intrigante no presente caso: os contratos de disponibilidade de imóveis por diárias através de plataformas digitais teriam natureza jurídica de locação por temporada, hospedagem ou seria uma nova modalidade contratual?

A resposta a esta indagação mostra-se essencial para concluir pela possibilidade ou não desta modalidade contratual nos condomínios residenciais, uma vez que as tipologias contratuais sugeridas possuem em sua essência naturezas distintas no que concerne à destinação econômica, se atividade correlata ao direito de propriedade ou se semelhante ao exercício de atividade empresarial.

Iniciando pela análise da natureza jurídica dos contratos de hospedagem típicos, tem-se que estes são regulados pela Lei nº 11.771/2008, a qual dispõe, em seu art. 21, inc. I, que são prestadores de serviços turístico aqueles que exercem uma cadeia produtiva através de uma atividade econômica organizada de exploração dos meios de hospedagem.

Ato contínuo, o art. 23[15] do diploma legal supracitado estabelece o que seriam estes "meios de hospedagem", caracterizando-os como estabelecimentos destinados ao alojamento temporário de forma individual e exclusiva do hóspede, mediante prestação de serviço acessório e necessário aos usuários, tendo como contrapartida o pagamento em diárias.

Dessa forma, nas lições de Pontes de Miranda, tem-se por contrato de hospedagem aquele no qual "o hospedeiro, se vincula, mediante contraprestação, quase sempre promessa de contraprestação, a dar a outrem, o hóspede, alojamento e, por vezes, comida, com os serviços indispensáveis ou indispensáveis e voluptuários".[16]

---

[14] "Art. 1337. O condômino, ou possuidor, que não cumpre reiteradamente com os seus deveres perante o condomínio poderá, por deliberação de três quartos dos condôminos restantes, ser constrangido a pagar multa correspondente até ao quíntuplo do valor atribuído à contribuição para as despesas condominiais, conforme a gravidade das faltas e a reiteração, independentemente das perdas e danos que se apurem" (BRASIL. Lei nº 10.406 de 10 de janeiro de 2002. Institui o Código Civil. *Diário Oficial da União*, Brasília, 11 jan. 2002).

[15] "Art. 23. Consideram-se meios de hospedagem os empreendimentos ou estabelecimentos, independentemente de sua forma de constituição, destinados a prestar serviços de alojamento temporário, ofertados em unidades de frequência individual e de uso exclusivo do hóspede, bem como outros serviços necessários aos usuários, denominados de serviços de hospedagem, mediante adoção de instrumento contratual, tácito ou expresso, e cobrança de diária" (BRASIL. Lei nº 11.771 de 17 de setembro de 2008. Dispõe sobre a Política Nacional de Turismo, define as atribuições do Governo Federal no planejamento, desenvolvimento e estímulo ao setor turístico; revoga a Lei nº 6.505, de 13 de dezembro de 1977, o Decreto-Lei nº 2.294, de 21 de novembro de 1986, e dispositivos da Lei nº 8.181, de 28 de março de 1991; e dá outras providências. *Diário Oficial da União*, Brasília, 18 set. 2008).

[16] MIRANDA, Pontes de. *Tratado de direito privado*. 3. ed. São Paulo: Revista dos Tribunais, 1984. v. XLVI. p. 298, §5.028, n. 1.

Assim, para que o alojamento seja caracterizado como "meio de hospedagem" para todos os fins da legislação ora referida, "é necessário haver não só o alojamento, mas também a prestação de 'serviços de hospedagem'",[17] o que afasta, consequentemente, a natureza residencial desta modalidade típica de contrato, hospedagem, justamente, pelo exercício obrigatório de prestação de serviços como forma de exploração econômica organizada em atividade empresarial.

Destaca-se, no entanto, que a plataforma do Airbnb[18] não condiciona o anúncio a qualquer obrigatoriedade de prestação de serviços adicionais, tais quais café da manhã, limpeza no decorrer do período contratado, lavagem de roupas ou traslado, denotando-se que o cerne do contrato é, de fato, a disponibilidade temporária da habitação, sendo a prestação de serviços acessórios mera faculdade do anfitrião.

Quanto à segunda linha doutrinária, que defende a locação por aplicativos como modalidade contratual de locação por temporada, regida pelo art. 48 da Lei de Inquilinato,[19] esta é caraterizada pela disponibilidade momentânea do imóvel ao locatário que deseja residir temporariamente, salientando-se, ainda, que o referido dispositivo não estabeleceu limitação mínima para que seja realizada a locação por temporada, limitando, no entanto, o prazo máximo a 90 (noventa) dias.

Importante apontar que tal dispositivo é preciso ao indicar que a locação possui fins residenciais, ainda que de forma temporária, o que, ao entender do presente trabalho, mostra-se como uma exceção legal à acepção tradicional e temporal de residência, defendida por Venosa[20] como o local onde o sujeito estabelece a sua morada com ânimo habitual, o que não ocorre, segundo o referido autor, na locação por aplicativos.

Indubitavelmente, em que pese este respeitável entendimento, prefere-se entender que não se apresenta razoável impor restrições onde a lei não o faz. Em outras palavras, se o art. 48 da Lei nº 8.245/1990 estabelece que a locação por temporada é aquela destinada à residência temporária do locatário em um prazo de até 90 (noventa) dias, conclui-se pela impossibilidade de se entender que tal natureza jurídica do contrato, automaticamente, se altere tão somente em razão do uso de aplicativo digital para a aproximação negocial das partes. Se assim o fosse, mesmíssima descaracterização teriam os contratos de locação por temporada realizados por meio de corretora imobiliária que, diga-se de passagem, cumpre semelhante serviço ao prestado pelas plataformas digitais, diferenciando-se pela capacidade distinta (reduzida) de prospecção de inquilinos (ou hóspedes).

---

[17] PAIVA, Moisés Emídio de. Airbnb e condomínio residencial: natureza jurídica e repercussões. *Revista Eletrônica Unifacs – Debate Virtual*, 2019. Disponível em https://revistas.unifacs.br/index.php/redu/article/view/6319. Acesso em 5 jun. 2020.

[18] TERMOS e condições do serviço para usuários não europeus. *Airbnb*. Disponível em: https://www.airbnb.com.br/help/article/2908/termos-de-servi%C3%A7o. Acesso em 15 abr. 2021.

[19] "Art. 48. Considera-se locação para temporada aquela destinada à residência temporária do locatário, para prática de lazer, realização de cursos, tratamento de saúde, feitura de obras em seu imóvel, e outros fatos que decorrem tão-somente de determinado tempo, e contratada por prazo não superior a noventa dias, esteja ou não mobiliado o imóvel. Parágrafo único. No caso de a locação envolver imóvel mobiliado, constará do contrato, obrigatoriamente, a descrição dos móveis e utensílios que o guarnecem, bem como o estado em que se encontram" (BRASIL. Lei nº 8.245 de 18 de outubro de 1991. Dispõe sobre as locações dos imóveis urbanos e os procedimentos a elas pertinentes. *Diário Oficial da União*, Brasília, 21 out. 1991).

[20] VENOSA, Sílvio de Salvo. Condomínios e Airbnb. *Migalhas*, 13 fev. 2019. Disponível em: https://www.migalhas.com.br/dePeso/16,MI296505,71043-Condominios+e+Airbnb. Acesso em 2 out. 2019.

Nesse sentido, Marco Aurélio Bezerra de Melo[21] afirma que, "na realidade, o contrato não é de hospedagem, mas sim de locação por temporada, nos moldes previstos na Lei nº 8.245/1991, com as diferenças típicas da pós-modernidade trazida pela economia compartilhada via plataforma digital", e complementa:

> Em nosso modo de ver, com a devida vênia aos entendimentos em sentido contrário, a proibição não se coloca como razoável, ofende o direito de propriedade, coloca em risco a segurança jurídica, a livre iniciativa e com ela a própria liberdade econômica, valores que encontram no capítulo dos direitos fundamentais, a sua fonte normativa.

Contudo, como fora antecipado, a matéria está longe de ser pacífica. Em sentido oposto, Rodrigo Toscano[22] defende que se "está diante de contrato complexo, que não se limita ao elemento locatício", principalmente em razão dos termos de uso e condições existentes no *site* da plataforma Airbnb, concluindo no seguinte sentido:

> O modelo de negócio praticado pelas plataformas digitais que fornecem o serviço de hospedagem por diárias, conforme já dito, aproxima a atividade do ramo da hotelaria e turismo. A própria oferta de preços para uso da unidade imobiliária levando-se em conta o fator "preço por diária", demonstra que se está diante de atividade voltada para hotelaria e turismo (de lazer, de negócios, entre outros), com fluxo maior de hospedagem, não se compatibilizando com a natureza exclusivamente residencial de determinado condomínio.[23]

Assim, ressaltando-se a oscilação da jurisprudência dos diversos julgados no âmbito dos tribunais estaduais, em 20.5.2021 o Superior Tribunal de Justiça concluiu o primeiro enfrentamento da matéria, julgando o Recurso Especial nº 1.819.075-RS. Neste, firmou-se o entendimento, capitaneado pelo voto do Ministro Raul Araújo, o qual apresentou o voto de divergência ao Ministro Relator Luís Felipe Salomão, pela incompatibilidade das locações por meio de plataformas digitais com a natureza residencial do condomínio edilício.

Destaca-se, no entanto, que o recurso não estava afetado pelo procedimento dos recursos repetitivos, de forma que a decisão não possui efeito vinculante, resolvendo de forma pontual o caso concreto, cujas especificidades merecem ser esclarecidas: trata-se o caso de subdivisão e locação de cômodos de apartamento de forma concomitante a diferentes pessoas, sem vínculo entre si, atreladas à prestação e serviço de lavanderia, internet, entre outros, como ficou esclarecido pelo Ministro Raul Araújo em seu voto:

> Tem-se um contrato atípico de hospedagem, expressando uma nova modalidade, singela e inovadora, de hospedagem de pessoas sem vínculo entre si, em ambientes físicos de padrão

---

[21] MELO, Marco Aurélio Bezerra de. O Airbnb e a vida condominial – Notas sobre a decisão do Superior Tribunal de Justiça. *Direito Civil Brasileiro*, 2021. Disponível em: https://direitocivilbrasileiro.jusbrasil.com.br/artigos/1202623702/o-airbnb-e-a-vida-condominial. Acesso em 20 mai. 2021.

[22] BRITO, Rodrigo Toscano. Contrato atípico de hospedagem realizado através de plataformas digitais e sua incompatibilidade com destinação residencial dos condomínios edilícios. *Migalhas*, 10 mai. 2021. Disponível em: https://www.migalhas.com.br/coluna/migalhas-contratuais/345206/contrato-atipico-de-hospedagem-realizado-por-plataformas-digitais. Acesso em 19 mai. 2021.

[23] Novamente utilizada como parâmetro por ser a mais popular das utilizadas pelos usuários.

residencial e de precário fracionamento para utilização privativa, de limitado conforto, exercida sem inerente profissionalismo por proprietário ou possuidor do imóvel, sendo a atividade comumente anunciada e contratada por meio de plataformas digitais variadas.[24]

Veja-se, na decisão proferida restou consignado que a relação jurídica entre "anfitrião" e "hóspede" seria uma forma atípica de hospedagem, considerando que, apesar de muito se aproximar desta, na hospedagem não estariam presentes algumas de suas caraterísticas, principalmente por ser realizada sem o devido profissionalismo imanente à atividade hoteleira, o que, ao sentir deste artigo, mostra-se contraditório à conclusão pela natureza não residencial da atividade.

Até porque, como restou definido no mencionado julgado, configura-se o contrato atípico de hospedagem na medida em que "inexistente, nas peculiares circunstâncias em que se dá a prestação do serviço, qualquer estrutura ou profissionalismo suficiente, exigidos na legislação pertinente, para a caracterização da atividade como empresarial",[25] de forma a afastar a incidência da Lei nº 11.771/2008, que regula a atividade de hospedagem típica no âmbito do turismo.

Tanto o é que, em determinado trecho da ementa da decisão, restou consignado que "diferentemente do caso sob exame, a locação por temporada não prevê aluguel informal e fracionado de quartos existentes num imóvel para hospedagem de distintas pessoas estranhas entre si",[26] de modo que a locação por temporada seria "a locação plena e formalizada de imóvel adequado a servir de residência temporária para determinado locatário".[27]

Ora, percebe-se que a especificidade do caso, com a subdivisão do imóvel em quartos para disponibilidade a pessoas estranhas entre si, a estilo do que ocorre com os albergues, também conhecidos como *hostel*, inclusive como fora confessado pela autora naquela demanda, traz, efetivamente, ares de atividade empresarial à similitude de hospedagem, o que não ocorre em todas as locações por aplicativos, frise-se.

Inclusive, tais considerações também foram feitas pela Terceira Turma do Superior Tribunal de Justiça, no voto do Ministro Villas Bôas Cueva, no julgamento do Recurso Especial nº 1.884.483-PR, sendo esta a segunda decisão da Corte Superior que analisou a matéria das locações através de plataformas digitais.

---

[24] BRASIL. Superior Tribunal de Justiça. *REsp nº 1.819.075-RS*. Rel. Min. Luis Felipe Salomão. Brasília, 27 maio 2021. p. 24. Disponível em: https://processo.stj.jus.br/processo/revista/documento/mediado/?componente=ATC&sequencial=125734830&num_registro=201900606333&data=20210527&tipo=81&formato=PDF. Acesso em 27 mai. 2021.

[25] BRASIL. Superior Tribunal de Justiça. *REsp nº 1.819.075-RS*. Rel. Min. Luis Felipe Salomão. Brasília, 27 maio 2021. p. 17. Disponível em: https://processo.stj.jus.br/processo/revista/documento/mediado/?componente=ATC&sequencial=125734830&num_registro=201900606333&data=20210527&tipo=81&formato=PDF. Acesso em 27 mai. 2021.

[26] BRASIL. Superior Tribunal de Justiça. *REsp nº 1.819.075-RS*. Rel. Min. Luis Felipe Salomão. Brasília, 27 maio 2021. p. 2. Disponível em: https://processo.stj.jus.br/processo/revista/documento/mediado/?componente=ATC&sequencial=125734830&num_registro=201900606333&data=20210527&tipo=81&formato=PDF. Acesso em 27 mai. 2021.

[27] BRASIL. Superior Tribunal de Justiça. *REsp nº 1.819.075-RS*. Rel. Min. Luis Felipe Salomão. Brasília, 27 maio 2021. p. 2. Disponível em: https://processo.stj.jus.br/processo/revista/documento/mediado/?componente=ATC&sequencial=125734830&num_registro=201900606333&data=20210527&tipo=81&formato=PDF. Acesso em 27 mai. 2021.

Em seu voto, o relator destacou, assim como defendido neste artigo, que a forma pela qual o imóvel é disponibilizado, se por aplicativo, contratos particulares ou até por imobiliárias, não é fator decisivo para o enquadramento da atividade, que pode possuir natureza jurídica distinta, a depender do caso.

No entanto, entendeu o Relator que para fins de solução do conflito entre proprietário e condômino, tal distinção não se mostrava relevante, uma vez que, na sua ótica, haveria a presunção de que a locação feita por aplicativos não teria natureza residencial, utilizando, para tanto, da distinção feita pelo Min. Raul Araújo do conceito de morada e residência, no julgado anterior do Recurso Especial nº 1.819.075-RS.

Para o Ministro Villas Bôas Cueva, o ânimo daqueles que se utilizam da propriedade nas locações por curta temporada não se coaduna com os que o fazem para fins de residência habitual, ante a falta de compromisso duradouro com a comunidade condominial, e em razão da alta rotatividade das locações, que traz insegurança e, por conseguinte, interfere no sossego dos demais moradores.

A despeito do julgamento ter ocorrido à unanimidade, mantendo-se a vedação às locações por prazo inferior a 90 (noventa) dias no caso concreto, entendemos que a fundamentação utilizada não fora a mais adequada, eis que tem por base de uma violação abstrata, partindo de uma suposta insegurança e quebra de sossego, para alterar a natureza jurídica de toda e qualquer locação por temporada, caracterizando-a como não residencial, frisa-se, distinção que a lei não o faz.

Aliás, percebe-se, neste particular, uma certa confusão entre as fundamentações dos dois julgados, uma vez que, no primeiro julgado, o Superior Tribunal de Justiça optou, ao fim, que os condôminos deliberassem, desde que por maioria qualificada de dois terços das frações ideais, pela permissão das denominadas hospedagens atípicas.

Ora, se as hospedagens atípicas ou mesmo a locações por temporadas possuem natureza comercial, como poderiam os condôminos de um condomínio residencial autorizá-las sem alterar a destinação do condomínio? Sobretudo quando tal alteração só poderia ocorrer por unanimidade nos termos do artigo 1.351 do Código Civil.

Interessante apontar, ainda, que tal destaque foi apresentado pelo voto do Min. Marco Aurélio Bellize, no julgamento do Recurso Especial nº 1.884.483-PR, que, apesar de acompanhar o voto do relator quanto ao dispositivo, divergiu na fundamentação, esclarecendo que a natureza jurídica do contrato não pode ser estabelecida pelo uso ou não das plataformas, e, frisa-se, sendo a locação por temporada por lei definida como residencial,[28] não cabe ao intérprete entende-la como comercial.

Para chegar a tal conclusão, o Ministro Marco Aurélio fez a distinção entre o caso em análise e o anteriormente julgado pela 4ª Turma, apontando que neste último, o Recurso Especial nº 1.819.075-RS, vislumbrava-se de fato a utilização da unidade de forma subdividida a mais de uma pessoa, com serviços congêneres à hotelaria, assemelhando-se a um *hostel*, o que não ocorreu neste segundo caso agora analisado pela 3ª Turma no Recurso Especial nº 1.884.483-PR, que, na sua ótica, enquadrava-se como "locação por temporada pura", cuja natureza, por determinação legal, seria residencial.

Ao realizar tal distinção, o Min. Marco Aurélio Bellize concluiu que a locação por temporada não é, aprioristicamente, incompatível com a natureza residencial dos

---

[28] Isto porque o disposto no artigo 48 da Lei nº 8.245/91 é claro ao apontar que "considera-se locação para temporada aquela destinada à residência temporária do locatário".

condomínios edilícios, mas que, quando realizada com alta rotatividade, tal circunstância afeta, no seu entender, o sossego e a segurança dos demais condôminos, autorizando, assim, a limitação pela coletividade condominial, como se se percebe do seguinte trecho do voto:

> Em resumo e esse é o ponto central da presente fundamentação: a deliberação condominial que proíbe a locação por temporada é legítima não porque desbordaria da finalidade residencial, circunstância, ao meu ver, absolutamente inocorrente na hipótese retratada nos presentes autos. A proibição é legítima, pois, a despeito de a *locação por temporada* convergir com a finalidade residencial estabelecida na convenção condominial, esse tipo de exploração econômica da unidade, sobretudo em razão do modo como é ela atualmente operacionalizada e potencializada pelas plataformas digitais do segmento, produz, de modo intrínseco, intenso reflexo na vida condominial (no tocante à segurança, à harmonia e à salubridade), surgindo daí conflitos de interesses entre os condôminos.

Logo, não nos parece que a violação à segurança e ao sossego, nem tampouco o critério temporal, ou ainda a utilização dos aplicativos, sejam as razões determinantes para eleger a natureza jurídica do contrato, se locação por temporada, naturalmente com fins residenciais, ou hospedagem, seja ela típica seja atípica, ambas com natureza comercial, mas sim o exercício de atividade econômica organizada[29] para prestação de serviços de hotelaria/*flat*, como lavanderia, internet, serviço de quarto, translado, entre outros.

Até porque, o simples fato de o condômino aferir renda por tais locações não desnatura, por si só, a finalidade residencial do imóvel, sendo forçoso observar que, para que seja entendida a natureza comercial da locação, necessário se faz que a disponibilidade do imóvel ocorra concomitantemente à oferta de prestação de serviços congêneres à hospedagem, como forma de exercício de atividade empresarial.

Sobre o tema, mostra-se precisa a fala do Des. Francisco Loureiro,[30] componente do Tribunal de Justiça de São Paulo, ao afirmar que não é o uso das plataformas digitais que determina ser o negócio jurídico locação ou hospedagem, mas a função essencial do contrato, bem como se há, justamente, a prestação de serviços de hotelaria atrelados à disponibilidade do imóvel.

Isso porque a utilização da plataforma digital não interfere na base objetiva do contrato, sendo apenas um meio, diga-se, inovador e eficiente, utilizado para a sua concretização, unindo o interesse coligado dos seus usuários. Em outras palavras, não é a plataforma que determina a natureza jurídica do negócio jurídico celebrado entre seus usuários, mas sim o conteúdo das obrigações por eles assumidas, que podem, por vezes, aproximar-se à locação, em outras, à hospedagem, a depender da existência, ou não, de prestação de serviços assemelhados à hotelaria.

---

[29] "Art. 966. Considera-se empresário quem exerce profissionalmente atividade econômica organizada para a produção ou a circulação de bens ou de serviços" (BRASIL. Lei nº 10.406 de 10 de janeiro de 2002. Institui o Código Civil. *Diário Oficial da União*, Brasília, 11 jan. 2002).

[30] Entrevista cedida ao *blog Civil Imobiliário*, publicado em canal digital do *Instagram* (CIVIL Imobiliário – Francisco Loureiro – Locação de curta temporada e por aplicativos *Instagram*, 7 ago. 2019. Disponível em https://www.instagram.com/tv/B0340xADELS/?utm_source=ig_web_options_share_sheet. Acesso em 20 jan. 2021).

Dessa maneira, tem-se, em apertada síntese, que, nada obstante a contratação tenha sido intermediada por uma plataforma digital, se a unidade autônoma for: a) locada por período superior a 90 (noventa) dias, sem prestação de serviços acessórios, tem-se uma locação tradicional regida pela Lei nº 8.245/91, com natureza residencial; b) locada por um curto período, até 90 (noventa) dias, para uso temporário do contratante sem outros serviços acessórios, esta seria uma locação por temporada, nos moldes do art. 48 do mesmo diploma, também com natureza residencial; c) cedida como alojamento temporário em exercício de atividade econômica organizada, com prestação de serviços típicos de hotelaria, esta seria uma hospedagem regida pela Lei do Turismo, com natureza comercial; d) utilizada para hospedagem de pessoas por curtos períodos, com prestação de serviços acessórios, de forma precária e não organizada como atividade empresarial, comumente por aplicativos ou plataformas digitais, esta seria, então, caraterizada como uma hospedagem atípica, de natureza jurídica híbrida.

Ousa-se, portanto, afirmar, que os posicionamentos antagônicos apresentados estão corretos e equivocados, concomitantemente, uma vez que, em verdade, não se excluem, mas se complementam, posto que a "locação por aplicativo" poderá, a depender do caso concreto, ter natureza de temporada, hospedagem ou, ainda, "hospedagem atípica".[31]

Isso porque se faz necessário analisar as modalidades contratuais não somente sob a ótica de sua estrutura, mas sim de sua função, considerando, efetivamente, a função do contrato no caso concreto. Neste sentido, é de se relembrar os ensinamentos de Norberto Bobbio,[32] ao dispor que todo o direito deve ser analisado sob dois prismas, da estrutura à função, os quais são o "como é?", evidenciando a estrutura, e o "para que serve?", que é referente à função.[33]

Justo por isso, a Constituição da República, notadamente em seu art. 5º, inc. XXIII, assegura que "a propriedade atenderá a sua função social", e, posteriormente, em seu art. 170, incisos II e III, afirma que a ordem econômica deve observância à função social da propriedade, de modo a aderir ao elemento estrutural da propriedade privada predicativos de valor, cujo âmago promocional remete à própria concretude dos valores constitucionais.

Contudo, isso não pode implicar um reducionismo terminológico, na limitada compreensão de que existe tão somente uma única função social a ser dada à propriedade,[34] posto que, consoante ensina o Ministro Luiz Edson Fachin,[35] impor uma função importa determinar uma direção, um norte, uma finalidade.

Neste norte, o Ministro Luís Felipe Salomão, no teor do voto vencido no julgado do referido REsp nº 1.819.075-RS, relembra que o núcleo do direito de propriedade só pode sofrer restrições dentro da perspectiva da sua função social, que deve ocorrer

---

[31] Segundo o termo utilizado pelo Superior Tribunal de Justiça no REsp nº 1.819.075-RS.
[32] BOBBIO, Norberto. *Da estrutura à função*: novos estudos de teoria do direito. Tradução de Daniela Beccacia Versiani. Revisão Técnica de Orlando Seixas Bechara e Renata Nagamine. Barueri: Manole, 2007.
[33] PERLINGIERI, Pietro. *Perfis do direito civil*: introdução ao direito civil constitucional. Rio de Janeiro: Renovar, 1997. p. 94.
[34] SOUZA, Carlos Affonso Pereira de; LEMOS, Ronaldo. Aspectos jurídicos da economia do compartilhamento: função social e tutela da confiança. *Revista de Direito da Cidade*, v. 8, n. 4, p. 1757-1777.
[35] FACHIN, Luiz Edson. *Teoria crítica do direito civil*. Rio de Janeiro: Renovar, 2000. p. 209.

"passando pelos critérios de legalidade, razoabilidade, legitimidade e proporcionalidade na medida da restrição".[36]

Nesse sentido é que o Ministro Marco Aurélio Bellize conclui pela possibilidade da limitação das locações por temporada, ainda que estas possuam natureza residencial, uma vez que a medida possui proporcionalidade e razoabilidade ao preterir o direito da coletividade dos condôminos ao sossego e segurança em detrimento ao livre exercício da propriedade privada por aquele que loca a sua unidade em sistema de alta rotatividade. Tal restrição pauta na função social coletiva da propriedade condominial, que será estudada no tópico a seguir.

3 Como resolver o problema das locações por aplicativos nos condomínios residenciais?

No presente capítulo, busca-se amadurecer as diretrizes para solução do problema das locações por plataformas digitais em condomínios residenciais, o que, diga-se de passagem, não se trata de desafio de fácil superação. Pelo contrário, a ausência de um plano normativo específico para regular a matéria termina ensejando controvérsias hermenêuticas que repercutem na aplicação prática e também em julgamentos de processos que chegam ao Poder Judiciário sobre a matéria.

O reiterado dissenso entre operadores do direito e, de igual modo, entre decisões judiciais que oscilam entre os tribunais estaduais repercute negativamente no mercado imobiliário, em virtude da sensação de insegurança jurídica que termina colocando em xeque investidores e usuários deste modelo de negócio.

Este não é um cenário novo. Na verdade, assim tem se dado sempre que a sociedade se depara com padrões disruptivos de negócios, a exemplo do Uber, que explora o "mercado autônomo e independente" de transporte de passageiros e, ao adentrar no mercado brasileiro, encontrou diversas resistências, a exemplo de taxistas, que alegavam concorrência desleal, já que tinham que pagar por "praças de estacionamento" e também custear tributos que, à primeira vista, não seriam arcados pelos "uberistas". O Poder Público, em mesmo sentido, reclamava a falta de arrecadação de tributos e aduzia a falta de segurança para passageiros.

O Supremo Tribunal Federal enfrentou a matéria, conforme voto Ministro Luís Roberto Barroso, relator no Recurso Extraordinário nº 1.054.110/SP,[37] proclamando que "agora nós vivemos esta quarta revolução digital, em que a tecnologia mecânica e analógica é substituída pela tecnologia digital":

> Nós temos um ciclo próprio do desenvolvimento capitalista, em que há a substituição de velhas tecnologias, de velhos modos de produção, por novas formas de produção, numa terminologia nova muitas vezes chamada de *inovação disruptiva*, por designar ideias capazes de enfraquecer ou substituir indústrias, empresas ou produtos estabelecidos no

---

[36] BRASIL. Superior Tribunal de Justiça. *REsp nº 1.819.075-RS*. Rel. Min. Luis Felipe Salomão. Brasília, 27 maio 2021. p. 28. Disponível em: https://processo.stj.jus.br/processo/revista/documento/mediado/?componente=ATC&sequencial=125734830&num_registro=201900606333&data=20210527&tipo=81&formato=PDF. Acesso em 27 mai. 2021.

[37] BRASIL. Supremo Tribunal Federal. *Recurso Extraordinário nº 1.054.110/SP*. Rel. Min. Roberto Barroso. Disponível em: stf.jus.br. Acesso em 30 mai. 2021.

mercado. Essa não é a única disputa que está ocorrendo entre novas tecnologias e mercados tradicionais: (i) o WhatsApp e as concessionárias de telefonia têm um contencioso próprio; (ii) o Netflix e as empresas de televisão a cabo; (iii) o Airbnb e as redes de hotéis; e, como retratado nesse recurso extraordinário, (iv) entre o serviço de transporte individual por aplicativo e os táxis.

O Ministro Barroso pontuou, ainda, que precisamos de mais sociedade civil, mais livre iniciativa, mais movimentos sociais e menos Estado, ressaltando que a livre iniciativa supera a dimensão econômica, tendo uma dimensão de liberdade individual, de exercício de direitos da personalidade: "ela transcende, portanto, o domínio puramente econômico, para significar as escolhas existenciais das pessoas, seja no plano profissional, seja no plano pessoal, seja no plano filantrópico".[38]

Assim, a empresa Uber, que se mostrava como um negócio atrativo para a sociedade, assim como o é o Airbnb, foi, aquela, aos poucos sendo aceita pelo Poder Público, seja por meio de decisões judiciais, como a do STF, seja mediante termos de ajustamento de conduta firmados em determinados municípios ou de legislações especiais aprovadas para regular este tipo de negócio.

Isso porque, acredita-se, é o Estado que deve servir à sociedade e não o contrário. Ou seja, cabe ao Estado compreender as transformações sociais pelas quais constantemente passa a sociedade e se adequar às mudanças, conforme lições de Norberto Bobbio citadas no capítulo anterior. Ocorre, todavia, que diante da ausência do Poder Legislativo, muitas vezes, termina sobrando para o Poder Judiciário exercer o seu ativismo judicial para minimizar os problemas advindos das lacunas normativas.

Doutra banda, tem-se a sensação de que o Poder Legislativo geralmente não consegue atender aos anseios da sociedade e de suas mutações. É o que se vê, ilustrativamente, do Projeto de Lei nº 2.474/2019, de autoria do Senador Ângelo Coronel (PSD/BA),[39] no qual se apresentou iniciativa legislativa que "altera a Lei nº 8.245, de 18 de outubro de 1991, para disciplinar a locação de imóveis residenciais por temporada por meio de plataformas de intermediação ou no âmbito da economia compartilhada", sugerindo o acréscimo do art. 50-A à referida Lei do Inquilinato, com a seguinte dicção:

> Art. 50-A. É vedada a locação para temporada contratada por meio de aplicativos ou plataformas de intermediação em condomínios edilícios de uso exclusivamente residencial, salvo se houver expressa previsão na convenção de condomínio prevista no art. 1.333 da Lei nº 10.406, de 10 de janeiro de 2002 (Código Civil).

Percebe-se, destarte, que a propositura legislativa traz a vedação ao modelo de locações por intermédio de plataformas digitais como regra, excepcionando a sua possibilidade em caso de previsão na convenção.

Todavia, é preciso fazer o esclarecimento, a partir da distinção feita no capítulo anterior, que se deve partir da premissa de que as locações tradicionais e por temporada, nada obstante sejam realizadas por meio de plataformas digitais, não comportam vedação, mas tão somente restrição, sendo, neste particular, a crítica ao projeto de lei.

---

[38] BRASIL. Supremo Tribunal Federal. *Recurso Extraordinário nº 1.054.110/SP*. Rel. Min. Roberto Barroso. Disponível em: stf.jus.br. Acesso em 30 mai. 2021.
[39] BRASIL. Senado. *Projeto de Lei nº 2474/2019*. Senador Ângelo Coronel (PSD/BA).

Ademais, em que pese o posicionamento do legislador se aproximar da decisão prolatada pelo STJ no REsp nº 1.819.075-RS, em certo particular, cumpre verificar que a proposta, além de se limitar na premissa de que todas as locações por aplicativos são iguais, o que, como apontado, não procede, também é falha ao não abordar outros modelos condominiais edilícios que também presenciam conflito da natureza abordada neste escrito.

O aludido projeto não faz diferenciação entre as variações condominiais que podem nos levar a soluções distintas. Neste linear, precisamos considerar algumas hipóteses: (i) incorporação imobiliária registrada com convenção condominial averbada no memorial de incorporação que proíbe expressamente as locações por plataformas digitais. Todo o processo de venda das unidades imobiliárias é realizado mediante publicização de que a edificação vedará tal modelo de exploração da propriedade individualizada, fazendo com que os promitentes compradores adquiram as propriedades cientes de tal proibição, que vem a ser ratificada na instituição do condomínio após a conclusão da obra. Permitir uma locação por aplicativos como o Airbnb em tais situações, salvo se com a concordância de todos os condôminos (mediante indicativo na convenção da necessidade de tal quórum para alteração), implicaria afronta taxativa aos compromissos assumidos por todos os condôminos anteriormente, caracterizando claramente *venire contra factum proprium*, que é vedado pelo nosso ordenamento, conforme inteligência que se extrai do art. 422 do Código Civil; (ii) a segunda hipótese traz a situação inversa da primeira, na qual as incorporadoras promovem toda a concepção da edificação mediante publicidade que ressalta a possibilidade de locação por plataformas digitais, atraindo diversos investidores que detêm interesse nessa proposta de exploração econômica. De igual forma, a posterior intenção de proibir este modelo de negócio nos parece indevida, salvo, repita-se, se com a concordância de todos os condôminos (mediante indicativo na convenção da necessidade de tal quórum para alteração); (iii) o condomínio, sem nenhuma previsão expressa em sua convenção sobre a matéria, resolve disciplinar as locações por aplicativos, seja para permitir, para vedar e/ou regulamentar a forma de disposição da propriedade, desde que respeitados os quóruns legais e a vontade da maioria. Neste caso, prefere-se crer que a autonomia privada deve ser respeitada, garantindo a liberdade contratual para que os condôminos exerçam a forma que melhor lhes aprouver.

Insta ressaltar que tais hipóteses precisam ser mais bem debatidas e amadurecidas, tanto na esfera acadêmica, como, precipuamente, no âmbito dos trâmites dos processos legiferantes, antes de serem postas, sem prévios debates, em texto de propositura sem participação técnica e democrática.

Daí porque o projeto de lei em espeque se mostra equivocado. Não fosse o bastante, a propositura traz parágrafo primeiro que institui regras incoerentes e desnecessárias que suprimem a possibilidade de exercício da autonomia privada pelo condomínio para se autodeterminar e se autorregular. Constata-se, neste diapasão, um inciso primeiro que disciplina que "o prazo da locação será expresso em dias, semanas ou meses, observado o limite do artigo 48 desta Lei", dispositivo este que limita as locações imobiliárias ao prazo de 90 (noventa) dias. Pergunta-se: por que tal limitador temporal se tal modalidade negocial também pode prestar serventia às locações de maior duração? Não faz sentido vedar, por exemplo, as locações de 1 (um) ano a 2 (dois) anos por meio de aplicativos se tal modelo muito se aproxima da realidade locatícia tradicional, afastando, inclusive, o grande problema das locações por plataformas, que é a rotatividade.

Tal disposição, assim como as demais seguintes, não faz sentido, visto que, além das divergências na compreensão, também falham por retirar dos condomínios a possibilidade de se autorregularem de acordo com as suas especificidades e as suas vontades. Como bem disse o Ministro Barroso na passagem acima reproduzida, é preciso mais liberdade, mais livre iniciativa e menos Estado, cabendo a este, portanto, apenas regular os padrões básicos para dar segurança jurídica à sociedade, deixando que esta, no exercício de sua autonomia privada, possa regulamentar de acordo com as peculiaridades.

Importante registrar, neste sentido, que se a locação por meio de aplicativos preencher os elementos caracterizadores da locação tradicional ou por temporada prevista na Lei de Inquilinato, motivos não existirão para vedação de tal modelo que, como retromencionado, pode gerar relações contratuais duradouras, sem que nenhum prejuízo acarrete ao condomínio ou à própria natureza jurídica do contrato, consoante tratado no tópico anterior. O mesmo não se pode dizer quando a exploração de tal formato incorporar o sistema organizado de exploração comercial, com fornecimento de serviços e estrutura funcional semelhante ao previsto na Lei nº 11.771/2008 que regula a Política Nacional de Turismo.

Desse modo, tem-se que a vedação da cessão das unidades por meio de aplicativos só nos parece possível nos estritos casos em que restar configurada a destinação comercial da unidade para fins de hospedagem, com exercício de atividade econômica organizada, ou seja, exercício regular de empresa com finalidade hoteleira,[40] a estilo do que ocorreu com a unidade objeto de análise no REsp nº 1.819.075-RS, julgado pelo STJ e analisado neste artigo.

Em todos os casos, inclusive nas locações tradicionais, e em especial nas temporadas e hospedagens atípicas, mostra-se a importância de o condomínio poder regulamentar a forma de disposição da propriedade, a fim de compatibilizar o exercício do direito de propriedade ao direito de vizinhança imanente à relação condominial. Ilustrem-se algumas opções que precisam ser debatidas.

O assoberbamento das funções dos porteiros com a utilização da portaria por inúmeros condôminos, que praticam a modalidade aqui debatida, deixando chaves, termos de compromisso e até mesmo a conferência de documentos de hóspedes e o recolhimento de cópias destes. Aduzem os condomínios, com certa razão em alguns casos, que tais obrigações terminam retirando a atenção do porteiro com as câmeras de vigilância, os portões de garagem a serem abertos e fechados e outras obrigações funcionais que terminam prejudicadas pelos numerosos hóspedes a receber. Parece razoável aceitar que, em tais situações, se for da vontade dos condomínios, que estes deliberem pela proibição de utilização da portaria e do porteiro para realizar as funções inerentes às locações, mantendo o foco nas funções para as quais fora contratado.

---

[40] Aqui cumpre apontar que não necessariamente a atividade tenha que ser regulada, ante a possibilidade atual da existência de hospedagem atípica, como ocorreu no caso julgado no REsp nº 1.819.075-RS, no qual, como fora apontado, a proprietária transformou a sua unidade autônoma em um *hostel*, com a disponibilidade de cômodos compartilhados a pessoas estranhas entre si e prestação de serviços essenciais como lavanderia e internet.

Outro problema que tem se repetido incide em situações específicas, como a do caso levado ao Superior Tribunal de Justiça, no qual a proprietária fracionou seu imóvel para locação de cômodos, no estilo *hostel*, figurando, no olhar destes autores, também em hipótese passível de vedação pelo condomínio, conforme fundamentos apresentados neste artigo, notadamente, pela natureza jurídica desta modalidade contratual.

Ponto mais sensível diz respeito à limitação do número de pessoas em tais locações, para evitar que unidades comumente utilizadas para 1 (uma), 2 (duas) até 5 (cinco) ou 6 (seis) pessoas sejam destinadas para uso por 15 (quinze) pessoas, por exemplo. Esta seria uma medida para rechaçar as superlotações de unidades imobiliárias geralmente visualizadas entre jovens e adolescentes em períodos curtos, como momentos festivos ou veraneio. Em que pese a alegação, por alguns, que tal limitação ofenderia o direito de propriedade, prefere-se crer que, no mais das vezes, as superlotações andam em desconformidade com o sossego e a tranquilidade esperados pelos demais moradores, motivo pelo qual se entende que essa também seria uma limitação possível, desde que o mesmo padrão numérico seja adotado para moradores e inquilinos.

Neste linear, outra limitação que se assemelha possível aos olhos destes autores é aquela que incide sobre áreas comuns específicas do condomínio, como salões de festas – e, diga-se de passagem, a própria restrição a festas e recebimento de numerosos visitantes – salvaguardando a integridade arquitetônica de áreas mais "nobres" e/ou "exclusivas" do condomínio. Para tanto, figura-se razoável a estipulação de caução para os condôminos que desejarem explorar tais locações, a fim de salvaguardar a imediata reparação de eventuais danos sem prejudicar a saúde financeira da coletividade. De igual modo, a estipulação de negócios jurídicos processuais[41] facilitando a exequibilidade do responsável pela unidade em hipóteses que ensejem a judicialização da reparação integral ou complementar, a depender da caução anteriormente comentada.

Verificam-se diversas as possibilidades de regulamentação, sem mencionar outras várias possíveis não trazidas ao debate, que igualmente merecem ser refletidas pelos condomínios em suas normatizações. Destaca-se, mesmo que de forma exaustiva, a importância de que essas coletividades edilícias tenham a faculdade de se autorregulamentar conforme seus desejos e suas necessidades, sem, no entanto, que haja a vedação genérica e arbitrária às locações por aplicativos.

Crê-se neste como o melhor caminho para resolver a contenda envolta às locações de unidades autônomas em condomínios edilícios residenciais, objetivo principal deste escrito. O exercício da autonomia privada com respeito às normas procedimentais repercutirá positivamente em prol da coletividade condominial, validando a liberdade contratual insculpida no art. 421 do Código Civil.

4 Notas conclusivas

Diante do problema aqui apresentado, tem-se como primeira conclusão a impossibilidade de restringir a interpretação jurídica das "locações por aplicativos"

---

[41] Os negócios jurídicos processuais representam inovação trazida pelo Código de Processo Civil de 2015, que facultou às partes transacionarem sobre normas procedimentais não cogentes, conforme previsão do art. 190: "Versando o processo sobre direitos que admitam autocomposição, é lícito às partes plenamente capazes estipular mudanças no procedimento para ajustá-lo às especificidades da causa e convencionar sobre os seus ônus, poderes, faculdades e deveres processuais, antes ou durante o processo".

à mera utilização das plataformas digitais, o que implica dizer que não é a utilização daquelas que determinará a natureza jurídica do contrato firmado entre seus usuários, mas o objeto do contrato e as obrigações nele assumidas que revelarão, no caso concreto, a real tipologia contratual que estará sendo utilizada.

Nesta toada, percebe-se a possibilidade, a princípio, da utilização de quatro modelos contratuais quando da cessão de uso de imóveis por aplicativos digitais, quais sejam: a) locação tradicional, ao ser disponibilizada a unidade autônoma para fins de residência habitual do locatário, sem qualquer prestação de serviço a ela atrelada; b) locação por temporada, quando a unidade for disponibilizada para residência temporária em um período de até 90 (noventa) dias, sem prestação de serviços de hotelaria, nos moldes do art. 48 da Lei de Inquilinato; c) hospedagem típica, ao ocorrer o alojamento temporário com prestação de serviços essenciais de hotelaria, em exercício de atividade econômica organizada, nos termos da Lei nº 11.771/08; d) hospedagem atípica, quando da cessão por curtos períodos da unidade habitacional atrelada à prestação de serviços congêneres à hotelaria, realizada de forma precária e não organizada em atividade empresarial, geralmente por pessoa física e por meio de plataformas digitais.

Assim, a depender do contrato efetivamente realizado entre os usuários das plataformas, nos moldes descritos anteriormente, a atividade poderá ser, ou não, compatível com os condomínios residenciais. Especialmente, no que se refere às locações tradicionais e por temporada, acredita-se não ser razoável a sua proibição, de maneira genérica, pelo condomínio, uma vez tratar-se de forma de disposição da propriedade legitimamente deferida pelo ordenamento jurídico, notadamente, pela Lei nº 8.245/91, cuja natureza é nitidamente residencial. Nesses casos, apenas com a deliberação 2/3 (dois terços) dos condôminos em assembleia devidamente convocada para tal finalidade é que a restrição seria válida, em razão da autonomia da vontade coletiva.

Quanto à hospedagem típica, certamente esta não será apta a ser realizada em condomínios residenciais, tendo em vista tratar-se, obrigatoriamente, de atividade empresarial, cuja natureza econômica vai de encontro à destinação residencial atribuída àqueles empreendimentos.

Todavia, quanto às hospedagens atípicas, estas que possuem natureza jurídica híbrida, assemelhando-se em certos pontos com locações e em outros com hospedagem tradicional, pensa-se que, a partir da autorização dos condôminos, mediante aprovação em assembleia com quórum qualificado de 2/3 (dois terços), a estilo da decisão proferida ao final do julgamento do REsp nº 1.819.075-RS, pelo Superior Tribunal de Justiça, seria possível a sua realização.

Em todos os casos, mostra-se possível a limitação das formas de disposição das locações/hospedagens atípicas, por meio da autorregulação dos condomínios, nas formas apresentadas neste trabalho, posto que o problema das locações imobiliárias por aplicativos em condomínios residenciais somente se solucionará com o livre exercício da autonomia privada, limitando-se o Estado a regular as diretrizes básicas, precipuamente no que concerne à caracterização desta nova tipologia contratual de hospedagem para dar segurança jurídica a este modelo de negócio e aos seus usuários, sejam eles proprietários/investidores, sejam eles hóspedes (ou inquilinos).

Alcançando-se a previsão normativa quanto ao uso de plataformas de locações imobiliárias, recepcionando este formato tanto perante a Lei nº 8.245/90 (Lei de Inquilinato) como a Lei nº 11.771/2008, ter-se-á a segurança jurídica necessária para que os condomínios, através de seus condôminos, exerçam a autonomia privada tanto para decidir pela possibilidade ou não de tal modelo locatício, como para, em caso positivo, estabelecer as diretrizes para que os condôminos explorem tal modelo de negócio sem infringir o art. 1.336, inc. IV, do Código Civil, que prescreve o dever de o condômino "dar às suas partes a mesma destinação que tem a edificação, e não as utilizar de maneira prejudicial ao sossego, salubridade e segurança dos possuidores, ou aos bons costumes".

Referências

AIRBNB gerou um impacto económico direto a nível global de 86.000 milhões. *News Airbnb*, 1 jul. 2019. Disponível em: https://news.airbnb.com/pt/airbnb-gerou-um-impacto-economico-direto-a-nivel-global-de-86-000-milhoes/. Acesso em 22 mai. 2021.

BOBBIO, Norberto. *Da estrutura à função*: novos estudos de teoria do direito. Tradução de Daniela Beccacia Versiani. Revisão Técnica de Orlando Seixas Bechara e Renata Nagamine. Barueri: Manole, 2007.

BRASIL. Lei nº 10.406 de 10 de janeiro de 2002. Institui o Código Civil. *Diário Oficial da União*, Brasília, 11 jan. 2002.

BRASIL. Lei nº 11.771 de 17 de setembro de 2008. Dispõe sobre a Política Nacional de Turismo, define as atribuições do Governo Federal no planejamento, desenvolvimento e estímulo ao setor turístico; revoga a Lei nº 6.505, de 13 de dezembro de 1977, o Decreto-Lei nº 2.294, de 21 de novembro de 1986, e dispositivos da Lei nº 8.181, de 28 de março de 1991; e dá outras providências. *Diário Oficial da União*, Brasília, 18 set. 2008.

BRASIL. Lei nº 8.245 de 18 de outubro de 1991. Dispõe sobre as locações dos imóveis urbanos e os procedimentos a elas pertinentes. *Diário Oficial da União*, Brasília, 21 out. 1991.

BRASIL. Senado. *Projeto de Lei nº 2474/2019*. Senador Ângelo Coronel (PSD/BA).

BRASIL. Superior Tribunal de Justiça. Quarta Turma. REsp nº 1.699.022/SP. Rel. Min. Luis Felipe Salomão, j. 28.5.2019. DJe, jul. 2019.

BRASIL. Superior Tribunal de Justiça. REsp nº 1.819.075-RS. Rel. Min. Luis Felipe Salomão. Brasília, 27 maio 2021. Disponível em: https://processo.stj.jus.br/processo/revista/documento/mediado/?componente=ATC&sequencial=125734830&num_registro=201900606333&data=20210527&tipo=81&formato=PDF. Acesso em 27 mai. 2021.

BRASIL. Superior Tribunal de Justiça. Terceira Turma. REsp nº 1.783.076/DF. Rel. Min. Ricardo Villas Bôas Cueva, j. 14.5.2019. REPDJe, 19 ago. 2019. DJe, 24 maio 2019.

BRASIL. Supremo Tribunal Federal. *Recurso Extraordinário nº 1.054.110/SP*. Rel. Min. Roberto Barroso. Disponível em: stf.jus.br. Acesso em 30 mai. 2021.

BRITO, Rodrigo Toscano. Contrato atípico de hospedagem realizado através de plataformas digitais e sua incompatibilidade com destinação residencial dos condomínios edilícios. *Migalhas*, 10 maio 2021. Disponível em: https://www.migalhas.com.br/coluna/migalhas-contratuais/345206/contrato-atipico-de-hospedagem-realizado-por-plataformas-digitais. Acesso em 19 mai. 2021.

CIVIL Imobiliário – Francisco Loureiro – Locação de curta temporada e por aplicativos *Instagram*, 7 ago. 2019. Disponível em: https://www.instagram.com/tv/B0340xADELS/?utm_source=ig_web_options_share_sheet. Acesso em 20 jan. 2021.

COZER, Carolina. Quanto dinheiro o Airbnb fez no primeiro trimestre? *Consumidor Moderno*, 24 out. 2019. Disponível em: https://www.consumidormoderno.com.br/2019/10/24/dinheiro-airbnb-primeiro-trimestre/. Acesso em 22 mai. 2021.

DANELUZZI, Maria Helena Marques Braceiro; MATHIAS, Maria Lígia Coelho. O sistema Airbnb e sua relação com o direito de propriedade e condomínio edilício. *Revista Argumentum*, v. 20, n. 2, 2019. Disponível em: http://ojs.unimar.br/index.php/revistaargumentum/article/view/1142. Acesso em 14 mai. 2021.

FACHIN, Luiz Edson. *Teoria crítica do direito civil*. Rio de Janeiro: Renovar, 2000.

MELO, Marco Aurélio Bezerra de. O Airbnb e a vida condominial – Notas sobre a decisão do Superior Tribunal de Justiça. *Direito Civil Brasileiro*, 2021. Disponível em: https://direitocivilbrasileiro.jusbrasil.com.br/artigos/1202623702/o-airbnb-e-a-vida-condominial. Acesso em 20 mai. 2021.

MIRANDA, Pontes de. *Tratado de direito privado*. 3. ed. São Paulo: Revista dos Tribunais, 1984. v. XLVI.

PAIVA, Moisés Emídio de. Airbnb e condomínio residencial: natureza jurídica e repercussões. *Revista Eletrônica Unifacs – Debate Virtual*, 2019. Disponível em https://revistas.unifacs.br/index.php/redu/article/view/6319. Acesso em 5 jun. 2020.

PERLINGIERI, Pietro. *Perfis do direito civil*: introdução ao direito civil constitucional. Rio de Janeiro: Renovar, 1997.

SILVA, Jorge Cesa Ferreira. *Parecer*: regras restritivas à locação por meio do Airbnb. 14 jun. 2019. Disponível em: https://airbnb.app.box.com/s/l7ajps8bvblc2608tfqxcpwts0qmfohf. Acesso em 20 mai. 2021.

SOUZA, Carlos Affonso Pereira de; LEMOS, Ronaldo. Aspectos jurídicos da economia do compartilhamento: função social e tutela da confiança. *Revista de Direito da Cidade*, v. 8, n. 4, p. 1757-1777.

TERMOS e condições do serviço para usuários não europeus. *Airbnb*. Disponível em: https://www.airbnb.com.br/help/article/2908/termos-de-servi%C3%A7o. Acesso em 15 abr. 2021.

VENOSA, Sílvio de Salvo. Condomínios e Airbnb. *Migalhas*, 13 fev. 2019. Disponível em: https://www.migalhas.com.br/dePeso/16,MI296505,71043-Condominios+e+Airbnb. Acesso em 2 out. 2019.

Informação bibliográfica deste texto, conforme a NBR 6023:2018 da Associação Brasileira de Normas Técnicas (ABNT):

HONORATO, Gabriel; BELTRÃO, Rogério Coutinho. Locações imobiliárias por plataformas digitais em condomínios residenciais: da proibição à regulamentação. *In*: EHRHARDT JÚNIOR, Marcos; CATALAN, Marcos; MALHEIROS, Pablo (Coord.). *Direito Civil e tecnologia*. 2. ed. Belo Horizonte: Fórum, 2022. t. II. p. 687-705. ISBN 978-65-5518-432-7.

O PRELÚDIO DO DIREITO EMPRESARIAL NO SÉCULO XXI

JOSÉ BARROS CORREIA JÚNIOR

1 Introdução

Nos anos 1990, a internet começa a se difundir em todo o mundo e, com a chegada do século XXI, a vida eletrônica impregna-se em todos os meandros de nossas vidas. O direito não é diferente, pois, além de servir como molde social, adaptando as condutas dos indivíduos que convivem em sociedade, também deve se adaptar aos anseios sociais, notadamente ao desenvolvimento tecnológico.

Estranhamente, o direito empresarial, que tem como algumas de suas principais características o informalismo e a empresarialidade, demonstrou ser o mais refratário às evoluções tecnológicas.

Enquanto praticamente todo o Judiciário brasileiro deixou para trás os processos físicos, adotando quase na integralidade os processos eletrônicos, o direito empresarial precisou de uma pandemia para ver o óbvio: ou se sobe no barco da tecnologia, ou se fica no passado da história do direito.

Este trabalho se propõe a desenvolver um texto descritivo sobre as principais inovações tecnológicas aplicadas ao direito empresarial brasileiro contemporâneo, diante das críticas que tanto se fez pelos atrasos deste. A proposta é demonstrar uma ponte entre o passado cartular, físico, que leva a um futuro sem limites, uma página em branco a ser desenhada diuturnamente.

2 Um direito empresarial oitocentista em pleno século XXI

A despeito de estarmos já na segunda década do século XXI, o que se observava em grande medida no direito empresarial brasileiro era ele ainda se utilizar de métodos escritos para os seus processos, podendo ser considerado ainda um direito analógico em plena era digital. É como se ainda fosse regido tão somente pelo Código Comercial de 1850, mas em 2021. Registro empresarial, reuniões, assembleias, títulos de crédito, entre outros temas, eram (ou ainda são) tratados como se vivêssemos em pleno século XIX.

Até o século XX, a economia se baseava em um ideal de riqueza fundado em bens materiais. "Os romanos prosperaram vendendo gregos e galeses cativos, e os americanos, no século XIX, ocupando as minas de ouro da Califórnia e as fazendas de gado do Texas".[1]

O século passado teve como uma grande característica a celeridade das transformações, especialmente com o surgimento da revolução tecnológica e digital, a Revolução Industrial 4.0. De Alan Turing até Jeff Bezos e Elon Musk muito mudou. Hoje o mundo alcança e ultrapassa as nuvens, literalmente, fazendo com que os padrões de riqueza e economia mudassem para o conhecimento e o uso dele de forma digital.

Ocorre que o direito empresarial brasileiro, como é muito comum em outras áreas de estudo jurídico, ficou a reboque da evolução social, demonstrando ser em pleno século XXI um Fiat 147 correndo atrás de uma Ferrari moderna.

Processos eram feitos ainda de forma física, registros possibilitavam o uso de meios manuscritos e mecânicos, a despeito de a tecnologia ter alcançado patamares que hoje se reconhece não serem mais limitados.

Até fevereiro de 2021 estava vigente a última versão do manual de registro empresarial; a Instrução Normativa nº 11 de novembro de 2013 do Departamento de Registro Empresarial e Integração – DREI – ainda previa registros feitos de forma escrita física, apenas aventando a possibilidade de o registro ainda ser digital.

O art. 2º da IN nº 11/2013 previa que seriam instrumentos de escrituração empresarial: livros, em papel; conjunto de fichas avulsas; conjunto de fichas ou folhas contínuas; livros em microfichas geradas através de microfilmagem de saída direta do computador – COM, para fatos ocorridos até 31.12.2014; e livros digitais.

Apesar de em 2013/2021 ainda se prever a existência de documentos em papel, já em 2005 o Judiciário brasileiro criava o embrionário processo eletrônico na capital do estado do Mato Grosso do Sul, e antes mesmo disso já se utilizavam sistemas de automação para acompanhamento processual.[2] De Campo Grande para o resto do Brasil não precisou de muito tempo para que os processos se tornassem digitais e as leis processuais fossem adaptadas a isso. Mas o direito empresarial ainda era analógico.

Até fevereiro de 2021, quando foi revogada, a IN DREI nº 11/2013 previa em dezesseis oportunidades registros baseados em papel. Além dos livros empresariais, a matrícula de leiloeiro, tradutores e intérpretes seguiria as regras de registro em papel, bem como previa ainda a existência de microfichas como sistema de arquivamento de documentos outrora de papel.

Existem vários motivos para a crítica a esse uso. O primeiro deles é o custo econômico, pois aquele documento físico muitas vezes era impresso por computadores, gerando um custo desnecessário com papel que seria legado à autenticação nas juntas comerciais e depois armazenado por longos anos.

A questão financeira e de espaço físico, por si só, já era proibitiva, mas pior ainda é a ambiental. O consumo mundial de papel gira em torno de 400 milhões de toneladas por ano, e apenas o Brasil produziu em 2020 mais de 21 milhões de toneladas de papel, com um prejuízo médio anual de 3% com gastos de papel por empresário, segundo

---

[1] HARARI, Yuval Noah. *21 lições para o século XXI*. São Paulo: Companhia das Letras, 2020. p. 161.
[2] KRAMMES, Alexandre Golin. *Processo judicial eletrônico*: o primeiro caso na justiça estadual brasileira. Disponível em: https://egov.ufsc.br/portal/sites/default/files/anexos/10189-33015-1-PB.pdf. Acesso em: 17 maio 2021.

pesquisa da Gartner Inc.[3] O dano ao meio ambiente é incalculável quando se verifica o gasto desnecessário de papel em processos que já poderiam ser eletrônicos.

Outro obstáculo a melhores processos no direito empresarial estava nas reuniões e assembleias que ainda se realizavam de forma presencial na maioria das situações. É certo que a Comissão de Valores Mobiliários – CVM – já dispunha sobre a possibilidade de reuniões virtuais em sua Instrução nº 481 para sociedades anônimas de capital aberto em 2015, porém, ainda muito tarde para tecnologias que já eram utilizadas em outras áreas do direito há muito tempo.

Além disso, processo físicos são, em tese, muito mais lentos do que processos digitais. Estes, por sua vez, são mais lentos do que processos que se valem de inteligência artificial que catalisam um resultado útil e célere.

Por fim, mas não menos importante, um dos destaques de atraso está na cartularidade dos títulos de crédito. A necessidade de uma existência física, em plena época de existências digitais, demonstra um atraso no direito empresarial e uma urgente necessidade de reforma.

Um dos primeiros assuntos ao se estudar o direito cambial são as características dos títulos de crédito, sendo a mais relevante ao tema deste texto a cartularidade. A expressão tem sido vinculada à documentos físicos. Segundo Plácido e Silva, a expressão viria "Do latim *chartula* (pequeno papel)" representando um "ato abstrato de incorporação do direito sobre o documento representativo de negócio jurídico. Ausente a *cartularidade*, o devedor não se obriga".[4] O mesmo autor lembra que outro nome dado comumente ao direito cambial seria direito cartular, diante de sua vinculação ainda atrasada a documentos físicos, distinguindo-se do direito extracartular referente às situações que originem um título de crédito, porém nele não inscritas.[5] Mais incisivo ainda é Leib Soibelman, ao definir cartularidade como "cártula, papel, documento. Diz-se o título de crédito que eles se caracterizam por sua cartularidade".[6]

A verdade é que, como mencionado por Paulo Roberto Ferreira, "o papel está morto".[7] Morto por várias razões, sejam elas ambientais, sejam econômicas, mas, especialmente, pela própria celeridade necessária às relações econômicas no século XXI.

3 E nasce o século XXI para o direito empresarial

O século XXI finalmente chega ao direito empresarial brasileiro, todavia, com duas décadas de atraso. Nem tudo que veio da pandemia da Covid-19 pode ser encarado de forma pessimista. Ela também catalisou o desenvolvimento de processos mais céleres e informais no direito empresarial nacional. A necessidade de distanciamento físico, as determinações de *lockdown* em várias localidades e outras medidas de proteção à saúde

---

[3] PRÁTICAS para reduzir custos operacionais em 2021. *Associação Comercial de São Paulo*. Disponível em: https://acsp.com.br/publicacao/s/praticas-para-reduzir-custos-operacionais-em-2021#:~:text=De%20acordo%20com%20um%20levantamento,folhas%20de%20papel%20por%20ano. Acesso em: 23 maio 2021.

[4] SILVA, De Plácido e. *Vocabulário Jurídico*. Rio de Janeiro: Forense, 2014. p. 413.

[5] SILVA, De Plácido e. *Vocabulário Jurídico*. Rio de Janeiro: Forense, 2014. p. 722.

[6] SOIBELMAN, Leib. *Enciclopédia do advogado*. Rio de Janeiro: Editora Rio, 1983. p. 60.

[7] FERREIRA, Paulo Roberto G. O papel está morto. *Doutrinas Essenciais de Direito Registral*, v. 7, p. 445-478, set 2013. p. 445.

na população na crise sanitária obrigaram a atualização da legislação empresarial em vários sentidos.

3.1 Registro empresarial

A IN DREI nº 11/2013, vigente até fevereiro deste ano, dispunha sobre registros e escrituração executados ainda em papel, até que a pandemia da Covid-19 não só demonstrou a pequenez da humanidade em vários sentidos, mas catapultou modificações em relações econômico-jurídicas. A vigência da IN nº 82, de 19.2.2021, trouxe uma virada de Copérnico ao registro empresarial.

Ela inicia determinando que a autenticação de livros empresariais e os próprios livros, a partir da sua vigência, "deverão ser exclusivamente digitais, podendo ser produzidos ou lançados em plataformas eletrônicas, armazenadas ou não nos servidores das Juntas Comerciais" (art. 3º). A despeito de a Lei Geral de Proteção de Dados – LGPD – ter sua proteção voltada apenas para pessoas físicas, a Instrução Normativa do DREI destaca a necessidade de "segurança, a confiabilidade e a inviolabilidade dos dados" a serem tratados.

Além da IN DREI nº 82/2021 (com o objetivo de regular registro de empresa sobre autenticação), entrou também em vigor a IN DREI nº 81/2021. Ela prevê a possibilidade de arquivamento realizado de forma tradicional (física) e digital (art. 32). Como na IN nº 82/2021, a nº 81 prevê uma proteção aos dados que ali sejam tratados, criando verdadeiros valores a serem seguidos, a saber: controle do acesso e dos procedimentos de segurança que garantam a confidencialidade, a integridade, a disponibilidade e a autenticidade dos documentos; mecanismos de recuperação nas hipóteses de perdas provocadas por sinistros, falhas no sistema ou de segurança ou degradação do suporte; e dispositivos de monitoramento e acompanhamento da realização das cópias de segurança (*backup*), com vistas a prevenir a perda de informações (art. 34).

3.2 Direito societário

Após o Decreto Legislativo nº 6, de 20.3.2020, editou-se uma medida provisória[8] com o objetivo de alterar o Código Civil de 2002 e a Lei nº 6.404/1976, justificando a sua urgência pela pandemia que se instalava no mundo inteiro, prejudicando também a economia já combalida no Brasil e no mundo, porém, ao contrário da Lei nº 14.010, de 10.6.2020 – RJET –, teria aplicação mesmo após a pandemia.

Uma das diversas alterações feitas pela MP nº 931/2020, convertida na Lei nº 14.030/2020, foi a possibilidade de reuniões e assembleias a distância ou de forma virtual, como previsto pelo art. 1.080-A do Código Civil vigente. Assim, desde que atendidas medidas que garantam a legitimidade das participações, os sócios de sociedades limitadas terão o poder de participação em voz e voto nas reuniões e assembleias societárias.

O mesmo acontece com a Lei das Sociedades por Ações (Lei nº 6.404/1976) para as sociedades de capital aberto, tal qual já autorizava desde 2011 e posteriormente a

---

[8] BRASIL. Planalto. *MP nº 931/2020*. Brasília, 2020.

CVM. O art. 121 da Lei das S.A. prevê em seu §1º que as sociedades anônimas de capital aberto realizem assembleias a distância, passando o §2º a autorizar que as de capital fechado também o façam a partir de 2020, conforme regulamentação do Departamento de Registro Empresarial e Integração – DREI.

A convocação das assembleias será feita por anúncio publicado por pelo menos três oportunidades em informes de grande circulação, informando local, data e horário da sua realização, além da sua pauta.[9] Aberta a assembleia, mesmo a distância, os acionistas deverão registrar a sua presença, que equivalerá à assinatura no livro de presença.[10]

Essas reuniões e assembleias passaram a se realizar de forma presencial, a distância ou de forma híbrida. A assembleia a distância poderia ser realizada de forma digital ou não. Quando a regra expõe a possibilidade de participação a distância, não necessariamente quer dizer digital, podendo ser por boletim de voto a distância, porém, sendo a melhor forma a digital, ela é que deve ser a utilizada, seja para a assembleia 100% digital, seja na forma híbrida ou parcialmente digital.

A CVM, por meio da Instrução nº 622, de 17.4.2020, permite que se faça a participação a distância de forma eletrônica, expondo a necessidade de regulamentação sobre o sistema a ser utilizado,[11] desde que com a comunicação das informações necessárias com antecedência mínima de cinco dias.[12]

De qualquer sorte, três aspectos merecem ser destacados aqui. O primeiro e já mencionado diz respeito ao fato de as alterações serem definitivas, surgindo por conta e urgência da pandemia, mas consideradas perenes.

O segundo aspecto a ser destacado é uma crítica, pois, a despeito de estarem as sociedades anônimas e limitadas representando quase a totalidade das sociedades brasileiras, a melhor opção seria a criação de regras gerais para todas as sociedades empresárias e simples.

O terceiro aspecto é a principal justificativa para a perenidade da alteração. A pulverização do capital social, especialmente para as sociedades anônimas, reduzia consideravelmente a participação de acionistas,[13] notadamente os pequenos investidores,

---

[9] "Art. 124. A convocação far-se-á mediante anúncio publicado por 3 (três) vezes, no mínimo, contendo, além do local, data e hora da assembleia, a ordem do dia, e, no caso de reforma do estatuto, a indicação da matéria" (BRASIL. Planalto. *Lei nº 6.404/1976*. Brasília, 1976).

[10] "Art. 127. Antes de abrir-se a assembleia, os acionistas assinarão o "Livro de Presença", indicando o seu nome, nacionalidade e residência, bem como a quantidade, espécie e classe das ações de que forem titulares. Parágrafo único. Considera-se presente em assembleia geral, para todos os efeitos desta Lei, o acionista que registrar a distância sua presença, na forma prevista em regulamento da Comissão de Valores Mobiliários" (BRASIL. Planalto. *Lei nº 6.404/1976*. Brasília, 1976).

[11] "Art. 4º [...] III - caso seja admitida a participação a distância por meio de sistema eletrônico, nos termos do art. 21-C, §2º, inciso II, informações detalhando as regras e os procedimentos sobre como os acionistas podem participar e votar a distância na assembleia, incluindo informações necessárias e suficientes para acesso e utilização do sistema pelos acionistas, e se a assembleia será realizada parcial ou exclusivamente de modo digital" (BRASIL. CVM. *Instrução nº 622, de 17 de abril de 2020*. Brasília, 2020).

[12] "Art. 2º As assembleias gerais e especiais convocadas por companhias abertas anteriormente à edição desta Instrução poderão ser realizadas de modo parcial ou exclusivamente digital, ainda que o anúncio de convocação não tenha incluído as informações exigidas nos incisos II e III e no §4º do artigo 4º da Instrução CVM nº 481, de 2009, desde que, por meio de comunicado de fato relevante, com antecedência de, no mínimo, 5 (cinco) dias da realização da assembleia, tais informações sejam fornecidas aos acionistas, observado o disposto na referida Instrução" (BRASIL. CVM. *Instrução nº 622, de 17 de abril de 2020*. Brasília, 2020).

[13] Rubens Requião chega a mencionar que a participação média no controle societário no Brasil era em torno de 20% ou menos, pensando no formato anterior de assembleia-geral de acionistas (REQUIÃO, Rubens. *Curso de direito comercial*. São Paulo: Saraiva, 2013. v. 2. p. 138).

considerando-se proibitiva a realização de assembleias presenciais. A possibilidade de realização a distância permitiu que esses acionistas participassem de forma mais ativa na sociedade, tornando as decisões mais legítimas.

3.3 Direito recuperacional e falimentar

Outro problema antigo relacionado às assembleias está na sua realização em recuperações de empresa e falências. Desde o surgimento da Lei nº 11.101/2005, esperava-se a flexibilização da realização das assembleias, notadamente em comarcas que não tinham condições físicas para receber credores, devedores e representantes legais em um mesmo local, tratando, entre outras hipóteses, de eventual desaforamento do processo.

Além disso, durante a pandemia da Covid-19, magistrados viram-se pressionados entre a suspensão da realização inadiável das assembleias gerais de credores e a sua realização de forma virtual. Determina a Lei nº 11.101/2005 – LRF – que nenhuma determinação judicial poderá suspender a realização da assembleia-geral de credores,[14] contudo, não prevendo a realização a distância, criou-se um dilema apenas resolvido no início de 2021.

Dada a situação de crise sanitária, a melhor solução foi adotada pelo Processo nº 1057756-77.2019.8.26.0100, que tramita na Justiça paulista. O processo de recuperação judicial da Odebrecht S.A., com valores devidos na ordem de 83 bilhões de reais, na aplicação do princípio da participação ativa dos credores, optou pela realização da assembleia-geral de credores de forma virtual.

Este foi entendimento firmado a partir das orientações emitidas pelo Conselho Nacional de Justiça – CNJ – que, no Ato Normativo nº 0002561-26.2020.2.00.0000, na 307ª Sessão Ordinária, realizada em 31.3.2020, resolveu permitir que a realização das AGC que se julgasse urgente deveria ser suspensa de forma presencial, admitindo-se a realização de forma virtual.[15]

Em 24.12.2020 foi publicada a Lei nº 14.112/2020, com entrada em vigor em 30 dias da publicação, alterando consideravelmente a LRF e determinando a possibilidade de realização de assembleias a distância.[16] Antes o receio era por comarcas que não tinham condições para atender às demandas de grandes empresas localizadas em pequenas cidades, agora, pela pandemia.

---

[14] "Art. 40. Não será deferido provimento liminar, de caráter cautelar ou antecipatório dos efeitos da tutela, para a suspensão ou adiamento da assembleia-geral de credores em razão de pendência de discussão acerca da existência, da quantificação ou da classificação de créditos" (BRASIL. Planalto. *Lei nº 11.101/2005*. Brasília, 2005).

[15] "Art. 2º Recomendar a todos os Juízos com competência para o julgamento de ações de recuperação empresarial e falência que suspendam a realização de Assembleias Gerais de Credores presenciais, em 7 cumprimento às determinações das autoridades sanitárias enquanto durar a situação de pandemia de Covid-19. Parágrafo único. Verificada a urgência da realização da Assembleia Geral de Credores para a manutenção das atividades empresariais da devedora e para o início dos necessários pagamentos aos credores, recomenda-se aos Juízos que autorizem a realização de Assembleia Geral de Credores virtual, cabendo aos administradores judiciais providenciarem sua realização, se possível" (BRASIL. CNJ. *Ato Normativo nº 0002561-26.2020.2.00.0000*. Brasília, 2020).

[16] "Art. 39. [...] §4º Qualquer deliberação prevista nesta Lei a ser realizada por meio de assembleia-geral de credores poderá ser substituída, com idênticos efeitos, por: I - termo de adesão firmado por tantos credores quantos satisfaçam o quórum de aprovação específico, nos termos estabelecidos no art. 45-A desta Lei; II - votação realizada por meio de sistema eletrônico que reproduza as condições de tomada de voto da assembleia-geral de credores; ou III - outro mecanismo reputado suficientemente seguro pelo juiz" (BRASIL. Planalto. *Lei nº 11.101/2005*. Brasília, 2005).

Com isso, a regra será ainda a realização presencial das assembleias, entretanto, poderá sempre ser substituída a deliberação da assembleia-geral de credores, tendo os mesmos efeitos legais, quando: for apresentado termo de adesão firmado por tantos credores quantos satisfaçam o quórum de aprovação específico; houver votação realizada por meio de sistema eletrônico que reproduza as condições de tomada de voto da assembleia-geral de credores; ou surgir outro mecanismo reputado suficientemente seguro pelo juiz.[17]

Isso simplifica sobremaneira o processo de análises e aprovações pela assembleia-geral de credores. Além da possibilidade virtual através de reuniões, o dispositivo deixa em aberto um canal para novos meios tecnológicos que não mais necessitariam de alteração legal, deixando a cargo do magistrado a análise de sua confiabilidade, como em um aplicativo específico para tal intento, por exemplo.

Ademais, passou-se a determinar que as intimações do Ministério Público e das fazendas públicas federal, estaduais, distrital e municipais serão feitas a partir de janeiro de 2021 somente de forma eletrônica, evitando os atrasos constantes com necessidade de intimação pessoal destes entes. O mesmo ocorre com as sessões de conciliação e de mediação previstas agora na lei, podendo ser realizadas virtualmente.[18]

As informações a serem prestadas, para evitar aglomeração e necessidade de manuseio físico de documentos, ocorrerão em sítio eletrônico próprio, tanto em processos de falência como de recuperação empresarial. Fica, portanto, a cargo do administrador manter tal endereço com as informações sempre atualizadas, bem como para viabilizar pedidos como a habilitação dos credores ou apresentação de divergências.

Por derradeiro, em relação à recuperação e falência, vê-se que a legislação hoje prevê até mesmo a possibilidade de leilões eletrônicos ou híbridos para viabilizar a alienação dos bens da massa falida.

3.4 Direito marcário

Outro campo a ser explorado no direito marcário com o uso de inteligência artificial seria a otimização da análise e concessão dos registros requeridos. O Instituto Nacional de Propriedade Industrial – INPI – é conhecido pela demora na análise de seus processos, não só pela ausência de uma estrutura que atenda à demanda de seus serviços, mas especialmente pela própria complexidade inerente à matéria.

Por isso é que a Lei nº 9.279/1996 prevê que para patentes de invenções e de modelos de utilidade que terão vigência, respectivamente, de 20 e 15 anos a contar do depósito, teriam um prazo mínimo de 10 e 7 anos a contar da concessão da patente

---

[17] "[...] §4º Qualquer deliberação prevista nesta Lei a ser realizada por meio de assembleia-geral de credores poderá ser substituída, com idênticos efeitos, por: I - termo de adesão firmado por tantos credores quantos satisfaçam o quórum de aprovação específico, nos termos estabelecidos no art. 45-A desta Lei; II - votação realizada por meio de sistema eletrônico que reproduza as condições de tomada de voto da assembleia-geral de credores; ou III - outro mecanismo reputado suficientemente seguro pelo juiz" (BRASIL. Planalto. *Lei nº 11.101/2005*. Brasília, 2005).

[18] "Art. 20-D. As sessões de conciliação e de mediação de que trata esta Seção poderão ser realizadas por meio virtual, desde que o Cejusc do tribunal competente ou a câmara especializada responsável disponham de meios para a sua realização" (BRASIL. Planalto. *Lei nº 11.101/2005*. Brasília, 2005).

definitiva.[19] O uso deste prazo mínimo (extra) servia para garantir ao proprietário da patente um uso mínimo a título definitivo, pois, durante a sua vigência regular, iniciada no depósito do pedido, será também a título precário, reconhecendo a própria demora na análise dos processos.

Recentemente o STF julgou ser essa extensão dos prazos inconstitucional, criando um sistema de modulação conforme o caso concreto. Para patentes anteriores à decisão seriam mantidas as regras originais, tendo a decisão eficácia *ex nunc*, aplicando-se a inconstitucionalidade retroativamente para novos casos, com processos em curso e para produtos farmacêuticos e da área de saúde, notadamente por conta da crise sanitária criada pela pandemia da Covid-19 (eficácia *ex tunc*).[20] A decisão teria base nos princípios da temporariedade da proteção patentária, da razoabilidade e da solidariedade social.

De qualquer sorte, a própria Lei de Marcas e Patentes reconhece a precariedade do processo de análise das patentes de invenção e modelo de utilidade ao prever, mesmo que de forma inconstitucional, um prazo extra para a vigência das patentes. O INPI também o faz quando passa a buscar o uso de inteligência artificial nos processos de análises de pedidos de registros de propriedade industrial.

Recentemente o INPI passou a cogitar o uso de inteligência artificial para agilizar os processos de análise e concessão de marcas e patentes de invenções e modelos de utilidade. É sabido e comprovado que o uso de máquinas inteligentes torna o processo mais célere e reduz a ocorrência de erros em comparação à análise exclusivamente humana.

O INPI e uma divisão da Sociedade Americana de Química, a CAS, têm estudado a aplicação desta tecnologia para mapear e acelerar os seus processos.[21] Desde 2012, tais tecnologias têm ganhado cada vez mais destaque, não apenas pela rapidez, mas especialmente pela adaptabilidade ante as intercorrências que surjam no seu uso (*machine learning*).

Como destaca o art. 2º do PL nº 21/2020, a inteligência artificial teria por objetivo, entre outros, a pesquisa, o desenvolvimento, a competitividade, a ética e a cooperação internacional. O vínculo entre o INPI e a CAS vai justamente neste sentido, devolvendo à sociedade um crescimento tecnológico com efeitos econômicos e sociais.

3.5 Direito cambial

Como mencionado, sempre se iniciaram os estudos do direito cambial pelas características dos títulos de crédito, com destaque para a cartularidade e/ou documentalidade, ficando o presente em um paradoxo entre passado e futuro. As regras brasileiras se apegam ao passado no direito cambial, mas as relações econômicas miram

---

[19] "Art. 40. A patente de invenção vigorará pelo prazo de 20 (vinte) anos e a de modelo de utilidade pelo prazo 15 (quinze) anos contados da data de depósito. Parágrafo único. O prazo de vigência não será inferior a 10 (dez) anos para a patente de invenção e a 7 (sete) anos para a patente de modelo de utilidade, a contar da data de concessão, ressalvada a hipótese de o INPI estar impedido de proceder ao exame de mérito do pedido, por pendência judicial comprovada ou por motivo de força maior".

[20] BRASIL. STF. *ADI 5529 (4000796-72.2016.1.00.0000)*. Disponível em: http://portal.stf.jus.br/processos/detalhe.asp?incidente=4984195. Acesso em: 28 maio 2021.

[21] BRASIL. INPI. *Inteligência artificial*: análise do mapeamento tecnológico do setor através das patentes depositadas no Brasil. Rio de Janeiro: INPI, 2020. Disponível em: https://www.gov.br/inpi/pt-br/assuntos/informacao/copy3_of_IA_estendido_062020final.pdf. Acesso em: 28 maio 2021.

no futuro, cabendo ao nosso legislador decidir se assistirá à evolução econômica de outras nações de fora, ou se seguirá com elas neste caminho.

Até hoje, um dos poucos títulos de que se admitem forma eletrônica é a duplicata. A despeito de a Lei nº 5.474/1968 não se vincular ao processo cartular, não havia um estímulo ou mesmo liberdade de uso eletrônico. Não era de se imaginar na época tamanho desenvolvimento tecnológico.

Os títulos de crédito são negócios formais. Muitas vezes o formalismo é visto como um processo burocrático que torna as relações mais lentas, porém, no caso do direito cambial, vê-se que essa "burocracia" se fundamenta em processos de segurança, o que, por via de consequência, gera celeridade às relações econômicas. Todavia, mesmo com o Código Civil permitindo o uso eletrônico dos títulos de crédito, ainda se carece de regulamentações específicas em vários casos, justamente pelo formalismo destes títulos.

Somente com a Lei nº 13.775/2018 é que se passou a admitir o título na forma eletrônica, criando-se a forma escritural para as duplicatas. Conforme o art. 3º da lei, a "emissão de duplicata sob a forma escritural far-se-á mediante lançamento em sistema eletrônico de escrituração gerido por quaisquer das entidades que exerçam a atividade de escrituração de duplicatas escriturais".

O PLS nº 487/2013[22] (Projeto de Código Comercial) prevê que títulos de crédito seriam documentos cartulares ou eletrônicos que representariam direitos neles inscritos, podendo ser transposto de uma forma para a outra, sendo assinados por certificação digital.[23]

Por outro lado, o mesmo não se vê em outros títulos tão tradicionais, como a nota promissória e o cheque, sendo cada vez menos utilizados e jogados aos livros de história a cada novo instrumento tecnológico que permita o trabalho com créditos cambiais ou não cambiais.

O que se torna cada vez mais necessário ao direito cambial é a substituição da característica da cartularidade pela documentalidade.[24] Sendo os documentos cartulares ou eletrônicos, não se nega a possibilidade do uso em cártula ou papel – a tendência mundial é a migração definitiva para o mundo digital, mas, aparentemente o direito cartular (cambial) tem sido uma âncora à evolução do direito empresarial.

4 Conclusão

E, feliz e finalmente, o século XXI chega para o direito empresarial. Anunciam-se novos tempos em que abertura, manutenção e fechamento de empresas serão muito mais céleres e menos burocráticos, todavia, muito ainda deve ser feito. Os títulos de crédito,

---

[22] "Art. 23. Pelo princípio da literalidade, não produzem efeitos perante o credor do título de crédito quaisquer declarações não constantes do documento cartular ou eletrônico. [...] Art. 565. Título de crédito é o documento, cartular ou eletrônico, que contém a cláusula cambial" (BRASIL. Senado. *Projeto de Lei nº 483/2013*. Brasília, 2013).

[23] "Art. 569. O título de crédito pode ter suporte cartular ou eletrônico. Art. 570. O título de crédito emitido em um suporte pode ser transposto para o outro. Art. 571. Desde que certificadas as assinaturas no âmbito da Infraestrutura de Chaves Públicas brasileira (ICP-Brasil), nenhum título de crédito pode ter sua validade, eficácia ou executividade recusada em juízo tão somente por ter sido elaborado e mantido em meio eletrônico" (BRASIL. Senado. *Projeto de Lei nº 483/2013*. Brasília, 2013).

[24] CASTRO JUNIOR, Armindo de. *Título de crédito*. Cuiabá: Carlini e Caniato, 2017. p. 24-25.

em sua maioria, pararam de evoluir na metade do século XX e poucas alterações foram feitas para que chegassem ao século XXI. Tal qual já anunciava desde o princípio dos anos 2000 para o direito empresarial como um todo, ou o direito cambial se moderniza e se desmaterializa, ou vários títulos de crédito estarão fadados à extinção com o passar do tempo.

Além da questão de economia de gastos, o uso das tecnologias acaba sendo inclusivo e dá a celeridade e o informalismo necessários às relações empresariais. O certo é que o uso exclusivamente físico de processos e documentos deve acabar, pois atrasa o desenvolvimento, além de o tornar caro.

Referências

BRASIL. CNJ. *Ato Normativo nº 0002561-26.2020.2.00.0000*. Brasília, 2020.

BRASIL. CVM. *Instrução nº 622, de 17 de abril de 2020*. Brasília, 2020.

BRASIL. INPI. *Inteligência artificial*: análise do mapeamento tecnológico do setor através das patentes depositadas no Brasil. Rio de Janeiro: INPI, 2020. Disponível em: https://www.gov.br/inpi/pt-br/assuntos/informacao/copy3_of_IA_estendido_062020final.pdf. Acesso em: 28 maio 2021.

BRASIL. Planalto. *Lei nº 11.101/2005*. Brasília, 2005.

BRASIL. Planalto. *Lei nº 6.404/1976*. Brasília, 1976.

BRASIL. Planalto. *MP nº 931/2020*. Brasília, 2020.

BRASIL. Senado. *Projeto de Lei nº 483/2013*. Brasília, 2013.

BRASIL. STF. *ADI 5529 (4000796-72.2016.1.00.0000)*. Disponível em: http://portal.stf.jus.br/processos/detalhe.asp?incidente=4984195. Acesso em: 28 maio 2021.

CASTRO JUNIOR, Armindo de. *Título de crédito*. Cuiabá: Carlini e Caniato, 2017.

FERREIRA, Paulo Roberto G. O papel está morto. *Doutrinas Essenciais de Direito Registral*, v. 7, p. 445-478, set 2013.

HARARI, Yuval Noah. *21 lições para o século XXI*. São Paulo: Companhia das Letras, 2020.

KRAMMES, Alexandre Golin. *Processo judicial eletrônico*: o primeiro caso na justiça estadual brasileira. Disponível em: https://egov.ufsc.br/portal/sites/default/files/anexos/10189-33015-1-PB.pdf. Acesso em: 17 maio 2021.

PRÁTICAS para reduzir custos operacionais em 2021. *Associação Comercial de São Paulo*. Disponível em: https://acsp.com.br/publicacao/s/praticas-para-reduzir-custos-operacionais-em-2021#:~:text=De%20acordo%20com%20um%20levantamento,folhas%20de%20papel%20por%20ano. Acesso em: 23 maio 2021.

REQUIÃO, Rubens. *Curso de direito comercial*. São Paulo: Saraiva, 2013. v. 2.

SILVA, De Plácido e. *Vocabulário Jurídico*. Rio de Janeiro: Forense, 2014.

SOIBELMAN, Leib. *Enciclopédia do advogado*. Rio de Janeiro: Editora Rio, 1983.

Informação bibliográfica deste texto, conforme a NBR 6023:2018 da Associação Brasileira de Normas Técnicas (ABNT):

CORREIA JÚNIOR, José Barros. O prelúdio do direito empresarial no século XXI. *In*: EHRHARDT JÚNIOR, Marcos; CATALAN, Marcos; MALHEIROS, Pablo (Coord.). *Direito Civil e tecnologia*. 2. ed. Belo Horizonte: Fórum, 2022. t. II. p. 707-716. ISBN 978-65-5518-432-7.

A EFICÁCIA PREVENTIVA NA ESTRUTURAÇÃO DAS *STARTUPS* SOB À ÓTICA DA TEORIA FEIXE DE CONTRATOS

MÉRIAN KIELBOVICZ
LUIZ GONZAGA SILVA ADOLFO

1 Introdução

O tema referente às *startups* no Brasil iniciou ainda na década de 1990 e, após o transcurso de mais de três décadas, ainda inexiste regulamentação própria e específica para este estilo de empresa, sendo aplicadas normas por analogia, que acabam por não amparar de forma ampla e eficaz as negociações realizadas e, por consequência, trazem insegurança jurídica, situação que acaba por limitar a expansão do mercado. O presente estudo não pretende adentrar pontos isolados, como a teoria da empresa e a teoria dos contratos, limitando-se a apresentar a possível aplicação da teoria feixe de contratos no processo das *startups*, garantindo-lhes, a princípio, uma espécie de proteção negocial.

Registre-se que, atualmente, está em trâmite na Câmara dos Deputados o Projeto de Lei nº 146/2019, que possui como ementa a instituição do marco legal das *startups* e do empreendedorismo inovador no país. Atualmente, o projeto de lei está aguardando sanção pelo presidente da República e, até que haja uma regulamentação própria, permanecem incertezas quanto às orientações para a criação e crescimento das *startups*, refletindo esse engessamento no sistema financeiro brasileiro.

A presente pesquisa adentrará o tema das *startups*, tendo como questionamento central, ante a ausência de legislação própria vigente no ordenamento jurídico pátrio, como trazer maior segurança jurídica na estruturação dessa modalidade de empresa no Brasil. O objetivo geral buscará demonstrar a importância da proteção e incentivo das *startups* no mercado brasileiro, considerando seus efeitos diretos no direito e também na economia. Quanto aos objetivos específicos, o estudo analisará as formas alternativas de efetivar a proteção jurídica das *startups*, e como aplicá-los, de uma forma que ocorra a expansão do mercado.

Entre as possíveis alternativas, o estudo se debruça na teoria feixe de contratos, de Ronald H. Coase, que dispõe sobre a organização da atividade desenvolvida e as negociações realizadas baseadas em uma cadeia de contratos, com a finalidade de buscar seguridade desde os primeiros passos da criação até o possível encerramento da empresa, baseando-se em efeitos preventivos em todas as fases negociais. A hipótese levantada se mostrará positiva, considerando que, com a aplicação da teoria feixe de contratos, seria possível então, trazer maior segurança jurídica para a estruturação de uma *startup* no Brasil e, em decorrência disso, ocorreria o crescimento da economia.

Adentrando o tema das empresas, serão apresentados os fundamentos da teoria feixe de contratos, que em substância quer dizer que as empresas – leia-se, neste trabalho, as *startups* –, formam-se por meio de um conjunto de feixe de contratos, a fim de reduzir os custos de transação, permitindo a organização dos fatores de produção. Assim, o presente estudo discorrerá sobre a possibilidade de aplicação da teoria feixe de contratos nas relações estabelecidas pelas *startups*, desde a sua estruturação até o seu encerramento, de modo a prevenir conflitos jurídicos futuros e garantindo, desta forma, maior segurança jurídica nas negociações.

Nesse momento histórico, baseando-se nas transformações econômicas globais, principalmente, em uma situação de pandemia (Covid-19), observa-se o surgimento de uma onda empreendedora que tem como norte as redes sociais, criando-se uma nova tendência de encarar e conduzir uma empresa. E, entre os fatores que advêm desse atual panorama, cite-se o fenômeno que pode ser um dos impulsionadores dessa onda, as *startups*.

O estudo partiu de uma análise sobre o panorama das *startups* no Brasil, apresentando como esse tipo de empresa se desenvolve atualmente no cenário econômico, e verificando quais seriam as possibilidades de trazer segurança e incentivo para a expansão do mercado. A partir desse contexto, a pesquisa pretende verificar a possibilidade de aplicar a teoria feixe de contratos desde a construção, o desenvolvimento, até o encerramento das atividades da *startup*, para que efetivamente haja uma pré e pós-"blindagem jurídica", visando-se, assim, ao crescimento e à proteção dessa modalidade de negócios no país.

A escolha do objeto do estudo mostra-se relevante pela contemporaneidade do assunto e por buscar meios alternativos de trazer segurança jurídica nas negociações realizadas pelas *startups*, já que inexiste legislação própria e vigente para esse tipo de empresa no país. Ao final, buscar-se-á responder se é possível visualizar a empresa por meio de feixe de contratos, amparando-se em práticas adequadas e eficazes, que protegem a empresa e também toda a cadeia negocial.

A metodologia utilizada foi a abordagem crítico-descritiva das leituras, tomando por pressuposto crítico a preponderância e a necessidade de prevenção dos negócios jurídicos realizados pelas *startups*, desde o início da cadeia negocial até seu encerramento, sob o efeito da prevenção.

2 O surgimento das *startups*

A origem deste fenômeno econômico denominado *startup* data da segunda metade do século XX, nos EUA, desenvolvendo-se dentro da indústria de *venture capital* do Vale do Silício, na Califórnia. O termo *venture capital* está relacionado ao investimento e à participação societária em *startups*, tendo como objetivo obter ganhos expressivos de capital no médio prazo (5 a 7 anos) (FALCÃO, 2017). Percebe-se que as *startups* são criadas para compartilhar os riscos do negócio, selando uma união de esforços entre empreendedores e investidores para agregar valor à empresa investida.

Pontua-se:

> houve nas últimas décadas uma aceleração do ritmo de crescimento de algumas empresas como nunca antes fora visto, sobretudo devido às novas possibilidades de modelos digitais possibilitadas pela internet. Essas novas opções, as startups, chamaram a atenção dos investidores devido ao possível retorno em um curto período de tempo, consolidaram a fama do Vale do Silício e vêm se espalhando por todo o mundo. (RAMOS, 2015, p. 6)

Como visto, o termo *startup* já é antigo no contexto norte-americano, sendo designado a um novo tipo de empresa, que surge como uma espécie alternativa de modelo de negócio, ao tratar da empresa que está em processo de amadurecimento, isto é, ainda em um estágio inicial (SANTOS, 2016). Assim, essa modalidade de empresa é projetada como temporária, tendo como objetivo de negócio ser escalável, considerando o seu potencial promissor.

Entre as diferenças das *startups* e das outras modalidades de empresas, frisa-se que, enquanto essas executam um modelo de negócio definido, aquelas buscam um modelo de negócio escalável, repetitivo e lucrativo (BLANK; DORF, 2012). Nota-se que o risco e a incerteza são bases nesse modelo de negócio utilizado pelas *startups*, verificando-se a necessidade de uma regulamentação que auxilie quem decide criar, e proteja quem opte por investir em empresas que seguem essa linha de desenvolvimento.

Ou seja:

> enquanto pequenas empresas se colocam de forma passiva em relação à demanda, com pouco foco no crescimento do negócio e menor ainda em inovação, *startups* trabalham para entender completamente a demanda de forma a alavancar rapidamente suas receitas e a entrega de valor percebido aos seus clientes e a sociedade. (RAMOS, 2015, p. 7)

Nessa linha, Blank e Dorf (2012) defendem que as *startups* não podem ser consideradas uma versão menor de grandes empresas, pois se tratam de instituições complemente diferentes entre si, já que, enquanto uma grande companhia executa um modelo de negócios, no qual os clientes, seus problemas e as características requeridas do produto são conhecidos, as *startups* operam uma busca por tal modelo. Em outras palavras, uma *startup* é baseada em incertezas, desde a forma em que se apresenta ao início, pois é formulada a partir de uma série de hipóteses e suposições.

Compreendido o modo como a *startup* se desenvolve, o trabalho se volta ao centro da pesquisa, analisando-se no próximo item o panorama dessa modalidade de empresa no Brasil, com a intenção de que, ao final, possam ser debatidas alternativas que protejam o desenvolvimento da *startup*, desde o início até o possível encerramento das atividades.

2.1 Breve panorama das *startups* no Brasil

O Brasil ainda é um mercado em formação para *startups*. Mesmo sendo um tema já difundido em outros países, o ordenamento jurídico pátrio, assim como o próprio cenário econômico, caminha vagarosamente em direção às disposições próprias para este modelo de empresa. Nota-se que, com a expansão das tecnologias digitais, também se modificaram as formas com que os negócios são criados, desenvolvidos e conduzidos, apresentando-se um mercado jovem e, por vezes, ainda temerário.

Registre-se que o mercado das *startups* no Brasil teve sua primeira onda por volta de 1998, durante a bolha da internet global e, desde lá, inexiste regulamentação própria para este formato de empresa (FALCÃO, 2017). Atualmente tramita um projeto de lei, sob o nº 146/2019, na Câmera dos Deputados, que possui como objetivo regulamentar e apresentar medidas de estímulos junto às *startups*, por meio do aprimoramento do ambiente desses negócios no país (BRASIL, 2019). O projeto de lei após a aprovação das alterações no Plenário em 11.5.2021, está aguardando a sanção pelo presidente da República. Contudo, permanecem incertezas quanto às disposições a essa embrionária modalidade de empresa no sistema brasileiro, que vem ganhando cada vez mais destaque no direito e na economia, mas que permanece sem a devida regulamentação que forneça mais segurança jurídica nas relações estruturais e negociais.

Para Ries (2012, p. 13) uma "*startup* é uma instituição humana desenhada para criar um novo produto ou serviço em condições de extrema incerteza – incertezas mercadológicas, tecnológicas e jurídicas". E toda essa contemporaneidade reflete a própria concepção de sociedade, que se fundamenta em uma indústria 4.0, na qual a tecnologia é a base do futuro, mas sem maiores garantias de proteção.

A palavra "instituição" traz uma percepção de burocracia, que pode, a princípio, parecer uma barreira na criação de uma *startup*, entretanto, para que qualquer modelo de empresa possa ser bem-sucedido, deve haver atividades associadas ao desenvolvimento de instituições, priorizando-se uma expansão com maior segurança negocial (RIES, 2012). Em verdade, constantemente surgem boas ideias, mas com más execuções, seja pela inviabilidade do produto ou serviço seja até pela ausência de uma estruturação protegida, o que futuramente pode acabar por limitar ou encerrar o empreendimento.

Assinala-se que a ausência de regulamentação jurídica para as *startups* cria grandes barreiras burocráticas e fiscais, que limitam o desenvolvimento e a expansão dos negócios. No Brasil, a maioria das *startups* falha antes de completar dois anos de criação. Pelo menos 25% das *startups* acabam encerrando suas atividades antes de 1 ano, 50% antes de 4 anos e 75% morrem antes dos 13 anos (ARRUDA *et al.*, 2014/2015).

As *startups* surgem como uma nova forma de expansão dos negócios, com uma roupagem moderna e partindo-se do conceito de incerteza, razão pela qual,

> desde o primeiro dia da *Startup* faz-se necessário planejar e provisionar o fechamento da *Startup*. Existe uma noção compartilhada pelo ecossistema de *Startups* que sugere o seguinte: de cada 10 *Startups* somente 1 será bem-sucedida. As demais fecharão. Trata-se de um modelo que fomenta a inovação. Se a inovação perseguida se provar no mercado, ótimo: a *Startup* segue seu caminho para o sucesso. Se a inovação não se provar, o fechamento da *Startup* e o encerramento das atividades é o caminho natural. (FALCÃO, 2017, p. 25)

Frisa-se que a *startup* não é um instituto jurídico no Brasil, mesmo sendo aplicadas por analogia normas que dispõem sobre uma micro ou pequena empresa (MPE), portanto, considera-se incorreto dizer que uma *startup* é uma MPE, uma vez que aquela pode, ou não, ao longo da sua história tomar a forma desta (FALCÃO, 2017); razão pela qual se mostra uma lacuna a ausência de legislação específica no ordenamento jurídico pátrio para essa modalidade de empresa, pois as *startups* precisam de garantias jurídicas que assegurem o recebimento de investimentos, para que, assim, na medida do seu desenvolvimento, possam se difundir.

A construção de uma *startup* passa por diversas fases até alcançar os primeiros resultados positivos dos testes de qualidade do produto ou serviço. Neste estudo, o foco será discorrer a respeito do atual cenário no Brasil, que, por ausência de legislação própria, acaba por desmotivar a expansão do mercado, principalmente, pela fragilidade de segurança jurídica adequada para toda a cadeia negocial da empresa, desde o surgimento da primeira ideia até o seu encerramento, caso haja necessidade de findar as atividades.

Assim, "uma *Startup* é uma operação de risco calculado, com um planejamento que busca o rápido crescimento operacional do negócio ou a morte. No modelo de *Startup* falhar faz parte e fechar também faz parte" (FALCÃO, 2017, p. 24). E, cabe ressaltar, o ponto central do estudo não é a probabilidade de uma *startup* encerrar seus serviços, uma vez que essa possibilidade está dentro das características qualitativas desse modelo de empresa, pelo seu risco calculado de crescer rápido ou fechar, o que se questiona é como proteger toda essa cadeia negocial, desde sua concepção inicial até seu eventual encerramento.

Pontua-se que os estágios e investimentos nas negociações das *startups* só se concretizam por meio da segurança jurídica, desde que seja cumprida uma série de formalizações e atividades legais, para que possa proteger e também incentivar a expansão do mercado. Entre essas áreas estratégicas, citem-se desde as primeiras atas de reunião até a disposição sobre a sociedade escolhida pela empresa, abrangendo temas da propriedade intelectual, do setor financeiro, e também quanto às questões na esfera trabalhista e tributária (FALCÃO, 2017). Verifica-se, portanto, que a finalidade basilar da proteção da empresa é garantir que os atos realizados estejam em conformidade com as normas específicas para cada função desempenhada nas negociações.

As *startups* são empresas de formato flexível e caminham no sentido de apresentar uma nova configuração de modelo de negócios e um ambiente de trabalho mais dinâmico, afastando-se de uma estrutura tradicional, tendo como filosofia a colaboração. Ou seja, corresponde a um formato que vai de encontro ao estabelecimento empresarial padrão (SANTOS, 2016). E essa tendência na criação das *startups* se mostra cada vez mais em ascensão, principalmente na atualidade global, consequência direta do avanço tecnológico observado no século XXI.

O mercado tem repensado a lógica de desenvolvimento das empresas a partir das *startups*, o que tem modificado a forma de se relacionar corporativamente no Brasil e no mundo. Importante pontuar que a geração Y[1] é considerada o futuro dos negócios, uma vez que não se preocupa somente com o capital, mas também com a impressão que deixará no mundo (SANTOS, 2016), para além da consolidação do Estado social. Mas visualizar o futuro sem proteção no presente é uma forma de regredir e, consequentemente, impedir os avanços.

---

[1] O conceito de geração Y é utilizado para caracterizar as pessoas que nasceram no final dos anos 1980 e nos anos 1990 (MACIEL, 2010).

As *startups* seriam, portanto, uma combinação de fatores muito peculiares, pois são organizações temporárias, pelo seu próprio potencial promissor – que em algum momento, pelas necessidades inerentes ao negócio, terão que expandir, ou então, por falhar no negócio, encerrar suas atividades (SANTOS, 2016). Assim, as *startups* possuem a tendência de, ao longo de seu crescimento, nomeadamente pelos próprios investimentos externos, conforme o caminhar progrida, expandir-se.

E, no momento em que se compreende que a necessidade de amparar essa modalidade de empresa no sistema jurídico é criar um mercado mais próspero e seguro, a ausência de legislação mostra-se como um dos principais fatores que estagnam o progresso financeiro do país. Aguardar uma lei própria para só assim dispor sobre a proteção das *startups* é prolongar, ainda mais, o (des)incentivo na expansão dos negócios e o próprio progresso econômico do país.

Ademais, após a realidade pandêmica que o mundo vive na atualidade (Covid-19), houve mudanças e adequações em diversos campos, incluindo o objeto de análise no presente estudo, qual seja, o negocial. Frisa-se que a sociedade contemporânea está na era do empreendedorismo, principalmente pelo crescente uso das redes sociais e seus efetivos resultados, que utilizam de diversos meios para divulgar e vender os produtos, que variam desde as grandes empresas até os pequenos negócios.

Verifica-se, de plano, que os empreendedores estão por toda parte, e o conceito de empreendedorismo inclui qualquer pessoa que trabalhe dentro da definição de *startup*, que pode ser conceituada como uma instituição humana projetada para criar novos produtos e serviços sob condições de extrema incerteza (RIES, 2012). Logo, trazer segurança jurídica para esse modelo de empresa é garantir que, desde sua estruturação até um possível encerramento, haja um ambiente negocial mais preparado, isto é, ocorrendo maiores incentivos no mercado, e à vista disso, o seu respectivo crescimento.

E, baseado nesse incentivo de expansão das *startups*, mostra-se necessária a proteção jurídica para essa modalidade de empresa, como bem dispõe Falcão (2017, p. 39) sobre o tema:

Quando nos referimos às Startups fica evidente que estamos diante de algo novo, com características próprias que se diferenciam das características de empresas tradicionais. Tem-se, de fato, um desafio para o Direito. A comunidade jurídica precisa saber lidar com isso. Apesar das enormes dificuldades os investimentos em Startups são fundamentais para a evolução de qualquer nação e já é uma realidade em nosso país.

Percebe-se, de forma clara, a necessidade de uma sequência contratual eficaz na estruturação de uma *startup*, que deve ser aplicada em todas fases das cadeias negociais, seja desde os trâmites iniciais para a sua estruturação, seja até o encerramento das atividades, caso seja necessário. E, por se tratar de um tema ainda recente no Brasil, no próximo item será apresentada a teoria feixe de contratos, para que, em momento posterior, se indague sobre a possibilidade de aplicação às *startups*, como uma alternativa de trazer maior proteção jurídica e incentivo na expansão do mercado, aplicando-se em todas as fases os efeitos da prevenção.

3 Apontamentos a respeito da teoria feixe de contratos

Conforme referido anteriormente, o objetivo do presente estudo não é o de se aprofundar na análise econômica do direito e suas organizações, sendo relevante para a pesquisa compreender uma das diversas teorias que regem a relação entre a economia e o direito: a teoria feixe de contratos. A mencionada teoria se encontra formulada a partir dos estudos de Ronald H. Coase sobre a teoria da firma, que, por meio de seus conceitos, buscou trazer maior interconexão entre as necessidades econômicas e as proteções jurídicas.

No que se refere ao custo de transação, Coase (1990) entende que é o custo de se recorrer ao sistema de preços, isto é, ao mercado, sendo este custo o de formular contratos, levantar os preços dos produtos, obter todas as informações necessárias, conduzir as negociações, fazer inspeção dos produtos, resolver possíveis conflitos, entre outros. O foco basilar do presente estudo voltar-se-á para a formulação dos contratos, principalmente quanto à possível aplicação da teoria feixe de contratos às *startups*.

A empresa seria, então, fruto da comparação entre os custos de transação que advêm das operações do mercado e aqueles que surgem por meio da direção da empresa, sendo essa percepção contestada posteriormente por Harold Demsetz e Armen Alchian, que entendiam que a autoridade se manifestaria de forma interna e os contratos seriam instrumentos para trocas voluntárias (SZTAJN, 2010). Assim, os contratos mostram-se a essência de qualquer empresa, sendo o nexo que interliga os atos e as ações realizadas pelas empresas.

Portanto, a empresa seria um nexo de contratos, que podem ser confeccionados para realizar transações internas ou externas, cite-se como exemplo a elaboração de um contrato de trabalho ou um contrato de fornecimento de produtos. Ao se pensar em uma negociação, seja em uma empresa de grande porte seja até uma *startup*, mostra-se necessário o amparo legal, além das orientações financeiras e administrativas, como uma cadeia de atos que devem ser anteriormente protegidos, ao menos para que se possa minimizar algum efeito futuro.

Posto isto, a centralidade da teoria baseia-se no conceito de que os contratos seriam, então, responsáveis por alinhar os objetivos referentes às negociações internas e/ou externas realizadas pela empresa. Assim, as relações que envolvem transações podem ser protegidas a partir da confecção de um contrato ou uma cadeia de contratos, que entre suas cláusulas indiquem as provisões para eventos futuros e penalidades que serão aplicadas nos casos em que houver algum descumprimento contratual.

Assim:

> um contrato significa uma maneira de coordenar as transações, provendo incentivos para os agentes atuarem de maneira coordenada na produção, o que permite planejamento de longo prazo e, em especial, permitindo que agentes independentes tenham incentivos para se engajarem em esforços conjuntos de produção. [...] os contratos poderão variar em termos de eficiência, conforme o seu desenho defina incentivos para os agentes atingirem objetivos predefinidos. [...] O desenho ou a escolha dos termos dos contratos será função das regras legais, da capacidade de coerção das cortes de justiça e do surgimento de mecanismos privados de salvaguardas para os agentes envolvidos com os contratos. Sendo as firmas vistas como arranjos contratuais, a escolha entre arranjos alternativos dependerá de razões de eficiência. (ZYLBERSZTAJN; SZTAJN, 2005, p. 104)

Verifica-se, então, que a empresa vai além da função de produção, passando a ser considerada um feixe de contratos, estes que são aplicados nas suas atividades desempenhadas. Isto é, ao se visualizar a empresa como um nexo de contratos, entende-se a importância de negociações seguras, sejam aquelas realizadas entre os sócios, fornecedores, empregados e clientes, tendo como objetivo central o crescimento do lucro e a expansão da empresa no mercado.

O feixe de contratos corresponde então ao núcleo da empresa, reunindo e organizando os fatores de produção e harmonizando os interesses entre todos os agentes da cadeia negocial. Assinala-se que essa estrutura é o que valoriza a empresa, uma vez que, de forma maciça, continuada e estável em mercados, satisfaz as necessidades das pessoas (SZTAJN, 2010). Ou seja, ao se criar meios que alinhem os atos negociais de forma segura, a tendência é que, minimamente, efeitos prejudiciais futuros possam ser amenizados ou pelo menos previstos.

Cria-se, neste passo, uma nova ideia de empresa, que se fundamenta em uma estrutura de contratos, conforme alude Sztajn (2010, p. 136):

> a noção de empresa como centro de imputação de um feixe de contratos leva o estudioso a pensar em tipos ou espécies de organizações, termo que designa realidades bastantes distintas, porque abrange desde a família, até formas complexas de contratação. A atividade das pessoas produz organizações na medida de suas necessidades.

Claro que em um mundo ideal – realidade distante do cenário atual no Brasil – prever problemas futuros nas negociações realizadas pelas empresas ao se criar contratos em todas as ações desenvolvidas seria uma das alternativas viáveis, mas em um país conhecido por seu "jeitinho brasileiro", isso está longe de ser uma prática da maioria das empresas. Realizar uma consulta prévia, seja com um contador seja com um advogado, por vezes, além de possibilitar a prevenção do problema, pode auxiliar no afastamento dele, porém, pelas burocracias, altos impostos ou ausência de incentivo no desenvolvimento do mercado, poucos são os brasileiros que acreditam que "prevenir é melhor do que remediar".

A empresa aparece como uma organização econômica e eficiente especializada nos fatores de produção, sendo concebida como feixes de relações jurídicas, um feixe de contratos que busca organizar a atividade (SZTAJN, 2010). E esse alinhamento nas negociações mostra-se importante desde as relações internas até as externas, devendo ser confeccionado um contrato conforme a necessidade apresentada.

Observa-se "a importância dos contratos na análise da empresa, notadamente aqueles dedicados à organização das atividades ou à promoção da cooperação entre pessoas, demonstram que a projeção dos efeitos para o futuro é vital no entendimento da noção de empresa" (SZTAJN, 2010, p. 147). Assim, ao se adotar a ideia de uma empresa como um feixe de contratos, acaba-se por contribuir como elemento distintivo específico do negócio.

Logo, percebe-se como que a organização da atividade econômica do feixe de contratos é o mecanismo, até o presente, que melhor atende à busca de soluções para reduzir custos derivados dessas falhas de mercados (SZTAJN, 2010). Mas a referida teoria pode ser aplicada não só na redução dos custos, como também em outros pontos da empresa, conforme se buscará apresentar no último tópico deste estudo.

3.1 A prevenção e eficácia na estruturação das *startups* baseada na teoria feixe de contratos

De acordo com o visitado no presente estudo, existem diversas fases para se iniciar a estruturação de uma *startup*, que, por não dispor de legislação específica no Brasil, encontra-se limitada desde logo pelo próprio sistema jurídico e, por vezes, não resiste mais de um ano após sua criação. Ressalta-se que uma grande ideia pode estar fadada ao fracasso pelo simples fato de haver mais burocracias do que incentivos. E no direito não é diferente.

Por isso que o tema das *startups* deve passar a ser discutido nas bases doutrinárias, a ser questionado no âmbito judiciário e, por consequência, a ganhar espaço nas normas pátrias. Registre-se, aqui, que é conhecida a dificuldade de fazer a realidade social acompanhar em sincronicidade as leis, razão pela qual é imperioso que teorias, princípios e teses possam buscar o equilíbrio entre o avanço jurídico e a contemporaneidade.

O presente estudo busca apontar para uma direção, mas sem saber qual ponto atingir ao final. Em verdade, encontrar formas de trazer segurança jurídica, com ou sem disposição legal, é uma tarefa árdua e frustrante no Brasil, claro que não somente aqui, mas principalmente nas terras tupiniquins que vivem em constante comparação com o mundo, mas que não conseguem alcançar um norte próprio e eficaz.

Sobre a teoria jurídica e econômica da empresa não foi diferente. A base do conceito de empresário brasileiro surgiu a partir da inspiração do art. 282 do Código Civil italiano de 1942, sendo disposto no Código Civil brasileiro, em seu art. 966, que se fundamenta nas concepções da teoria neoclássica. Nessa teoria a empresa – firma – é vista como um conjunto de planos viáveis de produção, que possui como objetivo o de maximizar o lucro, mas que nada explica a respeito de como a produção se organizaria e como resolveria os possíveis conflitos que surgem das relações negociais.

Registre-se que, na concepção de Coase (1990), a noção de empresa estaria relacionada à necessidade de contratos para sua organização, sendo a empresa um feixe de contratos que estrutura a produção de bens e serviços para mercados a fim de reduzir custos de transação. Foi a partir dessa compreensão que a firma passou a ser vista como um fenômeno econômico, capaz de organizar transações econômicas.

Sztajn (2010) leciona que a empresa seria, então, concebida como um feixe de relações jurídicas, um feixe de contratos que organiza a atividade e as negociações realizadas e que, sem a confecção de múltiplos contratos que possam dispor sobre os trâmites da atividade, não haveria empresa. Percebe-se que, ao se visualizar a empresa como uma cadeia de fases obrigatórias e opcionais, existe uma evidente necessidade de criar contratos específicos e seguros, com a finalidade de, além de proteger a empresa, auxiliar na expansão do mercado.

Logo, compreender a importância da confecção de contratos ao longo de toda a cadeia estrutural e negocial da empresa é aplicar os conceitos sob a ótica da teoria feixe de contratos, como bem dispõe Sztajn (2006, p. 199):

> Se os estudiosos do direito se satisfaziam com afirmar que empresa é conceito econômico sem avançar no seu enquadramento jurídico além do que propusera Alberto Asquini, os economistas se empenharam em defini-la, dar-lhe contornos mais precisos, mais claros. Entre eles, desponta Ronald H. Coase que, em 1937, em The *Nature of the Firm* (1990, p. 115), conclui serem as empresas feixe de contratos que organizam atividades econômicas

visando a reduzir custos de transação de operar em mercados. Outros economistas vêem a empresa como um nexo de contratos, realçando a cadeia de comando – seja sobre a alocação e uso dos ativos, seja sobre a mão-de-obra, e a definição de estrutura hierárquica que permite a apropriação dos excedentes da produção pelo organizador.

Destaca-se a partir desse entendimento que uma das principais áreas de estudos advinda da intersecção entre o direito e a economia é a análise econômica dos contratos que, de um ponto de vista econômico, compreende que um contrato é uma maneira de coordenar as transações, prover os incentivos para que os agentes possam atuar de maneira coordenada na produção e também dispor a respeito do planejamento de longo prazo (ZYLBERSZTAJN, 2005). Ressalta-se que, em sua função basilar, ao se analisar sob a ótica da economia os contratos, há possibilidade de que os agentes sejam independentes e tenham incentivos para se engajar em esforços conjuntos de produção.

E, ao direito, no que concerne ao funcionamento de mercados, compete disciplinar a estrutura, as tutelas e as garantias eficazes para que haja a possibilidade de satisfação das necessidades individuais e também as coletivas. Portanto, faz-se necessária a criação de regras que tratem sobre as empresas, a cadeia negocial, as penalidades e as responsabilidades de cada agente.

Chega-se, assim, no foco central do estudo, ponderar sobre a importância e eficiência de uma das figuras mais clássicas, mas que também possui traços marcantes de modernidade: os contratos. Pontua-se, de plano, que o instrumento contratual visa facilitar a circulação da propriedade, já que as empresas organizam a produção para os mercados e os contratos tornam eficiente a troca econômica, razão pela qual proteger uma relação de forma preventiva se mostra uma alternativa efetiva.

Conforme já apontado, as *startups* são verdadeiros fenômenos recentes, econômicos e que não possuem amparo adequado junto às práticas jurídicas aplicáveis às empresas tradicionais. Além das inúmeras fases obrigatórias para a construção de uma *startup*, também se mostram essenciais os contratos com clientes, por exemplo, que devem prever multas por atraso, pecúnias punitivas e indenizações prefixadas, entre outras medidas que devem dispor sobre a execução de garantias, a limitação de responsabilidade, os prazos determinados e as demandas mínimas garantidas (FALCÃO, 2017).

Assinala-se a importância dos cuidados em todas as questões operacionais do cotidiano da *startup*, seja quanto aos processos administrativos, como aos processos judiciais. Em alguns casos, faz-se necessária uma atuação preventiva, em outros o acompanhamento e monitoramento do processo em andamento; situações estas que devem ser amparadas por bons contratos, claros e objetivos, com a finalidade de proteção com relação a questões futuras e ainda incertas (FALCÃO, 2017).

Uma aparentemente simples ideia pode se transformar em um negócio milionário, rapidamente, ou apenas em um pensamento frustrado, tudo dependerá de como foi conduzida sua estruturação. Desta forma, é imperioso compreender a importância de se redigir documentos desde a concepção inicial da *startup*, dos compromissos, direitos e obrigações, para que ao final, a partir da leitura destes documentos (ou feixe de contratos), possa ser suficiente para compreender o que foi acordado, mesmo sem a presença das pessoas envolvidas na negociação propriamente dita (FALCÃO, 2017).

Isto é, se nada na vida cotidiana se resolve com suposições ou ainda com argumentações sem provas, por que tal prática seria eficaz para as *startups*? Em verdade, não seria. Assim, vale o que está escrito e assinado, devendo este ser um hábito das *startups*, uma vez que, ao se considerar a teoria da empresa como um feixe de contratos, a empresa corresponderia, então, basicamente, a este feixe constituído de bons contratos.

Contudo, além da confecção dos contratos, estes devem ser compreendidos por todos que regem aquela relação, uma vez que superar cláusulas contratuais é um esforço considerável no ciclo de vida das *startups* (FALCÃO, 2017). Ou seja, não basta uma ótima ideia, uma eficaz administração e bons clientes, sem que haja o amparo de contratos igualmente sólidos.

Portanto, toda *startup* deve saber que litigar judicialmente sobre uma relação contratual não costuma ser uma boa alternativa, devendo, desta forma, buscar soluções que evitem processos contra fornecedores, por exemplo, e vice-versa, de forma preventiva e segura (FALCÃO, 2017). Não é simples tornar um negócio promissor e rentável, principalmente no Brasil, mas enxergar a empresa por meio de um feixe de contratos é, ao menos, garantir uma maior proteção para a empresa, inclusive às *startups*.

Assim, a aplicação da teoria feixe de contratos junto as *startups* é uma forma de proteger as relações e também prevenir danos produzidos por comportamentos pretéritos, mas, sobretudo, na imposição de medidas que objetivem evitar ou conter práticas passíveis de produzir danos – ou potencial risco de danos – sociais ou individuais graves e irreversíveis (VENTURI, 2012). Cabe mencionar que essa proteção preventiva se ampara a partir dos princípios da prevenção e da precaução.

Os princípios da prevenção e da precaução têm ampla aceitação no direito ambiental, fundamentando-se na responsabilidade por danos ao ambiente. O princípio da prevenção busca evitar os danos conhecidos, isto é, aqueles que já podem ser previstos de acordo com o decorrer natural da atividade que impõe o risco. Já o princípio da precaução tem por finalidade a não ocorrência de danos hipotéticos que, em síntese, são aqueles nos quais existe o risco, embora não possam ter seus limites definidos cientificamente (LOPEZ, 2010).

Observa-se, portanto, que o uso das orientações preventivas junto às *startups* busca inibir condutas que impõem desnecessários riscos de danos, com a finalidade de cessar, ou ao menos mitigar, os efeitos dos novos prejuízos (VENTURI, 2012). Os riscos e problemas serão sempre uma realidade em um ambiente negocial, principalmente em um mercado competitivo, mas resguardar as relações é, também, incentivar a economia.

E, a respeito da aplicação da prevenção nas *startups*, pontua-se, de plano, que a ausência de orientação especializada pode colocar em elevado risco a atividade econômica exercida, neste caso, pelas *startups*, podendo resultar em consequências drásticas que acarretarão problemas para a empresa e também para os demais integrantes da cadeia negocial (SANTOS, 2016). Ademais, ao se aplicar os pressupostos preventivos, a tendência é que ocorra um crescimento saudável da empresa, colocando-a sempre à frente de seus concorrentes, alavancando-se, em decorrência disso, a economia do país em que opera.

Santos (2016, p. 26) alude que "se é sabido que a legislação brasileira é densa, por vezes intrincada, a tônica está em se trabalhar com estratégia, conduzindo o empreendedor à escolha de caminhos mais céleres e menos incertos". Assim, mostra-se importante o uso de novas técnicas jurídicas que acompanhem as necessidades dos avanços tecnológicos e a realidade contemporânea da sociedade, ao encontrar alternativas que possam proteger, como se observa no caso em estudo, toda a cadeia negocial.

Frisa-se que, desde o estágio inicial de uma *startup*, é preponderante a preocupação com a compreensão da importância de elaboração de um memorando de entendimentos de pré-constituição, sendo, ainda, elaborados contratos preliminares para explicitar diversos pontos que poderão se tornar conflituosos, devendo ser estudados de acordo com cada caso em concreto (SANTOS, 2016). Outro ponto que merece atenção diz respeito à identidade do negócio, como a proteção do nome e da marca, que são fundamentos primordiais para a configuração da empresa, seja ela de pequeno seja de grande porte, inclusive as *startups*, aumentando até mesmo a *valuation*[2] da empresa.

Destaca-se, ainda, a importância da confecção de todos os contratos que regem as relações, desde o pacto com o investidor até a forma com que serão regidos os negócios com seus consumidores, considerando as formalizações das *startups*, que, conforme seu crescimento, possuem como meta expandir os negócios, situação que ensejará ainda mais atenção nas formas de prevenção em prol do desenvolvimento da empresa (SANTOS, 2016). Para isso, mostra-se oportuno que desde os primeiros atos negociais haja uma proteção e prevenção de possíveis questões jurídicas, ou não, que possam acarretar prejuízos em face dos negócios.

Ainda, em relação especificamente ao âmbito dos contratos, surgem obrigações desde a fase pré-contratual, já nas negociações preliminares do contrato, criando-se comportamentos que terão reflexos ao longo de toda a relação negocial até sua conclusão (ALMEIDA; BRAGIOLA, 2019). Assim, aplicar as normas contratuais sob a ótica preventiva, desde o início da negociação, torna a relação entre as partes mais segura e transparente.

No que se refere à boa-fé, destaca-se que no Brasil o conceito de honestidade, no que toca às partes deixarem claro suas reais vontades durante as negociações, mostra-se de suma importância, com o objetivo precípuo de que a figura da responsabilidade pré-contratual não surja (ALMEIDA; BRAGIOLA, 2019). Ainda, além de se amparar nas normas contratuais, os atos negociais também devem ser regidos pela prevenção, que irá, então, antecipar-se de questões que podem surgir ao longo do tempo e também após o fim da relação negocial entre as partes.

Registre-se, por oportuno, que com o advento da pandemia mundial do coronavírus, em 2020, ocorreram diversas mudanças em distintos cenários, seja político, seja econômico e também nas relações legais – abrangidas pelo direito positivo. No que tange às interações negociais, especialmente pelo uso das redes sociais, houve uma crescente onda de empreendedorismo que transformou, drasticamente, a forma de publicização, negociação e venda de produtos ou serviços, o que, futuramente, inclusive, pode se transformar em uma *startup*.

E, com base nos breves apontamentos expostos, verifica-se a possibilidade de aplicar a teoria feixe de contratos, sob uma ótica preventiva, desde a estruturação até o encerramento das *startups*, com o objetivo de que haja uma proteção e prevenção de possíveis questões negociais prejudiciais ao desenvolvimento saudável da empresa. Portanto, ao se buscar segurança jurídica na cadeia negocial, a tendência é que ocorra um crescimento salubre da empresa, colocando-a à frente dos possíveis riscos e também

---

[2] *Valuation* é um termo de origem inglesa que significa, adaptado ao português, avaliação de empresas (AQUINO, 2020).

dos concorrentes, conduzindo, por consequência, ao crescimento dos negócios, com efeitos em todo o mercado.

4 Considerações finais

O estudo teve como premissa apresentar uma problemática atual – a ausência de regulamentação própria para as *startups* e sua consequente insegurança jurídica. Mesmo já tramitando na Câmera dos Deputados o Projeto de Lei nº 146/2019, que atualmente aguarda a sanção do presidente da República (BRASIL, 2019), ainda permanecem incertezas quanto às disposições desta – não tão nova – modalidade de empresa, que vem ganhando cada vez mais destaque no direito e na economia, do Brasil e do mundo, as *startups*.

Neste passo, pela ausência de proteção legal no ordenamento jurídico pátrio, os efeitos são de retrocesso no mercado, que por consequência trazem também insegurança jurídica. A proposta do estudo foi analisar o tema sob a ótica da teoria feixe de contratos no processo de estruturação das *startups*, com a finalidade de buscar uma maior proteção negocial nas atividades desenvolvidas pela empresa, seja no âmbito interno, seja externo, vez que o objetivo é proteger toda a cadeia de negócios.

O objetivo geral buscou demonstrar a importância da proteção e incentivo das *startups* no mercado brasileiro, considerando seus efeitos no direito e na economia. Quanto aos objetivos específicos, o estudo analisou as formas alternativas de efetivar a proteção jurídica das *startups* e como aplicá-las de uma forma que ocorra a expansão do mercado.

Entre as possíveis alternativas, o estudo apresentou a teoria feixe de contratos, de Ronald H. Coase, que dispõe sobre a organização da atividade desenvolvida e as negociações realizadas baseadas em uma cadeia de contratos, com a finalidade de buscar segurança desde os primeiros passos da criação até o possível encerramento da empresa, baseando-se em efeitos preventivos em todas as fases negociais. A hipótese levantada se evidenciou positiva, uma vez que, com a aplicação da teoria feixe de contratos, seria possível, então, trazer maior segurança jurídica para a estruturação de uma *startup* no Brasil e, como consequência, ocorreria o crescimento da economia.

Observou-se que a teoria feixe de contratos visa organizar a atividade e as negociações realizadas pela empresa, com a finalidade de, além de proteger a organização, auxiliar na expansão do mercado. Assim, ao se aplicar a supramencionada teoria às *startups*, ocorreria uma atuação preventiva, por meio de acompanhamentos e monitoramentos em todos os processos, situações estas que devem ser amparadas por bons contratos, claros e objetivos, com a finalidade de proteger questões futuras e ainda incertas.

Após o estudo sintetizado sobre as *startups* e a teoria feixe de contratos, constatou-se a extrema relevância da discussão quanto à necessidade de se aplicar os pressupostos preventivos em toda a cadeia negocial, por meio de contratos. O tema ganha maior destaque ao se observar as questões atinentes aos avanços tecnológicos e ao se revisitar preceitos tradicionais, principalmente em decorrência dos efeitos gerados com a pandemia (Covid-19).

Assim, tendo em conta as fundamentações, ainda que sintetizadas, dos princípios da precaução e prevenção, apresenta-se viável a efetivação dos conceitos citados na relação negocial das *startups*, com a finalidade de que ocorra um crescimento saudável da empresa, colocando-a à frente dos possíveis riscos que podem surgir desde a sua construção até seu encerramento.

Deste modo, a partir de todo o exposto e ao longo desta breve pesquisa, conclui-se que seria prudente a criação de uma forma aplicável dos preceitos preventivos nos contratos e demais documentações atinentes desde a estruturação da empresa, bem como nas negociações realizadas, com a intenção de proteger todos da cadeia negocial, para que assim se mantenham abertos e contínuos os caminhos da geração de riquezas, da inovação e da liberdade econômica, inerentes ao sistema capitalista. Por fim, compreende-se ser possível a aplicação da teoria feixe de contratos às *startups*, de modo a garantir maior segurança jurídica e progresso para os futuros negócios.

Referências

ALMEIDA, Caio César Domingues de; BRAGIOLA, Ricardo Augusto. A responsabilidade pré-contratual no Brasil e em Portugal: uma perspectiva comparada com os países do Common Law. *In*: ROSENVALD, Nelson; DRESCH, Rafael de Freitas Valle; WESENDONCK, Tula (Org.). *Responsabilidade civil*: novos riscos. 1. ed. Indaiatuba: Foco, 2019. v. 1.

AQUINO, Leonardo Gomes de. *Curso de direito empresarial*: teoria da empresa e direito societário. 4. ed. Brasília: Kiron, 2020.

ARRUDA, Carlos *et al*. As causas da mortalidade de startups brasileiras. *DOM*, Nova Lima, v. 9, n. 25, p. 26-33, nov. 2014/fev. 2015. Disponível em: https://www.fdc.org.br/conhecimento/publicacoes/artigo-29767. Acesso em: 2 mar. 2021.

BLANK, Steve; DORF, Bob. *The startup owner's manual*. Pescadero, CA: K & S Ranch, 2012.

BRASIL. Câmara dos Deputados. *Projeto de Lei n. 146, de 29 de maio de 2019*. Institui o marco legal das startups e do empreendedorismo inovador; e altera as Leis nºs 8.212, de 24 de julho de 1991, 7.713, de 22 de dezembro de 1988, 6.404, de 15 de dezembro de 1976, 11.196, de 21 de novembro de 2005, e a Lei Complementar nº 123, de 14 de dezembro de 2006. Brasília: Câmara dos Deputados, 2019. Disponível em: https://www.camara.leg.br/propostas-legislativas/2205645. Acesso em: 17 maio 2021.

COASE, Ronald H. The nature of the firm. *In*: COASE, Ronald H. *The firm, the market and the law*. Chicago: University of Chicago Press, 1990.

FALCÃO, João. *Startup law Brasil*: o direito brasileiro rege mas desconhece as startups. Dissertação (Mestrado em Direito da Regulação) – Escola de Direito do Rio de Janeiro, Fundação Getúlio Vargas – FGV, Rio de Janeiro, 2017.

LOPEZ, Teresa Ancona. *Princípio da precaução e evolução da responsabilidade civil*. São Paulo: Quartier Latin, 2010.

MACIEL, Natália Bertuol. *Valores que influenciam a retenção dos profissionais da Geração Y nas organizações*. 2010. 69 f. Trabalho de Conclusão de Curso (Graduação em Administração) – Escola de Administração, Universidade Federal do Rio Grande do Sul, Porto Alegre, 2010.

RAMOS, Pedro de Alencar. *O desenvolvimento de startups*: um estudo de caso em uma empresa de alimentação. 2015. Trabalho de Conclusão de Curso (Graduação em Engenharia de Produção) – Escola Politécnica, Universidade Federal do Rio de Janeiro, Rio de Janeiro, 2015.

RIES, Eric. *A startup enxuta*. São Paulo: Saraiva, 2012.

SANTOS, Iara Rodrigues dos. *O lado jurídico das startups*: empreendedorismo, inovação e responsabilidade social. 2016. 46 f. Monografia (Bacharelado em Direito) – Universidade Federal de Juiz de Fora, Juiz de Fora, 2016.

SILVA, Layon Lopes da. Governança corporativa para startups. *In*: JÚDICE, Lucas Pimenta; NYBO, Erik Fonetenele. *Direito das startups*. Curitiba: Juruá, 2016.

SZTAJN, Rachel. Notas sobre o conceito de empresário e empresa no Código Civil brasileiro. *Pensar*, Fortaleza, v. 11, p. 192-202, 2006.

SZTAJN, Rachel. *Teoria jurídica da empresa*: atividade empresária e mercados. São Paulo: Atlas, 2010.

VENTURI, Thais Gouveia Pascoalato. *A construção da responsabilidade civil preventiva no direito civil contemporâneo*. 2012. 338 f. Tese (Doutorado em Direito das Relações Sociais) – Universidade Federal do Paraná, Curitiba, 2012.

ZYLBERSZTAJN, Décio *et al.* (Org.). *Direito e economia*: análise econômica do direito e das organizações. 6. ed. São Paulo: Elsevier, 2005.

ZYLBERSZTAJN, Décio; SZTAJN, Rachel. Economia dos contratos: a natureza contratual da firma. *In*: ZYLBERSZTAJN, Décio; SZTAJN, Rachel (Org.). *Direito & Economia*. São Paulo: Elsevier, 2005.

Informação bibliográfica deste texto, conforme a NBR 6023:2018 da Associação Brasileira de Normas Técnicas (ABNT):

KIELBOVICZ, Mérian; ADOLFO, Luiz Gonzaga Silva. A eficácia preventiva na estruturação das *startups* sob à ótica da teoria feixe de contratos. *In*: EHRHARDT JÚNIOR, Marcos; CATALAN, Marcos; MALHEIROS, Pablo (Coord.). *Direito Civil e tecnologia*. 2. ed. Belo Horizonte: Fórum, 2022. t. II. p. 717-731. ISBN 978-65-5518-432-7.

CONTRATOS A DISTANCIA: A SEIS AÑOS DE SU REGULACIÓN EN EL CÓDIGO CIVIL Y COMERCIAL DE ARGENTINA. SITUACIÓN ACTUAL Y PERSPECTIVAS

ANDRÉS F. VARIZAT

I Los contratos a distancia en el derecho de Argentina

El primer antecedente regulatorio de los contratos a distancia en el derecho de Argentina, fue la "venta por correspondencia y otras" (medio postal, telecomunicaciones, electrónico o similar) receptada en el artículo 33 de la Ley de Defensa de los Consumidores y Usuarios Nº 24.240 en su redacción originaria (año 1993).[1] El texto fue objeto de críticas por defectos de técnica legislativa. En primer término porque los contratos a distancia no se limitan solo a la "venta", sino que también pueden comprender otras posibilidades tal es el caso de la contratación de servicios.[2] Por otra parte la modalidad de celebración por vía postal (correspondencia) rápidamente resultó desactualizada frente al avance de otras formas de contratación a distancia tal es el caso de los medios telefónicos o electrónicos.

Era evidente que resultaba necesario contar con una nueva regulación.

II Regulación en el Código Civil y Comercial del año 2015

a) *El Código Civil unificado con el Código de Comercio*: El derecho civil y comercial de Argentina estuvo regido por casi un siglo y medio por el Código de Comercio (año 1862) y el Código Civil (1869). El primero fue redactado, en forma conjunta, por Dalmacio Vélez Sarsfield y Eduardo Acevedo. El segundo fue obra de Vélez Sarsfield únicamente. En el año 2011 se constituyó la

---

[1] Art. 33. — VENTA POR CORRESPONDENCIA Y OTRAS: *Es aquella en que la propuesta se efectúa por medio postal, telecomunicaciones, electrónico o similar y la respuesta a la misma se realiza por iguales medios. No se permitirá la publicación del número postal como domicilio.*

[2] FARINA, Juan, "Defensa del Consumidor y del Usuario". Análisis exegético de la ley Nº 24.240 con las reformas de la ley 26.361, 4ta ed. Astrea, Bs As, 2014, p. 359.

"Comisión para la elaboración del proyecto de ley de reforma, actualización y unificación de los Códigos Civil y Comercial de la Nación" (Decreto Presidencial Nº 191/2011). Dicha Comisión elaboró un Anteproyecto de Código Civil unificado con el Código de Comercio que fue aprobado por el Congreso Nacional como ley Nº 26.994 (2014).[3] Esta última ley también derogó los hasta entonces vigentes Códigos de Comercio y Código Civil. El nuevo Código Civil y Comercial de Argentina (CCC) comenzó a regir a partir del 01/08/2015 de acuerdo a lo dispuesto por ley nacional Nº 27.077.

b) *Regulación de los contratos a distancia*: Son numerosos los aspectos novedosos y de interés receptados por el nuevo CCC vigente en Argentina desde el año 2015. A los fines del presente trabajo solo haremos referencia al tema puntual de los contratos *a distancia*. El CCC regula los contratos en el Libro Tercero (Derechos Personales), distinguiendo tres títulos: Título II (Contratos en General), Título III (Contratos de Consumo) y Título IV (Contratos en Particular).

Como puede advertirse se distinguen dos partes generales de los contratos:
- Título II. Contratos en General (arts 957 al 1091) en el cual se regulan instituciones tales como el concepto de contrato, la formación del consentimiento, la incapacidad o inhabilidad para contratar, el objeto, la causa, la forma, la prueba, los efectos, etc.
- Título III. Contratos de Consumo (arts 1092 al 1122) en el cual se regulan instituciones tales como el concepto de contrato de consumo, la formación del consentimiento (prácticas abusivas, información y publicidad dirigida a consumidores), los contratos celebrados fuera de los establecimientos comerciales y los contratos a distancia.

c) *Definición*: Dentro del Título III, se halla el Capítulo 3, en el cual el artículo 1105 define a los contratos a distancia del siguiente modo: *"Contratos celebrados a distancia. Contratos celebrados a distancia son aquellos concluidos entre un proveedor y un consumidor con el uso exclusivo de medios de comunicación a distancia, entendiéndose por tales los que pueden ser utilizados sin la presencia física simultánea de las partes contratantes. En especial, se consideran los medios postales, electrónicos, telecomunicaciones, así como servicios de radio, televisión o prensa"*.

El artículo citado señala dos características básicas de los contratos a distancia: a) No debe existir *presencia física simultánea* de los contratantes. b) Durante el proceso de formación del consentimiento (oferta-aceptación) y en la propia celebración del contrato, deben utilizarse exclusivamente *medios de comunicación a distancia* tales como medios postales (correspondencia, envíos postales), electrónicos (comercio a través de internet o E-commerce ya sea a través de plataformas, páginas web o redes sociales), telecomunicaciones (contratación por teléfono, fax o similares), radio, televisión o prensa.[4] Es importante aclarar que la contratación a distancia solo supone un *modo*

---

[3] Sancionada por el Congreso de la Nación el 01/10/2014, publicada en el Boletín Oficial de Argentina el 08/10/2014.
[4] Estos conceptos reconocen como antecedente la Directiva 97/7/CE del Parlamento Europeo y del Consejo de 20 de mayo de 1997 relativa a la protección de los consumidores en materia de contratos a distancia (art. 2.1.), y la posterior Directiva 2011/83/UE del Parlamento Europeo y el Concejo de la Unión Europea (art. 2.7.).

o *medio* de contratar, más allá del objeto del contrato en *si mismo*. Si bien la práctica indica que la gran mayoría de los contratos a distancia con consumidores, los medios de comunicación *a distancia* pueden utilizarse para perfeccionar cualquier clase de contrato. Así los contratos a distancia pueden comprender los contratos "de consumo" (empresas-consumidores o Business to Consumer -B2C-). Y también los contratos que "no son" de consumo: contratos entre particulares (Consumer to Consumer -C2C-) o contratos entre empresas (Business to Bussines -B2B-). Pese a ello el CCC no recepta a los contratos a distancia como una categoría *general*. Solo recepta una de las aplicaciones posibles, en este caso los contratos a distancia *de consumo* (Business to Consumer), lo cual constituye un defecto de técnica legislativa.

d) *Régimen legal. Instituciones jurídicas receptadas*: Aparte de la definición ya referida, el régimen legal de los contratos a distancia de consumo se desarrolla desde el art. 1106 hasta el art. 1115 del CCC. La regulación comprende, en primer término, cuestiones referidas exclusivamente a contratos a distancia. Pero también prevé regulaciones aplicables -en forma conjunta- a los contratos a distancia y a los contratos celebrados fuera de los establecimientos comerciales. Exponemos una síntesis a continuación:

d.1) Contratos a distancia en general: a) Soporte electrónico como sustituto del contrato por escrito (art. 1106 del CCC).[5] b) Obligación de información a cargo del proveedor (art. 1107 del CCC). c) Período de vigencia de la oferta de contratación realizada por medios electrónicos (art. 1108 CCC).[6]

d.2) Contratos a distancia (con utilización de medios electrónicos o similares) y a contratos celebrados fuera de los establecimientos comerciales: a) Lugar de cumplimiento (art. 1109 del CCC).[7] b) Derecho de revocación de la aceptación (arts 1110[8] y 1112 hasta 1116 del CCC). b) Obligación de información (art. 1111 del CCC).

---

[5] Artículo 1106 CCC.- Utilización de medios electrónicos. Siempre que en este Código o en leyes especiales se exija que el contrato conste por escrito, este requisito se debe entender satisfecho si el contrato con el consumidor o usuario contiene un soporte electrónico u otra tecnología similar.

[6] Artículo 1108 CCC.- Ofertas por medios electrónicos. Las ofertas de contratación por medios electrónicos o similares deben tener vigencia durante el período que fije el oferente o, en su defecto, durante todo el tiempo que permanezcan accesibles al destinatario. El oferente debe confirmar por vía electrónica y sin demora la llegada de la aceptación.

[7] Artículo 1109 CCC.- Lugar de cumplimiento. En los contratos celebrados fuera de los establecimientos comerciales, a distancia, y con utilización de medios electrónicos o similares, se considera lugar de cumplimiento aquel en el que el consumidor recibió o debió recibir la prestación. Ese lugar fija la jurisdicción aplicable a los conflictos derivados del contrato. La cláusula de prórroga de jurisdicción se tiene por no escrita.

[8] Artículo 1110 CCC.- Revocación. En los contratos celebrados fuera de los establecimientos comerciales y a distancia, el consumidor tiene el derecho irrenunciable de revocar la aceptación dentro de los diez días computados a partir de la celebración del contrato. Si la aceptación es posterior a la entrega del bien, el plazo debe comenzar a correr desde que esta última se produce. Si el plazo vence en día inhábil, se prorroga hasta el primer día hábil siguiente. Las cláusulas, pactos o cualquier modalidad aceptada por el consumidor durante este período que tengan por resultado la imposibilidad de ejercer el derecho de revocación se tienen por no escritos.

III Situación de los contratos a distancia al momento de su regulación en el CCC

Al momento de su regulación en el CCC (año 2015) la situación de la contratación a distancia era la siguiente:

a) *Modalidades de contratación a distancia más utilizadas: el contrato por teléfono*: Durante la década pasada la modalidad mas frecuente de contratación a distancia era el denominado *contrato por teléfono*, especialmente en las compras de consumo. Como es conocido, la mecánica de celebración de esta modalidad contractual es muy sencilla: el cliente o consumidor debe comunicarse a un número telefónico que por lo general se ofrece a un costo reducido de llamada local (0800) y de ese modo, mediante una simple llamada, solicita el bien o servicio previa manifestación de sus datos personales. El contrato se celebra en los hechos "de palabra", con una simple manifestación verbal a través de una llamada telefónica. Ha sido, y aún sigue siendo, una modalidad muy utilizada para comercializar en forma "masiva" bienes (ej. electrodomésticos) y principalmente servicios (telefonía fija y celular, acceso a internet, servicios bancarios, señales de TV por cable o satelital, seguros, entre muchos otros). Con anterioridad al año 2015 y en forma posterior, gran cantidad de servicios únicamente se pueden contratar de este modo en Argentina, lo cual supone que grandes franjas de consumidores se hallan "cautivos" de esta modalidad contractual. En Argentina este modo de contratar ha sido, y sigue siendo, fomentado por las empresas teniendo en cuenta su practicidad y el ahorro de costos que supone. Pero es evidente que por su propia *informalidad* facilita numerosas las prácticas comerciales "abusivas" (por ejemplo: la modificación unilateral por parte del proveedor de los términos de la contratación).

b) *Mínima utilización de otros medios de contratación a distancia*: En relación a otros medios de comunicación a distancia tales como los medios postales (correspondencia, envíos postales), radio, televisión o prensa, en el año 2015 eran cada vez menos frecuentes. En la actualidad prácticamente no se utilizan.

c) *Mínima utilización del comercio electrónico*: Por su parte el comercio electrónico o comercio a través de internet (E-commerce) ya sea a través de plataformas, páginas web o redes sociales, presentaba un muy reducido porcentaje de utilización y conflictividad a la fecha de entrada en vigencia del CCC. Esto se confirma a través de datos empíricos provenientes de las estadísticas de consultas y reclamos realizados por consumidores en las autoridades de aplicación administrativas. Durante los años 2014 a 2016 oscilaba en cifras menores al 1 o 2% (o cifra similar) respecto al total de reclamos recibidos.[9] Esta información coincide en términos generales con los de otras provincias del país, y también resulta coincidente con los informes anuales (síntesis de gestión) elaborados sobre la base de los reclamos presentados por

---

[9] Datos provenientes de relevamiento de consultas y reclamos mensuales realizado por consumidores en la autoridad de aplicación administrativa de defensa del consumidor de la provincia de Córdoba (Dirección General de Defensa del Consumidor y Lealtad Comercial), años 2014 a 2016.

consumidores, por la Dirección Nacional de Defensa del Consumidor de Argentina correspondientes a los años 2017[10] y 2018.[11]

En síntesis: los problemas referidos a comercio electrónico presentaban una reducida utilización, siendo analizado mas como un problema de interés académico o doctrinario, pero como problema cuantitativo presentaba una escasa relevancia.

d) *Contratos con mayor cantidad de reclamos*: En Argentina, los servicios de comunicaciones históricamente registran el mayor número de consultas y de reclamos en las autoridades de aplicación administrativas de defensa del consumidor de todo el país. Dentro del mismo se incluyen telefonía fija y celular, servicios de acceso a internet y otros servicios relacionados (servicio técnico de aparatos de telefonía, servicios de TV satelital, etc). Este rubro ha llegado a concentrar, en algunos períodos, el 40 al 50% o más del total de las consultas o reclamos mensuales realizados por consumidores o usuarios.[12] Estos datos coinciden en términos generales con los de otras provincias del país e incluso coinciden con los informes anuales (síntesis de gestión) elaborados por la Dirección Nacional de Defensa del Consumidor de Argentina correspondientes a los años 2017[13] y 2018.[14] Otros ámbitos con gran cantidad de reclamos fueron: a) Servicios bancarios, financieros y tarjetas de crédito. b) Comercialización de automotores principalmente a través de los denominados planes de auto-ahorro. c) Venta de electrodomésticos en general, rubro que en numerosos casos cuenta con financiación provista

---

[10] Síntesis de gestión 2017 de la Dirección Nacional de Defensa del Consumidor www.argentina.gob.ar/defensadelconsumidor En la página Nº 13 se hallan los datos estadísticos (sistema unificado denominado "ventanilla federal única"). No figura el Comercio electrónico en esa estadística. En la página 15 del mismo informe se hallan las estadísticas del Sistema Nacional de Arbitraje de Consumo (SNAC). El rubro comercio electrónico no figura en los primeros 10 lugares de la referida estadística.

[11] Síntesis de gestión 2018 de la Dirección Nacional de Defensa del Consumidor. En la página Nº 8 se hallan los datos estadísticos (sistema unificado denominado "ventanilla única"). Al igual que en la estadística del año anterior, el comercio electrónico no figura en la estadística correspondiente al año 2018. En la página 10 del mismo informe se hallan las estadísticas del Sistema Nacional de Arbitraje de Consumo (SNAC). Allí se repiten similares indicadores. Servicios de comunicaciones es el rubro con mayor cantidad de denuncias o reclamos (40%) y también se incluye equipos de telefonía (10%) que pertenece al mismo rubro. Tampoco figura en este caso el comercio electrónico en los primeros 10 lugares de este último relevamiento.

[12] Datos provenientes de relevamiento de consultas y reclamos mensuales realizado por consumidores en la autoridad de aplicación administrativa de defensa del consumidor de la provincia de Córdoba (Dirección General de Defensa del Consumidor y Lealtad Comercial) realizados a partir del año 2014 en adelante.

[13] Síntesis de gestión correspondiente al año 2017 de la Dirección Nacional de Defensa del Consumidor www.argentina.gob.ar/defensadelconsumidor En la página 13 de dicho informe se hallan los datos estadísticos (sistema unificado denominado "ventanilla federal única"). Allí puede observarse que el rubro con mayor cantidad de reclamos o conflictividad es SERVICIOS DE COMUNICACIONES (27%) a lo que hay que sumar EQUIPOS DE TELEFONÍA Y REDES (5%) que se halla diferenciado pero pertenece al mismo rubro. En la página 15 del mismo informe se hallan las estadísticas del Sistema Nacional de Arbitraje de Consumo (SNAC). Allí se repiten similares indicadores. Servicios de comunicaciones es el rubro con mayor cantidad de denuncias o reclamos (34%) y también se incluye telefonía y redes (10%) que en realidad pertenece al mismo rubro.

[14] Síntesis de gestión correspondiente al año 2018 de la Dirección Nacional de Defensa del Consumidor. En la página 8 se hallan los datos estadísticos (sistema unificado denominado "ventanilla federal única"). El rubro con mayor cantidad de reclamos o conflictividad es el mismo que el año anterior: SERVICIOS DE COMUNICACIONES (25%) a lo que hay que sumar EQUIPOS DE TELEFONÍA (3%) que se halla diferenciado pero pertenece al mismo rubro. En la página 10 del mismo informe se hallan las estadísticas del Sistema Nacional de Arbitraje de Consumo (SNAC). Allí se repiten similares indicadores. Servicios de comunicaciones es el rubro con mayor cantidad de denuncias o reclamos (40%) y también se incluye equipos de telefonía (10%) que pertenece al mismo rubro.

por bancos o tarjetas de crédito y que como tal se relaciona con los servicios bancarios mencionados anteriormente.

Es importante señalar lo siguiente: a) Los ámbitos mencionados comprenden aproximadamente el 80% del total general de consultas y reclamos realizados por consumidores y usuarios. b) El modo de contratación de los bienes y servicios antes mencionados, era realizada principalmente a distancia, mediante contrato perfeccionado por teléfono.

IV Situación actual de los contratos a distancia

Próximamente se cumplirán seis años de vigencia del Código Civil y Comercial de Argentina y de las instituciones jurídicas que el mismo regula. A continuación analizaremos la situación actual.

a) *La pandemia del Covid19 y el nuevo contexto que originó el crecimiento exponencial del E-commerce*: con fecha 11 de marzo de 2020, la Organización Mundial de la Salud (OMS), declaró el brote del virus coronavirus (Covid19) como una pandemia. En Argentina, al igual que en otros países, y con la finalidad de proteger la salud pública, se dictaron medidas tendientes a establecer un *"aislamiento social, preventivo y obligatorio"*. Este nuevo estado de cosas obligó a las personas a permanecer en sus residencias habituales, debiendo abstenerse de concurrir a sus lugares de trabajo, y de desplazarse por rutas, vías y espacios públicos, todo ello con el fin de prevenir la circulación, el contagio del virus y la consiguiente afectación a la salud pública.[15] Desde el punto de vista de este trabajo, destacamos que en Argentina las medidas sanitarias de restricciones y aislamiento sociales originaron un *gigantesco cambio* en la forma de contratar. Los tradicionales contratos *presenciales* pasaron forzadamente -y sin ningún período de transición- a tener que ser celebrados *a distancia*, poniendo a esta última categoría en el centro de la escena jurídica. Los medios de contratación *a distancia*, en especial los que se realizan a través de la web, *aumentaron enormemente* su volumen poniendo a prueba la regulación prevista en el CCC y planteando nuevos problemas jurídicos. El informe estadístico de reclamos de la Dirección Nacional de Defensa del Consumidor del año 2020, puso claramente de manifiesto este enorme y repentino cambio. En relación a las modalidades de contratación que originaron la mayor cantidad de reclamos, señala que el 90% corresponde a la contratación a distancia frente a un 10% de los contratos presenciales.[16] Ahora bien: ¿Cuáles son los contratos a distancia mas frecuentes en este nuevo contexto?. ¿Cuáles son

---

[15] Decreto del Poder Ejecutivo Nacional de Argentina Nº 260/2020 de fecha 12/03/2020, el cual dispuso ampliar la emergencia pública en materia sanitaria a causa de la Pandemia del Covid19 declarada por la Organización Mundial de la Salud (OMS) por el plazo de UN (1) año a partir de su entrada en vigencia. Posteriormente el Decreto del Poder Ejecutivo Nacional Nº 297/2020 de fecha 19/03/2020 estableció el *"aislamiento social, preventivo y obligatorio"* el cual posteriormente fue prorrogado por un largo período de tiempo. Asimismo a nivel nacional, provincial y municipal se ampliaron y reglamentaron estas medidas las que rigen en gran medida hasta el día de la fecha. Los Decretos citados pueden consultarse en https://www.argentina.gob.ar/coronavirus/dnu.

[16] Informe de reclamos de la Dirección Nacional de Defensa del Consumidor (año 2020), pag. 7 el cual puede consultarse en https://www.argentina.gob.ar/sites/default/files/informe_de_reclamos_-_2020.pdf

los problemas actuales que los mismos plantean?.
b) *Contratación telefónica*: Como ya hemos señalado, en Argentina la contratación por teléfono presentaba altos niveles de utilización en períodos pre-pandemia Covid19, aún los mantiene en la pandemia y la perspectiva a futuro es que los mantendrá en la post-pandemia. Siguen siendo numerosas las empresas que fomentan este modo de contratación en bienes tales como los electrodomésticos y en servicios tales como telefonía, bancarios y seguros por nombrar algunos.
c) *Contratación a través de medios electrónicos*: Esta modalidad que en la pre-pandemia del Covid19 no resultaba significativa, se incrementó exponencialmente a partir de la pandemia. Actualmente se lleva a cabo a través de internet (E-commerce) en cualquiera de sus modalidades o canales de ventas, ya sea mediante el uso de plataformas (mercado libre, e-bay, amazon, etc), páginas web o tiendas *on line* de cada comercio, redes sociales (Social selling) a través de Facebook, Instagram, E-marketplaces, etc.

V Un problema de renovada actualidad: la protección de la parte *débil* en los contratos a distancia

La pandemia del Covid19 y su consecuencia de originar un *súbito y forzado* cambio de la contratación presencial hacia la contratación a distancia, hace que hoy esta última sea, en muchos casos, la única forma posible de contratar. La impredecible velocidad de este cambio impidió poner en práctica políticas públicas (ej. campañas informativas o educativas) que podrían haber establecido un *período de transición* y mejorado el conocimiento de estos temas por parte de la población en general, especialmente por los denominados *hipervulnerables* (ancianos, personas de bajos recursos o escaso nivel de instrucción, etc). Ilustrando la vulnerabilidad en esta modalidad de contratación se ha expuesto que los problemas básicos a los que el consumidor se enfrenta en este tipo de contratación cuando contrae un compromiso —que podría denominarse «a ciegas»— son: (i) que no tiene posibilidad de verificar la identidad de la otra parte contratante; (ii) que no puede comprobar de manera directa y personal las características del objeto sobre el que contrata; y (iii) que no queda claramente determinado en qué momento surgen las obligaciones para las partes.[17] De modo que hoy el principal problema de la contratación a distancia, reside en como proteger a la parte *débil*. Si bien este problema puede presentarse tanto en los contratos "de consumo", como así también en los que "no son de consumo", adquiere mayor masividad y relevancia en los primeros. En las páginas que siguen indagaremos su situación actual y perspectivas en Argentina.

1 La protección a través de la obligación de información: problemas prácticos

En el derecho del consumidor la obligación de información siempre ha sido

---

[17] ARROYO APARICIO, Alicia, "Los consumidores ante los contratos a distancia", Revista de Derecho de la UNED, Madrid, España, Nº 6, 2010, p. 43.

considerada una institución de gran importancia. En prácticamente todas las leyes de protección de consumidor de los diferentes países se ha reconocido a los consumidores un derecho de acceso a la información, y consecuentemente una obligación de los proveedores y empresas de cumplir con la misma. La obligación de información consiste en una *prestación impuesta a un sujeto que dispone de información, para que la comunique, trasmita o ponga en conocimiento de otros sujetos*. Su tradicional fundamento es el principio de la buena fé. Su finalidad es la de proteger al consumidor a través de una adecuada formación del consentimiento contractual, ya que este último para ser válido, debe prestarse *conociendo* y *comprendiendo* todas las circunstancias *relevantes* relacionadas con el contrato. En Argentina, distintas normas hacen referencia a la obligación de información en un sentido *general*.[18]

En los contratos a distancia las obligaciones de información resultan importantes por distintas razones: a) En primer término por la renovada vigencia y masividad de los contratos *a distancia* como consecuencia de la pandemia del Covid19 según ya hemos señalado anteriormente. b) Y en segundo término debido a que los medios de contratación *a distancia* suponen el uso de nuevas tecnologías que se hallan en constante evolución. Ello expone al riesgo de un *mal uso* o de cometer *errores* en su manejo, aumentando la "vulnerabilidad" de aquellos sujetos que no conocen los nuevos medios del entorno digital, o que conociéndolos, no actualicen permanentemente sus conocimientos. En los fundamentos del Anteproyecto del Código Civil y Comercial, se expuso que en materia de contratos *a distancia*, el deber de información se hallaba "*enfocado en la vulnerabilidad técnica derivada del medio utilizado*".[19] En síntesis: en la contratación *a distancia*, la obligación de información tiene por finalidad corregir la *asimetría* informativa y la consecuente "vulnerabilidad" de una de las partes.

La regulación del CCC referida a los contratos a distancia prevé dos importantes normas sobre esta cuestión: a) La obligación del proveedor de informar distintos aspectos relativos a los medios electrónicos (art. 1107 CCC): "*Art. 1107.- Información sobre los medios electrónicos. Si las partes se valen de técnicas de comunicación electrónica o similares para la celebración de un contrato de consumo a distancia, el proveedor debe informar al consumidor, además del contenido mínimo del contrato y la facultad de revocar, todos los datos necesarios para utilizar correctamente el medio elegido, para comprender los riesgos derivados de su empleo, y para tener absolutamente claro quién asume esos riesgos*". b) La obligación del proveedor de informar al consumidor su derecho a la revocación, la que si bien ya es mencionada por el artículo 1107 CCC, vuelve a ser reiterada nuevamente por la norma que ahora transcribimos (art. 1111 CCC): "*Art. 1111.- Deber de informar el derecho a la revocación. El proveedor debe informar al consumidor sobre la facultad de revocación mediante su inclusión en caracteres destacados en todo documento que presenta al consumidor en la etapa de negociaciones o en el documento que instrumenta el contrato concluido, ubicada como disposición inmediatamente anterior a la firma del consumidor o usuario. El derecho de revocación no se extingue si el consumidor no ha sido informado debidamente sobre su derecho*".

Hasta aquí el desarrollo *teórico* de la cuestión. Veamos ahora dos problemas

---

[18] Art. 42 de la Constitución Nacional de Argentina, Art. 4º, ley 24.240 de la ley de Defensa del Consumidor y del Usuario de Argentina, art. 1100 del Código Civil y Comercial de Argentina.

[19] Fundamentos del Anteproyecto del Código Civil y Comercial de la Nación elaborados por la Comisión redactora, Proyecto de Código Civil y Comercial de la Nación, Ed. Infojus, 1ra ed. Buenos Aires 2012, p. 639.

prácticos de importancia.

1.1 La falta de cumplimiento de estas normas

Un primer problema práctico en Argentina es que la obligación de información prevista en los citados artículos 1107 y 1111 del CCC presenta muy bajos índices de cumplimiento. Las plataformas de compras *on line* mas utilizadas (ej. mercadolibre. com) y las tiendas on line no las incluyen en sus formatos. Por su propia modalidad el problema también se verifica en la contratación telefónica. La obligación de informar el derecho a *revocar* es impuesta por dos artículos del nuevo Código, pero a pesar de ello no se informa y los consumidores no conocen su existencia. Ahora bien, si estos aspectos fueran debidamente informados: ¿Podemos asegurar que los consumidores los *comprenderían* y los *tomarían en cuenta* como fundamento de sus decisiones?. Este planteo nos conduce a un segundo problema mucho más complejo y de gran actualidad.

1.2 La exigencia de un modelo de consumidor con capacidad de *análisis crítico*

Tal como ya hemos señalado, en los contratos *a distancia* (art. 1107 CCC), el proveedor debe informar al consumidor los siguientes aspectos: a) Contenido mínimo del contrato. b) Facultad de revocar. c) Datos necesarios para utilizar correctamente el medio elegido, para comprender los riesgos derivados de su empleo, y para tener absolutamente claro quién asume esos riesgos. Ahora bien. Para que esta obligación logre su fin, será necesario que el consumidor destine una importante cantidad de tiempo y esfuerzo intelectual a la tarea de *asimilar* y *reflexionar* la información que recibe. De otro modo, no podrá *conocer* ni *comprender*, la totalidad del contenido de dicha obligación informativa, mas allá de que el proveedor -como *solvens*- la cumpla de un modo cierto, claro, detallado y poniendo de resalto sus aspectos relevantes. En síntesis: en la actual contratación a distancia, la eficacia de la obligación de información exige del consumidor determinadas *capacidades* de analizar y evaluar en forma *crítica*.

Pero aquí comienzan las dificultades prácticas. Las cuestiones mencionadas en el art. 1107 CCC no resultan fáciles de ser analizadas y evaluadas críticamente, para la gran masa de consumidores acostumbrados a la contratación en forma *presencial*, y que hoy -*súbitamente y sin otra opción*- a causa de la pandemia del Covid19 deben contratar *a distancia*. Exceptuando un reducido número de *cibernautas* habituados a navegar en los sitios de compras de la *web*, para la gran mayoría de consumidores estas cuestiones resultan ser *novedosas, numerosas y bastante "complejas"* de comprender aún dedicando a las mismas un considerable tiempo y esfuerzo.

Por otra parte, una vez cumplida la obligación de información en la contratación a distancia surgen dos interrogante de suma actualidad: ¿Utilizarán los consumidores esa información para *tomar sus decisiones*?. ¿Dichas decisiones serán tomadas en forma *racional*?. Esto conduce al problema de los diferentes *modelos* de consumidor que han de tenerse en cuenta.

1.3 Referencia al derecho europeo y la crítica al modelo del consumidor *racional*

A partir del caso "Cassis de Dijon" (año 1974),[20] el Tribunal de Justicia de la Comunidad Europea (TJCE) adoptó el criterio del *"consumidor medio" "normalmente informado y razonablemente atento y perspicaz"* como antítesis del consumidor *irreflexivo y desprevenido*. Dicho criterio fue mantenido por el citado tribunal en sucesivos fallos, en los que se discutían problemas de publicidades engañosas y técnicas de comercialización o marketing para fomentar las ventas.[21] Una idea similar ha sido sostenida por el análisis económico del derecho, desde el cual los consumidores son vistos como *actores racionales* que pueden evaluar y seleccionar las mejores decisiones para su bienestar. Al ser los consumidores sujetos reflexivos, no resulta necesario acudir a medidas excesivamente intervencionistas para protegerlos, siendo suficiente brindarles información para que estos pueden llevar a cabo sus *elecciones de mercado* de forma correcta, siendo estos responsables de sus propias acciones. En estos términos el *homo económicus* puede realizar elecciones *racionales* en el mercado de consumo.

Modernamente este criterio ha sido objeto de distintas objeciones. En los años 1960 y 1970, autores de la psicología cognitiva (Daniel Kahneman, Amos Tversky) mediante distintos estudios de campo y trabajos de encuestas, pusieron en duda las afirmaciones anteriores. Estos trabajos, en un principio limitados a las ciencias de la economía, se orientaban a cuestionar la "racionalidad" en la toma de decisiones de los consumidores. Otro paso importante lo dieron posteriormente dos importantes informes interdisciplinarios denominados "Consumer Empowerment" (empoderamiento de los consumidores) de la Comisión Europea de Estadística (Eurostat), año 2011,[22] y "Consumer Decisión-Making in Retail Investment Services" del año 2010.[23]

En una obra reciente del derecho alemán titulada "Derecho del consumidor y comportamiento del consumidor"[24] se publican distintos trabajos desarrollando el problema desde distintos puntos de vista. Allí se expone una crítica al modelo del "consumidor promedio informado, atento y razonable" (*„durchschnittlich informierten, aufmerksamen und verständigen Durchschnitts Verbraucher"*) sostenido por el TJCE.[25] Así se cuestiona el modelo del *homo economicus racional* sobre la base de hallazgos empíricos, patrones reales de comportamiento y procesos de toma de decisiones y desviaciones que daban lugar a una "racionalidad limitada". Algunos ejemplos: a) El "efecto ancla" o uso inconsciente de puntos de referencia no racionales para la toma de decisiones). b) La vinculación de las desiciones a pareceres o evaluaciones *previas* que no se vinculan

---

[20] El caso refirió a la comercialización de un licor de origen francés en Alemania. En este último país regían normas legales de protección de los consumidores, las cuales obligaban a brindar mayor información sobre los productos en comparación con otros países de la Unión Europea. El TJCE consideró que asegurando al comprador una información adecuada por vía de la indicación de origen y la tasa de alcohol en el embalaje quedaba cumplida la obligación de información.

[21] Para mayores detalles: HUALDE DE MANSO, Teresa, "Del consumidor informado al Consumidor Real", Dykinson, Madrid, 2016, p. 12 y ss.

[22] Web de la Comisión Europea www.ec.europa.eu/consumers.

[23] Web de la Comisión Europea www.ec.europa.eu/consumers.

[24] HEIDERHOFF, Bettina – SCHULZE, Reiner, „Verbraucherrecht und Verbraucherverhalten", Nomos, Baden Baden 2016.

[25] HEIDERHOFF, Bettina – SCHULZE, Reiner, „Verbraucherrecht und Verbraucherverhalten", p. 14.

con una ponderación racional del costo-beneficio del caso concreto. c) La tendencia a *sobreestimaciones, autoestimas,* decisiones *intuitivas,* etc. Estos estudios realizados desde la perspectiva de la economía del comportamiento y la psicología del comportamiento, han tenido gran influencia en el derecho del consumidor y han puesto de manifiesto un actuar racional "limitado", haciendo que sus consecuencias para evaluar la toma de decisiones en el derecho privado ya no pueden negarse.[26]

Sobre estas bases, se califica de "mito" al valor de la información en el comportamiento de los consumidores, señalandose que aún hallándose debidamente informadas, las personas toman numerosas decisiones de consumo apartándose de la "racionalidad". De modo que el problema no es dar información a los consumidores, sino como *gestionan* los consumidores dicha información.[27]

1.4 Las prácticas comerciales abusivas que afectan las decisiones de los consumidores

A todo lo anterior deben agregarse las denominadas *"prácticas comerciales abusivas",* cuya presencia es muy frecuente en la contratación a distancia. Un efecto característico de la *práctica comercial abusiva* es producir una modificación perjudicial en el *comportamiento económico* del o los consumidores afectados por la misma, aprovechando las debilidades cognitivas para incentivar las decisiones *no racionales, impulsivas* e incluso perjudiciales para sus intereses. Así la utilización de una práctica comercial tiene por finalidad "mermar de manera apreciable" la capacidad del consumidor de adoptar una decisión con *"pleno conocimiento de causa haciendo así que éste tome una decisión sobre una transacción que de otro modo no hubiera tomado"* (Directiva 2005/29/CE).[28] En el derecho italiano, donde las prácticas comerciales abusivas son denominadas *"pratiche commerciali scorrette"* (prácticas comerciales incorrectas), ALPA afirma que las mismas constituyen un verdadero aspecto "patológico" de las relaciones comerciales.[29] Agrega que producen la *afectación de la libertad* del consumidor en lo que refiere a su *"autodeterminación en las elecciones económicas".*[30] El "Code de la Consommatión" de Francia, luego de diferenciar entre prácticas comerciales injustas, engañosas y *agresivas señala* entre las notas distintivas de las prácticas comerciales *desleales* (déloyales), la de ser "contrarias *a los requisitos de la diligencia profesional"* del comerciante y de *"alterar, o presentar probabilidad de alterar, el comportamiento económico del consumidor".*[31] En Argentina la principal causa de reclamos de consumidores, en las relaciones de consumo en general y en la contratación de

---

[26] HEIDERHOFF, Bettina – SCHULZE, Reiner, „Verbraucherrecht und Verbraucherverhalten", p. 24.
[27] HUALDE DE MANSO, Teresa, "Del consumidor informado al Consumidor Real", Dykinson, Madrid 2016, p. 127 y ss.
[28] Directiva 2005/29/CE del Parlamento Europeo de 11 de mayo de 2005, relativa a las prácticas comerciales desleales de las empresas en sus relaciones con los consumidores en el mercado interior, que modifica la Directiva 84/450/CEE del Consejo, las Directivas 97/7/CE, 98/27/CE y 2002/65/CE del Parlamento Europeo y del Consejo y el Reglamento (CE) no 2006/2004 del Parlamento Europeo y del Consejo («Directiva sobre las prácticas comerciales desleales»). Puede accederse al texto en varios idiomas en la web oficial de la Unión Europea http://eur-lex.europa.eu/legal.
[29] ALPA, GUIDO; CATRICALÁ, ANTONIO, "Diritto dei Consumatori", Il Mulino, Bologna, 2016, p. 195.
[30] ALPA, GUIDO; CATRICALÁ, ANTONIO, "Diritto dei Consumatori", Il Mulino, Bologna, 2016, p. 194 y 200 y ss.
[31] Code de la Consommation de Francia, Titre II, "Pratiques Commerciales Interdites et Pratiques Comerciales Réglamentées", L.121-1.

consumo a distancia, tienen que ver con "prácticas comerciales abusivas" que se reiteran sistemáticamente, y masivamente, en decenas de reclamos en grandes sectores tales como servicios de telefonía, provisión de acceso a internet, servicios bancarios, financieros y comercialización de automotores mediante planes de autoahorro.[32]

En los contratos a distancia instrumentados por medio de la web destacamos dos modalidades de prácticas abusivas de importancia: a) Los denominados "patrones oscuros" (Dark Patterns): una serie de aplicaciones utilizados en las páginas webs, las cuales, contrariando reglas éticas básicas, se proponen *manipular* la voluntad del usuario en determinado sentido.[33] b) Las publicidades inductivas o engañosas basadas en avanzadas técnicas de marketing, y especialmente *neuromarketing*, utilizadas con la misma finalidad.

2 La protección mediante un mejor control de las prácticas comerciales *abusivas*

Hemos puesto de manifiesto anteriormente, que uno de los principales aspectos de la regulación de los contratos *a distancia* en el Código Civil y Comercial de Argentina, reside en la obligación de información de diferentes cuestiones relacionadas a dicha modalidad (art. 1107 CCC). El fundamento es que el contratante consumidor pueda dar un consentimiento informado, *conociendo* y *comprendiendo* todas las circunstancias *relevantes* del contrato. De este modo se identifica al consumidor informado como un consumidor "protegido". Pero esta idea, razonable desde el punto de vista teórico, exige al consumidor una *elevada exigencia de racionalidad* que por los argumentos antes expuestos resulta muy difícil de poder concretar en la praxis de la contratación *a distancia*. Los obstáculos provienen de las propias *debilidades cognitivas* de los consumidores, antes mencionadas, y de las complejidades propias de esta modalidad contractual, donde, entre otras cuestiones abundan gran cantidad de prácticas comerciales abusivas destinadas a *manipular* los comportamientos de los consumidores. En estos términos imponer a las empresas una mera obligación de información no cumple -por si sola- con la función de proteger al consumidor. En conclusión: en el contexto actual de la

---

[32] Una descripción detallada de tales prácticas abusivas extraídas de relevamientos de casos verificados durante los años 2014 a 2017 en la Dirección de Defensa del Consumidor y Lealtad Comercial de la Provincia de Córdoba, puede consultarse en el siguiente trabajo: VARIZAT, Andrés F.; BARTOLACCI, Agustín; QUIROGA, Marcos; ALÉ, Martín T.; BOGINO, Mariano; "*Prácticas abusivas: propuestas para su mejor regulación en el derecho argentino*", Jurisprudencia Argentina, Número especial (JA-2017-IV-fascículo 10), p. 118 y ss.

[33] Los "Dark Patterns" son interfaces de la web que se proponen influir o manipular la toma de decisiones o elecciones de las personas o consumidores, a través de comportamientos irreflexivos o irracionales que por lo general se traducen en perjuicios para estos últimos. Su peligrosidad reside en que aprovechan las debilidades y sesgos cognitivos de las personas, aspectos que han sido puestos de manifiesto por la psicología del comportamiento. Algunos ejemplos son los siguientes: 1) Establecer dificultades para darse de "baja" de un servicio que se contrata a través de la web, ocultando el ícono de activación o estableciendo una *larga serie de pasos* o etapas con la idea de hacer "desistir" al usuario. 2) Establecer jerarquías visuales entre botones de interacción de una página web, que impulsen al usuario a hacer clic sobre un elemento determinado (Ej. "Aceptar condiciones") que ha sido mucho más destacado visualmente respecto a otro, con la idea de obtener un lucro indebido. 3) Trasladar una falsa situación de urgencia (*"Quedan pocas unidades"*, "*Esta oferta finaliza en 5 minutos*", "*Última unidad disponible*", etc) para que el usuario compre el producto inducido por la situación creada y no por la real necesidad o reflexión. 4) Ofrecer suscripciones a servicios digitales de manera gratuita, con la oculta finalidad de obtener los datos de pago del usuario. Posteriormente la gratuidad se da de baja anticipadamente activando un cobro automático del servicio de manera indefinida.

contratación *a distancia*, la protección del contratante *débil* no puede lograrse sobre la única base de la obligación de información.

Frente a este problema, algunos autores (Lafond, Ben-Shahar) han propuesto abandonar la categoría del contrato de consumo, ya que este percibe los problemas del consumidor como dificultades nacidas únicamente del desequilibrio entre partes. En tales términos, debería buscarse "por fuera" del contrato la forma de proteger al consumidor a través de mecanismos diferentes.[34] Pero esta solución *vaciaría* de contenido a la regulación de los contratos a distancia que establece el Código Civil Argentino ya analizada anteriormente.

En nuestra opinión, una mejor protección de la parte débil en la contratación a distancia, puede lograrse estableciendo mejores controles tendientes a erradicar la gran causa de los conflictos de consumo: las prácticas comerciales "abusivas". Las meras *prácticas comerciales* como método de comercialización son perfectamente lícitas y resultan *determinantes* en la contratación a distancia donde siempre existe alguna clase o modalidad de tales *prácticas* instrumentada por las empresas. Ejemplo: los consumidores toman conocimiento de los bienes y servicios que se ofrecen en el mercado a través de la publicidad y el marketing en sus múltiples variantes. La decisión de contratar es también influida por *prácticas comerciales complementarias* tales como el ofrecimiento de formas de pago accesibles, las promociones, planes de financiación, descuentos, el otorgamiento de garantías extendidas bajo determinadas condiciones, la entrega de *puntos* para futuras compras, etc. Se advierte que las *prácticas comerciales* tienen una *"presencia constante"* en la contratación a distancia.

En el derecho de Argentina, esta forma de protección de la parte débil en la contratación a distancia admite distintos fundamentos: a) Las prácticas comerciales *abusivas* constituyen la causa más frecuente de los conflictos de consumo en la contratación a distancia. b) El derecho a la protección de sus "intereses económicos" de los consumidores y usuarios reconocido por el art. 42 de la Constitución Nacional de Argentina. c) Y finalmente por orientarse a la "prevención" de perjuicios a los consumidores en la contratación a distancia, los cuales una vez producidos son de difícil solución ya sea a causa de su masividad o porque en su gran mayoría directamente no son reclamados. Este argumento se fundamenta en el problema de la gran "zona oscura" de infracciones *no reclamadas*. Se trata de un fundamento de base empírica-práctica que exige un mínimo desarrollo, y del cual nos ocuparemos del mismo en el item siguiente.

2.1 Un argumento empírico de importancia: la gran *"zona oscura"* de infracciones no reclamadas

Un dato de la realidad de Argentina es que existe una gran cantidad de consumidores y usuarios que habiendo sufrido perjuicios en sus derechos, no llevan a cabo ninguna actividad para reclamar por los mismos. Se trata de una suerte de gran "zona oscura" la cual *no llega* a conocimiento de las autoridades de aplicación administrativas ni judiciales. Ello significa que las consultas y/o reclamos realizados

---

[34] HUALDE DE MANSO, Teresa, "Del consumidor informado al Consumidor Real", Dykinson, Madrid 2016, p. 137.

ante las autoridades administrativas o judiciales, constituyen un porcentaje "mínimo" o "ínfimo" -según los casos- en comparación con el total de consumidores perjudicados en sus derechos. Lo expuesto surge de un estudio realizado en la ciudad de Córdoba, segunda ciudad más poblada de Argentina.[35] A través de relevamientos que tomaron en consideración los ámbitos del comercio con mayor índice de conflictividad ya referidos con anterioridad, la cantidad estimada de clientes de los mismos en el radio urbano de la ciudad de Córdoba capital, y principalmente la realización de breves encuestas a consumidores (presenciales, telefónicas, web). Los resultados fueron los siguientes:

a) Sobre un total (100%) de consumidores perjudicados por prácticas comerciales abusivas, solo un porcentaje muy reducido (10 al 20% del total) tomaba la iniciativa de realizar una simple "consulta" o solicitar "asesoramiento técnico básico" ante la autoridad de aplicación administrativa. Debe destacarse que el acceso a dicho asesoramiento o consultas era sumamente accesible: totalmente gratuito y podía realizarse por vía de distintos medios y en grandes franjas horarias (vía presencial por la mañana o por la tarde, 0800 gratuito, e-mail, redes sociales como facebook o similares).

b) Un porcentaje aún menor (aproximadamente 10% o menos) lo constituía el grupo de consumidores que luego de realizar la consulta o recibir asesoramiento, decidían realizar el "reclamo formal" (denuncia). Nuevamente es oportuno aclarar que la realización de dicho reclamo era de trámite muy sencillo (formulario con formato pre-impreso, etc), totalmente gratuito y el horario de atención al público era amplio extendiéndose durante la mañana y la tarde. En este caso, la cantidad de consultas y asesoramientos recibidos comparada o contrastada con el número de reclamos formales ingresados ponía de manifiesto una diferencia sustancial -a la baja- de los segundos en relación a los primeros.

c) Y finalmente sobre los casos que no habían obtenido una solución favorable en la instancia conciliatoria de reclamo administrativa, un porcentaje "ínfimo" (aproximadamente 1% del total y de mayor cuantía económica en comparación con el promedio) eran los que posteriormente presentaban una demanda ante un Tribunal del Poder Judicial. En este caso, los datos se obtuvieron a partir de indicadores tales como la comparación entre número de reclamos recibidos y número de copias legalizadas de actuaciones administrativas solicitadas para iniciar reclamos judiciales. Asimismo se realizaron encuestas telefónicas a consumidores un año después de haber finalizado el trámite administrativo, indagando si habían iniciado la posterior acción judicial.

Señalamos como dato de interés que gran parte de los datos analizados provenían de contratos *a distancia* perfeccionados en forma telefónica (modalidad preponderante al momento de realización de la encuesta, año 2015).

2.2 Conclusiones

¿Qué conclusiones pueden extraerse de estos últimos datos?

a) Que la idea de un *standard* de consumidor "diligente" en la defensa de sus derechos, que muchas veces se presupone sin mayores análisis, no se verifica

---

[35] Relevamiento realizado en la Dirección Provincial de Defensa del Consumidor de la ciudad de Córdoba, Argentina en el año 2015. Según los datos del Censo Nacional de Viviendas, Hogares y Población del año 2010, la ciudad de Córdoba capital presentaba una población total de 1.329.604 habitantes.

en la realidad. Por el contrario, los consumidores que a pesar de haber visto vulnerados sus derechos, no realizan consultas o reclamos tendientes a ejercer sus derechos constituyen amplia mayoría (80, 90%).[36] En síntesis, los consumidores que "no reclaman" constituyen una amplia mayoría frente a los consumidores que "si reclaman".

b) Que las principales instituciones del derecho del consumidor se hallan diseñadas en función de un modelo de consumidor "diligente" que reclama por sus derechos, cuando como hemos visto la realidad indica otra cosa. Veamos algunos ejemplos de Argentina: a) El procedimiento "conciliatorio" basado en el principio "dispositivo" que comienza con la denuncia y continúa con la audiencia conciliatoria. b) El daño *directo* el cual se halla concebido para el consumidor que concurre a reclamar.

c) En consideración a lo expuesto, cabe preguntarse: ¿Es necesario replantear la mayoría de las instituciones del derecho del consumidor de Argentina tomando en consideración a los consumidores que *"no reclaman"* los cuales son amplia mayoría?. Los aspectos reseñados constituyen nuevos desafíos para las futuras políticas públicas. Desde nuestro punto de vista, resultaría necesario evolucionar desde las actuales estructuras meramente "receptoras" de vulneraciones de derechos *ya verificadas*, hacia sistemas "preventivos" que actuando -*de oficio*- impidan o atenúen tales infracciones. En este caso la actuación *de oficio* se facilita si la atención del Estado se dirige hacia el control de las prácticas comerciales *abusivas*, principal causa de los conflictos de consumo en general y de los conflictos que se originan en la contratación *a distancia* en particular.

Informação bibliográfica deste texto, conforme a NBR 6023:2018 da Associação Brasileira de Normas Técnicas (ABNT):

VARIZAT, Andrés F. Contratos a distancia: a seis años de su regulación en el Código Civil y Comercial de Argentina. Situación actual y perspectivas. *In*: EHRHARDT JÚNIOR, Marcos; CATALÁN, Marcos; MALHEIROS, Pablo (Coord.). *Direito Civil e tecnologia*. 2. ed. Belo Horizonte: Fórum, 2022. t. II. p. 733-747. ISBN 978-65-5518-432-7.

---

[36] Respecto a las razones por las cuales los consumidores perjudicados no realizaban reclamos, la encuesta dio el siguiente resultado: *ignorancia* por parte de los consumidores de sus derechos o de los procedimientos necesarios, *desconfianza* en las posibles soluciones por considerar *ínfimo* el perjuicio ante lo cual no valía el esfuerzo de *perder tiempo* en el reclamo, entre otros argumentos. Muchos directamente manifestaron *"no disponer de tiempo para realizar el reclamo"*.

CONTRATOS EN TIEMPOS DE AISLAMIENTO. LOS CONTRATOS ELECTRÓNICOS

JOSÉ FERNANDO MÁRQUEZ

I El aislamiento y el mundo digital
1 El mundo en la edad digital

En el año 2004 publicamos con el recordado profesor Moisset de Espanés un breve ensayo sobre temas vinculados a la contratación electrónica.[1]

Decíamos en aquel trabajo que la confluencia de las tecnologías digitales de generación, almacenamiento y transmisión de datos, con la existencia de redes de comunicaciones -abiertas y cerradas- produjo la posibilidad de interconexión global, en tiempo real, con acceso a toda clase de información por un universo indiscriminado de personas.

El derecho, como factor central de regulación de las conductas, se vio obviamente conmovido por esta nueva realidad. Las implicancias recaen sobre sus más diversos ámbitos. No existe espacio jurídico que no haya debido abocarse a problemas o interrogantes originados por la sociedad de la información: teletrabajo, posibilidades inconmensurables de acumulación de datos sensibles -con su consiguiente manipulación y venta-, nuevas fronteras de los derechos de propiedad intelectual, problemas de conflictos de leyes (legislación aplicable, tributación de operaciones comerciales originadas en lugares desconocidos), nuevos delitos penales ("hacking", "sniffers" "estafas virtuales"), gobierno electrónico ("e-goverment"), jurisdicción tributaria, entre otros muchos, son temas que cruzan las construcciones legales formuladas para una realidad "analógica" y de contactos en persona.

La contratación en entornos virtuales ocupa un lugar central en la problemática.

Se predica que estamos ante una nueva etapa, denominada "civilización de la información", "sociedad de la información", "ciberespacio" o "cibernación". Es más,

---

[1] MOISSET DE ESPANES, L. y MARQUEZ, J. F., La formación del consentimiento en la contratación electrónica, en L.L. 2004-F, 1181.

algunos historiadores han marcado el fin de la edad contemporánea y expresan que estamos transitando la "edad digital".

Para buena parte de los pensadores señalan que la Edad digital con la aparición de los teléfonos inteligentes. Así piensa Luis María Ansón, miembro de la Real Academia Española, quien fija "..el 9 de enero del año 2007 como fecha liminar de la Edad Digital, día en que Steve Jobs presentó el primer teléfono móvil inteligente, al que Noam Chomsky ha llamado el músculo de Dios... El último tercio del siglo XX conoció la crecida de los ordenadores y el estallido globalizado de la digitalización. A muchos nos parece que la Edad Digital arranca con el móvil inteligente, el teléfono "traído del futuro al presente", tal y como lo expresó el propio Steve Jobs...".[2]

Los telefónos inteligentes y sus sucedáneos (v.g. tablets) canalizan gran parte de actividades del hombre, que antes se desarrollaban en entornos analógicos. Los medios digitales se han desarrollado en los últimos años de manera exponencial.

Así, el comercio electrónico (e-commerce) en nuestro país ocupa ya un lugar preponderante; según da cuenta el periódico Infobae, el Estudio Anual de Comercio Electrónico en Argentina que realiza Kantar Insights para la Cámara Argentina de Comercio Electrónico determinó que la actividad creció durante 2019 un 76% respecto al año anterior y registró una facturación de $403.278 millones.[3]

2 Aislamiento y comunicaciones digitales

El aislamiento social, preventivo y obligatorio decretado a raíz de la pandemia generada por el COVID19, ha multiplicado la utilización de medios digitales, tanto para la generación, almacenamiento o transmisión de datos digitales.[4]

Como expresamos antes, aún antes del aislamiento la utilización de medios digitales ocupaba un importante espacio. La expansión fue descomunal, pero hubo ámbitos, al menos en nuestro país, en que aún los contactos personales y la instrumentación de declaraciones de voluntad o de imágenes o sonidos por vías analógicas prevalecían.

---

[2] ANSON, L. M., La Edad Digital, en El Cultural, 27 de enero de 2017, disponible en https://elcultural.com/la-edad-digital.

[3] Diario Infobae del 5 de marzo de 2020, disponible en https://www.ambito.com/negocios/comercio/el-electronico-facturo-400000-millones-y-suma-compradores-la-argentina-n5086923.

[4] A los fines de esta ponencia utilizaremos de manera indistinta las voces "electrónico" o "digital", salvo en aquellos supuestos en que una norma se refiera de manera diferenciada. Ello nos permitirá abarcar en esta exposición diversos modos de expresión de ideas o representación de imágenes o sonidos, sea por medios electrónicos o digitales. Según el Diccionario de la Real Academia Española, digitalizar es, según la primera acepción de la palabra "...Registrar datos en forma digital..." y, en su segunda acepción "...Convertir o codificar en números dígitos datos o informaciones de carácter continuo, como una imagen fotográfica, un documento o un libro". Ambas acepciones son útiles para comprender el fenómeno. La representación de la palabra, escrita u oral, de imágenes o sonidos, se realiza a través de la codificación en números dígitos, que son de comprensión para el hombre sólo a través de medios técnicos que los transformen y muestren de la manera en que el sistema nervioso pueda aprehenderlos. La noción de "mensaje de datos", que campea en toda la temática, se presenta, por ejemplo, en la Ley Modelo sobre Comercio Electrónico, propuesta en 1996, por UNCITRAL, que lo define como la "información generada, enviada, recibida o archivada o comunicada por medios electrónicos, ópticos o similares, como pudieran ser, entre otros, el intercambio electrónico de datos (EDI), el correo electrónico, el telegrama, el telex o el telefax". Como podrá observarse, mucho camino se ha recorrido desde 1996 hasta la fecha en relación a los medios técnicos utilizables, predominando, en la actualidad, los digitales.

El aislamiento fue disruptivo, ante la imposibilidad de continuar con aquellas prácticas habituales y la necesidad de recurrir a los medios digitales como los únicos disponibles para continuar con ciertas actividades.

Pensemos sólo en el efecto que el aislamiento tuvo sobre algunas actividades que forman parte del núcleo de nuestra existencia.

Así, la educación. En cualquier de sus niveles, en nuestro país, subsistía la idea de que la educación en forma presencial, en cualquier de sus etapas, no podía ser suplida por generación de contenidos y comunicaciones digitales. El aislamiento cambió el paradigma. La imposibilidad de contacto determinó que la actividad se desarrolle íntegramente por técnicas digitales. Los contenidos de enseñanza-aprendizaje son generados digitalmente (mediante textos o grabaciones, por ejemplo), y la interacción entre maestros y alumnos se realiza por plataformas o aplicaciones de videos conferencias. La realidad mutó de manera notable.

El mundo de la diversión. Cerrados los espacios de reuniones en los que se desarrollaban conciertos de música, presentaciones de danza, exhibición de películas, o cualquier otra actividad similar, los involucrados se ven en la necesidad de continuar las actividades por los canales digitales. Diariamente se nos ofrecen recitales de música desde la misma casa del artista, desde teatros absolutamente vacíos y con la presencia exclusiva de los actores o, aún, a través de imágenes hológrafas, de artistas vivos o muertos.

O, más patente aún, los grandes encuentros deportivos, que convocaban a miles de personas (hoy suspendidos), se prevé que se desarrollen con la única presencia de los jugadores, entrenadores y árbitros, sólo para que esas miles de personas puedan observarlas a través de los múltiples medios disponibles para hacerlo. O, directamente, eliminando a las personas del juego (e-sports).

El fenómeno es multifácetico, y el plano jurídico debe ser abordado interdisciplinariamente, desde el derecho, pero con bases en la sociología, psicología, economía, antropología, entre otras ciencias.

El comercio electrónico, vehiculizado a través de los contratos electrónicos, se multiplicó con el aislamiento. Al decir de Gustavo Sambucetti, director Institucional de la Cámara Argentina de Comercio Electrónico (CACE), "es como si 'hubieran transcurrido 3 años en 3 semanas' ya que tanto los usuarios como las empresas aceleraron sus procesos de adopción y desarrollo de los canales digitales respectivamente...".[5]

Nuestro objetivo, en este trabajo, es analizar las reglas legales aplicables a los contratos electrónicos en nuestro país, a fin de arrimar a conclusiones, desde el derecho sustancial, que sustenten la práctica contractual a través de las vías digitales.

Para ello partiremos desde las reglas aplicables a los actos jurídicos instrumentados mediante técnicas digitales, toda vez que el contrato es una especie de acto jurídico y, luego, analizaremos herramientas y reglas propias del derecho contractual, aplicables al supuesto.

---

[5] La evolución del eCommerce en tiempos de pandemia, en https://www.telam.com.ar/notas/202005/462414-opinion-coronavirus-comercio-electronico.html.

II Los instrumentos digitales
1 La regulación de la instrumentación digital. La normativa argentina
a) Las regulaciones en otros derechos[6]

Los problemas surgidos a partir de la digitalización de las actividades humanas no han sido ajenos al mundo del Derecho. Los diversos actores involucrados, gobiernos nacionales y comunitarios organizaciones gubernamentales[7] y no gubernamentales,[8] asociaciones profesionales,[9] jueces y juristas,[10] han propuesto soluciones y herramientas para superar las barreras culturales y jurídicas de las regulaciones delineadas en los siglos XIX y XX.

Desde fines del siglo pasado fue notoria la actividad legislativa de la Unión Europea tendiente a regular los principales aspectos vinculados con las comunicaciones digitales. Entre las principales normas, la Directiva 1999/93/CE del Parlamento Europeo y del Consejo, de 13 de diciembre de 1999, por la que se establece un marco comunitario para la firma electrónica, y la Directiva 2000/31/CE del Parlamento Europeo y del Consejo, de 8 de junio de 2000, relativa a determinados aspectos jurídicos de los servicios de la sociedad de la información, en particular el comercio electrónico en el mercado interior (Directiva sobre comercio electrónico).[11]

Numerosos países de la Unión Europea han ido adaptando su legislación, con mayor o menor premura, a la nueva realidad. Para citar sólo algunos ejemplos: Alemania, dictó el 1 de agosto de 1997 su ley de firma digital y por Ley de 1 de enero de 2002, reformó el BGB, sustituyendo íntegramente el título dedicado al derecho de obligaciones,[12] donde modificó, entre otras muchas disposiciones las relativas a

---

[6] Para una completa revisión de las propuestas de regulaciones y legislaciones sancionadas, v. con provecho: VEGA VEGA, J.A., *El documento jurídico y su electronificación*, Madrid, España, Editorial Reus, 2014, pág. 106 y ss. Recuperado de https://elibro.net/es/ereader/bibliotecas-ucc/4658.

[7] La Comisión de las Naciones Unidas para la unificación del derecho mercantil internacional (CNUDMI/UNCITRAL), ha propuesto una ley modelo sobre comercio electrónico (Ley Modelo UNCITRAL) y una Ley Modelo sobre Firmas electrónicas, adoptada el 5 de Julio de 2001, basada en el informe de la Comisión de las Naciones Unidas sobre el Derecho Mercantil Internacional sobre la labor de su trigésimocuarto período de sesiones, celebrado en Viena, desde el 25 de junio al 13 de julio de 2001.Ver ILLESCAS ORTEZ, R. El comercio electrónico Internacional. Su gobierno, en Revista Jurídica del Perú, año XLII, Nº 12, julio-octubre 1997, p. 203 y siguientes.

[8] Son trascendentes las reglas de la Cámara de Comercio Internacional (ICC), "Uniform Rules and Guidelines for Electronic Trade and Settlement (URGETS)", aplicables a contratos electrónicos en los cuales las partes se sometan a sus disposiciones.

[9] En los Estados Unidos se reconoce que tuvo decisiva influencia en la difusión de la necesidad del dictado de normas atinentes al firmado digital la acción de la American Bar Association, organización que nuclea a los principales abogados de ese país. Las Digital Signature Guidelines son materia de consulta y referencia permanentes en esta materia (Information Security Commitee, Electronic Commerce Division, Digital Signature Guidelines, 1996, A.B.A., Sec. SCI & TECH., disponible en www.abanet.org/scitech/ec/isc/desgfree.html).

[10] Para un relevante análisis de la influencia de la tecnología en el derecho de los contratos: NICOLAU, N., Tecnología y masificación en el derecho contractual, LA LEY, 1992-B, 767, quien expresaba ya a comienzos de los 90, que "el derecho contractual tradicional se presenta como más posible al ser más efectivo, más cierto; por el contrario, el nuevo orden aparece con menos tendencia a la efectividad, por encontrarse incidido en la incerteza y la vulnerabilidad. Será necesario esforzarse para alcanzar en este nuevo marco cierto grado de efectividad"; también en Argentina, LORENZETTI, R., *Comercio Electrónico*, Abeledo-Perrot, Buenos Aires, 2001.

[11] Toda la legislación disponible en: //europa.eu.int

[12] Ver ALBIEZ DOHRMAN, K. J., Un nuevo Derecho de obligaciones. La reforma 2002 del G.B.B, en Anuario de Derecho Civil, 2002 - III, p. 1133 y ss.; y La modernización del Derecho de Obligaciones en Alemania: un paso hacia la europeización del Derecho privado, en Revista de Derecho Privado, 2002, marzo, p. 187 y ss.

contratos a distancia; España tuvo su legislación sobre firma electrónica a partir del Real Decreto-ley 14/1999 y dictó la Ley 34/2002, de servicios de la sociedad de la información y de comercio electrónico (conocida por sus siglas LSSICE); Francia introdujo diversas modificaciones a su Código Civil a través de La Ley 2000-230, de 13 de marzo de 2000; Italia, por Decreto del Presidente de la República de 10 de noviembre de 1997, Nº 513 y del Presidente del Consejo de Ministros de 8 de febrero de 1999, dictó las reglas técnicas para la formación, trasmisión, conservación, duplicación, reproducción y certificación de documentos informáticos; Inglaterra sancionó la Electronic Comunications Bill de 26 de Enero de 2000 (HL Bill 24).

En América, el Congreso de los Estados Unidos sancionó el 24 de enero de 2000 la ley de firma digital a aplicar en comercio interestatal e internacional (denominada "Electronic Signatures in Global and National Commerce Act" -ESGNCA). Perú dictó la Ley 27.269, de abril de 2000, de Firmas y Certificados Digitales, y modificó su Código Civil en consecuencia de la nueva normativa mediante Ley 27.291, de junio de 2000, permitiendo la utilización de los medios electrónicos para la comunicación de la manifestación de voluntad y la utilización de la firma electrónica; Venezuela dictó en 2001 un Decreto Presidencial sobre mensajes de datos y firmas electrónicas; el Congreso de Colombia sancionó la Ley Nº 527, de 18 de agosto de 1999 por medio de la cual se define y reglamenta el acceso y uso de los mensajes de datos, del comercio electrónico y de las firmas digitales, se establecen las entidades de certificación y se dictan otras disposiciones; en Chile el problema está contemplado en la ley 19.799, publicada en el Diario Oficial el 12 de abril de 2002.[13]

b) Los instrumentos digitales en el derecho argentino

En nuestro país en el año 2001 se dictó la Ley 22.506,[14] denominada de Firma Digital (en adelante LFD), mediante la cual se incorporó al elenco de países que encaró la regulación normativa del fenómeno descripto. La ley abarca sólo alguno de los problemas involucrados, mas se adentra en uno de sus puntos sobresalientes, cual es la de dotar de seguridad a las declaraciones de voluntad o de ciencia originadas, conservadas o transmitidas mediante técnicas digitales, mediante la adopción de métodos que aseguren la autoría e inalterabilidad del mensaje de datos.

La utilización de la firma digital no se extendió masivamente, quizá porque las circunstancias no lo impusieron. Sí se impuso para ciertos actos administrativos o judiciales, pero en la actividad puramente privada no es general su uso.

En el año 2015 comenzó a regir el nuevo Código Civil y Comercial, sancionado por Ley 26.994, del 1 de octubre de 2014. El Código avanza con el reconocimiento de los documentos digitales, a través de diversas normas en materia de acto jurídico y contratos.

Dichas normas serán motivo de análisis en esta ponencia.

---

[13] Ver WAHL SILVA, J., "Aspectos en la formación del consentimiento en los contratos electrónicos. Derecho chileno y tendencias en el derecho comparado", en Derecho de los Contratos, Universidad de Los Andes, Santiago de Chile, 2002, p. 131 y ss.

[14] Sancionada el 14 de diciembre de 2001, promulgada, de hecho, el 11 de diciembre de 2001 y publicada en el Boletín Oficial de la Nación el 14 de diciembre de 2001.

2 Tres principios que rigen la instrumentación digital de datos

a) Nuevos medios, mismas reglas

La base del problema en análisis es que las declaraciones de voluntad o de ciencia se representan a través de un lenguaje distinto (a través de una representación numérica binaria), no entendible para el ser humano sino a través de dispositivos que lo transformen, y se plasma en soportes distintos a los habituales (cuya característica principal haya sido quizá la tangibilidad y cierta inalterabilidad).

Es decir que la representación de los hechos y actos y los soportes en los que se conservan cambian.

Sin embargo, la instrumentación digital está regida por los principios generales de la forma y prueba de los actos jurídicos, y, cuando se trate de documentar vínculos contractuales, los principios generales de las obligaciones y los contratos, ambos de la legislación que le es aplicable.[15]

La exteriorización de voluntad a través de medios digitales no implica un nuevo concepto jurídico, al que deba aplicársele un nuevo herramental para regulárselo.

El mantenimiento del derecho general sobre los actos jurídicos y la equivalencia funcional de los actos jurídicos digitales son dos de los principios que rigen la instrumentación digital de actos y hechos: el principio de permanencia del derecho preexistente y el principio de equivalencia funcional de los actos digitales.

b) El principio de permanencia del derecho preexistentes

A través de la regla de la permanencia del derecho preexistente "[...] se pretende que las reglas introducidas para disciplinar el C-E (comercio electrónico, la aclaración es nuestra) no impliquen una modificación sustancial del derecho existente de obligaciones y contratos [...]".[16] Si bien la afirmación está dirigida específicamente a un tipo de declaración de voluntad (la dirigida a crear, modificar o extinguir contratos), no dudamos que el principio es plenamente aplicable a cualquier acto jurídico instrumentado mediante medios digitales.

La no derogación de las normas generales de la contratación no implica que el derecho no busque soluciones diferentes para el contexto digital en que se emite la declaración de voluntad, si fuese necesario.

c) El principio de equivalencia funcional o no discriminación

La equivalencia funcional de los actos electrónicos significa que "[...] la función jurídica que en toda su extensión cumple la instrumentación escrita y autógrafa

---

[15] Conclusión 1 del despacho de la Comisión Nº 3, referida al "Consentimiento y los medios informáticos", de las XVIII Jornadas Nacionales de Derecho Civil, realizadas en Buenos Aires, Argentina, en el año 2002. Pueden consultarse las conclusiones en: http://jornadas-civil-unr.ucaderecho.org.ar/. de la Comisión Nº 3, Jornadas Nacionales de Derecho Civil.

[16] "[...] parte de la hipótesis conforme a la cual la electrónica no es sino un nuevo soporte y medio de transmisión de voluntades negociales pero no un nuevo derecho regulador de las mismas y su significación jurídica... Así, de una parte, los elementos esenciales del negocio jurídico -consentimiento y objeto, causa en los ordenamientos romanos-, así como sus manifestaciones y defectos- y, de otra, la tipología contractual preexistente no sufren alteración significativa...". ILLESCAS ORTIZ, R., *Derecho de la contratación electrónica*, Civitas, Madrid, 2001, pag. 41.

-o eventualmente su expresión oral- respecto de cualquier acto jurídico, la cumple igualmente si se formaliza en forma electrónica a través de un mensaje de datos, con independencia del contenido, alcance y finalidad del acto así instrumentado [...].[17]

A través de la aplicación de este principio se persigue la no discriminación de las declaraciones de voluntad o de ciencia emitidas por medios electrónicos, respecto a las expresadas en forma manual, verbal o gestual.

Se dice que, en realidad, ambos principios, el de equivalencia y el de no discriminación, constituyen un anverso y un reverso de una misma moneda. Expresar que el documento digital tiene el mismo valor probatorio que el documento escrito, o decir que una declaración de voluntad emitida mediante un mensaje de datos no puede ser discriminada jurídicamente por el solo hecho de serlo, es defender, mediante técnicas diferentes al nuevo modo de expresión.[18]

Entre nosotros, Ricardo Lorenzetti ubica a la no discriminación como principio jurídico del medio digital y enseña que en "un contexto de libertad, se afirma que el Estado debe ser neutral y no dictar normas discriminatorias en el sentido de limitar la participación de algún sujeto por el solo hecho de que no utilice instrumento escrito. Las partes son libres de adoptar entre ellas cualquier procedimiento de registro, de verificación de autoría, de firmas, y no deben sufrir limitaciones por ello...".[19]

La necesidad de no discriminación se funda, por un lado, en el imperativo de reconocer las nuevas técnicas y, por otro, en la defensa de la libertad de formas. Ambos fundamentos acentúan en requerir un tratamiento igualitario para todas las técnicas de expresión humanas.

El art. 141 del Código Civil peruano, modificado por Ley 27.291, de 23 de junio de 2000, expresa que en los casos en que la ley establezca que la voluntad debe manifestarse mediante alguna formalidad o requiera firma, ésta podrá ser generada o comunicada por medios electrónicos, ópticos u análogos. La Ley colombiana, siguiendo en forma textual la propuesta de ley uniforme de la UNCITRAL, en sus arts. 14 y 15, asegura la equivalencia de las declaraciones por medios electrónicos a las formuladas por otros medios.

Son ejemplos de reglas que aseguran la no discriminación.

d) El principio de buena fe

Por último, en esta etapa de transición hacia la consolidación de reglas de validez y eficacia de los actos jurídicos digitales, es central pensar el fenómeno bajo el prisma de la buena fe. La regla de actuar lealmente, fruto de este principio, es necesaria, pues "...la práctica del nuevo soporte comercial se apoya para de la generalidad... en el empleo de medios técnicos de los que ni son creadores ni con los que se encuentran familiarizados en exceso..." (se refiere el autor a los empresarios y sus consejeros jurídicos).[20]

---

[17] ILLESCAS ORTIZ, *El derecho de la contratación electrónica*, cit. p. 41.
[18] Sobre el principio de no discriminación en el campo específico de la formación de los contratos, DE MIGUEL ASENSIO, P. A., *Derecho Privado de Internet*, Civitas, Madrid, 2000, p. 303.
[19] LORENZETTI, Ricardo, Op. cit.
[20] ILLESCAS ORTIZ, R., *Derecho de la contratación electrónica*, cit., pag. 54.

3 Instrumento escrito e instrumento digital[21]

a) Igualdad de tratamiento

El primer paso a fin de lograr la plena equiparación de los distintos medios de expresión de las declaraciones humanas, impone reconocer iguales efectos a las expresiones realizadas por medios manuscritos –o, incluso orales- y a las declaraciones realizadas por medios digitales.

Las declaraciones de voluntad (o de ciencia) expresadas por medios digitales deben buscar su reconocimiento legal en un universo de normas dictadas para un modelo escrito en papel. De allí que las legislaciones para los nuevos mundos digitales afirman, a través de sus disposiciones, la igualdad de tratamiento.

b) La Ley de Firma Digital argentina (LFD)

El Art. 6º LFD expresa: *"Documento digital. Se entiende por documento digital a la representación digital de actos o hechos, con independencia del soporte utilizado para su fijación, almacenamiento o archivo. Un documento digital también satisface el requerimiento de escritura"*.

Si el hecho o la declaración de voluntad está representada digitalmente, se considera escrita.

Es interesante recordar que la Ley Modelo de Uncitral, que constituyó una de las fuentes de la LFD, *contiene* una disposición en igual sentido, el artículo 5, que expresa "...Reconocimiento jurídico de los mensajes de datos: No se negarán efectos jurídicos, validez o fuerza obligatoria a la información por la sola razón de esté en forma de mensaje de datos". Y el art. 6º expresa: "Escrito: 1) Cuando la ley requiera que la información conste por escrito, ese requisito quedará satisfecho con un mensaje de datos si la información que éste contiene es accesible para su ulterior consulta. 2) El párrafo 1º será aplicable tanto si el requisito en él previsto está expresado en forma de obligación como si la ley simplemente prevé consecuencias en el caso de que la información no conste por escrito".

La Guía para la Incorporación de la Ley Modelo a las legislaciones nacionales es aleccionadora en diferentes aspectos de la cuestión en estudio, por lo que vale recordar sus enseñanzas. Se pregunta cuáles son los objetivos y funciones que persigue la presentación de un escrito consignado en papel: "ese documento de papel cumple funciones como las siguientes: proporcionar un documento legible para todos; asegurar la inalterabilidad de un documento a lo largo del tiempo; permitir la reproducción de un documento a fin de que cada una de las partes disponga de un ejemplar del mismo escrito; permitir la autenticación de los datos consignados suscribiéndolos con una firma; y proporcionar una forma aceptable para la presentación de una forma aceptable para la presentación de un escrito ante las autoridades públicas y los tribunales".

---

[21] Utilizaremos en esta ponencia, de manera indistinta documento digital o documento electrónico, aunque técnicamente no sea correcto. Pero aún las legislaciones lo utilizan de manera indistinta. Enseña SARRA, A. V., Comercio electrónico y derecho. Astrea, Buenos Aires, 2000, pag. 346, "que el término 'electrónico' no avala la noción que se intenta transmitir del modo en que lo hace el término 'digital'. Generalmente, ambas expresiones suelen mencionarse indistintamente. En realidad, según interpretación estrictamente tecnológica, el término "electrónico" hace referencia al dispositivo en el que está almacenado el instrumento o por medio del cual confeccionado. El vocablo 'digital', en cambio, además de su definición estrictamente tecnológica, tiene una connotación diferente a la que aquí apelamos, puesto que implica 'ausencia de intangibilidad'".

Luego de afirmar que el documento digital, bajo el cumplimiento de ciertas normas técnicas, cumple todas y cada una de las funciones reseñadas, aun con mayor eficacia y seguridad que el mismo papel, expresa que ello no debe llevar a exigir a un documento digital más requisitos que los que se exigiría a un documento en papel.

Expresa la Guía que: "...Al disponer que 'no se negarán efectos jurídicos, validez o fuerza obligatoria (en los textos francés e inglés fuerza ejecutoria, por ejemplo, del texto de una sentencia) a la información por la sola razón de que esté en forma de mensaje de datos', el art. 5º se limita a indicar que la forma en que se haya conservado o sea presentada cierta información no podrá ser aducida como única razón para denegar eficacia jurídica, validez o fuerza ejecutoria a esa información".

La LFD no exige ningún requisito al documento digital para su consideración como "escrito". La Ley Modelo, por el contrario, fija un mínimo: el mensaje de datos debe ser "accesible", esto es, debe poder ser leído e interpretado.

c) El Código Civil y Comercial argentino

El Código Civil y Comercial determina la libertad de formas para la exteriorización de la voluntad, salvo que la ley exija uno determinado (artículo 284)

Si el Código exige forma escrita, entonces el artículo 286 reza: "Expresión escrita. La expresión escrita puede tener lugar por instrumentos públicos, o por instrumentos particulares firmados o no firmados, excepto en los casos en que determinada instrumentación sea impuesta. Puede hacerse constar en cualquier soporte, siempre que su contenido sea representado con texto inteligible, aunque su lectura exija medios técnicos".

A diferencia de la LFD, que no requiere ningún requisito para que el mensaje de datos pueda ser considerado forma escrita, el Código Civil y Comercial determina, con la Ley Modelo, que el contenido debe ser representado con texto inteligible. Es decir "...que pueda ser entendido".[22]

4 Firma manuscrita y firma digital. Instrumentos firmados y no firmados

a) El requisito de la firma

Es criterio legislativo general que ciertas declaraciones de voluntad deben estar firmadas para ser atribuidas a su autor.

El requisito se repite a lo largo y a lo ancho de las legislaciones. La necesidad de firma persigue diversos fines: identificar a una persona, dar sobre la participación personal de esa persona en el acto de firmar y asociar a esa persona con el contenido de un documento. Además, se reconoce que la firma puede desempeñar, además, otras funciones: demostrar la intención de una parte contractual de obligarse por el contenido del contrato firmado, de reivindicar la autoría de un texto, la intención de una persona,

---

[22] Primera acepción de la palabra inteligible del Diccionario de la Real Academia Española, disponible en https://dle.rae.es/inteligible.

de asociarse con el contenido de un documento escrito por otra, o el hecho de que esa persona había estado en un lugar determinado, en un momento dado.

Para otorgar carta de ciudadanía a los mensajes de datos es necesario, entonces, primero, reconocer que un mensaje de datos firmado digitalmente es equiparado legalmente a un documento escrito firmado y, segundo, determinar los requisitos para que las nuevas técnicas de firma cumplan funciones iguales a la firma manuscrita.

b) La Ley de Firma Digital argentina

1) Firma manuscrita y firma digital

El art. 3º LFD expresa: "Del requerimiento de firma. Cuando la ley requiera una firma manuscrita, esa exigencia también queda satisfecha por una firma digital. Este principio es aplicable a los casos en que la ley establece la obligación de firmar o prescribe consecuencias para su ausencia".

La Ley equipara firma manuscrita con firma digital, y afirma que dicha equiparación o equivalencia rige tanto cuando la ley establece la obligatoriedad de firmar (exigencia positiva), como cuando la ley prevé una consecuencia en caso de ausencia de firma (exigencia negativa).

2) Firma electrónica y firma digital

La LFD distingue, como lo hace la mayoría de las legislaciones sobre la materia, dos tipos de firmas: la firma digital y la firma electrónica, con distintos alcances en relación al grado de seguridad que alcanzan y, en consecuencia, con distintos efectos jurídicos.

Firma digital es el procedimiento técnico que adosado a un documento digital asegura ciertos resultados (autenticación y no alteración del documento trasmitido), y firma electrónica, el que no asegura estas prestaciones.

"Una firma electrónica sería simplemente cualquier método o símbolo basado en medios electrónicos utilizado o adoptado por una parte con la intención actual de vincularse o autenticar un documento, cumpliendo todas o algunas de las funciones características de una firma manuscrita. En este concepto amplio y tecnológicamente indefinido de firma... tendrían cabida técnicas tan simples como un nombre u otro elemento identificativo (por ej. la firma manual digitalizada) incluido al final de un mensaje electrónico, y de tan escasa seguridad que plantean la cuestión de valor probatorio a efectos de autenticación, aparte de su nula aportación respecto a la integridad del mensaje...".[23] No compartimos estas calificaciones.

Existen numerosos medios técnicos que permiten cumplir con algunas de las funciones que la firma manuscrita en papel otorga.

Así, enseña Illescas Ortiz,[24] que, "en el estado actual de la disciplina del C-E y a la vista de las diversas tecnologías aludidas en materia de FE (firma electrónica, la aclaración es nuestra), las opciones disponibles para su estampación son variadas y

---

[23] MARTÍNEZ NADAL, op. cit., pág. 40. Concluye la autora en que debe dudarse de la condición de firma de estas técnicas, atento a su nula o escasa utilidad.
[24] ILLESCAS ORTIZ, R., *Derecho de la contratación electrónica*, cit., pág. 80.

variadas también las funciones que satisfacen cada una de estas opciones. No cabe, en principio y por razones ontológicas, sin embargo, negar jurídicamente la validez de los efectos que cada una de ellas produce y principalmente el primero de ellos, es decir el efecto de identificación y atribución..." Reconoce funciones de firma electrónica de un mensaje de datos, a: "...Las más simples incluyen las palabras de paso o passwords y otros métodos similares de control de acceso; algo más complejos son los PIN (personal identification number) o Números de Identificación Personal que constituyen algo más que un medio de acceso –suelen simultáneamente cifrar el MD en especial cuando el así firmado está destinado a circular por Internet- y que gozan de extraordinaria difusión; próximo al PIN e incluso muchas veces de utilización conjunta con ella, se encuentra la tarjeta magnética más o menos inteligente. De creciente difusión comercial, por otra parte, está resultado el escaneo digital de la firma autógrafa estampada sobre una pizarra digitalizadora asi como la firma mediante lo que se denomina un *stylus* o pluma digital también sobre tableta digitalizadora. Al alcance de todos se encuentra la indicación de un nombre al final de un mensaje mediante el uso del teclado de una computadora: está en el límite mismo de lo que sea FE y cumple dudosamente con algunas de las funciones que debe satisfacer aquella. En el polo opuesto y muy recientemente comienza a utilizarse una FE basada en la biometría digitalizada de determinadas características fisiológicas o anatómicas del firmante del MD –pupila, voz, huella dactilar, etc...".

La firma electrónica, si bien no otorga todas las prestaciones de una firma digital, en muchos casos es posible identificar al autor del mensaje, su conformidad con el contenido del documento y si ha sido alterado o no.

Firma digital, en tanto, es "tecnológicamente específica", pues se crea a través de un sistema de criptografía asimétrica o de clave pública. Dicho sistema permite, aplicando la clave pública al mensaje cifrado por el firmante mediante su clave privada, la autenticación y la integridad del mensaje y el no rechazo, pudiendo, incluso, mantener la confidencialidad.

La distinción entre firma electrónica y firma digital es receptada, por ejemplo, en la normativa española.

El art. 2.1. del decreto-ley 14/1999, da el concepto de firma electrónica: "Es el conjunto de datos, en forma electrónica, anejos a otros datos electrónicos o asociados funcionalmente con ellos, utilizados como medio para identificar formalmente al autor o a los autores del documento que la recoge", en tanto el art. 2.2. define a la firma electrónica avanzada (equivalente a la firma digital): "la firma electrónica que permite la identificación del signatario y ha sido creada por medios que éste mantiene bajo su exclusivo control, de manera que está vinculada únicamente al mismo y a los datos a los que se refiere, lo que permite que sea detectable cualquier modificación ulterior de éstos".

La Directiva europea sobre firma digital, en su art. 2º inc. 1º, define a la "firma electrónica" como "los datos en forma electrónica anejos a otros datos electrónicos o asociados de manera lógica con ellos, utilizados como medio de autenticación" y a la "firma electrónica avanzada", en su inc. 2º, como una especie de la firma electrónica que cumpla ciertos requisitos: estar vinculada al firmante de manera única (ap. a), permitir la identificación del firmante (ap. b), haber sido creada utilizando medios que el firmante puede mantener bajo su exclusivo control (ap. c), estar vinculada a los datos que se refiere de modo que cualquier cambio ulterior de los mismos sea detectable (ap. d).[25] Para la Directiva la firma electrónica avanzada deberá asegurar la autenticación e inalterabilidad del documento firmado.

Tanto el Real Decreto-ley, como la Directiva, al definir a la firma electrónica avanzada (firma digital) no determinan como tipificante a la utilización de los sistemas criptográficos asimétricos, abriendo la posibilidad de que otros medios tecnológicos cumplan iguales funciones de autenticación, integridad o confidencialidad.

3) Firma digital y firma electrónica en la LFD

La Ley de Firma Digital argentina, define a la firma digital, en su art. 2: "Firma Digital. Se entiende por firma digital al resultado de aplicar a un documento digital un procedimiento matemático que requiere información de exclusivo conocimiento del firmante encontrándose ésta bajo su absoluto control. La firma digital debe ser susceptible de verificación por terceras partes tal que dicha verificación simultáneamente permita identificar al firmante y detectar cualquier alteración del documento digital posterior a su firma.

El artículo 5º L.F.D., en tanto, define a la firma electrónica: "Firma electrónica. Se entiende por firma electrónica al conjunto de datos electrónicos integrados, ligados o asociados de manera lógica a otros datos electrónicos, utilizado por el signatario como su medio de identificación, que carezca de alguno de los requisitos legales para ser considerada firma digital...".

La ley determina cuáles son los requisitos exigibles al procedimiento técnico aplicado al mensaje electrónico, para considerarlo firma digital, y aplicar sus efectos: a) Que los datos mediante los cuales se crea la firma se mantengan en confidencialidad absoluta del signatario; b) Que la firma pueda ser verificada por terceros (quienes expedirán el certificado correspondiente); c) Que permita identificar al firmante y detectar alteraciones en el documento digital; d) Que haya sido creada durante el período de vigencia del certificado digital válido del firmante; e) Que pueda ser debidamente verificada por la referencia a los datos de verificación de firma digital indicados en dicho certificado según el procedimiento de verificación correspondiente; f) Que el certificado haya sido emitido o reconocido por un certificador licenciado, de acuerdo al régimen de licencias de servicios de certificación determinado por la ley.

Si bien en la definición de firma digital la ley argentina pretende mantenerse en un estado de neutralidad respecto a la tecnología a aplicar, es notorio que todo el sistema está estructurado en base al sistema criptográfico de doble clave asimétrica.[26]

Mediante la firma digital del mensaje de datos se aseguran, entonces, la autenticación de las partes intervinientes y la integridad del mensaje (su no adulteración).

---

[25] Similares requisitos exige la Ley Modelo sobre Firma Electrónica de la UNCITRAL, en su art. 6.

[26] El art. 2, último párrafo, de la ley de firma digital argentina, expresa que los procedimientos de firma y verificación a ser utilizados para tales fines serán los determinados por la Autoridad de Aplicación en consonancia con estándares tecnológicos internacionales vigentes, dejando abierta la posibilidad de la aceptación de nuevas técnicas de firma.

c) La firma en el Código Civil y Comercial. Instrumentos particulares, firmados y no firmados

El Código Civil y Comercial regula la firma del acto jurídico. El artículo 28 expresa: "Firma. La firma prueba la autoría de la declaración de voluntad expresada en el texto al cual corresponde. Debe consistir en el nombre del firmante o en un signo. En los instrumentos generados por medios electrónicos, el requisito de la firma de una persona queda satisfecho si se utiliza una firma digital, que asegure indubitablemente la autoría e integridad del instrumento".

Clasifica a los instrumentos como públicos, regulados detalladamente en la Sección 4 (Instrumentos Públicos), del Capítulo 5 (Actos jurídicos), Titulo 4 (Hechos y actos jurídicos), del Libro Primero (Parte General) y privados (Sección 6, del mismo Capítulo).

No abordaremos ahora la posibilidad de que los instrumentos públicos e, incluso, las escrituras públicas, puedan ser otorgadas, firmadas y protocolizadas mediante técnicas digitales.

Nos abocaremos a los instrumentos particulares. El Código distingue entre los instrumentos particulares firmados –sea en forma manuscrita o digital-, que denomina instrumentos privados, y los instrumentos particulares no firmados.

El artículo 287 reza que si los instrumentos privados no están firmados se los denomina instrumentos particulares, categoría que comprende "todo escrito no firmado, entre otros, los impresos, los registros visuales o auditivos de cosas o hechos y, cualquiera sea el medio empleado, los registros de la palabra y de la información".

Es decir: que reconoce la validez de expresiones de voluntad o de ciencia (registros de cualquier otra información que no sea una expresión de voluntad), que carezcan de firma.

Y completa la regulación a través del artículo 319, el que regula su valor probatorio: "El valor probatorio de los instrumentos particulares debe ser apreciado por el juez ponderando, entre otras pautas, la congruencia entre lo sucedido y lo narrado, la precisión y claridad técnica del texto, los usos y prácticas del tráfico, las relaciones precedentes y la confiabilidad de los soportes utilizados y de los procedimientos técnicos que se apliquen".

No es motivo de esta ponencia analizar la eficacia del instrumento particular en relación a la prueba que pueda producirse para comprobar una determinada declaración de voluntad o representación de un hecho. La doctrina procesal ha trabajado mucho y bien el tema.

Existen elementos probatorios confiables para determinar la autoría de un documento digital no firmado digitalmente (instrumento particular, en terminología del Código).

Y en este punto se conjugan las reglas del Código Civil y Comercial y las de la Ley de Firma digital. No dudamos que la firma electrónica reconocida por la LFD, esto es "los datos integrados, ligados o asociados de manera lógica a otros datos electrónicos, utilizados por el signatario como su medio de identificación, que carezca de alguno de los requisitos legales para ser considerada firma digital", en tanto puedan ser técnicamente detectados y analizados mediante procedimientos confiables, otorgarán eficacia probatoria al instrumento no firmado y su oponibilidad frente a quien desconozca su autoría y autenticidad.

Así lo reconoce la buena doctrina que ha interpretado la norma.[27] En este sentido, por ejemplo, Benavente[28] expresa que "el documento electrónico puede ofrecer un grado de seguridad equivalente al del papel y, en la mayoría de los casos, mucha mayor fiabilidad y rapidez, especialmente respecto a la determinación del origen y del contenido de los datos...", Conte Grand[29] reconoce "la relevancia que adquieren 'instrumentos particulares no firmados" en la multiplicidad de relaciones jurídicas que se instrumentan con prescindencia de la firma de las partes y especialmente a través de las nuevas tecnologías de la información y de la comunicación" y Rivera y Crovi[30] manifiestan que "...Existen numerosas transacciones que son procesadas sin la firma del titular, y que garantizan autoría. Por ejemplo, las claves magnéticas, combinadas con claves numéricas, brindan mayor seguridad que la mera firma. Ello ocurre, verbigracia, al efectuar actos jurídicos en cajeros automáticos previa inserción de la tarjeta con banda magnética y alimentación de la máquina con clave numérica personal del titular (password)...".

En síntesis, entonces, puede afirmarse que la máquina, el cajero automático, no puede leer la firma pero sí reconocer al titular de la tarjeta cuando se le ofrece la lectura de la banda magnética de la misma, en combinación con el password o clave.

5 Instrumentos originales digitales y archivos digitales[31]

Sólo para completar estas ideas, y sin entrar en un análisis profundo, recordaremos que la LFD prevé, que los documentos originales digitales y sus reproducciones, firmados con firma digital a partir de sus originales, también son considerados originales, con valor probatorio como tales (artículo 11) y que cuando existe una exigencia legal de conservar documentos, registros y datos, queda satisfecha con la conservación de los documentos digitales firmados, si son accesibles para su posterior consulta y se permita determinar de manera fehaciente el origen, destino, fecha y hora de su generación, envío y recepción (artículo 12.).

III Contratos electrónicos

1 El comercio electrónico

El contrato electrónico es una manifestación más del intercambio de datos a través de las redes. Las personas pueden comunicarse electrónicamente con fines de

---

[27] Para un análisis exhaustivo de las reglas de los instrumentos particulares en el Código Civil y Comercial, ver, con provecho ORELLE, J. M. en ALTERINI, J.H., *Código Civil y Comercial. Tratado exegético*, 3ra. ed., T. Ciudad Autónoma de Buenos Aires: La Ley, 2019, Capítulo 5.

[28] BENAVENTE, M. I., en LORENZETTI, R. (Dir.), *Código Civil y Comercial de la Nación. Comentado*. T. II, Rubinzal-Culzoni, Santa Fe, 2015, pág. 319.

[29] CONTE-GRAND, J., en SANCHEZ HERRERO, A. (Director) y SANCHEZ HERRERO, P. (Coord.), *Tratado de Derecho Civil y Comercial*, 2ª. Ed., T. I Parte General, La Ley, Buenos Aires, 2018, pág. 841.

[30] RIVERA, J. C. y CROVI, D. A., en RIVERA, J.C. y MEDINA, G. (Directores), *Derecho Civil. Parte General*, La Ley, Buenos Aires, 2016, Capítulo 24.

[31] Tratamos los temas incluidos en este apartado en nuestra nota introductoria a *Firma Digital Argentina*, Lexis Nexis, Buenos Aires, 2002, pág. 23 y ss.

trabar o cultivar amistades, de buscar información en alguna de las mútliples bases de datos existentes en la Red, de informarse en los periódicos digitales, o de comerciar.

El comercio realizado a través de medios electrónicos es denominado e-commerce,[32] caracterizado por la transnacionalización e impersonalización. Se lo denomina "B2B", si es entablado entre empresas, "B2C", si la relación se traba entre empresas y consumidores y "C2C", si lo es entre consumidores.[33] El encuadramiento de una relación comercial en cada una de las categorías determinará su específico régimen legal aplicable.[34]

En esta ponencia obviaremos las particularidades que genera el encuadramiento de un contrato electrónico como contrato de consumo. En este supuesto se acentúan los deberes de los proveedores en relación a los consumidores, que se explicitan en las normas protectorias de sus derechos, principalmente, en la Argentina, la Ley 24.240, hoy sujeta a revisión.[35]

2 Contrato electrónico. Régimen legal aplicable

a) Concepto

Hay cierto consenso en cuanto a la definición de contrato electrónico.[36]

En un sentido estricto, se trata de aquellos contratos que se perfeccionan mediante un intercambio electrónico de datos de ordenador a ordenador. Frente a esta noción, existe una más amplia, que incluye dentro de la categoría a todos aquellos contratos celebrados por medios electrónicos (aunque no sean ordenadores: fax, telex, teléfono).[37]

---

[32] La Ley 527/99, de Colombia, en su art. 2, ap. b) expresa que el término comercio electrónico abarca "[...] las cuestiones suscitadas por toda relación de índole comercial, sea o no contractual, estructurada a partir de la utilización de uno o más mensajes de datos o de cualquier otro medio similar. Las relaciones de índole comercial comprenden, sin limitarse a ellas, las siguientes operaciones: toda operación comercial de suministro o intercambio de bienes o servicios; todo acuerdo de distribución; toda operación de representación o mandato comercial; todo tipo de operaciones financieras, bursátiles y de seguros; de construcción de obras; de consultoría; de ingeniería; de concesión de licencias; todo acuerdo de concesión o explotación de un servicio público; de empresa conjunta y otras formas de cooperación industrial o comercial; de transporte de mercancías o de pasajeros por vía aérea, marítima y férrea, o por carretera [...]".

[33] Abreviatura de las expresiones en idioma inglés "business to business", "business to consumer" y "consumer to consumer".

[34] Si la relación es "B2C" regirán en plenitud las reglas de defensa del consumidor, con las notables implicancias en cuanto a las obligaciones impuestas al proveedor. Fue la conclusión Nº 4 del despacho de la Comisión Nº 3, referida al "Consentimiento y los medios informáticos", de las XVIII Jornadas Nacionales de Derecho Civil, realizadas en Buenos Aires, Argentina, en el año 2002. Pueden consultarse las conclusiones en: http://jornadas-civil-unr.ucaderecho.org.ar/.

[35] El Proyecto de Ley de modificación integral a la Ley de Defensa de Consumidores y Usuarios dedica el Capítulo 9 a los contratos a distancia, ampliando significativamente las reglas existentes de protección a los consumidores en la contratación electrónica.

[36] MARQUEZ, P. "Reflexiones conceptuales acerca de los términos comercio electrónico, contratación electrónica, contrato electrónico", en Alfa - Redi: Revista de Derecho Informático, Nº 127, Abril 2004, en http://www.alfa-redi.org/revista/data/71-3.asp, distingue entre contratación electrónica, entendiendo por tal los acuerdos de voluntades que se transmiten y formalizan plenamente a través de medios electrónicos, del contrato electrónico, en el que se hace referencia al documento electrónico en el que se contenga el clausulado del contrato celebrado y, en su caso, la firma (electrónica) de las partes.

[37] DE MIGUEL ASENSIO, P.A., Derecho Privado de Internet, Civitas, Madrid, 2002, pág. 289.

Las URGETS, de la ICC, aplicables a contratos electrónicos en los cuales las partes se sometan a sus disposiciones,[38] en su art. 3.1. define al contrato electrónico como "el acuerdo con fuerza legal concluido a través del intercambio de mensajes electrónicos, concernientes a uno o más transacciones comerciales electrónicas, en el cual las partes acuerdan los términos y condiciones del convenio, incluyendo sus derechos y obligaciones" (la traducción es nuestra).[39]

La noción misma de contrato no se modifica. Es el medio el que es sustancialmente diferente, pues carece de corporeidad y, por ello, acarrea riesgos a las partes, que la ley debe distribuir.

b) Los principios de la contratación electrónica

El contrato electrónico es regido por los principios generales de los contratos y las obligaciones de la legislación que le es aplicable.[40] El acuerdo de voluntades a través de medios electrónicos no implica un nuevo concepto jurídico, al que deba aplicársele un nuevo herramental para regulárselo.

La inalteración del derecho preexistente de obligaciones y contratos privados, el principio de equivalencia y no discriminación y el principio general de interpretación y ejecución de buena fe son los principios que rigen la contratación electrónica.

Nos hemos explayado sobre ellos cuando los tratamos en relación a la instrumentación de actos jurídicos a través de medios digitales.

En esta oportunidad sólo recalcaremos que en los contratos electrónicos se acentúa el deber de las partes de actuar de buena fe durante su celebración y ejecución, y el principio rige, de manera aguda, su interpretación. En entornos en los cuales aún hay incertezas, producto, sobre todo, del desconocimiento de los medios de contratación y la ausencia de contactos personales, el deber de lealtad contractual derivado del principio de la buena fe, debe primar como criterio anular de interpretación de la celebración y las cláusulas a la hora de su ejecución.

3 Contratos celebrados en entornos cerrados y en entornos abiertos

El intercambio de datos o mensajes electrónicos, vehículos de las declaraciones de voluntad (oferta y aceptación) que concluirán el contrato, puede realizarse en redes cerradas (acuerdos conocidos como EDI -*electronic data interchange*-) o en redes abiertas (como la Internet).

---

[38] La ICC, luego de reconocer los rápidos cambios en el comercio electrónico y la ausencia de reglas, guías o prácticas comerciales establecidas, considera apropiado proveer ciertas reglas para el comercio electrónico, como método alternativo a los métodos basados en papel. Las reglas diseñadas pueden ser usadas voluntariamente por los comerciantes como reglas supletorias del derecho imperativo en sus contratos.

[39] El art. 3.2. de las URGETS define a la transacción comercial electrónica, como "una transacción comercial concluida mediante el intercambio de mensajes electrónicos...". El art. 3.3. define al mensaje electrónico como el contenido de alguna comunicación que implica la transferencia electrónica de datos, sea a través de redes abiertas o cerradas u otro medio electrónico, la cual es accesible y puede ser utilizada posteriormente" (la traducción es nuestra).

[40] Conclusión 1.- de la Comisión N° 3, Jornadas Nacionales de Derecho Civil, cit. en nota 15.

El contrato EDI trae al derecho menos problemas, pues, por lo general, está precedido por un acuerdo de intercambio de datos, en el cual se determinan las reglas técnicas y jurídicas que harán vinculantes a las declaraciones.[41]

La contratación en redes abiertas, por el contrario, presenta numerosos aspectos a resolver. Los principales: asegurar la identidad de las partes autoras de los mensajes (que los generadores de los mensajes no hayan sido suplantados); la integridad del mensaje (que no se haya producido la alteración, provocada o accidental, del mensaje trasmitido); la emisión y recepción del mensaje (el no repudio) y la intercepción del mensaje por persona no autorizada.[42]

Es necesario, entonces, implementar métodos tecnológicos que permitan asegurar que el mensaje proviene de quien dice enviarlo, que no ha sido alterado desde su envío, el no repudio o rechazo respecto al envío y a la recepción del mensaje y la confidencialidad.[43]

4 Firma digital y firma electrónica. Contratos celebrados en instrumentos particulares firmados y no firmados

El desarrollo que realizamos antes sobre firma digital y firma electrónica, su regulación en la LFD y en el Código Civil y Comercial, en referencia a los actos jurídicos, es plenamente aplicable a los contratos electrónicos.

Sólo a modo de resumen, recordamos que mediante la firma digital del mensaje de datos, vehículo de la oferta o la aceptación, o cualquiera otra manifestación de voluntad vinculada al contrato, se aseguran, entonces, la autenticación de las partes intervinientes y la integridad del mensaje (su no adulteración).

Sin embargo, el solo hecho de que el mensaje de datos no esté firmado digitalmente, sino sólo a través de otros modos de identificación del autor y del contenido, no priva al mensaje de su eficacia probatoria, respecto a la existencia del contrato y del contenido de sus cláusulas.

A las normas generales sobre prueba de los actos jurídicos, repasadas, agregaremos que, en relación a los contratos, el Código Civil y Comercial determina la libertad de formas, salvo cuando la ley imponga una forma determinada (artículo 1015), y que pueden ser probados por "todos los medios aptos para llegar a una razonable

---

[41] "[...] La adopción de un acuerdo de este tipo fomenta la seguridad jurídica al pactar el régimen de cuestiones carentes con frecuencia de regulación en los ordenamientos nacionales, al tiempo que recoge el compromiso de las partes de que el intercambio electrónico de datos es una vía para la formación entre ellas de contratos con la misma eficacia que los concluidos por medio del intercambio de documentos de papel [...]". DE MIGUEL ASENSIO, cit., pág. 296. Para un tratamiento integral de los contratos EDI, BARCELO, R. J., *Comercio electrónico entre empresarios. La formación y prueba del contrato electrónico*, Tirant Lo Blanch, Valencia, 2000.

[42] Conf. MARTINEZ NADAL, A., *Comercio electrónico, firma digital y autoridades de certificación*, Colección Estudios de Derecho Mercantil, Segunda Edición, Civitas, 2000. Concluye la autora: "De forma que, dados esos riesgos, no existen garantías sobre la autoría del mensaje electrónico, sobre su contenido, ni, en su última instancia, sobre su existencia misma, lo que, desde el punto de vista jurídico, plantea serias dudas sobre la validez y la eficacia de las transacciones electrónicas".

[43] MARTINEZ NADAL, A., Op. cit., pág. 35, enseña que el aseguramiento se logra a través de los servicios de autenticación (que asegura la identidad del remitente), de integridad (que garantiza la no alteración), de no rechazo o no repudio (garantiza que una parte interviniente en la comunicación no pueda negar su actuación) y de confidencialidad (que protege los datos de accesos no autorizados).

convicción según las reglas de la sana crítica, y con arreglo a los que disponen las leyes procesales, excepto disposición legal que establezca un medio especial...".

No es motivo de esta ponencia desarrollar la prueba de los contratos electrónicos, mas sólo recordamos que nuestra mejor doctrina y jurisprudencia ha reconocido validez y eficacia a contratos celebrados por medios electrónicos, aunque no estén firmados digitalmente.

5 Momento de perfección del contrato

a) El problema

Un aspecto relevante en la contratación electrónica es determinar cuándo se considera perfeccionado el contrato.

La particularidad reside en que el intercambio de la oferta y la demanda se producen entre computadoras (a veces sin la intervención del hombre en el momento del envío del mensaje de datos portador de la declaración de voluntad), generalmente entre lugares distintos y distantes, muchas veces en forma casi instantánea, pero otras mediando un lapso entre demanda y oferta. Ello genera al Derecho ciertos problemas a resolver,[44] de entre los cuales nos referiremos al momento en que se considera formado el consentimiento y cuándo emitidas o recibidas las declaraciones de voluntades.

Si el intercambio de mensajes es instantáneo, aunque las personas no estén presentes, la aceptación se produce cuando es manifestada la voluntad negocial.[45]

b) El sistema de la recepción del mensaje de datos como principio

El principio a aplicar es que el derecho común de los contratos no es derogado. Para que se forme el consentimiento contractual es necesaria una oferta aceptada.

Cuando el consentimiento no se forma en forma instantánea el interrogante siguiente a responder es cuándo se considera aceptada la oferta. En el derecho clásico se han propuesto cuatro sistemas: de la declaración, de la expedición, de la recepción y del conocimiento; la aplicación de uno u otro dependerá de la legislación aplicable al contrato o, en su caso, al convenio que rija al contrato.[46]

---

[44] ILLESCAS ORTIZ, R., *Contratación electrónica*, cit., pág. 250, marca como materias relevantes a considerar sobre esta cuestión: (i) pertinencia y efectos de un acuerdo previo entre las partes gobernantes de las transacciones electrónicas sucesivos, (ii) determinación del derecho sustantivo aplicable al contrato (si se se trata de un contrato entre ausentes o entre presentes), (iii) especialidades en la aplicación del derecho sustantivo generadas a partir de que las voluntades se realicen mediante mensajes de datos transmitidos y recibidos a través de sistemas de información.

[45] SANCHEZ HERRERO, A, en SANCHEZ HERRERO, A. (Dir.) y SANCHEZ HERRERO, P. (Coord.), *Tratado de Derecho Civil y Comercial*, 2ª. Ed., cit., pág. 203, concluye: "a) El contrato aceptado entre presentes se perfecciona cuando se manifiesta la aceptación. Aquí se incluyen dos supuestos: a.1) cuando al momento de la aceptación las partes están presentes 'en serio': en el mismo lugar, 'cara a cara', y a.2) cuando al momento de la aceptación las partes están en distintos lugares, pero contactadas por un medio de comunicación instantáneo..." (v.g. whatsapp u otro medio de mensajería instantánea, decimos nosotros).

[46] Las partes pueden convenir cuándo considerarán que la oferta o la aceptación tienen eficacia, aún apartándose del derecho común aplicable al contrato. La posibilidad de convenios sobre el punto es limitada cuando se trata de contratos de consumo; v.g. Directiva 2000/31/CE (Directiva sobre Comercio Electrónico), permite ciertos convenios sobre información mínima y exigencias de comunicación, salvo cuando los contratantes sean consumidores (arts. 10 y 11).

El Código Civil y Comercial argentino regla que los contratos se concluyen con la recepción de la aceptación de la oferta o cuando alguna conducta de las partes demuestre la existencia del contrato (artículo 971).[47]

El artículo 983 explicita en qué consiste la recepción de una manifestación de voluntad: "A los fines de esta Capítulo se considera que la manifestación de voluntad de una parte es recibida por la otra cuando ésta la conoce o debió conocerla, trátese de comunicación verbal, de recepción en su domicilio de instrumento pertinente, o de otro modo útil".

"Por lo tanto, la recepción se produce en cualquiera de esta dos situaciones: a) cuando el destinatario de la manifestación de la voluntad la conoce efectivamente, o b) cuando el destinatario de la manifestación de la voluntad pudo o debió conocerla".[48]

Independientemente de cuándo se considere formado el consentimiento, ante la particularidad de los medios de comunicación de la voluntad utilizados, es necesario discernir cuándo un mensaje de datos ha sido emitido o recibido.[49] En este punto es cuando se muestra la necesidad de precisiones.

c) La Ley Modelo UNCITRAL

La Ley Modelo de Comercio Electrónico de la UNCITRAL tiene un carácter docente sobre este aspecto.

En su art. 15 propone las siguientes reglas:
1) El mensaje de datos se considerará expedido cuando entre en un sistema de información que no esté bajo el control del iniciador del mensaje.

El mensaje (por ejemplo portador de la aceptación de la oferta), debe haber salido del sistema de información del iniciador del mensaje (en el ejemplo, del sistema del aceptante) y entrado a otro sistema distinto, que esté fuera de su control, sea del destinatario (en el caso el del ofertante) o de un tercero que interviniere en la trasmisión.

2) El mensaje de datos se considerará recibido: (i) si el destinatario ha designado un sistema de información para la recepción, en el momento en que entre el mensaje de datos al sistema designado o, de enviarse el mensaje a un sistema del destinatario diferente al designado, desde el momento en que el destinatario recupere el mensaje; (ii) si el destinatario no ha designado un sistema de

---

[47] APARICIO, J. M., Contratos. *Parte General*. V.1, 2ª. Ed., Hammurabi, Buenos Aires, 2016, pág. 232, enseña que "... existen otras situaciones...en las cuales ya sea por acuerdo previo de las partes, por la autorización del oferente, por la naturaleza del negocio o por los usos consagrados en el tráfico, el contrato puede reputarse celebrado no en virtud de una declaración, sino través de un comportamiento del aceptante...Los ejemplos más típicos son cuando se hacen ofertas de cosas que se envían para su examen. La oferta se reputa aceptada mediante la apropiación o consumo de tales mercaderías...". Para un tratamiento integral de este supuesto de aceptación, SANCHEZ HERRERO, A., en SANCHEZ HERRERO, A. (Dir.) y SANCHEZ HERRERO, P. (Coord.), *Tratado de Derecho Civil y Comercial*, 2ª. Ed., cit., pág. 209 y ss.

[48] SANCHEZ HERRERO, A., Op. cit.

[49] Enseña ILLESCAS ORTIZ, R., *Derecho de la contratación electrónica*, cit. Pág. 261, con fina ironía: "...no obstante el principio de equivalencia funcional, ni un MD (mensaje de datos, la aclaración es nuestra) es una carta ni un ISP (proveedor de servicios de Internet, también la aclaración es nuestra) es un cartero... De modo particular han de precisarse los momentos concretos de expedición de un MD y de llegada o recepción de dicho MD puesto que se trata de actividades en los que intervienen SI (sistemas de información) y ISP, además de iniciador y destinatario...".

información, se considerará recibido en el momento en que el destinatario recupere el mensaje de datos.[50]

Para considerar recibido un mensaje de datos se aplican los mismos principios explicados con relación al momento de expedición, más se presentan algunos problemas específicos en relación a los sistemas de información en los cuales puede ingresar el mensaje. Las reglas transcriptas tienden a solucionarlos.

Para la Ley Modelo, estos principios se aplican salvo pacto en contrario.

d) La aplicación al derecho argentino

Creemos que las reglas propuestas por la Ley Modelo son aplicables al derecho argentino, pues regulan adecuadamente los supuestos en que se considerarán expedidos y recibidos los mensajes de datos, portadores de la oferta y la aceptación.

Sin embargo, la doctrina hace algunas precisiones. Puede ser que el mensaje de datos que contiene la aceptación contenga una contraoferta, porque la aceptación no fue aceptada en su totalidad.

Así Stiglitz[51] considera que "el contrato queda perfeccionado cuando el proponente pueda verificar –vía decodificación- sensorialmente, que la aceptación se ajusta a la oferta. Y en la nota 271 explica: "El fundamento está dado en la circunstancia de que, cuando el ordenador del oferente recibe los pulsos de aceptación, hasta tanto no lo decodifique, ignora su contenido que, entro otras posibilidades, puede contener otra propuesta".

6 El aviso de recibo

a) La necesidad de aviso de recepción

Cuando una de las partes contratantes envió un mensaje electrónico conteniendo la oferta o la aceptación necesita saber si el mensaje fue recibido, a fin de conducir su conducta en consecuencia (v.g. la oferta, si no fue condicionada o sujeta a plazo, puede ser aceptada hasta su retractación –art. 975 CCC- , por lo cual el oferente deberá estar preparado para cumplir con el contrato si la oferta es aceptada).

Por ello es imprescindible crear medios que otorguen certeza sobre la recepción del mensaje, para dotar a la contratación electrónica de seguridad. Ello se intenta obtener a través de la imposición al receptor del mensaje (oferente u ofertado) del envío de un mensaje que sirva de aviso de recepción (acuse de recibo) del mensaje original.[52]

---

[50] La Ley Modelo también propone soluciones sobre el problema del lugar en que se consideran expedidos y recibidos los mensajes de datos. El inc. 4º del mencionado art. 15, expresa que se considera que el mensaje de datos fue expedido o recibido en el lugar en el que el iniciador o el destinatario tengan su establecimiento.

[51] STIGLITZ, R., *Contratos civiles y comerciales. Parte General.* 2ª. Ed. act. y ampl., T. I, La Ley, Buenos Aires, 2010, pág. 231.

[52] "[...] El acuse de recibo (AR en adelante) constituye una pieza básica del C-E en la medida que contribuye de manera decisiva a la certidumbre respecto de la llegada de los MD (mensaje de datos, la aclaración es nuestra) a sus destinatarios: el iniciador, en efecto, cuando recibe de su destinatario el AR del MD que le ha enviado precedentemente adquiere la certeza de que la comunicación que pretendía establecer con su contraparte ha sido lograda. En este sentido, el AR resulta de enorme utilidad a los fines de certeza de llegada y recepción del MD", ILLESCAS ORTIZ, op. cit., pág. 242.

La obligación de envío de un acuse de recibo no se suple por la noticia de que el mensaje fue recibido, brindada por el sistema de información de quien envió el mensaje, del cual quedará incluso, por lo general, un registro. Se necesita algo más: una expresa declaración por parte del receptor del mensaje de haberlo recibido, sea enviado por el propio destinatario, su agente o un sistema de información en forma automática.

El aviso de recibo del mensaje no debe confundirse con la aceptación de la propuesta o de la oferta. Son dos momentos distintos en la formación el contrato electrónico: el ofertado deberá confirmar la recepción de la oferta y, luego, para que haya contrato, a través de otro mensaje electrónico o por otro medio, aceptar la oferta.

Una cuestión importante a dilucidar es cuándo se considera expedido el aviso de recibo, a los fines de determinar el momento de su eficacia. A este fin se aplican los mismos principios que se siguen a fin de determinar cuándo se considera emitida la oferta o la aceptación: el aviso de recibo cobrará eficacia a partir de la entrada del mensaje al sistema de información del destinatario del aviso.

b) La legislación que impone el aviso de recepción

La Directiva Europea de Comercio Electrónico, 2000/31, en el artículo 11, 1, primer guión, le impone al proveedor de servicios que ha recibido un pedido, con carácter de obligatorio, la expedición de un acuse de recibo, en forma inmediata y por vía electrónica.

Dicha obligación puede ser dispensada contractualmente sólo en supuestos de comercio electrónico entre empresas, y no es aplicable cuando el contrato se celebra por "correo electrónico u otra comunicación individual equivalente".[53]

La ESGNCA estadounidense contiene igual imposición, en su art. 101. (c).2.(B).

La Uniform Computer Transaction Act (UCITA), estadounidense,[54] en su art. 215.(b) establece que "La recepción de un aviso de recibo electrónico de un mensaje de datos establece que el mensaje fue recibido, pero no establece que el contenido enviado corresponde al contenido recibido" (la traducción es nuestra). A través de la norma se reconoce la función propia del aviso de recepción, y afirma la que no le es propia (otorgar seguridad de inalterabilidad del mensaje recibido).

La Ley 34/2002, de 11 de julio, de servicios de la sociedad de la información y comercio electrónico española (LSSICE), ha regulado en forma detallada el aviso de recepción en su art. 28. Impone la obligación al oferente de confirmar la recepción de la aceptación dentro de las 24 hs. siguientes a haber recibido la aceptación, mediante comunicación comunicación. Otorga la opción al oferente de utilizar otro medio propio de la contratación electrónica, cual es la confirmación del mensaje, al que haremos referencia a continuación.

Por Decreto de 29 de mayo de 2000 del Presidente de México, se reformaron diversas disposiciones del Código Civil para el Distrito Federal en materia común y

---

[53] Se trataría de casos de contratos EDI o celebrados en entornos cerrados, según enseña ILLESCAS ORTIZ, loc. cit.

[54] La UCITA fue elaborada en base al proyecto elaborado por la Conferencia Nacional de Comisionados para la uniformación del derecho de los estados y aprobada y recomendada para su sanción en todos los estados por la conferencia anual celebrada en Denver, Colorado, entre el 23 y el 30 de junio de 1999. Disponible en //www.law.uppenn.edu.

para toda la República, del Código Federal de Procedimientos Civiles, del Código de Comercio y de la Ley Federal de Protección al Consumidor, a los fines de adaptar la legislación a los fenómenos en estudio. El art. 92 del Código de Comercio, luego de la reforma, expresa que si se requiere un acuse de recibo para que surja efectos el mensaje enviado (sea por imposición legal o por requerirlo el emisor), se considerará que el mensaje ha sido enviado cuando se haya recibido el acuse respectivo y que el acuse hace presumir la recepción del mensaje.

La Ley colombiana 27/1999, trata el tema en su art. 20: *"Acuse de recibo. Si al enviar o antes de enviar un mensaje de datos, el iniciador solicita o acuerda con el destinatario que se acuse recibo del mensaje de datos, pero no se ha acordado entre éstos una forma o método determinado para efectuarlo, se podrá acusar recibo mediante: a) Toda comunicación del destinatario, automatizada o no, o b) Todo acto del destinatario que baste para indicar al iniciador que se ha recibido el mensaje de datos. Si el iniciador ha solicitado o acordado con el destinatario que se acuse recibo del mensaje de datos, y expresamente aquél ha indicado que los efectos del mensaje de datos estarán condicionados a la recepción de un acuse de recibo, se considerará que el mensaje de datos no ha sido enviado en tanto que no se haya recepcionado el acuse de recibo".*

La norma es idéntica a la propuesta de la ley uniforme de la UNCITRAL y está prevista para aquellos casos en que se ha pactado la necesidad del aviso de recibo. Trata varias cuestiones: no es necesario que el aviso de recibo se formalice por medio electrónico, se puede presumir de cualquier conducta de las partes y no existirá emisión del mensaje (en el caso oferta) si se ha condicionado la existencia de la emisión al envío del aviso de recepción.

7 La confirmación del envío del mensaje

Otra técnica útil a fin de dotar de certeza a la contratación electrónica es la confirmación del mensaje enviado.

En este caso se requiere que quien envió el mensaje (por ejemplo la aceptación), remita un nuevo mensaje confirmando el envío del anterior. El receptor, entonces, tendrá menos posibilidades de dudar del primer envío.

La LSSICE permite la utilización de la confirmación de la aceptación como medio alternativo al acuse de recibo, a fin de perfeccionar el contrato.[55]

Bien se ha dicho que la utilización de la confirmación (así como la del acuse de recibo) no eliminan la posibilidad de la utilización de un sistema de información ajeno para enviar un mensaje a nombre de otro. Mas la necesidad de la duplicación del mensaje hará, por lo menos, más dificultosos dicho accionar.[56]

---

[55] El art. 28 LSSICE expresa que el oferente está obligado a confirmar la recepción de la aceptación mediante el envío de acuse de recibo (inc. a) o "b) La confirmación, por un medio equivalente al utilizado en el procedimiento de contratación, de la aceptación recibida...". Parecería que la técnica se aparta del uso habitual de la confirmación, pues ésta debiera ser hecha por el aceptante, a través de una confirmación de su aceptación, y no por el oferente, pues éste confirma la recepción por medio del acuse de recibo.

[56] "La confirmación, ciertamente, no combate o evita el uso fraudulento del nombre ajeno en el CE: quien utiliza una identidad ajena para ofertar un contrato en línea puede continuar dicha ilegal utilización con ocasión de la confirmación de su falsa oferta. No obstante, la confirmación dificulta el uso fraudulento del nombre, SI, o FE ajenos al par que ofrece al destinatario del MD abusivo, dos oportunidades separadas en el tiempo para comprobar los verdaderos origen y atribución del MD recibido". Illescas Ortiz, Contratación electrónica, cit., pág. 244.

8 Conclusiones

La instrumentación de hechos y actos mediante técnicas digitales es una realidad incontrastable. Su reconocimiento como medios válidos y eficaces de representación de expresiones de voluntad o de ciencia, o para documentar otros hechos, generará seguridades y certezas para quienes las utilizan, y para los operadores jurídicos que deben trabajar sobre ellos.

Los contratos electrónicos, en particular, crecen de manera exponencial desde principios de siglo. El aislamiento impuesto por la pandemia ha acentuado este fenómeno.

Acercamos, a través de esta ponencia, algunas pautas para la interpretación en las faces de celebración y ejecución de dichos contratos.

Bibliografía

ALBIEZ DOHRMAN, Klaus Jochen, La modernización del Derecho de Obligaciones en Alemania: un paso hacia la europeización del Derecho privado, en Revista de Derecho Privado, 2002, marzo.

ALBIEZ DOHRMAN, Klaus Jochen, Un nuevo Derecho de obligaciones. La reforma 2002 del G.B.B, en Anuario de Derecho Civil, 2002 – III.

ANSON, L. M., La Edad Digital, en El Cultural, 27 de enero de 2017, disponible en https://elcultural.com/la-edad-digital.

APARICIO, Juan Manuel, Contratos. Parte General. V.1, 2ª. Ed., Hammurabi, Buenos Aires, 2016,

BARCELO, Rosa Julia, Comercio electrónico entre empresarios. La formación y prueba del contrato electrónico, Tirant Lo Blanch, Valencia, 2000.

BENAVENTE, María Isabel, en LORENZETTI, Ricardo L. (Dir.), Código Civil y Comercial de la Nación. Comentado. T. II, Rubinzal-Culzoni, Santa Fe, 2015.

CARRASCO PEREA, Angel, Derecho de Contratos, 2ª. Ed. Act. y Rev., Aranzadi, Navarra, 2017.

CONTE-GRAND, Julio, en SANCHEZ HERRERO, Andrés (Director) y SANCHEZ HERRERO, Pedro (Coord.), Tratado de Derecho Civil y Comercial, 2ª. Ed., T. I Parte General, La Ley, Buenos Aires, 2018.

DE MIGUEL ASENSIO, Pedro A., Derecho Privado de Internet, Civitas, Madrid, 2000.

DE MIGUEL ASENSIO, Pedro A., Derecho Privado de Internet, Civitas, Madrid, 2002.

ILLESCAS ORTIZ, Rafael, Derecho de la contratación electrónica, Civitas, Madrid, 2001.

ILLESCAS ORTIZ, Rafael, El comercio electrónico Internacional. Su gobierno, en Revista Jurídica del Perú, año XLII, Nº 12, julio-octubre 1997, p. 203.

LORENZETTI, Ricardo, Comercio Electrónico, Abeledo-Perrot, Buenos Aires, 2001.

MARQUEZ, José Fernando, Firma Digital Argentina, Lexis Nexis, Buenos Aires,2002.

MARQUEZ, Patricia, "Reflexiones conceptuales acerca de los términos comercio electrónico, contratación electrónica, contrato electrónico", en Alfa - Redi: Revista de Derecho Informático, Nº 127, Abril 2004, en http://www.alfa-redi.org/revista/data/71-3.asp,

MARTINEZ NADAL, Apol.Lónia, Comercio electrónico, firma digital y autoridades de certificación, Colección Estudios de Derecho Mercantil, Segunda Edición, Civitas, 2000.

MOISSET DE ESPANES, Luis y MARQUEZ, José Fernando, La formación del consentimiento en la contratación electrónica, en L.L. 2004-F, 1181

NICOLAU, Noemí, Tecnología y masificación en el derecho contractual, LA LEY, 1992-B, 767

ORELLE, José M., en ALTERINI, Jorge Horacio, Código Civil y Comercial. Tratado exegético, 3ra. ed., T. Ciudad Autónoma de Buenos Aires : La Ley, 2019

RIVERA, Julio César y CROVI, Daniel Alberto, en RIVERA, Julio César y MEDINA, Graciela (Directores), Derecho Civil. Parte General, La Ley, Buenos Aires, 2016.

SANCHEZ HERRERO, Andrés (Dir.) y SANCHEZ HERRERO, Pedro (Coord.), Tratado de Derecho Civil y Comercial, 2ª. Ed..

SARRA, Andrea Viviana, Comercio electrónico y derecho. Astrea, Buenos Aires, 2000,

STIGLITZ, Rubén S., Contratos civiles y comerciales. Parte General.2ª. Ed. act. y ampl., T. I, La Ley, Buenos Aires, 2010.

VEGA VEGA, José Antonio, El documento jurídico y su electronificación, Reus, Madrid, 2014.

WAHL SILVA, Jorge, "Aspectos en la formación del consentimiento en los contratos electrónicos. Derecho chileno y tendencias en el derecho comparado", en Derecho de los Contratos, Universidad de Los Andes, Santiago de Chile, 2002.

Informação bibliográfica deste texto, conforme a NBR 6023:2018 da Associação Brasileira de Normas Técnicas (ABNT):

MÁRQUEZ, José Fernando. Contratos en tiempos de aislamiento. Los contratos electrónicos. *In*: EHRHARDT JÚNIOR, Marcos; CATALAN, Marcos; MALHEIROS, Pablo (Coord.). *Direito Civil e tecnologia*. 2. ed. Belo Horizonte: Fórum, 2022. t. II. p. 749-772. ISBN 978-65-5518-432-7.

EL *DROP SHIPPING* EN LA ECONOMÍA DIGITAL[1]

JORGE FELIU REY
TERESA RODRÍGUEZ DE LAS HERAS BALLELL

I Concepto y funciones del *drop shipping*

Con este anglicismo, *drop shipping*, se describe un modelo logístico conforme al cual, con carácter general, el envío de las mercancías, por orden de un intermediario, se realiza directamente desde el almacén del fabricante o del proveedor al cliente del intermediario, omitiendo la gestión y el almacenaje por este último (vendedor final).[2]

El *drop shipment* o *drop shipping* no es un modelo nuevo, ni una nueva forma de gestión y envío de mercancías, pues responde, de hecho, a un modelo logístico conocido y ampliamente usado históricamente en algunos sectores económicos. La conveniencia y los beneficios de su uso se asocian a razones prácticas, materiales, de viabilidad o de coste. Así, por ejemplo, ha sido frecuentemente utilizado para la entrega de mercancías que bien por su carácter voluminoso, por especiales requisitos de transporte o por su peligrosidad - como el hierro, acero, petróleo, carbón, maquinaria de gran volumen -, no resultaba rentable ni adecuado el transporte y almacenaje por el intermediario (vendedor final), sino que era preferible, para evitar riesgos o costes excesivos, enviarlos directamente por el fabricante al comprador final. De igual forma, por razones ya más

---

[1] Este trabajo ha sido elaborado en el marco del proyecto de investigación PID2019-107189GB-100, y presentado como comunicación en el Congreso Internacional "Desafíos del regulador mercantil en materia de contratación y competencia empresarial", celebrado en Córdoba (España), los días 11 y 12 de marzo de 2021.

[2] KAWA, A.; Z., W., "Conception of integrator in cross-border e-commerce", *LofForum*, 12 (1), 2016, p. 65. Igualmente adopta esta definición, BOJÓRQUEZ LÓPEZ, M. J.; VALDEZ PALAZUELOS, O., "El comercio electrónico como estrategia de internacionalización en las PYMES", *RITI Journal*, Vol. 5, 10, julio-diciembre, 2017, p. 114. En similar sentido, LIBEROS, E.; GIL RABADÁN, J.; MERINO, J. A.; SOMALO, I., GARCÍA DEL POYO, R., *El libro del Comercio Electrónico*, 2ª edición, Esic, Madrid, 2011, p. 269 quienes describen el modelo como aquel en que "se recurre a empresas especializadas que no sólo realizan el *picking*, *packing*, envío, etc., sino que disponen de sus propios productos que ofrecen a sus tiendas virtuales para que éstas los incluyan en su oferta. El suministrador es propietario de los productos y factura éstos a la tienda virtual con un descuento".

propias de la estrategia de negocio, también esta figura permitía, en términos eficientes, la operativa de la venta por catálogo.[3]

Frente a los modelos tradicionales de distribución, donde el productor/fabricante/proveedor entrega y transmite la mercancía al distribuidor (*full-function middlemen*) para que éste lo mantenga en sus almacenes y, desde ahí, lo venda al tercero (cliente), siendo este último bien otro distribuidor de la cadena, bien el comprador final; en el *drop shipping* el modelo de negocio se redibuja. La lógica funcional y operativa del *drop shipping* es sencilla. Consiste en el envío de las mercancías directamente desde el almacén del fabricante o del proveedor al cliente, omitiendo su gestión y almacenaje por el vendedor (*limited-function middleman*). Es decir, el vendedor se encarga de las actividades de marketing, de la facturación, de la gestión de los clientes y, finalmente, de recibir las órdenes de compra del cliente y reenviarlas al fabricante o proveedor, mientras que este último es el que mantiene, gestiona y es propietario del stock y asume la tramitación del pedido y su remisión al destinatario.

Por tanto, a diferencia del sistema de logística tradicional en el que la mercancía se desplaza de "mano en mano" a lo largo de la cadena hasta llegar al destinario final, en este modelo la mercancía permanece en el origen de la cadena y desde ahí, se envía directamente, hasta el destinario final. Con ello, además de la reducción de las fases logísticas, de los costes y de las tareas de inventariado y envío, se evita, por tanto, el eslabón del "intermediario" en la gestión de la mercancía. Más allá de las consideraciones prácticas y de coste, las implicaciones jurídicas son ya evidentes. En este modelo, el distribuidor sacrifica en cierto modo la inmediatez en el acceso al mercado, que le otorga precisamente el tener en su posesión los bienes,[4] por una reducción de los costes y del riesgo derivados de mantener ese inventario (seguro, almacenes, transporte...).

En la práctica, ambos modelos, el tradicional y el *drop shipping*, pueden aparecer combinados, o utilizarse indistintamente, con respecto a ciertos bienes, clientes o destinos. Así, por ejemplo, es posible que determinados vendedores tengan en sus inventarios un número limitado de mercancías estimadas para atender de forma inmediata una demanda ordinaria, recurriendo al *drop shipping* para satisfacer una demanda extraordinaria[5] (v. gr. Amazon).

La renovada atención a esta figura se debe principalmente a su visible auge y creciente protagonismo muy vinculados a la economía digital y que nos permite calificarlo, más allá de su origen como modalidad logística, como un auténtico modelo de negocio. Dos motivos principales explicarían su relevancia y extraordinaria popularidad. En primer lugar, las ventajas que este modelo ofrece a las partes. Para el vendedor, implementar este modelo significa eliminar o reducir los costes de gestión de stocks y de almacenaje, evitar así la compra previa de las mercancías, y la gestión de los pedidos. El vendedor únicamente debe disponer del "escaparate" y desarrollar una actividad

---

[3] A este respecto, SCHEEL, N. T., *Drop Shipping as a marketing function. A Handbook of Methods and Policies*, Quorum Books, New York, 1990, pp. 3 y ss.

[4] Conforme a SCHEEL, N. T., *Drop Shipping as a marketing function. A Handbook of Methods and Policies*, Quorum Books, New York, 1990, p. X, "[...] full-function middlemen [...] want to have the right product in the right place at the right time to supply their customers".

[5] En este sentido, con ejemplos, NETESSINE, S.; RUDI, N., "Supply Chain on the Internet", *Management Science*, Vol. 52, nº, 6, June 2006, p. 845. De igual modo, KHOUJA, M., "The evaluation of drop shipping option for e-commerce retailers", *Computers & Industrial Engineering*, nº 41, 2001, p. 110.

comercial para la captación del cliente. Para el *drop shipper*, este modelo representa abrir otro canal de distribución, en particular, de venta online, para llegar a otros tipos de clientes, ampliar el ámbito geográfico propio, incrementar la visibilidad, o lograr entrar en nuevos nichos de mercado también a nivel mundial. En segundo lugar, el factor más novedoso, acelerador de la expansión del *drop shipping* es, precisamente, la expansión y las posibilidades de la economía digital. La presencia online para fines comerciales y empresariales, sin necesidad de contar con locales comerciales físicos ni con almacenes para los stocks, se ha multiplicado bajo múltiples fórmulas facilitada por empresas que tienen como actividad comercial la creación de estas tiendas online (v. gr. Shopify).

A este contexto, ya favorable a la expansión del modelo, se han añadido las circunstancias excepcionales derivadas de la pandemia. Las actuales restricciones de movilidad y de apertura de locales comerciales como medidas de contención de la pandemia, han forzado a pequeños y medianos comerciantes a aumentar su presencia online, ya no sólo por conveniencia estratégica sino por auténtica razón de supervivencia empresarial. No es de extrañar que, en las circunstancias actuales, las restricciones de movilidad, el bajo coste y la facilidad de crear "tiendas online", la eliminación de los costes de almacenaje y logística y el apoyo de los servicios digitales de búsqueda, agregación o intermediación que confieren accesibilidad, visibilidad y, en ocasiones, cierta credibilidad, se haya disparado en recurso al *drop shipping* como un auténtico modelo de negocio emergente. Como expondremos en epígrafes posteriores, la tecnología no sólo ha sido un catalizador para la expansión de esta figura sino también ha dado forma al modelo de negocio y ha impactado e incluso resuelto algunas de las cuestiones jurídicas que venían siendo problemáticas en la configuración tradicional del *drop shipping*.

Lejos ya de las primeras percepciones de que la economía digital eliminaba la figura del intermediario ante la posible interacción directa con el proveedor del servicio o el fabricante, la evolución de la economía digital y, sobre todo, la transición hacia una economía de plataformas ha tomado una dirección muy diferente, de hecho, totalmente opuesta. Se observa un incremento creciente y llamativo de la intermediación, que en su versión más oportunista y cuestionada ha creado el efecto denominado DropAli.[6] La proliferación de guías sobre *drop shipping* y cómo hacer de este modelo de negocio una fuente rápida y prometedora de importantes ingresos, ha comenzado a dar muestras de mala praxis, abusos, fraudes y prácticas engañosas, incluso constitutivos de ilícito penal.

Tomando todas estas consideraciones de fondo para contextualizar el fenómeno, debemos retornar a la definición de la figura y comenzar a apreciar ya los deslindes y puntos en común con otros modelos afines. Se ha definido el *drop shipping*, como un modelo de negocio "en el que una empresa o un individuo puede realizar todas sus operaciones sin tener que poseer un almacén para almacenar los productos, sin tener que mantener un inventario, y ni siquiera tener que enviar los productos a los clientes".[7] Esta sencilla definición, siendo correcta en la base, es insuficiente y ambigua cuando tratamos de delimitar el perfil jurídico del *drop shipping* y diferenciarlo de otros

---

[6] Vender en una tienda online productos de AliExpress a un precio muy superior al real, en el sentido, del de adquisición. La idea es obtener la máxima rentabilidad en una intermediación prácticamente sin coste y, en ocasiones, con dudoso valor añadido.

[7] SPARROW, S., *Dropshipping guía*, 2019, p. 4 (edición electrónica).

modelos que se utilizan frecuentemente en el comercio electrónico y que comparten con nuestra figura algunos de sus rasgos definitorios como por el ejemplo el *fulfilment*[8] y el *one stop e-commerce*.[9]

En la comparativa con otras figuras cercanas o afines, es importante destacar un elemento, de clara relevancia jurídica. Además de las actividades que debe desarrollar el *drop shipper* (empaquetado, envío, gestión de devoluciones, etc.), se parte de la premisa de que los productos que suministra son de su propiedad. Por tanto, no sólo presta los servicios antes mencionados, sino que también es un fabricante o proveedor de mercancías.[10]

El objetivo de este trabajo es hacer una primera aproximación a este fenómeno desde una perspectiva jurídica para descubrir, en un primer análisis breve, su contorno funcional, su posible categorización jurídica y los puntos de contacto o fricción que presenta con otros contratos de colaboración empresarial empleados en la distribución. Sirva esta aproximación inicial como un primer y breve preludio de un trabajo más profundo y amplio en elaboración.

II Operativa y estructura funcional del *drop shipper*

De acuerdo con la estructura funcional básica descrita, en la operativa del *drop shipping* intervienen principalmente tres sujetos: quien tiene en sus almacenes la mercancía (fabricante, productor o proveedor) y las envía al comprador del intermediario; quien vende esas mercancías (intermediario o vendedor) y; el comprador de este intermediario (cliente o destinatario final).

La primera cuestión que debemos delimitar es quién tiene la consideración de *drop shipper*: quien tiene el inventario y lo envía, o quien actúa como intermediario que vende las mercancías al destinario final. A este respecto, la doctrina y la práctica distinguieron, en un primer momento, entre una posición "institucional" y una "no institucional". Conforme a la primera, la condición de *drop shipper* correspondería al sujeto que inicia la orden de compra y solicita el envío, recurriendo así a los servicios del fabricante o proveedor, es decir, el intermediario.[11] La segunda, la no institucional

---

[8] El fullfilment sería una categoría más amplia donde se incardinarían diferentes modelos, entre ellos el drop shipping. Sobre esta cuestión y los diferentes modelos, LIBEROS, E.; GIL RABADÁN, J.; MERINO, J. A.; SOMALO, I., GARCÍA DEL POYO, R., *El libro del Comercio Electrónico*, 2ª edición, Esic, Madrid, 2011, pp., 267 y ss. KAWA, A.; Zdrenka, W., "Conception of integrator in cross-border e-commerce", *LofForum*, 12 (1), 2016, p. 65.
[9] En este modelo, a los servicios propios de un *fullfilment*, se añaden otros servicios (v. gr. marketing, contabilidad, financiación...). Sobre la diferencia entre estos modelos, entre otros, KAWA, A.; Zdrenka, W., "Conception of integrator in cross-border e-commerce", *LofForum*, 12 (1), 2016, p. 65.
[10] En este sentido, LIBEROS, E.; GIL RABADÁN, J.; MERINO, J. A.; SOMALO, I., GARCÍA DEL POYO, R., *El libro del Comercio Electrónico*, 2ª edición, Esic, Madrid, 2011, p. 269, quienes afirman, que "en el modelo de Drop-Ship Fullfiment se recurre a empresas especializadas que no sólo realizan el picking, packing, envío, -sic- etc., sino que ofrecen a las tiendas virtuales para que éstas los incluyan en su oferta".
[11] Conforme a SCHEEL, N. T., *Drop Shipping as a marketing function. A Handbook of Methods and Policies*, Quorum Books, New York, 1990, p. 2, "a limited-function middleman who initiates drop ship orders has also been defined in the past as a drop shipper, from an institutional standpoint. Both the limited-function middleman and drop shipper have also been defined as desk or parlor jobbers, implying that since these business entities do not incur the direct costs of stocking inventory, anyone with a desk, a parlor and presumably a typewriter and telephone can be a drop shipper".

y la más seguida actualmente,[12] propone que la figura del *drop shipper* corresponda al fabricante o proveedor, al ser este quien, en definitiva, además de mantener la mercancía es sus almacenes, está llevando a cabo la logística para completar el envío de aquella al comprador del intermediario.

Es la posición no institucional, desde nuestro punto de vista, la que mejor encaja en el esquema bajo el que se estructura este modelo de negocio. Por tanto, en este trabajo, el *drop shipper* será la empresa que tiene en su poder las mercancías y lleva a cabo las tareas logísticas para el envío al comprador del intermediario.

Hecha esta aclaración, debemos recordar que tal condición la puede tener tanto un fabricante o productor, en el inicio de la cadena, como también cualquier proveedor (v. gr. mayorista) intermediario que quiera realizar esta actividad adquiriendo las mercancías a fabricantes o a otros proveedores para satisfacer la demanda del intermediario, y realizando, además, todas las tareas de empaquetamiento, envío y gestión de devoluciones.[13] Por tanto, desde nuestro punto de vista y en un sentido amplio, para tener la condición de *drop shipper*, se tendría que dar las siguientes condiciones: que sea un productor o fabricante de mercancías, o en su caso, las compre para la ulterior distribución; que realice su almacenamiento; y se encargue de la gestión de envío y de la prestación al comprador del intermediario del servicio de devoluciones.

Lo que no tendría sentido, porque altera las condiciones bajo las que hemos calificado a esta figura, es que el *drop shipper* se convirtiera en intermediario, y que tuviera a su vez otro *drop shipper*. En este caso, lo que se estaría produciendo es, en definitiva, una subcontratación de los servicios requeridos por el primer intermediario, con las consecuencias jurídicas que de ello se derivarían. Aunque es posible que el *drop shipper* para responder a una demanda inusual de un producto sobre el que no tenga stock suficiente tenga que acudir al proveedor o fabricante para que sea este quien envíe directamente esa mercancía de forma puntual. Pero en este caso concreto y, posiblemente excepcional, la política de devoluciones acordada con el intermediario la seguiría correspondiendo al *drop shipper* original. En definitiva, la calificación del *drop shipper* es una categoría basada en la concurrencia de los requisitos funcionales y operativos referidos, de modo que es relativa y puede concurrir de forma alternante en un intermediario en función de cómo se diseñe el esquema prestacional en cada caso.

III Las obligaciones del *drop shipper*

Las obligaciones del *drop shipper* derivan del programa prestacional acordado con el intermediario, en concreto y en lo que concierne este trabajo, el titular de la tienda virtual, y que se ha definido para asegurar el cumplimiento de la actividad esperada.

---

[12] Esta es la posición que también mantiene, entre otros, SCHEEL, N. T., *Drop Shipping as a marketing function. A Handbook of Methods and Policies*, Quorum Books, New York, 1990, p. 2, pero también CHEONG, T.; GOH, M.; HWA SONG, S.; "Effect of Inventory Information Discrepancy in a Drop-Shipping Supply Chain", *Decision Science*, Vol. 46, nº 1, February 2015, pp. 193 y ss; YAO, D.-Q.; KURATA, H.; MUKHOPADHYAY, S. K., "Incentives to reliable order fulfillment for an Internet drop-shipping supply chain", *International Journal Production Economics*, nº 113, 2008, p. 324.

[13] En este sentido, LIBEROS, E.; GIL RABADÁN, J.; MERINO, J. A.; SOMALO, I., GARCÍA DEL POYO, R., *El libro del Comercio Electrónico*, 2ª edición, Esic, Madrid, 2011, p. 269. Del mismo modo, existen empresas que se dedican como actividad empresarial a desarrollar la actividad de *drop shipping*. Algunas de ellas aparecen reflejadas en "¿Qué es el DropShipping?", *Estrategias. Especial Directivos*, nº 1696, 2ª quincena, septiembre, 2016, p. 9.

En este momento, y con carácter previo, conviene advertir, que aras de conseguir el cumplimiento pleno de las obligaciones, no sólo entre el *drop shipper* y el intermediario, sino también entre este último y su comprador, la comunicación que debe existir entre el intermediario y el *drop shipper* debe ser perfecta,[14] para minimizar consecuencias legales y riesgos reputacionales.

Con meros fines de clasificación, se podrían dividir las obligaciones del *drop shipper* en relación con tres momentos distintos en el que se desenvuelve la actividad que debe desarrollar el *drop shipper*: antes, durante y con posterioridad a la orden de compra.

En el primer grupo, incardinaríamos las obligaciones relacionadas con la actividad que debe desarrollar con anterioridad a la orden de compra efectuada por el intermediario para atender a los pedidos de sus clientes. Entre otras, podríamos destacar no sólo la obligación tradicional de tener un stock suficiente que pueda satisfacer las órdenes de compra del intermediario, sino también todas aquellas relacionadas con aspectos tecnológicos de comunicación entre la tienda virtual del intermediario y las centrales de gestión de pedidos del *drop shipper*. Estas últimas cuestiones serán objeto de desarrollo en un futuro trabajo para profundizar en consideraciones de especial relevancia jurídica y práctica, derivadas principalmente de la insuficiente de stock tras la realización por el comprador de la orden de compra en la página web o plataforma del intermediario.

En el segundo grupo, agrupamos las obligaciones relacionadas con la aceptación de las órdenes de compra, el empaquetamiento y envío de las mercancías. A este respecto es importante recordar que en el *drop shipping* el intermediario pierde el control de la logística del producto, lo que, sin duda, puede tener implicaciones a efectos organizativos y reputacionales. De ahí que la elección del *drop shipper* conforme a ciertos de requisitos y estándares para asegurar que puede cumplir satisfactoriamente estas obligaciones se convierte en una importante decisión estratégica en el proceso de contratación. La ubicación de los *drop shippers* en un país diferente del establecimiento del vendedor o de su destino natural o principal (i.e. frecuentemente en China, India o Estados Unidos)[15] plantea cuestiones interesantes de diversa índole, aduaneras, tributarias, de protección de derechos de propiedad industrial, de cumplimiento de estándares, de garantía de conformidad de la mercancía, o de ley aplicable.

En esta misma categoría, se incluyen otras obligaciones relativas con tareas de empaquetado y etiquetado. Así, por ejemplo, si el *drop shipper* se compromete a utilizar los signos distintivos en el embalaje del intermediario, así como en la documentación que se incorpore con la mercancía, se deberá prever toda las autorizaciones y protecciones pertinentes en materia de propiedad industrial e intelectual. Pero es que también el trasvase al *drop shipper* de tareas relativas al embalaje y la preparación adecuada de la mercancía para su entrega puede tener implicaciones de falta de conformidad de las mercancías que impacte en el cumplimiento por el vendedor de sus obligaciones frente al cliente del contrato de compraventa.

---

[14] Como manifiesta LIBEROS, E.; GIL RABADÁN, J.; MERINO, J. A.; SOMALO, I., GARCÍA DEL POYO, R., *El libro del Comercio Electrónico*, 2ª edición, Esic, Madrid, 2011, p. 270.

[15] En este sentido, "¿Qué es el DropShipping?", *Estrategias. Especial Directivos*, nº 1696, 2ª quincena, septiembre, 2016, p. 9, recomienda que "es necesario buscar un dropshipper que tenga experiencia, fiabilidad y profesionalidad, pero que también cuente con una situación geográfica estratégica y unos canales de distribución competentes".

En el último grupo, incluimos aquellas obligaciones relacionadas con la gestión de la política de devoluciones, es decir, con las tareas y actividades propias de la fase post-entrega. Esta fase no es meramente logística, sino que tiene implicaciones jurídicas, además de reputacionales en la posición del intermediario frente a su clientela. La dualidad de sujetos característica del *drop shipping* se proyecta también sobre el cumplimiento de estas obligaciones y sobre la atribución de los riesgos y la responsabilidad. Así, en efecto, debemos diferenciar entre quien asume la obligación y la responsabilidad derivada del cumplimiento de la política de devoluciones frente al comprador final y quien, efectivamente, gestiona, en términos prácticos y materiales, las tareas que el desarrollo de esa política de devoluciones requiere. Nuevamente, serán estas cuestiones objeto de tratamiento en un trabajo más extenso que está en proceso de elaboración.

Como avance igualmente de cuestiones de relevancia jurídica que, no pueden abordarse aquí pero que merecen mencionarse y posponer su tratamiento a otro lugar, no podemos olvidar la interesante problemática que el *drop shipping* puede generar con respecto a la propiedad de la base de clientes, a la gestión de los datos de la clientela, la publicidad y la posible incorporación de cláusulas de no competencia, su extensión y su efectividad.

IV Las obligaciones del intermediario

Las obligaciones del intermediario las clasificamos en función de su sentido o destinatario. Es decir, distinguimos, de un lado, aquellas obligaciones del intermediario relativas a su relación con el *drop shipper* y, de otro, aquellas dirigidas hacia su comprador y que emanan de esta segunda relación obligacional. Naturalmente, esta descripción gráfica sobre el sentido de las obligaciones, no hace más que reflejar la convergencia de dos contratos distintos a través de los cuales el intermediario articula el modelo operativo del *drop shipping*. No obstante, mantener esta clasificación puramente geométrica nos resulta sugerente porque la conexión funcional o finalista de las relaciones implica que algunas de estas obligaciones aparezcan íntimamente relacionadas y su respectivo cumplimiento o incumplimiento tenga un efecto recíproco.

En relación con el *drop shipper*, además de pago de la mercancía (en el supuesto más frecuente), surgen otras obligaciones típicas relacionadas con la promoción y venta de productos, principalmente relacionadas con actividades de marketing. Especialmente sensible para la venta online es no sólo una promoción del producto en sí, sino una campaña efectiva de diferenciación con otros competidores, también en modelo *drop shipping*, que distribuyen, normalmente, el mismo producto.[16] Por otro lado, en relación con esto último y centrándonos en venta online, el diseño de la página web, o aplicación donde se comercialicen los productos, como escaparate virtual del intermediario, puede tener mucha relevancia para la comercialización de determinados productos, más si cabe, cuando nos encontramos con productos objeto de distribución selectiva.[17]

---

[16] De esta forma, "¿Qué es el DropShipping?", *Estrategias. Especial Directivos*, nº 1696, 2ª quincena, septiembre, 2016, p. 8, donde se afirma que "es necesario apostar decididamente por invertir en marketing y publicidad, con el objetivo de conseguir que el propio negocio online sobresalga de entre la competencia. Y es que el modelo de negocio de los dropshippers se caracteriza por tener una gran cantidad de competencia entre los eCommerce".

[17] A este respecto, Sentencia del Tribunal de Justicia de la Unión Europea, 6 de diciembre de 2017 (Caso Coty Germany, Asunto C-230/16). Sentencia del Tribunal Supremo de 22 de abril de 2016.

En principio, las obligaciones del intermediario frente al comprador serán las típicas que emanen del contrato de compraventa, con las especificidades que pueda implicar la contratación electrónica y, en su caso, las adicionales que puedan derivar de la condición de consumidor del comprador. Más allá de esta obvia constatación, la cuestión más interesante propia del *drop shipping* es si el comprador tiene conocimiento de que la operación se realiza bajo este modelo y, en tal caso, qué implicaciones podría tener tanto su conocimiento, como el hecho de que no se informe al comprador de esta circunstancia.

V El encaje del *drop shipping* en los contratos de colaboración: ajustes y desajustes

En su configuración actual, el *drop shipping* se ha de incardinar, en nuestra opinión, en alguno de los contratos de colaboración tradicionales consolidados en nuestro Derecho. No obstante, el extraordinario auge del *drop shipping* en el marco de la economía digital podrían anunciar que en un futuro próximo el *drop shipping* desarrolle su autonomía sustantiva, adquiriendo no sólo una tipicidad social, que ya presenta, sino también legal o jurisprudencial.

Como punto de partida, este esfuerzo de subsunción en los modelos de colaboración existentes nos lleva a identificar puntos de identidad funcional y de fricción para valorar el posible encaje. La variedad de configuraciones del programa prestacional que en la práctica empresarial pueden adoptar las partes en el diseño del *drop shipping* no facilita una asignación fácil ni unívoca del modelo con un único contrato de colaboración. En ocasiones, la similitud es evidente y la proximidad con uno de los tipos contractuales de colaboración resulta razonable. Pero, en otros casos, la identidad funcional es débil y hay contradicciones apreciables con la lógica estructural y operativas con los contratos clásicos. Como es máxima jurisprudencial española, *la naturaleza de los contratos no depende de su simple nomenclatura sino del entramado real de derechos y obligaciones que los contratantes asuman*.[18] Por tanto, se deberá tener en cuenta la intención de los contratantes, analizar lo que hayan pactado y determinar la finalidad económica que se persigue para determinar la normativa aplicable subsidiariamente.

El primer elemento que podemos confirmar es que la relación entre el intermediario y el *drop shipper* responde a un modelo de colaboración empresarial entre empresarios independientes, pues se descarta la existencia de una dependencia propia de las relaciones laborales.

El segundo aspecto que debemos abordar y que requiere una respuesta mucho más amplia y compleja es determinar cómo actúa el intermediario frente al comprador y en relación con el *drop shipper*. A este respecto, y en el ordenamiento jurídico español, las posibilidades son varias: en su propio nombre y derecho (i.e. distribución), en nombre propio y por cuenta ajena (v. gr. comisión), y en nombre y por cuenta ajena (v. gr. comisión y agencia). Este elemento es especialmente distintivo y debería permitirnos afinar la genérica calificación anterior como contrato de colaboración en sentido amplio.

---

[18] Sentencias del Tribunal Supremo de 24 de septiembre de 1987 y de 30 de abril de 2002.

En su formulación más tradicional, el *drop shipping* se asociaba principalmente con los contratos de distribución, por lo que el intermediario actúa en su propio nombre y derecho, comprando la mercancía (una vez realizada la orden de compra por el comprador del intermediario), y siendo, por tanto, su retribución, el margen comercial. A este respecto, son especialmente illustrativos de esta postura los textos a los que hace referencia SHEEL, "drop shippers [*en el sentido institucional*]... have an office but no warehouse, since they do not take physical possession of the goods... they take title to the goods and assume responsibility for shipment...",[19] o en similar sentido, "the drop shipper [*en el sentido institucional*] usually operates from an office... maintains no wharehouse... takes title to the goods... assumes all the risk incident to the ownership of such goods...".[20] Pero esto no impide, conforme también a este autor, que pueda actuar el intermediario como un agente o representante del proveedor o fabricante.[21]

En el ordenamiento jurídico español, no hemos encontrado decisiones jurisprudenciales que aborden de forma completa y directa la regulación jurídica del *drop shipping* o su naturaleza. Podríamos, no obstante, mencionar la Sentencia de Juzgado de lo Mercantil de Madrid, de 20 de junio de 2017, donde sí hace referencia al *drop shipping* que describe como una triangulación de pedidos: afirma así que la demandada *se dedica a la comercialización a través de su página web "qdregalos.es" de distintos bienes mediante el sistema de triangulación de pedidos denominado "dropshipping", en virtud del cual el vendedor al por menor no adquiere o posee en su inventario los bienes que oferta al destinatario final, sino que limita su intervención a la intermediación en el pedido entre aquel y el vendedor o distribuidor mayorista, de tal modo que es éste quien remite el producto, abonando al intermediario su comisión".*

Conforme a la Sentencia, el intermediario era una central de compras,[22] y estas suele actuar como un intermediario "bien facilitando la conclusión de contratos, bien aproximando a las partes, bien interviniendo directamente en representación de alguna de ellas".[23] No se aclara si el intermediario actúa en representación directa (en nombre y por cuenta ajena) o indirecta (en nombre propio, pero por cuenta ajena), cuestión esta que entendemos importante, ya que, si estamos ante una representación directa, no estaríamos propiamente ante un *drop shipping* como modelo de negocio, sino a una mera intermediación donde el comprador final sabe que está contratando directamente con el fabricante/proveedor (arts. 246 y 247 Código de Comercio). De igual modo, la referencia al cobro por el *drop shipper* de una comisión lo aleja de los contratos de distribución.

---

[19] SCHEEL, N. T., *Drop Shipping as a marketing function. A Handbook of Methods and Policies*, Quorum Books, New York, 1990, p. 4, haciendo referencia a la obra BECKMAN, T. N.; MAYNARD, H. H., *Principles of Marketing*, 4th ed., Ronald Press Company, New York, 1946, pp. 289 y 290.

[20] BECKMAN, T. N.; MAYNARD, H. H., *Principles of Marketing*, 4th ed., Ronald Press Company, New York, 1946, pp. 289 y 290, p. 5, en relación con la obra de BECKMAN, T. N.; ENGLE, N. H.; BUZZELL, R. D., *Wholesaling*, 3rd ed., Ronald Press Company, New York, 1959, pp. 169-170.

[21] BECKMAN, T. N.; ENGLE, N. H.; BUZZELL, R. D., *Wholesaling*, 3rd ed., Ronald Press Company, New York, 1959, p. 164, "It is well established that many functional middlemen, particularly those that may distribute heavy industrial equipment or machinery, take title to the products sold, rather than acting as an agent or sales representative for the manufacture".

[22] Sobre esta figura y su régimen jurídico nos remitimos al trabajo de PETIT LAVALL, Mª V., "Una aproximación al régimen de las centrales de compras", *Revista de Derecho de la Competencia y de la Distribución*, núm. 24, 2019, pp. 1-43.

[23] PETIT LAVALL, Mª V., "Una aproximación al régimen de las centrales de compras", *Revista de Derecho de la Competencia y de la Distribución*, núm. 24, 2019, p. 7.

Por el contrario, sí se ha manifestado con anterioridad la Dirección General de Tributos (DGT), en diferentes consultas vinculantes[24] que resuelven varias cuestiones planteadas sobre esta figura y que pueden ofrecernos asidero jurídico o al menos puntos de referencia para el análisis. En todas ellas, la consulta la realizan entidades mercantiles que se dedican *a la actividad de venta de artículos por Internet bajo -sic- del modelo denominado "dropshipping"*. Estas entidades *venden en nombre propio y a través de una página web productos procedente de proveedores chinos que son enviados directamente al cliente final*. Los consultantes actúan *en nombre propio puesto que adquieren el bien del proveedor chino y luego lo revende a su cliente*. En estas circunstancias, estaremos ante dos entregas de bienes independientes, la que realiza el proveedor a la consultante y la que realiza ésta última, en nombre propio, con respecto al consumidor final.

Con base en estas consultas, se confirma la necesidad de diferenciar entre el *drop shipping* como modelo de negocio, del *drop shipping* entendido como un modelo logístico para el envío y la transmisión de mercancías. En este sentido, en el *drop shipping* como modelo de negocio, el comprador final contrata con el intermediario, entendiendo que las mercancías son suyas, es decir, desconociendo el esquema logístico que soporta la entrega. En estos casos, el intermediario opta estratégicamente por un modelo que le permite ahorrar los costes inherentes tradicionalmente a los modelos de distribución (almacenaje, seguros...), y, a su vez, desea retener el control de la relación con el cliente.

Todas estas consideraciones nos llevan a descartar, en términos generales, la idoneidad del contrato de agencia para configurar el *drop shipping*, ya que no responde a la finalidad real de las partes que se obligue el agente (intermediario) respecto al principal (*drop shipper*), *a promover actos u operaciones de comercio por cuenta ajena, o a promoverlos y concluirlos por cuenta y en nombre ajenos, como intermediario independiente* (art. 1 LCA).[25] Por tanto, la vinculación entre el comprador final y el proveedor es directa, y lo único que hace el agente es facilitar la promoción o, en su caso, conclusión del contrato entre ellos.[26] Lo mismo ocurriría con los contratos de comisión cuando actúa el comisionista en nombre y por cuenta del comitente, y cuando lo hace en representación indirecta, el problema que encontramos, además, en este contrato es la no estabilidad de la relación, pensada para operaciones puntuales.[27]

Por tanto, el molde del contrato de distribución, que es además maleable y amplio para adecuarse a los intereses de las partes, nos parece un receptor adecuado de las modalidades más frecuentes de *drop shipping*, incluso cuando, en este proceso de auge de la economía digital, toma la forma de un modelo de negocio. Con todo, el encaje no es perfecto ni libre de fricciones que habrá que analizar con mayor profundidad.

---

[24] Dirección General de Tributos, Consultas vinculantes números, V2970-14 de 3 de noviembre de 2014; V517-19, de 12 de marzo de 2019; V1897-20, de 11 de junio de 2020; y V2632-20, de 12 de agosto de 2020.

[25] Ley 12/1992, de 27 de mayo, sobre el Contrato de Agencia.

[26] Sobre este aspecto, recientemente, entre otros, ARROYO APARICIO, A., *Contrato de agencia: principios y análisis*, Thomson Reuters Aranzadi, Cizur Menor, 2019, pp. 56 y ss.

[27] En este sentido, entre otros, PETIT LAVALL, Mª V., "Una aproximación al régimen de las centrales de compras", *Revista de Derecho de la Competencia y de la Distribución*, núm. 24, 2019, p. 7, quien entiende, respecto a las centrales de compra, que el contrato de comisión no se adecúa a esta figura "al estar su régimen concebido para operaciones puntales o aisladas, mientras que las relaciones de las centrales con sus clientes y proveedores es de naturaleza duradera".

VI *Drop shipping* y transmisión de la propiedad

Queremos cerrar este trabajo apuntando, en este último y breve apartado, una cuestión que entendemos que refleja la necesidad –tanto por razones económicas como sociales– de plantearse ciertos cambios o interpretaciones en algunos de los sistemas de adquisición de la propiedad.

En el *drop shipping* se produce, a diferencia de la distribución tradicional, una inversión en la cadena de transmisión de propiedad. El intermediario vende a su comprador, sin haber comprado previamente la mercancía, y, una vez llevada a cabo esta compraventa, el intermediario compra al *drop shipper* la mercancía objeto de la primera venta.

En aquellos supuestos en los que el intermediario compra para revender, la cuestión que surge se refiere precisamente a la transmisión de la propiedad. El intermediario nunca toma posesión del bien –transmisión por un propietario no poseedor–,[28] sino que se transmite directamente desde el *drop shipper* al comprador final, por lo que, si seguimos estrictamente el sistema de adquisición de propiedad en nuestro ordenamiento jurídico (art 609 Código Civil en relación con los arts. 1462 y 1463 Código Civil) podría cuestionarse, conforme a la doctrina más rigorista, si el comprador final deviene propietario del bien.

Para valorar en este contexto los efectos de la *traditio*, podemos tomar como referencia lo que ocurre en otros contratos en el ordenamiento jurídico español, como por ejemplo en el *leasing*, donde la compañía de *leasing* no tiene el bien en su posesión. A este respecto, la doctrina mayoritaria entiende que al ser recibido el bien por el usuario del proveedor se produce "una *traditio ficta* integrada por la puesta a disposición y un acuerdo expreso de los contratantes, anudando a este hecho el efecto real de la compraventa".[29] La legitimación se confiere en el clausulado contractual al establecerse en las condiciones que la recepción física por parte del usuario se realiza en virtud de dos títulos legitimadores: como representante del propietario (entidad de leasing) y como usuario del bien conforme al contrato de leasing.[30] Pero esta operativa funcional y las relaciones que subyacen en un leasing no es equiparable a la que se produce en el *drop shipping*.

Otra posible vía sería la aplicación del art. 1463 Código Civil, que establece que *fuera de los casos que expresa el artículo precedente, la entrega de los bienes muebles se efectuará: [...] por el sólo acuerdo o conformidad de los contratantes, si la cosa vendida no puede trasladarse a poder del comprador en el instante de la venta*. De esta forma parece que el Código Civil acoge una posible vía de transmisión consensual de la propiedad, amparándose en el caso que nos ocupa en una imposibilidad de traslado de la cosa. Imposibilidad que hay entenderla, conforme a cierta doctrina, no sólo de forma estricta (imposibilidad absoluta y objetiva) sino también flexible (imposibilidad relativa o conveniencia de los

---

[28] En defensa de esta posibilidad, desde antiguo, LACRUZ BERDEJO, J. L., "Inscripción y tradición", *Revista Crítica de Derecho Inmobiliario*, núms. 344-345, 1957, pp. 1 y ss.

[29] GARCÍA SOLÉ, F.; GÓMEZ GÁLLIGO, F. J.; *Derecho de los bienes muebles*, ASNEF-Marcial Pons, Madrid, 2020, p. 91.

[30] Memento Contratos Mercantiles § 4617.

interesados al respecto).[31] Dentro de estos supuestos, podríamos incluir el supuesto de la *constitutum possesorium*, no regulada en nuestros códigos, pero reconducida al art. 1463 Código Civil, donde el *drop shipper*, que poseía la mercancía como dueño, pasa a poseer en otro concepto (v. gr. depositario), como consecuencia del contrato de compraventa.

Es cierto, no obstante, que la doctrina es partidaria de una aplicación restrictiva de la tradición consensual, primero por el carácter subordinado del artículo 1463 respecto del 1462 del Código Civil y para no desnaturalizar el sistema general del artículo 609 del citado cuerpo legal.[32] Sin embargo, las necesidades económicas y funcionales de la economía contemporánea justificarían, en nuestra opinión, una interpretación generosa de la tradición consensual y, por tanto, receptiva a la lógica estructural y operativa del *drop shipping*.

Hecho este breve planteamiento, debemos recordar que en relación con la propiedad y los posibles problemas que pueden surgir en relación con su falta de adquisición, debemos tener en cuenta lo establecido en el art. 85 Código de Comercio, en relación con la prescripción de derecho a favor del comprador respecto de las mercancías adquiridas en almacenes o tiendas abiertas al público, equiparando estas, conforme a la doctrina más reciente, a las tiendas virtuales.

Bibliografía

ARROYO APARICIO, A., *Contrato de agencia: principios y análisis*, Thomson Reuters Aranzadi, Cizur Menor, 2019.

BOJÓRQUEZ LÓPEZ, Mª J.; VALDEZ PALAZUELOS, O., "El comercio electrónico como estrategia de internacionalización en las PYMES", *RITI Journal*, vol. 5, núm. 10, julio-diciembre, 2017, pp. 110-115.

CHEONG, T.; GOH, M.; HWA SONG, S.; "Effect of Inventory Information Discrepancy in a Drop-Shipping Supply Chain", *Decision Science*, vol. 46, num. 1, February 2015, pp. 193-213.

CLEMENTE MEORO, M. E.; NIETO MONTERO, J. J., "El contrato de compraventa (1)", en YZQUIERDO TOLSADA, M. (dir.) *Contrato de finalidad traslativa del dominio (I)*, Cizur Menor, Thomson Reuters Aranzadi, 2014, pp. 31-212.

DÍEZ-PICAZO, L., *Fundamentos de Derecho Civil Patrimonial*, Tomo III, Thomson-Civitas, Cizur Menor, 5ª ed., 2008.

GARCÍA CANTEO, G., "Comentario al artículo 1463 del Código Civil", en *Comentario del Código Civil*, Tomo II, Madrid, Ministerio de Justicia, 1991, pp. 912-914.

GARCÍA SOLÉ, F.; GÓMEZ GÁLLIGO, F. J.; *Derecho de los bienes muebles*, ASNEF- Madrid, Marcial Pons, 2020.

KAWA, A.; ZDRENKA, W., "Conception of integrator in cross-border e-commerce", *LofForum*, 12 (1), 2016, pp. 63-73.

KHOUJA, M., "The evaluation of drop shipping option for e-commerce retailers", *Computers & Industrial Engineering*, num. 41, 2001, pp. 109-126.

LACRUZ BERDEJO, J. L., "Inscripción y tradición", *Revista Crítica de Derecho Inmobiliario*, núms. 344-345, 1957, pp. 1-16.

---

[31] DÍEZ-PICAZO, L., *Fundamentos de Derecho Civil Patrimonial*, Tomo III, Thomson-Civitas, Cizur Menor, 5ª ed., 2008, p. 872.

[32] GARCÍA CANTEO, Gabriel, "Comentario al artículo 1463 del Código Civil", en Comentario del Código Civil, Tomo II, Ministerio de Justicia, Madrid, 1991, p. 914.

LIBEROS, E.; GIL RABADÁN, J.; MERINO, J. A.; SOMALO, I., GARCÍA DEL POYO, R., *El libro del Comercio Electrónico*, 2ª edición, Madrid, Esic, 2011.

NETESSINE, S.; RUDI, N., "Supply Chain on the Internet", *Management Science*, vol. 52, num. 6, June 2006, pp. 844-864.

PETIT LAVALL, Mª V., "Una aproximación al régimen de las centrales de compras", *Revista de Derecho de la Competencia y de la Distribución*, núm. 24, 2019, pp. 1-43 (versión electrónica).

SCHEEL, N. T., *Drop Shipping as a marketing function. A Handbook of Methods and Policies*, New York, Quorum Books, 1990.

YAO, D.-Q.; KURATA, H.; MUKHOPADHYAY, S. K., "Incentives to reliable order fulfillment for an Internet drop-shipping supply chain", *International Journal Production Economics*, num. 113, 2008, pp. 324-334.

Informação bibliográfica deste texto, conforme a NBR 6023:2018 da Associação Brasileira de Normas Técnicas (ABNT):

FELIU REY, Jorge; RODRÍGUEZ DE LAS HERAS BALLELL, Teresa. El *drop shipping* en la economía digital. *In*: EHRHARDT JÚNIOR, Marcos; CATALAN, Marcos; MALHEIROS, Pablo (Coord.). *Direito Civil e tecnologia*. 2. ed. Belo Horizonte: Fórum, 2022. t. II. p. 773-785. ISBN 978-65-5518-432-7.

SOBRE OS AUTORES

Alexandre Barbosa da Silva
Doutor em Direito pela UFPR. Mestre em Direito pela Universidade Paranaense. Bolsista Capes no Programa de Doutorado Sanduíche no Exterior nº 9808-12-4, com Estudos Doutorais na Universidade de Coimbra. Coordenador e Professor do Programa de Pós-Graduação em Direito, Inovação e Regulações da Univel. Professor da Escola da Magistratura do Paraná. Pesquisador do Grupo de Pesquisa em Direito Civil-Constitucional Virada de Copérnico da UFPR e do Grupo de Pesquisa Direito e Regulações da Univel. Procurador do Estado do Paraná.

Ana Carolina Brochado Teixeira
Doutora em Direito Civil pela UERJ. Mestre em Direito Privado pela PUC Minas. Professora de Direito Civil do Centro Universitário UNA. Advogada. Coordenadora editorial da *Revista Brasileira de Direito Civil – RBDCivil*. Advogada. Membro do Iberc, IBDCIVIL e IBDFAM.

Ana Carolina Senna
Advogada com especialização em Direito das Famílias e Sucessório pela Universidade Cândido Mendes.

André Luiz Arnt Ramos
Doutor e Mestre em Direito pela Universidade Federal do Paraná. Professor de Direito Civil na Universidade Positivo. Membro do Núcleo de Estudos em Direito Civil-Constitucional da Universidade Federal do Paraná (Grupo Virada de Copérnico). Cofundador do Instituto Brasileiro de Direito Contratual. Associado ao Instituto Brasileiro de Estudos de Responsabilidade Civil e ao Instituto dos Advogados do Paraná. Advogado.

Andrés F. Varizat
Profesor Titular de la materia Derecho Privado III (Contratos). Facultad de Derecho, Universidad Nacional de Córdoba (UNC), Argentina. Doctor en Derecho por la misma Universidad. Ex Director General de Defensa del Consumidor y Lealtad Comercial de la Provincia de Córdoba, Argentina.

Arturo Caumont
Ex Catedrático (Profesor Titular Grado 5 Efectivo por Concurso) de Derecho Civil II (Obligaciones) y de Derecho Civil III (Contratos) de la Facultad de Derecho de la Universidad de la República (Uruguay). Académico de Número Fundador de la Academia Nacional de Derecho de Uruguay. Académico Correspondiente de la Academia Nacional de Derecho y Ciencias Sociales de Córdoba (Argentina). Miembro Honorario de la Academia Mexicana de Derecho Juan Velásquez A.C.

Bruno de Lima Acioli
Mestre em Direito pela Universidade Federal de Alagoas. Professor de Direito Civil e de Direito Digital. Advogado. Membro da Comissão de Inovação e Tecnologia Jurídica da OAB Alagoas. *E-mail*: bruno.acioli@uol.com.br.

Carla Froener Ferreira
Mestre em Direito e Sociedade pela Universidade La Salle. Advogada.

Carlos Henrique Félix Dantas
Mestrando em Direito pela Universidade Federal de Pernambuco (UFPE). Graduado em Direito pela Universidade Católica de Pernambuco (Unicap). Pesquisador do Grupo de Pesquisa Constitucionalização das Relações Privadas (Conrep/UFPE/CNPq) e do Grupo de Pesquisa em Direito, Bioética e Medicina (JusBioMed/Uneb/CNPq). Associado do Instituto Brasileiro de Direito de Família (IBDFAM). Advogado. *E-mail*: carloshenriquefd@hotmail.com.

Caroline Pomjé
Mestra em Direito Privado pela Universidade Federal do Rio Grande do Sul. Advogada em Porto Alegre/RS. *E-mail*: caroline@scarparo.adv.br.

Clara Cardoso Machado Jaborandy
Doutora e Mestre em Direito pela UFBA. Especialista em Direito Público pela Uniderp. Professora do Programa de Mestrado em Direitos Humanos da Unit. Advogada e Vice-Presidente da Comissão de Estudos Constitucionais da OAB/SE. *E-mail*: claracardosomachado@gmail.com.

Claudia Patterson
Arquiteta. Atualmente servidora aposentada do Conselho da Justiça Federal, Brasil.

Débora Brandão
Pós-Doutora em Direitos Humanos pela Universidade de Salamanca, Espanha. Doutora e Mestre em Direito Civil pela PUC-SP. Professora Titular da Faculdade de Direito de São Bernardo do Campo (FDSBC). Coordenadora e Professora do curso de especialização em Direito Civil na Faculdade de Direito de São Bernardo do Campo (FDSBC). Professora nos cursos de especialização na Escola Paulista de Direito (EPD). Supervisora acadêmica e professora no curso de especialização em Direito de Família e Sucessões da Escola Brasileira de Direito (Ebradi). Advogada e mediadora.

Edgardo Ignacio Saux
Doutor em Direto. Professor na Faculdade de Ciências Jurídicas e Sociais da Universidade Nacional do Litoral, Argentina.

Eduardo Luiz Busatta
Doutorando em Direito Público pelo Programa de Pós-Graduação em Direito da Universidade do Vale do Rio dos Sinos – Unisinos. Mestre em Direito Negocial pela Universidade Estadual de Londrina – UEL. Procurador do Estado do Paraná. *E-mail*: elbusatta@gmail.com.

Emerson Wendt
Delegado de Polícia Civil no Estado do Rio Grande do Sul. Mestre e Doutorando em Direito pelo PPGD da Universidade La Salle (Canoas – RS), matriculado na disciplina Cultura e Pluralismo Jurídico. *E-mail*: emersonwendt@gmail.com.

Erick Lucena Campos Peixoto
Doutorando em Direito pela Universidade Federal de Pernambuco. Mestre em Direito pela Universidade Federal de Alagoas. Professor de Direito Civil e de Direito Digital. Advogado. Membro da Comissão de Inovação e Tecnologia Jurídica da OAB Alagoas. *E-mail*: ericklucenacp@gmail.com.

Fernanda Tartuce
Doutora e Mestra em Direito Processual pela USP. Professora no programa de mestrado e em cursos de especialização na Escola Paulista de Direito (EPD). Presidente da Comissão de Processo Civil do IBDFAM (Instituto Brasileiro de Direito de Família). Vice-Presidente da Comissão de Mediação do IBDP (Instituto Brasileiro de Direito Processual). Diretora do Ceapro

(Centro Avançado de Estudos Processuais). Membro do Iasp (Instituto dos Advogados de São Paulo). Advogada orientadora do Departamento Jurídico XI de Agosto. Mediadora e autora de publicações jurídicas.

Gabriel Honorato
Advogado. Professor. Mestre em Direito pela UFPB. Pós-Graduado em Direito Civil e Processo Civil pela ESA/PB. Diretor Estadual Adjunto do Ibradim/PB. Vice-Diretor Geral da ESA/PB. Membro do Observatório Legislativo e Jurisprudencial da Comissão Especial de Direito Privado e Novas Tecnologia do CFOAB. Ex-Presidente da Comissão de Direito Imobiliário da OAB/PB (2016-2017).

Gabriela Buarque Pereira Silva
Mestranda em Direito Público pela Universidade Federal de Alagoas. Membro do Grupo de Pesquisa Direito Privado e Contemporaneidade (Ufal). Pesquisadora voluntária no Privacy Lab do Cedis/IDP e no Laboratório de Políticas Públicas e Internet (Lapin). Advogada. Orcid: 0000-0002-9418-241X. E-mail: gabrielabuarqueps@gmail.com.

Gabrielle de O. Ferreira
Pós-Graduanda em Direito Civil, Processo Civil e Direito Empresarial pela Legale Educacional (2022). Graduada em Direito pela Universidade Católica de Santos (2018). Membro da Comissão do Jovem Advogado da OAB/SP Subseção de Santos (2020-...), assim como da Comissão de Apoio à Vítimas de Violência da OAB/SP Subseção Santos (2021-...) e da Comissão Especial de Direito da Moda da OAB/SP (2022). Pesquisadora no Grupo de Pesquisa de Regimes e Tutelas Constitucionais, Ambientais e Internacionais da Universidade Católica de Santos.

Jéssica Andrade Modesto
Mestranda em Direito Público pela Universidade Federal de Alagoas. Advogada. Servidora Pública Federal. E-mail: jessicaandrademodesto@hotmail.com.

João Aguirre
Pós-Doutor em Direito Civil na Faculdade de Direito da Universidade de São Paulo, sob a supervisão da Professora Livre-Docente Associada Patrícia Faga Iglecias Lemos. Doutor em Direito Civil pela Faculdade de Direito da Universidade de São Paulo, sob a orientação da Professora Titular Doutora Teresa Ancona Lopez. Mestre em Direito Civil pela Pontifícia Universidade Católica de São Paulo (2004), sob a orientação do Professor Doutor Francisco José Cahali. Graduado em Direito pela Faculdade de Direito da Universidade de São Paulo (1994). Professor da Faculdade de Direito da Universidade Presbiteriana Mackenzie. Foi coordenador da Pós-Graduação em Direito de Família e Sucessões da Universidade Anhanguera Uniderp/MS. Presidente da Comissão de Direito de Família e das Sucessões da OAB/SP. Presidente da Comissão de Estudos Jurídicos do Instituto Brasileiro de Direito de Família. Foi presidente do Instituto Brasileiro de Direito de Família em São Paulo – IBDFAM/SP. Foi coordenador dos cursos jurídicos da Rede LFG. Advogado.

João Hora Neto
Doutorando em Direito pela UFBA. Professor adjunto da Faculdade de Direito da Universidade Federal de Sergipe. Juiz de Direito do Estado de Sergipe. Membro fundador do Instituto Brasileiro de Direito Contratual (IBDCONT).

João Leonardo Müller Bastos
Acadêmico de Direito da Universidade Positivo.

Jorge Feliu Rey
Profesor Titular de Derecho mercantil. Universidad Carlos III de Madrid.

José Barros Correia Junior
Doutor em Constitucionalização das Relações Privadas pela Faculdade de Direito de Recife – FDR/UFPE. Professor dos cursos de Graduação e Mestrado da Faculdade de Direito de Alagoas – FDA/UFAL. Pesquisador vinculado aos Grupos de Pesquisa Constitucionalização das Relações Privadas da UFPE e Problemas de Direito Civil Constitucional na Sociedade Contemporânea da Ufal. Advogado militante.

José Fernando Márquez
Profesor Titular Derecho Privado, Universidad Nacional de Córdoba y Universidad Católica de Córdoba. Investigador UCCOR.

José Luiz de Moura Faleiros Júnior
Doutorando em Direito Civil pela Universidade de São Paulo – USP/Largo de São Francisco. Doutorando em Direito, na área de estudo Direito, Tecnologia e Inovação, pela Universidade Federal de Minas Gerais – UFMG. Mestre e Bacharel em Direito pela Universidade Federal de Uberlândia – UFU. Especialista em Direito Digital, com extensão universitária na Universidade de Chicago. Especialista em Direito Civil e Empresarial. Associado-fundador do Instituto Avançado de Proteção de Dados – IAPD. Membro do Instituto Brasileiro de Estudos de Responsabilidade Civil – Iberc. Advogado e professor.

Joyce Finato Pires
Mestranda em Direitos Fundamentais e Democracia (Linha de Pesquisa Constituição e Condições Materiais da Democracia) pelo Programa de Pós-Graduação *Stricto Sensu* do Centro Universitário Autônomo do Brasil – UniBrasil. Bolsista do Programa de Suporte à Pós-Graduação de Instituições de Ensino Particulares (Prosup) da Capes. Pesquisadora do Núcleo de Pesquisa em Direito Civil-Constitucional da UFPR – Grupo Virada de Copérnico.

Juan José Martínez Mercadal
Abogado. Especialista en Derecho de Daños. Magíster en Derecho con orientación en Derecho de Daños (Facultad de Derecho, Universidad de la República. Montevideo). Docente de Derecho Civil II y III (Obligaciones, Contratos y Responsabilidad civil) y Docente de posgrados en carreras de Especialización y Maestría en Derecho de Daños en la Facultad de Derecho, Universidad de la República. Montevideo. Miembro del Grupo de Investigación Núcleo de Derecho Civil. Secretario de redacción de Revista Crítica de Derecho Privado. Editorial La Ley Uruguay. martinezmercadal@gmail.com.

Juliana Carvalho Pavão
Doutoranda em Direito pela Universidade Federal do Paraná. Mestre em Direito Negocial pela Universidade Estadual de Londrina. Especialista em Direito Civil e Processo Civil pela Universidade Estadual de Londrina. Advogada.

Luiz Gonzaga Silva Adolfo
Pós-Doutor em Direito pela Pontifícia Universidade Católica do Rio Grande do Sul (PUCRS). Doutor e Mestre em Direito pela Universidade do Vale do Rio dos Sinos (Unisinos). Professor do Curso de Direito da Universidade Luterana do Brasil (Ulbra – Gravataí/RS). Membro da Associação Portuguesa de Direito Intelectual (APDI), da Associação Brasileira de Direito Autoral (ABDA) e da Comissão Especial de Propriedade Intelectual da Ordem dos Advogados do Brasil (OAB/RS). *E-mail*: gonzagaadolfo@yahoo.com.br.

Manuel Camelo Ferreira da Silva Netto
Doutorando em Direito Civil pela Universidade do Estado do Rio de Janeiro (UERJ). Mestre em Direito Privado pela Universidade Federal de Pernambuco (UFPE). Graduado em Direito pela Universidade Católica de Pernambuco (Unicap). Advogado. Mediador humanista. Pesquisador do Grupo de Pesquisa Constitucionalização das Relações Privadas (Conrep/UFPE/CNPq) e do Núcleo de Estudos em Direito Civil Constitucional – Grupo Virada de Copérnico (UFPR/CNPq). Vice-Presidente da Comissão de Direito Homoafetivo e Gênero do Instituto Brasileiro de Direito de Família – Diretoria de Pernambuco (IBDFAM/PE). Membro da Comissão de Diversidade Sexual e de Gênero da Ordem dos Advogados do Brasil – Seccional Pernambuco (CDSG/OAB/PE). *E-mail*: manuelcamelo2012@hotmail.com.

Marcela Guimarães Barbosa da Silva
Graduanda em Direito na Universidade do Estado do Rio de Janeiro (UERJ).

Marco Antonio Lima Berberi
Doutor, Mestre e Bacharel em Direito pela Universidade Federal do Paraná – UFPR. Professor na Graduação e no Programa de Pós-Graduação em Direito (PPGD) do Centro Universitário Autônomo do Brasil – UniBrasil. Pesquisador do Núcleo de Pesquisa em Direito Civil Constitucional da UFPR – Grupo Virada de Copérnico e do Grupo de Pesquisa CNPQ Nupeconst – UniBrasil, linha de pesquisa: direitos fundamentais e relações privadas. Advogado e Procurador do Estado do Paraná.

Marcos Catalan
Pós-Doutor pela Facultat de Dret da Universidade de Barcelona. Doutor *summa cum laude* em Direito pela Universidade de São Paulo. Mestre em Direito pela Universidade Estadual de Londrina. Professor no PPG em Direito e Sociedade da Universidade La Salle. *Visiting Scholar* no Istituto Universitario di Architettura di Venezia. Professor visitante na Faculdade de Direito da Universidad de la República, Uruguai e no Mestrado em Direito dos Negócios da Universidade de Granada, Espanha.

Marcos Ehrhardt Júnior
Advogado. Doutor em Direito pela Universidade Federal de Pernambuco (UFPE). Professor de Direito Civil da Universidade Federal de Alagoas (Ufal) e do Centro Universitário Cesmac. Editor da *Revista Fórum de Direito Civil* (RFDC). Vice-Presidente do Instituto Brasileiro de Direito Civil (IBDCIVIL). Presidente da Comissão de Enunciados do Instituto Brasileiro de Direito de Família (IBDFAM). Associado do Instituto Brasileiro de Estudos em Responsabilidade Civil (Iberc). Membro-Fundador do Instituto Brasileiro de Direito Contratual – IBDCONT. ORCID: https://orcid.org/0000-0003-1371-5921. *E-mail*: contato@marcosehrhardt.com.br.

Mérian Kielbovicz
Pós-Graduanda em Direito dos Negócios pela Universidade Federal do Rio Grande do Sul (UFRGS). Graduanda em Letras pela Universidade Estadual do Rio Grande do Sul (UERGS). Bacharel em Direito pela Universidade Luterana do Brasil (Ulbra). Advogada. *E-mail*: m.kielbovicz@hotmail.com.

Michael César Silva
Doutor e Mestre em Direito Privado pela Pontifícia Universidade Católica de Minas Gerais. Especialista em Direito de Empresa pela Pontifícia Universidade Católica de Minas Gerais. Professor da Escola Superior Dom Helder Câmara. Professor da Escola de Direito do Centro Universitário Newton Paiva. Membro-Fundador do Instituto Brasileiro de Estudos de Responsabilidade Civil (Iberc). Advogado. Mediador judicial credenciado pelo Tribunal de Justiça de Minas Gerais.

Milton Pereira de França Netto
Advogado. Mestrando em Direito Privado pelo Centro Universitário Cesmac. Pós-Graduado em Direito Processual Civil pela Universidade de Santa Cruz do Sul (UNISC). Graduado em Direito pela Universidade Federal de Alagoas (UFAL). Desenvolve pesquisa na área de Autocomposição e Tecnologias Disruptivas. Realizou estudos específicos sobre a temática da Responsabilidade Civil do Magistrado e do Poder Judiciário. E-mail: mpfn1989@gmail.com. ORCID: https://orcid.org/0000-0002-3671-1897.

Pablo Malheiros da Cunha Frota
Pós-Doutorando em Direito na Universidade de Brasília (2019) e na Unisinos (2020). Doutor em Direito das Relações Sociais pela Universidade Federal do Paraná (2013). Mestre em Função Social do Direito pela Faculdade Autônoma de Direito de São Paulo (2008). Especialista em Direito Civil pela Unisul (2006). Especialista em Filosofia do Direito pela Pontifícia Universidade Católica de Minas Gerais (2013). Graduado em Direito na Universidade Católica de Brasília (2004). Graduando em Filosofia na Universidade Católica de Brasília (2018). Professor adjunto de Direito Civil e Processo Civil da Universidade Federal de Goiás (UFG) e professor colaborador do Programa de Pós-Graduação em Direito Agrário da UFG. Cofundador da Rede de Pesquisas Agendas de Direito Civil Constitucional. Líder do Grupo de Pesquisa Realizando o Direito Privado da Universidade Federal de Goiás. Diretor de publicação do IBDCONT. Diretor do IBDFAM/DF. Membro do IBDFAM, do Brasilcon, do IBDCIVIL, da ABDCONST, da Abedi, da Aldis, do IAB, do Instituto Luso-Brasileiro de Direito e do Iberc. Pesquisador do Grupo Virada de Copérnico (UFPR) e do Grupo Constitucionalização das Relações Privadas (UFPE). Assessor jurídico na Terracap (DF). Advogado. Orcid: 0000-0001-7155-9459. CV *Lattes*: http://lattes.cnpq.br/0988099328056133.

Patrícia Branco
Investigadora do Centro de Estudos Sociais da Universidade de Coimbra, Portugal.

Phillip Gil França
Pós-Doutor (Capes – PNPD), Doutor e Mestre em Direito do Estado pela PUCRS, com pesquisas em Doutorado Sanduíche – Capes na Faculdade de Direito da Universidade de Lisboa. Professor da Graduação e da Pós-Graduação da Univel e da Escola da Magistratura do Paraná. Pesquisador do Grupo de Pesquisa Direito e Regulações da Univel. Advogado.

Renata de Almeida Costa
Doutora em Direito pela Unisinos, São Leopoldo-RS. Mestra em Ciências Criminais pela PUC, Porto Alegre-RS. Coordenadora do PPGD (Doutorado e Mestrado) da Universidade La Salle, Canoas-RS. Advogada.

Renata Vilela Multedo
Doutora e Mestre em Direito Civil pela Universidade do Estado do Rio de Janeiro. MBA em Administração de Empresas pela PUC-Rio. Professora Titular de Direito Civil do Centro Universitário IBMEC. Professora dos cursos de Pós-Graduação *lato sensu* da PUC-Rio. Advogada e Mediadora de conflitos. Membro efetivo do IAB, Iberc, IBDCIVIL, IBDFAM e IBPC e do Conselho Executivo da *civilistica.com – Revista Eletrônica de Direito Civil*.

Ricardo Sebastian Danuzzo
Abogado unne (1997). Doctor en derecho unne (2013). Profesor titular ordinario de la materia Derecho de los Contratos y Derecho de Daños, catedra "b", de la Facultad de Derecho y Ciencias Sociales y Políticas de Universidad Nacional del Noreste. Profesor titular de la materia Derecho de los Contratos de la Facultad de Ciencias Jurídicas y Políticas de la Universidad de la Cuenca del Plata (Argentina).

Rita de Cássia Resquetti Tarifa Espolador
Doutora em Direito pela Universidade Federal do Paraná. Mestre em Direito Negocial pela Universidade Estadual de Londrina. Docente do Programa de Mestrado e Doutorado em Direito Negocial e da Graduação da Universidade Estadual de Londrina.

Rodolfo Pamplona Filho
Juiz Titular da 32ª Vara do Trabalho de Salvador/BA. Mestre e Doutor em Direito das Relações Sociais pela PUC-SP. Professor associado da Faculdade de Direito da Universidade Federal da Bahia. Professor titular de Direito Civil e Direito Processual do Trabalho da Universidade Salvador (Unifacs). Máster em Estudios em Derechos Sociales para los Magistrados del Trabajo de Brasil pela UCLM – Universidad de Castilla, La Mancha/Espanha. Presidente honorário da Academia Brasileira de Direito do Trabalho. Presidente da Academia de Letras Jurídicas da Bahia. Membro e Ex-Presidente do Instituto Baiano de Direito do Trabalho. Membro da Academia Brasileira de Direito Civil, Instituto Brasileiro de Direito Civil e Instituto Brasileiro de Direito de Família. Membro-fundador do Instituto Brasileiro de Direito Contratual (IBDCONT).

Rodrigo da Guia Silva
Doutorando e Mestre em Direito Civil pela Universidade do Estado do Rio de Janeiro (UERJ). Advogado, sócio de Gustavo Tepedino Advogados.

Rogério Coutinho Beltrão
Advogado e Professor. Mestre em Direito pelo Unipe. Pós-Graduando em Direito Imobiliário, Civil e Empresarial, pela UFPE e ILMM. Membro do Ibradim. Secretário-Geral da Comissão de Direito Imobiliário da OAB/PB. Coordenador da Pós-Graduação em Direito Imobiliário da ESP/PB. Professor da Graduação em Ciências Jurídicas da FESP.

Simone Tassinari Cardoso Fleischmann
Professora de Direito Civil na Universidade Federal do Rio Grande do Sul. Mestra e Doutora em Direito. Mediadora. Advogada. *E-mail*: sitassinari@hotmail.com.

Tatiane Gonçalves Miranda Goldhar
Advogada. Mestre em Direito Civil pela Universidade Federal de Pernambuco. Especialista em Processo Civil pela Fanese/JusPodivm. Professora Universitária de Graduação e Pós-Graduação. Conselheira da Ordem dos Advogados do Brasil – OAB/SE. Diretora do Núcleo de Pós-Graduação da Escola Superior de Advocacia de Sergipe – ESA/SE. Presidente da Associação Jurídica do Estado de Sergipe – AJE/SE. *E-mail*: tatianegoldhar@gmail.com.

Teresa Rodríguez de las Heras Ballell
Profesora Titular de Derecho Mercantil. Universidad Carlos III de Madrid.

Thiago Felipe S. Avanci
Ph.D. em Direito pela Universidade Presbiteriana Mackenzie (Brasil – 2020), com bolsa integral e aprovação *summa cum laude*. Estágio de Pós-Doutorado pelo Mediterranea International Centre for Human Rights Research, Università Mediterranea di Reggio Calabria (Itália – 2021), com bolsa integral. Mestre em Direito pela Universidade Católica de Santos – UNISANTOS (Brasil – 2011), com bolsa integral CAPES e aprovação *summa cum laude*. Pós-Graduado em Gestão Pública, Gestão Pública Municipal pela Universidade Federal de São Paulo – UNIFESP (Brasil – 2019). Professor da Universidade Paulista – UNIP (Brasil – 2014-...). Professor da Universidade São Judas Tadeu *campus* UNIMONTE (Brasil – 2017-...). Pesquisador do Centro de Estudos Sociedade e Tecnologia (CEST)/Faculdade Politécnica/Universidade de São Paulo (Brasil – 2020-...). Advisory board member do IGOAI (Inglaterra – 2021-...). Advisory board member da Global AI Ethics (França – 2021-...). Editor científico da Journal of Liberty and International Affairs (Macedônia

do Norte – 2021-...). Vice presidente e Presidente do CMDCA de Guarujá (Brasil – 2014-2016) e conselheiro junto a diversos Conselhos Municipais em Guarujá (Brasil – 2012-...). Avaliador INEP/MEC (Brasil – 2018-...). Avaliador em diversos periódicos na América Latina. Advogado/Legal Head (Brasil – 2008-...). Professor de Direito (2009-...). GRH e PMP (2008-...). Servidor público municipal (Brasil – 2019-...).

Esta obra foi composta em fonte Palatino Linotype, corpo 10
e impressa em papel Offset 75g (miolo) e Supremo 250g (capa)
pela Paulinelli Serviços Gráficos, em Belo Horizonte/MG.